Uma história
da filosofia

Sumário

13 | PREFÁCIO

17 | NOTA DA EDIÇÃO BRASILEIRA

19 | INTRODUÇÃO

Parte I: Filosofia pré-socrática

33 | CAPÍTULO I
O berço do pensamento ocidental: Jônia

41 | CAPÍTULO II
Os pioneiros: primeiros filósofos jônicos

47 | CAPÍTULO III
A Sociedade Pitagórica

55 | CAPÍTULO IV
A palavra de Heráclito

63 | CAPÍTULO V
O Um de Parmênides e Melisso

69 | CAPÍTULO VI
A dialética de Zenão

75 | CAPÍTULO VII
Empédocles de Akragas

79 | CAPÍTULO VIII
O progresso alcançado por Anaxágoras

85 | CAPÍTULO IX
Os atomistas

89 | CAPÍTULO X
Filosofia pré-socrática

Parte II: O período socrático

97 | CAPÍTULO I
Os sofistas

103 | CAPÍTULO II
Alguns sofistas em particular

111 | CAPÍTULO III
Sócrates

129 | CAPÍTULO IV
Escolas socráticas menores

137 | CAPÍTULO V
Demócrito de Abdera

Parte III: Platão

143 | CAPÍTULO I
Vida de Platão

149 | CAPÍTULO II
Obras de Platão

157 | CAPÍTULO III
Teoria do conhecimento

175 | CAPÍTULO IV
A doutrina das formas

211 | CAPÍTULO V
A psicologia de Platão

219 | CAPÍTULO VI
Teoria moral

225 | CAPÍTULO VII
O Estado

243 | CAPÍTULO VIII
A física de Platão

251 | CAPÍTULO IX
Arte

Frederick Copleston, S.J.

Uma história da filosofia

VOLUME I
Grécia, Roma e filosofia medieval

TRADUÇÃO:
Augusto Caballero Fleck,
Carlos Guilherme e
Ronald Robson

VIDE EDITORIAL

Uma história da filosofia: Grécia, Roma e filosofia medieval
Frederick Copleston, S.J.
1ª edição — outubro de 2021— CEDET
Título original: *A history of philosophy*, 9 vols. New York, Image Books, 1962.
Copyright © Trustees for Roman Catholic Purposes Registered.

Os direitos desta edição pertencem ao
CEDET — Centro de Desenvolvimento Profissional e Tecnológico
Av. Comendador Aladino Selmi, 4630,
Condomínio GR2 Campinas — módulo 8
CEP: 13069–096 — Vila San Martin, Campinas-SP
Telefone: (19) 3249–0580
e-mail: livros@cedet.com.br

Editor:
Thomaz Perroni

Editor assistente:
Daniel Araújo

Tradução:
Augusto Caballero Fleck,
Carlos Guilherme e Ronald Robson

Revisão:
Henrique Bernardes, Lucas Ferreira,
Roger Campanhari e
Thauan Monteiro

Preparação de texto:
Gabriel Buonpater, Laís Toder e
Letícia de Paula

Diagramação:
Virgínia Morais

Capa:
Bruno Ortega

Conselho editorial:
Adelice Godoy
César Kyn d'Ávila
Silvio Grimaldo de Camargo

FICHA CATALOGRÁFICA
Copleston, Frederick.
 Uma história da filosofia, vol. 1: Grécia, Roma e filosofia medieval / Frederick Copleston; tradução de Augusto Caballero Fleck, Carlos Guilherme e Ronald Robson — Campinas, SP: Vide Editorial, 2021.

ISBN: 978-65-87138-63-3
1. História da filosofia.
I. Título II. Autor
CDD — 109

ÍNDICE PARA CATÁLOGO SISTEMÁTICO
1. História da filosofia — 109

VIDE EDITORIAL — www.videeditorial.com.br

Reservados todos os direitos desta obra. Proibida toda e qualquer reprodução desta edição por qualquer meio ou forma, seja ela eletrônica, mecânica, fotocópia, gravação ou qualquer outro meio de reprodução, sem permissão expressa do editor.

261 | CAPÍTULO X
A velha Academia

Parte IV: Aristóteles

267 | CAPÍTULO I
Vida e escritos de Aristóteles

277 | CAPÍTULO II
A lógica de Aristóteles

287 | CAPÍTULO III
A metafísica de Aristóteles

315 | CAPÍTULO IV
Filosofia da natureza e psicologia

325 | CAPÍTULO V
A ética de Aristóteles

343 | CAPÍTULO VI
Política

351 | CAPÍTULO VII
A estética de Aristóteles

363 | CAPÍTULO VIII
Platão e Aristóteles

Parte V: A filosofia pós-aristotélica

373 | CAPÍTULO I
Introdução

377 | CAPÍTULO II
Os primeiros estóicos

391 | CAPÍTULO III
Epicurismo

401 | CAPÍTULO IV
Os velhos céticos, a Academia intermediária e a Academia nova

409 | CAPÍTULO V
Os estóicos intermediários

415 | CAPÍTULO VI
Os últimos estóicos

425 | CAPÍTULO VII
Cínicos, ecléticos, céticos

433 | CAPÍTULO VIII
Neopitagorismo

437 | CAPÍTULO IX
O platonismo intermediário

443 | CAPÍTULO X
A filosofia judaica na era helenística

449 | CAPÍTULO XI
Plotino e o neoplatonismo

461 | CAPÍTULO XII
Outras escolas neoplatônicas

469 | CAPÍTULO XIII
Revisão e conclusão

Parte VI: Influências pré-medievais

489 | CAPÍTULO I
Introdução

499 | CAPÍTULO II
O período patrístico

523 | CAPÍTULO III
Santo Agostinho — I

533 | CAPÍTULO IV
Santo Agostinho — II: conhecimento

547 | CAPÍTULO V
Santo Agostinho — III: Deus

553 | CAPÍTULO VI
Santo Agostinho — IV: o mundo

559 | CAPÍTULO VII
Santo Agostinho — V: teoria moral

565 | CAPÍTULO VIII
Santo Agostinho — VI: o Estado

569 | CAPÍTULO IX
O Pseudo-Dionísio

579 | CAPÍTULO X
Boécio, Cassiodoro, Isidoro

Parte VII: A renascença carolíngia

587 | CAPÍTULO I
A renascença carolíngia

593 | CAPÍTULO II
João Escoto Erígena

597 | CAPÍTULO III
João Escoto Erígena — II

Parte VIII: Os séculos X, XI e XII

617 | CAPÍTULO I
O problema dos universais

635 | CAPÍTULO II
Santo Anselmo da Cantuária

643 | CAPÍTULO III
A escola de Chartres

651 | CAPÍTULO IV
A escola de São Vítor

659 | CAPÍTULO V
Dualistas e panteístas

Parte IX: Filosofias islâmica e judaica: traduções

665 | CAPÍTULO I
Filosofia islâmica

677 | CAPÍTULO II
A filosofia judaica

681 | CAPÍTULO III
As traduções

Parte X: O século XIII

691 | CAPÍTULO I
Introdução

697 | CAPÍTULO II
Guilherme de Auvergne

705 | CAPÍTULO III
Roberto Grosseteste e Alexandre de Hales

715 | CAPÍTULO IV
São Boaventura — I

723 | CAPÍTULO V
São Boaventura — II: a existência de Deus

731 | CAPÍTULO VI
São Boaventura — III: relação das criaturas para com Deus

743 | CAPÍTULO VII
São Boaventura — IV: a criação material

749 | CAPÍTULO VIII
São Boaventura — V: a alma humana

763 | CAPÍTULO IX
Santo Alberto Magno

771 | CAPÍTULO X
Santo Tomás de Aquino — I

779 | CAPÍTULO XI
Santo Tomás de Aquino — II: filosofia e teologia

789 | CAPÍTULO XII
Santo Tomás de Aquino — III: princípios do ente criado

799 | CAPÍTULO XIII
Santo Tomás de Aquino — IV: provas da existência de Deus

809 | CAPÍTULO XIV
Santo Tomás de Aquino — V: a natureza de Deus

823 | CAPÍTULO XV
Santo Tomás de Aquino — VI: Criação

833 | CAPÍTULO XVI
Santo Tomás de Aquino — VII: psicologia

845 | CAPÍTULO XVII
Santo Tomás de Aquino — VIII: conhecimento

853 | CAPÍTULO XVIII
Santo Tomás de Aquino — IX: teologia moral

865 | CAPÍTULO XIX
Santo Tomás de Aquino — X: teoria política

875 | CAPÍTULO XX
Santo Tomás de Aquino e Aristóteles: controvérsias

885 | CAPÍTULO XXI
O averroísmo latino: Siger de Brabante

891 | CAPÍTULO XXII
Pensadores franciscanos

907 | CAPÍTULO XXIII
Giles de Roma e Henrique de Gante

921 | CAPÍTULO XXIV
Duns Escoto — I

929 | CAPÍTULO XXV
Duns Escoto — II: conhecimento

941 | CAPÍTULO XXVI
Duns Escoto — III: metafísica

957 | CAPÍTULO XXVII
Duns Escoto — IV: teologia natural

973 | CAPÍTULO XXVIII
Duns Escoto — V: a alma

983 | CAPÍTULO XXIX
Duns Escoto — VI: ética

989 | CAPÍTULO XXX
Revisão de encerramento

Anexos

1005 | APÊNDICE I
Algumas abreviações usadas neste volume

1009 | APÊNDICE II
Uma nota a respeito das fontes históricas

1011 | APÊNDICE III
Bibliografia

1029 | ÍNDICE ONOMÁSTICO

1041 | ÍNDICE REMISSIVO

Prefácio

Já existem tantas histórias da filosofia que parece necessário justificar o acréscimo de mais uma. Meu principal motivo para escrever este livro, pensado como o primeiro volume de uma história completa da filosofia, foi o de suprir os seminários católicos com um trabalho que fosse um pouco mais detalhado e de escopo mais amplo do que os dos textos geralmente utilizados e que, ao mesmo tempo, se esforçasse para exibir o desenvolvimento lógico e a interconexão entre os sistemas filosóficos. É verdade que há várias obras disponíveis em inglês que, não sendo monografias científicas dedicadas a tópicos específicos, apresentam uma narrativa, ao mesmo tempo erudita e filosófica, da história da filosofia, mas o ponto de vista delas é às vezes diferente daquele do presente escritor e daquele do estudante que ele tem em mente ao escrever este livro. A simples menção a "ponto de vista", a respeito do trato com a história da filosofia, pode levar alguém a erguer as sobrancelhas; mas nenhum verdadeiro historiador pode escrever sem adotar algum ponto de vista, alguma perspectiva, no mínimo porque ele deve ter um princípio de seleção que guie sua escolha e disposição inteligentes dos fatos. Todo historiador consciencioso, é verdade, lutará para ser tão objetivo quanto possível e evitará qualquer tentação de distorcer os fatos para que se adéquem a uma teoria preconcebida ou de omitir a menção a certos fatos simplesmente porque não colaboram com sua teoria preconcebida; mas, se ele tenta escrever uma história sem qualquer princípio de seleção, o resultado será uma mera crônica e não uma verdadeira história, uma mera concatenação de acontecimentos e opiniões sem compreensão ou *motivo*. Que se dirá de um escritor devotado à história inglesa que desse igual importância ao número de vestidos da Rainha Elizabeth e à derrota da Invencível Armada, e não fizesse nenhum esforço inteligente para mostrar como surgiu a aventura espanhola, que acontecimentos levaram a ela e quais foram seus resultados? Mais ainda, no caso de um historiador da filosofia, a perspectiva filosófica pessoal do historiador está fadada a influenciar sua seleção e apresentação dos fatos ou, pelo menos, a ênfase que dá a certos fatos ou aspectos. Tome-se um exemplo simples. De dois historiadores da filosofia antiga, cada um fará um estudo igualmente objetivo dos fatos, por exemplo da história do platonismo e neoplatonismo; mas se um deles estiver convencido de que todo "transcendentalismo" não passa de uma tolice, e o outro acreditar firmemente na realidade do transcendental, então dificilmente se esperará que a apresentação que fizerem da tradição platônica seja exatamente a mesma. Ambos poderão narrar a opinião dos platônicos com objetividade e cuidado; mas o primeiro provavelmente dará menor ênfase à metafísica neoplatônica, por exemplo, e apontará para o fato de que considera o neoplatonismo um triste fim da filosofia grega, uma recaída no "misticismo" ou "orientalismo", ao passo que o outro historiador poderá enfatizar o aspecto sincrético do neoplatonismo e sua importância para o pensamento cristão. Nenhum dos dois terá distorcido os fatos, no sentido de atribuir aos filósofos opiniões que não tinham ou de suprimir alguns de seus princípios ou negligenciar a cronologia ou as conexões lógicas, mas mesmo assim suas imagens do platonismo e do neoplatonismo serão inequivocamente diversas. Logo, não hesito em reivindicar o direito de compor uma obra de história da filosofia segundo a perspectiva do filósofo escolástico. Poderá haver erros ou incompreensões em razão de ignorância, seria uma tolice presunçosa negá-lo; mas defendo, sim, que busquei ser objetivo, bem como defendo que o fato de ter escrito segundo uma perspectiva específica é uma vantagem e não uma desvantagem. Senão por outro motivo, porque isso permite que se elabore um relato coerente e significativo o suficiente do que, de outro modo, poderia ser um amontoado de opiniões incoerentes, não muito diverso de um conto de fadas.

Tendo em vista o que disse, deve ficar claro que escrevi não para eruditos ou especialistas, mas para certo tipo de estudantes, cuja grande maioria está fazendo sua primeira aproximação à história da filosofia e estudando-a concomitantemente com filosofia escolástica sistemática, assunto este para o qual se pedirá por ora a maior parte da sua atenção. Para os leitores que tenho principalmente em vista (embora eu muito me alegrasse se meu livro viesse a ser de alguma utilidade também para outras pessoas), uma série de monografias eruditas e originais teria menor utilidade do que um livro pensado francamente como um livro-texto, mas que pode, no caso de alguns estudantes, servir de incentivo ao estudo dos textos filosóficos originais e dos comentários e tratados que célebres eruditos escreveram sobre eles. Empenhei-me em ter isso em mente durante a redação deste livro, pois *qui vult finem, vult etiam media*. No caso, portanto, de cair nas mãos de leitores familiarizados com a bibliografia sobre história da filosofia antiga, e de levá-los a refletir que esta idéia tem por base o que Burnet ou Taylor diz, que aquela idéia tem por base o que Ritter ou Jaeger ou Stenzel ou Praechter disse, permitam que eu lhes lembre ser possível que eu mesmo esteja bem ciente disso, e que eu possa não ter concordado de maneira acrítica e impensada com o que determinado pesquisador diz. Originalidade é certamente desejável quando implica a descoberta de uma verdade ainda não revelada, mas buscar a originalidade por si mesma não é atividade própria ao historiador. De boa vontade reconheço minha dívida, então, para com aqueles homens que deram brilho à erudição britânica e continental, homens como o Prof. A. E. Taylor, Sir David Ross, Constantin Ritter, Werner Jaeger e outros. Na verdade, um dos meus pretextos para a escrita deste livro foi o de que os manuais que estão nas mãos daqueles para quem escrevo deram escassa atenção aos resultados da crítica moderna especializada. De minha parte, devo considerar a acusação de fazer uso insuficiente dessas fontes de luz um motivo mais razoável para críticas negativas do que a acusação de ter feito demasiado uso delas.

Agradeço à Enciclopédia Britânica Co. Ltd. pela permissão de uso dos diagramas extraídos do artigo de Sir Thomas Little Heath sobre Pitágoras (14ª ed.); ao Prof. A. E. Taylor (e aos responsáveis pela Macmillan & Co. Ltd.) pela permissão generosa para utilizar tão livremente seu estudo sobre as formas e os números em Platão (tomado de *Mind in Philosophical Studies*); a Sir David Ross e aos responsáveis pela Methuen & Co. pela gentil permissão para incorporar ao livro sua tabela das virtudes morais segundo Aristóteles (de *Aristotle*, p. 203); aos responsáveis pela George Allen & Unwim Ltd. pela permissão para citar uma passagem da tradução inglesa da *Ética* do Prof. Nikolai Hartmann e para utilizar um diagrama desse trabalho; aos mesmos editores e ao Dr. Oscar Levy pela permissão de citações da tradução inglesa oficial das obras de Nietzsche (das quais o Dr. Levy é o editor); aos responsáveis pela Charles Scribner's Sons (EUA) por permitirem citar a tradução do "Hino a Zeus" de Cleanth feita pelo Dr. James Adam (extraída do livro *Stoic and Epicurean*, de Hick); ao Prof. E. R. Dodds e à editora S.P.C.K. pela permissão para utilizar traduções presentes em *Select Passages Illustrating Neo-Platonism* (S.P.C.K., 1923); e aos responsáveis pela Macmillan & Co. Ltd. pela permissão para citar as *Lectures on the Republic of Plato* de R. L. Nettleship.

As referências aos filósofos pré-socráticos são dadas de acordo com a quinta edição do *Vorsokratiker* de Diels (mencionado como D. no texto). Alguns dos fragmentos foram traduzidos por mim mesmo, enquanto em outros casos (com a gentil permissão dos responsáveis pela A. & C. Black Ltd.) adotei a tradução inglesa oferecida por Burnet em seu *Early Greek Philosophy*. O título dessa obra é abreviado nas referências como E.G.P., e *Outlines of the History of Greek Philosophy*, de Zeller-Nestle-Palmer, aparece geralmente como *Outlines*. Abreviações de títulos de diálogos platônicos e das obras de Aristóteles devem ser suficientemente óbvias; para os títulos completos de outras obras referidas, pode-se recorrer ao primeiro Apêndice ao fim do volume, onde as abreviações são explicadas. Mencionei algumas obras, a título de recomendação, no terceiro Apêndice, mas assim procedo apenas para a conveniência prática do tipo de estudante para quem principalmente escrevi; não distingo a breve lista de livros com o título de bibliografia e renuncio a qualquer intenção de dar uma bibliografia, pela simples razão de que qualquer coisa que se aproximasse de uma bibliografia completa (especialmente se levasse em conta, como teria de levar, artigos valiosos publicados em revistas acadêmicas) seria de tão desmesurado tamanho, que se tornaria impraticável incluí-la neste trabalho. Para uma bibliografia e um levantamento de fontes, o estudante pode consultar, por exemplo, *Die Philosophie des Altertums*, de Ueberweg-Praechter.

Nota para a edição revista

Agradeço ao Rev.^{mo} T. Paine, S.J., ao Rev.^{mo} J. Woodlock, S.J., e ao revisor da editora Burns Oates and Washbourne Ltd. por sua valiosa assistência na correção dos erros de impressão e de outras gralhas, que haviam desfigurado o livro, e por suas sugestões referentes à melhoria do índice. Algumas ligeiras adições foram feitas ao texto, por exemplo à p. 133, e sou inteiramente responsável por elas.

Nota da edição brasileira

Esta é a primeira edição brasileira da monumental obra de Frederick Copleston, s.j. Originalmente editada em nove volumes (1946–1975) e expandida posteriormente para onze (2003), esta história da filosofia é considerada por filósofos, professores e estudantes como a melhor já escrita em língua inglesa. Se a princípio o Padre Copleston tinha apenas a intenção de contribuir com a formação filosófica dos seminários católicos, o resultado transcendeu em muito o objetivo original.

De fato, no ambiente cultural inglês, marcado por certa desconfiança do clero, muitas discussões surgiram a respeito do suposto "catolicismo" da obra. Haveria um tom apologético por trás dessa história da filosofia? Intelectuais como o escritor Martin Gardner são enfáticos no elogio da clareza e honestidade do autor; Gardner inclusive chegou a dizer que, após a leitura das milhares de páginas da história de Copleston, não tinha "nenhuma pista a respeito de suas crenças na doutrina católica", tamanha a imparcialidade com que o autor tratava os diversos filósofos. O professor Geoffrey Alan Hosking, especialista em história russa, elogia explicitamente a justiça com que Copleston trata os pensadores ateus e socialistas. Logo, o leitor não precisa temer qualquer catequese subliminar da parte do autor.

Nesta edição, reúnem-se em um texto único os livros 1 e 2 da publicação original — isto é, o volume sobre Grécia e Roma, e o sobre filosofia medieval. O leitor tem em mãos, portanto, cerca de dezenove séculos de história, que são como que a base da tradição filosófica ocidental: dos pré-socráticos a Plotino, e de Santo Agostinho a Duns Escoto. Os apêndices e os índices finais dos dois volumes originais foram unidos e compõem aqui uma só sessão final; as partes e notas foram renumeradas conforme esta nova divisão, bem como os capítulos, o que foi feito no intuito de simplificar a lógica de referenciação.

Introdução

I. Por que estudar história da filosofia?

1. Dificilmente chamaremos de "educada" a pessoa desprovida de qualquer conhecimento de história; todos concordamos que um homem deve conhecer algo da história do seu país, o seu desenvolvimento político, social e econômico, suas realizações literárias e artísticas — de preferência ainda no panorama mais amplo da história européia e, em certa medida, mundial. Mas, assim como se pode esperar que um inglês educado e culto possua algum conhecimento de Alfredo, o Grande e Elizabeth, de Cromwell e Marlborough e Nelson, da conquista normanda, da Reforma e da Revolução Industrial, seria igualmente esperado que soubesse algo pelo menos sobre Roger Bacon e Duns Escoto, sobre Francis Bacon e Hobbes, sobre Locke, Berkeley e Hume, sobre J. S. Mill e Herbert Spencer. Mais ainda, se é esperado que um homem culto não seja inteiramente ignorante da Grécia e de Roma, se ele ficaria envergonhado de ter de confessar que nunca ouviu falar de Sófocles ou Virgílio, nem tampouco sabia nada sobre as origens da cultura européia, de igual modo se esperaria que soubesse algo sobre Platão e Aristóteles, dois dos maiores pensadores que o mundo conheceu, dois homens que estão no topo da filosofia européia. Um homem culto saberá um pouco a respeito de Dante e Shakespeare e Goethe, a respeito de São Francisco de Assis e Fra Angelico, de Frederico, o Grande e Napoleão I: por que não se esperaria que soubesse algo sobre Santo Agostinho e Santo Tomás de Aquino, Descartes e Espinosa, Kant e Hegel? Seria absurdo sugerir que deveríamos nos informar sobre os grandes conquistadores e destruidores, mas permanecer ignorantes dos grandes criadores, daqueles que realmente contribuíram para a nossa cultura européia. Mas não foram apenas os grandes pintores e escultores que nos deixaram um legado e uma riqueza duradouros: também o fizeram os grandes pensadores, homens como Platão e Aristóteles, Santo Agostinho e Santo Tomás de Aquino, os quais enriqueceram a Europa e sua cultura. Faz parte de uma educação para a cultura, portanto, saber algo pelo menos sobre o trajeto da filosofia européia, pois foram os nossos pensadores, bem como nossos artistas e generais, que ajudaram a moldar nosso tempo, para o bem como para o mal.

Ora, ninguém suporá que é uma perda de tempo ler as obras de Shakespeare ou contemplar as criações de Michelangelo, pois possuem um valor intrínseco que não será afetado pelo número de anos transcorridos entre a morte deles e nossa época. Nem tampouco se poderá considerar uma perda de tempo estudar o pensamento de Platão ou Aristóteles ou Santo Agostinho, pois suas criações mentais permanecem realizações excepcionais do espírito humano. Outros artistas viveram e pintaram desde a época de Rubens, mas isso não diminui o valor da obra de Rubens: outros pensadores filosofaram desde a época de Platão, mas isso não destrói o interesse e a beleza da filosofia dele.

Mas, se é desejável que todos os homens cultos saibam algo sobre a história do pensamento filosófico, tanto quanto permitirem seus afazeres, seu horizonte mental e seu desejo de especialização, quão mais não será desejável para todo devotado estudante de filosofia. Refiro-me especialmente aos estudantes da filosofia escolástica, aqueles que a estudam como *philosophia perennis*. Que se trata mesmo de uma *philosophia perennis*, isso não é coisa que eu queira pôr em questão; mas ela não caiu do céu, ela se desenvolveu a partir do passado; e, se realmente queremos apreciar a obra de Santo Tomás de Aquino ou São Boaventura ou Duns Escoto, devemos saber algo sobre Platão, Aristóteles e Santo Agostinho. E, mesmo se não fosse o caso, já seria instrutivo observar que resultados se seguem de falsas premissas e princípios deficientes. Também não se pode negar que a prática de condenar pensadores cuja posição e significado não foram apreendidos ou vistos em seu verdadeiro cenário histórico é coisa que se deve muito censurar, podendo-se ter ainda em vista que a aplicação dos verdadeiros princípios a todas as esferas da filosofia certamente não foi concluída na Idade Média, de modo que bem pode existir algo a se aprender com os pensadores modernos, por exemplo no campo da teoria estética ou da filosofia natural.

2. Pode-se objetar que os vários sistemas filosóficos do passado não passam de relíquias antigas; que a história da filosofia consiste em "sistemas espiritualmente mortos e refutados, já que um matou e enterrou o outro".[1] Não disse Kant que a metafísica está sempre "mantendo a mente humana em suspense com esperanças que nunca se esvaem, e no entanto jamais são concretizadas", que, "enquanto qualquer outra ciência está continuamente avançando", na metafísica os homens "perpetuamente giram em torno de um mesmo ponto, sem dar um passo avante sequer"?[2] Platonismo, aristotelismo, escolástica, cartesianismo, kantismo, hegelianismo — todos tiveram seus períodos de popularidade e todos foram desafiados: o pensamento europeu pode ser "representado como atulhado de sistemas metafísicos abandonados e discordantes".[3] Por que estudar os trastes velhos da alcova da história?

Ora, mesmo que todas as filosofias do passado tenham sido não só desafiadas (o que é óbvio) mas também refutadas (o que já é coisa bem diversa), ainda assim continua sendo verdadeiro que "os erros são sempre instrutivos",[4] pressupondo-se, claro, que a filosofia é uma possível ciência e não, *em si mesma*, um fogo-fátuo. Para dar um exemplo da filosofia medieval, as conclusões a que o realismo extremo levou, por um lado, e aquelas a que o nominalismo levou, por

---

[1] Hegel, *Hist. Fil.*, I, p. 17.

[2] *Proleg.*, p. 2 (Mahaffy).

[3] A. N. Whitehead, *Process and Reality*, p. 18. Desnecessário dizer, a atitude anti-histórica não representa a atitude do próprio Prof. Whitehead.

[4] N. Hartmann, *Ethics*, I, p. 119.

outro, indicam que a solução do problema dos universais deve ser buscada entre os dois extremos. A história do problema serve assim de prova experimental da tese aprendida nos seminários. De igual modo, o fato de o idealismo absoluto ter sido incapaz de fornecer qualquer explicação adequada dos seres finitos deve ser suficiente para impedir alguém de seguir o caminho monista. A insistência na filosofia moderna na teoria do conhecimento e na relação sujeito-objeto deve, apesar de todas as extravagâncias a que levou, de qualquer modo tornar claro que o sujeito não pode ser reduzido a objeto nem tampouco o objeto a sujeito, ao passo que o marxismo, apesar de seus erros fundamentais, nos ensinará a não negligenciar a influência da técnica e da vida econômica do homem nas esferas mais altas da cultura humana. Especialmente para aquele que não se dedica a aprender um dado sistema de filosofia, antes aspira a filosofar *ab ovo*, digamos assim, o estudo da história da filosofia é indispensável, ou do contrário correrá o risco de ir dar em becos sem saída e repetir os erros dos seus predecessores, dos quais um estudo sério do pensamento pretérito talvez o tivesse poupado.

3. É verdade que o estudo da história da filosofia pode vir a induzir certa disposição de espírito cética, mas é preciso lembrar que o fato da sucessão dos sistemas não prova que toda filosofia é errônea. Se x desafia a posição de y e a abandona, isso em si mesmo não prova que a posição de y é insustentável, uma vez que x pode a ter abandonado por razões insuficientes ou ter adotado falsas premissas, cujo desenvolvimento envolvesse um afastamento da filosofia de y. Houve muitas religiões no mundo — budismo, hinduísmo, zoroastrismo, cristianismo, maometismo etc. —, mas isso não prova que o cristianismo não seja a verdadeira religião; para prová-lo, seria preciso uma refutação completa da apologética cristã. Mas, assim como é absurdo pensar que a existência de uma variedade de religiões *ipso facto* desautoriza a pretensão de qualquer religião de ser a verdadeira religião, de igual modo é absurdo pensar que a sucessão das filosofias *ipso facto* demonstre que não há nenhuma verdadeira filosofia nem pode haver nenhuma verdadeira filosofia. (Fazemos essa observação, claro, sem querer afirmar que não existe nenhuma verdade ou valor em qualquer outra religião além do cristianismo. Além disso, há esta grande diferença entre a verdadeira religião [revelada] e a verdadeira filosofia, a de que, enquanto a primeira, na condição de revelada, é necessariamente verdadeira em sua totalidade, em tudo quanto é revelado, a verdadeira filosofia pode ser verdadeira em suas linhas-mestras e princípios, sem alcançar acabamento nunca. Filosofia, que é obra do espírito humano e não a revelação de Deus, cresce e se desenvolve; perspectivas revigoradas podem ser abertas por novas linhas de abordagem ou aplicação a novos problemas, fatos recém-descobertos, situações adventícias etc. O termo "verdadeira filosofia" ou *philosophia perennis* não deve ser compreendido como a denotar um corpo estático e completo de princípios e aplicações, insuscetível de desenvolvimento ou modificação).

II. Natureza da história da filosofia

1. A história da filosofia certamente não é um amontoado de opiniões, uma narração de dados de pensamento isolados sem nenhuma conexão entre si. Se a história da filosofia é tratada "apenas como a enumeração de opiniões diversas", e se todas essas opiniões são consideradas como de igual valor ou desvalor, então ela se torna "uma narrativa ociosa, ou, se quiser, uma investigação erudita".[5] Há continuidade e conexão, ação e reação, tese e antítese, e nenhuma filosofia pode de fato ser compreendida em sua inteireza a menos que seja vista em sua situação histórica e à luz de sua conexão com outros sistemas. Como se pode compreender o sentido da obra de Platão ou o que o provocou dizer o que disse, senão sabendo algo do pensamento de Heráclito, de Parmênides, dos pitagóricos? Como se pode compreender por que Kant adotou uma posição aparentemente tão extraordinária concernente ao espaço, ao tempo e às categorias, senão sabendo algo do empirismo britânico e aquilatando o efeito das conclusões céticas de Hume na mente de Kant?

2. Mas, se a história da filosofia não é uma mera coleção de opiniões isoladas, não pode ser vista como um progresso contínuo ou sequer como uma ascensão em espiral. É verdade que se pode encontrar no curso da especulação filosófica exemplos plausíveis da tríade hegeliana de tese, antítese e síntese, mas dificilmente será tarefa de um historiador científico adotar um esquema *a priori* e em seguida encaixar os fatos nesse esquema. Hegel supunha que a sucessão dos sistemas filosóficos "representa a sucessão necessária de estágios no desenvolvimento" da filosofia, mas isso só pode ser dessa forma caso o pensamento filosófico do homem for o próprio ato de pensar do "Espírito do Mundo". Que, digamos de maneira prática, qualquer pensador é limitado quanto à direção que seu pensamento tomará, limitado pelos sistemas imediatamente precedentes e contemporâneos (limitados ainda, podemos acrescentar, pelo seu temperamento pessoal, sua educação, a situação histórica e social etc.), isso é coisa indubitável; contudo, nada determina que ele escolha quaisquer premissas ou princípios em particular, nem que reaja à filosofia precedente seja de que maneira for. Fichte acreditava que o seu sistema advinha diretamente do de Kant, e certamente há uma conexão lógica direta, como todo estudante de filosofia moderna sabe; mas nada *determinou* que Fichte desenvolvesse a filosofia de Kant da maneira particular como o fez. O filósofo posterior a Kant poderia ter escolhido reexaminar as premissas de Kant e negar que as conclusões que este aceitara de Hume fossem verdadeiras; ele poderia ter retornado a outros princípios ou excogitados os seus próprios e novos princípios. Sem dúvida existe seqüência lógica na história da filosofia, mas não seqüência *necessária* em sentido estrito.

Não podemos, portanto, concordar com Hegel quando ele diz que "a filosofia final de um período é o resultado do seu desenvolvimento, e é verdade na mais

---

[5] Hegel, *Hist. Fil.*, I, p. 12.

alta forma que a autoconsciência do espírito se permite".[6] Muita coisa depende, claro, de como você divide os "períodos" e do que você prefere considerar a filosofia final de qualquer período (e aqui há uma ampla margem para escolha arbitrária, de acordo com opinião e desejos preconcebidos); mas que garantia há (a não ser que assumamos a posição hegeliana em toda a sua medida) de que a filosofia final de qualquer período representa o mais alto desenvolvimento de pensamento já alcançado? Se é possível falar com justeza de um período medieval da filosofia, e se o ockhamismo pode ser tomado como a principal filosofia final do período, a filosofia ockhamista certamente não pode, por outro lado, ser tomada como a realização suprema da filosofia medieval. A filosofia medieval, como o demonstrou o Prof. Gilson,[7] representa uma *curva* e não uma linha reta. E que filosofia dos dias de hoje, alguém poderá perguntar com pertinência, representa a síntese de todas as filosofias precedentes?

3. A história da filosofia exibe a busca do homem pela verdade por meio da razão discursiva. Um neotomista, desenvolvendo as palavras de Santo Tomás *Omnia cognoscentia cognoscunt implicite Deum in quolibet cognito*,[8] defendeu que todo julgamento aponta para além de si próprio, sempre contém uma referência implícita à verdade absoluta, ao ser absoluto.[9] (Faz-nos lembrar F. H. Bradley, embora o termo "absoluto" não possua, claro, o mesmo sentido nos dois casos). Em alguma medida, podemos dizer que a busca pela verdade é afinal a busca pela verdade absoluta, por Deus, e mesmo aqueles sistemas de filosofia que parecem refutar essa afirmação, como o materialismo histórico, são contudo exemplos dela, pois todos estão buscando, ainda que de modo inconsciente, ainda que não reconheçam o fato, o derradeiro fundamento, o supremamente real. Mesmo que a especulação intelectual tenha às vezes conduzido a doutrinas bizarras e conclusões monstruosas, não podemos senão nutrir certa simpatia e interesse pela luta do intelecto humano para atingir a verdade. Kant, que negou que a metafísica no sentido tradicional fosse ou pudesse ser uma ciência, nem por isso deixou de admitir que não podemos ficar indiferentes aos objetos com que a metafísica professa lidar, Deus, a alma, a liberdade;[10] e podemos acrescentar que não podemos ficar indiferentes à busca do intelecto humano pelo Verdadeiro e pelo Bom. A facilidade com que erros são cometidos, o fato de que o temperamento pessoal, a educação e outras circunstâncias aparentemente "fortuitas" possam com tanta freqüência levar o pensador a um imbróglio intelectual, o fato de que não somos puras inteligências, de que, ao contrário, o processo de nossas mentes pode ser freqüentemente influenciado por fatores externos, mostra sem dúvida a necessidade de Revelação Divina; mas isso não deve nos fazer desesperar de vez da especulação humana nem nos fazer desprezar as tentativas *bona fide* dos pensadores do passado para alcançar a verdade.

---

[6] *Hist. Fil.*, III, p. 552.
[7] Cf. *The Unity of Philosophical Experience*.
[8] "Todos os cognoscentes conhecem implicitamente Deus em qualquer coisa conhecida", *De Verit.*, q. 22, art. 2, ad. 1.
[9] J. Maréchal, s.j., *Le Point de Départ de la Metaphysique: Cahier v*.
[10] Pref. da 1ª ed. da *Crítica da razão pura*.

4. O presente escritor adere ao ponto de vista tomista de que existe uma *philosophia perennis*, e de que esta *philosphia perennis* é tomismo num sentido amplo. Mas ele gostaria de fazer duas observações a respeito. (a) Dizer que o sistema tomista é a filosofia perene não significa que aquele sistema esteja fechado numa dada época histórica e seja incapaz de desenvolvimento subseqüente em qualquer direção. (b) A filosofia perene, após o encerramento do período medieval, não se desenvolve meramente ao lado e à parte da filosofia "moderna", mas também se desenvolve dentro e através da filosofia moderna. Não quero sugerir que a filosofia de Espinosa ou Hegel possa, por exemplo, ser compreendida pelo termo tomismo; mas sim que, quando filósofos, mesmo quando de modo algum se denominem "escolásticos", chegam a conclusões valiosas empregando princípios verdadeiros, essas conclusões devem ser vistas como pertencendo à filosofia perene.

Santo Tomás de Aquino certamente faz algumas afirmações a respeito do Estado, por exemplo, e não temos nenhuma inclinação a questionar seus princípios; mas seria absurdo esperar que houvesse uma filosofia do Estado moderno desenvolvida no século XIII, e de um ponto de vista prático é difícil ver como uma filosofia do Estado desenvolvida e articulada segundo princípios escolásticos poderia ser elaborada de maneira concreta antes que o Estado moderno surgisse e antes que as atitudes modernas para com o Estado se manifestassem. É só quando temos experiência do Estado liberal e do Estado totalitário e de suas respectivas teorias do Estado que nos damos conta de todas as implicações do pouco que Santo Tomás diz sobre o Estado, e é só nesse momento que podemos desenvolver uma filosofia política escolástica sofisticada e aplicável ao Estado moderno, a qual conterá expressamente tudo o que há de bom nas outras teorias, ao mesmo tempo renunciando aos seus erros. A filosofia do Estado será vista, quando considerada concretamente, não apenas como um desenvolvimento do princípio escolástico em isolamento absoluto da situação histórica real e das teorias intervenientes, mas antes como um desenvolvimento desses princípios à luz da situação histórica, um desenvolvimento alcançado nas e por meio das teorias concorrentes sobre o Estado. Adotado esse ponto de vista, conseguiremos preservar a idéia de uma filosofia perene sem nos comprometer, por um lado, com um panorama muito estreito pelo qual a filosofia perene é confinada a um determinado século, ou, por outro lado, com uma visão hegeliana da filosofia, a qual necessariamente implica (embora o próprio Hegel pareça ter pensado de outra maneira — e de modo inconsistente) que a verdade jamais é alcançada num dado momento.

III. Como estudar a história da filosofia

1. A primeira coisa a enfatizar é a necessidade de ver qualquer sistema filosófico em seu quadro histórico e à luz de suas conexões. Esse elemento já foi mencionado e não requer maior esclarecimento: deveria ser óbvio que só podemos apreender de modo adequado o estado mental de um determinado filósofo e a *raison d'être*

de sua filosofia se primeiro apreendermos seu *point de départ* histórico. Já se deu o exemplo de Kant; podemos apreender o seu estado mental ao desenvolver sua teoria dos *a priori* somente se o encararmos em sua situação histórica *vis-à-vis* a filosofia crítica de Hume, a aparente falência do racionalismo continental e a aparente certeza da matemática e da física newtoniana. De maneira similar, estamos melhor preparados para compreender a filosofia biológica de Henri Bergson se a vemos, por exemplo, em sua relação com as teorias mecanicistas e o "espiritualismo" francês que a precederam.

2. Para um estudo proveitoso da história da filosofia, há também necessidade de certa "simpatia", uma abordagem quase psicológica. É desejável que o historiador saiba algo do filósofo como homem (isso não é possível no caso de *todos* os filósofos, claro), uma vez que isso o ajudará a encontrar sua via de acesso ao sistema em questão, a visualizá-lo como que por dentro, e captar seu gosto peculiar e características. Temos de nos esforçar para nos colocarmos no lugar do filósofo, para ver seus pensamentos a partir de dentro. Além disso, essa simpatia ou intuição imaginativa é essencial para o filósofo escolástico que deseja entender a filosofia moderna. Se um homem, por exemplo, tem a retaguarda da fé católica, os sistemas modernos, ou pelo menos alguns deles, de imediato lhe parecerão meras monstruosidades bizarras, indignas de atenção séria, mas se conseguir, tanto quanto puder (sem, claro, transigir quanto aos seus próprios princípios), ver os sistemas a partir de dentro, terá muito maior chance de entender o que o filósofo quis dizer.

Não devemos, claro, ficar preocupados com a psicologia do filósofo a ponto de ignorar a verdade ou falsidade das suas idéias tomadas em si mesmas, ou a conexão lógica do seu sistema com o pensamento pretérito. Um *psicólogo* bem pode se limitar ao primeiro ponto de vista, mas não um *historiador* da filosofia. Por exemplo, uma abordagem puramente psicológica poderia levar alguém a supor que o sistema de Arthur Schopenhauer foi criação de um homem amargurado, acrimonioso e decepcionado, o qual ao mesmo tempo possuía capacidade literária e imaginação estética e intuição, e *nada mais*; como se sua filosofia fosse apenas a manifestação de determinados estados psicológicos. Mas esse ponto de vista não levaria em conta o fato de que o seu sistema voluntarista pessimista é em grande parte uma reação ao racionalismo otimista de Hegel, do mesmo modo como não levaria em conta o fato de que a teoria estética de Schopenhauer pode ter um valor em si mesma, independentemente do *tipo de homem* que a propôs, e também desconsideraria todo o problema do mal e do sofrimento levantado pelo sistema de Schopenhauer e que é um problema bastante real, não importando se o próprio Schopenhauer fosse um homem decepcionado e desiludido ou não. De modo similar, embora seja de grande ajuda saber algo da história pessoal de Nietzsche para compreender o seu pensamento, as suas idéias podem ser averiguadas em si mesmas, à parte do homem que as pensou.

3. Adentrar o sistema de qualquer pensador, compreender em toda a sua extensão as palavras e expressões tais como se apresentam, mas também o

matiz de significado que o autor pretendeu transmitir (tanto quanto possível), ver os detalhes do sistema em sua relação com o todo, apreender integramente sua gênese e suas implicações, nada disso é trabalho ligeiro. É portanto natural que no campo da história da filosofia a especialização seja a regra geral, como ocorre nos campos das várias ciências. Um conhecimento especializado da filosofia de Platão, por exemplo, requer, além de um conhecimento completo da língua e história gregas, um conhecimento da matemática grega, da religião grega, da ciência grega etc. O especialista requer, assim, um grande aparato de pesquisa erudita; mas é essencial, caso queira ser um verdadeiro historiador da filosofia, que não se deixe acachapar pelo instrumental de pesquisa e pelos detalhes eruditos, a ponto de não conseguir penetrar o espírito da filosofia em questão nem revivê-la em seus escritos e aulas. A erudição é indispensável, mas de maneira alguma suficiente.

O fato de que uma vida inteira pode ser devotada ao estudo de um único grande pensador, e ainda assim restar muito por fazer, significa que aquele que for ousado a ponto de se lançar à composição de uma história contínua da filosofia mal pode ter a esperança de produzir um trabalho que possa ser de muito valor para os especialistas. O autor da presente obra está bastante consciente desse fato, e, como já disse no prefácio, não está escrevendo para especialistas, está antes utilizando o trabalho dos especialistas. Não é necessário repetir as razões do autor para escrever esta obra; mas ele gostaria de mencionar mais uma vez que se considerará pago de sua tarefa se puder contribuir em pequena medida não apenas para a instrução do tipo de estudante para o qual o seu trabalho é principalmente destinado, mas também para a ampliação de sua perspectiva, para a aquisição de uma maior compreensão e simpatia pela luta intelectual da humanidade, e, claro, para uma posse mais firme e mais profunda dos princípios da verdadeira filosofia.

IV. Filosofia antiga

Neste volume tratamos da filosofia dos gregos e dos romanos. Faz pouco sentido alongar-se sobre a importância da cultura grega: como diz Hegel, "o nome da Grécia atinge em cheio o coração dos homens de cultura da Europa".[11] Ninguém tentará negar que os gregos deixaram um legado imperecível de literatura e arte para o nosso mundo europeu, e o mesmo é verdade quanto à especulação filosófica. Após seus primórdios na Ásia Menor, a filosofia grega seguiu o seu curso de desenvolvimento até que florescesse nas duas grandes filosofias de Platão e Aristóteles e exercesse, mais tarde, por meio do neoplatonismo, grande influência sobre a formação do pensamento cristão. Tanto em razão de seu caráter de primeiro período da especulação européia quanto por seu valor intrínseco, não pode senão suscitar interesse a todo estudante de filosofia. Na filosofia grega, assistimos vir à luz problemas que de modo algum perderam sua relevância

---

[11] *Hist. Fil.*, I, p. 149.

para nós, encontramos respostas sugeridas que não são desprovidas de valor; e mesmo que possamos distinguir certa *naïveté*, certo excesso de confiança e certa precipitação, a filosofia grega continua a ser uma das glórias atingidas pela Europa. Mais ainda, se a filosofia dos gregos deve interessar a todo estudante de filosofia por conta de sua influência sobre a especulação subseqüente e por seu valor intrínseco, mais ainda deverá interessar aos estudantes de filosofia escolástica, a qual tanto deve a Platão e Aristóteles. E a filosofia dos gregos foi realmente uma realização bem própria deles, o fruto de seu vigor e frescor mental, assim como o foram sua literatura e arte. Não podemos permitir que o desejo louvável de considerar possíveis influências não-gregas nos leve a exagerar a importância dessa influência e a subestimar a originalidade da mente grega: "A verdade é que estamos muito mais propensos a subestimar a originalidade dos gregos do que a superestimá-la".[12] A tendência do historiador de sempre procurar "fontes" produz, claro, muita investigação crítica valiosa, e seria loucura menosprezá-la; mas é verdade que essa tendência pode ser levada longe demais, a ponto de a crítica ameaçar não ser mais científica. A título de ilustração, não se deve sempre assumir *a priori* que toda opinião de todo pensador é tomada de empréstimo a um antecessor: caso se dê isso por pressuposto, será logicamente inescapável supor a existência de algum colosso ou super-homem primevo, do qual toda especulação filosófica posterior é afinal derivada. Tampouco é seguro assumir que, sempre que dois pensadores ou grupos de pensadores quase contemporâneos sustentam doutrinas similares, um deve tê-las tomado emprestadas do outro. Se é absurdo, como de fato é, supor que, se algum hábito ou rito cristão é em parte encontrado em alguma religião do leste asiático, então o cristianismo deve tê-lo tomado da Ásia, assim também é absurdo supor que, se a especulação grega contém algum pensamento similar a outra que aparece numa filosofia oriental, então esta última deve ser a fonte histórica da primeira. Afinal de contas, o intelecto humano é perfeitamente capaz de interpretar experiências similares de maneira similar, não importa se for o intelecto de um grego ou de um indiano, sem que seja necessário supor que a similaridade de reação seja prova irrefutável de empréstimo. Essas observações não se destinam a depreciar a pesquisa e a crítica históricas, mas antes a observar que a crítica histórica deve apoiar suas conclusões em provas históricas e não as deduzir de pressuposições *a priori*, adornando-as com uma aura pseudo-histórica. A crítica histórica legítima não parecerá enfraquecer seriamente, como não tem parecido, a defesa da originalidade dos gregos.

A filosofia romana, contudo, é uma criação magra comparada com a dos gregos, pois os romanos dependeram em grande parte dos gregos em relação às suas idéias filosóficas, assim como dependeram dos gregos em arte e, pelo menos numa grande medida, no campo da literatura. Tiveram as suas próprias grandes realizações (pensamos logo na criação do direito romano e nos feitos do gênio político romano), mas sua glória não está no reino da especulação fi-

---

[12] Burnet, E.G.P., V. I, p. 9.

losófica. Ainda assim, apesar de a dependência das escolas romanas de filosofia para com os antecessores gregos ser inegável, não podemos nos dar ao luxo de negligenciar a filosofia do período romano, já que esta nos mostra o tipo de idéias que se tornou usual entre os membros mais cultos da classe que se assenhoreou do mundo civilizado europeu. O pensamento dos últimos estóicos, por exemplo o ensinamento de Sêneca, Marco Aurélio e Epiteto, sob muitos aspectos transmite uma imagem marcante e nobre que dificilmente deixará de suscitar admiração e estima, ainda que ao mesmo tempo estejamos conscientes do muito que ali falta. É também desejável que o estudante cristão conheça algo do que de melhor o paganismo tinha a oferecer, e assim deve ele se familiarizar com as várias correntes de pensamento daquele mundo greco-romano no qual a Religião Revelada foi plantada e cresceu. Seria lamentável que o estudante estivesse familiarizado com as campanhas de Júlio César ou Trajano, com as carreiras infames de Calígula ou Nero, e ainda assim permanecesse ignorante do imperador-filósofo, Marco Aurélio, ou da influência em Roma do grego Plotino, que, embora não fosse cristão, foi um homem profundamente religioso, e cujo nome foi tão querido à primeira grande figura da filosofia cristã, Santo Agostinho de Hipona.

PARTE I
Filosofia pré-socrática

CAPÍTULO I
O berço do pensamento ocidental: Jônia

A terra natal da filosofia grega foi a costa da Ásia Menor, e os primeiros filósofos gregos foram jônicos. Ao passo que a Grécia propriamente dita estava em estado de relativo caos ou barbárie por conta das invasões dórias do século XI a.C., as quais sufocaram a cultura egéia, de sua parte a Jônia preservou o espírito da civilização mais antiga,[1] e foi ao mundo jônico que pertencera Homero, ainda que os poemas homéricos fossem endossados pela nova aristocracia aquéia. Embora os poemas homéricos não possam ser chamados de obra filosófica (embora sejam, claro, de grande valor por revelarem certos estágios da mundividência e do estilo de vida gregos, e sua influência educacional sobre os gregos pósteros não pode ser subestimada), já que as idéias filosóficas isoladas que ocorrem nos poemas estão longe de serem sistematizadas (o são consideravelmente menos do que nos poemas de Hesíodo, escritor épico da Grécia continental que retratou em sua obra uma visão pessimista da história, sua condenação do mando da lei no mundo animal e sua paixão ética pela justiça entre os homens), é de todo modo significativo que o maior poeta da Grécia e os primórdios da filosofia sistemática pertencessem ambos à Jônia. Mas essas duas grandes criações do gênio jônico, os poemas de Homero e a cosmologia jônica, não se seguem uma da outra; no mínimo, resta bastante claro, independentemente da visão que se tenha da autoria, composição e datação ou datações dos poemas homéricos, que a sociedade refletida nesses poemas não era aquela do período da cosmologia jônica, e sim pertencia a uma época mais primitiva. Ora, a sociedade descrita por Hesíodo, o último dos "dois" grandes poetas épicos, é um eco distante da *Polis* grega, pois entre um e outro ocorrera a derrocada dos nobres que compunham a aristocracia, derrocada que tornou possível o desenvolvimento livre da vida citadina na Grécia continental. Nem a vida heróica descrita na *Ilíada* nem a dominação dos senhores de terras descrita nos poemas de Hesíodo foram o cenário em que a filosofia grega se desenvolveu: ao contrário, a nascente filosofia grega, embora naturalmente fosse obra de indivíduos, foi também um produto da cidade e refletia, em certa medida, o império da lei e a concepção da lei que os pré-socráticos sistematicamente estenderam ao universo inteiro em suas cosmologias. Assim, sob certo aspecto existe alguma continuidade entre a concepção homérica de uma lei ou fado ou

---

[1] "Foi na Jônia que a nova civilização grega surgiu: a Jônia, na qual o velho sangue e espírito egeus mais subsistiam, educou a nova Grécia, deu-lhe o dinheiro em moeda e as letras, a arte e a poesia, deu seus navegantes, forçando os fenícios pela retaguarda, levou a sua nova cultura ao que se supunham ser os limites do mundo". Hall, *Ancient History of the Near East*, p. 79.

vontade definitiva a governar deuses e homens, a imagem hesiódica do mundo e das exigências morais do poeta, e a cosmologia jônica. Com a vida social assegurada, os homens puderam se voltar para a reflexão racional, e no período da infância da filosofia foi a natureza como um todo que primeiro ocupou a mente deles. Do ponto de vista psicológico, nada mais natural.

Assim, embora seja inegável que a filosofia grega surgiu de um povo cuja civilização recuava até os tempos pré-históricos da Grécia, o que chamamos de filosofia grega inicial só era "inicial" em relação à filosofia grega subseqüente e ao desenvolvimento do pensamento e cultura gregos no continente; em relação aos séculos anteriores da história grega, pode ser vista antes como o fruto de uma civilização madura, marcando por um lado o período final da grandeza jônica e, por outro, a inauguração do esplendor da cultura helênica, particularmente ateniense.[2]

Apresentamos a filosofia grega inicial como se fosse o último produto da antiqüíssima civilização jônica; mas se deve lembrar que a Jônia forma, em verdade, um ponto de encontro de Ocidente e Oriente, de modo que se pode levantar a questão sobre se a filosofia grega não se devia a influências orientais, sobre se, por exemplo, não seria um empréstimo da Babilônia ou Egito. Essa posição chegou a ser sustentada, mas teve de ser abandonada. Os filósofos e escritores gregos nada sabiam disso — nem mesmo Heródoto, logo ele, todo propício a divulgar sua teoria predileta acerca das origens egípcias da religião e civilização gregas —, e a teoria da origem oriental foi criação principalmente de escritores alexandrinos, dos quais a receberam os apologistas cristãos. Os egípcios da época helenística, por exemplo, interpretaram os seus próprios mitos de acordo com as idéias da filosofia grega, e em seguida afirmaram que esses mitos eram a origem da filosofia grega. Mas isso não é nada mais que uma alegoria devida aos alexandrinos: não tem maior valor objetivo do que a noção judaica de que Platão extraiu sua sabedoria do Velho Testamento. Haveria, claro, dificuldades para explicar *como* o pensamento egípcio poderia ter sido transmitido aos gregos (comerciantes não eram o tipo de gente da qual se espera que exponha noções filosóficas), mas, como observou Burnet, é praticamente uma perda de tempo perguntar se as idéias filosóficas deste ou daquele povo oriental poderiam ter sido comunicadas aos gregos ou não, a menos que primeiro tenhamos nos certificado de que o povo em questão realmente possuía uma filosofia.[3] Jamais se demonstrou que os egípcios tivessem uma filosofia a comunicar, e nem se levanta a possibilidade de que a filosofia grega tenha vindo da Índia ou da China.[4]

---

[2] A respeito do que Julius Stenzel chama de *Vortheoretische Metaphysik* [*Metafísica pré-teórica*], cf. Zeller, *Outlines*, Introd., s. 3; Burnet, E.G.P., Introd.; Ueberweg-Praechter, pp. 28–31; Jaeger, *Paideia*; Stenzel, *Metaphysik des Altertums*, I, pp. 14 e ss.

[3] E.G.P., pp. 17–18.

[4] "Nel sesto secolo a.C. ci si presenta, in Grecia, uno dei fenomeni meravigliosi della cultura umana. La Scuola di Mileto crea la ricerca scientifica: e le linee fondamentali, stabilite in quei primi albori, si perpetuano attraverso le generazioni e i secoli". [No século VI a.C., apresenta-se-nos um dos fenômenos maravilhosos da cultura humana. A Escola de Mileto cria a pesquisa científica: e os traços fundamentais, estabelecidos naqueles primeiros albores, se perpetuam através das gerações e séculos]. Aurelio Covotti, *I Presocratici*, Nápoles, 1934, p. 31.

Mas há um elemento adicional a ser considerado. A filosofia grega estava estreitamente ligada à matemática, e se argumentou que os gregos tinham derivado sua matemática do Egito e sua astronomia da Babilônia. Ora, que a matemática grega tenha sido influenciada pelo Egito e a astronomia grega pelos babilônios é coisa mais que provável: em primeiro lugar, a ciência e filosofia gregas começaram a se desenvolver naquela mesma região onde mais se esperaria um intercâmbio com o Oriente. Mas isso não é o mesmo que dizer que a matemática científica grega *deriva* do Egito ou sua astronomia da Babilônia. Pondo de lado minúcias, basta dizer que a matemática egípcia consistia em métodos empíricos, rudimentares e ligeiros para obter um resultado prático. Assim, a geometria egípcia consistia em grande parte em métodos para demarcar os campos depois da inundação do Rio Nilo. A geometria científica não foi desenvolvida por eles, e sim pelos gregos. De modo similar, a astronomia babilônica era praticada com propósitos de predição, mas entre os gregos ela ganhou um propósito científico. Daí que, mesmo que admitamos que a matemática de jardinagem prática dos egípcios e as observações astronômicas dos astrólogos babilônicos influenciaram os gregos e lhes forneceram a matéria preliminar, essa admissão de modo algum vai em sentido contrário à originalidade do gênio grego. Ciência e pensamento, enquanto coisas distintas de meros cálculo prático e crença astrológica, foram criação do gênio grego e não se deviam a egípcios nem a babilônios.

Os gregos se apresentam, portanto, como incontestáveis primeiros pensadores e cientistas da Europa.[5] Foram os primeiros a buscar o conhecimento em si mesmo, e o buscaram com um espírito científico, livre e desprovido de preconceito. Além disso, devido ao caráter da religião grega, eles estavam livres de qualquer classe sacerdotal que pudesse ter fortes tradições e doutrinas disparatadas próprias, rigorosamente mantidas e transmitidas apenas a uns poucos, a qual poderia ter embaraçado o desenvolvimento da ciência livre. Em sua história da filosofia, Hegel rejeita a filosofia indiana com secura, alegando que ela é idêntica à religião indiana. Embora admita a presença de *noções* filosóficas, sustenta que estas não assumem a forma de *pensamento*, estão antes expressas em forma poética e simbólica, e possuem, como a religião, o propósito prático de libertar os homens das ilusões e da infelicidade da vida, e não o propósito de buscar o conhecimento em si mesmo. Sem necessidade de comprometer-se com a visão de Hegel da filosofia indiana (a qual, desde a época de Hegel, veio a ser apresentada bem mais claramente ao mundo ocidental em seus aspectos puramente filosóficos), pode-se concordar com ele quanto à filosofia grega ter sido desde o princípio *pensamento* buscado com um espírito de ciência livre. Pode ser que, nas mãos de alguns, ela tenha tendido a tomar o lugar da religião grega, tanto do ponto de vista da crença como da conduta; ainda assim, isso se devia à inadequação da religião grega, e não a qualquer caráter mitológico ou místico da filosofia grega. (Não se quer, é claro, fazer pouco do lugar e função

---

[5] Como observa o Dr. Praechter (p. 27), as concepções religiosas do Oriente, mesmo que tivessem sido absorvidas pelos gregos, não explicariam o caráter peculiar da filosofia grega, a especulação livre sobre a essência das coisas. Quanto à filosofia indiana, esta não surgiria antes que a grega.

do "mito" no pensamento grego, nem tampouco da tendência da filosofia em certas ocasiões de passar à condição de religião, e.g. com Plotino. De fato, no que diz respeito aos mitos, "Nas primeiras cosmologias dos físicos gregos, os elementos míticos e racionais se interpenetram numa unidade indivisa até então inédita". Assim diz o Prof. Werner Jaeger em *Aristotle, Fundamentals of the History of His Development*, p. 377).

O Prof. Zeller enfatiza a imparcialidade dos gregos ao observarem o mundo ao seu redor, a qual, combinada ao seu senso de realidade e poder de abstração, "lhes permitiu numa data muito precoce reconhecer as suas idéias religiosas como o que de fato eram — criações de uma imaginação artística".[6] (Isso, é claro, dificilmente soaria boa coisa para os gregos em geral — a maioria não-filosófica). A partir do momento em que a sabedoria proverbial dos sábios e os mitos dos poetas foram sucedidos pelas reflexões e investigações meio científicas, meio filosóficas dos cosmólogos jônicos, pode-se dizer que a arte foi sucedida (pelo menos logicamente) pela filosofia, a qual alcançaria uma culminação esplêndida em Platão e Aristóteles, e a longo prazo alcançaria com Plotino as alturas em que a filosofia é transfigurada, não em mitologia, mas em misticismo. Contudo, não houve transição abrupta do "mito" para a filosofia; pode-se até dizer que a teogonia hesiódica, por exemplo, encontrou uma sucessora na especulação cosmogônica jônica, com o elemento mítico a retroceder diante da crescente racionalização, mas não a desaparecer. De fato, está presente na filosofia grega mesmo em tempos pós-socráticos.

A façanha do pensamento grego foi acalentada na Jônia; e, se a Jônia foi o berço da filosofia grega, Mileto foi o berço da filosofia jônica. Pois foi em Mileto que surgiu Tales, tido por primeiro filósofo jônico. Os filósofos jônicos impressionavam-se muito com o fato da mudança, do nascimento e crescimento, da decadência e morte. Primavera e outono no mundo externo da natureza, infância e velhice na vida do homem, vir à existência e desaparecer — estes eram fatos óbvios e inescapáveis do universo. É um grande erro supor que os gregos fossem felizes e imprevidentes filhos do sol, que só queriam recostar-se nos pórticos de suas cidades e fitar as magníficas obras de arte ou os feitos dos atletas. Tinham bastante consciência do lado negro de nossa existência neste planeta, pois, contra o pano de fundo do sol e da alegria, viam a incerteza e insegurança da vida humana, a certeza da morte, a escuridão do futuro. "A melhor coisa para o homem teria sido não ter nascido e não ter visto a luz do sol; mas, uma vez nascido, [a segunda melhor coisa é] atravessar os portões da morte tão rápido quanto possível", declara Teógnis,[7] fazendo-nos lembrar das palavras de Calderón (tão queridas a Schopenhauer), "*El mayor delito del hombre, es haber nacido*". E as palavras de Teógnis irão ecoar nas palavras de

---

[6] *Outlines of the History of Greek Philosophy*, de Eduard Zeller, 13ª ed., revisada por Nestle, trad. L. R. Palmer, pp. 2–3.

[7] 425–427.

Sófocles em *Édipo em Colono*, "Não ter nascido é coisa de preço incalculável"...
μή φῦναι τὸν ἅπαντα νικᾷ λόγον.[8]

Além disso, embora os gregos certamente tivessem seu ideal de moderação, eram constantemente afastados dele pelo desejo de poder. A constante luta entre as próprias cidades gregas, mesmo durante o apogeu da cultura grega, e mesmo quando fosse de óbvio interesse que se unissem contra um inimigo comum, os constantes levantes dentro das cidades, seja liderados por um oligarca ambicioso seja liderados por um demagogo democrata, a venalidade de tantos homens públicos na vida política grega — até quando a segurança e honra de suas cidades estavam sob ameaça —, tudo isso manifesta o desejo de poder que era tão intenso nos gregos. Os gregos admiravam a eficiência, admiravam o ideal do homem forte que sabe o que quer e tem o poder para consegui-lo; sua concepção de ἀρετή era em grande medida a de habilidade para alcançar sucesso. Como observa o Prof. De Burgh, "os gregos teriam visto Napoleão como um homem de *areté* proeminente".[9] Se quisermos um reconhecimento franco, ou um pouco descarado, dessa vontade inescrupulosa de poder, não temos de fazer mais que ler o relato que Tucídides faz da conferência entre os representantes de Atenas e os de Milos. O ateniense declara:

> Mas vocês e nós devemos dizer o que realmente pensamos, e almejar apenas ao que é possível, pois ambos sabemos que na discussão das coisas humanas a questão da justiça só surge quando a pressão da necessidade é igual [de parte a parte], e que os poderosos pactuam o que podem, e os fracos cedem o que devem.

De modo similar, nas célebres palavras,

> Pois dos Deuses cremos, e dos homens sabemos, que, por uma lei de sua natureza, sempre que puderem governar, governarão. Essa lei não foi feita por nós, e não somos os primeiros a agir com base nela; apenas a herdamos, e devemos legá-la a todas as épocas, e sabemos que vocês e toda humanidade, se fortes fossem como somos, agiriam como agimos.[10]

Dificilmente solicitaríamos uma aprovação tão desembaraçada da vontade de poder, e Tucídides não dá mostras de desaprovar a conduta ateniense. Deve-se recordar que, quando afinal a cidade de Milos teve de se render, os atenienses condenaram à morte todos os homens em idade militar, escravizaram as mulheres e crianças e colonizaram a ilha com seus próprios colonos — e tudo isso no zênite do esplendor e da realização artística ateniense.

---

[8] 1224.
[9] *The Legacy of the Ancient World*, p. 83, n. 2.
[10] Da tradução de Tucídides por Benjamin Jowett (Oxford University Press).

Mantém relação muito próxima com a vontade de poder a concepção de ὕβρις. O homem que vai longe demais, que se esforça para ser e ter mais do que o Destino lhe reserva, irá inevitavelmente incorrer na inveja divina e se arruinar. O homem ou a nação que estiver possuído pelo desejo desenfreado de auto-afirmação dirige-se precipitadamente para a autoconfiança imprudente e para a destruição. A paixão cega alimenta a autoconfiança, e a autoconfiança presunçosa termina em ruína.

Faz bem reparar nesse aspecto do caráter grego: a condenação de Platão da teoria "O poder tem razão" se torna assim ainda mais notável. Embora sem concordar, claro, com as conclusões de Nietzsche, não podemos senão admirar sua perspicácia ao ver a relação entre a cultura grega e a vontade de poder. Não, claro, que o lado negro da cultura grega fosse seu único lado — longe disso. Se a tentação da vontade de poder é um fato, também o é o ideal grego de moderação e harmonia. Devemos nos advertir de que existem dois lados no caráter e cultura gregos: existe o lado da moderação, da arte, de Apolo e das deidades olímpicas, e existe o lado do excesso, da auto-afirmação desmedida, do transe dionisíaco, como retratado nas *Bacantes* de Eurípedes. Se sob as grandes realizações da cultura grega vemos o abismo da escravidão, assim também sob o mundo onírico da religião e arte olímpicas vemos o abismo do transe dionisíaco, do pessimismo e de todas as formas de falta de moderação. No fim das contas, talvez não seja inteiramente fantasioso supor, inspirado pelo pensamento de Nietzsche, que possa haver em boa parte da religião do Olimpo uma restrição auto-imposta à parte dionisíaca dos gregos. Levado pela vontade de poder à destruição, o grego cria o mundo onírico do Olimpo, cujos deuses o vigiam, invejosos, para que não transgrida os limites do esforço humano. Assim expressa sua consciência de que as forças tumultuosas de sua alma lhe seriam desastrosas. (Esta interpretação não é oferecida como um relato sobre a origem da religião olímpica grega do ponto de vista científico do historiador da religião: quer apenas sugerir os fatores psicológicos — provisões da "natureza", caso se queira — que podem ter atuado, ainda que inconscientemente, na alma dos gregos).

Finalizo agora esta digressão. Apesar do lado melancólico do grego, a sua percepção do constante processo de mudança, de transição da vida para a morte e da morte para a vida, ajudou a levá-lo, na pessoa dos filósofos jônicos, a encetar a filosofia; pois esses homens sábios viram que, a despeito de toda mudança e transição, deve existir algo de permanente. Por quê? Porque a mudança é de uma coisa para alguma outra coisa. É preciso que exista algo de primário, que persiste, que assume várias formas e passa pelo processo de mudança. A mudança não pode ser apenas um conflito de opostos; homens profundos estavam convencidos de que existia algo por trás desses opostos, algo de primário. A filosofia ou cosmologia jônica é desse modo sobretudo uma tentativa de descobrir esse elemento primitivo ou *Urstoff*[11] de todas as coisas, um filósofo se decidindo

---

[11] A palavra alemã *Urstoff* [matéria primeira] é aqui empregada apenas para expressar a noção de elemento ou substrato ou "matéria" primitiva do universo por meio de uma única palavra curta.

por este elemento, outro filósofo por aquele elemento. Que elemento específico cada filósofo escolheu como sua *Urstoff* não é tão importante quanto o fato de que partilhassem essa idéia de Unidade. O fato da mudança, do movimento no sentido aristotélico da palavra, sugeriu-lhes a noção de unidade, embora, como diz Aristóteles, eles não expliquem o movimento.

Os jônicos divergiam quanto ao caráter da *Urstoff*, mas todos sustentavam que fosse material — Tales pendendo para a água, Anaxímenes para o ar, Heráclito para o fogo. A antítese entre espírito e matéria ainda não havia sido percebida; daí que, embora fossem materialistas *de facto* — na medida em que identificavam uma forma de matéria como o princípio de unidade e matéria primeira de todas as coisas —, dificilmente poderiam ser caracterizados como materialistas no sentido que damos à palavra. Não é o caso de que tenham concebido uma separação clara entre espírito e matéria e depois a negado; eles não estavam inteiramente conscientes da distinção, ou pelo menos não se aperceberam de suas conseqüências.

Alguém poderá, portanto, propender para a afirmação de que os pensadores jônicos não eram tanto filósofos quanto cientistas primitivos que tentavam tratar do mundo material e externo. Mas é preciso lembrar que eles não se limitaram a *sentir*, mas foram além da aparência para *pensar*. Seja água, ar ou fogo o elemento a ser visto como a *Urstoff*, ele certamente não *parece* sê-lo, isto é, não se apresenta como elemento fundamental. Para chegar à concepção de qualquer um desses elementos como o fundamental para todas as coisas, é necessário ir além da aparência e dos sentidos. E os jônicos não chegaram às suas conclusões por meio de uma abordagem científica, experimental, mas por meio da razão especulativa: a unidade postulada é de fato de ordem material, mas é uma unidade postulada pelo pensamento. Mais ainda, é uma unidade abstrata — a abstrair, entenda-se, a partir dos dados da aparência —, ainda que materialista. Em conseqüência, talvez possamos chamar as cosmologias jônicas de exemplos de *materialismo abstrato*: podemos já discernir nelas a noção de unidade na diferença e de diferença a ingressar numa unidade: e essa é uma noção filosófica. Não só isso: os pensadores jônicos estavam convencidos do império da lei no universo. Na vida da ὕβρις individual, ultrapassar o que é certo e próprio para o homem traz consigo a ruína, a reparação do equilíbrio; assim, por extensão ao universo, a lei cósmica impera, a preservação de um equilíbrio e a prevenção do caos e da anarquia. Essa concepção de um universo governado por leis, um universo que não é mero capricho de uma espontaneidade desregrada, um campo para o domínio desregrado e "egoísta" de um elemento sobre o outro, formou a base de uma cosmologia científica oposta à mitologia fantasiosa.

A partir de outro ponto de vista, contudo, podemos dizer que com os jônicos ainda não se fazia distinção entre ciência e filosofia. Os primeiros pensadores ou sábios jônicos dedicavam-se a todo tipo de considerações científicas, como as astronômicas, e estas não se separavam claramente da filosofia. Eram Sábios que poderiam fazer observações astronômicas para propósitos de navegação, tentar encontrar o elemento primário do universo, divisar feitos de engenharia etc., tudo sem fazer nenhuma distinção clara entre essas várias atividades. Apenas um misto de história e geografia, conhecido como ἱστορίη, era separado das atividades filosófico-científicas, e mesmo isso não era sempre claro. Contudo, uma vez que verdadeiras noções filosóficas e uma verdadeira habilidade especulativa surgem em meio a eles, uma vez que formam um estágio do desenvolvimento da filosofia clássica grega, os pensadores jônicos não podem ser omitidos da história da filosofia como se fossem simples crianças cujo balbuciar inocente fosse indigno de atenção séria. As primícias da filosofia européia não podem ser matéria de indiferença para o historiador.

CAPÍTULO II
Os pioneiros: primeiros filósofos jônicos

1. Tales

A mescla de filósofo e cientista prático é muito evidente no caso de Tales de Mileto. A ele é creditada a predição do eclipse solar mencionado por Heródoto[12] como tendo ocorrido ao fim da guerra entre lídios e medos. Ora, de acordo com cálculos feitos por astrônomos, um eclipse, provavelmente visível na Ásia Menor, ocorreu em 28 de maio de 585 a.C. Logo, se a história sobre Tales for verdadeira, e se o eclipse que ele predisse for o de 585, então ele deve ter nascido no início do século VI a.C. Diz-se que morreu pouco antes da queda de Sárdis em 546/545 a.C. Entre outras atividades científicas creditadas a Tales, estão a criação de um almanaque e a introdução da prática fenícia de conduzir embarcações sob orientação da Ursa Menor. Anedotas a seu respeito, as quais podem ser lidas na vida que sobre ele escreveu Diógenes Laércio, por exemplo a de que caiu num poço ou numa fossa enquanto contemplava as estrelas, são provavelmente apenas lendas do tipo facilmente gerado em torno de um guru ou sábio.[13]

Na *Metafísica*, Aristóteles afirma que, de acordo com Tales, a Terra está posta sobre a água (ao que parece, vendo-a como um disco plano flutuante). Mas o ponto mais importante é que Tales declara que o material primário de todas as coisas é a água... ou seja, é o fato de ter levantado a questão do Um. Aristóteles conjetura que a observação pode ter levado Tales à sua conclusão,

> descobrindo a noção ao notar que a nutrição de todas as coisas é a umidade, e que o próprio calor é gerado pela umidade e mantido por ela (e que aquilo pelo qual as coisas vêm a ser é um princípio de todas as coisas). Ele extraiu essa noção desse fato, e do fato de que as sementes de todas as coisas são de natureza úmida, e a água é a origem da natureza das coisas úmidas.[14]

Aristóteles também sugere, embora com reservas, é certo, que Tales foi influenciado por teologias mais antigas, nas quais a água — o Rio Estige dos poetas — era objeto de rogo entre os deuses. Seja como for, é claro que o fenômeno da evaporação sugere que a água pode se tornar névoa ou ar, enquanto o

---

[12] *Hist.*, I, p. 74.
[13] Diógenes Laércio, *Vidas dos filósofos*, I, pp. 22–24.
[14] Aristóteles, *Metaphysics*. Trad. de J. A. Smith e W. D. Ross.

fenômeno do congelamento pode sugerir que, se o processo for levado adiante, a água poderia se transformar em terra. De todo modo, a importância desse remoto pensador se deve no fim das contas ao fato de ter levantado a questão acerca da natureza última do mundo, e não à resposta que deu a ela, ou às suas razões, sejam quais forem, para dar essa resposta.

Outras afirmações atribuídas por Aristóteles a Tales, a de que todas as coisas estão cheias de deuses, a de que o ímã possui uma alma porque move o ferro,[15] não podem ser interpretadas com segurança. Declarar que isso equivale a afirmar a existência de uma alma do mundo, e em seguida identificar essa alma do mundo com Deus[16] ou com o demiurgo platônico[17] — como se este último tivesse formado todas as coisas a partir da água —, é levar longe demais a liberdade de interpretação. O único elemento certo e realmente importante na doutrina de Tales é que ele concebia as "coisas" como formas variadas de um só elemento primário e fundamental. Que ele identifique a *água* como esse elemento é algo que lhe dá sua feição histórica própria, digamos assim, mas ele faz jus ao seu título de primeiro filósofo grego pelo fato de ter sido o primeiro a conceber a noção de Unidade na Diferença (ainda que ele não circunscreva a noção no plano da lógica), e por, tendo em vista a unidade, esforçar-se para explicar a evidente diversidade das coisas. A filosofia naturalmente tenta compreender a pluralidade que experimentamos, sua existência e natureza, e nesse caso compreender significa, para o filósofo, descobrir uma unidade subjacente ou um primeiro princípio. A complexidade do problema não pode ser captada a menos que a distinção radical entre matéria e espírito tenha sido claramente apreendida: antes que se apreenda isso (e na verdade até depois dessa apreensão, se, uma vez "apreendida", for negada), soluções *simplistas* do problema estão fadadas a surgir: a realidade será concebida como uma unidade material (como no pensamento de Tales) ou como idéia (como em certas filosofias modernas). Só se fará justiça à complexidade do problema do Um e do Diverso se as bases fundamentais da realidade e a doutrina da analogia do ser forem claramente compreendidas e defendidas sem ambigüidades: de outro modo, a riqueza da multiplicidade será sacrificada a uma unidade concebida mais ou menos arbitrariamente.

É mesmo possível que a observação a respeito do ímã estar vivo, que Aristóteles atribui a Tales, represente a persistência de um animismo primitivo, no qual o conceito de espírito-fantasma (o duplo penumbroso do homem que é percebido durante sonhos) veio a se estender à vida orgânica sub-humana, e até às forças do mundo inorgânico; mas, mesmo se for o caso, trata-se apenas de reminiscências remotas, uma vez que em Tales percebemos claramente a tran-

---

[15] *De Anima*, A 5, 411a7; 2, 405a19.
[16] Como Flávio Aécio, I, 7, XI (D. 11 A 23).
[17] Cícero: *De Nat. D.*, I, 10, 25 (D ibid.).

sição do mito para a ciência e a filosofia, e ele retém seu caráter tradicional de iniciador da filosofia grega, ἀλλὰ Θαλῆς μὲν ὁ τῆς τοιαύτης ἀρχηγός φιλοσοφίας.[18]

II. Anaximandro

Outro filósofo de Mileto foi Anaximandro. Ao que parece, era homem mais novo que Tales, pois é descrito por Teofrasto como um "assistente" de Tales.[19] Como este, Anaximandro se ocupava de pesquisas científicas práticas, e lhe é creditado ter construído um mapa — provavelmente para uso de marinheiros milesianos no Mar Negro. Participante da vida política, como muitos outros filósofos gregos, conduziu uma colônia em Apolônia.

Anaximandro compôs uma obra em prosa sobre suas teorias filosóficas. Esta ainda sobrevivia na época de Teofrasto, a quem devemos informações valiosas acerca do pensamento de Anaximandro. Ele buscou, como Tales, o elemento primário e derradeiro de todas as coisas; mas decidiu que não poderia ser nenhum tipo de matéria, como a água, já que a água ou umidade era ela própria um dos "opostos", cujos conflitos e desbordamentos precisavam ser explicados. Se a mudança, o nascimento e a morte, o crescimento e a decadência, se devem ao conflito, à usurpação do espaço de um elemento por outro, então — dada a suposição de que tudo na realidade é água — é difícil conceber por que os outros elementos ainda não foram absorvidos pela água. Anaximandro chegou assim à idéia de que o elemento primário, a *Urstoff*, é indeterminada. É mais primitivo do que os opostos, é aquilo de que surgem e em que se desfazem.[20]

Esse elemento primário (ἀρχή) foi chamado por Anaximandro — e, de acordo com Teofrasto, foi o primeiro a chamá-lo assim — de causa material. "Não é nem a água nem nenhum outro dos assim chamados elementos, mas uma natureza diferente deles e infinita, da qual surgem todos os céus e mundos contidos nele". É τὸ ἄπειρον, a substância sem limites. "Eterna e sempre jovem", ela "engloba todos os mundos".[21]

As sobreposições de um elemento a outro são descritas poeticamente como exemplos de injustiça, o elemento quente a cometer uma injustiça no verão e o frio a cometê-la no inverno. Os elementos determinados pagam pelas suas injustiças sendo absorvidos de novo no ilimitado indeterminado.[22] Este é um exemplo de como a concepção de lei do universo humano é estendida ao universo em geral.

Existe uma pluralidade de mundos coexistentes que são inumeráveis.[23] Cada um deles é perecível, mas parece haver um número ilimitado deles ao mesmo tempo na existência, vindo a existir por meio de movimento eterno. "E além

---

[18] *Metaf.*, 938b 18.
[19] *Opin. dos Filós.*, frag. 2 (D. 12 A 9). Cf. Pseudo-Plutarco. *Stromata*, 2 (D. 12 A 10).
[20] Frag. 1.
[21] Frag. 1–3.
[22] Frag. 1.
[23] D. 12 A 17. Simplício, *Física*, 1121, 5; Aécio, II, 1, 3; Cícero, *De Nat. D.*, I, 10, 25; Aug. *C. D.*, VIII, 2.

disso havia um eterno movimento no qual os céus vinham a existir".[24] Esse movimento eterno parece ter sido uma ἀπόκρισις ou "separação", como que um joeirar numa peneira, como vemos na doutrina pitagórica apresentada no *Timeu* de Platão. Uma vez separados os elementos, o mundo como o conhecemos se formou por um movimento em vórtice ou δίνη — com os elementos mais pesados, terra e água, permanecendo no centro do vórtice, e o fogo a voltear pela circunferência, ao passo que o ar permanece no espaço intermediário. A Terra não é um disco, mas um cilindro curto, "como o tambor de um pilar".[25]

A vida vem do mar, e os animais chegaram à sua forma atual através de adaptação ao meio ambiente. Anaximandro faz uma suposição inteligente acerca da origem do homem. "[...] diz ainda que no começo o homem nasceu de animais de outras espécies, pois, enquanto outros animais rapidamente encontravam alimento para si, só o homem precisava de um longo período de amamentação, de modo que, se tivesse sido sempre como é agora, jamais teria sobrevivido".[26] Ele não explica — o que é uma dificuldade perene para os evolucionistas — como o homem sobreviveu no período de transição.

A doutrina de Anaximandro representa um avanço, portanto, em relação à de Tales. Ele passa, para além do elencar de qualquer elemento específico como elemento primário, à concepção de um infinito indeterminado, do qual surgem todas as coisas. Mais ainda, faz pelo menos uma tentativa de responder à questão sobre *como* o mundo se desenvolveu a partir desse elemento primário.

III. Anaxímenes

O terceiro filósofo da escola milesiana foi Anaxímenes. Deve ter sido mais jovem que Anaximandro — pelo menos Teofrasto diz que era um "assistente" de Anaximandro. Escreveu um livro do qual sobreviveu um pequeno fragmento. Segundo Diógenes Laércio, "ele escrevia no mais genuíno dialeto jônico".

À primeira vista, em alguma medida a doutrina de Anaxímenes parece um retrocesso frente ao estágio alcançado por Anaximandro, pois Anaxímenes, abandonando a teoria do τὸ ἄπειρον, acompanha Tales ao assinalar um elemento específico como *Urstoff*. Esse elemento não é a água, mas o *ar*. Isso pode lhe ter sido sugerido pelo ato de respirar, pois o homem vive enquanto respira, de modo que pode ter facilmente deduzido que o ar é o princípio da vida. De fato, Anaxímenes traça um paralelo entre o homem e a natureza em geral. "Assim como nossa alma, sendo ar, nos mantém inteiros, do mesmo modo o sopro e o ar englobam o mundo todo".[27] O ar é então a *Urstoff* do mundo, da qual todas as coisas que são e que foram e que serão, os deuses e as coisas divinas, surgem, ao passo que as demais coisas surgem como sua descendência.[28]

---

[24] Cf. Hipólito, *Refutação*, 16, 2 (D. 12 A 11).
[25] Frag. 5. Pseudo-Plutarco, *Stromata*, 2 (D. 12 A 10).
[26] Pseudo-Plutarco, *Stromata*, frag. 2 (D. 12 A 10).
[27] Frag. 2.
[28] Hipólito, *Refutação*, 1, 7 (D. 13 A 7).

Mas obviamente há uma dificuldade em explicar como todas as coisas se originaram do ar, e é na solução que ofereceu a essa dificuldade que Anaxímenes mostra algo de gênio. Para explicar como objetos concretos se formaram a partir do elemento primitivo, ele introduz a noção de condensação ou rarefação. O ar, em si mesmo, é invisível, mas se torna visível nesse processo de condensação ou rarefação, tornando-se fogo quando dilatado ou rarefeito; e vento, nuvem, água, terra e, por fim, pedras, quando condensado. E, com efeito, essa noção de condensação e rarefação sugere outra razão pela qual Anaxímenes estabeleceu o ar como elemento primário. Ele pensou que, quando o ar se torna rarefeito, fica mais quente e assim tende ao fogo; ao passo que, quando se condensa, fica mais frio e assim tende ao sólido. O ar tem lugar intermédio no anel que envolve o ardor e o frio, com massa úmida em seu interior, e Anaxímenes finca no ar uma espécie de casa a meio caminho. Talvez se possa dizer que o quesito importante de sua doutrina, contudo, está na tentativa de encontrar toda qualidade na quantidade — pois é isso que sua teoria da condensação e da rarefação quer dizer em terminologia moderna. (Conta-se que Anaxímenes notou que, quando respiramos de boca aberta, o ar é quente; enquanto, quando respiramos de boca fechada, o ar é frio — uma prova experimental de sua tese).[29]

Como no caso de Tales, a Terra é concebida como plana. Flutua no ar como uma folha. Nas palavras do Prof. Burnet, "a Jônia jamais esteve apta a aceitar a visão científica da Terra, e até Demócrito continuou a acreditar que fosse plana".[30] Anaxímenes deu uma curiosa explicação para o arco-íris. Seria devido à incidência dos raios do sol sobre uma nuvem grossa, na qual não conseguiriam penetrar. Zeller comenta que isso é uma reminiscência de Íris (a mensageira homérica dos deuses) nessa explicação "científica".[31]

Com a queda de Mileto em 494 a.C., a escola milesiana tinha de chegar ao fim. O conjunto das doutrinas milesianas viria a ser conhecido como a filosofia de Anaxímenes, como se aos olhos dos antigos ele fosse o mais importante representante da escola. Sem dúvida sua posição histórica de último da escola seria suficiente para explicar isso, embora sua teoria da condensação e da rarefação — a tentativa de explicar as propriedades dos objetos concretos do mundo por meio da redução da qualidade à quantidade — provavelmente fosse responsável em boa medida.

De modo geral, podemos mais uma vez repetir que a principal importância dos jônios está no fato de que levantaram a questão da natureza última das coisas, e não em qualquer resposta específica que tenham dado a ela. Também podemos observar que todos eles pressupõem a eternidade da matéria: não entra em suas cabeças a idéia de um começo absoluto deste mundo material. Em

---

[29] Plutarco, *De prim. frig.*, 947 ss., frag. 1.
[30] E.G.P., I, p. 9.
[31] *Outlines*, p. 31.

verdade, para eles *este* mundo é o único que existe. Não seria muito correto, contudo, ver os cosmólogos jônicos como materialistas dogmáticos. A distinção entre matéria e espírito ainda não tinha sido concebida, e, até que isso acontecesse, dificilmente poderiam existir materialistas no sentido que damos à palavra. Eles eram materialistas no sentido de que tentavam explicar a origem de todas as coisas a partir de algum elemento material: mas não eram materialistas no sentido de deliberadamente negarem a distinção entre matéria e espírito, pela simples razão de que a distinção não tinha sido concebida de maneira tão clara a ponto de sua negação formal ser possível.

Desnecessário dizer que os jônicos eram "dogmáticos", no sentido de que não levantaram o "problema crítico". Acreditavam que podemos conhecer as coisas como elas são: estavam cheios da *naïveté* do espanto e da alegria da descoberta.

CAPÍTULO III
A Sociedade Pitagórica

É importante perceber que os pitagóricos não eram apenas um bando de discípulos de Pitágoras, mais ou menos independentes e isolados uns dos outros: eram membros de uma sociedade ou comunidade religiosa fundada na segunda metade do séc. VI a.C. por Pitágoras, natural de Samos, em Crotone, sul da Itália. O próprio Pitágoras era jônico, e os primeiros membros da escola falavam o dialeto jônico. As origens da Sociedade Pitagórica, bem como a vida do fundador, estão envoltas em sombras. Jâmblico, em sua vida de Pitágoras, chama-o "líder e pai da filosofia divina", "um deus, um 'demônio' (isto é, um ser sobre-humano), ou um homem divino". Mas as biografias de Pitágoras escritas por Jâmblico, Porfírio e Diógenes Laércio dificilmente podem ser tidas como testemunho confiável, e é sem dúvida correto chamá-las de romances.[32]

Fundar uma escola provavelmente não era coisa nova no mundo grego. Embora não se possa provar definitivamente, é muito provável que os primeiros filósofos milesianos tinham ao seu redor o que equivalia a uma escola. Mas a escola pitagórica tinha uma característica distintiva, a saber, seu caráter ascético e religioso. Próximo ao fim da civilização jônica, ocorreu uma revivescência religiosa, com a tentativa de estabelecer genuínos elementos religiosos, coisa a que não atendiam nem a mitologia olímpica nem a cosmologia milesiana. Assim como no Império Romano, com uma sociedade em declínio, tendo perdido seu vigor e seu frescor de outrora, vemos por um lado um movimento em direção ao ceticismo e, por outro, um movimento em direção às "religiões de mistérios", quando do fim da rica e comercial civilização jônica encontramos as mesmas tendências. A Sociedade Pitagórica representa o espírito dessa revivescência religiosa, que ela combina com um espírito marcadamente científico, o qual constitui aquilo, claro, que justifica a inclusão dos pitagóricos na história da filosofia. Há certamente uma faixa em comum entre o orfismo e o pitagorismo, embora de modo algum seja fácil aquilatar as relações entre um e outro e o grau de influência que a seita órfica pode ter tido sobre os pitagóricos. No orfismo verificamos com certeza uma organização em comunidades unidas por rito de iniciação e fidelidade a um modo de vida compartilhado, bem como a doutrina da transmigração das almas — doutrina notória no ensino pitagórico —, e é difícil pensar que Pitágoras não tenha sofrido influência alguma das crenças e

---

[32] "Ben, invero, possono dirsi romanzi le loro 'Vite'". Covotti, *I Presocratici*, p. 66.

práticas órficas, ainda que seja a Delos que Pitágoras deva ser associado, em vez de com a religião dionisíaca da Trácia.[33]

Sustentou-se que as comunidades pitagóricas fossem comunidades *políticas*, opinião essa, contudo, que não pode ser defendida, pelo menos não no sentido de que fossem essencialmente comunidades políticas — o que de certo não eram. Pitágoras, é verdade, teve de deixar Crotone e ir para Metaponto por pressão de Cílon; mas isso parece se poder explicar sem necessidade de supor quaisquer atividades especificamente políticas da parte de Pitágoras a favor de qualquer partido político. Contudo, os pitagóricos de fato obtiveram controle político em Crotone e em outras cidades da Magna Grécia, e Políbio nos diz que as "lojas" deles foram incendiadas e eles mesmos sofreram perseguição — talvez por volta de 440–430 a.C.,[34] embora esse fato não implique necessariamente que constituíssem uma sociedade essencialmente política em vez de religiosa. Calvino governou Genebra, mas ele não era em primeiro lugar um político. O Prof. Stace observa: "Quando o cidadão comum de Crotone recebeu ordens de não comer grãos, e de em hipótese alguma comer o seu próprio cachorro, aí achou que já estavam passando dos limites"[35] (embora não seja certo que Pitágoras proibisse grãos ou mesmo toda espécie de carne na alimentação. Acerca dos grãos, Aristóxenes afirma o exato oposto.[36] Burnet, que tende a aceitar como pitagórica essa proibição, nem por isso deixa de admitir a possibilidade de Aristóxenes estar correto sobre o tabu relativo a grãos).[37] A sociedade renasceu após alguns anos e continuou suas atividades na Itália, notavelmente em Tarento, onde na primeira metade do século IV a.C. Arquitas atingiu grande reputação. Filolau e Êurito também atuaram nessa cidade.

Quanto às idéias e práticas religioso-ascéticas dos pitagóricos, estas se centravam na idéia de pureza ou purificação, com a doutrina da transmigração das almas a levar naturalmente à promoção do cultivo da alma. A prática do silêncio, a influência da música e o estudo da matemática eram vistos como ajudas valiosas no cuidado da alma. Algumas das práticas, todavia, tinham um caráter puramente externo. Se Pitágoras realmente proibia a ingestão de carne, isso bem podia ser motivado pela doutrina da metempsicose, ou pelo menos ter relação com ela; mas essas regras puramente externas, tais quais mencionadas por Diógenes Laércio como observadas pela escola, nem por um excesso imaginativo poderiam ser chamadas de doutrinas filosóficas. Por exemplo, abster-se de grãos, não andar por ruas principais, não pisar nas aparas das próprias unhas, apagar os sinais de panela que tenham ficado sobre as cinzas, não se sentar sobre coisas amontoadas etc. E, se o que as doutrinas pitagóricas apresentavam se resumisse a isso, elas poderiam interessar ao historiador das religiões, mas dificilmente mereceriam a atenção do historiador da filosofia.

---

[33] Cf. Dióg. Laér., 8, 8.
[34] Políbio, II, 39 (D. 14, 16).
[35] Stace, *Critical History of Greek Philosophy*, p. 33.
[36] Apud. Gell, IV, II, 5 (D. 14, 9).
[37] E.G.P., p. 93, nota 5.

Contudo, essas regras externas de conduta de modo algum abrangem tudo o que os pitagóricos tinham a oferecer.

(Ao discutir com brevidade as teorias dos pitagóricos, não podemos dizer o quanto delas se devia ao próprio Pitágoras, e quanto se devia a membros posteriores da Escola, como Filolau. E Aristóteles, na *Metafísica*, antes fala dos pitagóricos do que do próprio Pitágoras. De modo que, se a expressão "Pitágoras ensinava..." for utilizada, não se deve entender como referida necessariamente ao fundador da escola em pessoa).

Em sua vida de Pitágoras, Diógenes Laércio nos fala de um poema de Xenófanes no qual este relata como Pitágoras, vendo alguém bater num cachorro, pede-lhe que pare, pois havia reconhecido a voz de um amigo no ganido do cão. Seja a lenda verdadeira ou não, a adesão de Pitágoras à doutrina da metempsicose pode ser aceita. A revivescência religiosa tinha dado nova vida à velha idéia do poder da alma e de seu continuado vigor após a morte — um contraste com a concepção homérica das sombras murmurantes daqueles que já se foram. Numa doutrina como a da transmigração das almas, não se tem em mente a consciência da identidade pessoal, da autoconsciência, ou pelo menos esta não é vista como presa à alma, pois, nas palavras do Dr. Julius Stenzel, "*...die Seele wandert von Ichzustand zu Ichzustand, oder, was dasselbe ist, von Leib zu Leib; denn die Einsicht, dass zum Ich Leib gehort, war dem philosophischen Instinkt der Griechen immer selbstverständlich*".[38] A teoria da alma como a harmonia do corpo, proposta por Símias no *Fédon* de Platão e atacada por este, dificilmente seria compatível com a visão pitagórica da alma como imortal e como em processo de transmigração; assim, a atribuição dessa perspectiva aos pitagóricos (Macróbio se refere expressamente a Pitágoras e Filolau)[39] é no mínimo duvidosa. Contudo, como observa o Dr. Praechter, não é sem cabimento a questão se a afirmação de que a alma é a harmonia do corpo, ou *tout simple* uma harmonia, poderia ser tomada no sentido de que era o princípio da ordem e da vida no corpo. Isso não necessariamente comprometeria a imortalidade da alma.[40]

(A similaridade em vários pontos importantes entre o orfismo e o pitagorismo talvez se deva a alguma influência exercida pelo primeiro sobre o segundo; mas é muito difícil determinar se realmente houve alguma influência direta, e, no caso de ter havido, até que ponto se deu. O orfismo se ligava ao culto de Dioniso, um culto que veio da Trácia e da Cítia para a Grécia e que era alheio ao espírito do culto olímpico, ainda que seu caráter "enérgico" e "extático" tenha encontrado eco na alma dos gregos. Mas não é o caráter "enérgico" da religião dionisíaca que liga o orfismo ao pitagorismo; é antes o fato de que os iniciados órficos, que, diga-se de passagem, organizavam-se em comunidades, recebiam como ensinamento a doutrina da transmigração das almas, de modo que para

---

[38] *Metaphysik des Altertums*, Teil I, p. 42. ["A alma vagueia de um estado a outro, isto é, de um corpo a outro; assim, o discernimento de que o corpo pertencia a um eu sempre foi coisa evidente ao instinto filosófico dos gregos"].

[39] *Somn. Scip.*, I, 14, 19 (D. 44 A 23).

[40] Ueberweg-Praechter, p. 69.

eles é a alma, e não o corpo aprisionador, a parte importante do homem; com efeito, a alma é o homem "real", e não é apenas uma sombra do corpo, como aparece em Homero. Daí a importância do cultivo e purificação da alma, o que incluía a observância de preceitos como o de evitar o consumo de carne. O orfismo foi de fato uma religião e não uma filosofia — embora propendesse para o panteísmo, como se pode ver pelo famoso fragmento Ζεύς κεφαλὴ, Ζεύς μέσσα, Διὸς δ' ἐκ πάντα τέτυκται;[41] mas, na medida em que pode ser chamado de filosofia, era um *modo de vida* e não uma mera especulação cosmológica, e quanto a isso o pitagorismo era certamente herdeiro do espírito órfico).

Tratemos agora da difícil questão da filosofia matemático-metafísica dos pitagóricos. Aristóteles nos diz na *Metafísica* que "os pitagóricos, como são chamados, eram devotados à matemática, foram os primeiros a fazer progressos no seu estudo, e, tendo sido educados nela, pensavam que seus princípios eram os princípios de todas as coisas...".[42] Eles tinham o entusiasmo dos primeiros estudantes de uma ciência promissora, e estavam deslumbrados com a importância do número no mundo. Todas as coisas são numeráveis, e podemos expressar muitas coisas numericamente. Assim, a relação entre duas coisas relacionadas pode ser expressa por meio de proporção numérica: a ordem entre um número de elementos ordenados pode ser expressa numericamente, e assim por diante. Mas o que parece os ter impressionado de maneira bastante peculiar foi a descoberta de que os intervalos entre as notas da lira podem ser expressos numericamente. Pode-se afirmar que o tom depende do número, na medida em que depende do comprimento, e os intervalos na escala podem ser expressos por meio de proporções numéricas.[43] Da mesma maneira como a harmonia musical depende do número, assim também se pode pensar que a harmonia do universo depende do número. Os cosmólogos milesianos falavam de um conflito de opostos no universo, e as investigações musicais dos pitagóricos podem lhes ter facilmente sugerido a idéia de solução do problema do "conflito" mediante o conceito de número. Diz Aristóteles:

> já que perceberam que os atributos e proporções das escalas musicais podiam ser expressos em números, concluíram que todas as outras coisas pareciam na totalidade de sua natureza ser modeladas conforme os números, e os números pareciam ser as coisas primeiras em toda a natureza, e todo o céu ser uma escala musical e um número.[44]

---

[41] D. 21 a.
[42] *Metaf.*, 985, b 23–6.
[43] Parece certo que as proporções acústicas pitagóricas eram proporções de comprimentos e não de freqüências, que os pitagóricos dificilmente teriam capacidade de mensurar. Assim, a corda de harpa mais longa era chamada de ἡ ὑπάτη, embora desse a "menor" nota e freqüência, e a mais curta era chamada de ἡ νεάτη, embora desse a "maior" nota e freqüência.
[44] *Metaf.*, 985 b 31—986 a 3.

Ora, Anaximandro tinha produzido tudo a partir do ilimitado ou indeterminado, e Pitágoras combinou a essa noção a de limite, ou τὸ πέρας, o qual dá forma ao ilimitado. Isso é exemplificado pela música (e também na saúde, na qual o limite é o "equilíbrio", que resulta na harmonia que é a saúde), na qual a proporção e a harmonia são expressáveis aritmeticamente. Transferindo essa perspectiva para o mundo tomado em geral, os pitagóricos falavam em harmonia cósmica. Mas, não satisfeitos com enfatizar o papel importante desempenhado pelos números no universo, foram além e declararam que as coisas *são* números.

Claramente, não se trata de uma doutrina fácil de ser compreendida, e é uma afirmação complexa a de que todas as coisas são números. O que queriam dizer os pitagóricos com isso? Em primeiro lugar, o que tinham em mente ao falar de números, ou como concebiam os números? Essa é uma pergunta importante, pois a resposta a ela sugere uma razão pela qual os pitagóricos disseram que as coisas são números. Bom, Aristóteles nos diz que "[os pitagóricos] sustentam que os elementos do número são pares e ímpares, e que os primeiros são ilimitados e os últimos limitados; e que o 1 procede de ambos (pois é tanto par como ímpar), e o número procede do 1; e todo o céu, como já dito, é números".[45] Não importa a que período do desenvolvimento pitagórico Aristóteles estivesse se referindo, e não importa a interpretação exata que se deve dar às suas observações acerca do par e do ímpar, parece claro que os pitagóricos consideravam os números de maneira espacial. Um é o ponto, dois é a linha, três é a superfície, quatro é o sólido.[46] Dizer que todas as coisas são números significaria que "todos os corpos consistem em pontos ou unidades no espaço, que, quando tomados em conjunto, constituem um número".[47] Que os pitagóricos viam os números dessa maneira é atestado pela "tétrade", uma figura que consideravam sagrada.

·

· ·

· · ·

· · · ·

Essa figura exibe à vista que dez é a soma de um, dois, três e quatro; isto é, dos quatro primeiros números inteiros. Aristóteles nos diz que Êurito costumava representar os números como seixos, e é em conformidade com esse método de representação que encontramos os números "quadrados" e os "oblongos".[48] Se começamos a partir do um e adicionamos números ímpares sucessivamente com a forma de "gnômons", chegamos a números quadrados,

---

[45] *Metaf.*, 986 a 17-31.
[46] Cf. art. *Pythagoras*, Enc. Brit., 14ª ed., de autoria de Sir Thos. Little Hearth.
[47] Stöckl, *Hist. Philos.*, I, p. 48 (trad. Finlay, 1887).
[48] *Metaf.*, 1092 b 10-13.

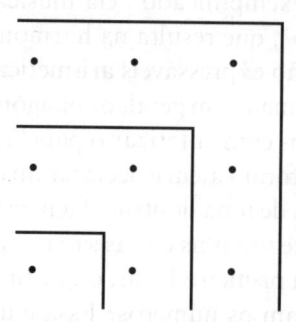

ao passo que, se começamos com o dois e adicionamos números pares, chegamos aos números oblongos.

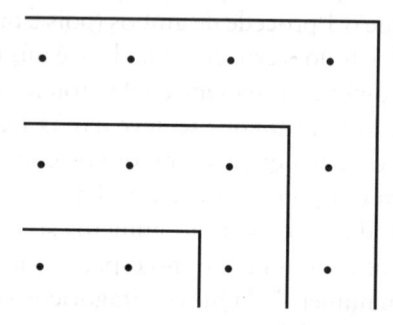

Esse emprego de números em desenhos ou da relação de números com geometria torna claramente mais fácil compreender como os pitagóricos viam as coisas enquanto números, e não apenas como sendo numeráveis. Transferiram suas concepções matemáticas para a ordem da realidade material. Assim,

> pela justaposição de vários pontos é gerada uma linha, não apenas na imaginação científica do matemático, mas também na realidade externa; da mesma forma que a superfície é gerada pela justaposição de várias linhas, e finalmente do mesmo modo o corpo, pela combinação de várias superfícies. Pontos, linhas e superfícies são, portanto, as verdadeiras unidades que compõem todos os corpos na natureza, e nesse sentido todos os corpos podem ser vistos como números. Com efeito, todo corpo material é uma expressão do número quatro (τετρακτύς), uma vez que resulta, na condição de quarto termo, dos três elementos constituintes (pontos, linhas e superfícies).[49]

---

[49] Stöckl, *Hist. Phil.*, I, pp. 43–49.

Mas o quanto a identificação de coisas com números se deve ao hábito de representar números por meio de padrões geométricos, e o quanto à aplicação das descobertas pitagóricas relativas à música a toda a realidade, é coisa bastante difícil de dizer. Burnet acredita que a identificação original de coisas com números tenha se devido a uma extensão da descoberta de que os sons musicais podem ser reduzidos a números, e não a uma identificação dos números com figuras geométricas.[50] Contudo, se os objetos são vistos — como aparentemente os pitagóricos os viam — como somas de pontos materiais quantitativos, e se, ao mesmo tempo, os números são vistos geometricamente como somas de pontos, é fácil ver como se poderia dar o passo seguinte de identificar objetos com números.[51]

Aristóteles afirma, em passagem supracitada, que os pitagóricos defendem que "os elementos do número são pares e ímpares, e que os primeiros são ilimitados e os últimos limitados". Onde o limitado e o ilimitado entram aí? Para os pitagóricos, o cosmos ou mundo limitado está cercado pelo cosmos (ar) ilimitado ou sem fronteiras que ele "inala". Os objetos desse cosmos limitado não são, então, apenas limitação, mas possuem uma mescla de ilimitado. Ora, ao considerarem os números geometricamente, os pitagóricos consideravam que também eles (compostos do par e do ímpar) são produtos do limitado e do ilimitado. Também desse ponto de vista não é difícil passar à identificação dos números com as coisas, o par identificado com o ilimitado e o ímpar com o limitado. Uma explicação adicional estaria no fato de que os gnômons ímpares (ver as figuras anteriores) conservam uma forma quadrática fixa (limitada), enquanto os gnômons pares apresentam uma forma retangular de variação contínua (ilimitada).[52]

Na hora de assinalar números específicos a coisas específicas, naturalmente dava-se curso a qualquer tipo de capricho ou fantasia arbitrária. Por exemplo, embora cheguemos a perceber mais ou menos por que a justiça deveria ser declarada o número quatro, não é fácil perceber por que καιρός deveria ser sete, ou animação ser seis. Estabelece-se que o casamento é cinco, porque cinco é o produto de três (o primeiro número masculino) e dois (o primeiro número feminino). Contudo, apesar de todos esses elementos imaginosos, os pitagóricos fizeram uma contribuição real à matemática. Já nos cálculos sumérios se exibia um conhecimento do "teorema de Pitágoras" como fato geométrico: os pitagóricos, todavia — observou Proclo[53] —, transcenderam os meros fatos aritméticos e geométricos, e os absorveram num sistema dedutivo, ainda que esse a princípio fosse, claro, elementar. "Considerando a geometria pitagórica como um todo, podemos dizer que englobava a substância dos livros I, II, IV, VI (e provavelmente III) de Euclides, com a reserva de que a teoria pitagórica da

---

[50] E.G.P., p. 107.
[51] Filolau (como descobrimos através dos fragmentos) insistia que nada poderia ser conhecido, nada poderia ser claro ou evidente, a menos que tivesse ou fosse número.
[52] Cf. Aristóteles, *Fís.*, 203 a 10–15.
[53] *In Eukleiden*, Fridlein, 65, 16–19.

proporção era inadequada ao não se aplicar a magnitudes incomensuráveis".[54] A teoria que resolveu esse último problema surgiu com Eudoxo na Academia.

Para os pitagóricos, não só a terra era esférica,[55] como não era o centro do universo. A Terra e os planetas giram — junto com o sol — ao redor do fogo central ou "lareira do Universo" (que é identificada com o número Um). O mundo inala ar da massa sem fronteiras para além dele, e se fala do ar como do Ilimitado. Aqui notamos a influência de Anaxímenes. (De acordo com Aristóteles — *De Caelo*, 293 a 25-27 —, os pitagóricos não negam o geocentrismo a fim de explicar fenômenos, mas por meras razões arbitrárias suas).

Os pitagóricos nos interessam não só por causa de suas investigações musicais e matemáticas; não só por causa de seu caráter de sociedade religiosa; não só porque através de sua doutrina da transmigração das almas e sua metafísica matemática — pelo menos na medida em que não "materializavam" os números[56] — tendessem a romper com o materialismo *de facto* dos cosmólogos milesianos, mas também por causa de sua influência sobre Platão, o qual, não resta dúvida, foi influenciado pela concepção que tinham da alma (ele provavelmente tomou emprestada deles a doutrina da natureza tripartite da alma) e de seu destino. Os pitagóricos certamente tinham se impressionado com a importância da alma e do cuidado especial para com ela, e essa foi uma das convicções mais prezadas a Platão, que ao longo de toda a vida se apoiou nela. Platão também foi fortemente influenciado pelas especulações matemáticas dos pitagóricos — ainda que seja difícil determinar a extensão exata de seu débito para com eles a esse respeito. E dizer dos pitagóricos que foram uma das influências determinantes na formação do pensamento de Platão equivale a lhes prestar não pequena homenagem.

---

[54] Hearth, artigo cit.

[55] Cf. as palavras do filósofo russo Lev Shestov: "Mais de uma vez ocorreu de a verdade, após descoberta, ter de esperar séculos inteiros para ser reconhecida. É o caso do ensinamento de Pitágoras acerca do movimento da Terra. Todos pensavam que fosse falso, e por mais de 1.500 anos os homens se recusaram a aceitar essa verdade. Mesmo depois de Copérnico os sábios eram obrigados a esconder essa nova verdade dos defensores da tradição e do bom senso". Lev Shestov, *In Job's Balances*, p. 168 (trad. C. Coventry e Macartney).

[56] Verdade seja dita, a matematização do universo pelos pitagóricos não pode afinal ser vista como uma "idealização" do universo, uma vez que eles compreendiam o número geometricamente. A identificação que faziam de coisas com números não é, portanto, tanto uma idealização das coisas quanto uma materialização dos números. Por outro lado, na medida em que "idéias", como a justiça, são identificadas com números, pode-se com acerto falar de uma tendência para o idealismo. O mesmo tema reaparece no idealismo platônico.

Deve-se admitir, todavia, que a afirmação de que os pitagóricos efetivaram uma geometrização do número dificilmente se aplicaria bem pelo menos aos pitagóricos tardios. Assim, Arquitas de Tarento, um amigo de Platão, estava claramente trabalhando no sentido oposto (cf. Diels, B 4), uma tendência à qual Aristóteles, convicto da separação e caráter irredutível tanto da geometria como da aritmética, objetava com firmeza. No geral, talvez seja melhor falar de uma descoberta pitagórica dos *isomorfismos* (ainda que analisados de modo incompleto) entre aritmética e geometria, em vez da redução de uma à outra.

CAPÍTULO IV
A palavra de Heráclito

Heráclito foi um nobre efésio que viveu, de acordo com Diógenes, por volta da 69ª Olimpíada, ou seja, por volta de 504–501 a.C.; não é possível estabelecer suas datas com precisão. O ofício de *basileu* era hereditário em sua família, mas Heráclito renunciou a ele em favor do seu irmão. Era, pode-se inferir, um homem melancólico, de temperamento reservado e solitário, que expressou seu desprezo pelo comum dos cidadãos, bem como pelos homens eminentes do passado. "Os efésios", disse sobre os cidadãos da sua própria cidade, "bem fariam em se enforcar, todos os adultos, e deixar a cidade para os rapazes imberbes; pois expulsaram Hermodoro, o melhor homem dentre eles, dizendo, 'não teremos em nosso meio ninguém que seja melhor; se houver alguém assim, que vá para outra parte e viva junto a outros'".[57] Comenta ainda: "Em Priene viveu Bias, filho de Teutamas, cujo valor era superior ao dos demais". (Disse: "A maior parte dos homens são maus").[58]

Heráclito deu sua opinião sobre Homero: "Homero deveria ter sido excluído das competições e açoitado, e Arquíloco também". Notou ainda, de modo similar: "O aprendizado de muitas coisas não traz entendimento, ou do contrário o teria trazido a Hesíodo e Pitágoras, e ainda a Xenófanes e Hecateu". Quanto a Pitágoras, ele "praticou a investigação científica mais que todos os homens, e, fazendo uma seleção desses escritos, reivindicou como sua própria sabedoria o que não passava de um conhecimento de muitas coisas e uma impostura".[59]

Muitos dos ditos de Heráclito são de caráter vigoroso e pungente, quando não eventualmente engraçados. Por exemplo: "Os médicos que cortam, queimam, esfaqueiam e torturam os doentes cobram por isso um pagamento que não merecem receber"; "O homem é chamado de bebê por Deus, assim como um menino pelo homem"; "Os asnos preferem o feno ao ouro"; "O caráter do homem é o seu destino".[60] Quanto à atitude de Heráclito para com a religião, tinha pouco respeito pelos mistérios, e até afirma que "Os mistérios praticados entre os homens são mistérios profanos".[61] Além disso, sua atitude em relação a Deus era panteísta, a despeito da linguagem religiosa que empregava.

O estilo de Heráclito parece ter sido um tanto obscuro, pois em tempos posteriores ganhou o apelido de ὁ σκοτεινός. Nisso parece não ter faltado intenção da parte dele: pelo menos encontramos entre os fragmentos sentenças como

---
[57] Frag. 121.
[58] Frag. 39.
[59] Frag. 42, 40, 129 (este último de autoria duvidosa, de acordo com D.).
[60] Frag. 58, 79, 9, 119.
[61] Frag. 14.

"A natureza ama esconder-se"; "O senhor a quem pertence o oráculo emitido por Delfos não declara nem esconde seu sentido, mas o mostra por meio de um sinal". E acerca de sua própria mensagem à humanidade afirma: "Os homens são tão incapazes de compreendê-la quando a ouvem pela primeira vez, quanto o eram antes de a ter ouvido".[62] Burnet observa que Píndaro e Ésquilo possuem o mesmo tom profético, e o atribui em parte à revivescência religiosa da época.[63]

Heráclito é conhecido pelo famoso dito que lhe é atribuído, mas que aparentemente não é seu: "Tudo flui, πάντα ῥεῖ". De fato, isso é tudo que muitas pessoas sabem a seu respeito. Essa afirmação não representa o núcleo de seu pensamento filosófico, embora de fato represente um aspecto importante da sua doutrina. Não foi ele quem disse — "Você jamais entra duas vezes no mesmo rio, pois novas águas estão sempre passando por você"?[64] Além disso, Platão comenta que "Heráclito afirma algures que todas as coisas passam e nada permanece; e, ao comparar as coisas à corrente de um rio, diz que não pode entrar duas vezes nas mesmas águas".[65] E Aristóteles descreve a doutrina de Heráclito afirmando que "Todas as coisas estão em movimento, nada permanece constante".[66] Sob esse aspecto, Heráclito é um Pirandello do mundo antigo, a gritar que nada é estável, nada permanece, proclamando a irrealidade da "realidade".

Seria errôneo, contudo, supor que Heráclito quisesse ensinar que não existe algo que mude, pois isso é contradito pelo resto da sua filosofia.[67] A afirmação da mudança sequer é a característica mais importante e significante de sua filosofia. Heráclito dá ênfase à sua "palavra", isto é, à sua mensagem especial para a humanidade, e ele dificilmente se comprazeria em fazê-lo se essa mensagem consistisse em não mais que a verdade de que tudo está em constante mudança; verdade essa percebida por outros filósofos jônicos e que não se distingue como grande novidade. Não, a contribuição original de Heráclito à filosofia reside em outra coisa: está na concepção da unidade na diversidade, da diferença na unidade. Na filosofia de Anaximandro, como vimos, os opostos eram vistos como a se sobreporem uns aos outros, e por isso tendo de ser punidos por esse ato de injustiça. Anaximandro vê a guerra dos opostos como algo de desordenado, algo que não deveria ocorrer, algo que macula a pureza do Um. Heráclito, todavia, não adota esse ponto de vista. Para ele, o conflito dos opostos, longe de ser uma mancha na unidade do Um, é essencial ao ser do Um. Com efeito, o Um só existe na tensão dos opostos: essa tensão é essencial à unidade do Um.

Que para Heráclito a realidade é uma é evidente nesta sua afirmação: "É sábio ouvir, não a mim, mas à minha palavra, e confessar que todas as coisas são

---

[62] Frag. 123, 93, 1 (cf. 17, 34). Cf. Dióg. Laér., 9, 6.
[63] E.G.P., p. 132.
[64] Cf. Frag. 12 e 91.
[65] *Crátilo*, 402 a.
[66] *De Caelo*, 298 b 30 (III, 1).
[67] Heráclito de fato ensina que a realidade está em constante mudança, que é parte de sua natureza essencial a mudança; mas isso não deve ser interpretado no sentido de que para ele não exista uma realidade mutável. Heráclito com freqüência foi comparado a Bergson, mas também o pensamento de Bergson não raro foi interpretado de maneira grosseira, ainda que por motivos compreensíveis.

uma".⁶⁸ Por outro lado, que o conflito entre opostos é essencial para a existência do Um também é mostrado com clareza por afirmações como estas: "Devemos saber que a guerra é comum a tudo e que a luta é justiça, e que todas as coisas vêm a ser e desaparecem por meio da luta",⁶⁹ e que Homero estava errado ao dizer: "Que se extinga a luta do meio dos homens e dos deuses!". Ele não percebeu que clamava pela destruição do universo, pois, se sua prece fosse ouvida, todas as coisas desapareceriam.⁷⁰ Mais uma vez diz Heráclito com clareza: "Os homens não sabem como aquilo que varia concorda consigo mesmo. É uma sintonização de tensões opostas, como aquela do arco e da lira".⁷¹

Para Heráclito, portanto, a realidade é uma; mas ao mesmo tempo é muitas coisas — e não por mero acidente, mas de maneira essencial. É essencial ao ser e existência do Um que este seja um e muitos ao mesmo tempo; que seja Identidade na Diferença. A atribuição por Hegel da filosofia de Heráclito à categoria do vir a ser é assim um erro derivado de incompreensão — e ele também erra ao situar Parmênides antes de Heráclito, pois Parmênides foi crítico bem como contemporâneo de Heráclito, e assim deve ser escritor posterior.⁷² A filosofia de Heráclito corresponde muito mais à idéia do universal concreto, do Um que existe no múltiplo, da identidade na diferença.

Mas o que é o Um-no-múltiplo? Para Heráclito, bem como para os estóicos de época posterior, os quais tomaram dele esta noção, a essência de todas as coisas é o fogo. Bom, à primeira vista pode parecer que Heráclito não faz mais que soar variações de um velho tema jônico — como se, já que Tales fez da realidade a água e Anaxímenes fez dela o ar, Heráclito estabelecesse, apenas para dizer algo diferente de seus predecessores, que ela fosse o fogo. Naturalmente, pode ser que o desejo de descobrir uma *Urstoff* diferente tenha influído em alguma medida, mas em sua escolha do fogo ia algo além disso: ele tinha um motivo preciso, e um motivo muito bom para se ater ao fogo, um motivo ligado ao pensamento central da sua filosofia.

A experiência sensível nos mostra que o fogo vive se alimentando de matéria heterogênea, consumindo-a e transformando-a em si mesmo. Nascendo, de fato, de uma profusão de objetos, transforma-os em si mesmo, e sem esse abastecimento de materiais mirraria e deixaria de existir. A própria existência do fogo depende dessa "luta" e "tensão". Isso, claro, é um simbolismo sensual para uma noção filosófica genuína, mas guarda claramente uma relação com essa noção que nem a água nem o ar guardariam facilmente. Logo, a opção de Heráclito pelo fogo como natureza essencial da realidade não se deveu simplesmente a um capricho arbitrário seu, nem meramente a um desejo de novidade, à necessidade de divergir dos seus predecessores; foi, isto sim, sugerida pela sua principal idéia filosófica. "O fogo", diz, "é desejo e superabundância" — é, dito de outro modo,

---

⁶⁸ Frag. 50.
⁶⁹ Frag. 80.
⁷⁰ Numênio. Frag. 16, apud Calcídio, c. 297 (D. 22 A 22).
⁷¹ Frag. 51.
⁷² Hegel, *Hist. Filos.*, vol. I.

todas as coisas que existem, mas é também essas coisas em um estado constante de tensão, luta, dissipação, ardência e desaparecimento.[73] No processo do fogo, Heráclito distinguiu duas vias — a via ascendente e a descendente.

> Ele chamou a via ascendente e a via descendente de mudança, e disse que o cosmos veio à existência em virtude dessas vias. Quando o fogo é condensado se torna umidade, e quando comprimido se torna água; a água, se congelada, se torna terra, e isso ele chama de via descendente. E, ademais, a terra é ela própria liquefeita e disso surge a água, e disso surge tudo mais; pois ele refere quase todas as coisas à evaporação do mar. Essa é a via ascendente.[74]

Contudo, caso se sustente que todas as coisas são fogo, e que estão em conseqüência num estado permanente de fluxo, é claro que se deve oferecer alguma explicação para o que pelo menos parece ser a natureza estável das coisas no mundo. A explicação que Heráclito oferece assume termos de medida: o mundo é "um fogo eterno, com extensões dele se acendendo e extensões dele desaparecendo".[75] Assim, se o fogo tira algo das coisas, transformando-o em si próprio por meio da queima, também lhes dá tanto quanto delas tira. "Todas as coisas são uma permuta por fogo, e o fogo uma permuta por todas as coisas, como os produtos são uma permuta por ouro e o ouro uma permuta pelos produtos".[76] Logo, se a substância de cada tipo de matéria está sempre mudando, a quantidade agregada de um tipo, por outro lado, permanece a mesma.

Mas Heráclito tenta explicar não só a relativa estabilidade das coisas, mas também a preponderância variável de um tipo de matéria sobre o outro, como vista no dia e na noite, no verão e no inverno. Por meio de Diógenes sabemos que Heráclito explicava a preponderância dos diferentes elementos como devida a "expirações diferentes". Assim, "a expiração luminosa, quando inflamada no círculo do sol, produziu o dia; e a preponderância da expiração oposta produziu a noite. O aumento do calor oriundo da expiração luminosa produziu o verão; e a preponderância da umidade da expiração negra produziu o inverno".[77]

Há, como vimos, luta constante no universo, e também há uma relativa estabilidade das coisas em razão das diferentes extensões do fogo, a se acender ou se apagar em proporções mais ou menos iguais. E é o fato dessa medida, do equilíbrio entre as vias ascendente e descendente, que constitui o que Heráclito chama de "sintonização escondida do universo" e que ele declara ser "melhor do que o descampado".[78] "Os homens", diz Heráclito em um fragmento já citado, "não sabem como aquilo que varia concorda consigo mesmo. É uma

---

[73] Frag. 65.
[74] Dióg. Laér., 9, 8–9.
[75] Frag. 30.
[76] Frag. 90.
[77] Dióg. Laér., 9, 11.
[78] Frag. 54.

sintonização de tensões opostas, como aquela do arco e da lira".[79] O Um, em suma, é suas diferenças, e as diferenças são elas próprias o Um, são diferentes aspectos do Um. Quaisquer dos aspectos, nem os ascendentes nem os descendentes, podem cessar: se cessassem, então o próprio Um deixaria de existir. Essa inseparabilidade de opostos, o caráter essencial dos momentos diversos do Um, manifesta-se em expressões como esta: "A via para cima e a via para baixo são a mesma", e esta: "É morte para as almas se tornarem água, e morte para a água se tornar terra. Mas a água vem da terra, e da terra vem a alma".[80] Isso leva, claro, a certo relativismo, como nas seguintes afirmações: "O bom e o ruim são o mesmo"; "O mar é a mais pura e a mais impura das águas. O peixe pode beber dele e ele lhe faz bem: ao homem é inconsumível e destrutivo"; "O porco se lava na lama, e as aves de terreiro na poeira".[81] Contudo, no Um todas as tensões estão reconciliadas, todas as diferenças harmonizadas: "Para Deus todas as coisas são justas e boas e certas, mas os homens acham algumas coisas erradas e algumas certas".[82] Essa, claro, é a conclusão inevitável de uma filosofia panteísta — a de que tudo está justificado *sub specie aeternitatis*.

Heráclito fala do Um como sendo Deus e como sendo sábio: "O sábio é um único. Está indisposto e disposto a ser chamado pelo nome de Zeus".[83] Deus é a razão universal (Λόγος), a lei universal imanente a todas as coisas, ligando todas as coisas numa unidade e determinando a mudança constante no universo de acordo com a lei universal. A razão do homem é um momento nessa razão universal, ou uma contração ou canalização dela, de modo que o homem deve então se esforçar para alcançar o ponto de vista da razão e viver segundo a razão, a perceber a unidade de todas as coisas e o reino da lei inalterável, a se contentar com o processo necessário do universo, e não se rebelando contra ele, tanto mais que é a expressão do Λόγος ou Lei que tudo abrange, tudo ordena. A razão e a consciência no homem — o que nele é ígneo — são o elemento de valor: quando o fogo puro abandona o corpo, a água e a terra nele deixadas são inúteis, pensamento esse que Heráclito expressa ao dizer: "É mais apropriado jogar fora os cadáveres do que enterrá-los".[84] O que serve ao homem, então, é manter sua alma tão seca quanto possível: "O seco é o mais sábio e melhor".[85] Pode ser prazeroso para as almas se tornarem úmidas, mas de todo modo "é morte para a alma se tornar água".[86] As almas devem lutar para se elevarem dos mundos privados do "sono" ao mundo da "vigília", isto é, ao mundo compartilhado do pensamento e da razão. Esse pensamento é obviamente a palavra de Heráclito. Existe, assim, uma lei e razão imanente no universo, da qual as

---

[79] Frag. 51.
[80] Frag. 60, 36.
[81] Frag. 58, 61, 37.
[82] Frag. 102.
[83] Frag. 32.
[84] Frag. 96.
[85] Frag. 118.
[86] Frag. 77, 36.

leis humanas devem ser a corporificação, ainda que na melhor das hipóteses só possam ser uma corporificação imperfeita e relativa. Ao enfatizar a lei universal, a participação do homem na razão, Heráclito ajudou a abrir caminho para os ideais universalistas do estoicismo.

Essa concepção de uma razão universal, que tudo ordena, aparece no sistema dos estóicos, que herdaram sua cosmologia de Heráclito. Mas não nos é facultado supor que Heráclito via o Um, o fogo, como um Deus *pessoal*, como tampouco podemos supor que Tales ou Anaxímenes via a água ou o ar como um Deus pessoal: Heráclito era um panteísta, do mesmo modo como os estóicos seriam panteístas em épocas posteriores. É verdade, contudo, que a concepção de Deus como princípio imanente e ordenador de todas as coisas, junto à atitude moral de aceitação dos acontecimentos como expressões da lei divina, tende a produzir uma atitude psicológica que diverge do que pareceria ser logicamente exigido pela identificação teórica de Deus com a unidade cósmica. Essa discrepância entre a atitude psicológica e as exigências estritas da teoria se tornou muito clara na escola estóica, cujos membros com muita freqüência traem uma atitude mental e empregam uma linguagem que sugeriria uma concepção teísta de Deus, em vez da concepção panteísta logicamente exigida pelo sistema cosmológico — uma discrepância que se agravaria especialmente entre os estóicos posteriores, em razão de sua crescente concentração em questões éticas.

Terá Heráclito pregado a doutrina de uma conflagração universal a recorrer periodicamente? Já que os estóicos sustentam essa doutrina, e já que eles tiveram em Heráclito uma fonte, a doutrina da conflagração universal e periódica foi atribuída também a Heráclito; mas, pelas razões que se seguem, não parece possível aceitar essa atribuição. Em primeiro lugar, Heráclito, como vimos, insistia no fato de que a tensão ou conflito dos opostos é essencial à própria existência do Um. Ora, se todas as coisas periodicamente se deteriorassem em puro fogo, o próprio fogo logicamente deixaria de existir. Em segundo lugar, não diz Heráclito expressamente que "o sol não ultrapassará seus limites; ou do contrário as Erínias, as criadas da justiça, o buscarão",[87] e que "este mundo sempre foi, é agora e sempre será um fogo imperecível, com extensões dele a se acender e extensões a desaparecer"? Em terceiro lugar, Platão contrasta Heráclito e Empédocles com dizer que, de acordo com Heráclito, a unidade é sempre multiplicidade, ao passo que, de acordo com Empédocles, a unidade é multiplicidade e unidade por turnos.[88] Quando o Prof. Zeller diz: "É uma contradição que ele, e provavelmente também Platão, não percebeu", está fazendo uma suposição indefensável. Claro, se fosse manifesto, a partir de alguma prova, que Heráclito de fato ensinasse a doutrina de uma conflagração geral periódica, então deveríamos ato contínuo concluir que a contradição em questão não foi observada nem pelo próprio Heráclito nem por Platão; mas, na medida em que as evidências mostram que Heráclito não ensinou essa doutrina, não podemos

---

[87] Frag. 94.
[88] *Sof.*, 242 d.

com razoabilidade atribuir um erro a Platão a esse respeito. Além disso, parece que foram os estóicos os primeiros a declarar que Heráclito defendia a doutrina de uma conflagração geral;[89] e mesmo os estóicos não eram unânimes quanto a isso. Não faz Plutarco um personagem dizer: "Vejo a conflagração estóica se alastrar pelos poemas de Hesíodo, assim como pelos escritos de Heráclito e pelos versos de Orfeu"?[90]

Que dizer da doutrina de Heráclito, da noção de unidade na diferença? Que existe um *muitos*, uma pluralidade, é coisa bastante evidente. Mas, ao mesmo tempo, o intelecto constantemente luta para conceber uma unidade, um sistema, a fim de obter uma visão abrangente que ligue as coisas; e esse objeto do pensamento corresponde a uma união real nas coisas: as coisas *são* interdependentes. Até o homem, com sua alma imortal, depende do resto da criação. Seu corpo depende, em um sentido muito real, de toda a história passada do mundo e da raça humana: depende do universo material quanto à sua vida — sua vida corporal, mantida a ar, comida, bebida, luz solar etc. —, e também quanto à sua vida intelectual, que nas sensações tem o ponto de partida do conhecimento. Depende ainda quanto à sua vida cultural do pensamento e da cultura, da civilização e desenvolvimento pretéritos. Porém, embora o homem esteja certo em buscar uma unidade, seria errôneo afirmar a unidade em detrimento da pluralidade. A unidade, a única unidade que vale a pena, é uma unidade na diferença, identidade na diversidade, digamos que unidade não de pobreza, mas de riqueza. Toda coisa material é uma unidade na diversidade (consistindo em moléculas, átomos, elétrons etc.), todo organismo vivo *idem* — até o próprio Deus, sabemos por meio da Revelação, é unidade na distinção de pessoas. Em Cristo há uma unidade na diversidade — unidade de pessoa na diversidade de naturezas. A união da visão beatífica é uma união na distinção — do contrário perderia sua riqueza (sem levar em conta, claro, a impossibilidade de uma "simples" unidade de identificação entre Deus e criatura).

Podemos olhar para o universo criado como uma unidade? O universo certamente não é uma substância: compreende uma pluralidade de substâncias. É, contudo, uma totalidade em nossa idéia dele, e, se a lei de conservação da energia for válida, então em certo sentido é uma totalidade física. O universo pode assim, até certo ponto, ser considerado uma unidade na diversidade; mas podemos talvez ir além e sugerir com Heráclito que o conflito de opostos — a mudança — é necessário à existência de nosso universo material.

(I) No que diz respeito à matéria inorgânica, a mudança — no mínimo no sentido de locomoção — está necessariamente envolvida, desde que, em alguma medida, aceitem-se as teorias modernas sobre a composição da matéria, a teoria da luz etc.

(II) Também é óbvio que, para haver vida finita, condicionada à matéria, então a mudança é essencial. A vida de um organismo corporal deve ser mantida

---

[89] Cf. E.G.P., pp. 159–160.
[90] *De def. orac.*, 415 s.

por meio de respiração, assimilação etc., processos os quais envolvem mudança e, portanto, o "conflito de opostos". A preservação de uma vida específica no planeta envolve a reprodução, e o nascimento e a morte bem podem ser chamados de opostos.

(III) Seria possível existir um universo material no qual não houvesse conflito de opostos, absolutamente nenhuma mudança? Em primeiro lugar, seria impossível haver vida num universo como esse, pois a vida corporal, como vimos, envolve mudança. Mas seria possível um universo material — no qual não existisse vida — que fosse inteiramente estático, inteiramente desprovido de mudança e movimento? No caso de a matéria ser considerada em termos de energia, é muito difícil entrever como poderia existir um universo puramente estático como esse. Mas, pondo de lado toda e qualquer teoria física, ainda que fosse fisicamente possível esse universo, ele seria racionalmente possível? No mínimo, não conseguimos encontrar função alguma para esse universo — sem vida, sem desenvolvimento, sem mudança, uma espécie de caos primitivo.

Logo, um universo puramente material parece inconcebível não só *a posteriori*, mas também *a priori*. A idéia de um universo material, no qual a vida orgânica esteja presente, requer mudança. Mas, por um lado, a mudança significa diversidade, já que deve haver um *terminus a quo* e um *terminus ad quem* da mudança, e, por outro lado, significa estabilidade, pois deve haver *algo que muda*. E assim haverá unidade na diversidade.

Concluímos, portanto, que Heráclito de Éfeso concebeu uma noção filosófica genuína, embora estivesse empenhado no mesmo tipo de simbolismo sensual que seus antecessores jônicos, e essa noção do Um como essencialmente plural pode ser discernida com clareza por trás de todo o simbolismo sensual. Heráclito de fato não ascendeu à concepção de pensamento substancial, o νόησις νοήσεως de Aristóteles, nem explicou de maneira suficiente o elemento de estabilidade do universo, como tentou Aristóteles; mas, como diz Hegel, "se quisermos considerar o fado tão justo, como é sempre, ao preservar para a posteridade o que é melhor, devemos no mínimo dizer, do que temos de Heráclito, que é coisa digna daquela preservação".[91]

---

[91] *Hist. Fil.*, I, pp. 297–298.

CAPÍTULO V
O Um de Parmênides e Melisso

O suposto fundador da escola eleática foi Xenófanes. Contudo, já que não existe prova alguma de que tenha ido à Eléia, no sul da Itália, é improvável que se possa atribuir a ele mais do que a condição de fundador tutelar, de patrono da escola. Não é difícil perceber por que foi adotado como patrono por essa escola que se apegava à idéia do Um imóvel se consideramos alguns ditos atribuídos a ele. Xenófanes ataca as deidades antropomórficas gregas: "Se bois ou cavalos ou leões tivessem mãos, e fossem capazes de pintar com as mãos, e produzissem obras de arte como as produzem os homens, cavalos pintariam as formas dos deuses como cavalos, e bois como bois, e fariam seus corpos à imagem de seus vários tipos";[92] e, em substituição a esses deuses, sugeria "um deus, o maior entre os deuses e homens, que não fosse como os mortais nem na forma nem no pensamento", o qual "permanecesse sempre no seu mesmo lugar, jamais se movendo; nem lhe seria próprio ir para cá ou para lá".[93] Aristóteles nos diz na *Metafísica* que Xenófanes, "referindo-se ao mundo todo, disse que o Um era deus".[94] Com maior probabilidade, assim, ele era um monista e não um monoteísta, e essa interpretação da sua "teologia" certamente seria mais compatível com a visão que os eleatas tinham dele do que uma interpretação teísta. Uma teologia realmente monoteísta pode nos ser uma noção bastante familiar, mas na Grécia da época teria sido algo excepcional.

Independentemente de quais tenham sido as opiniões de Xenófanes, o verdadeiro fundador da Escola Eleática do ponto de vista filosófico e histórico foi sem dúvida Parmênides, um cidadão de Eléia. Parmênides parece ter nascido por volta do fim do século VI a.C., já que aproximadamente em 451–449 a.C., quando tinha 65 anos de idade, conversou com o jovem Sócrates em Atenas. Diz-se que elaborou leis para a sua cidade natal, Eléia, e Diógenes registrou uma afirmação de Sótion segundo a qual Parmênides começou por ser pitagórico, mas depois abandonou o pitagorismo em prol de sua própria filosofia.[95]

Parmênides escreveu em versos, cujos fragmentos que possuímos foram, em sua maior parte, preservados por Simplício nos comentários que lhes fez. Sua doutrina diz, em suma, que o ser, o Um, *é*, e que o vir a ser, a mudança, é ilusão. Pois, se algo vem a ser, então vem do ser ou do não-ser. Se veio do primeiro, é

---

[92] Frag. 15. Pode-se comparar com as palavras de Epicarmo (Frag. 5): "Pois o cachorro parece ao cachorro a criatura mais bela, e o boi ao boi, o macaco ao macaco, e o porco ao porco".

[93] Frag. 23 e 26.

[94] *Metaf.*, A 5 986 b 18.

[95] Dióg. Laér., 9, 21.

porque já era — e nesse caso não veio a ser; se veio do segundo, então é nada, já que do nada nada vem. Vir a ser é, portanto, uma ilusão. O ser simplesmente *é* e o ser é um, uma vez que a pluralidade é também uma ilusão. Ora, essa doutrina obviamente não é o tipo de teoria que vem de imediato à mente do homem na rua, de maneira que não surpreende ver Parmênides insistir na distinção radical entre o caminho da verdade e o caminho da crença ou opinião. É muito provável que o caminho da opinião exposto na segunda parte do poema represente a cosmologia dos pitagóricos; e, como a filosofia pitagórica dificilmente ocorreria ao homem que se guiasse *apenas* pelo conhecimento sensorial, não se deve crer que a distinção que Parmênides faz entre os dois caminhos tenha toda a generalidade formal da distinção depois feita por Platão entre conhecimento e opinião, pensamento e sensação. Trata-se antes da rejeição de uma determinada filosofia em favor de outra determinada filosofia. Contudo, é verdade que Parmênides rejeita a filosofia pitagórica — e, em verdade, toda filosofia que de algum modo concorde a esse respeito — porque ela admite a mudança e o movimento. Ora, a mudança e o movimento são sem dúvida alguma fenômenos que aparecem aos sentidos; daí que, ao rejeitar a mudança e o movimento, Parmênides esteja rejeitando o caminho das aparências sensíveis. Logo, não é incorreto dizer que Parmênides introduziu a distinção importantíssima entre razão e sensação, verdade e aparência. É verdade, claro, que até Tales reconheceu essa distinção em alguma medida, pois sua suposta verdade, a de que tudo é água, dificilmente seria perceptível de imediato aos sentidos: ela requer razão, que vai além da aparência, para ser concebida. A "verdade" central de Heráclito é, mais uma vez, a verdade da razão que excede demasiado a opinião dos homens, os quais confiam em tudo da aparência sensível. É também verdade que Heráclito chega a fazer essa distinção em parte de maneira explícita — afinal, não distingue ele entre o mero senso comum e a sua palavra? Ainda assim, é Parmênides o primeiro a dar grande e explícita ênfase à distinção, e é fácil perceber por que o faz quando consideramos as conclusões a que chega. Na filosofia platônica a distinção se torna de importância cardeal, como de fato necessariamente será em todas as formas de idealismo.

    Embora Parmênides enuncie uma distinção que viria a se tornar um princípio fundamental do idealismo, a tentação de tomar ele próprio como idealista deve ser rejeitada. Como veremos, há boas razões para supor que aos olhos de Parmênides o Um é sensual e material, e torná-lo um idealista objetivista como os do século XIX é coisa culpável de anacronismo: da negação da mudança não se segue que o Um é idéia. Pode nos ser exigido que sigamos o caminho do pensamento, mas disso não se segue que Parmênides visse o Um, ao qual chega por esse caminho, como sendo realmente o próprio pensamento. Se Parmênides tivesse representado o Um como o pensamento auto-subsistente, dificilmente Platão e Aristóteles teriam deixado de registrar esse fato, e Sócrates não teria descoberto o primeiro filósofo sensato em Anaxágoras, com seu conceito de mente ou Nous. A verdade realmente parece ser que, apesar de Parmênides de fato afirmar a distinção entre razão e sensação, afirma-a não para estabelecer um sistema idealista, mas para estabelecer um sistema materialista monista no qual a mudança e o movimento são descartados como ilusórios. Só a razão pode apreender a realidade, mas a realidade que a razão apreende é material. Isso não é idealismo, e sim materialismo.

Passemos agora à doutrina de Parmênides sobre a natureza do mundo. Sua primeira grande asserção a respeito é que este "é". A realidade, o ser, seja qual for a sua natureza, é, existe e não pode não ser. É, e lhe é impossível não ser. Pode-se falar do ser e este pode ser objeto do meu pensamento. Mas aquilo que posso pensar e acerca do que posso falar pode ser, "pois são a mesma coisa o que pode ser pensado e o que pode ser". Mas, se *pode* ser, então *é*. Por quê? Porque, se pudesse ser e, no entanto, ainda não fosse, então seria nada. Ora, o nada não pode ser objeto de fala ou de pensamento, pois falar acerca do nada não é falar, e pensar sobre o nada é o mesmo que não pensar. Além disso, se "algo" apenas *pudesse* ser, então, paradoxalmente, jamais poderia vir a ser, pois teria de vir do nada, e do nada só advém o nada e não algo. Por ser assim realidade, "algo" não foi primeiro possível, isto é, nada, e depois passou a existir: sempre foi existente — dito de maneira mais exata, "é".

Por que dizemos que, "de maneira mais exata, é"? Pela seguinte razão: se algo vem a ser, é porque vem do ser ou do não-ser. Se vem do ser, então não há nenhum surgimento real, nenhum vir a ser; pois, se vem do ser, então já é. Se, contudo, vem do não-ser, então o não-ser deve já ser algo, a fim de que ao ser seja possível surgir dele. Mas isso é uma contradição. Sendo assim, "algo" não surge, portanto, nem do ser nem do não-ser: nunca vem a ser, simplesmente *é*. E, como isso deve se aplicar a todo ser, nada jamais vem a ser. Pois, se alguma coisa em algum momento vem a ser, ainda que a mais insignificante, reincide-se na mesma dificuldade: é algo que vem do ser ou do não-ser? No primeiro caso, então já é; no segundo caso, então se cai numa contradição, já que o não-ser é nada e não pode ser a fonte do ser. Logo, a mudança, o vir a ser e o movimento são impossíveis. Conseqüentemente, algo apenas "é". "Resta-nos apenas um caminho do qual falar, a saber, aquele que *é*. Nesse caminho há demasiados sinais do que é, é incriado e indestrutível, porque é completo, imóvel e sem fim".[96]

Por que Parmênides diz que esse "algo" é completo, isto é, uma realidade à qual nada se pode acrescentar? Porque, se não fosse uma, mas dividida, então deveria ser dividida por outra coisa que não ela. Nem tampouco se pode acrescentar algo a ela, uma vez que qualquer coisa que fosse acrescentada ao ser seria ela mesma ser. De modo similar, é imóvel e contínua, pois todo movimento e mudança, todas as formas de vir a ser estão excluídas.

Ora, de que natureza é esse "algo", o ser, segundo Parmênides? Por sua afirmação de que o ser, o Um, é finito, parece ficar claramente indicado que Parmênides via o ser como material. Para ele, o infinito deve ter significado o indeterminado e indefinido, e o ser, na medida em que é real, não pode ser

---

[96] Frag. 8.

indefinido ou indeterminado, não pode mudar, não pode ser concebido como a se estender até o espaço vazio: deve ser definido, determinado, completo. É temporalmente infinito, não tendo começo nem fim, mas é espacialmente finito. Não só isso, é igualmente real em todas as direções, e portanto é de formato esférico, "igualmente equilibrado desde o centro para todas as direções: pois não pode ser maior ou menor em um lugar do que em outro".[97] Ora, como poderia Parmênides pensar no ser como esférico, a menos que o considerasse material? Parece então que Burnet está certo quando muito apropriadamente diz: "Parmênides não é, como alguns disseram, 'o pai do idealismo'; ao contrário, todo materialismo depende de seu ponto de vista sobre a realidade".[98] O Prof. Stace tem de admitir que "Parmênides, Melisso e os eleáticos em geral de certo viam o ser, em determinado sentido, como material"; mas mesmo assim tenta fazer de Parmênides um idealista por sustentar a "tese cardeal do idealismo", "a de que a realidade absoluta, da qual o mundo é uma manifestação, consiste em pensamento, em conceitos".[99] É perfeitamente verdadeiro que o ser de Parmênides pode ser apreendido apenas por meio do pensamento, mas o mesmo se dá com a realidade de Tales ou Anaxímenes, só apreensíveis pelo pensamento. Igualar "ser apreendido pelo pensamento" com "ser pensamento" é sem dúvida uma confusão.

Do ponto de vista histórico, portanto, seria o caso de dizer que Parmênides foi um materialista e nada mais. Isso, contudo, não impede que houvesse uma contradição não resolvida na filosofia de Parmênides, como disse o Prof. Stace,[100] de maneira que, embora fosse ele um materialista, o seu pensamento contém também germes de idealismo, ou seria de qualquer modo o *point de départ* do idealismo. Por um lado, Parmênides afirmava a imutabilidade do ser, e, na medida em que concebia o ser como material, afirmava a indestrutibilidade da matéria. Empédocles e Demócrito adotaram esse ponto de vista e o empregaram em sua doutrina atomista. Mas, se Parmênides se sentiu compelido a desconsiderar a mudança e o vir a ser como ilusão, daí adotando justamente a posição oposta à de Heráclito, Demócrito, por sua vez, não pôde rejeitar o que pareceu ser um fato inescapável da experiência, o qual requer mais explicação do que um breve repúdio. Assim, Demócrito, ao adotar a tese de Parmênides de que o ser não pode nem surgir nem desaparecer — a tese da indestrutibilidade da matéria —, interpretou a mudança como devida à agregação e à separação de partículas materiais indestrutíveis. Por outro lado, é fato histórico que Platão se apossou da tese de Parmênides acerca da imutabilidade do ser e identificou o ser permanente com a idéia subsistente e objetiva. Com isso em vista, Parmênides pode assim ser chamado de pai do idealismo, uma vez que o primeiro grande idealista adotou um princípio cardeal de Parmênides e o interpretou a partir de um ponto de vista idealista. Mais ainda, Platão fez grande uso da distinção de Parmênides entre o

---
[97] Frag. 8.
[98] E.G.P., p. 182.
[99] *Crit. Hist.*, pp. 47–48.
[100] *Crit. Hist.*, pp. 49–52.

mundo da razão e o mundo dos sentidos e aparências. Porém, se, naquele sentido histórico, Parmênides pode com justiça ser descrito como o pai do idealismo em razão de sua inegável influência sobre Platão, ao mesmo tempo se deve compreender que o próprio Parmênides ensinou uma doutrina materialista e que os materialistas, como Demócrito, eram seus legítimos rebentos.

Heráclito, na teoria do πάντα ῥεῖ, enfatiza o *vir a ser*. Como vimos, ele não afirmou o vir a ser à custa da exclusão total do ser, como se dissesse que há o vir a ser, mas nenhum ser. Afirmou a existência do Um — o fogo —, mas defendeu que a mudança, o vir a ser, a tensão são essenciais à existência do Um. Parmênides, por outro lado, afirmou o ser mesmo à custa do vir a ser, com dizer que a mudança e o movimento são ilusórios. A sensação nos diz que existe mudança, mas a verdade deve ser buscada não na sensação, mas na razão e pensamento. Nesses dois filósofos temos exemplificada, portanto, a tendência a ressaltar o vir a ser e a tendência a ressaltar o ser. Platão tentou realizar uma síntese de ambas, uma combinação do que é verdadeiro em cada uma delas. Ele adota a distinção de Parmênides entre pensamento e sensação, e declara que os objetos sensíveis, os objetos da percepção pelos sentidos, não são os objetos do verdadeiro conhecimento, pois não possuem a necessária estabilidade, sujeitos que estão ao fluxo de Heráclito. Os objetos do verdadeiro conhecimento são estáveis e eternos, como o ser de Parmênides; mas não são materiais, como o ser de Parmênides. São, ao contrário, formas ideais, subsistentes e imateriais, hierarquicamente ordenadas e a culminar na forma do Bem.

Pode-se dizer que a síntese foi levada adiante por Aristóteles. O ser, no sentido de realidade última e imaterial, Deus, é pensamento imutável, νόησις νοήσεως. Quanto ao ser material, Aristóteles concorda com Heráclito ao considerá-lo sujeito à mudança, e rejeita a posição de Parmênides; mas Aristóteles explica melhor que Heráclito a estabilidade relativa das coisas ao transformar as formas ou idéias de Platão em princípios concretos e formais dos objetos deste mundo. De novo Aristóteles resolve o dilema de Parmênides ao ressaltar a noção de potencialidade. Observa que não há contradição em dizer que algo é x atualmente, mas y potencialmente. É x, mas se tornará y no futuro em virtude de uma potencialidade, a qual não é simplesmente nada, ainda que não seja o ser atual. Portanto, o ser não surge do não-ser nem do ser exatamente enquanto *actu*, mas do ser considerado como *potentia*, δύναμει. Acerca da segunda parte do poema de Parmênides, *O caminho da opinião*, não é necessário dizer nada, mas vale dizer algumas palavras sobre Melisso, na medida em que suplementou o pensamento do seu mestre Parmênides. Este declarara que o ser, o Um, é espacialmente finito; mas Melisso, o discípulo sâmio de Parmênides, não aceitaria essa doutrina. Se o ser é finito, então para além do ser deve haver o nada: o ser deve estar cercado ou limitado pelo nada. Mas, se o ser é limitado pelo nada, então deve ser infinito, não finito. Não pode haver vácuo fora do ser, "pois o que é vazio é nada. O que é nada não pode ser".[101]

---

[101] Frag. 7.

Aristóteles nos diz que o Um de Melisso era concebido como material.[102] Ora, Simplício cita um fragmento para provar que Melisso *não* via o Um como corpóreo, e sim como incorpóreo. "Se algo deve existir, é preciso que seja um; mas, se é um, não pode ter corpo; pois, tivesse corpo, teria partes, e não mais seria um".[103] A explicação parece indicada pelo fato de Melisso falar de um caso hipotético. Burnet, nisso acompanhando Zeller, observa a similaridade entre esse fragmento e um argumento de Zenão, o de que, se as unidades últimas dos pitagóricos existissem, então cada uma teria partes e não seria uma. Logo, podemos supor que também Melisso esteja falando da doutrina dos pitagóricos, tentando refutar a existência das unidades últimas que defendiam, e de maneira alguma esteja falando do Um parmenidiano.

---
[102] *Metaf.*, 986 b 18–21.
[103] Frag. 9. (Simplício. *Phys.*, 109, 34).

CAPÍTULO VI
A dialética de Zenão

Zenão é célebre como autor de diversos argumentos engenhosos para provar a impossibilidade do movimento, como o enigma de Aquiles e a tartaruga; argumentos esses que podem solidificar a opinião de que Zenão não foi nada mais que um hábil criador de charadas que se comprazia em utilizar sua inteligência para desconcertar aqueles menos inteligentes que ele. A verdade, contudo, é que Zenão não estava preocupado simplesmente em exibir sua perspicácia — embora inegavelmente fosse perspicaz —; ele tinha em mente um objetivo sério. Para compreender Zenão e avaliar os seus enigmas, é essencial, portanto, apreender o caráter do seu objetivo, ou do contrário se arriscará a compreender de maneira inteiramente equivocada a sua posição e seu propósito.

Zenão de Eléia, nascido provavelmente por volta de 489 a.C., foi um discípulo de Parmênides, e é a partir desse ponto de vista que ele deve ser compreendido. Seus argumentos não são simplesmente brincadeiras espirituosas; são na verdade calculados para provar a posição do mestre. Parmênides combatera o pluralismo e declarara a mudança e o movimento ilusões. Já que a pluralidade e o movimento parecem ser dados evidentes de nossa experiência sensível, essa posição ousada estava naturalmente fadada a provocar algum ridículo. Zenão, um adepto firme da teoria de Parmênides, se esforça para prová-la, ou pelo menos para demonstrar que de forma alguma é ridícula, através do expediente de mostrar que o pluralismo dos pitagóricos leva a dificuldades insolúveis, e que a mudança e o movimento são impossíveis mesmo segundo a hipótese pluralista deles. Os argumentos de Zenão tentam, assim, refutar os oponentes pitagóricos de Parmênides mediante uma série de engenhosas *reductiones ad absurdum*. Platão deixa isso bastante claro no *Parmênides*, quando indica o propósito do livro (perdido) de Zenão.

> A verdade é que esses escritos se destinam a oferecer alguma proteção aos argumentos de Parmênides contra aqueles que o atacam e que mostram os muitos resultados ridículos e contraditórios que, segundo supõem, se seguem da afirmação do Um. Minha escrita é uma resposta aos partidários da pluralidade, e ela revida ao ataque deles com interesse, no propósito de mostrar que a hipótese da pluralidade, se examinada com suficiente detalhe, leva a resultados ainda mais ridículos do que a hipótese do Um.[104]

---
[104] *Parm.*, 128 b.

E Proclo informa que "Zenão compôs quarenta provas para demonstrar que o ser é um, considerando aí haver ajuda de valia ao seu mestre".[105]

1. Provas contra o pluralismo pitagórico

1. Suponhamos, seguindo os pitagóricos, que a realidade é feita de unidades. Essas unidades ou têm magnitude ou não têm. No primeiro caso, uma linha, por exemplo, assim composta de unidades dotadas de magnitude, será infinitamente divisível, uma vez que, não importa o quanto você as divida, as unidades ainda terão magnitude e serão, portanto, divisíveis. Mas nesse caso a linha será composta de um número infinito de unidades, cada uma das quais é dotada de magnitude. A linha deve então ser infinitamente grande, já que composta de um número infinito de corpos. Tudo no mundo, então, deve ser infinitamente grande, e *a fortiori* o próprio mundo deve ser infinitamente grande. Suponha-se, por outro lado, que as unidades não possuem magnitude. Nesse caso o universo inteiro será desprovido de magnitude, pois, não importa quantas unidades você some, se nenhuma delas tem magnitude, então o conjunto inteiro delas também será desprovido de magnitude. Mas, se o universo é desprovido de magnitude, deve ser infinitamente pequeno. De fato, tudo no universo deve ser infinitamente pequeno.

Os pitagóricos se vêem então diante desse dilema. Ou tudo no universo é infinitamente grande, ou tudo no universo é infinitamente pequeno. A conclusão que Zenão deseja que tiremos desse argumento é, claro, que a suposição da qual o dilema é derivado é absurda, a saber, a suposição de que o universo e tudo nele são compostos de unidades. Se os pitagóricos acham que a hipótese do Um é absurda e leva a conclusões ridículas, agora fica demonstrado que a hipótese contrária, a da pluralidade, produz conclusões igualmente ridículas.[106]

2. Se existem muitas coisas, então devemos ser capazes de dizer *quantas* elas são. No mínimo, devem ser numeráveis; pois, se não fossem numeráveis, como poderiam existir? Por outro lado, não podem ser numeráveis, mas devem ser infinitas. Por quê? Porque, entre duas unidades determinadas, sempre haverá outras unidades, do mesmo modo como uma linha é infinitamente divisível. Mas é absurdo dizer que a pluralidade é ao mesmo tempo finita em número e infinita em número.[107]

3. Se um alqueire de milho cai no chão, ele faz barulho? É claro. Mas que dizer de um grão de milho, ou da centésima parte de um grão de milho? Não faz barulho algum. Mas o alqueire de milho é composto apenas dos grãos de milho ou das partes dos grãos de milho. Se, então, as partes não fazem barulho algum ao cair, como pode o todo produzir algum som, se esse todo é composto apenas de partes?[108]

---

[105] Proclo, em *Parm.*, 694, 23 (D. 29 A 15).
[106] Frag. 1, 2.
[107] Frag. 3.
[108] Arist., *Phys.*, H 5, 250 a 19; Simplício, 1108, 18 (D. 29 A 29).

II. Argumentos contra a doutrina pitagórica do espaço

Parmênides negava a existência do espaço vácuo ou vazio, e Zenão tenta dar apoio a essa negação reduzindo a opinião contrária ao absurdo. Suponha-se por um momento que existe um espaço no qual as coisas estão. Se ele for nada, então as coisas não podem estar nele. Se, contudo, é algo, ele próprio estaria no espaço, e *esse* espaço estaria ele próprio no espaço, e assim indefinidamente. Mas isso é uma absurdidade. As coisas, portanto, não estão no espaço ou no vácuo, e Parmênides tinha absoluta razão em negar a existência do vácuo.[109]

III. Argumentos em torno do movimento

Os argumentos mais celebrados de Zenão são aqueles acerca do movimento. Deve-se recordar o que Zenão está tentando demonstrar: que o movimento, negado por Parmênides, é igualmente impossível tal como fundado na teoria pluralista dos pitagóricos.

1. Suponha que você queira atravessar um estádio ou uma pista de corrida. Para tanto, você teria de atravessar um número infinito de pontos — segundo a hipótese pitagórica, compreenda-se. Mais ainda, teria de percorrer a distância num intervalo finito de tempo, caso queira de fato chegar até o outro lado. Mas como pode você atravessar um número infinito de pontos, e portanto uma distância infinita, num intervalo finito de tempo? Devemos concluir que você *não pode* atravessar o estádio. Com efeito, devemos concluir que nenhum objeto pode atravessar distância alguma (pois sempre se recai na mesma dificuldade), e que todo movimento é, em conseqüência, impossível.[110]

2. Suponha-se que Aquiles e uma tartaruga vão apostar uma corrida. Esportista que é, Aquiles dá uma vantagem à tartaruga na largada. Ora, no momento em que Aquiles tiver alcançado o lugar do qual a tartaruga partiu, esta última terá já avançado para outro ponto; e, quando Aquiles alcançar *esse* ponto, então a tartaruga terá avançado ainda outra distância, mesmo que curtíssima. Assim Aquiles sempre fica cada vez mais próximo da tartaruga, mas nunca a ultrapassa de fato — e nunca *poderia* fazê-lo dada a suposição de que uma linha é feita de um número infinito de pontos, pois, nesse caso, Aquiles teria de percorrer uma distância infinita. Portanto, uma vez adotada a hipótese pitagórica, Aquiles nunca alcançará a tartaruga; de modo que, apesar de os pitagóricos declararem a realidade do movimento, eles o tornam impossível em razão da própria doutrina que professam. Disso se segue que o mais lento se move tão rápido quanto o mais ligeiro.[111]

3. Considere uma flecha em movimento. De acordo com a teoria pitagórica, a flecha deve ocupar uma determinada posição no espaço. Mas ocupar uma

---

[109] Arits., *Phys.*, Δ 3 210 b 22; 1, 209 a 23. Eudem., *Phys.*, frag. 42 (D. 29 A 24).

[110] Arits., *Phys.*, Z 9, 239 b 9; 2, 223 a 21; *Top.*, Θ 8, 160 b 7.

[111] Arist., *Phys.*, Z 9, 239 b 14.

determinada posição no espaço é estar em repouso. Logo, uma flecha em movimento está em repouso, o que é uma contradição.[112]

4. O quarto argumento de Zenão, que conhecemos por meio de Aristóteles, é, como diz Sir David Ross, "muito difícil de compreender, em parte devido ao emprego de linguagem ambígua por Aristóteles, em parte devido a dúvidas quanto às inscrições".[113] Temos de visualizar três conjuntos de corpos num estádio ou pista de corrida. Um conjunto é estacionário, os outros dois estão se movendo em direções opostas com a mesma velocidade.

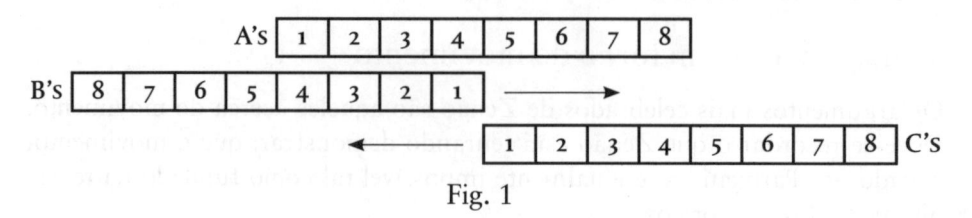

				A's	1	2	3	4	5	6	7	8							
B's	8	7	6	5	4	3	2	1	→										
								←	1	2	3	4	5	6	7	8	C's		

Fig. 1

Os A's são estacionários; os B's e C's estão se movendo em direções opostas com a mesma velocidade. Irão ocupar a seguinte posição:

A's	1	2	3	4	5	6	7	8
B's	8	7	6	5	4	3	2	1
C's	1	2	3	4	5	6	7	8

Fig. 2

Ao chegar a essa segunda posição, a cabeceira de B1 passou por quatro A's, ao passo que a cabeceira de C1 passou por todos os B's. Se uma unidade de comprimento é percorrida em uma unidade de tempo, então a cabeceira de B1 levou metade do tempo requerido pela cabeceira de C1 para alcançar a posição da Fig. 2. Por outro lado, a cabeceira de B1 passou por todos os C's, assim como a cabeceira de C1 passou por todos os B's. O tempo de travessia de ambos deve ser *igual*. Resta-nos então a conclusão absurda de que a metade de certo intervalo de tempo é igual à totalidade de tempo desse mesmo intervalo.

Como interpretar esses argumentos de Zenão? É importante não se deixar levar pelo seguinte pensamento: "São nada mais que sofismas da parte de Zenão. São truques engenhosos, mas erram ao supor que uma linha é composta de pontos e o tempo, composto de momentos disjuntos". Pode ser que a solução dos enigmas esteja em mostrar que a linha e o tempo são contínuos, não descontínuos; mas, ora, Zenão não estava preocupado em sustentar que fossem

---

[112] Arist., *Phys.*, Z 9, 239 b 30.
[113] Ross, *Phys.*, p. 660.

descontínuos. Ao contrário, está preocupado em mostrar as conseqüências absurdas de supor que são descontínuos. Zenão, um discípulo de Parmênides, acreditava que o movimento é uma ilusão e uma impossibilidade, mas, nos argumentos supracitados, o seu propósito é provar que mesmo do ponto de vista da hipótese pluralista o movimento é igualmente impossível, e que a admissão de sua possibilidade leva a conclusões contraditórias e absurdas. A atitude de Zenão era a seguinte: "O real é um contínuo pleno e completo e o movimento é impossível. Nossos adversários afirmam o movimento e tentam explicá-lo recorrendo à hipótese pluralista. Proponho-me a mostrar que essa hipótese em nada explica o movimento, antes leva, isto sim, a absurdidades". Desse modo, Zenão reduziu a hipótese dos seus adversários ao absurdo, e o verdadeiro resultado de sua dialética não foi tanto fundamentar o monismo parmenidiano (o qual está exposto a inumeráveis objeções) quanto mostrar a necessidade de admitir o conceito de quantidade contínua.

Os eleatas, portanto, negam a realidade da multiplicidade e do movimento. Existe um princípio, o ser, que é concebido como material e imóvel. Não negam, é claro, que tenhamos a *sensação* do movimento e da multiplicidade, mas declaram que o que chega à sensação é ilusão: mera aparência. O verdadeiro ser há de ser descoberto não pela sensação, mas pelo pensamento, e o pensamento mostra que não pode haver pluralidade alguma, movimento algum, mudança alguma.

Os eleatas tentam, pois, como tentaram os primeiros filósofos gregos antes deles, descobrir o princípio único do mundo. O mundo, contudo, tal como se apresenta a nós, é claramente um mundo pluralista. A questão é, logo, como reconciliar o princípio único com a pluralidade e a mudança, isto é, o problema da unidade e da pluralidade que Heráclito tentou resolver numa filosofia que professava fazer justiça a ambos os elementos por meio de uma doutrina da unidade na diversidade, da identidade na diferença. Os pitagóricos afirmaram a pluralidade à custa do Um — haveria muitas unidades; os eleatas afirmaram o Um à custa da pluralidade. Mas, se você se apega à pluralidade que é sugerida pela experiência sensível, então deve admitir a mudança; mas, se você admite a mudança de uma coisa em outra, não pode evitar o problema reincidente acerca do caráter do elemento em comum nas coisas que mudam. Se, por outro lado, você parte da doutrina do Um, deve — a menos que venha adotar uma atitude unilateral como a dos eleatas, a qual não irá se sustentar — deduzir a pluralidade do Um, ou pelo menos mostrar que a pluralidade que observamos no mundo é consistente com o Um. Em outras palavras, deve-se atentar a ambos os fatores — a unidade e a pluralidade, a estabilidade e a mudança. A doutrina unilateral de Parmênides era inaceitável, como o era também a doutrina unilateral dos pitagóricos. Contudo, a filosofia de Heráclito também era insatisfatória. Não só porque não explicava de maneira suficiente o elemento estável nas coisas, como também porque estava presa ao monismo materialista. No fim das contas, era inescapável que afinal se viesse a sugerir que o ser mais elevado e mais verdadeiro é imaterial. Enquanto isso, não surpreende encontrar o que Zeller chama de "sistemas de acomodação", empenhados em fundir o pensamento dos antecessores.

Nota sobre o "panteísmo" na filosofia grega pré-socrática

(i) Se um panteísta é um homem que possui uma atitude religiosa subjetiva para com o universo, que ele afinal identifica com Deus, então os pré-socráticos dificilmente poderão ser chamados de panteístas. É verdade que Heráclito fala de Zeus como o Um, mas não parece que ele adotasse qualquer atitude religiosa para com o Um-fogo.

(ii) Se um panteísta é um homem que, negando um princípio transcendente ao universo, faz do universo em última instância *pensamento* (diferentemente do materialista, que dele faz só matéria), então mais uma vez os pré-socráticos dificilmente merecerão o nome de panteístas, pois concebem ou falam do Um em termos materiais (embora seja verdade que a distinção espírito-matéria ainda não tinha sido concebida de maneira clara para que pudessem negá-la do modo como os materialistas modernos a negam).

(iii) Seja como for, o Um, o universo, não pode ser identificado com os deuses gregos. Já se fez a observação (Schelling a fez) de que não existe o sobrenatural em Homero, pois o deus homérico é parte da natureza. Essa observação é oportuna na presente questão. O deus grego era finito e concebido antropomorficamente; de maneira alguma poderia ser identificado com o Um, nem tampouco ocorreria a alguém fazê-lo de maneira tão literal. O *nome* de um deus pode ser às vezes transferido para o Um, a exemplo de Zeus, mas o Um não pode ser pensado como identificado ao Zeus "verdadeiro" das lendas e da mitologia. Talvez haja a sugestão de que o Um é o único "deus" que existe, e que as deidades olímpicas são fábulas antropomórficas; mas, mesmo nesse caso, parece bastante incerto se os filósofos *adoravam* o Um. Os estóicos podem com propriedade ser chamados de panteístas; mas, no que diz respeito aos primeiros pré-socráticos, parece não haver dúvida de que é preferível chamá-los de monistas a chamá-los de panteístas.

CAPÍTULO VII
Empédocles de Akragas

Empédocles era cidadão de Akragas, ou Agrigento, na Sicília. Suas datas não podem ser estabelecidas, mas parece que visitou a cidade de Thurii pouco depois de sua fundação em 444-443 a.C. Tomou parte da política na sua cidade natal, e parece ter sido o líder de um partido democrático lá. Circulavam histórias sobre atividades de Empédocles como mágico e realizador de prodígios, e uma das histórias dá conta de que foi expulso da Ordem Pitagórica por "ter roubado discursos".[114] Além das suas atividades taumatúrgicas, Empédocles contribuiu com a medicina propriamente dita. A morte do filósofo se tornou assunto de várias fábulas divertidas, com a mais conhecida delas a contar que ele se atirou na cratera do Etna para fazer as pessoas pensarem que havia ido para o céu e assim o estimarem como um deus. Infelizmente, deixou uma de suas sandálias na beira do vulcão, e, como ele costumava usar sandálias com solas de bronze, esta foi facilmente reconhecida.[115] Contudo, Diógenes, que reconta essa história, também informa que "Timeu contradiz todas essas histórias, dizendo expressamente que ele se foi embora para o Peloponeso, e de lá jamais retornou, de maneira que o modo como veio a morrer é incerto".[116] Empédocles, como Parmênides, e diferentemente de outros filósofos gregos, expressou suas idéias filosóficas em escritos poéticos, dos quais fragmentos mais ou menos extensos chegaram até nós.

Empédocles não criou tanto uma nova filosofia quanto se esforçou para fundir e conciliar o pensamento de seus antecessores. Parmênides sustentava que o ser é, e que o ser é material. Empédocles não só adotou essa posição, como também adotou o pensamento fundamental de Parmênides, o de que o ser não pode surgir nem desaparecer, pois o ser não pode surgir do não-ser, nem tampouco pode passar para o não-ser. A matéria, assim, não tem início nem fim; é indestrutível. "Tolos — pois seus pensamentos são estreitos — os que julgam que aquilo que não foi antes possa ter vindo a ser, e que algo possa perecer e ser definitivamente destruído. Pois não pode se dar que algo surja daquilo que de modo algum é, e é impossível e inconcebível que aquilo que *é* possa perecer, pois sempre *será*, onde quer que seja posto".[117] E ainda: "E no todo nada existe

---
[114] Dióg. Laér., 8, 54.
[115] Dióg. Laér., 8, 69.
[116] Dióg. Laér., 8, 71. (O grande poeta clássico alemão Hölderlin escreveu um poema sobre a lendária morte de Empédocles, bem como um drama não concluído).
[117] Frag. 11.

de vazio e nada a preencher";[118] "No todo nada existe de vazio. Como, então, poderia algo vir a lhe acrescer?".[119]

Até aí, portanto, Empédocles concorda com Parmênides. Mas, por outro lado, a mudança é um fato que não pode ser negado, e a rejeição da mudança como ilusória não se pode sustentar por muito tempo. Restou assim encontrar um meio de conciliar o fato da existência da mudança e do movimento com o princípio de Parmênides, o de que o ser — que, relembre-se, é material de acordo com Parmênides — nem pode vir a ser nem pode desaparecer. Empédocles tentou realizar essa conciliação por meio do princípio de que os objetos em suas totalidades começam a ser e deixam de ser — como mostra a experiência —, mas que são compostos de partículas materiais, as quais são elas próprias indestrutíveis. Ocorre "apenas uma associação e um intercâmbio do que fora associado. Substância (Φύσις) não é nada mais que um nome dado pelos homens às coisas".[120]

Ora, embora Tales acreditasse que todas as coisas são em última instância água e Anaxímenes que fossem ar, ambos acreditavam que um tipo de matéria pode se transformar em outro tipo de matéria, pelo menos no sentido de que, por exemplo, a água se torna terra e o ar se torna fogo. Contudo, Empédocles, ao interpretar o princípio da imutabilidade de Parmênides à sua maneira, defendeu que um tipo de matéria não pode se transformar em outro tipo, mas que existem tipos eternos e fundamentais de matéria ou elementos — terra, ar, fogo e água. A classificação costumeira dos quatro elementos foi, assim, inventada por Empédocles, apesar de falar delas não como elementos, mas como "as raízes de tudo".[121] A terra não pode se tornar água, nem a água terra: os quatro tipos de matéria são partículas últimas e imutáveis, as quais compõem os objetos concretos do mundo através de sua mistura. Logo, os objetos vêm a ser através da mistura dos elementos, e deixam de ser através da separação dos elementos: mas os elementos, em si mesmos, nem vêm a ser nem desaparecem, antes permanecem sempre inalteráveis. Empédocles assim entreviu o único meio possível de conciliar a posição materialista de Parmênides com o fato evidente da mudança, isto é, postular uma multiplicidade de partículas materiais últimas, e por isso pode ser chamado de mediador entre o sistema de Parmênides e a evidência dos sentidos.

Pois bem, os filósofos jônicos não tinham conseguido explicar o processo da natureza. Se tudo é composto de ar, como pensava Anaxímenes, como surgem os objetos da nossa experiência? Que força é responsável pelo processo cíclico da natureza? Anaxímenes pressupôs que o ar se transforma em outros tipos de matéria em razão do seu próprio poder inerente; mas Empédocles percebeu ser necessário postular a existência de forças ativas. Ele as encontrou no amor e no

---

[118] Frag. 11.
[119] Frag. 14.
[120] Frag. 8.
[121] Frag. 7 (ἀγένητα i.e. στοιχεῖα).

ódio, ou harmonia e discórdia. Apesar dos seus nomes, contudo, Empédocles as concebia como forças físicas e materiais, o amor ou atração que une as partículas dos quatro elementos e constrói, a luta ou ódio que separa as partículas e faz cessar o ser dos objetos.

Segundo Empédocles, o processo do mundo é circular, no sentido de que existem ciclos do mundo periódicos. No início de um ciclo, os elementos se encontram todos misturados — não separados para formar os objetos concretos como os conhecemos —, uma mistura geral de partículas de ar, terra, fogo e água. Nesse estágio primário do processo, o amor é o princípio governante, e o todo é chamado de "deus abençoado". O ódio, contudo, ronda a esfera, e, quando penetra nela, a desunião das partículas tem início. Ao fim, a separação se torna completa: todas as partículas de água são postas juntas, todas as de fogo são postas juntas, e assim por diante. O ódio reina supremo, o amor foi banido. Contudo, o amor começa, por sua vez, a sua obra, e assim provoca a mistura e união gradual dos vários elementos, com esse processo a se estender até que as partículas elementares fiquem misturadas como no início. Vem então a vez de o ódio reiniciar sua operação. E assim continua o processo, sem um primeiro começo e sem um último fim.[122]

Quanto ao mundo como o conhecemos, perdura em um estágio intermediário entre a esfera primária e a total separação dos elementos: o ódio está penetrando gradualmente na esfera e, à medida que o faz, expulsa o amor. Quando nosso mundo começa a se formar a partir da esfera, o ar é o primeiro elemento a ser separado; depois é a vez do fogo, e em seguida da terra. A água é expelida para fora em razão da rapidez com que o mundo gira. A esfera primária, isto é, primária no processo cíclico, não primária em um sentido absoluto, é descrita em termos que nos soam curiosos. "Lá" (entenda-se, na esfera), "não se distinguem os membros ligeiros do sol; não, nem a terra hirsuta com seu poder, nem o mar — tão rápido o deus foi aprisionado na coberta apertada da harmonia, esférica e redonda, a se regozijar em sua solidão circular".[123] A atividade do amor e do ódio é ilustrada de várias maneiras.

> Isto [a competição entre eles] é manifesto na massa dos membros mortais. Num momento todos os membros pertencentes à porção do corpo são reunidos pelo amor no florescer da alta estação da vida; noutro momento, cortados pela luta cruel, vagam cada um sozinho pelos recifes do mar da vida. Ocorre o mesmo com as plantas e o peixe que fazem seus lares nas águas, com as feras que têm suas tocas nas colinas e os pássaros marinhos que navegam com as asas.[124]

---

[122] Este tema, o de um processo cíclico sem fim, reaparece na filosofia de Nietzsche com o nome de Eterno Retorno.
[123] Frag. 27.
[124] Frag. 20.

Empédocles ensina a doutrina da transmigração no livro das purificações. Chega a declarar: "Pois no passado já fui um menino e uma menina, um arbusto e um pássaro, e um peixe que vive no mar".[125] Não se pode dizer, contudo, que essa doutrina se acomode bem ao sistema cosmológico de Empédocles, pois, se todas as coisas são compostas de partículas materiais que se separam no momento da morte, e se "o sangue ao redor do coração é o pensamento dos homens",[126] pouco cabe falar em imortalidade. Mas Empédocles talvez não tenha se dado conta da discrepância entre suas teorias filosóficas e suas teorias religiosas. (Entre estas últimas há algumas prescrições de sabor bastante pitagórico, a exemplo desta: "Miseráveis, seus completos miseráveis, mantenham suas mãos longe de grãos!").[127]

Aristóteles comenta que Empédocles não distinguia entre pensamento e percepção. Sua teoria da visão é transmitida por Teofrasto, uma teoria utilizada por Platão no *Timeu*.[128] Na percepção sensível, há um encontro entre um elemento em nós e um elemento similar fora de nós. Todas as coisas estão constantemente liberando eflúvios, e, quando os poros dos órgãos sensíveis têm o tamanho correto, os eflúvios entram neles e a percepção ocorre. No caso da visão, por exemplo, os eflúvios vêm das coisas até os olhos; ao passo que, por outro lado, o fogo vem de dentro dos olhos (o olho é composto de fogo e água, o fogo sendo protegido da água por membranas dotadas de poros estreitíssimos, os quais impedem que a água entre, mas permitem que o fogo saia); assim, o fogo sai para encontrar o objeto, e os dois fatores juntos produzem a visão.

Para concluir, podemos rememorar que Empédocles tentou conciliar a tese de Parmênides, a de que o ser não pode nem vir a ser nem desaparecer, com o fato evidente da mudança, e o fez postulando a existência de partículas últimas dos quatro elementos, cuja mistura forma os objetos concretos deste mundo e cuja separação constitui o desaparecimento desses objetos. Ele não conseguiu, contudo, explicar como se dá o processo cíclico material da natureza, antes recorreu a forças mitológicas, o amor e o ódio. Restou a Anaxágoras introduzir o conceito de mente como causa original do processo do mundo.

---

[125] Frag. 117.
[126] Frag. 105.
[127] Frag. 141.
[128] Arist., *De An.*, 427 a 21.

CAPÍTULO VIII
O progresso alcançado por Anaxágoras

Anaxágoras nasceu em Clazômenas, na Ásia Menor, por volta de 500 a.C., e, embora grego, era sem dúvida cidadão persa, pois Clazômenas havia sido anexada após a supressão da revolta jônica; e se pode até dizer que veio para Atenas com o exército persa. Se foi mesmo assim, isso explicaria por que veio para Atenas no ano da Batalha de Salamina, 480/479 a.C. Foi o primeiro filósofo a se estabelecer na cidade, que depois viria a se tornar um centro produtivo de estudo filosófico.[129]

Por meio de Platão[130] sabemos que o jovem Péricles foi discípulo de Anaxágoras, relação que mais tarde traria problemas ao filósofo, pois, após ter residido por cerca de trinta anos na cidade, foi levado a julgamento pelos opositores políticos de Péricles por volta de 450 a.C. Diógenes nos conta que as acusações foram de impiedade (refere-se a Sótion) e colaboração com os persas (referindo-se a Sátiro). Quanto à primeira acusação, relata Platão, baseou-se no fato de que Anaxágoras ensinava que o sol é uma pedra incandescente e que a lua é feita de terra.[131] Essas acusações eram sem dúvida fabricadas, levantadas sobretudo com o propósito de atingir Péricles por meio de Anaxágoras. (O outro professor de Péricles, Dámon, sofreu ostracismo). Anaxágoras foi condenado, porém retirado da prisão, provavelmente pelo próprio Péricles; recolheu-se à Jônia, onde se estabeleceu em Lampsacus, uma colônia de Mileto. Aí provavelmente fundou uma escola. Os cidadãos erigiram um monumento em sua memória no mercado (um altar dedicado à mente e à verdade), e o aniversário de sua morte foi por muito tempo observado como um feriado pelos colegiais, diz-se que a seu próprio pedido.

Anaxágoras expressou sua filosofia em um livro, mas só fragmentos dele sobrevivem, e estes parecem estar limitados à primeira parte da obra. Devemos a preservação dos fragmentos que possuímos a Simplício (século VI d.C.).

Anaxágoras, como Empédocles, aceitou a teoria de Parmênides de que o ser não vem a ser nem desaparece, é imutável. "Os helênicos não compreendem corretamente o vir a ser e o desaparecer, pois nada vem a ser nem desaparece, antes se dá uma mistura e uma separação das coisas que são" (isto é, que persistem).[132]

---

[129] Conta-se que Anaxágoras possuía uma propriedade em Clazômenas, da qual abriu mão para seguir a via teorética. Cf. Platão, *Hípias Maior*, 283 a.
[130] *Fedro*, 270 a.
[131] *Apologia*, 26 d.
[132] Frag. 17.

Ambos os pensadores, portanto, estão de acordo quanto à indestrutibilidade da matéria, e ambos conciliam essa teoria com o fato evidente da mudança ao suporem a existência de partículas materiais indestrutíveis, cuja mistura forma os objetos e cuja separação explica seu desaparecimento. Mas Anaxágoras não concordará com Empédocles quanto às unidades últimas serem partículas correspondentes aos quatro elementos — terra, ar, fogo e água. Ele ensina que tudo que possui partes qualitativamente iguais ao todo é algo último e não derivado. Aristóteles chama esses todos, que possuem partes qualitativamente similares, τὰ ὁμοιομερῆ, τὸ ὁμοιομερές na condição de oposto de τὸ ἀνομοιομερές. Essa distinção não é difícil de ser compreendida se vista a partir de um exemplo. Se supomos que um pedaço de ouro é cortado ao meio, as metades serão elas mesmas ouro. Logo, as partes são qualitativamente o mesmo que o todo, e o todo pode ser chamado de ὁμοιομερές. Se, contudo, um cachorro, um organismo vivo, for cortado ao meio, as metades não serão elas mesmas dois cachorros. O todo, nesse caso, é portanto ἀνομοιομερές. A noção geral é, assim, clara, e é desnecessário confundir o assunto fazendo considerações com base em experimentação científica moderna. Algumas coisas possuem partes qualitativamente similares, e essas coisas são últimas e não derivadas (no que diz respeito ao *tipo*, entenda-se, pois nenhuma conglomeração de partículas é última e não derivada). "Como pode o cabelo vir do que não é cabelo, ou a carne vir do que não é carne?", pergunta Anaxágoras.[133] Mas disso não se segue que tudo que parece ser ὁμοιομερές de fato o seja. Assim, Aristóteles nos conta que Anaxágoras não acreditava que os elementos de Empédocles — terra, ar, fogo e água — fossem realmente últimos; ao contrário, são misturas compostas de muitas partículas qualitativamente diferentes.[134]

No começo, partículas — não existe nenhuma partícula indivisível, de acordo com Anaxágoras — de todos os tipos se misturaram. "Todas as coisas estavam juntas, infinitas tanto em número como em pequenez; porque o pequeno também era infinito. E, quando todas as coisas estavam juntas, nenhuma delas podia ser distinguida em razão de sua pequenez".[135] "Todas as coisas estão no todo". Os objetos da experiência surgem quando as partículas últimas são postas tão juntas, que, no objeto resultante, partículas de um certo tipo predominam. Assim, na mistura original as partículas de ouro estavam espalhadas e misturadas com todo tipo de partículas; mas, quando as partículas de ouro se tornaram próximas — junto a outras partículas — a ponto de o objeto visível resultante consistir predominantemente em partículas de ouro, então temos o ouro de nossa experiência. Por que dizemos "com outras partículas"? Porque nos objetos concretos da experiência existem, de acordo com Anaxágoras, partículas de *todas* as coisas; contudo, estão combinadas de tal maneira que um tipo de partícula predomina, e a partir desse fato o objeto em seu todo ganha sua denominação.

---

[133] Frag. 10.
[134] *De Gen. et Corr.*, I, 314 a 24. *De Caelo*, 3, 302 a 28.
[135] Frag. 1.

Anaxágoras sustentava a doutrina de que "em tudo há uma porção de tudo",[136] aparentemente porque não via outro modo de explicar o fato da mudança. Por exemplo, se a grama se torna carne, deve haver partículas de carne na grama (pois como pode a "carne" vir do "que não é carne"?), enquanto, por outro lado, na grama as partículas de grama predominam. A grama, portanto, consiste predominantemente em grama, mas deve também conter outros tipos de partículas pois "em tudo há uma porção de tudo", e "as coisas que estão em um mundo não estão divididas ou cortadas umas das outras por uma machadinha, nem o calor separado do frio nem o frio do calor".[137] Dessa forma Anaxágoras buscou dar apoio à doutrina parmenidiana acerca do ser, tentando adotar ao mesmo tempo uma atitude realista para com a mudança, não a descartando como uma ilusão dos sentidos, mas a aceitando como um fato e em seguida tentando conciliá-la com a teoria eleática do ser. Mais tarde Aristóteles tentará resolver por meio da distinção entre ato e potência as dificuldades levantadas pela doutrina de Parmênides em relação à mudança.

Burnet não acha que Anaxágoras considerava, como supunham os epicúrios que ele considerasse, "que deve haver partículas minúsculas no pão e na água semelhantes às partículas do sangue, da carne e dos ossos".[138] Segundo crê, tudo, de acordo com Anaxágoras, possuía uma porção dos opostos, do calor e do frio, do seco e do molhado. A perspectiva de Burnet certamente traz muito que corrobore isso. Já vimos o fragmento em que Anaxágoras declara que "as coisas que estão em um mundo não estão divididas ou cortadas umas das outras por uma machadinha, nem o calor separado do frio nem o frio do calor". Além disso, já que, segundo Anaxágoras, não existem partículas indivisíveis, não podem existir partículas últimas no sentido de que não possam sofrer divisão ulterior. Mas não se seguiria necessariamente da indivisibilidade das partículas que, na opinião do filósofo, não houvesse *tipos* últimos que não pudessem ser qualitativamente circunscritos. E não pergunta Anaxágoras explicitamente como o cabelo pode vir do que não é cabelo? Acrescente-se que lemos no fragmento 4 a respeito da mistura de todas as coisas — "do molhado e do seco, do quente e do frio, e do brilhante e do escuro, e da muita terra que há nela, e de uma imensidão de sementes inumeráveis em nada semelhantes umas às outras. E, sendo as coisas assim, devemos declarar que todas as coisas estão no todo". Esse fragmento dificilmente dá a impressão de que os "opostos" estejam em alguma posição peculiar de privilégio. Embora admitamos, portanto, que a perspectiva de Burnet traga muitos elementos em sua defesa, preferimos a interpretação que já demos.[139]

Até esse ponto a filosofia de Anaxágoras é uma variante da interpretação e da acomodação que Empédocles faz de Parmênides, e não apresenta quais-

---

[136] Frag. 11.
[137] Frag. 8.
[138] E.G.P., I, pp. 77-78.
[139] Cf. Zeller, *Outlines*, p. 62; Stace, *Crit. Hist.*, p. 95 ss.; Covotti, *I Presocratici*, cap. 21.

quer características valiosas. Mas, quando passamos à questão do poder ou força responsável por formar as coisas a partir da primeira massa, chegamos à contribuição peculiar de Anaxágoras à filosofia. Empédocles tinha atribuído o movimento no universo às duas forças físicas do amor e da luta, mas, em vez disso, Anaxágoras introduz o princípio do Nous ou mente. "Com Anaxágoras uma luz, ainda que fraca, começa a raiar, porque o entendimento é agora reconhecido como um princípio".[140] "Nous", diz Anaxágoras,

> tem poder sobre todas as coisas que possuem vida, tanto as maiores como as menores. E Nous tem poder sobre toda a revolução, a fim de que tenha começado a revolver no início [...] E Nous pôs em ordem todas as coisas que deveriam ser, e todas as coisas que foram e agora são e que serão, e essa revolução na qual agora revolvem as estrelas e o sol e a lua e o ar e o éter que estão separados. E a própria revolução fez que se separassem, e o denso é separado do rarefeito, o quente do frio, o brilhante do escuro, e o seco do molhado. E há muitas porções em muitas coisas. Mas coisa alguma, exceto o Nous, está inteiramente separada de qualquer outra coisa. E todo o Nous é idêntico, tanto o maior como o menor; mas nada mais se parece com nada mais, mas cada coisa, isto sim, é e foi manifestamente as coisas de que tinha mais em si mesma.[141]

O Nous "é infinito e autogovernado, e não é misturado com nada, mas sozinho, por si só".[142] Que concepção Anaxágoras tinha do Nous? Chama-o "a melhor e mais pura de todas as coisas, e ele possui todo conhecimento sobre tudo e o maior poder...". Fala também do Nous como "aquilo onde tudo mais é, na massa circundante".[143] O filósofo fala então do Nous ou mente em termos materiais, como "a mais fina de todas as coisas", como a ocupar espaço. Baseado nisso, Burnet declara que Anaxágoras jamais foi além da concepção de um princípio corporal. Ele faz do Nous algo mais puro do que as outras coisas materiais, mas nunca chega à idéia de uma coisa imaterial ou incorpórea. Zeller não concordará com isso, e Stace observa como "toda filosofia trabalha sob a dificuldade de expressar pensamento não-sensível numa linguagem que foi desenvolvida com o propósito de expressar idéias sensíveis".[144] Se dizemos que uma mente é "clara" ou que a mente de alguém é "maior" do que a de outro, não podemos por isso ser chamados de materialistas. O fato de Anaxágoras ter concebido o Nous como algo que ocupa espaço não é prova suficiente de que teria declarado ser ele algo corpóreo, no caso de ter alguma vez concebido uma distinção estrita entre mente e matéria. A não-espacialidade da mente é uma concepção posterior. É provável que a interpretação mais satisfatória seja a de

---
[140] Hegel, *Hist. Fil.*, I, p. 319.
[141] Frag. 12.
[142] Frag. 12.
[143] Frag. 14.
[144] *Crit. Hist.*, p. 99.

que Anaxágoras, no conceito que fazia do que seja o espiritual, não tenha conseguido apreender claramente a diferença radical entre o espiritual e o corporal. Mas isso não é o mesmo que dizer que fosse um materialista *dogmático*. Ao contrário, é o primeiro a introduzir um princípio espiritual e intelectual, embora falhe em compreender inteiramente a diferença essencial entre esse princípio e a matéria que ele forma ou põe em movimento.

O Nous está presente em todos os seres vivos, homens, animais e plantas, e em todos é o mesmo. As diferenças entre esses objetos não se devem, assim, a diferenças essenciais entre suas almas, mas a diferenças entre seus corpos, os quais facilitam ou obstaculizam o trabalho total do Nous. (Anaxágoras, contudo, não explica a consciência humana de se ter uma identidade independente).

Não se deve pensar que o Nous *crie* a matéria. A matéria é eterna, e a função do Nous parece ser a de iniciar o movimento rotatório ou vórtice em parte da matéria misturada, estando na ação do próprio vórtice, à medida que se propaga, a explicação do movimento subseqüente. Daí que Aristóteles, que diz na *Metafísica* que Anaxágoras "se destaca como um homem sóbrio frente aos tagarelas aleatórios que o precederam",[145] também diz que "Anaxágoras usa a mente como um *deus ex machina* para explicar a formação do mundo; e, sempre que precisa explicar por que alguma coisa necessariamente é, recorre a ela. Mas em outros casos toma qualquer outra coisa que não a mente como causa".[146] Podemos compreender com facilidade, assim, o desapontamento de Sócrates, que, pensando ter encontrado uma abordagem inteiramente diferente quando descobriu Anaxágoras, percebeu que "minhas expectativas extravagantes foram todas abaixo ao prosseguir e descobrir que o homem não fazia uso algum da mente. Ele não lhe atribuía nenhum poder causal sobre o ordenamento das coisas, mas aos ares, e aos éteres, e às águas, e a uma série de outras coisas estranhas".[147] Seja como for, ainda que ele não tenha chegado a se valer plenamente do princípio, deve-se atribuir a Anaxágoras a introdução na filosofia grega de um princípio da maior importância, destinado a dar esplêndidos frutos no futuro.

---

[145] *Metaf.*, A 3, 984 b 15-18.
[146] *Metaf.*, A 4, 985 a 18-21.
[147] *Fedro*, 97 b, 8.

CAPÍTULO IX
Os atomistas

O fundador da escola atomista foi Leucipo de Mileto. Já se chegou a defender que ele nunca existiu,[148] mas Aristóteles e Teofrasto fazem dele o fundador da filosofia atomista, e dificilmente podemos supor que se equivocassem. Não é possível estabelecer suas datas, mas Teofrasto declara que Leucipo foi membro da escola de Parmênides, e lemos na *Vida de Leucipo* de Diógenes que ele era um discípulo de Zenão (οὗτος ἤκουσε Ζήνωνος). Parece que a *Grande Cosmologia* (*Megas Diakosmos*), depois incorporada às obras de Demócrito de Abdera, era realmente trabalho de Leucipo, e não resta dúvida de que Burnet acerta em cheio quando compara o *corpus* democrítico com o de Hipócrates, e comenta que em nenhum dos casos conseguimos distinguir os autores dos vários tratados componentes.[149] O *corpus* inteiro é obra de uma escola, e é extremamente improvável que consigamos um dia apontar o autor de cada livro. Ao tratar da filosofia atomista, portanto, não podemos fingir que somos capazes de distinguir entre o que é próprio a Leucipo e o que é próprio a Demócrito. Mas, como Demócrito surge em data consideravelmente posterior e não pode com exatidão histórica ser classificado entre os pré-socráticos, deixamos para um capítulo posterior a sua doutrina da percepção sensível, com a qual tentou responder a Protágoras, e sua teoria da conduta humana. Alguns historiadores da filosofia, com efeito, tratam as opiniões de Demócrito a esse respeito logo que lidam com a filosofia atomista na seção dedicada aos pré-socráticos, mas, em vista da data indubitavelmente posterior de Demócrito, parece preferível acompanhar Burnet quanto a essa matéria.

A filosofia atomista é de fato o desenvolvimento lógico da filosofia de Empédocles. Este último tentou reconciliar o princípio parmenidiano da passagem do ser ao não-ser e vice-versa com o fato evidente da mudança ao postular os quatro elementos que, misturados segundo diversas proporções, formam os objetos de nossa experiência. Todavia, ele não chegou a desenvolver sua doutrina das partículas, nem levou a explicação quantitativa das diferenças qualitativas à sua conclusão lógica. A filosofia de Empédocles se constituiu num estágio de transição para a explicação de todas as diferenças qualitativas através de uma justaposição mecânica de partículas materiais segundo diversos padrões. Mais ainda, as forças de Empédocles — amor e luta — eram forças metafóricas, as

---
[148] Epicuro, por exemplo, nega a sua existência, mas se sugeriu que essa negação se devesse à determinação de Epicuro de parecer original.
[149] E.G.P., p. 331.

quais teriam de ser eliminadas numa filosofia mecânica em toda a linha. Foram os atomistas que deram o último passo no sentido de consumar o mecanicismo.

De acordo com Leucipo e Demócrito, existe um número infinito de unidades indivisíveis, os átomos. Estes são imperceptíveis, uma vez que são pequenos demais para serem percebidos pelos sentidos. Os átomos diferem em tamanho e forma, mas não possuem outra qualidade que não a de solidez ou impenetrabilidade. Infinitos em número, movem-se no vácuo. (Parmênides negara a realidade do espaço. Os pitagóricos admitiram o vácuo a fim de manter as suas unidades separadas, mas o identificaram com o ar atmosférico, o qual Empédocles mostrou ser material. Leucipo, contudo, afirmou ao mesmo tempo a irrealidade do espaço e a sua existência, entendendo irrealidade como incorporeidade. Essa posição se expressa com a afirmação de que "aquilo que não é" é tanto quanto "aquilo que é". O espaço, então, ou o vácuo, não é corpóreo, mas é tão real quanto o corpo). Os epicúrios posteriores defendiam que os átomos se moviam para baixo no vácuo por meio da força do *peso*, provavelmente influenciados pela idéia aristotélica de peso e leveza absolutas. (Aristóteles diz que nenhum de seus antecessores havia defendido essa posição). Ora, Aécio diz expressamente que, ao passo que Demócrito atribuía tamanho e forma aos átomos, não lhes atribuía peso, mas que Epicuro lhes acresceu peso a fim de explicar seu movimento.[150] Cícero relata a mesma coisa, e declara ainda que segundo Demócrito no vácuo não havia "topo" nem "fundo" nem "meio".[151] Se era isso que Demócrito defendia, então é claro que estava correto, pois não existe "em cima" ou "embaixo" absolutos; mas como, nesse caso, ele conceberia o movimento dos átomos? No *De Anima*,[152] Aristóteles atribui a Demócrito uma comparação entre os movimentos dos átomos da alma e os grânulos de um raio de sol, que se lançam para cá e lá, em todas as direções, mesmo quando não há vento. Pode ser que essa tenha sido a perspectiva democrítica acerca do movimento original dos átomos.

Contudo, fosse como fosse o movimento original dos átomos, em algum momento ocorreu colisões entre eles, com os átomos de forma irregular se emaranhando uns com os outros e formando grupos de átomos. Dessa forma se estabelece um vórtice (Anaxágoras), e se inicia o processo de formação de um mundo. Se Anaxágoras pensava que os corpos maiores seriam afastados do centro com maior rapidez, Leucipo disse o oposto, pois acreditava erroneamente que num remoinho de vento ou água os corpos maiores tendem para o centro. Outro efeito do movimento no vácuo é que os átomos semelhantes em tamanho e forma são aproximados, à maneira como uma peneira reúne os grãos de painço, trigo e cevada, ou como as ondas do mar empilham pedras compridas com compridas e redondas com redondas. Dessa forma se criam os

---

[150] Aécio, I, 3, 18 e 12,6 (D. 68 A 47).
[151] *De Fato*, 20, 46, e *De Fin.*, I, 6, 17 (D. 68 A 47 e 56).
[152] *De An.*, A 2, 403 b 28 ss.

quatro "elementos" — fogo, ar, terra e água. Esses mundos inumeráveis surgem das colisões entre átomos infinitos que se movem no vácuo.

Nota-se de imediato que nem as forças de Empédocles, amor e luta, nem o Nous de Anaxágoras aparecem na filosofia atomista: Leucipo evidentemente não considerava necessária nenhuma força movente como hipótese. No início existiam átomos no vácuo, e isso era tudo: desse início surgiu o mundo da nossa experiência, e nenhum poder externo ou força movente é pressuposta como causa necessária desse movimento primevo. Ao que parece, os primeiros cosmólogos não consideravam o movimento algo que requeresse explicação, e na filosofia atomista o movimento eterno dos átomos é visto como auto-suficiente. Leucipo fala de tudo como a acontecer ἐκ λόγου καὶ ὑπ' ἀνάγκης,[153] e isso à primeira vista pode parecer inconsistente com sua doutrina do movimento original inexplicado dos átomos e de suas colisões. Contudo, essas colisões ocorrem necessariamente em razão da configuração dos átomos e de seus movimentos irregulares, ao passo que o movimento original, como fato auto-suficiente, não requer maior explicação. De fato, para nós talvez pareça estranho negar o acaso e, ainda assim, afirmar um movimento eterno inexplicado — Aristóteles culpa os atomistas de não esclarecerem a fonte do movimento e qual o seu tipo[154] —, mas não devemos concluir que Leucipo quisesse atribuir o movimento dos átomos ao *acaso*: para ele, o movimento eterno e a continuação do movimento não pediam explicação. Em nossa opinião, a mente fica perplexa diante de uma tal teoria e não pode se satisfazer com o ultimato de Leucipo; mas é um fato histórico interessante que ele próprio se contentasse com esse ultimato e não buscasse "primeiro motor imóvel" algum.

Deve-se notar que os átomos de Leucipo e Demócrito são mônadas pitagóricas dotadas das propriedades do ser parmenidiano — pois cada uma delas é como o Um parmenidiano. E, na medida em que os elementos surgem dos vários arranjos e posições dos átomos, bem podem ser ligados aos "números" pitagóricos, caso estes possam ser vistos como padrões ou "números figurados". Esse é o único sentido que pode ser atribuído ao dito de Aristóteles de que "Leucipo e Demócrito praticamente tomam todas as coisas também como números e as produzem a partir dos números".[155]

Em seu esquema detalhado do mundo, Leucipo foi um tanto reacionário, rejeitando a visão pitagórica do caráter esférico da Terra e retornando, como Anaxágoras, à opinião de Anaxímenes, a de que a Terra é como um pandeiro que flutua no ar. Mas, embora os detalhes da cosmologia atomista não apontem qualquer progresso, Leucipo e Demócrito são dignos de atenção por terem levado tendências prévias à sua conclusão lógica, produzindo um retrato e explicação puramente mecânicos da realidade. A tentativa de dar uma explicação completa do mundo em termos do materialismo mecânico reapareceu, como sabemos,

---

[153] Frag. 2 (Aécio, I, 25, 4).
[154] *Fís.*, Θ 1, 252 a 32; *De Caelo*, Γ 2, 300 b 8; *Metaf.*, A, 4, 985 b 19-20.
[155] *De Caelo*, Γ 4, 303 a 8.

numa forma muito mais completa na Era Moderna sob a influência da ciência física, mas a hipótese brilhante de Leucipo e Demócrito de modo algum foi a última palavra na filosofia grega: filósofos gregos posteriores perceberiam que a riqueza do mundo em todas as suas esferas não pode ser reduzida a um jogo mecânico de átomos.

CAPÍTULO X
Filosofia pré-socrática

Com freqüência se diz que a filosofia grega gira em torno do problema do Um e do múltiplo. Já nos mais incipientes estágios da filosofia grega encontramos a noção de unidade: as coisas se transformam umas nas outras — logo, deve haver algum substrato comum, algum princípio último, alguma unidade por baixo da diversidade. Tales declara que esse princípio comum é a água; Anaxímenes, que é o ar; Heráclito, que é o fogo: os três optam por princípios diferentes, mas os três acreditam em um princípio último. Mas, ainda que o fato da mudança — o que Aristóteles chamava de mudança "substancial" — possa ter sugerido aos primeiros cosmólogos a noção de uma unidade subjacente ao universo, seria errôneo reduzir essa noção a uma conclusão da ciência física. No que diz respeito estritamente a provas científicas, aqueles cosmólogos não tinham dados suficientes para amparar sua afirmação da unidade, menos ainda para amparar sua afirmação de qualquer princípio último em particular, seja a água, o fogo ou o ar. O fato é que os primeiros cosmólogos saltaram por cima dos dados diretamente para a intuição da unidade universal: possuíam o que poderíamos chamar de o poder da intuição metafísica, e isso constitui sua glória e seu direito a um lugar na história da filosofia. Se Tales tivesse se limitado a dizer que a terra se desenvolveu a partir da água, "teríamos", como observa Nietzsche, "não mais que uma hipótese científica: uma hipótese falsa, embora difícil de refutar". Mas Tales foi além da mera hipótese científica: chegou a uma doutrina metafísica, a de que *Tudo é Um*.

Permitam-me citar Nietzsche de novo. "A filosofia grega parece se iniciar com uma fantasia preposterá, com a proposição de que a água é a origem e ventre materno de todas as coisas. É mesmo necessário pausar nesse ponto e assumir ar de seriedade? Sim, e por três razões. Em primeiro lugar, porque a proposição de fato enuncia algo sobre a origem das coisas; em segundo lugar, porque o faz sem invocar alegoria ou fábula alguma; e, por fim, porque nela está contida, ainda que só em estado de crisálida, a idéia — tudo é Um. A primeira razão mencionada ainda deixa Tales em companhia de pessoas religiosas e supersticiosas; a segunda, contudo, o remove dessa companhia e no-lo mostra como um filósofo natural; mas, em virtude da terceira razão, Tales se torna o primeiro filósofo grego".[156] Isso também se aplica aos outros primeiros cosmólogos; homens como Anaxímenes e Heráclito também criaram asas e voaram acima e além do que pudesse ser verificado por meio de mera observação empírica. Ao mesmo tempo,

---
[156] *A filosofia na era trágica dos gregos*, seção 3.

não se contentavam com nenhum pressuposto mitológico, pois buscavam um real princípio de unidade, o substrato último da mudança: o que afirmavam, afirmavam-no com toda seriedade. Tinham a noção do mundo como um todo, um sistema, um mundo governado pela lei. Suas afirmações se baseavam na razão ou pensamento, não em mera imaginação ou mitologia; e, assim, eles merecem ser contados entre os filósofos, os primeiros filósofos da Europa.

2. Mas, apesar de serem inspirados pela idéia de unidade cósmica, os primeiros cosmólogos eram confrontados pelo fato do múltiplo, da multiplicidade, da diversidade, e tinham de tentar a reconciliação teórica dessa pluralidade evidente com a unidade postulada — em outras palavras, tinham de explicar o mundo como o conhecemos. Se Anaxímenes, por exemplo, tinha recorrido ao princípio da condensação e rarefação, já Parmênides, em posse de sua grande teoria de que o ser é um e imutável, negou terminantemente os fatos da mudança, do movimento e da multiplicidade como ilusões dos sentidos. Empédocles postulou a existência de quatro elementos últimos, a partir dos quais todas as coisas são construídas pela ação do amor e da luta, e Anaxágoras sustentou o caráter derradeiro da teoria atômica e da explicação quantitativa da diferença qualitativa, assim fazendo justiça à pluralidade, ao múltiplo, ao mesmo tempo que tendia a renunciar à visão anterior da unidade, ainda que cada átomo representasse o Um parmenidiano.

Podemos dizer, portanto, que, embora os pré-socráticos lutassem com o problema do Um e do múltiplo, não conseguiram resolvê-lo. A filosofia heraclítea contém, de fato, uma profunda noção da unidade na diversidade, mas está comprometida com uma afirmação excessiva do vir a ser e com as dificuldades advindas da doutrina do fogo. Desse modo, os pré-socráticos não conseguiram resolver o problema, e este foi assim retomado por Platão e Aristóteles, os quais nele empregaram seu notável talento e gênio.

3. Mas, se o problema do Um e do múltiplo continuou a excitar a filosofia grega no período pós-socrático, e se recebeu soluções bem mais satisfatórias nas mãos de Platão e Aristóteles, então é óbvio que não podemos caracterizar a filosofia pré-socrática tomando por referência aquele problema: precisamos de outro elemento de caracterização e distinção. Onde encontrá-lo? Podemos dizer que a filosofia pré-socrática se centra no mundo externo, no objeto, no não-eu. O homem, o sujeito, o eu, obviamente não é excluído de toda e qualquer consideração, mas o interesse no não-eu é predominante. Isso pode ser notado por meio da questão que sucessivos filósofos pré-socráticos buscaram responder: "De que, em última instância, o mundo é feito?". Em suas respostas a essa questão, os primeiros filósofos jônicos certamente foram além do que permitiam os dados empíricos, mas, como já se observou, eles abordaram a questão com um espírito filosófico e não com o espírito de artífices de fantasias mitológicas. Não diferenciaram ciência física de filosofia, e combinaram observações "científicas" de caráter puramente prático com especulações filosóficas; mas é preciso recordar que uma diferenciação entre ciência física e filosofia

dificilmente era possível naquela época recuada — os homens queriam saber algo mais acerca do mundo, e nada mais natural que nesse processo acabassem por se misturar questões científicas e questões filosóficas. Uma vez que estavam preocupados com a natureza última do mundo, as teorias deles assumem caráter filosófico; mas, uma vez que não haviam estabelecido nenhuma distinção clara entre espírito e matéria, e uma vez que a questão que se propunham era em grande medida motivada pelo vir a ser material, suas respostas se exprimiram, em sua maior parte, em termos e conceitos tomados à matéria. Pensaram que a "matéria" última do universo fosse alguma espécie de matéria — o que era de se esperar —, fosse a água de Tales, o indeterminado de Anaximandro, o ar de Anaxímenes, o fogo de Heráclito ou os átomos de Leucipo, e assim uma larga porção dos seus assuntos seria reclamada pelos cientistas naturais de hoje como pertencentes à sua província.

Os primeiros filósofos gregos são assim corretamente chamados de cosmólogos, pois estavam preocupados com a natureza do cosmos, o objeto do nosso conhecimento, e o próprio homem é considerado sob seu aspecto objetivo, como um item no cosmos, em vez de sob seu aspecto subjetivo, como sujeito do conhecimento ou como um sujeito que deseja e age moralmente. Em sua consideração do cosmos, não chegaram a nenhuma conclusão final acerca de todos os fatores envolvidos; e esse aparente fracasso da cosmologia, quando somado a outras causas a serem consideradas, naturalmente leva a um deslizamento do interesse do objeto para o sujeito, do cosmos para o próprio homem. Essa mudança de interesse, como exemplificada pelos sofistas, nós a analisaremos na próxima seção deste livro.

4. Embora seja verdade que a filosofia pré-socrática se centre no cosmos, no mundo externo, e que esse interesse cosmológico seja a marca distintiva dos pré-socráticos quando comparados à filosofia socrática, deve-se também observar que um problema em alguma medida relacionado com o homem enquanto sujeito cognoscente foi levantado pela filosofia pré-socrática, o da relação entre experiência sensível e razão. Assim, Parmênides, ao partir da noção de Um, e se vendo incapaz de explicar o vir a ser e a desaparição — dados na experiência sensível —, pôs de lado a evidência dos sentidos como uma ilusão, e proclamou a validade exclusiva da razão, que seria a única capaz de alcançar o real e permanente. Mas o problema não foi tratado de forma completa ou adequada, e, quando Parmênides negou a validade da percepção sensível, o fez em razão de uma doutrina ou suposição metafísica, em vez de em razão de qualquer meditação prolongada sobre a percepção sensível e a natureza do pensamento não-sensível.

5. Já que os primeiros pensadores gregos podem com justiça ser designados filósofos, e já que eles procediam em grande medida através de ação e reação, ou tese e antítese (por exemplo, Heráclito a enfatizar demasiadamente o vir a ser, e Parmênides, o ser), era natural esperar que os germes de tendências e escolas filosóficas posteriores fossem discerníveis já na filosofia pré-socrática. Dessa maneira, na doutrina parmenidiana do Um, se vista a par da exaltação

da razão à custa da percepção sensível, vemos os germes do idealismo posterior; ao passo que, na introdução do Nous por Anaxágoras — por mais restrito que tenha sido o uso que fez do Nous —, podemos ver os germes do teísmo filosófico posterior; e, no atomismo de Leucipo e Demócrito, podemos ver uma antecipação das filosofias materialistas e mecanicistas posteriores que se esforçariam para explicar toda qualidade mediante a quantidade e reduzir tudo no universo à matéria e seus produtos.

6. Pelo que foi dito, fica claro que a filosofia pré-socrática não é simplesmente um estágio pré-filosófico que possa ser deixado de lado em um estudo do pensamento grego — de modo que estaríamos bem justificados em iniciar de imediato com Sócrates e Platão. A filosofia pré-socrática *não* é um estágio pré-filosófico, mas, sim, o primeiro estágio da filosofia grega: pode não ser uma filosofia pura, sem mescla, mas é filosofia, e merece ser estudada pelo seu valor intrínseco de primeira tentativa grega de atingir uma compreensão racional do mundo. Além disso, ela não era uma unidade autocontida, que, em compartimento estanque, estivesse isolada do pensamento filosófico posterior; antes é o caso de ser preparatória ao período subseqüente, pois nela vemos ser levantados problemas que ocupariam os maiores filósofos gregos. O pensamento grego progrediu, e, embora dificilmente conseguíssemos superestimar o gênio inato de homens como Platão e Aristóteles, seria errôneo imaginar que não tenham sido influenciados pelo passado. Platão foi profundamente influenciado pelo pensamento pré-socrático, pelos sistemas heraclíteo, eleático e pitagórico; Aristóteles via a sua própria filosofia como herdeira e coroamento do passado; e ambos os pensadores tomaram problemas filosóficos das mãos de seus predecessores, dando-lhes, é verdade, soluções originais, mas ao mesmo tempo enfrentando os problemas em seu contexto histórico. Seria absurdo, portanto, iniciar uma história da filosofia grega com uma discussão de Sócrates e Platão sem nenhuma discussão do pensamento anterior, pois não podemos compreender Sócrates e Platão — tampouco Aristóteles — sem um conhecimento do passado.

Passemos agora à próxima fase da filosofia grega, que pode ser considerada a antítese do período anterior de especulação cosmológica — o período sofístico e socrático.

PARTE II
O período socrático

CAPÍTULO I
Os sofistas

Os primeiros filósofos gregos estavam interessados principalmente no objeto, empenhados em determinar o princípio último de todas as coisas. O que lograram, contudo, não está à altura de sua sinceridade filosófica, e as sucessivas hipóteses que lançaram facilmente levaram a um ceticismo quanto à possibilidade de se alcançar qualquer conhecimento certo sobre a natureza última do mundo. Acrescente-se a isso que doutrinas como as de Heráclito e Parmênides naturalmente resultariam numa atitude cética para com a validade da percepção sensível. Se o ser é estático e a percepção do movimento é uma ilusão, ou se, por outro lado, tudo está num estado de constante mudança e não existe nenhum princípio verdadeiro de estabilidade, então nossa percepção sensível não é confiável, e assim os próprios fundamentos da cosmologia são minados. Os sistemas filosóficos até então propostos excluíam-se uns aos outros: havia naturalmente verdade a ser encontrada em teorias opostas, mas não surgira ainda nenhum filósofo de estatura suficiente para reconciliar as antíteses em uma síntese superior, na qual o erro fosse expurgado e se fizesse justiça à verdade contida em doutrinas rivais. O resultado só poderia ser certa desconfiança para com as cosmologias. E, verdade seja dita, um deslizamento do foco de atenção em direção ao sujeito era necessário para que se fizesse algum avanço. Foi a meditação de Platão acerca do pensamento que tornou possível uma teoria mais verdadeira, na qual se fizesse justiça aos fatos tanto da estabilidade como da mutabilidade; mas a reação que vai do objeto ao sujeito, a qual tornou possível esse progresso, surgiu primeiro entre os sofistas, e foi em grande medida um efeito do colapso da filosofia grega mais antiga. Face à dialética de Zenão, bem poderia parecer duvidável que fosse possível fazer algum avanço no estudo da cosmologia.

Outro fator que dirigiu a atenção para o sujeito, além do ceticismo originado da filosofia grega anterior, foi a crescente reflexão sobre o fenômeno da cultura e da civilização, devido, em grande medida, à prolongada convivência dos gregos com outros povos. Sendo assim, nada mais natural que um povo inteligente como os gregos começasse a se fazer perguntas. Por exemplo: são os vários estilos de vida nacionais e locais, os códigos éticos e religiosos, meras convenções ou não? Era a cultura helênica, quando contrastada às culturas não-helênicas ou bárbaras, uma questão de νόμος, criada pelo homem e mutável, a existir νόμῳ, ou ela se baseava na natureza, existindo Φύσει? Ela era um decreto sagrado, dotado de sanção divina, ou poderia ser alterada, modificada, adaptada, desenvolvida? O Prof. Zeller observa a esse respeito que Protágoras, o mais dotado dos sofistas, veio de Abdera, "um posto avançado da cultura jônica na terra dos bárbaros trácios".[1]

O sofismo,[2] assim, diferia da filosofia grega mais antiga quanto ao assunto com que lidava, a saber, o homem e a civilização e os costumes humanos: tratava do microcosmo, não do macrocosmo. O homem estava se tornando autoconsciente: como diz Sófocles, "os milagres no mundo são muitos, não há maior milagre que o homem".[3] Mas o sofismo também diferia da filosofia grega anterior quanto ao seu *método*. Embora o método da filosofia grega mais antiga de modo algum excluísse a observação empírica, ainda assim era tipicamente dedutivo. A partir do momento em que o filósofo estabelecia o seu princípio geral do mundo, seu princípio componente último, restava-lhe apenas explicar os fenômenos particulares segundo aquela teoria. Os sofistas, contudo, buscavam abranger uma grande massa de observações particulares e fatos; eram enciclopedistas, polímatas. Daí, a partir desses fatos acumulados, passavam a tirar conclusões, em parte teóricas, em parte práticas. Assim, dessa bagagem acumulada de fatos acerca de diferenças de opinião e de crença, podiam tirar a conclusão de que era impossível alcançar qualquer conhecimento certo. Ou, a partir do seu conhecimento de várias nações e estilos de vida, poderiam elaborar uma teoria acerca da origem da civilização ou do começo da linguagem. Ou, ainda, poderiam tirar conclusões práticas, e.g. a de que a sociedade seria organizada de maneira mais eficiente se seguisse este ou aquele modelo de ordem. O método do sofismo era, pois, "empírico-indutivo".[4]

Deve-se lembrar, contudo, que as conclusões práticas dos sofistas não se destinavam a estabelecer normas objetivas, fundadas na verdade necessária. E esse fato aponta para outra diferença entre o sofismo e a filosofia grega mais antiga, a saber, uma diferença de fins. Esta última estava preocupada com a verdade objetiva: os cosmólogos queriam descobrir a verdade objetiva sobre o mundo, eram os mais desinteressados buscadores da verdade. Os sofistas, por outro lado, não visavam primariamente à verdade objetiva: seu objetivo era prático, não especulativo. E assim os sofistas se tornaram instrumentos de instrução e treinamento nas cidades gregas, dedicados ao ensino da arte e controle da vida. Já se disse que, enquanto um grupo de discípulos era algo mais ou menos acidental para os filósofos pré-socráticos — já que seu objetivo primordial era *descobrir* a verdade —, era algo essencial para os sofistas, já que estes pretendiam *ensinar*.

Depois das Guerras Persas, a vida política na Grécia naturalmente se intensificou; em especial na democrática Atenas. O cidadão livre desempenhava algum papel, em certa medida, na vida política, e, se quisesse ir adiante, ele

---

[1] *Outlines*, p. 76.

[2] Ao empregar o termo "sofismo", não quero dar a entender que existisse algum sistema sofista: os homens que conhecemos como os sofistas gregos diferiam imensamente uns dos outros quanto à habilidade, bem como divergiam quanto às opiniões: representam uma tendência ou movimento, não uma escola.

[3] *Antígona*, 332 ss.

[4] Zeller, *Outlines*, p. 77.

obviamente precisava ter algum tipo de treino. A velha educação era insuficiente para o homem que quisesse abrir seu caminho até o Estado; o velho ideal aristocrático, não importa se intrinsecamente superior ou não aos novos ideais, era incapaz de atender às demandas dos líderes na democracia em desenvolvimento: precisava-se de algo mais, e essa necessidade foi suprida pelos sofistas. Plutarco diz que os sofistas colocaram um treino teórico no lugar do treino prático mais antigo, o qual era em boa medida uma questão de tradição familiar, relação com estadistas proeminentes, treino prático e experimental por meio de efetiva participação na vida política. O que se requeria agora eram cursos de instrução, e os sofistas davam esses cursos nas cidades. Eram professores itinerantes que iam de cidade em cidade, assim reunindo um valioso acervo de conhecimento e experiência, e instruíam acerca de vários temas — gramática, interpretação dos poetas, filosofia da mitologia e da religião, e assim por diante. Mas, acima de tudo, prometiam ensinar a arte da *retórica*, que era absolutamente necessária para a vida política. Na cidade-estado grega, sobretudo em Atenas, ninguém poderia ter esperanças de imprimir sua marca como político a menos que falasse, e falasse bem. Os sofistas alegavam ensinar o indivíduo a fazer isso, treinando-o na expressão principal da "virtude" política, a virtude da nova aristocracia do intelecto e da habilidade. Não havia, claro, nada de errado nesse elemento por si só, mas suas óbvias conseqüências — a de que a arte da retórica poderia ser utilizada para "fazer passar" uma noção ou política pública que não era desinteressada ou que até poderia ser danosa à cidade, ou tão só calculada para promover a carreira de um político — ajudaram a construir uma má reputação para os sofistas. Esse foi particularmente o caso do seu ensino da erística. Se um homem quisesse ganhar dinheiro com a democracia grega, tinha de fazê-lo principalmente por meio de processos legais, e os sofistas diziam ensinar o jeito certo de vencer esses processos. Mas, obviamente, isso poderia facilmente corresponder na prática à arte de ensinar os homens a fazer o injusto parecer justo. Um modo de proceder como esse era, de maneira patente, muito diverso da velha atitude de busca da verdade dos filósofos, e ajuda a explicar o tratamento que Platão daria aos sofistas.

Os sofistas realizaram seu trabalho de instrução por meio da educação dos jovens e de palestras populares nas cidades; mas, como eram professores itinerantes, homens de ampla experiência e representantes de uma — como era à época — reação um tanto cética e superficial, virou idéia corrente que eles tiravam os rapazes de suas casas e faziam em pedaços diante deles o código de ética tradicional e as crenças religiosas. Conseqüentemente, os estritos partidários da tradição viam os sofistas com alguma suspeita, embora os jovens fossem apoiadores entusiasmados deles. Não que as tendências de equanimidade dos sofistas fossem todas enfraquecedoras da vida grega: sua amplitude de visão geralmente fez deles advogados do pan-helenismo, uma doutrina que faltava dolorosamente à Grécia das cidades-estados. Mas foram as suas tendências céticas que atraíram mais atenção, especialmente porque não colocaram de fato nada de novo e estável no lugar das velhas convicções que tendiam a perturbar. A isso se deve acrescentar que recebiam pagamento pela instrução que davam. Essa prática, ainda que legítima em si mesma, não se coadunava com o hábito dos filósofos gregos mais velhos, nem tampouco com a opinião grega acerca do que fosse adequado. Era algo abominável para Platão, ao passo que Xenofonte afirma que os sofistas falam e escrevem para enganar em prol do seu próprio ganho, e que não ajudavam ninguém.[5]

Com base no que foi dito, fica claro que o sofismo não merece nenhuma condenação abrangente. Ao direcionarem a atenção dos pensadores para o próprio homem, o sujeito que pensa e deseja, serviram de estágio de transição para as grandes realizações platônico-aristotélicas. Ao fornecerem meios de treinamento e instrução, realizaram uma tarefa necessária na vida política da Grécia, ao passo que suas tendências pan-helênicas certamente são dignas de crédito. E mesmo suas tendências céticas e relativistas, que foram, afinal de contas, em grande parte o resultado do colapso da filosofia anterior, por um lado, e o resultado de uma mais ampla experiência da vida humana, por outro, pelo menos contribuíram para a proposição de problemas, ainda que o próprio sofismo fosse incapaz de resolvê-los. Não é coisa fantasiosa enxergar a influência do sofismo no drama grego, por exemplo, no hino de Sófocles aos feitos humanos em *Antígona* e nas discussões teóricas contidas nas peças de Eurípedes, nas obras de historiadores gregos, como o celebrado diálogo meliano nas páginas de Tucídides. O termo Σοφιστής levou algum tempo para adquirir sua conotação depreciativa. Heródoto o aplica a Sólon e Pitágoras, Androção o aplica aos Sete Sábios e a Sócrates, Lísias o aplica a Platão. Mais ainda, os sofistas mais velhos gozavam do respeito e estima geral, e, como historiadores já observaram, não era raro que fossem escolhidos como "embaixadores" de suas respectivas cidades, um fato que dificilmente indica que fossem charlatães ou fossem vistos como tais. Foi só num segundo momento que o termo "sofista" adquiriu um sabor desagradável — como em Platão; e, em épocas posteriores, o termo parece ter readquirido sentido positivo, aplicado que foi a professores de retórica e prosadores do império, sem o significado de cavilação ou trapaça. "É particularmente através da oposição de Sócrates e Platão que os sofistas perderam tanta reputação, a ponto de a palavra hoje significar que, por meio de raciocínio falso, alguma verdade é ou refutada ou tornada dúbia, ou algo falso é provado e tornado plausível".[6]

Por outro lado, o relativismo dos sofistas, seu estímulo à erística, sua falta de normas estáveis, sua aceitação de pagamento e as tendências ardilosas de determinados sofistas posteriores justificam em larga medida o significado depreciativo do termo. Para Platão, eles eram "vendedores de produtos espirituais";[7] e, quando Sócrates é representado no diálogo *Protágoras* a perguntar a

---
[5] Xenofonte, *Cyneg.*, 13, 8 (D. 79, 2 a).
[6] Hegel, *Hist. Phil.*, I, p. 354.
[7] *Protag.*, 313 c 5–6.

Hipócrates, que queria ser ensinado por Protágoras, "não ficarás com vergonha de se apresentar aos gregos como um sofista?", Hipócrates responde: "Sim, em verdade, Sócrates, se é para dizer o que penso". Contudo, devemos recordar que Platão tende a expor o lado ruim dos sofistas, principalmente porque tinha Sócrates ante seus olhos, o qual desenvolvera o que havia de bom no sofismo para além de qualquer comparação com realizações dos próprios sofistas.

CAPÍTULO II
Alguns sofistas em particular

I. Protágoras

Protágoras nasceu, segundo a maioria dos autores, por volta de 481 a.C. em Abdera, na Trácia,[8] e parece ter vindo para Atenas por volta de meados do século. Gozou do favor de Péricles, e nos foi transmitido que o estadista o incumbiu da tarefa de elaborar uma constituição para a colônia pan-helênica de Thurii, fundada em 444 a.C. Estava de novo em Atenas quando da irrupção da Guerra do Peloponeso em 431 e durante a praga em 430, que levou dois filhos de Péricles. Diógenes Laércio conta a história de que Protágoras foi condenado por blasfêmia em razão do seu livro sobre os deuses, mas que escapou da cidade antes do julgamento e se afogou ao fazer a travessia para a Sicília, tendo seu livro sido queimado no mercado popular. Isso teria acontecido à época da revolta oligárquica dos quatrocentos, em 411 a.C. Burnet se inclina a crer que a história é duvidosa, e sustenta que, se a condenação de fato aconteceu, então deve ter sido antes de 411. O Prof. Taylor concorda com Burnet em sua rejeição da história sobre o processo, mas o faz apenas porque também concorda com Burnet quanto à data de nascimento de Protágoras ser bem anterior, a saber, 500 a.C. Os dois escritores se baseiam na representação que Platão faz de Protágoras, no diálogo homônimo, como um homem idoso, pelo menos a se aproximar dos 65 anos, por volta de 435 a.C. Platão "devia saber se Protágoras realmente pertencia à geração anterior à de Sócrates, e não teria motivo algum para representá-lo de maneira errônea a esse ponto".[9] Se isso for correto, então também devemos aceitar a declaração constante no *Ménon* de que Protágoras morreu usufruindo de alto prestígio.

O dito mais conhecido de Protágoras é aquele contido em sua obra, Ἀλήθεια ἢ Καταβάλλοντες (λόγοι), no sentido de que "o homem é a medida de todas as coisas, daquelas que são o que são, daquelas que não são o que não são".[10] Houve considerável controvérsia quanto à interpretação a ser feita desse dito famoso, com alguns escritores a sustentar a visão de que por "homem" Protágoras não queria dizer o homem individual, mas o homem como espécie humana. Dessa maneira, o sentido do dito não seria o de que "aquilo que lhe parece verdadeiro é verdadeiro para você, e o que me parece verdadeiro é verdadeiro para mim",

---

[8] *Protag.*, 309 c; *Repúbl.*, 600 c; Dióg. Laér., 9, 50 ss.
[9] *Plato*, p. 236, nota.
[10] Frag. 1.

e sim que a comunidade ou grupo ou conjunto da espécie humana é o critério e padrão da verdade. Também houve controvérsia sobre se as coisas — Χρήματα — deveriam ser entendidas exclusivamente como os objetos da percepção sensível, ou se deveriam ser estendidas também ao campo dos valores.

Essa é uma questão difícil e que não pode ser discutida longamente aqui, mas o presente autor não está preparado para ignorar o testemunho de Platão no *Teeteto*, no qual o dito protagoriano, se bem que ampliado, como o próprio Platão admite, é sem sombra de dúvida interpretado no sentido individualista em relação à percepção sensível.[11] Sócrates observa que, quando o mesmo vento sopra, um de nós pode senti-lo fresco e outro não, ou um pode senti-lo ligeiramente fresco e outro senti-lo muito quente, e pergunta se devemos concordar com Protágoras quanto ao vento ser frio para aquele que o sente fresco, mas não para o outro. É bastante claro que nessa passagem Protágoras é interpretado como a se referir ao homem individual, e de maneira alguma ao homem no sentido de espécie humana. Mais ainda, há de se notar que o sofista não é descrito dizendo que o vento apenas *parece* fresco para um e não para outro. Assim, se eu retornasse de uma corrida na chuva em um dia frio e dissesse que a água é quente; ao passo que você, vindo de uma sala quente, sentisse a mesma água como fria, Protágoras observaria que nenhum de nós dois está enganado — a água *está* quente em referência aos meus órgãos de sentido, e a água *está* fria em referência aos seus órgãos de sentido. (Quando foi objetado ao sofista que proposições geométricas são constantes para todos, Protágoras respondeu que na verdadeira realidade concreta não existem linhas ou círculos geométricos, de modo que não se dá essa dificuldade).[12]

Contra essa interpretação, invoca-se o *Protágoras* de Platão, no qual Protágoras não é descrito a aplicar o dito a valores éticos em um sentido individualista. Mas, ainda assumindo que se deve fazer Protágoras ser consistente consigo mesmo, certamente não é necessário supor que aquilo que é verdadeiro para os objetos da percepção sensível seja *ipso facto* verdadeiro para os valores éticos. Pode-se notar que Protágoras declara que o homem é a medida de πάντων χρημάτων (*todas* as coisas), de modo que, se a interpretação individualista for aceita quanto aos objetos da percepção sensível, também deve ser estendida aos valores e julgamentos éticos, e que, inversamente, se não for aceita quanto aos valores e julgamentos éticos, não pode ser aceita quanto aos objetos da percepção sensível: em outras palavras, somos forçados a escolher entre *Teeteto* e *Protágoras*, baseando-se em um dos dois e rejeitando o outro. Mas, em primeiro lugar, não é certo que πάντων χρημάτων deva incluir valores éticos, e, em segundo lugar, pode ser que os objetos dos sentidos sejam de tal caráter que *não possam* se tornar matéria de conhecimento verdadeiro e universal, enquanto, por outro lado, os valores éticos sejam de tal caráter que *possam* se tornar matéria de conhecimento verdadeiro e universal. Essa era a perspectiva do próprio Platão,

---

[11] *Teeteto*, 151 e, 152 a.
[12] Arist., *Metaf.*, B 2, 997 b 32–998 a 6.

o qual relacionava o dito protagoriano com a doutrina heraclítea do fluxo e sustentava que só se pode ter conhecimento verdadeiro e certo do supra-sensível. Não estamos tentando provar que Protágoras endossasse a visão platônica dos valores éticos, o que não era o caso, mas, sim, apontar que percepção sensível e intuição de valores não *necessariamente* andam juntas quando se trata de conhecimento certo e verdade para todos.

Qual, pois, era o verdadeiro ensino de Protágoras concernente a julgamentos e valores éticos? No *Teeteto*, ele é descrito dizendo tanto que os julgamentos éticos são relativos ("Pois acredito que quaisquer práticas que pareçam certas e louváveis para qualquer Estado em particular o são para esse Estado enquanto ele se perpetuar por meio delas") como também que o homem sábio deve tentar substituir práticas insensatas por práticas sensatas.[13] Em outras palavras, não se trata da questão de uma visão ética ser verdadeira e a outra falsa, mas, sim, da questão de uma visão ser "mais sensata", isto é, mais útil e oportuna que outra. "Dessa forma, é tanto verdade que alguns homens são mais sábios que outros, como que ninguém pensa falsamente". (Um homem que pense que não existe verdade absoluta dificilmente poderia declarar de maneira absoluta que "ninguém pensa falsamente"). Ora, no *Protágoras*, Platão descreve o sofista a sustentar que αἰδώς e δίκη foram conferidos pelos deuses a *todos* os homens, "porque as cidades não poderiam existir se, como no caso de outras artes, apenas uns poucos homens tomassem parte deles". Divergirá isso do que é dito no *Teeteto*? Pareceria que Protágoras quer dizer o seguinte: que a lei em geral é fundada em certas tendências éticas implantadas em todos os homens, mas que variedades específicas da lei, tais como encontradas em determinados Estados, são relativas, sem que a lei de um Estado seja "mais verdadeira" que a de outro, talvez apenas "mais sensata" no sentido de mais útil ou oportuna. O Estado ou cidade-comunidade seria o determinante da lei nesse caso e não o indivíduo, mas o caráter relativo de julgamentos éticos concretos e determinações concretas do Nomos seria preservado. Como um mantenedor da tradição e da convenção social, Protágoras enfatiza a importância da educação, de se absorver as tradições éticas do Estado, ao mesmo tempo que admite que o homem sábio pode conduzir o Estado a leis "melhores". No que diz respeito ao cidadão individual, ele deve se apegar à tradição, ao código aceito pela comunidade — e isso tanto mais porque nenhum caminho é "mais verdadeiro" que outro. αἰδώς e δίκη inclinam-no para tanto, e, se ele não tem nenhum interesse nesses dons dos deuses e se recusa a ouvir o Estado, então este pode se livrar dele. Se à primeira vista, portanto, a doutrina "relativista" de Protágoras pode parecer intencionalmente revolucionária, logo se revela seu préstimo em favor da tradição e da autoridade. Nenhum código é "mais verdadeiro" que outro, portanto não ponha o seu julgamento privado contra a lei do Estado. Além disso, através de sua concepção de αἰδώς e δίκη, Protágoras dá pelo menos algumas

---

[13] *Teet.*, 166 ss.

indicações da lei não-escrita ou natural, e com isso contribuiu para a ampliação das perspectivas gregas.

Na obra Περὶ θεῶν, Protágoras disse: "Quanto aos deuses, não posso afirmar com certeza que são ou que não são, nem qual sua aparência; pois existem muitas coisas que embaraçam o conhecimento certo, a obscuridade do assunto e a brevidade da vida humana".[14] Esse é o único fragmento da obra que possuímos. Uma sentença como essa parece dar vida ao retrato de Protágoras como um pensador cético e destrutivo, que voltou seus poderes críticos contra toda tradição estabelecida em ética e religião; mas essa visão não é concorde com a impressão de Protágoras que recebemos do diálogo homônimo de Platão, e sem dúvida seria equivocada. Assim como a moral a ser tirada da relatividade de códigos específicos de lei é a de que o indivíduo deve se submeter à educação tradicional, assim também a moral a ser tirada de nossa incerteza acerca dos deuses e sua natureza é a de que devemos nos ater à religião da cidade. Se não podemos estar convictos da verdade absoluta, por que atirar fora a religião que herdamos de nossos pais? Não só isso, a atitude de Protágoras não é tão extraordinária ou destrutiva como os adeptos de uma religião dogmática poderiam naturalmente supor, já que, como observa Burnet, a religião grega não consistia "em afirmações ou negações teológicas", mas em culto.[15] O efeito dos sofistas, é verdade, teria sido o de enfraquecer a confiança dos homens na tradição, mas teria parecido que Protágoras pessoalmente era de temperamento conservador e que não tinha intenção alguma de educar revolucionários; ao contrário, professava educar o bom cidadão. Existem tendências éticas em todos os homens, mas estas só podem se desenvolver na comunidade organizada: se o homem há de ser um bom cidadão, deve, portanto, absorver toda a tradição social da comunidade de que é membro. A tradição social não é a verdade absoluta, mas é a norma para um bom cidadão.

Da teoria relativista se segue que em todo assunto mais de uma opinião é possível, e Protágoras parece desenvolver esse aspecto em suas Ἀντιλογίαι. O dialético e retórico irá se exercitar na arte de desenvolver diferentes opiniões e argumentos, e irá brilhar mais intensamente quando conseguir τὸν ἥττω λόγον κρείττω ποιεῖν. Os inimigos dos sofistas interpretaram isso no sentido de fazer a causa *moralmente pior* prevalecer,[16] mas não há aí necessariamente esse sentido moralmente destrutivo. Um advogado, por exemplo, que defendesse com sucesso a causa justa de um cliente que fosse fraco demais para proteger a si ou à justiça da causa que fosse difícil fundamentar poderia ser visto como a fazer o "argumento mais fraco" prevalecer, embora não estivesse fazendo nada de imoral. Nas mãos de retóricos inescrupulosos e de devotos da erística, a máxima facilmente adquiriu sabor desagradável, mas não existe razão para atribuir ao próprio Protágoras o desejo de promover uma prática inescrupulosa. Contudo,

---

[14] Frag. 4.
[15] E.G.P., I, p. 117.
[16] Aristófanes, *As nuvens*, 112 ss., 656-657.

não se pode negar que a doutrina do relativismo, quando ligada à prática da dialética e da erística, muito naturalmente produz um desejo de sucesso sem maior atenção à verdade ou à justiça.

Protágoras foi um pioneiro no estudo da ciência da gramática. Diz-se que ele classificou os diferentes tipos de sentença[17] e que distinguiu terminologicamente os gêneros dos substantivos.[18] Numa passagem muito divertida de *As nuvens*, Aristófanes descreve o sofista a cunhar o feminino ἀλεκτρύαινα a partir do masculino ἀλεκτρυών (galo).[19]

II. Pródico

Pródico veio da ilha de Ceos, no Egeu. Dizia-se que os habitantes dessa ilha eram de inclinação pessimista, e se atribuiu a Pródico as tendências de seus conterrâneos, pois no pseudodiálogo platônico *Axiochus* se credita a ele a crença de que a morte é desejável para escapar aos males da vida. O medo da morte é irracional, já que a morte não diz respeito nem aos vivos nem aos mortos — os primeiros porque ainda estão vivos, os segundos porque não estão mais vivos.[20] Não é fácil estabelecer a autenticidade dessa citação.

Pródico é memorável talvez principalmente por causa de sua teoria sobre a origem da religião. Defendia que no princípio os homens adoravam como deuses o sol, a lua, os rios, os lagos, as frutas etc. — em outras palavras, tudo que lhes fosse útil e lhes desse alimento. E dá como exemplo o culto do Nilo no Egito. A esse estágio primitivo se seguiu outro no qual os inventores das várias artes — agricultura, vinicultura, metalurgia etc. — eram adorados na figura dos deuses Deméter, Dioniso, Hefesto etc. Segundo essa visão da religião, a oração seria, pensava ele, supérflua, e ele parece ter arranjado problemas com as autoridades de Atenas.[21] Pródico, como Protágoras, era conhecido por seus estudos lingüísticos,[22] e ele escreveu um tratado sobre sinônimos. Parece que era bastante pedante em seus modos de se exprimir.[23]

(Diz o Prof. Zeller: "Embora Platão costumeiramente o trate com ironia, nem por isso deixa de falar em seu proveito que Sócrates por ocasiões recomendava seus pupilos a ele [*Teeteto*, 151 b] e que sua cidade natal repetidas vezes lhe confiou missões diplomáticas [*Hípias Maior*, 282 c]". Verdade seja dita, Zeller parece não ter se apercebido do sentido da passagem de *Teeteto*, já que os rapazes que Sócrates enviara a Pródico são aqueles que, conforme descobriu, não estavam "grávidos" de pensamentos quando em sua companhia. Tinha assim

---

[17] Dióg. Laér., 9, 53 ss.
[18] Arist., *Retór.*, 5, 1407 b 6.
[19] *As nuvens*, 658 ss., 847 ss.
[20] 366 c ss.
[21] Frag. 5.
[22] Cf. *Crátilo*, 384 b.
[23] Cf. *Protágoras*, 337 a–f.

apropriadamente os mandado para Pródico, em cuja companhia deixaram de ser "enfadonhos").

III. Hípias

Hípias de Élis foi um contemporâneo mais jovem de Protágoras; foi celebrado particularmente por sua versatilidade, familiarizado que era com a matemática, a astronomia, a gramática e a retórica, o ritmo e a harmonia, a história e a literatura e a mitologia — em suma, era um verdadeiro polímata. Não só isso, mas, quando presente a determinada Olimpíada, vangloriou-se de ter feito as suas próprias roupas. Sua lista de campeões olímpicos deu o fundamento do sistema grego posterior de datação por meio das olimpíadas (introduzido pela primeira vez pelo historiador Timeu).[24] Platão, no *Protágoras*, retrata-o dizendo que "a lei, sendo tirana do homem, força-o a fazer muitas coisas contrárias à natureza".[25] A questão parece ser que a lei da cidade-estado é com freqüência obtusa, tirânica e divergente das leis naturais (ἄγραφοι νόμοι).

IV. Górgias

Górgias de Leontini, na Sicília, viveu por volta de 483 a 375 a.C., e no ano 427 veio para Atenas como embaixador de Leontini, a fim de pedir auxílio contra Siracusa. Ao longo de suas viagens, fez o que pôde para disseminar o espírito do pan-helenismo.

Górgias parece primeiro ter sido um discípulo de Empédocles e ter se ocupado com questões de ciência natural, e pode ser que tenha escrito um livro sobre óptica. Foi, contudo, levado ao ceticismo pela dialética de Zenão, e publicou uma obra intitulada *Sobre o não-ser ou natureza* (Περί τοῦ μὴ ὄντος ἢ περι Φύσεως), cujas principais idéias podem ser colhidas em Sexto Empírico e no escrito pseudo-aristotélico *Sobre Melisso, Xenófanes e Górgias*. A partir desses relatos acerca do conteúdo da obra de Górgias, fica claro que ele reagiu à dialética eleática de maneira algo diferente de Protágoras, pois, enquanto este último sustentava, pode-se dizer, que tudo é verdadeiro, Górgias sustentava o exato oposto. Segundo Górgias, (1) nada existe, pois, se existisse algo, então este algo teria de ser ou eterno ou teria de ter vindo a ser. Mas não pode ter vindo a ser, pois nem a partir do ser nem a partir do não-ser pode algo vir a ser. Tampouco pode ser eterno, pois, se o fosse, teria de ser infinito. Mas o infinito é impossível pela seguinte razão. Ele não poderia estar em outro, nem poderia estar em si mesmo, logo estaria em parte nenhuma. Mas o que está em parte nenhuma é nada. (2) Se existisse algo, este algo não poderia ser conhecido. Pois, se existisse conhecimento do ser, então o que se pensa deve ser, e o não-ser não poderia ser pensado de forma alguma. De maneira que assim não poderia haver erro algum, o que é absurdo. (3) Mesmo que existisse conhecimento do

---
[24] Frag. 3.
[25] *Protágoras*, 337 d, 2–3.

ser, este não poderia ser comunicado. Todo signo é diferente da coisa significada; por exemplo, como poderíamos comunicar o conhecimento das cores por meio de palavras, já que os ouvidos ouvem tons e não cores? E como a mesma representação do ser poderia estar ao mesmo tempo em duas pessoas, se uma é diferente da outra?[26]

Se uns viram essas idéias impressionantes como expressão de um niilismo filosófico levado a sério, outros pensaram que a doutrina se constitui numa piada da parte de Górgias, ou, antes, que o grande retórico quisesse mostrar que a retórica ou o uso hábil de palavras fosse capaz de tornar plausível mesmo a mais absurda das hipóteses. (H. Gomperz, por exemplo). Mas essa última visão dificilmente se coaduna com o fato de que Isócrates põe as opiniões de Górgias ao lado das de Zenão e Melisso, não junto ao escrito Πρὸς τὰ Γοργίου, que trata as opiniões de Górgias como dignas de uma crítica filosófica.[27] Seja como for, um tratado sobre a natureza dificilmente serviria de lugar para esses *tours de force* retóricos. Por outro lado, é difícil supor que Górgias sustentasse com completa seriedade que nada existe. Pode ser que ele quisesse empregar a dialética eleática com o propósito de reduzir a filosofia eleática à absurdidade.[28] Posteriormente, ao renunciar à filosofia, devotou-se à retórica.

A arte retórica era vista por Górgias como a mestria na arte da persuasão, e isso necessariamente o levou ao estudo da psicologia prática. Ele praticava conscientemente a arte da sugestão (ψυχαγωγία), a qual poderia ser usada tanto para fins práticos, bons e maus, como para fins artísticos. Quanto a esse último aspecto, Górgias desenvolveu a arte do logro justificável (δικαία ἀπάτη), chamando a tragédia de "um logro que é melhor praticar do que não praticar; sucumbir a ele mostra maiores poderes de apreciação artística do que não sucumbir".[29] A comparação que Górgias faz dos efeitos da tragédia a purgativos lembra a tão discutida doutrina aristotélica da κάθαρσις.

O fato de que Platão coloque a doutrina de "os-poderosos-têm-razão"o na boca de Cálicles,[30] ao passo que outro discípulo, Lícofron, afirmasse que a nobreza é uma falsidade, que todos os homens são iguais e que a lei é um contrato por meio do qual o direito é mutuamente garantido,[31] enquanto outro discípulo pedisse a libertação dos escravos em nome da lei natural,[32] podemos atribuí-lo — nisso acompanhando Zeller — à renúncia de Górgias à filosofia, o que o levou a se eximir de responder a questões concernentes à verdade e à moralidade.[33]

---

[26] Cf. frag. 1, 3.
[27] Aristóteles ou Teofrasto?
[28] Cf. Zeller, *Outlines*, p. 87.
[29] Frag. 23 (Plutarco, *De gloria Athen.*, 5, 348 c).
[30] *Górgias*, 482 e ss.
[31] Frags. 3 e 4.
[32] Alcimadas de Eléia. Cf. Arist., *Retórica*, III, 3, 1406 b; 1406 a. Escól. a I 13, 1373 b.
[33] *Outlines*, p. 88.

Outros sofistas que podemos mencionar brevemente são Trasímaco da Calcedônia, o qual é apresentado na *República* como o brutal defensor dos direitos dos mais fortes,[34] e Antifonte de Atenas, o qual afirma a igualdade de todos os homens e denuncia a distinção entre nobres e cidadãos comuns, gregos e bárbaros, como ela própria uma barbárie. Tomou a educação como o elemento mais importante da vida, e criou o gênero literário Τέχνη ἀλυπίας λόγοι παραμυθητικοί, declarando ser capaz de libertar qualquer pessoa da tristeza por meio da palavra.[35]

v. Sofismo

Em conclusão, gostaria de observar novamente que não há razão para atribuir aos maiores sofistas a intenção de derrubar a religião e a moralidade; homens como Protágoras e Górgias não tinham intenção alguma nesse sentido. De fato, os maiores dos sofistas promoviam a concepção de uma "lei natural" e tendiam a alargar o horizonte do cidadão grego comum; eram uma força educativa na Hélade. Ao mesmo tempo, é verdade que "em certo sentido toda opinião é verdadeira, segundo Protágoras; toda opinião é falsa, segundo Górgias".[36] Essa tendência de negar o caráter absoluto e objetivo da verdade leva à conseqüência de que, em vez de tentar *convencer* alguém, os sofistas tentarão *persuadi-lo* ou levá-lo de roldão. De fato, nas mãos de homens de menor envergadura o sofismo adquiriu uma conotação desagradável — a de "sofística". Se só podemos ter admiração pelo cosmopolitismo e largueza de vistas de um Antifonte de Atenas, não podemos senão condenar a teoria dos "poderosos-têm-razão" de Trasímaco, por um lado, e os subterfúgios e trocadilhos de Dionisodoro, por outro lado. Os grandes sofistas, como dissemos, eram uma força educativa na Hélade; mas um dos principais fatores da educação grega que eles promoveram foi a retórica, e a retórica tem os seus perigos óbvios, na medida em que o orador pode facilmente tender a dar mais atenção à apresentação retórica do assunto do que ao assunto em si mesmo. Ademais, ao questionar os fundamentos absolutos das instituições, crenças e costumes tradicionais, o sofismo tendeu a alimentar uma atitude relativista, embora o mal latente no sofismo estivesse não tanto no fato de que levantasse questões, quanto no de que não pudesse oferecer qualquer solução intelectual satisfatória aos problemas que levantava. Contra esse relativismo reagiram Sócrates e Platão, esforçando-se para estabelecer o fundamento certo dos verdadeiros conhecimentos e julgamentos éticos.

---

[34] *República*, 338 c.
[35] Cf. Plutarco, apud Diels. Frags. 44 e 87 A 6.
[36] Ueberweg-Praechter, p. 122.

CAPÍTULO III
Sócrates

I. Vida de Sócrates quando jovem

A morte de Sócrates se deu no ano 399 a.C., e, como Platão nos conta que Sócrates tinha 70 anos ou um pouco mais quando de sua morte, ele deve ter nascido por volta de 470 a.C.[37] Era filho de Sofronisco e Fainarete, da tribo Antíoco e do demo de Alópece. Alguns disseram que seu pai era um escultor,[38] mas A. E. Taylor acha, em concordância com Burnet, que a história foi um mal-entendido que surgiu de uma referência jocosa, feita no *Eutífron*, a Dédalo como ancestral de Sócrates.[39] Seja como for, Sócrates não parece ter seguido a carreira do pai, se é que a carreira do pai era mesmo essa, e o grupo de Cárites na Acrópole, que viria ser tida como obra de Sócrates, foi atribuído por arqueólogos a um escultor anterior.[40] Sócrates não pode ter vindo, contudo, de uma família muito pobre, já que mais tarde o encontramos servindo como um hoplita perfeitamente investido de suas armas, e assim deve lhe ter cabido patrimônio suficiente para que conseguisse essa posição. Fainarete, a mãe de Sócrates, é descrita no *Teeteto*[41] como uma parteira, mas, mesmo que ela o fosse, não se deve tomar isso como indício de que ela fosse uma parteira profissional no sentido moderno, como observa Taylor.[42] A mocidade de Sócrates se situou, assim, no grande florescer do esplendor grego. Os persas tinham sido derrotados em Platéias no ano 479 e Ésquilo tinha produzido *Os persas* em 472: Sófocles e Eurípedes ainda eram meninos.[43] Além disso, Atenas já tinha lançado as bases de seu império naval.

N'*O banquete* de Platão, Alcibíades descreve Sócrates com a aparência de um sátiro ou Sileno,[44] e Aristófanes disse que ele andava empertigado como uma ave marinha e ridicularizou seu hábito de fazer os olhos girarem.[45] Mas também sabemos que ele possuía singular robustez de corpo e capacidade de

---

[37] *Apologia*, 17 d.

[38] Cf. Dióg. Laér. (Assim, Praechter diz de maneira peremptória: *Der Vater des Sokrates war Bildhauer* [O pai de Sócrates era escultor], p. 132).

[39] *Eutífron*, 10 c.

[40] Dióg. Laér. comenta que "alguns dizem que as Cárites na Acrópole são obra sua".

[41] *Teeteto*, 149 a.

[42] Taylor, *Socrates*, p. 38.

[43] "Todos os grandes prédios e obras de arte com que Atenas foi enriquecida na era de Péricles, as Longas Muralhas que ligavam a cidade ao porto do Pireu, o Partenon, os afrescos de Polignoto foram iniciados e completados à vista dos seus olhos". *Sócrates*, p. 36.

[44] *O banquete*, 215 b 3 e ss.

[45] *As nuvens*, 362 (cf. *O banquete*, 221).

resistência. Utilizava os mesmos trajes fizesse verão ou inverno, e manteve seu hábito de andar descalço mesmo durantes campanhas militares em período invernal. Embora bastante abstêmio em matéria de comida e bebida, era capaz de beber grandes quantidades sem depois sentir mal algum por isso. Desde sua juventude, recebeu ordens ou avisos de sua misteriosa "voz" ou "sinal" ou *daimon*. *O banquete* nos fala de seus prolongados surtos de abstração, pelo menos um a durar todo um dia e toda uma noite — e isso durante uma campanha militar. O Prof. Taylor preferiria interpretar essas abstrações como êxtases ou arrebatamentos, mas parece mais provável que fossem surtos prolongados de abstração devidos à intensa concentração mental em alguns problemas, um fenômeno que não é estranho no caso de alguns outros pensadores, ainda que não em uma escala tão ampla. A própria duração do "êxtase" mencionado n'*O banquete* pareceria ir contra a hipótese de que fosse um verdadeiro arrebatamento no sentido místico-religioso,[46] embora um tão prolongado surto de abstração também fosse extraordinário.

Quando Sócrates estava na casa dos seus vinte anos, o pensamento, como vimos, tendia a se afastar das especulações cosmológicas dos jônios e se voltar para o próprio ser humano, mas parece certo que Sócrates começou por estudar as teorias cosmológicas orientais e ocidentais nas filosofias de Arquelau, Diógenes de Apolônia, Empédocles e outros. Teofrasto afirma que Sócrates na verdade foi membro da escola de Arquelau, o sucessor de Anaxágoras em Atenas.[47] Seja como for, Sócrates certamente experimentou, por meio de Anaxágoras, uma decepção. Perplexo com a discordância das várias teorias filosóficas, Sócrates viu uma súbita luz no trecho em que Anaxágoras fala da mente como a causa de toda lei e ordem naturais. Encantado com esse trecho, Sócrates começou a estudar Anaxágoras, na esperança de que este pudesse explicar como a mente funciona no universo, a ordenar todas as coisas da melhor forma. O que acabou por descobrir foi que Anaxágoras introduziu a mente apenas para manter em ação o movimento em vórtice. Essa decepção levou Sócrates à sua própria linha de investigação, abandonando a filosofia natural que parecia não levar a parte alguma, a não ser a confusão e opiniões opostas.[48]

A. E. Taylor conjetura que, quando da morte de Arquelau, Sócrates era para todos os efeitos o seu sucessor.[49] Tenta embasar sua tese recorrendo à peça de Aristófanes, *As nuvens*, na qual Sócrates e seus companheiros de oficina de pensamento ou Φροντιστήριον são representados como aficionados pelas ciências naturais e como defensores da doutrina do ar de Diógenes de Apolônia.[50] Portanto, o aviso de Sócrates de que nunca teve "pupilos"[51] significaria, se a conjetura de

---

[46] É verdade, contudo, que a história do misticismo registra casos de estados místicos prolongados. Cf. Poulain, *Grâces d'oraison*, p. 236.
[47] *Phys. Opin.*, frag. 4.
[48] *Fédon*, 97–99.
[49] *Sócrates*, p. 67.
[50] *As nuvens*, 94.
[51] *Apologia*, 19.

Taylor estiver correta, que nunca aceitou pupilos pagos. Ele tinha ἑταῖροι, mas jamais teve μαθηταί. Contra isso, seria possível alegar que na *Apologia* Sócrates declara expressamente: "Mas a verdade, ó atenienses, é que nada tenho a ver com especulações físicas".[52] É verdade que, à época em que foi descrito a falar na *Apologia*, Sócrates há muito havia abandonado as especulações cosmológicas, e suas palavras não necessariamente implicam que ele *jamais* se dedicara a essas especulações; em verdade, sabemos que *de fato* o fez; mas a este escritor parece que todo o tom daquele trecho vai contra a idéia de que alguma vez Sócrates fora o chefe declarado de uma escola dedicada a esse tipo de especulação. O que é dito na *Apologia* certamente não prova que, em sentido estrito, Sócrates não foi chefe de uma tal escola antes de sua "conversão", mas parecerá que a interpretação natural é a de que ele nunca ocupara essa posição.

A "conversão" de Sócrates, que operou a transformação definitiva de Sócrates em um filósofo moral irônico, parece ter se devido ao famoso incidente com o Oráculo de Delfos. Cairefon, amigo devotado de Sócrates, perguntou ao Oráculo se existia algum homem vivo mais sábio do que Sócrates, e recebeu a resposta de que "não". Isso levou Sócrates a meditar, e ele chegou à conclusão de que o deus queria dizer que ele era o mais sábio por reconhecer a sua própria ignorância. Passou a considerar sua missão a busca da verdade certa e estável, a verdadeira sabedoria, e recrutar a ajuda de qualquer um que consentisse em ouvi-lo.[53] Por mais estranha que pareça a história envolvendo o Oráculo, o mais provável é que tenha de fato acontecido, já que é improvável que Platão tivesse simplesmente colocado uma invenção na boca de Sócrates em um diálogo que, da maneira mais evidente, se propunha a fazer um relato histórico do julgamento do filósofo, ainda mais que a *Apologia* é de data recuada, e muitos dos que conheciam os fatos ainda estavam vivos.

O casamento de Sócrates com Xantipa é mais conhecido pelas histórias de seu caráter de megera, o que pode ou não ser verdade. No mínimo, elas dificilmente são amparadas pelo retrato da esposa de Sócrates oferecido no *Fédon*. É provável que o casamento tenha ocorrido em algum momento dos primeiros dez anos da Guerra do Peloponeso. Nessa guerra, Sócrates distinguiu-se por bravura no cerco da Potidéia, em 431/430, e de novo na derrota dos atenienses pelos beócios em 424. Também esteve presente na ação nas proximidades de Anfípolis em 422.[54]

II. O problema de Sócrates

O problema de Sócrates consiste em indicar com exatidão qual era o seu ensinamento filosófico. O caráter das fontes de que dispomos — as obras socráticas de Xenofonte (*Memorabilia* e *O banquete*), os diálogos de Platão, diversas

---

[52] *Apologia*, 19.
[53] *Apologia*, 20 ss.
[54] *Apologia*, 28 e. Burnet sugere que também se poderia mencionar o combate quando da fundação de Anfípolis (cerca de quinze anos antes).

declarações de Aristóteles, *As nuvens* de Aristófanes — o torna um problema difícil. Por exemplo, caso confiemos apenas em Xenofonte, teríamos a impressão de que se tratava de um homem cujo principal interesse era criar bons homens e cidadãos, mas que não se preocupava com problemas de lógica e metafísica — um professor popular de ética. Se, por outro lado, formarmos nossa imagem de Sócrates com base nos diálogos platônicos como um todo, teremos a impressão de um metafísico da mais alta ordem, um homem que não se contentou com questões de conduta diária, mas, isto sim, estabeleceu as bases de uma filosofia transcendente, caracterizada por sua doutrina de um mundo metafísico das formas. As afirmações de Aristóteles, por outro lado (se tomadas em sua interpretação natural), dão-nos a entender que, embora Sócrates não estivesse desinteressado de teoria, não ensinou ele próprio a doutrina das formas ou idéias subsistentes, o que é característico do platonismo.

A visão de praxe é a de que, ainda que o retrato feito por Xenofonte seja muito "comum" ou "trivial", devido em grande parte à falta habilidade e interesse filosófico de Xenofonte (chegou-se a argumentar, embora pareça improvável, que Xenofonte deliberadamente tentou fazer Sócrates parecer mais "comum" do que de fato era e do que ele próprio, Xenofonte, sabia que ele era, por razões apologéticas), não podemos rejeitar o testemunho de Aristóteles, e somos, em conseqüência, forçados a concluir que Platão, à exceção das primeiras obras socráticas, como a *Apologia*, colocou as suas próprias doutrinas na boca de Sócrates. Essa visão tem a grande vantagem de que o Sócrates xenofônico e o platônico não estão em flagrante oposição e inconsistência (pois as deficiências do retrato feito por Xenofonte podem ser explicadas como o resultado do próprio caráter e interesses principais dele), ao passo que o testemunho claro de Aristóteles não é simplesmente desmerecido. Assim, chega-se a uma figura mais ou menos consistente de Sócrates, sem que se pratique nenhuma violência injustificada às outras fontes.

Contudo, essa visão foi questionada. Karl Joel, por exemplo, ao basear sua concepção de Sócrates no testemunho de Aristóteles, sustenta que Sócrates era um intelectualista ou racionalista, representante do tipo ático, e que o Sócrates xenofônico, um *Willensethiker* [pensador ético da vontade], representante do tipo espartano, não é histórico. De acordo com Joel, portanto, Xenofonte deu um colorido dórico a Sócrates e o falseou.[55]

Döring, ao contrário, defendeu que devemos olhar para Xenofonte a fim de obter a figura histórica de Sócrates. O testemunho de Aristóteles compreende o julgamento sumário da Velha Academia a respeito da importância filosófica de Sócrates, ao passo que Platão usa Sócrates como um cabide no qual pendura as suas próprias doutrinas filosóficas.[56] Outra opinião foi difundida nessa seara por Burnet e Taylor. De acordo com eles, Sócrates é o Sócrates

---

[55] *Der echte und der Xenophontische Sokrates*, Berlim, 1893, 1901.

[56] *Die Lehre des Sokrates als sozialesreform system. Neuer Versuch zur Lösung des Problems der sokratischen Philosophie*. Monique, 1895.

platônico.[57] Não há dúvida de que Platão deu maior complexidade ao pensamento de Sócrates, mas, de todo modo, o ensinamento filosófico que é posto em sua boca nos diálogos representa substancialmente o ensinamento real de Sócrates. Se isso estiver correto, então o próprio Sócrates seria responsável pela teoria metafísica das formas ou idéias, e a afirmação de Aristóteles (de que Sócrates não "separa" as formas) deve ser ou descartada ou minimizada. É bastante improvável, dizem Burnet e Taylor, que Platão pusesse suas próprias teorias na boca de Sócrates se este último nunca as tivesse defendido, já que pessoas que o tinham efetivamente conhecido e sabiam o que de fato ensinara ainda estavam vivas. Observam, ademais, que em alguns dos últimos diálogos de Platão Sócrates não desempenha papel principal, enquanto em *As leis* ele é deixado de fora — inferindo-se daí que, onde Sócrates *desempenha* papel principal, são as suas próprias idéias, e não as de Platão, que está defendendo, ao passo que nos últimos diálogos Platão está desenvolvendo suas opiniões independentes (pelo menos independentes de Sócrates), e assim se pode relegar Sócrates ao segundo plano. Esse último argumento é sem dúvida poderoso, como também o é o fato de que em um diálogo "inicial", como *Fédon*, que trata da morte de Sócrates, a teoria das formas ocupa lugar proeminente. Mas, se o Sócrates platônico é o Sócrates histórico, será lógico dizer que no *Timeu*, por exemplo, Platão está colocando na boca do principal interlocutor opiniões pelas quais ele, Platão, não se responsabiliza, já que, se Sócrates não representa o próprio Platão, não há motivo convincente pelo qual *Timeu* deveria representá-lo. A. E. Taylor, com efeito, não hesita em adotar essa posição extrema, ainda que consistente; mas não só é *prima facie* extremamente improvável eximir Platão da responsabilidade pela maior parte do que ele diz nos diálogos, como também, no que diz respeito ao *Timeu*: no caso da opinião de Taylor ser verdadeira, como podemos explicar que esse fato memorável tenha se tornado manifesto só no século XX?[58] Mais uma vez, a defesa coerente da visão de Burnet-Taylor acerca do Sócrates platônico requer a atribuição a Sócrates de desenvolvimentos, refinamentos e explicações da teoria das idéias que muito improvavelmente foram alcançados pelo Sócrates histórico, e que levaria a que se ignorasse por completo o testemunho de Aristóteles.

É verdade que boa parte da crítica à teoria das idéias que Aristóteles faz na *Metafísica* se dirige à sua versão matemática defendida por Platão em suas aulas na Academia, e que sob certos aspectos há uma curiosa negligência para com aquilo que Platão diz nos diálogos, um fato que parecerá indicar que Aristóteles só reconhecia como platônica a teoria jamais publicada desenvolvida na Academia; mas certamente não seria apropriado dizer que havia uma perfeita dicotomia entre a versão da teoria oferecida por Aristóteles (justa ou

---

[57] "Se é uma perfeita impossibilidade tomar o Sócrates de Aristófanes e o Sócrates de Xenofonte como a mesma pessoa, não há, contudo, dificuldade alguma em ver ambos como uma imagem distorcida do Sócrates que conhecemos por meio de Platão. O primeiro é justificadamente distorcido em prol do efeito cômico, o segundo, não tão justificadamente, por motivos apologéticos". Burnet, E.G.P., I, p. 149.

[58] Cf. pp. 245-247 deste livro; cf. também Cornford, *Plato's Cosmology*, no qual discute a teoria do Prof. Taylor.

injustamente) e a teoria em desenvolvimento nos diálogos. Além disso, o próprio fato de que a teoria passe por evolução, modificação e aperfeiçoamento nos diálogos implicaria que ela representa, ao menos em parte, as reflexões de Platão a respeito de sua própria posição. Escritores posteriores da Antigüidade certamente acreditavam que podemos ver nos diálogos a filosofia do próprio Platão, embora divirjam acerca da relação entre os diálogos e o ensinamento de Sócrates, com os mais antigos deles a crer que Platão introduziu muito do seu próprio pensamento nos diálogos. Siriano contradiz Aristóteles, mas o Prof. Field observa que as razões dele parecem ser "a sua própria percepção do que era apropriado à relação entre professor e discípulo".[59]

Um argumento a favor da hipótese de Burnet-Taylor se constitui na passagem da "segunda carta" em que Platão afirma que não disse por escrito nada que não fosse Sócrates "embelezado e rejuvenescido".[60] Em primeiro lugar, contudo, a autenticidade da passagem, ou mesmo da carta por inteiro, não é certa, ao passo que, em segundo lugar, isso se poderia explicar como significando que os diálogos oferecem o que Platão considerava a superestrutura metafísica que elaborara justificadamente com base no que Sócrates realmente disse. (Field sugere que poderia se referir à aplicação do método e espírito socrático a problemas "modernos"). Pois ninguém seria tolo a ponto de sustentar que os diálogos não continham nada do Sócrates histórico. É óbvio que os primeiros diálogos naturalmente tomariam por ponto de partida o ensinamento do Sócrates histórico, e, se Platão elaborou as teorias epistemológicas e ontológicas nos diálogos subseqüentes por meio de reflexão sobre o ensinamento dele, poderia justificadamente ver os resultados alcançados como um desenvolvimento e aplicação legítimos do ensino e método de Sócrates. Suas palavras na "carta" ganhariam maior sentido a partir de sua convicção de que, embora a teoria das idéias como elaborada nos diálogos possa, sem violência ilegítima, ser vista como uma continuação e desenvolvimento do ensino socrático, isso não seria igualmente verdadeiro quanto à forma matemática da teoria apresentada na Academia.

Seria, claro, ridículo sugerir que uma visão endossada por estudiosos como Prof. Taylor e Prof. Burnet possa ser minimamente ignorada, e fazer qualquer sugestão nesse sentido é coisa muito distante dos intuitos deste escritor; mas em um livro geral sobre a filosofia grega é impossível tratar da questão com o vagar minimamente necessário ou dar à teoria de Burnet-Taylor a consideração completa e detalhada que merece. Devo, contudo, expressar minha concordância com o que o Sr. Hackforth, por exemplo, disse[61] acerca da falta de motivo para ignorar o testemunho de Aristóteles de que Sócrates não diferenciasse as formas. Aristóteles passara vinte anos na Academia, e, interessado como era na história da filosofia, dificilmente teria deixado de se certificar sobre a origem de uma doutrina platônica tão importante como a das formas. Acrescente-se a isso

---

[59] *Plato and his Contemporaries*, p. 228, Methuen, 1930. Cf. o resumo que Field faz das evidências acerca da questão socrática, pp. 61–63.

[60] 314 c, καλοῦ καὶ νέου γεγονότος.

[61] Cf. artigo de R. Hackforth sobre Sócrates em *Philosophy*, edição de julho de 1933.

o fato de que os fragmentos sobreviventes dos *Diálogos* de Ésquines não nos dão razão alguma para divergir da visão de Aristóteles, e diz-se que Ésquines fez o retrato mais preciso de Sócrates. Por esse motivo, parece melhor aceitar o testemunho de Aristóteles, e, ao mesmo tempo que admitindo que o Sócrates xenofônico não é todo o Sócrates, sustentar o ponto de vista tradicional, o de que Platão pôs as suas próprias teorias na boca do mestre que tanto reverenciava. O breve relato da atividade filosófica de Sócrates que aqui se fará segue, portanto, o ponto de vista tradicional. Aqueles que sustentam a teoria de Burnet e Taylor diriam, claro, que assim se pratica uma violência contra Platão; mas melhoraria a situação caso se praticasse violência contra Aristóteles? Se este último não tivesse usufruído de relação pessoal com Platão e seus discípulos por um longo período de tempo, poderíamos ter aceitado a possibilidade de que errara; mas, em vista dos seus vinte anos na Academia, a possibilidade desse erro seria simplesmente descartada. Contudo, é improvável que algum dia alcancemos certeza absoluta acerca do retrato historicamente acurado de Sócrates, e seria extremamente imprudente relevar todas as concepções como indignas de consideração, a não ser as nossas próprias. Pode-se apenas declarar as razões para aceitar uma imagem de Sócrates em vez de outra, e deixar as coisas por ora assim.

(Nesse breve relato que se fará se recorreu a Xenofonte: não podemos crer que Xenofonte fosse um simplório ou um mentiroso. É perfeitamente verdadeiro que, embora seja difícil — às vezes, sem dúvida, impossível — distinguir Platão de Sócrates, "é quase tão difícil distinguir Sócrates de Xenofonte. Pois as *Memorabilia* são uma obra de arte tanto quanto qualquer diálogo platônico, embora a maneira seja tão diferente quanto Xenofonte o era de Platão".[62] Mas, como observa o Sr. Lindsay, Xenofonte escreveu muito mais além das *Memorabilia*, e a atenção aos seus escritos em geral pode com freqüência nos mostrar quem é Xenofonte, mesmo que nem sempre nos mostre quem é Sócrates. As *Memorabilia* nos oferecem a impressão de que Sócrates causou em Xenofonte, e acreditamos que quanto ao principal é digna de confiança, ainda que seja sempre bom relembrar o velho adágio escolástico, *Quidquid recipitur, secundum modum recipientis recipitur* [aquilo que é recebido, o é segundo o modo de recepção do receptor]).

III. A atividade filosófica de Sócrates

1. Aristóteles declara que há dois avanços importantes na ciência que podemos com justiça atribuir a Sócrates — o uso de "argumentos indutivos e definições universais" (τούς τ'ἐπακτικούς λόγους καὶ τό ὁρίζεσθαι καθόλου).[63] Essa observação deve ser entendida em sua relação com a seguinte afirmação, a de que "Sócrates não fez os universais ou definições existirem à parte; o seu sucessor, contudo, deu-lhes existência separada, e isso era o tipo de coisa que chamaram de idéias".

---

[62] A. D. Lindsay na Introd. a *Socratic Discourses* (Everyman), p. 8.
[63] *Metaf.*, M 1078 b 27–29.

Sócrates estava assim preocupado com definições universais, isto é, buscava alcançar conceitos fixos. Os sofistas propunham doutrinas relativistas, rejeitando o necessário e universalmente válido. Sócrates, contudo, impressionou-se com o fato de que o conceito universal sempre permanece o mesmo: exemplos particulares podem variar, mas a definição permanece firme. Isso se torna claro com um exemplo. A definição aristotélica de homem é "animal racional". Ora, os homens individuais diferem em seus dons: uns possuem dons intelectuais, outros não. Alguns dirigem suas vidas segundo a razão: outros se entregam sem maior consideração ao instinto e aos impulsos transitórios. Alguns homens não apreciam o uso desembaraçado de sua razão, seja por estarem adormecidos, seja por serem "doentes mentais". Mas os animais que possuem o dom da razão — independentemente de a estarem empregando de fato ou não, independentemente de a usarem com liberdade ou serem impedidos de fazê-lo por algum defeito orgânico — são os homens: a definição de homem se realiza neles, e essa definição permanece constante, valendo para todos. Se "homem", então "animal racional"; se "animal racional", então "homem". Não podemos discutir agora a categoria precisa ou a referência objetiva de nossas noções genéricas e específicas: queremos simplesmente ilustrar o contraste entre o particular e o universal, e observar o caráter constante da definição. Alguns pensadores defenderam que o conceito universal é puramente subjetivo, mas é muito difícil perceber como poderíamos formar essas noções universais, e por que seríamos compelidos a formá-las, a menos que houvesse de fato um fundamento para elas. Depois retornaremos à questão da referência objetiva e do *status* metafísico dos universais: baste por ora dizer que o conceito ou definição universal nos apresenta algo constante e fixo que se destaca, pela posse dessas características, do mundo dos elementos particulares e perecíveis. Se todos os homens fossem apagados da existência, a definição de homem como "animal racional" permaneceria constante. De igual modo, podemos falar de um pedaço de ouro como sendo "ouro verdadeiro", com isso querendo dizer que a definição de ouro, o padrão ou critério universal, se realiza nesse pedaço de ouro. Similarmente, podemos dizer que as coisas são mais ou menos bonitas, com isso querendo dizer que se aproximam do padrão da beleza em maior ou menor medida, um padrão que não varia ou se altera como os objetos belos de nossa experiência, antes permanece constante e "rege", digamos assim, todos os objetos belos particulares. Claro, podemos nos enganar ao supor que conhecemos o padrão da beleza, mas, ao falar dos objetos como mais ou menos bonitos, queremos dizer que um tal padrão *existe*. Um último exemplo. Os matemáticos falam de linha, círculo etc. e os definem. Ora, a linha perfeita e o círculo perfeito não se encontram entre os objetos de nossa experiência: existem no máximo aproximações às definições de linha ou círculo. Existe um contraste, portanto, entre os objetos imperfeitos e mutáveis de nossa experiência diária, por um lado, e o conceito ou definição universal, por outro. É fácil perceber, assim, como Sócrates foi levado a dar tamanha importância à definição universal. Com um interesse predominante na conduta ética, viu que a definição oferece uma rocha segura sobre à qual os homens poderiam se agarrar no mar das doutrinas relativistas dos sofistas. Segundo uma ética relativista, a justiça, por exemplo, varia de cidade para cidade, comunidade para comunidade: jamais podemos dizer que a justiça é isto ou aquilo, e que esta definição serve para todos os estados, mas apenas que a justiça em Atenas é esta e na Trácia, aquela. Mas, se pudermos alcançar uma definição universal de justiça, a qual expressa a mais profunda natureza da justiça e se aplica a todos os homens, então temos algo seguro em que nos apoiar, e podemos julgar não só ações individuais, mas também os códigos morais de diferentes Estados, na medida em que incorporam a definição universal de justiça ou se afastam dela.

2. Pode-se com justiça atribuir a Sócrates, diz Aristóteles, a descoberta dos "argumentos indutivos". Ora, assim como é um erro supor que, ocupando-se de "definições universais", Sócrates estivesse preocupado com o *status* metafísico do universal, seria um erro supor que, ocupando-se dos "argumentos indutivos", Sócrates estivesse preocupado com problemas de lógica. Aristóteles, ao se reportar à prática e método reais de Sócrates, resume-os em termos lógicos; mas disso não se deveria concluir que Sócrates tenha desenvolvido uma teoria explícita da indução do ponto de vista de um lógico.

Qual era o método prático de Sócrates? Assumiu a forma de "dialética" ou conversa. Ele começaria a conversar com alguém e tentaria extrair dela as suas idéias sobre algum assunto. Por exemplo, ele poderia professar ignorância sobre o que a coragem realmente é e perguntar ao outro homem se teria alguma luz acerca do assunto. Ou Sócrates levaria a conversa nessa direção, e, quando o outro homem utilizasse a palavra "coragem", perguntaria a ele o que é a coragem, professando a sua própria ignorância e vontade de aprender. O seu companheiro havia utilizado a palavra, logo, deveria saber seu significado. Quando lhe fosse dada alguma definição ou descrição, Sócrates expressaria a sua grande satisfação, mas mostraria haver uma ou duas dificuldades que ele gostaria de ver resolvidas. Em conseqüência, fazia perguntas, deixando ao outro homem a maior parte das falas, mas mantendo o curso da conversa sob seu controle, e assim por fim exporia a inadequação da definição proposta de coragem. O outro recuaria para uma nova ou alterada definição, e assim o processo continuaria, chegando-se ou não a uma conclusão final.

A dialética, portanto, ia de definições menos adequadas até uma definição mais adequada, ou da consideração de exemplos particulares até uma definição universal. Com efeito, às vezes nem se chegava a um resultado preciso;[64] mas, seja como for, o propósito era o mesmo, chegar a uma definição verdadeira e universal; e, como o argumento ia do particular ao universal, ou do menos perfeito ao mais perfeito, pode com razão ser dito um processo de indução. Xenofonte menciona alguns dos fenômenos éticos que Sócrates buscava investigar e cuja natureza esperava encapsular em definições — por exemplo, a piedade e a

---

[64] Os primeiros diálogos de Platão, que podem com segurança ser considerados de caráter "socrático", geralmente terminam sem que se chegue a qualquer resultado preciso e definitivo.

impiedade, o justo e o injusto, a coragem e a covardia.⁶⁵ (Os primeiros diálogos de Platão lidam com os mesmos valores éticos — *Eutífron* com a piedade [sem conclusão]; *Cármides* com a temperança [sem conclusão]; *Lísis* com a amizade [sem conclusão]). Tome-se, por exemplo, a investigação da natureza da injustiça. Exemplos são dados — enganar, machucar, escravizar, e assim por diante. Comenta-se então que essas coisas só são injustas quando praticadas contra amigos. Mas se aduz a dificuldade de que, por exemplo, caso se roube a espada de um amigo quando ele se encontra em estado de desespero e deseja cometer suicídio, nenhuma injustiça é cometida. Nem tampouco é injusto o pai que usa de logro para induzir o seu filho doente a tomar o remédio que irá curá-lo. Parece, assim, que as ações são injustas apenas quando realizadas *contra amigos com a intenção de lhes fazer mal.*⁶⁶

3. Essa dialética podia, é claro, se mostrar um tanto irritante ou até desconcertante e humilhante àqueles cuja ignorância era exposta e cuja presunção era destruída — e verem os seus mestres serem "colocados no bolso" pode ter instigado os rapazes que se reuniam ao redor de Sócrates —, mas o propósito de Sócrates não era humilhar ou desconcertar. O seu propósito era descobrir a verdade, não como matéria de mera especulação, mas com vista à vida reta: para agir, é preciso saber o que é a vida reta. A sua "ironia", pois, a sua profissão de ignorância, era sincera; ele não sabia, mas queria descobrir, e queria induzir os outros a refletir por si próprios e dedicar verdadeira meditação à obra supremamente importante de cuidar de suas almas. Sócrates estava profundamente convencido do valor da alma, no sentido do sujeito pensante e volitivo, e viu claramente a importância do conhecimento, da verdadeira sabedoria, caso se quisesse dar a atenção devida à alma. Quais são os verdadeiros valores da vida humana que se deve realizar na conduta? Sócrates chamou o seu método de "maiêutica", não apenas por uma alusão divertida à sua mãe, mas para expressar sua intenção de levar outros a produzir idéias verdadeiras em suas mentes, voltados para o agir correto. Sendo assim, é fácil perceber por que Sócrates deu tanta atenção à definição. Não estava sendo pedante, estava convencido de que um conhecimento claro da verdade é essencial para o controle certo da vida. Queria fazer nascer idéias verdadeiras na forma clara da definição, não por fins especulativos, mas por fins práticos. Daí sua preocupação com a ética.

4. Falei que o interesse de Sócrates era predominantemente ético. Aristóteles diz claramente que Sócrates "estava ocupado com questões éticas".⁶⁷ Não só isso, "Sócrates se preocupava com as virtudes de caráter, e com relação a elas se tornou o primeiro a levantar o problema das definições universais".⁶⁸ Essa afirmação de Aristóteles certamente teve origem no retrato que Xenofonte fez de Sócrates.

---

⁶⁵ *Mem.*, I, 1, 16.
⁶⁶ *Mem.*, i, 2, 14 ss.
⁶⁷ *Metaf.*, A 987 b 1–3.
⁶⁸ *Metaf.*, M 1078 b 17–19.

Platão, na *Apologia*, fala, por ocasião do seu julgamento, das atividades de Sócrates, dizendo que ia aonde pudesse fazer o maior bem a quem quer que fosse, na tentativa de "persuadir todo homem entre vocês de que deve cuidar de si e atender à virtude e à sabedoria antes de atender aos seus interesses privados, e atender ao Estado antes de atender aos interesses do Estado; e que essa deveria ser a ordem a observar em todas as suas ações".[69] Essa era a "missão" de Sócrates, que ele considerava lhe ter sido imposta pelo deus de Delfos, a missão de estimular os homens a cuidarem de sua posse mais nobre, a alma, mediante aquisição de sabedoria e virtude. Ele não era um mero lógico pedante, um mero crítico destrutivo, mas um homem com uma missão. Se criticava e expunha opiniões superficiais e pressuposições descuidadas, fazia-o não movido por um desejo frívolo de mostrar a sua própria perspicácia dialética superior, mas por um desejo de promover o bem de seus interlocutores e de aprender.

Claro que não é de se esperar de um membro de uma cidade-estado grega que um interesse ético seja completamente apartado de um interesse político, pois o grego era essencialmente um cidadão, e ele tinha de viver a vida reta dentro do quadro da cidade. Assim, Xenofonte conta que Sócrates perguntava τί πόλις, τί πολιτικός τί ἀρχὴ ἀνθρώπων, τὶ ἀρχηγὸς ἀνθρώπων, e vimos a afirmação de Sócrates na *Apologia* sobre atender ao próprio Estado antes de atender aos interesses do Estado.[70] Mas, como a última observação dá a entender, e como fica claro na vida de Sócrates, ele não estava preocupado com a política partidária enquanto tal, mas com a vida política em seu aspecto ético. Era da maior importância para o grego que queria seguir uma vida reta entender o que é o Estado e o que significa ser um cidadão, pois não podemos nos importar com o Estado a menos que conheçamos a natureza do Estado e o que é um bom Estado. O conhecimento é buscado como um meio para a ação ética.

5. Essa última observação merece algum desenvolvimento, já que a teoria socrática quanto à relação entre conhecimento e virtude é característica da ética socrática. De acordo com Sócrates, o conhecimento e a virtude são uma e a mesma coisa, no sentido de que o homem sábio, aquele que *sabe* o que é certo, irá também *fazer* o que é certo. Em outras palavras, ninguém pratica o mal com conhecimento de causa e de propósito; ninguém escolhe o mal *enquanto tal*.

Esse "intelectualismo ético" à primeira vista parece estar em flagrante contradição com os fatos da vida cotidiana. Não temos consciência de que nós mesmos deliberadamente fazemos o que sabemos ser errado, e não estamos convencidos de que outras pessoas às vezes agem do mesmo modo? Quando dizemos que um homem é responsável por uma ação má, não pensamos que o fez com o conhecimento de sua maldade? Se tivéssemos motivo para supor que não fosse culpavelmente ignorante de sua maldade, não o tomaríamos como moralmente responsável. Estamos, portanto, inclinados a concordar com Aristóteles, quando critica a identificação entre conhecimento e virtude alegando

---
[69] *Apol.*, 36.
[70] Xen., *Mem.*, I, 1, 16; *Apol.*, 36.

que Sócrates esqueceu as partes irracionais da alma e não deu suficiente atenção ao fato da fraqueza moral, que leva um homem a fazer o que sabe ser errado.[71]

Já se sugeriu que, como o próprio Sócrates era singularmente livre da influência das paixões no que diz respeito à conduta moral, ele tendia a atribuir a mesma condição aos outros, concluindo que o fracasso em fazer o que é certo se deve antes à ignorância do que à fraqueza moral. Também se sugeriu que, quando Sócrates identificou a virtude ao conhecimento ou sabedoria, tinha em mente não qualquer tipo de conhecimento, mas uma verdadeira convicção pessoal. Assim, o Prof. Stace observa que as pessoas podem ir à igreja e dizer que acreditam que os bens desta vida não valem nada, ao passo que *agem* como se fossem esses os únicos bens valiosos. Não é esse o tipo de conhecimento que Sócrates tinha em mente: pensava numa verdadeira convicção pessoal.[72]

Tudo isso pode estar muito bem posto, mas é importante ter em mente o que Sócrates queria dizer com "correto". De acordo com Sócrates, uma ação é correta quando serve à verdadeira utilidade do homem, no sentido de promover a sua verdadeira felicidade (εὐδαιμονία). Todos buscam o seu próprio bem, isso é óbvio. Contudo, não é todo tipo de ação, por prazerosa que possa parecer no momento, que promove a verdadeira felicidade do homem. Por exemplo, pode ser prazeroso a um homem ficar bêbado constantemente, ainda mais se estiver sofrendo de uma tristeza avassaladora. Mas isso não contribui para o verdadeiro bem do homem. Além de prejudicar sua saúde, isso tende a escravizá-lo em um vício, e vai contra o exercício da mais alta posse humana, a qual diferencia o homem das feras brutas — a razão. Se um homem fica constantemente bêbado, acreditando aí estar seu verdadeiro bem, então erra por ignorância, não se apercebendo de qual é o seu verdadeiro bem. Sócrates argumentaria que, se ele soubesse que *não* beber é coisa que promove o seu bem e conduz à sua felicidade, então não beberia. Claro que comentaríamos, com Aristóteles, que o homem pode saber que contrair o vício do alcoolismo não conduz à sua derradeira felicidade, e mesmo assim contrair o vício. Isso sem dúvida é verdade; parece que não se pode contestar o argumento de Aristóteles; mas a essa altura poderíamos observar (com Stace) que, se o homem tivesse uma *verdadeira convicção pessoal* do mal do vício alcoólico, não o contrairia. Isso não contorna a objeção de Aristóteles, mas ajuda a entender como Sócrates poderia dizer o que disse. E, verdade seja dita, não está muito de acordo com o que Sócrates diz, quando analisamos do ponto de vista psicológico? Um homem pode saber, intelectualmente, que ficar bêbado não conduz à sua derradeira felicidade e dignidade enquanto homem, mas, quando o impulso o ataca, ele talvez possa deixar de lado esse conhecimento e fixar-se no estado de intoxicação visto contra o pano de fundo de uma vida infeliz, até que esse estado e sua atração absorvam toda a sua atenção e assumam a forma de um verdadeiro bem. Quando se esgota o estado de excitação, recorda-se do mal do alcoolismo e admite: "Sim, agi mal,

---

[71] Ética a Nicômaco, 1145 b.
[72] *Crit. Hist.*, pp. 147–148. O Prof. Stace considera, contudo, que "a crítica de Aristóteles a Sócrates é irrespondível".

agi sabendo que fazia algo mau". Mas permanece o fato de que, no momento em que se entregou ao impulso, aquele conhecimento escapou do campo de sua atenção mental, ainda que por culpa dele.

É evidente que não devemos supor que o ponto de vista utilitário de Sócrates contemplasse o deixar-se levar por qualquer coisa que seja prazerosa. O homem sábio percebe que é mais vantajoso ser autocontrolado do que não ter autocontrole algum; ser justo do que ser injusto; ser corajoso do que ser covarde — "vantajoso" no sentido de que conduz à verdadeira saúde e harmonia da alma. Sócrates certamente considerava que o prazer é um bem, mas pensava que o verdadeiro prazer e a felicidade duradoura concernem ao homem moral e não ao homem imoral, e que a felicidade não consiste em ter abundância de bens externos.

Se não podemos aceitar a atitude superintelectualista de Sócrates, e embora concordemos com Aristóteles que ἀκρασία ou fraqueza moral é um fato que Sócrates tende a desconsiderar, prestamos de muita boa vontade tributo à ética de Sócrates. Pois uma ética racional deve ser fundada na natureza humana e no bem da natureza humana enquanto tal. Assim, quando Hípias aceitou as ἄγραφοι νόμοι, mas excluiu delas umas tantas leis que variam de Estado para Estado, comentando que a proibição de relação sexual entre pais e filhos não é uma proibição universal, Sócrates acertadamente respondeu que a inferioridade racial que resulta dessas relações justifica a proibição.[73] Isso equivale a invocar o que chamaríamos de "lei natural", a qual é uma expressão da natureza do homem e conduz ao seu desenvolvimento harmonioso. Uma tal ética é de fato *insuficiente*, já que a lei natural não pode adquirir força moralmente obrigante, obrigatória à consciência — pelo menos no sentido de nossa concepção moderna de "dever" —, a menos que tenha uma base metafísica e seja fundada numa fonte transcendental, Deus, cuja vontade para o homem está expressa na lei natural; mas, embora insuficiente, ela recolhe uma verdade das mais importantes e valiosas, que é essencial ao desenvolvimento de uma filosofia moral racional. Os "deveres" não são simplesmente mandamentos ou proibições arbitrários e faltos de sentido; devem ser vistos, isto sim, em sua relação com a natureza humana enquanto tal: a lei moral expressa o verdadeiro bem do homem. As éticas gregas eram de caráter predominantemente eudemonológico (veja-se o sistema ético de Aristóteles), e embora, segundo cremos, precisassem ser completadas pelo teísmo, e ser vistas contra o pano de fundo do teísmo, de modo que atingissem seu verdadeiro desenvolvimento, permanecem, ainda que em seu estado incompleto, uma glória perene da filosofia grega. A natureza humana é constante, e assim os valores éticos são constantes, e cabe fama imorredoura a Sócrates por ter percebido a constância desses valores e ter buscado fixá-los em definições universais que podem ser tomadas como guia e norma da conduta humana.[74]

---

[73] Xenofonte, *Mem.*, IV, 4, 19 ss.

[74] Nem todos os pensadores se mostraram dispostos a admitir que a natureza humana é constante. Mas não há prova alguma de que o homem "primitivo" diferisse essencialmente do homem moderno; nem tampouco temos motivos para supor que surgirá no futuro um tipo de homem que será *essencialmente* diferente do homem de hoje em dia.

6. Da identificação de sabedoria e virtude se segue a unidade da virtude. Existe apenas uma única virtude, a percepção do que é verdadeiramente bom para o homem, o que de fato conduz à saúde e à harmonia da sua alma. Uma conseqüência mais importante, todavia, é a transmissibilidade da virtude por meio do ensino. Os sofistas, é claro, professavam ensinar a arte da virtude, mas Sócrates discordava deles não apenas em razão do fato de que ele próprio se declarava um aprendiz, mas também pelo fato de que suas perquirições éticas eram direcionadas à descoberta das normas morais universais e constantes. Mas, ainda que o método de Sócrates fosse dialético e não-professoral, segue-se necessariamente de sua identificação de virtude o conhecimento de que a virtude pode ser ensinada. Faríamos a distinção: o conhecimento intelectual do que é a virtude pode ser transmitido por meio de instrução, mas não a virtude em si mesma. Contudo, caso se dê ênfase à sabedoria enquanto verdadeira convicção pessoal, deduz-se que, *se* essa sabedoria pode ser ensinada, talvez a virtude também o possa. O principal aspecto a observar é que o "ensino" para Sócrates não significava mera instrução de noções, mas, antes, o ato de conduzir um homem a uma verdadeira percepção. Ainda assim, embora essas considerações sem dúvida tornem a doutrina do ensino da virtude segundo Sócrates mais inteligível, permanece o fato de que nessa doutrina o superintelectualismo de sua ética é ainda notório. Ele insistia, por exemplo, que, assim como o médico é o homem que aprendeu medicina, o homem justo é aquele que aprendeu o que é justo.

7. Esse intelectualismo dificilmente tornaria Sócrates alguém muito favorável à democracia tal como praticada em Atenas. Se o médico é o homem que aprendeu medicina, e se nenhum homem doente confiaria a sua saúde a alguém que não tivesse conhecimento algum de medicina, é insensato escolher funcionários públicos através de sorteio ou voto da multidão inexperiente.[75] Os verdadeiros governantes são aqueles que sabem como governar. Se não designaríamos como piloto de um navio um homem desprovido de qualquer conhecimento da arte de pilotar e da rota a ser seguida, por que designar como governante do Estado alguém que não tem conhecimento de como governar e que não sabe o que é o bem do Estado?

8. Quanto à religião, Sócrates parece ter falado de maneira genérica dos deuses, no plural, e com isso ter se referido às deidades gregas tradicionais; mas se pode discernir uma tendência a uma concepção mais pura de deidade. Assim, de acordo com Sócrates, o conhecimento dos deuses não é limitado, eles estão presentes em toda parte e sabem de tudo que é dito e feito. Como sabem mais acerca do que é bom, o homem deve apenas orar pedindo pelo bem, e não por bens particulares, como o ouro.[76] Ocasionalmente a crença em um deus toma o primeiro plano,[77] mas não parece que Sócrates tenha alguma vez dado muita

---

[75] *Mem.*, 1, 2, 9; 3, 9, 10.
[76] *Mem.*, 1, 3, 2.
[77] *Mem.*, 1, 4, 5, 7.

atenção à questão do monoteísmo ou politeísmo. (Até Platão e Aristóteles encontravam um lugar para os deuses gregos).

Sócrates sugeriu que, assim como o corpo do homem é composto de elementos reunidos a partir do mundo material, de igual modo a razão do homem é uma parte da razão ou mente universal do mundo.[78] Essa noção viria a ser desenvolvida por outros, bem como seu ensinamento sobre teleologia, de caráter antropocêntrico. Não só os órgãos dos sentidos são dados ao homem a fim de que exerça os sentidos correspondentes, como a teleologia antropocêntrica é estendida aos fenômenos cósmicos. Daí que os deuses nos dêem a luz sem a qual não conseguimos ver, e a Providência se mostra nos dons do alimento que a terra produz para o homem. O Sol não chega tão perto da Terra a ponto de ressecar ou chamuscar o homem, nem se põe tão longe que ele não possa mais se aquecer. Essas considerações e outras similares são naturais para um homem que estudou na escola dos cosmólogos e se decepcionou com o pouco uso que Anaxágoras fez do seu princípio *mente*; mas Sócrates não foi um cosmólogo ou um teólogo, e, embora possa ser chamado de "verdadeiro fundador da teleologia no que diz respeito a este mundo",[79] ele estava, como vimos, primariamente interessado na conduta humana.[80]

9. Não precisamos nos ocupar do retrato que Aristófanes faz de Sócrates em *As nuvens*.[81] Sócrates foi um discípulo dos velhos filósofos, e foi assumidamente influenciado pelos ensinamentos de Anaxágoras. Quanto ao sabor "sofista" transmitido pelo seu personagem em *As nuvens*, deve-se recordar que Sócrates, como os sofistas, centrava sua atenção no sujeito, no próprio homem. Ele era uma figura pública muito familiar, conhecida de toda a platéia por sua atividade dialética, e para alguns sem dúvida ele parecia de tendência "racionalista", criticamente destrutivo e antitradicionalista. Ainda que se suponha que o próprio Aristófanes tivesse consciência da diferença entre Sócrates e os sofistas — o que não fica de todo claro —, disso não se seguiria necessariamente que expressasse essa sua percepção perante uma platéia pública. E se sabe que Aristófanes foi um tradicionalista e adversário dos sofistas.

IV. Julgamento e morte de Sócrates

Em 406 a.C., Sócrates demonstrou sua coragem moral ao se recusar a endossar o pedido de que oito comandantes, que deveriam ser afastados por sua negligência nas Ilhas Arginusas, fossem julgados juntos, o que era contrário à lei e fora calculado para provocar uma sentença severa. Nessa época, ele era membro do Comitê dos πρυτάνεις ou Comitê do Senado. Sua coragem moral se manifestou de novo quando se recusou a tomar parte, a pedido dos Trinta,

---

[78] *Mem.*, I, 4, 8.
[79] Ueb.-Praechter, p. 145: "Der eigentliche Begründer der Teleologie in der Betrachtung der Welt".
[80] Cf., por ex., *Mem.*, I, 1, 10–16.
[81] É, como observa Burnet, uma caricatura que — como qualquer caricatura, se for para ter algum sentido — possui fundamento em fatos.

em 404/3, da prisão de Leão de Salamina, que os oligarcas queriam matar, a fim de confiscarem sua propriedade. Queriam incriminar tantos cidadãos proeminentes quanto fosse possível, sem dúvida já a pensar num eventual dia de ajuste de contas. Sócrates, contudo, simplesmente se recusou a participar dos seus crimes, e provavelmente teria pagado por essa recusa com a própria vida, não tivessem os Trinta caído.

No ano 400/399, Sócrates foi acusado pelos líderes da democracia restaurada. Ânito, o político que permaneceu no plano de fundo, instigou Meleto a dar prosseguimento ao processo. A acusação perante a corte do Rei Archon é registrada da seguinte forma:[82] "Meleto, filho de Mileto do demo de Pitthis, acusa Sócrates, filho de Sofronisco do demo de Alópece, sob juramento, da seguinte matéria. Sócrates é culpado (i) de não cultuar os deuses que o Estado cultua, tendo ao contrário introduzido práticas religiosas novas e estranhas; (ii) e, além disso, de corromper a juventude. O querelante pede a pena de morte".

A primeira acusação nunca foi definida de maneira explícita, e a razão parece ser a de que o querelante contava com que o júri se recordasse da reputação dos velhos cosmólogos jônios e talvez da profanação dos mistérios em 415, na qual Alcibíades se envolvera. Mas não se podia fazer referência alguma à profanação em vista da Anistia de 404/3, da qual o próprio Ânito fora promotor. A segunda acusação, a de corromper a juventude, é na verdade acusação de infundir na juventude um espírito de crítica para com a democracia ateniense. Por trás de tudo isso certamente pairava o pensamento de que Sócrates fora responsável por ter "educado" Alcibíades e Crítias — Alcibíades, aquele que por um tempo partira para Esparta e levara os atenienses a dificuldades, e Crítias, aquele que fora o mais violento dos oligarcas. Também isso não poderia ser mencionado de maneira explícita por causa da Anistia de 404/3, mas a audiência teria captado com facilidade o que estava ali implícito. É por isso que Ésquines pôde dizer, cerca de cinquenta anos depois: "Você condenou Sócrates, o Sofista, à morte, porque se mostrou que ele educara Crítias".[83]

Os acusadores sem dúvida supuseram que Sócrates iria voluntariamente para o exílio sem aguardar o julgamento, mas ele não foi. Ele aguardou o julgamento em 399 a.C. e se defendeu no tribunal. No julgamento, Sócrates poderia facilmente ter se valido de seu serviço militar e de sua resistência a Crítias na época da oligarquia, mas apenas arrolou os fatos, juntando-lhes sua recusa da democracia na questão do julgamento dos comandantes. Foi condenado à morte por uma maioria de 60 ou 6 votos num júri total de 500 ou 501.[84] Assim, restou a Sócrates apenas propor uma pena alternativa, e era obviamente a escolha mais sábia propor uma pena suficientemente grave. Daí que, se Sócrates tivesse proposto o exílio, essa alternativa à pena de morte sem dúvida teria sido

---

[82] Diég. Laér., 2, 40.
[83] I, 173.
[84] Cf. *Apol.*, 36 a (cuja leitura não é de interpretação absolutamente certa) e Dióg. Laér., 2, 41. Burnet e Taylor, entendendo que Platão dizia que Sócrates fora condenado por uma maioria de 60 votos, supuseram que a votação foi de 280 contra 220, em um júri de 500.

aceita. Sócrates, contudo, propôs que recebesse como "recompensa" adequada refeições gratuitas no Pritaneu, após o que consentiu em propor uma pequena multa — tudo isso sem qualquer tentativa de influenciar o júri, como era comum, trazendo a esposa em prantos e os filhos para o tribunal. O júri se aborreceu com o comportamento altivo de Sócrates, e ele foi condenado à morte por uma maioria mais ampla do que a que o considerara culpado.[85] A execução foi prorrogada por cerca de um mês, enquanto se aguardava o retorno do "barco sagrado" de Delos (em memória de ter Teseu libertado a cidade do tributo de sete meninos e meninas imposto por Minos de Cnossos), de modo que houve bastante tempo para que se planejasse uma fuga, o que os amigos de Sócrates de fato organizaram. Sócrates não quis se valer de suas ofertas gentis, alegando que essa ação seria contrária aos seus princípios. O último dia de Sócrates na Terra é recontado por Platão no *Fédon*, um dia que Sócrates passou conversando sobre a imortalidade da alma com os seus amigos tebanos, Cebes e Símias.[86] Depois de beber a cicuta e se deitar moribundo, suas últimas palavras foram: "Critão, devemos um galo a Asclépio; paga-o, portanto, e não deixes isso por resolver". Quando o veneno chegou ao seu coração, houve um movimento convulsivo e ele morreu, "e Critão, percebendo-o, fechou sua boca e seus olhos. Esse, Ecrécates, foi o fim do nosso amigo, um homem, poderíamos dizer, que foi o melhor de todas as épocas que conhecemos, e, ademais, o mais sábio e justo".[87]

---

[85] Dióg. Laér. (2, 42) diz que a maioria foi de 80 votos a mais do que na primeira. De acordo com Burnet e Taylor, a segunda votação teria sido assim de 360 votos a favor da pena de morte contra 140.

[86] Essa observação não tem o propósito de enfraquecer a minha visão de que a teoria das formas não é de autoria de Sócrates.

[87] *Fédon*, 118.

CAPÍTULO IV
Escolas socráticas menores

Não se deve compreender pela expressão "escolas socráticas menores" que Sócrates tenha fundado alguma escola em particular. Ele esperava, sem dúvida, que outros dessem prosseguimento à sua obra de estímulo à mente dos homens, mas não reuniu ao seu redor um grupo de discípulos aos quais deixasse um patrimônio doutrinal específico. Mas diversos pensadores, que tinham sido discípulos de Sócrates em maior ou menor medida, enfatizaram este ou aquele ponto do seu ensinamento, combinando-o com elementos auferidos de outras fontes. Daí que o Dr. Praechter os chame *Die einseitigen Sokratiker*, não no sentido de que esses pensadores apenas *reproduzissem* certos aspectos do ensinamento de Sócrates, mas no sentido de que cada um deles era uma *continuação* do pensamento socrático em alguma direção particular, ao mesmo tempo que modificavam o que tomaram da atividade filosófica pretérita, a fim de harmonizá-lo com o legado socrático.[88] Sob alguns aspectos, portanto, o uso de um nome comum, "escolas socráticas menores", é infeliz, mas pode ser empregado caso se compreenda que a relação de alguns desses pensadores com Sócrates não é mais que tênue.

I. A Escola de Mégara

Euclides de Mégara (não confundir com o matemático) parece ter sido um dos primeiros discípulos de Sócrates, uma vez que — se a história for verdadeira — ele manteve suas relações com Sócrates apesar da proibição (de 431/432) de que cidadãos megáricos entrassem em Atenas, tendo entrado na cidade, em noite fechada, vestido de mulher.[89] Esteve presente à morte de Sócrates em 400/399, e após isso até Platão e outros socráticos chegaram a se refugiar junto a Euclides em Mégara.

Euclides parece ter primeiro se familiarizado com a doutrina dos eleatas, que, sob influência de Sócrates, ele modificou de modo a conceber o Um como o Bem. Também via a virtude como uma unidade. De acordo com Diógenes Laércio, Euclides afirmava que o Um é conhecido por muitos nomes, identificando-o com Deus e a razão.[90] Negava que existisse um princípio contrário ao Bem, já que esse princípio seria multiplicidade, a qual, segundo a perspectiva eleática,

---
[88] Ueberweg-Praechter, p. 155.
[89] Aulo Gélio, *Noites Áticas*, 6, 10.
[90] Dióg. Laér., 2, 106.

é ilusória. Podemos dizer que permaneceu um adepto da tradição eleática, a despeito da grande influência socrática que sofreu.

A filosofia megárica, particularmente sob a influência de Euclides, se desenvolveu como uma erística que criou vários argumentos especiosos para impugnar uma posição mediante *reductio ad absurdum*. Por exemplo, o famoso dito: "Um grão de milho ainda não é um monte: adicione mais um grão e ainda não há monte algum; quando se inicia o monte?", que se destinava a mostrar que a pluralidade é impossível, do mesmo modo como Zenão queria mostrar que o movimento era impossível. Outro dilema é aquele atribuído por alguns a Diodoro Crono, outro megárico: "Aquilo que você não perdeu, ainda o tem; mas você não perdeu chifres; logo, ainda tem chifres". Ou este: "Electra conhece o seu irmão, Orestes. Mas Electra não conhece Orestes (que se apresenta diante dela, disfarçado). Logo, Electra não conhece o que ela conhece".[91]

Outro filósofo da escola megárica, Diodoro Crono (mencionado há pouco), identificava o atual e o possível: só o atual é possível. Seu argumento era este: o possível não pode se tornar impossível. Ora, entre dois elementos contraditórios, se um deles se dá, então o outro é impossível. Logo, se tivesse sido possível antes, o impossível teria surgido do possível. Por conseguinte, não foi possível antes, e só o atual é possível. (Por exemplo: "O mundo existe" e "o mundo não existe" são proposições contraditórias. Mas o mundo existe de fato. Logo, é impossível que o mundo não exista. Mas, se alguma vez foi possível que o mundo não existisse, uma possibilidade se transformou em uma impossibilidade. Isso não pode ocorrer. Por conseguinte, jamais foi possível que o mundo não existisse). Essa proposição foi resgatada em época recente pelo Prof. Nicolai Hartmann, de Berlim, o qual identificou o atual com o possível em razão de que aquilo que realmente acontece depende da totalidade das condições dadas, e, dadas essas condições, nada mais poderia ter acontecido senão o que aconteceu.[92]

Um destacado adepto da escola foi Estilpo de Mégara, o qual ensinou em Atenas por volta de 320, mas foi depois banido. Ocupou-se principalmente de ética, levando adiante o tema de auto-suficiência em uma teoria da empatia. Quando perguntado acerca do que perdera no saque de Mégara, respondeu que não vira ninguém roubar sabedoria ou conhecimento.[93] Zenão (o estóico) foi discípulo de Estilpo.

II. A Escola Eliana-Eretriana

Essa escola herdou seu nome de Fédon de Élis (o mesmo Fédon do diálogo platônico) e Menedemo de Erétria. Fédon parece ter se assemelhado aos megáricos em seu uso da dialética, ao passo que Menedemo estava principalmente interessado em ética, defendendo a unidade entre virtude e conhecimento.

---

[91] Cf. Dióg. Laér., 2, 108.
[92] *Möglichkeit und Wirklichkeit*, Berlim, 1938.
[93] Dióg. Laér., 2, 115. Sêneca, *Epístolas*, 9, 3.

III. A Escola Cínica antiga

Os cínicos, ou discípulos do cachorro, podem ter ganhado esse nome em virtude de seu modo inconvencional de vida ou em virtude do fato de que Antístenes, o fundador da escola, ensinou em um ginásio conhecido como *Cinosargo*. Talvez ambos os fatores tenham algo a ver com o apelido.

Antístenes (c. 445–c. 365) nasceu de um pai ateniense e de uma mãe trácia escrava.[94] Isso explicaria por que ensinou no Cinosargo, que era reservado aos que não tinham puro sangue ateniense. O ginásio era dedicado a Hércules, e os cínicos tomaram o herói como uma espécie de deus tutelar ou patrono. Uma das obras de Antístenes recebeu o nome de Hércules.[95]

Tendo primeiro sido discípulo de Górgias, Antístenes depois se tornou um adepto de Sócrates, a quem se devotou. Mas o que admirava em especial em Sócrates era a sua independência de caráter, que o levava a agir segundo as suas convicções, sem importar o que isso lhe custasse. Sem atentar ao fato de que Sócrates fora independente de bens terrestres e do aplauso dos homens, a fim de assim alcançar o bem maior da verdadeira sabedoria, Antístenes estabeleceu essa independência e essa auto-suficiência como um ideal e fim em si mesmas. A virtude, aos seus olhos, era simplesmente independência de todas as posses e prazeres terrestres: de fato, era um conceito negativo — renúncia, auto-suficiência. Assim, o aspecto negativo da vida de Sócrates foi transformado por Antístenes em um objetivo ou fim positivo. De modo análogo, a insistência de Sócrates no conhecimento ético foi exagerada por Antístenes, tornando-se um desprezo pelo ensino científico e pela arte. A virtude, disse ele, é em si mesma suficiente para a felicidade: não se precisa de nada mais — e a virtude é a ausência de desejo, libertação das carências e completa independência. Sócrates, é claro, fora independente da opinião dos outros apenas porque possuía convicções profundas e princípios, vendo na transigência deles, para satisfação da opinião popular, uma traição à verdade. Não se pôs, contudo, a zombar da opinião popular apenas por fazê-lo, como os cínicos, e Diógenes em particular, parecem ter feito. A filosofia dos cínicos foi, portanto, uma inflação de um aspecto da vida e atitude de Sócrates, um aspecto negativo, ou pelo menos um aspecto derivado de outro bem mais positivo. Sócrates estava pronto a desobedecer a oligarquia pondo em risco a própria vida, para assim não ter de cometer uma injustiça; mas não teria morado em uma banheira como Diógenes apenas para ostentar sua discordância para com o modo de vida dos demais.

Antístenes opunha-se fortemente à teoria das idéias, e defendia que só existiam os seres individuais. Diz-se que comentou: "Ó, Platão, vejo um cavalo, mas não vejo a cavalidade".[96] A cada coisa se deveria aplicar apenas o seu próprio

---

[94] Dióg. Laér., 6, 1.

[95] Sugeriu-se que foi Diógenes quem fundou a escola ou "movimento" cínico, e não Antístenes: Aristóteles se refere aos seguidores de Antístenes como Ἀντισθενείοι (*Metaf.*, 1043 b 24). Mas o apelido de "cínicos" parece ter sido aceito apenas no tempo de Diógenes, e o uso do termo Ἀντισθενείοι por Aristóteles não pareceria provar nada no sentido de que Antístenes não tenha sido a cabeça fundadora da Escola Cínica.

[96] Simplício, em Arist., *Categorias*, 208, 29 ss; 211, 17 ss.

nome: por exemplo, podemos dizer "o homem é homem" ou "o bom é bom", mas não "o homem é bom". Não se deveria predicar do sujeito nada que não fosse o próprio sujeito.[97] Concomitante é a doutrina de que só podemos predicar do indivíduo a sua própria natureza individual; não se pode predicar dele a pertença a uma classe. Daí a negação da teoria das idéias. Outra teoria lógica de Antístenes foi a da impossibilidade da autocontradição. Pois, se o homem diz coisas diferentes, está falando de diferentes objetos.[98]

A virtude é sabedoria, mas a sabedoria consiste principalmente em "ver além" dos valores da maioria da humanidade. As riquezas, as paixões etc. não são realmente boas, bem como o sofrimento, a pobreza, o desprezo etc. não são realmente maus: é a independência o verdadeiro bem. A virtude, assim, é sabedoria e pode ser ensinada, embora não haja necessidade de maior ponderação e reflexão para que se a aprenda. Armado dessa virtude, o homem sábio não pode ser tocado por nenhum dos assim chamados males da vida, nem mesmo pela escravidão. Ele está além das leis e convenções, pelo menos daquelas do Estado que não reconhece a verdadeira virtude. O estado ou condição ideal de vida, na qual todos viveriam independentes e libertos do desejo, é evidentemente incompatível com a guerra.[99]

Sócrates de fato se opusera, em determinadas ocasiões, à autoridade do governo, mas estava tão convicto da justeza da autoridade do Estado enquanto tal e da lei, que não se valeria da oportunidade de escapar da prisão, antes preferindo sofrer a morte de acordo com a lei. Antístenes, contudo, com seu usual exagero de um ponto de vista parcial, denunciou o Estado histórico e tradicional e sua lei. Além disso, renunciou à religião tradicional. Existe um único Deus; o panteão grego é apenas uma convenção. A virtude é o único serviço de Deus: templos, orações, sacrifícios etc. são condenados. "Pela convenção existem muitos deuses, mas pela natureza apenas um".[100] Por outro lado, Antístenes interpretou os mitos homéricos de maneira alegórica, tentando extrair deles aplicações e lições morais.

Diógenes de Sinope (morte em c. 324 a.C.) achava que Antístenes não havia vivido de modo coerente com suas próprias teorias e o chamou de "trombeta que nada ouve além de si próprio".[101] Banido de sua terra natal, passou a maior parte da vida em Atenas, embora tenha morrido em Corinto. Chamava-se a si próprio de "cachorro" e defendia a vida dos animais como um modelo para a humanidade. Sua tarefa era a de "reelaborar os valores",[102] e à civilização do mundo helênico opunha a vida dos animais e dos povos bárbaros.

---

[97] Plat., *O sof.*, 251 b; Arist., *Metaf.*, Δ 29, 1024 b 32–35 a 1.
[98] Aristóteles, *Tópicos*, A XI, 104 b 20; *Metaf.*, Δ 20, 1024 b 33–34.
[99] Cf. Vita Antisth., apud Dióg. Laér.
[100] Cf. Cícero, *De Nat.*, 1, 13, 32; Clemente de Alexandria, *Protrep.*, 6, 71, 2; *Strom.*, 5, 14, 108, 4.
[101] Dião Crisóstomo, 8, 2.
[102] Dióg. Laér., 6, 20.

Conta-se que advogava a partilha de esposas e filhos e o amor livre, ao passo que na esfera política se declarava um cidadão do mundo.[103] Não satisfeito com a "indiferença" de Antístenes para com os bens externos da civilização, Diógenes advogava um ascetismo categórico a fim de obter a liberdade. Ligava-se a isso sua deliberada zombaria para com a convenção, fazendo em público o que em geral se considerava que deveria ser feito em privado — e até o que não se deveria fazer em privado.

Discípulos de Diógenes foram Mônimo, Onesícrito, Filisco, Crates de Tebas. Este último deu sua considerável fortuna à cidade e adotou a vida cínica de mendicância, acompanhado de sua esposa Hipárquia.[104]

IV. A Escola Cirenaica

Aristipo de Cirene, fundador da escola cirenaica, nasceu por volta de 485 a.C. A partir de 416 esteve em Atenas, a partir de 399 em Egina, a partir de 389/388 com Platão na corte do velho Dioniso, a partir de 365 novamente em Atenas. Mas essas datas e ordem de eventos não podem ser tomados senão como algo incerto, para dizer o mínimo.[105] Sugeriu-se que Aristipo jamais fundou "escola" cirenaica alguma, tendo sido confundido com o seu neto, um outro e posterior Aristipo. Mas, em vista das declarações de Diógenes Laércio, Sótion e Panécio (cf. Dióg. Laérc., 2, 84 ss.), não parece possível aceitar a afirmação de Sosícrates e outros (Dióg. Laérc.) de que Aristipo não escreveu nada, ao passo que a passagem na *Praeparatio Evangelica* (14, 18, 31) de Eusébio pode ser explicada sem que seja necessário supor que Aristipo nunca lançara as bases da filosofia cirenaica.

Em Cirene, Aristipo parece ter se familiarizado com os ensinamentos de Protágoras, ao passo que depois, em Atenas, estabeleceu relação com Sócrates. Pode ser que o sofista tenha sido em larga medida responsável pela doutrina de Aristipo de que só nossas sensações nos dão conhecimento certo:[106] das coisas em si mesmas elas não podem nos dar nenhuma informação segura, nem tampouco das sensações dos outros. As sensações subjetivas devem, pois, ser a base da conduta prática. Mas, se minhas sensações individuais se constituem na norma de minha conduta prática, então, pensava Aristipo, segue-se que o objetivo da conduta é obter sensações prazerosas.

Aristipo declarou que a sensação consiste em movimento. Quando o movimento é suave, a sensação é agradável; quando é brusco, há dor; quando o movimento é imperceptível ou quando não há movimento algum, não há prazer nem dor. O movimento brusco não pode ser o objetivo ético. Tampouco esse objetivo pode ser a mera ausência de prazer ou dor, isto é, um objetivo puramente negativo. O objetivo ético deve ser, portanto, o prazer, um fim positivo.[107]

---

[103] Dióg. Laér., 6, 72.
[104] Dióg. Laér., *Vidas de Crates e Hipárquia*.
[105] Datas tomadas a Heinrich von Stein, *De philos. Cyrenaica*, parte I, *De Vita Aristippi*, Gottingen, 1858.
[106] Cf. Sexto Empírico, *Adversus Mathematicos*, 7, 191 ss.
[107] Dióg. Laér. 2, 86 ss.

Sócrates de fato afirmara que a virtude é o único caminho para a felicidade, e defendeu a felicidade como motivo para a prática da virtude, mas não que o prazer seja o propósito da vida. Aristipo, contudo, prendeu-se a um aspecto do ensinamento socrático e ignorou todo o resto.

O prazer, assim, é o objetivo da vida, segundo Aristipo. Mas que tipo de prazer? Mais tarde, para Epicuro, o objetivo da vida seria antes o prazer negativo, uma ausência de dor; mas para Aristipo tratava-se de um prazer positivo e presente. Daí que se chegou à situação de os cirenaicos valorizarem o prazer corpóreo mais do que o prazer intelectual, porque mais intenso e poderoso. E se seguiria da teoria do conhecimento deles que a qualidade do prazer não interessa. A conseqüente materialização desse princípio levaria obviamente a excessos sensuais; mas, em verdade, os cirenaicos, sem dúvida a adotar os elementos hedonistas da doutrina de Sócrates, declaravam que o homem sábio irá, na escolha de seus prazeres, ponderar acerca do futuro. Ele irá, portanto, evitar excessos desenfreados, os quais poderiam levar a dor, e evitará indulgências que possam lhe ocasionar punição do Estado ou condenação pública. Logo, o homem sábio necessita de julgamento para que consiga avaliar os diferentes prazeres da vida. Mais ainda, o homem sábio irá preservar certa margem de independência no curso de seus gozos. Caso se permita ser escravizado, ato contínuo não estará experimentando prazer, e sim sentindo dor. Assim, o homem sábio, a fim de preservar sua alegria e contentamento, limitará seus desejos. Daí o dito atribuído a Aristipo: ἔχω (Λατδα) καὶ οὐκ ἔχομαι ἐπεὶ τὸ κρατεῖν καὶ μὴ ἡττᾶσθαι ἡδονῶν ἄριστον, οὔ τὸ μὴ χρῆσθαι.[108]

Essa contradição no ensinamento de Aristipo entre o princípio do prazer que se apresenta no momento e o princípio do julgamento levou a uma divergência de opiniões — ou a uma ênfase em diferentes aspectos da doutrina — entre os seus discípulos. Daí que Teodoro, o Ateu declarasse, com efeito, que o julgamento e a justiça são bens (esta última apenas por causa das vantagens externas de uma vida justa) e que os atos individuais de contentamento são indiferentes, com o contentamento da mente sendo a verdadeira felicidade ou prazer; mas ele também afirmava que o homem sábio não daria a vida por seu país e que ele roubaria, cometeria adultério etc. se as circunstâncias lhe permitissem. Também negava terminantemente a existência de qualquer deus.[109] Hegésias também defendia a indiferença para com atos individuais de contentamento, mas estava tão convencido das misérias da vida e da impossibilidade de alcançar a felicidade, que enfatizava um conceito negativo de propósito da vida, a saber, a ausência de dor e tristeza.[110] Cícero e outras fontes contam que tantos foram os ouvintes das aulas de Hegésias em Alexandria levados ao suicídio, que Ptolomeu Lago proibiu que continuassem![111] Aniceris, por outro lado, enfatizou o aspecto po-

---

[108] Dióg. Laér., 2, 75.
[109] Dióg. Laér., 2, 97; Cícero, *De Nat. D.*, 1, 1, 12.
[110] Dióg. Laér., 2, 94–96.
[111] Cícero, *Tusc.*, I, 34, 83.

sitivo do cirenaísmo, fazendo do prazer positivo e, de fato, dos atos individuais de contentamento o objetivo da vida. Mas limitou as conclusões lógicas dessa perspectiva dando grande peso ao amor da família e do país, à amizade e à gratidão, as quais dão prazer mesmo quando demandam sacrifício.[112] No valor que deu à amizade divergiu de Teodoro, que declarou (Dióg. Laérc.) que os sábios bastam a si mesmos e não têm necessidade de amigos.

Diógenes Laércio dá claramente a entender que esses filósofos tinham os seus próprios discípulos: por exemplo, fala dos "Hegesiakoi", embora também os agrupe junto aos cirenaicos. Assim, embora Aristipo, o Cirenaico estabeleça as bases da filosofia "cirenaica" ou filosofia do prazer, mal pode ser chamado de fundador de uma escola filosófica bem delimitada, a abranger Teodoro, Hegésias, Aniceris etc. como membros. Esses filósofos eram em parte herdeiros do velho Aristipo e representam mais uma tendência filosófica do que uma escola em sentido estrito.

---

[112] Dióg. Laér., 2, 96 f.; Clem. de Alexan., *Strom.*, 2, 21, 130, 7 ss.

CAPÍTULO V
Demócrito de Abdera

Este talvez seja o lugar certo para dizer algo sobre as teorias epistemológicas e éticas de Demócrito de Abdera. Demócrito foi um discípulo de Leucipo e, junto ao seu mestre, pertence à escola atomista; mas seu interesse especial para nós está no fato de ter dado atenção ao problema do conhecimento levantado por Protágoras e ao problema da conduta que as doutrinas relativistas dos sofistas tornaram espinhoso. Jamais mencionado por Platão, Demócrito é mencionado com freqüência por Aristóteles. Era o chefe da escola de Abdera, e ainda estava vivo quando Platão fundou a Academia. Os relatos de suas viagens ao Egito e a Atenas não podem ser aceitos com certeza.[113] Escreveu copiosamente, mas seus escritos não foram preservados.

1. A explicação que Demócrito dava das sensações era de natureza mecânica. Empédocles falara dos "eflúvios" que vão dos objetos até os olhos, por exemplo. Os atomistas tomam esses eflúvios como átomos, imagens (δείκελα, εἴδωλα), que os objetos estão constantemente emitindo. Essas imagens entram nos órgãos dos sentidos, que são apenas passagens (πόροι), e se imprimem na alma, que é ela própria composta de átomos. As imagens, ao atravessarem o ar, estão sujeitas a serem distorcidas pelo ar; e essa é a razão por que os objetos situados muito longe não podem ser vistos de modo algum. As diferenças entre as cores eram explicadas por diferenças de suavidade ou rugosidade nas imagens, e para a audição era dada explicação similar, com a corrente de átomos a fluir do corpo ruidoso e a causar movimento no ar entre o corpo e o ouvido. O gosto, o cheiro e o tato eram explicados do mesmo modo. (As qualidades secundárias não seriam, pois, objetivas). Também obtemos conhecimento dos deuses por meio desses εἴδωλα; mas os deuses denotam para Demócrito seres mais elevados que não são imortais, mas vivem mais do que os homens. São δύσφθαρτα, mas não ἄφθαρτα. Em sentido estrito, o sistema atomista não admitiria, claro, Deus, mas somente átomos e vácuo.[114]

Ora, Protágoras, o Sofista, um compatriota de Demócrito, declarou que todas as sensações são igualmente verdadeiras para o sujeito senciente; logo, um objeto pode ser verdadeiramente doce para x, verdadeiramente amargo para y. Demócrito, contudo, declarou que todas as sensações dos órgãos dos sentidos são falsas, pois não existe nenhum correspondente real delas fora do sujeito. "Νόμῳ é doce, νόμῳ é amargo; νόμῳ faz calor e νόμῳ faz frio; νόμῳ há cor.

---
[113] Dióg. Laér., 9, 34 ss. Cf. Burnet, E.G.P., I, p. 195.
[114] De acordo com Dióg. Laér. (9, 35), nisso citando Favorinus, Demócrito ridicularizou as declarações de Anaxágoras a respeito da Mente.

Mas ἐτεῇ só há átomos e o vazio".¹¹⁵ Em outras palavras, nossas sensações são puramente subjetivas, embora sejam causadas por algo externo e objetivo — a saber, os átomos —, que, contudo, não pode ser apreendido pelos sentidos. "Por meio dos sentidos não podemos na verdade saber nada ao certo, mas apenas algo que muda conforme a disposição do corpo e das coisas que entram nele ou resistem a ele".¹¹⁶ Logo, os sentidos não nos propiciam informação alguma sobre a realidade. Pelo menos as qualidades secundárias, senão também as primárias, não são objetivas. "Existem dois modos de conhecimento (γνώμη), o legítimo (γνησίη) e o bastardo (σκοτίη). Ao bastardo cabem: a visão, a audição, o olfato, o paladar, o tato. O legítimo se aparta de tudo isso".¹¹⁷ Contudo, como a alma é composta de átomos, e como todo conhecimento é causado pelo contato imediato dos átomos circundantes com o sujeito, é evidente que o conhecimento "legítimo" está em pé de igualdade com o "bastardo", no sentido de não haver separação absoluta entre sensação e pensamento. Demócrito percebeu isso; comenta ele: "Pobre mente, foi de nós" (isto é, dos sentidos) "que tiraste as provas com que nos arremessais fora. Teu arremesso é uma queda".¹¹⁸

2. A teoria do comportamento humano de Demócrito, tanto quanto podemos julgá-la a partir dos fragmentos, não exibe relação científica com o seu atomismo. Ela é presidida pela idéia de felicidade ou εὐδαιμονίη, que consiste em εὐθυμίη ou εὐεστώ. Demócrito escreveu um tratado sobre a alegria (Περὶ εὐθυμίης), o qual foi utilizado por Sêneca e Plutarco. Considera que a felicidade é o objetivo da conduta humana e que o prazer e a dor determinam a felicidade; mas "a felicidade não habita nem nos rebanhos nem no ouro; a alma é o lar do 'daimon'".¹¹⁹ "A melhor coisa para o homem é passar a vida de modo que tenha tanto mais gozo e tanto menos problema quanto possível".¹²⁰ Contudo, do mesmo modo que o conhecimento pelos sentidos não é verdadeiro conhecimento, assim também os prazeres dos sentidos não são verdadeiros prazeres. "O bom e o verdadeiro são os mesmos para todos os homens, mas o prazeroso é diferente para diferentes pessoas".¹²¹ Temos de nos esforçar em busca do bem-estar (εὐεστώ) ou alegria (εὐθυμίη), que é um estado da alma, cuja obtenção requer que se sopese, julgue e distinga os vários prazeres. Devemos nos guiar pelo princípio de "simetria" ou "harmonia". Pelo emprego desse princípio podemos alcançar o sossego do corpo, a saúde, e o sossego da alma, a alegria. Essa calma ou tranqüilidade há de ser encontrada principalmente nos bens da alma. "Aquele que escolhe os bens da alma, escolhe o mais divino; aquele que escolhe os bens de sua morada (σκῆνος), escolhe o humano".¹²²

---
115 Frag. 9.
116 Frag. 9.
117 Frag. 11.
118 Frag. 125.
119 Frag. 171. (Quase equivalente a "fortuna").
120 Frag. 189.
121 Frag. 69.
122 Frag. 37.

3. Demócrito parece ter exercido influência sobre escritores posteriores através de uma teoria da evolução da cultura.[123] A civilização surge da necessidade (χρέια) e da busca do que é útil (σύμερον), ao passo que o homem deve suas artes à imitação da natureza, aprendendo a fiar com a aranha, a construir casas com a andorinha, a cantar com os pássaros etc. Demócrito, nisso diferentemente de Epicuro, enfatizava a importância do Estado e da vida política, declarando que os homens deveriam considerar os assuntos de Estado mais importantes que tudo o mais e deveriam cuidar de que fossem bem administrados. Mas não parece ter se revelado um problema para Demócrito o fato de que suas idéias éticas postulavam a liberdade, ao passo que seu atomismo envolvia determinismo.

4. Fica claro pelo que foi dito que Demócrito, ao levar adiante as especulações cosmológicas dos filósofos mais antigos (em seu atomismo filosófico era um discípulo de Leucipo), não foi exatamente um homem do seu tempo — o período socrático. Contudo, suas teorias sobre a percepção e a conduta da vida são de maior interesse, na medida em que mostram no mínimo que Demócrito se deu conta de que era necessária alguma resposta para as dificuldades levantadas por Protágoras. Mas, embora tenha percebido que alguma resposta era necessária, mostrou-se incapaz de oferecer uma que fosse satisfatória. Para encontrarmos uma tentativa incomparavelmente mais adequada de lidar com problemas epistemológicos e éticos, temos de nos voltar para Platão.

---

[123] Frag. 154.

PARTE III
Platão

CAPÍTULO I
Vida de Platão

Platão, um dos maiores filósofos do mundo, nasceu em Atenas (ou na ilha de Egina) muito provavelmente no ano 428/427 a.C., filho de uma distinta família ateniense. Seu pai se chamava Aristão e sua mãe Perictione, irmã de Cármides e sobrinha de Crítias, ambos membros da Oligarquia de 404/3. Diz-se que seu nome de nascença era Arístocles, e que o nome de Platão só foi lhe dado depois em virtude de sua figura robusta,[1] embora se possa duvidar da veracidade do relato feito por Diógenes. Seus dois irmãos, Adimanto e Glauco, aparecem na *República*, e tinha uma irmã chamada Potone. Depois da morte de Aristão, Perictione se casou com Pirilampes, e o filho deles, Antifonte (meio-irmão de Platão), aparece no *Parmênides*. Não há dúvida de que Platão cresceu na casa do padrasto; mas, embora tivesse ascendência aristocrática e crescesse em um meio familiar aristocrático, deve-se lembrar que provavelmente fora educado segundo as tradições do regime de Péricles (este morreu em 429/428). Vários autores observaram que a indisposição que Platão depois teria para com a democracia dificilmente seria devida, pelo menos não exclusivamente, à sua educação, e foi antes provocada pela influência de Sócrates e mais ainda pelo tratamento que Sócrates recebeu nas mãos da democracia. Por outro lado, parece possível que a desconfiança de Platão em relação à democracia datasse de um período bem anterior ao da morte de Sócrates. Dificilmente deixou de impressionar Platão que a democracia falhasse em ter um líder verdadeiramente capaz e responsável durante a parte final da Guerra do Peloponeso (é bastante provável que ele tenha lutado nas Ilhas Arginusas, em 406), e que, não importava quais fossem os líderes, estes eram facilmente corrompidos pela necessidade de agradar o populacho. A derradeira abstenção de Platão em matéria de política local sem dúvida data do julgamento e condenação de Sócrates; mas dificilmente não terá sido elaborada durante os anos de eclipse do poder ateniense a sua convicção de que o Estado precisa de um piloto firme que o guie, e que este deve ser alguém que *saiba* qual rumo seguir e esteja preparado para agir conscienciosamente de acordo com esse saber.

Segundo Diógenes Laércio, Platão "se dedicou ao estudo da pintura e escreveu poemas, primeiro ditirambos, depois poemas líricos e tragédias".[2] O quanto disso é verdade, não sabemos; mas Platão viveu no período de esplendor da cultura ateniense e deve ter recebido uma educação culta. Aristóteles nos

---

[1] Dióg. Laér., 3, 4.
[2] Dióg. Laér., 3, 5.

informa que Platão conhecera em sua juventude Crátilo, o filósofo heraclíteo.³ Com ele Platão deve ter aprendido que o mundo da percepção sensível é um mundo de fluxo, e portanto não é elemento de conhecimento verdadeiro e certo. Que o conhecimento verdadeiro e certo é atingível no nível conceitual ele deve ter aprendido com Sócrates, com quem deve ter travado contato ainda em sua juventude. Com efeito, Diógenes Laércio afirmou que "Platão se tornou um discípulo de Sócrates" aos vinte anos de idade,⁴ mas, uma vez que Cármides, tio de Platão, conheceu Sócrates em 431,⁵ Platão deve tê-lo conhecido ainda antes dos vinte anos. De todo modo, não temos razão para supor que Platão se tornou um "discípulo" de Sócrates no sentido de se devotar inteira e expressamente à filosofia, uma vez que ele próprio nos conta que a princípio pretendia seguir uma carreira política — como era natural a um rapaz de uma família com os seus ascendentes.⁶ Os parentes seus que tomaram parte da Oligarquia de 404–403 o incitaram a entrar para a vida política sob seu patrocínio; mas, quando a Oligarquia começou a seguir uma política de violência e tentou implicar Sócrates em seus crimes, Platão se enojou deles. Contudo, os democratas não faziam melhor figura, já que foram eles que condenaram Sócrates à morte, e em conseqüência Platão abandonou a idéia de uma carreira política.

Platão estava presente no julgamento de Sócrates, e foi um dos amigos que insistiram com Sócrates para que elevasse sua multa de uma para trinta *minae*, oferecendo-se como fiador;⁷ mas estava ausente da cena de morte do amigo em razão de uma enfermidade.⁸ Após a morte de Sócrates, Platão se retirou para Mégara e se abrigou com o filósofo Euclides, mas é muito provável que tenha logo retornado a Atenas. Dizem seus biógrafos que viajou por Cirene, pela Itália e pelo Egito, mas é incerto o que há de verdade nisso. Por exemplo, o próprio Platão nada diz sobre alguma visita ao Egito. Pode ser que seu conhecimento da matemática egípcia, e até dos jogos das crianças egípcias, indique uma viagem até lá; por outro lado, a história sobre a viagem bem pode ter sido criada como mera conclusão a partir do que Platão disse sobre os egípcios. Algumas dessas histórias são em parte obviamente lendárias; veja-se que alguns o colocam em companhia de Eurípedes, embora o poeta tenha morrido em 406. Esse fato nos deixa céticos quanto aos relatos de viagens em geral; mas, seja como for, não podemos afirmar com certeza que Platão *não* visitou o Egito, e pode ser que tenha visitado. Se de fato foi até lá, pode ter sido por volta de 395, tendo retornado a Atenas no romper da Guerra de Corinto. O Prof. Ritter acha muito provável que Platão fizesse parte da força ateniense nos primeiros anos da guerra (395 e 394).

---

³ *Metaf.*, A 6, 987 a 32–35.
⁴ Dióg. Laér., 3, 6.
⁵ Pelo menos é isso que a referência à Potidéia (*Cármides*, 153) implica.
⁶ *Carta* 7, 324 b 8–326 b 4.
⁷ *Apologia*, 34 a 1, 38 b 6–9.
⁸ *Fédon*, 59 b 10.

O que é certo, contudo, é que Platão visitou a Itália e a Sicília quando tinha quarenta anos.[9] Possivelmente desejava encontrar e conversar com membros da escola pitagórica: de todo modo, travou contato com Arquitas, o erudito pitagórico. (De acordo com Diógenes Laércio, o objetivo de Platão ao fazer essa viagem era ver a Sicília e os vulcões). Platão foi convidado da corte de Dioniso I, tirano de Siracusa, onde ficou amigo de Díon, cunhado do tirano. Conta-se que a taciturnidade de Platão acendeu a raiva de Dioniso, que o colocou sob responsabilidade de Pollis, um emissário da Lacedemônia, para que fosse vendido como escravo. Pollis vendeu Platão em Egina (à época em guerra com Atenas), e Platão correu perigo de vida; mas afinal um homem de Cirene, um certo Aniceres, pagou por sua alforria e o mandou de volta para Atenas.[10] É difícil saber o que pensar dessa história, já que não é mencionada nas *Cartas* de Platão: se realmente aconteceu (Ritter a considera fidedigna), foi por volta de 388 a.C.

Quando de seu retorno a Atenas, Platão parece ter fundado a Academia (388/387) perto do santuário do herói Academo. A Academia pode com justiça ser chamada de a primeira universidade européia, pois lá os estudos não se limitavam à filosofia propriamente dita, mas se estendiam a uma ampla gama de ciências auxiliares, como matemática, astronomia e as ciências físicas, com os membros da escola a compartilhar o culto das Musas. Vinham para a Academia jovens não só de Atenas, mas também do estrangeiro; e serve de tributo à Academia e de prova de que não era simplesmente uma "sociedade filosófica de mistérios" o fato de que o celebrado matemático Eudoxo mudou-se para a Academia levando consigo sua escola antes situada em Cízico. É também igualmente conveniente dar ênfase ao seu espírito científico, pois, embora seja de fato verdade que Platão objetivasse formar estadistas e governantes, o seu método não consistia em simplesmente ensinar o que fosse de aplicação prática imediata, a exemplo da retórica (como fez Isócrates em sua escola), mas em promover a busca desinteressada da ciência. O programa de estudos culminava na filosofia, mas incluía como disciplinas preliminares a matemática e a astronomia, e sem dúvida também a harmonia, com um espírito desinteressado e não puramente utilitário. Platão estava convencido de que o melhor treino para a vida pública não é um treino "sofístico" meramente prático, mas, sim, a busca da ciência em si mesma. A matemática, fora sua importância, é claro, para a filosofia das idéias de Platão, oferecia um campo óbvio para o estudo desinteressado, e já havia alcançado um alto nível de desenvolvimento entre os gregos. (Os estudos parecem ter também incluído pesquisas biológicas, isto é, botânicas, conduzidas em conexão com problemas de classificação lógica). O político assim formado não será um oportunista que apenas bate seu ponto, antes irá agir corajosa e intrepidamente segundo convicções fundadas em verdades eternas e imutáveis. Em outras palavras, Platão objetivava criar estadistas, e não demagogos.

---

[9] *Carta 7*, 324 a 5-6.
[10] Dióg. Laér., 3, 19-20.

Além de dirigir os estudos na Academia, o próprio Platão dava aulas e seus ouvintes tomavam notas. É importante observar que essas aulas não eram publicadas, e que exibem um contraste com os diálogos, obras publicadas com a finalidade de serem leituras "populares". Ao percebermos isso, então algumas das diferenças mais pronunciadas que naturalmente tendemos a discernir entre Platão e Aristóteles (que entrou na Academia em 367) desaparecem, pelo menos em parte. Possuímos as obras populares de Platão, os seus diálogos, mas não as suas aulas. A situação é o exato oposto da de Aristóteles, pois, enquanto as obras de Aristóteles que temos em mãos representam suas aulas, as suas obras populares ou diálogos não chegaram até nós — restaram apenas fragmentos. Portanto, não podemos, por meio da comparação dos diálogos de Platão com as aulas de Aristóteles, tirar conclusões, sem maiores provas, acerca de alguma forte oposição entre os dois filósofos no que diz respeito à habilidade literária, por exemplo, ou ao aspecto emocional, estético ou "místico". Temos o relato de que Aristóteles costumava contar como aqueles que vinham ouvir as aulas de Platão sobre o bem com freqüência eram surpreendidos por ouvir nada além de aritmética e astronomia, e ainda sobre o limite e o Um. Na *Carta 7*, Platão repudia os relatos que alguns haviam publicado sobre a aula em questão. Na mesma carta diz:

> Assim, não há, nem jamais haverá, nenhum tratado meu sobre essas coisas, pois o assunto não é comunicável em palavras, como são outras ciências. Antes se dá que após um longo convívio com a questão em si mesma e uma vida compartilhada se acende uma luz na alma, como se acesa por uma labareda palpitante, e que doravante se alimenta a si mesma.

E ainda, na *Carta 2*: "Portanto, jamais escrevi uma palavra sequer sobre esses assuntos, e não há nem jamais haverá nenhum tratado escrito de Platão; o que ora ostenta seu nome pertence a Sócrates, só que embelezado e rejuvenescido".[11] Com base nessas passagens, alguns tiram a conclusão de que Platão não tinha em grande estima o valor dos livros quanto a propósitos realmente educativos. Pode ser que seja verdade, mas não devemos dar uma ênfase indevida a esse quesito, pois Platão, afinal de contas, *publicou* livros — e também devemos lembrar que as passagens citadas talvez nem sejam de Platão. Ainda assim, devemos conceder que a teoria das idéias, na forma precisa como era ensinada na Academia, não foi comunicada ao público sob forma escrita.

A reputação de Platão como professor e conselheiro de estadistas deve ter contribuído para que fizesse sua segunda viagem a Siracusa em 367. Nesse ano Dioniso I morreu, e Díon convidou Platão a que fosse a Siracusa dirigir a educação de Dioniso II, à época com cerca de 30 anos. Platão assim fez, e conduziu o tirano a um curso de geometria. Não demorou, contudo, para que o ciúme que Dioniso tinha de Díon se avultasse, e, depois que este deixou Siracusa, o filósofo

---

[11] *Carta 7*, 341 c 4–d 2; *Carta 2*, 314 c 1–4.

tratou, após alguma dificuldade, de voltar para Atenas, de onde continuou a instruir Dioniso via correspondência. Não conseguiu operar a conciliação entre o tirano e seu tio, o qual foi morar em Atenas, onde se ligou a Platão. Em 361, contudo, este fez uma terceira viagem a Siracusa em atendimento ao pedido diligente de Dioniso, que queria continuar seus estudos filosóficos. Ao que parece, Platão esperava esboçar a constituição de uma sugerida confederação das cidades gregas contra a ameaça cartaginesa, mas a oposição se mostrou demasiado forte: além disso, viu-se incapaz de assegurar o retorno de Díon, cuja fortuna havia sido confiscada pelo seu sobrinho. Em 360, portanto, Platão retornou a Atenas, onde continuou suas atividades na Academia até sua morte no ano 348/7.[12] (Em 357 Díon conseguiu se tornar senhor de Siracusa, mas foi assassinado em 353, para grande tristeza de Platão, que sentiu ter fracassado em seu sonho de um filósofo-rei).

---

[12] *Uno et octogesimo anno scribens est mortuus*. Cícero, *De Senect.*, 5, 13.

CAPÍTULO II
Obras de Platão

1. Autenticidade

De modo geral, pode-se dizer que possuímos o *corpus* completo das obras de Platão. Como observa o Prof. Taylor: "Em parte alguma da Antigüidade tardia encontramos referência a alguma obra de Platão que não possuíssemos ainda".[13] Podemos supor, portanto, que possuímos todos os diálogos publicados de Platão. Não possuímos, contudo, como já foi observado, um registro das aulas que ele dava na Academia (embora tenhamos em Aristóteles referências mais ou menos crípticas a elas), e isso será ainda mais lamentável se estiverem corretos os que vêem nos diálogos uma obra popular destinada ao leigo educado, a ser distinguida das aulas dadas a estudantes profissionais de filosofia. (Já se conjeturou que Platão ensinava sem auxílio de manuscrito. Seja isso verdade ou não, nós não tivemos acesso ao manuscrito de aula alguma de Platão. Seja como for, não temos o direito de estabelecer uma distinção demasiado acentuada entre as doutrinas dos diálogos e a doutrina comunicada nos recintos da Academia. Afinal de contas, nem todos os diálogos podem ser chamados de obras "populares", e alguns deles em particular mostram sinais evidentes de que Platão ali estava se esforçando para clarificar suas opiniões). Mas dizer que muito provavelmente possuímos todos os diálogos de Platão não é o mesmo que dizer que todos os diálogos que chegaram até nós com seu nome realmente são dele: ainda resta separar o autêntico do espúrio. Os mais antigos manuscritos platônicos pertencem a uma ordenação feita por certo Trasilo, a ser datada aproximadamente do início da Era Cristã. Seja como for, essa ordenação, em "tetralogias", parece ter se baseado em uma ordenação em "trilogias" feita por Aristófanes de Bizâncio no século III a.C. É de se pensar, então, que os 36 diálogos (a tomar as cartas como um diálogo) eram em geral aceitos pelos estudiosos daquela época como obra de Platão. O problema pode então ser resumido em uma pergunta: "São todos os 36 diálogos autênticos, ou alguns deles são espúrios? E, se há espúrios, quais são?".

Foram lançadas dúvidas quanto a alguns diálogos ainda na Antigüidade. Assim, por meio de Ateneu (nascido por volta de 228 a.C.) sabemos que alguns atribuíam *Segundo Alcibíades* a Xenofonte. Não só isso, parece que Proclo rejeitou não só *Epínomis* e as *Cartas*, mas foi ainda longe a ponto de rejeitar *As leis* e *A república*. Fez-se grande progresso no reconhecimento de obras espúrias,

---
[13] *Plato*, n. 10.

como era de se esperar, no século XIX, especialmente na Alemanha, processo cuja culminação foi alcançada com Ueberweg e Schaarschmidt. "Caso se some os ataques da crítica antiga e moderna, dos 36 itens das tetralogias de Trasilo só cinco restarão livres de qualquer ataque".[14] Hoje em dia, contudo, a crítica vai numa direção mais conservadora, e existe uma concordância geral quanto à autenticidade de todos os diálogos importantes, bem como uma concordância geral quanto ao caráter espúrio dos diálogos menos importantes, ao passo que a autenticidade de uns poucos diálogos permanece matéria controversa. Os resultados da investigação crítica podem ser resumidos da seguinte forma:

(a) Diálogos em geral rejeitados: *Segundo Alcibíades, Hiparco, Amatores* ou *Amantes Rivais, Teages, Clitofon, Minos*. Desse grupo, todos, com exceção de *Segundo Alcibíades*, são provavelmente textos contemporâneos do século IV a.C., não contrafações deliberadas, mas obras mais mirradas de caráter similar ao dos diálogos platônicos; e podem ser tomados, com algum grau de justiça, como contribuição para o nosso conhecimento da concepção que se tinha de Sócrates no quarto século. *Segundo Alcibíades* é obra provavelmente posterior.

(b) A autenticidade dos seguintes seis diálogos é controversa: *Primeiro Alcibíades, Íon, Menexeno, Hípias Maior, Epínomis, Cartas*. O Prof. Taylor acha que *Primeiro Alcibíades* é obra de um discípulo imediato de Platão,[15] e o Dr. Praechter, de igual modo, acha que não se trata de obra autêntica do mestre.[16] Praechter considera *Íon* autêntico, e Taylor observa que "pode sensatamente passar por genuíno até que se encontre alguma boa razão para rejeitá-lo".[17] *Menexeno* é claramente tomado por Aristóteles como de origem platônica, e os críticos modernos estão inclinados a aceitar essa visão.[18] *Hípias Maior* deve com a maior probabilidade ser tomado como obra legítima de Platão, já que Aristóteles parece aludir a ela, porém sem a nomear, nos *Tópicos*.[19] Quanto a *Epínomis*, embora o Prof. Jaeger o atribua a Filipo de Opunte,[20] Praechter e Taylor o julgam autêntico. Das *Cartas*, as de número 6, 7 e 8 são em geral aceitas, e o Prof. Taylor crê que a aceitação dessas cartas leva logicamente à aceitação de todas as demais, com exceção da 1ª e possivelmente da 2ª. É verdade que não se irá querer renunciar às *Cartas*, já que nos dão informação valiosa sobre a biografia de Platão; mas devemos ter cuidado para que esse desejo tão natural não influencie indevidamente nossa aceitação das *Cartas* como genuínas.[21]

(c) A autenticidade dos diálogos restantes pode ser aceita; de maneira que o resultado parece ser que, dos 36 diálogos, 6 são geralmente rejeitados, outros 6

---

[14] Ueberweg-Prachter, p. 195. A inestimável obra do Dr. Ueberweg não representa, claro, a moda hipercrítica de sua própria época.
[15] *Plato*, p. 13.
[16] Ueberweg-Praechter, p. 199.
[17] *Plato*, p. 13.
[18] Arist., *Tópicos*, 1415 b 30.
[19] *Tópicos*, A 5, 102 a 6; E 5, 135 a 13; Z 6, 146 a 22.
[20] *Aristóteles*, e.g. p. 132. Cf. Dióg. Laér., 3, 37. Taylor (*Plato*, p. 497) acredita que Diógenes apenas quis dizer que Filipo transcreveu *Epínomis* de tábuas de cera.
[21] Ritter aceita as *Cartas* 3 e 8 e a narrativa principal da 7.

podem ser aceitos até que se prove serem inautênticos (com a provável exceção de *Primeiro Alcibíades* e certamente de *Segundo Alcibíades*), ao passo que 24 são sem dúvida obra genuína de Platão. Temos, portanto, um corpo literário muito considerável com base no qual elaborar nossa concepção do pensamento de Platão.

II. Cronologia das obras

1. Importância de determinar a cronologia das obras

É obviamente importante, no caso de qualquer pensador, perceber como o seu pensamento se desenvolveu, como mudou — se é que mudou —, que modificações foram feitas ao longo do tempo, que novas idéias foram introduzidas. O exemplo costumeiro a esse respeito é o da produção literária de Kant. Dificilmente nosso conhecimento de Kant seria adequado se pensássemos que suas *Críticas* vieram nos primeiros anos e que ele depois se converteu a uma posição "dogmática". Podemos também dar como exemplo o caso de Schelling. Schelling produziu várias filosofias ao longo de sua vida, e, para uma compreensão do seu pensamento, é altamente desejável que se saiba que ele começou tomando a posição de Fichte, e que seus vôos teosóficos pertencem aos seus últimos anos.

2. Método para determinar a cronologia das obras[22]

(a) O critério que se revelou de maior ajuda para determinar a cronologia das obras de Platão é a *linguagem*. O argumento baseado na linguagem é tanto mais seguro porque, ainda que diferenças de conteúdo possam ser atribuídas à seleção e propósito conscientes do autor, o desenvolvimento do estilo lingüístico é em grande medida inconsciente. Assim, Dittenberger rastreia até a primeira viagem siciliana de Platão o uso freqüente de τί μήν, e o uso cada vez maior de γε μήν e ἀλλα μήν como fórmulas de concordância. *As leis* certamente pertence à velhice de Platão,[23] enquanto a *República* pertence a período anterior. Ora, não só é visível que o poder dramático em *As leis* é de menor vigor, como também podemos discernir nele elementos de estilo lingüístico que Isócrates introduzira na prosa ática e que não aparecem na *República*. Sendo assim, temos aí um auxílio para determinar a ordem dos diálogos intervenientes, segundo o quanto se aproximam do estilo tardio de escrita.

Mas, embora o emprego do estilo lingüístico como critério para determinar a cronologia dos diálogos tenha se mostrado o método de maior ajuda, não se pode, é claro, negligenciar o uso de outros critérios, que com freqüência podem decidir a matéria em questão quando as indicações lingüísticas forem duvidosas ou até contraditórias.

(b) Um óbvio critério para estabelecer a ordem dos diálogos é fornecido pelo testemunho direto dos escritores antigos, embora aí não se possa contar com

---

[22] Cf. Ueberweg-Praechter, pp. 199–218.
[23] Arist., *Política*, B 6, 1264 b 27.

tanta ajuda quanto seria de se esperar. Assim, se a afirmação de Aristóteles de que *As leis* foi escrito depois da *República* é um dado valioso, o relato que nos é repassado por Diógenes Laércio no sentido de que *Fedro* é o mais antigo dos diálogos platônicos não pode ser aceito. O próprio Diógenes aprova o relato, mas é evidente que está argumentando com base no assunto tratado (o amor — na primeira parte do diálogo) e no estilo poético.[24] Não podemos, a partir do fato de que Platão trata do amor, passar à conclusão de que o diálogo foi escrito em sua juventude, ao passo que o uso do estilo poético e de mito não é em si mesmo conclusivo. Como observa Taylor, incorreríamos em profundo erro se com base nos vôos poéticos e "míticos" da segunda parte do *Fausto* concluíssemos que Goethe escreveu a segunda parte antes da primeira.[25] Exemplo similar poderia ser colhido no caso de Schelling, cujos vôos teosóficos, já mencionados, se dão em sua idade avançada.

(c) Quanto às referências contidas nos diálogos a pessoas e atos históricos, não são muitas, e de todo modo só nos provêem um *terminus post quem*. Por exemplo, caso haja uma referência à morte de Sócrates, como no *Fédon*, o diálogo deve claramente ter sido composto depois da morte de Sócrates, mas isso não nos diz *quão depois*. Contudo, críticos conseguiram auferir alguma ajuda desse critério. Por exemplo, sustentaram que *Ménon* foi provavelmente escrito quando o incidente da corrupção de Ismênia de Tebas ainda estava fresco na memória do povo.[26] Semelhantemente, se *Górgias* contém uma réplica a um discurso de Polícrates contra Sócrates (393/2), a escrita do diálogo terá se dado entre 393 e 389, isto é, antes da primeira viagem siciliana. Pode-se supor, com ingenuidade, que a idade atribuída a Sócrates nos diálogos é uma indicação da data de composição do próprio diálogo, mas tomar esse critério como regra geral é claramente ir longe demais. Por exemplo, um romancista poderia apresentar o seu detetive-herói como um homem adulto e um policial já experiente em seu primeiro romance, e só em um romance posterior mostrar o primeiro caso do herói. Além disso, embora se possa com justiça supor que diálogos que tratam do destino pessoal de Sócrates tenham sido compostos não muito após sua morte, claramente seria coisa nada científica pressupor que os diálogos que lidam com os últimos anos de Sócrates, e.g. *Fédon* e *Apologia*, tenham todos sido publicados na mesma época.

(d) As referências de um diálogo a outro obviamente se mostrariam úteis para a determinação da ordem dos diálogos, já que o diálogo que se refere a outro terá sido escrito depois daquele a que se refere; mas nem sempre é fácil decidir se a aparente referência a outro diálogo realmente é uma referência. Contudo, há alguns casos em que a referência é clara, a exemplo da referência

---

[24] Dióg. Laér., 3, 38.
[25] *Plato*, p. 18.
[26] *Ménon*, 90 a.

à *República* contida no *Timeu*.²⁷ De maneira análoga, *O político* é claramente uma continuação de *O sofista*, e portando deve ser composição posterior.²⁸

(e) Quanto a tomar o conteúdo do diálogo por critério, temos de exercer a maior prudência quanto a seu uso. Suponha-se, por exemplo, que determinada doutrina filosófica é identificada numa frase curta e sumária do diálogo x, enquanto no diálogo y ela é tratada com maior vagar. Um crítico poderá dizer: "Muito bem, no diálogo x é oferecido um esboço, e no diálogo y a questão é explicada longamente". Mas não poderia o curto resumo no diálogo x ter sido dado justamente porque a doutrina já tinha sido tratada em pormenor no diálogo y? Um crítico²⁹ defendeu que o exame negativo e crítico dos problemas precede a exposição positiva e construtiva. Caso se tomasse isso como critério, *Teeteto*, *O sofista*, *O político* e *Parmênides* deveriam preceder, em data de composição, ao *Fédon* e à *República*, mas as pesquisas demonstraram que não é o caso.

Contudo, dizer que o critério do assunto tratado deve ser empregado com prudência não é dizer que não seja de nenhuma valia. Por exemplo, a atitude de Platão em relação à doutrina das idéias sugere que *Teeteto*, *Parmênides*, *O sofista*, *O político*, *Filebo* e *Timeu* devem ser tomados como um mesmo grupo, ao passo que a relação de *Parmênides*, *O sofista* e *O político* com a dialética eleática sugere que esses diálogos possuem uma relação peculiar uns com os outros.

(f) Diferenças quanto à construção artística dos diálogos podem também ajudar a determinar a relação de uns com os outros no que diz respeito à sua ordem de composição. Assim, em certos casos a situação do diálogo, a caracterização das personagens que participam dele são trabalhadas com grande cuidado: há alusões humorísticas e divertidas, vívidos interlúdios, e assim por diante. A esse grupo de diálogos pertence *O banquete*. Em outros diálogos, contudo, o aspecto artístico recolhe-se ao fundo, e a intenção do autor está obviamente ocupada de todo com o conteúdo filosófico. Nos diálogos desse segundo grupo — ao qual pertenceriam *Timeu* e *As leis* —, a forma é mais ou menos negligenciada: o conteúdo é tudo. Uma conclusão provavelmente legítima é que os diálogos escritos com maior atenção à forma artística são anteriores aos outros, já que o vigor artístico se enfraquece na velhice de Platão, e sua atenção foi absorvida pela filosofia teórica. (Isso não quer dizer que o uso de *linguagem* poética se torna menos freqüente, mas que o poder do artifício consciente tende a diminuir com os anos).

3.

Os estudiosos divergem em suas estimativas dos resultados obtidos por meio de critérios como os supracitados; mas os seguintes esquemas cronológicos podem ser tomados, quanto ao essencial, como satisfatórios (embora dificilmente sejam

---
²⁷ 17 ss.
²⁸ *O político*, 284 b 7 ss., 286 b 10.
²⁹ K. Fr. Hermann.

aceitáveis para aqueles que pensam que Platão não escreveu quando dirigia a Academia em seus primeiros anos).

I. PERÍODO SOCRÁTICO

Nesse período Platão ainda é influenciado pelo determinismo intelectual socrático. A maior parte dos diálogos termina sem que se tenha alcançado qualquer resultado específico. Isso é característico do "não saber" de Sócrates.

I. *Apologia*. A defesa de Sócrates durante seu julgamento.

II. *Críton*. Sócrates é mostrado como um bom cidadão que, apesar de sua condenação injusta, está disposto a dar a vida em obediência às leis do Estado. A fuga é sugerida por Críton e outros, e dinheiro é providenciado; mas Sócrates declara que irá seguir seus princípios.

III. *Eutífron*. Sócrates aguarda o seu julgamento por impiedade. Sobre a natureza da piedade. A investigação termina sem conclusão.

IV. *Laques*. Sobre a coragem. Sem conclusão.

V. *Íon*. Contra os poetas e rapsodos.

VI. *Protágoras*. A virtude é conhecimento e pode ser ensinada.

VII. *Cármides*. Sobre a temperança. Sem conclusão.

VIII. *Lísis*. Sobre a amizade. Sem conclusão.

IX. *A República*. Livro I. Sobre a justiça.

(É óbvio que a *Apologia* e *Críton* devem ter sido escritos no período inicial. Os outros diálogos desse grupo provavelmente também foram compostos antes da primeira viagem siciliana, da qual Platão retornou em 388/7).

II. PERÍODO DE TRANSIÇÃO

Platão começa a encontrar o caminho de suas próprias opiniões.

X. *Górgias*. O político prático, ou os direitos do mais forte *versus* o filósofo, ou a justiça a todo custo.

XI. *Ménon*. A possibilidade de se ensinar a virtude, possibilidade essa corrigida em vista da teoria das idéias.

XII. *Eutidemo*. Contra as falácias lógicas dos sofistas mais recentes.

XIII. *Hípias Maior*. Sobre o belo.

XIV. *Hípias Menor*. É melhor agir mal voluntariamente ou involuntariamente?

XV. *Crátilo*. Sobre a teoria da linguagem.

XVI. *Menexeno*. Uma paródia da retórica.

(Os diálogos desse período provavelmente foram compostos antes da primeira viagem siciliana, embora Praechter ache que *Menexeno* data de depois da viagem).

III. PERÍODO DE MATURIDADE

Platão já de posse de suas próprias idéias.

xvii. *O Banquete*. Toda a beleza terrena não passa de uma sombra da verdadeira Beleza, à que a alma aspira através de Eros.

xviii. *Fédon*. Idéias e imortalidade.

xix. *A República*. O Estado. Grande ênfase no dualismo, isto é, dualismo metafísico.

xx. *Fedro*. A natureza do amor: possibilidade de uma retórica filosófica. Tripartição da alma, como na *República*.

(Esses diálogos foram provavelmente compostos entre a primeira e a segunda viagem sicilianas).

IV. OBRAS DA VELHICE

xxi. *Teeteto*. (Pode ser que sua parte final tenha sido composta *depois* de *Parmênides*). O conhecimento não é percepção sensível ou julgamento verdadeiro.

xxii. *Parmênides*. Defesa da teoria das idéias contra críticas.

xxiii. *O Sofista*. Mais uma abordagem da teoria das idéias.

xxiv. *O Político*. O verdadeiro governante é o *conhecedor*. O Estado legal é um paliativo.

xxv. *Filebo*. Relação entre o prazer e o bem.

xxvi. *Timeu*. Ciência natural. Aparece o demiurgo.

xxvii. *Crítias*. Estado agrário ideal contrastado ao poder marítimo imperialista, "Atlântida".

xxviii. *As Leis* e *Epínomis*. Platão faz concessões à vida real, alterando o utopismo da *República*.

(Desses diálogos, alguns podem ter sido escritos entre a segunda e terceira viagens sicilianas, mas *Timeu*, *Crítias*, *As Leis* e *Epínomis* foram provavelmente escritos depois da terceira viagem).

xxix. As *Cartas* 7 e 8 devem ter sido escritas depois da morte de Díon em 353.

NOTA

Platão nunca publicou um sistema filosófico completo, finalizado e perfeitamente apurado: o seu pensamento continuou a se desenvolver conforme ocorriam à sua mente novos problemas, outras dificuldades a serem consideradas, novos aspectos de sua doutrina a serem enfatizados ou desenvolvidos, certas modificações a serem feitas.[30] Seria assim desejável tratar o pensamento de Platão de maneira genética, lidando com os diferentes diálogos em sua ordem cronoló-

---

[30] Cf. as palavras do Dr. Praechter: *Platon ist ein Werdender gewesen sein Leben lang*. Ueberweg-Praechter, p. 260.

gica, tanto quanto esta possa ser estabelecida. Esse é o método adotado pelo Prof. A. E. Taylor em sua obra notável, *Plato, the Man and his Work*. Em um livro como este nosso, contudo, um tal procedimento dificilmente será factível, de modo que considerei necessário dividir o pensamento de Platão em vários compartimentos. Apesar disso, na tentativa de evitar, tanto quanto possível, o perigo de amontoar posições que nascem de diferentes períodos da vida de Platão, buscarei não perder de vista a gênese gradual das doutrinas platônicas. Seja como for, se meu tratamento da filosofia de Platão fizer o leitor voltar sua atenção para os diálogos de Platão diretamente, o autor se considerará amplamente recompensado por quaisquer dificuldades que tenha enfrentado.

CAPÍTULO III
Teoria do conhecimento

A teoria do conhecimento de Platão não pode ser encontrada expressa de modo sistemático e elaborada em toda sua amplitude em nenhum diálogo tomado individualmente. *Teeteto* é de fato dedicado à consideração de problemas do conhecimento, mas sua conclusão é negativa, uma vez que Platão está aí preocupado com refutar falsas teorias do conhecimento, especialmente a teoria de que o conhecimento é percepção sensível. Mais ainda, Platão já tinha, à época que veio a escrever *Teeteto*, criado sua teoria dos graus de "conhecimento", correspondentes à hierarquia do ser em *A república*. Podemos assim dizer que o tratamento positivo precedeu o tratamento negativo e crítico, ou que Platão, tendo se certificado acerca do que é o conhecimento, voltou-se depois para a consideração das dificuldades e da refutação sistemática de teorias que considerava serem falsas.[31] Em um livro como este, contudo, parece melhor primeiro tratar do aspecto negativo e crítico da epistemologia platônica, antes de passar a considerar a sua doutrina positiva. Conseqüentemente, propomo-nos a primeiro sumariar o argumento de *Teeteto* antes de passar ao exame da doutrina da *República* no que diz respeito ao conhecimento. Esse procedimento pareceria justificado pelas exigências do tratamento lógico, bem como pelo fato de que *A república* de forma alguma é primariamente uma obra epistemológica. A doutrina epistemológica positiva está certamente contida na *República*, mas alguns dos pressupostos *logicamente anteriores* da doutrina estão contidos em um diálogo posterior, o *Teeteto*.

A tarefa de resumir a epistemologia platônica e lhe dar uma forma sistemática se complica pelo fato de ser difícil separar a epistemologia de Platão da sua ontologia. Platão não foi um pensador crítico no sentido de Immanuel Kant, e, embora seja possível ler em seus pensamentos uma antecipação da filosofia crítica (pelo menos foi o que alguns escritores se esforçaram para fazer), ele está inclinado a assumir que podemos alcançar o conhecimento e a se interessar em primeiro lugar pela questão de qual é o verdadeiro objeto de conhecimento. Isso quer dizer que temas ontológicos e epistemológicos são com freqüência mesclados ou tratados *pari passu*, como na *República*. Faremos uma tentativa de separar a epistemologia da ontologia, mas ela não poderá ser de todo bem-sucedida, em razão do próprio caráter da epistemologia platônica.

---

[31] Não queremos com isso dizer que Platão não tinha formado convicção sobre o *status* da percepção sensível antes de ter escrito *Teeteto* (basta-nos ler *A República*, por exemplo, ou considerar a gênese e as implicações da teoria das idéias): referimo-nos, isto sim, à reflexão sistemática em escritos publicados.

1. Conhecimento não é percepção sensível

Sócrates, interessado como os sofistas na conduta prática, recusou-se a aquiescer à idéia de que a verdade é relativa, de que não existe nenhuma norma estável, nenhum objeto permanente de conhecimento. Ele estava convencido de que a conduta ética deve estar fundada no conhecimento, e de que o conhecimento deve ser conhecimento de valores eternos que não estão sujeitos às impressões inconstantes e mutáveis dos sentidos ou à opinião subjetiva, mas são os mesmos para todos os homens, para todos os povos e para todas as épocas. Platão herdou de seu mestre essa convicção de que pode haver conhecimento no sentido de conhecimento objetivo e universalmente válido; mas ele queria demonstrar esse fato teoricamente, e assim veio a se debruçar profundamente sobre os problemas do conhecimento, perguntando-se o que é o conhecimento e do que é conhecimento.

No *Teeteto*, o primeiro objetivo de Platão é a refutação de teorias falsas. Em conseqüência, lança-se à tarefa de desafiar a teoria de Protágoras de que o conhecimento é percepção, de que aquilo que parece verdadeiro ao indivíduo é verdadeiro para o indivíduo. O seu método está em extrair dialeticamente uma afirmação clara da teoria do conhecimento implicada pela ontologia heraclítea e pela epistemologia de Protágoras, exibir suas conseqüências e mostrar que a concepção de "conhecimento" assim alcançada não preenche de forma alguma os requisitos do verdadeiro conhecimento, uma vez que este deve ser, segundo supõe Platão, (1) infalível e (2) conhecimento do que é. A percepção sensível não é uma coisa nem outra.

O jovem estudante de matemática Teeteto trava um diálogo com Sócrates, e este último lhe pergunta o que pensa que seja o conhecimento. Teeteto responde mencionando a geometria, as ciências e ofícios, mas Sócrates observa que isso não responde à sua pergunta, pois perguntara não *do que* se tem conhecimento, mas o *que é* o conhecimento. Logo, a discussão se destina a ter caráter epistemológico, embora, como já foi observado, as considerações ontológicas não possam ser excluídas, em razão do próprio caráter da epistemologia platônica. Mais ainda, de qualquer modo é difícil perceber como questões ontológicas podem ser evitadas em uma discussão epistemológica, uma vez que não existe conhecimento *in vacuo*: o conhecimento, se é mesmo conhecimento, deve necessariamente ser conhecimento de alguma coisa, e pode ser que o conhecimento esteja necessariamente relacionado com algum tipo particular de objeto.

Teeteto, encorajado por Sócrates, faz outra tentativa de responder à questão proposta, e sugere que "o conhecimento não é senão percepção",[32] sem dúvida a pensar primariamente na visão, embora a percepção tenha em si mesma, é claro, conotação mais ampla. Sócrates se propõe a examinar essa idéia de conhecimento, e no curso da conversa extrai de Teeteto a admissão da visão de Protágoras de que a percepção significa aparência, e de que as aparências variam

---
[32] 151 c 2–3.

conforme os sujeitos. Ao mesmo tempo, consegue fazer Teeteto concordar que o conhecimento é sempre de algo que é, e que, sendo conhecimento, deve ser infalível.[33] Estabelecido isso, Sócrates em seguida tenta mostrar que os objetos da percepção estão sempre, como ensinou Heráclito, em estado de fluxo: nunca *são*, estão sempre *vindo a ser*. (Platão não aceita, é claro, a doutrina de Heráclito de que *tudo* é vir a ser, embora aceite a doutrina em relação aos objetos da percepção sensível, daí tirando a conclusão de que a percepção sensível não pode ser o mesmo que conhecimento). Uma vez que um objeto pode parecer branco para alguém num momento, depois parecer cinza, às vezes quente e às vezes frio etc., então "parecer para" deve significar "vir a ser para", de modo que a percepção é sempre daquilo que está em processo de vir a ser. A minha percepção é verdadeira para mim, e, se sei o que aparece para mim, como obviamente sei, então meu conhecimento é infalível. Assim, bem procedeu Teeteto ao dizer que percepção é conhecimento.

Após ter chegado a esse ponto, Sócrates se propõe a examinar a idéia mais de perto. Levanta a objeção de que, se o conhecimento é percepção, então nenhum homem pode ser mais sábio do que outro homem, pois eu sou o melhor juiz de minha própria percepção sensível. Qual, então, é a justificativa de Protágoras para se pôr a ensinar os outros e receber um bom pagamento para fazê-lo? E onde estará a nossa ignorância, que nos faz sentar aos seus pés? Pois cada um de nós não é a medida da sua própria sabedoria? Mais ainda, se o conhecimento e a percepção são a mesma coisa, se não existe diferença entre ver e saber, segue-se que um homem que veio a conhecer (ou seja, ver) uma coisa no passado e ainda se lembra dela não a conhece de fato — embora se recorde dela —, pois não a vê. Inversamente, dado que o homem possa se lembrar de algo que percebeu anteriormente e possa *conhecê-lo*, mesmo quando não mais o percebe, segue-se que o conhecimento e a percepção não podem ser igualados (mesmo no caso de a percepção ser um tipo de conhecimento).

Sócrates depois ataca a doutrina de Protágoras com um escopo mais amplo, compreendendo a frase "o homem é a medida de todas as coisas" não apenas em referência à percepção sensível, mas também em referência à verdade. Observa que a maior parte dos homens acredita em conhecimento e em ignorância, e acredita que eles ou outros podem sustentar que seja verdadeiro algo que, na verdade, não é. Em conseqüência, aquele que defender que a doutrina de Protágoras é falsa estará, de acordo com o próprio Protágoras, em posse da verdade (isto é, o homem que é a medida de todas as coisas é o homem individual).

Após essas críticas, Sócrates dá cabo das alegações de que a percepção é conhecimento mostrando (1) que a percepção não é todo o conhecimento e (2) que, mesmo em sua própria esfera, a percepção não é conhecimento.

(1) A percepção não corresponde a todo o conhecimento, pois uma grande parte do que é geralmente reconhecido como conhecimento consiste em verdades que envolvem termos que não são de forma alguma objetos de percepção.

---

[33] 152 c 5–7.

Há muitas coisas que sabemos sobre os objetos sensíveis que chegamos a saber por reflexão intelectual, e não imediatamente através da percepção. Platão dá como exemplos a existência e a não-existência.[34] Suponha que um homem veja uma miragem. Não é a percepção sensível imediata que pode informá-lo quanto à existência ou não-existência objetiva da miragem percebida: é só a reflexão racional que pode lhe dizer isso. De igual modo, as conclusões e argumentos da matemática não são apreendidos pelos sentidos. Pode-se acrescentar que nosso conhecimento do caráter de uma pessoa é algo mais do que pode ser explicado pela definição "conhecimento é percepção", pois nosso conhecimento do caráter de uma pessoa certamente não é dado pela pura sensação.

(2) A percepção sensível, mesmo em sua esfera própria, não é conhecimento. Não podemos dizer que realmente conhecemos algo se não tivermos alcançado a verdade a seu respeito, isto é, acerca de sua existência ou não-existência, sua semelhança ou disparidade frente outra coisa. Mas a verdade é dada na reflexão, no juízo, não na pura sensação. A sensação pura pode prover, por exemplo, uma superfície branca e uma segunda superfície branca, mas, para julgar a similaridade entre as duas, a atividade da mente é necessária. De maneira similar, as linhas de uma ferrovia *parecem* convergir: é na reflexão intelectual que sabemos que são realmente paralelas.

A percepção sensível não é, portanto, digna do nome de conhecimento. É preciso notar o quanto Platão é influenciado pela convicção de que os objetos dos sentidos não são objetos adequados de conhecimento nem podem sê-lo, uma vez que conhecimento é conhecimento do que é, do estável e permanente, ao passo que dos objetos dos sentidos não se pode dizer que *são* — pelo menos *qua* percebidos —, mas apenas que *vêm a ser*. Os objetos dos sentidos são objetos de apreensão de alguma espécie, claro, mas confundem a mente demais para serem tomados como objetos de verdadeiro conhecimento, o qual deve ser, conforme dito, (1) infalível e (2) conhecimento do que é.

(Vale notar que Platão, ao dispor a alegação de que a percepção perfaz todo o conhecimento, contrasta os objetos privados ou peculiares dos sentidos — por exemplo, a cor, que é objeto apenas da visão — com os "termos comuns que se aplicam a tudo" e que são os objetos da mente, não dos sentidos. Os "termos comuns" correspondem às formas ou idéias que são, ontologicamente, os objetos estáveis e permanentes, contrastados aos objetos particulares ou *sensibilia*).

II. Conhecimento não é simplesmente "juízo verdadeiro"

Teeteto percebe que não pode dizer que o juízo *tout simple* é conhecimento pela razão de que juízos falsos são possíveis. Sugere assim que o conhecimento é juízo verdadeiro, pelo menos como uma definição provisória, até que seu exame demonstre ser verdadeira ou falsa. (A essa altura ocorre uma digressão, na qual Sócrates tenta descobrir como os juízos falsos são possíveis e de que

---

[34] 185 c 4–e 2.

forma chegam a ser formulados. Não posso me deter demasiado nessa discussão, mas mencionarei uma ou duas sugestões feitas ao longo dela. Por exemplo, sugere-se que uma classe de juízos falsos surge da confusão entre dois objetos de diferentes tipos, um, um objeto da percepção sensível, o outro, uma imagem da memória. Um homem pode julgar — erroneamente — que vê um amigo seu a certa distância. Há alguém lá, mas não é o seu amigo. O homem tem na memória uma imagem do seu amigo, e algo na figura que vê o faz lembrar dessa imagem memorizada: julga então, falsamente, que é o seu amigo que está lá. Mas, é óbvio, nem todos os casos de juízo falso são exemplos da confusão entre imagem da memória com um objeto da percepção sensível presente: um erro de cálculo matemático dificilmente poderá ser reduzido a isso. Chega-se então ao famoso símile do "aviário", numa tentativa de mostrar como outros tipos de juízo falso podem surgir, mas se descobre ser insatisfatório; e Platão conclui que o problema do juízo falso não pode com vantagem ser tratado até que a natureza do conhecimento tenha sido determinada. A discussão do juízo falso foi retomada em O sofista).

Na discussão da sugestão de Teeteto de que o conhecimento é o juízo verdadeiro, observa-se que um juízo pode ser verdadeiro sem que o fato de sua verdade envolva qualquer conhecimento por parte do homem que faz o juízo. Pode-se apreender com facilidade a relevância dessa observação. Se agora mesmo eu fizesse o juízo de que "O Sr. Churchill está falando ao telefone com o Presidente Truman", ele *poderia* ser verdadeiro; mas não envolveria nenhum conhecimento de minha parte. No que diz respeito a mim seria uma conjetura ou um palpite aleatório, mesmo que o juízo fosse objetivamente verdadeiro. De modo similar, um homem poderia ser julgado por uma acusação da qual ele não fosse realmente culpado, embora as provas circunstanciais fossem muito fortes contra ele e ele não pudesse provar sua inocência. Ora, se um advogado habilidoso fosse capaz durante a defesa do homem, suponhamos, de manipular as provas ou jogar com os sentimentos do júri de tal modo que dessem o veredito de "inocente", o juízo deles seria de fato verdadeiro; mas dificilmente se poderá dizer que eles *soubessem* da inocência do prisioneiro, já que *ex hypothesi* as provas estão contra ele. O veredito deles seria um juízo verdadeiro, porém baseado na persuasão e não no conhecimento. Segue-se, assim, que o conhecimento não é simplesmente juízo verdadeiro, e Teeteto é convidado a dar outra sugestão de definição correta do conhecimento.

III. Conhecimento não é juízo verdadeiro a que se soma uma "razão"

O juízo verdadeiro, como vimos, pode significar não mais que crença verdadeira, e a crença verdadeira não é o mesmo que conhecimento. Teeteto então sugere a adição de uma "razão" ou explicação (λόγος) que converteria a crença verdadeira em conhecimento. Sócrates começa por observar que, se dar uma razão ou explicação significa a enumeração de suas partes, então estas partes devem ser conhecidas ou cognoscíveis: do contrário se seguiria a conclusão absurda de que o conhecimento significa adicionar à crença verdadeira a redução do complexo a partes desconhecidas ou incognoscíveis. Mas o que significa dar uma razão?

1. Não pode significar apenas que um juízo correto, no sentido de crença verdadeira, seja expresso em palavras, pois, se significar isso, não haverá diferença entre crença verdadeira e conhecimento. E já vimos que existe uma diferença entre fazer um juízo que calha de ser correto e fazer um juízo que se *sabe* ser correto.

2. Se "dar uma razão" significa análise de partes elementares (isto é, partes cognoscíveis), será suficiente a adição de uma razão nesse sentido para transformar uma crença verdadeira em conhecimento? Não, o mero processo de análise de partes não converte uma crença verdadeira em conhecimento, pois assim um homem que enumerasse as partes que compõem uma carroça (rodas, eixo etc.) teria um conhecimento científico dela, e um homem que pudesse lhe dizer quais letras do alfabeto compõem determinada palavra teria o conhecimento científico de um gramático a respeito dessa palavra. (N.B. Temos de nos dar conta de que Platão está falando da simples enumeração de partes. Por exemplo, um homem que pudesse recontar os vários passos que levaram a uma conclusão em geometria, simplesmente porque os viu num livro e os decorou, sem ter de fato percebido a necessidade das premissas e a seqüência lógica e necessária da dedução, seria capaz de enumerar as "partes" do teorema; mas não teria o conhecimento científico de um matemático).

3. Sócrates sugere uma terceira interpretação da "razão adicional". Talvez signifique "ser capaz de nomear algum traço pelo qual a coisa acerca da qual se é perguntado difere de tudo mais".[35] Se isso estiver correto, conhecer algo significa a habilidade de elencar a característica distintiva da coisa. Mas também essa interpretação é deixada de lado, considerada inadequada como definição de conhecimento.

(a) Sócrates observa que, se o conhecimento de uma coisa significa a adição de sua característica distintiva a uma noção correta dela, incorremos assim em um absurdo. Suponha-se que tenho uma noção correta de Teeteto. Para converter essa noção correta em conhecimento tenho de acrescentar alguma característica distintiva. Mas, a menos que essa característica distintiva *já* estivesse contida em minha noção correta, como esta poderia ser *correta*? Não se pode dizer que tenho uma noção correta de Teeteto a menos que essa noção inclua as características distintivas de Teeteto: se estas não estiverem incluídas, então minha "noção correta" de Teeteto poderia se aplicar de igual modo a todos os outros homens; caso esse no qual *não* seria uma noção correta de Teeteto.

(b) Se, por outro lado, a minha "noção correta" de Teeteto incluir suas características distintivas, então também seria absurdo dizer que converto essa noção correta em conhecimento ao lhe acrescentar as *differentia*, já que isso seria o mesmo que dizer que converto minha noção correta de Teeteto em co-

---

[35] 208 c 7–8.

nhecimento ao acrescentar a Teeteto, já apreendido em distinção dos demais, o que o distingue dos outros.

N.B. Deve-se notar que Platão não está falando de diferenças *específicas*, está falando de objetos individuais, sensíveis, como é claramente mostrado pelos exemplos que escolhe — o sol e um homem em particular, Teeteto.[36] A conclusão a ser tirada não é a de que nenhum conhecimento é alcançado por meio da definição em termos de uma diferença, e sim que o objeto individual, sensível, é indefinível e em hipótese alguma é realmente o objeto adequado do conhecimento. Essa é a verdadeira conclusão do diálogo, a saber, que o verdadeiro conhecimento dos objetos sensíveis é inalcançável, e que — por implicação — o verdadeiro conhecimento deve ser conhecimento do que é universal e permanente.

IV. Conhecimento verdadeiro

1. Desde o início Platão supõe que o conhecimento pode ser atingido, e que o conhecimento deve ser (1) infalível e (2) conhecimento do *real*. O verdadeiro conhecimento deve possuir ambas as características, e qualquer estado mental que não justifique sua pretensão a ambas as características não pode ser conhecimento verdadeiro. No *Teeteto* ele mostra que nem a percepção sensível nem a crença verdadeira possuem ambos esses traços; nenhuma das duas, portanto, pode ser igualada ao conhecimento verdadeiro. Platão acolhe de Protágoras a crença na relatividade dos sentidos e da percepção sensível, mas não acolherá um relativismo universal: ao contrário, o conhecimento, o conhecimento absoluto e infalível, é atingível, mas não pode ser o mesmo que a percepção sensível, que é relativa, enganosa e sujeita a todos os tipos de influências transitórias tanto da parte do sujeito como do objeto. Platão também aceita de Heráclito a visão de que os objetos da percepção sensível, os objetos individuais e sensíveis, estão sempre em estado de vir a ser, de fluxo, e por isso não lhes cabe ser objetos de conhecimento verdadeiro. Eles vêm a ser e se vão, são de número indefinido, não podem ser claramente apreendidos numa definição e não podem se tornar objetos de conhecimento científico. Mas disso Platão não tira a conclusão de que não existem objetos apropriados a um conhecimento verdadeiro, mas apenas a de que os elementos particulares sensíveis não podem ser os objetos que se está buscando. O objeto do conhecimento verdadeiro deve ser estável e permanente, fixo, capaz de ser apreendido por uma definição clara e científica, que é a definição do *universal*, como crê Sócrates. A consideração dos diferentes estados mentais está assim indissoluvelmente ligada à consideração dos diferentes objetos desses estados.

Se examinarmos aqueles juízos com os quais pensamos alcançar conhecimento do essencialmente estável e duradouro, descobrimos que são juízos concernentes aos *universais*. Se, por exemplo, examinarmos o juízo "a Constituição Ateniense é boa", descobriremos que o elemento essencialmente estável

---
[36] 208 c 7-e 4.

nesse juízo é o conceito de bondade. Afinal, a Constituição Ateniense poderia ser alterada de modo que não mais a qualificaríamos de boa, mas de ruim. Isso implica que o conceito de bondade permanece o mesmo, pois, se designamos a constituição alterada como "ruim", isso só pode ser assim porque a julgamos tendo por referência um conceito fixo de bondade. Mais ainda, caso se objete que, embora a Constituição Ateniense possa mudar enquanto um fato empírico e histórico, ainda podemos dizer que "a Constituição Ateniense é boa" se com isso quisermos nos referir àquela forma particular da constituição que um dia chamamos de boa (ainda que desde então possa ter sido factualmente alterada), então em resposta podemos observar que nesse caso nosso pensamento tem por referência não tanto a Constituição Ateniense como um determinado fato empírico, mas como certo *tipo* de constituição. Que esse tipo de constituição calhe de num dado momento histórico ser corporificado pela Constituição Ateniense é coisa mais ou menos irrelevante: o que realmente queremos dizer é que esse tipo universal de constituição (encontre-se ele em Atenas ou em qualquer outro lugar) carrega consigo a qualidade universal do bem. Nosso juízo, na medida em que alcança o permanente e estável, realmente diz respeito ao universal.

De modo análogo, o conhecimento científico, tal como Sócrates o vê (predominantemente relacionado com valores éticos), ambiciona à definição, ao conhecimento cristalizado e fixo numa definição clara e unívoca. Um conhecimento científico do bem, por exemplo, deve se encerrar na definição "o bem é...", por meio da qual a mente expressa a essência do bem. Mas a definição diz respeito ao universal. Daí que o verdadeiro conhecimento seja conhecimento do universal. As constituições particulares mudam, mas o conceito de bem permanece o mesmo, e é em referência a esse conceito estável que julgamos as constituições particulares no concernente ao bem. Segue-se assim que é esse universal que preenche os requisitos de um objeto de conhecimento. O conhecimento do mais elevado universal será o tipo mais elevado de conhecimento, ao passo que o "conhecimento" do particular será o tipo mais baixo de "conhecimento".

Mas essa visão não implicará um abismo infranqueável entre o conhecimento verdadeiro, de um lado, e o mundo "real", do outro — um mundo que consiste em elementos particulares? E, se o conhecimento verdadeiro é conhecimento dos universais, não se segue que o conhecimento verdadeiro é conhecimento do abstrato e "irreal"? Quanto a esta segunda questão, eu observaria que a essência da doutrina platônica das formas ou idéias é simplesmente esta: que o conceito universal não é uma forma abstrata desprovida de conteúdo ou referência objetiva, mas que a cada verdadeiro conceito universal corresponde uma realidade objetiva. Até que ponto a crítica de Aristóteles a Platão (segundo a qual este último hipostasiava a realidade objetiva dos conceitos, imaginando um mundo transcendente de universais "separados") se justifica é, em si mesma, matéria de discussão: justificada ou injustificada, permanece verdade que a essência da teoria platônica das idéias não deve ser buscada na noção de existência "separada" das realidades universais, mas na crença de que conceitos universais têm uma referência objetiva, e de que a realidade correspondente é de uma ordem mais alta do que a percepção sensível enquanto tal. Quanto à primeira questão (a do abismo entre o conhecimento verdadeiro e o mundo "real"), devemos admitir, foi uma das dificuldades permanentes de Platão determinar a relação precisa entre o particular e o universal; mas devemos retornar a essa questão ao tratar da teoria das idéias a partir de um ponto de vista ontológico: por ora podemos contorná-la.

2. A doutrina positiva do conhecimento de Platão, na qual os graus ou níveis de conhecimento são distinguidos segundo os objetos, é estabelecida na famosa passagem da *República* que nos dá o símile da linha.[37] Dou aqui o diagrama esquemático usual, que me esforçarei para explicar. Deve-se admitir que há vários pontos importantes que permanecem muito obscuros, mas sem dúvida Platão tateava pelo caminho que tinha por verdade; e, até onde sabemos, ele nunca esclareceu seu sentido preciso em termos inequívocos. Não podemos, portanto, deixar completamente de conjeturar.

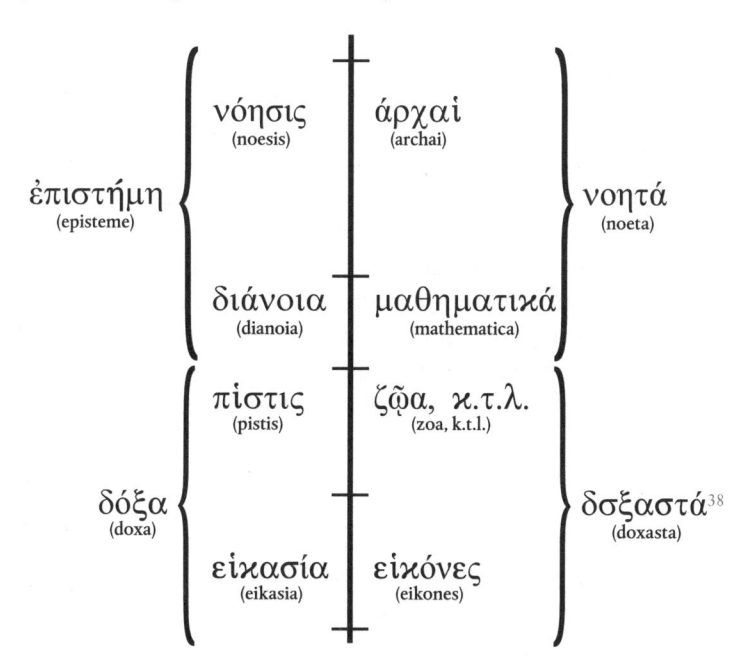

ἐπιστήμη (episteme) { νόησις (noesis) | ἀρχαί (archai) } νοητά (noeta)
{ διάνοια (dianoia) | μαθηματικά (mathematica) }

δόξα (doxa) { πίστις (pistis) | ζῷα, κ.τ.λ. (zoa, k.t.l.) } δοξαστά[38] (doxasta)
{ εἰκασία (eikasia) | εἰκόνες (eikones) }

O desenvolvimento da mente humana em seu trajeto da ignorância ao conhecimento se dá em dois campos principais, o da δόξα (opinião) e o da ἐπιστήμη (conhecimento). Só este último pode ser adequadamente chamado de conhecimento. Como se diferenciam essas duas funções da mente? Parece claro que a diferenciação se baseia numa diferenciação de objetos. Diz-se que a δόξα (opinião) está preocupada com "imagens", ao passo que a ἐπιστήμη, pelo menos

---
[37] *Rep.*, 509 d 6–511 e 5.
[38] No lado esquerdo da linha, os estados da mente; no lado direito, os objetos correspondentes. Em ambos os casos, o "mais alto" está no topo. A íntima conexão entre a espistemologia e a ontologia platônicas fica assim evidente.

na forma de νόησις, está preocupada com os elementos originais ou arquétipos, ἀρχαί. Caso se pergunte a um homem o que é a justiça, e ele aponte para expressões imperfeitas da justiça, exemplos particulares que ficam aquém do ideal universal, a exemplo da ação de um homem específico, de uma constituição em particular ou conjunto de leis, sem o mais vago indício de que existe um princípio absoluto da justiça, uma norma ou padrão, então o estado mental desse homem é de δόξα: ele vê as imagens ou cópias e as confunde com os originais. Mas se o homem tem uma apreensão da justiça em si mesma, se é capaz de se erguer acima das imagens e ir até a forma, a idéia, o universal, pelo qual todos os exemplos particulares devem ser julgados, então o seu estado mental é de conhecimento, de ἐπιστήμη ou γνώσις. Mais ainda, é possível progredir de um estado mental até outro, ser "convertido", digamos assim; e, quando o homem acaba por se dar conta de que aquilo que antes tomava como originais são na realidade apenas imagens ou cópias, isto é, corporificações imperfeitas do ideal, realizações imperfeitas da norma ou padrão, quando acaba por apreender de algum modo o próprio ideal, então esse estado mental não é mais de δόξα, ele se converteu em ἐπιστήμη.

A linha, contudo, não é simplesmente dividida em duas seções; cada seção é subdividida. Assim, há dois graus de ἐπιστήμη e dois graus de δόξα. Como são interpretados? Platão nos diz que o grau mais baixo, o de εἰκασία, tem como seu objeto, em primeiro lugar, "imagens" ou "sombras", e em segundo lugar "reflexos na água e em substâncias sólidas, lisas, brilhantes, e em tudo o mais do tipo".[39] Isso certamente soa um tanto exótico, pelo menos no caso de se pensar que Platão queira dizer que qualquer homem confunde o original com sua sombra e seus reflexos na água. Mas se pode com justiça ampliar o pensamento de Platão de modo que abarque imagens gerais de imagens, imitações de segunda mão. Assim, dissemos que um homem cuja única idéia de justiça é a justiça corporificada e imperfeita da Constituição Ateniense ou de algum indivíduo em particular está, em geral, em estado de δόξα. Se, contudo, entra em cena um retórico, e se com palavras e raciocínios especiosos o persuade de que aquelas coisas são justas e corretas, as quais na realidade não o são mesmo segundo a justiça empírica da Constituição Ateniense e suas leis, então esse estado mental é o da εἰκασία. O que ele toma por justiça não é mais que uma sombra ou caricatura do que é em si mesmo só uma imagem, se comparada à forma universal. Por outro lado, o estado mental do homem que toma por justiça a justiça da lei ateniense ou a justiça de um homem justo em particular é de πίστις.

Platão nos diz que os objetos da seção πίστις são os objetos reais correspondentes às imagens da seção εἰκασία da linha, e menciona "os animais ao nosso redor, e todo o mundo da natureza e da arte".[40] Isso quer dizer, por exemplo, que o homem cuja única idéia de cavalo é a de cavalos reais específicos, e que não percebe que os cavalos específicos são "imitações" imperfeitas do cavalo

[39] *Rep.*, 509 e 1–510 a 3.
[40] *Rep.*, 510 a 5-6.

ideal, isto é, do tipo específico, do universal, está em estado de πίστις. Não tem conhecimento do cavalo, mas apenas opinião. (Spinoza poderia dizer que ele está em estado de *imaginação*, de conhecimento inadequado). De modo similar, o homem que julga que a natureza externa é a verdadeira realidade, e que não vê que esta é uma cópia mais ou menos "irreal" do mundo invisível (isto é, que não percebe que os objetos sensíveis são realizações imperfeitas do tipo específico), tem apenas πίστις. Ele não está tão desastrosamente deslocado quanto o sonhador que pensa que as imagens que vê são o mundo real (εἰκασία), mas não alcançou a ἐπιστήμη: falta-lhe o conhecimento científico real.

A menção à arte na citação acima nos ajuda a entender o assunto com um pouco mais de clareza. No livro décimo da *República*, Platão diz que os artistas estão em terceiro lugar quanto à distância em relação à verdade. Por exemplo, há a forma específica de homem, o tipo ideal que todos os indivíduos da espécie se esforçam para realizar, e existem os homens particulares que são cópias ou imitações ou realizações imperfeitas de tipos específicos. Vem o artista e pinta um homem, com o homem pintado sendo a imitação de uma imitação. Quem tomasse o homem pintado como sendo um homem real (digamos que quem tomasse o policial de cera na entrada do Museu Madame Tussaud por um policial de verdade) estaria em estado de εἰκασία, ao passo que aquele cuja idéia de homem esteja limitada aos homens particulares que viu, de que ouviu falar ou sobre os quais leu, e que não tem nenhuma compreensão do tipo específico, está em estado de πίστις. Mas aquele que apreende o homem ideal, isto é, o tipo ideal, a forma específica da qual os homens particulares são realizações imperfeitas, possui νόησις.[41] De modo análogo, um homem justo pode imitar ou corporificar em suas ações, ainda que imperfeitamente, a idéia de justiça. O trágico então imita esse homem justo no palco, mas sem saber nada da justiça em si mesma. Apenas imita uma imitação.

Ora, mas que dizer da divisão mais alta da linha, que quanto ao objeto corresponde a νοητά, e quanto ao estado mental a ἐπιστήμη? Em geral está relacionada não com os ὁρατά ou objetos sensíveis (parte mais baixa da linha), mas com os ἀόρατα, o mundo invisível, νοητά. Mas e a subdivisão? Como a νόησις em sentido estrito se diferencia da διάνοια? Platão diz que o objeto da διάνοια é o que a alma é compelida a investigar com a ajuda das imitações dos segmentos anteriores, que ela emprega como imagens, começando por hipóteses e prosseguindo não até um primeiro princípio, mas até uma conclusão.[42] Platão aqui está a falar da matemática. Na geometria, por exemplo, a mente vai de hipóteses até uma conclusão usando de um diagrama visível. O geômetra, diz Platão, toma o triângulo etc. por conhecidos, adota esses "materiais" como hipóteses, e em seguida, empregando um diagrama visível, argumenta no sentido de uma conclusão, não interessado no diagrama em si mesmo (isto é, neste ou naquele triângulo em particular, ou neste quadro em particular, ou neste diâ-

---

[41] A teoria da arte de Platão é discutida em capítulo posterior.
[42] *Rep.*, 510 b 4–6.

metro em particular). Os geômetras empregam assim figuras e diagramas, mas "estão realmente se esforçando para observar esses objetos que uma pessoa só pode ver com o olho do pensamento".[43]

Pode-se pensar que os objetos matemáticos desse tipo seriam contados entre as formas ou ἀρχαί, e que Platão teria igualado o conhecimento científico do geômetra à própria νόησις; mas ele declina expressamente de fazê-lo, e é impossível supor (como alguns fizeram) que Platão estivesse adequando suas doutrinas epistemológicas às exigências do seu símile da linha com suas divisões. Devemos supor, isto sim, que Platão realmente quis afirmar a existência de uma classe de "intermediários", isto é, de objetos que são objeto de ἐπιστήμη, mas que de todo modo são inferiores aos ἀρχαί, e que portanto são objetos de διάνοια e não de νόησις.[44] Fica bastante claro ao fim do sexto livro da *República*[45] que os geômetras não alcançaram νοῦς ou νόησις em relação aos seus objetos; e que, já que não se elevam acima de suas premissas hipotéticas, "esses objetos, ainda que tomados em sua relação com um primeiro princípio, caem dentro do domínio da razão pura".[46] Estas últimas palavras mostram que a distinção entre os dois segmentos da parte superior da linha deve ser referida a uma distinção de estado mental e não só a uma distinção de objeto. E é dito expressamente que a compreensão ou διάνοια está em posição intermediária entre a opinião (δόξα) e a razão pura (νόησις).

Isso se ancora na menção de hipóteses. Nettleship achou que Platão queria dizer que o matemático aceita os seus postulados e axiomas como se fosse a verdade autocontida: ele próprio não os questiona, e, no caso de alguém questioná-los, só pode dizer que não pode discutir o assunto. Platão não usa a palavra "hipótese" no sentido de um juízo que é tomado por verdadeiro quando *pode* ser falso, mas no sentido de um juízo que é tratado como autocondicionado, e não visto sob o aspecto de seu fundamento e de sua conexão necessária com o ser.[47] Contra isso se poderia observar que os exemplos de "hipóteses" dados em 510c são todos de entidades e não de juízos, e que Platão antes fala de destruir hipóteses do que em reduzi-las a proposições autocondicionadas ou auto-evidentes. Outra sugestão a respeito é dada ao fim desta seção.

Na *Metafísica*,[48] Aristóteles nos diz que Platão defende que as entidades matemáticas estão "entre as formas e as coisas sensíveis". "Mais ainda, além das coisas sensíveis e das formas, ele diz que existem os objetos da matemática, que ocupam uma posição intermediária, nisso diversos das coisas sensíveis por serem eternos e imutáveis, e diversos das formas por haver muitos assemelhados, ao passo que a própria forma é em cada caso única". Com base nessa declaração de Aristóteles, dificilmente podemos referir a distinção entre os dois segmentos

---

[43] *Rep.*, 510 e 2–511 a 1.
[44] Cf. W. R. F. Hardis, *A Study in Plato*, p. 52 (OUP, 1936).
[45] *Rep.*, 510 c.
[46] *Rep.*, 511 c 8–d 2.
[47] *Lectures on the Republic of Plato* (1898), pp. 252 e ss.
[48] 987 b 14 ss. Cf. 1059 b 2 ss.

da parte superior da linha apenas ao estado da mente. Deve haver também uma diferença de objeto. (A distinção seria estabelecida apenas entre os estados da mente se, enquanto τὰ μαθηματικά pertencessem *por sua própria condição* ao mesmo segmento que αἱ ἀρχαί, o matemático, agindo segundo sua condição, aceitasse esses "materiais" hipoteticamente e com base neles tirasse conclusões. Estaria assim no estado mental que Platão chama διάνοια, pois estaria a tratar seus postulados como autocondicionados, sem fazer maiores perguntas, e a tirar conclusões por meio de diagramas visíveis; mas seu raciocínio se ocuparia não dos diagramas enquanto tais, mas de objetos matemáticos ideais, de modo que, se viesse a tomar as suas hipóteses "em referência ao primeiro princípio", ficaria em estado de νόησις e não de διάνοια, embora os verdadeiros objetos do seu raciocínio, os objetos matemáticos ideais, permanecessem os mesmos. Essa interpretação, isto é, a interpretação que faria confinar a distinção entre os dois segmentos da parte superior da linha a estados da mente, parece ser favorecida pela afirmação de Platão de que questões matemáticas, quando "tomadas em sua conexão com um primeiro princípio, caem no domínio da pura razão"; mas as observações de Aristóteles sobre o assunto, caso sejam uma exposição correta do pensamento de Platão, evidentemente proíbem essa interpretação, já que fica claro que ele achava que as entidades matemáticas de Platão deveriam ocupar uma posição entre αἱ ἀρχαί e τὰ ὁρατά).

Se Aristóteles estiver certo de que Platão de fato pensava que τὰ μαθηματικά constituíssem uma classe de objetos própria, distinta de outras classes, em que consiste essa distinção? Não é preciso demorar-se na distinção entre τὰ μαθηματικά e os objetos da parte mais baixa da linha, τὰ ὁρατά, já que é bastante claro que o geômetra se preocupa com os objetos ideais e perfeitos do pensamento, e não com círculos e linhas empíricos, isto é, rodas de carro ou argolas ou linhas de pesca, ou sequer com diagramas geométricos enquanto tais, isto é, enquanto elementos sensíveis particulares. A questão, portanto, traduz-se desta maneira: em que realmente consiste a distinção entre τὰ μαθηματικά enquanto objetos da διάνοια e αἱ ἀρχαί enquanto objetos da νόησις?

Uma interpretação natural das observações de Aristóteles na *Metafísica* é que, de acordo com Platão, o matemático fala de particulares inteligíveis, e não de elementos sensíveis particulares nem de universais. Por exemplo, se o geômetra fala de dois círculos se interseccionando, não está falando de círculos sensíveis desenhados nem tampouco da circularidade enquanto tal — pois como poderia a circularidade interseccionar a circularidade? Ele está falando de círculos inteligíveis, dos quais haverá muitos semelhantes, como Aristóteles diria. De modo análogo, falar que "dois mais dois são quatro" não é o mesmo que dizer o que ocorrerá se a propriedade de ser dois fosse somada a si mesma — uma frase sem sentido. Essa visão é favorecida pela observação de Aristóteles de que para Platão "deve haver um primeiro 2 e um primeiro 3, e os números não podem ser somáveis uns aos outros".[49] Para Platão, os números inteiros, incluindo o 1,

---

[49] *Metaf.*, 1083 a 33–35.

formam uma série de tal modo que 2 *não* é feito de dois 1, antes é uma forma numérica única. Isso equivale mais ou menos a dizer que o número inteiro 2 é a "dualidade", a qual não é composta de duas "unidades". Platão parece ter identificado esses números inteiros com as formas. Mas, embora não se possa dizer do número inteiro 2 que existem muitos similares a ele (da mesma forma que não podemos falar de muitas circularidades), fica claro que o matemático que não ascende aos princípios formais últimos de fato lida com uma pluralidade de 2 e uma pluralidade de círculos. Ora, quando o geômetra fala de círculos que se interseccionam, não está tratando de elementos sensíveis particulares, mas de objetos inteligíveis. Contudo, para esses objetos inteligíveis há muitos que lhes são semelhantes, já que não são verdadeiros universais, mas uma classe de elementos inteligíveis particulares, "acima" dos elementos sensíveis particulares, mas "abaixo" dos verdadeiros universais. Logo, é sensato concluir que τὰ μαθηματικά de Platão são uma classe de elementos inteligíveis particulares.

Ora, o Prof. A. E. Taylor,[50] se o entendo corretamente, gostaria de limitar a esfera de τὰ μαθηματικά às magnitudes espaciais ideais. Como observa ele, as propriedades de curvas, por exemplo, podem ser estudadas por meio de equações numéricas, mas não são em si mesmas números; de modo que não pertencerão à seção mais elevada da linha, a de αἱ ἀρχαί ou formas, que Platão identifica com os números. Por outro lado, as magnitudes espaciais ideais, os objetos dos estudos geométricos, não são objetos sensíveis, e assim não podem pertencer à esfera de τὰ ὁρατά. Ocupam portanto uma posição intermédia entre as formas numéricas e as coisas sensíveis. Admito de boa vontade que isso é verdadeiro acerca dos objetos com os quais o geômetra lida (círculos que se interseccionam etc.); mas se pode com justiça excluir de τὰ μαθηματικά os objetos com que lidam os aritméticos? Afinal de contas, Platão, quando trata daqueles cujo estado de mente é de διάνοια, fala não só de estudantes de geometria, mas também de estudantes de aritmética e de ciências afins.[51] Certamente não parecerá que possamos com justeza afirmar que Platão confinava τὰ μαθηματικά às magnitudes espaciais ideais. Acreditemos ou não que Platão devesse ter limitado dessa forma a esfera das entidades matemáticas, temos de considerar não só o que Platão *deve* ter dito, mas também o que *efetivamente* disse. O mais provável, portanto, é que tenha compreendido como pertencente à classe de τὰ μαθηματικά tanto os objetos do aritmético como os do geômetra (e não só desses dois, como se pode inferir pela observação sobre "ciências afins"). Que dizer então da declaração de Aristóteles de que para Platão os números não são somáveis (ἀσυμβλητόι)? Acredito que isso deve ser sem dúvida aceito, e que Platão percebia com clareza os números enquanto tais como únicos. Por outro lado, é igualmente claro que adicionamos grupos ou classes de objetos e falamos da característica de uma classe como um número. De fato adicionamos essas classes, mas elas representam classes de objetos individuais, embora sejam elas próprias os objetos, não

---

[50] Cf. *Forms and Numbers, Mind*, outubro de 1926 e janeiro de 1927. (Reimpresso em *Philosophical Studies*).
[51] *Rep.*, 510 c 2 ss.

dos sentidos, mas da inteligência. Podem ser chamadas, pois, de particulares inteligíveis, e pertencem à esfera de τὰ μαθηματικά bem como as magnitudes espaciais ideais do geômetra. A teoria do próprio Aristóteles sobre o número pode ser equivocada, e ele pode assim, sob alguns aspectos, ter expressado mal a teoria de Platão; mas se ele positivamente declarou, como de fato declarou, que Platão postulava uma classe intermédia de entidades matemáticas, é difícil supor que nisso cometesse um erro, especialmente porque os escritos do próprio Platão parecem não dar vez a nenhuma dúvida razoável não só de que ele postulasse uma tal classe, como também de que limitasse essa classe às magnitudes espaciais ideais.

(A afirmação de Platão de que as hipóteses dos matemáticos — ele menciona "o ímpar e o par, e as figuras e os três tipos de ângulos, e os cognatos destes nos diversos ramos da ciência" —, quando tomadas em sua relação com um primeiro princípio, são cognoscíveis pela razão mais elevada, e sua afirmação de que a razão mais elevada se ocupa com os primeiros princípios, que são auto-evidentes, sugere que ele teria visto com bons olhos as tentativas modernas de reduzir a matemática pura aos seus fundamentos lógicos).

Resta considerar com brevidade o segmento mais alto da linha. O estado da mente em questão, o de νόησις, é o estado do homem que usa as hipóteses do segmento da διάνοια como pontos de partida, mas vai além delas e ascende aos primeiros princípios. Ademais, nesse processo (que é o processo da dialética) não faz uso de "imagens", como as empregadas no segmento da διάνοια, antes vai até às idéias em si mesmas,[52] isto é, conduz-se por meio de raciocínio puramente abstrato. Tendo apreendido com clareza os primeiros princípios, a mente então desce às conclusões que se seguem deles, de novo fazendo uso do raciocínio abstrato, e não de imagens sensíveis.[53] Os objetos correspondentes à νόησις são αἱ ἀρχαί, os primeiros princípios ou formas. Não são somente princípios epistemológicos, mas também princípios ontológicos, e os considerarei com maior detalhe depois; convém, porém, observar o seguinte fato. Se fosse apenas questão de perceber os princípios últimos da seção διάνοια (como, por exemplo, na redução moderna da matemática pura aos seus fundamentos lógicos), não haveria maior dificuldade em perceber o que Platão tinha em mente; mas ele fala expressamente da dialética como a "destruir as hipóteses", ἀναιροῦσα τὰς ὑποθέσεις,[54] o que é uma afirmação forte, já que, embora possa ocorrer de a dialética demonstrar que os postulados de um matemático precisam de revisão, não é fácil, pelo menos à primeira vista, entender como isso possa corresponder à destruição das hipóteses. Verdade seja dita, a intenção de Platão fica mais clara se consideramos uma hipótese em particular que ele menciona — o ímpar e o par. Seria de se pensar que Platão reconhecesse que existem números que não

---

[52] *Rep.*, 510 b 6–9.
[53] *Rep.*, 511 b 3–c 2.
[54] *Rep.*, 533 c 8.

são nem ímpares nem pares, como os irracionais, e que no *Epínomis*[55] ele peça o reconhecimento dos irracionais quadráticos e cúbicos como *números*.[56] Se for assim, então seria tarefa da dialética mostrar que a hipótese tradicional dos matemáticos — a de que não existem números irracionais, todos os números sendo inteiros e pares ou ímpares — não é estritamente verdadeira. De modo similar, Platão se recusou a aceitar a idéia pitagórica de ponto como uma unidade separada, tomando-o apenas como "o início de uma linha",[57] de maneira que o ponto como unidade, isto é, o ponto com sua própria magnitude, seria uma ficção do geômetra, "uma ficção geométrica",[58] uma hipótese que precisa ser "destruída".

3. Platão ainda ilustrou sua doutrina epistemológica através da famosa alegoria da caverna, presente no sétimo livro da *República*.[59] Irei esboçar brevemente a alegoria, já que esta é valiosa por mostrar claramente, se é que ainda se precisava de alguma prova, que a ascensão da mente das seções mais baixas da linha até as mais altas é um progresso epistemológico, e que Platão via esse processo não tanto como uma evolução contínua quanto como uma série de "conversões" de um estado cognitivo menos adequado num estado mais adequado.

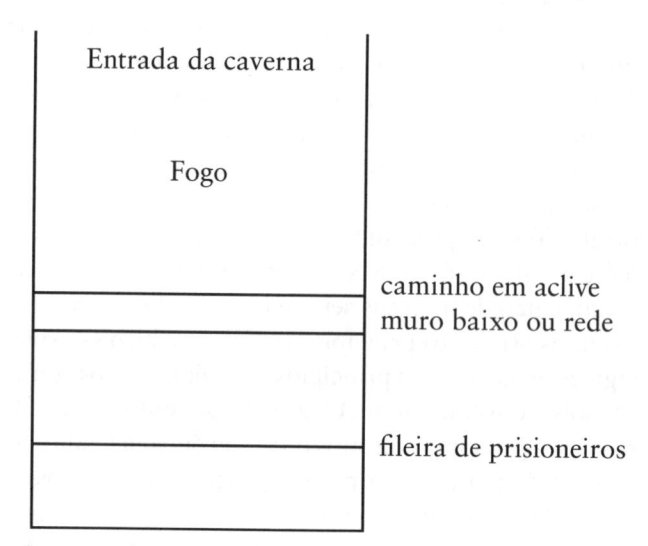

```
|  Entrada da caverna                      |
|                                          |
|  Fogo                                    |
|                                          |
|------------------  caminho em aclive     |
|                    muro baixo ou rede    |
|------------------                        |
|                                          |
|------------------  fileira de prisioneiros|
|                                          |
```
parede na qual são projetadas suas sombras

Platão nos pede para imaginar uma caverna subterrânea que possui uma abertura para a luz. Nessa caverna vivem seres humanos, tendo pernas e pescoço agrilhoados desde a infância, de tal maneira que estão de frente para a parede interna da caverna e jamais viram a luz do sol. Acima e atrás deles, isto

---
[55] *Epin.*, 990 c 3–991 b 4.
[56] Cf. Taylor, *Plato*, p. 501.
[57] *Metaf.*, 992 a 20 ss.
[58] *Metaf.*, 992 a 20–21.
[59] *Rep.*, 514 a 1–518 d 1.

é, entre os prisioneiros e a boca da caverna, fica uma fogueira, e entre eles e a fogueira situam-se um caminho em aclive e um muro baixo, como uma tela. Por esse caminho inclinado passam homens carregando estátuas e outras figuras de animais e objetos, de modo que os objetos que carregam aparecem sobre o topo do muro baixo ou tela. Os prisioneiros, fitando a parede interna da caverna, não podem se ver uns aos outros nem os objetos carregados atrás deles, mas vêem as sombras de si próprios e desses objetos projetadas na parede perante a qual se encontram. Vêem apenas sombras.

Esses prisioneiros representam a maioria da humanidade, a multidão de pessoas que passam a vida toda em estado de εἰκασία, observando apenas sombras da realidade e ouvindo somente ecos da verdade. A visão que têm do mundo é a mais inadequada, distorcida por "suas próprias paixões e preconceitos, e pelas paixões e preconceitos de outras pessoas tais como lhes são transmitidos pela linguagem e retórica".[60] E embora não estejam em melhor situação do que as crianças, apegam-se às suas opiniões distorcidas com toda a tenacidade de adultos, e não têm desejo algum de escapar de sua casa-prisão. Além disso, se fossem de repente libertados e se lhes dissessem para olhar as realidades das quais antes só viam as sombras, seriam ofuscados pelo brilho da luz, e imaginariam que as sombras são mais reais do que as realidades.

Contudo, se um dos prisioneiros que escaparam viesse a se acostumar à luz, depois de um tempo seria capaz de olhar os objetos sensíveis concretos, dos quais antes só conhecia as sombras. Esse homem encara os seus companheiros à luz do fogo (que representa o sol visível) e está em estado de πίστις, tendo se "convertido" do mundo das sombras das εἰκόνες, dos preconceitos e paixões e sofismas, para o mundo real dos ζῷα, embora ainda não tenha ascendido ao mundo das realidades inteligíveis, não-sensíveis. Toma os prisioneiros segundo o que de fato são, isto é, prisioneiros nos grilhões da paixão e do sofisma. Ademais, caso persevere e saia da caverna para a luz do dia, verá o mundo dos objetos claros e iluminados pelo sol (que representa as realidades inteligíveis), e, por fim, embora só à custa de esforços, será capaz de ver o próprio sol, que representa a idéia do bem, a forma mais elevada, "a causa universal de todas as coisas ricas e belas — a fonte da verdade e da razão".[61] Terá chegado assim ao estado de νόησις. (Acerca dessa idéia do bem, assim como acerca das considerações políticas a que se dedicou Platão na *República*, voltarei a tratar em capítulos futuros).

Platão observa que se alguém, depois de ascender à luz do sol, retornar à caverna, não será capaz de enxergar direito por causa da escuridão, e assim se mostrará "ridículo"; ao passo que, se tentasse libertar outro homem e levá-lo consigo para a luz acima, os prisioneiros, que amam a escuridão e acham que as sombras são a verdadeira realidade, o condenariam à morte, se conseguissem apanhá-lo. Aqui podemos encontrar uma referência a Sócrates, que se esforçou

---

[60] Nettleship, *Lectures on the Republic of Plato*, p. 260.
[61] *Rep.*, 517 b 8–c 4.

para iluminar todos aqueles que o ouvissem e fazê-los apreender a verdade e a razão, em vez de se deixarem ser enganados pelo preconceito e o sofisma.

Essa alegoria torna claro que a "ascensão" na linha era vista por Platão como um progresso, embora não fosse um processo contínuo e automático: requer esforço e disciplina mental. Daí sua insistência na grande importância da *educação*, por meio da qual os jovens poderiam ser levados gradualmente a ver as verdades e valores eternos e absolutos, e assim ser salvos de passarem a vida em um mundo sombrio de erros, falsidade, preconceito, persuasão sofística, cegueira para com os verdadeiros valores etc. Essa educação é de importância primária no caso daqueles que estão destinados a ser estadistas. Os estadistas e governantes serão os líderes cegos dos cegos, caso se detenham nas esferas da εἰκασία ou πίστις, e o naufrágio do navio do Estado é coisa mais terrível do que o naufrágio da barca individual de qualquer um. O interesse de Platão na ascensão epistemológica não é, assim, mero interesse acadêmico ou estritamente crítico: está preocupado com a conduta da vida, com o cuidado da alma e com o bem do Estado. O homem que não se apercebe do verdadeiro bem do homem não levará, e nem poderia, uma vida humana verdadeiramente boa, e o estadista que não se apercebe do verdadeiro bem do Estado, que não vê a vida política à luz dos princípios eternos, trará a ruína sobre seu povo.

Pode-se levantar a questão sobre se havia ou não implicações religiosas na epistemologia de Platão, como exemplificado pelo símile da linha e pela alegoria da caverna. Está além de qualquer discussão o fato de que os neoplatônicos deram às concepções de Platão um tom e uma aplicação religiosos: não só isso, quando um escritor cristão, Pseudo-Dionísio, traça a ascensão do místico até Deus por meio da *via negativa*, indo além das criaturas visíveis rumo à sua fonte invisível, cuja luz cega por excesso de luz — de maneira que a alma fica num estado de, por assim dizer, obscuridade luminosa —, ele certamente se vale de temas que advieram de Platão através dos neoplatônicos. Mas disso não se segue necessariamente que o próprio Platão compreendesse a ascensão a partir de um ponto de vista religioso. Seja como for, não se pode abordar com proveito essa questão difícil antes que se considere a natureza e *status* ontológico da idéia do bem segundo Platão; e, mesmo então, dificilmente se poderá chegar a uma certeza final.

CAPÍTULO IV
A doutrina das formas

Neste capítulo, proponho-me discutir a teoria das formas ou idéias sob seu aspecto ontológico. Já vimos que aos olhos de Platão o objeto do verdadeiro conhecimento deve ser estável e permanente, objeto da inteligência e não dos sentidos, e que esses requisitos são preenchidos pelo universal, no que diz respeito ao mais alto estado cognitivo, o da νόησις. A epistemologia platônica implica claramente que os universais que concebemos no pensamento não são desprovidos de referência objetiva, mas ainda não examinamos a importante questão de em que consiste essa referência objetiva. Há, com efeito, abundância de provas de que Platão continuou a se dedicar, ao longo de seus anos de atividade acadêmica e literária, a problemas atinentes à teoria das formas, mas não existe nenhuma prova de que tenha alguma vez alterado radicalmente sua doutrina, menos ainda a abandonado de todo, por mais que tentasse esclarecê-la ou modificá-la em vista das dificuldades com que se deparava ou lhe eram sugeridas por terceiros. Algumas vezes se disse que a matematização das formas, que Aristóteles atribui a Platão, foi uma doutrina platônica da velhice, uma recaída no "misticismo" pitagórico,[62] mas Aristóteles não diz que Platão tivesse *mudado* sua doutrina, e a única conclusão sensata a ser tirada das palavras de Aristóteles parece ser a de que Platão manteve mais ou menos a mesma doutrina, pelo menos durante o período em que Aristóteles trabalhou sob sua orientação na Academia. (Se Aristóteles interpretou mal ou não Platão é, com toda a evidência, outra questão). Mas, embora Platão continuasse a defender a doutrina das idéias, e embora buscasse esclarecer seu sentido e as implicações ontológicas e lógicas do seu pensamento, isso não quer dizer que sempre podemos captar com clareza o que ele de fato quis comunicar. É coisa de se muito lamentar o fato de não termos nenhum registro adequado de suas aulas na Academia, já que isso com certeza lançaria grande luz sobre a interpretação de suas teorias tal como expressas nos diálogos, além de nos participar o benefício inestimável de saber quais eram as opiniões "reais" de Platão, as opiniões que ele transmitia apenas por meio de ensino oral e que jamais publicou.

Na *República*, supõe-se que, sempre que uma pluralidade de coisas individuais tem um nome em comum, é porque também tem uma idéia ou forma correspondente.[63] Essa é a qualidade ou natureza comum e universal que é captada pelo conceito, como, por exemplo, a beleza. Existem muitas coisas

---

[62] Cf. Stace, *Critical History*, p. 191.
[63] *Rep.*, 596 a 6–7; cf. 507 a–b.

bonitas, mas formamos um conceito universal da beleza em si mesma: e Platão supõe que esses conceitos universais não são meramente subjetivos, mas que neles apreendemos essências objetivas. À primeira vista isso parece uma visão de singular ingenuidade, talvez, mas devemos nos lembrar de que para Platão é o pensamento que capta a realidade, de modo que o objeto do pensamento, o universal, enquanto oposto à percepção sensível, deve ter realidade. Como poderiam ser captados e tornados objeto de pensamento a menos que fossem reais? Nós os *descobrimos*: não são meramente inventados por nós. Outro quesito a se recordar é que Platão parece ter primeiro se ocupado de universais morais e estéticos (bem como de objetos da ciência matemática), como seria natural, tendo em vista o interesse prioritário de Sócrates, e pensar no bem absoluto e na beleza absoluta em si mesmos não é insensato, particularmente se Platão identificasse uma coisa com a outra, como acreditamos que fazia. Mas quando Platão voltou sua atenção mais para objetos naturais do que fizera antes, assim considerando conceitos de classes, como os de homem ou cavalo, obviamente se tornou um tanto mais difícil supor que os universais correspondentes a esses conceitos de classes existissem por si mesmos como essências objetivas. Pode-se identificar o bem absoluto com a beleza absoluta, mas não é tão fácil identificar a essência objetiva do homem com a essência objetiva do cavalo: com efeito, a tentativa de fazê-lo seria ridícula. Mas é preciso encontrar algum princípio de unidade, ou do contrário as essências restariam isoladas umas das outras, e assim Platão veio a devotar atenção a esse princípio de unidade, de modo que todas as essências específicas pudessem ser unificadas ou subordinadas a uma essência genérica suprema. Platão ataca esse problema de um ponto de vista lógico, é verdade, investigando o problema da classificação lógica; mas não há prova alguma de que tenha alguma vez abandonado a visão de que os universais possuem *status* ontológico, e sem dúvida achava que, ao propor o problema da classificação lógica, estivesse também propondo o problema da unificação ontológica.

A essas essências objetivas Platão deu o nome de idéias ou formas (ιδέαι ou είδη), palavras de uso intercambiável. Com esse sentido, aparece inesperadamente a palavra είδος no *Fédon*.[64] Mas não devemos nos deixar confundir por esse uso do termo "Idéia". "Idéia", na conversação comum, significa um conceito subjetivo da mente, como quando dizemos: "Isso é apenas uma idéia e nada de real"; mas Platão, quando fala de idéias ou formas, está se referindo ao conteúdo ou referência objetiva de nossos conceitos universais. Em nossos conceitos universais apreendemos essências objetivas, e é a essas essências objetivas que Platão aplica o termo "idéias". Em alguns diálogos, como no *Banquete*, a palavra "idéia" não é empregada, mas o *significado* dela está lá, pois nesse diálogo Platão fala da beleza essencial ou absoluta (αὐτὸ ὅ ἐστι καλόν), e é isso que Platão teria em mente com a idéia de beleza. Assim, seria questão indiferente se ele falava em bem absoluto ou em idéia do bem: ambos se refeririam a uma

---

[64] *Fédon*, 102 b 1.

essência objetiva, que é a fonte da bondade em todas as coisas particulares que são verdadeiramente boas.

Já que por idéias ou formas Platão compreendia essências objetivas, torna-se de suma importância determinar tanto quanto possível, para que se compreenda a ontologia platônica, precisamente como ele entendia essas essências objetivas. Elas têm existência em si mesmas, separadas das coisas particulares, e, se assim for, qual a relação de umas com as outras e com os objetos particulares concretos deste mundo? Platão duplica o mundo da experiência sensível postulando um mundo transcendental de essências invisíveis, imateriais? Se é assim, qual a relação entre esse mundo de essências e Deus? Não se pode negar que com freqüência a linguagem de Platão implica a existência de um mundo separado de essências transcendentais, mas é preciso lembrar que a linguagem tem a finalidade principal de se referir aos objetos de nossa experiência sensível, e recorrentemente se revela inapropriada para a expressão precisa de verdades metafísicas. Assim falamos, e não podemos deixar de falar, que "Deus vaticinou", expressão que, tomada em si mesma, implica que Deus está no tempo, ao passo que sabemos que Deus não está no tempo, e sim é eterno. Não podemos, contudo, falar adequadamente da eternidade de Deus, uma vez que nós mesmos não temos experiência da eternidade e nossa linguagem não é concebida para expressar esses assuntos. Somos seres humanos e temos de utilizar a linguagem humana — não podemos utilizar nenhuma outra: e esse fato deve nos tornar mais cuidadosos na hora de dar peso demais à mera linguagem ou a expressões utilizadas por Platão ao tratar de tópicos metafísicos e abstrusos. Temos de nos esforçar para alcançar o significado por trás dessas expressões. Com isso não quero dizer que Platão não acreditasse na subsistência de essências universais, mas apenas observar que, se acreditarmos que ele de fato sustentava essa doutrina, temos de nos precaver da tentação de expô-la ao ridículo ao dar demasiada ênfase às expressões utilizadas por ele, sem a devida consideração do sentido ligado a essas expressões.

Ora, o que podemos chamar de apresentação "vulgar" da teoria platônica das idéias geralmente teve o seguinte teor. Na visão de Platão, os objetos que apreendemos nos conceitos universais, os objetos com que a ciência lida, aqueles correspondentes aos termos universais de predicação, são idéias objetivas ou universais subsistentes, existindo em seu próprio mundo transcendental — em algum lugar "lá fora" —, à parte das coisas sensíveis, com "à parte" quase a denotar uma separação espacial. As coisas sensíveis são cópias ou participações nessas realidades universais, mas estas permanecem em seu próprio céu inalterável, ao passo que as coisas sensíveis estão sujeitas à mudança e, com efeito, estão sempre vindo a ser, de modo que nunca se pode dizer verdadeiramente que *são*. As idéias existem em seu próprio céu em estado de isolamento umas das outras, e separadas ainda da mente de qualquer pensador. Tendo sido assim apresentada a teoria de Platão, observa-se então que os universais subsistentes ou *existem* (caso esse no qual o mundo real de nossa experiência é injustificadamente duplicado) ou não existem, mas de algum modo misterioso têm *realidade essencial* e independente (de modo que se insere injustificadamente uma cunha entre existência e essência). (Observe-se de passagem que os filósofos escolásticos admitem no ser criado uma "distinção real" entre essência e ato de existência; mas, para eles, a distinção está *dentro* da criatura. O ser incriado é existência absoluta e essência absoluta numa só unidade). Pode-se enumerar três razões que levaram a essa apresentação tradicional da doutrina de Platão.

(I) O modo como Platão fala das idéias claramente supõe que elas existam numa esfera à parte. Assim, no *Fédon* ele ensina que a alma existia antes de sua união com o corpo em um reino transcendental, onde contemplava as entidades inteligíveis subsistentes ou idéias, que pareceriam constituir uma pluralidade de essências "desligadas". O processo do conhecimento, ou o do saber, consiste essencialmente na recordação, em lembrar-se das idéias que a alma outrora contemplara com clareza em seu estado de pré-existência.

(II) Aristóteles afirma na *Metafísica*[65] que Platão "separava" as idéias, enquanto Sócrates não o fazia. Em sua crítica à teoria das idéias, supõe constantemente que, de acordo com os platônicos, as idéias existem separadas das coisas sensíveis. As idéias constituem a realidade ou "substância" das coisas; "portanto, como", pergunta Aristóteles, "podem as idéias, sendo a substância das coisas, existirem à parte?".[66]

(III) No *Timeu*, Platão claramente ensina que Deus ou o "Demiurgo" forma as coisas deste mundo de acordo com o modelo das formas. Isso implica que as formas ou idéias existem separadas não apenas das coisas sensíveis modeladas segundo elas, como também de Deus, que as toma como seu modelo. Estão, portanto, pairando no ar, por assim dizer.

Assim, dizem os críticos, Platão:

a) Duplica o mundo "real";

b) Afirma uma profusão de essências subsistentes sem fundamento ou base metafísica suficiente (já que são independentes até de Deus);

c) Falha em explicar a relação entre as coisas sensíveis e as idéias (a não ser por meio de expressões metafóricas como "imitação" ou "participação"); e

d) Falha em explicar a relação das idéias entre si, como entre a espécie e o gênero, ou em encontrar qualquer verdadeiro princípio de unidade. Em conseqüência, se Platão estava tentando resolver o problema do Um e do múltiplo, fracassou lamentavelmente e apenas enriqueceu o mundo com mais uma teoria fantástica, que foi destruída pelo gênio de Aristóteles.

Deve-se deixar para um exame mais detalhado do pensamento de Platão mostrar o que de verdade há nessa apresentação da teoria das idéias; mas observaríamos de imediato que esses críticos tendem a negligenciar o fato de que Platão percebeu com clareza que a pluralidade de idéias necessita de algum princípio de unidade, e que ele tentou resolver o problema. Tendem também

---

[65] *Metaf.*, A, 987 b 1–10; M, 1078 b 30–32.
[66] *Metaf.*, A, 991 b 2–3.

a negligenciar o fato de termos indicações não apenas nos próprios diálogos, como ainda nas alusões de Aristóteles à teoria e às aulas de Platão, de *como* Platão tentou resolver o problema, a saber, por meio de uma nova interpretação e aplicação da doutrina eleática do Um. Se de fato conseguiu ou não resolver os problemas que surgem de suas teorias é matéria de controvérsia, mas de nada serve falar como se ele jamais tivesse percebido as dificuldades que Aristóteles depois levantou contra ele. Ao contrário, Platão anteviu algumas das próprias objeções feitas por Aristóteles e pensou as ter resolvido de maneira mais ou menos satisfatória. É evidente que Aristóteles pensava de maneira diversa, e ele pode até estar com a razão, mas é coisa a-histórica falar como se Aristóteles tivesse levantado objeções que Platão fosse tolo demais para perceber. Além disso, se for fato histórico — como de fato é — que Platão se propôs dificuldades a si próprio, deve-se ter mais cuidado em lhe atribuir uma opinião que seja fantástica — a menos, é claro, que sejamos compelidos por alguma prova a acreditar que ele a sustentava.

Antes de passarmos a considerar a teoria das idéias tal como apresentada nos diálogos, faremos algumas observações que têm relação com as três razões que enumeramos como fundamento da apresentação tradicional da teoria das idéias de Platão.

(1) É fato inegável que o modo de Platão falar das idéias com muita freqüência implica que existem "à parte" das coisas sensíveis. Acredito que Platão realmente sustentasse essa doutrina; mas há duas observações cautelosas a serem feitas.

(a) Se existem "à parte" das coisas sensíveis, esse "à parte" só pode significar que as idéias detêm uma realidade independente das coisas sensíveis. Não há dúvida de que as idéias estão em algum espaço, e, em verdade, assim estariam tão "dentro" quanto "fora" das coisas sensíveis, pois *ex hypothesi* elas são essências incorpóreas, e essências incorpóreas não podem estar em parte alguma. Como Platão teve de empregar a linguagem humana, naturalmente expressou a realidade essencial e a independência das idéias com terminologia espacial (não poderia fazer nada além disso); mas ele *não quis dizer* que as idéias estivessem separadas espacialmente das coisas. Transcendência, nesse caso, significaria que as idéias não mudam nem perecem com as coisas particulares sensíveis: não implica que estivessem em um lugar celeste mais do que a transcendência de Deus implica para nós que Ele esteja em algum lugar, o qual seria diferente dos lugares ou espaços dos objetos sensíveis que Ele criou. É absurdo raciocinar como se a teoria platônica das idéias envolvesse a aceitação de que existe um homem ideal com largura, comprimento e profundidade num lugar celestial. Proceder assim é tornar a teoria platônica injustificadamente ridícula: seja lá o que fosse a transcendência das idéias, não era *isso*.

(b) Devemos ter o cuidado de não dar demasiada ênfase a doutrinas como a da pré-existência da alma e do processo de "reminiscência". Às vezes Platão, como se sabe, faz uso de "mitos", dando um "relato provável", que ele não pretende que seja tomado com a mesma exatidão e seriedade de temas pelos quais se argumenta de maneira mais científica. Assim, no *Fédon* "Sócrates" faz um retrato da vida futura da alma, e em seguida declara expressamente que não é coisa de homem sensato tomar essas coisas da maneira exata como ele as tinha descrito.[67] Porém, se é bastante claro que o retrato da vida futura da alma é conjetural e de caráter assumidamente "mítico", parece de todo injustificável estender o conceito de "mito" a ponto de incluir toda a doutrina da imortalidade, como alguns fariam, pois na passagem aludida do *Fédon* Sócrates declara que, embora não se deva compreender que a imagem da vida futura esteja sendo afirmada de maneira literal ou realista, a alma é "certamente imortal". E, como Platão liga a imortalidade após a morte à pré-existência, parecerá difícil que aquela fique garantida se ao mesmo tempo se repudia toda a concepção da pré-existência como "mítica". É possível que para Platão ela não fosse mais que uma hipótese (de modo que, como disse, não se deve dar demasiado peso a ela); mas, no fim das contas, não nos assiste razão em simplesmente dizer que é de fato um mito, e, a menos que seu caráter mítico possa ser demonstrado de modo satisfatório, devemos aceitá-la como uma doutrina endossada com seriedade. Contudo, mesmo que a alma pré-existisse e contemplasse as formas naquele estado de pré-existência, disso *não* se seguiria que as formas ou idéias estejam em *algum* lugar, a não ser metaforicamente. Nem tampouco se segue de modo necessário que sejam essências "separadas", pois podem todas ser abrangidas por algum princípio ontológico de unidade.

(II) Quanto às afirmações de Aristóteles na *Metafísica*, faz bem observar desde logo que ele deve ter conhecido perfeitamente bem o que Platão ensinava na Academia, e que Aristóteles não era nenhum imbecil. É absurdo pensar como se o conhecimento insuficiente de Aristóteles dos desenvolvimentos matemáticos contemporâneos necessariamente o fizesse perverter a doutrina das formas de Platão quanto ao seu essencial, pelo menos no que diz respeito a aspectos não-matemáticos. Ele pode ter compreendido ou não em sua inteireza as teorias matemáticas de Platão: disso não se segue que cometeu um erro estúpido em sua interpretação da ontologia platônica. Se Aristóteles declara que Platão "separava" as formas, não podemos evitar essa declaração como uma mera crítica ignorante. Todavia, temos de ter o cuidado de não presumir *a priori* o que Aristóteles quis dizer com "separação", e, em segundo lugar, temos de nos perguntar se a crítica de Aristóteles à teoria platônica necessariamente implica que Platão tenha tirado as conclusões que Aristóteles ataca. *Pode ser* que algumas das conclusões atacadas por Aristóteles fossem conclusões que ele, Aristóteles, considerasse conseqüências lógicas da teoria platônica, embora o próprio Platão pudesse ele próprio não ter tirado essas conclusões. Se o caso fosse esse, temos então de perguntar se as conclusões de fato se seguem das premissas de Platão. Mas, como seria impraticável discutir a crítica de Aristóteles antes de termos visto o que o próprio Platão disse sobre as idéias em suas obras publicadas, é melhor deixar para momento posterior uma discussão da

---

[67] *Fédon*, 114 d 1-2.

crítica aristotélica, embora seja verdade, uma vez que é preciso basear-se em grande parte em Aristóteles no que diz respeito ao conhecimento do que Platão ensinava em suas aulas, será impossível deixar de se basear nele numa exposição da doutrina platônica. Contudo, é importante (e nisto está a importância destas observações preliminares) tirarmos da cabeça a noção de que Aristóteles era um tolo incompetente, incapaz de entender o verdadeiro pensamento do mestre.[68] Pode até ter sido injusto, mas não era nenhum tolo.

(III) Dificilmente se poderá negar que no *Timeu* Platão fala como se o Demiurgo, a causa eficiente da ordem no mundo, modelasse os objetos deste mundo segundo o padrão das formas como causas exemplares, de modo que assim implica que as formas ou idéias são bastante distintas do Demiurgo, e assim, se chamarmos o Demiurgo de "Deus", devemos concluir que as formas estão "fora" não apenas das coisas deste mundo, mas também "fora" de Deus. Mas, embora a linguagem de Platão no *Timeu* certamente implique essa interpretação, há razões, como depois veremos, para pensar que o Demiurgo do *Timeu* é uma *hipótese* e que o "teísmo" de Platão não deve ser frisado demais. Além disso, e este é um fato que importa muito relembrar, a doutrina de Platão, tal como exposta em suas aulas, não era precisamente a mesma que a exposta nos diálogos: ou talvez seja melhor dizer que Platão desenvolveu aspectos de sua doutrina durante as aulas que dificilmente aparecem nos diálogos. As observações de Aristóteles acerca da aula de Platão sobre o bem, da maneira como recordadas por Aristóxenes, parecem indicar que em diálogos como *Timeu* Platão revelasse alguns dos seus pensamentos de maneira apenas pictórica e figurativa. Retorno depois a essa questão: devemos agora nos esforçar por precisar, tanto quanto possível, qual era verdadeiramente a teoria das idéias de Platão.

1. No *Fédon*, no qual a discussão se centra no problema da imortalidade, sugere-se que a verdade não pode ser alcançada pelos sentidos corporais, mas somente pela razão, que se apossa das coisas como "realmente são".[69] Quais são as coisas que "realmente são", isto é, que possuem verdadeiro ser? São as essências das coisas, e Sócrates dá como exemplos a justiça em si mesma, a beleza em si mesma e a bondade em si mesma, as qualidades abstratas etc. Essas essências permanecem sempre as mesmas, ao passo que os objetos dos sentidos não. Sócrates supõe que essas essências de fato existem: ele o estabelece "como a hipótese de que existe certa beleza, e certa bondade, e certa magnitude abstratas", e que um objeto belo em particular, por exemplo, é belo porque partilha daquela beleza abstrata.[70] (Em 102b a palavra "idéia" é aplicada a essas essências; são designadas εἴδη). No *Fédon* a existência dessas essências é utilizada como um auxílio na prova da imortalidade. Observa-se que o fato de que o homem é capaz de julgar as coisas mais ou menos iguais, mais ou menos bonitas, implica o conhecimento de um padrão, da essência da beleza ou qualidade. Ora,

---

[68] Este escritor acredita que Aristóteles, em sua crítica da teoria das idéias, faz pouca justiça a Platão, mas ele gostaria de atribuir isso mais à atitude polêmica adotada por Aristóteles frente à teoria do que a qualquer suposta imbecilidade.

[69] *Fédon*, 65 c 2 ss.

[70] *Fédon*, 100 b 5–7.

os homens não vêm ao mundo e crescem com um claro conhecimento das essências universais: como podem, então, julgar as coisas particulares em referência a um padrão universal? Não será porque a alma pré-existisse antes de sua união com o corpo, e tivesse conhecimento das essências em seu estado de pré-existência? O processo de aprendizado seria assim um processo de reminiscência, pelo qual corporificações particulares da essência agem como lembretes das essências antes contempladas. Ademais, como o conhecimento racional das essências nesta vida envolve a transcendência dos sentidos corporais e a elevação ao plano intelectual, não deveríamos supor que a alma do filósofo contemple essas essências após a morte, quando ela não é mais estorvada e manietada pelo corpo?

Ora, a interpretação natural da doutrina das idéias tal como expressa no *Fédon* é a de que as idéias são universais subsistentes; mas é preciso lembrar que, como já mencionado, a doutrina é proposta experimentalmente como uma "hipótese", isto é, como uma premissa que é assumida até que sua relação com algum primeiro princípio a justifique, ou a "destrua", ou demonstre a necessidade de que seja modificada ou corrigida. Claro, não se pode excluir a possibilidade de que Platão propôs a doutrina experimentalmente porque ainda não estava certo dela, mas parece legítimo supor que Platão faz Sócrates propor a doutrina de maneira experimental precisamente porque sabia muito bem que o Sócrates histórico não chegara à teoria metafísica das idéias, e que de todo modo não chegara ao derradeiro Princípio do Bem de Platão. É significativo que Platão permita a Sócrates divisar a teoria das idéias durante seu "canto de cisne", quando ele se torna "profético".[71] Talvez isso implique que Platão permitiu a Sócrates divisar certa parte da teoria platônica das idéias, mas não sua totalidade. Também é de se notar que a teoria da pré-existência e reminiscência é referida, no *Ménon*, a "sacerdotes e sacerdotisas",[72] assim como a parte mais sublime do *Banquete* é referida a "Diotima". Alguns concluíram que essas passagens eram confessadamente "mitos" aos olhos de Platão, mas bem pode ser o caso de que essas passagens hipotéticas (hipotéticas para Sócrates) revelem algo da doutrina do próprio Platão, distinta da de Sócrates. (Seja como for, não devemos utilizar a doutrina da reminiscência como uma desculpa para atribuir a Platão uma antecipação explícita da teoria neokantiana. Os neokantianos podem achar que o *a priori* no sentido kantiano é a verdade da qual se aproximava Platão e que está subjacente às suas palavras, mas não têm razão em atribuir a Platão a autoria dessa doutrina explícita sem melhores provas do que as que podem oferecer). Concluo, assim, que a teoria das idéias, tal como apresentada no *Fédon*, representa apenas uma parte da doutrina de Platão. Não se deve inferir que para o próprio Platão as idéias fossem universais subsistentes *"separados"*. Aristóteles afirmou de maneira clara que Platão identificava o Um com o Bem; mas esse princípio unificante, seja já defendido por Platão quando

---

[71] *Fédon*, 85 e 3–85 b 7.
[72] *Ménon*, 81 a 5 ss.

compôs o *Fédon* (o que é mais provável) ou seja elaborado só depois, certamente não aparece no *Fédon*.

2. No *Banquete*, Sócrates é representado como alguém que reproduz um discurso que lhe foi feito por certa "Diotima", uma "Profetisa", sobre a ascensão da alma à verdadeira Beleza por impulso de Eros. Das formas belas (isto é, corpos) o homem ascende à contemplação da beleza que está nas almas, e daí ascende à ciência, de modo que assim pode considerar o encanto da sabedoria, e então se voltar para o "enorme oceano da beleza" e para as "formas amáveis e majestáticas que ele contém", até que chegue à contemplação de uma Beleza que é

> eterna, não produzida, indestrutível; não sujeita ao crescimento nem à decadência; não bonita só em parte nem feia só em parte; não ora bonita e ora não; não bonita em relação a uma coisa e deformada em relação a outra; não bonita aqui e feia ali; não bonita segundo a apreciação de uns e deformada segundo a de outros. Tampouco pode essa beleza suprema ser figurada na imaginação como um rosto belo, ou mãos belas, ou qualquer outra parte do corpo, nem como qualquer discurso nem qualquer ciência. Nem subsiste em qualquer outra coisa que viva ou seja, quer na terra quer no céu, ou em qualquer outro lugar; antes é eternamente auto-subsistente e monoeidética em relação a si mesma. Todas as demais coisas são bonitas por meio de participação nela, com a condição de que, embora estejam sujeitas à produção ou declínio, ela nunca se torna mais ou menos, ou sofre qualquer mudança.

Esse é o Belo divino e puro, monoeidético em si mesmo.[73] Trata-se evidentemente da Beleza de *Hípias Maior*, "da qual todas as coisas belas derivam sua beleza".[74]

A sacerdotisa Diotima, em cuja boca Sócrates põe o seu discurso sobre a beleza absoluta e a ascensão até ela por meio do impulso de Eros, é representada de maneira a sugerir que Sócrates talvez não seja capaz de acompanhá-la até essas alturas sublimes, e ela o exorta a pôr toda a sua atenção em alcançar o fundo obscuro do assunto.[75] O Prof. A. E. Taylor interpreta isso no sentido de que Sócrates era modesto demais para reivindicar qualquer visão mística para si mesmo (embora certamente a tenha experimentado), e assim se representa como alguém que apenas transmite as palavras de Diotima. Taylor passa longe da sugestão de que o discurso de Diotima represente a convicção pessoal de Platão, a qual jamais teria sido alcançada pelo Sócrates histórico.

> Escreveram-se demasiados disparates sobre o significado da dúvida aparente de Diotima sobre se Sócrates seria capaz de acompanhá-la à medida que fala da "visão completa e perfeita...". Argumentou-se seriamente que Platão

---

[73] *O banquete*, 210 e 1–212 a 7.
[74] *Hípias Maior*, 289 d 2–5.
[75] *O banquete*, 209 e 5–210 a 4. Cf. 210 e 1–2.

é aqui culpado da arrogância de professar que alcançou alturas filosóficas às quais o Sócrates "histórico" não poderia ascender.[76]

Que esse procedimento indicaria arrogância da parte de Platão é coisa que pode ser verdade, caso se tratasse de uma visão mística, como Taylor parece crer; mas de modo algum é certo que houvesse qualquer questão de misticismo religioso no discurso de Sócrates, e parece não haver nenhum autêntico motivo pelo qual Platão não pudesse reivindicar uma penetração filosófica quanto ao princípio último maior que a de Sócrates sem desse modo se expor a qualquer acusação justificável de arrogância. Ademais, se, como Taylor supõe, as opiniões colocadas na boca de Sócrates no *Fédon* e no *Banquete* são as do Sócrates histórico, como pode se dar que no *Banquete* Sócrates fale como se tivesse de fato captado o princípio último, a beleza absoluta, ao mesmo tempo que no *Fédon* a teoria das idéias (na qual tem lugar a beleza abstrata) é apresentada como hipótese experimental, isto é, logo no diálogo que se propõe a retratar a conversa de Sócrates frente à morte? Não seria de esperarmos que, se o Sócrates histórico tivesse realmente apreendido o princípio último como uma certeza, alguma indicação certa disso teria sido fornecida em seu derradeiro discurso? Logo, prefiro a visão de que no *Banquete* o discurso de Diotima não representa a convicção segura do Sócrates histórico. Seja como for, contudo, trata-se de um bizantinismo: independentemente de se o relato das palavras de Diotima representa a convicção do Sócrates histórico ou do próprio Platão, resta o fato evidente de que nesse diálogo é dada alguma pista (para dizer o mínimo) da existência de um absoluto.

Será a beleza em si mesma, a própria essência da beleza, uma essência subsistente, "separada" das coisas belas, ou não? É verdade que as palavras de Platão acerca da ciência podem ser tomadas como a implicar uma consideração científica do mero conceito universal de beleza, o qual se materializa segundo diversos graus nos vários objetos belos; mas todo o teor do discurso de Sócrates no *Banquete* leva a supor que essa beleza essencial não é mero conceito, antes tem realidade objetiva. Implicará isso que ela esteja "separada"? A beleza em si mesma ou beleza absoluta existe "separada" no sentido de que é real, subsistente, mas não no sentido de que exista num mundo próprio seu, espacialmente separado das demais coisas. Pois *ex hypothesi* a beleza absoluta é espiritual; e as categorias de tempo e espaço, de separação local, simplesmente não se aplicam ao caso do que é espiritual por essência. No caso daquilo que transcende tempo e espaço, não podemos levantar com propriedade a questão de *onde* está. Não está em parte alguma, pelo menos no que diz respeito à sua presença (ainda que não se possa dizer que esteja em parte alguma no sentido de ser irreal). O Χωρισμός ou separação parece assim implicar, no caso da essência platônica, uma realidade além da realidade subjetiva do conceito abstrato — uma realidade subsistente, mas não uma separação local. Portanto, é tão correto dizer que a

---
[76] *Plato*, p. 229, nota i.

essência é imanente quanto dizer que é transcendente: a grande questão é que ela é *real* e independente das coisas particulares, é permanente e sempre inalterada. É bobagem dizer que, se a essência platônica é real, então deve estar em algum lugar. A beleza absoluta, por exemplo, não existe fora de nós no sentido em que uma flor existe fora de nós — pois bem se poderia dizer que existe dentro de nós, na medida em que categorias espaciais simplesmente não se aplicam a ela. Por outro lado, não se pode dizer que esteja dentro de nós no sentido de ser puramente subjetiva, de estar confinada a nós, vir a ser conosco e perecer por ação nossa ou conosco. É tanto transcendente como imanente, inacessível aos sentidos, apreensível apenas pelo intelecto.

Depois teremos de retornar aos meios de ascensão à beleza absoluta, ao significado de Eros e à questão sobre se está implicada aí uma abordagem mística: por ora gostaria simplesmente de observar que no *Banquete* não faltam indicações de que a beleza absoluta seja o derradeiro princípio de unidade. A passagem[77] sobre a ascensão das diferentes ciências a uma ciência — a ciência da beleza universal — sugere que "o enorme oceano da beleza intelectual", que contém "formas amáveis e majestáticas", está subordinado ou até abrangido pelo derradeiro princípio da beleza absoluta. E, se a beleza absoluta é o princípio último e unificador, torna-se necessário identificá-la com o bem absoluto da *República*.

3. Na *República*, mostra-se com clareza que o verdadeiro filósofo busca conhecer a natureza essencial de cada coisa. Não está preocupado em conhecer, por exemplo, a multiplicidade das coisas belas ou a multiplicidade das coisas boas, e sim em discernir a essência da beleza e a essência da bondade, que em diversos graus estão materializadas nas coisas belas particulares e nas coisas boas particulares. Os não-filósofos, que estão tão presos à multiplicidade das aparências que não reparam mais na natureza essencial e não podem distinguir, por exemplo, a essência da beleza dos muitos fenômenos belos, são representados como tendo só opinião (δόξα) e estando desprovidos de conhecimento científico. Não se ocupam do não-ser, é verdade; já que o não-ser não pode ser objeto de nenhum "conhecimento", é impossível de ser conhecido. Contudo, não se ocupam tampouco do verdadeiro ser ou realidade, que é estável e permanente: ocupam-se de fenômenos ou aparências passageiras, objetos que estão em estado de *vir a ser*, constantemente vindo a ser e desaparecendo. Seu estado mental é assim de δόξα, e o objeto de sua δόξα é o fenômeno a meio caminho entre o ser e o não-ser. O estado mental do filósofo, por outro lado, é de conhecimento, e o objeto do seu conhecimento é o ser, o inteiramente real, o essencial, a idéia ou forma.

Até agora, portanto, não há nenhuma indicação direta de que a essência ou idéia seja vista como subsistente ou "separada" (pelo menos na medida em que esse último termo é aplicável a toda a realidade não-sensível); mas que ela de fato é vista dessa maneira é o que se pode depreender da doutrina de Platão

---

[77] *O banquete*, 210 a 4 e ss.

sobre a idéia de bem, a idéia que ocupa uma posição peculiar de proeminência na *República*. O bem é aí comparado ao sol, cuja luz torna os objetos da natureza visíveis a todos e assim é, em certo sentido, a fonte de sua excelência, valor e beleza. A comparação é, claro, apenas uma comparação, e enquanto tal não deve ser enfatizada: não devemos supor que o bem existe como um objeto entre objetos, do mesmo modo como o sol existe como um objeto entre outros objetos. Por outro lado, uma vez que Platão claramente afirma que o bem dá ser aos objetos do conhecimento e desse modo é, por assim dizer, o princípio unificador e totalmente abrangente da ordem essencial, ao mesmo tempo que ele próprio ultrapassa até o próprio ser em dignidade e poder,[78] é impossível concluir que o bem seja um mero conceito ou mesmo que seja um fim não-existente, um princípio teleológico porém irreal, em direção ao qual todas as coisas tendem: não só é um princípio epistemológico, mas também — em certo sentido mal definido, contudo — um princípio *ontológico*, um princípio do ser. Logo, é real em si mesmo e subsistente.

Parece que a idéia do bem na *República* deve ser vista como idêntica à Beleza essencial do *Banquete*. Ambas são representadas como a culminância da ascensão intelectual, embora a comparação da idéia de bem com o sol pareça indicar que ela é a fonte não só da bondade das coisas, mas também de sua beleza. A idéia do bem dá ser às formas ou essências da ordem intelectual, enquanto a ciência e o imenso oceano da beleza intelectual são um estágio da ascensão ao essencialmente belo. É bastante claro que Platão trabalha rumo à concepção do absoluto, do padrão absolutamente perfeito e exemplar de todas as coisas, o princípio ontológico último. O absoluto é imanente, pois os fenômenos o materializam, "copiam-no", partilham-no, manifestam-no, segundo seus vários graus; mas também é transcendente, pois se diz que transcende até o próprio ser, ao passo que metáforas de participação (μέθεξις) e imitação (μίμησις)[79] implicam uma distinção entre a participação e o participado, entre a imitação e o imitado ou modelo. Qualquer tentativa de reduzir o bem platônico a um mero princípio lógico e de desconsiderar as indicações de que é um princípio ontológico leva necessariamente à negação da sublimidade da metafísica platônica — bem como, claro, à conclusão de que os filósofos semiplatônicos ou neoplatônicos se confundiram acerca do sentido essencial da obra do mestre.

A esta altura da discussão, há duas observações importantes a fazer:

(1) Na *Ética a Eudemo*,[80] Aristóteles diz que Platão identifica o bem com o Um, ao passo que Aristóxenes, rememorando o relato que Aristóteles faz da aula de Platão sobre o bem, nos diz que a audiência, que fora à aula esperando ouvir algo sobre bens humanos, como a saúde, a felicidade etc., se surpreendeu ao ouvir um discurso sobre matemática, astronomia, números e a *identidade do bem e do Um*. Na *Metafísica*, Aristóteles diz que, "entre os que defendem a

---

[78] *Rep.*, 509 b 6-10.
[79] Essas expressões se encontram no *Fédon*.
[80] 1218 a 24.

existência das substâncias imutáveis, alguns dizem que o próprio Um é o próprio Bem, mas pensam que sua substância esteja principalmente em sua unidade".[81] Platão não é mencionado nominalmente nessa passagem, mas alhures[82] Aristóteles afirma de maneira clara que, para Platão, "as formas são a causa da essência de todas as coisas, e o Um é a causa da essência das formas". Ora, na *República*[83] Platão fala da ascensão da mente ao primeiro princípio do todo, e afirma que se infere ser a idéia do bem "o autor universal de todas as coisas belas e corretas, pai da luz e senhor da luz neste mundo, e *fonte da verdade e razão no outro*". Logo, só poderia parecer razoável concluir que o Um, o Bem e a Beleza essencial são a mesma coisa para Platão, e que o mundo inteligível das formas deve o seu ser de algum modo ao Um. A palavra "emanação" (tão querida aos neoplatônicos) não é empregada em parte alguma, e é difícil formar alguma noção precisa de como Platão derivou as formas a partir do Um; mas é bastante claro que o Um é o princípio unificante. Além disso, o próprio Um, embora imanente às formas, também é transcendente ao não ser simplesmente igualado às formas individuais. Platão nos diz que "o bem não é essência, mas em muito excede a essência em dignidade e poder", ao passo que, por outro lado, é "não só a fonte de inteligibilidade de todos os objetos de conhecimento, mas também de seu ser e essência",[84] de modo que aquele que volta seus olhos para o bem os volta para "aquele lugar onde se encontra a completa perfeição do ser".[85] Fica aí implicado que se pode com propriedade dizer que a idéia do bem transcende o ser, já que está acima de todos os objetos visíveis e inteligíveis, ao passo que, por outro lado, o supremamente real, o verdadeiro absoluto, é o princípio do ser e a essência de todas as coisas.

No *Timeu*, Platão diz que "É difícil descobrir o criador e pai do universo, e, tendo o descoberto, é impossível falar a todos sobre ele".[86] É verdade que a posição ocupada pelo Demiurgo no *Timeu* sugere que essas palavras se aplicam a ele; mas devemos lembrar (a) que o Demiurgo é provavelmente um símbolo da operação da razão no universo, e (b) que Platão diz explicitamente que havia assuntos acerca dos quais se recusava a escrever,[87] entre os quais sem dúvida se incluía sua doutrina integral do Um. O Demiurgo pertence ao gênero de "relato provável".[88] Em sua segunda carta, Platão diz que é um erro supor que qualquer dos predicados com que estamos habituados se aplique ao "rei do universo",[89] e em sua sexta carta pede aos amigos que façam um juramento de fidelidade "em nome do Deus que é capitão de todas as coisas presentes e por vir, e em nome

---

[81] *Metaf.*, 1091, b 13–15.
[82] *Metaf.*, 988 a 10–11.
[83] 517 b 7–c 4.
[84] *Rep.*, 509 b 6–10.
[85] *Rep.*, 536 e 3–4.
[86] *Tim.*, 28 c 3–5.
[87] Cf. *Carta 2*, 314 b 7–c 4.
[88] *Tim.*, 30 b 6–c 1.
[89] *Carta 2*, 312 e ss.

do pai desse capitão e causa".⁹⁰ Ora, se o "capitão" é o Demiurgo, o "pai" não pode também ser o Demiurgo, deve ser o Um; e acho que Plotino estava certo em identificar o pai com o Um ou Bem da *República*.

O Um é, assim, o princípio último de Platão e a fonte de todo o mundo das formas, e Platão, como vimos, acredita que o Um transcende os predicados humanos. Isso implica que a *via negativa* dos neoplatônicos e dos filósofos cristãos é um meio apropriado de se endereçar ao Um, mas disso não se deve de pronto concluir que a abordagem ao Um seja "estática", como em Plotino. Na *República* não há dúvida de que essa abordagem é dita ser *dialética*, e que o homem atinge a visão do bem através da "inteligência pura".⁹¹ Através da dialética, o mais alto princípio da alma é elevado "à contemplação do que é melhor na existência".⁹² Devemos retornar a esse ponto posteriormente.

(ii) Se as formas procedem do Um — de alguma maneira indefinida —, que dizer dos objetos particulares sensíveis? Não estabelece Platão uma fenda entre os mundos inteligível e sensível a ponto de não poderem mais ser interconectados? Parece que Platão, o qual na *República*⁹³ parece condenar a astronomia empírica, foi forçado pelo progresso da ciência empírica a modificar sua visão, e no *Timeu* ele já se ocupa da natureza e de questões sobre o mundo natural. (Além disso, Platão veio a perceber que a dicotomia entre um mundo real imutável, inteligível, e um mundo irreal mutável é bem pouco satisfatória. "Devemos nos persuadir facilmente de que a mudança, a vida, a alma e a sabedoria não estão realmente presentes no que de todo é, nos persuadir de que isto não é nem vivo nem inteligente, mas algo assombroso e sagrado em sua estabilidade indiferente e estática?").⁹⁴ No *Sofista* e no *Filebo*, fica implicado que διάνοια e αἴσθησις (que pertencem a diferentes segmentos da linha) se unem no julgamento científico da percepção. Do ponto de vista ontológico, a coisa sensível particular só pode se tornar objeto de juízo e conhecimento na medida em que é realmente subsumida por uma das idéias, "partilhando" de uma forma específica: na medida em que é exemplo de uma classe, é real e pode ser conhecida. Contudo, a coisa particular sensível, *enquanto tal*, considerada precisamente em sua particularidade, é indefinível e incognoscível, e não é verdadeiramente "real". Platão apegava-se a essa convicção, e se trata, como é óbvio, de legado eleático. O mundo sensível não é, portanto, uma total ilusão, mas contém um elemento de irrealidade. Contudo, não se pode negar que mesmo esta posição, com sua clara distinção entre os elementos formais e materiais do particular, deixa afinal sem solução o problema da "separação" entre o mundo inteligível e o mundo sensível. Foi essa "separação" que Aristóteles atacou. Aristóteles pensava que uma forma determinada e a matéria em que se materializa são inseparáveis, ambas pertencendo ao mundo real, e, em sua opinião, Platão simplesmente ignorou esse fato

---
⁹⁰ *Carta* 6, 323 d 2–6.
⁹¹ *Rep.*, 532 a 5–b 2.
⁹² *Rep.*, 532 c 5–6.
⁹³ *Rep.*, 529–30.
⁹⁴ *O Sofista*, 248 e 6–249 a 2.

e introduziu uma separação injustificável entre os dois elementos. O universal real, segundo Aristóteles, é o universal *determinado*, e o universal determinado é um aspecto inseparável do real: é um λόγος ἔνυλος ou definição corporificada na matéria. Platão não percebeu isso.

(O Prof. Julius Stenzel fez a brilhante sugestão[95] de que, quando Aristóteles criticava a "separação" de Platão, estava criticando Platão por seu fracasso em ver que não existe nenhum gênero fora da espécie. Ele apela à *Metafísica*, 1037 b 8 ss., onde Aristóteles ataca o método de Platão de divisão lógica por supor que na definição resultante as *differentiae* intermediárias devem ser recapituladas, isto é, o método de divisão de Platão resultaria em definirmos o homem como "animal de dois pés". Aristóteles objeta a isso alegando que "ter pés" não é algo que esteja dado fora de "ter dois pés". Ora, o que Aristóteles objeta a esse método de divisão é verdadeiro; mas a sua crítica da teoria platônica das formas com base no Χωρισμός que ela introduz não pode ser reduzida à crítica de uma questão lógica, pois Aristóteles não está criticando Platão apenas por situar uma forma genérica fora da forma específica, mas por colocar as formas em geral fora dos particulares.[96] Pode ser, contudo, que Aristóteles considerasse que o fracasso de Platão em perceber que não existe gênero fora da espécie, isto é, nenhum universal meramente determinável, concorreu para que lhe ocultasse o Χωρισμός que estava introduzindo entre as formas e os particulares — e nisso a sugestão de Stenzel é valiosa; mas o Χωρισμός atacado por Aristóteles não pode ser restrito ao âmbito lógico. Isso se depreende como coisa clara de todo o teor da crítica de Aristóteles).

4. No *Fedro*, Platão fala da alma que contempla a "existência real, incolor, informe e intangível, visível somente à inteligência" (ἡ ἀχρωμάτος τε καὶ ἀσχημάτιστος καὶ ἀναφὴς οὐσία ὄντως οὖσα, ψυχῆς, κυβερνήτῃ μόνῳ θεατὴ νῷ),[97] e que vê de forma clara a "justiça absoluta, e temperança absoluta, e ciência absoluta; não como aparecem na criação, nem sob uma variedade de formas às quais hoje damos o nome de realidades, mas a justiça, a temperança, a ciência que existem no que é ser real e essencial" (τὴν ἐν τῷ ὅ ἐστιν ὂν ὄντως ἐπιστήμην οὖσαν). A mim isso parece dizer que as formas ou *ideais* são abrangidos pelo princípio do ser, o Um, ou pelo menos que devem sua essência ao Um. Claro, se usarmos de imaginação e tentarmos fazer uma imagem da justiça absoluta ou temperança absoluta existindo por conta própria num mundo celestial, sem dúvida acharemos as palavras de Platão infantilmente ingênuas e ridículas; mas devemos nos perguntar o que Platão *quis dizer* e ter o cuidado de não atribuir tão precipitadamente a ele uma concepção extraordinária. O mais provável é que Platão tenha tido em mente, nesse seu relato figurativo, que o ideal da justiça, o ideal da temperança etc. estão objetivamente fundados no princípio absoluto de valor, no bem, o qual "contém" dentro de si o ideal da natureza

---
[95] *Zahl und Gestalt*, pp. 133 e ss.
[96] Cf. Hardie, *A Study in Plato*, p. 75.
[97] *Fedro*, 247 c 6–8.

humana e, assim, o ideal das virtudes da natureza humana. O bem ou princípio absoluto de valor tem, portanto, a natureza de um τέλος; mas não se trata de um τέλος irrealizado, um objetivo não-existente e ainda a ser alcançado; é um τέλος existente, um princípio ontológico, o supremamente real, a causa exemplar perfeita, o absoluto ou Um.

5. Deve-se notar que no começo do *Parmênides* levanta-se a questão sobre quais idéias Sócrates está preparado para admitir.[98] Em resposta a Parmênides, Sócrates admite que existem idéias de "semelhança" e de "unidade e multiplicidade", e também do "justo e belo e bom" etc. Em resposta a outra questão, diz que com freqüência fica indeciso quanto a incluir ou não idéias de homem, fogo, água etc.; ao passo que, em resposta à questão sobre se admite as idéias de cabelo, lama, sujeira etc., Sócrates diz: "Certamente não". Admite, contudo, que às vezes fica incomodado e começa a pensar que não existe nada sem uma idéia, embora, mal tendo assumido essa posição, logo "foge" dela, temeroso de que "pudesse cair no fosso sem fundo do absurdo e perecer". Volta, por conseguinte, "às idéias de que estava há pouco falando".

Julius Stenzel usa dessa discussão numa tentativa de provar que εἶδος tinha a princípio para Platão uma conotação definitivamente valorativa, como seria bastante natural a um herdeiro de Sócrates. Foi só depois que o termo passou a ser estendido de modo a cobrir todos os conceitos de classe. Acredito que isso esteja correto quanto ao essencial, e que foi em grande parte justamente esse alargamento do termo idéia (isto é, extensão *explícita*, uma vez que já continha uma extensão implícita) que forçou Platão a considerar as dificuldades daquele tipo considerado no *Parmênides*. Pois, na medida em que o termo εἶδος está "carregado de qualidades morais e estéticas",[99] na medida em que tem natureza de um τέλος valorativo, a arrastar os homens para sob o impulso de Eros, o problema de sua unidade ou multiplicidade interna não se manifesta: é o Bem e Belo no Um. Mas, tão logo são explicitamente admitidas as idéias de homem e de outros objetos particulares de nossa experiência, o mundo ideal ameaça se tornar uma multiplicidade, uma duplicação deste mundo. Qual a relação das idéias entre si, e qual é a sua relação com as coisas particulares? Existe afinal alguma unidade real? A idéia de bem está suficientemente distante dos particulares sensíveis para não parecer uma indesejável duplicação destes últimos; mas se houver uma idéia de homem, por exemplo, "separada" dos homens individuais, ela talvez pareça uma mera duplicação destes. Além disso, a idéia toda está presente em cada homem individual, ou apenas parcialmente? De modo similar, se é legítimo falar de uma semelhança entre os homens individuais e a idéia de homem, não se deveria postular um τρίτος ἄνθρωπος, de modo a explicar essa semelhança e assim proceder a um regresso infinito? Esse tipo de objeção foi feito por Aristóteles à teoria das idéias, mas já tinha sido vislumbrada por Platão.

---

[98] 130 a 8 e ss.
[99] *Plato's Method of Dialetic*, p. 55 (trad. D. J. Allan, Oxford, Clarendon Press, 1940).

A diferença é que, enquanto Platão achava (conforme veremos depois) ter respondido às objeções, Aristóteles acreditava que ele não havia respondido a elas.

No *Parmênides*, portanto, discute-se a relação dos objetos individuais com a idéia, fazendo-se objeções à exposição socrática. De acordo com Sócrates, a relação pode ser descrita de dois modos: (i) como uma participação (μέθεξις, μετέχειν) do objeto particular na idéia; (ii) como uma imitação (μίμησις) da idéia pelo objeto particular, sendo os objetos particulares ὁμοιώματα e μιμήματα da idéia, esta última na condição de modelo exemplar ou παράδειγμα. (Não parece possível referir as duas explicações a diferentes períodos do desenvolvimento filosófico de Platão — pelo menos, não de maneira rígida —, já que ambas as explicações se encontram juntas no *Parmênides*,[100] e ambos os pensamentos ocorrem no *Banquete*).[101] As objeções feitas por Parmênides a essas teorias de Sócrates tinham sem dúvida a intenção de serem crítica séria — como de fato eram —, e não mero *jeu d'esprit*, como já se sugeriu. São verdadeiras objeções, e parece que Platão tentou desenvolver sua teoria das idéias de modo que respondesse a algumas das críticas que coloca na boca dos eleatas no *Parmênides*.

Os objetos particulares participam da idéia toda ou apenas de parte dela? É esse o dilema proposto por Parmênides como conseqüência lógica da relação entre idéias e objetos particulares como uma participação. Caso se opte pela primeira alternativa, então a idéia, que é una, estaria presente em sua inteireza nos muitos indivíduos. Caso se opte pela segunda alternativa, então a Forma ou idéia é unitária e divisível (ou múltipla) ao mesmo tempo. Em ambos os casos se chega a contradições. Ademais, se coisas iguais são iguais em virtude da presença de certa porção de igualdade, então são iguais em razão de algo que é menos que a igualdade. De modo semelhante, se algo é grande pela participação na grandeza, é grande por possuir algo que é menos que a grandeza — o que parece ser uma contradição. (É preciso observar que objeções desse tipo supõem que, no fim das contas, as idéias são em si mesmas objetos individuais, e essas observações servem assim para mostrar a impossibilidade de se considerar a idéia sob esse ponto de vista).

Sócrates sugere a teoria da imitação, a de que os objetos particulares são cópias das idéias, as quais são em si mesmas padrões ou modelos; a semelhança dos objetos particulares com a idéia constitui sua participação nela. Contra isso Parmênides argumenta que, se as coisas brancas são como a brancura, também a brancura é como as coisas brancas. Daí que, se a semelhança entre as coisas brancas deve ser explicada por meio da postulação da forma da brancura, também a semelhança entre a brancura e as coisas brancas deve ser explicada com a postulação de um arquétipo, e assim indefinidamente. Aristóteles argumentou de modo bastante similar, mas o que realmente se conclui dessa crítica é que a idéia não é simplesmente outro objeto particular, e que a relação entre os objetos particulares e a idéia não pode ser a mesma que entre diferentes

---

[100] *Parmênides*, 132 d 1 ss.
[101] *O banquete*, 211 b 2 (μετέχοντα). Em 212 a 4, fala-se dos objetos sensíveis como εἴδωλα, o que implica "imitação".

objetos particulares.[102] Logo, a objeção se dirige a mostrar a necessidade de maior consideração de quais relações estão de fato envolvidas, mas isso não mostra que a teoria das idéias seja totalmente indefensável.

Também se faz a objeção de que na teoria de Sócrates as idéias seriam incognoscíveis. O conhecimento humano se ocupa de objetos deste mundo, e de relações entre objetos individuais. Podemos, por exemplo, conhecer a relação entre o senhor individual e o escravo individual, mas esse conhecimento é insuficiente para nos informar da relação entre a senhoria absoluta (a idéia de senhoria) e a escravidão absoluta (a idéia de escravidão). Para tanto precisaríamos de conhecimento absoluto, o qual não possuímos. Essa objeção também mostra a inviabilidade de considerar o mundo ideal como meramente paralelo a este mundo: no caso de conhecermos algo daquele primeiro, então é necessário que haja alguma base objetiva que nos permita conhecê-lo. Se os dois mundos são tão-só paralelos, então, assim como conheceríamos o mundo sensível sem sermos capazes de conhecer o mundo ideal, de igual modo uma inteligência divina conheceria o mundo ideal sem ser capaz de conhecer o mundo sensível.

As objeções feitas são deixadas sem resposta no *Parmênides*, mas é preciso observar que Parmênides não estava preocupado com negar a existência do mundo inteligível: ele admite livremente que, caso se recuse terminantemente a admitir a existência de idéias absolutas, então o pensamento filosófico deixa de existir. O resultado das objeções que Platão levanta contra si próprio no *Parmênides* é, portanto, o de impeli-lo a uma consideração mais exata da natureza do mundo ideal e de sua relação com o mundo sensível. Fica claro, a partir das dificuldades propostas, que se necessita de algum princípio de unidade que, ao mesmo tempo, não aniquile a multiplicidade. Isso é admitido no diálogo, embora a unidade lá considerada seja a do mundo das formas, já que Sócrates "não se preocupa em resolver a perplexidade com relação aos objetos visíveis, mas apenas com relação ao pensamento e com o que se pode chamar de idéias".[103] As dificuldades não são, portanto, resolvidas no *Parmênides*; mas a discussão não deve ser vista como uma destruição da teoria das idéias, pois elas apenas indicam que a teoria deve ser exposta de maneira mais satisfatória do que a maneira como Sócrates a expôs até então.

Na segunda parte do diálogo o próprio Parmênides conduz a discussão e passa a exemplificar sua "arte", o método de considerar as conseqüências que se seguem de dadas hipóteses e as conseqüências que se seguem da negação das hipóteses. Parmênides se propõe a começar pela hipótese do Um e a examinar as conseqüências que se observam como sendo derivadas de sua afirmação e de sua negação. Introduzem-se distinções subordinadas, o argumento é longo e complicado e não se chega a nenhuma conclusão satisfatória. Em um livro como este não é possível acompanhar esse argumento, mas é necessário observar

---

[102] Proclo observou que a relação de uma cópia com o seu original é uma relação não só de semelhança, mas também de derivação, de tal modo que a relação não é simétrica. Cf. Taylor, *Plato*, p. 358: "Meu reflexo no vidro é um reflexo do meu rosto, mas o meu rosto não é um reflexo dele".

[103] 135 e 1–4.

que essa segunda parte do *Parmênides* não é uma refutação da doutrina do Um, assim como a primeira não era uma refutação da teoria das idéias. Uma verdadeira refutação da doutrina do Um certamente não seria posta na boca do próprio Parmênides, por quem Platão tinha grande respeito. No *Sofista* o Estranho Eleata se desculpa por afrontar o "pai Parmênides",[104] mas, como o Sr. Hardie comenta apropriadamente, essa desculpa "dificilmente teria sido pedida se em outro diálogo o pai Parmênides tivesse se afrontado a si mesmo".[105] Além disso, no fim do *Parmênides* se chega à concórdia quanto à afirmação de que "Se o Um não é, então nada é". Os participantes podem não ter certeza sobre a condição do múltiplo ou sobre sua relação com o Um, ou até sobre a natureza exata do Um; mas pelo menos concordam que *existe* o Um.

6. No *Sofista*, o objetivo dos interlocutores é definir o que é um sofista. Eles têm, claro, uma noção do que seja um sofista, mas desejam *definir* a natureza do sofista, afixá-la, digamos assim, numa fórmula clara (λόγος). Será relembrado que no *Teeteto* Sócrates rejeitou a sugestão de que o conhecimento é uma crença correta acrescida de justificativa (λόγος); mas naquele diálogo a discussão dizia respeito aos objetos sensíveis particulares, ao passo que no *Sofista* a discussão se volta para conceitos de classes. A resposta dada ao problema no *Teeteto* é, portanto, a de que o conhecimento consiste em apreender o conceito de classe por meio de gênero e diferença, isto é, por meio de *definição*. O método para chegar à definição é o da análise ou divisão (διαίρεσις, διαιρεῖν κατ' εἴδη), por meio do qual a noção ou nome a ser definido é subsumido por um gênero ou classe mais ampla, a qual é então é dividida em seus componentes naturais. Pertencerá a esses componentes naturais a noção a ser definida. Antes da divisão, é preciso que haja um processo de síntese ou coleta (συνάγειν εἰς ἕν, συναγωγή), através da qual os termos que pelo menos *prima facie* estão inter-relacionados são agrupados e comparados, com o objetivo de determinar o gênero a partir do qual o processo de divisão começará. A classe mais ampla escolhida é dividida em duas subclasses mutuamente excludentes, distinguidas uma da outra pela ausência ou presença de alguma característica particular; e o processo prossegue até que o *definiendum* é finalmente rastreado e definido por meio de seu gênero e diferenças. (Existe um fragmento divertidíssimo de Epícrates, o poeta cômico, em que descreve a classificação de uma abóbora na Academia).

Não há necessidade de nos estendermos sobre o processo concreto de circunscrição do sofista, ou sobre o exemplo preliminar que Platão dá do método de divisão (a definição do pescador); mas se deve observar que a discussão torna claro que as idéias podem ser uma e muitas ao mesmo tempo. O conceito de classe "animal", por exemplo, é um; mas ao mesmo tempo é muitos, por conter em si as subclasses "cavalo", "raposa", "homem" etc. Platão fala como se a forma genérica permeasse a forma específica subordinada ou se dispersasse nas formas subordinadas, "mesclando-se" com cada uma, porém retendo sua

---
[104] 241 a.
[105] *A Study in Plato*, p. 106.

própria unidade. Existe uma comunhão (κοινωνία) das formas, e uma forma partilha (μετέχειν) de outra (como fica implicado em "o movimento existe" que o movimento se mescla à existência); mas não devemos supor que uma forma partilhe de outra no mesmo sentido em que um particular partilha de sua forma específica, pois Platão não falará do indivíduo a se mesclar com a forma específica. As formas constituem, assim, uma hierarquia, subordinam-se ao Um como a forma mais alta e que tudo permeia; mas que se lembre que, para Platão, quanto "mais alta" é uma forma, mais rica ela é, de maneira que seu ponto de vista é oposto ao de Aristóteles, para quem, quanto "mais abstrato" o conceito, mais pobre é.

Há um quesito importante a ser observado. O processo de divisão (Platão acreditava, é claro, que a divisão lógica afere os graus do ser real) não pode ser prolongado indefinidamente, já que afinal se chegará à forma que não admite divisão ulterior. Existem as *infimae species* ou ἄτομα εἴδη. A forma de homem, por exemplo, é de fato "muitas" nesse sentido, pois contém o gênero e todas as diferenças relativas, mas não é muitas no sentido de conter ainda outras classes específicas e subordinadas nas quais possa ser dividida. Ao contrário, abaixo da ἄτομον εἴδος homem ficam os *homens individuais*. Portanto, as ἄτομα εἴδη constituem o degrau mais baixo da escada ou hierarquia das formas, e Platão muito provavelmente considerou que, ao trazer as formas mediante o processo de divisão até a fronteira da esfera sensível, estivesse fornecendo um elo de ligação entre τὰ ἀορατά e τὰ ὁρατά. Pode ser que a relação entre os indivíduos e as *infimae species* viesse a ser elucidada em *O filósofo*, o diálogo que, conjetura-se, Platão certa vez pretendeu que se seguisse ao *Político* e que nunca foi escrito; mas não se pode dizer que o hiato tenha sido sanado, e assim perdurou o problema do Χωρισμός. (Julius Stenzel fez a sugestão de que Platão adotou de Demócrito o princípio de dividir até que se alcance o átomo, que, nas mãos de Platão, torna-se a "forma atômica" inteligível. É certamente significativo que a forma geométrica fosse uma característica do átomo de Demócrito, ao mesmo tempo que formas geométricas desempenham um importante papel na imagem que Platão dá no *Timeu* para a formação do mundo; porém, é de crer que a relação entre Platão e Demócrito vá sempre permanecer conjetural e algo enigmática).[106]

Mencionei a "mescla" das formas, mas também se deve notar que existem formas que são incompatíveis, pelo menos em sua particularidade, e não irão se "mesclar", a exemplo do movimento e do repouso. Se digo: "O movimento não repousa", minha afirmação é verdadeira, já que expressa o fato de que o movimento e o repouso são incompatíveis e não se mesclam; se, contudo, digo: "O movimento é repouso", minha afirmação é falsa, já que expressa uma combinação que não se verifica objetivamente. Assim se lança luz sobre a natureza do juízo falso que desorientou Sócrates no *Teeteto*; ainda que seja mais relevante para o verdadeiro problema do *Teeteto* a discussão da afirmação falsa no *Sofista*, 262 e ss. Platão toma como exemplo de afirmação verdadeira "Teeteto está sentado",

---

[106] Cf. capítulo x, "Democritus", em *Plato's Method of Dialectic*.

e como exemplo de afirmação falsa "Teeteto está voando". Observou-se que Teeteto é um sujeito existente e que o vôo é uma forma real, de modo que a afirmação falsa não é uma afirmação sobre *nada*. (Toda afirmação significativa é sobre *algo*, e seria absurdo admitir fatos não-existentes ou falsidades objetivas). A afirmação tem um sentido, mas falta a relação de participação entre o "estar sentado" real de Teeteto e a forma diversa do "vôo". Logo, a afirmação tem um sentido, mas como um todo ela não corresponde ao fato como um todo. Platão responde à objeção de que não pode haver afirmação falsa por não existir algo que ela possa significar mediante um apelo à teoria das formas (o qual não aparece no *Teeteto*, com a conseqüência de naquele diálogo o problema não poder ser resolvido). "Só podemos ter discurso através do entrelaçamento das formas".[107] Com isso não se quer dizer que todas as afirmações com significado devam se ocupar exclusivamente das formas (já que podemos fazer afirmações dotadas de significado sobre coisas singulares como Teeteto), mas que toda afirmação com significado envolve o uso de pelo menos uma forma, como a de "estar sentado" na afirmação verdadeira de que "Teeteto está sentado".[108]

O *Sofista* nos mostra, dessa forma, a imagem de uma hierarquia das formas a se combinarem entre si em um complexo articulado; mas isso não resolve o problema da relação entre os particulares e as "formas atômicas". Platão insiste que existem εἴδωλα ou coisas que não são não-existentes, mas ao mesmo tempo tampouco são plenamente reais; mas no *Sofista* se apercebe não ser mais possível insistir no caráter completamente inalterável de toda a realidade. Ainda defende que as formas são imutáveis, mas de algum modo se deve incluir algum outro movimento espiritual no real. "A vida, a alma, o entendimento" devem ter um lugar no que é perfeitamente real, uma vez que, se a realidade como um todo exclui toda mudança, a inteligência (que envolve vida) não terá existência alguma em parte alguma. A conclusão é que "devemos admitir que aquilo que muda e que muda a si mesmo são as coisas reais"[109] e que "a realidade ou a soma das coisas são ambas ao mesmo tempo — tudo o que é imutável e tudo o que é mudança".[110] O ser real deve por conseguinte incluir vida, alma e inteligência, e a mudança implicada por estas; mas e quanto às εἴδωλα, aquilo que é puramente sensível e está perpetuamente em mudança, o mero vir a ser? Qual é a relação dessa esfera semi-real com o ser real? A questão não é respondida no *Sofista*.

7. No *Sofista* é patente que Platão indica que todo o complexo de formas, a hierarquia de gêneros e espécies, é abrangido pela forma que tudo permeia, a do ser, e é certo que ele acreditava, ao traçar a estrutura da hierarquia das formas por meio de διαίρεσις, estar detectando não só a estrutura das formas lógicas,

---

[107] *O Sof.*, 259 e 5–6.

[108] Postular formas como as de "estar sentado" e "vôo" pode ser uma aplicação lógica dos princípios de Platão, mas é óbvio que isso gera grandes dificuldades. Aristóteles dá a entender que os defensores da teoria das idéias não foram além da postulação de idéias de substâncias naturais (*Met.*, 1079 a). Também afirma que segundo os platônicos não existem idéias de relações, e ainda dá a entender que não acreditavam nas idéias de negação.

[109] 249 b 2–3.

[110] 249 d 3–4.

mas também a estrutura das formas ontológicas do real. Mas, bem-sucedido ou não em sua divisão em gêneros e espécies, foi esta de alguma valia a ele quanto à superação do Χωρισμός, da separação entre os particulares e as *infimae species*? No *Sofista*, ele mostrou como a divisão deve ser continuada até que se alcance a ἄτομον εἶδος, de cuja apreensão participam a δόξα e a αἴσθησις, embora seja só o λόγος que determine a pluralidade "indeterminada". O *Filebo* pressupõe o mesmo, isto é, que podemos fazer a divisão chegar a um termo estabelecendo um limite para o ilimitado e abrangendo os particulares sensíveis da classe mais baixa tanto quanto podem ser abrangidos. (No *Filebo*, as idéias são designadas ἑνάδες ou μονάδες). O ponto importante a notar é que para Platão os particulares sensíveis *enquanto tais* são o ilimitado e o indeterminado: são limitados e determinados apenas na medida em que são, por assim dizer, trazidos para dentro da ἄτομον εἶδος. Isso significa que os particulares sensíveis, na medida em que não são trazidos para dentro da ἄτομον εἶδος e não podem ser trazidos, não são de forma alguma objetos verdadeiros: não são completamente reais. Ao conduzir a διαίρεσις até o ponto da ἄτομον εἶδος, Platão estava, segundo via a si próprio, abrangendo toda a realidade. Isso lhe permite dizer estas palavras: "Mas a forma do infinito não deve ser posta diante das múltiplas coisas antes que se tenha observado todo o seu número, o número entre o um e o infinito; quando isso tiver sido aprendido, cada uma das diversas coisas singulares poderá ser esquecida e dispersada no infinito".[111] Em outras palavras, a divisão deve continuar até que os particulares em sua realidade inteligível sejam abrangidos pela ἄτομον εἶδος: quando se tiver alcançado isso, o restante, isto é, os particulares sensíveis, em seu aspecto não-inteligível, como impenetráveis ao λόγος, pode ser disperso na esfera do que é passageiro e apenas semi-real, aquilo de que não se pode verdadeiramente dizer que é. Do ponto de vista do próprio Platão, portanto, o problema do Χωρισμός pode ter encontrado solução; mas, do ponto de vista de qualquer pessoa que não aceite sua doutrina dos particulares sensíveis, o problema está bem longe de ser solucionado.

8. Mas, embora Platão possa ter considerado resolvido o problema do Χωρισμός, ainda assim restava mostrar como os particulares sensíveis vêm à existência. Mesmo que toda a hierarquia das formas, a estrutura complexa englobada pelo Um que tudo abrange, a idéia de ser ou do bem seja o princípio último auto-explicativo, o real e absoluto, de todo modo é necessário mostrar como veio à existência o mundo da aparência, que não é simplesmente não-ser, ainda que não seja ser em toda a sua extensão. Procederá do Um? Se não, qual a sua causa? Platão fez uma tentativa de responder a essa questão no *Timeu*, embora aqui eu só possa resumir brevemente sua resposta, uma vez que terei de mais tarde retornar ao *Timeu* ao tratar das teorias físicas de Platão.

No *Timeu*, o Demiurgo é descrito a conferir formas geométricas às qualidades primárias no receptáculo ou espaço, e assim introduzir forma no disforme, tomando por modelo para a construção do mundo o reino inteligível das formas.

---

[111] *Filebo*, 16 d 7–e 2.

O relato que Platão faz da "criação" muito provavelmente não pretendia ser um relato da criação no tempo ou *ex nihilo*: é antes uma análise por meio da qual a estrutura articulada do mundo material, a obra de uma causa racional, é distinguida do caos "primevo", sem que isso implique que o caos tenha em algum momento sido atual. O caos provavelmente é primevo apenas no sentido lógico, e não no sentido temporal e histórico. Mas, se é assim, então a parte não-inteligível do mundo material é simplesmente pressuposta: existe "junto" do mundo inteligível. Os gregos, parece, jamais enxergaram a possibilidade de criação a partir do nada (*ex nihilo sui et subiecti*). Assim como o processo lógico de διαίρεσις cessa na ἄτομον εἶδος e Platão no *Filebo* dispersa o meramente particular εἰς τὸ ἄπειρον, de igual modo na análise física do *Timeu* o meramente particular, o elemento não-inteligível (aquele que, apreciado do ponto de vista lógico, não pode ser compreendido pela ἄτομον εἶδος) é dispersado na esfera do que está em "movimento desencontrado e desordenado",[112] o fator do qual o Demiurgo "assume o controle". Logo, assim como do ponto de vista platônico os particulares sensíveis enquanto tais não podem ser deduzidos, não podem ser tornados inteiramente inteligíveis (não diz Hegel que a caneta do Sr. Krug não pode ser deduzida?), de igual modo na física platônica o elemento caótico, aquele no qual a ordem é "introduzida" pela razão, não é explicado: sem dúvida Platão achava que fosse inexplicável. Nem pode ser *deduzido* nem tampouco foi *criado a partir do nada*. Apenas está aí (um fato da experiência), e isso é tudo que podemos dizer a seu respeito. Em conseqüência, perdura o Χωρισμός, pois, por mais "irreal" que o caótico possa ser, ele não é não-ser *tout simple*: é um fator do mundo, um fator que Platão deixa sem explicação.

9. Apresentei as idéias ou formas como uma estrutura ordenada, inteligível, as quais constituem em sua totalidade um Um no múltiplo, de maneira que cada idéia subordinada é em si mesma uma entre múltiplas, indo dar na ἄτομον εἶδος, abaixo da qual está τὸ ἄπειρον. Esse complexo de formas é o absoluto lógico-ontológico. Devo agora levantar a questão de se Platão via as idéias como idéias de Deus ou como independentes de Deus. Para os neoplatônicos, as idéias eram os pensamentos de Deus: em que medida essa teoria pode ser atribuída a Platão? Caso possa ser atribuída, claramente haverá muito chão para se mostrar que o "mundo ideal" é ao mesmo tempo uma unidade e uma pluralidade — uma unidade enquanto contida na mente divina ou Nous e enquanto subordinada ao plano divino, uma pluralidade enquanto reflete a riqueza do conteúdo do pensamento divino e enquanto só realizável na natureza por meio de uma imensidão de objetos existentes.

No décimo livro da *República*,[113] Platão diz que Deus é o autor (Φυτουργός) da cama ideal. Mais que isso, Deus é o autor de todas as demais coisas — "coisas", nesse contexto, significam outras essências. Com base nisso, pode parecer que Deus criou a cama ideal por meio do ato de *pensar* nela, isto é, abrangendo em

---

[112] *Tim.*, 30 a 4–5.
[113] *Rep.*, 597 b 5–7.

seu intelecto a idéia do mundo, bem como do homem e de todas as suas necessidades. (Platão, é claro, não imaginava que houvesse uma cama material ideal). Além disso, já que Platão fala de Deus como "rei" e "verdade" (o poeta trágico ocupa a terceira posição na distância ἀπὸ βασιλέως καὶ τῆς ἀληθέιας), ao passo que antes falara da idéia de bem como κυρία ἀλήθειαν καὶ νοῦν παραχομένη[114] e como autora do ser e da essência dos objetos inteligíveis (idéias),[115] talvez seja o caso de que Platão identificasse Deus à idéia do Bem.[116] Aqueles que desejarem crer que esse era mesmo o pensamento de Platão, e que passarem a interpretar "Deus" em um sentido teísta, naturalmente apelarão ao *Filebo*,[117] onde se dá a entender que a mente que ordena o universo é dotada de alma (Sócrates diz, isso é certo, que a sabedoria e a mente não podem existir sem alma), com o que Deus seria um ser vivo e inteligente. Teríamos assim um Deus pessoal, cuja mente é o "lugar" das idéias e que ordena e governa o universo, "rei do céu e da terra".[118]

Não negarei que há muito a ser dito em suporte dessa interpretação do pensamento de Platão: além disso, é naturalmente atraente àqueles que desejam descobrir um sistema bem-arranjado em Platão, e um sistema teísta. Mas a simples honestidade nos força a admitir algumas sérias dificuldades nessa interpretação bem-arranjada. Por exemplo, no *Timeu* Platão descreve o Demiurgo a dar ordem ao mundo e a formar os objetos naturais de acordo com o modelo das idéias ou formas. O Demiurgo é provavelmente uma figura simbólica que representa a razão que Platão sem dúvida acreditava ser agente no mundo. Nas *Leis*, ele sugere a instituição de um Conselho Noturno ou Inquisição para a correção e punição de ateus. Ora, "ateu" significa para Platão, em primeiro lugar, o homem que nega a operação da razão no mundo. Platão certamente admite que a alma e a inteligência pertencem ao real, mas não parece possível afirmar que, na visão de Platão, a *razão divina* é o "lugar" das idéias. Pode-se argumentar, de fato, que se fala do Demiurgo como a desejar que "todas as coisas cheguem o mais próximo possível de serem como ele" e que "todas as coisas devem ser boas"[119] — expressões que sugerem que a separação entre o Demiurgo e as idéias é um mito e que, no verdadeiro pensamento de Platão, ele é o bem e a derradeira fonte das idéias. O fato de o *Timeu* em parte alguma afirmar que o Demiurgo criou as idéias ou que seja sua fonte, antes as descrevendo como distintas dele (com o Demiurgo descrito como causa eficiente e as idéias, como causa exemplar), não parece prova conclusiva de que Platão *não* os tomasse conjuntamente; mas pelo menos nos acautela de afirmar de modo peremptório que os tomasse conjuntamente *sim*. Ademais, se o "capitão" e Deus da sexta carta é o Demiurgo ou razão divina, que dizer do "pai"? Se o "pai" é

---

[114] *Rep.*, 517 c 4.
[115] *Rep.*, 509 b 6–10.
[116] O fato de Platão falar de Deus como "rei" e "verdade", enquanto a idéia do bem é "a fonte da verdade e razão", sugere que Deus ou a razão não deve ser identificado com o bem. Vai nisso algo da interpretação neoplatônica.
[117] *Fil.*, 30 c 2–e 2.
[118] *Fil.*, 28 c 6 ss.
[119] *Tim.*, 29 e 1–30 a 7.

o Um, então não parecerá que o Um e toda a hierarquia das idéias possam ser explicados como pensamentos do Demiurgo.[120]

Mas se a razão divina não é a última, será possível que o Um seja o último, não só como causa exemplar última, mas também como causa produtiva última, estando ele mesmo "além" da mente da alma, do mesmo modo que "além" da essência? Se é assim, poderemos dizer que a razão divina procede de algum modo (atemporalmente, é claro) do Um e que essa razão ou contém as idéias como pensamentos ou existe "junto" das idéias (tais como descritas no *Timeu*)? Em outras palavras, podemos interpretar Platão em chave neoplatônica?[121] A observação sobre o "capitão" e o "pai" na sexta carta pode ser compreendida em apoio dessa interpretação, ao passo que o fato de que nunca se fale da idéia de bem como uma "alma" possa significar que o bem está além da alma, isto é, é mais do que a alma, não menos. O fato de que no *Sofista* Platão diga pela boca do Estrangeiro de Eléia que a "realidade ou a soma das coisas" deve incluir alma, inteligência e vida[122] implica que o Um ou realidade total (o pai da *Carta 6*) abrange não só as idéias, mas também a mente. Se é assim, qual é a relação entre a mente e a alma do mundo no *Timeu*? A alma do mundo e o Demiurgo são distintos no diálogo (pois o Demiurgo é descrito a "criar" a alma do mundo); mas no *Sofista* se diz que a inteligência deve ter vida, e que ambas devem possuir a alma "em que habitam".[123] Contudo, é possível que a criação da alma do mundo pelo Demiurgo não deva ser tomada de maneira tão literal, especialmente porque no *Fedro* se diz que a alma é um começo e é incriada,[124] e que a alma do mundo e o Demiurgo representem juntos a razão divina imanente a este mundo. Se é assim, teremos o Um, a realidade suprema que abrange e, em certo sentido, é a fonte (embora não o criador no tempo) da razão divina (= Demiurgo = alma do mundo) e as formas. Podemos falar da razão divina como a "mente de Deus" (se *nós* igualarmos Deus ao Um) e das formas como as idéias de Deus; mas precisamos ter em mente que essa concepção terá mais estreita semelhança com o neoplatonismo posterior do que com a filosofia especificamente cristã.

Desnecessário dizer que Platão tinha alguma idéia acerca do que ele queria dizer, mas, em vista das provas de que dispomos, devemos evitar pronunciamentos dogmáticos acerca do que ele *de fato* quis dizer. Logo, embora o presente escritor esteja inclinado a pensar que a segunda interpretação tem alguma semelhança com o que Platão efetivamente pensou, ele está muito longe de anunciá-la inequivocamente como a autêntica filosofia de Platão.

10. Devemos agora tratar com brevidade da questão espinhosa do aspecto matemático da teoria das idéias.[125]

---

[120] Embora no *Timeu*, 37 c, o "Pai" signifique o Demiurgo.
[121] Os neoplatônicos defendiam que a razão divina não era última, mas procedia do Um.
[122] *Sof.*, 248 e 6–249 d 4.
[123] 249 a 4–7.
[124] 245 c 5–246 a 2.
[125] Meu débito para com o tratamento que o Prof. Taylor dá a esse tópico será óbvio para todos aqueles que leram seu artigo em *Mind* (out. 1926 e jan. 1927). Cf. Apêndice a *Plato*.

(I) As formas são números;
(II) As coisas existem por participação nos números;
(III) Os números são compostos do Um e do grande-e-pequeno ou dualidade indeterminada (ἀόριστος δυάς), em vez de formados, como pensavam os pitagóricos, pelo ilimitado (ἄπειρον) e pelo limite (πέρας);
(IV) τὰ μαθηματικά ocupam uma posição intermédia entre as formas e as coisas.

Já tratei do tema de τὰ μαθηματικά ou dos "intermediários" ao lidar com a linha: resta, assim, considerar as seguintes questões:
(I) Por que Platão identificou formas a números e o que quis dizer com isso?
(II) Por que Platão disse que as coisas existem por participação nos números?
(III) O que significa a composição do Um com o grande-e-pequeno?

Só posso tratar dessas questões com brevidade. Não só é o caso de que um tratamento apropriado requer um conhecimento da matemática, tanto da antiga como da moderna, muito maior do que o presente autor possui, como ainda é duvidoso que, dado o material disponível, mesmo o especialista matematicamente dotado possa dar um tratamento de fato apropriado e definitivo.

(I) O motivo de Platão para identificar formas com números parecer ser o de racionalizar ou tornar inteligível o misterioso e transcendental mundo das formas. Tornar inteligível significa, nesse caso, encontrar o *princípio de ordem*.

(II) Os objetos naturais encarnam o princípio de ordem em alguma medida: são, por exemplo, instâncias do universal lógico e tendem à realização de suas formas: são trabalho manual da inteligência e exibem um esquema.

(a) Essa verdade é expressa no *Timeu* pela afirmação de que as características sensíveis dos corpos são dependentes da estrutura geométrica de seus corpúsculos. Essa estrutura geométrica é determinada pela estrutura de suas faces, e a de suas faces pela estrutura de dois tipos de triângulos (triângulo retângulo isósceles e triângulo retângulo escaleno) a partir do qual são construídas. As proporções entre os lados dos triângulos podem ser expressas numericamente.

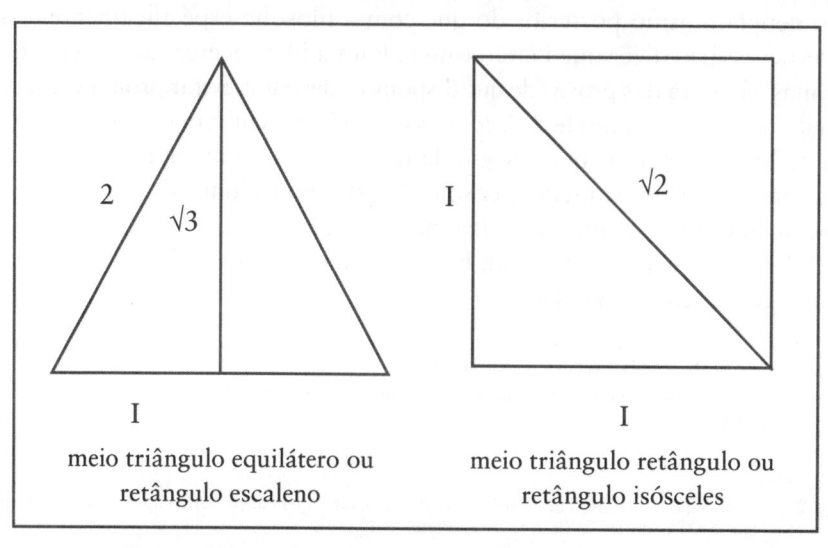

meio triângulo equilátero ou
retângulo escaleno

meio triângulo retângulo ou
retângulo isósceles

1b) Outra expressão da mesma verdade é a doutrina do *Epínomis* de que os movimentos aparentemente labirínticos dos corpos celestes (os objetos fundamentais do culto oficial) de fato se conformam à lei matemática e expressam, assim, a sabedoria de Deus.[126]

(c) Os corpos naturais materializam, portanto, o princípio de ordem e podem, em maior ou menor medida, ser "matematizados". Por outro lado, não podem ser inteiramente "matematizados" — não são números — porque também materializam a contingência, um elemento irracional, a "matéria". Não se diz, por conseguinte, que *são* números, mas que *participam* dos números.

(III) Esse caráter parcialmente irracional dos objetos naturais nos dá a chave para a compreensão do "grande e pequeno".

(a) A tríade de números que provê a proporção dos lados uns para os outros é, no caso do triângulo retângulo isósceles, 1, 1, $\sqrt{2}$, e no caso do triângulo retângulo escaleno é 1, $\sqrt{3}$, 2. Num caso como no outro, existe um elemento irracional que expressa a *contingência* nos objetos naturais.

(b) Taylor observa que em determinada seqüência de frações — hoje em dia derivada de uma "fração contínua", mas na verdade já aludida pelo próprio Platão[127] e por Teão de Esmirna[128] — termos alternados convergem para cima tendo $\sqrt{2}$ como limite e fecho superior, ao passo que outros termos alternados convergem para baixo tendo $\sqrt{2}$ como limite e fecho inferior. Portanto, os termos da seqüência completa, em sua ordem original, são por isso chamados alternadamente de "maiores e menores" que $\sqrt{2}$, ao mesmo tempo que conjuntamente convergem para $\sqrt{2}$ como seu limite único. Temos aí, logo, as características do grande e do pequeno ou da dualidade indeterminada. A "ilimitação" da fração contínua, a "irracionalidade", parece se identificar com o elemento material, o elemento de não-ser, presente *em tudo o que vem a ser*. Trata-se de uma expressão matemática do fluxo de caráter heraclíteo das entidades naturais.

Isso pode parecer bastante claro no que diz respeito a corpos naturais. Mas que pensar da declaração de Aristóteles de que "do grande e do pequeno, por participação no Um, vêm as formas, isto é, os números"?[129] Em outras palavras, como podemos explicar a extensão da composição forma-matéria aos próprios números inteiros?

Se tomarmos em consideração "$1 + 1/2 + 1/4 + 1/8 + \ldots 1/2n + \ldots$", temos uma série que converge para o número 2. Fica claro, assim, que uma série infinita de frações racionais pode convergir para um limite racional, e se poderia dar exemplos que envolvessem os μέγα καὶ μικρόν. Platão parece ter estendido essa composição dos μέγα καὶ μικρόν aos próprios números inteiros, desconsiderando, contudo, o fato de que 2 como o limite de convergência não pode ser identificado com o inteiro 2, já que os inteiros são pressupostos como uma série da

---

[126] 990 c 5–991 b 4.
[127] *Rep.*, 546 c.
[128] *Expositio*, ed. Hiller, 43, 5–45, 8.
[129] *Metaf.*, 987 b 21–22.

qual os convergentes são compostos. Na Academia Platônica, os inteiros eram derivados ou "inferidos" a partir do Um com a ajuda da ἀόριστος δυάς, que parece ter sido identificada com o *número inteiro 2* e lhe ter sido atribuída a função de "dobrar". O resultado é que os inteiros são derivados em uma série não-racional. No todo, podemos dizer que, à falta de nova luz sobre a história matemática filologicamente exata, a teoria da composição dos inteiros a partir do Um e do grande-e-pequeno continuará a parecer uma excrescência enigmática da teoria platônica das idéias.

11. Quanto à tendência de pan-matematização, tomada como um todo, não posso senão julgá-la infeliz. Um pressuposto de toda a filosofia dogmática é que o real é racional, mas disso não se segue que toda a realidade possa ser racionalizada por nós. A tentativa de reduzir toda a realidade à matemática é não só uma tentativa de racionalizar toda a realidade — que, pode-se dizer, é a tarefa da filosofia —, mas pressupõe que toda a realidade possa ser racionalizada *por nós*, o que é apenas uma suposição. É perfeitamente exato que Platão admite um elemento na natureza que não pode ser submetido à matematização, e assim à racionalização, mas sua tentativa de racionalizar a realidade e a extensão dessa tentativa à esfera espiritual tem um sabor que bem pode nos recordar a visão determinista e mecânica que Espinosa tinha da realidade (expressa em sua *Ethica more geometrico demonstrata*) e a tentativa de Hegel de compreender a essência íntima da realidade última ou Deus dentro de fórmulas lógicas.

À primeira vista pode parecer estranho que o Platão que escreveu O *banquete*, com sua ascensão à beleza absoluta sob inspiração de Eros, tivesse inclinação para o pan-matematicismo; e esse aparente contraste pode parecer que vem em apoio da visão de que o Sócrates dos diálogos platônicos não dá as opiniões de Platão mas as suas próprias, de que, embora Sócrates tenha inventado a teoria das idéias como aparece nos diálogos, Platão por sua vez a "aritmetizou". Contudo, fora o fato de que a interpretação "mística" e predominantemente religiosa do *Banquete* está bem longe de ter sido demonstrada a correta, o contraste aparente entre o *Banquete* — pressupondo-se por ora que a "ascensão" seja mística e religiosa — e a interpretação matemática que Platão faz das formas, como nos é contada por Aristóteles, dificilmente parecerá um argumento convincente em prol da opinião de que o Sócrates platônico é o Sócrates histórico e de que Platão reservou a maior parte de suas visões pessoais à Academia e, nos diálogos, à expressão através de outras *dramatis personae* que não Sócrates. Se pensamos em Espinosa, vemos um homem que, por outro lado, era possuído pela visão da unidade de todas as coisas em Deus, e que propôs a intuição ideal do *amor intellectualis Dei*, e que, por outro lado, buscou estender o aspecto mecânico da física a toda a realidade. De igual modo, o exemplo de Pascal deveria ser suficiente para mostrar que o gênio matemático e um temperamento profundamente religioso, até místico, não são de todo incompatíveis.

Além disso, pan-matematicismo e idealismo podem até ser vistos como a se apoiarem mutuamente. Quanto mais a realidade é matematizada, mais ela é, em certo sentido, transferida para um plano ideal, ao passo que, inversamente, o pensador que desejar encontrar a verdadeira realidade e ser da natureza em um mundo ideal pode facilmente tomar a mão ofertada pela matemática como um auxílio na tarefa. Isso se aplicaria especialmente ao caso de Platão, já que tivera antes o exemplo dos pitagóricos, os quais combinavam não só um interesse em matemática, mas também uma tendência ao pan-matematicismo com interesses religiosos e psicológicos. Não nos é permitido, portanto, declarar que Platão *não pudesse* ter combinado em si tendências religiosas e transcendentalistas com uma tendência ao pan-matematicismo, já que, incompatíveis ou não do ponto de vista abstrato, a história mostrou não serem incompatíveis do ponto de vista psicológico. Se os pitagóricos foram possíveis, se Espinosa e Pascal foram possíveis, então não existe razão pela qual diríamos, *a priori*, que Platão não poderia ter escrito um livro místico e ter dado uma aula sobre o Bem na qual, segundo sabemos, falou de aritmética e astronomia e identificou o Um ao Bem. Mas, embora não possamos afirmar isso *a priori*, resta ainda investigar se de fato Platão quis que uma passagem como o discurso de Sócrates no *Banquete* fosse entendida em sentido religioso.

12. Qual é o processo, segundo Platão, pelo qual a mente chega à apreensão das idéias? Já falei de modo ligeiro da dialética platônica e do método de διαίρεσις, e ninguém irá negar a importância da dialética na teoria platônica; mas surge a questão sobre se Platão contemplava ou não uma abordagem religiosa, quiçá mística, do Um ou Bem. *Prima facie*, o *Banquete* no mínimo contém elementos místicos, e, se nos aproximarmos dele com nossa mente repleta da interpretação dada por neoplatônicos e escritores cristãos, provavelmente encontraremos o que buscamos. Mas tampouco essa interpretação pode ser posta de lado *ab initio*, pois certos estudiosos modernos de grande e merecida reputação emprestaram seu apoio a ela.

Assim, referindo-se ao discurso de Sócrates no *Banquete*, o Prof. Taylor comenta: "Em substância, o que Sócrates está descrevendo é a mesma viagem espiritual que São João da Cruz descreve, por exemplo, na bem-conhecida canção *En una noche oscura*, que abre seu tratado sobre a *Noite Escura*, e para a qual aponta mais obscuramente Crashaw em todos os versos de *O coração flamejante*, e que Boaventura nos mapeia com toda a precisão no *Itinerarium Mentis in Deum*".[130] Outros, contudo, não dirão com esse teor; para eles Platão não é místico algum, ou, se dá mostras de qualquer inclinação mística, é só na fraqueza da velhice que o faz. Daí o Prof. Stace declarar que

> as idéias são racionais, o que é dizer que são apreendidas por meio da razão. O ato de encontrar o elemento comum na variedade é obra da razão indutiva, e só por meio disso o conhecimento das idéias é possível. Isso deveria ser observado por aquelas pessoas que imaginam que Platão fosse alguma espécie de místico benevolente. O Um imperecível, a realidade

[130] *Plato*, p. 225.

absoluta, é apreendido não por meio da intuição ou de qualquer êxtase místico, mas só pela cognição racional e pelo pensamento laborioso.[131]

De modo análogo, o Prof. C. Ritter diz que gostaria de

> dirigir um comentário crítico contra as tentativas recentes, repetidas com freqüência, de rotular Platão como um místico. Estas são inteiramente baseadas em passagens falsificadas das *Cartas*, e só posso considerar essas tentativas realizações inferiores de uma pobreza espiritual que busca refúgio no ocultismo. Impressiona-me que alguém possa saudá-las como sabedoria iluminada, como a última palavra do filosofar platônico.[132]

O Prof. Ritter, desnecessário dizer, está perfeitamente consciente de que determinadas passagens nas obras certamente autênticas de Platão se prestam a interpretações de sentido místico; mas, a seu ver, essas passagens são não só de caráter poético e mítico, como também eram compreendidas dessa forma pelo próprio Platão. Em suas primeiras obras, Platão sugere, alude, a tatear por onde caminha, digamos assim, e às vezes veste suas impressões com uma linguagem poética e mítica; mas quando, em seus diálogos posteriores, se aplica a um tratamento mais científico de suas doutrinas epistemológicas e ontológicas, não mais se apóia em sacerdotisas ou emprega simbolismo poético.

É de pensar que, se encararmos o Bem predominantemente sob seu aspecto de ideal ou τέλος, será possível interpretar Eros simplesmente como o impulso da natureza mais alta do homem em direção ao bem e à virtude (ou, na linguagem da doutrina da pré-existência ou reminiscência, como a atração espontânea da natureza mais alta do homem pelo ideal que ele contemplara no estado de pré-existência). Platão, como vimos, não aceitaria uma ética meramente relativista: existem padrões e normas absolutas, ideais absolutos. Por conseguinte, existem um ideal de justiça, um ideal de temperança, um ideal de coragem, e esses ideais são reais e absolutos, uma vez que não variam, permanecendo, ao contrário, padrões de conduta inalteráveis. Não são "coisas", porque são ideais; contudo, não são apenas subjetivos, porque "governam", digamos assim, os atos humanos. Mas a vida humana não é vivida atomisticamente, separada da sociedade e do Estado, nem tampouco o homem está posto de todo à parte da natureza; e assim podemos chegar à apreensão do Ideal que tudo abrange ou τέλος, ao qual todos os ideais particulares se subordinam. Esse ideal universal é o bem. É apreendido por meio da dialética, isto é, *discursivamente*; mas na natureza mais alta do homem há uma atração pelo verdadeiramente bom e belo. Se o homem toma equivocadamente a beleza e o bem sensíveis, por exemplo a beleza dos objetos físicos, como o verdadeiro bem, então o impulso de atração de Eros é direcionado para esses bens inferiores, e aí temos o homem mundano

---

[131] *Critical History*, pp. 190–191.
[132] *The Essence of Plato's Philosophy*, p. 11.

e sensual. Um homem pode, contudo, ser levado a ver que a alma é mais alta e melhor do que o corpo, e que a beleza da alma é de maior valor do que a beleza do corpo. Similarmente, ele pode ser levado a ver a beleza nas ciências formais[133] e a beleza dos ideais: o poder de Eros então o atrai "para o imenso oceano da beleza intelectual" e para a "visão das formas amáveis e majestáticas que ele contém".[134] Por fim, pode vir a apreender como todos os ideais particulares se subordinam ao ideal universal ou τέλος, o bem-em-si-mesmo, e assim gozar da "ciência" dessa beleza e bem universais. A alma racional é afim ao ideal,[135] e portanto capaz de contemplar o ideal e de se deleitar em sua contemplação tão logo o apetite sensual tenha sido controlado.[136] "Não existe quem seja tão indigno a quem o amor não possa impelir, como que por inspiração divina, na direção da virtude".[137] A verdadeira vida para o homem é, por conseguinte, a vida filosófica ou vida da sabedoria, já que é só o filósofo que alcança a verdadeira ciência universal e apreende o caráter racional da realidade. No *Timeu*, o Demiurgo é descrito a formar o mundo segundo o padrão ideal ou exemplar e a se esforçar para fazê-lo tão semelhante ao ideal quanto permitir a matéria refratária que tem ao seu dispor. Cabe ao filósofo apreender o ideal e se esforçar para modelar sua própria vida e a de outros de acordo com o padrão. Daí o posto reservado ao rei filósofo na *República*.

Eros ou Amor é retratado no *Banquete*[138] como um "grande deus", que ocupa lugar intermediário entre o divino e o mortal. Eros, em outras palavras, "filho da pobreza e da abundância", é *desejo*, e desejo se tem do que não se possui ainda, mas Eros, embora pobre, isto é, embora ainda não tenha sua posse, é "o mais diligente desejo de posse da felicidade e do que é bom". O termo "Eros" com freqüência é restrito a uma única espécie de Eros — de modo algum sua espécie mais elevada —, mas se trata de um termo de maior conotação que a de desejo físico, e, em geral, é "o desejo de gerar no belo, tanto no que diz respeito ao corpo como à alma". Mais ainda, uma vez que Eros é o desejo de que o bem esteja para sempre presente a nós, deve por necessidade ser também desejo de imortalidade.[139] Por meio do Eros mais baixo os homens são compelidos a buscar a imortalidade por meio da produção de filhos: por meio de um Eros mais elevado poetas como Homero e estadistas como Sólon legam uma progênie mais duradoura "como testemunhos do amor que subsistia entre eles e o belo". Através do contato com a própria beleza, o ser humano se torna imortal e produz verdadeira virtude.

Ora, tudo isso pode ser compreendido como parte de um processo intelectualista puro, no sentido de discursivo. Não só isso, é verdade que a idéia

---

[133] Cf. *Filebo*, 51 b 9–d 1.
[134] *O banquete*, 210 d 3–5.
[135] Cf. *Fédon*.
[136] Cf. *Fedro*.
[137] *O banquete*, 179 a 7–8.
[138] 201 d 8 ss.
[139] 206 a 7–207 a 4.

do bem ou a idéia de beleza é um princípio ontológico, de modo que não pode haver nenhuma razão *a priori* pela qual não pudesse ela própria ser objeto de Eros e apreendida intuitivamente. No *Banquete*, diz-se da alma que chega ao ponto máximo da ascensão que contempla a beleza "de repente", ao passo que na *República* se diz do bem que só é visto por último e só à custa de esforços — expressões essas que bem podem implicar uma apreensão intuitiva. O que podemos chamar de diálogos "lógicos" podem oferecer pouca indicação de qualquer aproximação mística ao Um; mas isso não quer dizer necessariamente que Platão nunca tenha vislumbrado uma tal abordagem, ou que, a tendo vislumbrado, a rejeitou à época que escreveu o *Parmênides*, o *Teeteto* e o *Sofista*. Esses diálogos lidam com problemas precisos, e não temos o direito de esperar que Platão apresente todos os aspectos do seu pensamento em um único diálogo. Nem tampouco o fato de Platão nunca propor o Um ou o Bem como objeto de culto religioso oficial necessariamente vai contra a possibilidade de que admitisse uma aproximação intuitiva e mística ao Um. Seja como for, não devemos esperar que Platão propusesse uma transformação radical da religião popular grega (embora em *As leis* ele de fato proponha sua purificação, e indique que a verdadeira religião consiste numa vida virtuosa e no reconhecimento da operação da razão no universo, como, por exemplo, nos movimentos dos corpos celestes); tanto mais que, se o Um está "além" do ser e da alma, pode ser que jamais lhe tenha ocorrido que este pudesse ser objeto de culto popular. Afinal de contas, os neoplatônicos, que sem dúvida admitiam uma aproximação "extática" ao Um, não hesitavam em dar seu apoio à religião tradicional e popular.

Em vista dessas considerações, parece que somos forçados a concluir que (a) temos certeza da abordagem *dialética* e (b) não temos certeza da abordagem mística, embora sem negar que algumas passagens dos escritos de Platão possam ser compreendidas como a implicar essa abordagem e, talvez, tenham sido pensadas por Platão com esse sentido.

13. É evidente que a teoria platônica das formas constitui um enorme avanço em relação à filosofia pré-socrática. Ela rompeu com o materialismo *de facto* dos pré-socráticos, afirmando a existência do ser imaterial e invisível, que não é senão uma sombra deste mundo, mas é real em um sentido muito mais profundo do que é real o mundo material. Embora concordando com Heráclito quanto às coisas sensíveis estarem em estado de fluxo, de vir a ser, de modo que delas nunca se possa dizer que *são*, Platão percebeu que isso é apenas um lado da questão: existe também o verdadeiro ser, uma realidade estável e permanente, que pode ser conhecida, que na verdade é o supremo objeto de conhecimento. Por outro lado, Platão não caiu na posição de Parmênides, que, ao identificar o universo com o Um estático, foi forçado a negar toda mudança e vir a ser. Para Platão o Um é transcendente, de modo que o vir a ser não é negado, mas plenamente admitido no mundo "criado". Mais ainda, a própria realidade não é desprovida de mente, vida e alma, e assim existe movimento espiritual no real. De modo análogo, até ao Um transcendente não falta pluralidade, assim como

aos objetos deste mundo não falta inteiramente unidade, pois participam das formas ou as imitam, e assim partilham, em alguma medida, da ordem. Não são de todo reais, mas não são mero não-ser; têm uma partilha no ser, ainda que o verdadeiro ser não seja material. A mente e seu efeito, a ordem, estão presentes no mundo: a mente ou razão permeia, digamos assim, este mundo, e não é um mero *Deus ex machina*, como o Nous de Anaxágoras.

Mas, se Platão representa um avanço em relação aos pré-socráticos, também representa um avanço em relação aos sofistas e ao próprio Sócrates. Avanço em relação aos sofistas porque Platão, embora admitindo o relativismo do puro αἴσθησις, recusou-se, como Sócrates antes dele, a aquiescer à relatividade da ciência e dos valores morais. Avanço em relação ao próprio Sócrates porque Platão estendeu as investigações daquele primeiro para além da esfera dos padrões e definições éticas, levando-as às esferas da lógica e da ontologia. Além disso, ao passo que não existe nenhuma indicação certa de que Sócrates tentou qualquer unificação sistemática da realidade, Platão nos apresenta um real absoluto. Assim, se Sócrates e os sofistas representam uma reação aos sistemas precedentes de cosmologia e às especulações concernentes ao Um e ao múltiplo (ainda que, em um sentido inequívoco, a preocupação de Sócrates com definições exatas diga respeito ao Um e ao múltiplo), Platão por sua vez retomou para si os problemas dos cosmólogos, embora fazendo-o em um plano bem mais elevado e sem abandonar a posição de Sócrates. Pode-se dizer, assim, que ele tentou uma síntese do que era valioso, ou lhe parecia valioso, nas filosofias pré-socrática e socrática.

Deve-se, é claro, admitir que a teoria platônica das formas é insatisfatória. Ainda que o Um ou Bem represente o princípio último, que abrange todas as outras formas, ainda assim perdura o Χωρισμός entre o inteligível e o mundo puramente sensível. Platão pode ter pensado que resolvera o problema do Χωρισμός do ponto de vista epistemológico através de sua doutrina da união de λόγος, δόξα e αἴσθησις na apreensão das ἄτομα εἴδη; mas, ontologicamente, a esfera do puro ser permanece sem explicação. (É duvidoso, contudo, que os gregos tenham *alguma vez* a explicado). Logo, Platão não parece ter clarificado de maneira satisfatória o significado de μέθεξις e μίμησις. No *Timeu*[140] ele diz explicitamente que a forma nunca entra "em nada em parte alguma", uma afirmação que deixa claro que Platão *não* via a forma ou idéia como um componente intrínseco do objeto físico. Portanto, em vista de declarações do próprio Platão, não faz sentido tentar apagar a diferença entre ele e Aristóteles. Pode ser que Platão tenha apreendido verdades importantes às quais Aristóteles não conseguiu fazer justiça, mas é certo que ele não defendia a mesma visão do universal que Aristóteles. Em conseqüência, "participação", para Platão, não deve ser entendida como um "ingresso" dos "objetos eternos" nos "acontecimentos". "Acontecimentos" ou objetos físicos são assim, para Platão, não mais que imitações ou reflexos especulares das idéias, e é inescapável a conclusão

---

[140] 52 a 1–4.

de que o mundo sensível existe "ao lado" do mundo inteligível, na condição de sombra e imagem evanescente deste último. O idealismo platônico é uma filosofia grande e sublime que contém muita verdade (pois o mundo puramente sensível de fato não é o único mundo nem tampouco o mundo mais elevado e mais "real"); mas, uma vez que Platão não defende que o mundo sensível é mera ilusão e não-ser, a sua filosofia inevitavelmente envolve um Χωρισμός, e é inútil tentar maquiar o fato. Afinal de contas, Platão não é o único grande filósofo cujo sistema lhe trouxe dificuldades concernentes à "particularidade", e dizer que Aristóteles estava correto em identificar o Χωρισμός na filosofia platônica não é dizer que a visão aristotélica do universal, tomada em si mesma, obvie as dificuldades. É bem mais provável que esses dois grandes pensadores enfatizassem (talvez até super-enfatizassem) diferentes aspectos da realidade que precisam ser reconciliados numa síntese mais completa.

Mas, sejam quais forem as conclusões a que Platão chegou, e quais forem as imperfeições ou erros que possa haver em sua teoria das idéias, jamais devemos esquecer que ele intentava estabelecer a verdade verificada. Defendeu com firmeza que podemos apreender, e que de fato apreendemos, as essências no pensamento, e defendeu com firmeza que essas essências não são criações puramente cognitivas da mente humana (como se o ideal de justiça, por exemplo, fosse pura criação humana e de caráter relativo): não as criamos, as descobrimos. Julgamos as coisas segundo padrões, seja morais seja estéticos, seja genéricos seja específicos: todo julgamento implica necessariamente esses padrões, e, se o julgamento científico é objetivo, então eles devem ter referência objetiva. Mas não são encontrados, e não podem ser encontrados, no mundo sensível enquanto tal: devem, portanto, ser transcendentes ao mundo evanescente dos particulares sensíveis. Platão de fato não levantou o "problema crítico", embora sem dúvida acreditasse que a experiência é inexplicável, a menos que se afirme a existência objetiva dos padrões. Não devemos atribuir a Platão a posição de neokantiano, pois, ainda que — não pretendemos admiti-lo — a verdade subjacente às doutrinas da pré-existência e reminiscência seja o *a priori* kantiano, mesmo assim não existe prova de que o próprio Platão usasse desses "mitos" como expressões figurativas para a doutrina de um *a priori* puramente subjetivo. Ao contrário, tudo leva a crer que Platão acreditava na referência verdadeiramente objetiva dos conceitos. A realidade pode ser conhecida e a realidade é racional: o que não pode ser conhecido não é racional, e o que não é plenamente real não é plenamente racional. Isso Platão defendeu até o fim, e acreditou que, caso nossa experiência (em sentido amplo) deva ser explicada ou tornada coerente, ela só pode ser explicada com base em sua teoria. Se não era um kantiano, tampouco era, por outro lado, um romancista ou mitólogo: era um *filósofo*, e sua teoria das formas foi proposta como uma teoria filosófica e racional (uma "hipótese" filosófica para a explicação da experiência), não como um ensaio de mitologia ou como folclore popular, nem só como mera expressão de desejo de um mundo melhor do que este.

Logo, é um grande erro transformar Platão em um poeta, como se fosse simplesmente um "escapista" que desejasse criar um mundo supracorporal, um mundo ideal, no qual pudesse se abrigar das condições da experiência diária. Se Platão pudesse ter dito com Mallarmé: "La chair est triste, hélas! et j'ai lu tout les livres, Fuir! Là-bas fuir...",[141] teria sido por crer na *realidade* de um mundo supra-sensível e inteligível, que é dado ao filósofo *descobrir*, não criar. Platão não buscou transmutar a "realidade" em sonho, criando assim o seu próprio mundo poético, e sim se elevar deste mundo inferior ao mundo superior das puras idéias arquetípicas. Estava profundamente convencido da realidade dessas idéias. Quando Mallarmé diz: "Je dis: une fleur, et hors de l'oubli où ma voix relègue aucun contour, en tant que quelque chose d'autre, que les calices sus, musicalement se lève, idée même et suave, l'absente de tout bouquets",[142] ele está pensando na criação da flor ideal, não na descoberta da flor arquetípica no sentido platônico. Assim como numa sinfonia os instrumentos podem transmutar uma paisagem em música, de igual modo o poeta transmuta as flores concretas da experiência em idéia, em música do pensamento onírico. Além disso, na prática o esvaziamento das circunstâncias particulares operado por Mallarmé servia antes ao propósito de ampliar o escopo associativo, evocativo e alusivo da idéia ou imagem. (E, já que esses aspectos eram tão pessoais, é difícil compreender sua poesia). De qualquer modo, contudo, tudo isso é estranho a Platão, o qual, independentemente dos dotes artísticos que tivesse, é em primeiro lugar um filósofo, não um poeta.

Tampouco podemos tomar o objetivo de Platão como o de transmutar a realidade à maneira de Rainer Maria Rilke. Pode haver verdade na alegação de que construímos um mundo nosso ao revesti-lo, digamos assim, de nós mesmos — a luz do sol em um muro pode dizer mais para nós do que significa "em si mesma", em termos de átomos, elétrons e ondas de luz, em razão de nossas impressões subjetivas, bem como das alusões, associações e subtendidos que lhe damos —, mas o esforço de Platão não era de enriquecer, embelezar e transmutar esse mundo por meio de evocações subjetivas, mas ir, além do mundo sensível, até o mundo do pensamento, a realidade transcendental. Claro, ainda nos cabe, se tivermos inclinação para tanto, discutir as origens psicológicas do pensamento de Platão (*pode ser* que ele fosse psicologicamente um escapista); mas, se o fizermos, devemos ao mesmo tempo lembrar que isso não é equivalente ao que pretendia Platão. Fossem quais fossem os motivos "subconscientes" que ele pudesse ter ou não, ele sem dúvida almejava uma investigação séria, filosófica e científica.

Nietzsche acusou Platão de criar um inimigo deste mundo, de estabelecer um mundo transcendental por inimizade a este mundo, de contrastar um "lá" com um "aqui" por desgosto com o mundo da experiência e a vida humana e por preconceitos e interesses morais. É provavelmente verdade que Platão foi

---

[141] Stéphane Mallarmé, *Poems*. trad. Roger Fry. Chatto & Windus, 1936. [*Ai, que a carne é triste! e li todos os livros, Fugir! para lá fugir...*].

[142] "Digo: uma flor, fora do esquecimento onde minha voz prescinde de contornos, como se uma coisa outra que não os cálices conhecidos, ergue-se musicalmente, a própria idéia e suave, aquela ausente de todos os buquês".

influenciado por desapontamentos em sua vida real, a saber, com a conduta política do Estado ateniense, ou por seu desapontamento na Sicília; mas ele não era ativamente hostil a este mundo; ao contrário, desejava treinar verdadeiros estadistas, os quais levariam adiante, digamos assim, a obra do Demiurgo de trazer ordem à desordem. Ele só era hostil à vida e a este mundo na medida em que eram desordenados e fragmentários, em que fugiam à harmonia — ou não a expressavam — que ele acreditava serem as realidades estáveis e as normas estáveis de extraordinário valor e significado universal. A questão não é tanto quais influências contribuíram para a formação da metafísica de Platão, seja como causas, condições ou ocasiões, quanto: "Platão conseguiu ou não provar sua posição?" — e de uma questão como essa um homem tal como Nietzsche não se ocupa. Mas não podemos nos dar ao luxo de ignorar *a priori* a noção de que aquilo que há de ordem e inteligibilidade neste mundo possui um fundamento objetivo numa realidade invisível e transcendente, e acredito que Platão não só alcançou uma medida considerável de verdade em sua metafísica, como também fez muito no sentido de mostrar que esta *era* a verdade. Se um homem vai falar seja o que for, é claro que fará julgamentos de valor, julgamentos que supõem normas e padrões objetivos, valores que podem ser apreendidos com variados graus de percepção, valores que não podem se "atualizar", antes dependem, para sua atualização, da vontade humana, a cooperar com Deus na realização do valor e do ideal na vida humana. Não temos, é claro, nenhuma intuição direta do absoluto, pelo menos no que diz respeito a um conhecimento natural (e na medida em que a teoria platônica implica que um conhecimento desse tipo é inadmissível, ao passo que, na medida em que identifica o conhecimento verdadeiro com a apreensão direta do absoluto, ela parece levar desavisadamente ao ceticismo), mas por meio da reflexão racional sem dúvida podemos chegar ao conhecimento de valores, ideais e fins objetivos (e mesmo fundamentados transcendentalmente), e essa, no fim das contas, era a verdadeira questão de Platão.

CAPÍTULO V
A psicologia de Platão

1. Platão de modo algum foi vítima da psicologia rude das escolas cosmológicas anteriores nas quais a alma era reduzida ao ar, ao fogo ou aos átomos: não era nem materialista nem epifenomenalista, mas um espiritualista inflexível. A alma é claramente distinta do corpo; é a posse mais valiosa do homem, e o verdadeiro cuidado da alma deve ser a sua principal preocupação. Daí que, ao fim do *Fedro*, Sócrates ore: "Amado Pã, e todos os demais deuses aqui presentes, dai-me ser belo no homem interior, e todas as coisas que tenho de exterior serão consoantes às interiores. Só o homem sábio posso ter por rico. E que meu provimento de ouro não seja outro senão aquele que o homem sóbrio pode possuir".[143] A realidade da alma e sua preeminência sobre o corpo encontram expressão enfática no dualismo psicológico de Platão, que corresponde ao seu dualismo metafísico. Em *As leis*[144] Platão define a alma como "movimento auto-iniciado" (τὴν δυναμένην αὐτὴν κινεῖν κίνησιν) ou "fonte de movimento". Sendo assim, a alma é prévia ao corpo, no sentido de ser superior a ele (este último a ser movido sem ser a fonte de movimento), e deve governá-lo. No *Timeu* Platão diz que "a única coisa existente que possui propriamente inteligência é a alma, e esta é uma coisa invisível, enquanto o fogo, a água, a terra e o ar são corpos visíveis";[145] e no *Fédon* mostra que a alma não pode ser epifenômeno do corpo. Símias sugere que a alma não é mais que a harmonia do corpo e que perece quando o corpo, do qual é a harmonia, perece; mas Sócrates observa que a alma pode governar o corpo e seus desejos, ao passo que é absurdo supor que uma mera harmonia possa governar aquilo de que é a harmonia.[146] De igual modo, se a alma fosse mera harmonia do corpo, seguir-se-ia que uma alma poderia ser mais alma que outra (já que uma harmonia admite aumento ou decréscimo), o que é uma suposição absurda.

Mas, embora Platão afirme a distinção essencial entre alma e corpo, não nega a influência que pode ser exercida pelo corpo — ou através do corpo — sobre a alma. Na *República* ele inclui treinamento físico entre os componentes de uma verdadeira educação, e rejeita certos tipos de música em razão de seus efeitos deletérios sobre a alma. No *Timeu*, do mesmo modo, admite a má influência derivada de má educação física e de hábitos corporais viciosos, os quais

---
[143] 279 b 9–c 3.
[144] 896 a 1–2.
[145] 46 d 5–7.
[146] 85 e 3–86 d 4, 93 c 3–95 a 2.

podem acarretar um estado irremediável em que a alma é escravizada,[147] e nas *Leis* enfatiza a influência da hereditariedade.[148] Com efeito, uma constituição doentia herdada de parentes e um ambiente ou educação deficiente são responsáveis pela maior parte dos males da alma. "Ninguém é voluntariamente mau; o homem mau se torna mau em razão de algum hábito imperfeito do corpo e de uma formação estúpida, e esses são males indesejáveis que sobrevêm a qualquer homem independentemente de sua vontade".[149] Portanto, mesmo que Platão às vezes fale da alma como meramente a habitar o corpo e usá-lo, não devemos tomá-lo como se negasse qualquer interação entre alma e corpo. Ele pode não ter *explicado* a interação, mas, de todo modo, essa é a parte mais difícil. A interação é um fato óbvio e precisa ser aceito: a situação não melhora caso se negue a interação por não se poder explicá-la inteiramente, ou caso se reduza a alma ao corpo de modo a afastar a necessidade de oferecer qualquer explicação ou de confessar que não se tem alguma para oferecer.

2. Na *República* encontramos a doutrina da natureza tripartite da alma,[150] uma doutrina que se diz ter sido tomada aos pitagóricos.[151] A doutrina reaparece no *Timeu*, de maneira que dificilmente poderemos supor que Platão a tenha abandonado em algum momento.[152] A alma consiste de três "partes" — a "parte" racional (τὸ λογιστικόν), a "parte" corajosa ou irascível (τὸ θυμοειδές) e a "parte" apetitiva (τὸ ἐπιθυμητικόν). É justificável empregar a palavra "parte" a esse respeito, já que Platão emprega o termo μέρος; mas por ora a coloco entre aspas para indicar que é termo metafórico e que não deve ser tomado como a dizer que a alma é extensa e material. A palavra μέρος aparece em 444 b 3 do quarto livro da *República*, e antes disso Platão usa a palavra εἶδος, o que mostra que ele via as três partes como formas ou funções ou princípios de ação, e não como partes no sentido material.

τὸ λογιστικόν é o que distingue o homem das feras, e é o elemento ou formalidade mais elevada da alma, sendo imortal e afim ao divino. As duas outras formalidades, τὸ θυμοειδές e τὸ ἐπιθυμητικόν, são perecíveis. Destas, a parte irascível é a mais nobre (nos homens é mais afim à coragem moral), e é, ou deveria ser, a aliada natural da razão, embora seja encontrada também nos animais. τὸ ἐπιθυμητικόν se refere aos desejos corporais, pois a parte racional da alma tem os seus próprios desejos, como a paixão pela verdade, Eros, que é a contraparte racional do Eros físico. No *Timeu*,[153] Platão localiza a parte racional da alma na cabeça, a parte irascível no peito e a parte apetitiva abaixo do diafragma. A localização do elemento irascível no coração e nos pulmões

---

[147] *Tim.*, 86 b ss.
[148] *As leis*, 775 b ss.
[149] *Tim.*, 86 d 7–e 3.
[150] Livro IV.
[151] Cf. Cícero, *Tusc. Disp.*, 4, 5, 10. (Nessa passagem Cícero se refere a *duas* partes, a parte racional e as partes não-racionais).
[152] *Tim.*, 69 d 6–70 a 7.
[153] *Tim.*, ibid.

era uma tradição antiga, indo dar em Homero; mas é difícil dizer se Platão entendia essas localizações de maneira literal. Talvez tenha desejado dizer que esses locais são os pontos de interação no corpo dos vários princípios da alma: não localizou Descartes (o qual sem dúvida acreditava na espiritualidade da alma) o ponto de interação na glândula pineal? Mas é difícil crer que Platão tenha tratado sua psicologia de modo sistemático, como se pode constatar a partir das seguintes considerações.

Platão declarou que a alma é imortal, e o *Timeu* certamente ensina que só a parte racional da alma goza desse privilégio.[154] Mas, se as outras partes da alma são mortais e perecíveis, então devem ser separáveis da parte racional segundo algum modo misterioso, ou então devem formar uma alma ou almas diferentes. A aparente insistência na simplicidade da alma no *Fédon* deve ser referida à parte racional; mas nos mitos (como os da *República* e do *Fedro*) se dá a entender que a alma sobrevive em sua totalidade, pelo menos ao preservar a memória em estado de separação do corpo. Não quero com isso sugerir que tudo que está contido nos mitos deve ser tomado a sério, mas apenas observar que sua evidente suposição de que a alma retém após a morte sua memória e é afetada por sua vida corpórea prévia, para o bem como para o mal, implica a possibilidade de que a alma sobreviva em sua totalidade e retenha pelo menos a potencialidade remota de exercer as funções irascível e apetitiva, ainda que não possa exercê-las em ato no estado de separação do corpo. Contudo, isso permanece não mais que uma interpretação possível, e, em vista das afirmações claras do próprio Platão e de sua posição dualista geral, parece provável que para ele só τὸ λογιστικόν sobrevive e que as outras partes da alma perecem de todo. Se a concepção dos três elementos das almas como três μέρη conflita com a concepção de três εἴδη, então se tem aí simplesmente uma prova de que Platão jamais desenvolveu bem sua teoria psicológica ou tratou das implicações das afirmações que fez.

3. Por que Platão afirma a natureza tripartite da alma? Principalmente em razão do fato evidente do conflito interno da alma. No *Fedro* ocorre a célebre comparação na qual o elemento racional é relacionado a um cocheiro, e os elementos irascível e apetitivo a dois cavalos.[155] Um cavalo é bom (o elemento irascível, que é o aliado natural da razão e "ama a honra com temperança e modéstia"), o outro é mau (o elemento apetitivo, que é "amigo de toda revolta e insolência"); e, enquanto o cavalo bom é facilmente dirigido de acordo com os comandos do cocheiro, o cavalo mau é indisciplinado e tende a obedecer à voz da paixão sensual, de maneira que precisa ser detido com o chicote. Platão toma como *point de départ*, portanto, o fato da experiência de que freqüentemente existem fontes rivais de ação dentro do homem; mas ele nunca discute como esse fato pode ser conciliado com a unidade de consciência, e é significativo que ele admita expressamente que "explicar o que é a alma seria trabalho demorado e

---

[154] *Tim.*, 69 c 2-e 4.
[155] 246 a 6 ss.

certamente divinal", ao passo que "dizer com o que se parece é tarefa menor e humana".[156] Logo, podemos concluir que a tendência a ver os três princípios de ação como princípios de uma alma unitária e a tendência de vê-los como μέρη separáveis permanece sem conciliação na psicologia de Platão.

O principal interesse de Platão, contudo, está evidentemente em insistir no direito do elemento racional de governar, de agir como cocheiro. No *Timeu* se diz que a parte racional da alma, o elemento imortal e "divino", é criada pelo Demiurgo a partir dos mesmos ingredientes que a alma do mundo, enquanto as partes mortais, junto ao corpo, são criadas pelos deuses celestiais.[157] Isso sem dúvida é uma expressão mítica do fato de que o elemento racional da alma é o mais elevado e nascido para governar, tem o direito natural de governar, pois é mais próximo do divino. Tem uma afinidade natural com o mundo invisível e inteligível, que é hábil para contemplar, ao passo que os outros elementos da alma estão essencialmente presos ao corpo, isto é, ao mundo fenomenal, e assim não têm parte direta na razão e na atividade racional e não podem contemplar o mundo das formas. Essa concepção dualista reaparece no neoplatonismo, em Santo Agostinho, em Descartes etc.[158] Além disso, em que pese a adoção da doutrina peripatética por Santo Tomás de Aquino e sua escola, a *maneira de falar* platônica permanece e deve permanecer entre os cristãos a maneira "popular" de falar, já que o *fato* que influenciou o pensamento de Platão, o fato do conflito interior do homem, naturalmente assoma nas mentes daqueles que endossam a ética cristã. Deve-se observar, portanto, que o fato de sentirmos esse conflito *dentro de nós* pede uma visão mais unificada da alma do que aquela oferecida pela psicologia platônica. Pois, se existisse uma pluralidade de almas dentro do homem — as racionais e as irracionais —, então nossa consciência do conflito como algo que ocorre dentro de nós e a consciência de responsabilidade moral seriam inexplicáveis. Não quero dizer que Platão fosse inteiramente cego à verdade, mas sugerir que ele deu tanta ênfase a um aspecto da verdade, que tendeu a negligenciar o outro aspecto, e assim fracassou em oferecer alguma psicologia racional de fato satisfatória.

4. É bastante claro que Platão afirmava a imortalidade da alma. Com base em suas afirmações explícitas poderia parecer, como vimos, que isso se limita a uma parte da alma, τὸ λογιστικόν, embora seja bem possível que a alma sobreviva em sua totalidade, ainda que não possa, por motivos óbvios, exercer suas funções mais baixas em estado de separação do corpo. É verdade, todavia, que pode essa última opinião parecer levar à conclusão de que a alma é mais imperfeita e pior em estado de separação do corpo do que em sua vida mortal — conclusão essa que Platão certamente se recusaria a aceitar.

A rejeição completa dos mitos platônicos pareceria ser estimulada, pelo menos em certa medida, pelo desejo de livrar-se de qualquer noção de sanções após a

---

[156] 246 a 4–6.
[157] 41 c 6–42 e 4; 69 b 8–c 8.
[158] Cf. Santo Agostinho: *Homo anima rationalis est mortali atque terreno utens corpore* [A alma humana faz uso do corpo terreno e mortal] (*De moribus Ecc. Cath.*, 1, 27).

morte, como se uma doutrina de recompensas e punições fosse irrelevante — e até hostil — à moralidade. Mas isso é justo ou está de acordo com os princípios da crítica histórica atribuir a criação dessa atitude a Platão? Uma coisa é admitir que os detalhes dos mitos não se destinam a ser tomados a sério (todos admitem isso), e outra muito diversa é dizer que a concepção de uma vida futura, cujo caráter é determinado pela conduta nesta vida, é em si mesma "mítica". Não existe prova alguma de que o próprio Platão visse os mitos em sua inteireza como disparates; se assim fosse, por que os divulgou? Parece ao presente escritor que Platão de modo algum era indiferente à teoria das sanções, e que essa foi uma das razões pelas quais postulou a imortalidade. Ele teria que concordar com Leibniz: "A fim de satisfazer a esperança da raça humana, deve-se provar que o Deus que tudo governa é justo e sábio, e que Ele nada deixará sem recompensa e sem punição. Esses são os grandes fundamentos da ética".[159]

Como Platão tentou provar a imortalidade?

(I) No *Fédon*,[160] Sócrates argumenta que os contrários são produzidos a partir de contrários, como "o mais forte, do mais fraco", ou "do sono, a vigília, e da vigília, o sono". Ora, vida e morte são contrários, e a morte é produzida a partir da vida. Devemos supor, portanto, que a vida é produzida a partir da morte.

Esse argumento se baseia na suposição não provada de que existe um processo cíclico eterno: também supõe que um contrário é produzido a partir de outro contrário, como da matéria da qual procede ou é feito. O argumento dificilmente nos satisfaria: mais ainda, isso nada diz da condição da alma em seu estado de separação do corpo, e levaria, por si só, à doutrina da roda de renascimento. A alma em um "período" na Terra pode não ter nenhuma lembrança consciente de qualquer período anterior na Terra, de modo que tudo o que assim se "prova" é que a alma sobrevive, não que o indivíduo sobreviva *qua* indivíduo.

(II) O argumento seguinte aduzido no *Fédon*[161] é aquele do fato *a priori* do conhecimento. Os homens têm conhecimento de padrões e normas absolutas, o que é implicado por seus julgamentos comparativos de valor. Mas esses absolutos não existem no mundo sensível: logo, o homem deve os ter contemplado em um estado de pré-existência. De modo similar, a percepção sensível não pode nos dar conhecimento do necessário e universal. Mas um jovem, mesmo um jovem que não tenha tido educação matemática, pode, apenas pelo processo de questionamento, ser induzido a "emitir" verdades matemáticas. E, como não as aprendeu de ninguém e não as pode tomar da percepção sensível, a implicação é que as apreendeu em um estado de pré-existência e que o processo de "aprender" é apenas um processo de reminiscência (cf. *Ménon*, 84 ss.).

De fato, o processo de questionamento empregado por Sócrates no *Ménon* é mesmo uma maneira de ensinar, e, de qualquer modo, certa porção de conhecimento matemático é tacitamente pressuposta. Contudo, se a ciência matemática

---
[159] Carta a um correspondente desconhecido de aproximadamente 1860. Duncan, *Philosophical Works of Leibniz*, p. 9.
[160] 70 d 7–72 e 2.
[161] 72 e 3–77 d 5.

não pode ser explicada pela "abstração", a matemática ainda assim pode ser uma ciência *a priori* sem que sejamos compelidos a postular a pré-existência. Mesmo supondo que a matemática pudesse, pelo menos em teoria, ser inteiramente esgotada *a priori* pelo garoto escravo do *Ménon*, isso não apontaria para a necessidade de pré-existência deste último: sempre há uma alternativa de molde kantiano.[162]

Símias indica[163] que esse argumento apenas prova que a alma existia antes de sua união com o corpo: não prova que a alma sobrevive à morte. Por conseguinte, Sócrates observa que o argumento acerca da reminiscência deve ser tomado em conjunto com o argumento precedente.

(III) O terceiro argumento no *Fédon* (ou segundo, caso os dois argumentos anteriores sejam tomados juntos) deriva da natureza deiforme e não-composta da alma — de sua espiritualidade, pode-se dizer.[164] As coisas visíveis são compostas e sujeitas à dissolução e à morte — e o corpo se inclui entre elas. Ora, a alma pode inspecionar as formas invisíveis, imutáveis e imperecíveis, e, vindo assim a ter contato com as formas, a própria alma se mostra mais conforme a ela do que às coisas visíveis e corporais, que são mortais. Além disso, o fato de que a alma está naturalmente destinada a governar o corpo parece indicar que ela se assemelha mais ao divino do que ao mortal. A alma, podemos pensar, é "divina" — que para os gregos queria dizer imortal e imutável.

(Esse argumento foi desenvolvido partindo do argumento atinente às atividades mais elevadas da alma e à espiritualidade do conceito e daí passando à natureza espiritual e não-composta da alma).

(IV) Outro argumento do *Fédon* ocorre na resposta de Sócrates às objeções de Cebes. (Já me referi antes à refutação que Sócrates faz do "epifenomenalismo" sugerido por Símias). Cebes sugere[165] que o gasto de energia pelo qual a alma passa em suas sucessivas vidas corporais pode "esgotá-la", de modo que por fim irá "perecer de todo em alguma de suas mortes". A isso Sócrates responde com uma outra prova da imortalidade.[166] Admite-se a existência das formas. Ora, a presença de uma forma não admitirá a presença de uma forma contrária, nem tampouco uma coisa que é o que é em virtude de sua participação numa forma admitirá a presença simultânea de uma forma contrária, como no caso de não podermos dizer que o fogo é a *quentura*, mas que é *quente*, e não admitirá simultaneamente o predicado oposto de ser "frio". A alma é o que é em virtude de sua participação na forma da vida: logo, não admitirá a presença da forma contrária, "morte". Quando, portanto, a morte se aproxima, a alma deve ou perecer ou se retirar. Pressupõe-se que não pereça. Mais exatamente, não se deve chamar esse argumento de uma defesa da imperecibilidade da alma, uma vez

---

[162] Não quero assim implicar uma aceitação da crítica kantiana, mas apenas observar que, mesmo segundo as suposições de Platão, a sua conclusão não é a única possível.
[163] 77.
[164] 78 b 4–80 e 1.
[165] 86 e 6–88 b 8.
[166] 103 c 10–107 a 1.

aceita sua espiritualidade. Sócrates entende que Cebes aceita a espiritualidade da alma, mas argumenta que esta pode se esgotar. A resposta de Sócrates converge para este ponto: um princípio espiritual não pode se esgotar.

(v) Na *República*,[167] Sócrates aceita o princípio de que uma coisa não pode ser destruída ou perecer exceto por algum mal que lhe seja inerente. Ora, os males da alma são "a iniqüidade, a intemperança, a covardice, a ignorância"; mas estes não destroem a alma, pois um homem completamente injusto pode viver tanto quanto um homem justo, ou até mais. Mas, se a alma não é destruída por sua própria corrupção interna, é desarrazoado supor que possa ser destruída por qualquer mal externo. (O argumento, é evidente, supõe um dualismo).

(vi) No *Fedro*[168] se argumenta que uma coisa que move outra, e é movida por outra, pode deixar de viver bem como pode deixar de ser movida. A alma, contudo, é um princípio automotor,[169] uma fonte e início de movimento, e aquilo que é um início deve ser incriado, pois, se não fosse incriado, não seria um início. Mas, se incriado, então é indestrutível, pois se a alma, o início do movimento, fosse destruída, todo o universo e a criação "entrariam em colapso e se paralisariam".

Ora, dado que a alma seja o princípio de movimento, ela deve ter existido sempre (se o movimento remonta ao início), mas isso obviamente pouco oferece em prova da imortalidade pessoal. Com base em tudo o que esse argumento oferece, a alma individual poderia ser uma emanação da alma do mundo, à qual retorna quando da morte corporal. Ainda assim, ao ler o *Fedro* em geral e os mitos presentes no *Fédon*, no *Górgias* e na *República*, não se pode evitar a impressão de que Platão acreditasse na imortalidade pessoal real. Além disso, passagens como aquela em que Sócrates fala de sua vida como uma preparação para a eternidade,[170] e observações como aquela feita por Sócrates no *Górgias*,[171] a de que Eurípedes pode estar certo em dizer que a vida aqui é realmente morte e a morte, realmente vida (uma observação que traz alguma ressonância órfica), dificilmente permitem supor que Platão, ao pregar a imortalidade, quisesse afirmar a mera persistência de τὸ λογιστικόν sem qualquer consciência pessoal ou identidade individual continuada. É mais razoável supor que ele concordaria com Leibniz, quando este diz: "De que lhe valeria, senhor, tornar-se rei da China sob a condição de esquecer-se do que antes foi? Não teria sido o mesmo que Deus, ao mesmo tempo que o destruísse, criasse um rei na China?".[172]

Não é necessário considerar os mitos em detalhe, pois são apenas representações pictóricas da verdade que Platão queria comunicar, a saber, que a alma persiste após a morte e que a vida da alma no além estará de acordo com sua conduta aqui na Terra. É incerto o quão seriamente Platão tomava a doutrina

---

[167] 608 d 3–611 a 2.
[168] 245 c 5 ss.
[169] Cf. *As leis*, 896 a 1–b 3.
[170] *Rep.*, 498 b 3–d 6.
[171] 492 e 8–11.
[172] Duncan, p. 9.

das reencarnações sucessivas apresentada pelos mitos: seja como for, parece haver a esperança, para a alma filosófica, de escapar da roda da reencarnação, enquanto também parece haver pecadores incuráveis que serão lançados para sempre no Tártaro. Como já dito, a apresentação da vida futura nos mitos mal se coaduna com a afirmação de Platão de que só τὸ λογιστικόν sobrevive, e, nesse sentido, devo concordar com Ritter quando diz: "Não se pode defender com certeza que Platão estivesse convencido da imortalidade da alma, tal como esta é ensinada nos mitos do *Górgias*, do *Fédon* e da *República*".[173]

A doutrina psicológica de Platão é, portanto, não um corpo sistematicamente elaborado e consistente de afirmações "dogmáticas": seu interesse era sem dúvida em grande parte de caráter ético. Mas isso não quer dizer que Platão não tenha feito diversas observações psicológicas agudas, as quais podem ser encontradas espalhadas pelos diálogos. Basta-nos pensar nas ilustrações que dá no *Teeteto* do processo de esquecimento e recordação, ou da distinção entre memória e rememoração no *Filebo*.[174]

---

[173] *Essence*, p. 282.
[174] *Teet.*, 191 c 8 ss.; *Filebo*, 33 c 8–34 c 2.

CAPÍTULO VI
Teoria moral

1. Summum Bonum

A ética de Platão é eudemonista, no sentido de ser dirigida à conquista do mais alto bem do homem, no qual consiste a verdadeira felicidade. Pode-se dizer que o mais alto bem do homem é o verdadeiro desenvolvimento de sua personalidade como ser racional e moral, o correto cultivo de sua alma, o bem-estar geral e harmonioso da vida. Quando a alma de um homem está no estado em que deve, então o homem é feliz. No começo do *Filebo*, duas posições extremas são assumidas por Protarco e Sócrates *causa argumenti*. Embora ambos concordem que o bem deve ser um estado da alma, Protarco está disposto a defender que o bem consiste no *prazer*, enquanto Sócrates defenderá que consiste na *sabedoria*. Sócrates passa a mostrar que o prazer enquanto tal não pode ser o verdadeiro e único bem humano, uma vez que uma vida de puro prazer (entenda-se prazer corporal), na qual não tomam parte nem a mente nem a memória nem o conhecimento nem a opinião verdadeira, "seria não uma vida humana, mas a de um *pulmo marinus* ou de uma ostra".[175] Nem mesmo Protarco pode pensar que essa vida seja desejável para um ser humano. Por outro lado, uma vida de "pura mente", destituída de prazer, não poderia ser o único bem do homem; ainda que o intelecto seja a parte mais elevada do homem e a atividade intelectual (especialmente a contemplação das formas) seja a mais alta função humana, o homem não é puro intelecto. Logo, a vida boa para o homem deve ser uma vida "mista", nem exclusivamente a vida da mente nem tampouco exclusivamente a vida do prazer sensível. Platão está, assim, disposto a admitir aqueles prazeres que não são antecedidos de dor, como os prazeres intelectuais,[176] mas também os prazeres que consistem na satisfação do desejo, desde que sejam inocentes e usufruídos com moderação. Assim como o mel e a água devem estar misturados na proporção devida para o preparo de uma bebida agradável, de igual modo o sentimento prazeroso e a atividade intelectual devem estar misturados na proporção devida para que o homem tenha uma vida boa.[177]

Em primeiro lugar, diz Platão, a vida boa deve incluir todo o conhecimento do tipo mais verdadeiro, o conhecimento exato de objetos atemporais. Mas o homem que estivesse familiarizado apenas com as curvas exatas e perfeitas da geometria e não tivesse conhecimento algum de aproximações grosseiras a elas, as quais encontramos em nossa vida diária, não conseguiria sequer encontrar

---
[175] 21 c 1–8.
[176] Cf. 51.
[177] 61 b 4 ss.

o caminho de volta para casa. Assim, o conhecimento de segunda categoria, e não só o de primeira categoria, deve ser admitido na mistura: não fará mal algum ao homem, desde que se aperceba de que são objetos de segunda categoria e não confunda as aproximações grosseiras com a verdade exata. Em outras palavras, o homem não precisa voltar suas costas de todo para esta vida mortal e para o mundo material a fim de levar uma vida verdadeiramente boa, mas deve reconhecer que este mundo não é o único, nem tampouco o mais elevado, mas só uma pobre cópia do ideal. (Deve-se admitir a música, diz Protarco, "se é para a vida humana ser uma vida em absoluto", em que pese o fato de ela estar, segundo Sócrates, "cheia de adivinhação e imitação" e "carente de pureza").[178]

Tendo-se admitido assim toda "água" na tigela de mistura, surge a questão de quanto "mel" colocar nela. O voto decisivo nessa questão, a de quanto prazer admitir, cabe ao conhecimento. Ora, o conhecimento, diz Platão, reivindicará afinidade com a classe de prazeres "verdadeiros" e "puros"; mas, quanto ao resto, o conhecimento aceitará só aqueles prazeres que acompanham uma mente saudável e sóbria e qualquer forma de bondade. Os prazeres da "insensatez e maldade" de modo algum encontrarão lugar na mistura.

O segredo da mistura que compõe a vida boa é assim a medida ou proporção: quando esta é negligenciada, existe não uma mistura genuína, mas uma bagunça. O bem é assim uma forma do belo, que é composto de medida e proporção, e συμμετρία, καλόν e ἀλήθεια serão as três formas ou notas encontradas no bem. O primeiro posto irá para a "oportunidade", τὸ καίριον, o segundo para a beleza ou completude (τὸ σύμμετρον καὶ καλόν καὶ τὸ τέλεον καὶ ἱκανόν), o terceiro para νοῦς καὶ φρόνησις, o quarto para ἐπιστῆμαι καὶ τέχναι καὶ δόξαι ὀρθαί, o quinto para os prazeres que não trazem nenhuma mescla de dor (seja envolvendo sensação seja não envolvendo) e o sexto para a satisfação ou apetite moderado, quando este, claro, é inofensivo. Esse é, pois, o verdadeiro bem do homem, a vida boa, εὐδαιμονία, e o motivo que compele à sua busca é Eros, o desejo ou necessidade do bem ou felicidade.

O *summum bonum* ou felicidade do homem inclui, claro, o conhecimento de Deus — o que é óbvio, já que as formas são as idéias de Deus; contudo, se o *Timeu* for tomado de maneira literal e se supor que Deus está separado das formas e as contempla, a contemplação das formas pelo próprio homem, que é um componente integral de sua felicidade, o tornará similar a Deus. Mais ainda, homem algum poderá ser feliz a menos que reconheça a ação divina no mundo. Platão pode dizer, por conseguinte, que a felicidade divina é o padrão da felicidade do homem.[179]

Ora, a felicidade pode ser alcançada pela busca da virtude, o que significa tornar-se como Deus tanto quanto for possível ao homem. Devemos nos tornar "tão divinos quanto pudermos, e isso é ainda tornar-se justo com a ajuda da

---

[178] 62 c 1–4.
[179] *Teet.*, 176 a 5–e 4.

sabedoria".[180] "Os deuses devotam cuidado àquele cujo desejo é se tornar justo e ser como Deus, tanto quanto pode o homem alcançar a semelhança divina através da busca da virtude".[181] Nas *Leis* Platão declara que "Deus é a medida de todas as coisas, em um sentido mais alto do que qualquer homem, como se diz, pode jamais aspirar a ser". (Assim responde a Protágoras). "E aquele que será querido por Deus deve tanto quanto possível ser como Ele e tal qual Ele é. Daí que o homem moderado é amigo de Deus, pois é como Ele...". Prossegue dizendo que oferecer sacrifício aos deuses e orar para eles é "a mais nobre e melhor de todas as coisas, e também a que mais conduz a uma vida feliz", mas observa que os sacrifícios dos maus e ímpios são inaceitáveis aos deuses.[182] O culto e a virtude pertencem, portanto, à felicidade, de modo que, embora a busca da virtude e a condução de uma vida virtuosa sejam o meio de alcançar a felicidade, a virtude em si mesma não é externa à felicidade, na verdade a integra. O bem do homem é em primeiro lugar uma condição da alma, e é só o homem verdadeiramente virtuoso que é verdadeiramente um homem bom e um homem feliz.

II. Virtude

1. De um modo geral, podemos dizer que Platão aceitava a identificação socrática de virtude com conhecimento. No *Protágoras* Sócrates mostra, contra o sofista, que é absurdo sugerir que a justiça possa ser ímpia ou a piedade, injusta, com o que as diversas virtudes não podem ser inteiramente discrepantes. Não só isso, o homem imoderado é aquele que busca o que é de fato danoso ao homem, ao passo que o homem moderado busca o que é de fato bom e benéfico. Ora, buscar o que é de fato bom e benéfico é algo sábio, ao passo que buscar o que é danoso é algo tolo. Daí que a temperança e a sabedoria não podem ser inteiramente apartadas. De modo similar, a verdadeira valentia ou coragem, como a de permanecer firme numa batalha mesmo sabendo os riscos aos quais se está exposto, não significa mera imprudência. Daí que a coragem, não menos que a temperança, não pode ser separada da sabedoria. Platão, é claro, não nega que existam diferentes virtudes, distinguidas segundo seus diferentes objetos ou partes da alma das quais são hábitos; mas todas essas distintas virtudes formam uma unidade, na medida em que são expressões do mesmo conhecimento do bem e do mal. As distintas virtudes estão unificadas, portanto, na prudência ou conhecimento do que é verdadeiramente bom para o homem e dos meios de alcançar o bem. É manifesto no *Ménon* que, *se* a virtude é conhecimento ou prudência, então pode ser ensinada, e é mostrado na *República* que é só o filósofo que possui verdadeiro conhecimento do que é o bem para o homem. Não é o sofista, satisfeito com noções "populares" de virtude, quem pode ensinar a virtude, mas apenas aquele que possui conhecimento exato, isto é, o filósofo.

---

[180] *Teet.*, 176 b 1–3.
[181] *Rep.*, 613 a 7–b 1.
[182] *As leis*, 715 e 7–717 a 3.

A doutrina de que a virtude é conhecimento é realmente uma expressão do fato de que a bondade não é um termo meramente relativo, mas se refere a algo que é absoluto e inalterável: de outro modo não poderia ser objeto de conhecimento.

Platão parece ter se agarrado à idéia de que a virtude é conhecimento e de que a virtude é ensinável, bem como à idéia de que ninguém pratica o mal consciente ou deliberadamente. Quando um homem escolhe o que é *de facto* mal, escolhe-o *sub specie boni*: deseja algo que imagina ser bom, mas que é, no fim das contas, mau. Platão decerto reconhecia o caráter cabeça-dura do apetite, que se esforça para levar tudo consigo, arrastando o cocheiro em sua louca disparada para atingir o que lhe parece um bem; mas, se a força do cavalo excede a resistência do cocheiro, isso só pode se dar, segundo os princípios de Platão, porque ou o cocheiro não tem conhecimento do verdadeiro bem ou porque seu conhecimento do bem é obscurecido por ora pela disparada da paixão. Pode parecer que essa doutrina, herdada de Sócrates, entre em conflito com a óbvia admissão de Platão da responsabilidade moral, mas se faculta a Platão responder que um homem que conhece o verdadeiramente bom pode deixar que seu juízo seja obscurecido pela paixão, pelo menos temporariamente, de modo que o bem aparente lhe surge como o verdadeiro bem, ainda que ele seja o responsável por ter permitido que a paixão escurecesse a razão. Caso seja objetado que um homem pode deliberadamente escolher o mal porque este é mau, Platão só pode responder que o homem dissera: "Mal, seja meu bem". Se ele escolhe o que é realmente mau ou danoso, sabendo que no fim das contas é assim, só pode ser porque, apesar de seu conhecimento, fixou sua atenção num aspecto do objeto que lhe parece ser bom. Ele pode mesmo ser responsável por fixar dessa maneira sua atenção, mas, se escolhe, só pode escolher *sub ratione boni*. Um homem pode saber muito bem que assassinar seu inimigo será afinal danoso para este, mas escolhe fazê-lo mesmo assim por fixar sua atenção no que parece ser o bem imediato de satisfazer seu desejo de vingança ou de obter algum benefício com a eliminação do seu inimigo. (Pode-se observar que os gregos necessitavam de uma visão mais clara do *bem* e do *certo* e da relação de um com o outro. O assassino pode saber muito bem que assassinato é algo errado, mas escolhe cometê-lo por ser, *sob alguns aspectos*, um *bem*. O assassino que sabia que assassinato é algo errado poderia também saber, claro, que "errado" e "fundamentalmente danoso ou mau" são coisas inseparáveis, mas isso não retiraria o aspecto de "bondade" (isto é, por ser útil ou desejável) ligado a ele. Quando usamos a palavra "mau", com freqüência queremos dizer "errado", mas, quando Platão diz que ninguém escolhe deliberadamente fazer o que sabe ser mau, ele não quer dizer que ninguém escolhe fazer o que sabe ser errado, mas que ninguém deliberadamente escolhe fazer o que sabe ser sob todos os aspectos danoso para si mesmo).

Na *República*,[183] Platão considera quatro virtudes principais ou cardeais — sabedoria (Σοφία), coragem ou fortaleza (Ἀνδρεία), temperança (Σωφροσύνη) e

---
[183] *Rep.*, Livro IV.

justiça (Δικαιοσύνη). A sabedoria é a virtude da parte racional da alma, a coragem a da parte espiritual, ao passo que a temperança consiste na união das partes irascível e apetitiva sob o governo da razão. A justiça é uma virtude geral que consiste em toda parte da alma desempenhar seu papel em devida harmonia.

2. No *Górgias*, Platão argumenta contra a identificação do bem e do mal com o prazer e a dor e contra a moralidade de "super-homem" proposta por Cálicles. Contra Pólus, Sócrates tentou mostrar que cometer uma injustiça, como desempenhar o papel de tirano, é pior do que sofrer uma injustiça, uma vez que fazer uma injustiça torna pior a alma de quem assim faz, e esse é o pior mal que um homem pode sofrer. Mais ainda, cometer uma injustiça e sair impune é a pior coisa de todas, pois isso apenas reafirma o mal na alma, ao passo que a punição pode trazer correção. Cálicles irrompe na discussão para reclamar de que Sócrates estivesse apelando "às noções populares e vulgares do certo, as quais não são naturais, mas só convencionais":[184] fazer um mal pode ser vergonhoso do ponto de vista convencional, mas isso é apenas uma moral de rebanho. Os fracos, que são maioria, juntam-se para constranger "o tipo mais forte de homens" e proclamam como *certas* as ações que lhes convêm, isto é, aos membros do rebanho, e como *erradas* as que lhes são prejudiciais.[185] A natureza, contudo, mostra tanto entre homens como entre animais que "a justiça consiste em os superiores governarem e terem mais que os inferiores".[186]

Sócrates congratula Cálicles por sua franqueza em afirmar abertamente sua opinião de que "os-poderosos-têm-razão", mas observa que, se a maioria fraca de fato tiraniza os "fortes", então ela é que na verdade é mais forte e está justificada, segundo os pressupostos do próprio Cálicles. Isso não é apenas um sofisma verbal, pois, caso Cálicles persista em defender sua rejeição da moralidade convencional, deve agora mostrar como o individualista forte, cruel e inescrupuloso é qualitativamente "melhor" do que o homem de rebanho e tem assim o direito de governar. Cálicles tenta fazê-lo defendendo que o individualista é mais sábio do que "a ralé de escravos e párias", e por isso deve governar e ter mais do que seus súditos. Irritado com a observação de Sócrates de que, nesse caso, o médico deveria ter mais de comer e beber do que todos os demais, e o sapateiro sapatos maiores do que os de qualquer um, Cálicles afirma que quis dizer que aqueles que são sábios e corajosos na administração do Estado devem governar o Estado, e que a justiça consiste em terem eles mais do que os seus súditos. Incitado pela pergunta de Sócrates sobre se o governante deveria governar também a si mesmo, Cálicles afirma resolutamente que o homem forte deve dar livre curso aos seus desejos e paixões. É a deixa de que precisava Sócrates, que compara o ideal de homem de Cálicles a um barril furado: está sempre se enchendo de prazer, mas nunca o suficiente: sua vida é a de um corvo-marinho, não de um homem. Cálicles está disposto a admitir que o homem que se coça e

---

[184] *Górgias*, 482 e 3-5.
[185] A semelhança com as opiniões de Nietzsche é óbvia, embora a idéia de Nietzsche passasse longe de ser aquela do tirano político e licencioso.
[186] 483 d 5-6.

constantemente alivia sua coceira tem uma vida feliz, mas vacila na justificação da vida de um catamita, e por fim é levado a admitir uma diferença *qualitativa* entre os prazeres. Isso leva à conclusão de que o prazer está subordinado ao bem e que a razão deve, portanto, ser juiz dos prazeres e admiti-los apenas na medida em que são consoantes à saúde, harmonia e ordem da alma e do corpo. Logo, é o homem moderado, e não o imoderado, que é verdadeiramente bom e feliz. O homem imoderado faz mal a si mesmo, e Sócrates arremata seu argumento com o "mito" da impossibilidade de escapar do julgamento após a morte.[187]

3. Platão recusa explicitamente a máxima de que se deve fazer bem aos amigos e mal aos inimigos. Fazer o mal jamais pode ser bom. No primeiro livro, Polemarco apresenta a teoria de que "é justo fazer o bem ao nosso amigo se ele é um homem bom, e prejudicar nosso inimigo se ele é um homem mau".[188] Sócrates (compreendendo-se "prejudicar" como fazer um mal real, e não simplesmente punir — o que ele via como um corretivo) objeta que prejudicar é tornar pior, e, no que diz respeito à excelência humana, isso significa tornar menos justo, de modo que assim, segundo Polemarco, cabe ao homem justo tornar o homem injusto ainda pior. Mas isso obviamente é antes papel do homem injusto do que do homem justo.

---

[187] *Górgias*, 523 ss.
[188] *Rep.*, 335 a 7-8.

CAPÍTULO VII
O Estado

A teoria política de Platão se desenvolve em relação direta com sua ética. A vida grega era essencialmente comunal, vivida na cidade-estado e impensável separada da cidade, de maneira que não ocorreria a nenhum autêntico grego que o homem pudesse ser perfeitamente bom caso passasse inteiramente à parte do Estado, já que é só na sociedade e por meio dela que a vida sã se torna possível para o homem — e sociedade significa cidade-estado. A análise racional desse fato experimental resulta na doutrina de que a sociedade organizada é uma instituição "natural", de que o homem é essencialmente um animal social — uma doutrina comum tanto a Platão como a Aristóteles: a teoria de que a sociedade é um mal necessário e resulta no tolhimento do livre desenvolvimento e crescimento do homem seria inteiramente alheia ao autêntico grego. (Seria, claro, uma tolice representar a consciência grega segundo a analogia do formigueiro ou da colméia, uma vez que o individualismo lá era abundante, manifestando-se nas guerras auto-destrutivas tanto entre Estados como entre facções dentro das próprias cidades, como nas tentativas de indivíduos se estabelecerem como tiranos; mas esse individualismo não era uma rebelião contra a sociedade enquanto tal — antes pressupunha a sociedade como um fato aceito). Portanto, para um filósofo como Platão, que se preocupava com a felicidade do homem, com a vida verdadeiramente boa do homem, era coisa imperativa determinar a verdadeira natureza e função do Estado. Se todos os cidadãos fossem homens moralmente maus, seria mesmo impossível assegurar um bom Estado; mas, inversamente, se o Estado fosse mau, os cidadãos individuais se veriam incapazes de levar a vida reta que deveriam levar.

Platão não era alguém que aceitasse a noção de que existe uma moralidade para o indivíduo e outra para o Estado. O Estado é composto de homens individuais e existe para guiar a vida reta: existe um código moral absoluto que governa todos os homens e todos os Estados: a conveniência deve se ajoelhar diante do Certo. Platão não via o Estado como uma personalidade ou organismo que pudesse ou devesse se desenvolver sem amarras, sem qualquer atenção para com a lei moral: não é o árbitro do certo e do errado, a fonte de seu supremo código moral nem a absoluta justificação de suas próprias ações, sejam quais forem. Essa verdade ganha clara expressão na *República*. Os interlocutores se lançam a determinar a natureza da justiça, mas ao fim do primeiro Livro Sócrates declara: "Não sei o que é a justiça".[189] Depois sugere, no segundo livro,[190] que, se considerarem o

---
[189] 354 c 1.
[190] 368 e 2–369 a 3.

Estado, verão as mesmas letras "escritas em maior tamanho e em maior escala", pois a justiça no Estado "será maior e mais facilmente discernível". Propõe-se, por conseguinte, "inquirir a natureza da justiça e da injustiça primeiro como aparecem no Estado, e depois como aparecem no indivíduo, indo do maior para o menor e os comparando". A implicação óbvia disso é que os princípios da justiça são os mesmos para o indivíduo e o Estado. Se o indivíduo leva sua vida como membro do Estado, e a justiça de um como do outro é determinada pela justiça ideal, então é claro que nem o indivíduo nem o Estado podem ser emancipados do código eterno da justiça.

Ora, é bastante óbvio que nem toda constituição ou governo concreto materializa o ideal de justiça; mas Platão não estava preocupado em determinar o que os Estados empíricos *são* quanto o que *deveriam* ser, e assim, na *República*, empreende descobrir o Estado ideal, o padrão ao qual cada Estado concreto deveria se conformar, tanto quanto lhe for possível. É verdade que na obra de sua velhice, *As leis*, ele faz concessões à praticidade; mas o seu propósito geral permaneceu o de delinear a norma ou ideal, e, se os Estados empíricos não se conformam ao ideal, então tanto pior para os Estados empíricos. Platão estava profundamente convencido de que a arte de governar é, ou deveria ser, uma ciência; o estadista, caso realmente o seja, deve saber o que o Estado é e como deve ser a vida nele; do contrário corre o risco de levar o Estado e seus cidadãos à ruína e se mostrar não um estadista, mas um "político" trapalhão. A experiência lhe mostrou que os Estados reais eram falhos, e assim voltou as costas à vida política prática, embora não sem a esperança de plantar as sementes da verdadeira arte de governar naqueles que se confiavam ao seu cuidado. Na *Carta 7* Platão fala dessa triste experiência, primeiro com a oligarquia em 404 e depois com a democracia restaurada, e acrescenta:

> O resultado foi que eu, antes cheio de disposição para a carreira pública, na medida em que fitava o remoinho da vida pública e via o movimento incessante das correntes alternadas, acabei tonteando... e por fim vi claramente, acerca de todos os Estados ora existentes, sem exceção, que seus sistemas de governo são maus. Suas constituições estão praticamente além de qualquer redenção, a não ser por meio de algum plano miraculoso acompanhado de boa sorte. Daí me vi forçado a dizer em louvor da filosofia correta que ela oferece um ponto de vista privilegiado a partir do qual discernir em todos os casos o que é justo para as comunidades e para os indivíduos; e que, por conseguinte, a raça humana não estará livre de males até que ou o número daqueles que correta e verdadeiramente seguem a filosofia adquira autoridade política, ou a classe que tem poder nas cidades seja levada por alguma disposição da providência a se tornar [uma classe de] verdadeiros filósofos.[191]

---

[191] *Carta 7*, 325 d 6–326 b 4.

Esboçarei a teoria política de Platão primeiro como aparece na *República* e depois como aparece no *Político* e nas *Leis*.

I. A República

1. O Estado existe para suprir as necessidades dos homens. Os homens não são independentes uns dos outros, e sim precisam da ajuda e cooperação dos outros na produção das coisas indispensáveis à vida. Daí que reúnam seus associados e ajudantes em lugar de morada "e dêem a esse morar juntos o nome de cidade".[192] O fim original da cidade é portanto econômico, e disso se segue o princípio de divisão e especialização do trabalho. Diferentes pessoas têm diferentes dons e talentos naturais e estão aptas a servir a comunidade de diferentes modos: além disso, o trabalho de um homem será superior em qualidade e também em quantidade caso se dedique a uma ocupação apenas, consoante seus dons naturais. O trabalhador agrícola não produzirá o seu próprio arado ou enxadão; estes lhe serão produzidos por outros, por aqueles especializados na produção desses instrumentos. Assim, a existência do Estado, que no momento está sendo considerada sob o ponto de vista econômico, irá requerer a presença de lavradores, tecelões, sapateiros, carpinteiros, ferreiros, pastores, mercadores, comerciantes, trabalhadores contratados etc. Mas o tipo de vida levado por essas pessoas será brutal. Para que uma cidade seja "exuberante", requer-se algo mais, e músicos, poetas, tutores, enfermeiras, barbeiros, cozinheiros, confeiteiros etc. entram em cena. Mas, com o aumento da população resultante da crescente exuberância da cidade, o território se tornará insuficiente para as necessidades da cidade, e parte do território vizinho terá de ser anexado. Assim, Platão encontra a origem da guerra em uma causa econômica. (Desnecessário dizer, as observações de Platão não devem ser compreendidas como uma justificação da guerra agressiva: sobre seus comentários em torno desse assunto, ver mais à frente a seção sobre guerra na parte dedicada às *Leis*).

2. Mas, caso se prossiga com a guerra, então, com base no princípio de divisão e especialização do trabalho, terá de haver uma classe especial de guardiões do Estado, os quais se devotarão exclusivamente à condução da guerra. Esses guardiões devem ser irascíveis, dotados do elemento θυμοειδές; mas também devem ser filosóficos, no sentido de saberem quais são os verdadeiros inimigos do Estado. Mas, se o exercício de sua tarefa de guarda há de ser baseado no conhecimento, então devem passar por algum processo de educação. Este se iniciará pela música, incluindo narrativa. Mas, diz Platão, dificilmente permitiremos que as crianças do Estado recebam em suas mentes, na idade mais sugestionável, opiniões opostas àquelas que devem nutrir quando chegarem à vida adulta.[193] Disso se segue, portanto, que as lendas sobre deuses, como recontadas por Hesíodo e Homero, não serão ensinadas às crianças ou admitidas no Estado, já que descrevem os deuses se permitindo manifesta imoralidade,

---

[192] *Rep.*, 369 c 1–4.
[193] 377 a 12–c 5.

assumindo diversas formas etc. Do mesmo modo, é intolerável e não se deve admitir que o rompimento de juramentos e tratados seja operado por deuses. Deus deve ser representado não como o autor de todas as coisas, as boas como as ruins, mas só daquelas que são boas.[194]

Acerca de tudo isso se deve observar que, embora Sócrates inicie a discussão por encontrar a origem do Estado na necessidade de atender às várias necessidades naturais do homem e afirme a origem econômica do Estado, o interesse logo se volta para o problema da educação. O Estado não existe simplesmente para suprir as necessidades econômicas dos homens, pois o homem não é apenas o "homem econômico", mas para a sua felicidade, para fazê-lo se desenvolver segundo a vida reta, de acordo com os princípios da justiça. Isso torna a educação necessária, pois os membros do Estado são seres racionais. Mas não servirá qualquer tipo de educação, mas só a educação para o verdadeiro e o bom. Aqueles que organizam a vida do Estado, que determinam os princípios da educação e atribuem as várias tarefas do Estado aos seus diferentes membros, devem ter conhecimento do que é realmente verdadeiro e bom — em outras palavras, devem ser filósofos. É esse insistir na verdade que leva Platão à proposta — que nos parece algo extraordinária — de excluir os poetas dramáticos do Estado ideal. Não é que Platão seja cego às belezas de Homero ou Sófocles: ao contrário, é precisamente o fato de os poetas fazerem uso de linguagem e imagística belas que os torna tão perigosos aos olhos de Platão. A beleza e charme de suas palavras são, digamos assim, o açúcar que camufla o veneno que é tragado pelos mais simples. O interesse de Platão é principalmente ético: ele protesta contra o modo como os poetas falam dos deuses e o modo como retratam personagens imorais etc. Na medida em que forem admitidos no Estado, os poetas devem produzir exemplos de caráter moral reto, mas, em geral, a poesia épica e dramática será banida do Estado, ao passo que a poesia lírica será permitida sob estrita supervisão das autoridades estatais. Determinadas harmonias (a jônica e a lídia) serão excluídas por serem efeminadas e festivas. (Podemos achar que Platão exagerou as más conseqüências que adviriam da admissão das grandes obras da literatura grega, mas o princípio que o animava deve ser admitido por todos aqueles que acreditam seriamente em uma lei moral objetiva, mesmo que discordem dessas aplicações particulares do princípio. Pois, admitida a existência da alma e de um código moral absoluto, é dever das autoridades públicas prevenir a ruína da moralidade dos membros do Estado tanto quanto puderem, e tanto quanto os atos de prevenção empregados não produzam mal ainda maior. Falar dos direitos absolutos da arte simplesmente não faz sentido, e Platão estava bastante correto em não se deixar perturbar por esse tipo de considerações desprezíveis).

Além da música, a ginástica desempenhará um papel na educação dos cidadãos jovens do Estado. Esse cuidado do corpo, no caso daqueles que serão guardiões do Estado e atletas de guerra, assumirá caráter ascético, "um sistema simples, moderado", calculado não para produzir atletas morosos, "que passam a vida

---

[194] 380 a 5–c 3.

dormindo e estão sujeitos à mais perigosa enfermidade se se afastam, mesmo que minimamente, de seu regime costumeiro", e sim "atletas guerreiros, que devem ser como cães vigilantes e ver e ouvir com a máxima precisão".[195] (Nessas propostas de educação estatal dos jovens, tanto física como mentalmente, Platão antecipa o que vimos realizado em grande escala, e que, reconhecemos, pode ser usado tanto para finalidades más como boas. Mas esse, afinal de contas, é o destino da maior parte das propostas práticas no campo político, o destino de que, embora possam ser usadas em benefício do Estado, isto é, em seu verdadeiro benefício, também podem ser abusadas e aplicadas de um modo que só pode trazer dano ao Estado. Platão sabia disso muito bem, e a seleção dos governantes do Estado era questão de grande monta para ele).

3. Temos até o momento duas grandes classes no Estado — a classe inferior dos artesãos e a classe superior dos guardiões. Surge a questão de quais hão de ser os governantes do Estado. Serão, diz Platão, cuidadosamente escolhidos entre a classe dos guardiões. Não podem ser jovens: devem ser os melhores homens de seu tipo, inteligentes e poderosos, e cuidadosos com o Estado, a amar o Estado e considerar os interesses deste como idênticos aos seus próprios — no sentido, desnecessário dizer, de buscarem os verdadeiros interesses do Estado sem pensar em vantagem ou desvantagem pessoal.[196] Logo, aqueles que desde a infância foram vistos a fazer o que é melhor para o Estado, e jamais abandonaram essa linha de conduta, serão escolhidos como governantes do Estado. Serão os guardiões perfeitos, na verdade os únicos dignos de merecer por direito o nome de "guardiões": os outros, até então designados guardiões, serão chamados "auxiliares", tendo por trabalho apoiar as decisões dos governantes.[197] (Em breve tratarei da educação dos governantes).

Conclui-se assim que o Estado ideal consistirá em três grandes classes (com exclusão da classe escrava, da qual aqui se falará depois), com os artesãos na base, a classe auxiliar ou militar logo acima e os guardiões ou guardião no topo. Contudo, embora os auxiliares ocupem posição mais honrosa do que os artesãos, não devem se comportar como animais selvagens, predando os que estão abaixo deles; ao contrário, mesmo que mais fortes que seus concidadãos, devem ser aliados amigáveis, e assim é da maior importância garantir que tenham a educação e o modo de vida corretos. Platão diz que não devem possuir propriedade privada, mas receber todas as coisas indispensáveis de seus concidadãos. Devem receber um mesmo rancho e viver como soldados em um campo: jamais devem tocar ouro ou prata. "E isso será sua salvação e a salvação do Estado".[198] Mas, caso comecem a amealhar propriedade, em breve se transformarão em tiranos.

4. É de se recordar que Platão se propôs no começo do diálogo determinar a natureza da justiça e que, tendo achado a tarefa difícil, sugeriu-se que se

---
[195] 403 e 11–404 b 8.
[196] 412 c 9–413 c 7.
[197] 414 b 1–6.
[198] 417 a 5–6.

pudesse ver mais claramente o que é a justiça caso fosse examinada tal qual existe no Estado. A esta altura da discussão, delineadas já as diferentes classes do Estado, torna-se possível contemplar a justiça no Estado. A sabedoria do Estado reside na pequena classe dos governantes ou guardiões, a coragem do Estado nos auxiliares, a temperança do Estado consiste na devida subordinação dos governados ao governo, a justiça do Estado em que todos cuidem de suas próprias tarefas sem interferir nas dos outros. Assim como o indivíduo é justo quando todos os elementos da alma funcionam adequadamente em harmonia e com a devida subordinação do que é mais baixo ao que é mais alto, também o Estado é justo ou probo quando todas as classes, e os indivíduos de que são compostas, desempenham suas devidas funções da maneira apropriada. A injustiça política, por outro lado, consiste em um espírito de intromissão e inquietude, o que leva uma classe a interferir nas atividades de outra.[199]

5. No quinto livro da *República* Platão trata da famosa proposta acerca da "comunidade" de esposas e crianças. As mulheres devem ser treinadas como os homens: no Estado ideal não irão simplesmente ficar em casa e cuidar do bebê, mas serão treinadas em música, em ginástica e em disciplina militar como os homens. A justificação disso está no fato de que homens e mulheres diferem simplesmente quanto às partes desempenhadas na propagação da espécie. É verdade que a mulher é mais fraca do que o homem, mas se encontram dons naturais em ambos os sexos, e, no que diz respeito à natureza dela, admite-se a mulher em todas as carreiras abertas ao homem, até mesmo a guerra. Mulheres apropriadamente qualificadas serão selecionadas para partilhar da vida e deveres oficiais dos guardiões do Estado. Quanto a princípios eugênicos, Platão considera que as relações matrimoniais dos cidadãos, em especial das classes mais altas do Estado, devem estar sob controle estatal. Os casamentos dos guardiões ou dos auxiliares devem ficar sob controle dos magistrados, com o propósito não só de lhes aliviar de seus deveres profissionais, mas também de obter a melhor prole possível, que será criada numa creche estatal. Mas que se observe que Platão não propõe nenhuma comunidade total de esposas no sentido de amor livre e promíscuo. A classe artesã preserva a propriedade privada e a família: é só nas duas classes mais altas que se deve abolir a propriedade privada e a família, e isso para o bem do Estado. Além disso, os casamentos de guardiões e de auxiliares devem ser organizados de maneira estrita: casar-se-ão com mulheres que lhes forem prescritas por magistrados competentes, terão intercurso e gerarão filhos apenas em períodos prescritos, jamais fora destes. Caso tenham relações com mulheres fora desses limites prescritos e disso resulte filhos, é pelo menos insinuado que é preciso se desfazer destes.[200] As crianças das classes mais elevadas, não adequadas para a vida dessas classes, ainda que nascidas "legitimamente", serão delegadas à classe dos artesãos.

---

[199] 433 a 1 ss.
[200] 461 c 4–7.

(As propostas de Platão nessa área são abomináveis a todo verdadeiro cristão. Suas intenções eram, claro, excelentes, pois desejava a maior melhoria possível da raça humana; mas suas boas intenções o levaram a propor medidas que são necessariamente inaceitáveis e repugnantes a todos que aderem aos princípios cristãos acerca do valor da personalidade humana e da santidade da vida humana. Mais ainda, de modo algum se pode deduzir que aquilo que se mostrou bem-sucedido na criação de animais também se mostrará útil quando aplicado à raça humana, pois o homem tem uma alma racional que não é intrinsecamente dependente da matéria, mas criada diretamente por Deus Todo Poderoso. Não só isso, ainda que essas medidas fossem bem-sucedidas — e que significa "sucesso" nesse caso? — em relação à raça humana, não se segue que o governo tenha o direito de aplicá-las. Aqueles que hoje em dia seguem, ou gostariam de seguir, os passos de Platão, a advogar, por exemplo, a esterilização compulsória dos incapazes, não têm sequer, relembre-se, a desculpa de Platão de que viveu num período anterior ao surgimento dos ideais e princípios cristãos).

6. Em resposta à objeção de que nenhuma cidade pode na prática ser organizada de acordo com os planos propostos, "Sócrates" responde que não se deve esperar que um ideal se realize na prática com perfeita precisão. Seja como for, pergunta ele, qual a mais mínima das mudanças que permitiria ao Estado assumir essa forma de Constituição? E passa a responder mencionando uma — que não é nem pequena nem fácil —, a saber, a que o rei-filósofo seja investido de poder. O princípio democrático de governo é, segundo Platão, absurdo: o governante deve governar em virtude do conhecimento, esse conhecimento deve ser conhecimento da verdade. O homem que tem conhecimento da verdade é o autêntico filósofo. Platão arremata seu argumento com o símile do navio, seu capitão e sua tripulação.[201] Somos chamados a imaginar um navio "no qual há um capitão que é mais alto e mais forte do que qualquer outro no navio, mas é um pouco surdo e míope, e seu conhecimento de navegação não é muito melhor". A tripulação se amotina, toma o controle do navio e, "bebendo e festejando, eles continuam sua viagem com o sucesso que é de se esperar". Não têm, contudo, idéia alguma da arte do piloto ou de como um verdadeiro piloto deveria ser. Assim, a objeção de Platão à democracia de tipo ateniense é que os políticos não conhecem na verdade o seu trabalho, e que, quando o povo é tomado pela fantasia, ele se livra dos políticos e prossegue como se não fosse necessário nenhum conhecimento especial para a correta condução do navio do Estado. Platão propõe que se substitua esse modo mal-informado e despreocupado de conduzir o Estado pelo governo do rei-filósofo, isto é, do homem que tem real conhecimento do curso que o navio do Estado deve seguir e que pode ajudá-lo a atravessar em seguranças as tempestades e solucionar as dificuldades que encontra na viagem. O filósofo será o mais fino fruto da educação proporcionada pelo Estado: ele, e só ele, pode fazer o esboço, digamos assim, do desenho

---

[201] 488 a 1–489 a 2.

concreto do Estado ideal e preenchê-lo, pois tem conhecimento do mundo das formas e pode tomá-las como seu modelo na formação do Estado empírico.[202]

Aqueles que fossem escolhidos como candidatos ou possíveis governantes seriam educados não só em harmonia musical e ginástica, mas também em matemática e astronomia. Não serão treinados em matemática, contudo, com a finalidade de torná-los capazes de realizar os cálculos que todos devem aprender a fazer, mas antes com a finalidade de torná-los capazes de apreender os objetos inteligíveis — não "com o espírito de mercadores ou comerciantes, com a perspectiva de comprar ou vender", nem só pelo seu uso militar, mas principalmente para que possam passar "do vir a ser à verdade e ao ser",[203] para que possam ser atraídos pela verdade e adquiram o espírito da filosofia.[204] Mas tudo isso não será mais que um prelúdio à dialética, por meio da qual o homem inicia a descoberta do ser absoluto com apenas a ajuda da razão e sem qualquer auxílio dos sentidos, até que "atinja por fim o bem absoluto através da visão intelectual e aí alcance o limite do mundo intelectual".[205] Terá assim subido todos os degraus da "linha". Portanto, os governantes escolhidos do Estado, ou melhor, aqueles escolhidos como candidatos à posição de guardiões, aqueles que são "sadios dos membros e da mente" e dotados de virtude, seguirão gradativamente o curso da educação, e serão especialmente selecionados para o treino na dialética aqueles que aos 30 anos tiverem se mostrado satisfatórios. Após cinco anos desse estudo, serão "enviados para a caverna e obrigados a assumir algum posto militar ou de outra natureza, que os jovens estejam qualificados para ocupar", de maneira que possam adquirir a experiência de vida necessária e mostrar se, quando confrontados com diversas tentações, "irão permanecer firmes ou vacilarão".[206] Depois de quinze anos de provação, aqueles que tiverem se distinguido (contarão então cinqüenta anos) terão chegado ao momento

> em que devem elevar o olho da alma à luz universal que ilumina todas as coisas e contemplar o bem absoluto; pois este é o padrão segundo o qual devem ordenar o Estado e as vidas dos indivíduos, bem como o restante de suas próprias vidas, fazendo da filosofia o seu principal empenho; mas, quando chegar sua vez, labutando na política e governando pelo bem público, não como se fizessem grande coisas, mas só o necessário; e, quando tiverem educado outros como eles e os deixarem em seus lugares para serem governadores do Estado, devem partir para as ilhas dos bem-aventurados e lá viver; e a cidade lhes fará memoriais públicos e sacrifícios e os honrará,

---

[202] Platão, assim como Sócrates, achava irracional e absurda a prática "democrática" de escolher magistrados, generais etc. por sorteio ou segundo sua habilidade retórica.
[203] 525 b 11–c 6.
[204] 527 b 9–11.
[205] 532 a 7–b 2.
[206] 539 e 2–540 a 2.

se o oráculo da Pítia consentir, como semideuses, e de qualquer modo como abençoados e divinos.[207]

7. No oitavo e nono livros da *República* Platão desenvolve uma espécie de filosofia da história. O Estado perfeito é o Estado aristocrático; mas, quando as duas classes mais altas se juntam para dividir a propriedade dos outros cidadãos e reduzi-los praticamente à escravidão, a aristocracia se torna timocracia, a qual representa a preponderância do elemento irascível. Logo o amor pela riqueza cresce, até que a timocracia se torne uma oligarquia, com o poder político a depender de critérios de posse. Desenvolve-se sob os oligarcas uma classe marcada pela pobreza, e ao fim os pobres expulsam os ricos e estabelecem uma democracia. Mas o amor desbragado pela liberdade, que é característico da democracia, leva por reação à tirania. Num primeiro momento, o campeão do povo comum ganha uma guarda pessoal sob pretextos especiosos; em seguida ignora esses pretextos, dá um *coup d'état* e se transforma em tirano. Assim como o filósofo, no qual a razão impera, é o mais feliz dos homens, de igual modo o Estado aristocrático é o melhor e mais feliz dos Estados; e assim como o déspota tirânico, esse escravo da ambição e da paixão, é o pior e mais infeliz dos homens, de igual modo o Estado governado pelo tirano é o pior e mais infeliz dos Estados.

II. O Político (*Politicus*)

1. Perto do fim de *O Político*, Platão mostra que a ciência da política, a ciência real e augusta, não pode ser idêntica, digamos, à arte do general ou à arte do juiz, já que estas são ministeriais, com o general a agir como ministro do governante e o juiz a expedir decisões segundo as leis estabelecidas pelo legislador. A ciência real, portanto, deve ser superior a todas as artes e ciências particulares, e pode ser definida como "a ciência comum que está acima de todas elas e guarda as leis e todas as coisas que há no Estado, e verdadeiramente as enleia numa só".[208] Platão distingue entre essa ciência do monarca ou governante e a tirania, na medida em que esta última se baseia apenas na compulsão, ao passo que o governo do verdadeiro rei ou estadista é "a administração voluntária de bípedes voluntários".[209]

2. "Não é grande o número de pessoas, sejam quem forem, que podem ter poder político ou ordenar um Estado com sabedoria"; ao contrário, "o verdadeiro governo há de ser encontrado em um pequeno grupo ou em um indivíduo", e o ideal é que o governante (ou governantes) legisle para casos específicos. Platão insiste que as leis devem ser substituídas ou alteradas segundo as circunstâncias o peçam e que nenhum respeito supersticioso à tradição deve embaraçar a aplicação esclarecida a um novo estado de coisas e de novas necessidades.

---
[207] 540 a 7–c 2.
[208] 305 e 2–4.
[209] 276 e 10–12.

Seria tão absurdo apegar-se a leis obsoletas em face de novas circunstâncias quanto o seria um médico insistir em que seu paciente mantenha a mesma dieta quando uma nova é requerida pelas condições alteradas de sua saúde. Mas, como isso requereria conhecimento e competência não humanos, mas divinos, devemos nos contentar com a segunda melhor coisa possível, isto é, o reino das *Leis*. O governante irá administrar o Estado de acordo com a lei fixa. A lei deve ser o soberano absoluto, e o homem público que violá-la deve ser condenado à morte.[210]

3. O governo pode ser um governo de um, de poucos ou de muitos. Se estivermos falando de governos bem-ordenados, então o governo de um, a monarquia, é o melhor (deixando-se de lado a forma ideal na qual o monarca legisla para casos individuais), o governo de poucos é o segundo melhor e o governo de muitos, o pior. Se, contudo, estivermos falando de governos sem lei, então o pior é o governo de um, isto é, a tirania (já que é o que pode fazer maior mal), o segundo pior o de poucos e o menos ruim, o de muitos. A democracia é, de acordo com Platão, "o pior de todos os governos legais e o melhor de todos os governos ilegais", já que "o governo de muitos é sob todo aspecto fraco e incapaz de fazer seja grande bem seja grande mal quando comparado aos outros, porque nesse Estado cargos são divididos entre muitas pessoas".[211]

4. Fica claro o que Platão pensaria de ditadores demagógicos em razão de seus comentários sobre tiranos, bem como por suas observações sobre os políticos desprovidos de conhecimento e que deveriam ser chamados de "sectários". Estes são "defensores dos ídolos mais monstruosos, e eles próprios ídolos; e, por serem os maiores imitadores e mágicos, também são sofistas por excelência".[212]

III. As leis

1. Platão parece ter sido influenciado por experiências pessoais ao compor *As leis*. Assim, diz que talvez as melhores condições de fundar a constituição desejada sejam propiciadas se um estadista esclarecido encontra um tirano ou soberano esclarecido e benevolente, já que o déspota estará em posição de pôr na prática as reformas sugeridas.[213] A (desfortunada) experiência de Platão em Siracusa lhe terá mostrado no mínimo que há maiores chances de realizar as reformas constitucionais desejadas numa cidade governada por um único homem do que numa democracia como a ateniense. De modo análogo, Platão foi claramente influenciado pela história de Atenas, sua ascensão à posição de império comercial e marítimo, sua queda com a Guerra do Peloponeso. Pois, no Livro IV das *Leis*, ele estipula que a cidade deve ser posicionada à distância de oito estádios[214] do mar — embora isso ainda seja bastante próximo do mar —, ou, dito de outro

---

[210] 297 e 1–5.
[211] 303 a 2–8.
[212] 303 b 8–c 5.
[213] 709 d 10–710 b 9.
[214] Um estádio, medida de distância utilizada na Grécia antiga, equivale a 206,25m — NT.

modo, o Estado deve ser agrário, não comercial, uma comunidade produtora, não importadora. O preconceito grego contra o comércio e o transporte de mercadorias se manifesta em suas palavras: "O mar é bastante agradável como companhia diária, mas tem algo de amargo e salobro; pois enche as ruas de mercadores e comerciantes, e provoca nas almas dos homens modos desleais e incertos — tornando o Estado desleal e inamistoso tanto com os seus próprios cidadãos como com o resto dos homens".[215]

2. O Estado deve ser uma verdadeira organização política. A democracia, a oligarquia e a tirania são todas indesejáveis por serem Estados de classes, e suas leis são aprovadas para o bem de classes em particular e não para o bem do Estado como um todo. Estados com tais leis não são verdadeiras organizações políticas, mas partidos, e sua noção de justiça é simplesmente vazia.[216] O governo não deve ser confiado a qualquer um por considerações de nascimento ou riqueza, mas por caráter pessoal e aptidão para governar, e os governantes devem estar sujeitos à lei. "O Estado no qual a lei está acima dos governantes, e os governantes são inferiores à lei, tem salvação e toda benção que os deuses podem conferir". Platão aqui enfatiza mais uma vez o que já havia dito no *Político*.

O Estado existe, por conseguinte, não para o bem de qualquer classe de homens, mas para o guiamento da vida reta, e nas *Leis* Platão reafirma em termos unívocos sua convicção da importância da alma e do cuidado da alma. "De todas as coisas que o homem possui de mais próximas aos deuses, a sua alma é a mais divina e a mais verdadeiramente sua", e "todo o ouro que está sob e sobre a terra não é bastante para trocar pela virtude".[217]

3. Platão não via utilidade em Estados demasiado grandes; fixa o número de cidadãos em 5.040, número que "pode ser dividido exatamente por cinquenta e nove divisores" e "providenciará contingentes para a guerra e a paz, e para todos os contratos e negócios, incluindo impostos e distribuição".[218] Mas, embora Platão fale de 5.040 cidadãos, também fala em 5.040 casas, o que levaria a crer que se trate antes de 5.040 famílias, e não indivíduos. Seja como for, os cidadãos possuirão casa e terra, já que, conquanto Platão expressamente se apegue ao comunismo como um ideal, ele defende nas *Leis* a mais prática e segunda melhor opção. Ao mesmo tempo, ele contempla arranjos para que se previna o crescimento do Estado rico e comercial. Por exemplo, os cidadãos devem possuir uma moeda que seja aceita apenas por eles próprios e não pelo resto da humanidade.[219]

4. Platão discute com grande detalhe a incumbência e funções dos diversos magistrados: irei me contentar com um ou dois pontos. Por exemplo, haverá trinta e sete guardiões da lei (νομοφύλακες), os quais não terão menos de cinquenta anos quando eleitos e que permanecerão no cargo até os setenta.

---

[215] 705 a 2–7.
[216] 715 a 8–b 6.
[217] 726 a 2–3, 728 a 4–5.
[218] 737 e 1–738 b 1.
[219] 742 a 5–6.

"Todos aqueles que são soldados de cavalaria e de infantaria, ou que tomaram parte na guerra durante a idade de serviço militar, devem participar da eleição dos magistrados".[220] Também haverá um conselho de 360 membros, também eleitos, noventa deles originários de cada classe de proprietários, com a votação organizada de tal modo, ao que parece, que se torne improvável a eleição de partidários de opiniões extremas. Haverá uns tantos ministros, como os que cuidarão da música e da ginástica (dois ministros para cada uma, um para educar, outro para supervisionar as competições). O mais importante dos ministros, contudo, será o da educação, que cuidará dos jovens, homens como mulheres, e que deve ter no mínimo cinqüenta anos, "o pai de filhos gerados legitimamente, de ambos os sexos, ou de todo modo de algum dos sexos. Aquele que é eleito e aquele que é eleitor devem considerar este cargo o maior de todos do Estado"; o legislador não pode permitir que a educação das crianças se torne questão secundária ou acidental.[221]

5. Haverá um comitê de mulheres para supervisionar os casais por dez anos após o casamento. Se não tiverem tido filhos durante o período de dez anos, devem se divorciar. Os homens devem se casar entre os trinta e os trinta e cinco anos, as moças entre dezesseis e vinte anos (depois se fala em até aos dezoito anos). Violações da fidelidade conjugal serão puníveis. Os homens prestarão serviço militar entre os vinte e os sessenta anos; as mulheres, depois de terem filhos e antes dos cinqüenta anos. Nenhum homem pode ocupar cargo antes dos trinta anos e nenhuma mulher antes dos quarenta. As determinações a respeito da supervisão das relações maritais pelo Estado dificilmente são aceitáveis para nós; mas Platão sem dúvida as considerava a conseqüência lógica de sua convicção de que "a noiva e o noivo devem considerar que devem produzir para o Estado os melhores e mais belos espécimes de criança que puderem".[222]

6. No Livro VII, Platão fala da educação e seus métodos. Ele a aplica até a bebês, que devem ser embalados com freqüência, já que isso contrabalança as emoções na alma e produz "uma paz e calma na alma".[223] Dos três aos seis anos os meninos e as meninas brincarão juntos nos templos, supervisionados por uma moça, ao passo que aos seis anos serão separados e a educação de cada sexo seguirá isolada uma da outra, embora Platão não abandone sua visão de que as meninas devem ter mais ou menos a mesma educação que os meninos. Serão educados em ginástica e música, mas esta última estará sob estrita vigilância, e se comporá uma antologia poética estatal. Escolas haverão de ser construídas, e se arranjarão professores (estrangeiros) pagos: as crianças irão diariamente à escola, onde aprenderão não só ginástica e música, mas também aritmética elementar, astronomia etc.

---

[220] 753 b 4–7.
[221] 765 d 5–766 a 6.
[222] 783 d 8–e 1.
[223] 790 c 5–791 b 2.

7. Platão estabelece os festivais religiosos do Estado. Haverá um a cada dia, de modo que "pelo menos um magistrado irá fazer sacrifícios diários a algum deus ou semideus em prol da cidade e dos cidadãos e suas posses".[224] Também ordena sobre a agricultura e o código penal. Quanto a este último, Platão insiste que se deve dar atenção à situação psicológica do prisioneiro. Sua distinção entre βλαβή e ἀδικία[225] traduz-se bem em nossa distinção entre ação civil e ação criminal.

8. No décimo Livro, Platão formula sua famosa proposta de punição do ateísmo e da heresia. Dizer que o universo é produto de movimentos de elementos corporais, desprovidos de inteligência, é ateísmo. Contra essa posição Platão argumenta que deve haver uma fonte de movimento e que, afinal, devemos admitir um princípio automotor, que é a alma ou mente. Daí que a alma ou mente é a fonte do movimento cósmico. (Platão declara que deve haver mais de uma alma responsável pelo universo, já que existe tanto desordem e irregularidade como ordem, mas que talvez haja mais do que duas almas).

Uma heresia perniciosa é a de que os deuses são indiferentes ao homem.[226] Contra isso, Platão argumenta:

(a) Aos deuses não pode faltar o poder de atentar às coisas pequenas.

(b) Deus não pode ser indolente ou demasiado melindroso para com os detalhes. Até um artífice humano atenta aos detalhes.

(c) A Providência não envolve qualquer "interferência" na lei. A justiça divina de qualquer modo se realizará na sucessão das vidas.

Uma heresia ainda mais perniciosa é a opinião de que os deuses são venais, de que podem ser induzidos por propinas a perdoar injustiças.[227] Contra isso, Platão argumenta dizendo que não podemos supor que os deuses são como pilotos que podem ser induzidos pelo vinho a negligenciar seu dever e levar seu navio e seus marinheiros à ruína, ou como cocheiros que, subornados, entregassem a vitória da corrida a outros cocheiros, ou como pastores que permitissem que o rebanho fosse saqueado desde que fossem contemplados na partilha do espólio. Supor alguma dessas coisas é ser culpado de blasfêmia.

Platão sugere penalidades a serem aplicadas àqueles que se provasse serem culpados de ateísmo ou heresia. Um herético moralmente inofensivo será punido com no mínimo cinco anos na Casa de Correção, onde seria visitado pelos membros do "Conselho Noturno", os quais o esclareceriam do erro de seu modo de pensar. (Presumivelmente, os culpados das duas heresias mais graves receberiam uma pena de prisão mais longa). Uma segunda condenação será punida com a morte. Mas os hereges que jogam com a superstição dos outros visando ao lucro, ou que fundam cultos imorais, ficarão presos por toda a vida na parte mais desolada do país e quando mortos serão deixados insepultos, com seus

---

[224] 828 b 2-3.
[225] 861 e 6 ss.
[226] 899 d 5-905 d 3.
[227] 905 d 3-907 d 1.

familiares sendo custodiados ao governo. Como medida de segurança, Platão decreta a proibição de santuários ou cultos privados.[228] Platão observa que, antes de passarem ao processo contra um praticante de impiedade, os guardiões da lei devem determinar "se o ato foi praticado a sério ou só por leviandade infantil".

9. Entre as questões legais tratadas nos Livros XI e XII, podemos mencionar as seguintes como dignas de atenção:

(a) Seria algo extraordinário, diz Platão, se qualquer escravo ou homem livre de boa conduta chegasse ao limite da pobreza em qualquer "cidade ou governo toleravelmente bem-ordenado". Haverá, assim, um decreto contra pedintes, e o pedinte profissional será mandado para fora do país, "a fim de que nosso país possa ser livrado desse tipo de animal".[229]

(b) A litigiosidade ou prática de conduzir processos com vista a ganhos, dessa maneira tentando tornar a corte partidária da injustiça, será punida com a morte.[230]

(c) O desfalque das propriedades e fundos públicos deverá ser punido com a morte caso o criminoso seja um cidadão, já que, se um homem que recebeu todo o benefício da educação estatal se comporta dessa forma, ele é incurável. Se, contudo, o criminoso é um estrangeiro ou um escravo, as cortes deliberarão sobre a pena levando em conta que ele provavelmente não é incurável.[231]

(d) Um conselho de εὔθυνοι será designado para auditar as contas dos magistrados ao fim de seus mandatos.[232]

(e) O Conselho Noturno (que deve se reunir de manhã cedo antes do início dos afazeres do dia) será composto de dez νομοφύλακες experientes, o ministro e ex-ministros da educação, e dez homens designados de idade entre trinta e quarenta anos. Consistirá em homens treinados para ver o Um no múltiplo e que sabem que a virtude é uma (ou seja, serão treinados em dialética), com treino em matemática e astronomia, a fim de que tenham convicção bem-fundamentada da operação da razão divina no mundo. Assim, esse conselho, composto de homens que têm conhecimento de Deus e do padrão ideal da bondade, estará apto a zelar pela constituição e ser "a salvação de nosso governo e de nossas leis".[233]

(f) A fim de evitar confusão, inovações e inquietude, a ninguém será permitido viajar para o exterior sem autorização do Estado, e isso só quando acima dos quarenta anos (exceto, claro, no caso de campanhas militares). Aqueles que viajarem para o exterior irão, ao retornarem, "ensinar os jovens que as instituições de outros Estados são inferiores às suas próprias".[234] Contudo, o Estado enviará para o exterior "espectadores" para que vejam se há algo admirável lá que pudesse com proveito ser adotado na República. Esses homens não

---

[228] 909 d 7-8.
[229] 936 c 1-7.
[230] 937 d 6-938 c 5.
[231] 941 c 4-942 a 4.
[232] 945 b 3-948 b 2.
[233] 960 e 9 ss.
[234] 951 a 2-4.

poderão ter menos de cinqüenta anos nem mais de sessenta, e ao retornarem devem fazer um relatório ao Conselho Noturno. Não só as visitas dos cidadãos a países estrangeiros serão supervisionadas pelo Estado, como também as visitas de viajantes que vêm de fora. Aqueles que vierem por motivos puramente comerciais não serão encorajados a se misturar com os cidadãos, ao passo que aqueles que vierem com propósitos aprovados pelo governo serão honradamente tratados como convidados do Estado.[235]

10. *Escravidão*. Em *As leis* fica bastante claro que Platão aceitava a instituição da escravidão e que via o escravo como propriedade do seu mestre, uma propriedade que pode ser alienada.[236] Além disso, embora na Atenas contemporânea os filhos de casamento entre uma escrava e um homem livre pareçam ter sido considerados livres, Platão decreta que os filhos sempre pertencem ao mestre da escrava, não importa se tenha se casado com um homem livre ou liberto.[237] Também sob outros aspectos Platão se mostra mais severo que o costume ateniense contemporâneo, e não chega a prover ao escravo a proteção com que a lei ateniense o assistia.[238] É verdade que ele dá proteção ao escravo quando este está a exercer uma função pública (por exemplo, quem mata um escravo para impedir que este dê informação a respeito de uma ofensa contra a lei deve ser tratado como se matara um cidadão),[239] e lhe permite prestar testemunho em casos de assassinato sem ser submetido a tortura; mas não há menção explícita à permissão de que se processe um homem culpado de ὕβρις contra seu escravo, o que era contemplado pela lei ática. Na *República*[240] transparece que Platão desgostava do modo relaxado como os escravos se comportavam na Atenas democrática, mas ele certamente não queria advogar um tratamento brutal do escravo. Assim, embora declare nas *Leis* que "os escravos devem ser punidos segundo merecem, e não advertidos como se fosse homens livres, o que só os envaideceria", e que "a linguagem empregada com os servos deve ser sempre de comando, e não devemos gracejar com eles, sejam mulheres ou homens", diz expressamente que

> devemos lhes dedicar cuidado, não apenas por consideração a eles, mas ainda mais por respeito a nós mesmos. E o tratamento correto dos escravos não consiste em maltratá-los, mas sim em lhes fazer, se possível, ainda mais justiça do que aqueles que são nossos iguais; pois aquele que real e naturalmente reverencia a justiça e realmente odeia a injustiça descobre, em seus tratos com essa classe de homens, que pode facilmente ser injusto.[241]

---
[235] 949 e 3 ss.
[236] 776 b 5–c 3.
[237] 930 d 1–e 2.
[238] Cf. "Plato and Greek Slavery", Glenn R. Morrow, em *Mind*, abril de 1939, N. S., vol. 48, nº 190.
[239] 872 c 2–6.
[240] *Rep.*, 563.
[241] 776 d 2–718 a 5.

Devemos concluir, portanto, que Platão simplesmente aceitava a instituição da escravidão e, no que diz respeito ao tratamento dos escravos, desgostava da frouxidão ateniense, por um lado, e da brutalidade espartana, por outro.

11. *Guerra*. No primeiro Livro das *Leis*, Clínias, o cretense comenta que os regulamentos de Creta são compostos pelo legislador tendo em vista a guerra. Toda cidade está em estado natural de guerra com as outras, "não, em verdade, proclamada por arautos, mas perpétua".[242] Megilo, o Lacedemônio concorda com ele. O Ateniense Anônimo, contudo, observa (a) que, quanto à guerra interna ou civil, o melhor legislador se esforçará por fazer as facções beligerantes se reconciliarem numa amizade duradoura e (b) que, quanto à guerra externa ou internacional, o verdadeiro estadista almejará ao melhor. Ora, a felicidade do Estado, protegida e com paz e boa vontade, é o melhor. Logo, nenhum legislador sensato ordenará a paz por causa da guerra, e sim ordenará a guerra por causa da paz.[243] Assim, Platão não é de forma alguma da opinião de que a organização política existe em função da guerra, e ele dificilmente simpatizaria com os militaristas violentos dos tempos modernos. Observa que "muitas vitórias foram e serão vitórias suicidas para os vencedores, mas a educação jamais é suicida".[244]

12. Quando o homem reflete sobre a vida humana, o bem do homem e a vida reta, como fez Platão, não pode deixar de passar, é claro, pelas relações sociais. O homem nasce em sociedade, não apenas a da sua família, mas a de uma associação mais ampla, e é nessa sociedade que ele deve viver a vida reta e atingir seu objetivo. Não pode ser tratado como se fosse uma unidade isolada, vivendo sozinho. Contudo, embora todo pensador que se preocupe com o ponto de vista humanista, com o lugar do homem e seu destino deva produzir por conta própria uma teoria das relações sociais, pode ser que disso não resulte nenhuma teoria do Estado, a menos que já se tenha alcançado uma consciência política um tanto avançada. Se o homem se sente um membro passivo de algum grande Poder autocrático — o Império Persa, por exemplo —, no qual não é chamado a desempenhar nenhum papel ativo a não ser o de pagador de impostos ou soldado, então sua consciência política mal aflorará: um autocrata ou outro, um império ou outro, seja persa seja babilônio, pode ser que não faça diferença alguma para ele. Mas, quando o homem pertence a uma comunidade política na qual é chamado a arcar com sua responsabilidade, na qual tem não só deveres mas também direitos e atividades, então se tornará politicamente consciente. Ao homem politicamente inconsciente, o Estado pode parecer algo posto contra ele, algo que lhe é alheio senão opressivo, e ele tenderá a conceber sua via de salvação como dada na atividade individual e talvez até na cooperação com outras sociedades que não aquela da burocracia reinante: ele não será de pronto estimulado a elaborar uma teoria do Estado. Por outro lado, para o homem politicamente consciente o Estado surge como um corpo no qual ele tem

---
[242] 626 a 2–5.
[243] 628 c 9–e 1.
[244] 641 c 2–7.

parte, como uma espécie de extensão sua, e assim será estimulado — o pensador reflexivo, entenda-se — a elaborar uma teoria do Estado.

Os gregos tinham essa consciência política em grau bastante avançado: para eles a vida reta era inconcebível à parte da Πόλις. Assim, poderia ser mais natural que Platão, ao refletir sobre a vida reta em geral, isto é, sobre a vida reta do homem enquanto tal, refletisse também sobre o Estado enquanto tal, isto é, sobre a Πόλις ideal? Ele era um filósofo e estava preocupado não tanto com a Atenas ideal ou a Esparta ideal quanto com a cidade ideal, a forma da qual os Estados empíricos são aproximações. Isso, claro, não é negar que a concepção que Platão tinha da Πόλις não tenha sido influenciada em grande medida pelas práticas da cidade-grega contemporânea — não poderia ter sido de outro modo; mas ele descobriu princípios que estão na base da vida política, e se pode com acerto dizer que lançou os fundamentos de uma teoria *filosófica* do Estado. Digo uma teoria "filosófica" do Estado porque uma teoria de reforma imediata não é geral e universal, ao passo que o tratamento que Platão dá ao Estado é baseado na natureza do Estado em si mesmo, e assim é concebido como algo universal, caráter esse de essencial importância para uma teoria filosófica do Estado. É verdade que Platão tratou das reformas que ele pensava serem necessárias às condições reais dos Estados gregos, e que sua teoria foi esboçada tendo por pano de fundo a Πόλις grega; mas, já que pretendeu que sua teoria fosse universal, respondendo à própria natureza da vida política, segue-se que esboçou uma teoria filosófica do Estado.

A teoria política de Platão e Aristóteles de fato lançou as bases para a fértil especulação posterior sobre a natureza e as características do Estado. Muitos detalhes da *República* de Platão parecem ser irrealizáveis na prática, e até indesejáveis ainda que realizáveis, mas o seu grande pensamento é o do Estado como algo a tornar possível e a promover a vida reta do homem, a contribuir para o bem-estar e finalidade temporais do homem. Essa visão grega do Estado, que é também a de Santo Tomás de Aquino, é superior àquela visão que se pode chamar de idéia liberal do Estado, isto é, a visão do Estado como uma instituição cuja função é preservar a propriedade privada e, em geral, exibir uma atitude negativa para com os membros do Estado. Na prática, é claro, até os defensores dessa visão do Estado tiveram de abandonar uma política de total *laissez-faire*, mas sua teoria permanece estéril, vazia e negativa em comparação com a dos gregos.

Contudo, pode ser que a individualidade fosse enfatizada de modo insuficiente pelos gregos, como nota Hegel. ("Platão, em sua *República*, permite que os governantes designem a que classe em particular o indivíduo pertencerá, e lhe incumbem suas tarefas particulares. Em todas essas relações está ausente o princípio da liberdade subjetiva". De modo análogo, em Platão "o princípio da liberdade subjetiva não recebe a devida atenção").[245] Isso foi posto sob intensa luz pelos teóricos do período moderno que salientaram a teoria do contrato social.

---

[245] Hegel, *The Philosophy of Right*, seções 299 e 185. Trad. Prof. S. W. Dyde (George Bell & Sons, 1896).

Para eles os homens são naturalmente átomos, separados e desunidos, senão mutuamente antagônicos, e o Estado não é mais que um aparelho que se destina a preservá-los, tanto quanto possível, naquela condição, ao mesmo tempo que provê a manutenção da paz e a garantia da propriedade privada. A sua visão certamente tem algo de verdade e de valor, de maneira que o individualismo de pensadores como Locke deve ser combinado à teoria mais corporativa do Estado defendida pelos grandes filósofos gregos. Além disso, o Estado que combina ambos os aspectos da vida humana deve também reconhecer a posição e os direitos da sociedade sobrenatural, a Igreja. Contudo, precisamos ter o cuidado de não deixar que a insistência nos direitos da Igreja e na importância do fim sobrenatural do homem minimize ou mutile o caráter do Estado, que também é uma "sociedade perfeita", tendo por objetivo o bem-estar temporal do homem.

CAPÍTULO VIII
A física de Platão

1. As teorias físicas de Platão se encontram no *Timeu*, o único diálogo "científico" de Platão. Foi escrito provavelmente quando Platão tinha cerca de setenta anos e se destinava a ser a primeira obra de uma trilogia, *Timeu*, *Crítias* e *Hermócrates*.[246] O *Timeu* reconta a formação do mundo material e o nascimento do homem e dos animais; *Crítias* conta como os atenienses primitivos derrotaram os invasores vindos da mítica Atlântida e em seguida sucumbiram sob enchente e terremoto; e conjetura-se que *Hermócrates* trataria do renascimento da cultura na Grécia, terminando com as sugestões de Platão para sua futura reforma. Assim, o Estado Utópico ou República socrática[247] seria representado no *Crítias* como algo do passado, enquanto seriam propostas reformas práticas concernentes ao futuro no *Hermócrates*. O *Timeu* foi de fato escrito, *Crítias* foi interrompido e ficou inconcluso, ao passo que *Hermócrates*, parece, nunca foi composto. Sugeriu-se com sensatez que Platão, consciente de sua idade avançada, abandonou a idéia de completar seu complexo romance histórico e incorporou às *Leis* (Livro 3 e seguintes) muito do que quisera dizer no *Hermócrates*.[248]

O *Timeu* foi escrito, portanto, como um prefácio a dois diálogos político-éticos, e por isso seria pouco exato representar Platão como alguém que, em sua velhice, subitamente desenvolveu um grande interesse por ciência natural. Provavelmente é verdade que foi influenciado pelo crescente interesse científico na Academia, e pouco se pode duvidar de que sentiu necessidade de dizer algo sobre o mundo material, a fim de explicar sua relação com as formas; mas não existe nenhum real motivo para supor que o centro de interesse de Platão tenha passado por uma mudança radical, indo de temas éticos, políticos e metafísicos a questões de ciência natural. Com efeito, ele diz expressamente no *Timeu* que uma explicação do mundo material não pode ser mais que "plausível", que não se deveria esperar que seja algo exato ou sequer coerente em seu todo,[249] expressões que indicam com clareza que aos olhos de Platão a Física jamais poderia ser uma ciência exata, uma ciência no verdadeiro sentido. Seja como for, o caráter peculiar da teoria platônica das idéias exigia alguma explicação concernente ao universo material. Enquanto os pitagóricos defendiam que as coisas são números, Platão defendia que elas participam dos números (preservando assim o dualismo),

---

[246] Cf. *Tim.*, 27 a-b.
[247] 26 c 7–e 5.
[248] V. a "Introdução" da edição que o Prof. Cornford fez do *Timeu*.
[249] Cf. 27 d 5–28 a 4 e 29 b 3–d 3. Isso era uma conseqüência do dualismo epistemológico e ontológico, que Platão nunca abandonou.

e desse modo poderia com razão se esperar que oferecesse alguma explicação de como se dá essa participação do ponto de vista físico.

Sem dúvida Platão tinha outra razão importante para escrever o *Timeu*, a saber, para exibir o cosmos ordenado como obra da inteligência e para mostrar como o homem partilha de ambos os mundos, o inteligível e o sensível. Está convencido de que "a mente ordena todas as coisas", e não concordará "quando um ingênuo [Demócrito?] declara que tudo é desordem":[250] ao contrário, a alma é "a mais antiga e mais divina de todas as coisas", e "foi a mente que ordenou o universo".[251] Por conseguinte, no *Timeu* Platão apresenta a imagem da ordenação inteligente de todas as coisas pela mente e revela a origem divina da alma imortal humana. (Assim como todo o universo inclui um dualismo do inteligível e eterno, de um lado, e do sensível e transiente, do outro, de igual modo o homem, o microcosmo, inclui um dualismo da alma imortal, que pertence à esfera da realidade, e do corpo que passa e perece). A exibição do mundo como obra da mente, que forma o mundo material segundo o padrão ideal, constitui um prefácio apropriado ao tratamento estendido que se propunha do Estado, o qual deveria ser racionalmente formado e organizado segundo o padrão ideal, e não deixado ao jogo de causas irracionais ou "aleatórias".

2. Se Platão tomava as teorias físicas como "explicações prováveis" (εἰκότες λόγοι), estaríamos obrigados a tratar a obra toda como "mito"? Em primeiro lugar, as teorias do *Timeu*, sejam mito ou não, devem ser tidas como teorias de Platão: o presente escritor concorda inteiramente com a rejeição que o Prof. Cornford manifestou para com a noção do Prof. A. E. Taylor de que o *Timeu* é uma "falsificação" elaborada por Platão, uma afirmação do "pitagorismo do quinto século", "uma tentativa deliberada de amalgamar religião pitagórica, matemática e biologia empedocleana",[252] de maneira que "Platão provavelmente não se sentia responsável pelos detalhes das teorias de nenhum dos personagens". Fora a improbabilidade inerente de uma tal falsificação da parte de um filósofo grande e original, já em idade avançada, como poderiam Aristóteles, Teofrasto e outros, conforme Cornford observa, não terem nos deixado nenhuma sugestão acerca do caráter falso da obra? Se esse fosse seu caráter real, eles não poderiam ignorá-lo; e como podemos supor que, sabedores de um fato tão interessante, tivessem todos permanecido absolutamente silenciosos a seu respeito? É de fato pedir muito de nós que acreditemos que o verdadeiro caráter do *Timeu* foi revelado ao mundo pela primeira vez no século XX. Platão certamente absorveu elementos de outros filósofos (particularmente dos pitagóricos), mas as teorias do *Timeu* são do próprio Platão, sejam elas tomadas de empréstimo ou não.

Em segundo lugar, embora as teorias postas na boca de Timeu sejam teorias do próprio Platão, elas constituem, como vimos, "explicações prováveis", e não devem ser tomadas como uma explicação exata e científica — pelo simples fato

---

[250] *Filebo*, 28 c 6–29 a 5.
[251] *As Leis*, 966 d 9–e 4.
[252] *A Commentary on Plato's Timaeus*, pp. 18–19.

de que Platão não considerava possível uma tal explicação científica exata. Ele não só diz que devemos nos lembrar de que "somos apenas humanos" e aceitar "a história plausível e não buscar mais que isso"[253] — palavras que podem implicar que é só a fragilidade humana que torna a ciência natural impossível —; mas vai além disso ao ligar expressamente a impossibilidade de uma ciência natural à "natureza do assunto". Uma explicação do que é apenas uma probabilidade "será ela própria plausível": "o que o vir a ser é para o ser, a crença o é para a verdade".[254] As teorias são apresentadas, portanto, como "plausíveis" ou prováveis; mas isso não significa que sejam "míticas" no sentido de terem sido conscientemente concebidas para simbolizar uma teoria mais exata que, por esta ou aquela razão, Platão não estava disposto a comunicar. Pode ser que determinados elementos no *Timeu* sejam simbolismo consciente, mas devemos discutir caso a caso segundo seus méritos, e não temos razão para recusar toda a física platônica como mito. Uma coisa é dizer: "Não acredito ser possível uma explicação exata do mundo material, mas a seguinte explicação é plausível ou mais plausível que as outras", e outra coisa é dizer: "Enuncio a seguinte explicação como uma expressão mítica, simbólica e pictórica de uma explicação exata que proponho reservar apenas para mim mesmo". Claro, se nos decidirmos a chamar de "mito" uma explicação confessadamente "plausível", então o *Timeu* é certamente mito; mas não é mito (pelo menos não inteiramente) se considerarmos "mito" uma representação simbólica e pictórica de uma verdade claramente percebida pelo autor, que a guardou apenas para si. Platão tem a intenção de dar o melhor de si, e o que diz é o seguinte.

3. Platão busca explicar como o mundo foi gerado. O mundo sensível é vir a ser e "aquilo que vem a ser deve necessariamente ser através da ação de alguma causa".[255] O agente em questão é o divino Artífice ou Demiurgo. Ele "assumiu o controle"[256] de tudo o que estava em movimento discordante e desordenado e lhe deu ordem, formando o mundo material segundo um padrão eterno e ideal, e moldando-o como "uma criatura viva com alma e razão"[257] de acordo com o modelo da "criatura viva ideal", isto é, a forma que contém em si as formas da "raça divina dos deuses, das criaturas aladas que voam pelo céu, de tudo que habita a água e de tudo que anda a pé pela terra seca".[258] Como só existe uma "criatura viva ideal", o Demiurgo criou um único mundo.[259]

4. Por que o Demiurgo o fez? O Demiurgo é bom e "desejava que todas as coisas fossem tão semelhantes a ele quanto possível", julgando que a ordem é melhor que a desordem e moldando tudo para o melhor.[260] Sua ação era limitada

---

[253] *Tim.*, 29 d 1–3.
[254] *Tim.*, 29 c 1–3.
[255] 28 c 2–3.
[256] 30 a 3–4.
[257] 30 b 1–c 1.
[258] 39 e 3–40 a 2.
[259] 31 a 2–b 3.
[260] 29 e 3–30 a 6.

pelo material ao seu dispor, mas fez o melhor que pôde com ele, tornando-o "tão excelente e perfeito quanto possível".

5. Que devemos pensar da figura do Demiurgo? No mínimo tem de representar a razão divina que opera no mundo; mas não é um Deus-Criador. No *Timeu* fica claro que o Demiurgo "assumiu o controle" de um material pré-existente e fez o melhor dele: certamente não se diz que o criou do nada. "A geração deste cosmos", diz Platão, "foi o resultado misto da combinação da necessidade e da razão",[261] com a necessidade sendo também chamada de "causa vagante". A palavra "necessidade" naturalmente nos sugere o reino da lei fixa, mas não era exatamente isso que Platão tinha em mente. Se tomamos a visão democrítea e epicurista do universo, segundo a qual o mundo é composto de átomos sem auxílio da inteligência, temos um exemplo do que Platão entendia por necessidade, isto é, o *despropositado*, aquilo que não foi formado pela inteligência. Se também tivermos em mente que no sistema atomista o mundo deve sua origem à colisão "ao acaso" de átomos, compreenderemos mais facilmente como pôde Platão associar a necessidade ao acaso ou causa vagante. Para nós pode parecer que são noções opostas, mas para Platão eram afins, já que ambas denotam aquilo em que a inteligência e o propósito consciente não têm parte. Foi por isso que pôde Platão nas *Leis* falar daqueles que afirmam que o mundo se originou "não pela ação da mente, ou de qualquer Deus, ou da arte, mas por natureza e acaso" (φύσει καὶ τύχῃ) ou por necessidade (ἐξ ἀνάγκης).[262] Essa visão do universo é caracterizada por Aristóteles[263] como a atribuição do mundo à espontaneidade (τὸ αὐτόματον), ainda que, na medida em que o movimento se deve ao movimento prévio de outro átomo, também se possa dizer que o universo se deve à necessidade. Assim, irmanam-se as expressões "espontaneamente", "por acaso" e "por necessidade". Os elementos, se considerados como deixados a si mesmos, digamos assim, procedem espontaneamente ou por acaso ou por necessidade, segundo o ponto de vista assumido; mas não servem a algum *propósito* a menos que se introduza a operação da razão. Platão pode, portanto, falar da razão a "persuadir" a necessidade, isto é, fazendo os elementos "cegos" servirem a um projeto e propósito consciente, ainda que as coisas materiais sejam em parte intratáveis e não possam ser inteiramente subordinadas à operação da razão.

O Demiurgo não era, portanto, um Deus-Criador. Além disso, Platão provavelmente nunca pensou no "caos" como tendo de fato existido, no sentido de ter havido um período histórico em que o mundo era simplesmente um caos desordenado. Era essa, seja como for, a tradição na Academia, com umas poucas vozes discordantes (Plutarco e Ático). É verdade que Aristóteles toma a explicação da formação do mundo no *Timeu* como a se referir a uma formação dada no tempo (ou pelo menos a critica como interpretada dessa maneira), mas menciona explicitamente que os membros da Academia afirmavam que,

---

[261] 47 e 5–48 a 2.
[262] *As Leis*, 889 c 4–6.
[263] *Física*, L. IV, 196 a 25.

ao descrever a formação do mundo, faziam-no apenas para efeito de exposição, a fim de compreender o universo, sem supor que este alguma vez viera à existência.[264] Entre os neoplatônicos, deram essa explicação Proclo[265] e Simplício.[266] Se essa interpretação é correta, então o Demiurgo se assemelha menos ainda a um Deus-Criador: é um símbolo da inteligência que opera no mundo, o Rei do Céu e da Terra mencionado no *Filebo*.[267] Mais ainda, deve-se notar que no próprio *Timeu* Platão afirma que "é difícil encontrar o artífice e pai do universo, e, ao encontrá-lo, é difícil dizer algo a seu respeito".[268] Mas, se o Demiurgo é uma figura simbólica, pode ser também que a rígida distinção implicada no *Timeu* entre o Demiurgo e as formas seja só uma representação pictórica. Ao tratar das formas, inclinei-me para o que se poderia chamar de uma interpretação neoplatônica da relação entre mente, as formas e o Um, mas admiti que *pode ser* que as formas fossem idéias da mente ou inteligência. Em todo caso, não é necessário supor que se deva entender literalmente a imagem do Demiurgo como Artífice divino fora do mundo e inteiramente distinto das formas.

6. De que o Demiurgo "assumiu o controle"? Platão fala do "Receptáculo — digamos assim — de todo o vir a ser".[269] Adiante descreve este como "Espaço, que é eterno e não admite destruição; que provê situação a todas as coisas que vêm a ser, mas em si mesmo é apreendido sem os sentidos por uma espécie de raciocínio bastardo, e mal se presta a ser objeto de crença".[270] Parece, portanto, que o espaço não é aquilo de que os elementos primários são feitos, mas aquilo *em que* surgem. É fato que Platão o compara com o ouro com o qual o homem molda figuras;[271] mas vai adiante e diz que o espaço "nunca abandona o seu próprio caráter. Pois está sempre recebendo todas as coisas, e jamais de modo algum assume o caráter de qualquer das coisas que entram nele".[272] Logo, é provável que o espaço ou receptáculo não seja a matéria de que são feitas as qualidades primárias, mas aquilo em que elas surgem.

Platão observa que os quatro elementos (terra, ar, fogo e água) não podem ser ditos substâncias, já que estão em constante mudança: "pois escapam e não esperam ser descritos como 'isto' ou 'aquilo' ou por qualquer expressão que os mostre como dotados de ser permanente".[273] Devem antes ser designados *qualidades*, que fazem sua aparição no Receptáculo, "no qual (ἐν ᾧ) todos estão sempre vindo a ser, fazendo sua aparição e sumindo".[274] Assim, o Demiurgo "assumiu o controle" (*a*) do Receptáculo, "uma espécie de coisa invisível e sem

---

[264] *De Caelo*, 279 b 33.
[265] I, 382; III, 273.
[266] *Física*, 1122, 3.
[267] 28 c 7–8.
[268] 28 c 3–5.
[269] 49 a 5–6.
[270] 52 a 8–b 2.
[271] 50 a 5–b 5.
[272] 50 b 7–c 2.
[273] 49 e 2–4.
[274] 49 e 7–50 a 1.

características, que tudo recebe, a partilhar de modo bastante intrigante do inteligível, sendo dificílima de apreender",[275] e (b) das qualidades primárias, as quais aparecem no receptáculo e que o Demiurgo molda ou constrói segundo o modelo das formas.

7. O Demiurgo em seguida dá formas geométricas aos quatro elementos primários. Platão faz as coisas remontarem a triângulos, selecionando o isósceles retângulo (meio quadrado) e o escaleno retângulo, com os quais são construídas as faces quadradas e eqüiláteras dos sólidos.[276] (Se alguém perguntar por que Platão faz tudo começar por triângulos, sua resposta é que "os princípios ainda mais remotos, Deus os conhece, e também os conhecem os homens que são queridos a ele".[277] Nas Leis[278] ele indica que só quando chegam à terceira dimensão as coisas se tornam "perceptíveis aos sentidos". Portanto, é suficiente para fins de exposição começar com a superfície ou segunda dimensão e deixar de lado os princípios mais remotos). Assim os sólidos são construídos, e o cubo é atribuído a terra (como o mais imóvel ou mais difícil de mover), a pirâmide ao fogo (como a "mais móvel", dotada "das arestas mais agudas e dos vértices mais agudos em todas as direções"), o octaedro ao ar e o icosaedro à água.[279] Esses corpos são tão pequenos que nenhum deles é visível a nós, embora a massa agregada seja perceptível.

Os sólidos elementares podem ser — e são — transformados uns nos outros, já que a água, por exemplo, pode pela ação do fogo ser decomposta nos triângulos que a constituem, e estes podem se recombinar no espaço com a mesma figura ou como figuras diferentes. A terra, contudo, é uma exceção porque, embora possa ser decomposta, seus triângulos constituintes (isósceles ou retângulos, a partir dos quais o cubo é gerado) são peculiares a ela, e só a ela, de maneira que as partículas da terra "jamais podem se tornar de outro tipo".[280] Aristóteles objeta a essa exceção feita em favor da terra alegando que é insensata e não-corroborada pela observação.[281] (Fala-se das partículas como "movimentos ou poderes"[282] e que em estado de separação elas possuem "alguns vestígios de sua própria natureza").[283] Daí Ritter dizer que "A matéria pode ser definida como aquilo que age no espaço".[284] As substâncias como as conhecemos advêm dos elementos primários: por exemplo, o cobre é "um dos tipos brilhantes e sólidos de água", contendo uma partícula de terra, "que, quando as duas substâncias começam a se separar de novo pela ação do tempo", surge na superfície como

---

[275] 51 a 7–b 1.
[276] Cf. 53 c 4 ss.
[277] 53 d 6–7.
[278] 894 a 2–5.
[279] 55 d 6 ss.
[280] 56 d 5–6.
[281] *De Caelo*, 306 a 2.
[282] 56 c 4.
[283] 53 b 2.
[284] *Essence*, p. 261.

verdete.²⁸⁵ Mas Platão observa que enumerar a gênese e a natureza das substâncias não é mais que uma "recreação", um "passatempo calmo e sensível" que proporciona um prazer inocente.²⁸⁶

8. Descreve-se o Demiurgo como criador da alma do mundo (embora seja improvável que Platão acreditasse nisso de maneira literal, pois no *Fedro* se diz que a alma é incriada),²⁸⁷ a qual é um composto misto de (*a*) existência intermediária (isto é, intermediária entre a existência indivisível das formas e a existência divisível ou vir a ser das coisas puramente sensíveis); (*b*) igualdade intermediária; e (*c*) diferença intermediária.²⁸⁸ Como as almas imortais também são modeladas pelo Demiurgo a partir dos mesmos ingredientes da alma do mundo,²⁸⁹ segue-se que a alma do mundo e todas as almas imortais partilham de ambos os mundos — o mundo imutável, na medida em que são imortais e inteligíveis, e o mundo mutável, na medida em que estão vivas e a se transformar. As estrelas e os planetas têm almas inteligentes que são deuses celestiais,²⁹⁰ feitos pelo Demiurgo e incumbidos da tarefa de modelar as partes morais da alma humana e do corpo humano.²⁹¹ A julgar pelo *Fedro*, poder-se-ia dizer que as almas humanas jamais tiveram começo, e Proclo interpreta Platão nesse sentido, embora, é verdade, nas *Leis* a questão pareça ter sido deixada em aberto.²⁹²

Quanto às deidades gregas tradicionais, cujas genealogias são narradas pelos poetas, Platão observa que "saber e declarar sua geração é tarefa elevada demais para nós"; é melhor "seguir o hábito estabelecido".²⁹³ Platão parece ter sido agnóstico a respeito da existência de deidades antropomórficas,²⁹⁴ mas não as rejeita de todo, e no *Epínomis*²⁹⁵ se vislumbra a existência de espíritos invisíveis (que viriam a desempenhar importante papel na filosofia grega pós-aristotélica), além dos deuses celestiais. Logo, Platão apóia o culto tradicional, embora dê pouca confiança às histórias de geração e genealogia das deidades gregas, e provavelmente era reticente quanto a existirem da forma como os gregos as concebiam popularmente.

9. O Demiurgo, tendo construído o universo, buscou torná-lo ainda mais similar ao seu padrão, a criatura viva ou ser. Ora, este último é eterno, mas "não era possível conferir completamente essa característica aos seres gerados. Mas resolveu fazer certa semelhança móvel da eternidade; e, ao mesmo tempo que ordenou o céu, fez, da eternidade que tudo abrange, uma semelhança

---

²⁸⁵ 59 c 1–5.
²⁸⁶ 59 c 5–d 2.
²⁸⁷ 246 a 1–2.
²⁸⁸ 35 a 1 ss. Cf. *Proclus*, II, 155; *Timeu* ed. por Cornford, pp. 59 ss.
²⁸⁹ 41 d 4 ss.
²⁹⁰ 39 e 10–42 a 1.
²⁹¹ Cf. 41 a 7 d 3, 42 d 5–e 4.
²⁹² 781 e 6–782 a 3.
²⁹³ *Tim.*, 40 d 6–41 a 3.
²⁹⁴ Cf. *Fedro*, 246 c 6–d 3.
²⁹⁵ 984 d 8–e 3.

móvel eterna segundo o número — isso que chamamos de tempo".[296] O tempo é o movimento da esfera, e o Demiurgo deu ao homem o sol brilhante para lhe proporcionar uma unidade. Seu brilho, comparado ao de outros corpos celestes, capacita o homem a diferenciar o dia da noite.

10. Não é possível entrar em detalhes sobre a formação do corpo humano e suas capacidades, ou dos animais etc. Deve ser bastante observar como Platão ressalta a finalidade, como em seu comentário pitoresco de que "os deuses, achando que a frente é mais honorável e apropriada para liderar do que as costas, deram-nos movimentos em sua maior parte naquela direção".[297]

A conclusão de toda a narrativa da formação do mundo é que, "tendo recebido todo o seu complemento de criaturas vivas, mortais e imortais, este mundo se tornou uma criatura viva visível que abarca tudo o que é visível, uma imagem do inteligível, um deus perceptível, supremo em grandeza e excelência, em beleza e perfeição, este céu, um e único".[298]

---

[296] *Tim.*, 37 d 3–7.
[297] *Tim.*, 45 a 3–5.
[298] *Tim.*, 92 c 5–9.

CAPÍTULO IX
Arte

I. Beleza

1. Platão tinha algo a dizer sobre a beleza natural? Não há abundância de material a partir do qual formar uma opinião. Contudo, existe a descrição de uma paisagem natural no começo do *Fedro*,[299] e há algumas observações similares no começo das *Leis*,[300] embora em ambos os casos a beleza da cena seja apreciada antes do ponto de vista utilitário, como lugar de descanso ou ambiente para uma discussão filosófica. Platão apreciava, claro, a beleza humana.

2. Platão tinha algo a dizer sobre as belas-artes? (Essa questão só surge em razão da expulsão dos dramaturgos e poetas líricos do Estado Ideal por motivos morais, o que poderia indicar que ele não tivesse nenhum verdadeiro gosto por literatura e arte). Platão expulsou a maior parte dos poetas da *República* por considerações de ordem metafísica e, sobretudo, moral; mas certamente não é o caso de que faltassem indicações de que Platão fosse bastante sensível à graça de suas composições. Se as palavras no início da passagem 398 da *República* não pareciam ser inteiramente sarcásticas, na passagem 383 do mesmo diálogo Sócrates afirma que, "embora louvemos muito em Homero, isto não louvaremos — o ato de Zeus mandar um sonho mentiroso a Agamenon". De modo análogo, Platão faz Sócrates dizer: "Devo falar, ainda que o amor e a referência a Homero, que me tomaram desde a juventude, refreiem-me de fazê-lo. Ele parece ser o supremo professor e líder desse bom grupo de trágicos, mas perante a verdade um homem não deve ser reverenciado, e devo falar às claras".[301] Ainda no mesmo sentido, "Estamos prontos a reconhecer que Homero é o maior e primeiro dos escritores de tragédia; mas temos de reconhecer que hinos aos deuses e louvores do bem são a única poesia a ser admitida em nosso Estado".[302] Platão diz expressamente que, caso, conforme queria, a poesia e outras artes se mostrassem propícias a serem admitidas no Estado, "ficaríamos encantados de recebê-la, sabendo quão suscetíveis somos à sua graça; mas não podemos em razão desta trair a verdade".[303]

Tendo tudo isso em vista, parece impossível ter Platão na conta de hostil às artes e literatura. E, caso se sugira que suas demonstrações de apreço pelos

---
[299] 230 b 2 ss.
[300] 625 b 1–c 2.
[301] 595 b 9–c 3.
[302] 607 a 2–5.
[303] 607 c 3–8.

poetas não são mais que os louvores relutantes da convenção, podemos apontar o próprio sucesso artístico de Platão. Se o próprio Platão não possuísse espírito algum de artista, seria possível crer que suas observações sobre a graça dos poetas se devessem a mera convenção ou até tivessem um tom sarcástico; mas, quando levamos em conta que é o autor do *Banquete* e do *Fédon* quem fala, é realmente demasiado esperar que alguém creia que a condenação (ou pelo menos restrição severa) de Platão da arte e da literatura se devesse a insensibilidade artística.

3. Qual era a teoria da beleza de Platão? Não resta dúvida de que Platão considerava a beleza objetivamente real. Tanto em *Hípias Maior* como no *Banquete* é pressuposto que todas as coisas belas o são em virtude de sua participação na beleza universal, na beleza em si mesma. Daí que, quando Sócrates observa que "Também a beleza, portanto, é algo real", Hípias responde: "Real, como não?"[304]

A conseqüência dessa doutrina é que existem graus de beleza. Pois, se existe uma beleza real e subsistente, então as coisas belas irão se aproximar mais ou menos dessa norma objetiva. Assim se introduz em *Hípias Maior* a noção de relatividade. O mais belo macaco será feio em comparação com um homem belo, e uma bela panela de mingau será feia em comparação com uma mulher bela. Esta última, por sua vez, será feia em comparação com um deus. Contudo, não se pode supor que a beleza em si mesma, em virtude de uma participação na qual todas as coisas belas são belas, "possa ser chamada tanto de feia quanto de bela".[305] Antes, não é "parcialmente bela e parcialmente feia; não ora bela, ora feia; não bela aqui e feia ali, não bela para uns e deformada para outros (...) mas (...) eternamente auto-subsistente e monoeidética consigo mesma".[306]

Segue-se que essa beleza suprema, por ser absoluta e a fonte de toda beleza participada, não pode ser uma *coisa* bela, e não pode, assim, ser material: deve ser supra-sensível e imaterial. Por conseguinte, de pronto vemos que, se a verdadeira beleza é supra-sensível, as obras de arte e literatura belas necessariamente ocuparão, para além de qualquer consideração, um degrau relativamente baixo na escada do belo, já que são materiais, ao passo que a beleza em si mesma é imaterial; apelam apenas aos sentidos, enquanto a beleza absoluta apela ao intelecto (e, com efeito, à vontade racional, se tomarmos em consideração a noção platônica de Eros). Ora, ninguém desejará questionar a sublimidade da idéia platônica de ascensão das coisas sensíveis ao "belo divino e puro, monoeidético em si mesmo"; mas uma doutrina da beleza supra-sensível (a menos que seja puramente analógica) torna muito difícil formar qualquer definição de beleza que se aplique ao belo em todas as suas manifestações.

No *Hípias Maior*[307] se sugere que "tudo o que é útil é belo". Assim, a eficiência será bela: o trirreme eficiente ou a instituição eficiente será bela em virtude de sua eficiência. Mas em que sentido se pode pensar que a beleza suprema seja

---

[304] *Hípias Maior*, 287 c 8–d 2.
[305] *Hípias Maior*, 289 c 3–5.
[306] *O Banquete*, 211 a 2–b 2.
[307] 295 c 1 ss.

útil ou eficiente? Ela deve ser, caso a teoria seja coerente, a utilidade ou eficiência absoluta — uma noção difícil de aceitar, talvez se pense. Sócrates, contudo, faz uma ponderação. Se é o útil ou eficiente que é belo, será útil a um propósito bom, a um propósito mau ou a ambos? Ele não aceitará que aquilo que é útil a um propósito mau seja belo, e assim só pode se dar que o útil a um propósito bom, ao verdadeiramente proveitoso, é o belo. Mas se o belo é proveitoso, isto é, se é aquilo que *produz* algo bom, então a beleza e a bondade não podem ser a mesma coisa, como tampouco a causa e seu resultado podem ser uma mesma coisa. Mas, como é incapaz de aceitar a conclusão de que aquilo que é belo não é ao mesmo tempo bom, Sócrates sugere que o belo é aquilo que dá prazer ao olho ou ouvido — por exemplo, homens belos ou padrões de cores, pinturas ou estátuas, vozes, música e poesia belas. Essa definição, é claro, não é muito consistente com a caracterização da beleza suprema como imaterial, mas, longe disso, também apresenta outra dificuldade. Aquilo que dá prazer por meio da visão não pode ser belo simplesmente por vir através da *visão*, pois assim um som belo não seria belo: tampouco pode um som ser belo tão-só porque dá prazer ao sentido da *audição*, já que nesse caso uma estátua, que é vista mas não ouvida, não seria bela. Portanto, os objetos que causam prazer estético à visão ou à audição devem partilhar alguma característica que os torna belos, algo que pertence a ambos. Qual é essa característica em comum? Será talvez o "prazer proveitoso", já que os prazeres da visão e da audição são "os mais inofensivos e os melhores prazeres"? Se é assim, diz Sócrates, então voltamos à velha posição de que a beleza não pode ser boa nem o bem, belo.

Caso se defenda algo similar a essa definição de beleza, então se assumirá algo inconsistente com a posição metafísica geral de Platão. Se a beleza é uma forma transcendental, como pode esta ser aquilo que dá prazer aos sentidos da visão e da audição? No *Fedro*[308] Platão declara que só a beleza, distinta da sabedoria, tem o privilégio de se manifestar aos sentidos. Mas ela se manifesta por meio daquilo que é em si mesmo belo ou não? Nesse último caso, como pode haver alguma manifestação real? No primeiro caso, então, a beleza sensível que manifesta e a beleza supra-sensível manifestada se unem numa mesma definição ou não? E, se sim, em que definição? Platão de fato não oferece nenhuma definição que abrangesse ambos os tipos de beleza. No *Filebo* ele fala do verdadeiro prazer como algo que surge das formas, cores e sons belos, e explica ainda que está se referindo a "linhas retas e curvas" e àqueles "sons que são puros e suaves e produzem um tom único e puro". Estes "não são belos por dependência de alguma outra coisa, mas por sua própria natureza".[309] Na passagem em questão, Platão distingue o prazer ligado à percepção da beleza e a beleza em si mesma, e suas palavras devem ser lidas tendo em mente sua afirmação[310] de que "a medida e a simetria em toda parte identificam-se à beleza e à virtude",

---
[308] 250 d 6–8.
[309] 51 b 9–c 7.
[310] *Filebo*, 64 e 6–7.

o que implica que a beleza consiste em μετριότης καὶ συμμετρία. Talvez isso seja o mais próximo a que Platão chega de oferecer uma definição de beleza que se aplicasse tanto à beleza sensível quanto à supra-sensível (ele sem dúvida supõe que existem ambas e que uma é a cópia da outra); mas, se tomarmos em consideração as observações sobre a beleza espalhadas pelos diálogos, é provável que tenhamos de admitir que Platão vagueia "em meio a muitas concepções, frente às quais só se pode dizer que prevalece a identificação da beleza com o bem",[311] ainda que a definição oferecida no *Filebo* parecesse a mais promissora.

II. A teoria da arte de Platão

1. Platão sugere que a *origem* da arte deve ser buscada no instinto natural de expressão.[312]

2. Em seu aspecto metafísico ou em sua essência, a arte é *imitação*. A forma é exemplar, arquetípica; o objeto natural é um exemplo da μίμησις. Ora, a pintura de um homem, por exemplo, é a cópia ou imitação de um homem natural, particular. É, portanto, a imitação de uma imitação. A verdade, contudo, deve ser propriamente buscada na forma; a obra do artista está, em conseqüência, a dois graus de distância da verdade. Daí que Platão, que estava acima de tudo interessado na verdade, estivesse fadado a depreciar a arte, por mais que sentisse a beleza e graça de estátuas, pintura ou literatura. Essa visão depreciativa da literatura manifesta-se com vigor na *República*, onde a aplica ao pintor e ao poeta trágico etc.[313] Às vezes suas observações são algo cômicas, como quando comenta que o pintor sequer copia os objetos com precisão, sendo antes um imitador só em aparência e não de fato.[314] O pintor que pinta uma cama o faz a partir de um único ponto de vista, como ela aparece imediatamente aos sentidos: o poeta retrata um tratamento médico, uma guerra e assim por diante, sem qualquer conhecimento real das coisas de que fala. A conclusão é que "a arte imitativa deve estar muito distante da verdade".[315] Está "dois graus abaixo da realidade, e [é] bastante fácil de se produzir sem qualquer real conhecimento da verdade — por sua mera semelhança e não-realidade".[316] O homem que empenha a sua vida em produzir essa sombra de realidade fez um péssimo negócio.

Nas *Leis* surge o que parece ser um julgamento um tanto mais favorável a respeito da arte, embora Platão não tenha alterado sua posição metafísica. Ao dizer que a excelência da música não deve ser julgada apenas pelo tanto de prazer sensível que produz, Platão acrescenta que só a música que tem real excelência é aquela "que é uma imitação do bem".[317] Do mesmo modo, "aqueles que buscam

---

[311] *Estética*, de Benedetto Croce, pp. 165-166 (2ª ed., trad. Douglas Ainstie, MacMillan, 1929).
[312] Cf. *As Leis*, 653-654, 672 b 8-c 6.
[313] *Rep.*, 597 c 11 ss.
[314] *Rep.*, 597 e 10 ss.
[315] *Rep.*, 598 b 6.
[316] *Rep.*, 598 e 6-599 a 3.
[317] *As Leis*, 668 a 9-b 2.

o melhor tipo de canção e música devem buscar não o que é prazeroso, mas o que é verdadeiro; e a verdade da imitação consiste, como dizíamos, em oferecer a coisa imitada segundo sua quantidade e qualidade".[318] Ainda se ampara, portanto, no conceito de música como arte imitativa ("todo mundo admitirá que todas as composições musicais são imitativas e representativas"), mas admite que pode ser "verdadeira" caso mostre a coisa imitada tão bem quanto o seu próprio veículo de expressão permite. Está disposto a admitir música e arte no Estado, não só com fins educativos, mas também para o "prazer inocente";[319] mas ainda defende a teoria da arte como imitação, e deve ficar claro a quem quer que leia o segundo livro das *Leis* que a idéia que Platão tinha de imitação era um pouco estreita e rasteira (conquanto se deva admitir, penso eu, que tomar a *música* como imitativa implica uma ampliação da imitação a fim de que inclua o simbolismo. É comum tanto à *República* quanto às *Leis* a doutrina de que a música é imitativa). É através desse conceito de imitação que Platão chega às qualidades de um bom crítico, o qual precisa (*a*) saber o que deve ser a imitação; (*b*) saber se é "verdadeira" ou não; e (*c*) saber se foi bem-executada em palavras, melodias e ritmos.[320]

Deve-se observar que a doutrina da μίμησις indicaria que para Platão a arte definitivamente tem a sua própria esfera. Enquanto a ἐπιστήμη diz respeito à ordem ideal e a δόξα à ordem perceptível dos objetos naturais, εἰκασία diz respeito à ordem imaginativa. A obra de arte é um produto da imaginação e se dirige ao elemento emocional no homem. Não se impõe supor que o caráter imitativo da arte defendido por Platão denotasse *essencialmente* uma mera reprodução fotográfica, apesar do fato de que suas palavras sobre a imitação "verdadeira" indiquem que era isso que com freqüência tinha em mente. Em primeiro lugar, o objeto natural não é uma cópia fotográfica da idéia, já que a idéia pertence a uma ordem e o objeto natural perceptível pertence a outra, de modo que podemos concluir por analogia que a obra de arte não precisa necessariamente ser mera reprodução do objeto natural. É obra da imaginação criativa. De modo similar, a insistência de Platão no caráter imitativo da música torna muito difícil, como mencionei, supor que a imitação significasse essencialmente a mera reprodução fotográfica. Trata-se, na verdade, de simbolismo imaginativo, e é precisamente em virtude desse fato que ela não afirma a verdade ou o erro, mas é imaginativa, simbólica e investida do encanto da beleza, e se dirige ao que há de emocional no homem.

As emoções humanas são muito várias, umas proveitosas, outras danosas. A razão deve, portanto, decidir que arte se deve admitir e que arte se deve excluir. E o fato de Platão claramente admitir formas de arte no Estado, em *As Leis*, mostra que a arte ocupa um âmbito particular da atividade humana, âmbito esse irredutível a qualquer outra coisa. Pode não ser um âmbito elevado, mas é

---

[318] *As Leis*, 668 b 4–7.
[319] *As Leis*, 670 d 6–7.
[320] *As Leis*, 669 a 7–b 3.

um âmbito. Isso é comprovado pela passagem na qual Platão, depois de se referir ao caráter estereotípico da arte egípcia, comenta que, "caso uma pessoa possa, de algum modo, chegar às melodias naturais, deve sem temor materializá-las numa forma fixa e legítima".[321] Deve-se admitir, contudo, que Platão não se apercebia — ou, caso se aperceba, não o mostra de modo suficiente — do caráter especificamente desinteressado da contemplação estética em si mesma. Estava muito mais preocupado com os efeitos educacionais e morais da arte, efeitos que, sem dúvida, são irrelevantes para a contemplação estética enquanto tal, mas que nem por isso são menos reais, e assim devem ser levados em conta por quem, como Platão, valorize a excelência moral acima da sensibilidade estética.[322]

3. Platão reconhece que a visão popular da arte e da música é a de que existem para dar prazer, mas essa é uma visão com a qual ele não concordará. Algo só pode ser julgado pelo padrão de prazer quando não proporciona nenhuma utilidade ou verdade ou "semelhança" (por referência à imitação), mas existe apenas para a graça que o acompanha.[323] Ora, a música, por exemplo, é representativa e imitativa, e a boa música terá "verdade de imitação":[324] logo, a música, pelo menos a boa música, proporciona determinado tipo de "verdade", e assim não pode existir apenas em virtude da graça que a acompanha ou ser julgada apenas pelo padrão do prazer sensível. O mesmo se aplica igualmente às demais artes. A conclusão é que as várias artes podem ser admitidas no Estado, desde que sejam mantidas em seu lugar próprio e subordinadas à sua função educativa, qual seja, a de dar prazer *aproveitável*. Platão de modo algum quer dizer que as artes não dêem, ou não devam dar, prazer: admite que na cidade deve haver "a atenção devida à instrução e à diversão que as Musas proporcionam",[325] e até declara que:

> todo homem e garoto, os livres e os escravos, as pessoas de ambos os sexos e a cidade inteira jamais devem deixar de se agraciar com os tipos [de arte] de que falamos, e deve haver toda sorte de mudança e variação deles, para obviar o efeito de monotonia, de maneira que os cantores sempre tenham apetite para seus cantos e recebam prazer deles.[326]

Contudo, ainda que nas *Leis* Platão admita as funções prazerosa e recreativa da arte, o "prazer inocente"[327] que ela proporciona, ele é muito mais explícito em sua ênfase da função educativa e moral, sua característica de provedora de prazer proveitoso. A atitude para com a arte que manifesta nas *Leis* pode ser

---

[321] 657 b 2–3.
[322] Para maior tratamento da filosofia da arte de Platão, ver, por exemplo, o artigo do Prof. R. G. Collingwood, "Plato's Philosophy of Art", *Mind*, abril de 1925.
[323] *As Leis*, 667 d 9–e 4.
[324] 668 b 4–7.
[325] 656 c 1–3.
[326] 665 c 2–7.
[327] 670 d 7.

mais liberal do que aquela mostrada na *República*, mas a atitude fundamental de Platão não mudou. Como vimos ao tratar do Estado, uma supervisão e censura rigorosa da arte é proposta em ambos os diálogos. Na própria passagem em que diz que se deve dar a atenção devida à instrução e diversão proporcionadas pelas Musas, ele se pergunta se é permitido ao poeta "arranjar os seus coros da forma que lhe agradar, sem referência à virtude ou vício".[328] Em outras palavras, a arte admitida no Estado deve possuir aquela relação remota com a forma ("verdade da imitação" *via* o objeto natural) que é possível nas criações da imaginação. Caso não chegue a tanto, será não só desvantajosa, como será arte ruim, já que a arte boa deve possuir essa "verdade da imitação", segundo Platão. Mais uma vez fica claro, assim, que a arte tem uma função própria, ainda que não uma função sublime, já que constitui um degrau na escada da educação, supre uma necessidade do homem (expressão) e garante recreação e diversão inocente, na condição de expressão de uma forma precisa de atividade humana — a da imaginação criativa (embora se deva compreender "criativa" segundo a doutrina da imitação). A teoria da arte de Platão era sem dúvida esquemática e insatisfatória, mas dificilmente se poderá dizer que ele não tinha teoria alguma.

Nota sobre a influência de Platão

1. O exemplo de Platão é por si só uma influência. Sua vida era da mais alta devoção à verdade, à obtenção da verdade permanente, eterna e absoluta, na qual ele firme e constantemente acreditava, pronto como estava a seguir, à maneira de Sócrates, aonde a razão levasse. Esforçou-se para imprimir à Academia esse espírito, criando um grupo de homens que, sob a ascendência de um grande professor, se devotariam à obtenção da verdade e bondade. Contudo, embora fosse um grande filósofo especulativo, Platão não era, como vimos, um mero teórico. Dotado de uma intensa seriedade moral e convencido dos valores e padrões morais absolutos, incitou as pessoas a se aperceberem de sua posse mais valiosa, sua alma imortal, e a perseguirem o cultivo da verdadeira virtude, a qual só ela as faria felizes. A vida reta, baseada num padrão eterno e absoluto, deve ser vivida tanto em privado quanto em público, realizada tanto no indivíduo quanto no Estado: da mesma maneira que se rejeitava a moralidade privada, rejeitava-se a atitude oportunista, superficial, autocentrada do "político" sofista ou a teoria dos "poderosos têm razão".

Se a vida humana *deve* ser vivida sob o domínio da razão submetida a um padrão ideal, devemos então reconhecer no mundo como um todo a ação real da mente. O ateísmo é rejeitado acerbamente e a ordem no mundo é atribuída à razão divina, a ordenar o cosmos segundo o padrão e plano ideais. Daí que aquilo que é realizado no macrocosmo, digamos que nos movimentos dos corpos celestes, deve ser realizado no homem, no microcosmo. Se o homem segue a razão e se esforça por realizar o ideal em sua vida e conduta, torna-se afim ao

---
[328] 656 c 5–7.

divino e obtém felicidade nesta vida e no além. A "sobrenaturalidade" de Platão não nascia de ódio a esta vida, era antes conseqüência de sua crença profunda na realidade do transcendente e absoluto.

2. A influência pessoal de Platão pode ser aferida pela impressão que deixou em seu grande discípulo, Aristóteles. Vejam-se os versos deste último em memória

> Daquele homem único
> Cujo nome não há de ser pronunciado pelos lábios dos maus.
> Não lhes cabe louvá-lo —
> A ele que primeiro revelou às claras
> Por atos e palavras
> Que aquele que é virtuoso é feliz.
> Ai!, nenhum de nós o iguala.[329]

Aristóteles aos poucos se afastou de algumas das doutrinas platônicas que a princípio defendera; mas, apesar de seu crescente interesse pela ciência empírica, jamais abandonou a metafísica ou sua crença na vida reta que culmina na verdadeira sabedoria — em outras palavras, jamais abandonou de todo o legado de Platão, e sua filosofia seria impensável separada da obra de seu grande antecessor.

3. Falarei depois do desenrolar do platonismo na Academia e na escola neoplatônica. Por meio dos neoplatônicos, o platonismo exerceu sua influência sobre Santo Agostinho e sobre o período formativo do pensamento medieval. De fato, embora Santo Tomás de Aquino, o maior dos escolásticos, adotasse Aristóteles como "o Filósofo", há muito em seu sistema que se pode fazer remontar não a Aristóteles, mas a Platão. Além disso, à época do Renascimento, a Academia Platônica de Florença se empenhou em renovar a tradição platônica, ao passo que se pode notar a influência da república platônica na *Utopia* de São Thomas More e na *Cidade do Sol* de Campanella.

4. Quanto aos tempos modernos, a influência de Platão pode à primeira vista não parecer tão óbvia quanto na Antigüidade e na Idade Média; mas na realidade ele é o pai ou avô de toda filosofia espiritualista e de todo idealismo objetivo, e sua epistemologia, metafísica e ética política exerceram profunda influência sobre pensadores subseqüentes, seja positiva seja negativamente. No mundo contemporâneo, basta-nos pensar na inspiração que Platão proporcionou a pensadores como o Prof. A. N. Whitehead ou o Prof. Nicolai Hartmann de Berlim.

5. Platão, que se situa na nascente da filosofia européia, não nos deixou um sistema bem-delineado. Naturalmente lamentamos não possuir suas aulas e um registro completo de seu ensino na Academia, pois gostaríamos de conhecer a solução de muitos problemas que intrigaram os comentadores desde então; mas, por outro lado, podemos ser de fato gratos por não nos ter chegado nenhum sistema platônico afiado e seco (se é que houve em algum momento),

---

[329] Arist., frag. 63 (Rose, 1870).

um sistema a ser engolido ou rejeitado em seu todo, pois esse fato nos permitiu encontrar nele, talvez com maior facilidade do que de outro modo, um exemplo supremo de espírito filosófico. Se não nos deixou um sistema completo, Platão com efeito nos deixou o exemplo de um modo de filosofar e o exemplo de uma vida dedicada à busca do verdadeiro e do bom.

CAPÍTULO X
A velha Academia

A filosofia platônica continuou a exercer profunda influência no curso da Antigüidade; devemos, contudo, distinguir diversas fases no desenvolvimento da escola platônica. A velha Academia, que consistia em discípulos e colaboradores do próprio Platão, defendia mais ou menos o conteúdo dogmático da filosofia do mestre, ainda que seja de se observar que fossem os elementos "pitagóricos" no pensamento de Platão que recebessem particular atenção. Na Academia intermediária e na nova Academia, uma tendência cética e antidogmática é dominante a princípio, embora depois dê lugar a um retorno ao dogmatismo de tipo eclético. Esse ecletismo é bastante claro no platonismo intermediário, que ao fim do período da filosofia antiga é sucedido pelo neoplatonismo, uma tentativa de síntese completa do conteúdo original do platonismo com os elementos que foram introduzidos em épocas diversas, uma síntese na qual se enfatizava as características que estivessem em maior harmonia com o espírito geral da época.

A velha Academia inclui, junto a homens como Filipo de Opunte, Heráclides do Ponto e Eudoxo de Cnido, os seguintes sucessores de Platão na direção da escola de Atenas: Espeusipo (348/7–339/8), Xenócrates (339/8–315/4), Polemon (315/4–270/269) e Crates (370/69–265/4).

Espeusipo, sobrinho de Platão e seu sucessor imediato como escolarca, modificou o dualismo platônico ao abandonar as idéias como distintas de τὰ μαθηματικά e ao fazer a realidade consistir em números matemáticos.[330] Assim, as idéias-números platônicas foram desconsideradas, mas o χωρισμός fundamental permaneceu. Em razão de sua admissão da percepção científica (ἐπιστημονικὴ αἴσθησις), às vezes se diz que Espeusipo abandonou o dualismo platônico de conhecimento e percepção,[331] mas se deve lembrar que o próprio Platão até certo ponto foi nesse sentido, na medida em que admitia que λόγος e αἴσθησις cooperassem na apreensão da idéia atômica.

É difícil dizer o que exatamente os membros da velha Academia ensinavam, já que (a menos que Filipo de Opunte tenha escrito *Epínomis*) nenhuma obra completa deles chegou até nós, e só dispomos de comentários de Aristóteles e do testemunho de outros escritores antigos. Mas, ao que parece, Espeusipo defendia que as substâncias procedem do Um e do múltiplo absoluto, e punha o bem ou τελεία ἕξις ao fim do processo do vir a ser e não no princípio, baseando-se, quanto a isso, no desenvolvimento de plantas e animais. Entre os

---
[330] Frag. 42, a-g.
[331] É o caso de Praechter, p. 343.

seres animados que procedem do Um está a razão invisível ou Deus,³³² que ele provavelmente identificava com a alma do mundo. (Isso possivelmente oferece argumento a favor de uma interpretação "neoplatônica" de Platão). Quanto às almas humanas, são imortais em sua totalidade. Podemos observar que Espeusipo interpretava o relato da "criação" no *Timeu* como uma mera forma de exposição, e não como algo destinado a explicar uma criação real no tempo: o mundo não tem começo temporal. Interpretava os deuses tradicionais como forças físicas, e assim angariou a acusação de ateísmo.³³³

Xenócrates da Calcedônia, que sucedeu Espeusipo como escolarca, identificava as idéias com números matemáticos e as derivava do Um e da dualidade indeterminada (aquele sendo Νοῦς ou Zeus, o pai dos deuses, esta sendo o princípio feminino, a mãe dos deuses).³³⁴ A alma do mundo, produzida pela adição do Eu e do outro ao número, é um número automotor. Distinguindo três mundos — o sublunar, o celestial e o supracelestial —, Xenócrates os preencheu com "demônios", tanto bons como maus. Essa doutrina dos demônios maus lhe permitiu explicar mitos populares nos quais ações más são atribuídas aos "deuses" e a existência de cultos imorais, com dizer que as ações más são devidas aos demônios e que os cultos imorais se dirigem a estes, e não aos deuses.³³⁵ Acompanhando nisso o seu antecessor, Xenócrates defendia que até as partes irracionais da alma (que não foi criada no tempo) sobrevivem à morte, e, acompanhando seu sucessor, Polemon, censurava o consumo de carne alegando que isso poderia levar ao domínio do irracional sobre o racional. Como Espeusipo e Crantor (e em oposição a Aristóteles), Xenócrates compreendeu a prioridade do simples sobre o composto no *Timeu* como sendo de ordem lógica, e não temporal.³³⁶ (O Περὶ ἀτόμων γραμμῶν, atribuído a Aristóteles, ia contra a hipótese de Xenócrates de minúsculas linhas invisíveis, que ele empregava em auxílio da dedução das dimensões a partir dos números).

Heráclides do Ponto adotou a teoria do pitagórico Ecfanto de que o mundo é composto de partículas que ele chamava de ἄναρμοι ὄγκοι, provavelmente com o sentido de que estão separadas umas das outras por espaço. O mundo foi composto pela operação de Deus a partir dessas partículas materiais. A alma é, portanto, corporal (consistindo em éter, elemento que Xenócrates acrescentara aos demais). Afirmando a revolução diuturna da Terra em torno de seu eixo, Heráclides também defendeu que Mercúrio e Vênus giravam ao redor do sol, e parece ter sugerido que a Terra talvez fizesse o mesmo.

Um dos matemáticos e astrólogos mais celebrados da Antigüidade é *Eudoxo* (c. 497–355 a.C.). Em matéria de filosofia, é digno de nota por ter defendido

---

[332] Frag. 38–9.
[333] Cícero, *De Nat. D.*, I, 13, 32.
[334] Frag. 34 ss.
[335] Frag. 24 ss.
[336] Frag. 54.

(*a*) que as idéias estão "misturadas" às coisas[337] e (*b*) que o prazer é o bem mais elevado.[338]

O primeiro comentário ao *Timeu* de Platão foi escrito por *Crantor* (c. 330–270), no qual interpretou a narrativa da "criação" como um acontecimento atemporal, e não temporal. Teria sido descrito como algo a ocorrer no tempo apenas em prol do esquematismo lógico. Com essa interpretação, Crantor se via em acordo, conforme já dito, tanto com Espeusipo como com Xenócrates. Em seu Περὶ πένθους, Crantor sustentou a doutrina da moderação das paixões (metriopatia) em oposição ao ideal estóico da apatia.[339]

---

[337] *Metaf.*, A 9, 991 a 8-19.
[338] *Ética a Nic.*, 1101 b 27 ss; 1172 b 9 ss.
[339] Cic., *Acad.*, 2, 44, 135; *Tusc.*, 3, 6, 12.

PARTE IV
Aristóteles

CAPÍTULO I
Vida e escritos de Aristóteles

Aristóteles nasceu em 384/3 a.C. em Estagira, na Trácia, filho de Nicômaco, um médico do rei macedônio Amintas II. Quando tinha cerca de 17 anos, foi para Atenas com o objetivo de estudar e se tornou membro da Academia em 368/7 a.c., onde durante mais de vinte anos manteve contato direto com Platão até a morte deste em 348/7. Entrou na Academia, portanto, na época em que se desenvolvia a derradeira dialética de Platão e se ampliava a tendência religiosa na mente do grande filósofo. É provável que já nessa época Aristóteles desse atenção à ciência empírica (isto é, à época da morte de Platão), e pode ser que já se distanciasse do ensinamento do mestre em vários pontos; mas não se pode supor qualquer rompimento radical entre mestre e discípulo enquanto o primeiro estava vivo. É impossível supor que Aristóteles pudesse ter permanecido todo esse tempo na Academia se já tivesse assumido uma posição filosófica radicalmente diferente da de seu mestre. Além disso, mesmo após a morte de Platão, Aristóteles emprega o plural majestático dos representantes da doutrina platônica das idéias, e logo após a morte de Platão ele o elogia como o homem "que os maus não têm o direito de louvar, e que mostrou em sua vida e ensinamentos como ser feliz e bom ao mesmo tempo".[1] Dificilmente se poderá sustentar a idéia de que Aristóteles fosse em algum sentido oponente de Platão na Academia e de que lhe fosse um incômodo: Aristóteles encontrou em Platão um guia e amigo pelo qual tinha a maior admiração, e, embora nos anos posteriores os seus próprios interesses científicos tendessem a ser dominantes, o ensino metafísico e religioso de Platão teve influência duradoura sobre ele. Com efeito, foi esse aspecto do ensino de Platão que talvez viesse a ter especial valor para Aristóteles, a contrabalançar a sua própria inclinação para os estudos empíricos. "De fato, esse mito de um Aristóteles frio, estático, inalterável e puramente crítico, sem sonhos, experiências ou história, sucumbe ao peso dos fatos que até o momento foram artificialmente suprimidos para embasá-lo".[2] Como ainda indicarei com brevidade, ao abordar os escritos de Aristóteles, o filósofo desenvolveu o seu ponto de vista pessoal apenas gradualmente; e é isso, afinal de contas, o que naturalmente seria de se esperar.

Depois da morte de Platão, Aristóteles deixou Atenas acompanhado de Xenócrates (Espeusipo, sobrinho de Platão, tornara-se diretor da Academia, e Aristóteles não tinha muito em comum com ele; seja como for, pode não ter

---

[1] Frag. 623. (Rose, *Aristotelis Fragmenta*. Berlim, 1870).
[2] Werner Jeager, *Aristotle. Fundamentals of the History of His Development*, p. 34. (Trad. R. Robinson. Clarendon Press, 1934).

desejado permanecer na Academia em posição subordinada à nova direção), e assim fundou uma filial da Academia em Assos, na Trôade. Aí influenciou Hérmias, governante de Atarneu, e casou-se com a sobrinha e filha adotiva dele, Pítia. Não há dúvida de que, enquanto trabalhava em Assos, Aristóteles começou a desenvolver as suas opiniões independentes. Três anos depois foi para Mitilene, em Lesbos, e foi provavelmente lá que travou contato com Teofrasto, natural de Eresso, na mesma ilha, o qual depois seria o mais celebrado discípulo de Aristóteles. (Hérmias entrou em negociações com Filipe da Macedônia, o qual tivera a idéia de uma investida helênica para derrotar os persas. O general persa, Mentor, fez Hérmias prisioneiro por crime de traição, levou-o para Susa, onde foi torturado, mas se manteve em silêncio. Sua última mensagem dizia: "Diga aos meus amigos e companheiros que nada fiz de fraco ou indigno da filosofia". Aristóteles publicou um poema em sua homenagem).[3]

Em 343/2, Aristóteles foi convidado por Filipe da Macedônia para ir até Pela e se encarregar da educação do seu filho Alexandre, à época com treze anos de idade. Esse período na corte da Macedônia e o esforço de exercer uma influência moral real sobre o jovem príncipe, que depois desempenharia papel tão importante no palco político e passaria à posteridade como Alexandre, o Grande, devem ter contribuído muito para ampliar o horizonte de Aristóteles e para libertá-lo das concepções estreitas do grego comum, embora o efeito não pareça ter sido tão grande quanto seria de esperar: Aristóteles jamais deixou de partilhar da visão grega da cidade-estado como o centro da vida. Quando Alexandre ascendeu ao trono em 336/5, Aristóteles deixou a Macedônia, com sua atividade pedagógica tendo presumivelmente chegado ao fim, e é provável que tenha depois passado um tempo em Estagira, sua cidade natal, que Alexandre reconstruíra em pagamento da dívida para com seu professor. Após certo período, a relação entre o filósofo e seu pupilo tornou-se mais fraca: Aristóteles, embora aprovasse em certa medida a política macedônia, não aprovou a tendência de Alexandre de ver gregos e "bárbaros" no mesmo nível. Além disso, em 327, Calístenes, sobrinho de Aristóteles, que fora posto a serviço de Alexandre por recomendação do tio, foi considerado suspeito de integrar uma conspiração e foi executado.

Em 335/4, Aristóteles retornou a Atenas, onde fundou sua própria escola. Além do fato de sua ausência de Atenas por alguns anos, o desenvolvimento de suas próprias idéias sem dúvida impedia qualquer retorno à Academia ateniense. A nova escola se situava no noroeste da cidade, no Liceu, nos arredores de Apolo Liceu. A escola também era conhecida como Περίπατος e seus membros como οἱ Περιπατητικοί, em razão de seu costume de discutir enquanto subiam e desciam a galeria coberta, ou simplesmente porque boa parte da instrução era dada na galeria. A escola era dedicada às Musas. Além do trabalho de educação e instrução, o Liceu parece ter tido, com maior proeminência que a Academia, o caráter de associação ou sociedade na qual pensadores maduros conduziam

---

[3] Dióg. Laér., 5, 7 e 8.

seus estudos e pesquisas: era, com efeito, uma universidade ou instituto científico, equipada com uma biblioteca e professores, na qual havia aulas regulares.

Em 323 a.C., Alexandre, o Grande morreu, e a reação na Grécia contra a suserania macedônia provocou uma acusação de ἀσέβεια contra Aristóteles, o qual fora tão próximo do grande líder quando este era jovem. Aristóteles se retirou de Atenas (a fim de que os atenienses não pecassem contra a filosofia pela segunda vez, conta-se que assim falou) e foi para Cálcis, na Eubéia, onde viveu em uma fazenda com sua mãe. Pouco depois, em 322/1, morreu de uma doença.

AS OBRAS DE ARISTÓTELES

As obras de Aristóteles distribuem-se por três períodos principais: (i) o período de seu contato com Platão; (ii) os anos de sua atividade em Assos e Mitilene; (iii) a época de sua direção do Liceu em Atenas. As obras enquadram-se em dois grupos ou tipos: (i) as obras exotéricas — ἐξωτερικοί, ἐκδεδομένοι λόγοι — escritas, em sua maior parte, na forma de diálogo e voltadas para o público geral; e (ii) as obras pedagógicas — ἀκροαματικοὶ λόγοι, ὑπομνήματα, πραγματεῖα —, que compunham a base das aulas de Aristóteles no Liceu. Das primeiras ainda existem só fragmentos, mas destas últimas possuímos muitas. Essas obras pedagógicas foram publicizadas pela primeira vez na edição de Andrônico de Rodes (c. 60–50 a.C.), e foram essas obras que renderam a Aristóteles a fama de um estilo insípido desprovido de elegância literária. Comentou-se que, embora um grande inventor de termos filosóficos, Aristóteles era negligente em matéria de estilo e de beleza verbal, ao passo que seu interesse em filosofia era demasiado sério para que admitisse o emprego de metáforas em vez da clara razão ou para que recaísse no mito. Pois bem, isso é verdade acerca das obras pedagógicas — isso de lhes faltar elegância literária —, mas também é verdade que as obras que o próprio Aristóteles publicou, das quais só possuímos fragmentos, não descuidam da elegância literária: seu estilo fluente foi elogiado por Cícero,[4] e até mitos eram ocasionalmente incluídos. Com efeito, representam a obra inicial de Aristóteles, quando estava sob influência direta de Platão ou buscando o caminho até sua posição independente.

(i) Em seu *primeiro período* de atividade literária, pode-se dizer que Aristóteles seguiu de perto Platão, seu professor, tanto no conteúdo quanto na forma (pelo menos em geral), embora nos diálogos Aristóteles pareça surgir ele próprio como condutor da conversa. "[...] *sermo ita inducitur ceterorum, ut penes ipsum sit principatus*" (diz Cícero, *Ad. Att.*, 13, 19, 4). O mais provável é que nos diálogos Aristóteles defendesse a filosofia platônica, e só mais tarde tenha mudado de idéia. Plutarco fala de Aristóteles ter mudado de idéia (μετατίθεσθαι).[5] Além disso, Cefisodoro, pupilo de Isócrates, sobrecarrega Aristóteles de teorias de Platão, a exemplo da teoria das idéias.[6]

---

[4] Cf. *De Orat.*, I, XI, 49.

[5] *De virt. mor.*, c. 7.

[6] Eusébio, *Prep. Evang.*, XIV, 6, nisso acompanhando Numênio.

(a) Pertence a esse período o diálogo *Eudemo*, ou *Sobre a alma*, no qual Aristóteles partilha da doutrina platônica da reminiscência e da apreensão das idéias durante um estado de pré-existência, diálogo em geral dominado pela influência do Mestre. Aristóteles argumenta a favor da imortalidade da alma seguindo a linha sugerida pelo *Fédon* — a alma não é mera harmonia do corpo. A harmonia possui um contrário, a saber, a desarmonia. Mas a alma não tem nenhum contrário. Logo, a alma não é uma harmonia.[7] Aristóteles supõe a pré-existência e substancialidade da alma — e também das formas. Assim como os homens, ao adoecerem, podem perder a memória, de igual modo a alma, ao entrar nesta vida, se esquece do estado de pré-existência; mas, assim como aqueles que recuperam a saúde após a doença se recordam do sofrimento, assim também a alma após a morte se lembra desta vida. A vida separada do corpo é o estado normal da alma (κατὰ φύσιν); sua habitação no corpo é realmente uma doença severa.[8] Essa é uma visão bastante diferente da que Aristóteles endossaria depois ao firmar sua posição independente.

(b) O *Protréptico* também pertence a esse período do desenvolvimento de Aristóteles. Este parece ter sito uma epístola a Themison de Chipre e não um diálogo. Nessa obra mantém-se a doutrina platônica das formas, e o filósofo é descrito como alguém que contempla essas formas ou idéias e não as imitações delas (αὐτῶν γὰρ ἐστι θεατής ἀλλ' οὐ μιμημάτων).[9] De igual modo, a frônese retém o sentido platônico, denotando especulação metafísica e tendo, assim, significado teórico, e não a significância puramente prática da *Ética a Nicômaco*. No *Protréptico* Aristóteles também enfatiza a inutilidade dos bens terrestres e descreve esta vida como a morte ou tumba da alma, a qual ingressa na vida verdadeira e mais elevada apenas através da morte corporal. Essa visão certamente indica influência platônica direta, pois na *Ética a Nicômaco* Aristóteles insiste na necessidade dos bens terrestres, pelo menos até certo grau, para que se alcance a vida verdadeiramente feliz, e isso mesmo no caso do filósofo.

(c) É provável que as partes mais antigas das obras lógicas, da *Física* e talvez também do *De Anima* (Livro Γ) datem desse período. Logo, se um esboço preliminar da *Metafísica* (Livro A) data do *segundo* período de Aristóteles, é de se supor que a *Física* (Livro 2) date do seu *primeiro* período, já que no primeiro livro da *Metafísica* se faz referência à *Física*, ou pelo menos é sugerido o contexto da teoria das causas.[10] É provável que a *Física* se enquadre em dois grupos de monografias, e os primeiros dois livros e o livro 7 devem ser atribuídos ao primeiro período da atividade literária de Aristóteles.

(ii) Em seu *segundo período*, Aristóteles começou a divergir de sua posição predominantemente platônica de antes e a adotar uma atitude mais crítica para com o ensinamento da Academia. Ao que parece, ainda se via como um acadêmico,

---

[7] Frag. 41.

[8] Frag. 35 (Rose).

[9] Jâmblico, *Protr.*, supondo-se que os c. 6–12 da obra de Jâmblico consistem em passagens do *Protréptico* de Aristóteles (cf. Jaeger, *Aristotle*, pp. 60 ss.).

[10] *Metaf.*, A, 983 a 33–4.

mas esse é um período de crítica ou crescente crítica ao platonismo. O período é representado pelo diálogo *Sobre a filosofia*, Περὶ φιλοσοφίας, obra que combina a influência platônica com a crítica de algumas das teorias mais características de Platão. Assim, embora Aristóteles represente Platão como a culminação da filosofia anterior (e de fato, no que diz respeito à filosofia pré-aristotélica, ele sempre defendeu essa idéia), critica a teoria platônica das formas ou idéias, pelo menos na forma final que Platão lhe deu. "Se as idéias fossem outro tipo de número que não o número matemático, não as compreenderíamos de modo algum. Pois quem entre nós, em que medida for, compreende outro tipo de número?".[11] De igual modo, embora Aristóteles adote mais ou menos a teologia estelar de Platão, o conceito de motor imóvel já aparece,[12] ainda que Aristóteles ainda não tivesse adotado os diversos tipos de movente de sua filosofia posterior. Ele aplica o termo deus visível —τοσοῦτον ὁρατὸν θεόν — ao cosmos ou céu, um termo de origem platônica.

É interessante que se encontre nesse diálogo o argumento a favor da existência do divino baseado nos graus de perfeição. "Em geral, sempre que existir algo que é melhor existirá o melhor absoluto. Ora, já que entre as coisas existentes uma é melhor que outra, existirá algo que é o melhor, e isso será o divino". Ao que parece, Aristóteles supõe a gradação das formas reais.[13] A crença subjetiva na existência de Deus é extraída por Aristóteles da experiência que a alma tem de êxtases e profecias, como no estado de sono, e da visão do céu estrelado, embora esse reconhecimento de fenômenos ocultos seja de fato estranho ao desenvolvimento posterior de Aristóteles.[14] Portanto, nesse diálogo Aristóteles combina elementos que não poderiam ter tido outra fonte senão Platão e seu círculo com elementos de crítica à filosofia platônica, como quando critica a teoria platônica das idéias ou a doutrina da "criação" fornecida pelo *Timeu*, afirmando a eternidade do mundo.[15]

Parece que um esboço da *Metafísica* remonta a esse segundo período do desenvolvimento de Aristóteles, o período de transição. Englobaria o Livro A (o uso do termo "nós" a denotar o período de transição), o Livro B, o Livro K, 1–8, o Livro Λ (exceto c 8), o Livro M, 9–10, e o Livro N. Segundo Jaeger, esse ataque na *Metafísica* original se direcionava especialmente contra Espeusipo.[16]

Às vezes se considera a *Ética a Eudemo* como sendo desse período e que dataria da estadia de Aristóteles em Assos. Aristóteles ainda se atém à concepção platônica de frônese, embora o objeto de contemplação filosófica não seja mais o mundo ideal de Platão, mas o Deus transcendente da *Metafísica*.[17]

---

[11] Frag. 11 (Rose).

[12] Frag. 21 (Rose). Deve-se admitir que esse fragmento implica que Aristóteles ainda não havia formulado com precisão a existência do primeiro motor ou rompido com suas opiniões anteriores.

[13] Frag. 15 (Rose). O Prof. Jaeger acha que o diálogo continha também provas baseadas no movimento e na causalidade.

[14] Frag. 12 e 14 (Rose). Cf. *As Leis*, 966 d 9–967 a 5.

[15] Cf. frag. 17 (Rose).

[16] Jaeger, *Aristotle*, p. 192.

[17] Cf. *Ética a Eudemo*, 1249 b.

Também é provável que uma *Política* original date desse segundo período, incluindo os Livros 2, 3, 7 e 8, que tratam do Estado ideal. As utopias à maneira da *República* platônica são criticadas.

Com alguma probabilidade, os escritos *De Caelo* e *De Generatione et Corruptione* (Περὶ οὐρανοῦ e Περὶ γενέσεως καὶ φθορᾶς) também são atribuídos a esse período.

(iii) O *terceiro período* (335–322) de Aristóteles é o de sua atividade no Liceu. É nesse período que surge o Aristóteles observador empírico e cientista, que já se preocupa em erguer um edifício filosófico sólido sobre uma fundação firme cavada fundo na terra. Só nos cabe admirar o poder de pesquisa ordenadora e detalhada que Aristóteles manifesta nos âmbitos da natureza e da história no último período de sua vida. Havia na Academia, é preciso dizer, a prática da classificação, sobretudo com finalidades lógicas, que envolvia certa porção de observação empírica, mas nada havia de investigação contínua e sistemática de detalhes da natureza e da história que o Liceu implementou sob a direção de Aristóteles. Esse espírito de pesquisa exata dos fenômenos da natureza e da história de fato representa algo novo no mundo grego, e o crédito por isso sem dúvida cabe a Aristóteles. Mas isso não implica representar Aristóteles como um mero positivista na última fase de sua vida, como algumas vezes se faz, pois na verdade não existe prova alguma de que jamais tenha abandonado a metafísica, apesar de todo seu interesse em pesquisa exata, científica.

As aulas de Aristóteles na escola constituíam a base de suas obras "pedagógicas", que eram repassadas entre os membros do Liceu e foram, como já dito, tornadas públicas pela primeira vez por Andrônico de Rodes. A maior parte das obras pedagógicas pertence a esse período, com exceção, é claro, daquelas que provavelmente pertenceram a períodos anteriores. Essas obras pedagógicas ofereceram muitas dificuldades aos eruditos, em razão, por exemplo, das conexões insatisfatórias entre os livros, de seções que parecem romper com a sucessão lógica do pensamento e assim por diante. Hoje parece provável que essas obras representem aulas de Aristóteles que eram como que publicadas — pelo menos no que diz respeito à escola — através do expediente de lecioná-las. Mas isso não quer dizer que cada obra represente uma única aula ou uma série contínua de aulas: em vez disso, são diferentes seções ou aulas que depois foram reunidas e receberam uma unidade externa mediante um título comum. Essa obra de composição só pôde ser realizada em parte pelo próprio Aristóteles: prosseguiu com as gerações seguintes da escola e foi completada pela primeira vez por Andrônico de Rodes, ou mesmo depois dele.

Essas obras do terceiro período de Aristóteles podem ser divididas em:

(*a*) *Obras lógicas* (reunidas à época bizantina sob o título de *Organon*). As *Categorias* ou κατηγορίαι (aristotélicas pelo menos em seu conteúdo), *De Interpretatione* ou Περὶ ἑρμενείας (sobre proposição e juízo), os *Primeiros Analíticos* ou Ἀναλυτικὰ Πρότερα (dois livros sobre inferência), os *Analíticos Posteriores* ou Ἀναλυτικὰ ὕστερα (dois livros sobre prova, conhecimento dos princípios etc.), os *Tópicos* ou Τοπικά (oito livros sobre dialética ou prova razoável), os *Elencos Sofísticos* (conhecido como *Refutações Sofísticas*) ou Περὶ συφιστικῶν ἐλέγκων.

(b) *Obras Metafísicas.*

A *Metafísica*, coleção de aulas de diferentes períodos, assim chamada em razão de sua posição no *corpus* aristotélico, provavelmente reunida por algum peripatético antes da época de Andrônico.

(c) Livros sobre filosofia natural, ciência natural, psicologia etc. A *Física* ou φυσικὴ ou ἀκρόασις φυσικά ou τὰ περὶ φύσεως. A obra consiste em oito livros, dos quais os dois primeiros devem ser atribuídos ao período platônico de Aristóteles. A *Metafísica* A 983 a 32-3 faz referência à *Física*, ou antes supõe de modo explícito o quadro da teoria das causas presente na *Física* 2. O Livro 7 da *Física* provavelmente pertence a período anterior da obra aristotélica, ao passo que o Livro 8 de fato não faz parte da *Física* de modo algum, já que cita a *Física* com a observação: "como já antes mostramos na *Física*".[18] A obra em seu todo seria composta originalmente, assim, de umas tantas monografias independentes, uma suposição apoiada pelo fato de que a *Metafísica* cita como "Física" as duas obras *De Caelo* e *De Genetarione et Corruptione*.[19]

A *Meteorologia* ou Μετεωρολογικά ou Περὶ μετεώρων (quatro livros).

As *Histórias dos Animais* ou Περὶ τὰ ζῷαί στορίαι (dez livros de anatomia comparada e psicologia, dos quais o último é provavelmente pós-aristotélico).

A Ἀνατομαί em sete livros, que se perdeu.

O *De Incessu Animalium* ou Περὶ ζῴων πορείας (um livro) e *De Motu Animalium* ou Περὶ ζῴων κινήσεως (um livro).

O *De Generatione Animalium* ou Περὶ ζῴων κινήσεως (cinco livros).

O *De Anima* ou Περὶ ψυχῆς, a psicologia de Aristóteles em três livros.

As *Parva Naturalia*, um grupo de pequenos tratados sobre assuntos como a percepção (Περὶ αἰσθήσεως καὶ αἰσθητῶν), a memória (Περὶ μνήμης καὶ ἀναμνήσεως), o sono e a vigília (Περὶ ὕπνου καὶ ἐγρηγόρσεως), os sonhos (Περὶ ἐνυπνίων), a vida longa e a vida breve (Περὶ μακροβιότητος καὶ βραχυβιότητος), a vida e a morte (Περὶ ζωῆς καὶ θανάτου), a respiração (Περὶ ἀναπνοῆς), a divinação durante o sono (Περὶ τῆς καθ' ὕπνον μαντικῆς).

Os *Problemata* (Προβλήματα) parecem ser uma coleção de problemas, agrupados por gradação, os quais se desenvolveram em torno de um núcleo de notas ou rabiscos feitos pelo próprio Aristóteles.

(d) *Obras de Ética e Política.*

A *Magna Moralia* ou Ἠθικὰ μεγάλα, em dois livros, que parece ser obra genuína de Aristóteles, pelo menos no que diz respeito ao conteúdo.[20] Parte dela parece datar da época em que Aristóteles ainda estava mais ou menos de acordo com Platão.

---

[18] *Física*, VIII, 251 a 9, 253 b 8, 267 b 21.
[19] *Metaf.*, 989 a 24.
[20] Cf. H. von Arnim, *Die dreiarist. Ethiken* (Viena, 1924).

A *Ética a Nicômaco* (Ἠθικὰ Νικομάχεια) em dez livros, livro que foi editado pelo filho de Aristóteles, Nicômaco, depois da morte do filósofo.

A *Política* (Πολιτικά), cujos livros 2, 3, 7 e 8 parecem datar do segundo período da atividade literária de Aristóteles. Os Livros 3–6, pensa Jaeger, foram inseridos antes que o primeiro livro fosse posto a anteceder o conjunto, pois o Livro 4 se refere ao 3 como sendo o início da obra — ἐν τοῖς πρώτοις λόγοις. "O conteúdo do [livro] 2 é meramente negativo".[21]

Coleção de constituições de 158 Estados. A de Atenas seria encontrada em um papiro em 1891.

(e) *Obras de Estética, História e Literatura.*

A *Retórica* (Τέχνη ῥητορική) em três livros.

A *Poética* (Περὶ ποιητικῆς), da qual parte se perdeu e resta assim incompleta.

Registros de representações dramáticas em Atenas, coleção de *didascalia*, lista de vencedores nos jogos olímpicos e píticos. Aristóteles estava empenhado em um estudo sobre o problema homérico, um tratado sobre os direitos territoriais dos Estados (Περὶ τῶν τόπων δικαιώματα πόλεων) etc.

Não é necessário supor que todas essas obras, a exemplo da coleção de 158 constituições, tenham sido compostas pelo próprio Aristóteles, mas devem ter sido iniciadas por ele e prosseguidas sob sua supervisão. Ele confiou a outros a compilação de uma história da filosofia natural (Teofrasto), uma da matemática e astronomia (Eudemo de Rodes) e uma da medicina (Meno). É difícil conceber a universalidade de seus interesses e o escopo de seus objetivos.

A simples lista das obras de Aristóteles mostra um espírito algo diverso do de Platão, pois é óbvio que Aristóteles era atraído pelo empírico e científico e que não tendia a tratar os objetos deste mundo como semi-ilusórios ou inapropriados ao conhecimento. Mas a diferença de tendência, uma diferença que sem dúvida se acentuou com a passagem do tempo, levou, quando posta a par da consideração de fatos como a oposição aristotélica à teoria platônica das idéias ou à psicologia dualista platônica, à concepção popular de um contraste radical entre os dois grandes filósofos. Há, claro, verdade nessa visão, já que existem casos claros de oposição entre seus princípios e também uma diferença geral de atmosfera (pelo menos se compararmos as obras exotéricas de Platão — e não dispomos de outras — com as obras pedagógicas de Aristóteles), mas é fácil exagerar essa verdade. O aristotelismo, do ponto de vista histórico, não é o oposto do platonismo, mas seu desenvolvimento, a corrigir teorias unilaterais — ou pelo menos a tentá-lo —, como a das idéias, a psicologia dualista de Platão etc., e a prover uma fundamentação mais firme a partir do fato físico. Também é verdade que se acabou omitindo coisas de valor, mas isso apenas mostra que duas filosofias não devem ser consideradas como dois sistemas diametralmente opostos, mas como dois espíritos filosóficos e corpos doutrinais complementares. Depois se tentou uma síntese com o neoplatonismo, e a filosofia medieval mostra o mesmo espírito de síntese. Santo Tomás, por exemplo, embora falasse de Aristóteles

---

[21] Jaeger, *Aristotle*, p. 273.

como "o Filósofo", não pôde — e nem desejaria — separar-se inteiramente da tradição platônica, enquanto na escola franciscana até São Boaventura, que dava a palma a Platão, não se deixava de fazer uso das doutrinas peripatéticas, e Duns Escoto levou ainda mais longe a impregnação de elementos aristotélicos no espírito franciscano.

E não se deve supor que Aristóteles, em seu entusiasmo por fatos e com seu desejo de estabelecer uma fundamentação empírica e científica sólida, fosse alguém a quem faltasse poder sistemático ou tivesse renunciado ao seu interesse metafísico. Tanto o platonismo como o aristotelismo culminam na metafísica. Daí que Goethe possa comparar a filosofia de Aristóteles a uma pirâmide a se erguer para o alto de maneira regular desde uma ampla base na terra, e a de Platão a um obelisco ou uma língua de fogo que sobe em labaredas ao céu. De todo modo, tenho de admitir que, em minha opinião, a direção do pensamento de Aristóteles se afastou cada vez mais da posição platônica a que primeiro aderira, embora os resultados de sua nova orientação de pensamento nem sempre se coadunassem aos elementos do legado platônico que ele parece ter conservado até o fim.

CAPÍTULO II
A lógica de Aristóteles

1. Embora Aristóteles divida a filosofia sistematicamente de diferentes maneiras em diferentes ocasiões,[22] podemos dizer que sua visão amadurecida a respeito é a seguinte.[23] (i) A filosofia *teorética*,[24] na qual se tem em vista o conhecimento enquanto tal e não algum fim prático, se divide em (*a*) física ou filosofia natural, que lida com as coisas materiais que estão submetidas ao movimento; (*b*) matemática, que lida com o não-movido porém não-separado (da matéria); (*c*) metafísica, que lida com o separado (transcendente) e não-movido. (A metafísica incluiria, assim, o que conhecemos como teologia natural).[25] (ii) A filosofia *prática* (πρακτική) trata principalmente da ciência política, mas tem como disciplinas subsidiárias a estratégia, a economia e a retórica, já que os fins almejados por essas disciplinas são subsidiários e dependentes do fim da ciência política.[26] (iii) A filosofia *poética* (ποιητική) lida com a produção e não com a ação enquanto tal, como é o caso da filosofia prática (a qual inclui a ação ética em um sentido mais amplo ou político), e é para todos os efeitos a teoria da arte.[27]

2. Com freqüência, chama-se a lógica aristotélica de lógica "formal". Na medida em que a lógica de Aristóteles é uma análise das formas de pensamento (daí o termo *Analítica*), trata-se de uma designação adequada; mas seria um erro imenso supor que para Aristóteles a lógica diga respeito às formas do pensamento humano com tal exclusividade, a ponto de não ter relação alguma com a realidade externa. Ele está preocupado principalmente com as formas de prova e supõe que a conclusão de uma prova científica proporciona certo conhecimento sobre a realidade. Por exemplo, no silogismo "Todo homem é mortal, Sócrates é homem, logo Sócrates é mortal", não se trata apenas de a conclusão ser deduzida corretamente segundo as leis formais da lógica: Aristóteles supõe que a conclusão se verifique na realidade. Logo, pressupõe uma teoria realista do conhecimento, e para ele a lógica, embora seja uma análise das formas do pensamento, é uma análise do raciocínio que pensa a realidade, que a reproduz conceitualmente em si mesmo e, no juízo verdadeiro, faz afirmações sobre

---

[22] Cf. *Top.*, A 14, 105 b 19 ss.
[23] Cf. *Top.*, Z 6, 145 a 15 ss. *Metaf.*, E 1, 1025 b 25.
[24] Cf. *Metaf.*, K 7, 1064 b 1 ss.
[25] Cf. *Metaf.*, E 1, 1026 a 10 ss.
[26] Cf. *Ética a Nic.*, A 1, 1094 a 18 ss.
[27] Por determinar o nível dos ramos da filosofia segundo o nível dos seus objetos, Aristóteles dá a mais alta honra à "teologia". Cf. *Metaf.*, K 7, 1064 b 1 ss. Houve quem defendesse que a divisão tripartite não encontra o devido fundamento nas palavras do próprio Aristóteles e que ele concebia a *Poética* não como uma teoria estética filosófica, mas simplesmente como um manual prático.

a realidade que se verificam no mundo externo. É uma análise do raciocínio humano em seu pensamento sobre a realidade, embora Aristóteles certamente admita que as coisas nem sempre existam na realidade extramental da forma precisa como são concebidas pela mente, como é o caso dos universais.

Vê-se isso com clareza em sua doutrina das categorias. Do ponto de vista lógico, as categorias abrangem os modos como pensamos sobre as coisas — por exemplo, predicando qualidades de substâncias —, mas ao mesmo tempo são modos como as coisas de fato existem: coisas são substâncias e de fato possuem acidentes. As categorias exigem, portanto, não só tratamento lógico, mas também metafísico. A lógica de Aristóteles não pode, portanto, ser ligada à lógica transcendental de Kant, já que não se ocupa de isolar as formas *a priori* de pensamento que provêm tão-só da mente em seu processo ativo de conhecimento. Aristóteles não levanta o "problema crítico": supõe uma epistemologia realista e supõe que as categorias de pensamento, que expressamos na linguagem, também são categorias objetivas da realidade extramental.

3. Nas *Categorias* e nos *Tópicos*, conta-se em dez o número de categorias ou predicados: οὐσία ou τί ἐστι (homem ou cavalo); ποσόν (com extensão de três jardas); ποιόν (branco); πρός τι (duplo); ποῦ (no mercado); πότε (ano passado); κεῖσθαι (está, jaz); ἔχειν (armado, calçado); ποιεῖν (cortes); πάσχειν (está queimado ou cortado). Mas nos *Analíticos Posteriores* são contadas oito categorias, com κεῖσθαι ou *lugar* e ἔχειν ou *hábito* subsumidos por outras categorias.[28] Logo, dificilmente Aristóteles terá tomado a derivação das categorias como coisa definitiva. De todo modo, mesmo que Aristóteles não tenha visto como definitiva a divisão das categorias em dez, não há razão para supor que visse a lista das categorias como aleatória, desprovida de arranjo estrutural. Ao contrário, a lista das categorias se constitui num arranjo ordenado, uma classificação de conceitos, os tipos fundamentais de conceitos que orientam nosso conhecimento científico. A palavra κατηγορεῖν significa predicar, e nos *Tópicos* Aristóteles considera as categorias como uma classificação de predicados, de modos como pensamos no ser como coisa realizada. Por exemplo, pensamos em um objeto como uma substância ou como uma determinação da substância, como submetido a uma das nove categorias que expressam o modo segundo o qual pensamos na substância como coisa determinada. Nas *Categorias* Aristóteles considera as categorias antes como a classificação dos gêneros, espécies e indivíduos, desde os *summa genera* até os indivíduos particulares. Se examinarmos nossos conceitos, os modos como representamos as coisas mentalmente, descobriremos, por exemplo, que temos conceitos de corpos orgânicos, de animais (gênero subordinado), de ovelhas (espécie de animal); mas corpos orgânicos, animais e ovelhas estão todos incluídos na categoria de substância. De modo similar, podemos pensar na cor em geral, no azul em geral, no cobalto; mas cor, azul e cobalto se encontram todos na categoria de qualidade.

---

[28] Cf., por exemplo, *Anal. Post.*, A 22, 83 a 21 ss., b 15 ss.

Contudo, as categorias não eram para Aristóteles apenas modos de representação mental, moldes de conceitos: representam modos reais de ser no mundo extramental e constituem a ponte entre lógica e metafísica (esta última ciência tendo por seu principal objeto a substância).[29] Têm, portanto, um aspecto ontológico bem como um aspecto lógico, e é talvez sob seu aspecto ontológico que assoma com maior clareza sua composição ordenada e estrutural. Assim, a fim de que o ser possa existir, a substância deve existir: este é, digamos assim, o ponto de partida. Apenas coisas particulares existem fora da mente, e para que uma coisa particular exista independentemente ela deve ser uma substância. Mas não pode existir apenas como substância, deve ter formas acidentais. Por exemplo, um cisne não pode existir a menos que tenha alguma cor, ao passo que não pode ter cor a menos que tenha quantidade, extensão. Portanto, temos de imediato as três primeiras categorias — substância, quantidade, qualidade, que são determinações intrínsecas do objeto. Mas o cisne tem a mesma natureza específica dos demais cisnes, é igual em tamanho ou desigual em tamanho frente a outras substâncias; em outras palavras, mantém alguma relação com os demais objetos. Além disso, o cisne, enquanto substância física, deve existir em certo *lugar* e por certo *período*, deve estar em certo *estado*. De igual modo, as substâncias materiais, na medida em que pertencem a um sistema cósmico, *agem* e *sofrem ação*. Desse modo, algumas das categorias pertencem ao objeto considerado em si mesmo, como suas determinações *intrínsecas*, ao passo que outras pertencem às determinações *extrínsecas*, afetando-o na medida em que ele mantém relação com objetos materiais. Vê-se assim, portanto, que, ainda que o número das categorias pudesse ser reduzido por meio da subsunção de certas categorias a outras, o princípio pelo qual são deduzidas não é de modo algum aleatório.

Nos *Analíticos Posteriores* (ao discutir o que é definição) e nos *Tópicos*, Aristóteles trata dos *predicáveis* ou diversas relações que os termos universais podem estabelecer com os sujeitos de que são predicados. São *gênero* (γένος), *espécie* (εἶδος), *diferença* (διαφορά), *propriedade* (ἴδιον), *acidente* (συμβεβηκός). Nos *Tópicos* (I, c. 8), Aristóteles baseia sua divisão dos predicáveis nas relações entre sujeito e predicado. Daí que, se o predicado é coextensivo ao sujeito, ele nos dá ou a essência do sujeito ou uma propriedade dele; ao passo que, se não é coextensivo ao sujeito, então ou faz parte dos atributos abrangidos pela definição do sujeito (nesse caso, será ou gênero ou diferença) ou não faz parte (nesse caso, será um acidente).

As definições essenciais são definições estritas operadas por gênero e diferença, e Aristóteles considerava que a definição envolvia um processo de divisão até as *infima species* (cf. Platão).[30] Mas é importante lembrar que Aristóteles, consciente de que nem sempre somos capazes de alcançar uma definição essencial ou

---

[29] *Metaf.*, 1017 a 23-4. ὁσαχῶς γὰρ λέγεται, τοσαυταχῶς τὸ εἶναι σημαίνει.
[30] *Anal. Post.*, B 13.

real, admite definições nominais ou descritivas,[31] embora não as tivesse em alta conta, uma vez que via as definições essenciais como as únicas dignas do nome. Contudo, a distinção tem importância, já que temos, afinal, de nos contentar, no que diz respeito aos objetos naturais estudados pela ciência física, com as definições distintivas ou características, as quais, por mais que se aproximem do ideal mais até que a definição nominal ou descritiva de Aristóteles, não o alcançam de fato.

(Alguns escritores destacaram a influência da linguagem sobre a filosofia. Por exemplo, por falarmos que a rosa é vermelha [e isso é necessário para os fins da vida social e da comunicação], estamos naturalmente inclinados a pensar que existe na ordem objetiva real uma qualidade ou acidente, a "vermelhidão", que pertence a uma coisa ou substância, a rosa. Pode-se assim fazer as categorias filosóficas de substância e acidente remontarem à influência das palavras ou linguagem. Mas é preciso lembrar que a linguagem acompanha o pensamento, é construída como uma expressão do pensamento, e isso é especialmente verdadeiro acerca dos termos filosóficos. Quando Aristóteles descreve os modos como a mente pensa sobre as coisas, é verdade que ele não pode evitar a linguagem como meio de pensamento, mas a linguagem acompanha o pensamento e o pensamento acompanha as coisas. A linguagem não é uma construção *a priori*).

4. Para Aristóteles, o conhecimento científico *par excellence* significa deduzir o particular do geral ou o condicionado de sua causa, de maneira que sabemos tanto a causa de que o fato depende como a conexão necessária entre o fato e sua causa. Em outras palavras, temos conhecimento científico quando conhecemos a causa de que o fato depende, na medida em que é causa desse fato e de nenhum outro, e, mais ainda, quando conhecemos que o fato não poderia ser outro senão o que é.[32]

Mas, embora do ponto de vista lógico as premissas sejam prévias à conclusão, Aristóteles reconhece claramente que existe uma diferença entre prioridade lógica ou prioridade *in se* e prioridade lógica *quoad nos*. Ele diz expressamente que "'prévio' e 'mais conhecido' são termos ambíguos, pois existe uma diferença entre o que é prévio e mais conhecido na ordem do ser e o que é prévio e mais conhecido para o homem. Quero dizer que os objetos mais próximos dos sentidos são prévios e mais conhecidos para o homem; os objetos que são prévios e mais conhecidos em si mesmos são aqueles apartados dos sentidos".[33] Em outras palavras, nosso conhecimento começa com os sentidos, isto é, com o particular, e ascende ao geral ou universal. "Logo, é claro que deve nos ser possível conhecer as premissas primárias mediante indução; pois o método com que até a percepção sensível estabelece o universal é indutivo".[34] Aristóteles está, assim, tentado a tratar não só da dedução, mas também da indução.

---

[31] *Anal. Post.*, B 8 e 10.
[32] *Anal. Post.*, I 2, 71 b.
[33] *Anal. Post.*, 71 b–72 a.
[34] *Anal. Post.*, II 19, 100 b.

Por exemplo, no silogismo antes mencionado a premissa maior, "Todos os homens são mortais", é fundada na percepção sensível, e Aristóteles tem de justificar tanto a percepção sensível quanto a memória, já que ambas estão envolvidas. Daí a doutrina de que os sentidos *enquanto tais* jamais erram: é só o juízo que é verdadeiro ou falso.

Assim, se um paciente que sofre de *delirium tremens* vê ratos cor-de-rosa, os sentidos enquanto tais não erram; o erro advém de o paciente julgar que os ratos cor-de-rosa estão "ali", como objetos reais que existem extramentalmente. De modo similar, o sol *parece* menor do que a Terra, mas isso não é erro da parte dos sentidos; com efeito, se o sol se mostrasse *maior* do que a Terra, os sentidos estariam desordenados. O erro surge quando, em razão de falta de conhecimento astronômico, um homem *julga* que o sol é objetivamente menor do que a Terra.

5. Logo, nos *Analíticos* Aristóteles trata não só de prova científica, de demonstração ou dedução, mas também de indução (ἐπαγωγή). Para ele, indução científica significa indução *completa*, e ele afirma expressamente que "a indução procede através de uma enumeração de todos os casos".[35] A indução *incompleta* é útil especialmente ao orador. Aristóteles se valia da experiência, mas não elaborou uma metodologia científica da indução e do uso de hipóteses. Ainda que admita que "o silogismo por meio da indução é mais claro para nós",[36] seu ideal permanece o da dedução, da demonstração silogística. Levou a um nível alto e mesmo à consumação a análise de processos dedutivos; mas não se pode dizer que tenha feito o mesmo com relação à indução. Sem dúvida se tratava de algo natural no mundo antigo, no qual a matemática era muito mais desenvolvida do que a ciência natural. Seja como for, após afirmar que a percepção sensível em si mesma não é capaz de atingir o universal, Aristóteles comenta que podemos observar grupos de singulares ou monitorar a recorrência freqüente de um acontecimento, e daí, com o uso da razão abstrata, atingir o conhecimento de uma essência universal ou princípio.[37]

6. Nos *Primeiros Analíticos*, Aristóteles investiga as formas de inferência e define o silogismo como "discurso no qual se declaram determinadas coisas, [de maneira que] algo diverso do que é afirmado se segue necessariamente de serem aquelas coisas [verdadeiras]".[38] Discute as três figuras do silogismo etc.:

(i) O termo médio é sujeito numa premissa e predicado noutra. Exemplo: M é P, S é M, logo S é P. Todo animal é uma substância. Todo homem é um animal. Logo todo homem é uma substância.

(ii) O termo médio é predicado em ambas as premissas. P é M, S não é M, logo S não é P. Todo homem é risível. Mas nenhum cavalo é risível. Logo nenhum cavalo é homem.

---

[35] *Prim. Anal.*, II 23, 68 b.
[36] *Prim. Anal.*, II 23, 68 b.
[37] *Anal. Post.*, I, 31.
[38] *Prim. Anal.*, I, 1, 24 b.

(iii) O termo médio é sujeito em ambas as premissas. M é P, M é S, logo S é P. Todo homem é risível. Mas todo homem é um animal. Logo alguns animais são risíveis.

Nos *Tópicos*,[39] Aristóteles distingue raciocínio *demonstrativo* (isto é, "quando as premissas de que parte o raciocínio são verdadeiras e primárias, ou são de tal modo que nosso conhecimento delas se deu a princípio através de premissas que são primárias e verdadeiras") e raciocínio *dialético* (isto é, raciocínio "baseado em opiniões que são geralmente aceitas", aceitas "por todos, ou pela maioria, ou pelos mais notáveis e ilustres deles"). Acrescenta um terceiro tipo de raciocínio, o raciocínio erístico ou "contencioso" (o qual "parte das opiniões que parecem ser geralmente aceitas, mas que na verdade não o são"). Trata deste último em pormenor em De Sophisticis Elenchis, obra na qual examina, classifica e resolve vários tipos de falácias.

7. Aristóteles percebeu com clareza que as premissas na dedução precisam elas próprias de prova, ao passo que, por outro lado, se *todo* princípio precisa de prova, nos veremos enredados num *processus in infinitum* e *nada* será provado. Defendia, portanto, que existem certos princípios que são conhecidos intuitiva e imediatamente sem demonstração.[40] O mais alto destes é o *princípio de contradição*. Não se pode provar esses princípios. Por exemplo, a forma lógica do princípio de contradição — "Entre duas proposições, das quais uma afirma algo e a outra nega esse mesmo algo, uma deve ser verdadeira e a outra, falsa" — não é uma prova do princípio em sua forma metafísica — isto é, "A mesma coisa não pode ser um atributo e não ser um atributo do mesmo sujeito ao mesmo tempo e no mesmo sentido". Esse princípio apenas exibe o fato de que nenhum pensador pode questionar o princípio que está na base de todo pensamento e é sempre pressuposto.[41]

Temos, portanto, (i) os primeiros princípios, percebidos pelo νοῦς; (ii) o que é derivado necessariamente dos primeiros princípios, percebido pela ἐπιστήμη; e (iii) o que é contingente e poderia ser de outra maneira, objeto da δόξα. Mas Aristóteles percebeu que a premissa maior de um silogismo, como a de que "Todos os homens são mortais", não pode ser derivada imediatamente dos primeiros princípios: depende também da indução. Isso implica uma teoria realista dos universais, e Aristóteles declara que a indução exibe o universal como implícito no particular conhecido com clareza.[42]

8. Em um livro como este nosso, não seria muito bem-vinda uma exposição e discussão detalhada da lógica aristotélica, mas é necessário enfatizar a tremenda contribuição que Aristóteles fez para o pensamento humano nesse ramo da ciência, especialmente no que diz respeito ao silogismo. É bem verdade que se havia investigado a análise e divisão lógica na Academia, em sua relação com a

---

[39] I, 100 a-b.
[40] Cf. *Anal. Post.*, I 3, 72 b.
[41] Cf. *Metaf.*, 1005 b 35 ss.
[42] *Anal. Post.*, A 1, 71 a.

teoria das formas (basta pensar nas discussões de *O Sofista*); mas foi Aristóteles quem primeiro constituiu a lógica (a "Analítica") como uma ciência separada, e foi Aristóteles quem descobriu, isolou e analisou a forma fundamental de inferência, a saber, o silogismo. Esse é um dos seus últimos feitos, e, ainda que fosse a sua única realização, ainda seria suficiente para dar ao seu nome uma merecida e duradoura memória. Não se pode com justiça afirmar que Aristóteles fez uma análise completa de todos os processos dedutivos, pois o silogismo clássico supõe (i) três proposições, cada uma com forma de sujeito ou predicado; (ii) três termos, dos quais cada proposição tira tanto o sujeito como o predicado e, sendo assim, determina os casos em que duas das proposições levam a uma terceira em virtude (a) ou só da forma lógica ou (b) de uma asserção existencial que tiver sido acrescida, como no caso do *Darapti*. Aristóteles não considerou, por exemplo, aquela outra forma de inferência discutida pelo Cardeal Newman em sua *Gramática do Assentimento*, quando a mente tira conclusões não de certas proposições, mas de certos fatos concretos. A mente considera esses fatos e, depois de averiguá-los criticamente, infere uma conclusão, que não é uma proposição geral (como na indução propriamente dita), mas uma conclusão particular enquanto tal, como em "O prisioneiro é inocente". Sem dúvida é verdade que estão implicadas aí proposições gerais (por exemplo, a evidência de um certo tipo é compatível ou incompatível com a inocência de um homem acusado), mas a mente não está de fato preocupada em extrair uma implicação a partir de proposições pressupostas quanto em extrair as implicações de determinados fatos concretos. Santo Tomás de Aquino reconheceu esse tipo de raciocínio e o atribuiu à *vis cogitativa*, também chamada *ratio particularis*.[43] Além disso, mesmo acerca da forma de inferência que analisou, Aristóteles não se ocupou de fato de saber se esses princípios gerais dos quais parte são simplesmente princípios formais ou se possuem teor psicológico. Esta última posição parece ter predominância.

Mas seria absurdo criticar Aristóteles com hostilidade por não ter feito um estudo completo de todas as formas de inferência e por não ter proposto claramente e resolvido todas as questões a serem propostas a respeito das formas de pensamento humano: realizou muito da tarefa que verdadeiramente assumira, e o conjunto dos seus tratados lógicos (mais tarde chamado de *Organon*) constitui uma obra-prima da mente humana. Não é sem razão, podemos estar certos, que Aristóteles se representa como um pioneiro da análise e sistematização lógica. Ao fim de *De Sophisticis Elenchis* ele observa que, se muito fora dito por outros antes dele sobre o assunto da Retórica, por exemplo, não tinha obra anterior à qual se remeter sobre o assunto do pensamento, obra que pudesse ter tomado como um fundamento; foi impelido, ao contrário, a desbravar o que era um campo praticamente novo. Não era o caso de que a análise sistemática dos processos de raciocínio já tivesse sido realizada em parte: nada do tipo existia. Os professores de retórica tinham dado aos seus discípulos treino empírico em

---

[43] *Suma teológica*, Ia, 78, 4. Cf. IIa, IIae, 2, 1.

"argumentos contenciosos", mas nunca desenvolveram uma metodologia científica ou uma exposição sistemática do assunto: Aristóteles teve de começar ele próprio desde o zero. A reivindicação que Aristóteles faz da originalidade do tema particular de *De Sophisticis Elenchis* sem dúvida se refere, no essencial, à descoberta e análise do silogismo em geral.

Às vezes se fala como se os estudos lógicos modernos tivessem privado a lógica aristotélica tradicional de todo valor, como se agora se pudesse relegar a lógica tradicional à despensa de peças de museu, de interesse apenas ao antiquário filosófico. Por um lado, aqueles que se educaram segundo a tradição aristotélica podem se sentir tentados a atacar, digamos, a lógica simbólica moderna. Um extremo como o outro são injustificados, e é preciso adotar uma posição sã e equilibrada, a reconhecer de fato a incompletude da lógica aristotélica e o valor da lógica moderna, mas ao mesmo tempo a se recusar a desacreditar a lógica aristotélica sob o pretexto de não abranger todo o âmbito da lógica. Essa posição sã e equilibrada é defendida por aqueles que fizeram um estudo profundo da lógica, observação que deve ser enfatizada a fim de que não se pense que são só os filósofos escolásticos que, falando *pro domo sua*, ainda dão hoje algum valor à lógica de Aristóteles. Assim, embora a afirmar, e a afirmar com razão, que "não é possível pensar que abranja todo o assunto da dedução", Susan Stebbing admite que "o silogismo tradicional preserva seu valor";[44] por sua vez, Heinrich Scholz afirma que "o *Organon* aristotélico é ainda hoje a mais bela e instrutiva introdução à lógica jamais escrita".[45] A lógica simbólica moderna pode ser um acréscimo, e um acréscimo valiosíssimo, à lógica de Aristóteles, mas não deve ser vista como completamente oposta a esta: difere da lógica não-simbólica pelo seu grau mais elevado de formalização, isto é, pela idéia de funcionalidade proposicional.

9. Este tratamento necessariamente breve e incompleto da lógica aristotélica pode com proveito ser encerrado com um sumário de *uns poucos tópicos característicos* que são discutidos no *Organon*, um sumário que exibirá as largas vistas da análise lógica aristotélica. Nas *Categorias* Aristóteles trata da gama de variação de sujeitos e *predicados*, no *De Interpretatione*, da oposição de proposições, modais e assertivas, o que o leva a uma discussão interessante da lei do terceiro excluído nos capítulos 7 e 10. No primeiro livro dos *Primeiros Analíticos* ele discute a conversão de proposições puras e de proposições necessárias e contingentes, analisa os silogismos nas três figuras e estabelece regras para construir ou perceber silogismos que tratam, por exemplo, de inferência oblíqua (Cap. 36), de negação (Cap. 46), de provas *per impossibile* e *ex hypothesi* (Caps. 23 e 44). No segundo livro Aristóteles aborda a distribuição de verdade e falsidade entre premissas e conclusão, os defeitos dos silogismos, a indução em sentido estrito, por meio da "enumeração de todos os casos" (Cap. 23), o entimema etc.

---

[44] Susan Stebbing, *A Modern Introduction to Logic*, p. 102 (Londres, 1933).
[45] *Geschichte der Logik*, p. 27 (Berlim, 1931).

O primeiro livro dos *Analíticos Posteriores* trata da estrutura de uma ciência dedutiva e de seu ponto de partida lógico, a unidade, diversidade, distinção e hierarquia lógica das ciências, a ignorância, o erro e a invalidade; ao passo que o segundo livro se ocupa de definições, essenciais e nominais, da diferença entre definição e demonstração, da indemonstrabilidade da natureza essencial, do modo como as verdades básicas vêm a ser conhecidas etc. Os *Tópicos* tratam de predicados, de definição, da técnica de prova ou da prática da dialética, os *De Sophisticis Elenchis* tratam da classificação de falácias e de suas soluções.

CAPÍTULO III
A metafísica de Aristóteles

1. "Todos os homens têm o desejo natural de conhecer".[46] Assim começa, otimista, a *Metafísica*, um livro, ou antes uma coleção de aulas, que é difícil de ler (o filósofo árabe Avicena disse que leu a *Metafísica* de Aristóteles quarenta vezes antes de compreendê-la), mas que é da maior importância para a compreensão da filosofia de Aristóteles e teve tremenda influência sobre o pensamento posterior na Europa.[47] Mas, embora todos os homens desejem conhecer, existem diferentes níveis de conhecimento. Por exemplo, o homem da *mera experiência*, como Aristóteles o chama, pode saber que determinado remédio fez bem a fulano quando estava doente, mas sem saber a razão disso, ao passo que o homem de *arte* conhece a razão, como no caso de saber que fulano sofria de febre e que o remédio em questão tinha certa propriedade que combate a febre. Ele conhece um universal, pois sabe que o remédio tenderá a curar todos que sofrem daquela vexação. A arte visa, pois, a alguma atividade de produção, mas isso para Aristóteles não é sabedoria, pois a mais alta sabedoria não visa produzir algo ou assegurar um efeito — não é utilitária —, mas apreender os primeiros princípios da realidade, isto é, apreender o conhecimento enquanto tal. Aristóteles situa o homem que busca o conhecimento em si mesmo acima daquele que busca o conhecimento de algum tipo específico com o propósito de alcançar algum efeito prático. Em outras palavras, ocupa posto mais alto a ciência que é desejável por si mesma, e não em razão de seus resultados.

Essa ciência desejável por si mesma é a ciência dos primeiros princípios ou primeiras causas, uma ciência que nasce do espanto. Os homens começam a se espantar com as coisas, a desejar uma explicação para as coisas que vêem, e assim a filosofia nasceu do desejo de conhecer, e não por conta de qualquer utilidade que o conhecimento possua. É esta a ciência, portanto, que dentre todas merece ser chamada de livre ou liberal, pois, assim como o homem livre, ela existe em razão de si mesma e não de alguma outra coisa. Segundo Aristóteles, a metafísica é, portanto, a sabedoria *par excellence*, e o filósofo ou amante da sabedoria deseja conhecer a causa última e a natureza da realidade, e deseja esse conhecimento em si mesmo. Assim, Aristóteles é um "dogmático" no sentido de

---

[46] *Metaf.*, A, 980 a 1.

[47] O nome *Metafísica* se refere simplesmente à posição da *Metafísica* no *corpus* aristotélico, isto é, ao fato de vir depois da *Física*. Mas o livro é metafísico também no sentido de se ocupar dos princípios e causas primeiros e mais elevados, e assim envolve um nível de abstração maior do que a *Física*, a qual lida principalmente com um tipo particular de ser — aquele sujeito ao movimento. Ainda assim, é correto dizer que, se quisermos conhecer a doutrina de Aristóteles sobre temas hoje tratados sob o título de *Metafísica*, devemos consultar não só a própria *Metafísica*, mas também a *Física*.

supor que esse conhecimento é alcançável, embora não seja, claro, dogmático no sentido de propor teorias sem nenhuma tentativa de prová-las.

A sabedoria lida, portanto, com os primeiros princípios e causas das coisas, e por isso é conhecimento universal no mais alto grau. Isso significa que ela é a ciência mais distante dos sentidos, a ciência mais abstrata, e assim a mais difícil das ciências, por envolver o maior esforço de pensamento. "A percepção sensível é comum a todos, logo é fácil e não distingue a sabedoria".[48] Mas, embora seja a mais abstrata das ciências, é, aos olhos de Aristóteles, a mais *exata* das ciências, "pois aquelas [ciências] que envolvem menos princípios são mais exatas do que aquelas que envolvem princípios adicionais, como a aritmética comparada à geometria".[49] Além disso, essa ciência é em si mesma a mais conhecível, já que lida com os primeiros princípios de todas as coisas, e esses princípios são em si mesmos mais verdadeiramente cognoscíveis do que suas aplicações (pois estas dependem dos primeiros princípios, e não o contrário), ainda que disso não se siga que sejam os mais cognoscíveis do *nosso* ponto de vista, já que necessariamente partimos das coisas dos sentidos, e isso requer um esforço considerável de abstração racional para passar do que é diretamente conhecido por nós, os objetos sensíveis, aos princípios últimos.

2. As causas com que a sabedoria ou filosofia lida são enumeradas na *Física* e se contam em quatro: (i) a substância ou essência de uma coisa; (ii) a matéria ou assunto; (iii) a fonte de movimento ou a causa eficiente; e (iv) a causa final ou bem. No primeiro livro da *Metafísica* Aristóteles investiga as opiniões de seus antecessores para, diz ele, checar se discutiram alguma outra espécie de causa além das quatro enumeradas. É assim que é levado a fazer um breve esboço da história da filosofia grega até sua época, mas ele não está preocupado em catalogar todas as opiniões, relevantes como irrelevantes ao seu propósito, pois deseja rastrear a evolução da noção de quatro causas, e o resultado final de sua investigação é que não só nenhum filósofo descobrira algum outro tipo de causa, como a de que nenhum filósofo antes dele havia enumerado as quatro causas de maneira satisfatória. Aristóteles, como Hegel, via a filosofia prévia a levar à sua própria posição; não há em Aristóteles nada da parafernália da dialética, é claro, mas há a mesma tendência de ver a sua própria filosofia como uma síntese em plano superior do pensamento de seus antecessores. Sem dúvida há alguma verdade no que diz Aristóteles, ainda que não seja de modo algum coisa inteiramente verdadeira, e ele às vezes passa longe de ser justo com seus antecessores.

Tales e os primeiros filósofos gregos se ocupavam da causa material, na tentativa de descobrir o substrato último das coisas, o princípio que não é gerado nem destruído, mas do qual surgem os objetos particulares e segundo o qual desaparecem. Dessa forma surgiram as filosofias como as de Tales, Anaxímenes, Heráclito, que afirmaram uma causa material, ou como a de Empédocles, que

---

[48] *Metaf.*, 982 a 11-12.
[49] *Metaf.*, 982 a 26-28.

afirmou os quatro elementos. Mas, mesmo que os elementos sejam gerados a partir de uma causa material, por que isso acontece, qual é a fonte do movimento pelo qual os objetos são gerados e destruídos? Deve haver alguma causa do vir a ser no mundo, até os próprios fatos devem afinal impelir o pensador a investigar outro tipo de causa além da material. Encontramos tentativas de resposta a essa dificuldade nas filosofias de Empédocles e Anaxágoras. Este último percebeu que nenhum elemento material pode ser a razão pela qual os objetos manifestam beleza e bondade, e assim afirmou a atividade da mente no mundo material, destacando-se como um homem sóbrio frente à algaravia dos seus antecessores.[50] Mesmo assim, ele utiliza a mente apenas como um *deus ex machina* para explicar a formação do mundo, e o invoca apenas quando lhe falta qualquer outra explicação: quando outra está disponível, simplesmente deixa a mente de fora.[51] Em outras palavras, Anaxágoras foi acusado por Aristóteles de utilizar a mente como simples disfarce da ignorância. Empédocles, com efeito, postulou dois princípios ativos, a amizade e a luta, mas não os utilizou nem suficiente nem consistentemente.[52] Esses filósofos, portanto, conseguiram distinguir duas das quatro causas aristotélicas, a causa material e a fonte de movimento; mas não desenvolveram seus conceitos de modo sistemático nem criaram alguma filosofia consistente e científica.

Após a filosofia dos pitagóricos, que não se pode dizer que contribuíram muito, veio a filosofia de Platão, o qual desenvolveu a doutrina das formas, mas que as colocou, enquanto causa da essência das coisas, separadas das coisas de que são a essência. Desse modo, Platão, segundo Aristóteles, usou só duas causas, "a causa da essência e a causa material".[53] Quanto à causa final, esta não foi abordada explicitamente, ou pelo menos não de maneira satisfatória, pelos filósofos prévios, mas só de passagem e incidentalmente.[54] Verdade seja dita, Aristóteles não é de todo justo com Platão, já que este último, no *Timeu*, introduz o conceito do Demiurgo, o qual serve de causa eficiente, e também faz uso dos deuses estelares, para não falar de sua doutrina da finalidade, pois a causa final do vir a ser é a realização (no sentido de imitação) do bem. De todo modo, é verdade que Platão, por meio do *chorismos*, foi impedido de tornar a realização da forma imanente ou essência a causa final da substância concreta.

3. Depois de enunciar alguns dos principais problemas da filosofia no Livro III (B) da *Metafísica*, Aristóteles declara no início do Livro IV (Γ) que a ciência metafísica se ocupa do ser enquanto tal, é o estudo do ser *qua* ser. As ciências especiais isolam uma esfera particular do ser e consideram os atributos do ser nessa esfera; mas o metafísico não considera o ser que tenha esta ou aquela característica em particular, como a de ser vivo ou quantitativo, antes considera o ser em si mesmo e seus atributos essenciais enquanto ser. Ora, dizer que algo

---

[50] *Metaf.*, 984 b 15–18.
[51] *Metaf.*, 985 a 18–21.
[52] *Metaf.*, 985 a 21–23.
[53] *Metaf.*, 988 a 8–10.
[54] *Metaf.*, 988 b 6–16.

é, é também dizer que é *um*: a unidade é, portanto, um atributo essencial do ser, e, tal como o ser é encontrado em todas as categorias, também a unidade é encontrada em todas as categorias. Quanto à bondade, Aristóteles observa na *Ética a Nicômaco* (1096) que ela também é aplicável a todas as categorias. A unidade e a bondade são, portanto, atributos transcendentais do ser, para empregar a terminologia dos filósofos escolásticos, na medida em que, aplicáveis a todas as categorias, não se limitam a nenhuma categoria em particular e não constituem gêneros. Se a definição de homem é "animal racional", animal é o gênero e racional, a diferença específica; mas não se pode atribuir o predicado da animalidade à racionalidade, o predicado do gênero à diferença específica, embora se possa atribuir o predicado de ser a ambos. O ser, portanto, não pode ser um gênero, e o mesmo é válido para a unidade e a bondade.

O termo "ser", contudo, não é predicado de todas as coisas existentes precisamente no mesmo sentido, pois uma substância *é*, possui ser, de uma maneira que não se pode dizer que o possua uma qualidade, por exemplo, que é um acidente da substância. De que categoria de ser, então, a metafísica se ocupa especialmente? Da de substância, que é primária, já que todas as coisas são ou substâncias ou acidentes de substâncias. Mas há ou pode haver diferentes tipos de substância, e com que tipo de substância a filosofia ou metafísica lida em primeiro lugar? Aristóteles responde que, se existe alguma substância imutável, então a metafísica estuda a substância imutável, pois está preocupada com o ser *qua* ser, e a verdadeira natureza do ser se mostra no que é inalterável e auto-suficiente, em vez de no que está sujeito à mudança. A impossibilidade de uma série infinita de fontes existentes de movimento mostra que existe pelo menos um ser que causa movimento ao mesmo tempo que permanece não-movido, e essa substância imóvel, por abranger a natureza completa do ser, será de caráter divino, de maneira que cabe chamar a filosofia primeira de teologia. A matemática é de fato uma ciência teorética e trata de objetos imóveis, mas esses objetos, *embora considerados separados da matéria*, não existem separadamente: a física lida com coisas que são tanto inseparáveis da matéria como sujeitas ao movimento: só a metafísica trata daquilo que tanto existe separado da matéria como é imutável.[55]

(No Livro E da *Metafísica* Aristóteles simplesmente subdivide as substâncias em mutáveis e imutáveis, mas no Livro Λ ele distingue três tipos de substâncias: (i) sensíveis e perecíveis, (ii) sensíveis e eternas, como os corpos celestes, e (iii) não-sensíveis e eternas).

A ciência metafísica se ocupa, logo, do ser, e estuda o ser primariamente sob a categoria de substância, não de "ser acidental", que não é objeto de ciência alguma,[56] nem o ser enquanto verdade, já que verdade e falsidade existem no juízo, não nas coisas.[57] (Ela também estabelece os primeiros princípios ou

---

[55] *Metaf.*, 1026 a 6–32. Cf. 1064 a 28–b 6.

[56] *Metaf.*, Livro VI (E), 2. Por exemplo, um confeiteiro tem o propósito de dar prazer; caso produza saúde, isso será "acidental".

[57] *Metaf.*, Livro VI (E), 4.

axiomas, especialmente o princípio de contradição, o qual, embora não seja, claro, dedutível, é o princípio último a governar todo ser e todo conhecimento).[58] Mas, se a metafísica estuda a substância, a substância não-sensível, então é de óbvia importância determinar quais substâncias não-sensíveis existem. Serão substâncias os objetos da matemática, ou os universais, ou as idéias transcendentais de ser e unidade? Não, responde Aristóteles, não são: daí sua polêmica com a teoria platônica das idéias, da qual se dará agora um resumo.

4. (i) O argumento em defesa da teoria de Platão de que ela torna o conhecimento científico possível e o explica prova, diz Aristóteles, que o universal é real e não mera ficção mental; mas isso não prova que o universal subsista à parte das coisas individuais. E, com efeito, se tomada em sentido estrito, a teoria de Platão implicaria a existência de idéias de negações e relações. Pois, se sempre que concebemos um conceito comum respeitante a uma pluralidade de objetos é necessário postular uma forma, então terá de haver formas de negações e de relações. "Nenhuma das maneiras como provamos que a forma existe é convincente, pois de umas não se segue necessariamente nenhuma inferência, e de algumas se segue que existem formas de coisas que pensamos não terem formas".[59]

(ii) A doutrina das idéias ou formas é *inútil*.

(*a*) Segundo Aristóteles, as formas são apenas uma duplicação despropositada das coisas visíveis. Serviriam de explicação para a multiplicidade de coisas existentes no mundo. Mas de nada serve apenas supor a existência de outra multiplicidade de coisas, como faz Platão. Platão é como o homem que, incapaz de contar com um número pequeno, acha que considerará mais fácil contar se dobrar o número.[60]

(*b*) As formas são inúteis para o nosso conhecimento das coisas. "De maneira alguma auxiliam no conhecimento de outras coisas (pois não são sequer a substância destas, ou do contrário estariam nelas)".[61] Isso parece uma expressão do interesse de Aristóteles pelo universo visível, ao passo que Platão não estava realmente preocupado com as coisas deste mundo em si mesmas, mas apenas como degraus para as formas; como se, conhecendo os tipos que os fenômenos têm em mira, digamos assim, ou que tentam realizar, pudéssemos, na medida em que somos causas eficientes, contribuir para essa realização aproximada. Platão dava considerável importância a isso. Por exemplo, por meio do conhecimento do tipo ideal do Estado, do qual os Estados existentes são aproximações em maior ou menor medida, somos capazes de contribuir para a elevação do Estado real — pois conhecemos seu objetivo.

(*c*) As formas são inúteis quando se trata de explicar o movimento das coisas. Mesmo que as coisas existam em virtude das formas, como estas explicam

---

[58] *Metaf.*, Livro IV (Γ), 3 ss.
[59] *Metaf.*, 990 b 8–11.
[60] *Metaf.*, 990 a 34–b 8.
[61] *Metaf.*, 991 a 12–13.

o movimento das coisas e seu surgimento e desaparição? "Deve-se discutir sobretudo a questão de no que as formas contribuem para as coisas sensíveis, seja aquelas que são eternas seja as que vêm a ser e cessam de ser".[62] As formas são imóveis, e os objetos deste mundo, se são cópias das formas, devem ser imóveis também; mas, caso se movam, como de fato se movem, qual a origem do seu movimento?

Aristóteles não parece de todo justo nessa sua crítica a Platão, já que este se apercebeu claramente de que as formas não são causas moventes, e foi precisamente em virtude disso que introduziu o conceito do Demiurgo. Esta pode ser uma figura mais ou menos mitológica, mas, seja como for, fica claro que Platão jamais considerou as formas princípios de movimento e que fez uma tentativa de explicar o dinamismo deste mundo por outros meios.

(d) Supõe-se que as formas expliquem os objetos sensíveis. Mas elas próprias serão sensíveis: o homem ideal, por exemplo, será sensível como Sócrates. As formas se assemelharão aos deuses antropomórficos: estes últimos não passavam de homens eternos, e de igual modo as formas serão "coisas sensíveis eternas".[63]

Essa não é uma crítica muito promissora. Caso se conceba o homem ideal como uma réplica do homem concreto posta no plano ideal, no sentido comum da palavra "ideal", isto é, como sendo o homem real levado ao ponto mais alto de desenvolvimento, então é claro que o homem ideal será sensível. Mas é sequer verossímil que o próprio Platão pensasse qualquer coisa nesse sentido? Ainda que ele próprio tenha implicado isso às vezes pelo emprego de determinadas expressões, uma noção tão extravagante não diz respeito a nada de essencial à teoria platônica das formas. As formas são conceitos subsistentes ou tipos ideais, e assim o conceito subsistente de Homem irá conter a idéia de corporeidade, por exemplo, mas não há motivo pelo qual ele próprio devesse ser corpóreo: na verdade, a corporeidade e sensibilidade estão *ex hypothesi* excluídas quando se postula que o homem ideal significa uma *idéia*. Alguém acha que os platônicos posteriores, ao colocarem a idéia de homem na mente divina, estavam colocando um homem concreto de verdade na mente de Deus? A objeção de fato parece ser um ponto discutível da parte de Aristóteles, isto é, na medida em que objetiva tocar pessoalmente Platão, e não é coisa particularmente justa. Seria uma objeção definitiva contra uma interpretação bastante grosseira da teoria das formas; mas é inútil ler Platão segundo a interpretação mais grosseira e rude possível.

(iii) A teoria das idéias ou formas é uma teoria *impossível*.

(a) "Deve-se argumentar que é impossível que a substância, e aquilo de que é substância, exista à parte; como podem as idéias, pois, enquanto substância das coisas, existirem à parte?".[64] As formas contêm a essência e a realidade íntima dos objetos sensíveis; mas como podem os objetos que existem à parte das coisas sensíveis conterem a essência dessas coisas sensíveis? De todo modo,

---

[62] *Metaf.*, 991 a 8–10.
[63] *Metaf.*, 997 b 5–12.
[64] *Metaf.*, 991 b 1–3.

qual é a relação entre eles? Platão tenta explicar a relação com o uso de termos como "participação" e "imitação", mas Aristóteles retorque que "dizer que elas [isto é, as coisas sensíveis] são padrões e que as outras coisas partilham deles é empregar palavras vazias e metáforas poéticas".[65]

Essa crítica certamente seria muito séria se separação significasse separação espacial. Mas a separação, no caso das formas, necessariamente implica separação espacial? Não significa antes independência? A separação espacial literal seria impossível caso se devesse tomar as formas como conceitos ou idéias subsistentes. Parece que Aristóteles está argumentando do ponto de vista de sua própria teoria, segundo a qual a forma é a essência imanente do objeto sensível. Ele defende que a participação não significa nada a menos que haja uma forma imanente real, co-constitutiva do objeto com a matéria — uma concepção que Platão não admite. Aristóteles indica com justiça a inadequação da teoria platônica; mas, ao rejeitar o exemplarismo platônico, trai também a inadequação de sua própria teoria, por não oferecer nenhuma verdadeira base transcendental para a fixidez das essências.

(b) "Mas, além disso, todas as coisas não podem surgir a partir das formas em nenhum dos sentidos usuais de 'a partir de'".[66] Mais uma vez, aqui Aristóteles toca na questão da relação entre as formas e aquilo de que se diz serem formas, e é quanto a isso que ele objeta que as expressões explicativas empregadas por Platão não passam de metáforas poéticas. Este é, claro, um dos pontos cruciais da teoria platônica, e o próprio Platão parece ter percebido a inadequação da explicação que tentara. Não se pode dizer que tenha aclarado de maneira satisfatória o que realmente quis dizer com as metáforas que empregou e qual a real relação entre os objetos sensíveis e as formas. Mas é curioso que Aristóteles, ao tratar da teoria platônica na *Metafísica*, ignore inteiramente o Demiurgo. Pode-se sugerir que a razão dessa desconsideração estava em que, para Aristóteles, a causa do movimento no mundo era uma causa final. A noção de uma causa supraterrestre *eficiente* era inaceitável para ele.

(c) As formas serão objetos individuais como aqueles outros objetos dos quais são formas, só que não individuais propriamente, mas *universais*. O homem ideal, portanto, será um indivíduo como Sócrates. Mais ainda, caso se pressuponha que, quando há uma pluralidade de objetos dotados de um mesmo nome, terá de haver um padrão ou forma eterna, então teremos de afirmar um terceiro homem (τρίτος ἄνθρωπος), imitado não só por Sócrates, mas também pelo homem ideal. A razão é que Sócrates e o homem ideal têm uma natureza em comum, logo deve haver um universal subsistente para além deles. Mas nesse caso a dificuldade sempre reincide e devemos proceder até o infinito.[67]

A crítica de Aristóteles se aplicaria se Platão defendesse que as formas são coisas. Mas ele defendia isso? Caso defendesse serem conceitos subsistentes,

---

[65] *Metaf.*, M, 1079 b 24–6; A, 991 a 20–2.
[66] *Metaf.*, A, 991 a 19–20.
[67] *Metaf.*, A, 990 b 15–17; K, 1059 b 8–9.

elas não se transformam em objetos individuais no mesmo sentido em que Sócrates é um objeto individual. É claro que são conceitos individuais, mas há sinais de que Platão estava tentando sistematizar o mundo inteiro de conceitos ou idéias e que os via como um sistema articulado — a estrutura racional do mundo, podemos dizer, a qual o mundo, para falar metaforicamente, está sempre tentando corporificar, mas que não pode corporificar de todo em razão da contingência inevitável de todas as coisas materiais. (Isso nos faz lembrar a doutrina de Hegel das categorias universais em relação aos objetos contingentes da natureza).

(iv) Contra a teoria de que as formas são números.

(*a*) Não parece necessário tratar em detalhe das objeções e críticas feitas por Aristóteles, já que a teoria da forma-número foi talvez uma aventura infeliz de Platão. Como Aristóteles observa, "a matemática se tornou a totalidade da filosofia para os pensadores modernos, embora digam que ela deva ser estudada em razão de outras coisas".[68]

Acerca do tratamento que Aristóteles dá ao número e questões correlatas, deve-se consultar a *Metafísica* A, 991 b até 993 a 10, bem como os livros M e N.

(*b*) Se as formas são números, como podem ser causas?[69] Se for porque as coisas existentes são números (digamos: "um número é o homem, outro é Sócrates, outro Cálias"), então por que "um conjunto de números é causa do outro conjunto"? Caso se queira dizer que Cálias é uma proporção numérica dos seus elementos, então sua idéia também será uma proporção numérica de elementos, e assim nenhum dos dois será, de fato, um número. (Claro, para Platão as formas eram causas exemplares, mas não causas eficientes).

(*c*) Como pode haver dois tipos de números?[70] Se além dos números-formas for necessário afirmar outro tipo de números, que são os objetos matemáticos, então qual é a base de diferenciação entre os dois tipos de números? Só conhecemos um tipo de número, pensa Aristóteles, e é o tipo de número com que os matemáticos lidam.

(*d*) Mas, haja duas classes de números, isto é, as formas e os objetos matemáticos (Platão), ou haja simplesmente uma única classe, isto é, os números matemáticos a existir, contudo, separados dos objetos sensíveis (Espeusipo), Aristóteles objeta (i) que, se as formas são números, não podem ser únicas, já que os elementos de que são compostas são os mesmos (com efeito, não é o caso de se crer que as formas sejam únicas no sentido de não estabelecerem relação umas com as outras); e (ii) que os objetos da matemática "não podem de modo algum existir em separado".[71] Um motivo para esta última afirmação é que será inevitável um *processus in infinitum* se aceitarmos a existência separada dos objetos matemáticos, uma vez que, por exemplo, deverá haver sólidos separados

---

[68] *Metaf.*, 992 a 32–b 1.
[69] *Metaf.*, 991 b 9 ss.
[70] *Metaf.*, por exemplo 991 b 27–31.
[71] *Metaf.*, b 1077–1214.

correspondentes aos sólidos sensíveis, e planos e linhas separados correspondentes aos planos e linhas sensíveis. Mas terá de haver também outros planos e linhas separados correspondentes aos planos e linhas do sólido separado. Ora, "a acumulação se torna absurda, pois nos vemos com um conjunto de sólidos separados dos sólidos sensíveis; três conjuntos de planos separados dos planos sensíveis — aqueles que existem separados dos planos sensíveis, e aqueles dos sólidos matemáticos, e aqueles que existem separados destes dos sólidos matemáticos; quatro conjuntos de linhas; e cinco conjuntos de pontos. Com quais deles, portanto, irá lidar a ciência matemática?".[72]

(e) Se a substância das coisas é matemática, então qual é a fonte do movimento? "Se o grande e o pequeno hão de *ser* movimento, é evidente que as formas irão se mover; mas, se não são, de onde vem o movimento? Se não pudermos responder a isso, todo o estudo da natureza se terá aniquilado".[73] (Como já observado, Platão buscou oferecer uma fonte de movimento que não fosse as próprias formas, as quais são imóveis).

(v) Parte do que Aristóteles tem a dizer a respeito dos objetos matemáticos e das formas-números de Platão implica uma interpretação um pouco grosseira da doutrina platônica, como se, por exemplo, Platão imaginasse que os objetos matemáticos ou as formas são coisas. Além disso, o próprio Aristóteles teve de se haver com a grande dificuldade da teoria da abstração da matemática (por exemplo, para Aristóteles o geômetra não considera objetos matemáticos separados, mas coisas sensíveis abstratamente, isto é, segundo um ponto de vista particular), a saber, a teoria de que não podemos abstrair, digamos, o círculo perfeito a partir da natureza, já que não existe círculo perfeito na natureza que pudéssemos abstrair, ao passo que, por outro lado, é difícil entender como poderíamos formar a idéia de círculo perfeito por meio da "correção" dos círculos imperfeitos da natureza, já que não haveria como sabermos que os círculos da natureza *são* imperfeitos a menos que soubéssemos *previamente* o que era um círculo perfeito. A isso Aristóteles poderia responder que, ainda que não estejam dados na natureza círculos perfeitos quanto às suas medidas, ainda assim são dados *quoad visum*, e que isso é suficiente para a abstração da idéia de círculo perfeito, ou responder que as figuras e axiomas matemáticos são hipóteses mais ou menos arbitrárias, pois o requisito fundamental na matemática é ser consistente e lógica, sem que seja necessário supor, por exemplo, que todo tipo de geometria se encaixará no mundo "real" ou supor, por outro lado, que possua um mundo ideal correspondente a ele, do qual será o reflexo mental ou percepção.

Em geral, observaríamos que não podemos nos desfazer nem de Platão nem de Aristóteles, pois é preciso combinar a verdade que há em ambos. Os neoplatônicos tentaram fazer isso. Por exemplo, Platão situou as formas como causas exemplares: os platônicos posteriores as situaram em Deus. Com as devidas

---
[72] *Metaf.*, 1076 b 28–34.
[73] *Metaf.*, A, 992 b 7–9.

adequações, essa é a visão correta, pois a essência divina é o exemplo último de todas as criaturas.[74] Por outro lado, Platão supõe que temos, ou podemos ter, conhecimento direto das formas. Ora, certamente não alcançamos conhecimento direto das idéias Divinas, como Malebranche pensou que alcançamos. Temos conhecimento direto só do universal manifesto, e esse universal manifesto existe externamente, isto é, como universal, apenas nos particulares. Temos portanto a idéia exemplar externa em Deus, seu fundamento no objeto particular, isto é, a sua essência específica, e o universal abstrato em nossas mentes. Desse ponto de vista a crítica de Aristóteles a Platão pareceria justificada, pois o universal, do qual temos conhecimento direto, é simplesmente a natureza da coisa individual. Logo, parece que precisamos tanto de Platão quanto de Aristóteles para formar algo como uma visão filosófica completa. O Demiurgo de Platão deve ser identificado com o νόησις νοήσεως aristotélico, as formas eternas devem ser referidas a Deus, e a doutrina aristotélica do universal concreto deve ser aceita, junto à doutrina aristotélica da abstração. Nenhum desses dois grandes pensadores pode ser aceito precisamente como se apresenta, e, embora seja correto valorizar a crítica de Aristóteles à teoria platônica das formas, é um grande erro supor que essa teoria fosse uma massa de absurdidade grosseira, ou que possa ser desmerecida de todo. A filosofia agostiniana, através do neoplatonismo, impregnou-se profundamente do pensamento de Platão.

Embora se tenha admitido que procede a crítica fundamental de Aristóteles à teoria platônica das formas, a de que esta implica o *chorismos*, e que a teoria platônica não se sustenta por si própria e precisa ser complementada pela doutrina de Aristóteles da forma imanente (que tomamos abstratamente em sua universalidade), não oferecemos um tratamento inteiramente simpático das críticas de Aristóteles. "Como então", alguém poderia perguntar, "você pode dizer que se deve levar a sério as afirmações de Aristóteles acerca do que Platão ensinou? Se a descrição que Aristóteles faz do que Platão ensinou está correta, então suas críticas da teoria platônica estão perfeitamente justificadas, ao passo que, se suas críticas consideram de maneira errônea a teoria platônica, então ou ele deliberadamente a retratou mal ou não a compreendeu".

Em primeiro lugar, deve-se admitir que Aristóteles estava atacando, pelo menos segundo pensava, a teoria do próprio Platão, e não apenas a de alguns platônicos nisso diferentes de Platão: uma leitura cuidadosa da *Metafísica* não favorece outra suposição. Em segundo lugar, deve-se admitir que Aristóteles, ainda que num primeiro plano talvez estivesse atacando a forma como a teoria platônica era ensinada na Academia, estava muito bem familiarizado com o conteúdo dos diálogos publicados e sabia que algumas de suas próprias críticas já haviam sido propostas no *Parmênides*. Em terceiro lugar, não há motivo para supor que a teoria platônica tal como ensinada na Academia apresentasse uma

---

[74] Santo Tomás de Aquino, que cita Santo Agostinho a respeito das idéias divinas, ensina que existe uma pluralidade de idéias na Mente divina (*S.T.*, I, 15, 2), rejeitando a opinião de Platão de que estão "fora" da Mente divina (cf. *S.T.*, I, 15, 1, ad. 1). Explica que com isso não quer dizer que exista uma pluralidade de *espécies* acidentais em Deus, mas que Deus, conhecendo perfeitamente Sua Essência, a conhece como imitável (ou *participabilis*) por uma pluralidade de criaturas.

involução ou rejeição da teoria desenvolvida nas obras publicadas de Platão: caso fosse assim, seria razoável esperar que Aristóteles o mencionasse; ao passo que, ao contrário, se ele não faz referência alguma a uma tal mudança de opinião de Platão, não temos o direito de afirmá-la sem maior prova. A versão matemática da teoria provavelmente se destinava a complementá-la, ou, antes, a ser uma justificação e elucidação especulativa dela, uma versão "esotérica" sua (caso se possa empregar uma palavra com associações um tanto infelizes, sem ao mesmo tempo querer implicar que a versão matemática fosse uma *outra* teoria *diferente*). Aristóteles estava atacando, portanto, sob ambos os aspectos, o que via como a teoria *platônica* das idéias. (Contudo, deve-se lembrar que a *Metafísica* não é um livro contínuo, escrito com a finalidade de ser publicado, e que não podemos supor sem mais que todas as objeções feitas à teoria platônica nas aulas de Aristóteles fossem tomadas com igual seriedade pelo próprio Aristóteles. Um homem pode dizer coisas em suas aulas que não diria, pelo menos não da mesma forma, em uma obra destinada à publicação).

Parece que nos deparamos com um estranho dilema. Ou Platão, apesar das dificuldades que ele próprio percebeu e propôs no *Parmênides*, defendia a teoria na forma exata que é atacada por Aristóteles (caso esse em que Platão se apresente como um tipo um pouco tolo), ou Aristóteles interpretou grosseiramente a teoria platônica (caso esse no qual é Aristóteles quem fica como tolo). Ora, não estamos dispostos a admitir que Platão ou Aristóteles fosse tolo, e está descartada qualquer abordagem do problema que necessariamente envolva alguma dessas duas suposições. O fato de que Platão, por um lado, não tenha realmente resolvido de modo satisfatório o problema do *chorismos*, e o fato de que Aristóteles, por outro lado, não estivesse perfeitamente *au fait* com a mais elevada matemática contemporânea não fazem deles tolos, e são fatos que podem ser facilmente aceitos; mas essa admissão, é óbvio, não elimina as dificuldades presentes nas críticas de Aristóteles, a saber, a de que nelas a teoria platônica é descrita como excessivamente ingênua e a de que Aristóteles faz pouca referência aos diálogos e silencia sobre o Demiurgo. Mas talvez se possa achar uma saída para essa dificuldade. Aristóteles, sabendo bem que Platão não tinha resolvido de modo satisfatório o problema do *chorismos*, rompeu com a teoria do mestre e adotou um ponto de vista muito diverso. Quando olhava a teoria *a partir desse ponto de vista*, ela não poderia lhe aparecer senão com feição extravagante e bizarra: ele pode ter facilmente, assim, se sentido autorizado a pôr sob luz exagerada esse caráter bizarro da teoria em virtude dos fins polêmicos que tinha. Pode-se citar, em paralelo, o caso de Hegel. Para quem acredita que o sistema hegeliano é um mero *tour de force* intelectual ou uma *extravaganza*, nada mais fácil que superenfatizar e até deformar, para fins polêmicos, os elementos inegavelmente fracos desse sistema, ainda que o crítico, crendo que o sistema seja fundamentalmente falso, não possa com justiça ser acusado de deformação deliberada. Gostaríamos que o crítico tivesse procedido de outro modo em prol da precisão histórica, mas não podemos carimbá-lo de imbecil por ter escolhido exagerar seu papel de crítico. Embora me recusando a crer que Aristóteles tivesse por Platão o mesmo ânimo que Schelling e Schopenhauer tinham por Hegel, sugiro que Aristóteles tenha exagerado seu papel de crítico e enfatizado demasiadamente os pontos na teoria que considerava falsos. Quanto ao seu silêncio a respeito do Demiurgo, isso pode ser explicado, pelo menos em parte, caso nos lembremos de que Aristóteles estava criticando Platão a partir do seu próprio ponto de vista (isto é, do próprio Aristóteles) e que a concepção do Demiurgo era inaceitável para ele: não a tomava a sério. Se, além disso, Aristóteles tivesse razões para crer que o Demiurgo do *Timeu* fosse em grande medida uma figura simbólica, e *se* Platão nunca esclareceu completamente, nem mesmo na Academia, a natureza ou condição precisa da mente ou alma, então não é difícil entender como Aristóteles, que não acreditava em nenhuma formação do mundo *a tergo*, pudesse negligenciar de todo a figura do Demiurgo em suas críticas da teoria das idéias. Pode ter sido injusto ao negligenciá-la tão demasiadamente, mas as considerações precedentes podem tornar mais fácil a compreensão de como o fez. As sugestões que fizemos talvez não sejam satisfatórias em toda a medida, e sem dúvida permanecem abertas a críticas, mas pelo menos têm a vantagem de nos facultar escapar do dilema de ver ou Platão ou Aristóteles como um tolo. E, no fim das contas, a base da crítica de Aristóteles à teoria de Platão está perfeitamente justificada, pois, ao usar os termos "imitação" e "participação", Platão dá a entender claramente que existe algum elemento formal, algum princípio de relativa estabilidade nas coisas materiais, ao passo que, por outro lado, deixando de apresentar uma teoria da forma substancial, fracassou em explicar esse elemento formal imanente. Aristóteles ofereceu com propriedade esse elemento, mas, ao perceber (mais uma vez com propriedade) que as formas platônicas, na condição de "separadas", *não podem* explicar aquele elemento, infelizmente foi longe demais em sua rejeição integral do exemplarismo platônico: ao enxergar a teoria platônica principalmente do ponto de vista de um *biólogo* (com a insistência de um biólogo na entelequia imanente) e do ponto de vista teológico proposto na *Metafísica* (XII), de nada lhe valiam o exemplarismo platônico, o matematismo platônico e o Demiurgo platônico. Assim, quando vista à luz do seu próprio sistema, a atitude de Aristóteles para com a teoria de Platão é bastante compreensível.

5. Contudo, ainda que Aristóteles proponha uma crítica adversa à teoria platônica das idéias ou formas separadas, ele está em plena concordância com Platão quanto ao universal não ser apenas um conceito subjetivo ou um modo de expressão oral (*universale post rem*), pois ao universal na mente corresponde a essência específica no objeto, embora essa essência não exista em nenhum estado de separação *extra mentem*: está separada apenas na mente e por meio da atividade da mente. Aristóteles estava convencido, assim como Platão, de que o objeto da ciência é o universal: segue-se assim que, se o universal não é de modo algum real, se não tem realidade objetiva alguma, então não existe conhecimento científico, pois a ciência não lida com o indivíduo enquanto tal.

O universal é real, tem realidade não só na mente mas também nas coisas, embora a existência na coisa não enseje aquela universalidade formal que tem na mente. Indivíduos pertencentes à mesma espécie são substâncias reais, mas não partilham de um mesmo universal objetivo que é numericamente o mesmo em todos os membros da classe. Essa essência específica é numericamente diferente em cada indivíduo da classe, mas, por outro lado, é especificamente a mesma em todos os indivíduos da classe (isto é, todos se assemelham em relação à espécie), e essa similaridade objetiva é o verdadeiro fundamento do universal abstrato, que tem identidade numérica na mente e pode ser predicada indiferentemente de todos os membros da classe. Platão e Aristóteles estão, portanto, de acordo acerca do caráter da verdadeira ciência, a saber, o de se dirigir ao elemento universal nas coisas, isto é, à similaridade específica. O cientista não se ocupa de pedaços individuais de ouro enquanto indivíduos, mas da essência do ouro, da similaridade específica encontrada em todos os pedaços individuais de ouro, supondo que o ouro seja uma espécie. "Sócrates deu impulso a essa teoria" (isto é, a teoria platônica) "por meio de suas definições, mas ele não os separava" (isto é, os universais) "dos particulares; e pensou corretamente ao não separá-los. Isto fica claro a partir dos resultados, pois sem o universal não é possível alcançar conhecimento, mas a separação é a causa das objeções que surgem quanto às idéias".[75] Em sentido *estrito*, portanto, para Aristóteles não existe Universal objetivo, mas existe um fundamento objetivo nas coisas para o universal subjetivo na mente. O universal "cavalo" é um conceito subjetivo, mas tem fundamento objetivo nas formas substanciais que informam os cavalos particulares.

Os indivíduos são verdadeiramente substância (οὐσία). Os universais são substâncias? Isto é, deve-se chamar de substância ao elemento específico, o princípio formal, que situa o indivíduo em sua classe específica? Não, diz Aristóteles, a não ser em um sentido secundário e derivado. É só o indivíduo que é sujeito de predicação e não é ele próprio predicado de outros. A espécie pode, contudo, ser chamada de substância em um sentido secundário e tem direito a esse título, já que o elemento essencial tem uma realidade mais elevada do que o indivíduo *qua* indivíduo e é o objeto da ciência. Em conseqüência, Aristóteles chama os indivíduos de πρῶται οὐσίαι e as espécies, de δεύτεραι οὐσίαι.[76] Dessa maneira, Aristóteles se expôs à acusação de contradição. A alegada contradição consiste no seguinte: se só o indivíduo é verdadeiramente substância, e se a ciência se ocupa da οὐσία, conclui-se necessariamente que o indivíduo é o verdadeiro objeto da ciência, ao passo que Aristóteles ensina na verdade o exato oposto, a saber, que a ciência não se ocupa dos indivíduos enquanto tais, mas

---

[75] *Metaf.*, M, 1036 b 2–7. Podemos comparar com K, 1059 b 25-6 ("toda fórmula e toda ciência são de universais") e com Z, 1036 a 28–9 ("definição é [definição] do universal e da forma").

[76] *Categorias*, 5. É preciso observar que *primeiro* e *segundo* nesse contexto não implicam valor, antes significam primeiro ou segundo *em relação a nós*, πρὸς ἡμᾶς. Primeiro conhecemos os indivíduos e só secundariamente os universais por meio de abstração, mas Aristóteles não se afasta de sua opinião de que o universal é um objeto de ciência e tem uma realidade mais elevada que o indivíduo enquanto tal.

do universal. Em outras palavras, Aristóteles ensina que a ciência se ocupa da substância e que o indivíduo é substância no sentido primário, ao passo que, por outro lado, ensina que o universal é de qualidade superior e é o verdadeiro objeto da ciência, o que pareceria o exato oposto do que deveria ensinar segundo as suas próprias premissas.

Em resposta a essa acusação de autocontradição, podemos apontar duas coisas. (i) Não existe contradição alguma, caso atentemos ao que Aristóteles *quis dizer*. Quando diz que o indivíduo é verdadeiramente substância e que só ele é verdadeiramente substância, quer rejeitar a doutrina platônica de que o universal é em si mesmo uma substância separada, mas não quer com isso negar que o universal, no sentido de elemento formal ou específico nas coisas, seja real. O indivíduo é verdadeiramente substância, mas aquilo que o torna uma substância deste ou daquele tipo, aquilo que é o principal elemento na coisa e é objeto de ciência, é o elemento universal, a forma da coisa, que a mente abstrai e concebe em universalidade formal. Logo, quando diz que o universal é o objeto da ciência, não está se contradizendo, pois não negara que o universal tem alguma realidade objetiva, mas apenas que tivesse uma existência separada. É real no indivíduo: não é transcendente, se considerado em sua realidade objetiva, mas imanente, o universal concreto. Só o indivíduo é substância no verdadeiro sentido da palavra, mas a coisa sensível individual é composta, e o intelecto, no conhecimento científico, vai direto ao elemento universal, que realmente está lá, embora a existir só concretamente, *como um elemento do indivíduo*. Não há dúvida de que Aristóteles foi influenciado pelo fato de que os indivíduos perecem, enquanto a espécie persiste. Assim, os cavalos individuais perecem, ao passo que a natureza dos cavalos permanece a mesma (especificamente, embora não numericamente) na sucessão dos cavalos. O que o cientista considera é a essência dos cavalos, e não apenas o cavalo Tornado ou qualquer outro tomado individualmente. (ii) Aristóteles não se contradiz sequer na terminologia, pois ele distingue de maneira expressa os dois sentidos de οὐσία ou substância. A substância, no sentido primário, é a substância individual, composta de matéria *e* forma: a substância no sentido secundário é o elemento formal ou essência específica que corresponde ao conceito universal. πρῶται οὐσίαι são objetos que não são predicados de outros, mas dos quais alguma outra coisa (isto é, um acidente ou τὸ συμβεβηκός) é predicada. As substâncias no sentido secundário (δεύτεραι οὐσίαι) são a natureza, no sentido de essência específica, aquilo que corresponde ao conceito universal, ἡ κατὰ τὸν λόγον οὐσία. Além disso, quando Aristóteles fala de substâncias primárias e secundárias, não pensa em primárias e secundárias segundo sua natureza, dignidade ou tempo, mas primárias e secundárias em relação a nós.[77]

---

[77] O Prof. Zeller comenta: "É, sem dúvida, uma contradição atribuir uma realidade mais alta à forma — que sempre é universal — em comparação com aquilo que é composto de forma e matéria e, ao mesmo tempo, afirmar que só o universal é objeto de conhecimento, e que é, em si mesmo, prévio e mais conhecido. As consequências dessa contradição encontram-se por todo o sistema aristotélico" (*Outlines*, p. 274). Esta dificilmente é uma afirmação bem formulada da alegada contradição.

A substância individual, οὐσία αἰσθητή, é um composto (σύνολον) do sujeito ou substrato (ὑποκείμενον ou ὕλη) e da essência da forma. À substância universal pertencem as condições (πάθη) e as relações (πρός τι), as quais são distinguidas segundo nove categorias acidentais. O universal se torna preeminentemente o objeto da ciência, porque ele é o elemento essencial e, assim, tem realidade em um sentido mais elevado do que é *meramente* particular. O universal certamente existe só no particular, mas disso se segue não que somos incapazes de tornar o universal o objeto da ciência em sua universalidade, mas que não podemos apreender o universal exceto por meio da apreensão do indivíduo.

Será verdade, como pensa Aristóteles, que os universais são necessários à ciência? (i) Se por ciência se entende o conhecimento do universal, a resposta é óbvia. (ii) Se por ciência se entende a sabedoria no sentido em que Aristóteles emprega o termo, então é perfeitamente verdadeiro dizer que o filósofo não se ocupa do particular enquanto particular. Se, por exemplo, o filósofo está discutindo o ser contingente, não está pensando neste ou naquele ser contingente em particular, mas no ser contingente em sua natureza essencial, mesmo que para tanto empregue seres contingentes como exemplos. Se ele tivesse se restringido aos seres contingentes que foram efetivamente experimentados, fosse por ele próprio ou por outros em cujo testemunho pudesse confiar, então sua conclusão se limitaria àqueles seres particulares, ao passo que ele deseja, enquanto filósofo, alcançar uma conclusão universal que se aplicará a todos os seres contingentes possíveis. (iii) Se por ciência se entende "ciência" no sentido em que empregamos hoje o termo, então devemos dizer que, embora o conhecimento da verdadeira essência universal de uma classe de seres fosse certamente desejável e permanecesse um ideal, ele dificilmente seria *necessário*. Por exemplo, os botânicos podem conduzir muito bem sua classificação das plantas sem saber a definição essencial das plantas em questão. Para eles bastará encontrar fenômenos que permitam delimitar e definir uma espécie, independentemente de se assim se define ou não a essência específica real. É significativo que os escolásticos, quando querem oferecer um exemplo representativo de definição, mencionem "O homem é um animal racional". Dificilmente se lançariam a dar uma definição essencial de vaca ou de ranúnculo. Freqüentemente temos de nos dar por satisfeitos com o que poderíamos chamar de essência "nominal" enquanto oposto à essência real. Contudo, mesmo nesse caso ainda se requer conhecimento de *alguma* característica universal. Pois, mesmo que você não possa apontar a diferença de alguma espécie, ainda assim você tem de defini-la, caso de fato a defina, em função de alguma característica universal possuída pela classe inteira. Suponha que "animal racional" seja a definição real de homem. Ora, caso você não pudesse chegar a essa definição, mas descrevesse o homem como, digamos, um bípede sem penas capaz de fala dotada de significado, você implicaria um conhecimento dos universais "sem penas" e "capaz de fala dotada de significado". Assim, até a classificação ou descrição por meio de características acidentais pareceriam implicar o discernimento do universal de alguma maneira, pois se discerne o tipo mesmo que não se consiga defini-lo adequadamente. É como se você alcançasse uma vaga percepção do universal, mas não pudesse defini-lo ou apreendê-lo com clareza. De qualquer modo, a definição universal, no sentido de definição essencial, permaneceria o ideal, mesmo que na prática a ciência empírica pudesse prosseguir sem seu tipo ideal, e é claro que Aristóteles está falando da ciência em seu tipo ideal. Ele jamais concordaria com as opiniões empiristas e nominalistas de, digamos, J. S. Mill, embora sem dúvida admitisse que com freqüência temos de nos contentar com a descrição em vez da verdadeira definição.

6. Logo, Aristóteles se recusa a admitir que os objetos da matemática ou universais sejam substâncias. Na *Metafísica*, na qual deseja refutar a teoria platônica, ele simplesmente nega terminantemente que sejam substâncias, embora nas *Categorias*, como vimos, as chame substâncias secundárias ou substâncias em sentido secundário e derivado. De qualquer modo, é o indivíduo que é verdadeiramente substância, e só o indivíduo. Deve-se, contudo, considerar este tópico adicional. Segundo Aristóteles,[78] os objetos individuais sensíveis não podem ser definidos em virtude do elemento material neles, que os torna perecíveis e obscuros ao nosso conhecimento. Por outro lado, a substância é em primeiro lugar a essência ou forma definível de uma coisa, o princípio em virtude do qual o elemento material é algum objeto concreto específico.[79] Disso se conclui que a substância é primariamente uma forma que é, em si mesma, imaterial, de maneira que, ainda que Aristóteles comece por dizer que os objetos sensíveis individuais são substâncias, o curso de seu pensamento o leva à opinião de que só a forma pura é verdadeira e primariamente substância. Mas as únicas formas realmente independentes da matéria são Deus, as inteligências das Esferas e o intelecto ativo no homem, de maneira que essas formas é que são primariamente substâncias. Se a metafísica estuda a substância, logo se vê com clareza que ela é equivalente à "teologia". Certamente não é coisa desarrazoada discernir aqui a influência do platonismo, já que, a despeito de sua rejeição da teoria platônica das idéias, Aristóteles evidentemente continuou a ver a matéria como o elemento que é impenetrável ao pensamento e a forma como o inteligível. Não se quer aqui sugerir que Aristóteles estivesse errado a esse respeito, mas que, certo ou errado, trata-se aí de um legado do platonismo.

7. Aristóteles, como vimos, lista quatro princípios: ἡ ὕλη ou matéria, τὸ εἶδος ou forma, τὸ ὅθεν ἡ κίνησις, isto é, a fonte de movimento ou a causa eficiente, e τὸ οὗ ἕνεκα ou causa final. A mudança ou movimento (isto é, o movimento no sentido geral do termo, que inclui toda passagem de um *terminus a quo* a um *terminus ad quem*, como a mudança de cor de uma folha de verde para marrom) é um fato do mundo, apesar da rejeição da mudança como ilusória por Parmênides, e Aristóteles tomou em consideração esse fato da mudança. Ele percebeu que vários fatores estavam envolvidos, a cada um dos quais se

---

[78] *Metaf.*, VII (Z), 15.
[79] Ibid., 17.

deve fazer justiça. Deve haver, por exemplo, um substrato de mudança, pois em todo caso de mudança que observamos existe algo que muda. O carvalho vem da boleta e a cama vem da madeira: há algo que é alterado, que recebe uma nova determinação. Em primeiro lugar, este algo está na potência (δύναμις) dessa nova determinação; então, sob a ação de alguma causa eficiente (τὸ ὅθεν ἡ κίνησις), recebe uma nova atualização (ἐντελέχεια). O mármore no qual o escultor trabalha tem a potência de receber a nova forma ou determinação que o escultor lhe dá, a saber, a forma da estátua.

Ora, quando o mármore recebe a forma da estátua, ele de fato é alterado, mas essa mudança é só acidental, no sentido de que a substância ainda é mármore, porém a forma ou figura é diferente. Em alguns casos, contudo, a substância de maneira alguma permanece a mesma: assim, quando a vaca come grama, a grama é assimilada no processo de digestão e assume uma nova forma substancial. E já que, ao que parece, tudo pode afinal se transformar em alguma outra coisa, haveria um substrato último que não possui características definidas próprias, mas é simplesmente a potência enquanto tal. É isso que Aristóteles quer dizer com ἡ πρώτη ἑκάστῳ ὑποκειμένη ὕλη[80] — a *materia prima* dos escolásticos —, a qual se encontra em todas as coisas materiais e é a base última da mudança. Aristóteles, é claro, estava perfeitamente consciente de que nenhuma causa eficiente age diretamente sobre a matéria prima em si mesma: sempre se age sobre alguma coisa definida, algum substrato já atualizado. Por exemplo, o escultor trabalha sobre o mármore; este é a sua matéria, o substrato da mudança que ele inicia: não age sobre a matéria prima enquanto tal. De modo similar, é a grama que se transforma em vaca, e não a matéria prima em si mesma. Isso significa que a matéria prima nunca existe precisamente enquanto tal — como matéria prima nua, pode-se dizer —, mas sempre existe em conjunção com a forma, que é o fato formal ou caracterizador. No sentido de não poder existir por si própria, separada de toda forma, a matéria prima é distinguível da forma só logicamente; mas, no sentido de ser um elemento real no objeto material e a base última das verdadeiras mudanças pelas quais este passa, ela é de fato distinguível da forma. Não podemos dizer, portanto, que a matéria prima seja o corpo mais simples do universo material, pois ela não é de modo algum um corpo, mas um elemento do corpo, mesmo do mais simples dos corpos. Aristóteles ensina na *Física*[81] que os corpos aparentemente mais simples do mundo material sublunar, os quatro elementos terra, ar, fogo e água, contêm eles próprios contrários e podem ser transmutados uns nos outros. Mas, se podem mudar, então pressupõem composição de potência e ato. O ar, por exemplo, é ar, mas pode *se transformar* em fogo. Tem a forma ou *atualidade* de ar,

---

[80] Cf. *Física*, 193 a 29 e 191 a 31-2. Λέγω γὰρ ὕλην τὸ πρῶτον ὑποκείμενον ἑκάστῳ, ἐξ οὗ γίγνεταί τι ἐνυπάρχοντος μὴ κατὰ συμβεβηκός.
Pode-se também abordar a matéria prima a partir desse ponto de vista. Tome-se qualquer substância material e se distinga todas as características precisas, tudo o que possui em comum com outras substâncias — cor, formato etc. No fim restará um substrato que é absolutamente informe, sem características, o qual não pode existir por si mesmo, mas que deve ser logicamente pressuposto. Isso é a matéria prima. Cf. Stace, *Critical History*, p. 278.

[81] Cf., por ex., *Física*, I, 6; III, 5.

mas tem também a *potencialidade* de se tornar fogo. Mas é logicamente necessário pressupor, prévia à potencialidade de se tornar fogo ou qualquer outro tipo de coisa particular e preciso, a potencialidade em si mesmo de se transformar, isto é, a pura potencialidade.

Ora, mudança é o desenvolvimento de um corpo que já existia, não precisamente como aquele corpo em específico, mas como um corpo capaz de se tornar outra coisa, porém não sendo ainda essa outra coisa. É a atualização de uma potencialidade; mas a potencialidade envolve um ser existente, que ainda não é o que pode ser. O vapor, por exemplo, não vem do nada, vem da água. Mas não vem da água precisamente como água: a água, precisamente enquanto água, é água e nada mais. O vapor vem da água, a qual poderia ser vapor e "pede" para ser vapor ao ser aquecida até certa temperatura, mas ainda não é vapor, "desprovida" que está, como antes, da forma de vapor — não apenas no sentido de não ter assumido a forma de vapor, mas no sentido de que poderia ter assumido a forma de vapor e deve assumi-la, mas ainda não assumiu. Existem então três, e não apenas dois, fatores para a mudança, já que o resultado da mudança contém dois elementos positivos — forma e matéria — e pressupõe um terceiro elemento — a privação (στέρησις). A privação não é um elemento positivo no mesmo sentido em que matéria e forma são elementos positivos, mas é, no entanto, necessariamente pressuposto pela mudança. Em conseqüência, Aristóteles assinala três pressupostos da mudança: matéria, forma e privação ou exigência.[82]

8. A substância sensível concreta é, assim, um ser individual, composto de matéria e forma. Mas o elemento formal em um tal ser, aquilo que torna este ser preciso, é especificamente o mesmo em todos os membros de uma *infima species*. Por exemplo, a natureza específica ou essência do homem é a mesma (embora não, claro, numericamente) em Sócrates e Platão. Desse modo, não pode ser o elemento formal aquilo que torna a substância sensível concreta deste indivíduo, isto é, a forma não pode ser o princípio de individuação dos objetos sensíveis. Qual é, segundo Aristóteles, o princípio individuador? É a matéria. Logo, Cálias e Sócrates são o mesmo quanto à forma (a forma ou natureza humana), mas são diferentes em virtude da matéria diversa que é informada.[83] A perspectiva do princípio de individuação foi adotada por Santo Tomás de Aquino, mas, ao perceber a dificuldade de defender que a matéria-prima completamente incaracterística seja o princípio de individuação, ele afirmou que é a *materia signata quantitate* que individualiza a matéria tomada como algo que possui a exigência prévia da quantidade que irá depois de fato possuir em virtude de sua união com a forma. Essa teoria, a de que é a matéria que individualiza, parecerá uma conseqüência ou legado do platonismo, para o qual a forma é universal.

Dessa teoria se conclui logicamente que cada forma pura deve ser o único membro de sua espécie, deve exaurir as possibilidades de sua espécie, já que

---

[82] *Física*, I, 7 ss.
[83] *Metaf.*, 1034 a 5-8.

não existe matéria que possa agir como um princípio de individuação dentro da espécie. Santo Tomás chegou a essa conclusão, e não hesitou em dizer (uma questão na qual divergia de São Boaventura) que as puras inteligências ou anjos constituem tantas espécies, que não pode haver uma pluralidade de anjos ou formas imateriais pertencentes a uma mesma espécie. Essa conclusão já havia ocorrido ao próprio Aristóteles, pois, após observar que a pluralidade depende da matéria, passa a comentar que o primeiro motor imóvel, por não possuir matéria alguma, deve ser numericamente um, e não um apenas em sua fórmula ou definição.[84] É verdade que a passagem em questão parece ser uma maneira de objetar à teoria de Aristóteles de uma pluralidade de motores imóveis, mas pelo menos fica claro que ele não estava inconsciente das conseqüências de sua doutrina da matéria como princípio de individuação dentro da espécie.

Há uma outra e mais séria conseqüência que parece se seguir dessa doutrina. Segundo Aristóteles, a matéria é ao mesmo tempo o princípio de individuação e incognoscível em si mesma. Ora, disso parece se seguir que a coisa concreta individual não é completamente cognoscível. Além disso, Aristóteles, como já mencionado, afirma explicitamente que o indivíduo não pode ser definido, ao passo que a ciência se ocupa da definição ou essência. O indivíduo enquanto tal, portanto, não é objeto de ciência e não é inteiramente cognoscível. Não à toa, Aristóteles observa,[85] acerca do inteligível individual (por exemplo, os círculos da matemática) e dos círculos sensíveis (digamos que feitos de bronze ou madeira), que, embora não possam ser definidos, são apreendidos pela intuição (μετὰ νοήσεως) ou pela percepção (αἰσθήσεως); mas ele não explicou melhor essa sugestão ou detalhou qualquer teoria da intuição do indivíduo. Ainda assim, essa teoria é certamente necessária. Por exemplo, estamos inteiramente convencidos de que podemos conhecer e de fato conhecemos o caráter de uma pessoa específica, mas não chegamos a esse conhecimento através de raciocínio discursivo e científico. Com efeito, é difícil evitar a impressão de que a exaltação que Aristóteles faz da definição científica, do conhecimento da substância no sentido da essência específica, e sua depreciação do conhecimento do individual sensível não fossem pouco mais que herança de sua educação platônica.

9. No nono livro da *Metafísica* Aristóteles discute as noções de potência e ato. Esta é uma distinção extremamente importante, já que permite a Aristóteles aceitar uma doutrina do desenvolvimento real das coisas. A escola megárica tinha negado a potencialidade, mas, como observa Aristóteles, seria absurdo dizer que o construtor que não está atualmente construindo não fosse capaz de construir. Claro, em certo sentido é verdade que ele não pode construir enquanto não está atualmente construindo, isto é, se "não pode construir" for compreendido como "não pode estar atualmente construindo" (esta é uma aplicação óbvia do princípio de não-contradição); mas ele tem a potencialidade de construir, um poder de construir, mesmo quando não está empregando esse

---

[84] *Metaf.*, 1074 a 33–8.
[85] *Metaf.*, 1036 a 2–6.

poder. Um exemplo simples pode mostrar que a potencialidade não é apenas a negação da atualidade. Um homem em estado de sono profundo ou coma não está pensando atualmente, mas, por ser homem, ele tem a potencialidade de pensar, ao passo que uma pedra, ainda que não esteja atualmente pensando, não tem a potencialidade de pensar. Um objeto natural está em potência em relação à plena realização de sua forma, como uma boleta ou uma arvorezinha em relação ao seu pleno desenvolvimento. Essa potência pode ser o poder de realizar uma mudança em outro ou pode ser um poder de auto-realização: em ambos os casos é algo real, algo entre não-ser e atualidade.

A atualidade, diz Aristóteles, é prévia à potência.[86] O atual é sempre produzido a partir do potencial, o potencial está sempre limitado a agir por meio do atual, daquilo que já está em ato, como um homem que é produzido por meio do homem. Nesse sentido, o atual é *temporalmente* prévio ao potencial. Mas o atual também é prévio ao potencial *logicamente*, em princípio, já que a atualidade é o fim, aquilo em razão do qual a potência existe ou é adquirida. Assim, embora um garoto seja temporalmente prévio à sua atualização enquanto homem, a sua masculinidade é logicamente prévia, uma vez que sua mocidade masculina se dá em razão de sua masculinidade plena. Além disso, aquilo que é eterno é prévio em substância àquilo que é perecível; e aquilo que é eterno, imperecível, é atual no sentido mais elevado. Deus, por exemplo, existe necessariamente, e aquilo que existe necessariamente deve ser atual de todo: como fonte eterna de movimento, de redução da potencialidade ao ato, Deus deve ser a atualidade total e completa, o primeiro motor imóvel. As coisas eternas, diz Aristóteles,[87] devem ser boas: não pode haver nelas nenhum defeito ou maldade ou perversão. Maldade significa defeito ou perversão de algum tipo, e não pode haver defeito algum naquilo que é inteiramente atual. Segue-se que não pode haver nenhum princípio mau em separado, pois aquilo que é desprovido de matéria é a forma pura. "O mal não existe separado das coisas más".[88] Isso torna claro que Deus, no pensamento de Aristóteles, assumiu algo do caráter da idéia do bem segundo Platão, e ele de fato comenta que a causa de todos os bens particulares é o bem em si mesmo.[89] O primeiro motor imóvel, por ser a fonte de todo movimento, enquanto causa final, é a causa última em razão da qual a potencialidade é atualizada, isto é, pela qual a bondade é realizada.

É através da distinção entre potência e ato que Aristóteles responde a Parmênides. Parmênides dissera que a mudança é impossível, pois o ser não pode vir do não-ser (do nada, nada vem), ao mesmo tempo que tampouco pode vir do ser (pois o ser já é). Assim, o fogo não pode vir do ar, já que o ar é ar e não fogo. A isso Aristóteles responderia que o fogo não vem do ar enquanto ar, mas do ar enquanto pode ser fogo e ainda não é fogo, enquanto algo que tem

---

[86] *Metaf.*, 1049 b 5.
[87] *Metaf.*, 1051 a 20–1.
[88] *Metaf.*, 1051 a 17–18.
[89] *Metaf.*, 985 a 9–10.

a potencialidade de se tornar fogo. Dito de maneira abstrata, uma coisa vem a ser em razão de sua privação. Caso Parmênides objetasse que isso equivaleria a dizer que uma coisa vem ao ser a partir do não-ser, Aristóteles responderia que ela não vem ao ser apenas a partir de sua privação (isto é, da pura privação), mas de sua privação *em um sujeito*. Se Parmênides retorquisse que, sendo assim, uma coisa vem ao ser a partir do ser, o que é uma contradição, Aristóteles poderia responder que não vem ao ser precisamente a partir do ser enquanto tal, mas do ser que também é não-ser, isto é, que é algo diverso da coisa que vem a ser. Assim responde à dificuldade parmenidiana recorrendo à distinção de forma, matéria e privação, ou (para dizer de maneira melhor ou mais geral) à distinção de ato, potência e privação.[90]

10. A distinção de potência e ato leva à doutrina da hierarquia ou escala de existência, pois fica claro que um objeto que está em ato quanto ao seu próprio *terminus a quo* pode estar em potência quanto a outro *terminus ad quem*. Para dar um exemplo batido, a pedra polida está em ato em comparação com a pedra não-polida — no que diz respeito à potencialidade desta última de ser polida —, mas em potência em relação à casa, isto é, quanto ao papel que desempenhará na casa que ainda será construída. De modo similar, a alma ou ψυχή, a alma em seu aspecto e funções sensíveis, está em ato quanto ao corpo, mas em potência quanto à função mais alta do νοῦς. Na parte mais baixa da escalada, digamos assim, está a matéria-prima, em si mesma incognoscível e jamais a se atualizar separadamente da forma. Unida aos contrários, ao calor ou frio e com a secura ou umidade, ela forma os quatro corpos — terra, ar, água e fogo. Esses corpos relativamente simples, mas não absolutamente, formam por sua vez corpos inorgânicos, como o ouro, e os tecidos mais simples dos seres vivos (ambos chamados de corpos homômeros). Os seres anomômeros, os organismos, são formados a partir dos corpos homômeros. Assim se ascende gradualmente pelos degraus da escada, até chegarmos ao intelecto ativo do homem, sem mistura de matéria, à inteligência das esferas situada à parte e, por fim, a Deus. (Não se deve compreender, claro, a doutrina da escala de existência como a envolver "evolução". As formas puras não evoluem a partir da matéria. Além disso, Aristóteles defendia que as espécies são eternas, embora os objetos sensíveis individuais pereçam).

11. Como a mudança é iniciada? A pedra que não é polida permanece sem polimento no que diz respeito à pedra: ela não se pole a si mesma. Tampouco a pedra polida constrói a partir de si mesma uma casa. Em ambos os casos se requer um agente externo, uma fonte de mudança ou movimento. Em outras palavras, requer-se, além das causas formal e material, uma causa *eficiente*, τὸ ὅθεν ἡ κίνησις. Mas esta não é necessariamente *externa* à coisa que passa por mudança: por exemplo, segundo Aristóteles cada um dos quatro elementos possui um movimento natural em direção ao seu lugar próprio no universo (como no caso do fogo, que "sobe"), e o elemento em questão irá se mover de acordo

---

[90] Para uma discussão sobre potência e ato, cf. *Metaf.*, Δ 12, e Θ.

com sua disposição natural a menos que seja impedido. É próprio da forma do elemento tender a ir em direção à sua região natural,[91] e assim as causas formal e eficiente coincidem. Mas isso não significa que a causa eficiente seja sempre idêntica à causa formal: é idêntica no caso da alma, princípio formal do organismo, vista como iniciadora do movimento; mas não é idêntica no caso do construtor da casa, ao passo que no caso da geração de um ser humano, por exemplo, a causa eficiente, o pai, só especificamente, e não numericamente, é o mesmo que a causa formal da criança.

12. Há de se lembrar que Aristóteles se considerava o primeiro pensador a dar real atenção à causa final, τὸ οὗ ἕνεκα. Mas, embora ele dê grande ênfase à finalidade, seria um erro supor que a finalidade seja equivalente, para Aristóteles, à finalidade *externa*, como se disséssemos, por exemplo, que a grama cresce a fim de que a ovelha tenha comida. Ao contrário, ele insiste bem mais na finalidade interna ou imanente (assim, a macieira atingiu seu fim ou propósito não quando o fruto formou um alimento saudável ou gostoso ou foi transformado em cidra, mas quando a macieira alcançou aquela perfeição de desenvolvimento da qual é capaz, isto é, a perfeição de sua forma), pois a seu ver a causa formal da coisa é normalmente também sua causa final.[92] Assim, a causa formal de um cavalo é a forma específica de cavalo, mas também é sua causa final, já que o indivíduo de uma espécie naturalmente se esforça para corporificar tão perfeitamente quanto possível a forma específica em questão. Esse esforço natural de perseguir a forma significa que as causas final, formal e eficiente com freqüência são a mesma. Por exemplo, na substância orgânica a alma ou ψυχή é a causa formal ou elemento determinante no *compositum*, ao passo que, ao mesmo tempo, é também a causa eficiente, enquanto fonte de movimento, e a causa final, já que o fim imanente do organismo é a corporificação individual da forma específica. Desse modo, a boleta, no processo inteiro de seu desenvolvimento como uma árvore toda realizada, está tendendo em direção à completa realização de sua causa final. De acordo com a visão de Aristóteles, é a própria causa final que move, isto é, move por meio de atração. No caso do carvalho, a sua causa final, que também é sua causa formal, causa o desenvolvimento da boleta em carvalho na medida em que puxa, digamos assim, a boleta na direção do seu processo de desenvolvimento. Pode-se objetar, claro, que a causa final, a forma perfeita do carvalho, ainda não existe enquanto tal e assim não pode ser causa, ao passo que, por outro lado, não pode causar enquanto coisa concebida na mente (no mesmo sentido em que se diz que a idéia da figura na mente do artista tem uma ação causal), já que a boleta não tem mente nem poder de reflexão. Aristóteles sem dúvida responderia recordando o fato de que a forma da boleta é a forma do carvalho em germe, o fato de que ela possui uma tendência inata e natural de ir rumo à sua própria evolução completa. Mas poderiam surgir dificuldades para Aristóteles caso se prosseguisse levantando questionamentos.

---

[91] *De Caelo*, 311 a 1–6.
[92] *Metaf.*, H, 1044 a 36–b 11. Cf. *Física*, B, 7, 198 a 24 ss.

(Claro, apesar de sua tendência de caminharem juntas, Aristóteles não nega que as causas possam ser fisicamente distintas umas das outras. Por exemplo, na construção de uma casa, a causa formal — na medida em que se pode falar da causa formal de uma casa — é não só conceitual mas também fisicamente distinta da causa final, da idéia ou projeto da casa na mente do arquiteto, como também distinta da causa ou causas eficientes. Em geral, contudo, pode-se dizer que as causas eficiente, final, formal e material tendem a se mesclar em duas, isto é, Aristóteles se inclina a reduzir as quatro causas a duas, a saber, a formal e a material [embora em nosso uso moderno do termo "causa" naturalmente pensemos, em primeiro lugar, na causalidade eficiente, e em seguida, talvez, nas causas finais]).

Essa ênfase na finalidade não significa que Aristóteles exclua toda causalidade mecânica, e isso apesar da linguagem antropomórfica que emprega a respeito da teleologia na natureza, como em seu famoso dito de que "A natureza não faz nada em vão, nada de supérfluo",[93] linguagem pouco consistente com a teologia pelo menos da *Metafísica*. Às vezes finalidade e mecanismo se combinam, como no fato de que a luz não pode passar senão através da lanterna, já que suas partículas são mais finas do que o material de que são feitas as faces da lanterna, embora assim, fazendo-nos ver, nos sirva por evitar que tropecemos;[94] mas em outros casos pode haver, crê Aristóteles, apenas causalidade mecânica (como no fato de que a cor dos olhos do animal não tem propósito, mas se deve simplesmente a circunstâncias de nascimento).[95] Não só isso, Aristóteles diz explicitamente que não devemos sempre buscar uma causa final, já que algumas coisas precisam ser explicadas apenas por meio de causas materiais e eficientes.[96]

13. Todo movimento, toda passagem da potencialidade ao ato, requer algum princípio em ato, mas, se todo vir a ser, todo objeto em movimento requer uma causa movente atual, então o mundo em geral, o universo, requer um primeiro motor.[97] É importante, contudo, notar que a palavra "primeiro" não deve ser compreendida temporalmente, já que o movimento, segundo Aristóteles, é necessariamente eterno (iniciá-lo ou fazê-lo cessar seria ação que requereria ela própria um movimento). Deve-se compreendê-la, isto sim, como *supremo*: o primeiro motor é a fonte eterna do movimento eterno. Além disso, o primeiro motor não é um Deus-Criador: o mundo existiu desde toda a eternidade sem necessidade de ter sido criado a partir da eternidade. Deus forma o mundo, mas não o cria, e Ele o forma, é fonte de movimento, *atraindo-o*, isto é, agindo como causa final. Na perspectiva de Aristóteles, se Deus tivesse causado movimento por meio de causação física eficiente — "empurrando" o mundo, digamos assim —, então Ele próprio teria se alterado: haveria uma reação do movido sobre o

---

[93] *De Caelo*, A 4, 271 a 33.
[94] *Anal. Post.*, 94 b 27–31. Cf. *De Gen. An.*, 743 b 16 f.
[95] *De Gen. An.*, 778 a 16–b 19; 789 b 19 f. *De Part. An.*, 642 a 2; 677 a 17–19.
[96] *Metaf.*, 1049 b 24 ss.
[97] Sobre o primeiro motor, v. *Metaf.*, Δ, e *Física*, Θ, 6, 258 b 10 f.

movente. Deus deve agir, portanto, como causa final, deve agir como objeto de desejo. Em breve voltaremos a este ponto.

Na *Metafísica*, Λ 6 ss., Aristóteles mostra que esse princípio movente deve ser puro ato, ἐνέργεια, sem potencialidade. Ao pressupor a eternidade do mundo (se o tempo pudesse ter vindo a ser, então teria havido, ele acredita, um tempo antes que o tempo existisse — o que é contraditório —, e, já que o tempo está essencialmente ligado à mudança, a mudança deve ser eterna), ele afirma que deve haver um primeiro motor que causa sem ser ele próprio alterado, sem possuir qualquer potencialidade, pois se, por exemplo, pudesse cessar de causar movimento, então o movimento ou mudança não seria necessariamente eterno — o que ele é. Em conseqüência, deve haver um primeiro motor que seja puro ato, e, sendo puro ato, deve ser imaterial, pois a materialidade envolve a possibilidade de sofrer ação e ser alterada. Além disso, a experiência, que mostra haver o movimento constante e circular dos céus, confirma esse argumento, já que deve haver um primeiro motor que mova os céus.

Como vimos, Deus move o universo na condição de causa final, como objeto de desejo. Ao que parece se crê que Deus move diretamente o primeiro céu, assim causando a rotação diária das estrelas ao redor da Terra. Move ao inspirar amor e desejo (o desejável e o inteligível são uma e a mesma coisa na esfera imaterial), e assim deve haver uma inteligência da primeira esfera e outras inteligências em outras esferas. A inteligência de cada esfera é espiritual, e a esfera deseja imitar a vida de sua inteligência tão bem quanto possível. Não podendo imitá-la em sua espiritualidade, faz a coisa mais próxima disso, que é realizar um movimento circular. Em época anterior, Aristóteles defendera a concepção platônica das almas das estrelas, pois em Περὶ Φιλοσοφίας as próprias estrelas possuem alma e movem-se a si mesmas; mas ele abandonou essa concepção em prol da concepção das inteligências das esferas.

É curioso que Aristóteles pareça não ter tido qualquer convicção exata quanto ao *número* de motores imóveis. Assim, na *Física* há três passagens que se referem à pluralidade de motores imóveis,[98] enquanto na *Metafísica* também se afirma uma pluralidade.[99] Segundo Jaeger, o capítulo oito da *Metafísica* Λ é uma adição da parte de Aristóteles. Nos capítulos sete e nove (que são contínuos e compõem parte da *Metafísica* "original"), Aristóteles fala do único motor imóvel. Mas no capítulo oito aparecem os 55 motores transcendentes. Mais tarde Plotino observaria que restou inteiramente obscura a relação entre esses motores e o primeiro motor. Também pergunta como pode haver uma pluralidade deles, já que a matéria é o princípio da individuação — como Aristóteles defendia. Ora, o próprio Aristóteles vislumbrou essa objeção, pois a insere no

---

[98] *Física*, 258 b 11; 259 a 6–13; 259 b 28–31. (Jaeger acredita que essas três passagens são acréscimos posteriores, mas, como é só na terceira passagem que Aristóteles admite a manifesta existência de uma pluralidade de motores imóveis, Ross (*Physics*, pp. 101–102) conclui com propriedade que só essa passagem foi acrescida após a conclusão da *Metafísica*, Λ).
[99] *Metaf.*, Λ 8.

meio do capítulo oito sem lhe dar solução.[100] Mesmo à época de Teofrasto alguns aristotélicos se inclinaram a crer que houvesse *um* motor imóvel — uma vez que não atinavam como movimentos independentes causados por uma pluralidade de motores poderiam ser harmonizados.

Foi afinal em razão dessa noção de uma pluralidade de motores que os filósofos medievais supuseram que existissem inteligências ou Anjos que movem as esferas. Ao tomarem-nos como subordinados e dependentes do primeiro motor ou Deus, estavam assumindo a única posição possível, já que, caso se queira alcançar uma harmonia, então os outros motores devem se mover em subordinação ao primeiro motor e se relacionar por inteligência e desejo com Ele, seja direta ou indiretamente, isto é, hierarquicamente. Os neoplatônicos perceberam isso.

O primeiro motor, por ser imaterial, não pode realizar nenhuma ação corporal: sua atividade deve ser puramente espiritual, e portanto intelectual. Em outras palavras, Deus age pelo pensamento. Mas qual é o objeto do Seu pensamento? O conhecimento é a participação intelectual do objeto: ora, o objeto de conhecimento de Deus deve ser o melhor de todos, e, de qualquer modo, o conhecimento de que Deus usufrui não pode envolver mudança ou sensação ou novidade. Deus Se conhece, portanto, em um eterno ato de intuição ou autoconsciência. Por isso, Aristóteles define Deus como "Pensamento do Pensamento", νόησις νοήσεως.[101] Deus é o pensamento subsistente, o qual eternamente pensa a Si próprio. Além disso, Deus não pode ter nenhum objeto de pensamento fora de Si próprio, pois isso implicaria que encontrasse um limite fora de Si próprio. Deus só conhece, portanto, a Si próprio. Santo Tomás[102] e outros, como Brentano, tentaram interpretar Aristóteles de modo que não se excluísse o conhecimento do mundo e o exercício da Divina Providência; mas, embora Santo Tomás estivesse correto quanto a qual seja a visão correta a respeito de Deus, disso não se conclui que esta fosse a visão de Aristóteles. "Aristóteles não tem nenhuma teoria sobre a criação divina ou sobre a divina providência".[103] De fato, ele às vezes fala implicando alguns outros sentidos, como ao falar de Deus como o capitão de um exército que traz ordem ao exército, ou ao dizer que Deus provê a perpetuidade da geração no caso de coisas que, diferentemente das estrelas, são incapazes de existência permanente: mas essas observações dificilmente deverão ser considerados em vista do tratamento que dá ao primeiro motor.[104]

Será o Deus de Aristóteles um Deus pessoal? Aristóteles às vezes fala de Deus como o primeiro motor imóvel (τὸ πρῶτον κινοῦν ἀκίνητον), às vezes como

---

[100] *Metaf.*, 1074 a 31–8.

[101] *Metaf.*, Λ 9, 1074 b 33–5.

[102] *In Met.*, XII, lect. XI: *Nec tamen sequitur quod omnia alia a se ei sunt ignota; nam intelligendo se intelligit omnia alia.*

[103] Ross, *Aristotle*, p. 184.

[104] Em *De Caelo*, A 4, 271 a 33, Aristóteles diz que Deus e a natureza nada fazem em vão, mas ele ainda não havia desenvolvido sua teoria do motor imóvel.

ὁ θεός,¹⁰⁵ ao passo que na *Ética a Nicômaco* também fala de οἱ θεοί.¹⁰⁶ Como a maioria dos gregos, Aristóteles parece não ter se preocupado muito com o número dos deuses, mas, caso afirmemos que ele era precisa e exclusivamente monoteísta, então teremos de dizer que seu Deus era pessoal. Aristóteles pode não ter falado do primeiro motor como algo pessoal, e não há dúvida de que a atribuição a ele de uma personalidade antropomórfica estaria muito distante das suas idéias, mas, uma vez que o primeiro motor é inteligência ou pensamento, segue-se que Ele é pessoal no sentido filosófico. O Deus aristotélico pode não ser pessoal *secundum nomen*, mas o é *secundum rem*. Devemos acrescentar, contudo, que não há indício de que Aristóteles tenha jamais pensado no primeiro motor como objeto de culto, menos ainda como um Ser ao qual se pudesse direcionar orações com proveito. E, com efeito, se o Deus de Aristóteles for inteiramente autocentrado, como acredito que é, então não faria sentido que os homens tentassem estabelecer contato pessoal com Ele. Na *Magna Moralia* Aristóteles diz expressamente que estão errados aqueles que pensam ser possível amizade para com Deus. Pois (*a*) Deus não poderia responder ao nosso amor e (*b*) não poderíamos de modo algum *amar* Deus.¹⁰⁷

14. Encontram-se na obra de Aristóteles outros argumentos em forma rudimentar em defesa da existência de Deus. Assim, nos fragmentos de Περὶ Φιλοσοφίας ele descreve homens que vêem pela primeira vez a beleza da terra e do mar e a majestade dos céus, e assim concluem que são obras dos deuses. Há aí um pressentimento do argumento teológico.¹⁰⁸ Nessa mesma obra Aristóteles pelo menos vislumbra uma linha de argumentação que depois seria desenvolvida na "quarta via" de Santo Tomás de Aquino (com vários passos intermediários, é claro). Aristóteles aí argumenta que "onde existe algo que é melhor, existe o melhor; ora, entre as coisas existentes uma é melhor que a outra, logo existe uma melhor de todas, a qual deve ser divina".¹⁰⁹ Essa linha de argumentação leva diretamente apenas ao *relativamente* melhor: para se chegar ao absolutamente melhor, ou ao perfeito, é necessário introduzir a idéia de causalidade, argumentando que todas as perfeições finitas afinal advêm da perfeição absoluta ou são "participações" dela, a qual é a fonte de todas as perfeições finitas. É isso que Santo Tomás faz se referindo a uma passagem da *Metafísica*¹¹⁰ e até fazendo uso do exemplo de Aristóteles acerca do fogo, que se diz ser a mais quente de todas as coisas, na medida em que é a causa do calor de todas as outras coisas.¹¹¹ No que diz respeito ao próprio Aristóteles, o uso dos graus de perfeição para provar a existência de Deus parece se limitar ao seu primeiro período, quando está sob forte influência platônica: na *Metafísica* ele não emprega essa linha de argumentação em referência à existência do divino.

---

[105] *Metaf.*, Λ 7.
[106] *Éti. a Nic.*, por exemplo 1170 b 8 ss. e 1179 a 24–25.
[107] *M. M.*, 1208 b 26–32.
[108] Frag. 14 (Rose).
[109] Frag. 15 (Rose).
[110] *Metaf.*, 993 b 23–31. Cf. 1008 b 31 –1009 a 5.
[111] Santo Tomás, *Sum. Theol.*, Ia, q. 2, art. 3.

Em geral, quando veio a compor a *Metafísica*, Aristóteles tinha se distanciado bastante das concepções religiosas populares que aparecem, por exemplo, nos fragmentos de Περὶ Φιλοσοφίας. Continuou a empregar às vezes uma linguagem que não é bem adequada às concepções da *Metafísica*, Λ; mas, em todo caso, não deveríamos esperar que Aristóteles evitasse toda linguagem, expressões e noções populares com uma consistência absoluta e rigorosa, ao passo que é também extremamente provável que nunca tenha tentado de fato uma sistematização final da sua doutrina acerca de Deus ou tentado harmonizar as expressões — às vezes empregadas por ele — que implicam a Providência divina e atividade no mundo com as especulações da *Metafísica*.

15. A partir do que foi dito, fica claro que a noção que Aristóteles tinha de Deus não era nada satisfatória. É verdade que ele mostra uma apreensão mais clara da divindade absoluta do que Platão, mas pelo menos no Livro Λ da *Metafísica* deixa de levar em conta a operação divina no mundo, na qual tanto insistia Platão e que é um elemento essencial em qualquer teologia racional satisfatória. O Deus aristotélico é causa eficiente *só* na medida em que é causa final. Ele não conhece este mundo e nenhum plano divino é realizado neste mundo: a teologia da natureza não será nada mais que teleologia inconsciente (pelo menos essa é a única conclusão que realmente se coadunará com a imagem de Deus dada na *Metafísica*). Portanto, sob esse aspecto a metafísica aristotélica é inferior à de Platão. Por outro lado, e embora se possa fazer não poucas doutrinas de Aristóteles remontarem a uma origem platônica, ele certamente conseguiu, através de sua doutrina da teologia imanente, do movimento de todos os objetos sensíveis concretos rumo à plena realização de suas potencialidades, estabelecer a realidade do mundo sensível em bases mais firmes do que fora possível ao seu grande antecessor, e ao mesmo tempo atribuiu um sentido e propósito verdadeiros ao vir a ser e à mudança, mesmo que ao fazê-lo tenha abandonado elementos valiosos do pensamento de Platão.

CAPÍTULO IV
Filosofia da natureza e psicologia

1. A natureza é a totalidade dos objetos que são materiais e estão submetidos ao movimento. Com efeito, Aristóteles não define de fato o que entende por natureza, mas pelo que escreve na *Física*[112] fica claro que a vê como a totalidade dos objetos naturais, isto é, dos objetos capazes de iniciar uma mudança e levá-la a cabo, dos objetos que possuem uma tendência interna de mudar. Objetos artificiais, como uma cama, não têm o poder de se mover por si sós. Os corpos "simples" de que a cama é composta possuem esse poder de passar por mudança ou se moverem, mas o fazem como objetos naturais, não como componentes da cama. Essa visão tem de ser amenizada, claro, pela doutrina de que a passagem dos objetos sem vida de um estado de descanso a um estado de movimento deve ser iniciada por um agente externo. Mas, como vimos, quando o agente remove um obstáculo, a exemplo de quando a água faz um buraco no fundo de um caldeirão, ele está desempenhando um movimento próprio a ele, como a água, que está seguindo o seu movimento natural para baixo. Pode parecer uma contradição que se pense serem os objetos naturais possuidores de um princípio de movimento, ao passo que, por outro lado, Aristóteles faz uso da máxima de que tudo o que é movido, o é em virtude de um agente externo.[113] Aristóteles defende, contudo, que a deflagração aparente de movimento por animais, como quando um animal sai em busca de comida, não é um início absoluto, pois não haveria movimento caso a comida não fosse um agente atrativo externo. De modo similar, quando a água passa pelo buraco do caldeirão, esse movimento para baixo pode ser tido como um movimento natural do elemento, embora seja incidentalmente causado pelo agente externo que faz o buraco e assim remove o obstáculo ao movimento natural da água, ao passo que este é causado diretamente por aquilo que gera a água e a faz pesada, presumivelmente os contrários primários, quente ou frio. Aristóteles o expressa dizendo que os corpos inanimados têm em si mesmos "um início de ser movido" mas não "um início da causa de movimento".[114]

---

[112] *Física*, B 1, 192 b 13 ss.
[113] As palavras de Aristóteles na *Física*, H 1, 241 b 39 ss. e Θ 4, 254 b 7 ss., podem parecer um pouco ambíguas. Ele diz que tudo o que se move é movido por alguma coisa, seja por si próprio seja por outra coisa, e não que toda coisa móvel é movida por outra que não ela; mas a discussão que se segue a essas palavras, se compreendida à luz do seu princípio da prioridade do ato sobre a potência e à luz de seus argumentos de que existe um motor imóvel, mostra de maneira suficientemente clara que, ao seu ver, nenhuma coisa móvel pode ser um deflagrador *absoluto* de movimento. Se algo inicia um movimento de maneira *absoluta*, então esse algo deve ser *imóvel*. Se existe ou não uma pluralidade de motores imóveis, esta já será, é óbvio, outra questão. O princípio, contudo, é claro.
[114] *Física*, 254 b 33–256 a 3. Cf. *De Caelo*, 311 a 9–12.

2. Por um lado, o movimento é dividido em vir a ser e desaparição, em sentido amplo, e em κίνησις ou movimento em sentido estrito. Este último se divide em três tipos — movimento qualitativo (κίνησις κατὰ τὸ ποιόν ou κατὰ πάθος), movimento quantitativo (κατὰ τὸ πόσον ou κατὰ μέγεθος) e movimento local (κίνησις κατὰ τὸ ποῦ ou κατὰ τόπον). O primeiro é ἀλλοίωσις ou mudança qualitativa, o segundo é αὔξησις καὶ φθίσις ou mudança quantitativa, e o terceiro, φορά ou movimento no sentido usual da palavra.[115]

3. São pré-requisitos do movimento localizado, e na verdade de todo movimento, o lugar e o tempo. O fato de que o local (τόπος) existe é provado[116] (*a*) pelo fato do deslocamento, como pelo fato de que, onde existe água, pode vir a existir ar; e (*b*) pelo fato de que os quatro elementos possuem seu lugar natural. A distinção do lugar natural não é simplesmente relativa a nós, antes existe independentemente: por exemplo, "em cima" é o lugar em direção ao qual o fogo se move e "embaixo" é o lugar para onde a terra se move. O lugar existe, portanto, e Aristóteles o define como τό τοῦ περιέχοντος πέρας ἀκίνητον πρῶτον,[117] o *terminus continentis immobilis primus* dos escolásticos. Logo, o τόπος de Aristóteles é o limite no qual um corpo está, um limite considerado como imóvel. Caso se adote essa definição, então obviamente não poderá haver nenhum lugar vazio ou lugar fora do universo ou mundo, pois lugar é o limite interno do corpo que está contido. Mas Aristóteles diferenciava o recipiente ou continente de um corpo e o seu lugar. No caso de um barco levado pela correnteza, é a correnteza — ela própria a se mover — que é o recipiente do barco, e não seu lugar. O lugar é, portanto, o primeiro limite imóvel do continente, assim tomado desde fora. No caso em questão, é o rio inteiro, segundo Aristóteles, que é o lugar do barco e de quem quer que esteja nele, e isso se justificaria com dizer que o rio inteiro está em repouso, ὅτι ἀκίνητον ὁ πᾶς.[118] Logo, tudo no universo físico está em algum lugar, ao passo que o próprio universo não está. Já que, desse modo, o movimento só ocorre por meio de mudança de lugar, o próprio universo não pode se mover *adiante*, mas apenas girar.

4. De acordo com Aristóteles, um corpo só pode ser movido por um motor que esteja presente e em contato com o movido. Que dizer então dos projéteis?[119] O motor original comunica ao meio, a exemplo do ar ou da água, não só movimento, mas também o poder de mover. As primeiras partículas de ar movidas movem outras partículas *e* os projéteis. Mas esse poder de mover decresce à proporção que aumenta a distância, de maneira que, ao fim, o projétil vem a repousar independentemente de haver ou não forças opostas. Aristóteles não acredita, assim, na força da inércia: considerava que o movimento compulsório tende a desacelerar, ao passo que o movimento "natural" tende a acelerar.

---

[115] *Física*, E 2, 226 a 24 ss.; Θ 7, 260 a 26 ss.
[116] *Física*, Δ 1, 208 a 27 ss.
[117] *Física*, Δ 4, 212 a 20 ss.
[118] *Física*, Δ 4, 212 a 19–20.
[119] *Física*, 215 a 14 ss.; 266 b 27 ss.

(Cf. *Física*, 230 a 18 ss.). Acompanhou-o nessa questão Santo Tomás, o qual rejeitou a teoria do ímpeto de Filopono, Al Bitrogi, Olivi etc.

5. Quanto ao tempo, Aristóteles observa que ele não pode ser simplesmente identificado com movimento ou mudança, pois os movimentos são muitos, enquanto o tempo é só um.[120] Contudo, o tempo está claramente ligado ao movimento ou mudança: se não nos apercebêssemos da mudança, não nos aperceberíamos também do tempo. A definição que Aristóteles dá do tempo é ὁ χρόνος ἀριθμός ἐστι κινήσεως κατὰ τὸ πρότερον καὶ ὕστερον.[121] Nessa definição, ele não se refere ao número puro mas ao número no sentido do que é numerado, isto é, ao aspecto numerável do movimento. O tempo, contudo, é um *continuum*, assim como o movimento é um *continuum*: não consiste em pontos discretos.

Somente as coisas que estão em movimento ou em repouso de maneira que sejam capazes de movimento estão no tempo: o que é eterno *e* imóvel não está no tempo. (O movimento é eterno, mas obviamente não é imóvel: logo, está no tempo, e disso necessariamente se conclui que também o tempo é eterno, no sentido de que jamais se iniciou e jamais terá fim). Deve-se observar que o movimento aí referido não é necessariamente o movimento localizado, pois Aristóteles deixa claro que o reconhecimento até mesmo do estado mental de alguém pode nos permitir perceber um lapso de tempo. Quanto à afirmação de Aristóteles de que o tempo é aquilo em que o movimento é *contado*, não se deve compreendê-la como se pudéssemos contar os *agoras* envolvidos na mudança, tal que o período de mudança seria composto de pontos discretos de tempo: na verdade, Aristóteles quer dizer que, quando alguém tem consciência do tempo, está reconhecendo pluralidade, isto é, uma pluralidade de fases. Logo, o tempo é aquele aspecto do elemento de mudança ou movimento que torna possível à mente reconhecer uma pluralidade de fases.[122]

Para medir o tempo, devemos ter um padrão de medida. Segundo Aristóteles, o movimento em linha reta não é satisfatório para esse fim, pois ele não é uniforme. Caso for movimento natural, ele acelera; se não é natural, desacelera. Qual o movimento, pois, que é tanto natural como uniforme? Na perspectiva de Aristóteles, o movimento em círculo é naturalmente uniforme, e a rotação das esferas celestes é um movimento natural. Ele é, desse modo, o mais apropriado a nosso propósito — daí que dizer as horas por meio do sol será coisa justificada.[123]

Aristóteles levanta a questão,[124] embora não a trate em pormenor, de se existiria tempo caso não existisse mente. Em outras palavras, já que o tempo é a medida do movimento ou o movimento *qua* contável, existiria tempo se não existisse mente para contá-lo? Ele responde que não existiria tempo em sentido estrito, embora fosse existir o substrato do tempo. O Prof. Ross comenta que essa

---

[120] *Física*, Δ 10–11, 218 a 30 ss.
[121] *Física*, Δ 11, 219 b 1–2 ss.; 220 a 24–5 ss.
[122] Cf. Ross, *Física*, p. 65.
[123] *Física*, 223 a 29–224 a 2.
[124] *Física*, 223 a 21–9.

posição se coaduna com a descrição geral que Aristóteles faz do *continuum*.[125] No contínuo não existem partes em ato, mas só partes em potencial. Estas são trazidas à existência quando algum acontecimento rompe o contínuo. O mesmo se daria com o tempo ou duração. Os "agoras" dentro da duração são trazidos à existência em ato por uma mente que distingue os "agoras" dentro daquela duração. A dificuldade de que o tempo pode ter existido quando ainda não existiam mentes não representa, à primeira vista, nenhuma dificuldade para Aristóteles, já que ele pensava que os seres humanos e os animais sempre existiram. Mas uma dificuldade mais pertinente é a de que contar não é a criação de partes, mas o reconhecimento de partes que já existem.[126] De todo modo, como poderia haver mudança se não houvesse tempo? Em resposta podemos sugerir — uma vez que, segundo Aristóteles, o tempo não se distingue afinal do *prius* e *posterius* do movimento — que o tempo existe independentemente da mente, pois o movimento existe com essa independência, ainda que receba um complemento, digamos assim, da mente. As "partes" do tempo são potenciais no sentido de que não se distinguem formalmente umas das outras senão por meio do ato de contagem realizado pela mente; mas não são potenciais no sentido de não possuírem efetiva existência à parte da mente. A posição de Aristóteles não é a de Kant, nem leva, por si própria, à posição de Kant.

6. Aristóteles levanta a questão da possibilidade do infinito.

(*a*) Um corpo infinito, diz ele, é impossível,[127] já que todo corpo está preso a uma superfície, e nenhum corpo que esteja preso a uma superfície pode ser infinito. Também prova a impossibilidade de um corpo infinito atualmente existente ao mostrar que este não poderia ser nem composto nem simples. Por exemplo, caso se suponha que seja composto, os elementos de que é composto serão eles próprios infinitos ou finitos. Ora, se um elemento é infinito e o outro ou outros elementos são finitos, então estes últimos serão apagados pelo primeiro, ao passo que é impossível que ambos os elementos sejam infinitos, já que um elemento infinito seria igual ao corpo inteiro. Quanto aos elementos finitos, a composição deles certamente não formaria um corpo verdadeiramente infinito. Aristóteles também considerava que a existência de "em cima", "embaixo" etc. absolutos, coisa na qual acreditava, mostra que não pode existir um corpo infinito atualmente existente, pois essas distinções seriam inúteis no caso de um corpo infinito. Tampouco pode haver um número infinito atual, já que número é aquilo que pode ser numerado, enquanto um número infinito não poderia ser numerado.[128]

(*b*) Por outro lado, embora Aristóteles rejeitasse um corpo infinito atualmente existente, admitia o infinito em outro sentido.[129] O infinito existe potencialmente. Por exemplo, nenhuma extensão espacial é um infinito atual, mas é potencialmente infinita no sentido de ser infinitamente divisível. Uma linha não consiste num

---

[125] Ross, *Física*, p. 68.
[126] Ross, *Física*, p. 69.
[127] *Física*, 5, 204 a 34–206 a 7.
[128] *Física*, 204 b 7–10.
[129] *Física*, 206 a 9 ss.

infinito atual de pontos, pois é um *continuum* (é dessa forma que Aristóteles tenta, na *Física*, lidar com as dificuldades propostas por Zenão de Eléia), mas é infinitamente divisível, ainda que essa divisão potencialmente infinita jamais será realizada em toda a sua atualidade. O tempo, de modo análogo, é potencialmente infinito, já que pode ser acrescido indeterminadamente; mas o tempo nunca existe como um infinito atual, pois é um *contínuo sucessivo* e suas partes nunca coexistem. O tempo, desse modo, se assemelha à extensão espacial por ser infinitamente divisível (embora nenhum infinito atual jamais se realize), mas também é potencialmente infinito por meio de adição, e sob esse aspecto se distingue da extensão, já que esta, segundo Aristóteles, tem um máximo, ainda que não tenha um mínimo. Um terceiro infinito potencial é o do número, o qual se assemelha ao tempo por ser potencialmente infinito por meio de adição, uma vez que não se pode contar até um número acima do qual toda contagem e adição se tornem impossíveis. O número, contudo, se diferencia do tempo e da extensão por não ser suscetível de divisão infinita, já que ele possui um mínimo — a unidade.

7. Segundo Aristóteles, todo movimento natural se dirige a um fim.[130] Qual é o fim buscado na natureza? É o desenvolvimento de um estado de potencialidade em um estado de atualidade, a corporificação da forma na matéria. Em Aristóteles, assim como em Platão, a visão teleológica da natureza prevalece sobre a visão mecânica, mesmo que seja difícil perceber como Aristóteles poderia admitir logicamente qualquer teleologia consciente quanto à natureza em geral. Contudo, a teleologia não permeia e arrebanha tudo, já que a matéria às vezes obstrui a ação da teleologia (como, por exemplo, na criação de monstros, a qual deve ser atribuída à matéria defeituosa).[131] Desse modo, o trabalho da teleologia em qualquer caso particular pode sofrer interferência de algum acontecimento que não serve ao fim em questão, mas cuja ocorrência não pode ser evitada em razão de determinadas circunstâncias. Isto é τὸ αὐτόματον ou o "fortuito", que consiste naqueles acontecimentos que ocorrem "por natureza", embora não "de acordo com a natureza", a exemplo da produção de um monstro por meio de geração. Essas ocorrências são indesejáveis, e Aristóteles as distingue da sorte (τύχη), que denota a ocorrência de um acontecimento desejável, que pode ser o fim almejado por um agente consciente, como no caso de encontrar um tesouro em um campo.[132]

Que motivos Aristóteles oferece para falar da natureza como algo que possui fins? Platão se valera das concepções da alma do mundo e do Demiurgo, o que lhe permitiu falar de fins na natureza, mas Aristóteles fala como se houvesse alguma atividade teleológica inerente à própria natureza. De fato, ele às vezes fala de ὁ θεός, mas nunca oferece nenhum tratamento satisfatório da relação entre natureza e Deus, e o que diz sobre Deus na *Metafísica* pareceria impossibilitar qualquer atividade na natureza que obedecesse a um propósito divino. É provavelmente verdade que o crescente interesse de Aristóteles na ciência empírica o

---

[130] *De Caelo*, A 4, 217 a 33. ὁ θεός καὶ ἡ φύσις οὐδὲν μάτην ποιοῦσιν.
[131] *De Gen. An.*, 767 b 13–23.
[132] *Física*, B, 4–6. Cf. *Metaf.*, E, 2–3.

levou a negligenciar qualquer sistematização real de sua posição, e até o expôs a uma acusação justificada de inconsistência com seus pressupostos metafísicos. Embora sem nenhum intuito de rejeitar ou questionar a visão de Aristóteles de que existe teleologia na natureza, somos compelidos a admitir, parece, que o sistema metafísico de Aristóteles, sua teologia, pouco lhe justifica falar da natureza, como não raro faz, como se fosse um princípio conscientemente operante e organizador. Essa linguagem tem um sabor inconfundivelmente platônico.

8. De acordo com Aristóteles, o universo consiste em dois mundos — o supralunar e o sublunar. No mundo supralunar estão as estrelas, que são imperecíveis e não sofrem outra mudança que não a da alteração de lugar, desempenhando movimento circular e não retilíneo, este último o movimento natural dos quatro elementos. Aristóteles conclui que as estrelas são compostas de um elemento material diferente, éter, que é o quinto e superior elemento, incapaz de qualquer mudança que não seja a alteração de lugar num movimento circular.

Aristóteles defendia que a Terra, de formato esférico, está em repouso no centro do Universo, e que ao redor dela há camadas concêntricas e esféricas de água, ar e fogo ou quentura (ὑπέκκαυμα). Para além delas ficam as esferas celestes, cuja mais exterior, a das estrelas fixas, deve seu movimento ao primeiro motor. Aceitando de Cálipo a idéia de que se deve supor ser 33 o número das esferas para que se explique o movimento efetivo dos planetas, Aristóteles pressupôs também vinte e duas esferas que se movem em sentido contrário, interpostas às demais esferas, de maneira a fazerem frente à tendência de uma esfera de perturbar o movimento do planeta situado na esfera seguinte. Assim chegou ao número de 55 esferas, excluída a mais exterior; e essa é a explicação para a sua sugestão na *Metafísica* de que existem 55 motores imóveis, acrescidos ao primeiro motor que move a esfera mais exterior. (Ele observa que, caso se aceite o cálculo de Eudoxo em lugar do de Cálipe, então o número seria 59).[133]

9. As coisas particulares deste mundo vêm ao ser e desaparecem, mas as espécies e gêneros são eternos. Não se encontra no sistema de Aristóteles, portanto, nenhuma evolução no sentido moderno da palavra. Mas, embora Aristóteles não possa desenvolver qualquer teoria da evolução temporal, da evolução das espécies, ele pode e de fato desenvolve uma teoria que se poderia chamar da evolução "ideal", a saber, uma teoria sobre a estrutura do universo, uma teoria da escala do ser, na qual a forma é tanto mais predominante quanto mais se ascende na escala. Na base da escala se encontra a matéria inorgânica, e sobre ela a matéria orgânica, com as plantas a serem menos perfeitas que os animais. De todo modo, até as plantas possuem alma, que é o princípio da vida e que Aristóteles define como "a entelécuia de um corpo natural dotado da capacidade de vida" ou como "a primeira entelécuia de um corpo orgânico natural". (Como diz em *De Anima*, B 1, 412 a 27–b 4, ψυχή ἐστιν ἐντελέχεια ἡ πρώτη σώματος φυσικοῦ δυνάμει ζωὴν ἔχοντος· τοιοῦτο δέ, ὃ ἂν ᾖ ὀργανικόν, ou ἐντελέχεια ἡ πρώτη σώματος φυσικοῦ ὀργανικοῦ). Na condição de ato do corpo,

---

[133] Cf. *Metaf.*, Λ, 8.

a alma é ao mesmo tempo forma, princípio de movimento e fim. O corpo existe para a alma e todo órgão tem seu propósito, o qual constitui uma atividade.

No começo do *De Anima*, Aristóteles indica a importância de se investigar a alma, pois a alma é, digamos assim, o princípio vital das coisas vivas.[134] Contudo, esse problema, diz ele, é difícil, pois não é fácil precisar o método correto a ser empregado: mas ele insiste — e de maneira bastante sábia — que o filósofo especulativo e o naturalista têm pontos de vista diferentes, e assim enquadram de modo diferente suas definições. Não é todo pensador que reconhece que ciências diferentes têm métodos diferentes e que, porque uma ciência particular não pode empregar o método do químico ou do cientista natural, disso não se segue que todas as suas conclusões devam ser necessariamente viciadas.[135]

A substância composta, diz Aristóteles,[136] é um corpo natural dotado de vida, e o princípio dessa vida se chama alma (ψυχή). O corpo não pode ser a alma, porque o corpo não é vida, mas aquilo que tem vida. (No primeiro livro do *De Anima*, no qual Aristóteles faz uma história da psicologia, ele comenta, sobre as visões de diferentes filósofos acerca da alma, que "a mais radical diferença é aquela entre os filósofos que vêem os elementos como corpóreos e aqueles que os vêem como incorpóreos". Aristóteles se põe ao lado dos platônicos contra os seguidores de Leucipo e Demócrito). Portanto, o corpo deve existir como matéria para a alma, ao passo que a alma é a forma ou ato para o corpo. Daí que Aristóteles, em sua definição de alma, fale dela como a enteléquia ou ato do corpo que possui vida em potência — "potencialidade de vida", como comenta, não se referindo a algo que tenha sido desprovido de sua alma, mas a algo que a possui. A alma é, assim, a realização do corpo e é inseparável dele (ainda que possa haver partes — e Aristóteles considerava isso possível — que possam ser separadas, já que não são exatamente realizações do corpo). A alma é, logo, a causa e princípio do corpo vivo (*a*) enquanto fonte de movimento,[137] (*b*) enquanto causa final e (*c*) enquanto substância real (isto é, causa formal) dos corpos animados.

Os diferentes tipos de alma formam uma série tal, que o tipo mais alto pressupõe o mais baixo, mas não vice-versa. A forma mais baixa de alma é a alma nutritiva ou vegetal, τὸ θρεπτικόν, que exerce as atividades de assimilação e reprodução. Ela se encontra não só em plantas, mas também em animais; contudo, pode existir por si só, como nas plantas. A fim de que continue existindo, qualquer ser vivo necessita daquelas atividades: elas se dão, portanto, em todos os seres vivos, mas nas plantas se encontram isoladas, sem as atividades mais elevadas da alma. Para as plantas a sensação não é necessária, pois não se movem, e sim se nutrem de modo automático. (O mesmo se pode dizer, na verdade, dos animais imóveis). Mas animais dotados do poder de movimento

---

[134] *De An.*, 402 a 1-9.

[135] *De An.*, 402 a 10 ss.

[136] *De An.*, 412 a.

[137] Aristóteles insiste que se estará definindo mal a alma caso se atribua a ela a característica de movente. A alma move ativamente, mas não se move ela mesma. Isso vai contra a doutrina platônica da alma como uma entidade automovente. Cf. *De An.*, A 3.

devem possuir sensação, pois lhes seria inútil mover-se em busca de comida caso não a reconhecessem quando a encontrassem.

Os animais possuem, pois, a forma mais elevada de alma, a alma sensitiva, que exerce os três poderes de percepção sensível (τὸ αἰσθητικόν), desejo (τὸ ὀρεκτικόν), e movimento espacial (τὸ κινητικόν κατὰ τόπον).[138] A imaginação é derivada da faculdade sensitiva, e a memória é um desenvolvimento ulterior seu.[139] Assim como Aristóteles apontara a necessidade de nutrição para a preservação da vida em geral, de igual modo demonstra a necessidade de tato a fim de que o animal seja capaz de distinguir comida, pelo menos quando em contato com ela.[140] O paladar, por meio do qual a comida atrai o animal, e ao qual o que não é comida repele, também é necessário. Os outros sentidos, embora não estritamente necessários, destinam-se ao bem-estar do animal.

10. Mais elevada na escala, acima da alma meramente animal, encontra-se a alma humana. A alma reúne em si os poderes das almas mais inferiores, τὸ θρεπτητικόν, τὸ αἰσθητικόν, τὸ ὀρεκτικόν, τὸ κινητικόν κατὰ τόπον, mas tem a vantagem peculiar de possuir o νοῦς, τὸ διανοητικόν. Este é ativo de duas maneiras — como o poder do pensamento científico (λόγος, νοῦς θεωρητικός = τὸ ἐπιστημονικόν) e como o poder de deliberação (διάνοια πρακτική = λογιστικόν). O primeiro tem por objeto a verdade, a verdade em si mesma, ao passo que este último objetiva a verdade não em si mesma mas em razão de finalidades práticas e sensatas. Todos os poderes da alma, com exceção do νοῦς, são inseparáveis do corpo e perecíveis: o νοῦς, contudo, preexiste ao corpo e é imortal. λείπεται δὲ τὸν νοῦν μόνον θύραθεν ἐπεισιέναι καὶ θεῖον εἶναι μόνον.[141] Esse νοῦς que entra no corpo, todavia, precisa de um princípio potencial — uma *tabula rasa* sobre a qual imprimir formas; e assim temos uma distinção entre o νοῦς ποιητικός e o νοῦς παθητικός. (O próprio Aristóteles fala de τὸ ποιοῦν: a expressão νοῦς ποιητικός ocorre pela primeira vez em Alexandre de Afrodísias, c. 220 d.C.). O intelecto ativo abstrai formas das imagens ou *phantasmata*, que, quando recebidas pelo intelecto passivo, são verdadeiros conceitos. (Aristóteles pensava que o uso de imagens está dado em todo pensamento). Só o intelecto ativo é imortal. οὗτος ὁ νοῦς χωριστὸς καὶ ἀπαθὴς καὶ ἀμιγὴς τῇ οὐσίᾳ ὢν ἐνέργεια ἀεὶ γὰρ τιμιώτερον τὸ ποιοῦν τοῦ πάσχοντος καὶ ἡ ἀρχὴ τῆς ὕλης [...] καὶ τοῦτο μόνον ἀθάνατον καὶ ἀΐδον, [...] ὁ δὲ παθητικός νοῦς φθαρτός.[142] Em breve retornarei a este ponto.

11. Se deixarmos de lado a questão do νοῦς ποιητικός, fica claro que Aristóteles não defende o dualismo platônico no *De Anima*, pois ele faz a alma ser a entelequia do corpo, de modo que as duas componham uma substância. No geral, Aristóteles admite uma união de alma e corpo muito mais intensa do que admitiam os platônicos: não é própria de Aristóteles a tendência de ver o corpo como a tumba da alma. Antes é bom para a alma que esteja unida ao corpo, já que

---

[138] *De An.*, B 3.
[139] *De An.*, 3, 427 b 29 ss.; *Ret.*, A 11, 1370 a 28-31; *De Mem.*, I; *Anal. Post.*, B 19, 99 b 36 ss.
[140] *De An.*, 3, 12. Cf. *De Sensu*, 1.
[141] *De Gen. et Corrup.*, B 3, 738 b 27 ss.
[142] *De An.*, 3, 5, 430 a 17 ss.

só assim ela pode exercer suas faculdades. Essa foi a perceptiva assumida pelos aristotélicos medievais, como Santo Tomás, embora muitos grandes pensadores cristãos empregassem e continuem empregando uma linguagem que lembra muito a tradição platônica — basta pensar em Santo Agostinho. Aristóteles insistia que a escola platônica falhara em oferecer uma explicação satisfatória para a união da alma com o corpo. Parecem admitir, diz ele, que qualquer alma poderia caber em qualquer corpo. Isso não pode ser verdadeiro, pois cada corpo parece ter uma forma e caráter distintos.[143] "Uma noção como aquela de Descartes, a de que a existência da alma é uma primeira certeza e a existência do corpo uma inferência posterior, teria soado absurda a Aristóteles. O eu inteiro, tanto corpo quanto alma, é algo já dado e não questionado".[144] Desnecessário dizer que, se Aristóteles tivesse se oposto à visão cartesiana, também teria se oposto àqueles que reduzem toda a alma humana e todas as suas atividades à condição de epifenômeno do corpo, assim fazendo da mais alta atividade do pensamento humano uma mera eflorescência do cérebro, ainda que o encaminhamento da psicologia de Aristóteles, como viria a se desenvolver, pareça se inclinar a uma posição que lembra de modo suspeito a dos epifenomenalistas, especialmente caso seja correto supor que o intelecto ativo do homem não fosse, para Aristóteles, um princípio individualizado que persistisse após a morte como a mente individual de, digamos, Sócrates ou Cálias. A ausência de uma doutrina da evolução orgânica histórica naturalmente impediria, contudo, que Aristóteles aceitasse o epifenomenalismo no sentido moderno.

12. Surge a velha questão: "Qual era a doutrina exata de Aristóteles acerca do intelecto ativo?". Não se pode chegar à doutrina *precisa* de Aristóteles: é questão de interpretação, e diferentes interpretações foram oferecidas tanto no mundo antigo quanto no mundo moderno. O que Aristóteles diz no *De Anima* é o seguinte:

> Esse Nous é separável e impassível e não misturado, sendo essencialmente uma atualidade. Pois o ativo sempre tem maior valor do que o passivo, e o princípio originador mais valor do que a matéria. O conhecimento atual é idêntico ao seu objeto; o conhecimento potencial é prévio em matéria de tempo no indivíduo, mas em geral não é temporalmente prévio; mas o Nous ora funciona, ora não. Quando separado, é apenas aquilo que é em sua essência, e só esta é imortal e eterna. Não nos recordamos, contudo, porque a razão ativa é impassível, mas a razão passiva é perecível, e sem a razão ativa nada pensa.[145]

Foram muitas as interpretações dadas a essa passagem controversa. Alexandre de Afrodísias (c. 220 d.C.) identificou a "razão", isto é, o Intelecto Ativo, com Deus, nisso acompanhado por Zabarella (fim do século XVI e início do XVII), que

---

[143] *De An.*, 414 a 19 ss.
[144] Ross, *Aristotle*, p. 132.
[145] *De An.*, 3, 5, 430 a 17 ss.

consideraria que a função de Deus na alma é a de iluminar o potencialmente conhecido, do mesmo modo como o sol nos faz ver o que é atualmente visível. Ora, embora — como observa Sir David Ross[146]— não fosse inconsistência de Aristóteles falar da imanência de Deus no *De Anima* e de sua transcendência na *Metafísica*, sem falar que, por outro lado, seria possível que os dois livros representassem visões diferentes de Deus, a interpretação de Alexandre de Afrodísias e de Zabarella, admite Ross, é bastante improvável. Pois será provável que Aristóteles, tendo descrito Deus como o motor imóvel cuja atividade causal consiste em atração — enquanto *Finis*— e em conhecer somente a Si próprio, viesse a descrever Deus em outro livro como imanente ao homem, de maneira tal que efetivamente lhe comunicasse conhecimento?

Se o intelecto ativo não deve ser identificado com Deus, deve então ser visto como individual e particular em cada homem ou como um princípio idêntico em todos os homens? As palavras de Aristóteles, "Não nos recordamos", quando tomadas a par de sua afirmação[147] de que a memória, o amar e o odiar perecem com a morte, na condição de coisas pertencentes ao homem inteiro e não à razão, na qual nada ocorre, parecem indicar que o intelecto ativo não possui memória em sua existência separada. Embora isso não prove com absoluta certeza que o intelecto ativo de cada homem não seja individual em seu estado de separação, isso parece trazer uma dificuldade para que se aceite essa interpretação. Além disso, quando Aristóteles afirma que "o conhecimento potencial é prévio em matéria de tempo no indivíduo, mas em geral não é temporalmente prévio; mas o Nous ora funciona, ora não", parece estabelecer uma diferença entre o indivíduo, que num momento sabe e noutro não, e o intelecto ativo, que é essencialmente um princípio ativo. Assim, pois, talvez Aristóteles visse o intelecto ativo como um princípio idêntico em todos os homens, uma inteligência que tem acima de si a hierarquia de outra inteligência separada, a qual entra no homem e funciona nele, e que sobrevive à morte do indivíduo. Caso isso esteja correto, então será de se concluir que a alma humana individualizada perece com a matéria que ela informa.[148] (Contudo, mesmo que se propenda a essa interpretação, deve-se admitir que há grande dificuldade em supor que, segundo pensava Aristóteles, o intelecto ativo de Platão fosse numericamente o mesmo que o de Sócrates. Seja como for, no caso de ele crer no caráter individual do intelecto ativo em cada homem particular, o que quis dizer ao falar que este veio "de fora"? Seria apenas um resíduo de platonismo?)

---

[146] *Aristotle*, p. 153.

[147] *De An.*, 408 b 24–30.

[148] Em seu comentário ao *De Anima* de Aristóteles (3, lect. 10), Santo Tomás de Aquino não interpreta Aristóteles no sentido averroísta, isto é, como a negar a imortalidade individual. O intelecto ativo é essencial e exclusivamente um princípio *ativo*: daí não ser afetado pelas paixões e emoções e não reter uma *espécie*. Logo, a razão humana separada não pode funcionar como funciona no estado de união com o corpo, e esse modo de funcionamento após a morte não é tratado por Aristóteles no *De Anima*; essa omissão, porém, não significa que Aristóteles negasse a imortalidade individual ou condenasse o intelecto separado a um estado de forçada e absoluta inatividade.

CAPÍTULO V
A ética de Aristóteles

1.A ética de Aristóteles era abertamente teleológica. Ele se ocupa da ação não enquanto correta em si mesma e independentemente de quaisquer considerações, mas com a ação enquanto conducente ao bem do homem. O que conduz à realização do seu bem ou meta será a ação "correta": a ação que se opõe à realização do seu verdadeiro bem será a ação "errada".

"Toda arte e toda pesquisa, toda ação e escolha parecem visar algum bem; daí o bem ter sido adequadamente definido como aquilo a que todas as coisas objetivam".[149] Mas existem diferentes bens, correspondentes a diferentes artes ou ciências. Assim, a arte do médico almeja à saúde, a arte do marinheiro à viagem segura, a arte do comerciante à riqueza. Além disso, alguns fins se subordinam a outros fins mais fundamentais. O fim de se receitar determinado remédio pode ser o de produzir sono, mas esse fim imediato está subordinado ao fim de ter saúde. De modo similar, fazer freios e rédeas para cavalos de montaria é o fim de determinado artesanato, mas este se subordina a um fim mais amplo e mais compreensivo, que é o de conduzir operações bélicas com eficiência. Esses fins, contudo, têm fins ou bens ulteriores em vista. Mas, caso exista um fim que desejamos em si mesmo e em virtude do qual desejamos todos os demais fins ou bens subordinados, então esse bem último será o maior bem, será de fato *o* bem. Aristóteles se lança à busca do que seja esse bem e de qual ciência corresponde a ele.

Quanto à segunda questão, Aristóteles afirma que é a ciência política ou social que estuda o bem do homem. O Estado e o indivíduo têm o mesmo bem, embora esse bem, tal qual se encontra no Estado, seja maior e mais nobre.[150] (Aí encontramos um eco da *República*: no Estado ideal vemos a justiça escrita em letras maiores). A ética é vista por Aristóteles, portanto, como um ramo da ciência política ou social: podemos dizer que ele trata primeiro da ciência ética individual e depois da ciência ética política, esta última na *Política*.

Quanto à questão de qual seja o bem do homem, Aristóteles observa que ela não pode ser respondida com a exatidão com que se responde a um problema matemático, e isso em razão da natureza do assunto, pois a ação humana é o assunto da ética, e a ação humana não pode ser determinada com exatidão matemática.[151] Há ainda a seguinte grande diferença entre matemática e ética: enquanto a primeira parte de princípios gerais e infere conclusões, esta última

---
[149] *Éti. Nic.*, 1094 a 1-3.
[150] *Éti. Nic.*, 1094 a 27-b 11. Cf. M. M., 1181 aeb.
[151] *Éti. Nic.*, 1094 b 11-27. Cf. Éti. Eud., I, 6.

parte das conclusões. Em outras palavras, na ética começamos pelos julgamentos morais efetivos do homem e, ao compará-los, contrastá-los e esquadrinhá-los, chegamos à formulação de princípios gerais.[152] Essa perspectiva pressupõe que existem tendências naturais dadas no homem, e a vida ética consistiria em segui-las segundo uma atitude geral de harmonia consistente e proporção, isto é, reconhecendo importâncias e desimportâncias relativas. Essa perspectiva provê uma base para o que seria uma ética natural enquanto oposta a uma ética arbitrária, mas surgem aí ponderáveis dificuldades quanto ao estabelecimento teórico da *obrigação* moral, especialmente em um sistema como o de Aristóteles, o qual não pode ligar a ética da ação humana à Lei Eterna de Deus, como os filósofos cristãos da Idade Média, que aceitaram muito do pensamento de Aristóteles, tentaram fazer. Contudo, a despeito dessas deficiências, a ética de Aristóteles é eminentemente, em sua maior parte, senso comum, fundado como é nos julgamentos morais do homem que em geral foi visto como bom e virtuoso. Aristóteles pretendia que sua ética fosse uma justificação e complemento dos julgamentos naturais desse homem, o qual é, diz ele, o juiz mais qualificado em assuntos desse tipo.[153] Pode-se achar que as inclinações de intelectual e professor impregnam fortemente a imagem que ele faz da vida ideal, mas dificilmente se poderá acusar Aristóteles de tentar construir uma ética puramente *a priori* e dedutiva, ou uma *Ethica more geometrico demonstrata*. Além disso, embora possamos encontrar aí traços do gosto grego contemporâneo em matérias de conduta humana, a exemplo da descrição que Aristóteles faz das virtudes morais, o filósofo certamente crê estar lidando com a natureza humana enquanto tal e fundando sua ética nas características universais da natureza humana — apesar de sua opinião acerca dos "bárbaros". Se ele fosse vivo hoje e tivesse de responder a alguém como Friedrich Nietzsche, sem dúvida insistiria na universalidade e constância fundamentais da natureza humana e na necessidade de valorações constantes, não meramente relativas, mas fundadas na natureza.

O que as pessoas geralmente consideram a finalidade da vida? A felicidade, diz Aristóteles, e ele, como bom grego, aceita essa opinião. Mas, como é óbvio, isso por si só não nos leva muito longe, pois pessoas diferentes compreendem por felicidade coisas bem diferentes. Algumas pessoas a identificam com o prazer, outras com a riqueza, outras ainda com a honra, e assim por diante. Não só isso, um mesmo homem pode ter diferentes percepções do que seja a felicidade em diferentes momentos de sua vida. Assim, quando está doente pode ver na saúde a felicidade, e quando está em necessidade pode ver na riqueza a felicidade. Mas o prazer é antes uma finalidade para escravos do que para homens livres, ao passo que a honra não pode ser a finalidade da vida, pois ela depende daquele que a outorga e não é realmente nossa. A honra, mais ainda, parece ser buscada para que nos certifique de nossa virtude (daí, talvez, o pendor vitoriano para a

---

[152] Na *Ética a Eudemo*, Aristóteles diz que começamos pelos "julgamentos verdadeiros porém obscuros" (1216 b 32 ss.) ou "primeiros julgamentos confusos" (1217 a 18 ss.), e daí procedemos à formação de julgamentos éticos claros. Em outras palavras, Aristóteles toma os julgamentos morais corriqueiros dos homens como base de argumentação.

[153] *Éti. Nic.*, 1094 b 27 ss.

"respeitabilidade"); assim, talvez a virtude moral seja a finalidade da vida. Não, diz Aristóteles, pois a virtude moral pode vir acompanhada de inatividade e tristeza; e a felicidade, que é a finalidade da vida, aquilo a que todos almejam, deve ser uma atividade e deve excluir a tristeza.[154]

Bem, se a felicidade é uma atividade e uma atividade do homem, devemos averiguar qual atividade é peculiar ao homem. Não pode ser a atividade de crescer ou de se reproduzir, nem tampouco a de sentir, já que estas são compartilhadas por outros seres abaixo do homem: deve ser a atividade do que é peculiar ao homem entre os seres naturais, a saber, a atividade da razão ou atividade segundo a razão. Trata-se mesmo de uma atividade da virtude — pois Aristóteles distingue, para além das virtudes morais, as virtudes intelectuais —, mas não é isso em que as pessoas comuns pensam quando dizem que a felicidade consiste em ser virtuoso, já que em geral estão pensando em virtudes morais como a justiça, a temperança etc. De qualquer modo, a felicidade, enquanto finalidade da ética, não pode consistir simplesmente na virtude enquanto tal: consiste antes na atividade segundo a virtude ou na atividade virtuosa, compreendendo-se por virtude tanto as virtudes intelectuais quanto morais. Mais ainda, diz Aristóteles, ela deve se manifestar, caso realmente mereça o nome de virtude, ao longo de toda a vida e não apenas durante breves períodos.[155]

Mas, se a felicidade é essencialmente uma atividade segundo a virtude, Aristóteles não quer com isso tão-só excluir todas as noções comuns acerca da felicidade. Por exemplo, a atividade a que a virtude impele é, sem exceção, acompanhada de prazer, já que prazer é o acompanhamento natural de uma atividade desimpedida e livre. De modo similar, sem alguns bens externos o homem não pode exercer bem aquela atividade — uma visão aristotélica frente à qual os cínicos seriam exceção, pelo menos em sua maior parte.[156] O caráter da felicidade enquanto uma atividade, e uma atividade peculiar ao homem, é, portanto, preservado sem que ao mesmo tempo se precise sacrificar ou excluir o prazer e a prosperidade externa. Mais uma vez Aristóteles mostra o caráter de senso comum do seu pensamento e que ele não é "supertranscendental" ou hostil a esta terra.

Dito isso, Aristóteles passa a considerar primeiro a natureza geral do bom caráter e da boa ação e, depois, as principais virtudes morais, as virtudes daquela parte do homem que podem seguir o plano estabelecido pela razão, após as quais trata das virtudes do intelecto. Ao fim da *Ética a Nicômaco* aborda a vida ideal, ou a vida ideal da atividade segundo a virtude, isto é, qual vida será a vida verdadeiramente feliz para o homem.

2. Quanto à bondade de caráter em geral, Aristóteles diz que começamos por ter uma capacidade para ela, mas que tem de ser desenvolvida pela prática.

---

[154] *Éti. Nic.*, A 4 ss.

[155] *Éti. Nic.*, 1100 a 4 ss.; 1101 a 12–20.

[156] Aristóteles observa que o homem verdadeiramente feliz deve estar suficientemente provido de bens externos. Assim, rejeita o cinismo extremo, mas nos adverte (cf. *E. E.*, 1214 b 25 f) para que não confundamos as condições indispensáveis de felicidade com os elementos essenciais da felicidade.

Como ela é desenvolvida? Por meio de atos virtuosos. À primeira vista, isso soa como um círculo vicioso. Aristóteles diz que nos tornamos virtuosos praticando atos virtuosos, mas como realizamos atos virtuosos a menos que já sejamos virtuosos? Aristóteles responde[157] que começamos por realizar atos que são objetivamente virtuosos, sem que tenhamos um conhecimento reflexo dos atos e uma escolha deliberada dos atos enquanto bons, uma escolha que resulte de uma disposição habitual. Por exemplo, os pais podem dizer ao seu filho que não minta. Este obedece sem talvez se dar conta da bondade inerente de dizer a verdade, e sem ter ainda desenvolvido o hábito de dizer a verdade; mas os atos de dizer a verdade gradualmente formam um hábito, e, à medida que o processo de educação avança, a criança vem a se dar conta de que dizer a verdade é algo correto em si mesmo, bem como de que escolher dizer a verdade é a coisa correta a fazer. Esse ato é virtuoso sob esse aspecto. A acusação de círculo vicioso é, logo, respondida por meio da distinção entre os atos que *criam* a boa disposição e os atos que *derivam* da boa disposição após esta ser criada. A própria virtude é uma disposição que se desenvolveu a partir de uma capacidade por meio do próprio exercício dessa capacidade. (Podem surgir outras dificuldades, é claro, acerca da relação entre o desenvolvimento das valorações morais e a influência do meio social, sugestão de pais e professores etc., mas Aristóteles não trata disso.)[158]

3. Que dizer do vício frente à virtude? É comum a todas as boas ações o fato de possuírem certa ordem ou proporção, e a virtude, aos olhos de Aristóteles, é um meio-termo entre dois extremos, os extremos sendo vícios: um, o vício por excesso, o outro, o vício por carência.[159] Excesso ou carência do quê? Seja em relação a um sentimento, seja em relação a uma ação. Assim, quanto ao sentimento de confiança, seu excesso é imprudência — pelo menos quando o sentimento passa à ação, e é das ações que a ética se ocupa —, ao passo que sua carência é covardia. O meio-termo, assim, se situará entre a imprudência, por um lado, e a covardia, por outro: esse meio-termo é a coragem, e é esta a virtude concernente ao sentimento de confiança. De modo análogo, se tomarmos em consideração a ação de dar dinheiro, o excesso quanto a essa ação é prodigalidade — que é um vício —, ao passo que a carência em relação a ela é a avareza. A virtude, a liberalidade, é o meio-termo entre dois vícios, o do excesso e o da carência. Desse modo, Aristóteles descreve ou define as virtudes morais como "uma disposição de escolher, que consiste essencialmente em um meio [de ação] relativo a nós e determinado por uma regra, isto é, a regra pela qual um homem de conduta sábia o determinaria".[160] A virtude é, assim, uma disposição, uma disposição de escolher segundo uma regra, a saber, a regra segundo a qual

---

[157] *Éti. Nic.*, B 1, 1103 a 14–b 26; B 4, 1105 a 17–b 18.
[158] Assim, Aristóteles insiste que uma ação completamente correta deve ser não só "externamente" a coisa certa a fazer dadas as circunstâncias, mas também aquela que deriva de um motivo correto, emanando de um agente moral que age precisamente como agente moral. (Cf. *Éti. Nic.*, 1105 b 5 ss.).
[159] *Eti. Nic.*, B, 6 ss.
[160] *Éti. Nic.*, 1106 b 36–1107 a 2.

um homem verdadeiramente virtuoso, dotado de visão moral, escolheria agir. Aristóteles considerava a posse da sabedoria prática, da habilidade de perceber qual a coisa certa a fazer dadas as circunstâncias, como essencial ao homem verdadeiramente virtuoso, e ele dá muito mais valor aos julgamentos morais da consciência esclarecida do que a quaisquer conclusões *a priori* e meramente teóricas. Isso pode parecer um pouco ingênuo, mas é preciso lembrar que para Aristóteles o homem prudente será aquele que percebe o que é de fato bom para um homem num certo conjunto de circunstâncias: não é necessário que ele trate de qualquer assunto acadêmico, e sim que perceba o que de fato beneficia a natureza humana naquelas circunstâncias.

Quando Aristóteles fala da virtude como um meio-termo, não pensa em um meio-termo que tenha de ser calculado aritmeticamente: é por isso que ele diz, em sua definição, "relativo a nós". Não podemos determinar o que é excesso, meio-termo e carência através de regras matemáticas prontas: muito depende do caráter do sentimento ou ação em questão: em alguns casos, pode ser preferível errar propendendo para o lado do excesso do que para o lado da carência, ao passo que em outros casos o contrário pode ser verdade. Não significa, claro, que a doutrina Aristotélica do meio-termo deva ser tomada como equivalente a uma exaltação da mediocridade na vida moral, pois, no que diz respeito à excelência, a virtude é um extremo: é só quanto à sua essência e definição que ela é um meio-termo. Pode-se ilustrar este tópico importante através de um diagrama presente na *Ética* do Prof. Nicolai Hartmann, de Berlim,[161] no qual a linha horizontal na base da figura representa a dimensão ontológica e a linha vertical, a dimensão axiológica.

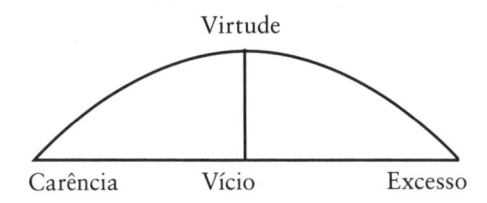

Esse diagrama ilustra o importante fato de que a virtude (ἀρετή) tem uma posição dupla. (i) Em relação à dimensão ontológica, ela é um meio-termo (μεσότης); em relação à dimensão axiológica, é uma excelência ou extremo (ἀκρότης). Não se trata de dizer que a virtude, do ponto de vista valorativo, seja uma composição de vícios, já que, segundo essa perspectiva, ela se opõe a ambos os vícios; mas ela é, de todo modo, um meio-termo do ponto de vista ontológico, já que combina em si ambos os pontos bons que, levados ao excesso, constituem vícios. Por exemplo, a coragem não é só ousadia, nem tampouco é pura previdência, mas uma síntese de ambas — e esse caráter de síntese impede que a coragem degenere na temeridade do homem imprudente, por um lado, ou

---

[161] *Ethics*, de Nicolai Hartmann, vol. 2, p. 256 (trad. Dr. Stanton Coit. George Allen & Unwin Ltd.).

na prudência do covarde, por outro. "O que Aristóteles sentiu tão intensamente nos valores morais mais baixos, sem conseguir formulá-lo, foi isto: todos os elementos valorativos, tomados isoladamente, trazem em si um limite para além do qual são perigosos, eles são tirânicos, e, frente à verdadeira realização do seu significado no indivíduo que os porta, sempre há um contrapeso. Em razão desse sentimento profundamente justificado, atribuiu a virtude a nenhum desses elementos, mas à sua síntese. É precisamente em sua síntese que o perigo nos valores é amenizado, sua tirania é conscientemente paralisada. A esse respeito, o procedimento de Aristóteles é um modelo para todo e qualquer tratamento posterior do problema dos contrastes".[162]

Deve-se admitir, contudo, que o tratamento que Aristóteles dá às virtudes trai o fato de que ele estava sob influência da atitude predominantemente *estética* do grego para com a conduta humana, fato que surge às claras em seu tratamento do homem de "alma grande". A noção de um Deus crucificado teria sido abominável a ele: muito provavelmente lhe teria parecido ao mesmo tempo antiestética e irracional.

4. Um pressuposto da ação moral é a Liberdade, já que só pelas ações voluntárias que o homem incorre em responsabilidade, isto é, voluntárias em sentido amplo. Se um homem age por compulsão física externa ou por ignorância, não pode ser julgado responsável. O medo pode mitigar o caráter voluntário de uma ação, mas uma ação como a de atirar ao mar a carga de um barco durante uma tempestade, embora ação que um homem são não realizaria em circunstâncias usuais, é ainda assim voluntária, já que advém do próprio agente.[163]

A respeito da ignorância, é verdade que Aristóteles faz algumas observações pertinentes, como ao comentar que, enquanto se pode dizer que um homem que age por raiva ou sob a influência de bebida o faz *em estado* de ignorância, não se pode dizer que aja *em razão da ignorância*, pois aquela ignorância é ela mesma devida à raiva ou à bebida.[164] Contudo, dificilmente se pode aceitar sua afirmação de que uma ação realizada por ignorância é involuntária caso depois o agente se arrependa dela, e não voluntária caso não se arrependa, pois, embora a atitude posterior do agente possa revelar seu caráter geral, isto é, se no todo é um homem bom ou mau, nem por isso ela poderá servir para diferenciar os atos relutantes e os atos meramente involuntários.[165]

Acerca da visão socrática de que nenhum homem age contra o conhecimento, Aristóteles certa feita mostra estar atento à realidade da luta moral[166] (ele era um psicólogo demasiado bom para desconsiderar esse fato), mas, ao tratar formalmente da questão, conectada ao problema da continência e da incontinência,[167] tende a desconsiderar aquela realidade e enfatizar a visão de que

---

[162] Hartmann, *Ethics*, 2, p. 424.
[163] *Éti. Nic.*, Γ 1, 1100 a 8–19.
[164] *Éti. Nic.*, Γ 1, 1110 b 24–27.
[165] *Éti. Nic.*, Γ 1110 b 18 ss.
[166] *Éti. Nic.*, por ex. 1102 b 14 ss.
[167] *Éti. Nic.*, H.

o homem que age mal não sabe, no momento da ação, que seu ato é mau. Isso certamente ocorre às vezes, como no caso de ações praticadas sob a pressão da paixão, mas Aristóteles não considera de maneira satisfatória o fato de que uma pessoa pode fazer deliberadamente o que ele sabe ser errado e, mais ainda, o que sabe ser errado no momento em que o pratica. Pode-se dizer que, devido ao que se poderia chamar de caráter estritamente humano da ética de Aristóteles, para a qual o "certo" é explicado em termos de "bom", ele poderia responder que até o homem incontinente age *sub ratione boni*. Isso é verdade, mas, seja como for, o homem incontinente pode estar bem consciente de que a ação que realiza é moralmente errada. Com efeito, Aristóteles, embora rejeitando a teoria socrática, foi mesmo assim dominado por ela em certa medida. Faltava-lhe um conceito apropriado de dever, ainda que a esse respeito parecesse coincidir com outros teóricos gregos prévios aos estóicos, com algumas ressalvas a se fazer no caso de Platão. Uma ação pode ser boa ou contribuir para o bem sem por isso ser uma obrigação estrita, um dever, e a teoria ética de Aristóteles não explica essa distinção.

5. Aristóteles, assim como Platão antes dele, não tinha nenhum conceito claro de vontade, mas sua descrição ou definição de escolha como "razão desejável" ou "desejo razoável"[168] ou "o desejo deliberado de coisas ao nosso alcance"[169] mostra que tinha alguma idéia de vontade, pois ele não identifica a escolha preferencial (προαίρεσις) nem com o desejo em si mesmo nem com a razão em si mesma. A descrição que faz dela parece identificar que a tinha por substancialmente *sui generis*. (Aristóteles de fato declara que προαίρεσις tem a ver com os meios e não com os fins, mas seu emprego da palavra não é consistente nem na *Ética* nem alhures.)[170]

A análise de Aristóteles do processo moral tem a seguinte forma. (i) O agente deseja um fim. (ii) O agente delibera, a ver que B é um meio para chegar a A (o fim a ser alcançado), C é um meio para B e assim por diante, até que (iii) ele percebe que algum meio em particular, próximo à finalidade ou distante dela, a depender do caso, é algo que ele pode fazer aqui e agora. (iv) O agente escolhe esse meio que se apresenta a ele como praticável *hic et nunc* e (v) pratica o ato em questão. Assim, um homem pode desejar a felicidade (com efeito, ele sempre deseja, pensava Aristóteles). Vê, ato contínuo, que a saúde é um meio para a felicidade e que o exercício físico é um meio para a saúde. Percebe, em seguida, que fazer uma caminhada é algo que pode realizar aqui e agora. Escolhe esse ato e o realiza, isto é, faz uma caminhada. Essa análise pode ser uma afirmação muito boa do modo como escolhemos ações em vista de um fim; a dificuldade está em encontrar um local para o dever moral no sistema de Aristóteles, pelo menos do dever considerado em si mesmo e sem qualquer uma das abordagens complementares que filósofos posteriores lhe dariam.

---

[168] *Éti. Nic.*, 1139 b 4–5.
[169] *Éti. Nic.*, 1113 a 9–11.
[170] *Éti. Nic.*, por ex. 1111 b 26 ss. Mas cf. 1144 a 20 ss.

Da doutrina de que a atividade virtuosa é voluntária e realizada de acordo com a vontade, conclui-se que a virtude e o vício estão em nosso poder e que a doutrina de Sócrates é falsa. É verdade que um homem pode ter desenvolvido um mau hábito com tamanha intensidade que não consiga parar de realizar as ações intrinsecamente más que naturalmente derivam dele, mas ele poderia, em primeiro lugar, ter se poupado de adquirir aquele hábito. Um homem pode ter cegado tanto sua consciência, a ponto de não ser capaz de discernir o que é certo, mas ele próprio é responsável por sua cegueira e por ter ocasionado sua ignorância. Pode-se dizer que esse é o pensamento geral de Aristóteles acerca do assunto, ainda que, como vimos, em seu tratamento formal da posição de Sócrates não faça justiça suficiente à fraqueza moral e à expressa maldade.

6. O tratamento que Aristóteles dá às virtudes morais é com freqüência iluminador e mostra sua moderação nutrida de bom senso e seu julgamento claro. Por exemplo, sua caracterização da coragem como um meio-termo entre a precipitação ou imprudência e a covardia parece, quando mais desenvolvida, estabelecer a verdadeira natureza da coragem na assistência e distingui-la das formas de pseudocoragem. De modo similar, sua descrição da virtude da temperança como um meio-termo entre a devassidão e a "insensibilidade" serve para estabelecer a verdade de que a temperança ou autocontrole diante dos prazeres não envolve, em si mesma, nenhuma atitude puritana para com os sentidos e os prazeres dos sentidos. Do mesmo modo, sua insistência de que o meio é um meio "relativamente a nós" e que não pode ser determinado aritmeticamente lhe dá seu aspecto prático, empírico e de senso comum. Como observa com pertinência, "Se dez libras de comida são demais para um homem e duas libras são demasiado pouco, o treinador de ginástica não irá estabelecer [a dieta] de seis libras, pois isso poderá ser muito ou demasiado pouco para o caso em questão: para um Mila pode ser muito pouco, mas para quem está começando a treinar pode ser demais".[171]

Não se pode negar, contudo (e quem pensará de modo diverso?), que seu tratamento das virtudes é determinado, em certa medida, pelo gosto grego contemporâneo.[172] Daí que sua visão de que o homem respeitável e de "alma grande" se envergonhará de receber benefícios e assim se colocar na posição de um inferior, ao passo que, ao contrário, ele sempre retribuirá os benefícios recebidos com benefícios ainda maiores, a fim de transformar seu devedor em amigo, pode estar de acordo com o gosto grego (ou com o de Nietzsche), mas dificilmente será aceitável em toda parte. De igual modo, o retrato que Aristóteles faz do homem de "alma grande" como de andar vagaroso, voz profunda e de fala ponderada é em grande parte questão de gosto estético.[173]

---

[171] *Éti. Nic.*, 1106 a 36–b 4.

[172] A concepção de homem que cobra honra dos outros em razão de sua "virtude" e nobreza é para nós algo repugnante, mas descendia diretamente da expectativa do herói homérico de receber a honra devida por sua ἀρετή.

[173] *Eti. Nic.*, 1124 b 9–1125 a 16.

Sir David Ross oferece a seguinte tabela para as virtudes morais tais como tratadas por Aristóteles (*Aristotle*, p. 203).

7. No Quinto Livro da *Ética*, Aristóteles trata da justiça. Por justiça ele entende (*a*) o que é legal e (*b*) o que é justo e equânime. (τὸ μὲν δίκαιον ἄρα τὸ νόμιμον καὶ τὸ ἴσον, το δ' ἄδικον τὸ παράνομον καὶ τὸ ἄνισον. Éti. Nic. 1129 a 34). O primeiro tipo de justiça, a justiça "universal", é praticamente equivalente à obediência à ordem, mas, como Aristóteles tem em mente a lei do Estado — pelo menos idealmente — a se estender sobre toda a vida e a garantir ações virtuosas no sentido de ações materialmente virtuosas (já que, claro, a lei não pode obrigar a ações virtuosas, consideradas formal ou subjetivamente), a justiça universal é mais ou menos coetânea à virtude, vista de todo modo em seus aspectos sociais. Aristóteles, assim como Platão, tem profunda convicção da função positiva e educativa do Estado. Isso vai em sentido diametricamente oposto àquelas teorias do Estado — como as de Herbert Spencer, na Inglaterra, e de Schopenhauer, na Alemanha — que rejeitam as funções positivas do Estado e restringem as funções da lei à defesa dos direitos pessoais, sobretudo a propriedade privada.

A justiça "particular" se divide em (*a*) justiça distributiva, pela qual o Estado divide os bens entre os cidadãos segundo proporções geométricas, isto é, segundo o mérito (como diz Burnet, o cidadão grego se via mais como acionista do Estado do que como pagador de impostos) e (*b*) justiça corretiva. Esta última se subdivide em dois tipos, (i) a que lida com transações voluntárias (lei civil) e (ii) a que lida com transações involuntárias (lei criminal). A justiça corretiva atua segundo uma proporção aritmética. Aristóteles acrescentava a justiça comercial ou comutativa àquelas duas principais divisões da justiça particular.

De acordo com Aristóteles, a justiça é um meio-termo entre agir injustamente e ser tratado injustamente.[174] Mas isso é coisa pouco aceitável e é obviamente afirmada apenas a fim de situar a justiça em meio às outras virtudes discutidas. Pois, por exemplo, o homem de negócios que é justo em seus negócios é aquele que

Sentimento	Ação	Excesso	Meio-termo	Carência
Medo		Covardia	Coragem	Não nomeada
Confiança		Imprudência	Coragem	Covardia
Determinados prazeres		Devassidão	Temperança	Insensibilidade
(Dor que surge do desejo desses prazeres)	Dar dinheiro	Prodigalidade	Liberalidade	Avareza
	Ganhar dinheiro	Avareza	Liberalidade	Prodigalidade
	Dar dinheiro em grande quantidade	Vulgaridade	Magnificência	Mesquinhez
	Esperar grande honra	Vaidade	Brio	Humildade
	Buscar um pouco de honra	Ambição	Não nomeado	Falta de ambição
Ira		Irascibilidade	Gentileza	Calma
Trato social	Dizer a verdade sobre si próprio	Arrogância	Franqueza	Autodepreciação
	Dar prazer:			
	— por diversão	Bufoneria	Espirituosidade	Grosseria
	— na vida em geral	Obsequiosidade	Afabilidade	Mau humor
Vergonha		Timidez	Modéstia	Descaramento
Dor por boa ou má fortuna dos outros		Inveja	Indignação justa	Malevolência

[174] *Éti. Nic.*, 1133 b 30–32.

escolhe dar ao seu companheiro o que lhe é devido e tomar para si exatamente a parte que lhe cabe, sem nenhuma extorsão, e não aquele que dá a outra pessoa menos do que lhe é devido e toma para si mais que lhe cabe. Dar ao outro mais do que lhe é devido ou aceitar para si menos do que lhe cabe dificilmente será um vício — ou sequer necessariamente ser tratado de maneira injusta. Contudo, Aristóteles diz ainda, talvez com maior acerto, que a justiça não é na verdade um meio-termo como o são as outras virtudes, mas é um meio-termo no sentido de que produz um estado de coisas que é intermédio entre o estado em que A tem muito e o estado em que B tem pouco.[175]

Por fim,[176] Aristóteles estabelece a distinção bastante valiosa entre os vários tipos de ação que são materialmente injustos, observando que praticar uma ação que resulta em dano a outrem, quando o dano é imprevisto ou não intencional — e mais ainda caso o dano não seja um resultado corriqueiro da ação —, é coisa bem diversa de praticar uma ação que naturalmente resultaria em dano ao outro, em especial caso o dano tivesse sido previsto e desejado. As distinções estabelecidas acolhem a eqüidade como um tipo de justiça superior à justiça legal, esta última demasiado geral para que possa ser aplicada a casos particulares. καὶ ἔστιν αὕτη ἡ φύσις ἡ τοῦ ἐπιεικοῦς, ἐπανόρθωμα νόμου, ᾗ ἐλλέιπει διὰ τὸ καθόλου.[177]

8. Ao discutir as virtudes intelectuais, Aristóteles as divide segundo duas faculdades racionais, (i) a faculdade científica —τὸ ἐπιστημονικόν —, pela qual contemplamos os objetos que são necessários e não admitem contingência alguma; e (ii) a faculdade de cálculo — τὸ λογιστικόν —, ou faculdade de opinião, que se ocupa dos objetos que são contingentes. As virtudes intelectuais da faculdade científica consistem na ἐπιστήμη, "a disposição por meio da qual realizamos demonstrações",[178] e que tem a ver com provas, e νοῦς ou razão intuitiva, através da qual apreendemos uma verdade universal após ter experiência de certo número de exemplos particulares e assim perceber que essa verdade ou princípio é auto-evidente.[179] A união de νοῦς e ἐπιστήμη é sabedoria teórica ou σοφία, e se dirige aos objetos mais elevados — assim provavelmente a incluir não só os objetos da metafísica, mas também os da matemática e da ciência natural. A contemplação desses objetos é própria da vida humana ideal. "A sabedoria ou filosofia pode ser definida como a combinação de razão intuitiva e ciência, ou como conhecimento científico da coisa a mais preciosa, aquela que tem sobre si, digamos assim, a coroa da perfeição". O conhecimento é dignificado por seu objeto, e Aristóteles observa que seria absurdo chamar à ciência política o mais elevado tipo de conhecimento, a menos que os seres humanos de fato fossem os mais elevados de todos os seres — coisa na qual ele não acreditava.[180]

---

[175] *Éti. Nic.*, 1133 b 32 ss.
[176] *Éti. Nic.*, E, 8, 1135 a 15–36 a 9. Cf. *Retórica*, 1374 a 26–b 22.
[177] *Éti. Nic.*, 1137 b 26-27.
[178] *Éti. Nic.*, 1139 b 31-32.
[179] *Éti. Nic.*, Z, 6, 1140b 31–1141 a 8.
[180] *Éti. Nic.*, 1141 a 9–2.

"Existem outras coisas no universo de natureza bem mais divina do que a dele [do homem], como, por exemplo, os céus estrelados de que é feito o universo. Em razão disso, fica claro que a sabedoria é uma combinação de ciência e razão especulativa, dirigida aos mais nobres objetos da criação".[181]

As virtudes de τὸ λογιστικόν são τέχνη ou arte, "a disposição pela qual fazemos coisas com o auxílio de uma verdadeira regra",[182] e a sabedoria prática ou φρόνησις, "uma verdadeira disposição para a ação, por meio de uma regra, dirigida a coisas boas ou más para os homens".[183] φρόνησις se subdivide de acordo com os objetos de que se ocupa. (i) Quando ocupada do bem do indivíduo, trata-se de φρόνησις em sentido estrito. (ii) Quando ocupada da família, da administração doméstica, trata-se de economia (οἰκονομία). (iii) Quando ocupada do Estado, trata-se de ciência política em sentido mais amplo. Esta última, a política em sentido amplo, subdivide-se em (*a*) arquitetônica ou faculdade legislativa, que é a política em sentido mais estrito, e (*b*) faculdade subordinada ou administrativa. Esta, por sua vez, subdivide-se em (α) deliberativa e (β) judicial. (É importante notar que, apesar dessas divisões, tratam-se da mesma virtude aquela que em relação ao indivíduo se chama de sabedoria prática e aquela que em relação ao bem do Estado se chama de política).

A sabedoria prática, diz Aristóteles, se ocupa do silogismo prático: A é a finalidade, B é o meio, logo se deve fazer B. (Caso Aristóteles se confrontasse com a dificuldade de que isso só nos dá um imperativo hipotético e não um imperativo categórico, poderia responder que em questões éticas a finalidade é a felicidade, e, já que a felicidade é um fim que todos buscam e não podem deixar de buscar, que buscam por natureza, então o imperativo que embasa nossa escolha de meio para esse fim é diferente dos imperativos que embasam os meios para alguma finalidade livremente escolhida, e que, ao passo que estes últimos são hipotéticos, o primeiro é um imperativo categórico). Mas Aristóteles, com seu bom senso costumeiro, reconhece expressamente que algumas pessoas podem ter conhecimento da ação correta a realizar a partir de sua experiência de vida, embora não façam idéia clara dos princípios gerais. Daí ser melhor conhecer a conclusão do silogismo prático, sem a premissa maior, do que conhecer a premissa maior sem conhecer a conclusão.[184]

Quanto à opinião de Sócrates de que toda virtude é uma forma de prudência, Aristóteles declara que ele estava em parte certo, em parte errado. "Estava errado em defender que toda virtude é uma forma de prudência, mas certo em defender que nenhuma virtude pode existir sem prudência".[185] Sócrates defendia que todas as virtudes eram formas de razão (enquanto formas de conhecimento), mas Aristóteles declara que a verdade é que elas são todas *razoáveis, sensatas*. "A virtude não é só a atitude certa e razoável, mas a atitude que leva à escolha

---

[181] *Éti. Nic.*, 1141 a 33–b 3.
[182] *Éti. Nic.*, 1140 a 9–10, 20–21.
[183] *Éti. Nic.*, 1140 b 4–6.
[184] *Éti. Nic.*, 1141 b 14–22.
[185] *Éti. Nic.*, 1144 b 19–21.

certa e razoável, e a escolha certa e razoável, nesses assuntos, é o que indicamos por prudência".[186] Portanto, a prudência é necessária ao homem verdadeiramente virtuoso (*a*) na condição de "excelência da parte essencial de nossa natureza" e (*b*) na medida em que "não pode haver escolha certa sem que haja tanto prudência quanto virtude, uma vez que esta última assegura a escolha da finalidade correta e a primeira, a escolha do meio correto para atingi-la".[187] Mas prudência ou sabedoria prática não é o mesmo que astúcia (δείνοτης). Astúcia é a faculdade por meio da qual um homem é capaz de encontrar o meio correto a um determinado fim, e um patife pode ter bastante astúcia em descobrir os meios corretos de atingir seu fim ignóbil. A mera astúcia difere, assim, da prudência, a qual pressupõe virtudes e é equivalente à sensibilidade moral.[188] A prudência não pode existir sem astúcia, mas não pode ser reduzida a ela, pois é uma virtude moral. Em outras palavras, a prudência é a astúcia tomada como meio que leva à consecução não de qualquer fim, mas do verdadeiro fim do homem, do que é melhor para o homem, e é a virtude moral que nos permite escolher o fim correto, de maneira que a prudência pressupõe virtude moral. Aristóteles está bastante consciente de que para o homem é possível fazer o que é certo, o que é seu dever fazer, sem que ele seja um homem bom. Ele só será bom caso sua ação advenha de escolha moral e seja feita porque é boa.[189] Para tanto, a prudência é necessária. Além disso, "dadas as virtudes individuais da prudência, todas as [demais] virtudes necessariamente se seguem delas".[190] Sócrates estava correto, assim, em sustentar que nenhuma virtude pode existir sem a prudência, embora estivesse errado em supor que todas as virtudes são formas de prudência. Na Ética a Eudemo,[191] Aristóteles observa que para Sócrates todas as virtudes eram formas de conhecimento, de maneira que saber o que é a justiça e ser justo, por exemplo, seriam coisas concomitantes, da mesma forma que somos geômetras a partir do momento em que aprendemos geometria. Em resposta, Aristóteles afirma ser necessário distinguir ciência teorética e ciência produtiva. "Não desejamos saber o que é a bravura mas ser bravos, nem o que é a justiça mas ser justos". De modo similar, observa na *Magna Moralia* que "quem conhece a essência da justiça não se torna imediatamente justo", ao passo que na *Ética a Nicômaco* ele compara os que pensam que se tornarão bons por meio do só conhecimento teórico a pacientes que ouvem atentamente o que o médico lhes diz, mas não cumprem nenhuma de suas ordens.[192]

9. Aristóteles se recusa a admitir que os prazeres enquanto tais são maus. O prazer não pode de fato ser *o* bem, como pensava Eudoxo, pois o prazer é o acompanhamento natural de uma atividade realizada sem impedimentos (como

---

[186] *Éti. Nic.*, 1144 b 26–28.
[187] *Éti. Nic.*, 1145 a 2–6.
[188] *Éti. Nic.*, 1144 a 23 ss.
[189] *Éti. Nic.*, 1144 a 13 ss.
[190] *Éti. Nic.*, 1144 b 32–45 a 2.
[191] *Éti. Eud.*, 1216 b 3–26.
[192] *Éti. Nic.*, 1105 b 12–18.

uma espécie de colorido da atividade), e o que se deve ter em mente é a atividade almejada, não o prazer que a acompanha. Devemos escolher determinadas atividades, ainda que prazer algum resulte delas.[193] Tampouco será verdade dizer que todos os prazeres são desejáveis, pois são infames as atividades às quais se ligam determinados prazeres.

Mas, se o prazer não é *o* bem, nem por isso devemos cair no extremo oposto e dizer que todo prazer é errado porque alguns prazeres são infames. De fato, diz Aristóteles, devemos mesmo dizer que os prazeres infames não são na realidade prazerosos, da mesma forma que aquilo que parece branco a um homem de vista ruim talvez não seja realmente branco. Talvez essa observação não seja muito convincente: mais convincente é a observação de Aristóteles de que os próprios prazeres podem ser desejáveis, mas não quando obtidos daquela forma: e ainda mais convincente é sua sugestão de que os prazeres diferem especificamente segundo as atividades das quais se originam.[194]

Aristóteles não aceitará que o prazer seja simplesmente uma restauração, isto é, que a dor represente um quedar abaixo do estado natural e que o prazer sejam uma correção da deficiência. Com efeito, é verdade que onde há restauração há prazer, e que onde há exaustão há dor, mas não podemos dizer que, universalmente, o prazer seja uma restauração após uma dor antecedente. "Os prazeres da matemática, os prazeres — entre os sentidos — dos cheiros bem como das visões e sons, por fim as esperanças e memórias, são exemplos de prazeres que não envolvem uma dor antecedente".[195]

Logo, o prazer é algo positivo, e seu efeito é o de aperfeiçoar o exercício de uma faculdade. Cada prazer difere de acordo com o caráter da atividade a que está ligado, e o homem bom deve ser nosso padrão do que é verdadeiramente prazeroso e do que é desagradável. (Aristóteles comenta sobre a importância de treinar crianças para que gostem e desgostem das coisas segundo a maneira devida, finalidade em razão da qual o educador se vale de prazer e dor "como uma espécie de leme".)[196] Alguns prazeres agradam somente aqueles de natureza corrompida: os verdadeiros prazeres do homem são aqueles que acompanham as atividades próprias ao homem. "Todos os demais prazeres, assim como as atividades que eles acompanham, só o são [prazeres] em um sentido parcial e secundário".[197]

Em toda essa discussão do prazer, são evidentes o bom senso e a intuição psicológica de Aristóteles. Alguns podem achar que ele enfatiza demais os prazeres da atividade teorética e puramente intelectual, mas ele diligentemente evita todas as posições extremas, recusando-se, por um lado, a concordar com Eudoxo acerca de o prazer ser *o* bem, bem como se recusando, por outro lado, a concordar com Espeusipo acerca de todos os prazeres serem maus.

---

[193] *Éti. Nic.*, 1174 a 7-8.
[194] *Éti. Nic.*, 1173 b 20-31.
[195] *Éti. Nic.*, 1173 b 16-19.
[196] *Éti. Nic.*, 1172 a 19-25.
[197] *Éti. Nic.*, 1176 a 22-29.

10. Aristóteles dedica os Livros Oito e Nove da Ética à amizade. A amizade, diz ele, "é uma das virtudes, ou de todo modo implica virtude. Além disso, é uma das necessidades primaciais da vida".[198] Aristóteles tende a fazer um retrato um pouco autocentrado da amizade. Assim, enfatiza nossa necessidade de amigos em diferentes períodos da vida e sugere que na amizade o homem se ama a si mesmo — o que à primeira vista parece um ponto de vista um tanto egoísta. Mas ele tenta uma conciliação de egoísmo e altruísmo observando que é necessário distinguir os usos do termo "amor-próprio". Há homens que buscam para si o máximo de dinheiro, honra ou prazeres que conseguir, e os julgamos cheios de amor-próprio como uma forma de reprovação: outros, isto é, os homens bons, anseiam por se sobressair na virtude e nas boas ações, e a eles, ainda que cheios de "amor-próprio", nós não inculpamos. Este último tipo de homem "abrirá mão de dinheiro para que seu amigo possa ter mais. Pois o dinheiro vai para o amigo, mas o feito nobre vai para ele mesmo, e dessa forma ele ganha o bem maior. Coisa similar se dá com as honras e cargos".[199] Não é nada prazerosa a imagem do homem que se desfaz de dinheiro e de cargos em prol de um amigo a fim de que ele próprio receba crédito pela nobre ação; mas sem dúvida Aristóteles está certo em observar que pode existir um tipo bom de amor-próprio bem como um tipo ruim. (É fato que somos obrigados a nos amar a nós mesmos e a nos tornarmos tão bons quanto possível). Um pensamento mais oportuno está no dito de Aristóteles de que as relações de um homem com seu amigo são as mesmas que consigo próprio, já que o amigo é um segundo eu.[200] Em outras palavras, o conceito de eu é capaz de extensão e pode se ampliar até incluir os amigos, cuja felicidade ou tristeza, sucesso ou fracasso, se tornam coisa nossa. Não só isso, observações feitas de passagem, como a de que "a amizade consiste mais em amar do que em ser amado",[201] ou de que "os homens desejam o bem aos amigos pensando no melhor para eles",[202] mostram que essa visão da amizade não era tão egoísta quanto suas palavras às vezes levariam a supor.

As divisões que Aristóteles estabelece entre diferentes tipos de amizade mostram como era bastante amplo seu conceito de amizade. (i) No nível mais baixo estão as amizades por utilidade, nas quais os homens não amam seus amigos pelo que são em si mesmos, mas só em virtude da vantagem que podem receber deles.[203] Essas amizades são necessárias ao homem, já que o homem não é auto-suficiente do ponto de vista econômico. Uma amizade de negócios seria desse tipo. (ii) Amizades por prazer. Estas se fundam no prazer natural que os homens sentem na companhia de seus iguais e são características dos jovens, pois "os jovens vivem por meio do que sentem e têm maior tino para o seu próprio

---

[198] Éti. Nic., 1155 a 3–5.
[199] Éti. Nic., 1169 a 27–30.
[200] Éti. Nic., 1166 a 30–32.
[201] Éti. Nic., 1159 a 27–28.
[202] Éti. Nic., 1157 b 31–32.
[203] Éti. Nic., 1156 a 10–12.

prazer e para o momento presente".[204] Mas ambos esses tipos de amizade são instáveis, pois, quando se esgota o motivo da amizade — utilidade ou prazer —, a amizade também é destruída. (iii) Amizades pelo bem. Esse é o tipo de amizade perfeita e que dura tanto quanto ambos os envolvidos mantêm o seu caráter — "e a virtude", diz Aristóteles, "é coisa durável".

Como seria de se esperar, Aristóteles faz não poucas observações sobre a amizade que, se não são profundas, são astutas, oportunas e aplicáveis não só à amizade natural, mas também à amizade sobrenatural com Cristo Nosso Senhor. Por exemplo, ele observa que a amizade difere da afeição pelo fato de esta última ser um sentimento, enquanto a primeira é um hábito condicionado da mente,[205] e que "o desejo de amizade se desenvolve rápido, mas a amizade [em si mesma] não".[206]

11. "Se a felicidade é a atividade desempenhada de acordo com a virtude, é razoável que esteja de acordo com a virtude mais elevada, e esta será a virtude do que há de melhor em nós".[207] A faculdade cujo exercício constitui a felicidade perfeita é, segundo Aristóteles, a faculdade contemplativa, que ele compreende como a faculdade de atividade intelectual ou filosófica, assim mostrando o ponto de vista intelectualista que compartilhava com Platão. Resta obscura qual seria a relação precisa entre ação moral e o tipo mais elevado de felicidade humana, mas, claro, Aristóteles deixa bem claro na Ética que sem virtude moral a verdadeira felicidade é impossível.

Aristóteles oferece várias razões em defesa da idéia de que a felicidade mais elevada do homem consiste em θεωρῆσαι.[208] (i) A razão é a faculdade mais elevada do homem, e a contemplação teórica é a atividade mais elevada da razão. (ii) Podemos prolongar essa forma de atividade por mais tempo que qualquer outra, a exemplo da atividade física. (iii) O prazer é um dos elementos da felicidade, e a "filosofia é reconhecidamente a mais prazerosa das atividades em que a excelência humana se manifesta". (Essa última observação pode ter parecido uma banalidade incomum até ao próprio Aristóteles, pois, acrescenta ele, "os prazeres da filosofia pelo menos parecem ser maravilhosamente puros e confiáveis, mas nem por isso deixa de ser surpreendente que a vida daquele que sabe seja mais prazerosa que a daquele que é aprendiz"). (iv) O filósofo é o mais auto-suficiente dos homens. De fato, ele não pode, como não podem os outros, ignorar as necessidades da vida (Aristóteles considerava que o filósofo precisa de bens externos com moderação e de amigos); mas mesmo assim "o pensador consegue conduzir seus estudos na solidão, e, quanto mais pensador for, mais será capaz de fazê-lo". A cooperação dos outros é de grande valia para

---

[204] Éti. Nic., 1156 a 31-33.
[205] Éti. Nic., 1157 b 28-31.
[206] Éti. Nic., 1156 b 31-32. Deus, diz Aristóteles, não precisa de um amigo, já que "a deidade é o seu próprio bem-estar", mas nós precisamos de um amigo ou amigos porque "para nós o bem-estar envolve algo que esteja além de nós". (Éti. Nic., 1245 b 14-19.)
[207] Éti. Nic., 1177 a 12-13.
[208] Éti. Nic., K, 7.

ele, mas, caso ela falte, o pensador está mais apto que os demais para lidar com a situação. (v) A filosofia é amada pelo que é em si mesma e não em razão dos resultados que podem se seguir dela. No campo da atividade prática, não é a ação em si mesma que é desejável, mas algum resultado a ser alcançado por meio da atividade. A filosofia não é mero meio para um determinado fim. (vi) Poderia parecer que a felicidade implica ócio. Ora, "as virtudes práticas encontram o campo de seu exercício na guerra ou na política, das quais não se pode dizer que sejam ocupações ociosas, em especial a guerra".

Portanto, é no exercício da razão, e no exercício daquela razão concernente aos objetos mais nobres, que se encontra a felicidade completa do homem, desde que esta se estenda "por um período de anos". Uma vida como essa expressa o elemento divino no homem, mas devemos nos recusar a ouvir aqueles que nos aconselham — humanos e mortais que somos — a nos ocupar de coisas que são humanas e mortais. Ao contrário, tanto quanto possível, devemos tentar afastar nossa mortalidade e fazer tudo que pudermos para viver a vida para a qual aponta o elemento mais elevado em nós. Pois, embora este seja só uma pequena parte de nós, ainda assim ultrapassa em poder e valor todas as outras partes. Além disso, ele parece ser o verdadeiro eu em cada um de nós, já que é soberano de tudo e melhor do que tudo. E, em conseqüência, seria estranho não escolhermos a vida de nossos próprios eus verdadeiros, mas de algo que não seja nós mesmos.[209]

Quais são, segundo Aristóteles, os objetos de contemplação teorética? Ele sem dúvida inclui os objetos invariáveis da metafísica e da matemática, mas incluirá ele os objetos da ciência natural? Provavelmente só na medida em que são não-contingentes, já que a atividade mais alta do homem se ocupa, como vimos, de objetos que não são contingentes. Na *Metafísica*[210] Aristóteles faz da física um ramo da sabedoria teórica, embora em outro lugar da *Metafísica* implique que ela também consista no estudo de acontecimentos contingentes.[211] Assim, a física pode pertencer à "contemplação" só na medida em que estuda o elemento invariável ou necessário nos acontecimentos contingentes que constituem o objeto da física.

O mais elevado objeto da metafísica é Deus, mas na *Ética a Nicômaco* Aristóteles não inclui expressamente a atitude religiosa contida na definição de vida ideal oferecida na *Ética a Eudemo*, a saber, "o culto e contemplação de Deus".[212] Não há como decidir se ele tinha em mente essa atitude de adoração religiosa no retrato da vida ideal dado na *Ética a Nicômaco*, ou se ele perdera de vista essa atitude religiosa anterior. Seja como for, esse tratamento da

---

[209] *Éti. Nic.*, 1177 b 26–1178 a 8.

[210] *Metaf.*, 1005 b 1–2, 1026 a 18–19.

[211] Cf., por ex., *Metaf.*, 1069 a 33 ss., onde Aristóteles diz que a física tem a ver não só com objetos eternos, mas também com objetos sensíveis perecíveis.

[212] *Éti. Eud.*, 1249 b 20. Já mencionei (ao tratar da metafísica de Aristóteles) o dito do filósofo na *Magna Moralia* (1208 b 26–32) de que não cabe falar em amizade com Deus, já que, mesmo que nos fosse possível amá-lo, ele não poderia corresponder ao nosso amor.

contemplação exerceu grande influência sobre a posteridade, em especial sobre os filósofos cristãos, os quais naturalmente o consideraram bem adequado aos seus propósitos. A atitude intelectualista de Aristóteles encontra eco no ensinamento de Santo Tomás de que a essência da visão beatífica consiste mais no ato do intelecto do que no ato da vontade, com a explicação de que o intelecto é a faculdade pela qual *possuímos* o objeto, enquanto a vontade é a faculdade pela qual usufruímos do objeto já possuído pelo intelecto.[213]

---

[213] Cf., p. ex., *Summa Theologica*, 1a, q. 26, art. 2.

CAPÍTULO VI
Política

1. O Estado (e por Estado Aristóteles compreende a Cidade-Estado grega), assim como qualquer outra comunidade, existe em razão de um fim. No caso do Estado seu fim é o bem supremo do homem, sua vida moral e intelectual. A família é a comunidade primitiva que existe em prol da vida, para prover as necessidades diárias do homem,[214] e, quando várias famílias se unem e objetivam algo além das necessidades diárias, surge a vila. Quando, porém, várias vilas se unem para criar uma comunidade maior que é "quase auto-suficiente ou bastante auto-suficiente",[215] surge o Estado. O Estado surge em razão das finalidades mais simples da vida, mas permanece existindo em virtude da vida reta, e Aristóteles insiste que o Estado difere da família e da vila não só quantitativamente, mas também qualitativa e especificamente.[216] É só no Estado que o homem pode viver a vida reta em sentido pleno, e, uma vez que a vida reta é o fim natural do homem, o Estado deve ser chamado de sociedade natural. (Os sofistas estavam, pois, errados em achar que o Estado é uma simples criação da convenção). "É evidente que o Estado é uma criação da natureza, e o homem é por natureza um animal político. E aquele que, por natureza ou mero acidente, não possui Estado, está ou acima ou abaixo da humanidade".[217] O dom da fala mostra claramente que a natureza destinou o homem à vida social, e a vida social em sua forma especificamente completa é, pensa Aristóteles, a do Estado. O Estado é prévio à família e ao indivíduo no sentido de que, enquanto o Estado é um todo auto-suficiente, nem a família nem o indivíduo o são. "Aquele que é incapaz de viver em sociedade, ou que não tem necessidade disso por ser suficiente a si mesmo, será ou uma besta ou um deus".[218]

A visão platônico-aristotélica do Estado a exercer a função positiva de servir ao fim do homem, de conduzir à vida reta ou à conquista da felicidade e de ser *natura prior* (coisa a ser distinguida de *tempore prior*) ao indivíduo e à família, exerceu grande influência sobre a filosofia posterior. Entre os filósofos cristãos medievais, essa visão foi naturalmente amenizada pela importância que acertadamente davam ao indivíduo e à família e pelo fato de que aceitavam outra "sociedade perfeita", a Igreja, cujo fim é mais elevado que o do Estado (e também pelo fato de que o Estado-nação era relativamente pouco desenvolvido

---

[214] *Pol.*, 1252 b 13-14.
[215] *Pol.*, 1252 b 28 ss.
[216] *Pol.*, 1252 a 8-23.
[217] *Pol.*, 1253 a 1-4.
[218] *Pol.*, 1253 a 27-9.

na Idade Média); mas basta pensarmos em Hegel, na Alemanha, e em Bradley e Bosanquet, na Inglaterra, para perceber que a concepção grega de Estado não desapareceu com a liberdade grega. Mais ainda, embora se trate de uma concepção que possa ser — e tem sido — exagerada (especialmente onde a verdade cristã esteve ausente e, assim, não pôde agir como um corretivo ao exagero unilateral), ela é mais rica e mais verdadeira do que o Estado de, por exemplo, Herbert Spencer. Pois o Estado existe pelo bem-estar de seus cidadãos, isto é, por um fim positivo e não meramente negativo, e se pode defender essa concepção positiva do Estado sem contaminá-la com os exageros da mística do Estado totalitário. O horizonte de Aristóteles se restringia mais ou menos aos confins da Cidade-Estado grega (a despeito de seus contatos com Alexandre), e ele tinha pouco conhecimento de nações e impérios; mas, seja como for, sua mente captou com maior agudeza a essência e função do Estado do que os teóricos do *laissez-faire* e da escola britânica de Locke a Spencer.

2. Na *Política*, como vimos, o tratamento que Aristóteles dá à família se limita praticamente à discussão da relação mestre-escravo e à aquisição de riqueza. A escravidão (o escravo, segundo Aristóteles, é um instrumento de ação vivo, isto é, um auxílio na vida do mestre) está fundada na natureza. "Já na hora do nascimento, uns são marcados para a sujeição, outros para a subjugação".[219] "Resta claro que alguns homens são por natureza livres e outros, escravos, e que para estes últimos a escravidão é tanto conveniente como correta".[220] Essa visão pode nos parecer monstruosa, mas é preciso lembrar que a essência da doutrina de Aristóteles está na afirmação de que os homens diferem uns dos outros em capacidades intelectuais e físicas e assim se conformam a diferentes posições na sociedade. Lamentamos que Aristóteles tenha canonizado a instituição contemporânea da escravidão, mas essa canonização é em grande medida um acidente histórico. Se a privamos de seus acidentes históricos e contemporâneos, o que é censurável nessa doutrina não é tanto o reconhecimento de que os homens difiram uns dos outros em habilidade e adaptabilidade (a verdade disso é bastante óbvia para precisar de maior justificativa), mas sim a dicotomia demasiado rígida estabelecida entre dois tipos de homens e a tendência a ver a "natureza de escravo" como algo quase abaixo do humano. Contudo, Aristóteles amenizou sua aceitação e racionalização da escravidão ao insistir que o mestre não deve abusar de sua autoridade, já que os interesses de mestre e escravo são os mesmos,[221] e ao dizer que todos os escravos devem ter esperança de emancipação.[222] Mais ainda, admitiu que o filho de um escravo natural não há de ser necessariamente ele próprio um escravo natural, e rejeitou a escravidão por direito de conquista argumentando que poder superior e excelência superior não são equivalentes,

---

[219] *Pol.*, 1254 a 23–24.
[220] *Pol.*, 1255 a 1–3.
[221] *Pol.*, cf. 1255 b 9–15, 1278 b 33–8. (Em 1260 b 5–7, Aristóteles critica a noção de Platão de que os senhores não devem conversar com seus escravos.)
[222] *Pol.*, 1330 a 32–3.

ao passo que, por outro lado, pode não se tratar de uma guerra justa.[223] Mesmo assim, vista em vi mesma, essa racionalização da escravidão é lamentável e trai uma perspectiva limitada do filósofo. Com efeito, Aristóteles rejeitou a legitimidade da origem histórica da escravidão (conquista), e em seguida passou a oferecer uma racionalização e justificação filosófica da escravidão!

3. Existem, em geral, dois modos distintos de adquirir riqueza e um modo intermediário.[224]

(i) O modo "natural" consiste na acumulação de coisas necessárias à vida por meio, por exemplo, da caça, da agricultura. As necessidades do homem estabelecem um limite natural a essa acumulação.

(ii) O modo intermediário é a troca. Numa troca, uma coisa é utilizada à revelia do seu "uso próprio", mas, na medida em que é empregada na aquisição de bens necessários à vida, a troca pode ser chamada de modo natural de adquirir riqueza.

(iii) O segundo modo "não-natural" de adquirir riqueza está no uso de dinheiro como um meio de troca de bens. Parece muito esquisito que Aristóteles tenha condenado o comércio de varejo, mas seu preconceito é em grande parte determinado pela atitude grega comum para com o comércio, que era visto como mesquinho e impróprio ao homem livre. É digna de importância a condenação que Aristóteles faz da "usura", a geração de dinheiro a partir de dinheiro, como ele a chama. "O dinheiro tem a finalidade de ser empregado na troca, não a finalidade de crescer por juros". Se tomada em sentido literal, essa afirmação condenaria todo e qualquer juros acrescido ao dinheiro, mas Aristóteles provavelmente tinha em mente a prática dos emprestadores de dinheiros, ou agiotas no sentido que damos à palavra, os quais fazem dos necessitados, crédulos e ignorantes suas vítimas: contudo, ele sem dúvida encontrou uma racionalização dessa atitude em sua doutrina sobre o propósito "natural" do dinheiro. Vacas e ovelhas têm um crescimento natural, assim como as árvores frutíferas, mas o dinheiro não tem esse tipo de crescimento natural: tem o propósito de ser um meio de troca e nada mais. Seu propósito natural é servir de meio de troca, e, se for usado para acumular mais riqueza pelo só processo de emprestá-lo, sem qualquer troca de bens por dinheiro e sem qualquer trabalho da parte do emprestador, então ele está sendo utilizado de modo não natural. Desnecessário dizer, Aristóteles não tinha em vista as finanças modernas. Se estivesse vivo hoje em dia, não podemos dizer como reagiria ao nosso sistema financeiro, e se rejeitaria, modificaria ou adequaria suas opiniões anteriores.

4. Como seria de se esperar, Aristóteles se recusou a se deixar levar pelo retrato que Platão fizera do Estado ideal. Não achava que mudanças radicais como as propostas por Platão fossem necessárias; tampouco achava que, se factíveis, fossem desejáveis. Por exemplo, rejeitou a idéia platônica de uma creche para os filhos dos guardiões do Estado alegando que quem é filho de todos não é filho

---

[223] *Pol.*, 1254 b 32-4, 1255 a 3-28.
[224] *Pol.*, 1256 a ss. (A, 8-11.)

de ninguém. É melhor ser um sobrinho de verdade do que um filho platônico![225] De maneira similar, criticou a noção de comunismo, e para tanto invocou o argumento de que este levaria a disputas, ineficiência etc. O gozo da propriedade é uma fonte de prazer, e assim não caberia a Platão dizer que o Estado se tornaria feliz se os guardiões fossem privados de sua fonte de felicidade, pois a felicidade ou é gozada por indivíduos ou não é gozada de maneira alguma.[226] De modo geral, Platão almejava a uma unificação excessiva. Aristóteles não tinha simpatia alguma pela acumulação de riqueza enquanto tal; mas percebeu a necessidade não tanto de tornar equânime toda propriedade quanto de treinar os cidadãos para que não desejem riqueza excessiva, e, se alguém não puder ser treinado, que seja impedido de adquiri-la.

5. As qualidades da cidadania são tomadas por Aristóteles da prática da democracia ateniense, as quais não são as mesmas da democracia moderna com seu sistema representativo. Ao seu ver, todos os cidadãos devem tomar parte do governo e serem governados alternadamente,[227] e o mínimo dos direitos de cidadania é o de participar da Assembléia e da administração da justiça. O cidadão é, portanto, o ᾧ ἐξουσία κοινωνεῖν ἀρχῆς βουλευτικῆς καὶ κριτικῆς.[228]

O fato de Aristóteles considerar essencial ao cidadão ter assento na Assembléia e nos tribunais o levou a excluir a classe dos trabalhadores braçais e artífices da cidadania, pois não usufruem do ócio necessário. Outra razão é que o trabalho manual aprisiona a alma e a torna imprópria para a verdadeira virtude.[229]

6. Ao discutir os vários tipos de Constituição, Aristóteles divide os governos entre aqueles que objetivam o interesse comum e aqueles que objetivam ao seu próprio interesse privado.[230] Cada uma dessas grandes divisões possui três subdivisões, de maneira que existem três tipos bons de Constituição e três tipos errados ou desviantes. À forma correta *monarquia*, corresponde a forma desviante *tirania*; à *aristocracia*, a *oligarquia*; e ao *governo constitucional*, a *democracia*; e é no tratamento que Aristóteles dá aos méritos relativos das várias constituições que se manifesta sua sensibilidade política. Para ele, o ideal é que um homem transcenda em excelência de tal modo os outros cidadãos individual e coletivamente, que se torne um monarca ou governante natural. Mas, verdade seja dita, o homem perfeito não se manifesta, e, em geral, os heróis proeminentes só são encontrados entre povos primitivos. Por isso, a aristocracia, o governo de muitos homens bons, é melhor do que a monarquia. A aristocracia é a melhor forma de governo para um grupo de pessoas que podem ser governadas na condição de livres por homens cuja excelência os torna capazes de mando político. Contudo, Aristóteles reconhece que até a aristocracia seja talvez um ideal elevado demais para o Estado contemporâneo, e por isso advoga o "governo

---

[225] *Pol.*, 1262 a 13–14.
[226] *Pol.*, 1264 b 15–23.
[227] *Pol.*, cf. 1277 b.
[228] *Pol.*, 1275 b 18–19.
[229] *Pol.*, cof. 1277 a 33–1278 a 15, 1328 b 33–1329 a 21.
[230] *Pol.*, 1279 a 17–21.

constitucional", no qual "existe naturalmente uma multidão hostil capaz de obedecer e governar alternadamente e que provê cargos aos bem-afortunados segundo os seus méritos".[231] Isso é quase equivalente ao governo da classe média e é algo mais ou menos intermédio entre a oligarquia e a democracia, já que num governo constitucional é uma pluralidade de pessoas que governa — nisso se distinguindo da oligarquia —, embora não se trate de uma massa desprovida de propriedades, como na democracia, pois a habilidade de servir como guerreiro, digamos que como um hoplita fortemente armado, pressupõe certa porção de propriedade. Aristóteles provavelmente está pensando — embora não se refira a ela — na Constituição de Atenas de 411 a.C., quando o poder coube aos cinco mil que possuíssem armadura pesada e foi abolido o sistema de pagamento por presença em reuniões. Essa era a Constituição de Terâmenes.[232] Aristóteles admirava esse tipo de Constituição, mas sua alegação de que a classe média é a classe mais estável, já que é provável que tanto os ricos como os pobres confiem mais nela do que uns nos outros (de modo que a classe média não precisaria temer nenhuma aliança contra si), pode não soar para nós tão convincente como soou para ele, ainda que sem dúvida haja alguma verdade nessa visão.[233]

7. Aristóteles trata com acuidade dos vários tipos e graus de revolução que tendem a ocorrer sob diferentes Constituições, de suas causas e dos meios de preveni-las; e, em razão do seu grande conhecimento histórico, foi-lhe possível dar exemplos históricos oportunos para defender seus pontos de vista.[234] Comenta, por exemplo, que o estado mental revolucionário é em grande medida ocasionado por noções unilaterais de justiça — democratas acham que os homens que são igualmente livres devem ser iguais em tudo, oligarcas acham que, porque os homens são desiguais em riqueza, devem ser desiguais em tudo o mais. Enfatiza o fato de que os governantes não devem ter a oportunidade de ganhar dinheiro fora dos cargos que ocupam e enfatiza os pré-requisitos para se ocupar um alto cargo no Estado, a saber, lealdade à Constituição, capacidade de trabalho administrativo e integridade de caráter. Seja qual for o tipo de Constituição, deve-se ter cuidado para não ceder a extremos; pois se a democracia ou a oligarquia for levada a extremos, o conseqüente surgimento de partidos descontentes pode por fim levar à revolução.

8. Nos Livros Sete e Oito da *Política*, Aristóteles discute sua visão positiva de como o Estado deveria ser.

(i) O Estado deve ser grande o suficiente para ser auto-suficiente (é claro que a noção de comunidade auto-suficiente de Aristóteles seria de todo inadequada aos tempos modernos), mas não grande a ponto de a ordem e o bom governo se tornarem impraticáveis. Em outras palavras, deve ser grande o bastante para realizar o propósito do Estado, e não grande a ponto de não conseguir mais

---

[231] *Pol.*, 1288 a 12–15.
[232] Cf. *Constituição dos Atenienses*, 28 e 33.
[233] *Pol.*, 1295 b 1–1296 a 21.
[234] *Pol.*, Livro v.

fazê-lo. O número de cidadãos requeridos a esse propósito não pode, é claro, ser determinado aritmeticamente *a priori*.[235]

(ii) Coisa similar se pode dizer da extensão territorial do Estado. Esta não pode ser pequena a ponto de a vida ociosa se tornar impossível (isto é, a ponto de tornar a cultura impraticável), nem grande a ponto de encorajar a ostentação. A cidade não deve visar à mera riqueza, mas à importação daquilo de que necessita e à exportação do seu excedente.[236]

(iii) Os cidadãos. Trabalhadores agrícolas e artesãos são necessários, mas não gozarão dos direitos de cidadãos. Somente a terceira classe, a dos guerreiros, será constituída de cidadãos no sentido pleno da palavra. Estes serão guerreiros na juventude, governantes ou magistrados na meia idade e sacerdotes na velhice. Cada cidadão possuirá uma parcela de terra perto da cidade e outra perto da fronteira (para que assim tenha interesse na defesa do Estado). Essas terras serão cultivadas pelos trabalhadores não-cidadãos.[237]

(iv) Educação. Aristóteles, assim como Platão, dava grande importância à educação e, também como Platão, a considerava responsabilidade do Estado. A educação deve começar pelo corpo, já que o corpo e seus apetites se desenvolvem antes da alma e suas faculdades; mas o corpo deve ser treinado tendo em vista a alma e os apetites, tendo em vista a razão. Portanto, a educação é, em primeiríssimo lugar, educação moral — tanto mais que o cidadão jamais terá de ganhar seus rendimentos fazendo trabalho de agricultor ou artesão, antes será treinado primeiro para ser um bom soldado e, depois, um bom governante e magistrado.[238] Essa ênfase na educação moral se manifesta na preocupação de Aristóteles para com o cuidado pré-natal e com as brincadeiras infantis. Os diretores da educação levarão esses assuntos muito a sério, e não considerarão as brincadeiras infantis coisas insignificantes e indignas de sua atenção. (Quanto à educação musical, Aristóteles faz a observação divertida de que "O chocalho é um brinquedo adequado à mente infantil, e a educação musical é um chocalho ou brinquedo para crianças maiores".)[239]

Como a *Política* ficou infelizmente incompleta — faltam as seções que tratam da educação em ciência e filosofia —, não podemos dizer com exatidão em quais direções exatamente Aristóteles seguiria com relação à educação mais elevada dos cidadãos. Uma coisa, contudo, é óbvia: tanto Platão quanto Aristóteles tinham uma concepção grandiosa e nobre da educação e do ideal de cidadão. Teriam pouquíssima simpatia por qualquer projeto de educação que enfatizasse o treino técnico e utilitário, já que um projeto como esse não trata das faculdades mais elevadas da alma e falha, assim, em tornar o homem capaz de atingir seu fim próprio, o que é a finalidade da educação. Pois, embora às vezes possa parecer que Aristóteles queria educar as pessoas apenas para

---

[235] *Pol.*, 1325 b 33–1326 b 24.
[236] *Pol.*, 1326 b 25–1327 b 18.
[237] *Pol.*, 1328 b 2–1331 b 23.
[238] *Pol.*, 1332 b–1333 a 16.
[239] *Pol.*, 1340 b 29–31.

serem engrenagens na máquina do Estado, não se trata na verdade disso: aos seus olhos a finalidade do Estado e a finalidade do indivíduo coincidem, não no sentido de que o indivíduo deveria ser inteiramente absorvido pelo Estado, mas no sentido de que o Estado prosperará quando cada cidadão for bom, alcançar o fim que lhe é próprio. A única garantia real de estabilidade e prosperidade do Estado é a bondade e integridade moral dos cidadãos, ao passo que, inversamente, a menos que o Estado seja bom e seu sistema de educação seja racional, moral e saudável, os cidadãos não se tornarão bons. O indivíduo alcança o seu desenvolvimento e perfeição próprios através de sua vida concreta, que é uma vida em sociedade, isto é, no Estado, ao passo que a sociedade alcança a sua finalidade própria através da perfeição dos seus membros. Fica claro pela sua crítica aos Lacedemônios que Aristóteles não considera o Estado um grande Leviatã acima do bem e do mal. É um grande erro, ele diz, supor que na guerra e na dominação estejam todo o ser e toda a finalidade do Estado. O Estado existe em vista da vida reta e está sujeito ao mesmo código de moralidade que o indivíduo. Como diz Aristóteles, "as mesmas coisas são as melhores para os indivíduos e Estados".[240] Tanto a razão quanto a história mostram que o legislador deve direcionar todos os esforços militares e de qualquer outro tipo ao estabelecimento da paz. Os Estados militares são seguros apenas em tempos de guerra: tão logo adquirem seu império, enferrujam como ferro e caem. Platão e Aristóteles, preocupados com a promoção de uma vida política verdadeiramente cultural, voltam-se contra os sonhos imperialistas de enaltecimento militar.

---

[240] *Pol.*, 1333 b 37.

CAPÍTULO VII
A estética de Aristóteles

1. Beleza

1. Aristóteles distingue o belo do que é meramente agradável. Por exemplo, nos *Problemata*[241] contrasta a preferência sexual com a seleção estética, desse modo distinguindo a beleza objetiva real da "beleza" que se refere apenas ao desejo. De igual modo, na *Metafísica*[242] diz que às ciências matemáticas não falta relação com o que é belo. Para ele, portanto, o que é bonito não pode ser apenas o que é agradável, o que estimula de modo prazeroso os sentidos.

2. Distingue Aristóteles a beleza do bem? Ele parece não ter sido muito claro a esse respeito.

(*a*) Na *Retórica*[243] afirma que "o bonito é aquele bem que é prazeroso por ser bom", definição essa que parece não admitir qualquer distinção real entre o belo e o moral. (O Prof. Rhys Roberts traduz τὸ καλόν como "nobre", cf. *Oxford Trans.*, vol. XI.).

(*b*) Contudo, na *Metafísica* ele declara expressamente que "o bom e o belo são diferentes (pois o primeiro sempre implica a conduta como seu objeto, enquanto o belo também se encontra nas coisas imóveis)".[244] Essa afirmação parece no mínimo diferenciar o belo e o moral, e pode ser tomada no sentido de implicar que o belo enquanto tal não é simplesmente objeto do desejo. Isso parece abrir espaço para uma doutrina da contemplação estética e do seu caráter *desinteressado* — como afirmado, por exemplo, por Kant e Schopenhauer.

3. Outra definição ou descrição — esta mais satisfatória — se encontra na *Metafísica*,[245] onde Aristóteles diz que "as principais formas da beleza são a ordem, a simetria e a precisão". É a posse dessas três propriedades que confere à matemática certo valor inato quanto a objetos belos. (Aristóteles parece ter tido consciência de sua obscuridade, pois em seguida promete uma abordagem mais inteligível, embora, caso a promessa tenha sido cumprida, esta não chegou até nós).

De modo similar, na *Poética*[246] Aristóteles diz que "a beleza é matéria de tamanho e ordem" ou consiste em tamanho e ordem. Assim, defende que,

---

[241] 896 b 10–28.
[242] 1078 a 31–b 6.
[243] 1366 a 33–6.
[244] 1078 a 31–2.
[245] 1078 a 36–b 1.
[246] 1450 b 40–1.

para ser bonita, uma criatura viva deve apresentar certa ordem na constituição de suas partes e também possuir determinada dimensão específica, nem demasiado grande nem demasiado pequena. Isso se coaduna mais ou menos à definição dada na *Metafísica* e implica que o belo é objeto de contemplação e não de desejo.

4. É interessante notar que na *Poética*[247] Aristóteles faz o assunto da comédia ser o ridículo, "o qual é uma espécie do feio". (O ridículo é "um erro ou deformidade que não produz dor ou dano aos outros"). Isso implicaria que o feio pode ser empregado numa obra de arte, subordinado ao efeito geral. Contudo, Aristóteles não trata claramente da relação entre o feio e o belo nem da questão do quanto o "feio" pode se tornar um elemento constitutivo do belo.[248]

II. Belas-artes em geral

1. A moralidade visa à própria conduta (πράττειν), a arte a produzir algo, não a alguma atividade em si mesma. Mas a arte em geral deve ser subdividida[249] em:

(*a*) A arte que objetiva completar a obra da natureza, como no caso da produção de ferramentas, já que a natureza dotou o homem apenas de suas mãos.

(*b*) A arte que objetiva *imitar* a natureza. Estas são as belas-artes, cuja essência Aristóteles, do mesmo modo que Platão, encontra na imitação. Em outras palavras, na arte se cria um mundo imaginário que é uma imitação do mundo real.

2. Mas para Aristóteles a palavra "imitação" não tem o mesmo tom desdenhoso que para Platão. Como não crê em conceitos transcendentais, Aristóteles naturalmente não poderia fazer da arte a cópia de uma cópia, três graus distante da verdade. Com efeito, Aristóteles se inclina para a opinião de que o artista se dirige antes ao elemento ideal ou universal nas coisas, traduzindo-o no meio próprio à arte em questão. Diz[250] que a tragédia retrata seus personagens como melhores, e a comédia como piores, do que "os homens de hoje em dia". Segundo Aristóteles, os personagens de Homero são melhores do que nós. (Homero, deve-se lembrar, sofreu golpes pesados nas mãos de Platão).

3. A imitação, insiste Aristóteles, é natural ao homem, e também é natural ao homem deleitar-se com obras de imitação. Ele observa que podemos nos deleitar com representações artísticas do que é, na realidade, coisa dolorosa de se ver.[251] (Cf. Kant, na passagem já citada em nota de rodapé). Mas a explicação para esse fato pode se encontrar no prazer puramente intelectual de reconhecer que esse homem retratado é, por exemplo, alguém que conhecemos, digamos que Sócrates. O prazer desse reconhecimento é sem dúvida um fato, mas dificilmente

---

[247] 1449 a 32-4.

[248] Cf. "A arte bela mostra sua superioridade no fato de descrever como coisas belas o que por natureza pode ser feio ou desagradável". Kant, *Crítica da Faculdade do Juízo*, I, 1, 48.

[249] *Física*, B 8, 199 a 15 ss.

[250] *Poét.*, 1448 a 16-18.

[251] *Poét.*, 1448 b 10-19.

se poderá levar isso longe a ponto de construir uma teoria da arte: com efeito, é coisa mesmo irrelevante.

4. Aristóteles afirma abertamente que a poesia "é algo mais filosófico e de maior importância que a história, já que suas afirmações se dirigem aos universais, enquanto as da história se dirigem aos singulares".[252] Prossegue esclarecendo que, por afirmação singular, se refere ao que alguém (digamos que Alcibíades) fez ou sofreu e que, por afirmação universal, se refere a que "este ou aquele tipo de homem provavelmente ou necessariamente diz ou faz". A função do poeta é, portanto, "descrever não o que aconteceu, mas um tipo de coisa que pode acontecer, o que é possível enquanto provável ou necessário". É aí que Aristóteles encontra a distinção entre o poeta e o historiador, não no fato de um escrever verso e o outro, prosa. Como observa: "você pode colocar a obra de Heródoto em versos, e ainda assim ela será uma espécie de história".

Segundo essa teoria, portanto, o artista lida antes com *tipos*, os quais se aproximam do universal e ideal. Um historiador pode escrever uma biografia de Napoleão, contando o que a figura histórica Napoleão fez ou sofreu: o poeta, contudo, embora chamasse de Napoleão o herói do seu épico, antes retrataria a verdade ou "probabilidade" universal. A fidelidade ao fato histórico é de importância menor na poesia. O poeta pode de fato tomar como seu assunto uma história real, mas, se aquilo que ele descreve — emprego as palavras de Aristóteles — cai dentro da "ordem provável e possível das coisas", então nem por isso deixará de ser poeta. Aristóteles chega a dizer que é muito melhor para o poeta descrever aquilo que é provável mas impossível do que aquilo que é possível mas improvável. Isso é não mais que um modo de enfatizar o caráter universal da poesia.

5. Vale notar que Aristóteles afirma que as declarações da poesia atinam *mais* com a natureza do universal. Em outras palavras, a poesia não se ocupa do universal abstrato: poesia não é filosofia. Em conseqüência, Aristóteles censura a poesia didática, pois colocar em versos um sistema de filosofia é escrever filosofia versificada; não é produzir poesia.

6. Na *Poética* Aristóteles se limita à consideração da épica, da tragédia e da comédia, mas particularmente da tragédia: pintura, escultura e música só são mencionadas de maneira incidental, como quando nos diz[253] que o pintor Polignoto retratou personagens "que são melhores do que nós", que Pausón os retratou piores e Dioniso, "do jeito que somos". Mas o que ele tem a dizer acerca das outras artes é importante para a sua teoria da imitação.

Assim, Aristóteles declarou a *música* (que é tratada mais ou menos como um acompanhamento teatral) a mais imitativa de todas as artes. A arte pictórica apenas indica os estados mentais ou morais por meio de fatores externos como gestos e aparências, ao passo que os tons musicais contêm *em si mesmos* imitações

---

[252] *Poét.*, 1451 b 5–8.
[253] 1448 a 5–6.

de estados morais. E nos *Problemata*[254] Aristóteles pergunta: "O que faz com que aquilo que é ouvido dos objetos dos sentidos tenha uma carga emocional?". Aristóteles parece estar pensando no efeito estimulante direto da música que, embora um fato, dificilmente será um fato estético; ainda assim, a teoria de que a música é a mais imitativa das artes pareceria estender o conceito de imitação a ponto de englobar o *simbolismo* e dar vazão à concepção romântica da música como uma corporificação direta da emoção espiritual. (Na *Poética*, ele observa que "só o ritmo, sem a harmonia, é o meio nas imitações do dançarino; pois até ele, pelos ritmos de seus atos, pode representar os caráteres dos homens, bem como o que fazem e o que sofrem".)[255]

7. Na *Política*[256] Aristóteles comenta que desenhar é útil na educação dos jovens, para que adquiram "um julgamento mais correto das obras dos artistas", e também argumenta[257] que "a música tem o poder de formar o caráter e deveria, portanto, ser introduzida na educação dos jovens". Pode parecer, assim, que o interesse de Aristóteles nas belas-artes é sobretudo de natureza educacional e moral; mas, como Bosanquet observa, "introduzir o interesse estético na educação não é o mesmo que introduzir o interesse educacional na estética".[258] Aristóteles certamente considerava que a música e o teatro tinham, entre suas funções, a de educação moral; mas disso não se segue necessariamente que uma pessoa que reconhece essa função faça do efeito moral da arte, só por isso, uma característica essencial sua.

Mas, embora Aristóteles se detenha no aspecto educacional e moral da arte, isso não quer dizer que ele fosse cego à sua natureza ou efeito recreativo.[259] Se ao aceitar que a música e o teatro tivessem uma função recreativa ele estivesse se referindo apenas ao prazer sensório ou à estimulação da fantasia, isso seria coisa irrelevante para a estética; mas a recreação mais elevada talvez possa significar algo mais.

III. Tragédia

1. A famosa definição de tragédia dada por Aristóteles é a seguinte:[260] "Tragédia é a imitação de uma ação que é séria (σπουδαίας) e também, em sua extensão, completa em si mesma; [escrita] em linguagem com acessórios prazerosos, com cada tipo deles posto separadamente nas partes da obra; em forma dramática, não narrativa; com incidentes que provocam piedade e medo, com os quais se realiza a catarse (κάθαρσις) dessas emoções".

De modo a explicar essa definição, posso acrescentar um ou dois elementos:

---

[254] 919 b 26.
[255] 1447 a 26–8.
[256] 1338 a 17–19.
[257] 1340 b 10–13.
[258] *A History of Aesthetic*, p. 63.
[259] Não há dúvida de que Aristóteles considerava a diversão uma das funções da tragédia. A questão é esta: o quão essa diversão era de caráter especificamente estético?
[260] *Poét.*, 1449 b 25–9.

(i) "Séria", "nobre", "boa" indicam o tipo do conteúdo da tragédia. Isso ela partilha com a poesia épica, e isso distingue ambas da comédia e da sátira, que tratam do inferior ou feio ou ridículo.

(ii) "Completa em si mesma", isto é, com começo, meio e fim — um todo orgânico. Essa *unidade de enredo* ou unidade orgânica de estrutura é a única unidade que Aristóteles exige como coisa necessária.

Com efeito, na *Poética* Aristóteles observa que a tragédia, nisso distinta da poesia épica, "esforça-se para se manter tanto quanto possível dentro do período de um ciclo do sol ou algo próximo disso"; mas isso é apenas a declaração de um fato e não manifesta expressamente uma exigência de unidade de tempo. Quanto à unidade de lugar, esta não é mencionada. Logo, é incorreto dizer que Aristóteles exigia as três unidades no teatro.

(iii) "Linguagem com ornamentos prazerosos". O próprio Aristóteles nos diz que com isso quer dizer "com ritmo e harmonia ou com o acréscimo de música".

(iv) "Com cada tipo deles posto separadamente", isto é, "algumas partes são trabalhadas apenas em versos, e outras, por sua vez, com música". Naturalmente, Aristóteles está pensando na tragédia grega com sua alternância entre verso falado e música coral.

(v) "Em forma dramática, não narrativa". Isso distingue a tragédia da poesia épica.

(vi) Catarse. Trata-se da finalidade ou objetivo psicológico da tragédia, da qual voltarei a tratar.

2. Aristóteles enumera seis elementos componentes da tragédia: fábula ou enredo, personagens, dicção, pensamento, espetáculo e melodia.[261]

(i) O mais importante desses elementos, segundo crê Aristóteles, é o enredo, que é "o fim e propósito da tragédia". Ele é mais importante do que os personagens, porque "em uma peça — eles [os poetas] não agem para retratar os personagens; os personagens são incluídos em razão da ação". Aristóteles justifica essa afirmação algo estranha. "A tragédia é essencialmente uma imitação não de pessoas, mas de ação e vida, de felicidade e tristeza. Toda felicidade ou tristeza humana assume a forma de ação; o fim em virtude do qual vivemos é certo tipo de atividade, não uma qualidade. O personagem nos oferece qualidades, mas é em nossas ações — o que fazemos — que somos felizes ou o contrário — é impossível uma tragédia sem ação, mas pode haver uma tragédia sem personagem".[262] (Talvez seja verdade que podemos fruir uma boa história na qual o retrato do personagem seja defeituoso mais do que fruir uma história na qual o retrato do personagem é bom, mas o enredo é ridículo).

(ii) Contudo, Aristóteles não quer menoscabar a importância da formatação do personagem no teatro: admite que uma tragédia na qual falte essa formação é deficiente, e a tem na conta de elemento mais importante depois do enredo.

---

[261] *Poét.*, 1450 a 4-16.
[262] *Poét.*, 1450 a 17-26.

(iii) "Em terceiro lugar vem o elemento do pensamento, o poder de dizer o que quer que se possa dizer, ou que seja apropriado à ocasião". Aqui Aristóteles está pensando não no discurso como algo que revele o personagem diretamente, mas em discurso "sobre um assunto puramente indiferente", isto é, o pensamento mostrado "em tudo o que dizem ao provar ou refutar um ponto em particular, ou ao enunciar alguma proposição universal". É certo que Eurípedes utilizou a tragédia como uma oportunidade para a discussão de vários tópicos; mas é normal acharmos que o teatro não é bem o lugar para investigações socráticas.

(iv) Dicção, isto é, o verso e a prosa. É coisa importante, mas, como Aristóteles assevera com sabedoria, "é possível reunir uma série de discursos de personagens que cheguem ao maior requinte em matéria de dicção e pensamento, e ainda assim fracassar em produzir um efeito verdadeiramente trágico".

(v) A melodia é "o maior dos acessórios prazerosos da tragédia".

(vi) O espetáculo é de fato uma atração; mas "é a menos importante de todas as partes, e a que menos tem a ver com a arte da poesia". A elaboração da *mise-en-scène* é "mais uma matéria de figurinista do que de poeta". É uma pena que as palavras de Aristóteles não tenham recebido a devida atenção em épocas posteriores. Cenário refinado e efeito espetacular são substitutivos pobres para o enredo e a construção de personagem.

3. Aristóteles exige, como vimos, unidade de enredo, no sentido de unidade orgânica, estrutural. O enredo não deve ser nem tão vasto que não possa ser apreendido de uma vez só pela memória nem tão curto a ponto de ser pequeno e insignificante. Mas ele observa que unidade de enredo "não consiste, como alguns supõem, em ter um único homem como seu assunto", nem em descrever tudo o que acontece ao herói. O ideal é que os vários incidentes do enredo estejam interligados a ponto de que "a transposição ou retirada de qualquer um deles desarranje ou desloque o todo. Pois aquilo que não faz nenhuma diferença perceptível por sua presença ou ausência não é parte real do todo". Os incidentes devem se seguir uns aos outros, não "episodicamente", mas com probabilidade ou necessidade. Como observa Aristóteles, "existe uma grande diferença entre algo que acontece *propter hoc* e *post hoc*" (διὰ τάδε ἢ μετά).

4. Aristóteles considerava que a tragédia (pelo menos a tragédia completa) possui peripécia ou descoberta, ou até ambas: (i) Περιπέτεια é a mudança de um estado de coisas para o estado oposto, como no caso em que, ao revelar o segredo acerca do nascimento de Édipo, o mensageiro altera todo o estado de coisas na peça, pois Édipo se apercebe de que havia inadvertidamente cometido incesto; (ii) Ἀναγνώρισις é "a mudança da ignorância para o conhecimento, e desse modo [a mudança] para o amor ou para o ódio, no caso de personagens marcados por bom ou mau destino".[263] No caso de Édipo, a descoberta é evidentemente propiciada pela peripécia, e é esse, segundo Aristóteles, o mais refinado tipo de descoberta. Assim se alcança o efeito trágico, com a suscitação de piedade e medo.

---

[263] *Poét.*, 1451 b 32–5.

5. Uma vez que a tragédia é uma imitação de ações que suscitam piedade e medo, existem três formas de enredo que devem ser evitadas:

(i) Não se deve mostrar um homem bom passando da felicidade ao infortúnio, já que isso, na opinião de Aristóteles, é simplesmente odioso e distrai nossas mentes em razão da aversão e do horror, a ponto de frustrar o efeito trágico.

(ii) Não se deve mostrar um homem mau passando do infortúnio à felicidade. Isso é coisa muito oposta ao trágico e não provoca nem nossa piedade nem nosso temor.

(iii) Não se deve mostrar um homem extremamente mau despencando da felicidade ao infortúnio. Isso pode provocar sentimentos humanos, mas não a piedade nem o temor, pois a piedade é suscitada por um infortúnio imerecido e o temor, pelo infortúnio de alguém que é como nós.

Daí que a tragédia deva retratar um tipo "intermediário" de pessoa que passe por infortúnio ocasionado por algum erro de julgamento e não por vício ou depravação. Em conseqüência, Aristóteles se recusa a concordar com os críticos que censuraram Eurípedes por dar um final infeliz a muitas de suas peças, pois é isso que é apropriado à tragédia, mas não à comédia. (Embora houvesse ocasionais interlúdios cômicos nas tragédias gregas, a tendência era ter tragédia sem mescla ou comédia sem mescla, e as opiniões de Aristóteles refletem essa tendência).

6. A piedade e temor trágicos devem ser suscitados pelo próprio enredo, e não por elementos estranhos, como o retrato de um assassinato brutal no palco. (Aristóteles aprovaria sem reservas o modo como o assassinato de Agamenon ocorreu por trás da cena. É presumível que censurasse o assassinato de Desdêmona no palco).

7. Passamos agora à consideração da finalidade psicológica da tragédia, a suscitação de piedade e temor para que se realize a κάθαρσις desses sentimentos. O significado exato que se deve dar à famosa doutrina da κάθαρσις foi objeto de constantes discussões: como diz o Prof. Ross, "escreveu-se uma biblioteca inteira acerca dessa famosa doutrina".[264] O fato de nos faltar o segundo livro da *Poética* torna ainda mais difícil a solução dessa dificuldade — segundo livro no qual, conjetura-se, Aristóteles explicaria o que queria dizer com *catarse* (e no qual provavelmente também trataria da comédia).

Sustentaram-se duas linhas de explicação. (i) A catarse em questão é uma *purificação* das emoções de piedade e temor, com a metáfora tendo sido tomada à purificação cerimonial (opinião de Lessing); (ii) a catarse é uma *eliminação temporária* das emoções de piedade e temor, com a metáfora tendo sido tomada à medicina (opinião de Bernays). Essa última opinião é a mais aceitável, isto é, aceitável do ponto de vista exegético, e hoje é dominante. Segundo essa visão, para Aristóteles o objetivo imediato da tragédia é suscitar emoções de piedade e temor, isto é, piedade pelos sofrimentos passados e atuais do herói e temor por

---

[264] Ross, *Aristotle*, p. 282. Sobre o assunto, v. *Aristotle's Theory of Poetry and Fine Arts*, de S. H. Butcher (MacMillan); *Aristotle on the Art of Poetry*, de Ingram Bywater (Oxford).

aqueles que se avultam sobre ele. O objetivo seguinte seria aliviar ou purificar a alma dessas emoções por meio do escape propiciado pela arte. A implicação é que essas emoções são indesejáveis, ou antes que são indesejáveis quando em excesso, mas que todos os homens, ou pelo menos a maioria deles, estão sujeitos a elas, alguns em um grau excessivo, de maneira que é uma prática saudável e benéfica para todos — e necessária em alguns casos — lhes dar a oportunidade periódica de excitação e relaxamento através da arte, ao mesmo tempo que se trata de processo prazeroso. É esta a resposta de Aristóteles à crítica que Platão faz da tragédia na *República*: a tragédia não tem um efeito desmoralizante, antes é um prazer inofensivo. Tendo ao nosso dispor apenas uma *Poética* mutilada, não é possível dizer o quanto Aristóteles reconhecia um elemento intelectual nessa diversão.

A *Política* parece corroborar que Aristóteles tinha em mente um efeito catártico e não um efeito moral purificador.

(i) Segundo Aristóteles, a flauta tem um efeito estimulante, não um efeito ético, e deve ser deixada aos profissionais e reservada aos momentos em que ouvir música é uma κάθαρσις e não uma forma de educação.[265] Infere-se que a catarse se relaciona não com um efeito ético, mas com um efeito emocional.

(ii) Aristóteles aceita as harmonias "entusiásticas" em um Estado bem-ordenado porque elas restabelecem à condição normal aqueles que estão sujeitos a ataques de entusiasmo. Passa então a enumerar três propósitos pelos quais a música deve ser estudada: (*a*) pela "educação", (*b*) pela "purificação" ("empregamos a palavra 'purificação' no presente sem explicação, mas depois, ao falarmos da poesia, trataremos o assunto com maior precisão"), (*c*) "para o gozo intelectual, para o relaxamento e para a recreação após esforço". Tão-só a partir dessa enumeração se pode supor, aplicando-se o que foi dito sobre a tragédia, que o efeito trágico deve ser ao mesmo tempo ético e purgativo. Mas Aristóteles faz uma distinção. "Na educação, melodias éticas devem ser executadas, mas podemos ouvir as melodias da ação e da paixão quando são executadas por outros. Pois sentimentos como piedade e medo, ou ainda entusiasmo, existem com demasiada força em algumas almas e têm maior ou menor influência sobre tudo o mais. Algumas pessoas que caem num frenesi religioso são libertadas por meio do uso de melodias místicas, as quais trazem cura e purificação à alma. Aqueles que são influenciados pela piedade ou medo e por toda emoção natural têm uma experiência similar, outros são instigados até certo ponto por algo que os afeta especialmente, e todos são de certo modo purificados e têm suas almas iluminadas e deleitadas. De igual modo, as melodias de purificação dão um prazer inocente à humanidade".[266] Com isso pareceria que Aristóteles não vê a catarse de piedade e temor, embora um "prazer inocente", como coisa de caráter ético; e, se não é de caráter ético, então a "purificação" não pode ser

---

[265] *Pol.*, 1341 a 17 ss.
[266] *Pol.*, 1342 a 1–16.

interpretada como purificação no sentido ético, mas sim em sentido não ético, isto é, como uma metáfora oriunda da medicina.

Nem todos consideram essa interpretação aceitável. Por exemplo, o Prof. Stace declara que "A teoria de determinados estudiosos de que, por razões etimológicas, a alma é purgada não *através*, mas *da* piedade e do terror, de que por meio de uma diarréia dessas emoções desagradáveis nos livramos delas e ficamos felizes, é o pensamento de homens cuja erudição pode ser estupenda, mas cuja compreensão da arte é limitada. Essa teoria reduziria a grande e iluminadora crítica de Aristóteles ao balbucio sem sentido de um filisteu".[267] A questão, contudo, não é qual é a visão *certa* da tragédia, mas qual era a visão *de Aristóteles*. De qualquer modo, até os defensores da teoria da "diarréia" poderiam concordar com a interpretação do próprio Stace acerca do que Aristóteles queria dizer ("a representação de sofrimentos verdadeiramente grandes e trágicos desperta no espectador a piedade e o terror que purgam o seu espírito e o tornam sereno e puro"), desde que não se compreenda "puro" como um termo do processo educacional.

IV. Origens da tragédia e da comédia

1. Segundo Aristóteles,[268] a tragédia começa com uma "improvisação" feita pelo líder do ditirambo, sem dúvida conduzida entre as duas metades do coro. Portanto, em sua origem estaria ligada ao culto de Dioniso, do mesmo modo como o renascimento do teatro na Europa se ligou aos autos medievais de mistérios.

2. A comédia se iniciou, de modo paralelo, com as canções fálicas, "que ainda sobrevivem como instituições em muitas de nossas cidades". Sem dúvida estava pensando no líder que surge para improvisar algo de indecente.

3. Para Aristóteles, o elemento mais significativo no desenvolvimento do teatro é a crescente importância do ator. Primeiro Ésquilo aumentou o número de atores para dois, diminuindo a incumbência do coro. Sófocles acrescentou um terceiro ator e cenário.

4. Quando foram introduzidas as partes faladas, utilizou-se o metro iâmbico como "o mais falável dos metros". ("A razão para terem utilizado no começo o tetrâmetro trocaico é que sua poesia era satírica e mais ligada à dança do que é hoje").

Mal cabe na história da filosofia a discussão do tópico altamente problemático das origens da tragédia; então irei me contentar com a breve indicação prévia acerca da posição de Aristóteles, a qual oferece dificuldades (i) quanto à sua interpretação e (ii) quanto à sua correção.

---

[267] *Crit. Hist.*, p. 331.
[268] *Poét.*, 1449 a 9–30.

Nota sobre os peripatéticos mais antigos

A Velha Academia deu continuidade à especulação matemática de Platão: os peripatéticos mais antigos deram continuidade à tendência empírica de Aristóteles, seguindo de perto a posição filosófica geral do seu Mestre, embora tenham feito ligeiras modificações e avanços, por exemplo, no campo da lógica. Assim, tanto Teofrasto quanto Eudemo de Rodes aderiram com toda a fidelidade aos princípios metafísicos e éticos de Aristóteles, e isso é especialmente verdadeiro acerca de Eudemo, que foi chamado por Simplício de γνησιώτατος dos discípulos de Aristóteles.[269] Teofrasto defendeu com ardor a doutrina aristotélica da eternidade do mundo contra Zenão de Cítio, o estóico.

Teofrasto de Eresos, em Lesbos, sucedeu Aristóteles como líder da escola peripatética em 322/321 e continuou nessa posição até sua morte em 288/7 ou 287/6.[270] Em especial, ele é notável por seu trabalho de continuação da obra de Aristóteles no campo da ciência empírica. Aplicando-se em particular à botânica, deixou obras sobre o assunto que o tornaram uma autoridade botânica até o fim da Idade Média, enquanto, por meio de seus estudos zoológicos, parece ter percebido o fato de que as mudanças de cor no mundo animal se devem em parte à "adaptação ao ambiente". Erudito de vastos interesses, como o próprio Aristóteles, Teofrasto também compôs uma história da filosofia (a famosa φυσικῶν δόξαι) e obras sobre a história e natureza da religião, Περὶ θεῶν, Περὶ εὐσεβείας e Περὶ τό θεῖον ἱστορία. Dessas obras, só parte da história da filosofia chegou até nós, ao passo que Porfírio preservou algo de Περὶ εὐσεβείας.[271] Crente de que todos os animais são iguais, Teofrasto rejeitou o sacrifício de animais e a ingestão de carne e declarou que todos os homens estão relacionados uns com os outros, e não só com seus companheiros de nação. Pode-se também mencionar sua celebrada obra, *Caráteres*, um estudo de trinta tipos de caráter.

Aristóxeno de Tarento levou consigo para a escola peripatética algumas das teorias pitagóricas tardias, como a doutrina de que a alma é a harmonia do corpo, a qual o levou a negar a imortalidade da alma.[272] Assim defendeu a opinião sugerida por Símias no *Fédon* de Platão. Mas seguiu nas pegadas de Aristóteles com seu trabalho empírico sobre a natureza e história da música.

A teoria da alma de Aristóxeno foi partilhada por Dicearco de Messina,[273] o qual compôs uma βίος Ἑλλάδος, na qual acompanhou a civilização da Grécia pelos estágios de selvageria primitiva, vida nômade e agricultura. Divergiu de Aristóteles ao dar preferência à vida prática sobre a vida teórica.[274] Em seu Τριπολιτικός afirmou que a melhor Constituição é uma mistura dos três tipos

---

[269] Simplício, *Física*, 411, 14.
[270] Dióg. Laér., 5, 36.
[271] Porfírio, Περὶ ἀποχῆς ἐμψύχων.
[272] Cícero, *Tusc.*, 1, 10, 19.
[273] Cíc., *Tusc.*, 1, 10, 21; 31, 77.
[274] Cíc., *Ad. Att.*, 2, 16, 3.

de governo — monarquia, aristocracia e democracia —, e considerou esse tipo de Constituição mista como realizada em Esparta.

Demétrio de Faleros, discípulo de Teofrasto e escritor prolífico,[275] é notável por sua atividade política (chefiou o governo de Atenas de 317 a 307) e por ter incentivado Ptolomeu Soter a fundar a biblioteca e escola de Alexandria (onde o próprio Demétrio se recolheu por volta de 297). Como esse projeto se realizasse por meio de Ptolomeu Filadelfo, sucessor de Ptolomeu Soter, pouco depois do ano 285, Demétrio propiciou o elo entre a obra dos peripatéticos em Atenas e o trabalho de pesquisa e de ciência dos gregos de Alexandria, cidade que se tornaria um celebrado centro de erudição e ensino.

---

[275] Dióg. Laér., 5, 80–1.

CAPÍTULO VIII
Platão e Aristóteles

Platão e Aristóteles são, sem sombra de dúvida, não só os dois maiores filósofos gregos, mas também dois dos maiores filósofos que o mundo já viu. Tinham muito em comum (e como poderia ser diferente, se Aristóteles foi por muitos anos discípulo de Platão e partiu de um ponto de vista platônico?), mas há também uma acentuada diferença de visão entre eles, a qual, caso se prescinda do considerável elemento comum, permite caracterizar suas respectivas filosofias como estando uma para outra em relação de tese (platonismo) e antítese (aristotelismo), uma tese e uma antítese que precisam ser reconciliadas em uma síntese mais alta, no sentido de que os elementos valiosos e verdadeiros em ambos necessitam ser desenvolvidos harmoniosamente em um sistema mais completo e adequado do que só o sistema de cada filósofo tomado separadamente. O platonismo pode ser caracterizado tendo por referência a idéia de Ser, no sentido de realidade permanente e contínua, e o aristotelismo por referência à idéia de vir a ser; mas, se o ser imutável é real, também o são a mudança e o vir a ser, e qualquer sistema adequado de filosofia deve fazer justiça a ambos os aspectos da realidade.

Caracterizar a filosofia de Platão por referência à idéia de ser e a de Aristóteles por referência à idéia de vir a ser é ser culpado de generalização, uma generalização que não representa, claro, toda a verdade. Não tratou Platão do vir a ser, não propôs uma teoria da teleologia — pode-se perguntar com justiça —; não reconheceu o mundo material como a esfera de mudança e não chegou mesmo a admitir explicitamente que a mudança ou movimento (na medida em que está implicado pela natureza da vida ou alma) deve pertencer à esfera do real? Por outro lado, não encontrou Aristóteles um lugar, e um lugar muito importante, para o ser imutável, não descobriu ele, mesmo no mundo material e mutável, um elemento de estabilidade, de fixidez, não declarou que a ocupação mais sublime do homem é a contemplação de objetos imutáveis? Não se pode responder senão de maneira afirmativa a essas questões; ainda assim, a verdade daquela generalização não é eliminada, já que se refere ao que é particularmente característico de cada sistema, ao seu tom ou sabor geral, à orientação geral do pensamento desses filósofos. Tentarei justificar brevemente essa generalização, ou pelo menos indicar as linhas segundo as quais eu tentaria justificá-la em detalhe, caso o espaço permitisse.

Platão, assim como Sócrates, pressupunha a validez dos julgamentos éticos; ainda como Sócrates, tentou alcançar uma apreensão clara dos valores éticos dialeticamente, entesourar sua natureza numa definição, cristalizar a idéia ética.

Veio a perceber, contudo, que, se os conceitos e julgamentos éticos são objetivos e universalmente válidos, esses conceitos devem possuir algum fundamento objetivo. É bastante óbvio que os valores morais são ideais, no sentido de que não são coisas concretas como ovelhas ou cachorros: são o que deve ser realizado no mundo concreto, ou o que é desejável realizar no mundo concreto por meio da conduta humana: daí que a objetividade ligada aos valores não pode ser do mesmo tipo de objetividade ligada a ovelhas e cachorros, antes deve ser uma objetividade ideal ou uma objetividade na ordem ideal. Além disso, as coisas materiais neste mundo se alteram e perecem, ao passo que os valores morais são imutáveis, como acreditava Platão. Este concluía, assim, que os valores morais são essências ideais, mas objetivas, apreendidas intuitivamente ao fim de um processo de dialética. Esses valores morais, contudo, partilham algo com a bondade ou perfeição, de modo que se pode dizer com acerto que participam — ou dela tiram sua bondade ou perfeição — da essência ideal suprema, o bem ou perfeição absoluta, a idéia do bem, o "sol" do mundo ideal.

Dessa forma, Platão elaborou uma metafísica baseada na ética socrática, e, porque baseada no pensamento de Sócrates, ela poderia ser posta na boca de Sócrates sem que se cometesse uma impropriedade. Mas, com o tempo, Platão veio a aplicar essa dialética não só a valores morais e estéticos, mas ao conceito comum em geral, sustentando que, assim como as coisas boas participam da bondade, assim também as substâncias individuais participam da essência específica. Não se pode dizer que esse novo ponto de vista constitua um rompimento radical no pensamento de Platão, na medida em que, como a própria teoria dos valores se baseava em alguma medida em um fundamento lógico (o de que um nome deve ter uma referência objetiva), ela é antes uma extensão daquela teoria; mas o novo ponto de vista forçou Platão a considerar mais de perto não só a relação entre as próprias idéias, mas também entre os objetos sensíveis e as idéias ou essências exemplares. Desenvolveu então sua teoria da estrutura noética hierárquica e da "comunhão" entre as idéias e explicou a participação como imitação, do que resultou que se substituiu, à oposição entre puros valores, de um lado, e portadores desses valores, de outro, a dicotomia entre a verdadeira realidade essencial, a estrutura noética objetiva, e os objetos sensíveis particulares — isto é, entre os originais e os reflexos ou "cópias". Essa divisão veio a assumir a força de uma divisão entre o ser, por um lado, e o vir a ser, por outro, e não há dúvida de qual o lado da divisão no qual se localizava o principal interesse de Platão.

Pode-se objetar que Platão via a essência específica do homem, por exemplo, como um ideal, e que o verdadeiro significado do vir a ser deve ser buscado na aproximação gradual ao ideal e na sua realização no mundo material, na personalidade humana e na sociedade, uma realização que é a tarefa de Deus e dos cooperadores humanos de Deus. Isso é perfeitamente verdadeiro, e não tenho o menor desejo de menoscabar a importância da teleologia na filosofia platônica; mas, mesmo assim, Platão dava ênfase mais decidida à esfera do ser, da verdadeira realidade. Por meio de sua doutrina da teleologia ele sem dúvida admitia alguma relação entre o mundo mutável e o mundo imutável do ser; mas o vir a ser enquanto tal e a particularidade enquanto tal eram para ele o irracional, o fator que deve ser relegado à esfera do indeterminado. Como poderia ser diferente para um pensador para quem a lógica e a ontologia eram a mesma coisa, ou pelo menos coisas paralelas? O pensamento se ocupa do universal e o pensamento apreende o ser: o universal é, assim, o ser, e o particular enquanto tal não é o ser. O universal é imutável, de maneira que o ser é imutável; o particular muda, vem a ser, perece, e, na medida em que muda, se altera e perece, não é ser. A atividade filosófica ou dialética é uma atividade do pensamento e, portanto, ocupa-se em primeiro lugar do ser e só em segundo lugar do vir a ser, na medida em que este "imita" o ser, de tal modo que Platão, enquanto filósofo, tinha por interesse primeiro o ser essencial e imutável. Também estava interessado, é verdade, na conformação do mundo segundo o padrão do ser; mas sem dúvida a ênfase está posta no ser e não no vir a ser.

Pode parecer que muito do que eu disse de Platão se aplicaria igualmente bem, talvez até melhor, a Aristóteles, ele que afirmava que o metafísico está preocupado com o ser enquanto ser, ele que referia a mudança e o vir a ser à causalidade final do primeiro motor imóvel, que ensinou que a mais alta atividade do homem é a contemplação teorética dos objetos imutáveis, daqueles seres que são *par excellence* ser, atualidade, forma. Contudo, esse lado muito real da filosofia aristotélica representa antes um legado platônico, ainda que refinado e desenvolvido pelo próprio Aristóteles. Não tenho a mais mínima intenção de questionar o fato de que Aristóteles atribuía grande importância a esse aspecto de sua filosofia ou o fato de que ele realizou grandes coisas seguindo essa linha de especulação, como, por exemplo, tornar clara a natureza intelectual e imaterial da forma pura, dessa maneira dando uma contribuição de tremendo valor à teologia natural; mas quero perquirir o caráter da contribuição peculiar de Aristóteles à filosofia na medida em que ele se desvia do platonismo, a fim de perguntar qual foi a antítese que Aristóteles pôs à tese platônica.

Qual era a principal objeção de Aristóteles à teoria platônica das idéias? A de que se deixava abrir um abismo intransponível entre os objetos sensíveis e as idéias. Como se diz que os objetos sensíveis imitam ou participam das idéias, seria de se esperar que Platão admitisse algum princípio essencial interno, alguma forma causal no próprio objeto, situando-o em sua classe, constituindo-o em sua essência, ao passo que, na verdade, Platão não admitia um princípio formal interior desse tipo, antes permitia um dualismo entre o universal puro e o particular puro, um dualismo que acabava por privar o mundo sensível da maior parte de sua realidade e sentido. Qual era a resposta de Aristóteles a essa objeção? Embora admitisse a posição platônica geral de que o elemento universal — ou forma essencial — é o objeto da ciência, do conhecimento racional, ele identificava esse elemento universal com a forma essencial imanente do objeto sensível, que, junto de sua matéria, constitui o objeto e é o princípio inteligível no objeto. O princípio formal se realiza na atividade do objeto, como o princípio formal num organismo, sua enteléquia, se expressa em funções orgânicas, se desvela na matéria, organiza, molda e define a matéria, tende em direção a um fim, que é a manifestação adequada da essência, da "idéia" no fenômeno. Toda a natureza é concebida como uma hierarquia de espécies, em cada uma das quais a essência tende em direção à sua plena atualização em uma série de fenômenos, dirigidos, de alguma maneira misteriosa, pela causalidade última e fundamental do supremo motor imóvel, que é ele próprio atualidade completa, ser ou pensamento puro e imaterial, auto-subsistente e autocontido. Assim, a natureza é um processo dinâmico de auto-aperfeiçoamento ou desenvolvimento autônomo, e a série dos fenômenos tem sentido e valor.

Por essa breve exposição das posições de Aristóteles deve ficar bem claro que sua filosofia não é simplesmente uma filosofia do vir a ser. O ser pode ser verdadeiramente predicado acerca de algo na medida em que esse algo é atual, e aquilo que é *par excellence* ser é também *par excellence* atualidade destituída de qualquer potência; o mundo do vir a ser, um mundo de realidade, de redução da potência ao ato, é um mundo em que a atualidade ou ser está sendo constantemente realizado na matéria, no fenômeno, sob a atração final da atualidade ou ser derradeiro; dessa forma, a explicação do vir a ser deve ser encontrada no ser, pois o vir a ser se dá em razão do ser, que é logicamente — mesmo quando não o é temporalmente — prévio. Portanto, se digo que Aristóteles estava possuído pelo conceito do vir a ser, que sua filosofia, enquanto peculiarmente sua, pode com justiça ser caracterizada por referência à sua doutrina do vir a ser, não quero com isso negar que o ser fosse, para ele como para Platão, de suprema importância ou que tenha criado uma metafísica do ser que era, sob alguns aspectos, imensamente superior à de Platão: o que quero dizer é que Aristóteles, através de sua teoria da enteléquia, da forma substancial imanente, que tende à sua realização nos processos da natureza, pôde dar um sentido e uma realidade ao mundo sensível que faltavam à filosofia de Platão, e que sua particular contribuição à filosofia dá um tom e sabor característico ao aristotelismo enquanto distinto do platonismo. Aristóteles disse que o fim do homem é uma atividade, não uma qualidade, ao passo que se tem a impressão de que para Platão a qualidade assumiria precedência sobre a atividade: o "absoluto" de Platão não era a atividade imanente do "pensamento que se pensa" de Aristóteles, e o "absoluto" de Platão era o exemplar supremo. (Não representa uma objeção à minha tese principal o fato de que a caracterização que Aristóteles faz da matéria tendesse a atenuar a realidade e inteligibilidade do mundo material, já que sua doutrina da matéria foi em grande medida determinada por sua educação platônica, e minha tese principal diz respeito à contribuição *peculiar* de Aristóteles à filosofia da natureza).

Aristóteles, portanto, fez uma contribuição da maior importância à filosofia da natureza, e não há dúvida de que via a si próprio como alguém que estava explorando novo terreno. Em primeiro lugar, via sua doutrina da essência *imanente* como uma antítese, ou uma correção, à doutrina platônica da essência transcendental, e, em segundo lugar, seus comentários acerca da emergência da idéia de finalidade na filosofia, ainda que sejam em alguma medida de uma injustiça patente para com Platão, mostram sem margem de dúvida que via sua teoria da teleologia imanente como algo novo. Mas, ainda que Aristóteles oferecesse uma correção ou antítese necessária ao platonismo a esse respeito, ele descartava muita coisa de valor no processo de correção do seu antecessor. Não só a concepção de Platão da providência, da razão divina imanente ao mundo e operando no mundo, foi descartada por Aristóteles, mas também o foi a concepção platônica de causalidade exemplar. Platão pode ter fracassado em criar uma visão sistematizada do ser absoluto como causa exemplar das essências, como fundamento do valor; pode ter fracassado em se aperceber, como se apercebeu Aristóteles, de que a forma imaterial é inteligente, de que a atualidade suprema é a inteligência suprema; pode ter fracassado em reunir e identificar as causas eficiente, exemplar e final; mas, opondo-se à perspectiva inadequada de Platão do objeto concreto neste mundo, Aristóteles acabou perdendo de vista e ignorando a verdade profunda da teoria platônica. Cada um desses pensadores tem, pois, os seus pontos fortes, mas nenhum deles enunciou a verdade completa, mesmo na medida em que esta pode ser alcançada. Você pode ser mais atraído por Platão ou por Aristóteles em razão de afinidade temperamental, mas você não terá razão em rejeitar Platão por Aristóteles ou Aristóteles por Platão: as verdades contidas em suas respectivas filosofias devem ser integradas e harmoniosamente combinadas em uma síntese completa, uma síntese que deve incorporar e refinar aquele princípio cardeal, que ambos tinham em comum, a saber, a convicção de que o completamente real é o completamente inteligível e o completamente bom, ao mesmo tempo se valendo das contribuições peculiares de cada filósofo, na medida em que estas são verdadeiras e, assim, compatíveis.

Nas páginas dedicadas ao neoplatonismo, testemunharemos uma tentativa, bem-sucedida ou fracassada conforme o caso, de realizar essa síntese, uma tentativa que se repetiu no curso da filosofia medieval e moderna; mas vale observar que, se essa síntese é possível, tornou-se possível em larga medida através dos elementos platônicos contidos no aristotelismo. Permitam-me dar um exemplo para clarificar o que quero dizer. Se Aristóteles, ao corrigir o que considerava o caráter excessivamente dualista da antropologia platônica (refiro-me à relação alma-corpo), tivesse rejeitado explicitamente o caráter supra-sensível do princípio racional no homem e reduzido o pensamento, por exemplo, a matéria em movimento, teria de fato oposto uma antítese à teoria platônica, mas essa antítese seria tal que não poderia ser combinada com a tese em uma síntese mais elevada. O fato, contudo, é que Aristóteles, pelo que nos é dado saber, jamais rejeitou a presença de um princípio supra-sensível no homem — ele o afirma em seu *De Anima* —, embora insistisse que a alma não pode habitar *qualquer* corpo, pois é a entelequia de um corpo em particular. Tornou-se possível, assim, uma síntese, que incluiria a idéia aristotélica da alma como a forma do corpo, ao mesmo tempo permitindo, com Platão, que a alma *individual* seja mais do que o corpo e sobreviva à morte com sua identidade individual.

De modo análogo, a princípio pode parecer que o Deus aristotélico, o Pensamento do Pensamento, constitui uma antítese incompatível com a idéia Platônica do bem, a qual, ainda que inteligível, não é descrita como inteligente. Ainda assim, já que a forma pura é não só o inteligível como também o inteligente, o bem absoluto platônico clamava, digamos assim, para ser identificado com o Deus aristotélico, uma identificação que se realizou pelo menos na síntese cristã, de modo que tanto Platão quanto Aristóteles contribuíram com facetas diferentes, embora complementares, do teísmo.

(Nos comentários precedentes falei de uma síntese de platonismo e aristotelismo; mas só se pode falar da necessidade de uma síntese quando estão em questão duas teorias "antitéticas", cada uma das quais mais ou menos correta no que afirma e falsa no que nega. Por exemplo, Platão estava certo em afirmar o exemplarismo e errado em negar a forma substancial imanente, ao passo que Aristóteles estava correto em afirmar sua teoria da forma substancial imanente e errado em negligenciar o exemplarismo. Mas existem outros aspectos de suas filosofias acerca dos quais dificilmente se poderia falar em necessidade de síntese, já que o próprio Aristóteles realizou essa síntese. Por exemplo, a lógica aristotélica, aquela maravilhosa criação de gênio, não precisa ser sintetizada com a lógica platônica, em virtude do simples fato de que foi um tremendo avanço em relação a esta (pelo menos em relação ao que sabemos dela) e abrangia em si o que era de valor nela).

PARTE V
A filosofia pós-aristotélica

CAPÍTULO I
Introdução

1. Com o reinado de Alexandre, o Grande, foram-se os dias da Cidade-Estado grega livre e independente. Durante o reino dele e de seus sucessores, os quais lutaram entre si por poder, qualquer liberdade que as cidades gregas possuíssem não era mais que nominal — dependia no mínimo da boa vontade do soberano supremo. Após a morte do grande conquistador em 323 a.C., devemos falar mais em civilização helenística (isto é, em oposição a helênico no sentido nacional) do que em civilização helênica. Para Alexandre a distinção terminativa entre grego e "bárbaro" era irreal: pensava em termos de Império, não em termos de Cidade: e o resultado foi que, embora o Oriente ainda estivesse aberto à influência do Ocidente, a cultura grega não podia, de sua parte, permanecer indiferente ao novo estado de coisas. Atenas, Esparta, Corinto etc. — estas não eram mais unidades livres e independentes, reunidas num sentimento comum de superioridade cultural às trevas bárbaras circundantes: elas estavam mescladas a um todo maior, e não estava longe o dia em que a Grécia se tornaria nada mais que uma província do Império Romano.

A nova situação política não poderia passar sem reação na filosofia. Tanto Platão quanto Aristóteles foram homens da cidade grega, e para eles o indivíduo era inconcebível à parte da cidade e da vida da cidade: era na cidade que o indivíduo atingia seu fim, vivia a vida reta. Mas, quando a cidade livre se mesclou a um todo cosmopolita maior, não foi mais que natural que viessem à tona não só o cosmopolitismo, com seu ideal de cidadania do mundo, como vemos no estoicismo, mas também o individualismo. Com efeito, esses dois elementos, cosmopolitismo e individualismo, estavam bastante unidos. Pois quando a vida da Cidade-Estado, compacta e abrangente, como Platão e Aristóteles a concebiam, veio abaixo e os cidadãos se integraram a um todo muito maior, o indivíduo foi inevitavelmente largado a si próprio à deriva, não mais ancorado na Cidade-Estado. Era de se esperar, pois, que numa sociedade cosmopolita a filosofia centrasse seu interesse no indivíduo, esforçando-se para responder à sua demanda de guiamento na vida, a qual ele tinha de levar em uma grande sociedade e não mais em uma cidade-família comparativamente menor, de modo que essa filosofia mostrava uma tendência predominantemente ética e prática — como no estoicismo e no epicurismo. A metafísica e a especulação física recuam para o fundo: são de interesse não em si mesmas, mas por proporcionarem uma base e preparação para a ética. Essa concentração no elemento ético torna fácil compreender por que as novas escolas tomavam de empréstimo suas noções metafísicas de outros pensadores, sem tentar uma nova especulação própria.

De fato, quanto a isso é aos pré-socráticos que eles retornam, com o estoicismo a recorrer à física de Heráclito e o epicurismo, ao atomismo de Demócrito. Além disso, as escolas pós-aristotélicas retornaram aos pré-socráticos, pelo menos em parte, em busca de suas idéias ou tendências éticas, com os estóicos a beber na ética cínica e os epicúrios, nos cirenaicos.

Esse interesse ético e prático se assinala particularmente no desenvolvimento das escolas pós-aristotélicas no período romano, pois os romanos não eram, como os gregos, pensadores especulativos e metafísicos; eram predominantemente homens práticos. Os antigos romanos insistiram no *caráter* — a especulação era algo um tanto estranho a eles —, e no Império Romano, quando os antigos ideais e tradições da República sucumbiram, foi precisamente tarefa do filósofo prover o indivíduo de um código de conduta que lhe permitiria guiar sua existência pelo mar da vida, mantendo uma consistência de princípio e ação baseada em certa independência espiritual e moral. Daí o fenômeno dos filósofos-diretores, que desempenharam tarefa um tanto análoga à do diretor espiritual tal qual conhecido no mundo cristão.

Essa concentração no que é prático, o fato de a filosofia ter assumido como sua tarefa prover padrões de vida, naturalmente levou a uma ampla difusão da filosofia entre as classes cultas do mundo helenístico-romano e, assim, a uma espécie de filosofia popular. A filosofia no período romano se tornou mais e mais parte do curso regular da educação (fato que fazia a filosofia ser apresentada de forma a ser facilmente apreendida), e foi dessa forma que a filosofia se tornou rival do cristianismo, quando a nova religião começou a reivindicar a obediência do Império. Com efeito, pode-se dizer que a filosofia, pelo menos em certa medida, ofereceu-se para satisfazer as necessidades e aspirações religiosas do homem. Era comum a descrença na mitologia popular, e onde essa descrença reinava — entre as classes educadas — os que não se satisfaziam com viver sem nenhuma religião se associavam a uma das muitas seitas que vieram do Oriente para o Império e que sem dúvida eram melhor calculadas para satisfazer as aspirações espirituais do homem do que a religião estatal oficial com sua atitude burocrática, ou então se voltavam para a filosofia a fim de satisfazer aquelas necessidades. E é assim que podemos discernir elementos religiosos em um sistema predominantemente ético como o estoicismo, ao passo que no neoplatonismo, a última flor da filosofia antiga, o sincretismo de religião e filosofia chega ao seu cume. Não só: podemos dizer que no neoplatonismo plotiniano, no qual se faz do vôo místico do espírito ou êxtase o ponto mais alto da atividade intelectual, a filosofia tende a se transmutar em religião.

A insistência exclusiva na ética leva a um ideal de independência espiritual e auto-suficiência tal como encontramos no estoicismo e no epicurismo, ao passo que a insistência na religião tende antes a asseverar a dependência para com um princípio transcendente e atribuir a purificação do eu à ação do divino, uma atitude que encontramos em um culto de mistérios como o de Mitra. Deve-se notar, contudo, que ambas as tendências — a tendência de insistir no ético, na perfeição auto-suficiente da personalidade ou aquisição de uma personalidade moral verdadeira, e a tendência de insistir na atitude do adorador para com o divino ou na necessidade do ser humano não auto-suficiente de unir-se com Deus — contribuíram para que se respondesse à mesma carência, a carência do indivíduo no mundo greco-romano de encontrar uma base sólida para sua vida individual, já que também a atitude religiosa trouxe consigo certa independência *vis-à-vis* o Império secular. Claro, na prática as duas atitudes tendiam a se amalgamar, com a ênfase às vezes posta no fator ético (como no estoicismo), às vezes no fator religioso (como nos cultos de mistérios), enquanto que no neoplatonismo houve a tentativa de uma síntese abrangente, com o elemento ético subordinado ao religioso, mas sem perder sua importância.

2. É usual distinguir várias fases no desenvolvimento da filosofia helenístico-romana:[1]

(i) A primeira fase ou período se estende desde o fim do século IV a.C. até meados do séc. I d.C. Esse período se caracteriza pela fundação das filosofias estóica e epicúria, as quais põem ênfase na conduta e na realização da felicidade pessoal, ao mesmo tempo recorrendo ao pensamento pré-socrático em busca de bases cosmológicas para os seus sistemas. Contra esses sistemas "dogmáticos" se levanta o ceticismo de Pirro e seus discípulos, ao qual se deve acrescer o veio cético da Academia intermediária e da nova Academia. A interação entre essas filosofias levou a certo ecletismo, que se mostrou na tendência da parte dos estóicos intermediários, da escola peripatética e da Academia para a assimilação eclética das filosofias uns dos outros.

(ii) O ecletismo, por um lado, e o ceticismo, por outro, continuam no segundo período (de meados do séc. I a.C. a meados do séc. III d.C.), mas esse período é caracterizado por um retorno à "ortodoxia" filosófica. Dá-se grande interesse aos fundadores das escolas, suas vidas, obras e doutrinas, e essa tendência para a "ortodoxia" filosófica é uma contraparte ao ecletismo ainda atuante. Mas o interesse pelo passado também foi fértil na investigação científica, como na edição das obras dos velhos filósofos, comentando-as e interpretando-as. Nessa área, destacam-se os alexandrinos.

Esse interesse científico não é, contudo, a única característica do segundo período. Contra a tendência científica encontramos a tendência ao misticismo religioso, que se torna ainda mais forte. Já se comentou (por exemplo, Praechter, p. 36) que essa tendência tem uma raiz comum com a tendência científica, a saber, o desaparecimento da especulação produtiva. Se este último fator pode levar ao ceticismo ou à devoção a investigações científicas, pode também resultar numa tendência ao misticismo religioso. Essa tendência foi, claro, favorecida pela crescente consciência religiosa da época e pela familiaridade com religiões de origem oriental. Filósofos ocidentais, como os neopitagóricos, esforçaram-se para incorporar esses elementos religiosos-místicos em seus sistemas especulativos, ao passo que pensadores orientais, a exemplo de Fílon de Alexandria, tentaram

---
[1] Cf. Ueberweg-Praechter, pp. 32–33.

sistematizar suas concepções religiosas em uma moldura filosófica. (Pensadores como Fílon também foram influenciados, claro, pelo desejo de triunfar sobre os gregos com suas doutrinas não gregas apresentando-as sob disfarce filosófico).

(iii) O terceiro período (de meados do séc. III a.C. a meados do séc. VI d.C. — ou até, em Alexandria, meados do séc. VII) é o do neoplatonismo. Esse último esforço especulativo da filosofia antiga almejou combinar todos os elementos valiosos nas doutrinas filosóficas e religiosas do Oriente e do Ocidente em um único sistema abrangente, praticamente absorvendo todas as escolas filosóficas e dominando a criação filosófica por alguns séculos, de modo que não pode ser negligenciada em uma história da filosofia ou relegada à lixeira do misticismo esotérico. Além disso, o neoplatonismo exerceu grande influência sobre a especulação cristã: basta pensar nos nomes de Santo Agostinho e Pseudo-Dionísio Areopagita.

3. Uma característica do mundo helenístico que não pode ser desconsiderada é o crescente cultivo das ciências especiais. Vimos como a filosofia e a religião tendem a se tornar uma única coisa: em relação à filosofia e as ciências especiais se pode dizer o contrário. Não só o domínio da filosofia se delineou com maior agudeza do que no princípio do pensamento grego, mas as próprias ciências alcançaram tamanho desenvolvimento que acabaram por requerer tratamento especial. Mais ainda, a melhoria das condições externas de pesquisa e estudo, embora em si mesma em grande medida um resultado da especialização, influenciou, por sua vez, o cultivo das ciências, promovendo uma intensificação do trabalho e pesquisa departamentalizada. O Liceu tinha contribuído muito, claro, para o crescimento e desenvolvimento das ciências, mas na era helenística surgiram institutos, museus e bibliotecas científicas nas grandes capitais de Alexandria, Antioquia e Pérgamo, e em resultado a pesquisa filológica e literária, os estudos matemáticos, médicos e físicos puderam realizar grandes avanços. Assim, de acordo com Tzetzes, a livraria "externa" de Alexandria continha 42.800 volumes, ao passo que a livraria principal no palácio continha cerca de 400 mil volumes "mistos" e 90 mil "não mistos", dos quais estes últimos eram provavelmente rolos pequenos de papiros e aqueles primeiros, rolos maiores. Mais tarde os volumes maiores, divididos em livros, eram reduzidos a volumes "simples". Diz-se que, quando Antônio presenteou Cleópatra com a biblioteca de Pérgamo, deu-lhe 200 mil volumes "simples".

Pode ser, contudo, que a influência da filosofia sobre as ciências especiais nem sempre tenha favorecido o avanço delas, pois às vezes suposições especulativas assumiram um lugar que não lhes cabia e levaram a conclusões apressadas e precipitadas, quando na verdade a experimentação e a observação exata deveriam ter desempenhado seu papel. Por outro lado, as ciências especiais se beneficiaram de ganhar um fundamento filosófico, pois eram assim resgatadas do empirismo cru e de uma orientação exclusivamente prática e utilitária.

CAPÍTULO II
Os primeiros estóicos

1. O fundador da escola estóica foi Zenão, que nasceu por volta de 336/5 a.C. na cidade de Cítio, na ilha de Chipre, e morreu por volta de 264/3 em Atenas. Parece primeiro ter seguido os passos do pai na atividade comercial.[2] Ao vir para Atenas por volta de 315–313, leu as *Memorabilia* de Xenofonte e a *Apologia* de Platão e se encheu de admiração pela força de caráter de Sócrates. Por crer que Crates de Tebas, o cínico, era o homem que mais se assemelhava a Sócrates, tornou-se seu discípulo. Dos cínicos parece ter se voltado em seguida para Estilpo,[3] embora também se conte que Zenão teria ouvido a Xenócrates e, após a morte deste, a Polemon. Por volta do ano 300 a.C. fundou a sua própria escola filosófica, que tomou por nome Στοὰ Ποικίλη, lugar onde lecionava. Diz-se que teria se suicidado. De sua obra só nos restaram fragmentos.

Zenão foi sucedido na direção da escola por Cleantes de Assos (331/30–233/2 ou 231), e este por Crisipo de Solos (na Cilícia) (281/278–208/205), o qual foi chamado de segundo fundador da escola por causa da sistematização que fez das doutrinas estóicas. Εἰ μὴ γὰρ ἦ Χρύσιππος, οὐκ ἂν ἦν Στόα.[4] Diz-se que teria escrito mais de 705 livros e que era afamado por sua dialética, porém não por seu estilo de escrita.

Entre os discípulos de Zenão se contavam Aríston de Quios, Hérilos de Cartago, Dionísio de Heracléia e Pérsio de Cítio. Esfero do Bósforo foi discípulo de Cleantes. Crisipo foi sucedido por dois discípulos, Zenão de Tarso e Diógenes da Selêucia. Este último foi para Roma em 156/5 a.C. acompanhado por outros filósofos para, na condição de embaixadores de Atenas, obterem o perdão da multa. Esses filósofos deram aula em Roma, o que provocou admiração entre a juventude da cidade, embora Catão tenha achado que esses interesses filosóficos não se coadunavam com as virtudes militares e tenha aconselhado o Senado a se livrar daquela embaixada tão logo possível.[5] A Diógenes sucedeu Antípatro de Tarso.

II. A lógica dos estóicos

A lógica era dividida pelos estóicos em dialética e retórica, às quais alguns acresciam a teoria das definições e a teoria dos critérios da verdade.[6] Diremos algo aqui acerca da epistemologia dos estóicos, com omissão da lógica formal deles,

---

[2] Dióg. Laér., 7, 2 e 31.
[3] Dióg. Laér., 7, 2.
[4] Dióg. Laér., 7, 183.
[5] Plutarco, *Cat. Mai.*, 22.
[6] Dióg. Laér., 7, 41–2.

embora possamos apontar o fato de que os estóicos reduziram as dez categorias de Aristóteles a quatro, a saber, o substrato (τό ὑποκείμενον), a constituição essencial (τὸ ποιόν ou τὸ ποιὸν ὑποκείμενον), a constituição acidental (τὸ πῶς ἔχον ou τὸ πῶς ἔχον ποιὸν ὑποκείμενον) e a constituição acidental relativa (τὸ πρός τι πῶς ἔχον, τὸ πρός τι πῶς ἔχον ποιὸν ὑποκείμενον). Também se pode mencionar outra característica da lógica formal dos estóicos. As proposições são simples se seus termos são não-proposições, ou do contrário serão compostas. Afirma-se que a proposição composta "se X, então Y" (τὸ συνημμένον) é (i) verdadeira se X e Y são ambos verdadeiros; (ii) falsa se X é verdadeiro e Y é falso; (iii) verdadeiro se X é falso e Y é verdadeiro; (iv) verdadeira se X e Y são ambos falsos. Assim, a nossa implicação "material" é distinguida de nossa implicação "formal", de nossa implicação "estrita" e da vinculação por necessidade ontológica.[7]

Os estóicos rejeitavam não só a doutrina platônica do universal transcendental, mas também a doutrina aristotélica do concreto universal. Só o indivíduo existe e nosso conhecimento é conhecimento de objetos particulares. Esses particulares deixam uma impressão na alma (τύπωσις — segundo Zenão e Cleantes — ou ἑτεροίωσις — segundo Crisipo), e o conhecimento é basicamente conhecimento dessa impressão. Os estóicos adotaram, pois, a posição oposta de Platão, pois, se Platão depreciava a percepção sensível, por sua vez os estóicos fundavam todo o conhecimento na percepção sensível. Certamente ecoariam as palavras de Antístenes no sentido de que viu um cavalo, mas não a "cavalidade". (Zenão, como vimos, tornou-se discípulo de Crates, o cínico). A alma é originalmente uma *tabula rasa*, e, afim de que ela possa conhecer, existe a necessidade de percepção. Os estóicos não negam, claro, que temos conhecimento de nossos estados e atividades interiores, mas Crisipo reduziu esse conhecimento também à percepção, o que se tornou ainda mais fácil em razão de considerar esses estados e atividades como processos materiais. Depois do ato de percepção resta uma memória (μνήμη), quando o objeto atual já não está lá, e a experiência surge de uma pluralidade de recordações similares (ἐμπείρια).

Os estóicos eram, pois, empiricistas, até mesmo "sensualistas"; mas também defendiam um racionalismo que mal se coadunava com uma posição de todo empiricista e nominalista. Pois, embora afirmassem que a razão (λόγος, νοῦς) é produto de um desenvolvimento, na medida em que cresce de forma gradual a partir das percepções e se forma apenas por volta dos quatorze anos, também defendiam não só que existem idéias gerais formadas por deliberação do indivíduo, como também que existem idéias gerais (ποιναὶ ἔννοιαι ou προλήψεις) que aparentemente antecedem a experiência (ἔμφυτοι προλήψεις) por termos uma predisposição natural para formá-las — idéias virtualmente inatas, poderíamos chamá-las. Mais ainda, é só por meio da razão que o sistema da realidade pode ser conhecido.

Os estóicos davam bastante atenção à questão do critério da verdade. Chamavam-no φαντασία καταληπτική, a percepção ou representação apreensiva.

---

[7] Sexto Empírico, *Pyrr. Hyp.*, 2, 105; *Adv. Math.*, 8, 449.

O critério da verdade reside, então, na própria percepção, a saber, na percepção que impele o assentimento da alma, isto é, seu assentimento a todos os intentos e propósitos na percepção clara. (Isso é pouco compatível com a visão de que só a ciência pode nos dar conhecimento certo acerca da realidade). Contudo, surge a dificuldade de que a alma pode reter o assentimento ao que é objetivamente uma percepção verdadeira. Assim, quando Alceste apareceu para Admeto vinda dos ínferos, seu marido teve uma percepção clara dela, mas mesmo assim ele não assentiu a essa percepção clara em razão de obstáculos subjetivos, a saber, a crença de que os mortos não voltam novamente a este mundo, ao passo que, por outro lado, podem ocorrer aparições enganosas de mortos. Por conta desse tipo de objeção, os estóicos posteriores, como Sexto Empírico nos conta, acresceram o critério da verdade, "que não tem obstáculo algum". Objetivamente, a percepção da Alceste morta tem o valor de um critério de verdade — pois é objetivamente uma καταληπτική φαντασία —, mas, do ponto de vista subjetivo, aquela percepção não pode ter essa função por conta de uma crença que age como um obstáculo subjetivo.[8] Tudo isso está muito bem posto, mas permanece a dificuldade de averiguar quando se manifesta ou não esse obstáculo.

III. A cosmologia dos estóicos

Em sua cosmologia, os estóicos buscaram em Heráclito a sua doutrina do Logos e do fogo como substância do mundo; mas nela também estão presentes elementos tomados de empréstimo a Platão e Aristóteles. Assim, o λόγοι σπερματικοί parece ser uma transposição da teoria das idéias para o plano material.

Segundo os estóicos, existem dois princípios na realidade, τὸ ποιοῦν e τὸ πάσχον. Mas isso não é um dualismo como encontramos em Platão, já que o princípio ativo, τὸ ποιοῦν, não é espiritual, mas material. De fato, mal chega a ser um dualismo, já que ambos os princípios são materiais e juntos formam um todo. Logo, a doutrina estóica é um materialismo monista, ainda que essa posição não seja defendida de maneira sólida. Não se tem certeza sobre qual fosse a visão de Zenão, mas Cleantes e Crisipo parecem ter visto os dois fatores como afinal um e o mesmo.

> Todas as coisas não são senão partes de um todo estupendo,
> Do qual a natureza é o corpo e Deus, a alma.[9]

O princípio passivo é a matéria desprovida de qualidades, ao passo que o princípio ativo é a razão imanente ou Deus. A beleza natural ou a finalidade na natureza indica a existência de um princípio de pensamento no universo, Deus, o qual, em Sua Providência, tudo ordenou para o bem do homem. Mais ainda, já que o mais elevado fenômeno da natureza, o homem, possui consciência, não podemos supor que o mundo inteiro seja desprovido de consciência, pois o

---

[8] Sex. Emp., *Adv. Math.*, 7, 254 ss.
[9] Pope, *Essay on Man*, I, 267.

todo não pode ser menos perfeito que a parte. Portanto, Deus é a consciência do mundo. Contudo, Deus, assim como o substrato no qual age, é material. "(Zenão) *Nullo modo arbitrabatur quid quam effici posse ab ea (natura) quae expers esset corporis — nec vero aut quod efficeret aut quod efficeretur, posse esse non corpus*".[10] ὄντα γὰρ μόνα τὰ σώματα καλοῦσιν.[11] Como Heráclito, os estóicos tomaram o fogo como a substância de tudo. Deus é o fogo ativo (πῦρ τεχνικόν), que é imanente ao universo (πνεῦμα διῆκον δι' ὅλου τοῦ κόσμου), mas Ele é ao mesmo tempo a fonte primordial a partir da qual surgem os elementos mais grosseiros que conformam o mundo material. Esses elementos mais grosseiros procedem de Deus e após certo decurso se resolvem n'Ele de novo, de modo que tudo o que existe é ou o fogo primal — Deus em Si mesmo — ou Deus em seus diferentes estados. Quando o mundo está em estado de existência, Deus está para ele como a alma para o corpo, na condição de alma do mundo. Ele não é algo inteiramente diferente daquilo que constitui o mundo, o Seu Corpo, mas é uma matéria mais delgada, o princípio movente e formativo — a matéria mais grosseira, da qual o mundo é formado, é ela mesma imóvel e informada, embora capaz de receber todo tipo de movimento e forma. "*Zenoni et reliquis fere Stoicis aether videtur summus deus, mente praeditus, qua omnia reguntur*".[12]

Assim, Deus, ὁ Λόγος, é o princípio ativo que contém em si as formas ativas de todas as coisas que devem ser, e essas formas são os λόγοι σπερματικοί. Essas formas ativas — mas materiais — são como "sementes", por cuja atividade as coisas individuais vêm a ser à medida que o mundo se desenvolve; ou, antes, são sementes que se desdobram nas formas das coisas individuais. (A concepção de λόγοι σπρερματικοί se encontra no neoplatonismo e em Santo Agostinho sob o nome de *rationes seminales*). No desenvolvimento real do mundo parte do vapor ígneo em que Deus consiste se transforma em ar, e a partir do ar se forma a água. De parte da água vem a terra, enquanto uma segunda parte permanece água e uma terceira é transformada em ar, o qual, por meio da rarefação, se torna o fogo elementar. Assim vem a existir o "corpo" de Deus.

Ora, Heráclito, como vimos, muito provavelmente jamais ensinou a doutrina da conflagração universal, segundo a qual o mundo inteiro retorna ao fogo primevo do qual nascera. Contudo, os estóicos sem dúvida acresceram a doutrina da ἐκπύρωσις, segundo a qual Deus forma o mundo e depois o toma de volta para si por meio de uma conflagração universal, de modo que há uma série infindável de construções de mundo e destruições de mundo. Além disso, cada novo mundo se assemelha ao precedente em todos os pormenores, com cada homem individual, por exemplo, a reaparecer em cada novo mundo e a realizar as mesmas e idênticas ações que realizara em sua existência prévia. (Veja-se a idéia de Nietzsche de "Eterno Retorno"). Em conseqüência, os estóicos negavam a liberdade humana, ou, antes, para eles a liberdade significava

---

[10] Cíc., *Acad. Post.*, 1, 11, 39.
[11] Plut., *De Comm. Notit.*, 1073 c.
[12] Cíc., *Acad. Prior*, 2, 41, 126.

fazer de maneira consciente, com concordância, o que se faria de todo modo. (O que nos faz lembrar de Espinoza). Eles expressavam esse reino da necessidade com o conceito de destino (Ἐιμαρμένη), mas o destino não é algo diferente de Deus e da razão universal, nem é diferente da Providência (Πρόνοια) que ordena todas as coisas da melhor forma. O destino e a Providência não são senão aspectos diferentes de Deus. Mas esse determinismo cosmológico se altera com a insistência dos estóicos sobre a liberdade interior, no sentido de que um homem pode mudar sua avaliação dos acontecimentos e sua atitude para com eles, vendo-os e saudando-os como expressão da "vontade de Deus". Nesse sentido, o homem é livre.

Já que os estóicos defendiam que Deus ordena todas as coisas da melhor maneira, tinham de explicar o mal que há no mundo ou pelo menos colocá-lo em harmonia com seu "otimismo". Crisipo, em especial, tomou para si a perene dificuldade de formular uma teodicéia, assumindo como seu princípio fundamental a teoria de que a imperfeição dos indivíduos serve à perfeição do todo. Disso se concluiria que na verdade não existe nenhum mal, desde que as coisas sejam vistas *sub specie aeternitatis*. (Se nos lembrarmos aqui de Espinoza, também nos lembraremos de Leibniz, não só pelo otimismo estóico deles, mas também pela doutrina defendida por ambos de que nenhum fenômeno individual na natureza pode ser completamente idêntico a outro). Em seu quarto livro sobre a Providência, Crisipo argumenta que os bens não poderiam ter existido sem os males, e para tanto argumenta que um par de contrários não podem existir um sem o outro, de maneira que, caso você remova um, está removendo também o outro.[13] Há, sem dúvida, muita verdade nisso. Por exemplo, a existência de uma criatura sensível capaz de prazer implica também a capacidade de sentir dor — a menos que, é claro, Deus determine que seja de outra maneira; mas agora estamos falando do estado natural de coisas e não das disposições divinas preternaturais. Ademais, a dor, embora tratada como um mal, poderia parecer — sob certo aspecto — um bem. Por exemplo, dada a possibilidade de nossos dentes caírem, a dor de dente pareceria um inequívoco bem ou benefício. A privação da ordem correta nos dentes é sem dúvida um mal, mas — dada a possibilidade de que caiam — ficaríamos em pior situação se a dor de dente fosse impossível, já que serve de aviso de perigo, alertando-nos de que é hora de procurarmos um dentista. De modo similar, se nunca sentíssemos fome — que é uma dor —, poderíamos arruinar nossa saúde com uma nutrição insuficiente. Crisipo percebeu isso com clareza e argumentou que é bom para o homem ter uma cabeça de construção delicada, embora o fato mesmo de sua construção delicada envolva ao mesmo tempo a possibilidade de perigo oferecida mesmo por uma pancada relativamente fraca.

Mas, se o mal físico não oferece tanta dificuldade assim, que dizer do mal moral? De acordo com os estóicos, nenhum ato é mal e repreensível *em si mesmo*: é a intenção, a condição moral do agente do qual o ato parte, que torna o

---

[13] Apud Gélio, *Noctes Atticae*, 6, 1.

ato mal: o ato enquanto entidade física é indiferente. (Caso se interprete isso no sentido de que uma boa intenção justifica qualquer ato, então esse ato é conforme a ordem moral e será ou bom ou mau — ainda que, se o agente realiza um ato mau com uma intenção sinceramente boa em estado de ignorância inculpável do fato de que esse ato é contrário à boa razão, a ação será só *materialiter* má e o agente não será culpado de pecado formal.[14] Contudo, se o ato for considerado apenas em si mesmo, como uma entidade positiva separada de seu caráter como um ato humano, então Crisipo está correto em dizer que o ato enquanto tal não é mau — com efeito, é um bem. Pode-se mostrar com facilidade por meio de um exemplo que ele não pode ser mau em si mesmo. A ação física, o elemento positivo, é precisamente o mesmo quando um homem é assassinado com um tiro e quando é atingido lutando numa guerra justa: não é o elemento positivo no assassinato, a ação considerada do ponto de vista meramente abstrato, que é um mal *moral*. O mal moral, considerado em si mesmo, não pode ser uma entidade positiva, já que isso impactaria a bondade do Criador, a fonte de todo o ser. O mal moral consiste essencialmente numa privação da ordem correta na vontade humana, que, no ato humano mau, está fora de harmonia com a boa razão). Ora, se o homem pode ter uma boa intenção, também pode ter uma má intenção; daí que, na esfera moral, não menos que na esfera física, os contrários implicam-se um ao outro. Como, perguntava Crisipo, se pode compreender a coragem sem ter em vista a covardia ou a justiça sem ter em vista a injustiça? Assim como a capacidade de sentir prazer implica a capacidade de sentir dor, de igual modo a capacidade de ser justo implica a capacidade de ser injusto.

Na medida em que acreditava que a capacidade para a virtude implica *de facto* a capacidade para o vício, Crisipo estava enunciando uma verdade, já que para o homem, em seu presente estado neste mundo, com sua apreensão limitada do *Summum Bonum*, a liberdade de ser virtuoso implica também a liberdade de cometer pecado, de maneira tal que, se a posse da liberdade moral é uma coisa boa para o homem, e se é melhor poder escolher a virtude livremente (ainda que isso implique a possibilidade de vício) do que não ter nenhuma liberdade, então não se pode derivar nenhum argumento válido contra a Providência divina a partir da possibilidade, ou mesmo existência, do mal moral no mundo. Mas, na medida em que Crisipo implica que a presença da virtude no universo requer necessariamente que exista o seu contrário, com o argumento de que os opostos sempre se envolvem um ao outro, está assim dizendo uma falsidade, pois a liberdade moral humana, ainda que envolva a *possibilidade* de vício nesta vida, não envolve necessariamente a sua atualidade. (A explicação do mal moral, bem como do mal físico, que consiste em dizer que o bem é posto em maior relevo pela presença do mal, pode, se levada mais longe, implicar a mesma visão falsa. Dada a ordem presente do mundo, é certamente melhor que o homem seja livre,

---

[14] Um ato, isto é, um ato humano oriundo do livre arbítrio do agente humano, é *materialiter* (ou objetivamente) bom ou mau na medida em que está objetivamente em conformidade ou não com a boa razão, com a Lei Natural objetiva. A intenção consciente do agente não pode alterar o caráter objetivo ou material de um ato humano, ainda que, no caso de um ato objetivamente mau, possa desculpá-lo de uma falta moral formal.

e assim *apto* a pecar, do que existir sem liberdade; mas é melhor que o homem use sua liberdade para escolher ações virtuosas, e a melhor situação do mundo seria que todos os homens sempre escolhessem fazer o que é certo, não importa o quanto a presença do vício ponha em relevo o bem).

Crisipo não foi tão feliz ao especular se os infortúnios externos não poderiam se dever a um descuido da Providência, como quando acidentes insignificantes ocorrem em uma casa enorme em geral bem administrada por conta de algum tipo de negligência;[15] mas ele viu com acerto que aqueles males físicos que sucedem ao bem podem se transformar em uma bênção, tanto para o indivíduo (por meio de sua atitude interior para com eles) quanto para a humanidade em geral (como no caso de estímulo à investigação e progresso da medicina). Ademais, é interessante notar que Crisipo oferece um argumento que voltará a surgir mais tarde com o neoplatonismo, Santo Agostinho, Berkeley e Leibniz, no sentido de que o mal no universo põe o bem em maior relevo, do mesmo modo como o contraste de luz e sombra é agradável numa pintura ou, para usar um exemplo dado por Crisipo, como no fato de que "Comédias contêm versos grotescos que, embora ruins em si mesmos, de todo modo emprestam certa graça à peça como um todo".[16]

Em objetos inorgânicos a razão universal ou πνεῦμα opera como um ἕξις ou princípio de coesão, e isso também se aplica às plantas — que não possuem alma —, embora nelas o ἕξις tenha poder de movimento e tenha se elevado à categoria de φύσις. Nos animais há alma (ψυχή), o que se manifesta nas capacidades de φαντασία e ὁρμή, e nos seres humanos há razão. A alma do homem é, logo, a mais nobre das almas: com efeito, ela é parte do fogo divino que desceu aos homens quando de sua criação e é assim passada de geração a geração, pois, como tudo o mais, ela é material. Τὸ ἡγεμονικόν, a parte dominante da alma, tem seu lugar, segundo Crisipo, no coração, aparentemente por se supor que a voz, que é a expressão do pensamento, vem do coração. (Alguns outros estóicos situavam τὸ ἡγεμονικόν na cabeça). A imortalidade pessoal mal cabia no sistema estóico, e os estóicos admitiam que todas as almas retornam ao fogo primevo quando ocorre a conflagração. A única disputa era acerca de quais almas persistem após a morte até a conflagração; e, se Cleantes considerava que isso se aplica a todas as almas humanas, Crisipo, de sua parte, achava que se aplicava apenas às almas dos sábios.

Em um sistema monista como o dos estóicos dificilmente esperaríamos encontrar qualquer atitude de devoção pessoal para com o princípio divino; mas a verdade é que essa tendência se mostra bem patente. Ela é particularmente observável no celebrado hino a Zeus de autoria de Cleantes:

> Ó Deus o mais glorioso, chamado por muitos nomes,
> Grande Rei da natureza, durante incontáveis anos o mesmo;

---

[15] Plut., *De Stoic. Repugn.*, 1051 c.
[16] Plut., *De Comm. Notit.*, 1065 d; Marco Aurélio, *Meditações*, VI, 42.

Vós, Onipotência, que por vosso justo decreto
Controlais tudo, louvado sejais, Zeus, pois a vós
Devem todas as criaturas de todas as terras chamar.
Somos vossos filhos, somente nós, que por todos
Os amplos caminhos do mundo vagamos aqui e acolá,
Carregando vossa imagem aonde quer que vamos.
Por conseguinte com canções de louvor mostrarei vosso poder.
Ah, lá o céu, que ao redor da terra é revolvido,
Segue a vossa ordem, a ti deve
Feliz homenagem; vossa mão inconquistável
Maneja aquele flamejante ministro,
O trovão, uma espada de dois gumes, cujo poder mortal
Pulsa em tudo o que a Natureza traz à luz;
Veículo da Palavra universal, que flui
Por tudo, e que brilha na luz celestial
De estrelas grandes como pequenas. Ó Rei dos Reis
Por incessantes eras, Deus, cujo propósito faz
Nascer tudo que na terra ou no mar
É forjado, ou na imensidão do alto céu;
Perdoa o que o pecador faz ensandecido.
Sabeis tornar reto o tortuoso:
Para vós o caos é ordem: em vossos olhos
O não amado é amável, vós que harmonizastes
As coisas más com as boas, para que houvesse
Uma palavra a percorrer todas as coisas eternamente.
Uma Palavra — ah! — que os maus rejeitam;
Carentes de bem seus espíritos urram:
No entanto o ver não vê e o ouvir não ouve
A lei universal de Deus, que trará felicidade
Àqueles que, guiados pela razão, a reverenciam.
Os demais, insensatos, seguem diversas formas de pecado
Auto-induzido: para ter um nome indolente
No rol da fama em vão se esforçam:
Outros cortejam desordenadamente as riquezas,
Ou se enlanguescem, perseguem as alegrias da carne.
Ora aqui, ora ali, vagam baldados,
Sempre a buscar o bem e a encontrar a doença.
Zeus, o todo belo, que encobre a escuridão,
Cujo raio brilha nas nuvens trovejantes;
Salvai vossos filhos do movimento mortal do erro:
Removei a escuridão de suas almas.
Garanti que alcancem o conhecimento;
Pois através do conhecimento vos tornastes forte para reinar

Sobre tudo, e todas as coisas governais retamente.
Nós vos louvaremos,
Celebrando vossas obras continuamente com canções,
Como devem fazer os mortais; pois maior galardão
Não cabe nem aos deuses do que com justiça adorar
Para sempre a lei universal.[17]

Mas essa atitude de devoção pessoal para com o princípio supremo da parte de alguns estóicos não significa que rejeitassem a religião popular; ao contrário, incumbiram-se de protegê-la. Zenão de fato declarou que as orações e sacrifícios não têm proveito algum, mas o politeísmo era de todo modo justificado pelos estóicos com o argumento de que o princípio único ou Zeus se manifesta nos fenômenos, como no caso dos corpos celestes, de maneira que a reverência ao divino se deve a essas manifestações — uma referência que também deve ser estendida aos homens deificados ou "heróis". Ademais, o estoicismo reservou um lugar para a divinação e os oráculos. Esse fato não deve causar nenhuma surpresa, se levarmos em conta que os estóicos defendiam uma doutrina determinista e sustentavam que todas as partes e acontecimentos do universo estão mutuamente interconectados.

IV. A ética estóica

A importância da parte ética da filosofia para os estóicos pode ser exemplificada pela descrição da filosofia oferecida por Sêneca. Sêneca pertence, claro, ao grupo dos estóicos tardios, mas ainda assim a ênfase que ele dá à filosofia como ciência da conduta era comum também aos primeiros estóicos. *Philosophia nihil aliud est quam recta vivendi ratio vel honeste vivendi scientia vel ars rectae vitae agendae. Non errabimus, si dixerimus philosophiam esse legem bene honeste-que vivendi, et et qui dixerit illam regulam vitae, suum illi nomen reddidit.*[18] Portanto, a filosofia se ocupa principalmente da conduta. Ora, a finalidade da vida, a felicidade, εὐδαιμονία, consiste na virtude (no sentido estóico do termo), isto é, na vida natural ou vida de acordo com a natureza (ὁμολογουμένως τῇ φύσει ζῆν), a concordância da ação humana com a lei da natureza, ou da vontade humana com a vontade divina. Daí a famosa máxima estóica, "Viva de acordo com a natureza". Para o homem, são uma e a mesma coisa conformar-se às leis do universo em sentido amplo e conformar sua conduta à sua própria natureza essencial, já que o universo é governado pela lei da natureza. Se os primeiros estóicos pensavam na "Natureza", a Φύσις que o homem deve seguir, como a natureza do universo, os estóicos posteriores a Crisipo propendiam a concebê-la de um ponto de vista mais antropológico.

A concepção estóica da vida de acordo com a natureza difere, por conseguinte, da velha concepção cínica, como exemplificado na conduta e ensino de

---

[17] Trad. Dr. James Adam, citado em Hick, *Stoic and Epicurean*, pp. 14-16 (Longmans, 1910).
[18] Sêneca, frag. 17.

Diógenes. Para os cínicos a "natureza" significava antes o primitivo e instintivo, e assim a vida de acordo com a natureza implicava um desprezo pelas convenções e tradições da sociedade civilizada, um desprezo que se externava em conduta que era excêntrica e não raro indecente. Por outro lado, para os estóicos a vida de acordo com a natureza significava viver segundo o princípio que é ativo na natureza, λόγος, o princípio partilhado pela alma humana. Assim, de acordo com os estóicos a finalidade ética consiste essencialmente na submissão à ordem divinamente estabelecida do mundo, e Plutarco nos informa que era um princípio geral de Crisipo iniciar todas as investigações éticas pela consideração da ordem e arranjo do universo.[19]

O instinto fundamental implantado no animal pela natureza é o instinto de autopreservação, o que significa exatamente o que chamaríamos de auto-aperfeiçoamento ou desenvolvimento pessoal. Ora, o homem é dotado de razão, a faculdade que lhe dá sua superioridade sobre as feras: logo, para o homem "a vida de acordo com a natureza é corretamente compreendida como vida segundo a razão. Daí a definição de Zenão de que a finalidade da vida é viver em conformidade com a natureza, o que significa viver uma vida de virtude, já que é à virtude que a natureza leva. Por outro lado, uma vida virtuosa é uma vida que se coaduna à nossa experiência do processo da natureza, com nossas naturezas humanas sendo apenas partes da natureza universal. Logo, deve-se almejar uma vida que acompanha a natureza, o que se interpreta não só como nossa própria natureza, mas como a natureza do universo, uma vida na qual não fazemos nada que seja proibido pelo universal, isto é, pela razão reta, a qual permeia todas as coisas e é idêntica a Zeus, o guia e governante do universo".[20] A descrição que Diógenes Laércio faz do ensinamento dos estóicos declara que a virtude é uma vida conforme a natureza, já que a vida conforme a natureza é, para o homem, uma vida de acordo com a razão reta. (Como já foi observado por outros, isso não nos diz muito, já que as afirmações de que é sensato viver de acordo com a natureza e natural viver de acordo com a razão não nos ajudam muito a determinar o conteúdo da virtude.)

Como os estóicos diziam que tudo obedece necessariamente às leis da natureza, era inevitável que surgisse a objeção: "De que serve dizer ao homem que obedeça às leis da natureza, já que ele não pode deixar de fazê-lo?". Os estóicos respondiam que o homem é um animal e, assim, embora siga de todo modo as leis da natureza, tem o privilégio de conhecer essas leis e assentir conscientemente a elas. Daí haver propósito na exortação moral: o homem é livre para mudar sua atitude interior. (Disso resulta, claro, uma modificação da posição determinista, para dizer o mínimo — mas assim nenhum determinista é ou pode ser realmente consistente, e os estóicos não são exceção à regra.) Como conseqüência, nenhuma ação é em si mesma certa ou errada, pois o determinismo não admite a ação voluntária e a responsabilidade moral, ao passo que num

---

[19] Plut., *De Stoic. Repugn.*, c. 9 (1035 a 1–f 22).
[20] Dióg. Laér., 7, 86 ss.

sistema monista o mal só é realmente mau quando visto a partir de um ponto de vista particular — *sub specie aeternitatis* tudo é certo e bom. Os estóicos parecem ter aceitado — ao menos teoricamente — a noção de que nenhuma ação é errada em si mesma, como quando Zenão diz que até o canibalismo, o incesto e a homossexualidade não são errados em si mesmos.[21] Zenão não queria, é claro, recomendar essas ações; queria apenas dizer que o ato físico é indiferente e que o mal moral se circunscreve à vontade e intenção humana.[22] Cleantes afirmou que o ser humano segue necessariamente o caminho do destino: "se, inclinada ao mal, minha alma se rebela, tenho ainda assim de segui-la".[23] O mesmo pensamento reaparece no celebrado dito de Sêneca: *Ducunt volentem fata, nolentem trahunt.*[24] Contudo, o determinismo dos estóicos foi em grande parte modificado na prática, já que a doutrina de que o sábio é aquele que *conscientemente* segue o caminho do destino (uma doutrina exposta no dito há pouco citado de Sêneca), quando posta a par da ética exortatória, implica liberdade em alguma medida, como já comentamos — o homem é livre para mudar sua atitude interior e adotar uma postura de submissão e resignação, não de rebelião. Ademais, os estóicos admitiam uma escala de valores, como veremos, e fica assim implícito que o sábio é livre para escolher os valores mais elevados e evitar os mais baixos. Mas nenhum sistema determinístico pode ser consistente na prática, fato que não deve causar surpresa, já que a liberdade é uma atualidade de que estamos conscientes, e, mesmo que ela seja negada teoricamente, ressurge pela porta dos fundos.

De acordo com os estóicos, só a virtude é boa no sentido pleno da palavra: tudo que não é virtude nem vício também não é nem bom nem mau, mas indiferente (ἀδιάφορον). "A virtude é uma disposição conformável à razão, desejável em si e por si mesma e não por qualquer esperança ou medo ou qualquer motivo externo".[25] Foi em conformidade a essa visão da auto-suficiência e desejabilidade inata da virtude que os mitos platônicos acerca de recompensas e punições na outra vida foram ridicularizados por Crisipo. (Podemos comparar isso à doutrina de Kant.) Contudo, quanto a esse reino intermediário do indiferente, os estóicos admitiam que algumas coisas são preferíveis (προηγμένα) e outras devem ser rejeitadas (ἀποπροηγένα), ao passo que outras são indiferentes em sentido mais estrito. Isso era uma concessão feita à prática, talvez às custas da teoria, mas sem dúvida a doutrina estóica requeria que a virtude consistisse na conformidade com a natureza. Daí que entre as coisas moralmente indiferentes os estóicos distinguissem (i) aquelas que estão de acordo com a natureza e às quais se pode atribuir um valor (τὰ προηγμένα); (ii) aquelas que são contrárias à natureza e por isso sem valor (τὰ ἀποπροηγμένα); e (iii) aquelas coisas que não possuem valor nem "desvalor" (τὰ ἀπαξία). Dessa maneira, construíram

---

[21] Von Arnim, *Stoic. Vet. Frag.*, vol. I, pp. 59-60. (Pearson, pp. 210 ss.)
[22] Cf. Orígenes, *C. Cels.*, 4, 45 (p. 11, 1101).
[23] Frag. 91. (Pearson, *The Fragments of Zeno and Cleanthes*, 1891.)
[24] Sên., *Cartas*, 107, 11.
[25] Dióg. Laér., 7, 89.

uma escala de valores. O prazer é resultado ou acompanhamento da atividade e jamais pode ser transformado em fim. Todos os estóicos estavam de acordo quanto a isso, embora nem todos fossem tão longe como Cleantes, que defendia que o prazer não é conforme a natureza.

As virtudes cardeais são intuição moral (φρόνησις), coragem, autocontrole ou temperança e justiça. Essas virtudes se sustentam ou vão abaixo juntas, no sentido de que aquele que possui uma possui todas. Zenão encontrou a fonte comum de todas as virtudes na φρόνησις, ao passo que Cleantes a encontrou no autocontrole, desse modo φρόνησις sendo substituída pela ἐγκράτεια. Apesar das diferenças, contudo, os estóicos em geral aderiam ao princípio de que as virtudes estão indissoluvelmente ligadas como expressões de um mesmo caráter, de modo que a presença de uma virtude implica a presença de todas. Inversamente, acreditavam que, quando um vício está presente, todos devem estar presentes. O caráter é, pois, o principal ponto enfatizado, e a conduta verdadeiramente virtuosa — que é o cumprimento do dever (τὸ καθῆκον, termo aparentemente criado por Zenão, a denotar mais o que é conveniente do que o dever como o entendemos) — é desempenhada apenas pelo sábio. O sábio é desprovido de paixões, e quanto ao seu valor interior não se situa abaixo de ninguém, nem mesmo de Zeus. Além disso, é senhor da sua própria vida e pode cometer suicídio.

Se todas as virtudes estão unidas umas às outras a ponto de que possuir uma dela seja possuir também as outras, é um passo simples supor que não existem graus na virtude. Ou o homem é virtuoso, isto é, completamente virtuoso, ou não é virtuoso de modo algum. E essa parece ter sido a posição dos primeiros estóicos. Daí que, de acordo com Crisipo, um homem que *quase* concluiu o caminho do progresso moral ainda não é virtuoso, ainda não alcançou a virtude que é a verdadeira felicidade. Uma conseqüência dessa doutrina é que bem poucos alcançam a virtude, e só em idade avançada. "O homem anda na perversidade toda a sua vida, ou, de qualquer modo, durante a maior parte dela. Se alguma vez alcança a virtude, já é tarde e no crepúsculo mesmo dos seus dias".[26] Mas, se esse idealismo moral estrito é característico do primeiro estoicismo, os estóicos posteriores enfatizavam muito mais a concepção de progresso, centrando sua atenção no encorajamento a que o homem inicie e continue no caminho da virtude. Ao admitir que nenhum indivíduo corresponde ao ideal do sábio, dividiam a humanidade em tolos e naqueles que estão avançando em direção à virtude ou sabedoria.

É coisa característica da ética estóica a sua doutrina acerca das paixões e afeições. Estas — prazer (ἡδονή), tristeza ou depressão (λύπη), desejo (ἐπιθυμια) e medo (φόβος) são irracionais e não naturais; e assim não é tanto questão de moderá-las e regulá-las, e sim de livrar-se delas inteiramente e chegar a um estado de apatia. Devem ser eliminadas no mínimo quando se tornam hábitos (νόσοι ψυχῆς). Daí que a ética estóica na prática seja em grande medida contra as "afeições", um esforço de alcançar um estado de liberdade moral e

---
[26] Von Arnimi, I, 529, p. 110 (i.e., Sex. Emp., *Adv. Math.*, 9, 90, de Cleantes.)

soberania. (Os estóicos tendiam, contudo, a moderar essa posição um tanto extrema, e assim encontramos alguns a admitir as emoções racionais — εὐπάθειαι — no sábio.) Uma citação de Sêneca ilustra bem a atitude estóica para com o domínio de si.

> *Quid praecipuum in rebus humanis est? non classibus maria complesse nec in rubri maris litore signa fixisse nec deficiente ad iniurias terra errasse in oceano ignota quaerentem, sed animo omnia vidisse et, qua maior nulla victoria est, vitia domuisse. Innumerabiles sunt, qui populos, qui urbes habuerunt in potestate, paucissimi qui se. quid est praecipuum? erigere animum supra minas et promissa fortunae, nihil dignam illam habere putare, quod speres: quid enim habet dignum, quod concupiscas? qui a divinorum conversatione, quotiens ad humana recideris, non aliter caligabis, quam quorum oculi in densam umbram ex claro sole redierunt. quid est praecipuum? posse laeto animo tolerare adversa. quidquid accident, sic ferre, quasi volueris tibi accidere, debuisses enim velle, si scires omnia ex decreto dei fieri: flere, queri, gemere desciscere est. quid est praecipuum? in primis labris animam habere. haec res efficit non e iure Quirium liberum, sed e iure naturae. liber enim est, qui servitutem effugit. haec est assidua et ineluctabilis et per diem et per noctem aequaliter premens. sine intervallo, sine commeatu. sibi servire gravissima est servitus: quam discutere facile est, si desieris multa te posceris, si desieris tibi referre mercedem, si ante oculos et naturam tuam et aetatem posueris, licet prima sit, ac tibi ipsi dixeris: quid insanio? quid anhelo? quid sudo? Quid terram, quid forum verso? nec multo opus est, necdiu.*[27]

Este aspecto da ética estóica — a saber, o esforço de obter completa independência de todo elemento externo — representa sua herança cínica; mas tem ainda outro lado que vai além do cinismo, lado esse que é o cosmopolitismo. Todo homem é naturalmente um ser social, e viver em sociedade é um imperativo da razão. Mas a razão é a natureza comum essencial de todos os homens: daí haver apenas uma lei para todos os homens e uma única pátria. A divisão da humanidade em Estados que se confrontam é absurda: o sábio é um cidadão não deste ou daquele Estado em particular, mas do mundo. Desse fundamento se segue que todos os homens têm direito a nossa boa vontade, até os escravos têm os seus direitos e até os inimigos têm direito à nossa misericórdia e perdão. Ora, essa transcendência dos estreitos limites sociais foi obviamente favorecida pelo monismo do sistema estóico, mas uma base ética para o cosmopolitismo estóico se encontrava no instinto fundamental ou tendência de autopreservação ou amor-próprio (οἰκείωσις). Como é óbvio, essa tendência instintiva de autopreservação se manifesta primeiro sob a forma de amor-próprio, isto é, o amor-próprio do indivíduo. Mas ela se estende para além do amor-próprio em

[27] Sêneca, *Nat. Quaest.*, III, 10–17.

sentido estrito para abarcar tudo o que pertence ao indivíduo, a família, os amigos, os companheiros de cidadania e, por fim, toda a humanidade. Essa tendência é naturalmente mais forte em relação ao que está mais próximo do indivíduo, e se torna mais fraca quanto mais remoto for o objeto, de maneira que a tarefa do indivíduo, do ponto de vista ético, é elevar o οἰκείωσις ao mesmo nível de intensidade em relação aos objetos remotos que manifesta pelos objetos mais próximos. Em outras palavras, atinge-se o ideal ético quando amamos todos os homens como amamos a nós mesmos, ou quando o amor-próprio abrange tudo o que se liga ao eu, incluindo a humanidade em geral, com igual intensidade.

CAPÍTULO III
Epicurismo

I. O fundador da escola epicúria, Epicuro, nasceu em Samos em 342/1 a.C. Em Samos teve aulas com Pânfilo, um platônico,[28] e depois em Teos estudou com Nausífanes, um discípulo de Demócrito, o qual exerceu considerável influência sobre ele, a despeito das posições posteriores de Epicuro.[29] Aos dezoito anos, Epicuro veio para Atenas para prestar serviço militar, e depois parece ter se dedicado aos estudos em Cólofon. Em 310 deu aula em Mitilene — embora depois se transferisse para Lâmpsaco —, e em 307/6 se mudou para Atenas e abriu sua escola.[30] Essa escola foi instalada no jardim da própria residência de Epicuro, e através de Diógenes ficamos sabendo que o filósofo legou de vontade própria a casa e seu jardim aos discípulos. Em razão da localização da escola os epicúrios receberam o nome de οἱ ἀπὸ τῶν κήπων. Prestaram-se honras quase divinas a Epicuro quando ainda vivo, e esse culto do fundador é sem dúvida responsável pelo fato de que a ortodoxia filosófica foi mantida entre os epicúrios mais do que em qualquer outra escola. Os discípulos deveriam saber de cor as principais doutrinas.[31]

Epicuro foi um escritor prolífico (segundo Diógenes Laércio, escreveu cerca de 300 obras), mas se perdeu a maior parte dos seus escritos. Contudo, Diógenes nos transmitiu três cartas didáticas, das quais se considera autênticas as destinadas a Heródoto e Meneceu, ao passo que a destinada a Pítocles é considerada um extrato de um escrito de Epicuro feito por um discípulo. Preservaram-se também fragmentos de sua principal obra, Περί Φύσεως, oriundos da biblioteca do epicúrio Piso (que se considera ser L. Piso, cônsul em 58 a.C.).

Hermarco de Mitilene sucedeu Epicuro como escolarca, e foi, por sua vez, sucedido por Polistrato. Metrodoro de Lâmpsaco foi um discípulo imediato de Epicuro, assim como Hermarco e Polieno. Em Roma, Cícero pôde ouvir Fedro (escolarca em Atenas por volta de 78–70) à altura aproximada de 90 a.C. Mas o mais conhecido discípulo de escola é o poeta latino T. Lucrécio Caro (91–51 a.C.), que expressou a filosofia epicúria em seu poema *De Rerum Natura* e que tinha por seu principal objetivo a libertação do homem do medo dos deuses e da morte e sua condução à paz de espírito.

---

[28] Dióg. Laér., 10, 14.
[29] Cíc., *De Nat. D.*, I, 26, 73; Dióg. Laér., 10, 8.
[30] Dióg. Laér., 10, 2.
[31] Dióg. Laér., 10, 12.

II. A "canônica"

Epicuro não estava interessado em dialética ou lógica em si mesma, e a única parte da lógica a que deu alguma atenção foi a referente ao critério da verdade. Isto é, estava interessado em dialética apenas na medida em que servia diretamente à física. Mas a física, de igual modo, interessava-lhe só na medida em que servia à ética. Epicuro se concentrou na ética, portanto, até mais do que os estóicos, desvalorizando todas as investigações puramente científicas e declarando a matemática inútil, já que não se ligava à conduta da vida. (Metrodoro declarou que "Não perturba ninguém o fato de jamais ter lido um verso de Homero ou não saber se Heitor era troiano ou grego").[32] Uma das razões de Epicuro para objetar à matemática era que esta não se consubstanciava por meio do conhecimento sensível, já que não se encontram no mundo real os pontos, linhas e superfícies do geômetra. Ora, o conhecimento sensível é a base fundamental de todo conhecimento. "Se você lutar contra todas as suas sensações, jamais terá um padrão ao qual se referir e, assim, não terá nenhum meio de julgar mesmo aquelas sensações que você diz ser falsas".[33] Lucrécio pergunta o que pode oferecer maior certeza que os sentidos. A razão, por meio da qual julgamos os dados dos sentidos, é ela mesma fundada nos sentidos, e, se os sentidos não são confiáveis, então toda a razão se revela falsa.[34] Além disso, os epicúrios notaram que em questões astronômicas, por exemplo, não podemos alcançar certeza, uma vez que podemos defender esta posição ou aquela, "Pois os fenômenos celestes podem depender de muitas causas diferentes para a sua produção".[35] (É preciso lembrar que aos gregos faltavam as nossas aplicações científicas modernas e que suas opiniões sobre assuntos científicos tinham em grande parte a natureza de palpites não confirmados por observação exata.)

A lógica ou canônica de Epicuro lida com as normas ou cânones do conhecimento e com os critérios da verdade. O critério fundamental da verdade é a percepção (ἡ αἴσθησις), com a qual atingimos o que é claro (ἡ ἐνάργεια). A percepção se dá quando imagens (εἴδωλα) de objetos penetram nos órgãos dos sentidos (lembrar de Demócrito e Empédocles), e ela é sempre verdadeira. Note-se que os epicúrios incluem na percepção as representações imaginárias (φανταστικαί ἐπιβολαί τῆς διανοίας), com *toda* percepção a ocorrer por meio da recepção de εἴδωλα. Quando essas imagens emanam continuamente do mesmo objeto e entram pelos órgãos dos sentidos, temos percepção no sentido mais estrito; quando, contudo, imagens individuais entram pelos poros do corpo, elas se mesclam, digamos assim, e aí surgem imagens imaginárias, como a de um centauro. Em ambos os casos, temos "percepção", e, na medida em que ambos os tipos de imagem surgem de causas objetivas, ambos são verdadeiros. Como então surge o erro? Apenas por meio do *julgamento*. Se, por exemplo, julgamos

---

[32] Frag. 24. (*Metrodori Epicurei Fragmenta*, A. Körte, 1890.) Mas cf. Sex. Emp., *Adv. Math.*, 1, 49.
[33] Dióg. Laér., 10, 146.
[34] Cf. *De Rerum Nat.*, IV, 478–99.
[35] Dióg. Laér., 10, 86.

que uma imagem corresponde exatamente a um objeto externo, quando na verdade não corresponde, estamos em erro. (A dificuldade, é claro, está em saber quando a imagem corresponde a um objeto externo e quando não, e quando corresponde perfeitamente ou imperfeitamente; e quanto a isso os epicúrios não nos oferecem ajuda alguma.)

O primeiro critério é, pois, percepção. Um segundo critério é oferecido pelos conceitos (προλήψεις). O conceito, segundo os epicúrios, é apenas uma imagem mnemônica (μνήμη τοῦ πολλάκις ἔξωθεν φανέντος).[36] Depois de termos percepção de um objeto, a exemplo de um homem, a imagem mnemônica ou imagem geral de homem surge quando ouvimos a palavra "homem". Esses προλήψεις são sempre verdadeiros, e é só quando passamos a formar opiniões ou julgamentos que se manifesta a questão da verdade ou falsidade. Se a opinião ou julgamento (εἴδωλα) se refere ao futuro, então deve ser confirmada pela experiência, ao passo que, se se refere a causas escondidas ou não percebidas (como no caso de átomos), deve pelo menos não contradizer a experiência.

Existe ainda um terceiro critério, a saber, os sentimentos ou πάθη, que são critérios de conduta. Assim, o sentimento de prazer é o critério do que devemos escolher, ao passo que o sentimento de dor nos mostra o que devemos evitar. Daí que Epicuro pudesse dizer que "os critérios da verdade são os sentidos, e os preconceitos, e as paixões".[37]

III. A física

A teoria física escolhida por Epicuro foi determinada por um fim prático, o de libertar o homem do medo dos deuses e do além-mundo e lhe dar paz de espírito. Sem negar, contudo, a existência dos deuses, queria mostrar que eles não interferem nos assuntos humanos e que o homem não precisa, portanto, ocupar-se com propiciação, súplica e "superstição" em geral. Não só: ao rejeitar a imortalidade, tinha a esperança de livrar o homem do medo da morte — por que temer a morte se ela é a mera extinção, a ausência de toda consciência e sentimento, se não existe julgamento e nenhuma punição nos aguarda no além-mundo? "A morte não é nada para nós; pois aquilo que é dissolvido é desprovido de sensação, e aquilo que é desprovido de sensação não é nada para nós".[38] Movido por essas considerações, Epicuro escolhe o sistema de Demócrito (que adotou com ligeiras modificações), já que esse sistema parecia o mais adequado ao fim que tinha em mente. Não explicava esse sistema todos os fenômenos por meio dos movimentos mecânicos dos átomos, desse modo tornando supérfluo qualquer recurso à intervenção divina, e não propiciava com facilidade a rejeição da imortalidade — com a alma, assim como o corpo, composta de átomos? Esse fim prático da física epicúria aparece de maneira patente no *De Rerum Natura* de Lucrécio, revestido da linguagem e das imagens esplêndidas do poeta.

---

[36] Dióg. Laér., 10, 33.
[37] Dióg. Laér., 10, 31.
[38] Dióg. Laér., 10, 139.

Nada vem do nada, nada passa ao nada, sentencia Epicuro ecoando o pensamento dos velhos cosmólogos. "E, em primeiro lugar, devemos admitir que nada surge do que não existe; pois, fosse de outra maneira, tudo se produziria a partir de tudo e não haveria necessidade de semente. E, se aquilo que desaparecesse fosse tão absolutamente destruído a ponto de se tornar não existente, então tudo pereceria, já que as coisas com as quais seriam dissolvidas não teriam existência alguma".[39] Podemos comparar com os versos de Lucrécio: *Nunc age, res quoniam docui non posse creari de nilo neque item genitas ad nil revocari.*[40] Os corpos de nossa experiência são compostos a partir de entidades materiais pré-existentes — os átomos —, e seu perecimento não é senão sua dissolução nas entidades de que são compostos. Os componentes últimos do universo são, logo, os átomos e o vácuo. "Ora, o todo universal é um corpo; pois nossos sentidos testemunham sempre que os corpos têm uma existência real; e a evidência dos sentidos, como já dissemos, devem governar nossos pensamentos sobre tudo que não é percebido diretamente. Do contrário, se aquilo que chamamos de vácuo, ou espaço, ou natureza intangível, não tivesse existência real, não existiria nada em que os corpos pudessem ser contidos, ou pelo que pudessem se mover, já que vimos que, com efeito, eles se movem. Seja-nos dado acrescentar a essa reflexão que não se pode conceber, seja em virtude da percepção, ou de alguma analogia fundada na percepção, qualquer qualidade peculiar a todos os seres que não seja um atributo, um acidente do corpo ou um acidente do vácuo.[41] Esses átomos variam em tamanho, forma e peso (os epicúrios certamente atribuíam peso aos átomos, não importa o que pensassem os primeiros atomistas), e são indivisíveis e de número infinito. No início eles caíam pelo vácuo ou espaço vazio, embora Lucrécio comparasse seu movimento ao de grãos de poeira iluminados pelo sol, e pode ser que os epicúrios jamais tenham achado que os átomos de fato caíram seguindo linhas paralelas — uma concepção que transformaria a "colisão" num *deus ex machina*.

Para explicar a origem do mundo, Epicuro tinha de supor uma colisão de átomos: ademais, queria ao mesmo tempo oferecer alguma explicação para a liberdade humana (na qual a sua escola acreditava). Postulou, assim, um movimento oblíquo espontâneo ou declive da linha de descida de átomos individuais. Daí ocorreu a primeira colisão de átomos, e a partir dessa colisão e dos emaranhamentos resultantes são estabelecidos os movimentos rotatórios que levaram à formação de inumeráveis mundos, separados uns dos outros por espaços vazios (o μεταχόσμια ou *intermundia*). A alma humana também é composta de átomos, lisos e redondos, mas, à diferença dos animais, ela possui uma parte racional situada no peito, como o mostram as emoções de medo e alegria. A parte irracional, o princípio vital, está espalhado por todo o corpo.

---

[39] Dióg. Laér., 10, 38–39.
[40] *De Rerum Natura*, I, p. 265–6.
[41] Dióg. Laér., 10, 39–40.

Quando da morte, os átomos da alma são separados e não pode haver mais percepção: a morte é a privação da percepção (στέρησις αἰσθήσεως).

O mundo se deve, portanto, a causas mecânicas, e assim não há necessidade de postular uma teleologia. Ao contrário, os epicúrios rejeitavam inteiramente a teleologia antropocêntrica dos estóicos e nada tinham a ver com a teodicéia estóica. O mal que aflige a vida humana é irreconciliável com qualquer idéia de guiamento divino no universo. Os deuses habitam no *intermundia*, belos e felizes e sem se preocupar com assuntos humanos, bebendo e comendo e falando grego!

> *Apparet divinum numen sedesque quietae*
> *Quas neque concutiunt venti nec nubila nimbis*
> *Aspergunt neque nix acri concreta pruina*
> *Cana cadens violat semperque innubilus aether*
> *Integit, et largo diffuso lumine rident.*[42]

Os deuses são concebidos antropologicamente, pois também eles são compostos de átomos — ainda que sejam átomos mais nobres, com os deuses possuindo apenas corpos etéreos — e divididos sexualmente: assemelham-se em aparência aos humanos, e respiram e comem como fazemos. Epicuro necessitava dos deuses não só para apresentá-los como a concretização de sua ética ideal de tranqüilidade calma, como também considerava que a universalidade da crença nos deuses só pode ser explicada pela hipótese de sua existência objetiva. Os εἴδωλα nos vêm dos deuses, especialmente durante o sono, mas a percepção nos manifesta só a existência e o caráter antropomórfico dos deuses: o conhecimento de sua condição feliz é atingido pela razão ou λόγος. Os homens podem honrar os deuses por sua excelência e até tomar parte do culto cerimonial costumeiro, mas todo medo deles se esvai, bem como toda tentativa de conquistar seus favores por meio de sacrifícios. A verdadeira piedade consiste no pensamento correto.

> *nec pietas ullast velatum saepe videri*
> *vertier ad lapidem atque omnis accedere ad aras*
> *nec procumbere humi prostratum et pandere palmas*
> *ante deum delubra nec aras sanguine multo*
> *spargere quadrupedum nec votis nectere vota,*
> *sed mage pacata posse omnia mente tueri.*[43]

O homem sábio, portanto, não teme a morte — uma vez que a morte é mera extinção — nem os deuses, pois são indiferentes aos assuntos humanos e não precisam de retribuição. Podemos recordar os famosos versos de Virgílio:

---

[42] *De Rerum Natura*, III, p. 18–22.
[43] *De Rerum Natura*, V, 1198–1203.

> *felix qui potuit rerum cognoscere causas:*
> *atque metus omnes et inexorabile fatum*
> *subiecit pedibus strepitumque Acherontis avari.*[44]

iv. A ética epicúria

Tal como os cirenaicos, Epicuro fez do *prazer* o objetivo da vida. Todo ser se esforça em busca de prazer, e é no prazer que consiste a felicidade. "...afirmamos que o prazer é o início e fim do viver feliz; pois o reconhecemos como o primeiro bem, que nos é inato; e é com referência a ele que escolhemos e evitamos; e assim fazemos como se julgássemos todo o bem tendo as paixões por padrão...".[45] Surge assim a questão do que Epicuro compreende por prazer, ao tornar este o objetivo da vida. Dois fatos devem ser notados: primeiro que Epicuro tinha em mente não os prazeres do momento, as sensações individuais, mas o prazer que dura por toda a vida; e, em segundo lugar, que para Epicuro o prazer consistia antes na ausência de dor do que em uma satisfação positiva. Esse prazer se encontra especialmente na serenidade de alma (ἡ τῆς ψυχῆς ἀταραξία). A essa serenidade de alma Epicuro conjugava a saúde do corpo, mas a ênfase está antes no prazer intelectual, pois, embora dores corporais intensas durem pouco, dores menos intensas podem ser superadas ou tornadas passageiras por meio de prazeres intelectuais. "[...] uma teoria correta... pode referir todo escolher e evitar à saúde do corpo e à libertação do desassossego da alma". "...às vezes ignoramos muitos prazeres quando é provável que alguma dificuldade seja ocasionada por eles; e achamos muitas dores melhores do que prazeres quando um prazer maior é ocasionado por elas, caso suportemos a dor por algum tempo".[46] Quando Epicuro fala da escolha de prazeres e rejeita alguns deles, tem em mente a permanência do prazer e a presença ou ausência de dor subseqüente, pois não há mesmo nenhum espaço em sua ética para a discriminação de prazeres que seja baseada numa diferença de valor moral. (Embora possamos discernir uma diferenciação de prazeres a se imiscuir com base no valor moral — como toda ética hedonista está fadada a fazer, a menos que o hedonista esteja preparado para admitir que os prazeres mais "básicos" estejam no mesmo nível que os prazeres mais refinados. E que filósofo moral sério já esteve disposto a admiti-lo, sem avançar amenizações a sugerir outro critério além do prazer?) "Todo prazer é, portanto, bom segundo a sua própria natureza, mas disso não se segue que todo prazer seja digno de ser escolhido, do mesmo modo que toda dor é um mal, e ainda assim nenhuma dor deve ser evitada". "Quando dizemos, pois, que o prazer é o principal bem, não estamos falando dos prazeres de um homem depravado, ou daqueles prazeres que jazem no divertimento sensual, como alguns pensam nos crendo ignorantes, esses que

---

[44] *Geórgicas*, ii, p. 490-2.
[45] Dióg. Laér., 10, 129.
[46] Dióg. Laér., 10, 128 e 129.

não prezam nossas opiniões, ou as interpretam perversamente; mas queremos dizer a libertação do corpo da dor e a libertação da alma da confusão. Pois não são bebedeiras e orgias... que tornam a vida prazerosa, mas as contemplações sóbrias que averiguam as razões para cada ato de escolher e evitar, e que põem em debandada as opiniões vãs das quais surge a maior parte da confusão que aflige a alma".[47] "Nenhum prazer é intrinsecamente mau: mas as causas eficientes de alguns prazeres trazem consigo um grande número de perturbações do prazer".[48]

Na prática, temos de considerar se algum prazer individual não produz dor maior e se alguma dor individual não produz um prazer maior. Por exemplo, um prazer individual pode ser por ora muito intenso, mas pode levar a enfermidades ou à escravização em um vício, caso no qual ele produzirá uma dor maior. Inversamente, uma dor pode ser intensa por ora — como durante uma cirurgia — e, ainda assim, produtora de um bem maior, a saúde. Logo, embora toda dor seja, considerada em abstrato, um mal, e todo prazer um bem, devemos na prática observar o futuro e nos esforçarmos por atingir o máximo de prazer durável — na opinião de Epicuro, saúde do corpo e tranqüilidade da alma. O hedonismo epicúrio não resultaria em libertinagem e excesso, mas em uma vida tranqüila e calma; pois o homem é infeliz em razão de medo ou de desejos desregrados e vãos, e, caso refreie estes, pode assegurar para si as bênçãos da razão. O sábio não multiplicará suas carências, já que isso é multiplicar as fontes de dor: ao contrário, reduzirá suas carências a um mínimo. (Os epicúrios foram longe a ponto de afirmar que o sábio pode ser perfeitamente feliz mesmo sob tortura física. Assim, Epiruco afirmou que, "Embora ele esteja sendo torturado no cavalete, o sábio ainda assim é feliz".[49] Uma afirmação extrema dessa posição se encontra no dito: "Se o sábio está sendo queimado, se está sendo torturado — ah, mesmo dentro do touro de bronze dirá: 'Como isto é delicioso! Quão pouco me importo com isso!'").[50] Daí a ética epicúria levar a um ascetismo moderado, ao autocontrole e à independência. "Acostumar-se, assim, a hábitos simples e baratos é um grande ingrediente na melhoria da saúde, e torna o homem livre da hesitação acerca das necessidades da vida".[51]

A virtude é uma condição da ἀταραξία ou tranqüilidade da alma, embora, é claro, seu valor seja estimado por Epicuro segundo seu poder de produzir prazer. Virtudes como a simplicidade, a moderação, a temperança e a alegria conduzem bem mais ao prazer e à felicidade do que a luxúria desenfreada, a ambição febril e assim por diante. "Não é possível viver prazerosamente sem viver prudentemente, e com honra, e com justiça; e nem viver prudentemente, e com honra, e com justiça, sem viver prazerosamente. Mas aquele a quem não ocorre viver prudentemente, com honra, com justiça, não pode de modo algum viver prazerosamente". "O homem justo é o mais livre da inquietação; mas o

---

[47] Dióg. Laér., 10, 129 e 131–2.
[48] Dióg. Laér., 10, 141.
[49] Dióg. Laér., 10, 118.
[50] Cíc., *Tusc.*, 2, 7, 17.
[51] Dióg. Laér., 10, 131.

injusto é uma presa perpétua dela". "A injustiça não é intrinsecamente má; tem esse caráter apenas porque se une ao medo de não escapar daqueles designados para punir ações que tenham esse caráter". "Quando, sem o concurso de novas circunstâncias, algo que se havia declarado justo na prática não se coaduna com as impressões da razão, tem-se uma prova de que essa coisa não era realmente justa. De igual modo, quando, em conseqüência de novas circunstâncias, algo que se havia pronunciado justo não parece mais se coadunar à utilidade, a coisa que era justa, na medida em que era útil às relações e intercurso social da humanidade, deixa de sê-lo no momento em que deixa de ser útil".[52] Assim, os epicúrios achavam que é realmente mais prazeroso prestar uma gentileza do que receber uma, e o próprio fundador foi elogiado por seu caráter contente e educado. "Aquele que deseja viver tranqüilamente sem ter nada a temer de outros homens deve fazer para si amigos; aqueles que não pode tornar seus amigos deve pelo menos evitar tornar inimigos; e, caso isso não esteja em seu poder, deve tão logo quanto possível evitar relações com eles e mantê-los afastados, tanto quanto for de seu interesse fazê-lo". "Os homens mais felizes são aqueles que chegaram ao ponto de nada ter a temer daqueles que os rodeiam. Esses homens vivem uns com os outros da maneira mais cordata, com a mais firme confiança uns nos outros, a usufruir das vantagens da amizade em sua inteireza, e não lamentando como circunstância deplorável a morte prematura dos seus amigos".[53] É provavelmente verdadeiro dizer que o julgamento moral prático de Epicuro era mais sóbrio do que os fundamentos teóricos de sua ética, uma ética que obviamente pouco poderia explicar a obrigação moral.

Dado que o homem pode perseguir imprudentemente o primeiro prazer que se oferecesse a ele, é necessária uma arte de calcular ou mensurar na conduta da vida. Devemos praticar, assim, συμμέτρησις, e é na mensuração correta de prazeres e dores, na habilidade de explicar e equilibrar uma frente à outra a felicidade e infelicidade presentes e futuras, que consiste a essência da intuição ou φρόνησις, a mais alta virtude. Caso o homem queira viver uma vida verdadeiramente feliz, prazerosa e satisfeita, deverá possuir essa intuição, deve ser um φρόνιμος. "O princípio e o maior bem de todas essas coisas é a prudência, em razão de a prudência ser algo mais valioso até do que a filosofia, na medida em que todas as outras virtudes nascem dela, ensinando-nos que não é possível viver prazerosamente a menos que se viva prudentemente, e com honra, e com justiça; e que não se pode viver prudentemente, e com honra, e com justiça, sem viver prazerosamente; pois as virtudes são inatas ao viver agradavelmente, e o viver agradavelmente é inseparável das virtudes".[54] Quando um homem é φρόνιμος, ele é virtuoso, pois o homem virtuoso é não tanto a pessoa que está de fato usufruindo do prazer num dado momento quanto o homem que sabe como se conduzir em busca do prazer. Uma vez que a virtude tenha sido assim

---

[52] Diόg. Laér., 10; *Máximas* 5, 17, 37, 42.
[53] Diόg. Laér., 10, 154.
[54] Diόg. Laér., 10, 132.

definida, é óbvio que ela é uma condição absolutamente necessária para a felicidade duradoura.

Epicuro dava grande ênfase à *amizade*. "De todas as coisas que a sabedoria oferece para a felicidade de toda a vida, a mais importante é de longe a aquisição de amizade".[55] Isso pode parecer estranho em uma ética fundamentalmente egoísta, mas a ênfase na amizade é ela mesma baseada em considerações egoístas, a saber, que sem amizade o homem não pode viver uma vida segura e tranqüila, ao passo que, por outro lado, a amizade dá prazer. A amizade se ancora, assim, em uma base egoísta, o pensamento de vantagem pessoal. Esse egoísmo foi modificado, contudo, pela doutrina epicúria de que uma afeição não egoísta surge no curso da amizade e que numa amizade o sábio ama o amigo do mesmo modo como se ama. De todo modo, permanece verdadeiro que a teoria social dos epicúrios é de caráter egoísta, um fato que surge com clareza em seu ensinamento de que o sábio não irá se meter em política, já que isso perturba a tranqüilidade da alma. Todavia, existem duas exceções: a primeira é o caso do homem que precisa participar da política para garantir a sua própria segurança, e a segundo o caso do homem que tem tamanha sanha pela carreira política, que a ἀταραξία se mostraria impossível para ele, caso se aposentasse.

O prazer e a vantagem pessoal são, de modo similar, decisivos para a teoria epicurista da lei. É mais prazeroso viver em uma sociedade na qual a lei reina e os "direitos" são respeitados do que em uma condição de *bellum omnium contra omnes*. Essa última condição de modo algum favoreceria a tranqüilidade da alma ou ἀταραξία.

Os epicúrios, como vimos, voltaram-se para a escola de Leucipo e Demócrito em busca de sua física, do mesmo modo como os estóicos se voltaram para a cosmologia de Heráclito. A ética epicúria, por outro lado, está mais ou menos de acordo com a dos cirenaicos. Tanto Aristipo como Epicuro tomam o prazer como a finalidade da vida, e em ambas as escolas se dá atenção ao futuro, ao cálculo, à "mensuração" dos prazeres e dores. Há, contudo, diferenças entre os epicúrios e os cirenaicos. Pois, enquanto estes últimos — em geral, entenda-se — consideravam o prazer *positivo* (o movimento suave ou λεία κίνησις) e a finalidade, os epicúrios enfatizavam mais o lado negativo, a calma e tranqüilidade, ἡ καταστηματικὴ ἡδονή. Do mesmo modo, se os cirenaicos consideravam o sofrimento corporal pior do que o sofrimento mental, os epicúrios avaliavam o sofrimento mental como pior do que o físico, argumentando que o corpo sofre somente do mal presente, ao passo que a alma pode sofrer também da recordação do mal passado e da expectativa ou medo do mal futuro. Pode-se com justiça dizer que cirenaísmo foi absorvido pelo epicurismo. Não concordava Epicuro com o cirenaico Hegésias ao dar ênfase à ausência de sofrimento e com Aniceres ao recomendar ao sábio o cultivo da amizade?

Desse modo, a filosofia epicúria não é uma filosofia de heróis, nem tampouco tem a grandiosidade moral do credo estóico. Ainda assim, não é nem egoísta

---
[55] Dióg. Laér., 10, 148.

nem "imoral" como seu princípio fundamental parece implicar a princípio, e se compreende com facilidade por que exerce atração sobre certo tipo de pessoas. Sem dúvida, não é um credo ou filosofia heróica; mas não foi pensada por seu autor como um incentivo ao viver vil, não importa a que as suas doutrinas possam levar na prática popular.

Nota sobre o cinismo no primeiro período da era helenística

O cinismo desse período tendeu a perder seu caráter sério de ênfase na independência, supressão de desejos e resistência física, e a se entregar mais à zombaria da convenção, da tradição e dos hábitos e crenças consolidados. Não, claro, que essa tendência estivesse ausente do primeiro cinismo — basta-nos pensar em Diógenes —, mas ela se manifestou durante esse período por meio do novo gênero literário da sátira ou σπουδογέλοιον. Na primeira metade do séc. III a.C., *Bion de Boristenes*, influenciado pelo cirenaísmo (aprendera com o cirenaico Teodoro de Atenas), propagou o assim chamado "cinismo hedonista" em suas "diatribes", detendo-se na felicidade e caráter prazeroso da vida cínica simples. *Teles*, que ensinou em Megara por volta de 240 a.C., seguiu os passos de Bion na composição dessas "diatribes" — textos populares e anedóticos —, que tratavam da aparência e da realidade, da pobreza e da riqueza, da "apatia" cínica etc.

Menipo de Gadara (cerca de 250 a.C.) criou a sátira, na qual combinou poesia e prosa, criticou sob várias formas — viagens ao Hades, cartas aos deuses — a filosofia natural e o estudo especializado e debochou do louvor idolátrico prestado a Epicuro por seus discípulos. Foi imitado por Varrão, Sêneca (na sua *Apocolocintose*) e Luciano.

Cercidas de Megalopolis, compositor de "meliambos", apresentava o mesmo tom satírico, ao declarar, por exemplo, que não deixaria aos μετεωροσκόποι a solução da questão espinhosa de por que Cronos se mostrava a uns como pai e a outros como padrasto.

CAPÍTULO IV
Os velhos céticos, a Academia intermediária e a Academia nova

1. Os velhos céticos

Assim como entre os estóicos e no jardim de Epicuro, na escola de Pirro, fundador do ceticismo, a teoria era subordinada à prática, embora houvesse esta grande diferença: enquanto os estóicos e epicúrios viam na ciência ou conhecimento positivo um meio para alcançar a paz de espírito, os céticos buscavam atingir a mesma meta através do repúdio do conhecimento, isto é, através do ceticismo, o oposto da ciência.

Conta-se que *Pirro de Élis* (c. 360–c. 270) acompanhou Alexandre em sua marcha até a Índia,[56] foi aparentemente influenciado pela teoria democrítica das qualidades sensíveis, pelo relativismo dos sofistas e pela epistemologia cirenaica. Ensinou que a razão humana não é capaz de penetrar na substância íntima das coisas (as coisas são, para nós, ἀκατάληπτα):[57] podemos saber apenas como aparecem para nós. A mesma coisa aparece de maneiras diferentes para pessoas diferentes, e não sabemos qual delas está correta: a qualquer afirmação podemos opor a afirmação contrária com argumentos igualmente bons (ἰσοθένεια τῶν λόγων). Não podemos estar certos, assim, acerca de nada, e o sábio irá conter seu julgamento (ἐπέχειν). Em vez de dizer "Isto é assim", devemos dizer "Isto é assim para mim" ou "Isto talvez seja assim".

O mesmo ceticismo e a conseqüente suspensão do julgamento são estendidos à esfera prática. Nada é em si mesmo feio ou bonito, certo ou errado, ou pelo menos não podemos ter certeza a respeito: todas as coisas externas são indiferentes em nossa vida, e o sábio almejará simplesmente a tranqüilidade de alma e se esforçará para preservar sua alma nessa condição. É verdade que nem o sábio pode evitar agir e tomar parte da vida prática, mas na vida prática se orientará pelo que é provável, pelo costume e lei, consciente que a verdade absoluta é inatingível.

Diógenes Laércio nos informa que Pirro expressou suas opiniões filosóficas apenas de viva voz,[58] mas essas opiniões são conhecidas por meio do seu discípulo *Tímon de Fliunte* (c. 320–230 a.C.), o qual é chamado por Sexto Empírico de

---
[56] Dióg. Laér., 9, 61.
[57] Dióg. Laér., *Proêmio*, 16.
[58] Dióg. Laér., *Proêmio*, 16; 9, 102.

ὁ προφήτης τῶν Πύρρωνος λόγων.[59] Tímon compôs Σίλλοι ou versos satíricos, nos quais parodiava Homero e Hesíodo e gracejava com os filósofos gregos, com exceção de Xenófanes e do próprio Pirro. Segundo Tímon, não podemos confiar nem na percepção sensível nem na razão. Devemos, em conseqüência, suspender todo julgamento, não nos permitindo ser pegos a fazer nenhuma afirmação teórica, e assim atingiremos a verdadeira ἀταραξία ou tranqüilidade de alma.

(Ao que parece, Cícero não reconhecia em Pirro um cético, mas um moralista que ensinava e praticava a indiferença pelas coisas externas. Pode ser, portanto, que Pirro não tenha desenvolvido pessoalmente a posição cética. Mas, como não deixou quaisquer escritos, dificilmente poderemos alcançar alguma certeza a respeito.)

II. A Academia intermediária

Platão defendeu que os objetos da percepção sensível não são os objetos do verdadeiro conhecimento, mas ele estava longe de ser um cético, e o centro de sua dialética estava em alcançar o conhecimento verdadeiro e certo do que é eterno e permanente. Uma corrente cética de pensamento se manifesta, contudo, no que é conhecido como segunda Academia ou Academia intermediária, um ceticismo que se dirigia em primeiro lugar contra o dogmatismo estóico, mas que também se expressava em termos universais. Assim, atribui-se a *Arcesilau* (315/14–241/40), o fundador da Academia intermediária, ter dito que não tinha certeza de nada[60]— nem mesmo do fato de não estar certo acerca de nada, nesse ponto indo mais longe que Sócrates, que sabia que nada sabia. Logo, praticava uma suspensão de julgamento ou ἐποχή similar à dos pirrônicos.[61] Ao tentar embasar sua posição por meio do exemplo e da atuação de Sócrates, Arcesilau fez da epistemologia estóica um objeto especial de ataque. Não nos ocorre representação alguma que pudesse não ser falsa: nenhuma de nossas percepções ou representações sensíveis possui a garantia de sua própria validade objetiva, pois podemos sentir uma certeza subjetiva igualmente intensa mesmo quando aquilo que se apresenta é objetivamente falso. Desse modo, jamais podemos ter certeza.

III. A Academia nova

1. O fundador da terceira Academia ou Academia nova foi *Carnéades de Cirene* (214/12–129/8 a.C.), o qual acompanhou o estóico Diógenes em sua embaixada a Roma em 156/5. Seguindo o ceticismo de Arcesileu, Cernéades ensinava que o conhecimento é impossível e que não existe nenhum critério para a verdade. Contra os estóicos, defendia que não existe apresentação sensível frente à qual não pudéssemos situar uma falsa apresentação que seja indistinguível daquela verdadeira, e a esse respeito invocava os exemplos de influência exercida sobre

---

[59] *Adv. Math.*, 1, 53.
[60] Cic., *Acad. Post.*, I, 12, 45.
[61] Cíc., *De Orat.*, 3, 18, 67.

nós por sonhos — apresentações que são, contudo, irreais — e por alucinação e ilusão. As impressões dos sentidos não são, pois, infalíveis, e os estóicos não podem buscar na razão um remédio, já que eles próprios admitiam que os conceitos estão fundados na experiência.[62]

Não somos capazes de provar nada, já que qualquer prova depende de suposições que não podem elas mesmas ser provadas. Mas mesmo esta última prova se baseará em suposições, e assim indefinidamente. Toda filosofia dogmática está, pois, fora de questão: pode-se tomar qualquer partido acerca de alguma questão com argumentos igualmente bons ou igualmente maus. Carnéades atacou a teologia estóica, tentando mostrar que as provas da existência de Deus oferecidas pelos estóicos não são conclusivas, e que sua doutrina acerca da Natureza de Deus continha antinomias.[63] Por exemplo, os estóicos apelavam ao *consensus gentium* como um argumento em defesa da existência de Deus. Ora, se puderem provar esse *consensus gentium*, então terão provado uma *crença* universal na existência divina, mas isso não prova que *existam* deuses. E com base em que os estóicos afirmam que o universo é sábio e racional? Primeiro se deve provar que é *animale*, e isso não provaram. Se argumentam que deve haver uma razão universal, da qual a razão do homem procede, devem primeiro provar que a mente humana não pode ser um produto espontâneo da natureza. De modo similar, o argumento em torno do planejamento do universo não é conclusivo. Se o universo é um produto planejado, então deve haver um Planejador; mas a questão aí posta é se o universo é ou não um produto planejado. Não poderia ser um produto não planejado de forças naturais?

O Deus estóico é animado e deve possuir, portanto, sentimentos. Mas, se pode sentir e receber impressões, então pode sofrer com as impressões e, no fim das contas, estar sujeito à desintegração. Além disso, se Deus é racional e perfeito, como os estóicos supõem que Ele seja, Ele não pode ser "virtuoso", como os estóicos também supõem que seja. Ora, por exemplo, pode Deus ser bravo ou corajoso? Que perigos ou dores ou labores o afetam, frente aos quais pudesse mostrar coragem?

Os estóicos defendiam uma doutrina da divina Providência. Mas, sendo assim, como podem explicar a existência, por exemplo, de cobras venenosas? Os estóicos dizem que a Providência de Deus se manifesta em ter dado o dom da razão ao homem. Ora, a grande maioria dos homens emprega essa razão para se degradar, de maneira que para esses homens a posse da razão é uma injúria e não um benefício. Se Deus realmente exercesse sua Providência sobre todos os homens, teria feito todos eles bons e dado a todos a razão *certa*. Mais ainda, é inútil para Crisipo falar de "negligência" da parte de Deus — isto é, em relação a questões "menores". Em primeiro lugar, o que a Providência negligenciou não foi coisa menor; em segundo, a negligência não poderia ser intencional em Deus (pois a negligência intencional é uma falha até mesmo em

---

[62] Cf. Sex. Emp., *Adv. Math.*, 7, 159 e 166 ss.; Cíc., *Acad. Prior.*, 2, 30, 98 ss.
[63] Cf. Sex. Emp., *Adv. Math.*, 9, 13 ss.; Cíc., *De Nat. D.*, 3, 17, 44; 3, 29 ss.

um governante terrestres); ao passo que, em terceiro lugar, a negligência não intencional é inconcebível em relação à razão infinita.

Essas e outras críticas de Carnéades são dirigidas contra as doutrinas estóicas e são, em parte, de interesse apenas acadêmico. Ao defenderem a doutrina materialista de Deus, os estóicos se envolveram em dificuldades intransponíveis, pois, se fosse material, Deus poderia se desintegrar, e, se fosse a alma do mundo — dotado de corpo —, sentiria prazer e dor. Críticas a uma tal concepção de deidade podem ter para nós apenas um interesse acadêmico. Além disso, sequer sonharíamos atribuir virtudes a Deus à maneira antropomórfica que a linha de crítica de Carnéades pressupõe. Tampouco nos incumbiríamos de provar em filosofia que tudo o que é criado o é para o bem do homem. Contudo, algumas das dificuldades levantadas por Carnéades são de interesse duradouro, e se deve tentar respondê-las em toda teodicéia, a exemplo da presença do sofrimento físico e do mal moral no mundo. Já fiz alguns comentários sobre o assunto ao tratar da teodicéia estóica, e espero mostrar mais adiante como outros filósofos, medievais e modernos, tentaram responder a essas questões; mas sempre se deve lembrar que, mesmo que a razão humana seja incapaz de responder completamente e com inteira satisfação todas as dificuldades que podem ser levantadas contra uma posição, isso não nos obriga a abandonar essa posição caso se baseie em um argumento válido.

Carnéades percebeu que é impossível a completa suspensão de julgamento, e assim elaborou uma teoria da probabilidade ($\pi\iota\theta\alpha\nu\acute{o}\tau\eta\varsigma$). A probabilidade tem vários graus e é tanto necessária quanto suficiente para a ação. Ele mostrou, por exemplo, como podemos nos aproximar da verdade — ainda que jamais possamos atingir a certeza — pelo acúmulo de razões para aceitar alguma posição. Se vi apenas a forma de alguém que conhecia, pode se tratar de uma alucinação, mas, se ouço a pessoa falar, se a toco, se ela come, devo para todos os efeitos práticos aceitar essa apresentação como verdadeira. Ela goza de um nível muito alto de probabilidade, em especial caso também seja intrinsecamente provável que a pessoa esteja naquele local àquela hora. Se um homem deixa sua esposa na Inglaterra e vai para a Índia a trabalho, poderá duvidar da validade objetiva da apresentação caso lhe pareça ver sua esposa no cais quando desembarca em Bombaim. Mas se, retornando à Inglaterra, encontra sua esposa o aguardando no desembarque, a validade da apresentação guarda a sua própria probabilidade inerente.

2. A Academia retornou ao dogmatismo sob a direção de *Antíoco* de Ascalon (morto em c. 68 a.C.), que parece ter começado como um agnóstico mas depois abandonou essa posição,[64] e cujas aulas foram ouvidas por Cícero no inverno de 79/8. Ele chamou a atenção para a contradição em afirmar que nada é conhecível ou que tudo é conhecível; pois, ao afirmar que tudo é duvidoso, estou de qualquer modo afirmando meu conhecimento de que tudo é duvidoso. Parece

---

[64] Cíc., *Acad. Prior.*, 2, 22, 69; Numênio, citado por Eusébio, *Prep. Evang.*, 614, 9, 2 (*P. G.*, 21, 1216–7); Aug., *Contra Acad.*, 2, 6, 15; 3, 18, 41.

ter encontrado o seu próprio critério da verdade na concordância de filósofos eminentes e se esforçou para mostrar que os sistemas acadêmico, peripatético e estóico estavam em concordância essencial uns com os outros. Verdade seja dita, ensinou abertamente doutrinas estóicas, afirmando sem embaraço que Zenão as tinha tomado de empréstimo à Velha Academia. Tentou assim privar os céticos de um de seus principais argumentos, a saber, a contradição entre os vários sistemas filosóficos. Mostrou-se ao mesmo tempo como um eclético.

Essa tendência eclética se manifesta em seu ensino moral. Pois, ao mesmo tempo que defendia — em concordância com os estóicos — que a virtude é suficiente para a felicidade, também ensinava — em concordância com Aristóteles — que para a felicidade em seu mais alto grau os bens externos e a saúde corporal também são necessários. Embora Cícero afirme que ele fora mais um estóico do que um acadêmico,[65] Antíoco foi sem dúvida um eclético.

3. *M. Terêncio Varrão* (116–27 a.C.) foi um eclético romano, esse erudito e filósofo. A única teologia verdadeira, pensa Varrão, é aquela que reconhece *um* Deus, Aquele que é a alma do mundo, que Ele governa conforme a razão. A teologia mítica dos poetas deve ser rejeitada porque atribui características e ações indignas aos deuses, ao passo que as teologias físicas dos filósofos naturais se contradizem umas às outras. Não devemos negligenciar, pois, o culto oficial do Estado, já que esse tem um valor prático e popular. Varrão chegou até a sugerir que a religião popular fora obra dos primeiros estadistas, e que, se o trabalho fosse refeito, poderia se tornar ainda melhor à luz da filosofia.[66]

Varrão parece ter sido bastante influenciado por Posidônio. Deste último aceitou muitas teorias acerca da origem e desenvolvimento da cultura, geografia, hidrologia etc., e com sua exposição dessas teorias influenciou romanos posteriores como Vitrúvio e Plínio. A tendência de Varrão ao "misticismo numérico" pitagórico também advinha do pensamento de Posidônio, e com isso influenciou escritores posteriores como Gélio, Macróbio e Marciano Capela. A influência cínica é visível nas *Saturae Manippae* de Varrão, das quais possuímos só fragmentos. Nelas opôs a simplicidade cínica à luxúria dos ricos, cuja glutoneria submeteu ao ridículo, e fez piada das querelas dos filósofos.

4. O mais celebrado de todos os ecléticos romanos é *M. Túlio Cícero* (3 de jan. de 106–7 de dez. de 43 a.C.), o grande orador. Em sua juventude, foi discípulo de Fedro, o Epicúrio, Fílon, o Acadêmico, Diódoto, o Estóico, Antíoco de Ascalon e Zenão, o Epicúrio. Em Rodes ouviu o ensinamento de Posidônio. Aos estudos filosóficos de sua juventude se sucederam anos de vida pública e atividade oficial, mas nos seus últimos três anos de vida Cícero retornou à filosofia. A maior parte dos seus escritos filosóficos data desses últimos anos (a exemplo dos *Paradoxa*, da *Consolatio*, do *Hortensius*, das *Academica*, do *De Finibus*, das *Tusculanae*, do *De Natura Deorum*, do *De Senectude*, do *De Divinatione*, do *De Fato*, do *De Amicitia*, do *De Virtutibus*). O *De Republica*

---

[65] Cíc., *Acad. Prior.*, 2, 43, 132.
[66] *De Civit. Dei*, 6, 4.

(54 a.C.) e o *De Legibus* (c. 52) são composições anteriores. Dificilmente se dirá que os escritos de Cícero possuam conteúdo original, como ele próprio admite abertamente — "ἀπόγραφα sunt, minore labore fiunt, verba tantum affero, quibus abundo".⁶⁷ Tinha, contudo, o dom de apresentar a doutrina dos gregos aos leitores romanos em um estilo claro.

Já que Cícero foi incapaz de realizar uma refutação científica do ceticismo (inclinava-se para este último, em razão do conflito entre escolas e doutrinas filosóficas opostas), encontrou um refúgio nas intuições da consciência moral, que são imediatas e certas. Apercebendo-se do perigo do ceticismo para a moralidade, buscou situar o julgamento moral além de sua influência corrosiva e falou de *notiones innatae, natura nobis insitae*. Esses conceitos morais procedem, assim, de nossa natureza e são confirmados pela concordância geral — *consensus gentium*.

Em sua doutrina ética, Cícero estava inclinado a concordar com os estóicos quanto à virtude ser suficiente para a felicidade, mas não conseguiu rejeitar inteiramente o ensino peripatético, que dava valor também aos bens externos, ainda que pareça ter hesitado um tanto acerca desse assunto.⁶⁸ Concordou com os estóicos acerca de o sábio não possuir πάθη⁶⁹ e combateu o ensino peripatético de que a virtude é um meio-termo entre πάθη opostas. (Mas se deve observar que a noção de Cícero de πάθης ou *perturbatio* é a de *aversa a recta ratione contra naturam animi commotio*.)⁷⁰ Para Cícero, como para os estóicos, a virtude prática, e não a teórica, é a mais elevada.⁷¹

Na esfera da filosofia natural Cícero se inclinava ao ceticismo, embora de modo algum desprezasse a província do pensamento humano.⁷² Estava particularmente interessado na prova da existência de Deus a partir da natureza, e rejeitou a doutrina do atomismo ateu. "*Hoc* (isto é, a formação do mundo a partir da colisão aleatória de átomos) *qui existimat fieri potuisse non intelligo cur non idem putet, si innumerabiles unius et viginti formae litterarum vel aureae vel qualesilibet aliquo coiciantur, posse ex iis in terram excussis annales Enni ut deinceps legi possint, effici*".⁷³

Cícero considerava que a religião popular deveria ser preservada em interesse da comunidade em geral, ao mesmo tempo que deveria ser purificada da superstição grosseira e da prática de atribuir imoralidades aos deuses (por exemplo, a história do estupro de Ganímedes).⁷⁴ Em especial, deveria ser preservada a crença na Providência e na imortalidade da alma.⁷⁵

---

⁶⁷ *Ad. Att.*, 12, 52, 3.
⁶⁸ *De Fin.*, 5, 32, 95; *De Off.*, 3, 3, 11; cf. *De Fin.*, 5, 26, 77 ss., e *Tusc.*, 5, 13, 39 ss.
⁶⁹ *Tusc.*, 4, 18, 41 ss.
⁷⁰ *Tusc.*, 4, 6, 11; 4, 21, 47.
⁷¹ *De Off.*, 1, 44, 158.
⁷² *Acad. Prior.*, 2, 41, 127.
⁷³ *De Nat. D.*, 2, 37, 93.
⁷⁴ *Tusc.*, 1, 26, 65; 4, 33, 71.
⁷⁵ *Tusc.*, 1, 12, 26 ss.; 1, 49, 117 ss.

Cícero enfatizava o ideal do companheirismo humano (lembre-se dos estóicos), e apela a esse respeito à nona carta de Platão: *ut profectus a caritate domesticorum ac suorum serpat longius et se implicet primum civium, deinde omnium mortalium societate atque, ut ad Archytam scripsit Plato, non sibi se solum natum meminerit sed patriae, sed suis, ut perexigua pars ipsi relinquatur.*[76]

---

[76] *De Fin.*, 2, 14, 45.

CAPÍTULO V
Os estóicos intermediários

No segundo e terceiro séculos antes de Cristo, os filósofos estóicos mostram uma assinalada tendência para o ecletismo, com a admissão de elementos platônicos e aristotélicos na escola, a se afastar da ortodoxia do estoicismo. Foram levados a tanto não só pelos ataques movidos contra o dogmatismo estóico pelos acadêmicos, mas também por seu contato com o mundo romano, que era muito mais interessado na aplicação prática de doutrinas filosóficas do que em especulação. Os nomes dominantes entre os estóicos intermediários foram Panécio e Posidônio.

1. *Panécio de Rodes* (c. 185–110/9 a.C.) viveu algum tempo em Roma, onde despertou o interesse dos jovens Cipião e Lélio pela filosofia grega e muito influenciou o historiador romano Q. Múcio Cévola e o historiador grego Políbio. Cícero utilizou-se de suas obras, especialmente nos dois primeiros livros de *De Officiis*.[77] Em 129 a.C., sucedeu a Antípatre de Tarso como escolarca em Atenas.

Embora por um lado Panécio modificasse certas doutrinas estóicas, por outro não hesitava em abandonar inteiramente parte da bagagem da ortodoxia estóica. Desse modo, modificou o "puritanismo" estóico ao permitir que a finalidade da vida no caso de homens comuns seja simplesmente a perfeição racional de sua natureza individual. O estoicismo se tornou assim menos "idealista" nas mãos de Panécio, especialmente porque ele parece ter negado a existência do homem verdadeiramente sábio, o velho ideal estóico, e ter para todos os efeitos posto o homem proficiente ($\pi\rho o\kappa \acute{o}\pi \tau \omega \nu$) em primeiro lugar. Ademais, atribuía mais valor aos bens externos do que os primeiros estóicos e rejeitava o ideal da "apatia".

Ao rejeitar a ética estóica, Panécio também defenestrou a teoria estóica da divinação (que os primeiros estóicos defendiam invocando uma base filosófica determinista), rejeitou a astrologia e abandonou as doutrinas da conflagração do mundo e da imortalidade "relativa" da alma.[78] Tinha pouca simpatia pela teologia popular.[79] Em seu ensinamento político parece ter sido influenciado por Platão e Aristóteles, embora advogasse um ideal mais amplo, em vista da doutrina estóica, do aquele dos dois filósofos gregos.

Ao que parece, foi em Panécio que Cévolo buscou sua divisão tripartite da teologia (veja-se Varrão). Ele distinguia (i) a teologia dos poetas, que é antropomórfica e falsa, (ii) a teologia dos filósofos, que é racional e verdadeira, mas

---

[77] *Ad. Att.*, 16, 11, 4.
[78] Cíc., *Tusc.*, 1, 32, 79.
[79] Cíc., *De Div.*, 1, 3, 6.

imprópria para o uso popular, e (iii) a teologia dos estadistas, que sustenta o culto tradicional e é indispensável à educação pública.[80]

2. O maior discípulo de Panécio foi *Posidônio de Apameia* (c. 135-51 a.C.). Tendo sido primeiro discípulo de Panécio em Atenas, Posidônio fez longas viagens, como, por exemplo, ao Egito e à Espanha, após o que abriu uma escola em Rodes, em 97 a.C. Foi aí que Cícero foi ouvi-lo em 78 a.C., e Posidônio visitou Pompéia duas vezes. Suas obras desapareceram, e foi só recentemente que, por meio da análise crítica da literatura influenciada por eles, que se chegou a fazer alguma idéia — embora não uma idéia muito clara em todos os pontos — da grandeza de Posidônio. Historiador e geógrafo, racionalista e místico, uniu várias correntes filosóficas em uma estrutura de monismo estóico; tentou basear suas doutrinas especulativas em uma grande variedade de conhecimentos empíricos, e em tudo infundiu o calor de uma inspiração religiosa. De fato, Zeller não hesita em chamá-lo "a mente mais universal que a Grécia vira desde o tempo de Aristóteles".[81] Proclo (em *Eukleiden*) menciona Posidônio e suas escola sete vezes com relação à filosofia da matemática, como a respeito das paralelas, da distinção entre teoremas e problemas e de teoremas de existência.

O monismo estóico é de fundamental importância para a filosofia de Posidônio, e ele tenta mostrar a unidade articulada da natureza em detalhe. O fenômeno marítimo da maré e da vazante, como coisa causada pela lua, revelou-lhe a "simpatia" que prevalece entre todas as partes do sistema cósmico. O mundo é uma hierarquia de graus de ser, das entidades inorgânicas, como no reino mineral, até as plantas e animais, e destes até o homem, e em seguida até a esfera supra-orgânica do divino, com todo o ser posto junto em um grande sistema e arranjado em todos os detalhes pela Providência divina. Essa harmonia universal e ordenamento estrutural do universo postula a razão absoluta, Deus, no topo da hierarquia, na condição de atividade racional que tudo permeia.[82] O mundo é permeado por uma força vital (ξωτικὴ δύναμις) que advém do sol, e o próprio Deus é representado por Posidônio como um sopro racional e ígneo, o que é algo na linha do estoicismo ortodoxo. Além disso, à diferença do seu professor Panécio, Posidônio reafirmou a doutrina estóica da conflagração ou ἐκπύρωσις, uma doutrina que enfatiza o caráter monista do universo.

Mas, embora sua filosofia fosse monista, Posidônio admitia um dualismo, ao que parece por influência do platonismo. Existem duas partes no mundo, o mundo supralunar e o mundo infralunar. Enquanto este último é terrestre e perecível, aquele primeiro é celestial e "imperecível" e sustenta o mundo inferior por meio das forças que lhe transmite. Esses dois mundos estão unidos, contudo, no homem, que é o elo (δεσμός) entre eles.[83] Composto de corpo e espírito, situa-se na fronteira entre o perecível e o imperecível, ou entre o terreno e o divino; e,

---

[80] Sto. Agostinho, *De Civit. Dei*, 4, 27.
[81] *Outlines*, p. 249.
[82] Cíc., *De Nat. D.*, 2, 33 ss.
[83] Cf. *Plat. Tim.*, 31 b c.

assim como o homem é o elo ontológico, também o conhecimento do homem é o elo epistemológico, unindo em si mesmo todo o conhecimento, isto é, o conhecimento do divino e o conhecimento do terreno. Além disso, assim como o homem é do ponto de vista *corporal* o *mais alto* grau, de igual modo é o *mais baixo* grau do ponto de vista *espiritual*. Em outras palavras, entre o homem e a divindade suprema existem "demônios" ou seres espirituais mais elevados, os quais constituem uma gradação intermediária entre homem e Deus. O caráter hierárquico do universo é, pois, ininterrupto, embora o dualismo permaneça. Esse dualismo é enfatizado pela psicologia de Posidônio, pois, embora à maneira dos velhos estóicos faça da alma um πνεῦμα inflamado — e, desse modo, algo material como o corpo —, ele em seguida passa a enfatizar o dualismo de alma e corpo de um modo que lembra Platão. Dessarte, o corpo é um entrave para a alma, o qual impede o livre desenvolvimento do seu conhecimento.[84] Mais ainda, Posidônio readotou a teoria platônica da preexistência da alma, a qual naturalmente ressalta o dualismo, e também admitia — contra Panécio— a imortalidade da alma. Essa imortalidade, contudo, não poderia ser mais que uma imortalidade relativa (isto é, relativa ao corpo) na filosofia de Posidônio, já que ele reafirmou a conflagração do mundo à maneira dos estóicos. Seu ensinamento acerca da "imortalidade" seguia o dos velhos estóicos.

A despeito desse dualismo, Posidônio, nisso influenciado por Platão e Aristóteles, enfatizou um aspecto gradativo em sua psicologia geral. Daí que as plantas, que na primeira perspectiva estóica possuem só φύσις e não ψυχή, usufruem agora de τὸ ἐπιθυμητικόν, bem como de θρεπτικὴ e αὐξητικὴ δύναμις, ao passo que os animais possuem além disso τὸ θυμοειδές, ἡ αἴσθησις, τὸ ὀρεκτικόν e τὸ κινητικὸν κατὰ τόπον. O homem, mais elevado que os animais, possui τὸ λογιστικόν e, assim, a capacidade de λόγος, νοῦς e διάνοια.

Assim, embora Posidônio admita o dualismo platônico, ele o subordina a um monismo fundamental, influenciado pela teoria heraclítea de oposição em harmonia e unidade na diferença. Em sua tentativa de síntese de dualismo e monismo, assinala um estágio no caminho até o neoplatonismo.

Em contraste com Panécio, Posidônio reafirmou a teoria estóica da divinação. Em razão da harmonia universal do cosmos e do reino do destino, o futuro pode ser divisado no presente: ademais, a Providência de Deus não teria retirado dos homens os meios de adivinhar acontecimentos futuros.[85] Em estados como o de sono e de êxtase, a alma, livre do empecilho do corpo, pode ver a ligação subjacente entre os acontecimentos e adivinhar o futuro. Já vimos que Posidônio admitia a existência de "demônios": acreditava também que o homem é capaz de se comunicar com eles.

Posidônio propôs uma teoria da história ou do desenvolvimento cultural. Na idade de ouro primitiva, os sábios, isto é, os filósofos governavam (o que corresponderia, para a humanidade, à liderança do animal mais forte da horda

---

[84] Cíc., *De Div.*, 1, 49, 110; 1, 57, 129–30.
[85] Cíc., *De Div.*, 1, 49, 110; 1, 55, 125.

no reino animal), e foram eles os responsáveis pelas invenções que elevaram o homem de seu modo primitivo de vida a condições mais refinadas de civilização material. Assim, os sábios descobriram os metais e fundaram a arte de fazer ferramentas etc.[86] Na esfera moral, o estágio primitivo de inocência foi sucedido pela decadência, e a prevalência da violência tornou necessária a instituição de leis. Conseqüentemente, os filósofos, deixando a outras pessoas a elaboração de utilidades técnicas, lançaram-se à tarefa de elevar a condição moral do homem, primeiro através da atividade prática e política, depois pela dedicação pessoal à vida de especulação ou θεωρία. Ainda assim, todas essas atividades, da mais baixa à mais alta, são apenas diferentes graus de uma única e mesma sabedoria ou σοφία.

Posidônio também se interessava por questões etnográficas, enfatizando a influência das condições climáticas e naturais sobre o caráter e modo de vida de um povo, e suas viagens lhe propiciaram material de observação quanto a esse assunto. Em acréscimo, sua inclinação empírica o levou a estender sua atividade a um campo amplo no domínio das ciências especiais, a exemplo da matemática, da astronomia, da história e da literatura. Mas sua característica mais notória é sua habilidade para reduzir toda essa riqueza de conhecimento empírico à unidade de um sistema filosófico, em toda parte encontrando relações, interações e harmonias, na tentativa de penetrar e exibir a estrutura racional do universo e do desenvolvimento racional da história.

Nota sobre a escola peripatética no período helenístico-romano

1. *Estratão de Lâmpsaco*, ὁ φυσικός, sucedeu a Teofrasto como diretor da escola peripatética em Atenas e ocupou essa posição no período aproximado de 287–269 a.C. Seu ensino filosófico trai a influência de Demócrito, o que o estimulou a ter uma visão monista do universo. O mundo consiste em partículas, entre as quais há espaço vazio. Essas partículas, contudo, são infinitamente divisíveis, e parecem possuir qualidades, já que Estratão supõe haver características ou qualidades fundamentais, a saber, o quente e o frio. O mundo foi formado pela necessidade natural ou pelas leis da natureza, e pode ser atribuído a Deus apenas na medida em que Deus deve ser identificado com as forças da própria natureza. Assim, embora Estratão não acompanhe Demócrito quanto a detalhes, a inspiração do seu monismo materialista e sua negação do dualismo aristotélico devem ser atribuídos à influência da filosofia democrítica. Essa transformação do sistema peripatético nas mãos de Estratão é consoante ao interesse deste último pela ciência física — foi isso que lhe rendeu o título de ὁ φυσικός. Ele parece ter influenciado a medicina, a astronomia e a mecânica no período alexandrino.

Para Estratão, todas as atividades físicas, como as de pensamento e sentimento, são redutíveis ao *movimento*, e são atividades da alma racional situada entre as sobrancelhas. Só podemos ter como objetos de pensamento aquelas

---

[86] Cf. Sêneca, *Cartas*, 90; Lucr., *De Rerum Nat.*, v.

coisas que foram causa de uma impressão sensível prévia,[87] e, inversamente, toda percepção envolve atividade intelectual.[88] Isso à primeira vista pode parecer uma repetição da epistemologia aristotélica, mas Estratão parece ter tido isso em mente num sentido que envolve a negação do princípio racional no homem que fosse essencialmente distinto da alma animal. Sua negação da imortalidade era, portanto, uma conclusão lógica, pois, se todo pensamento depende essencialmente dos sentidos, então não se pode pensar em um princípio do pensamento que sobrevivesse independentemente do corpo.

2. Com os sucessores de Estratão — Licón de Tróade, Aríston de Quios, Critolau de Faselis, Diodoro de Tire e Erimneu —, a escola peripatética não parece ter feito nenhuma contribuição real à filosofia. Além disso, uma tendência eclética se fez visível na escola. Assim, embora Critolau defendesse a doutrina de Aristóteles da eternidade do mundo contra os estóicos, ele aceitava a redução estóica de Deus e da alma humana à matéria (éter) e adotava a atitude cínica em relação ao prazer.

3. Com *Andrônico de Rodes* a escola assume uma nova direção. Andrônico foi o décimo escolarca em Atenas (isto é, caso se exclua o próprio Aristóteles), posto que ocupou de cerca de 70 a.C. a 50 a.C. Publicou as obras "pedagógicas" de Aristóteles, investigou sua autenticidade e fez comentários a muitas delas, dando especial atenção à lógica. A linhagem de comentadores culminou em *Alexandre de Afrodísias*, que deu aulas em Atenas sobre a filosofia peripatética entre 198 e 211 d.C.. Alexandre foi o mais celebrado dos comentadores de Aristóteles, mas ele não hesitava em se distanciar do ensinamento deste último. Por exemplo, ele adotou uma posição nominalista em relação aos universais e negou a teleologia antropocêntrica. Mais ainda, identificou o νοῦς ποιητικός com τὸ πρῶτον. Ao nascer, o homem possui só o νοῦς φυσικός ou ὑλικός, e mais tarde adquire o νοῦς ἐπίκτητος sob a influência do νοῦς ποιητικός. Uma conseqüência disso é a negação da imortalidade da alma humana. Embora ao negar a imortalidade da alma humana Alexandre provavelmente esteja de acordo com Aristóteles, deve-se admitir que a negação se segue de maneira bem mais óbvia do ensinamento de Alexandre do que dos comentários um tanto ambíguos de Aristóteles.

4. A defesa eloqüente que Alexandre faz do estudo da lógica em seus comentários aos *Primeiros Analíticos* é digna de nota. Lá afirma que a lógica não é menos merecedora de nossa atenção e estudo pelo fato de ser antes um instrumento da filosofia do que uma efetiva parte da filosofia. Pois, se o maior bem do homem é se tornar como Deus, e se essa semelhança é atingida através da contemplação e conhecimento da verdade, e o conhecimento da verdade por meio da demonstração, então devemos ter a demonstração na mais alta estima, na medida em que ela é uma forma de raciocínio silogístico.[89] Junto a essa tendência erudita cresceu a tendência ao ecletismo. Assim, o famoso médico *Galeno*

---

[87] Simplício, *Física*, 965, 16 a.
[88] Plut., *De Sol. Animal.*, 3 (961 a).
[89] C. A. G., 11/1, 4; 30 E 6 : 8.

(129–c. 199) e *Arístocles d*e Messana (c. 180) propendiam para o estoicismo com sua doutrina do Nous imanente e ativo que permeia toda a natureza.

5. Os peripatéticos do último período mal podem ser chamados de peripatéticos — pelo menos não sem algum reparo: para todos os efeitos, a escola foi absorvida pelo neoplatonismo, o último grande esforço da filosofia grega, e os últimos peripatéticos ou se inclinavam ou se contentavam com comentar as obras de Aristóteles. Assim, Anatólio de Alexandria, que se tornou bispo de Laodicéia por volta do ano 268 e que pode ser o mesmo Anatólio que depois foi professor de Jâmblico,[90] somou, em seu tratado dos números de 1 a 10, a consideração das propriedades reais dos números ao "misticismo numérico" dos pitagóricos.

Temístio (c. 320–c. 390), que ensinou em Constantinopla e em outros lugares do Oriente e nunca se tornou cristão, afirmou que escolhera, afinal, Aristóteles como seu guia até a sabedoria, e até parafraseou ou comentou algumas das obras de Aristóteles, mas foi de fato muito influenciado pelo platonismo. Concordando com o derradeiro platonismo, definiu a filosofia como ὁμοίωσις θεοῦ κατὰ τὸν δυνατὸν ἀντρώπῳ. (Cf. Platão, *Teeteto* 176 b.)

---

[90] Eunap., *Vit. Soph.*, II.

CAPÍTULO VI

Os últimos estóicos

No início do Império Romano, a principal característica dos estóicos é sua insistência nos princípios práticos e morais da escola, a qual assume tons religiosos, já que unida à doutrina da semelhança do homem com Deus e de seu dever de amor para com o próximo. Sua moralidade nobre se mostra de maneira surpreendente no ensinamento dos grandes estóicos do período, Sêneca, Epiteto e o imperador Marco Aurélio. Ao mesmo tempo, uma tendência ao ecletismo é visível nos estóicos bem como em outras escolas. Tampouco era estranho aos estóicos o interesse científico contemporâneo: basta-nos pensar, por exemplo, no geógrafo Estrabão. Temos a felicidade de possuir uma extensa literatura estóica desse período, o que nos permite formar uma idéia clara do ensinamento da escola e das características de suas grandes personalidades. Estamos bem servidos quanto aos escritos de Sêneca e possuímos quatro dos oito livros em que Flávio Arriano descreveu as aulas de Epiteto, ao passo que as *Meditações* de Marco Aurélio nos mostram um filósofo estóico no trono de Roma.

1. *L. Aneu Sêneca* de Córdoba foi tutor e ministro do imperador Nero, e foi em obediência a uma ordem deste último que o filósofo abriu suas veias em 65 d.C.

Como seria de se esperar de um romano, Sêneca enfatiza o lado prático da filosofia, a ética, e — dentro da esfera da ética — está mais preocupado com a virtude do que com investigações teóricas da natureza. Não busca o conhecimento intelectual em si mesmo, antes persegue a filosofia como um meio para a aquisição da virtude. A filosofia é necessária, mas deve ser buscada tendo em vista um fim prático. *Non delectent, verba nostra, sed prosint — non quaerit aeger medicum eloquentem.*[91] Suas palavras sobre esse assunto com freqüência lembram as de Tomás de Kempis — veja-se: *plus scire quam sit satis, intemperantiae genus est.*[92] Dispender tempo nos assim chamados estudos liberais sem ter em vista um fim prático é uma perda de tempo — *unum studium vere liberale est quod liberum facit*[93] — e ele incita Lucílio a abandonar o jogo literário de reduzir temas sublimes a malabarismos gramaticais e dialéticos.[94] Sêneca está até certo ponto interessado em teorias físicas, mas insiste que é o domínio sobre as paixões que realmente importa e que torna o homem igual a Deus,[95] e

---

[91] *Cartas*, 75, 5. "Não se deleite, portanto, em nossas palavras, o doente não procura o médico por ser eloqüente". — NT
[92] *Cartas*, 88, 36. "Saber mais que o necessário é uma espécie de intemperança". — NT
[93] *Cartas*, 88, 2. "O único estudo verdadeiramente liberal é aquele que torna o homem livre". — NT
[94] *Cartas*, 71, 6.
[95] *Cartas*, 73, 13.

com freqüência emprega assuntos da física apenas como um expediente para conclusões moralizantes, como quando se vale do terremoto na Campânia (63 d.C.) como matéria de um discurso moral.[96] Contudo, não há dúvida de que elogia o estudo da natureza (sob a influência de Posidônio), e ele até declara que o conhecimento da natureza deve ser buscado em razão de seu valor intrínseco,[97] mas mesmo nesse caso o interesse prático e humano é visível.

Sêneca adere em teoria ao velho materialismo estóico,[98] mas na prática sem dúvida tende a ver Deus como matéria transcendente. Essa tendência para o dualismo metafísico era uma conseqüência ou acompanhamento natural de sua acentuada tendência para o dualismo psicológico. É verdade que fala da materialidade da alma, mas passa a falar à maneira platônica do conflito entre alma e corpo, entre as aspirações do homem mais elevado e as doutrinas da carne. *Nam corpus hoc animi pondus ac poena est, premente illo urgetur, in vinculis est.*[99] A verdadeira virtude e o verdadeiro valor andam juntos: bens externos não asseguram a verdadeira felicidade, são antes dons passageiros da fortuna, na qual seria tolice nos confiarmos. *Brevissima ad divitias per contemptum divitiarum via est.*[100] Sêneca, como cortesão de Calígula e Cláudio e como rico tutor e ministro do jovem Nero, fora acusado de inconsistência prática e hipocrisia, mas é preciso lembrar que a sua experiência mesma do contraste entre grande riqueza e esplendor, por um lado, e constante temor da morte, por outro, auxiliou muito um homem do seu temperamento a perceber o caráter efêmero da riqueza, do cargo e do poder. Além disso, teve oportunidades incomparáveis de observar de perto a degradação humana, a luxúria e a devassidão. Alguns escritores antigos recolheram fofocas sobre a vida privada de Sêneca, na intenção de mostrar que não se conduzia segundo os seus próprios princípios.[101] Mas mesmo que, a crer nos exageros e fofocas dos seus oponentes, ele não tenha conseguido viver sem descer abaixo do seu ideal moral — o que é de fato bastante provável no caso de um homem com o seu cargo e suas relações, ligado a uma corte depravada[102]— isso não quer dizer que fosse insincero em seu ensinamento e pregação. O seu conhecimento da força da tentação e da degradação a que levam a avareza, a ambição e a luxúria — em alguma medida devido à sua experiência pessoal, mas bem mais à sua observação dos outros — emprestou poder e intensidade à sua pena e à sua exortação moral. Apesar de toda a retórica, Sêneca sabia do que estava falando.

Embora aderindo teoricamente ao tradicional determinismo estóico, Sêneca defendia que, como racional, todo homem tem o poder de escolher o caminho da

---

[96] *Nat. Q.*, 6, 32.

[97] *Nat. Q.*, 6, 4.

[98] *Cartas*, 66, 12; 117, 2; 57, 8.

[99] *Cartas*, 120, 14; 65, 16. Cf.: *Dies est, quem tamquam extremum reformidas, aeterni natalis est. Cartas*, 102, 26. "este corpo é o fardo e o castigo da alma, assim os desejos da carne obnubilam a alma, a encarceram". — NT

[100] *Cartas*, 62, 3. "O caminho mais curto para riqueza está em desprezá-la". — NT

[101] Cf. Dion Cassius, 61, 10.

[102] Não admite ele mesmo: *Non de me loquor, qui multum ab homine tolerabili nedum a perfecto absum. Cartas*, 57, 3. "Não falo contigo agora sobre mim, que estou muito longe de ser uma pessoa tolerante, muito menos perfeita". — NT

virtude desde que ele *queira* fazê-lo. *Satis natura dedit roboris si illo utamur.*[103] Além disso, Deus ajudará aqueles que se esforçam para se ajudar a si próprios. *Non sunt di fastidiosi: adscendentibus manum porrigunt*, e *O te miserum si contemnis hunc testem.*[104] O homem que de fato se ajuda a si mesmo, conquista as suas paixões e leva uma vida conseqüente à reta razão, está melhor do que nossos ancestrais da Idade de Ouro, pois, se eram inocentes, o eram por ignorância e ausência de tentação. *Non fuere sapientes — ignorantia rerum innocentes erant.*[105]

Como objetivava encorajar os homens a tomarem o caminho da virtude e nele prosseguir a despeito das tentações e das quedas, Sêneca foi naturalmente forçado a amenizar o idealismo moral estrito dos primeiros estóicos. Ele sabia coisas demais a respeito da luta moral para supor que o homem pudesse se tornar virtuoso por uma súbita conversão. E assim o vemos distinguir três classes de *proficientes*: (i) aqueles que abandonaram alguns dos seus pecados, mas não todos; (ii) aqueles que tomaram a decisão de renunciar às paixões más em geral, ainda que sujeitos a ocasionais relapsos; (iii) aqueles que foram além da possibilidade de relapso, mas que ainda não têm confiança em si próprios e consciência de sua sabedoria. Eles se *aproximam*, portanto, da sabedoria e da virtude perfeita.[106] Além disso, Sêneca admite que os bens externos, a exemplo da riqueza, podem ser empregados em boas finalidades. O homem sábio será o mestre de sua riqueza, não seu escravo. Sêneca dava conselhos práticos sobre como assegurar o progresso moral, a exemplo do hábito diário de auto-exame, que ele próprio praticava.[107] De nada vale buscar a solidão, caso você não tente ao mesmo tempo se transformar a si próprio: mudança de lugar não quer dizer necessariamente transformação do coração, e, aonde quer que vá, você ainda carregará a luta consigo. É fácil compreender como se difundiu a lenda da correspondência entre Sêneca e São Paulo quando lemos frases como esta: *Nos quoque evincamus omnia, quorum praemium non corona nec palma est.*[108]

Sêneca dá ênfase à doutrina estóica da relação existente entre todos os seres humanos, e, em vez da auto-suficiência do sábio — uma auto-suficiência misturada ao desprezo pelos outros —, incita-nos a ajudar ao próximo e a perdoar aqueles que nos prejudicaram. *Alteri vivas oportet, si vis tibi vivere.*[109] Enfatiza a necessidade de benevolência ativa. "A natureza me obriga a ser útil aos homens não importa se são escravos ou livres, libertados ou livres de nascença. Onde

---

[103] *Cartas*, 116, 7. "A natureza deu-nos forças suficientes [para lutar], então usemo-las". — NT

[104] *Cartas*, 73, 15; 43, 5. "Os deuses não nos desprezam, antes estendem a mão aos que se esforçam" e "Desprezível sois, se foges da provação". — NT

[105] *Cartas*, 90, 46. "Não eram sábios, eram inocentes por sua ignorância". — NT

[106] *Cartas*, 75, 8.

[107] *De Ira*, 3, 36, 3.

[108] *Cartas*, 78, 16, 4. "Nós que a tudo vencemos e cujo prêmio não é nem a coroa nem a palma". — NT

[109] *Cartas*, 48, 2. "Se queres viver para si, ajudas teu próximo". — NT

quer que haja um ser humano, haverá lugar para a benevolência".[110] "Perceba que és querido por todos enquanto vives e lamentado por todos quando morto".

Contudo, é necessário punir os malfeitores. *Bonis nocet quis malis parcet*.[111] A punição mais eficiente em vista do propósito de emenda, contudo, é a mais branda. A punição não deve ser aplicada por raiva ou desejo de vingança (cf. *De Ira* e *De Clementia*).

2. *Epiteto de Hierápolis* (c. 50-138 d.C.) foi primeiro um escravo da guarda pessoal de Nero, e, quando liberto, continuou a viver em Roma até a expulsão dos filósofos pelo imperador Domiciano (no ano 89 ou 93). Ato contínuo, fundou uma escola em Nicópolis, no Épiro, e provavelmente permaneceu à sua frente até a morte. Foi em Nicópolis que Flávio Arriano assistiu às suas aulas, com base nelas compondo os oito livros das Διατριβαί. Desses oito livros possuímos quatro. Arriano também publicou um pequeno catecismo ou manual das doutrinas de seu mestre, o Ἐγχειρίδιον.

Epiteto insiste que todos os homens têm a capacidade de alcançar a virtude e que Deus deu a todos os homens os meios de ser feliz, de se tornarem homens de caráter firme e com autocontrole. "Qual é, pois, a natureza do homem? Morder, chutar, jogar na prisão e decapitar? Não, mas fazer o bem, cooperar com os outros, desejar-lhes bem".[112] Todos os homens têm intuições morais iniciais com base nas quais podem construir a vida moral. "Observas quem elogias quando elogias alguém sem parcialidade? Elogias o justo ou o injusto, o moderado ou o imoderado, o que tem temperança ou o que não a tem?"[113] "Existem certas coisas que os homens que não são inteiramente pervertidos percebem com base nas noções comuns que todos nós possuímos".[114]

Contudo, embora todos os homens possuam uma base suficiente para desenvolver uma vida moral, a instrução filosófica é necessária para todos, a fim de que sejam capazes de aplicar suas concepções primárias (προλήψεις) de bem e mal a circunstâncias particulares. "As concepções primárias são comuns a todos os homens",[115] mas pode surgir um conflito ou dificuldade na aplicação dessas concepções primárias aos fatos particulares. É isso que explica a diversidade de noções éticas, no sentido de noções aplicadas, entre diferentes povos e entre diversos indivíduos.[116] Portanto, a educação é necessária, e, na medida em que a aplicação correta dos princípios depende do raciocínio e o raciocínio depende da lógica, não se deve desprezar o conhecimento da lógica. O importante, contudo, não é que o homem possua um conhecimento de dialética formal, mas que seja capaz de aplicar seus princípios à prática e, sobretudo, que seja realmente capaz de levá-los à prática em sua conduta. A educação consiste, em especial,

---

[110] *De Vita Beata*, 24, 3.
[111] Frag. 114. "Prejudica aos bons quem poupa os maus". — NT
[112] *Disc.*, 4, 1, 22.
[113] *Disc.*, 3, 1, 8.
[114] *Disc.*, 3, 6, 8.
[115] *Disc.*, 1, 22.
[116] Ibid.

em dois fatores: (i) em aprender a aplicar as concepções primárias naturais às circunstâncias particulares segundo a "natureza" e (ii) em aprender a distinguir as coisas que estão em nosso poder das coisas que não estão.[117] Epiteto, tendo isso em comum com a escola estóica em geral, muito contribuiu para essa última distinção. Alcançar honras e riqueza, gozar de saúde permanente, evitar maus tratos físicos ou o desfavor do imperador, afastar de si ou de seus amigos e parentes a morte ou o desastre, tudo isso não depende unicamente dos esforços de um homem individual: deve ter o cuidado, logo, de não depositar toda a sua fé em nenhuma dessas coisas, e deve aceitar tudo o que acontece a ele ou aos seus amigos e parentes como o destino, como a vontade de Deus: deve tudo aceitar sem revolta ou descontentamento como uma expressão da vontade divina. O que está ao alcance do poder do homem? Os seus juízos sobre acontecimentos e sua vontade: estes ele pode controlar, e sua auto-educação consiste em atingir o julgamento correto e a vontade certa. "A essência do bem e do mal está em uma atitude da vontade",[118] e essa vontade está ao alcance do homem, pois "a vontade pode conquistar a si mesma, mas nada mais pode conquistá-la".[119] O que é realmente necessário ao homem é, portanto, *querer* a virtude, *querer* a vitória sobre o pecado. "Tenha certeza de que nada é mais maleável do que a alma humana. Deves exercer tua vontade, e assim a coisa é feita, fica certa; ao passo que, por outro lado, se relaxas tua vigilância, tudo é perdido, pois de dentro vem a ruína e de dentro vem a ajuda".[120] Os pecados se distinguem do ponto de vista material, mas do ponto de vista moral todos eles envolvem uma vontade pervertida. Superar e consertar essa vontade pervertida está ao alcance de todos. "Ora, não te ajudarás? E quão mais fácil é essa ajuda? Não há necessidade de matar ou aprisionar qualquer homem ou tratá-lo com insolência ou ir aos tribunais. Deves apenas falar contigo mesmo. Tua vontade será persuadida com grande facilidade; ninguém tem mais poder de te persuadir do que tu mesmo".[121]

Como meios práticos para alcançar progresso moral, Epiteto aconselha o exame de consciência diário (cujo hábito fiel leva à substituição dos maus hábitos por bons), evitar más companhias e ocasiões de pecado, a constante vigilância pessoal etc. Não devemos nos desencorajar em virtude de quedas, mas sim perseverar, tendo diante de nós algum exemplo de virtude, como Sócrates ou Zenão. De modo similar, "...lembra-te que um Outro olha desde cima o que está acontecendo e que deves agradá-lo mais do que a este homem".[122] Ele distingue três estágios no curso do progresso moral:

(i) O homem é ensinado a ordenar os seus desejos segundo a reta razão, libertando-se de emoções mórbidas e atingindo a tranqüilidade de espírito.

---

[117] Ibid.
[118] *Disc.*, 1, 29.
[119] Ibid.
[120] *Disc.*, 4, 9, 16.
[121] *Disc.*, 4, 9, 13.
[122] *Disc.*, 1, 30.

(ii) O homem é treinado para a ação, para realizar o seu dever (τὸ καθῆκον) e agir como um verdadeiro filho, irmão, cidadão etc.

(iii) O terceiro estágio se relaciona com o julgamento e assentimento, e "seu objetivo é assegurar os dois outros [estágios], para que mesmo no sono, na intoxicação e na hipocondria não deixemos nenhuma representação nos ocorrer sem exame".[123] Cria-se um julgamento moral seguro.

Os deveres para consigo próprio começam pela higiene do corpo. "Eu de fato preferiria que um jovem, quando logo movido à filosofia, viesse até mim com seu cabelo cuidadosamente aparado, do que com ele sujo e desgrenhado".[124] Isso quer dizer que, se um homem tem mais tino para a higiene e a beleza, há maior esperança de que possa ser elevado à percepção da beleza moral. Epiteto recomenda a temperança, a modéstia e a castidade, censurando, por exemplo, o adúltero. Deve-se cultivar a simplicidade, embora não faça mal perseguir a riqueza, caso se faça isso tendo em vista uma finalidade boa. "Se me for dado receber dinheiro, e também me manter modesto e confiável e magnânimo, aponta-me o caminho e eu irei recebê-lo. Mas se me pedires que eu abandone as coisas que são boas e minhas, a fim de que ganhes as que não são boas, veja quão injusto e bobo tu és"[125] (Isso em relação a pessoas que incitam um amigo a ganharem dinheiro para que elas também recebam parte.) Como todos os estóicos, Epiteto louvava a veracidade e a lealdade.

Deve-se encorajar a piedade. "Quanto à religião para com os deuses, saiba que o principal elemento é ter opiniões corretas acerca deles, que existem e governam toda a boa ordem e a justiça, e dedicar-te a obedecê-los, e concordar com eles em cada acontecimento, submetendo-se a este de boa vontade, como coisa realizada sob os mais elevados conselhos".[126] O ateísmo e a negação da Providência, tanto em caráter geral como particular, são condenados. "Quanto aos deuses, existem aqueles que dizem que não existe Ser Divino; e um segundo grupo, que diz que de fato existe, mas que é indolente e despreocupado, e não tem premeditação acerca de nada; e há ainda aqueles que dizem que existe esse ser, e que ele tem premeditação, mas só em relação às coisas grandes e celestiais, e em relação a nada na terra; e um quarto grupo, que ele tem consideração tanto pelas coisas do céu como da terra, mas só em geral, e não de cada coisa separadamente. E existe ainda um quinto grupo, ao qual pertencem Odisseu e Sócrates, o qual diz: 'Sequer posso mover-me sem vosso conhecimento'".[127]

O casamento e a família são segundo a boa razão, embora o "missionário" deva permanecer celibatário, a fim de ser livre para o seu trabalho.[128] A criança deve sempre obedecer ao seu pai, a menos que este lhe ordene algo imoral. O patriotismo e a partilha ativa na vida pública são encorajados — ainda que de

---

[123] *Disc.*, 3, 2; cf. 1, cap. 18 (fim).
[124] *Disc.*, 4, 11, 25.
[125] *Ench.*, 24.
[126] *Ench.*, 31.
[127] *Disc.*, 1, 12.
[128] Cf. *Disc.*, 3, 22; 3, 26, 67.

maneira um pouco inconsistente —, mas a guerra é condenada, e o governante deve conquistar o apoio dos seus súditos por meio do seu exemplo pessoal e de seu cuidado auto-sacrificial para com eles.

Contudo, o cosmopolitismo e o amor pela humanidade transcendem o patriotismo estrito. Todos os homens têm em Deus o seu pai e são irmãos por natureza. "Não te lembrarás de quem és e quem governas? Que são teus iguais, que são irmãos por natureza, que são a descendência de Zeus?".[129] Devemos amor a todos os homens e não devemos pagar o mal com o mal. "Supor que seremos facilmente desprezados pelos outros a menos que prejudiquemos de toda forma possível aqueles que primeiro nos mostraram hostilidade é coisa de homens muito ignóbeis e tolos, pois isso implica que a inabilidade para prejudicar é a razão pela qual nos acham abjetos, ao passo que o homem realmente abjeto não é o incapaz de prejudicar, mas o incapaz de fazer um benefício".[130] Epiteto não rejeita a punição, contudo, com maior intensidade do que outros estóicos. Eles insistem que a violação da lei deve ser punida, mas que essa punição deve advir de deliberação madura e não de ódio apressado, e que deve ser amenizada pela misericórdia e calculada para ser não apenas algo dissuasivo, mas também um remédio para o ofensor.

Em *Disc.* 3, 22, Epiteto dedica um capítulo ao cinismo, no qual o filósofo cínico aparece como o pregador da verdade acerca do bem e do mal, como embaixador de Deus. Sem partilhar do desprezo dos cínicos pela ciência, Epiteto parece ter admitido a indiferença dos cínicos para os bens externos. Isso é tanto mais natural já que para Epiteto a verdade depende tão-só daquilo que está em nosso poder e independe de condições externas — a saber, nossa vontade, nossas idéias sobre as coisas e o uso que fazemos de nossas idéias. Se buscamos nossa felicidade em bens que não dependem inteiramente de nós mesmos para ser alcançados ou continuar em nossa posse, abrimos caminho para a infelicidade: devemos praticar, portanto, a abstinência — ἀνέχου καὶ ἀπέχου — e buscar nossa felicidade dentro de nós.

(Dr. Praechter nos fala do diretor de um hospício suíço que tinha o hábito de dar aos seus pacientes neurastênicos e psicastênicos um exemplar do *Enchiridion* (o "Manual de Epiteto") numa tradução alemã, e que considerava isso de ajuda valiosa para a cura.)[131]

3. *Marco Aurélio*, imperador romano de 161 a 180 d.C., escreveu em grego suas *Meditações* em doze capítulos de forma aforismática. Tinha tremenda admiração por Epiteto,[132] e se irmanava a Epiteto e Sêneca ao dar um tom religioso à sua filosofia. Em Marco Aurélio também encontramos uma ênfase na Providência divina e no ordenamento sábio do universo, na relação estreita entre homem e Deus e no dever de amor para com o próximo. Assim, o imperador

---

[129] *Disc.*, 1, 13.
[130] Stob., *Flor.*, 20, 61.
[131] Ueberwag-Praechter, p. 498, nota.
[132] *Med.*, 1, 7.

prega a compaixão para com a fraqueza humana. "Quando alguém te faz mal, decide-te a considerar qual ponto de vista, bom ou mau, o confundiu. Tão logo o perceba, apiedar-te-ás dele, sem surpresa nem raiva. Pois tua visão do bem ou é a mesma dele ou algo próximo da dele, e assim irás tolerá-lo. Ou, supondo-se que tua própria visão do bem e do mal tenha se alterado, descobrirás que a piedade pelo erro dele virá ainda mais fácil".[133] "É dom especial do homem amar até mesmo aqueles que cometem grande erro; isso ocorre no momento em que nos damos conta de que os homens são nossos irmãos, que o pecado é ignorância e coisa não intencional, que em breve ambos estaremos mortos, que, sobretudo, nenhum mal nos é infligido; nosso eu interior não foi tornado pior do que antes".[134] Dá-se ênfase à benevolência ativa. "Requisita o olho uma recompensa por enxergar, ou o pé por andar? Do mesmo modo que essa é a finalidade para a qual existem, e assim como acham sua recompensa em realizar a lei do seu ser, assim também o homem é feito para a gentileza, e, sempre que realiza um ato de gentileza ou então ajuda a promover o bem comum, realiza assim a lei do seu ser".[135] "Ama a humanidade, segue a Deus".[136]

Marco Aurélio exibe uma decidida tendência a romper com o materialismo estóico. Com efeito, adere ao monismo estóico, como na seguinte passagem: "Harmoniza-se comigo tudo o que se harmoniza contigo, ó universo. Nada para mim é cedo demais ou tardio demais que esteja na devida sazão para ti. Para ti são todas as coisas, em ti são todas as coisas, para ti todas as coisas retornam. Diz o poeta: Querida cidade de Cecrops; e não direis vós: Querida cidade de Zeus?"[137] Além disso, o imperador observava severamente as formas do culto politeísta, um fato que explicará em parte a perseguição dos cristãos durante o seu reinado, já que é claro que ele compreendia as práticas do culto estatal como parte da boa cidadania. Mas, embora Marco Aurélio adira ao monismo estóico, ele tende a transcender o materialismo com sua divisão do homem em três partes — σῶμα, ψυχή e νοῦς, com ψυχή a ser algo material, mas com νοῦς a ser expressamente distinguido dos quatro elementos e, portanto, da matéria (pelo menos logicamente). O νοῦς humano ou τὸ νοερόν advém do νοερόν do universo, é um ἀπόσπασμα de Deus,[138] é ἡγεμονικόν.[139] A influência do platonismo é clara, mas é possível que o imperador, que teve Cláudio Severo — um peripatético — como um dos seus professores,[140] tenha sido influenciado também pela doutrina de Aristóteles.

O νοῦς é o δαίμων que Deus deu a todo homem para ser seu guia, e esse δαίμων é uma emanação da divindade. Segue-se, portanto, que aquele que desobedecer o

---

[133] Med., 7, 26.
[134] Med., 7, 22.
[135] Med., 9, 42.
[136] Med., 7, 31.
[137] Med., 4, 23.
[138] Med., 5, 27.
[139] Med., 12, 1.
[140] Capitol, Vit. M. Ant., 3, 3.

comando do δαίμων, que são os comandos da razão, age não só irracionalmente, como ainda impiamente. A imoralidade é, pois, uma impiedade.[141] "Viva com os deuses, pois vive com os deuses aquele que sempre se apresenta a eles aceitando suas disposições e se ocupando da vontade de Deus, até mesmo daquela parte de Zeus que Zeus dá a todo homem como seu controlador e governante — isto é, sua mente e razão".[142] O homem tem capacidade de evitar a maldade. "Quanto àquelas coisas que são realmente más, como o vício e a maldade, essas eles [os deuses] colocam ao alcance do poder do homem, de modo que possa evitá-las caso queira".[143]

Marco Aurélio, à maneira da tradição estóica, admite apenas uma imortalidade limitada. Embora enfatize, como Sêneca, o dualismo de alma e corpo e descreva a morte como uma libertação,[144] admite não só a possibilidade da "reabsorção" da alma quando da conflagração do mundo, mas também a possibilidade de que a alma seja reabsorvida na *razão cósmica em virtude da constante mudança na natureza — tema sobre o qual se detém o imperador, que compara o fluxo dos fenômenos a um rio.*[145] De qualquer modo, a alma goza apenas uma limitada persistência após a morte.[146]

---

[141] *Med.*, 2, 13; 11, 20; 9, 1.
[142] *Med.*, 5, 27.
[143] *Med.*, 2, 11.
[144] *Med.*, 9, 3; 11, 3.
[145] *Med.*, 4, 14; 4, 43; 5, 23.
[146] *Med.*, 4, 21.

CAPÍTULO VII
Cínicos, ecléticos, céticos

I. Cínicos

A corrupção moral do Império Romano acabou por renovar o interesse pelo cinismo, e as cartas escritas no período, e atribuídas aos antigos cínicos, foram como que calculadas para estimular precisamente este reflorescer. Assim, chegaram até nós 51 cartas atribuídas a Diógenes e 36 a Crates.

Os estóicos romanos da linhagem de Sêneca dirigiam-se principalmente aos membros das altas classes da sociedade, a homens que pertenciam a círculos próximos à corte, a homens, sobretudo, que, aspirando à virtude e à tranquilidade da alma, achavam-se perplexos com a vida luxuriosa e voltada para as coisas dos sentidos que reinava na aristocracia; homens que sentiam a força dos imperativos da carne e a sedução do pecado, e ainda assim estavam cientes de toda essa autocomplacência e prontos a agarrar a primeira mão que se oferecesse a ajudá-los. Para além, entretanto, da aristocracia e dos homens abastados, havia as massas, que podem ter se beneficiado, até certo ponto, dos ideais humanitários que se infiltraram entre seus senhores, mas que não foram diretamente tocadas por homens como Sêneca. Foi para dar conta das necessidades morais e espirituais das massas que acabou por emergir e crescer um tipo diferente de "apóstolo", o pregador ou missionário cínico. Estes homens levavam uma vida de pregadores itinerantes, na pobreza, renegando a si mesmos, buscando a "conversão" das massas, que lhes vinham ouvir — como quando, por exemplo, o célebre Apolônio de Tiana (que mais faz parte da história do neoplatonismo), místico e taumaturgo, discursava sobre o espírito de unidade social aos habitantes de Esmirna, que se achavam divididos entre facções, ou pregava a virtude às multidões reunidas em Olímpia para assistir aos jogos e às corridas;[147] ou ainda quando Musônio (que apesar das afinidades com o cinismo pertencia de fato ao Pórtico, tendo sido professor de Epiteto) predicava às tropas de Vespasiano ou de Vitélio os benefícios da paz e os horrores da guerra civil — arriscando nisto a própria vida[148] — ou denunciando a impiedade e exigindo, de homens e mulheres por igual, uma conduta virtuosa. Eram, não raro, homens intrépidos, como se depreende do exemplo de Musônio logo acima, ou do desafio que lançou Demétrio a Nero: "Tu me ameaças com a morte, mas é a natureza

---
[147] Philostr., *Apoll. Tyan.*, 4, 8; 4, 31.
[148] Tac., *Hist.*, 3, 81

que te está a ameaçar".¹⁴⁹ Demétrio, enaltecido de Sêneca em seus escritos, nos últimos momentos da vida de Trásea, logrou consolá-la discursando sobre a alma e o destino *post mortem*.¹⁵⁰

Luciano critica os pregadores cínicos desapiedadamente, particularmente à conta da má conduta, falta de cultura, grosseria, bufonaria, vulgaridade e obscenidades deles. Luciano se opunha a qualquer tipo de entusiasmo, e coisas como fervor religioso e exaltação mística eram-lhe repugnantes, por forma que, indubitavelmente, não raro é ele injusto para com os cínicos, à conta da sua falta de simpatia e compreensão; mas é para notar que Luciano não era o único que os criticava, porquanto Marcial, Petrônio, Sêneca, Epiteto, Díon Crisóstomo e outros convinham em condenar os abusos que eram, de fato, reais. Alguns dos cínicos eram certamente impostores, bufões, coisa que deu lugar ao desprezo do público pela filosofia, como assevera claramente Díon Crisóstomo.¹⁵¹ Acresce que alguns dentre eles deixavam transparecer certas condutas de um repulsivo egoísmo, de mau gosto, ou simplesmente agiam com falta de respeito, como quando, por exemplo, Demétrio, que denunciara a Nero, determinou insultar o Imperador Vespasiano — que não era nenhum Nero —, ou quando Peregrino atacou o Imperador Antonino Pio¹⁵² (o primeiro ignorou Demétrio; quanto a Peregrino, o prefeito ordenou-lhe que deixasse a cidade. O cínico que atacou publicamente a Tito no teatro, à conta da relação que este manteve com Berenice, foi açoitado, ao passo que Heros, que repetiu-lhe o feito, foi decapitado).¹⁵³ Luciano tende a interpretar a conduta dos cínicos da maneira mais desfavorável possível. Assim, por exemplo, quando Peregrino — chamado Proteu —, que se convertera ao cristianismo na Palestina, mas que em seguida cerrou fileira com os cínicos, ateou fogo a si mesmo publicamente em Olímpia, vindo mesmo a morrer, com o fito de dar o exemplo do que seria um verdadeiro desprezo pela morte, de imitar a Herácles e de unir-se com o elemento divino, Luciano supõe que sua conduta deveu-se tão somente ao amor da fama — κενοδοξία.¹⁵⁴ É bem possível que esta atitude tivesse algo de vanglória, mas pode não ter sido sua única força motriz.

Entretanto, apesar dessas extravagâncias e dos impostores e bufões que havia entre os cínicos, o cinismo mesmo não pode ser condenado como um todo. Demônax (c. 50-150 d.C.) era universalmente reconhecido em Atenas por sua bondade,¹⁵⁵ e quando os atenienses propuseram instituir a luta de gladiadores para entretenimento da cidade, ele os advertiu a, antes, deitarem por terra o altar da Piedade. Bem que vivesse de maneira simples e frugal, ele parece ter logrado evitar se tornar conhecido por suas idiossincrasias. Levado à corte sob a acusação de impiedade, desde que declinara oferecer sacrifícios e recusara-se

---

¹⁴⁹ Epit., *Disc.*, I, 25.
¹⁵⁰ Tac., *Ann.*, 16, 34.
¹⁵¹ e.g. *Or.*, 32, 9.
¹⁵² Suet., *Vesp.*, 13; Dion Cris., 66, 13; Luc., *De morte Peregr.*, c. 18.
¹⁵³ Cf. Dio. Cass., 66,13.
¹⁵⁴ *De Morte Peregr.*, 4; 20 *ss*.
¹⁵⁵ Cf. *Demonax* (Luciano).

a ser iniciado nos mistérios de Elêusis, redargüiu que Deus não precisa de sacrifícios; quanto aos mistérios, se eles trouxessem boas novas aos homens, ele faria questão de publicá-las, ao passo que se em nada aproveitassem, se veria obrigado a advertir as pessoas quanto a isto.[156] Enomau de Gadara fez pouco-caso das fábulas antropomórficas dos deuses pagãos e atacou feroz a ressurgência da crença nas formas de divinação e nos oráculos. Os oráculos, disse ele, não são mais que mentiras; de qualquer modo, o homem está dotado de vontade livre, sendo só ele responsável pelos seus atos. Juliano, o Apóstata, campeão do paganismo, indignava-se só de lembrar de homens como Enomau, que atacavam os oráculos pagãos.[157]

Cínico célebre e honrado foi Díon Crisóstomo, nascido por volta de 40 d.C., tendo vivido, em todo o caso, durante o reino do Imperador Trajano. Vindo de uma família aristocrática de Bursa (Bitínia), seguiu primeiro a carreira de retórico e sofista. Banido de Bitínia e da Itália em 82 d.C., durante o reinado do Imperador Domiciano, passou a levar uma vida errante na pobreza. Quando no exílio, passou por uma espécie de "conversão", tornando-se pregador à maneira dos cínicos itinerantes, a dirigir-se às massas de desvalidos do Império. Dion sempre conservou sua parte de retórico e fez questão, nas suas *Orações*, de expressar as verdades morais de forma elegante e atraente. Entretanto, bem que se mantivesse fiel à tradição retórica, ele insistia, nas suas pregações, no viver em conformidade com a vontade divina, no ideal moral, na prática da verdadeira virtude e na insuficiência de uma civilização construída sobre elementos puramente materiais. No Εὐβοικός ele retrata a vida do campesino empobrecido como sendo mais natural, livre e feliz do que a do abastado habitante das cidades. Também se ocupa com a seguinte questão: de que modo poderiam os homens pobres que habitam as cidades viver a contento, longe da luxúria e mantendo-se ao largo de tudo quanto lhes prejudicaria o corpo e a alma? Ao povo de Tarso, advertiu-lhe de sua disfuncional hierarquia de valores. A felicidade não encontramo-la entre as construções imponentes, riquezas e o viver sofisticado, senão na temperança, justiça e verdadeira piedade. As grandes civilizações materialistas do passado — Assíria, por exemplo — pereceram; o ingente Império de Alexandre já não é mais, e Pella não é senão um monte de ruínas.[158] Aos habitantes de Alexandria, admoesta-os à conta de seus vícios e gosto pela luxúria, de sua falta de dignidade e interesses banais.[159]

Foi seu interesse por questões de ordem social que levou Díon ao estoicismo, de cujas doutrinas a respeito da harmonia cósmica e do cosmopolitismo valeu-se. Assim como Deus governa o mundo, assim deve o Monarca governar o Estado, e como é o mundo harmonia de fenômenos vários, cumpre que os Estados individuais sejam preservados, mas de modo a viverem em harmonia uns com

---

[156] *Demonax*, 11.
[157] Juliano, *Or.* 7, 209.
[158] *Or.* 33.
[159] *Or.* 32.

os outros, mantendo entre si relações livres. Além da influência do estoicismo, Díon parece ter sido influenciado por Possidônio, tomando-lhe a divisão ternária da teologia: a dos filósofos, a dos poetas e a do culto estatal oficial. Passado o período em que ficou banido à conta da determinação de Domiciano, fez-se muito próximo de Trajano, que costumava chamá-lo à sua mesa e levá-lo consigo em sua carruagem, embora não fingisse entender a retórica de Díon. τì μὲν λέγεις, οὐκ οἶδα. Φιλῶ δέ σε ὡς ἐμαυτόν.[160] Foi precisamente na corte de Trajano que Díon pronunciou seus discursos, contrastando o monarca ideal com o tirano. O verdadeiro monarca dir-se-ia pastor de seu povo, designado pelo próprio Deus para fazer o bem a seus súditos. Há que ser verdadeiramente religioso[161] e virtuoso, como um pai para o seu povo; é preciso que trabalhe duro e seja inimigo das lisonjas.

Para Díon Crisóstomo, a idéia de Deus inata no todo dos homens é universal entre eles, e pode ser plenamente conscientizada por meio do contemplar a ordem e a providência cósmicas. E no entanto, Deus nos está oculto, e somos como que criancinhas a estender os braços em busca do pai ou da mãe.[162] Contudo, se bem que Deus em si mesmo nos esteja oculto, naturalmente nos pomos a imaginá-lo da melhor maneira possível, e são os poetas quem melhor logram fazê-lo. A esta mesma tarefa entregam-se os artistas, porém com menos sucesso, porquanto nenhum pintor ou escultor pode retratar a Natureza de Deus. Do mesmo modo, ao figurar Deus em forma humana, não necessariamente estão a fazer algo impróprio, uma vez que é bastante natural recorrer, para este propósito de representar o divino, ao ser mais alteado que conhecemos.

Mais adiante, encontramos vestígios de um cinismo cristianizado na pessoa de Máximo de Alexandria, que foi para Constantinopla em 379 ou 380 d.C., onde formou íntima amizade com São Gregório Nazianzeno, embora tenha se feito bispo pelas costas do santo. Máximo tentava imitar o comportamento dos estóicos, embora sem muita consistência.[163]

II. Ecléticos

A escola de observância eclética foi fundada por Potamon em Alexandria, no tempo do Imperador Augusto. Segundo Diógenes Laércio, ela foi chamada Ἐκλεκτικὴ αἵρεσις,[164] e ao que parece acolhia elementos estóicos e peripatéticos, se bem que Potamon tenha também aposto seus comentários à República, de Platão.

Certa tendência para o ecletismo também se discerne na escola de Q. Sextius (nascido por volta de 70 a.C.). Os princípios de ordem estóica e cínica que adotaram, combinaram-nos com elementos tirados do pitagorismo e de Platão e Aristóteles. Assim, por exemplo, Sextius adotou os hábitos pitagóricos do

---

[160] Filostr., *Vit. Soph.*, I, 7
[161] Cf. *Or.* 1-4.
[162] *Or.* 12, 61.
[163] Greg., *Adv. Maxim.*, *P.G.*, 37, 1339
[164] Diog. Laert., *Proem.*, 21.

auto-exame e do abster-se de carne, ao passo que um discípulo seu, Sótion de Alexandria, aproveitou, do pitagorismo, a teoria da metempsicose. Essa escola parece não ter exercido muita influência, conquanto o próprio Sêneca tenha sido discípulo de Sótion.[165]

III. Céticos

Suposto que a Academia, antes do tempo de Antíoco de Ascalon, mostrava, como já vimos, marcada tendência ao ceticismo, era a rigor antes à escola de Pirro que o novo Ceticismo se reportava como à sua origem, mais do que à própria Academia. Enesidemo de Cnossos, refundador da escola, escreveu oito livros Πυρρωνείων λόγων. Os membros desta escola trataram de demonstrar o relativo de todos os juízos e opiniões, estribando seus argumentos no que chamavam Τρόποι. Entretanto, por muito que se opusessem ao dogmatismo filosófico, não se furtaram às exigências da vida prática, pelo que chegaram mesmo a formular normas para o bem conduzir a vida. E este proceder não era estranho ao espírito de Pirro, que, apesar de seu ceticismo, asseverou que os hábitos, tradições e leis do Estado forneciam pontos de apoio para a vida prática.

Enesidemo de Cnossos[166] (que lecionou em Alexandria e provavelmente escreveu suas obras por volta de 43 a.C.) formulou dez Τρόποι, ou argumentos em favor da posição cética. Ei-los:

(1) Diferentes tipos de seres vivos implicam "idéias" diferentes, e portanto relativas, sobre um mesmo objeto.

(2) O mesmo vale para diferenças entre os indivíduos humanos.

(3) As diferentes estruturas e modos de percepção dos nossos sentidos (por exemplo, há uma fruta oriental que cheira mal, mas de delicioso sabor).

(4) A diferença entre vários estados, isto é, entre vigília e sono, juventude e velhice. Por exemplo, uma corrente de ar que um jovem percebe como prazenteira brisa, percebe-a o velho como desagradável ventania.

(5) Diferenças de perspectiva, por exemplo: o graveto mergulhado n'água parece-nos quebrado; uma torre quadrada dir-se-ia redonda à distância.

(6) Os objetos da percepção nunca se mostram em sua pureza, mas sempre através de um meio, como o ar, por exemplo. Daí a mescla ἐπιμιξία. Por exemplo, a grama parece verde ao meio-dia, mas dourada à luz crepuscular. Um vestido difere em aparência conforme esteja exposto à luz do sol ou à luz elétrica.

(7) Diferentes percepções por causa de diferentes qualidades: um único grão de areia parece áspero, ao passo que a areia a correr por entre os dedos parece lisa e suave.

(8) A relatividade em geral

(9) Impressões diferentes causadas por ritmos diferentes: um cometa, que é raramente visto, é mais impressionante do que o sol.

---

[165] Sen., *Ep.*, 108. 17.
[166] Sext. Emp., *Pyrr. Hyp.*, 1. 36 ss.

(10) Diferentes maneiras de viver, códigos morais, leis, mitos, sistemas filosóficos etc. (Cf. Sofistas).

Estes dez Τρόποι de Enesidemo foram reduzidos a cinco por Agripa:[167]

(1) A variedade de perspectivas que podem ser lançadas sobre um mesmo objeto.

(2) O sem-fim dos processos de prova (ou seja, a prova depende de certas hipóteses que por sua vez necessitam ser provadas, e assim indefinidamente).

(3) Relatividade: objetos iguais aparecem de maneiras diferentes a diferentes pessoas, de acordo com o temperamento etc. do sujeito percipiente e segundo as relações que estabelecem com outros objetos.

(4) O arbitrário das hipóteses dogmáticas que são tomadas como ponto de partida com o fito de se escapar do *regressus in infinitum*.

(5) O círculo vicioso, ou a necessidade de presumir, na prova do que quer que seja, a conclusão mesma que deve ser provada.

Outros céticos reduziram os Τρόποι a dois:[168]

(1) Nada se prova a si mesmo, como mostra a variedade das opiniões, entre as quais não nos logramos decidir com certeza.

(2) Nada pode ser provado através de outro, uma vez que a tentativa de fazê-lo ou implica um *regressus in infinitum* ou se reduz a um círculo vicioso.

(Fica claro do que tenhamos dito até aqui que estes argumentos em favor do relativismo fundam-se sobretudo na percepção. Esta, entretanto, não pode errar, porquanto não lhe é próprio o emitir juízos, e o erro consiste num falso juízo. Além do mais, a razão pode prevenir o erro ao refrear o juízo precipitado, ao considerar a coisa mais detidamente, ao suspender o juízo em certos casos etc.).

Sextus Empiricus (c. 250 d.C.), nossa principal fonte de informação sobre os detalhes da doutrina cética, argumentou contra a possibilidade mesma de provar uma conclusão por meio de um raciocínio silogístico.[169] A premissa maior — por exemplo, "todos os homens são mortais" — só pode ser provada por via de uma indução integral. Entretanto, uma indução integral pressupõe o conhecimento prévio da conclusão — "Sócrates é mortal". Porque não podemos dizer que todos os homens são mortais se já não soubermos que Sócrates é mortal. O silogismo é, pois, um exemplo de círculo vicioso. (É para notar que esta objeção levantada contra a estrutura silogística, que aliás foi retomada por John Stuart Mill no século dezenove, só haveria de ser válida se a doutrina Aristotélica da essência da espécie fosse deitada fora em favor do nominalismo. É a nossa capacidade de perceber a essência, ou a natureza universal do homem, que nos possibilita dizer que todos os homens são mortais, e não a enumeração, por meio da observação, completa e perfeita dos particulares, o que aliás, neste caso, seria impossível. A premissa maior, portanto, funda-se na mesma natureza do homem, pelo que dispensa o conhecimento explícito da conclusão

---

[167] Sext. limp , *Pyrr. Hyp.*, I, 164 ss.
[168] Sext. Emp., *Pyrr. Hyp.*, 1, 178.
[169] Sext. Emp., *Pyrr. Hyp.*, 2, 193 ss.

do silogismo. A conclusão vai contida implicitamente na premissa maior, e o processo silogístico tem por função tornar este conhecimento, implícito que era, em conhecimento claro e explícito. A perspectiva nominalista, por seu turno, exige, por certo, uma nova lógica, que aliás Mill tentou formular). Os céticos também argumentavam contra a validez da noção de causa, mas parece que não anteciparam as dificuldades epistemológicas levantadas por David Hume.[170] A causa é essencialmente relativa; o relativo não é objetivo, mas sim atribuído extrinsecamente pela mente. De novo, a causa deve ser ou concomitante com o efeito, ou anterior ou posterior. Concomitante não pode ser, porquanto, neste caso, tanto B poderia ser dito causa de A quanto inversamente. Tampouco poderia a causa ser anterior ao efeito, visto que haveria de primeiro existir independentemente do efeito, e causas relacionam-se essencialmente com seus efeitos. Por fim, também não poderia ser posterior ao efeito — e isto por razões óbvias.

Os céticos também tentaram provar a existência de antinomias na teologia. Por exemplo, Deus deve necessariamente ser infinito ou finito.[171] Infinito não pode sê-lo, porquanto, imóvel, se veria privado de vida e alma; finito tampouco, desde que seria menos perfeito do que o Todo, ao passo que Deus é, *ex hypothesi*, perfeito. (Este argumento tinha em mira os estóicos, para quem Deus é de natureza material: não afeta aqueles que têm Deus por Espírito infinito, que, embora se não possa mover, é vivo, ou melhor, dotado de vida infinita). Mais ainda, a doutrina estóica a respeito da Providência contém em si um dilema. Há muito mal e sofrimento no mundo. Agora, ou Deus está dotado da faculdade de dar por terra com este mal e sofrimento ou não. A segunda hipótese é, de per si, incompatível com a noção mesma de Deus (se bem que J. S. Mill tenha chegado à bisonha noção de um Deus finito, com quem nós mesmos cooperamos). Ele tem, de força, a vontade e o poder de terminar com todo o mal e sofrimento do mundo. Mas isto, por óbvio, o não faz, donde se segue que, pelo menos, não se pode falar de uma providência de alcance universal em Deus. Não podemos, entretanto, dar razões por que a Providência divina se estende até este indivíduo, mas não àquele. Vemo-nos forçados, pois, a concluir que simplesmente não há Providência alguma.[172]

Pelo que é da vida prática, os céticos ensinavam que devemos nos basear naquilo que as percepções e o pensamento nos apresentam; também cumpre-nos satisfazer os instintos, aderir à lei e à tradição e buscar o conhecimento. Nunca logramos, de fato, alcançar a certeza na ciência, mas podemos a seguir buscando.[173]

---

[170] Sext. Emp., *Adv. Main.*, 9, 207 ff. Cf. 8, 453 ss.
[171] Sext. Emp., *Adv. Math.*, 9, 148.
[172] Sext. Emp., *Pyrr. Hyp.*, 3. 9 ss.
[173] Sext. Emp., *Pyrr. Hyp.*, 1, 3; 1, 226; *Adv. Math.*, 7, 433 ss.

CAPÍTULO VIII
Neopitagorismo

Ao que parece, a velha tradição pitagórica extinguiu-se no século quarto antes de Cristo; se, ao contrário, acaso continuou, dela podemos apenas dizer que não deixou traços de uma atividade vigorosa e evidente. Foi no século primeiro a.C. que a escola ressurgiu, sob a forma do que hoje se chama neopitagorismo. Relacionava-se à velha tradição não apenas pela reverência que prestava a seu fundador, senão também pelo interesse na pesquisa científica e, sobretudo, pelos elementos religiosos que acolheu. Muitas das práticas ascéticas do antigo pitagorismo foram acomodadas na nova escola, que naturalmente se apropriou do dualismo corpo e alma — ponto de grande alcance, como vimos, da filosofia platônica —, a isto somando elementos de ordem mística, que respondiam à demanda contemporânea por uma religião mais pura e pessoal. Diziam ser possível a intuição direta da Deidade e acreditavam em verdades reveladas, de modo que o filósofo chega aí a ser descrito como profeta ou taumaturgo, como é o caso, por exemplo, de Apolônio de Tiana.[174] Essa nova escola, entretanto, estava longe de simplesmente copiar o antigo pitagorismo, porquanto seguia a tendência contemporânea ao ecletismo, e mesmo encontramos filósofos neopitagóricos fundando-se grandemente nas filosofias platônica, aristotélica e estóica. Estes elementos tomados de empréstimo, entretanto, não foram fundidos numa síntese única, que fosse comum ao todo dos membros da escola, porque vários dentre eles construíram suas próprias sínteses: em uma delas, temas estóicos podiam predominar; em outra, temas tirados da filosofia platônica. O neopitagorismo, porém, tem sua importância histórica não somente porque esteve em próxima relação com a vida religiosa de seu tempo (parece ter se originado em Alexandria, o ponto de encontro entre as filosofias do período helenístico, as ciências especializadas e a religião oriental) senão também porque constitui um passo em direção ao neoplatonismo. Assim, Numênio ensinou a doutrina da hierarquia divina — o primeiro deus, πρῶτος θεός, é o οὐσίας ἀρχή ou πατήρ; o segundo deus é o Demiurgo, e o terceiro, o mundo, τὸ ποίημα.

Sexto Empírico fala de diversas tendências dentro do neopitagorismo. Assim, por exemplo, numa de suas formas, tudo é derivado da mônada ou ponto (ἐξ ἑνὸς σημείου). O ponto, fluindo, gera a linha, que gera as superfícies e estas os corpos tridimensionais. Eis aqui um sistema monístico, bem que obviamente influenciado por antigas concepções matemáticas. Numa outra forma de neopitagorismo, por muito que tudo derive, em última análise, do ponto ou

---

[174] Ver observação sobre Apolônio de Tiana pp. 435.

μονάς, a ênfase vai posta no dualismo entre a μονάς e a ἀόριστος δυάς. Todas as "unidades" participam da μονάς, e todas as dualidades na ἀόριστος δυάς.[175] Estas formas de neopitagorismo não trazem nada de original, mas a noção de emanação, que viria a desempenhar importante papel no neoplatonismo, já se faz claramente presente.

Um dos motivos que levou à teoria neoplatônica da emanação e às noções dos entes intermediários entre o mundo corpóreo e o Deus supremo foi a preocupação de manter a pureza divina longe do contato com os objetos dos sentidos. A transcendência absoluta de Deus, sua característica de estar "além do ser", é posta no centro do palco. Agora, diga-se que este tema da transcendência de Deus já se discernia entre os neopitagóricos. É possível que tenham recebido a influência da filosofia dos judeus de Alexandria e da tradição oriental, bem que possamos lhes discernir os germes já no pensamento do próprio Platão. O notório taumaturgo Apolônio de Tiana (que floresceu aproximadamente no final do primeiro século depois de Cristo), cuja "vida" foi escrita por Filóstrato, distinguia o primeiro deus dos demais. Ao primeiro, não deve o homem oferecer sacrifícios materiais, visto que todas as coisas materiais vão contaminadas de impurezas. Devemos sacrificar ao mais dos deuses, mas não ao primeiro, a quem devemos oferecer apenas o trabalho da razão, ermo de discursos ou oferendas.

Figura de interesse é Nicômaco de Gersasa (na Arábia), que viveu por volta de 140 d.C., e escreveu uma ἀριθμητικὴ εἰσαγωγή. No seu sistema, as idéias existiam antes da formação do mundo (Platão), e elas são números (de novo, Platão). Mas estas idéias-números não existem num mundo transcendental próprio: antes estavam na mente divina, e eram, portanto, os padrões ou arquétipos segundo os quais as coisas deste mundo cá eram formadas (cf. o filósofo judeu Fílon, o médio platonismo e o neoplatonismo). Essa transposição das idéias para a mente de Deus teve lugar, portanto, antes da emergência do neoplatonismo, de onde passou à tradição cristã.

Transposição similar se observa na filosofia de Numêmio de Apaméia (Síria), que viveu na segunda metade do século II d.C., e parece ter se instruído da filosofia judaica em Alexandria. Segundo Clemente, ele se referia a Platão como ἀριθμητικὴ εἰσαγωγή.[176] Na filosofia de Numênio, o πρῶτος θεός é o princípio do ser (οὐσίας ἀρχή) e o βασιλεύς.[177] É ele também a atividade do pensamento puro (Nous) e não participa diretamente da formação do mundo. Além do mais, é Ele o mesmo bem. Parece, pois, que Numênio identificou a forma do bem, de Platão, com o Deus aristotélico, o νόησις νοήσεως. O segundo deus é o Demiurgo (Timeu), que é bom por participação no ser do primeiro Deus e que, como γενέσεως ἀρχή forma o mundo. E fá-lo operando sobre a matéria, conformando-a às idéias arquetípicas. O próprio mundo, produto do Demiurgo, é o terceiro

---

[175] *Adv. Math.*.10, 281 ss.
[176] Clem. Alex., *Strom.*, i, 22, 148. *(P.G.*, 8, 895.)
[177] Cf. Plato, *Ep.*, 2.

deus. Esses três deuses são também chamados por Numênio πατήρ, ποιητής e ποίημα, respectivamente, ou de πάππος, ἔγγονος e ἀπόγονος.[178]

O dualismo se deixa entrever na sua psicologia, dado que Numênio postula duas almas no homem, uma racional e outra irracional; ele cuida, ainda, que o entrar da alma no corpo é algo mau, dir-se-ia uma "queda". Parece que também defendia a existência de duas almas do mundo, uma boa e outra má.[179]

A filosofia de Numênio, como se vê, buscava harmonizar ou sincretizar certos elementos tomados de empréstimo a pensadores que o precederam; ela, com efeito, punha larga ênfase na transcendência divina e, de maneira geral, pode-se dizer que propunha uma marcada antítese entre o "acima" e o "abaixo", tanto na realidade como um todo quanto na natureza humana em particular.

Ligados ao neopitagorismo e à chamada literatura hermética, encontramos os Oráculos Caldeus. Tratava-se de uma espécie de literatura "mística" que emergiu no século primeiro e que pode ter sido, ou não, influenciada pelos antigos escritos egípcios. Os gregos cuidavam ser Hermes o Thoth egípcio, e o nome que lhe deram, "Hermes Trimegistos" derivaram-no do "Grande Thoth". Qualquer que tenha sido de fato a influência da tradição egípcia sobre a literatura hermética, esta deve mais à filosofia grega anterior, e também notadamente a Possidônio. O ponto central dessa tradição está na salvação por meio do conhecimento de Deus — γνῶσις —, noção esta que veio desempenhar importante papel no chamado gnosticismo. Doutrina similar também estava presente nos Oráculos Caldeus, poema composto por volta do ano 200 d.C., e que combina, como soía fazer a literatura de feição hermética, elementos órfico-pitagóricos, platônicos e estóicos.

Porque estava próximo aos interesses de ordem religiosa e às necessidades de seu tempo, e mais ainda, porque acabou por preparar o caminho para o neoplatonismo, aproxima-se o neopitagorismo do platonismo intermediário, do qual falaremos a seguir.

Uma observação sobre Apolônio de Tiana

O retórico Filóstrato, a pedido de Julia Domna, segunda esposa de Séptimo Severo, pegou da pena a escrever a vida de Apolônio. O livro foi composto por volta do ano 200 d.C. O que Filóstrato observa ali, a saber, que as *Memórias* de Apolônio, recolhidas por seu discípulo Damis, de origem Assíria, foram entregues à Julia Domna graças à intervenção de um parente de Damis, é provavelmente ficção.[180] Em todo o caso, Filóstrato pôs sua mira em representar Apolônio como um sábio, verdadeiro servo dos deuses, um milagreiro, e não, como fizera Moerganges em suas *Memorabilia* de Apolônio, como feiticeiro ou conjurador.[181] Há ali presentes elementos que indicam que Filóstrato serviu-se

---

[178] Procl. *in Tim.*, I, 303, 27 ss.
[179] Chalcid., *in Tim.*, c. 295.
[180] Cf. Ed. Meyer, *Hermes*, 197, pp. 371 ss.
[181] Oríg., *Contra Celsum*, 6, 41 (*P.G.*, 11, 1337).

dos Evangelhos, Atos dos Apóstolos e Vidas dos Santos, mas não se sabe até que ponto ele intencionava conscientemente substituir o Cristo cristão pelo ideal de um "Cristo Helênico": com efeito, as semelhanças foram grandemente exageradas. Se a verdadeira intenção de Filóstrato permanece ignorada, também os fundamentos que compõem sua narrativa: é praticamente impossível averiguar que tipo de homem foi o Apolônio histórico.

A obra de Filóstrato teve grande sucesso,[182] acabando por dar lugar a um culto de Apolônio. Assim foi que Caracala erigiu um santuário para o taumaturgo, ao passo que Alexandre Severo incluiu-o no seu *Lararium*, em companhia de Penates, Abraão, Orfeu e Cristo.[183] Aureliano poupou de sua fúria a cidade de Tiana, que ele votara à destruição, por respeito à terra natal de Apolônio.[184] Eunápio o homenageia na sua *Vida dos sofistas*;[185] Amiano Marcelino, por sua vez, companheiro do Imperador Juliano, menciona-o a par de Plotino como um dos poucos mortais que tiveram o privilégio de ser visitados por *familiares genii*.[186]

Qualquer que tenha sido a intenção do próprio Filóstrato, verdade é que os apologetas pagãos serviram-se da figura de Apolônio na luta que empreenderam contra o cristianismo. Foi assim que Hiérocles, governador do Baixo Egito durante o reino de Diocleciano, e inimigo feroz do cristianismo, tentou fazer pouco caso dos milagres de Cristo citando os "milagres" de Apolônio, e forcejou também por mostrar a superioridade da sabedoria pagã dizendo que eles, os pagãos, não o elevaram à categoria de deus à conta destes milagres.[187] Também Porfírio valeu-se de Apolônio, citando-lhe os milagres e a corajosa oposição que ele oferecera a Domiciano, em contraste com as humilhações da Paixão de Cristo[188]. Santo Agostinho testemunhou esse tipo de proceder apologético, com a exploração da figura de Apolônio por parte dos pagãos.[189]

Para o fim do século quarto, o pagão Vírio Nicômaco Flaviano, traduziu o livro de Filóstrato para o latim, que depois foi refinado pelo gramático Tácio Vitorino. Parece que despertou algum interesse nos círculos de cristãos, desde que Sidônio Apolinário o revisou; ele também se referia a Apolônio com grande deferência.[190]

---

[182] Dion Cass., 77. 18.
[183] Lamprid., *Alex.*, 29.
[184] Lamprid., *Aurel.*, 24.
[185] Ed. Boissonade, p. 300, Didot
[186] *Rerum gest.*, 21, 14, 3.
[187] Lact., *Din. Inst.*, V, 3; *P.L.* 6, 356 ss.
[188] São Jerônimo, in Ps. 81 *(P.L. 16,* 1130*).*
[189] Cf. *Ep.*, 136, I; 102, 32; 138, 18.
[190] *Ep.*, 8, 3; ed. Mohr, p. 173.

CAPÍTULO IX
O platonismo intermediário

Já vimos como as Academias média e nova inclinavam-se ao ceticismo, e como, quando ela tornou ao dogmatismo sob Antíoco de Ascalon, este alinhou-se com a doutrina da unidade fundamental entre as filosofias platônica e peripatética. Não é para assombro, pois, que o ecletismo tenha sido uma das características fundamentais do platonismo intermediário. Os platonistas estavam desprovidos das lições orais de Platão, tendo acesso somente aos diálogos mais populares, coisa que tornou mais difícil o desenvolvimento de um pensamento estritamente ortodoxo: com efeito, não foi o caso de Platão ter deixado de herança um sistema filosófico sistematizado e minuciosamente articulado, que poderia ser legado como norma e cânon do platonismo. Não é de espantar, portanto, que o platonismo intermediário tenha se servido da lógica peripatética, por exemplo, uma vez que os peripatéticos estavam melhor providos de fundamentos lógicos, cuidadosamente elaborados, do que os platonistas.

O platonismo, não menos do que o neopitagorismo, foi influenciado pelos interesses e necessidades religiosos do seu tempo, e o resultado foi que o platonismo acabou ou por tomar de empréstimo ao neopitagorismo certos elementos, ou desenvolver certos germes latentes que nele iam sob a influência desta escola. Daí que encontremos, no platonismo intermediário, a mesma ênfase posta na transcendência divina que já observáramos no neopitagorismo, a par da teoria dos entes intermediários e de crenças místicas.

Por outra parte — e aqui, novamente, alinhou-se o platonismo intermediário às tendências contemporâneas suas —, muito esforço foi empregado no estudo e comentário dos diálogos platônicos.[191] O resultado destas diligências foi que desenvolveu-se maior reverência pela pessoa e pelos *dicta* do fundador, o que, por conseguinte, resultou na tendência de pôr a lume as diferenças entre o platonismo e os outros sistemas filosóficos. É por essa razão que nos deparamos com escritos contra os peripatéticos e estóicos. Esses dois movimentos, a saber, um em direção à "ortodoxia" filosófica, outro a aproximar-se do ecletismo, estavam, por óbvio, em conflito; disto resultou que o platonismo intermediário não pode ser abarcado num todo unitário: diferentes pensadores amalgamaram os elementos vários de diferentes formas. O platonismo intermediário é, como diz o nome, intermediário, isto é, leva em si as características de um estágio de transição: é só com a emergência do neoplatonismo que podemos falar de síntese e fusão reais das várias correntes e tendências em jogo. O neoplatonismo é, pois,

---

[191] Diz-se que foi Trásilo, o astrólogo da corte de Tibério, ingresso que foi na escola platônica, que arranjou os Diálogos Platônicos em tetralogias.

como o mar, para o qual fluem vários rios tributários, e no qual as águas desses rios finalmente se encontram.

1. As tendências eclética e ortodoxa do platonismo intermediário encontramo-las no pensamento de Eudoro de Alexandria (c. 25 a.C.). Em harmonia com o *Teeteto* (176b), Eudoro afirmava que o fim da filosofia é obter ὁμοίωσις θεῷ κατὰ τὸ δυνατόν [a maior semelhança possível com Deus]. Nesta concepção do objetivo da filosofia, acompanhando, segundo Eudoro, Sócrates, Platão e Pitágoras. Isto basta a pôr à vista o lado eclético do pensamento de Eudoro, notadamente a influência do neopitagorismo, por meio do qual ele distinguia um triplo Um ou ἕν: o primeiro é a Essência suprema, fonte última do ser, de onde procede o segundo ἕν (a que também se chama μονάς, a par do ἀόριστος δυάς [a díada ilimitada]); o segundo ἕν é τεταγμένον, περιττόν, φῶς, etc. [ordenado, superabundante, luz] e a ἀόριστος δυάς é ἄτακτον, ἄρτιον, σκότιον, etc. [desordenado, escasso, obscuro]. Bem que Eudoro tenha, obviamente, sido influenciado pelo neopitagorismo, e neste sentido pode ser dito eclético, sabemos que também escreveu uma obra contra as categorias de Aristóteles, o que mostra a prevalência neste caso do elemento "ortodoxo", em contraposição às tendências ecléticas.

2. Figura de vulto do platonismo intermediário, e que escreveu as célebres vidas de proeminentes gregos e romanos, foi Plutarco de Queronéia. Homem distinto, nasceu a 45 d.C. e foi educado em Atenas, onde encontrou estímulo para o estudo da matemática à conta da influência do platonista Amônio. Com regularidade visitava Roma e mantinha amizade com pessoas autorizadas da capital do império. Segundo Suidas,[192] o Imperador Trajano concedeu-lhe, isto é, a Plutarco, o cargo de cônsul, e ordenou aos oficiais da Aquéia que o consultassem em todas as medidas a serem tomadas. Plutarco também foi, por certo espaço de tempo, Arconte Epônimo de sua cidade natal, e também, por alguns anos, sacerdote de Apolo Délfico. Além das *Vidas* e da *Moralia*, Plutarco escreveu comentários a Platão (por exemplo, as Πλατωνικὰ ζητήματα), livros contra os estóicos e epicuristas (Περὶ Στοικῶν ἐναντιωμάτων e Ὅτι οὐδὲ ζῆν ἔστιν ἡδέως κατ' Ἐπίκουρον), obras de psicologia, astronomia, ética e política. A tudo isto, acrescentem-se obras sobre a vida em família, pedagogia e religião (por exemplo, Περὶ τῶν ὑπὸ τοῦ θείον βραδέως τιμωρουμένων e Περὶ δεισιδαιμονίας). Algumas obras que lhe são atribuídas não foram de fato escritas por ele, como por exemplo *Placita* e o tratado Περὶ εἱμαρμένης.

É fora de questão que o pensamento de Plutarco era eclético, uma vez que sofreu a influência não apenas de Platão, senão também dos peripatéticos, estóicos e, especialmente, dos neopitagóricos. Para além do mais, ao passo que, por uma parte, o ceticismo das academias intermediária e nova o levou a desenvolver alguma desconfiança em relação às especulações de ordem teorética, e acentuada oposição às superstições (esta última talvez mais devido a seu desejo de formular uma concepção mais pura da Deidade), por outra, ele amalgamou

---

[192] Suid., Πλούταρχος.

com estas inclinações suas a crença em profecias, "revelações" e "entusiasmo". Ele fala de uma intuição imediata, do contato com o transcendental, coisa que, sem dúvida, amanhou o caminho para a doutrina Plotiniana do êxtase.[193]

Plutarco buscava formular uma concepção mais pura de Deus. "Enquanto estamos cá embaixo, sobrecarregados das afecções corpóreas, não logramos entrar em contato com Deus, exceto por meio do pensamento filosófico, pelo qual escassamente logramos tocá-lo, como em sonho. Quando porém, nossas almas são libertadas, e passam à região do que é puro, invisível e imutável, aí então este Deus far-se-á guia e rei daqueles que dele dependem e que nutrem insaciável anelo por aquela beleza que não consente em ser anunciada pela boca dos homens".[194] Este almejar uma concepção mais pura de Deus levou-o a negar que Deus fosse autor do mal. Outra causa, pois, deveria ser encontrada que desse conta do mal que vai no mundo, e encontrou-a Plutarco na alma do mundo, que é postulada como a causa do mal e da imperfeição do mundo e contrastada com Deus como o bem puro, pelo que seu pensamento se alinha a um dualismo de princípios do bem e do mal. O princípio mau, entretanto, parece ter-se tornado a alma do mundo quando da criação, por meio da participação na razão (ou por ter sido por esta preenchido), que é, por seu turno, emanação da Essência divina. A alma do mundo, portanto, não está destituída de razão e harmonia, mas, por outro lado, continua a operar como o princípio do mal, pelo que mantém-se o dualismo.

Desde que Deus, livre de toda a responsabilidade pelo mal, eleva-se muito acima do mundo, é natural que Plutarco determine introduzir entes intermediários abaixo Dele. Foi assim que acolheu os deuses astrais e, seguindo nisto a Xenócrates e Possidônio, asseverou a existência de "demônios" a servir de liame entre Deus e o homem. Alguns deles são mais próximos de Deus, outros já se acham conspurcados pelo mal do mundo inferior.[195] Ritos extravagantes, bem como sacrifícios bárbaros e obscenos, são oferecidos aos demônios malignos. Os bons demônios são instrumentos da Providência (bastante enfatizada, aliás, por Plutarco). Plutarco, como já mencionei, acreditava-se inimigo da superstição e condenava os mitos indignos de Deus (seguindo Possidônio, distinguia três tipos de teologia); isto, entretanto, não o impediu de nutrir acentuada simpatia pela religião popular. Assim é que, segundo ele, as diversas religiões da humanidade adoram o mesmo Deus, que aparece sob nomes vários. Plutarco se vale de interpretações alegóricas com vistas a justificar as crenças populares. Por exemplo, no seu *De Iside et Osiride*, ele forceja por mostrar que Osíris representa o princípio bom, e Tífon o mau, ao passo que Ísis figura a matéria, a qual, para Plutarco, não é má, e, ainda que neutra de per si, caracteriza-se por uma tendência natural — e amor — para o bem.

---

[193] *De Is. et Osir.*, 77.
[194] *De Is. et Osir.*, 78.
[195] *De Is et Osir.*, 26.

Nas suas teorias psicológicas, Plutarco vale-se de noções mitológicas e fantásticas para dar conta da origem da alma e das relações com os demônios. Não vamos nos deter a examiná-las. Podemos, entretanto, apontar o dualismo entre ψυχή e νοῦς, sobreposto ao dualismo alma-corpo. Asim como a ψυχή é melhor e mais divina do que o corpo, assim o νοῦς é melhor e mais divino do que a φυχή; com efeito, esta está sujeita às paixões, aquele é o "demônio" no homem, elemento este que deve governar. Plutarco afirma a imortalidade e descreve a felicidade da vida após a morte, quando alma não somente alcança o conhecimento da verdade, senão também goza mais uma vez a companhia de amigos e parentes.[196] Na sua ética, Plutarco foi evidentemente influenciado pela tradição peripatética, dado que ele enfatiza a necessidade do alcançar o justo meio entre ὑπερβολή e ἔλλειψις, entre o excesso e a falta. É impossível — e a rigor não é desejável — que nos livremos de nossas afecções; devemos, na verdade, buscar a moderação e o meio-termo ideal. Plutarco, entretanto, segue os estóicos no considerar legítimo o suicídio, e também foi ele influenciado pelo cosmopolitismo destes, notadamente à conta da sua experiência de viver no Império Romano. O governante representa a Deus.

Foi o mundo criado no tempo, coisa que se faz necessária à conta da prioridade, de princípio, que a alma guarda em relação ao corpo, e Deus sobre o mundo.[197] Há cinco elementos (acresceu o éter), e cinco mundos.[198]

3. Albinus (segundo século d.C.), discípulo de Gaio (médio platônico), distinguia o πρῶτος θεός, o νοῦς e a φυχή. O πρῶτος θεός é imóvel (Aristóteles), mas não movente, e parece identificar-se com o ὑπερουράνιος θεός. O primeiro deus não opera diretamente — porque imóvel e não movente — mas fá-lo através do ὑπερουράνιος θεός ou Intelecto Cósmico.[199] Entre Deus e o mundo acham-se deuses astrais e outros, οἱ γεννητοὶ θεοί. As idéias platônicas transformam-se com ele em idéias eternas do mesmo Deus; elas são o padrão, a causa exemplar das coisas: as εἴδη aristotélicas a elas subordinam-se como cópias.[200] A noção de um Deus imóvel e que não desempenha o papel de causa eficiente é, por certo, de origem aristotélica, bem que certos elementos de sua concepção de Deus foram desenvolvidos a partir da doutrina platônica, como por exemplo a transição das idéias para Idéias de Deus, teoria esta, aliás, com que já nos deparamos quando estudamos o neopitagorismo. Albinus também se serve da ascensão gradual através dos vários graus de beleza, procedimento este sugerido por Platão no *Banquete*; sua concepção da alma do mundo, por sua vez, está obviamente ligada a do *Timeu*.[201] Com esta fusão de elementos platônicos e aristotélicos, Albino, a par do neopitagórico Numênio, ajudou a amanhar o caminho para o neoplatonismo. A distinção que ele estabeleceu entre πρῶτος

---

[196] *Non p. turn.*, 28 B.; *Deser. num. vind.*, 18.
[197] *De anim. procr.*, 4 ss.
[198] *De def. orac.*, 32 ss., 37; cf. Plat., *Tim.*, 31 a b, 34 b, 55 cd, no qual Platão opta por um mundo.
[199] *Didaskalikos*, 164, 21 ss.
[200] *Didask.*, 163-4
[201] *Didash.*, 169, 26 ss.

θεός, νοῦς e ψυχή contribuiu diretamente para a distinção neoplatônica entre τὸ ἕν, νοῦς e ψυχή. (Quanto aos temas da psicologia e ética, Albino entremeou elementos de procedência platônica, aristotélica e estóica, identificando, por exemplo, a noção estóica ἡγεμονικόν com a platônica λογιστικόν; introduzindo o παθητικόν aristotélico em contraste com o λογιστικόν; distinguindo com Platão τὸ θυμικόν (Platão: θυμειδές) e τὸ ἐπιθυμητικόν; valendo-se da οἰκείωσις estóica e declarando que o fim da ética é aquele indicado por Platão: ὁμοίωσις θεῷ κατὰ τὸν δυνατόν; seguindo os estóicos ao fazer da φρόνησις a primeira das virtudes cardeais, e também a Platão, dizia que a virtude em geral é δικαιοσύνη; opondo-se à "apatia" estóica e preferindo, por fim, a esta última, a "metriopatia". Eclético de fato!

4. Entre outros dos platônicos intermediários, podemos mencionar Apuleio (n. c. 125 d.C.), Ático (c. 176 d.C.), Celso e Máximo de Tiro (C. 180 d.C.). Ático representa a tradição platônica de feição mais ortodoxa, contrastando com a tendência eclética que vimos em Albino. Por isso atacou Aristóteles por este ter negligenciado a Providência divina, ensinado a eternidade do mundo e negado a imortalidade [da alma] — ou, pelo menos, por não tê-la afirmado de maneira explícita. Entretanto, ele parece ter sido influenciado pelas doutrinas estóicas, uma vez que enfatiza a imanência divina e insiste na auto-suficiência das virtudes, contrastando nisto com a teoria peripatética, que entendia serem os bens corpóreos e externos de necessidade para uma vida feliz. Naturalmente, ele aderia à teoria das idéias (Platão), mas, e isto era característico de sua época, fez delas pensamentos ou idéias de Deus. Além disso, identificava o Demiurgo do *Timeu* com a forma do bem, e dizia que a matéria tinha por princípio uma alma má.

Celso é mais conhecido para nós como decidido oponente do cristianismo: tomamos notícia do conteúdo do seu Ἀληθὴς λόγος (escrito por volta de 179 d.C.) graças à réplica que lhe dirigiu Orígenes. Ele enfatizava a total transcendência de Deus, negando de que o mundo corpóreo fosse obra de Deus. Com o fito de preencher a lacuna entre Deus e o mundo, ele admitia uma série de "demônios", anjos e heróis. A Providência divina tem o mundo por objeto seu, e não é ela, como cuidam os cristãos, antropocêntrica.

Ênfase similar na transcendência divina, combinada a uma crença em deuses inferiores e demônios e na maldade intrínseca da matéria, punha Máximo de Tiro (180 d.C.). Máximo fala da visão do Deus transcendente. "Tu hás de o ver por completo apenas quando Ele te chamar a Si, seja pela longevidade, seja pela mesma morte; entretanto, é possível que logres alcançar vislumbres daquela beleza que nenhum olho jamais viu e da qual nenhuma língua jamais falou, apenas se os véus e envoltórios que ocultam-Lhe os esplendores forem rompidos. Não deves, porém, profaná-lo com preces vãs, em busca de bens terrestres, que pertencem ao mundo do acaso, ou que podem ser obtidas por mero esforço humano; coisas pelas quais os homens de valor não precisam orar e que os indignos não lograram obter. A única prece que é respondida é a que pede o bem, a paz e a esperança na morte".[202] Os anjos são servos de Deus e ajudam os homens; "três vezes dez mil é o seu número sobre a terra frutífera, imortais, ministros de Zeus".[203]

---

[202] *Diss.*, 17, 11: 11, 2 e 7.
[203] *Diss.*, 14, 8.

CAPÍTULO X
A filosofia judaica na era helenística

Foi especialmente em Alexandria que as especulações de pensadores gregos influenciaram a olhos vistos a mentalidade judaica, embora indícios de uma tal influência sejam discerníveis na própria Palestina, como se vê na doutrina dos Essênios (mencionados aliás, pela primeira vez, por Flávio Josefo nos seus relatos acerca do período de Jônatas Asmoneu, por volta de 160 a. C),[204] na qual se discernem traços de origem órfico-pitagórica. Por exemplo, postulavam os Essênios claro dualismo entre alma e corpo, a par com a crença não apenas na permanência da alma após a morte, senão também na sua preexistência antes do nascimento. Os sacrifícios cruentos e o consumo de carne e vinho eram proibidos, e a crença em anjos e entes intermediários era para eles de grande monta. Além do mais, é para notar — mesmo que apenas de passagem — que quando Antíoco Epifânio tentou helenizar à força os judeus palestinos, apoiou-se para isto, em parte, nos próprios judeus, embora tenha encontrado vigorosa oposição dos mais ortodoxos dentre eles, porque firmemente apegados às tradições de seus antepassados e, portanto, inimigos, naturalmente, de todos os abusos morais que, segundo cuidavam, trazia o mesmo helenismo. Entretanto, Alexandria, aquela grande cidade cosmopolita, posta nos confins tanto do Ocidente quanto do Oriente, tornou-se o centro da filosofia judaico-helenística, a qual veio a culminar no pensamento de Fílon. Afastados de sua terra natal, os judeus acabaram por se tornar mais suscetíveis à influência grega, coisa que se mostrou notadamente na tentativa de reconciliar a filosofia grega com a teologia judaica; esse empreendimento acabou por levar, por uma parte, à seleção dos elementos da especulação grega que melhor se harmonizavam com a religião judaica e, por outra, à prática da interpretação alegórica das Escrituras, que tinha por fim explicá-las de modo a harmonizá-las com o pensamento grego. É isto que dá conta do fato de que alguns judeus tenham chegado mesmo a dizer que os grandes filósofos gregos, pela constituição de suas principais idéias, muito deviam às Escrituras. No caso de Platão, por exemplo, esta idéia, entretanto, não se funda em nenhuma evidência histórica, mas mostra bem a tendência sincrética própria aos judeus helenizados do Império.[205] O principal representante da filosofia judaico-helenística é Fílon de Alexandria, que nasceu por volta de 25 a.C. e morreu pouco depois de 40 d.C., quando estava em Roma a representar os judeus, como embaixador, ante o Imperador Gaio. Grande parte de sua obra

---
[204] *Ant. Jud.*, 13, 5, 9.
[205] Não pretendo aqui tratar da possível influência que a especulação grega tenha exercido sobre a literatura judaica apócrifa, e mesmo sobre alguns dos livros do Antigo Testamento.

chegou até nós, ainda que parte dela se tenha perdido.[206] Tomado de admiração pelos filósofos gregos, Fílon asseverava que a mesma verdade encontramo-la tanto na filosofia grega quanto na tradição e Escrituras judaicas. Se, por uma parte, acreditava que os filósofos apoiaram-se nas Escrituras Sagradas, por outra, não hesitava em interpretá-las alegoricamente quando cuidava necessário. Assim, por exemplo, na obra Οτι ἄτρεπτον τὸ θεῖον, mostra que a Deus o movimento não lhe pode ser atribuído propriamente, dado que Ele é incorpóreo de todo em todo. É preciso, pois, distinguir dois sentidos nas passagens escriturísticas de feição antropomórfica: um superior e não-antropomórfico; outro inferior ou antropomórfico, próprio às gentes comuns. Seria de esperar que estas diligências de alegorização e discernimento de um sentido "superior" desembocassem, se levadas às últimas conseqüências, no negar a necessidade de observância literal dos preceitos cerimoniais da Lei, pelo menos para aqueles capazes de discernir este sentido mais alteado. Fílon, entretanto, não concordaria com isto. A alma está acima do corpo; este, entretanto, é parte do homem, se bem que o sentido alegórico seja superior ao literal, não estamos autorizados a desconsiderar a este — ao contrário: devemos levar em linha de conta tanto a letra quanto o espírito. Ele não fazia tenção, portanto, de destruir ou subrogar a ortodoxia judaica, senão harmonizá-la com a filosofia e, ao mesmo passo, preservar intacta a observância da Lei.[207]

Deus é pessoal, como ensina a teologia judaica, mas Ele é também Ser Puro (τὸ ὄντως ὄν), absolutamente simples (φύσις ἁπλῆ), livre e auto-suficiente.[208] Ele não ocupa espaço ou lugar, senão que contém o todo das coisas dentro em Si.[209] E, ainda assim, é absolutamente transcendente, transcendo mesmo à idéia do bem e da beleza (αὐτὸ τὸ ἀγαθὸν καὶ αὐτὸ τὸ καλόν).[210] O homem chega a Deus não por meio do conhecimento científico (λόγων ἀποδείξε) — "Para que compreendamos a Deus, devemos, primeiro, nos tornar Deus, o que é impossível"[211] —, mas através de intuição imediata (ἐνάργειαι).[212] Deus é, portanto, Ser inefável, acima dos pensamentos, e só pode ser alcançado à força do êxtase ou intuição. É para notar que Fílon foi influenciado pela tendência contemporânea de exaltar a transcendência divina — embora não devamos perder de vista que a transcendência do Ser divino fosse claramente ensinada na teologia escriturística judaica, ainda que não fosse vazada em terminologia filosófica.

Esta ênfase posta na transcendência divina e na elevação de Deus por cima do todo das coisas materiais, acabou naturalmente por desembocar, como se vê mais adiante nos casos do médio platônico Albino e do neopitagórico Numênio,

---

[206] Cf. Euseb., *Hist. Eccles.*, 2, 18. As referências às obras de Fílon vão aqui expressas segundo a edição de Leopold Cohen e Paul Wendland, Berlim (vol. 6, Cohen e Reiter).
[207] Cf. *De migrat.. Abrah.*, 16, 92.
[208] Cf. *De post. Caini*, 48, 167; *Leg. alleg.*, 2, 1, 2 f.; *De Mutat nom.*, 4, 27.
[209] *De conf. ling.*, 27, 136; *Desomniis, I,* 11; 63.
[210] *De opfi. mundi.*, 1, .8.
[211] Frag., a 654.
[212] *De post. Caini*, 48, 167.

na concepção de entes intermediários a preencher a lacuna entre o mesmo Deus e o cosmos material. O mais alteado destes seres intermediários não é senão o Logos ou Nous. Fala-se do Logos como do primogênito de Deus, πρεσβύτατος καὶ γενικώτατος τῶ νῦσα γέγονε.²¹³ Para Fílon, o Logos é decididamente inferior a Deus, e pertence à categoria de ὅσα γέγονε, que abarca outros entes vários além do Logos, ainda que este detenha a primazia sobre eles. A concepção de Fílon acerca do Logos, pois, não identifica-se com o dogma do Logos cristão, mesmo que tenha sido influenciado pelos primeiros autores cristãos. Por vezes, é bem verdade, Fílon parece concebê-lo a ele, o Logos, como um aspecto de Deus, mas, mesmo assim, mantém-se clara a distinção entre a perspectiva de Fílon e a cristã. Já se disse, e aliás com razão, que Fílon movia-se entre o "Monarquianismo" e o "Arianismo", sem nunca ter se alinhado ao "atanasianismo"; deve-se considerar, entretanto, que a doutrina de Fílon acerca do Logos nunca faz referência à encarnação. As idéias platônicas são postas no Logos, de modo que este seja o Τόπος ou lugar do mundo do ideal (ὁ ἐκ τῶν ἰδεῶν κόσμος).²¹⁴ Neste sentido, se compadece Fílon com os neopitagóricos, que punham as idéias no Nous. (É para notar que Numênio foi influenciado pela filosofia de Fílon). De modo geral, Fílon fala do Logos sem mais, bem que distinga Nele dois aspectos ou funções: ὁ λόγος ἐνδιάθετος e ὁ λόγος προφορικός: o primeiro consiste no imaterial mundo das idéias; o segundo, nas coisas visíveis deste mundo cá, na medida em que são cópias das idéias imateriais.²¹⁵ Esta divisão do Logos reflete-se no homem como a faculdade da razão mesma (ὁ λόγος ἐνδιάθετος) e a palavra falada (ὁ λόγος προφορικός), que procede da primeira como um córrego de sua fonte. Exemplo de seu proceder alegórico é a interpretação que ele faz da dupla couraça do Sumo Sacerdote, comparando-a àqueles dois aspectos do Logos. O Logos é instrumento de Deus na formação do mundo; Fílon está certo de ter deparado esta noção no próprio Pentateuco: καὶ ἐποίησεν ὁ θεὸς τὸν ἄνθρωπον κατ εἰκόνα θεοῦ.²¹⁶

É para notar que Fílon identifica o anjo de Deus das teofanias do Antigo Testamento com o mesmo Logos; quando, porém, é o caso da aparição de vários anjos, identifica-os aos poderes (cf. mais abaixo). É este Logos substância incorpórea, Palavra imaterial do mesmo Deus; enquanto, porém, concebido como realmente distinto de Deus, subordina-se a este como seu instrumento. Fílon valeu-se não apenas da concepção da Sabedoria divina registrada nos Livros Sapienciais, senão também do exemplarismo platônico (o Logos é imagem, sombra, de Deus, e de per si exemplar da criação), e de temas estóicos (o Logos é o princípio imanente, e ao mesmo tempo transcendente, da lei cósmica, e o liame que ordena o todo das criaturas). Sua concepção geral, entretanto, parece ser a de uma hierarquia descendente do ser. Por outra forma, o Logos,

---

[213] *Leg. alleg.*, 3, 61, 175
[214] *De opif. mundi.*, 4, 17 ff
[215] *Quod Deus sitimmut.*, 7, 34; cf. *De vita Mas.*, 2 (3), 13, 127.
[216] *De opif. mundi.*, 6, 25

para Fílon, na medida em que realmente distinto do princípio último, Yahweh, é ente intermediário e subordinado, por meio do qual Deus age e expressa-se a Si mesmo: não se trata, pois, do Verbo Consubstancial ao Pai, a Segunda Pessoa da Santíssima Trindade. Seu pensamento, pelo que é do Logos, está mais próximo do neoplatonismo que do trinitarismo cristão.[217]

Além do Logos, há outros poderes (δύναμεις) ou entes intermediários subordinados a Deus, tais como ἡ ποιητική e ἡ βασιλική ou κύριος (por vezes chamado ἀγαθότης e ἐξουσία), ἡ προνοητική, ἡ νομοθετική etc. Assim como, porém, Fílon parece ter oscilado entre conceber ao Logos como aspecto de Deus e concebê-lo como ente independente, assim vacilava entre conceber estes outros poderes como atributos ou potências de Deus a corresponder às idéias (isto é, as funções operativas das próprias idéias), ou como entes relativamente independentes. Parecem estar contidos no Logos, mas isto não basta a decidir a questão de se são ou não entes individuais dotados de "personalidade". Se o Logos é concebido como aspecto de Deus, então estes poderes serão qualidades ou idéias de Deus, ao passo que, no caso de ser o Logos entendido como um ente relativamente independente, subordinado a Deus, então eles podem ser tomados por entes menores ou forças; entretanto, não me parece que Fílon tenha resolvido esta questão. Por essa razão, pôde o Dr. Praechter asseverar que "Fílon oscila entre duas concepções, as quais, analogamente, no cristianismo, aparecem como Monarquianismo e Arianismo; doutrina análoga a de Atanásio, porém, lhe é de todo estranha, e contradiria ao mesmo tempo sua consciência religiosa e filosófica".[218] Ademais, é evidente que a filosofia de Fílon jamais haveria de admitir a doutrina cristã da Encarnação — pelo menos se quisesse se manter coerente com seus próprios princípios —, desde que põe ênfase na transcendência divina a ponto de excluir o "contato" direto com a matéria. É bem verdade que o próprio cristianismo enfatiza a transcendência divina e entende a Encarnação como mistério; por outra parte, porém, o cristianismo, por um lado, e as filosofias de Fílon e dos neoplatônicos, por outro, desavinham-se em suas concepções da matéria.

Influenciado que fora pelo platonismo, Fílon acreditava num agudo dualismo entre alma e corpo, ou entre os elementos racional e sensual presentes no homem, e insistia em que o homem deve buscar libertar-se a si mesmo dos laços em que lhe prendem as coisas sensíveis.[219] É a virtude o único bem; pelo que é das paixões, devemos pôr nossa mira na obtenção da apatia. Se bem que Fílon tenha sido influenciado pelos ensinamentos éticos dos estóicos e cínicos, ele acentuava a importância de o homem confiar antes em Deus do que em si mesmo. Deve a virtude ser buscada, e cabe ao homem procurar alcançar máxima semelhança com Deus.[220] Sendo esta uma diligência privada, a vida pública

---

[217] A respeito deste tema: cf. Jules Lebreton, S.J., *Histoire du Dogme de la Trinité* (Beauchesne, 1910).
[218] Ueb.-P., p. 577.
[219] E.g. *De somn.*, 123, 149.
[220] *De opif. mundi.*, 50, 144; *Dehuman.*, 23, 168.

ativa é desencorajada, por conta das distrações que frequentemente ocasiona, ao passo que a ciência deve ser buscada apenas na medida em que ajuda a vida interior da alma. Neste desenvolvimento, Fílon discernia certos estágios, porquanto, para além do conhecimento conceitual de Deus, há a sabedoria celeste, ou ainda a intuição imediata da Essência inefável. O estágio que consiste num êxtase passivo é, destarte, o grau mais alto que logra a alma escalar enquanto vive cá na terra, como haveria de ser, mais tarde, na filosofia neoplatônica.[221]

Ainda que a influência de Fílon sobre o pensamento cristão antigo tenha sido grandemente exagerada[222], é força reconhecer que a filosofia dele ajudou a preparar o caminho para a emergência do neoplatonismo, pela insistência que punha na total transcendência de Deus, na existência de entes intermediários e, finalmente, na ascensão da alma a Deus, a culminar na experiência do êxtase.

---

[221] Cf. *Quis rer. div. her.*, 14, 68 ss.; *Degigant.*, II, 52 f.

[222] É provável, entretanto, que Orígenes tenha derivado, em grande medida, seu hábito de interpretar alegoricamente as Escrituras do próprio Fílon.

CAPÍTULO XI
Plotino e o neoplatonismo

I. A vida de Plotino

O local de nascimento de Plotino é incerto: Eunápio diz que ele nasceu em Licon, ao passo que para Suidas[223] teria sido em Licopólis. Em todo caso, nasceu no Egito por volta do ano 203 ou 204 (segundo Porfírio, 205/6). Plotino, de acordo com o relato de Porfírio, freqüentou vários professores em Alexandria, sem contudo encontrar o que procurava, até que, aos vinte e oito anos, se deparou com Amônio Sacccas. Foi aluno deste até 242, quando integrou-se à expedição Persa do Imperador Gordiano, com o fito de melhor conhecer a filosofia persa. Entretanto, malogrou-se a expedição quando o imperador foi assassinado na Mesopotâmia; Plotino, com isto, tornou à Roma, onde chegou quando contava quarenta anos. Em Roma, abriu uma escola e, dentro em pouco, veio a gozar dos favores dos altos oficiais romanos, inclusivamente do Imperador Galiano e sua esposa. Plotino chegou a cogitar fundar uma cidade, Platonópolis, na Campânia, que seria a concretização da República platônica; parece que chegou a obter a autorização do imperador para o projeto; por alguma razão, porém, o imperador voltou atrás e o plano malogrou.

Quando ia nos sessenta anos, recebeu a Porfírio como discípulo, o qual viria mais a diante escrever a vida do mestre que tanto admirava. Foi Porfírio que forcejou por arranjar os escritos de Plotino de forma sistemática, dividindo-os em seis livros, cada um dos quais contendo nove capítulos, donde o nome *Enéadas*. Se, por uma parte, se dizia, do seu estilo de oratória, que era eloqüente e agradável, por outra, a versão redigida apresenta-nos certas dificuldades, mormente porquanto, à conta de sua dificuldade de enxergar, estava impedido de revisar o manuscrito. Disto se vê a dificuldade do empreendimento de Porfírio, sobretudo porquanto ele determinou preservar, na versão escrita, o estilo de Plotino, pelo que os tratados se tornaram permanente fonte de dificuldades para os editores posteriores.

Em Roma, Plotino era requisitado como uma espécie de "diretor espiritual": muitos dele se aproximavam em busca de conselhos e socorro. Além disso, ele acolhia em sua casa crianças órfãs, servindo-lhes de guardião, o que mostra sua gentileza e amabilidade. Fez muitos amigos e nenhum inimigo, e ainda que sua vida pessoal fosse ascética, ele era dotado de um temperamento afetuoso e gentil. Diz-se que ele era algo nervoso e acanhado, coisa que deixava transparecer

---

[223] Eunap., *Vil. Soph.*, 6; Porph., *Tsag.*, 12b; Suid., *Plot.*

durante suas lições. Dotado de profunda vida espiritual, Porfírio nos relata que Plotino passou pela experiência da união extática com Deus em quatro ocasiões durante os seis anos em que estiveram juntos.[224] De saúde fraca, veio a falecer em 269/270 d.C. numa casa de campo na Campânia. À época, achava-se Porfírio na Sicília, para onde fora a conselho do seu mestre com o fito de se curar do estado de depressão e melancolia pelo qual passava; um amigo de Plotino, entretanto, o médico Eustáquio, chegou em Puteoli a tempo de ouvir-lhe as derradeiras palavras: "Eu esperava te ver ainda antes de que o divino em mim parta a unir-se com o divino no universo". Embora tenha Plotino atacado os gnósticos, ele nada disse do cristianismo, o qual provavelmente conhecia em certa medida. E bem que nunca se tenha tornado cristão, deveras perseguiu ideais de ordem moral e espiritual, não apenas através das idéias, mas na própria vida. Foi precisamente esse idealismo espiritual presente na filosofia dele que cativou o grande Doutor da Igreja Santo Agostinho de Hipona.

II. A doutrina de Plotino

É Deus absolutamente transcendente: Ele é o Um, para além de todo pensamento e ser, inefável e incompreensível, οὒ μὴ λόγος, μηδὲ ἐπιστήμη, ὅ δὴ καὶ ἐπέκεινα λέγεται εἶναι οὐσίας.[225] Do Um, os atributos de essência, ser e vida não podem ser predicados, não porque, está claro, ele lhes esteja abaixo, senão porque é mais do que eles: τὸ ὑπὲρ πάντα ταῦτα εἶναι.[226] Também não pode o Um ser identificado à somatória de todas as coisas individuais, porquanto estas requerem uma fonte ou princípio do qual procedam, e deve este princípio ser-lhes distinto e logicamente anterior. (Pode-se dizer que é impossível chegar ao Ser Necessário pelo mero acréscimo de coisas contingentes).

Além disto, se o Um se identificasse com cada ente individual tomado separadamente, então cada um deles identificar-se-ia ao todo das coisas, e a distinção entre os entes, que é um fato inegável, far-se-ia pura ilusão. "Assim é que o Um não pode ser nada de existente, senão anterior a todos os existentes".[227] Bem se vê que o Um de Plotino não é o Um de Parmênides, princípio monístico, mas o Um cuja transcendência enfatizaram tanto os neopitagóricos quanto os médio-platônicos. Com efeito, assim como Albino postulou o πρῶτος θεός encimando o νοῦς e distinguiu o ὑπερουράνιος θεός do ἐπουράνιος θεός, e bem como Numênio colocou o πρῶτος θεός acima do Demiurgo, e finalmente, tal qual Fílon exaltou Deus acima dos poderes formativos, assim Plotino entende que o Um, a Deidade suprema, ou πρῶτος θεός, está além do ser ἐπέκεινα τῆς οὐσίας.[228] Isto não quer dizer, entretanto, que o Um seja um nada ou não-existente; ao contrário: Ele transcende todo o ser de que temos experiência. O conceito de

---

[224] *Plotini Vita*, 23, 138
[225] *Enn.*, 5 4, 1 (516 b-c).
[226] *Enn.*, 3, 8, 9 (352 b).
[227] *Enn.*, 3, 8, 8 (351 d).
[228] Cf. *Rep.*, 509 b 9.

ser tiramo-lo dos objetos de nossas experiências, mas o Um transcende a todos esses objetos e, por conseguinte, transcende outrossim o próprio conceito que se faz presente nestes mesmos objetos.

Desde que Deus é Um, sem multiplicidade ou divisão, não vai nele dualidade de substância e acidente, pelo que Plotino reluta em atribuir-Lhe predicados positivos. Não devemos dizer "o Um é assim" ou "não é assim", porquanto ao fazê-lo acabamos por delimitá-lo, tornando-o um ente particular, ao passo que, em verdade, Ele está para além de todas as coisas que quadram com estes predicados, ἄλλο τοίνυν παρ' ἅπαντα τὸ οὕτως.[229] Entretanto, podemos atribuir-lhe a bondade, desde que a não entendamos como uma qualidade a simplesmente recair sobre Ele. Por conseguinte, é mais consentâneo com Deus dizê-lo o Bem do que chamá-lo "bom".[230] Mais ainda, não podemos atribuir-lhe a direito nem pensamento, nem vontade, nem atividades. Pensamento não, porquanto esta faculdade implica a distinção entre o pensador e o objeto pensado[231]; também não está dotado de vontade, desde que esta, também, implica certa distinção; finalmente, atividade: aqui também distinguem-se o agente e o objeto sobre o qual ele age. Deus é o Um além de todas as distinções: ele sequer distingue-se de Si mesmo, pelo que também está além da auto-consciência. Para Plotino, como vimos, os predicados de bondade e unidade podem ser atribuídos a Deus (no sentido de que Deus é o Um e o bem); e ainda assim, ele sublinha o fato de que mesmo estes predicados são inadequados e só lhe podem ser aplicados analogamente. Porque a unidade expressa a negação da pluralidade, e a bondade, por sua vez, um efeito sobre algo outro. Tudo o que podemos dizer é que o Um é — ainda que, de fato, Deus esteja além do ser; Ele é Um, indivisível, imutável, eterno, sem passado ou futuro, sempre igual a si mesmo.

A partir dessa visão de Deus, princípio supremo, como Plotino haveria de explicar a multiplicidade das coisas finitas? Com efeito, Deus não pode estar limitado por elas, como se estas lhe fossem partes; tampouco pode criar o mundo por meio de um ato livre de sua vontade, uma vez que a criação é uma atividade e não podemos lhe atribuir atividades, porquanto estaríamos a negar-lhe a imutabilidade. Para dar conta de todos estes problemas, Plotino lançou mão da metáfora da emanação. Embora, porém, empregue termos de feição metafórica, como por exemplo ῥεῖν e ἀπορρεῖν, Plotino renega da noção de que Deus, de algum modo, torne-se menos do que é através do processo da emanação: Ele, com efeito, permanece incólume, imóvel, sem apequenar-se. Um ato de livre criação implicaria que Deus como que se extravasasse de seu estado de tranquila autocontenção, coisa que Plotino não admitiria, pelo que asseverava que o mundo sai ou procede de Deus por necessidade intrínseca; porquanto é um princípio necessário que o menos perfeito emane do mais perfeito. Também é de princípio que toda a natureza produza aquilo que lhe é

---

[229] *Enn.*, 6, 8, 9 (743 e).
[230] *Enn.*, 6, 7, 38.
[231] *Enn.*, 3, 8, 8.

imediatamente subordinada (τὸ μετ' αὐτὴν ποιεῖν), a desdobrar-se a si mesma qual semente; esta processão parte de uma fonte ou princípio indiviso e corre até seu término no mundo dos sentidos. O primeiro princípio, porém, permanece sempre no seu próprio lugar (μένοντος μὲν ἀεὶ τοῦ προτέρου ἐν τῇ οἰκείᾳ ἕδρᾳ); quanto lhe segue é engendrado a partir de uma potência inefável (ἐκ δυνάμεως ἀφάτου) que se acha nos primeiros princípios, para a qual potência desconvém ser embargada no seu operar por coisas como inveja ou egoísmo[232]. (Plotino também se serve das metáforas περίλαμψις, ἔλλαμψις; comparando o Um com o sol, que ilumina sem diminuir. Ele também emprega a metáfora do espelho, uma vez que o objeto refletido é como que reduplicado, sem, contudo, nada perder nem sequer sofrer alterações).

É preciso, pois, cautela no classificar o processo de emanação plotiniano como panteístico. É bem verdade que, para ele, o mundo procede de Deus *secundum necessitatem naturae*; também é certo que Plotino rejeita a criação *ex nihilo* a partir de um ato voluntário de Deus; deve-se ter em mente, entretanto, que o primeiro princípio permanece "no seu próprio lugar", sem diminuir ou entibiar-se, sempre a transcender os entes subordinados. Verdade é que, me parece-me, Plotino, se bem que rejeite a criação voluntária a partir do nada porque isto implicaria mudança em Deus, também afasta-se da noção panteística de uma Deidade que infunde-se a si mesma nas criaturas, dir-se-ia a repartir-se entre elas. Por outra forma, ele forceja por encontrar um meio-termo entre, por uma parte, a noção da criação teística, e, por outra, as teorias panteístas ou monistas. É bem possível (descartada a hipótese do dualismo de princípios) que uma tal acomodação seja de fato inviável; mas isto não basta para qualificar Plotino de panteísta sem mais.

O primeiro a emanar do Um é o pensamento ou mente, Νοῦς, que é intuição ou apreensão imediata, e cujo objeto é duplo: (a) o Um, (b) ele próprio. No Nous existem as idéias, e não apenas das espécies, mas também dos próprios indivíduos,[233] bem que a multitude inteira das idéias esteja contida indivisivelmente nele (τὴν δὲ ἐν τῷ νοητῷ ἀπειρίαν, οὐδεῖ δεδιέναι· πᾶσα γὰρ ἐν ἀμερεῖ, καὶ οἷον προείσιν, ὅταν ἐνεργῇ). O Nous identifica-se ao Demiurgo do *Timeu*, e Plotino chega a empregar a expressão πατὴρτ οὗ αἰτίου para referir-se ao Um, a identificar o αἰτίου[234] com o Nous e Demiurgo. Plotino insiste, contra Longino (que cuidava — estribando-se no *Timeu* de Platão, onde as idéias são representadas como estando separadas do Demiurgo —, subsistirem as idéias apartadas do Nous), em que o mesmo Nous seja ὁ κόσμος νοητός. (Porfírio alinhava-se nisto com Longino, até ser persuadido por Plotino a mudar de posição quanto a este ponto). É neste Nous, pois, que pela primeira vez aparece a multiplicidade,

---

[232] Enn., 4, 8, 6 (474 b-c). A afirmativa de que o primeiro princípio não é afetado pela inveja faz eco à passagem do *Timeu*. A comparação que Plotino estabelece entre o Um ou o Bem e o sol desenvolveu-se a partir da mesma comparação feita por Platão na República. A noção de que Deus é luz incriada e de que as criaturas são como que luzes a participar Dele, ordenadas hierarquicamente segundo seus diversos graus de luminosidade, que encontramos em alguns filósofos cristãos, tem sua origem no neoplatonismo.

[233] *Enn.*, 5, 7, 1 ss.

[234] *Enn.*, 5, 9, 9.

dado que o Um está acima de toda multiplicidade, acima mesmo da distinção entre νοεῖν e νοητόν; entretanto, a distinção que vai no Nous não deve ser tomada absolutamente, porquanto trata-se do mesmo Nous que é a um só tempo τὸ νοεῖν e τὸ νούμενον. É assim que o Demiurgo de Platão e o νόησις νοήσεως de Aristóteles se fazem um no Nous plotiniano. O Nous é eterno e está além do tempo; a beatitude de que goza é sua posse eternal, e não um mero estado adquirido. Ele, pois, frui aquela eternidade que o tempo só é capaz de imitar.[235] Quanto à alma, seus objetos são sucessivos: já Sócrates, já um cavalo, já algo outro. O Nous, por sua vez, apreende todas as coisas numa unidade, desprovido de passado ou futuro, a tudo observar num eterno presente.

Do Nous, que é beleza, procede a alma, que corresponde à alma do mundo do *Timeu*. Esta alma do mundo é incorpórea e indivisível, mas serve de liame entre os mundos supra-sensível e o sensível, de modo que não olha apenas para cima em direção ao Nous, senão também para baixo, a mirar o mundo natural. Se Platão postulou apenas uma alma do mundo, Plotino, por seu turno, fala de duas: uma superior e outra inferior; a primeira a ficar cerca do Nous, sem contato imediato com o mundo material; a segunda (γέννημα ψυχῆς προτέρας) sendo a verdadeira alma do mundo fenomênico. A esta segunda alma a nomeia Plotino como natureza ou φύσις.[236] Além do mais, se bem que o mundo dos fenômenos deva toda a realidade que possui ao seu participar nas idéias, que estão no Nous, estas mesmas idéias não operam sobre o mundo sensível diretamente, ermas que estão de liames com ele, pelo que Plotino houve por bem colocar os reflexos das idéias na alma do mundo, chamando-os λόγοι σπερματικοί, e asseverando que eles são compreendidos pelo mesmo Logos, idéia esta obviamente tomada de empréstimo à doutrina estóica. Para melhor quadrar esta concepção, que comporta a distinção entre duas almas do mundo, Plotino, além disso, distinguiu entre λόγοι σπερματικοί, contidos na alma superior, e os λόγοι derivados, compreendidos na inferior.[237]

As almas individuais dos seres humanos procedem da alma do mundo e, como esta, subdividem-se em dois elementos (em consonância com a tripartição pitagórico-platônica, Plotino admite também um terceiro elemento, mediador): um superior, que pertence à esfera do Nous (Cf. o Nous aristotélico), e um inferior, diretamente conectado ao corpo. A alma já existia antes de unir-se ao corpo (união esta que é representada como uma queda), e sobrevive à morte deste, se bem que neste caso fique erma de recordações de sua existência terrestre. (Também admite a transmigração). Mas ainda que Plotino fale que as almas individuais emparceirem-se na unidade da alma do mundo,[238] ele não chega a negar a imortalidade pessoal: a alma é, de fato, real, e nada do que é real haverá de perecer. Acaso suporíamos que Sócrates, que existiu como Sócrates cá na terra, haveria

---

[235] *Enn.*, 5, I, 4. (485 b).
[236] *Enn.*, 3, 8, 3.(345 e).
[237] *Enn.*, 4, 3, 10; 5, 9, 3; 3, 9, 9; 2, 3, 17.
[238] *Enn.*, 3, 5, 4.

de deixar de sê-lo apenas porque alcançou a mais remontada das esferas? Na vida após a morte, portanto, cada alma individual persistirá; cada uma delas guardará a própria individualidade, ainda que elas todas façam-se uma.[239]

Abaixo da esfera da alma está o mundo material. Em harmonia com essa concepção do processo emanador como espécie de radiação luminosa, Plotino representa a luz a proceder do centro à periferia, tornando-se gradualmente mais fraca até desaparecer totalmente na escuridão da própria matéria, que é concebida como privação de luz, como στέρησις.[240] Pode-se dizer, pois, que a matéria procede do Um, mas apenas no sentido de que ela toma parte no processo de emanação a partir Dele. De per si, ela é o limite inferior do universo e antítese do Um. Na medida em que é a matéria iluminada pela forma e entra na composição dos objetos materiais (a ὕλη de Aristóteles), não pode ser havida por escuridão total; na medida, porém, em que ela se contrapõe ao inteligível e identifica-se à ἀνάγκη do *Timeu*, é erma de luz, negrume. Plotino, como se vê, combinou temas platônicos com aristotélicos, porquanto, em que tenha adotado a concepção platônica da matéria como ἀνάγκη, como antítese do inteligível, privação de luz, também acolheu a concepção aristotélica da matéria como substrato da forma, isto é, como uma componente integral dos objetos materiais. O transmutar de um elemento noutro mostra que deve haver algum substrato dos corpos, distinto deles.[241] Se tomarmos os corpos e deles abstrairmos a forma, então o resíduo é o que se chama matéria.[242] A matéria, portanto, é parcialmente iluminada quando informada, e não existe separada e concretamente como pura treva, princípio do não-ser. De mais a mais, assim como o mundo fenomênico em geral tem seu padrão no inteligível, assim também a matéria na natureza corresponde a uma νοητὴ ὕλη.[243]

Além desta fusão de temas cosmológicos próprios a Platão e Aristóteles, Plotino também afirma a visão órfica e neopitagórica da matéria como princípio do mal. No seu grau mais baixo, erma de qualidades, obscura privação, é ela o mesmo mal (entretanto, ela não tem o mal como qualidade inerente, assim como o bem não tem a bondade como qualidade inerente), e destarte opõe-se ao bem como sua radical antítese. (A parte de mal da matéria, por certo, não pertence à νοητὴ ὕλη). É assim que Plotino aproxima-se perigosamente de afirmar certo dualismo que opor-se-ia às verdadeiras intenções de seu sistema, se bem que seja para notar que a matéria em si é privação, e não um princípio positivo). Em todo caso, seria de esperar que Plotino estivesse logicamente obrigado a desprezar o universo visível; entretanto, a falar verdade, ele o não faz. Verdade é que certa propensão a desprezar o mundo se deixa entrever nos seus ensinamentos éticos e psicológicos; entretanto, isto é contrapesado, na cosmologia plotiniana, pela

---

[239] *Enn.*, 4, 3, 5 (375 c-1).
[240] *Enn.*, 2, 4; 3, 67; 6, 3, 7.
[241] *Enn.*, 2, 4, 6 (162 c-e).
[242] *Enn.*, 1, 8, 9 (79 a b).
[243] *Enn.*, 2, 4, 4-5; 3, 5, 6 (ὕλην δεῖ νοητὴν ὑποθέσται, 296 e).

ênfase que põe na unidade e harmonia do cosmos.[244] Plotino opunha-se ao desprezo gnóstico do mundo, e enaltecia a este como obra do Demiurgo e da alma do mundo: é uma criatura eterna e unificada, tornada uma só pela harmonia de suas partes, governada pela Providência divina. Ele diz expressamente que não devemos ter o universo por mau, apesar de todas as vexações que nele vão. É ele imagem do inteligível, mas seria demais exigir-lhe que fosse sua contrapartida. Que mundo há de melhor que aquele que conhecemos senão o mundo inteligível? O mundo material é a exteriorização do inteligível, e o sensível e o inteligível vão unidos para sempre, o primeiro a reproduzir o segundo de acordo com sua própria medida e capacidade.[245] É esta harmonia e unidade cósmicas que dá a base racional das profecias e da operação mágica de fatores sobre-humanos. (Além dos deuses astrais, Plotino também admitia outros "deuses" e "demônios", invisíveis ao homem).

Na sua concepção psicológica, Plotino entendia que a alma individual acha-se dividida em três partes. A mais alteada destas (que corresponde ao Nous de Arisóteles), não se deixa contaminar com a matéria, permanecendo enraizada no mundo inteligível[246;] entretanto, na medida em que a alma entra em real união com o corpo, a formar o *compositum* (τὸ κοινόν), contamina-se com a matéria, donde a necessidade de uma via ética ascensional, cujo termo próximo é o θεῷ ὁμοιωθῆναι [assemelhar-se a Deus] e o final é a união com o Um. Neste processo, os elementos de ordem ética (πρᾶξις) estão subordinados aos teoréticos ou inteligíveis (θεωρία), como em Aristóteles. O primeiro estágio desta ascensão, posto por obra sob o impulso de Eros (Cf. *Banquete*, de Platão), consiste na κάθαρσις, processo de purificação por meio do qual o homem logra escapar ao jugo do corpo e dos sentidos, e se alteia à prática do πολιτικαὶ ἀρεταί, ou seja, das quatro virtudes cardeais. (A mais alta delas é a φρόνησις).[247] Num segundo estágio, a alma deve elevar-se por cima da percepção sensível, em direção ao Nous, e ocupar-se com a filosofia e a ciência.[248] No estágio mais alto, a alma, já para além do pensamento discursivo, logra unir-se ao Nous, que Plotino qualifica como πρώτως καλός. Nesta união, a alma retém sua autoconsciência. Todos estes estágios, entretanto, não são senão preparatórios para fim o almejado: união mística com Deus ou Um (que transcende a mesma beleza) num êxtase que se caracteriza pela ausência de toda e qualquer dualidade. No pensar a Deus, ou nos pensamentos que o tem como objeto, o sujeito está separado do objeto; na união extática, porém, não há nada disso. "Aí o homem verá, como se pode fazê-lo no céu, tanto a Deus quanto a si próprio: far-se-á radiante, tomado de luz inteligível, ou melhor, unir-se-á a ela, em toda sua pureza, sem peso ou fadiga, transfigurado na mesma divindade, ou melhor, tornando-se Deus em essência. Pois durante esse espaço de tempo ele acha-se como que pleno de ardor, mas

---

[244] *Enn.*, 2. 9, 4 (202 d-e).
[245] *Enn.*, 4, 8, 6 (474 d-e).
[246] *Enn.*, 4, 8, 8 (476 a-d).
[247] *Enn.*, 1, 3, 1.
[248] *Enn.*, 1, 3, 4.

quando torna a pesar, é como se seu fogo tivesse sido apagado". "Essa visão é difícil de ser transposta em palavras. Porque como haveria de o homem tornar atrás munido de um relato sobre o divino, como se fosse coisa individual, se no contemplá-lo percebeu-o não como um ente distinto de si mesmo, senão que a fazer-se um com sua própria consciência?".[249] (Não é preciso dizer que essa ascensão até Deus não implica que Ele esteja, espacialmente, "lá fora". Para meditar a Deus, não é de necessidade projetar para fora os próprios pensamentos, como se Deus estivesse presente especificamente num certo lugar, ausentando-se, por conseguinte, de outros.[250] Ao contrário: Deus faz-se presente por toda parte. Ele não é "fora" de ninguém, mas, ao mesmo tempo, está presente em todos, mesmo que não o saibam.)[251] Esta união extática tem, contudo, breve duração nesta vida: visamos possuí-la por completo e de modo permanente num estado futuro, quando estivermos livres dos embargos do corpo. "Esta visão o homem haverá de perdê-la: contudo, se fizer que reviva, uma vez mais, a virtude que nele vai, se conscientizar-se de sua esplendorosa perfeição, haverá de ter seu fardo suavizado, e ascender de virtude em virtude à inteligência, e daí à sabedoria do supremo. É esta a vida dos deuses e dos beatos homens que a eles se assemelham; um abandonar de quanto é dispersante e terreno, uma vida para além dos prazeres da terra, um solitário remontar ao Solitário".[252]

No sistema de Plotino, portanto, a ênfase posta pela linhagem órfico--pitagórica-platônica no "outro mundo", na ascensão intelectual, na salvação pelo conhecimento de Deus e assimilação a Ele, atinge a máxima expressão sistemática. Agora a filosofia passa a incluir não apenas lógica, cosmologia, psicologia, metafísica e ética, senão também uma teoria da religião e misticismo: a rigor, com ser o mais alteado tipo de conhecimento o conhecimento místico de Deus, e por Plotino — que muito provavelmente estribou-se, no formular sua teoria do misticismo, tanto na própria experiência, quanto em especulações que lhe precederam — considerar, com evidência, a experiência mística como a conquista suprema do verdadeiro filósofo, podemos dizer que no neoplatonismo plotiniano a filosofia tende a fazer-se religião, ou, pelo menos, que passa a apontar para além de si própria: não é mais a pura especulação do objetivo final a ser alcançado. Este fato deu ao neoplatonismo faculdade de rivalizar com o cristianismo, ainda que, por outra parte, o complicado sistema filosófico seu — bem como o espírito "anti-histórico" que o animava —, tenham-no impedido de fazer-se o rival que poderia ter sido: ao neoplatonismo faltava aquele apelo popular de que estavam providas as religiões de mistérios, por exemplo. O neoplatonismo foi deveras a resposta intelectualista ao anelo contemporâneo de salvação pessoal — todas aquelas aspirações dos indivíduos, que caracterizaram marcadamente o período. "Verdadeiramente o conselho

---

[249] *Enn.*, 6, 9, 9 (768 f-769 a); 6, 9, 10 (769 d). (Tradução do Prof. Dodd).
[250] *Enn.*, 6, 9, 7 (763 c).
[251] *Enn.*, 6, 9, 7 (766 a).
[252] *Enn.*, 6, 9, i t (771 b). (Tradução do Prof. Dodd).

'Tornemos à nossa pátria'[253] tomou profundo significado. Nossa pátria é o lugar de onde viemos; o lugar em que habita o Pai".[254] O cristianismo, por seu turno, deitando suas raízes na própria história, combinando apelo popular com uma crescente tendência à especulação, a ênfase no além com um senso de missão a ser cumprida cá na Terra, comunhão mística com probidade ética, asceticismo com a consagração da natureza, haveria de exercer um fascínio muito maior, e mais profundo, do que a filosofia transcendental dos neoplatônicos, ou a religião em voga dos cultos mistéricos. Ainda assim, mesmo do ponto de vista do próprio cristianismo, teve o neoplatonismo importante papel a desempenhar, a saber, contribuir com a expressão intelectual da religião revelada, pelo que o cristão convicto não podia senão encarar com simpatia, e até mesmo com certa reverência, a figura de Plotino, a quem o maior dos padres latinos (e por conseguinte da Igreja universal) muito deveu.

III. A escola de Plotino

A tendência de acrescer ao número dos entes intermediários entre Deus e os objetos corpóreos já se pode observá-la no discípulo de Plotino, Amélio, que distinguia três hipóstases no Nous, a saber, τὸν ὄντα, τὸν ἔχοντα e τὸν ὁρῶντα.[255] Filósofo de mais importância foi Porfírio de Tiro (nascido em 232/3 d.C., tendo morrido depois de 301 d.C.), que associou-se a Plotino em Roma em 262/3. Já mencionei aqui a vida de Plotino escrita pelo aluno: além disto, Porfírio também escreveu uma variedade de outras obras sobre assuntos os mais diversos; seu livro mais célebre, porém, é o *Isagoge*, ou *Introdução às Categorias de Aristóteles*. Esse escrito foi traduzido para o Latim (por exemplo, por Boécio), Siríaco, Árabe e Armênio, vindo a exercer ingente influência não apenas durante a Antigüidade, senão que também estendeu-se ela sobre a própria Idade Média, tendo dado matéria a não poucos comentários. Versa a obra sobre Ἀι πέντε φωναί — o gênero (γένος), a espécie (εἶδος), a diferença (διαφορά), o próprio (ἴδηον) e o acidente (συμβεβηκός). Porfírio escreveu vários outros comentários a Platão (por exemplo, ao *Timeu*) e Aristóteles (comentou sobretudo os escritos lógicos do estagirita), e forcejou por mostrar no seu Περὶ τοῦ μίαν εἶναι τὴν Πλάτωνος Ἀριστοτέλους αἵρεσιν que as filosofias de Platão e Aristóteles convergem essencialmente.

Porfírio se propôs a expor a doutrina de Plotino de maneira clara e compreensível; ele, porém, acabou por enfatizar mais os elementos de ordem prática e religiosa do que o seu mestre costumava fazer. O fim da filosofia é a salvação (ἡ τῆς ψυχῆς σωτερία), e cabe à alma purificar-se a si mesma dirigindo sua atenção do que é inferior ao que é superior; esse purificar é operado por meio do asceticismo e do conhecimento de Deus. O grau mais baixo da virtude consiste na prática das πολιτικαὶ ἀρεταί, que são virtudes essencialmente "metriopáticas", isto é, virtudes que estreitam, sob o governo da razão, as afecções da alma até

---
[253] *Iliad*, 2, 140.
[254] *Enn.*, 1, 6, 8 (36 g) (Tradução do Prof. Dodd).
[255] Procl., *in Plat. Tim.*, I, 306. I ss.

a proporção ideal; elas dizem respeito às relações que os homens estabelecem entre si. Acima delas, acham-se as virtudes catárticas ou purificadoras, cujo objeto é antes a "Apatia", que se perfaz na πρὸς θεὸν ὁμοίωσις. No terceiro estágio da virtude, a alma volta-se ao Nous (Porfírio cuida que o mal não está no corpo enquanto tal, mas na conversão da alma aos objetos de desejo),[256] ao passo que o mais remontado dos estágios da virtude é o das παραδειγματικαὶ ἀρεταί, e que diz respeito ao mesmo Nous. As virtudes cardeais repetem-se em cada um destes estágios, mas por óbvio em diferentes graus de elevação. Para facilitar este processo de ascensão, Porfírio põe ênfase na necessidade das práticas ascéticas, tais como: abstinência de carne, celibato, abstinência de teatro etc. A religião positiva ocupa posição de grande conta no seu sistema. Porfírio, a um só tempo, advertia dos abusos das artes divinatórias e outras superstições tais (as quais entretanto ele próprio aceitava, visto que acreditava em demonologia), e apoiava a religião popular e tradicional, fazendo dos mitos pagãos representações alegóricas de verdades filosóficas. Ele insistia na importância das obras, uma vez que Deus não preza as palavras do sábio, mas suas obras.[257] O homem de verdadeira piedade não fica apenas a orar e oferecer sacrifícios, senão que pratica a piedade por meio de obras: Deus não aceita alguém à conta da reputação que porventura tenha, ou das palavras vazias que empregue, senão que pelo viver em harmonia com o que professa.[258]

Enquanto esteve na Sicília, Porfírio escreveu quinze livros contra os cristãos. Estas obras de feição polêmica foram queimadas em 448 d.C. a mando do Imperador Valentiniano III e Teodósio II, e apenas fragmentos delas chegaram até nós: temos de nos estribar, em larga medida, nos escritos dos próprios cristãos para recompor a linha de ataque adotada por Porfírio. (As réplicas a estas obras foram escritas por, entre outros, Metódio e Eusébio de Cesaréia). Santo Agostinho escreveu que se Porfírio estivesse movido de verdadeiro amor à sabedoria e viesse a conhecer a Jesus Cristo "...*nec ab eius saluberrima humilitate resiluisses.*"[259] Deste trecho, ao que parece, não se pode concluir que Porfírio tenha sido de fato cristão, ou mesmo catecúmeno, porque o Santo não dá a entender que o considera apóstata, embora, é bem verdade, o historiador Sócrates afirme que Porfírio abandonou o cristianismo (τὸν χριστιανισμὸν ἀπέλειτε) e explique a indignação do filósofo pelo fato de ele ter sido atacado por alguns cristãos em Cesaréia, na Palestina.[260] Ao que parece, não lograremos decidir se Porfírio foi ou não cristão: não dispomos de nenhuma citação sua em que o filósofo esclareça este ponto em particular. Porfírio tencionava impedir que as pessoas cultivadas se convertessem ao cristianismo, pelo que determinou mostrar que a religião cristã era ilógica, ignóbil, cheia de contradições etc. Ele focou seus

---

[256] *Ad Marcellam*, 29.
[257] *Ad Marc.*, 16.
[258] *Ad Marc.*, 17.
[259] *De Civit. Dei, 10, 28* (Porfírio, em sua juventude, conheceu Orígenes. Eusébio de Cesaréia, *História Eclesiástica.*, 6, 19, 5).
[260] *Htst. Eccl.*, 3, 23, (p. 67, 445).

ataques especialmente sobre a Bíblia e a exegese cristã, e é interessante observar que Porfírio acabou por antecipar o método histórico-crítico ao, por exemplo, negar a autenticidade do livro de Daniel e asseverar que as profecias lá contidas serem *vaticinia ex eventu*; ao negar que o Pentateuco tenha sido composto por Moisés; ao apontar inconsistências aparentes e contradições no texto dos Evangelhos etc. A divindade de Cristo atacou-a especialmente, contra a qual propôs diversos argumentos, e também buscou refutar as doutrinas do Cristo.[261]

---

[261] "Obscuridade, incoerência, falta de lógica, mentiras, abuso da boa fé e da estupidez: Porfírio escassamente via, no cristianismo, algo além disso, a julgar pelos *membra disiecta* de suas obras". (Pierre de Labriolle, *La réaction païenne*". (p. 286, 1934).

CAPÍTULO XII
Outras escolas neoplatônicas

1. A escola síria

A principal figura da escola síria de neoplatonismo é Jâmblico (m. c. 330 d.C.), aluno de Porfírio. Jâmblico ampliou em muito a tendência neoplatônica de multiplicar os membros da hierarquia de entes; também insistia na importância da teurgia e do ocultismo em geral.

1. A inclinação a multiplicar os entes que compõem a hierarquia do ser já se fazia presente no neoplatonismo desde suas origens, como conseqüência do desejo de enfatizar a transcendência da divindade suprema e remover Deus de todo o contato com o mundo dos sentidos. Mas, ao passo que Plotino reteve essa tendência dentro de limites razoáveis, Jâmblico deu-lhe asas. Assim é que, acima do Um de Plotino, ele postulou outro Um, a exceder toda qualificação possível, e que está para além até mesmo do bem.[262] Este Um, que transcende todos os predicados, e a rigor toda e qualquer afirmação — exceto a da unidade —, é pois mais alteado que o Um de Plotino, o qual se identifica com o bem. Do Um procede o mundo das idéias ou objetos inteligíveis — ὁ κόσμος νοητός —, e, deste, o mundo dos entes intelectuais — ὁ κόσμος νοερός —[263,] que consiste no Nous, hipóstase intermediária, e no Demiurgo. Não contente com toda essa complicação, Jâmblico seguiu a distinguir os entes próprios a este κόσμος νοερός.[264] Abaixo deste último, acha-se a alma supraterrestre, donde procedem duas outras. Pelo que é dos deuses e dos "heróis" da religião popular, estes, a uma com as hostes de anjos e demônios, pertencem ao mundo, e Jâmblico forcejou por arranjá-los segundo o número. Se, por um lado, ele se propôs a estabelecer esse esquema fantástico por meio da razão especulativa, por outro, insistia na feição imediata e inata do nosso conhecimento dos deuses, que nos é dado a par de nosso impulso físico inato em direção ao bem.

2. O interesse religioso de Jâmblico deixa-se transparecer na sua doutrina ética. Aceitando a distinção formulada por Plotino entre as virtudes políticas, catárticas e paradigmáticas, ele então introduz, entre as duas últimas, as virtudes teoréticas, pelas quais a alma contempla o Nous como seu objeto próprio, e testemunha a processão das ordens hierárquicas a partir do princípio supremo. À força das virtudes paradigmáticas, a alma logra identificar-se com o Nous,

---

[262] Damasc., *Dubil.*, 43.
[263] Procl., *in Tim.*, 1308, 21 d
[264] Procl., *in Tim.*, 1308, 21 ss. d. Damasc., *Dubil.*, 54

o lugar das idéias e o παραδείγμα de todas as coisas. Por fim, no cume desses quatro tipos de virtudes, acham-se as virtudes sacerdotais, por meio das quais a alma une-se extaticamente ao Um (também são elas chamadas de ένιαΐαι). Porque dependemos da revelação divina para apreendermos os meios de efetivar a união com Deus, o sacerdote é superior ao filósofo. Purificação das coisas sensíveis, teurgia, milagres, adivinhação, tudo isto desempenha um importante papel no sistema de Jâmblico.

II. A escola de Pérgamo

Esta escola foi ela fundada por Edésio, discípulo de Jâmblico, e caracterizava-se mormente pelo seu interesse em teurgia e na restauração do politeísmo. Assim é que Máximo, um dos tutores do Imperador Juliano, concedeu grande atenção à teurgia; Salústio escreveu um livro *Sobre os deuses e o mundo* a propagandear o politeísmo, ao passo que o retórico Libônio, outro tutor do Imperador Juliano, escreveu contra o cistianismo, como também o fez Eunápio de Sardes. Juliano (322-363) cresceu como cristão, mas tornou-se pagão. No seu breve reinado, mostrou-se oponente fanático do cristianismo, tendo aderido ao politeísmo, que entremeou de doutrinas neoplatônicas, ao conhecimento das quais estribava-se notadamente em Jâmblico. Por exemplo, ele interpretava a veneração do sol segundo os cânones da filosofia neoplatônica, cuidando de que o sol é um intermediário entre os reinos inteligível e sensível.[265]

III. A escola de Atenas

Na escola de Atenas, o neoplatonismo entremeou-se de vivo interesse pelos escritos de Aristóteles, a par, é claro, pelos de Platão; e isto se vê, por exemplo, nos comentários de Plutarco de Atenas, filho de Nestório e escolarca em Atenas (m. 431/2 d.C.), ao *De Anima*, e também nos comentários de Siriano (m. c. 430), sucessor de Plutarco na direção da escola de Atenas, à *Metafísica*. Siriano, contudo, não acreditava na harmonia entre Platão e Aristóteles: ao contrário, não apenas entendia que o estudo da filosofia de Aristóteles era mera preparação para o estudo de Platão, senão que, nos seus comentários à *Metafísica*, defendeu a teoria platônica das idéias contra os ataques de Aristóteles, sublinhando claramente a distinção entre os dois filósofos neste particular. Isto, entretanto, não o impediu de forcejar em pôr a lume a convergência entre Platão, Pitágoras, os órficos e a literatura "caldaica". A ele sucedeu Domino, um sírio de origem judaica, que escreveu sobre matemática.

De muito maior vulto que todos estes, entretanto, é o célebre Proclo (410-485), que nasceu em Constantinopla e foi escolarca em Atenas por muitos anos. Homem de inesgotável energia, bem que muitas de suas obras tenham sido perdidas, restaram-nos ainda seus comentários ao *Timeu, República, Parmênides, Alcibíades I* e *Crátilo*, além das seguintes obras: Στοιχείωσις Θεολογική,

---
[265] Julian, *Or.*, 4.

Εἰς τὴν Πλάτωνος Θεολογίαν, o *De decem dubitationibus circa providentiam*, o *De providentia et fato et eo quod in nobis* e, finalmente, o *De malorum subsistentia* — esses três últimos escritos foram preservados em latim na tradução de Guilherme de Moerbeke. Dotado de vasto conhecimento acerca das filosofias de Platão e Aristóteles, e de seus predecessores neoplatônicos, Proclo também cultivou grande interesse e mesmo entusiasmo por todos os tipos de crenças religiosas, superstições e práticas, chegando até mesmo a acreditar que recebera revelações e que fosse a reencarnação do neopitagórico Nicômaco. Ele, pois, dispunha de vasta quantidade de informações e conhecimento, e forcejou por articular todos esses elementos num sistema cuidadosamente pensado, o que fez com certa facilidade à conta de sua grande habilidade dialética. Este empreendimento lhe valeu a reputação de maior escolástico da Antigüidade, porque empregou suas faculdades dialéticas e seu gênio para erigir sistemas sobre as doutrinas que recebera de seus antecessores[266].

A chave principal de suas diligências de sistematização consiste no dispor os elementos do sistema em tríades. Deste princípio certamente serviu-se Jâmblico, mas Proclo o empregou com considerável sutileza dialética e fez dele o princípio dominante na processão dos entes a partir do Um, isto é, nos graus da emanação do ser desde o Ἀρχή mais alto até o estágio mais baixo. O efeito, ou ente, que procede, por um lado semelha-se parcialmente à sua causa ou fonte da emanação, por outra dela difere em parte. Na medida em que o ente que procede é similar à sua própria origem, ele é considerado, até certo ponto, idêntico com o seu princípio, porquanto a processão só tem lugar à força do processo de autocomunicação deste. Por outra parte, dado que há de fato processão, deve haver algo, no ser que procede, que não é idêntico a seu princípio, mas diferente. Temos destarte dois momentos na emanação: permanecer no princípio (Ἀρχή) à conta dessa similaridade parcial; diferir dele, em virtude da processão externa (πρόοδος). Em todo o ente que procede, entretanto, vai uma tendência natural de buscar o bem, e à força da feição estritamente hierárquica do desenvolvimento dos seres, esse natural inclinar-se ao bem significa, da parte do ente que emana ou procede, um tornar atrás à fonte imediata da emanação. Proclo, pois, distingue três momentos do desenvolvimento, (i) μονή ou a permanência no princípio; (ii) πρόοδος ou saída do princípio; (iii) ἐπιστροφή ou retorno ao princípio. Este movimento triádico ou em três momentos governa o todo das séries de emanação.[267]

O princípio original de todo este desdobrar é o Um primevo, τὸ αὐτὸ ἕν.[268] Os seres de força têm causa, e causas não são o mesmo que efeitos. E, contudo, não podemos admitir um *regressus ad infinitum*. Forçosamente deve haver, pois, uma causa primeira, donde procede a multiplicidade dos seres como "a brotarem da raiz", alguns mais próximos à causa primeira, outros mais longe dela.

---

[266] Nos seus comentários a Euclides, encontramos muitas e valiosas informações a respeito da filosofia matemática das tradições platônica, aristotélica, neoplatônica e outras (ed. Friedlein, Leipzig, 1873).

[267] *Instit. Theol.*, 30 ss.; *Theol. Plat.*, 2, 4; 3, 14; 4, 1.

[268] *Instit. Theol.*, 4, 6; *Theol. Plat.*, 2, 4.

Demais disso, só pode haver uma tal causa primeira, porquanto a existência do múltiplo pende da unidade.²⁶⁹ Ela deve de fato existir, uma vez que estamos logicamente obrigados a referir a multiplicidade à unidade, os efeitos a uma causa última, e os bens participados ao bem absoluto. E ainda assim, a falar verdade, o princípio primeiro transcende os predicados de unidade, causa e bem, do mesmo modo que transcende o mesmo ser. Disto se segue que não estamos autorizados a predicar nada de positivo do princípio último: podemos dizer tão somente o que ele não é, e nos darmos conta de que ele subsiste por cima de todo pensamento discursivo e predicados positivos, inefável e incompreensível.

Deste primeiro Um procedem as Unidades ou ἑνάδες, que, no entanto, são entendidas como deuses supra-essenciais e incompreensíveis, fonte da providência, e de quem a preceito se predica a bondade. Das Hênadas [*hén* em grego é *um*] procede a esfera do Nous, que se subdivide nas esferas dos νοητοί, dos νοητοί καὶ νοεροί e dos νοεροί (cf. Jâmblico), esferas estas que correspondem, respectivamente, aos conceitos de ente, vivente e inteligente.²⁷⁰ Não satisfeito com essas divisões, Proclo ainda introduz subdivisões em cada uma das três esferas do Nous; as duas primeiras ainda subdividem-se em três tríades, e a terceira em sete hebdômadas, e assim por diante.

Abaixo da esfera geral do Nous vai a esfera da alma, intermediária que é entre os mundos supra-sensível e o sensível, a espelhar o primeiro como cópia (εἰκονικῶς) e a servir de modelo para o segundo (παραδειγματικῶς). Esta esfera da alma acha-se subdividida em três outras sub-esferas, a das almas divinas, a das almas "demônicas" e a das ψυχαί das almas humanas. Cada uma destas sub-esferas é, novamente, subdividida. Os deuses gregos pertencem à esfera das almas divinas, mas um mesmo nome é encontradiço em grupos diversos de acordo com os diferentes aspectos ou funções do mesmo deus. Por exemplo, Proclo parece postular um triplo Zeus; a esfera das almas demônicas, que serve de ponte entre deuses e homens, subdivide-se em anjos, demônios e heróis.

O mundo, criatura vivente, é formado e governado pelas almas divinas. Ele não pode ser mau — nem a mesma matéria pode sê-lo —, desde que não podemos aproximar o mal do que é divino. A rigor, o mal deve ser pensado como imperfeição, inseparável dos estratos inferiores da hierarquia do ser.²⁷¹

No processo de emanação, a causa produtiva, e Proclo insiste neste particular, permanece inalterada. Ela traz à atualidade as esferas subordinadas do ser, mas fá-lo sem, contudo, mover-se ou diminuir, preservando a própria essência, "nem se transmuta nos seus conseqüentes nem apequena-se". O produto, pois, não emerge através da automutilação do produtor, que aliás não sofre alterações no processo. Desse modo, Proclo busca, como o fizera Plotino antes dele, navegar um curso intermediário entre, por uma parte, *creatio ex nihilo*, e por outra, o verdadeiro monismo ou panteísmo: se o ser produtivo não é alterado nem se vê

---

²⁶⁹ *Instit. Theol.*, 11.
²⁷⁰ *Theol. Plat.*, 3, 14; 4, t.
²⁷¹ *Theol. Plat.*, 1, 17; in *Remp.*, I, 37, 27 ss.

diminuído no produzir os entes subordinados, ele, entretanto, os preenche de seu próprio ser.[272]

Estribando-se no princípio de que só o semelhante logra alcançar a seu semelhante, Proclo cuida haver na alma humana certa faculdade acima do pensamento, por meio da qual ela vinga alcançar o Um.[273] Eis a faculdade unitiva, que toca, extática, o princípio último. Emparceirado com Porfírio, Jâmblico, Siriano e outros, Proclo também cuidava que a alma está dotada de um corpo etéreo, composto de luz, imperecível, meio-termo entre o material e o imaterial. É por meio dos olhos deste corpo etéreo que a alma arranja a perceber as teofanias. A alma ascende através dos diferentes graus de virtude (como em Jâmblico) até atingir a união extática com o Um. Proclo distingue três estágios gerais dessa ascensão da alma: *eros*, verdade e fé. A verdade conduz a alma para além do amor da beleza e a preenche de verdade e realidade, ao passo que a fé consiste no silêncio místico ante o Incompreensível e o Inefável.

A Proclo sucedeu na direção da escola Marino de Samaria. Marino destacou-se na matemática, e notadamente pela interpretação sua, sóbria e contida, da filosofia de Platão. Por exemplo, nos seus comentários a *Parmênides*, ele insiste em que o Um e os demais referem-se a rigor às idéias e não aos deuses. Entretanto, nem por isto deixou de seguir a tendência contemporânea sua de atribuir imensa importância às superstições religiosas; na cumeada da escala das virtudes pôs as θεουργικαὶ ἀρεταί. Isidoro foi quem lhe sucedeu como escolarca.

O último dos escolarcas da escola de Atenas (c. 520 d.C.) foi Damáscio, que aprendera matemática com Marino. Levado à conclusão de que a razão humana não vinga entender a relação entre o Um e os entes que dele procedem, Damáscio, ao que parece, passou a idear que as especulações dos homens não logram alcançar a verdade. Todos os termos que para este propósito empregamos, tais como "causa", "efeito", "processão" etc. não são senão analogias, e não descrevem a realidade a preceito.[274] Como, porém, não estivesse preparado para abandonar a atividade especulativa, apegou-se de todo à teosofia, ao "misticismo" e às superstições.

Conhecido discípulo de Damáscio foi Simplício, que escreveu comentários de valor às *Categorias*, *Física*, *De Caelo* e *De Anima* de Aristóteles. Particularmente seus comentários à *Física* são de grande monta, à conta das citações dos filósofos pré-socráticos.

No ano de 529, o Imperador Justiniano proibiu o ensino da filosofia em Atenas, e Damáscio, a par de Simplício e outros cinco membros da escola neoplatônica, retiraram-se para Pérsia, onde foram recebidos pelo Rei Cosroes. A 533, entretanto, tornaram a Atenas, ao que parece desiludidos com a conjunção cultural da Pérsia. Ao que se sabe, não restou, para depois do meio do século, nenhum filósofo neoplatônico e pagão.

---

[272] *Instit. Theol.*, 27.
[273] *In Alcib.*, ILL; *de Prov.*, 24.
[274] *Dubit.*, 38, I 79, 20 ss.; 41, I 83. 26 ss.; 42 I 85, 8 ss.; 107 I 278, 24 s.

iv. A escola de Alexandria

1. A escola neoplatônica de Alexandria foi um centro de pesquisa das ciências especializadas e de estudo e comentários das obras de Platão e Aristóteles. Hipátia (conhecida por ter sido assassinada por uma turba de cristãos fanáticos em 415 d.C.) escreveu sobre matemática e astronomia, e diz-se que lecionou a filosofia de Platão e Aristóteles; Asclepiodoto de Alexandria, por seu turno (segunda metade do século quinto), que mais tarde veio a residir em Afrodísias (Caria), estudou ciências e medicina, matemática e música. Amônio, João Filopono e Olimpiodoro e outros comentaram as obras de Platão e Aristóteles. Nos comentários redigidos pelos membros da escola, dava-se especial atenção às obras de lógica de Aristóteles e, de modo geral, pode-se dizer desses comentários que eram moderados e que deixavam transparecer o desejo dos comentadores de interpretar estes escritos do modo mais natural possível. Interesses de ordem religiosa e metafísica iam sendo postos de parte, e aquele multiplicar de entes intermediários, tão característico das filosofias de Jâmblico e Proclo, abandonado; também pouca atenção se dava à doutrina do êxtase. Mesmo Asclepiodoto, pio e algo inclinado ao misticismo, discípulo de Proclo, afastou-se da metafísica especulativa e imenso complexa deste.

2. O neoplatonismo de Alexandria caracterizou-se também pelas relações que entreteve com o cristianismo e com os pensadores da célebre escola Catequética de Alexandria. O abandonar das extravagâncias especulativas de Jâmblico e Proclo resultou na separação gradual das partes especificamente pagãs da escola neoplatônica de Alexandria, tornando-a uma espécie de instituto filosófico "neutro": a lógica e as ciências eram terreno comum entre cristãos e pagãos. Foi esta crescente associação entre a escola e o cristianismo que possibilitou a continuidade do pensamento helênico em Constantinopla. (Estéfano de Alexandria migrou para Constantinopla, onde passou a lecionar as filosofias de Platão e Aristóteles na universidade, na primeira metade do século sétimo, durante o reinado do Imperador Heráclio, isto é, um século depois do fechamento da escola de Atenas por ordem de Justiniano). A vida de Sinésio de Cirene, discípulo de Hipátia, nos dá a conhecer a relação que existia entre os neoplatônicos e os cristãos em Alexandria. Com efeito, ele tornou-se bispo de Ptolemaida em 411 d.C. Outro fato notável foi a conversão de João Filipono ao cristianismo. Convertido, escreveu contra a concepção de Proclo acerca da eternidade do mundo, nisto apelando para o *Timeu* de Platão, que ele cuidava ensinar a criação do mundo no tempo. Filipono também cuidava que Platão extraíra sua filosofia do Pentateuco. Pode-se mencionar também a Nemésio, bispo de Emesa, na Fenícia, que foi influenciado pela escola de Alexandria.

3. Se, por uma parte, o neoplatonismo exerceu profunda influência sobre os pensadores cristãos de Alexandria, por outra, é bem verdade, estes também acabaram por influir no pensar dos filósofos não-cristãos. E isto bem se vê no caso de Hiérocles de Alexandria, que lecionou nesta cidade a partir, aproximadamente,

de 420 d.C. Hiérocles tem mais afinidade com o platonismo intermediário do que com seus predecessores neoplatônicos, porquanto, renegando a hierarquia do ser formulada por Plotino, a qual foi grandemente ampliada por Jâmblico e Proclo, ele admitia apenas um ente supra-terrestre, o Demiurgo. O que, porém, é particularmente notável, é o fato de que Hiérocles cuidava de que o Demiurgo criou o mundo por vontade própria e a partir do nada.[275] A rigor, ele rejeita a idéia da criação no tempo, isto, entretanto, não exclui a possibilidade de ter sido influenciado pelo cristianismo, notadamente porque o destino, ou Ἁιμαρμένη, para Hiérocles, não é um mecanismo de feição determinística, senão que lhe é próprio a atribuição de certas conseqüências às livres escolhas feitas pelos homens. Assim é que a oração de petição, por um lado, e, por outro, a providencial Ἁιμαρμένη não se excluem mutuamente,[276] e a doutrina da necessidade ou destino melhor afeiçoa-se à ênfase posta pelo cristianismo, por uma parte na liberdade humana, e por outra na Providência divina.

v. Neoplatônicos no ocidente latino

Escassamente poder-se-ia falar de uma "escola" de neoplatonismo no ocidente latino. Entretanto, há uma característica que perpassa todos aqueles pensadores que são tidos por "neoplatônicos do ocidente latino", a saber: o lado especulativo do neoplatonismo já não mais se destaca, ao passo que se sobressai o aspecto erudito. Por meio da tradução para o latim de obras em língua grega, e também à conta dos comentários apostos aos escritos de Platão e Aristóteles, esses pensadores ajudaram a difundir o estudo da filosofia no mundo romano e, ao mesmo tempo, serviram de canal pelo qual a filosofia antiga passou à Idade Média. Assim foi que, na primeira metade do século IV d.C., Calcídio (que provavelmente era ou tornou-se cristão) verteu para o latim e comentou — aparentemente apoiando-se no comentário de Possidônio — , o *Timeu* de Platão. Esta tradução e comentário foram largamente utilizados durante a Idade Média.[277] No mesmo século, Mário Vitorino (que converteu-se ao cristianismo já avançado em anos) traduziu para o latim as *Categorias* e *Da Interpretação*, de Aristóteles, e, de Porfírio, o *Isagoge*, mais algumas obras neoplatônicas. Ele também apôs seus comentários aos *Tópicos* e ao *De Inventione*, de Cícero, e compôs obras originais: *De Definitionibus* e *De Syllogismis Hypotheticis*. Na condição de cristão, escreveu algumas obras teológicas, das quais uma grande parte chegou até nós. (Santo Agostinho foi influenciado por ele). Podemos mencionar, também, a *Vettius Agonius Praetextatus* (m. 384), que traduziu a paráfrase, composta por Temístio, dos *Analíticos* de Aristóteles, e a Macróbio (parece que tornou-se cristão mais para o fim da vida), que escreveu o *Saturnalia*

---

[275] Phot., 460 b 23 ss.; 461 b 6 ss.

[276] Phot., 465 a 16 ss.

[277] Como esta obra contém extratos de outros diálogos de Platão, bem como extratos, textos e opiniões de outros filósofos gregos, deu-se que, até o século XII d.C., Calcídio foi considerado uma das principais fontes de informação a respeito da filosofia grega.

e comentou o *Somnium Scipionis*, de Cícero por volta de 400 d.C. Nos seus comentários, deixam-se entrever as teorias neoplatônicas da emanação, e parece que Macróbio fundou-se no comentário de Porfírio ao *Timeu*, o qual, por sua vez, valeu-se daquele de Possidônio[278]. Bem no começo do século V, Marciano Capella compôs o seu *Nuptiis Mercurii et Philologiae*, que chegou até nós e que teve imensa acolhida na Idade Média. (Foi comentado, por exemplo, por Remigius de Auxerre). Nesta obra, espécie de enciclopédia, cada um dos capítulos do terceiro ao nono é dedicado a uma das sete artes liberais. Estes estudos tiveram imensa importância para o medievo, que fez dessas artes, divididas em *Trivium* e *Quadrivium*, a base mesma da educação.

De maior vulto, porém, que os autores antes mencionados é o cristão Boécio (c. 480-524/5 d.C.). Ele estudou em Atenas, serviu a Teodorico, rei dos Ostrogodos, tendo por fim sido executado, depois de passar algum espaço de tempo preso, sob a acusação de traição. No período em que esteve encarcerado, compôs o famoso *De Consolatione Philosophiae*. Como é mais conveniente tratar da filosofia de Boécio a modo de introdução à filosofia medieval, limitar-me-ei, aqui, a mencionar-lhe algumas obras.

Conquanto Boécio tivesse em vista traduzir para o latim, e apor comentários ao todo da obra de Aristóteles (*De Interpret.* 1, 2), o projeto malogrou. Entretanto, ele chegou a verter para o latim as *Categorias*, o *De Interpretatione*, os *Tópicos*, ambos os *Analíticos* e, finalmente, as *Refutações Sofísticas*. É possível que Boécio tenha traduzido outras obras de Aristóteles além do *Organon*, de acordo com escopo original; esta, entretanto, é uma questão em aberto. Ele também traduziu o *Isagoge* de Porfírio, e a disputa dos universais, que tanto instigou a Idade Média, teve seu ponto de partida em certos comentários de Porfírio e Boécio.

Além de apor ao *Isagoge* (na tradução de Mário Vitorino) duplo comentário, Boécio também comentou as *Categorias*, o *Da Interpretação*, os *Tópicos*, os *Analíticos* e, provavelmente, também as *Refutações Sofísticas*, e ainda os *Tópicos*, de Cícero. Além destes comentários, ele escreveu obras originais: *Introductio ad categoricos syllogismos*, o *De categoricis syllogismis, De Consolatione Philosophiae, De Institutione arithmetica* etc. Lá pelo fim de sua vida, pegou da pena e deitou por escrito não poucos opúsculos.

À conta do imenso empenho posto no traduzir e comentar, Boécio pode ser chamado o principal mediador entre a Antigüidade e a Idade Média, "o último dos romanos e o primeiro dos escolásticos", como o descreveram. "Até o final do século doze, Boécio foi o principal canal pelo qual a filosofia de Aristóteles foi transmitida para o Ocidente".[279]

---

[278] Porque Macróbio introduz no seu *Comentário* idéias acerca do simbolismo dos números, emanação, gradação plotiniana das virtudes, e mesmo politeísmo, a obra pode ser dita um "verdadeiro produto do paganismo neoplatônico". (Maurice de Wulf, Hist. Med. Phil. I, p. 79. Trad. E. Messenger, Ph. D., Longmans, 3ª ed. inglesa, 1935).

[279] M. De Wulf, *Hist. Mid. Phil.*.I, p. 109

CAPÍTULO XIII
Revisão e conclusão

Quando lançamos um olhar retrospectivo sobre a filosofia da Grécia e do mundo greco-romano — desde sua infância, ainda ingênua, na costa da Ásia Menor —; quando nos apercebemos da potência intelectual e da abrangência do espírito de um Heráclito ou de um Parmênides, a manejar, pondo grande empenho, uma linguagem filosófica ainda pobre; quando retraçamos o desenvolvimento das duas maiores filosofias que o mundo já viu, a de Platão e Aristóteles; quando advertimos a extensa influência do estoicismo e testemunhamos a evolução final do esforço criativo da Antiguidade — o sistema neoplatônico de Plotino — é impossível disto não concluirmos que temos, diante de nós, uma das conquistas supremas da raça humana.

Se lançamos a vista, admirados, para os templos gregos na Sicília, para as catedrais góticas da Idade Média, para as obras de um Fra Angelico ou Michelangelo, de um Rubens ou Velasques, se temos em grande estima os escritos de um Homero ou Dante, de um Shakespeare ou Goethe, do mesmo modo estamos obrigados a encarecer a grandeza do reino do puro pensar, e tê-lo por um dos maiores tesouros de nossa herança européia. É sem questão que releva dispender imenso esforço mental e perseverança se desejamos alcançar as riquezas do pensamento grego; todo empenho, entretanto, empregado no aprender e no apreciar a filosofia daqueles dois homens de gênio, a saber, Platão e Aristóteles, é largamente recompensado: com efeito, esta diligência é tão frutífera quanto os esforços que pomos no apreciar a pleno a música de Beethoven ou Mozart, a beleza da catedral de Chartres, o teatro, a arquitetura e a escultura gregos; tudo isto dá testemunho imorredouro do gênio e da cultura grega, da glória da Hélade; esta glória, porém, estaria incompleta sem a filosofia grega, e não logramos apreciar de todo a cultura dos gregos se não conhecemos pelo menos algo de sua filosofia. Talvez facilite, para quem deseje melhor apreciar a filosofia grega, que eu acrescente, nestas observações finais, algumas sugestões de como encará-la como um todo.

1. Já mencionei, especialmente quando estudávamos os filósofos pré-socráticos, o problema do Um e do múltiplo, que permeia o todo da filosofia grega, e, a rigor, o todo da filosofia em geral, porquanto ao passo que o múltiplo é dado na experiência, o filósofo buscará divisá-lo de um olhar sinóptico, a chegar, tanto quanto lhe seja possível, a uma visão abrangente da realidade, isto é: ver o múltiplo à luz do Um, ou, de certo modo, reduzir aquele a este. Este empenho faz-se deveras claro no caso dos cosmologistas pré-socráticos, pelo que é desnecessário analisar este particular de novo; apenas gostaria de recordar que a tentativa

deles de conciliar o múltiplo dado na experiência com o Um exigido pela razão deu-se mormente no plano material: para eles, tanto o múltiplo quanto o Um são materiais, e também a unidade-na-diferença o é (água ou o indeterminado, o ar ou o fogo). Por vezes, predomina o aspecto da Unidade, como no caso do sistema eleático; às vezes, porém, a primazia cabe ao múltiplo, como se dá na filosofia atomística de Leucipo e Demócrito; o espírito destes filósofos, entretanto — em parte à conta da pobreza de vocabulário — raramente se alteia por cima do plano material, bem que no caso do pitagorismo, por exemplo, vemos uma distinção mais nítida entre alma e corpo, ao passo que em Anaxágoras o conceito de Nous tende a se ver livre das amarras do materialismo.

Os sofistas — na medida em que lhes podemos atribuir algum interesse por esse problema — enfatizaram mais o aspecto da multiplicidade (de modos de vida, de juízos morais, de opiniões), ao passo que, em Sócrates avulta o aspecto da unidade, porquanto ele põe a lume aquela unidade fundamental que permeia todos os juízos de valor. É Platão, entretanto, que lida com o problema em toda a sua complexidade e riqueza. A multiplicidade passageira dos fenômenos, dada na experiência, é contrastada com a realidade unitária das idéias exemplares, apreendidas pelo espírito humano por meio dos conceitos; este modo de articular o Um e o múltiplo força o filósofo a encarar o problema não apenas na esfera lógica, senão também na esfera ontológica, do ser imaterial. Disto resulta que as unidades imateriais (que aliás são múltiplas) são vistas à luz do Um, realidade pertencente à esfera transcendente, exemplar último, que as sintetiza. Além disso, se bem que aquilo que é particular na experiência sensível — ou seja, o múltiplo dos antigos cosmologistas — seja classificado, à conta de sua individualidade que não se deixa penetrar pelo pensamento conceitual, como infinito ou indeterminado, o todo do mundo material é ainda assim entendido como ordenado e informado pela mente ou alma. Por outra parte, há um "chorismos" entre a realidade e os particulares, de natureza fugidia, ao passo que, aparentemente, a relação precisa entre as causas exemplar e eficiente não é explicada a contento, de forma que, embora Platão trate do problema num patamar mais elevado, sem dúvida transcendendo o materialismo pré-socrático, ele não ajeita a formular uma explicação adequada do problema, legando-nos uma concepção dualista: de um lado, a esfera da realidade, de outro, a da semi-realidade ou devir. E nem mesmo a afirmação do mundo imaterial, que aliás o alteia por cima de Heráclito e Parmênides, basta a explicar a relação entre ser e devir, ou entre o Um e o múltiplo.

Em Aristóteles já deparamos mais profunda tomada de consciência da abundância e riqueza do mundo material; ele forcejou por sintetizar, por meio de sua doutrina da forma substancial imanente, o Um e o múltiplo: à multiplicidade de membros de uma mesma espécie corresponde a similaridade da forma específica, se bem que não seja o caso de identidade numérica. Ainda, a doutrina hilemórfica deu faculdade a Aristóteles de postular um princípio que de fato unifica o mundo terrestre, e evitar, ao mesmo tempo, pôr demasiada ênfase no aspecto unitário, coisa que haveria de atritar com a evidente multiplicidade dada na experiência: oferecendo dois princípios, um de mudança, outro de permanência, articulou a contento o ser e o devir. Além disso, o motor imóvel de Aristóteles, a causa final suprema do universo, servia, até certo ponto, de princípio unificante e harmonizador, a concentrar a multiplicidade dos fenômenos numa unidade inteligível. Por outro lado, entretanto, o desgosto de Aristóteles com a teoria das idéias de Platão, a par da consciência dos pontos fracos dela, levaram-no a rejeitar de todo o exemplarismo platônico, ao passo que a ênfase que o estagirita punha na causa final, a ponto de aparentemente excluir do cosmos a causalidade eficiente, levou-o a um dualismo final entre Deus e o mundo, este independente daquele.

Da filosofia pós-aristotélica, talvez não seja artificioso asseverar que enquanto o estoicismo punha demasiada ênfase no Um, resultando num panteísmo cósmico (que por sua vez se reflete na sua nobre ética cosmopolitista), o epicurismo afirmava categoricamente o múltiplo, que se manifesta na sua cosmologia fundada sobre bases atomísticas e sobre uma ética, ao menos teoricamente, egoísta. No neopitagorismo e no platonismo intermediário tem lugar aquele sincretismo crescente de elementos pitagóricos, platônicos, aristotélicos e estóicos, que acabou por culminar no sistema neoplatônico. Neste sistema, articula-se a única maneira possível de resolver o problema do Um e do múltiplo, a saber, este deve, de algum modo, extravasar-se daquele, o que evita, por uma parte, o dualismo entre Deus e um mundo independente, e, por outra, o monismo, de modo que se fez justiça à realidade do Um e do múltiplo, à suprema realidade do Um e à realidade do múltiplo, que depende daquele. Mas enquanto os neoplatonistas rejeitaram o monismo cósmico por meio de sua doutrina da hierarquia do ser, erma de qualquer tipo de auto-mutilação do Um transcendente, e enquanto admitiam um múltiplo "de várias faces" e não forcejaram por rejeitar o cosmos e os graus subordinados de ser como ilusão, não foram capazes de perceber o inadequado de sua tentativa de estabelecer um meio-termo entre o verdadeiro criacionismo e o monismo, e que a sua teoria da "emanação" — dado que negavam, por uma parte, a criação a partir do nada e, por outra, a automutilação de Deus — estava desprovida de qualquer significado inteligível, sendo mera metáfora. Caberia à filosofia cristã dar a verdadeira solução: *creatio ex nihilo sui et subiecti*.

2. Enfocada desde um ângulo algo diverso, podemos entender a filosofia grega em sua totalidade como uma tentativa de descobrir a causa última — ou causas — do universo. Os pré-socráticos, via de regra, como observa Aristóteles, estavam preocupados com a causa material, o *Urstoff* do mundo, o que permanece por debaixo das constantes mutações. Platão, por seu turno, enfatizou a causa exemplar, a realidade ideal ou supra-material, enquanto também afirmava a causa eficiente operativa, a mente ou alma, trabalhando a partir dos rudimentos da teoria de Anaxágoras. De Platão não se pode dizer, como pretendia Aristóteles, que renegasse a causa final, porquanto as causas exemplares são também finais: não são apenas idéias, senão também ideais. Deus age no mundo com um fim em vista, como Platão afirma claramente no *Timeu*. Sua filosofia,

entretanto, parece mesmo assim acomodar uma dicotomia entre a causa exemplar e a eficiente (pelo menos é isso que parece seguir do que ele próprio diz, e não dispomos de elementos para afirmar categoricamente que, para Platão, as duas causas andassem juntas); quanto ao mundo terrestre, ele, ao contrário de Aristóteles, não assinou claramente uma função à causa formal imanente. Mas, enquanto formulou claramente uma teoria a respeito da causa formal e material imanentes a atuarem no mundo terrestre, o seu sistema, infelizmente, é deficiente pelo que é das causas eficiente e exemplar. O Deus de Aristóteles opera como a causa final suprema, mas, desde que o filósofo não ideava como haveria de a imutabilidade e auto-suficiência de Deus quadrar com o exercício de uma causalidade eficiente, ele acabou por negligenciar o papel de uma causa eficiente última. Ele pensava, é certo, que o motor imóvel a operar como causa final também incluía nesse operar toda causalidade eficiente que se fazia necessária; isto, entretanto, significava que, para Aristóteles, o mundo não era apenas eterno, senão também ontologicamente independente de Deus: escassamente se poderia conceber o motor imóvel a constituir o mundo na existência por meio do operar inconsciente da causa final.

Fazia-se necessário, portanto, uma síntese entre Platão e Aristóteles; e foi no neoplatonismo (como também, em maior ou menor medida, nas filosofias que conduziram até ele) que o Deus de Aristóteles e as causas exemplar e eficiente de Platão foram mais ou menos unificados, mesmo que de maneira não plenamente satisfatória. Na filosofia cristã, por seu turno, as causas eficiente, exemplar e final últimas identificam-se explicitamente com o único Deus, de natureza espiritual, Ser supremo, realidade e fonte de todo o ser criado e dependente.

3. Ainda, podemos encarar o todo da filosofia grega desde a perspectiva humanista, de acordo com a posição atribuída ao homem nos vários sistemas individuais. A cosmologia pré-socrática, como mencionei anteriormente, preocupava-se particularmente com o objeto, o cosmos material, e o homem era considerado como mera parte desse cosmos; sua alma, por exemplo, era vista como uma contração do fogo primordial (Heráclito) ou entendiam que era composta por um tipo específico de átomo (Leucipo). Por outro lado, a doutrina da transmigração das almas, como se encontra, por exemplo, na filosofia pitagórica e nos ensinamentos de Empédocles, implicava que havia no homem princípio superior à matéria, idéia que rendeu esplêndidos frutos na filosofia de Platão.

Com os sofistas e Sócrates, tem lugar um deslocamento, à conta de causas várias, do objeto para o sujeito, do universo material enquanto tal para o homem. É só com Platão, entretanto, que se dá a primeira tentativa verdadeira de combinar ambas as realidades numa síntese total. O homem aí aparece como o sujeito que conhece e deseja, o ente que apreende, ou deveria apreender, o que tem de fato valor tanto na sua vida individual, quanto na vida em sociedade; é o ente dotado de alma imortal; o conhecimento, a natureza, a conduta e a sociedade humanas tornam-se nessa filosofia objeto de profundas e penetrantes análises. De outra parte, o homem é percebido como um ser posto entre dois mundos: acima, o mundo perfeito da realidade imaterial, e abaixo o simples limite material; ele aparece, destarte, como síntese de duas partes, como um espírito encarnado, como aquilo que Possidônio, esse extraordinário pensador do estoicismo intermediário, haveria de chamar δεσμός ou ou liame entre dois mundos: o material e o imaterial.

Em Aristóteles também era o homem visto como um ser pode-se dizer, intermediário, porquanto nem Platão nem Aristóteles o consideravam como o mais elevado dos entes: o fundador do Liceu, não menos que o fundador da Academia, estava convencido de que para acima do homem há o ser imutável, e que o contemplá-lo é a faculdade suprema do homem. Do mesmo modo, Aristóteles, tanto quanto Platão, prestou considerável atenção na psicologia, conduta e sociedade humanas. Ainda assim, da filosofia do estagirita podemos dizer que foi, ao mesmo tempo, mais e menos humana do que a de Platão: mais, sim, porquanto, por exemplo, ele articulasse mais precisamente as relações entre corpo e alma do que Platão, dando por este meio numa epistemologia de feição mais "realista", e atribuindo maior importância às experiências estéticas e à produção artística dos homens, e fazendo-se mais próximo do "senso comum" no tratamento que dava à sociedade política; menos humana, por outro lado, porque sua teoria do intelecto agente comum ao todo dos homens (de acordo com a interpretação mais provável do *De Anima*) resultava na negação da imortalidade pessoal. Além disso, nada, em Aristóteles, sugere que o homem possa unir-se verdadeiramente a Deus.

Entretanto, ainda que seja verdade dizer, de Platão e Aristóteles, que ambos atribuem grande importância ao estudo do homem e de sua conduta (como indivíduo e também como integrante da sociedade em que vive), é também certo que os dois (em despeito de Aristóteles muito se aproximar das ciências empíricas) tenham sido grandes metafísicos e filósofos especulativos, e de nenhum se poderia afirmar que enfoca exclusivamente o homem. Nos períodos helenístico e romano, entretanto, o homem torna-se gradativamente o centro das preocupações: as especulações de ordem cosmológicas tendem a se entibiar e perder toda a originalidade, ao passo que no epicurismo e no Pórtico, o filósofo se ocupa sobretudo da conduta humana. Esta atenção posta no homem acaba por produzir, já no Pórtico tardio, de Sêneca, Marco Aurélio e — mais notável ainda — Epiteto, aquela nobre doutrina na qual todos os homens, como seres racionais, são tidos por irmãos, filhos de "Zeus". Mas, se os estóicos insistem particularmente nesse ponto, isto é, na conduta humana, as escolas e pensadores que se alinham à tradição platônica porão a ênfase sobretudo na capacidade, necessidade e desejo religioso do homem: a doutrina de "salvação", do conhecimento de Deus e assimilação a Ele, culmina na doutrina plotiniana de união extática com o Um. Se o epicurismo e o estoicismo (este último talvez com certas restrições) ocupam-se com o homem no plano dir-se-ia horizontal, o neoplatonismo dá tento antes à direção vertical, à ascensão do homem a Deus.

4. A epistemologia, ou teoria do conhecimento, é tomada, via de regra, por um ramo da filosofia próprio de nossa era moderna, e para alguns pensadores modernos ele veio a se tornar praticamente a totalidade da filosofia. Há certa parte de verdade, com efeito, na noção de que coube à filosofia moderna, por primeiro, empreender um estudo sério e crítico da epistemologia; entretanto, essa afirmativa, erma das devidas qualificações, não é a pleno verdadeira. Pondo-se de parte a filosofia da Idade Média, que também lidou com a teoria do conhecimento, escassamente se negaria que os grandes pensadores da Antigüidade ocuparam-se, até certo ponto, com problemas epistemológicos, mesmo que à época essa disciplina não fosse considerada um ramo específico da filosofia, e mesmo que não lhe imputassem a importância que na era moderna vieram a lhe atribuir, pelo menos desde o tempo de Immanuel Kant. Sem pretender desenhar o panorama completo do desenvolvimento da epistemologia na filosofia antiga, vou anotar um ou outro elemento que ajude a destacar o fato de que alguns problemas epistemológicos de monta, pelo menos, encetaram a emergir no mundo antigo, mesmo que o não tenham feito por completo e ainda que não tenham recebido a cuidadosa atenção que mereciam.

Os filósofos pré-socráticos eram, em sua maioria, "dogmáticos", no sentido de que entendiam que o homem pode conhecer a realidade objetivamente. É bem verdade que a filosofia eleática estabeleceu uma distinção marcada entre o caminho da verdade e o caminho da crença ou opinião, ou aparência; mas os eleatas não atinaram com a importância dos problemas embutidos na sua filosofia. Fundando-se no racionalismo, resolveram adotar uma posição de feição monística, e, como essa posição chocava-se com os dados da experiência sensível, acabaram por negar a realidade objetiva dos fenômenos. Não se lembraram de pôr em questão a posição filosófica que adotavam, nem a capacidade da mente humana de transcender os fenômenos, antes deram como coisa certa esta mesma capacidade. E parece que também não atinaram que, ao rejeitar a realidade objetiva dos fenômenos, estavam a rigor solapando a sua própria metafísica. Em linhas gerais, portanto, pode-se dizer que os pensadores da escola eleática acompanhavam os pré-socráticos na falta de senso crítico, e isto apesar da capacidade dialética de um homem como Zenão.

Os sofistas com efeito defendiam, em maior ou menor grau, o relativismo, o que já implicava certa perspectiva epistemológica. O dito de Protágoras de que o homem é a medida de todas as coisas, se entendido em sentido amplo, vem a dar não só na autonomia humana na esfera ética — o homem torna-se criador de seus valores morais —, senão também na impossibilidade, para o homem, de alcançar as verdades de ordem metafísica. Acaso Protágoras não se fez cético quanto à teologia, e os sofistas em geral não tinham a especulação cosmológica por perda de tempo? Agora, se os sofistas tivessem prosseguido e chegado a formular uma crítica do conhecimento humano, forcejando por mostrar por que o conhecimento humano restringe-se, de força, aos fenômenos, eles seriam considerados teóricos do conhecimento. A falar verdade, porém, o interesse deles, na maior parte dos casos, não estava nos temas filosóficos, e as teorias relativistas que formularam não fundavam-se sobre profundas meditações, seja sobre a natureza do sujeito, seja sobre a natureza dos objetos. A epistemologia que ia na posição que adotavam, pois, ficou implícita, não tendo sido desenvolvida numa teoria explícita do conhecimento. Nós, por certo, logramos discernir as sementes de um pensamento epistemológico, ou de problemas de teoria do conhecimento, não apenas na sofística, mas também na filosofia pré-socrática; isto, entretanto, não quer dizer que os sofistas ou os cosmologistas pré-socráticos houvessem atinado reflexivamente com essas questões.

Quando, por outro lado, voltamo-nos para Platão e Aristóteles, já topamos teorias do conhecimento explicitamente formuladas. Platão estava plenamente consciente do que entendia por conhecimento, e discernia, claramente, o conhecimento verdadeiro da opinião e imaginação; também conhecia reflexivamente os elementos relativos e variáveis presentes na percepção sensível, chegando mesmo a discutir a questão de como se produzem e em que consistem os juízos desacertados. Sua teoria dos graus ascensionais de conhecimento (que correspondem a diferentes objetos) basta, sem dúvida, para que seja contado entre os epistemólogos. O mesmo se pode dizer de Aristóteles, que formulou teorias a respeito da abstração, da função das imagens, dos princípios ativo e passivo da cognição, da distinção entre percepção sensível e pensamento conceitual, das diferentes funções da razão. Claro, restringido o escopo da epistemologia ao estudo da questão "Podemos alcançar o conhecimento?", a epistemologia aristotélica passaria a pertencer antes à psicologia, uma vez que ela se propõe a responder à questão "Como chegamos a conhecer?", e não "Podemos conhecer?". Se, porém, alargamos o escopo da ciência epistemológica de modo que açambarque o estudo da natureza do processo de conhecimento, então haveremos certamente de contar Aristóteles entre os epistemólogos. Ainda que ele tenha estudado estas questões na sua psicologia e que hoje a maior parte delas faça parte da ciência psicológica, ainda assim permanece o fato indiscutível de que Aristóteles formulou uma teoria do conhecimento.

Por outro lado, se bem que tanto Platão quanto Aristóteles tenham desenvolvido teorias do conhecimento, não há por que negar que fossem "dogmáticos". Platão, como eu já disse, estava perfeitamente consciente do que entendia por conhecimento; entretanto, que um tal conhecimento fosse possível para o homem, isto ele tomou como premissa. Se ele acolheu de Heráclito a insistência no mutável do mundo material, e dos sofistas a noção da relatividade da percepção sensível, também aceitou, dos eleatas e dos pitagóricos, a hipótese racionalista de que a mente humana logra transcender os fenômenos, e de Sócrates o ponto de partida de sua metafísica das essências. Para mais, era essencial, para os fins éticos e políticos de Platão, que fosse admitida a possibilidade de o homem vir a apreender os valores imutáveis e as essências exemplares: com efeito, ele nunca chegou a pôr em questão essa possibilidade, nem levantou, a sério, o problema da existência de um elemento puramente subjetivo e *a priori* na cognição humana: esse elemento *a priori*, que ele de fato admitia, era a "reminiscência", isto é, um conhecimento objetivo prévio. Aristóteles também nunca se colocou o "problema crítico": ele partia do pressuposto de que a mente humana pode de fato transcender os fenômenos e alcançar, até certo ponto, o conhecimento dos objetos de ordem necessária e imutável, isto é, objetos próprios à contemplação teorética. Platão foi um dialético incansável; Aristóteles estava sempre disposto a lidar com novos problemas e era bastante cuidadoso ao manejar as próprias teorias (mesmo que o não fosse quando se tratava das teorias de outros filósofos). Entretanto, de nenhum dos dois podemos dizer que tenha sido o Kant ou o anti-Kant do mundo antigo, porquanto não conheceram a problemática própria a Kant. E isto não é de surpreender, uma vez que ambos os filósofos achavam-se envoltos no problema do ser (ao passo que, na filosofia moderna, muitos pensadores tomaram o problema da consciência como ponto de partida), de modo que suas teorias do conhecimento foram elaboradas em função de suas bases metafísicas e posições filosóficas, e não como prolegômenos necessários a toda metafísica.

Na filosofia pós-aristotélica, à exceção dos céticos, encontramos, via de regra, a mesma atitude "dogmática", ainda que muito se discutiu a questão dos critérios de aferição da verdade (por exemplo, entre os estóicos e epicuristas). Por outro modo, os pensadores estavam notificados dos problemas que surgem da variabilidade da percepção sensível, e forcejaram por resolvê-los; a rigor, tinham de fazê-lo se quisessem erigir seus edifícios filosóficos. Eram eles bem mais inclinados à análise crítica do que os pré-socráticos, o que não significa, porém, que fossem filósofos de linhagem crítica no sentido kantiano do termo, porque restringiam-se, mais ou menos, a um problema particular e não buscavam assentar as diferenças entre, por exemplo, a percepção sensível objetiva, a imaginação e a alucinação. Com a Nova Academia, entretanto, saiu a lume o ceticismo radical; Carnéades, por exemplo, ensinava que simplesmente não há critério de aferição da verdade e que o conhecimento é impossível, fundado no fato de que nenhuma percepção sensível é de todo verdadeira e de que o pensar conceitual, porque fundado na experiência dos sentidos, não é mais confiável do que ela; os céticos tardios puseram por execução uma crítica sistemática do dogmatismo e defenderam a relatividade tanto da sensação quanto do juízo, pelo que se conclui que eram antimetafísicos a toda prova. A palavra final, porém, na filosofia antiga, coube ao dogmatismo; por causa desses ataques empreendidos pelos céticos, não se pode dizer que a filosofia antiga tenha sido de todo desprovida desse senso crítico ou que desconheceu a epistemologia. É precisamente isto que quero estabelecer: não me custa admitir que os ataques à metafísica tiveram sua razão de ser, porque acredito que eles podem ser respondidos a contento. Só gostaria de sublinhar que nem todos os filósofos gregos foram ingenuamente "dogmáticos", e mesmo que este qualificativo se aplique aos pré-socráticos, seria exagero estendê-lo ao todo da filosofia grega.

5. Correlata à questão da epistemologia, vai a da psicologia, e também podem ser úteis alguns comentários sobre o desenvolvimento dessa disciplina

na filosofia antiga. Os pitagóricos se destacaram, entre os pré-socráticos, por estarem de posse de um conceito delimitado da alma como princípio permanente a subsistir individualmente mesmo depois da morte. Heráclito entendia haver no homem uma parte mais próxima do que o corpo do princípio supremo do universo, e Anaxágoras asseverou que o mesmo Nous está presente no homem. Anaxágoras, entretanto, não logrou transcender, pelo menos no modo de expressão, o materialismo do sistema pré-socrático, ao passo que, para Heráclito, o elemento racional do homem era pura manifestação daquele princípio ígneo. A psicologia pitagórica, entretanto, como distinguisse a alma do corpo, implicava certa distinção entre o espiritual e o corpóreo. Com efeito, a doutrina da metempsicose punha exagerada ênfase na distinção entre alma e corpo, desde que concluía que a alma não guarda nenhuma relação intrínseca com nenhum corpo em particular. Para mais, postular a metempsicose é postular, a um tempo, que a memória e a consciência reflexiva contínua da própria identidade não são essenciais para a existência e persistência do indivíduo. (Se, por uma parte, Aristóteles acreditava que há um intelecto agente separado para cada homem e que este intelecto persiste na sua individualidade, por outra, a teoria de que a memória perece com a morte pode ter origem não apenas nos seus estudos de psicologia e fisiologia, mas também em resíduos de doutrina pitagórica e suas conseqüências). Acerca da teoria pitagórica da natureza tripartite da alma, ela deveu-se, sem dúvida, à observação empírica das partes emocional e racional do homem, e do conflito entre paixão e razão.

A concepção pitagórica da alma influenciou consideravelmente o pensamento platônico. Rejeitando o epifenomenalismo, Platão fez da alma humana o princípio da vida e do movimento, princípio este que não depende essencialmente do corpo para operar suas mais altas funções, princípio que vem "de fora" e sobrevive à morte do corpo. De natureza tripartite, a alma vai dotada de inúmeras funções ou "partes", cuja hierarquia se compadece com a metafísica platônica. As partes ou funções inferiores dependem essencialmente do corpo, mas a alma racional pertence à esfera da realidade permanente: ela opera, dialética e intuitivamente, num plano superior ao dos fenômenos, dando a conhecer a qualidade "divina" ou imortal da alma. A Platão não lhe importavam, primariamente, os aspectos psicológico e biológico da alma: ele buscava conhecer a alma naquilo que a torna capaz de apreender e pôr em execução valores éticos. Daí o tremendo peso que ele dava à educação e ao cultivo da alma. Foi, com efeito, o interesse pela vida ética que levou Platão a profundar a antítese entre alma e corpo e a asseverar que a alma habita o corpo, a nele se alojar qual o capitão no seu navio, para governá-lo. É bem verdade que ele forcejou por provar a preexistência, a independência em relação ao corpo e a imortalidade da alma por meio de argumentos de cunho epistemológico, estribando-se, por exemplo, no elemento *a priori* próprio ao conhecimento humano. Entretanto, no fundo o que estava em jogo era precisamente a ética, e, até certo ponto, interesses religiosos, e para o fim da vida ainda encontramo-lo a asseverar que a alma é a posse mais preciosa do homem e o seu cultivo sua mais alteada tarefa e obrigação. Era isto que caracterizava a psicologia platônica, porquanto, se bem que ele certamente estivesse ciente das funções biológicas da alma (por exemplo, como origem do movimento e princípio vital), ele punha tanta ênfase nos aspectos ético e metafísicos, que chegamos a nos perguntar se o tratamento dispensado a estas partes quadram com as funções biológicas da alma.

Aristóteles partiu da concepção e da estrutura metafísico-ética da alma aos moldes de Platão; com efeito, traços desta concepção destacam-se nas teorias psicológicas que encontramos em suas obras propriamente pedagógicas. Assim é que, segundo Aristóteles, a parte superior da alma humana, o intelecto agente, vem de fora e sobrevive à morte. Por outro lado, a insistência que o estagirita põe na educação e no cultivo moral destaca-se tanto em sua filosofia quanto na de Platão. Entretanto, tem-se a impressão de que esse aspecto de sua doutrina sobre a alma não é característico da psicologia aristotélica. Por muito que ele tenha enfatizado a educação e adotado uma postura intelectualista a respeito do ideal da vida humana, como se vê na *Ética*, seria certo dizer que a contribuição própria de Aristóteles para a psicologia acha-se antes no estudo que o estagirita empreendeu dos aspectos biológicos da alma. A marcada antítese que Platão estabeleceu entre a alma e o corpo tende a ser posta de parte, a dar lugar à concepção da alma como a forma imanente do corpo, dir-se-ia a existir em consórcio com o corpo. O intelecto agente (quer o concebamos de forma monística, quer não) sobrevive à morte, mas a mesma alma, tomada genericamente, incluindo o intelecto passivo e funções como memória etc., por depender do organismo físico, deixa de ser com a morte. Esta alma do homem (à parte do intelecto agente), de onde ela vem? De "fora" não pode ser, porque não foi "feita" por nenhum Demiurgo; acaso é ela mera função do corpo, pouco mais que um epifenômeno? Aristóteles muito lidou, por método empírico, com as funções psíquicas da alma, como memória, imaginação, sonhos, sensações; é possível que ao fazê-lo, atinando assim com a dependência que muitas delas guardam para com elementos e condições de ordem propriamente fisiológica, ele estivesse sendo levado a esposar uma concepção epifenomenalista da alma, mesmo que nunca tenha repudiado explicitamente o todo de sua herança platônica ou dado tino da tensão entre o que ele reteve da psicologia de Platão e a visão da alma que lhe sugeriam suas próprias pesquisas.

A contribuição mais importante da filosofia pós-aristotélica à psicologia, entendida aqui em sentido amplo, foi talvez a ênfase posta no aspecto religioso da alma humana: isto vale, pelo menos, para o neoplatonismo e para as escolas que lhe amanharam o caminho, mas não, está claro, para todas as filosofias pós-aristotélicas. Os pensadores do movimento que culminou no neoplatonismo, partindo da tradição platônica, fizeram sobressair a semelhança entre o humano e o divino, a orientação e o destino transcendental da alma. Por outro modo, foi a posição platônica, e não aristotélica, que prevaleceu na filosofia antiga. Quanto aos estóicos e epicuristas, os primeiros não lograram formular uma psicologia de feição unitária, porquanto o materialismo dogmático que lhes caracterizava exigia um tipo específico de psicologia, e a concepção ética que entretinham, outro. Ademais, eles não se prestaram a investigar, por si mesmos, a natureza e a função da psique, nem erigir uma teoria psicológica racional sobre bases empíricas; adotando e adaptando a cosmologia pré-socrática, e concentrando esforços no estudo da conduta moral, forcejaram por encaixar, o melhor que puderam, essa teoria psicológica de cunho racionalista num sistema híbrido. Entretanto, esta tendência da doutrina estóica, a par de seus efeitos, certamente contribuiu para o aumento do interesse pelos aspectos éticos e religiosos da alma, em detrimento dos biológicos. Os epicuristas, por seu turno, negavam a imortalidade da alma, e afirmavam-lhe o caráter atomístico. Faziam-no, contudo, não porque houvessem descoberto que a alma fosse de fato composta de átomos, mas para reforçar a doutrina ética que propunham, ainda que se deva admitir que a psicologia epicurista quadre melhor com sua ética banal do que a psicologia estóica com sua ética idealista. A psicologia e a ética estóicas sempre estiveram, por assim dizer, a lutar para romper com as amarras do monismo materialista tradicional; e pode-se dizer que estóicos não se houveram melhor para dar conta do pensamento racional nos termos do sistema deles do que os epicuristas para explicar o pensamento por meio do movimento dos átomos. É possível que os epicuristas tenham antecipado, em certa medida, as teorias psicológicas de Hobbes e dos pensadores do Iluminismo francês, mas nem na Antigüidade, nem na França do século dezoito — e sequer no século vinte —, pôde o psíquico ser explicado satisfatoriamente em termos do corpóreo, o racional em termos do irracional, o consciente em termos do inconsciente. Por outro lado, se o psíquico não pode ser reduzido ao corpóreo, tampouco pode este ser reduzido àquele: os dois permanecem distintos, se bem que, no homem, os dois elementos estejam intimamente relacionados. Platão enfatizou a distinção; Aristóteles, a íntima relação: ambos estes fatores devem ser tidos em linha de conta se desejamos evitar, por uma parte, o ocasionalismo e o idealismo moderno, e, por outra, o epifenomenalismo.

6. Algumas observações acerca do desenvolvimento da ética na filosofia antiga, particularmente acerca da relação entre as normas éticas e o fundamento transcendental da moralidade. Estou deveras ciente de que a relação entre ética e metafísica seja acaloradamente debatida, e não tenciono discutir esse problema em si mesmo, senão apontar o que, a meu ver, constituem as principais correntes do pensamento ético grego.

Há que se distinguir entre a filosofia moral como tal e os juízos morais de caráter não sistêmico formulados pelos homens. Juízos morais tiveram lugar entre os gregos muito antes de que os sofistas, Sócrates, Platão, Aristóteles, estóicos etc. se propusessem a examiná-los; e o fato de que os juízos morais ordinários, proferidos por homens comuns, tenham lhes servido de material para reflexão significa que as teorias filosóficas espelharam, em maior ou menor medida, a consciência moral predominante na época. Estes juízos, entretanto, dependem por sua vez, pelo menos em parte, da educação, da tradição e do ambiente, e porque são moldados pela comunidade, diferem de sociedade para sociedade, de nação para nação. À vista desse fato, dois são os caminhos que pode o filósofo tomar.

(i) Apercebendo-se de que uma dada comunidade apega-se a seus próprios valores tradicionais e os considera como os únicos válidos e "naturais" — ao passo que outras comunidades têm códigos morais diversos —, ele pode ser levado a concluir que a moral é relativa e, mesmo que um conjunto de valores seja mais útil ou vantajoso que outro, que não existem valores absolutos. Este caminho foi tomado pelos sofistas.

(ii) O filósofo pode cuidar que boa parte das diferenças observadas se deve simplesmente a erro de julgamento, e passar a afirmar certo padrão ou norma de moralidade. Assim fizeram Platão e Aristóteles. Com efeito, o intelectualismo ético notadamente de Sócrates, e de Platão em menor medida, dá conta do fato de que ambos atribuíam essas divergências de juízos morais a erros de julgamento. É assim que Platão forceja por demonstrar que o homem que pensa, ou diz pensar, que o modo correto e natural de proceder consiste em prejudicar os inimigos e que se deve levar a vida egoisticamente, ilude-se na própria concepção. Ele pode invocar, aqui e ali, o interesse próprio, ainda que apenas a modo de *argumentum ad hominem*, mas seja quais forem os recursos de que se serviu para provar seu ponto de vista, verdade é que Platão desavinha-se com o relativismo ético: ele acreditava em padrões permanentes de julgamento, objetivamente verdadeiros e universalmente válidos.

Agora, a régua com que Platão e Aristóteles medem a conduta deriva da concepção que entretinham acerca da natureza humana. O ideal, para Platão, é fixo, eterno e transcendente, não estando sujeito à relatividade ou mudança. As faculdades humanas diferenciam-se segundo certos hábitos ou virtudes; e para cada virtude há um padrão ideal, contido naquele ideal que a tudo açambarca, o ideal do bem. Há não só um ideal de homem, senão também virtudes ideais, e cabe moralmente ao homem conformar-se a si mesmo com esses padrões. Quando o faz, isto é, quando sua natureza desenvolve-se perfeitamente e em harmonia com o ideal, então ele é dito "justo" ou "bom" e dele se pode dizer que representa a verdadeira humanidade, tendo alcançado o verdadeiro bem-estar. Para mais, segundo Platão, Deus opera constantemente no mundo, a realizar o ideal no mundo concreto. Deus nunca se afasta do ideal, o qual nunca perde de vista, atendo-se sempre ao melhor: é Ele a razão, a Providência divina a operar no universo. Deus também é a fonte da razão humana, e, no *Timeu*, Ele é representado, simbolicamente, a moldar por si a razão do homem, de forma que a alma racional do homem torna-se semelhante ao divino, compartilhando, ambos, o mesmo empenho: a efetivação do ideal, dos valores, no mundo. O homem, destarte, deve cooperar com Deus: e precisamente nisto consiste-lhe a vocação, diligenciar para realizar o ideal, o que tem valor, tanto na sua vida pessoal quanto na sociedade ou Estado. É Deus, e não o homem, assevera Platão contra Protágoras, que estabelece o padrão; o fim último do homem consiste no assemelhar-se a Ele. Platão pouco fala das obrigações morais, é verdade, mas ele cuidava, ainda que sem plena consciência, que acha-se o homem obrigado a agir segundo sua dignidade. É sem questão que o intelectualismo que ele herdou de Sócrates acabou por impedi-lo de atinar claramente com a as obrigações e responsabilidade morais. Por outro lado, acaso não se poderia dizer que os mitos a respeito da vida futura, das recompensas e punições, não implicam de força certa consciência das obrigações morais? Platão certamente logrou fundar na transcendência o conteúdo da lei moral e, se bem que o mesmo não possa ser dito a respeito da forma da lei moral (o imperativo categórico), parece que ele de fato vislumbrou, ainda que obscuramente, que para uma lei moral ser universalmente válida e obrigante deve ir fundada no transcendente, não apenas pelo que é do seu conteúdo, senão também da sua forma.

Em Aristóteles já deparamos análises finas do que seja a vida excelente, as virtudes morais e intelectuais; a tudo isto o Estagirita examinou mais extensamente e sistematicamente do que Platão. Entretanto, os valores transcendentais deste foram postos de parte, ou substituídos pelas formas imanentes. É bem verdade que Aristóteles chama o homem a refletir sobre as coisas divinas, a imitar, na medida de suas possibilidades, a contemplação divina do mais alto dos objetos, de modo que se pode dizer que, de certo modo, em Aristóteles, há como que um padrão eterno da conduta humana, mas esta vida teorética é ela inacessível à maior parte dos homens; de outra parte, a filosofia aristotélica não dá ocasião a que o homem pense estar chamado a cooperar com o divino, uma vez que o Deus da *Metafísica* não opera no universo, ao menos não consciente e eficientemente. Aristóteles nunca chegou a sintetizar a contento a vida das virtudes morais e a vida teorética; suas concepções morais, ao que parece, são ermas de todo e qualquer fundamento no transcendente, tanto no conteúdo quanto na forma. O que ele haveria de responder a quem questionasse a maneira de viver proposta na *Ética*? Ele, com efeito, poderia, apelando a padrões estéticos, à bondade das formas, à beleza, redargüir que o homem que leva uma vida diferente daquela proposta não logra alcançar aquela felicidade que todos os homens buscam, pelo que estaria a operar contra a razão. Entretanto, não se trata de uma obrigação especificamente moral, de firme fundamento na realidade absoluta.

Os filósofos gregos posteriores, à exceção dos epicuristas, ao que parece, sentiram a necessidade de fundar a moral em bases absolutas. Os estóicos invocavam o dever, a vontade divina, a vida segundo a razão (ou seja, segundo a natureza, dado que a natureza racional do homem procede de Deus, a razão que a tudo abarca, e torna a Ele). O panteísmo que esposavam certamente criava-lhes certas dificuldades quanto à ética, mas o fato é que eles entendiam a moralidade, em última análise, como a expressão do divino no homem e na vida humana. Assim como Deus é um, e porque a natureza humana é constante, assim não pode haver senão uma única moral. Seria extemporâneo se interpretássemos-lhes a noção de "dever" levando em conta toda a carga semântica que o termo veio a acumular até a época moderna; entretanto, eles de fato haviam alguma concepção do que é de dever e das obrigações morais, ainda que uma firmação mais explícita destes deveres tenha sido impedida à conta do determinismo que de força se seguia às suas concepções de cunho panteístico. No sistema neoplatônico (ou sistemas), a ética propriamente dita estava subordinada ao aspecto religioso da vida humana e também ao empenho de ascensão a Deus. A vida moral, entretanto, tinham-na por parte integrante dessa via ascensional e, agindo moralmente, logra o homem conformar-se a si mesmo com padrões fundados no transcendente. Para mais, o fato de que certos romanos, que ansiavam por uma vida moral e se preocupavam com os valores morais, haviam por necessário melhor delimitar a idéia de Deus e fazer recair maior ênfase sobre a Providência divina, traz a lume os benefícios de fundar os valores morais, em última análise, na metafísica, e corrobora empiricamente a afirmação teorética de um tal fundamento.

7. O estudo da ética e dos fundamentos transcendentais da moralidade naturalmente nos leva à consideração da filosofia grega como instrumento intelectual preparatório ao cristianismo, dir-se-ia, *praeparatio evangelica*. Entretanto, aqui só posso dar algumas poucas sugestões: o tratamento adequado do assunto exigira mais espaço, e de tanto não disponho nesta conclusão. (O estudo das doutrinas tomadas de empréstimo, direta ou indiretamente, pelos filósofos cristãos aos pensadores gregos fica adiado para o volume seguinte, que tratará da filosofia medieval).

Já com Heráclito, deparamos a primeira formulação da doutrina da razão imanente, a operar no universo, se bem que aí seja o Logos concebido como pertencente ao plano material, idêntico ao fogo primordial (esta concepção foi mais ao diante desenvolvida pelos estóicos), ao passo que Anaxágoras contribuiu com sua teoria do Nous como o primeiro princípio movente. Estas especulações, entretanto, são embrionárias se comparadas ao desenvolvimento que viriam alcançar mais adiante, e pode-se dizer que só com Platão encontramos algo que se assemelhe a uma teologia natural. Se, porém, entre os pré-socráticos encontramos apenas os germes de uma doutrina sobre (o que chamaríamos) Deus — assim a primeira causa eficiente (Anaxágoras) e a Providência ou razão imanente (Heráclito) —, já os pitagóricos afirmavam por maneira algo mais clara a distinção entre corpo e alma, a superioridade desta sobre aquele, e finalmente a obrigação, para o homem, de cultivar sua alma e preservá-la de todo contágio. Contudo, pelo que é da filosofia pré-socrática como um todo, ela também pode ser dita *praeparatio evangelica* (quer dizer, preparação do espírito pagão para acolher a religião revelada), antes à conta da busca que empreendeu pela natureza última do universo, e de seu conceber o universo com ordem, do que por causa desta ou daquela doutrina em específico (com a exceção, possivelmente, da psicologia órfico-pitagórica). Porquanto a concepção de um mundo ordenado por leis naturais dá lugar, naturalmente, à concepção do legislador ou ordenador.

Antes, porém, de que este patamar pudesse ser alcançado, fazia-se necessário estabelecer uma distinção clara entre a alma e o corpo, o imaterial e o material; nesta senda é que teve lugar a contribuição dos órficos e pitagóricos, se bem que a rigor coubesse a Platão desenvolver a distinção antropológica pitagórica entre o transcendental e o fenomênico, entre o imaterial e o material.

Dificilmente se poderia superestimar a importância de Platão nessa *praeparatio evangelica* intelectual do mundo pagão. Por meio de suas teorias do exemplarismo, da causa exemplar transcendental, da razão ou mente a operar no universo, conduzindo-o ao melhor, Platão, por óbvio, amanhou o terreno, ainda que remotamente, para a aceitação definitiva da noção do Deus único, a uma transcendente e imanente. Mais ainda, por meio de noções como imortalidade e racionalidade da alma humana, retribuição, purificação moral, ele tornou mais palatável o acolhimento intelectual da psicologia e do asceticismo cristãos; por outro lado, a ênfase que pôs na existência de padrões morais absolutos, seguindo nisto a seu mestre Sócrates, e as dicas que dá, aqui e ali, sobre a assimilação a Deus, prepararam remotamente o aceite da ética cristã. Também não nos devemos esquecer que, nas *Leis*, Platão argumenta em favor da existência de uma mente a operar no universo, prenunciando, destarte, as futuras concepções da teologia natural. Mas é principalmente a atitude geral estimulada pela filosofia platônica — refiro-me à crença numa realidade transcendente, em valores eternos, na imortalidade, na retidão, na Providência etc., a par de todas as conseqüências mentais e emocionais que daí se seguem — e não argumentos específicos, que levou à aceitação do cristianismo. É bem verdade que a doutrina do transcendental, tal como desenvolvida no platonismo intermediário e neoplatonismo, foi empregada contra o cristianismo, fundando o argumento de que o dogma da Encarnação é incompatível com o caráter transcendente de Deus: mas esta transcendência de Deus é parte integrante da doutrina cristã, e escassamente poder-se-ia negar que a ascensão platônica para além do materialismo pré-socrático ajudou na recepção de uma religião que põe ênfase na suprema realidade do transcendente e na permanência dos valores espirituais. Os primeiros pensadores cristãos certamente divisaram no platonismo alguma afinidade, mesmo que mais ou menos remota, com a *Weltanschauung* deles, e, ainda que Aristóteles tenha vindo mais adiante a se tornar o filósofo por excelência da escolástica, o agostinismo alinha-se à tradição platônica. Para mais, elementos de proveniência platônico-agostiniana são encontradiços na filosofia do mesmo São Tomás de Aquino, que adotou e adaptou a filosofia do próprio Aristóteles. Assim é que, se o platonismo contribuiu, em algum grau, para a aceitação do cristianismo, mesmo que principalmente à conta das escolas posteriores que se alinharam à tradição platônica, pode-se dizer do cristianismo que tomou emprestado algumas de suas "roupagens" filosóficas ao platonismo.

Os filósofos medievais de tradição agostiniana, tais como São Boaventura (uma de suas principais objeções a Aristóteles era de que este recusara o exemplarismo), tendiam a considerar o aristotelismo nocivo à religião cristã, sobretudo porque ele veio a ser conhecido do Ocidente principalmente através de comentadores árabes. (Averróis cuidava — e provavelmente com razão — que Aristóteles negava a imortalidade pessoal da alma humana). Mas embora seja verdade, por exemplo, que o Deus da *Metafísica*, inteiramente absorto em si mesmo e a se desinteressar do mundo, não se identifique ao Deus cristão, deve-se admitir que a teologia natural de Aristóteles preparou o caminho para o cristianismo. Ali Deus aparece como transcendente, pensamento imaterial, a causa final absoluta, e quando as idéias platônicas foram, mais tarde, colocadas na mente de Deus, e teve lugar certo sincretismo entre o platonismo e o aristotelismo, e as supremas causas eficiente, exemplar e final tenderam a unificarem-se, cristalizou-se certa concepção da realidade que tornou mais fácil a aceitação do cristianismo desde o ponto de vista intelectual.

No que respeita à filosofia pós-aristotélica, muito se poderia dizer de suas relações com o cristianismo; entretanto, devo me ater a um outro ponto em particular. O estoicismo, armado da doutrina do Logos imanente a operar "providencialmente" no universo e de uma nobre concepção da ética, desempenhou importante papel na cultura em que o cristianismo veio a ser plantado e germinou. É bem verdade que a filosofia estóica permaneceu sendo, teoreticamente, materialista e mais ou menos determinista; do ponto de vista prático, contudo, a insistência na semelhança entre o homem e Deus, na necessidade de purificação da alma, no autocontrole, na educação moral, na submissão à "vontade divina", a par da influência do cosmopolitismo a alargar os horizontes, preparou alguns espíritos para a recepção de uma religião de cunho universal, a qual, se bem que transcendendo o materialismo estóico, punha ênfase na irmandade entre os homens, filhos de Deus que são, e introduziu certo dinamismo ausente no sistema estóico. Ademais, é de notar que o estoicismo respondia à necessidade contemporânea de guiamento moral e cumpria a função de explicitar o caminho a ser tomado pelo indivíduo dir-se-ia perdido na imensidão do império cosmopolita; estas necessidades, porém, satisfê-las muito mais a contento a doutrina cristã, que não apenas tinha mais apelo ao homem inculto e simples do que o estoicismo, senão que também estava dotada da faculdade de oferecer a perspectiva de uma completa felicidade na vida futura como prêmio pelo empenho moral, coisa que o estoicismo, à conta de seu próprio sistema, não poderia fazer.

Além das necessidades estritamente morais do homem, também deve encontrar satisfação sua propensão à religião. Como o culto estatal não dava conta de satisfazer estas necessidades, as religiões de mistério, e mesmo a filosofia (de feição bem pouco popular, como no caso do neoplatonismo) acabaram por prover estas necessidades. Porque buscaram provê-las, acabaram por desenvolvê-las e aprofundá-las, e disto resultou que a semente cristã veio a cair em solo fértil. O cristianismo, com sua doutrina da salvação, seu sistema sacramental, seus dogmas, suas doutrinas da incorporação ao Cristo por meio da Igreja e da visão final de Deus, sua promessa de vida sobrenatural, era a "religião de mistério"; ela, contudo, ia dotada de inestimável vantagem sobre as religiões de mistérios pagãs: era uma religião histórica, baseada na vida, morte e ressurreição do Deus feito homem, Jesus Cristo, que viveu e sofreu na Palestina num certo período histórico: ela estava baseada num fato histórico, e não num mito. Quanto às doutrinas da "salvação" que encontramos nas tradições filosóficas e da união extática com Deus, tal como formulada no neoplatonismo, eram por demais intelectualistas para terem apelo popular. Através dos Sacramentos e da comunhão na vida sobrenatural, o cristianismo abria para todos os homens, cultos e incultos por igual, a possibilidade de união com Deus, imperfeita nesta vida, mas perfeita na vida futura, de modo que, mesmo do ponto de vista estritamente natural, estava por óbvio destinada a exercer uma influência muito superior à da filosofia, mesmo daquelas filosofias fortemente marcadas por elementos religiosos. De mais a mais, a filosofia neoplatônica era a-histórica, isto é, uma doutrina como a da Encarnação, por exemplo, era-lhe de todo estranha; uma religião histórica tem mais apelo popular do que uma filosofia metafísica. Contudo, apesar da reação de espanto e escândalo que tiveram alguns dos primeiros escritores cristãos (coisa aliás natural) em relação às religiões de mistério, notadamente a de Mitra, com seus ritos quase sacramentais, tanto as religiões de mistério mais ou menos populares quanto o intelectualismo próprio ao neoplatonismo serviram ao propósito de preparar o espírito dos homens para acolher o cristianismo. Eles buscaram fazer frente ao cristianismo e talvez até tenham logrado dissuadir um outro indivíduo de abraçar o cristianismo; isto, entretanto, não basta para dizer que não lhe prepararam os caminhos. Porfírio, é verdade, atacou ao cristianismo, mas acaso Santo Agostinho não se converteu graças a Plotino? O neoplatonismo foi o último suspiro, a última flor da antiga filosofia pagã; na filosofia de Santo Agostinho, porém, tem lugar o primeiro estágio da filosofia cristã. O cristianismo, é claro, não foi resultado, em nenhum sentido, da filosofia antiga, e sequer podemos dizer que é um sistema filosófico, porquanto trata-se de religião revelada, cujos antecedentes históricos deitam raízes no Judaísmo. Quando, porém, os cristãos começaram a filosofar, tinham à mão abundante material, uma variedade de instrumentos dialéticos, conceitos e termos metafísicos; aqueles que acreditam que a Providência divina opera na história escassamente haverão de supor que a oferta de todo este material, refinado com o roçar dos séculos, foi simplesmente mero acidente.

PARTE VI
Influências pré-medievais

CAPÍTULO I
Introdução

1. Neste segundo volume da minha *História da filosofia*,[1] eu tencionava apresentar o desenvolvimento da filosofia durante o todo do período medieval, entendendo aí por filosofia medieval o pensamento e os sistemas filosóficos elaborados entre o Renascimento Carolíngio, que teve lugar no culminar do século VIII (João Escoto Erígena, o primeiro filósofo medieval de vulto, nasceu por volta de 810), e o final do século XIV. Ponderando, porém, nisto, fui levado à persuasão de que mais conviria devotar-lhe dois volumes inteiros. Desde que o primeiro volume terminava com a apresentação do neoplatonismo e não tratava das idéias filosóficas dos primeiros escritores cristãos, eu determinei dizer algo destas idéias no presente volume. É bem verdade que homens como São Gregório de Nissa e Santo Agostinho pertenceram propriamente ao período do Império Romano e, porque filiados ao platonismo — entendido aqui no sentido mais amplo possível —, não podem a rigor ser ditos *medievais*; permanece, porém, o fato de que não somente eram pensadores cristãos, senão também que exerceram remontada influência sobre a Idade Média. Com efeito, dificilmente alguém haveria de entender Santo Anselmo ou São Boaventura sem que soubesse algo de Santo Agostinho, ou o pensamento de João Escoto Erígena sem que conhecesse o pensamento de São Gregório de Nissa e o do Pseudo-Dionísio. É perdoável, pois, justificar o início da história da filosofia medieval pela consideração de pensadores que pertencem, pelo que toca à cronologia, ao período do Império Romano.

Este volume, portanto, enceta pelo período mais antigo da literatura cristã e acompanha a história da filosofia medieval até o século XIII, incluindo Duns Escoto (aproximadamente 1265–1308). No terceiro volume, propus-me a tratar da filosofia do século XIX, colocando a tônica especialmente nos ocamistas. Nesse mesmo volume, também apresentarei os filósofos do Renascimento, os dos séculos XV e XVI, e mesmo os que pertenceram à Era de Prata do pensamento escolástico, se bem que Francisco Suárez tenha morrido apenas em 1617, 21 anos após o nascimento de Descartes. Esta disposição haverá de parecer arbitrária a alguns, e de fato o é em certa medida. Duvido fortemente, porém, de que seja possível traçar uma linha demarcatória exata entre as filosofias medieval e moderna, e não seria inverossímil a aproximação entre Descartes e os últimos dos escolásticos, por mais que este modo de proceder seja contrário à tradição. Esta forma de exposição, entretanto, não tenciono adotá-la, e se eu vier a incluir no próximo volume, o terceiro, alguns filósofos que pareçam a rigor pertencer ao

---

[1] A obra originalmente separava em volumes distintos as filosofias antiga e medieval, sendo essa parte a introdução do segundo volume. — NE.

chamado "período moderno", fá-lo-ia sobretudo por questões de conveniência, como que a limpar o terreno para o quarto volume, no qual focaria metodicamente na interconexão que vai entre os principais sistemas filosóficos, de Francis Bacon na Inglaterra e Descartes na França até Kant, inclusive. Entretanto, convém lembrar que, independentemente do método de divisão que se venha a adotar, a história da filosofia não pode ser dividida em compartimentos estanques: as transições, a rigor, são graduais, não abruptas; há sobreposição e interconexão entre os sistemas que se sucedem uns aos outros, e não há entre eles uma divisão como que produzida a golpes de machado.

2. Tempo houve em que o estudo da filosofia medieval era havido por despiciendo, porque cuidavam então de que esta disciplina era por demais subserviente à teologia e com esta se entremeava a ponto de se tornarem indiscerníveis; e, mesmo naquilo que a filosofia medieval tinha de seu próprio, entendiam que não era senão jogos de palavras e logicismo estéril. Em outras palavras, entendiam que a filosofia européia consistia de dois períodos principais: o antigo — que se reduzia em última análise a Platão e Aristóteles —, e o moderno, quando a razão especulativa entra novamente a gozar de liberdade após a noite sombria da Idade Média, espaço de tempo em que a autoridade eclesiástica, reinando inconteste, pusera a razão do homem em pesados ferros, obrigando-a a restringir-se ao estudo inútil e fantasioso da teologia, até que um pensador como Descartes finalmente rompeu as cadeias que a aprisionavam, devolvendo-lhe a liberdade. Nos períodos moderno e antigo, a filosofia dir-se-ia um homem livre, ao passo que no medieval, um escravo.

Além do fato de que a filosofia medieval naturalmente acolheu por tabela o desprezo que era dirigido à Idade Média em geral, um fator há que determinou, pelo menos em parte, a atitude adotada em respeito à escolástica: a linguagem de que homens como Francis Bacon e René Descartes se serviam para falar dela. Conforme filósofos aristotélicos inclinam-se a avaliar o platonismo nos termos da crítica de Aristóteles, assim os admiradores daquele movimento aparentemente encetado por Bacon e Descartes tendiam a lançar vistas à filosofia medieval pelos olhos deles dois, inconscientes do fato, por exemplo, de que muito daquilo que Bacon dizia contra os escolásticos não se aplicava a preceito às grandes figuras do período medieval tardio, senão somente aos posteriores, "decadentes", que afinal idolatravam a letra em detrimento do espírito. Encarando, já de saída, a filosofia medieval por estas lentes, os historiadores escassamente haveriam de buscar conhecê-la mais profundamente ou familiarizar-se com ela: condenaram-na sem vê-la ou ouvi-la, sem conhecer-lhe a vasta e rica variedade de pensamento, ou sua profundidade. Com efeito, cuidavam que toda ela não era senão um bloco único, um jogar estéril com palavras, a pender dos teólogos. Acresce que, faltos de espírito crítico, eles não se aperceberam de que, se os filósofos medievais foram influenciados por fatores externos, a saber, a teologia, assim também os modernos acolheram influências exteriores, se bem que estranhas à teologia. A eles lhes parecia absurda a idéia de que Duns Escoto fazia jus ao título de grande filósofo britânico a par de John Locke; por outro lado, no muito estimar a perspicácia de Hume, passou-lhes despercebido o fato de que certos pensadores da Idade Média tardia já haviam antecipado boa parte das críticas que a tradição teria como contribuição original do insigne escocês à filosofia.

Citarei um exemplo: o tratamento dado à filosofia e aos filósofos medievais por um homem que, de si, foi grande filósofo, Georg Wilhelm Friedrich Hegel. Este exemplo é tanto mais interessante porquanto sua concepção dialética o obrigava a reconhecer alguma contribuição essencial da filosofia medieval ao desenvolvimento do pensamento filosófico e, ademais, Hegel não pode ser considerado um reles antagonista vulgar da filosofia medieval. Ora bem, Hegel de fato admite que a filosofia medieval desempenhou pelo menos uma conspícua função, qual seja, a de expressar por termos filosóficos o "conteúdo absoluto" do cristianismo; ele insiste, porém, que se trata tão somente de repetição formalística do conteúdo da fé, na qual Deus é representado como algo "externo", e se a isto ajuntarmos o fato de que, para Hegel, a fé é o modo da consciência religiosa e, portanto, definitivamente inferior ao enfoque da razão filosófica ou especulativa — da razão pura, enfim —, fica evidente que, para ele, a filosofia medieval é filosofia apenas no nome, pelo que declara que a filosofia escolástica é, a rigor, teologia. Com isto, não quer Hegel dizer que Deus não é o objeto da filosofia e da teologia, senão que a filosofia medieval meditava no mesmo objeto da filosofia propriamente dita, se bem que o tratasse segundo as categorias da teologia, em vez de substituir as conexões externas desta (por exemplo, a relação entre o mundo e Deus como efeito exterior de uma causa criativa e livre), pelas categorias e conexões racionais, científicas e necessárias da filosofia. A filosofia medieval, pois, era filosofia segundo o conteúdo, teologia porém na forma. Ademais, Hegel a havia por monótona, e cuidava que os homens debalde tentaram lhe discernir algum indício de inconteste progresso do pensar.

Na medida em que esta concepção de Hegel pende de seu próprio sistema, no que este particularmente diz da relação entre religião e filosofia, fé e razão, mediato e imediato, não o posso discutir neste volume. Todavia, eu gostaria de assinalar que o tratamento que Hegel dá à filosofia medieval se compadece da sua ignorância em respeito ao curso da história dela. É fora de questão que um hegeliano familiarizado de fato com o desenvolvimento da filosofia medieval poderia, apesar disto, vir a adotar em linhas gerais, precisamente por ser hegeliano, a visão que dela tinha Hegel. Não há a menor dúvida, entretanto, tendo-se em conta o fato de que o filósofo não editou e publicou de si suas palestras sobre a história da filosofia, que Hegel não estava de posse de um tal conhecimento. Como haveria de estar quando, por exemplo, ao incluir Roger Bacon entre os místicos, anota sem mais: "Roger Bacon tratou mais detidamente de física, mas não exerceu influência alguma. Ele inventou um tipo de pólvora, construiu espelhos, telescópios e morreu em 1297". Verdade é que Hegel, no que concernia às informações respeitantes à filosofia medieval, estribava-se em autores como Tennemann e Brucker, ao passo que o primeiro estudo de vulto sobre esta temática não data de antes da metade do século XIX.

Ao trazer a lume o exemplo de Hegel não pretendo, por óbvio, culpá-lo: tenciono, isto sim, destacar a grande mudança que sucedeu em nosso conhecimento da filosofia medieval à conta do trabalho de eruditos publicados a partir de 1880. Se, por um lado, pode-se compreender e perdoar todas estas falsas imagens criadas inconscientemente por alguém como Hegel, por outro, entretanto, não há que se ter paciência com um proceder de igual natureza atualmente, sobretudo depois dos trabalhos de eruditos como Baeumker, Ehrle, Grabmann, De Wulf, Pelster, Geyer, Madonnet, Pelzer etc.; depois de lançada luz sobre a filosofia medieval por meio da publicação de textos e de estudos críticos de obras publicadas já de antes; depois dos esplêndidos volumes trazidos à luz pelos irmãos franciscanos de Quaracchi; depois da publicação de tantos números da série de *Beitrage*; depois de estudos históricos produzidos por pessoas como Maurice De Wulf; depois das investigações de todo o ponto lúcidas levadas a efeito por Etienne Gilson; depois, enfim, de todo o paciente trabalho feito pela Medieval Academy of America, não há mais como cogitar que os filósofos medievais são "todos da mesma categoria"; que a filosofia medieval escasseava em riqueza e variedade; que os pensadores medievais eram sem mais homens de esmirrada envergadura e parcos recursos. Além do mais, por meio do trabalho de escritores tais como Etienne Gilson advertimos na continuidade entre as filosofias medieval e moderna. Com efeito, Gilson mostrou que Descartes estava mais ligado ao pensamento medieval do que se supunha. Há muito ainda que se fazer no que diz respeito à edição e interpretação de textos (basta que lembremos do comentário às *Sentenças* de Guilherme de Ockham), mas tornou-se factível o discernir as correntes e o desenvolvimento, os padrões e a textura, os pontos altos e baixos da filosofia medieval, num sinótico lançar de olhos.

3. Todavia, tendo-se em conta que a filosofia medieval foi de fato mais rica e diversificada do que por vezes se supôs, acaso poder-se-ia ainda afirmar que ela mantinha laços tão estreitos com a teologia a ponto de elas duas se tornarem indiscerníveis? Porventura não é isto um fato, que a maioria dos filósofos medievais eram sacerdotes e teólogos, a filosofar com o espírito teológico e até mesmo apologético?

Em primeiro lugar, é importante assinalar que a mesma relação entre teologia e filosofia era importante tema de estudo no medievo e que diferentes pensadores adotaram diferentes posições quanto a este ponto. Partindo do impulso de inteligir os fatos revelados nos limites da razão humana, os medievais mais antigos, de acordo com a máxima *Credo ut intelligam*,[2] aos mistérios da fé aplicaram-lhes uma dialética racional, a ver se os compreendiam. E foi assim que assentaram as bases da teologia escolástica, na medida em que a aplicação da razão aos dados teológicos, isto é, aos fatos revelados, é e permanece sendo teologia e não passa a ser filosofia. Com efeito, alguns pensadores mais entusiasmados, levados pelo desejo de penetrar ao máximo nos mistérios da fé valendo-se da razão, parecem, à primeira vista, racionalistas, dir-se-iam

---

[2] "Creio para que possa entender" — NE.

hegelianos antes de Hegel. Contudo, considerar que eram "racionalistas" no sentido moderno não é senão anacronismo: quando Santo Anselmo, por exemplo — ou Ricardo de São Vítor — se propunha a provar o mistério da Santíssima Trindade por meio de "razões necessárias", não tencionava com isto apequenar o dogma ou solapar a integridade da revelação divina (a este assunto retornarei no decorrer do livro). Até aí procediam, de fato, como teólogos, se bem que aqueles homens, é bem verdade, não demarcassem claramente os limites entre as esferas da filosofia e da teologia, certamente manejavam assuntos e argumentos propriamente filosóficos. Por exemplo, mesmo que Santo Anselmo avulte como um dos fundadores da teologia escolástica, ele também contribuiu para o desenvolvimento da filosofia escolástica por meio, entre outros, das provas racionais da existência de Deus. Desconviria, pois, rotular sem mais Abelardo de filósofo e Santo Anselmo de teólogo. Em todo caso, já no século XIII encontramos uma clara distinção formulada por Santo Tomás de Aquino entre teologia, que toma suas premissas dos dados da revelação, e filosofia (que inclui, por certo, o que chamamos "teologia natural"), obra da razão humana apartada categoricamente do socorro da revelação. É bem verdade que, nesse mesmo século, São Boaventura, consciente e de ânimo feito, defendeu o que se poderia chamar uma visão integral ou agostiniana; todavia, embora este Doutor da Igreja e franciscano talvez acreditasse que um conhecimento puramente filosófico de Deus estivesse viciado por sua mesma incompletude, ele estava deveras ciente de que há verdades filosóficas que podem ser sustentadas só pela razão. A diferença entre ele e Santo Tomás de Aquino foi assim formulada:[3] Santo Tomás considerava que seria possível, *em princípio*, excogitar um sistema filosófico satisfatório que, pelo que é do conhecimento de Deus, por exemplo, fosse incompleto, mas não falso; São Boaventura, por sua vez, asseverava que esta mesma incompletude ou inadequação é a marca de sua falsidade, de modo que, embora uma verdadeira filosofia natural fosse possível ao longo da luz da fé, uma verdadeira metafísica não o seria. São Boaventura cogitava que se um filósofo prova e assevera, valendo-se da razão, a unidade de Deus sem, ao mesmo tempo, estar cônscio de que Deus é três Pessoas em uma natureza, está a rigor atribuindo a Deus uma unidade que não a divina.

Em segundo lugar, Santo Tomás propôs aquela distinção perfeitamente a sério. Para um observador superficial, pode parecer que Santo Tomás, ao estabelecer uma clara diferenciação entre teologia dogmática e filosofia, estava a fazer uma distinção de cunho meramente formalístico, sem que isto exercesse influência alguma sobre seu pensamento e sem levá-la a sério na prática; mas essa idéia passa longe da verdade, como se vê deste exemplo. Ele acreditava que a revelação ensina a criação do mundo no tempo, ou seja, a não eternidade do mundo. Porém, sustentava com sólidos argumentos que o filósofo, de per si, não pode provar nem que o mundo foi criado desde a eternidade nem que o fora no tempo, embora lograsse demonstrar que dependia de Deus enquanto Criador

---

[3] Há, porém, algo a retificar nesta ousada afirmação, mesmo que tenha sido formulada por M. Gilson.

seu. Ao esposar esse ponto de vista particular, punha-se contra, por exemplo, São Boaventura; ademais, posicionar-se deste modo mostra que tomava a sério, na prática, a delimitação que ele acreditava se impor às províncias da filosofia e da teologia dogmática.

Em terceiro lugar, se fosse de fato verdade que a filosofia medieval não era senão teologia, seguir-se-ia que pensadores que abraçassem a mesma fé deveriam de força também abraçar a mesma filosofia, ou que as diferenças entre eles resumir-se-iam a diferenças no aplicar a dialética aos dados da revelação. A falar a verdade, entretanto, as coisas sucederam de forma bastante diversa. São Boaventura, Santo Tomás de Aquino, Duns Escoto, Egídio Romano e mesmo Guilherme de Ockham compartilhavam de uma mesma fé, mas suas respectivas filosofias de modo algum harmonizavam-se em todos os pontos. Obviamente é questão diversa saber se as suas idéias de igual modo compatibilizavam-se com as exigências da teologia (a filosofia de Guilherme de Ockham escassamente cumpria este quesito), questão aliás irrelevante para a matéria tratada aqui, uma vez que sendo ou não compatíveis com a teologia ortodoxa, estas filosofias de fato existiam e distinguiam-se entre si. Dado que o historiador visa traçar as linhas de desenvolvimento e divergência da filosofia medieval, de força se conclui que há isto que tem por nome "filosofia medieval", porquanto o que não existe tampouco tem história.

No correr desta obra, haveremos de considerar diferentes perspectivas lançadas sobre as relações entre filosofia e teologia. Não tenciono por ora levar adiante o tratamento desta matéria; importa, entretanto, admitir de saída que à conta do fundo comum da fé cristã, o mundo que se abria à interpretação dos filósofos medievais aparecia, em linhas gerais, sob uma mesma luz. Sustentassem ou negassem distinções marcadas entre as províncias da teologia e da filosofia, eles encaravam o mundo como cristãos e escassamente deixariam de fazê-lo. Por muito que um filósofo medieval prescindisse, no seu argumentar filosófico, da revelação cristã, todavia ainda subsistir-lhe-ia no fundo da mente a visão e a fé cristãs. Isto, contudo, não quer dizer que seus argumentos filosóficos não eram propriamente filosóficos ou que as provas racionais que ofereciam não o fossem de fato: seria o caso de analisar cada argumento ou prova em particular, sopesando-lhes os méritos e deméritos, e não os rejeitar por teologia dissimulada pelo fato de procederem da pena de escritores cristãos.

4. À vista do que levamos dito, isto é, que de fato existiu uma filosofia medieval, ou, no mínimo, que poderia existir, apesar do fato de que a grande maioria dos filósofos medievais eram cristãos e teólogos, eu gostaria, enfim, de dizer do objetivo deste livro (e do volume que lhe há de suceder) e do modo como hei de tratar-lhe a matéria.

Certamente não tenciono aqui relatar o todo das opiniões dos filósofos. Por outro modo, o segundo e o terceiro volumes da minha história não foram pensados para serem uma enciclopédia filosófica. Por outra parte, não intento simplesmente esboçar em linhas gerais a filosofia medieval, ou dela dar apenas impressões esparsas. Pus esforço em traçar um panorama inteligível e coerente do desenvolvimento da filosofia medieval e das fases pelas quais passou, omitindo de todo não poucos autores, e elegendo outros de especial importância e interesse, seja à conta do conteúdo de suas filosofias, seja porque ilustram e representam certo tipo de filosofia ou estágio de seu desenvolvimento. De alguns destes autores, examinei-lhes as opiniões com largueza. Este método, entretanto, pode acabar por lançar sombra sobre as linhas de desenvolvimento e interconexão entre as filosofias, mas, como eu disse, não era minha intenção apenas fazer um esboço da filosofia medieval, e é somente no tratar com algum detalhe os principais sistemas filosóficos que se pode desentranhar o rico e variado pensamento medieval. Destacar as principais linhas de desenvolvimento e, ao mesmo tempo, expor com minudência as idéias dos filósofos selecionados, de fato não é empresa simples, e seria insensato esperar que as minhas escolhas quanto ao que incluir e ao que excluir, haverão de bom grado ser acolhidas por todos: é fácil para um tomar as árvores pelo bosque, e inversamente, mas vê-los aos dois de modo claro é mais custoso. Todavia, não ponho dúvida de que vale a tentativa, e enquanto não hesitei em considerar mais detidamente o pensamento de São Boaventura, Santo Tomás, Duns Escoto e Ockham, tentei lançar luz sobre o desenvolvimento da filosofia medieval do dificultoso início ao declínio, passando por sua fase de maduro esplendor.

Mas alguém poderia levantar a objeção de que dizer "declínio" é pensar como filósofo e não como historiador. É bem verdade, mas se desejamos discernir algum padrão na filosofia medieval, é preciso que estabeleçamos um princípio de seleção e, para tanto, é necessário filosofar. Com efeito, o termo "declínio" encerra certa nuance valorativa, de modo que ao empregá-lo o historiador pode vir a ser argüido de extravasar-se das fronteiras de sua ciência. E, em certo sentido, talvez esteja a fazê-lo; pergunto, porém: que historiador da filosofia foi ou é somente historiador em sentido estrito? Se um hegeliano, um marxista, um positivista, um kantiano, enfim, não passa a escrito a história pondo de parte a perspectiva propriamente filosófica, por que argüir-se-ia apenas o tomista, quando fazê-lo se mostra estritamente necessário, uma vez que menos disto resultaria em tornar a história da filosofia ininteligível, mera cadeia de opiniões?

Com "declínio", pois, quero dizer exatamente declínio, uma vez que me parece a filosofia medieval constar de três fases principais. Primeiramente, a fase preparatória, até — e incluindo — o século XII; em seguida, o período das grandes sínteses, isto é, o século XIII e, por fim, o século XIV, fase de criticismo destrutivo, desagregação e declínio. E contudo, de outra perspectiva, eu não hesitaria em admitir que a última fase foi de fato inevitável e que, no fim das contas, pode ter sido benéfica, tendo estimulado os filósofos escolásticos a desenvolver e assentar em bases mais firmes, no confronto com a crítica, seus princípios, e a serverem-se de quanto a filosofia subseqüente tinha de positivo a oferecer. Em certo sentido, a Sofística na filosofia antiga (e entendo aqui o termo "sofista" em sentido mais ou menos platônico) pode ser considerada uma fase de declínio, e a razão é porque caracterizava-se sobretudo por um decadente pensamento construtivo; contudo, pode-se dizer desta fase que foi inevitável para a filosofia grega, e mesmo que, no longo prazo, pode ter produzido resultados positivos. Ninguém que de fato aprecie Platão e Aristóteles diria que as diligências e a atividade crítica dos sofistas redundaram em incontornável catástrofe.

A estrutura geral deste volume e do que o haverá de suceder consiste na exposição das linhas mestras e das principais fases do desenvolvimento da filosofia medieval. Em primeiro lugar, trato brevemente do período Patrístico, sobretudo dos autores que vieram a exercer inegável influência sobre a Idade Média: Boécio, Pseudo-Dionísio e, levantado sobre todos, Santo Agostinho de Hipona. Depois desta parte do volume I, de caráter algo introdutório, dou seguimento discutindo a fase preparatória do pensamento medieval propriamente dito, isto é, o renascimento carolíngeo, o estabelecimento das escolas, a controvérsia dos universais, a introdução progressiva de métodos dialéticos, o trabalho positivo de Santo Anselmo no século XI, as escolas do século XII, especialmente a de Chartres e São Vítor. Neste ponto, faz-se necessário dizer algo das filosofias árabes e judaicas, não pelo interesse que tenham em si mesmas, desde que o meu objetivo nesta obra está posto mormente na filosofia da Cristandade medieval, senão porque estes povos foram os principais canais pelos quais o sistema aristotélico em sua inteireza ficou conhecido no Ocidente cristão. A segunda fase foi a da grande síntese do século XIII, particularmente das filosofias de São Boaventura, Santo Tomás de Aquino e Duns Escoto. Na etapa seguinte, que teve lugar no século XIV, o pensamento filosófico tomou novos rumos e testemunhamos aí a emergência do criticismo característico da escola ocamista. Por fim, dediquei algum espaço às filosofias de transição entre as idades média e moderna, abrindo caminho para o quarto volume, no qual dou tratos ao que comumente se chama de "filosofia moderna". Para concluir, gostaria de fazer duas observações. Primeiro, não creio ser prerrogativa do historiador da filosofia substituir as idéias dos pensadores do passado pelas suas ou pela de filósofos seus contemporâneos, como se os antigos não soubessem o que diziam. Por exemplo, a doutrina da reminiscência de Platão não o torna um neokantiano *avant la lettre*, e se bem que Agostinho tenha antecipado Descartes com seu *Si fallor, sum*, isto não faz dele um "cartesiano". De outra parte, alguns dos problemas levantados por filósofos modernos também foram levantados pelos medievais, embora num contexto diferente, e é de razão que se aponte o que há de comum entre eles quanto às perguntas que colocaram e quanto às respostas a que chegaram. Tampouco desconviria nos perguntarmos se um determinado filósofo medieval lograria, a partir dos recursos de seu próprio sistema, enfrentar esta ou aquela dificuldade levantada por um filósofo posterior. Portanto, se bem que eu tenha forcejado por evitar a multiplicação de referências à filosofia moderna, permiti-me, aqui e ali, não só estabelecer certas comparações com filosofias mais adiantadas, senão ainda examinar se determinado sistema de filosofia medieval teria a faculdade de manejar problemas que de seu natural ocorreriam a um estudante de filosofia moderna. Tomei à minha conta, entretanto, limitar-me neste tipo de comparação e discussão, não só por motivo de espaço, senão também por deferência à ciência histórica.

O segundo ponto a ser mencionado é o seguinte. À conta sobretudo da influência do marxismo, ao historiador da filosofia corre-lhe tácita obrigação de apontar o pano de fundo social e político dos períodos tratados, e de destacar em que medida estes elementos influenciaram o desenvolvimento do pensamento filosófico. Todavia, sobre ser necessário, porque o historiador logre manter sua obra dentro de limites razoáveis, que se concentre na filosofia propriamente dita, e não em desenvolvimentos políticos e sociais, é ridículo supor que todos os filósofos ou que todas as partes de uma determinada filosofia acolham por igual a influência do *milieu* político e social. A falar verdade, para que se entenda o pensamento político de algum filósofo é por óbvio desejável algum conhecimento sobre a situação política; porém, para que se discuta a doutrina de Santo Tomás a respeito da relação entre essência e existência, ou a teoria de Escoto quanto ao caráter unívoco do conceito de ser, é perfeitamente desnecessário recorrer a elementos de ordem política e econômica. Além do mais, a filosofia é influenciada por fatores outros além dos políticos e econômicos. Platão, por exemplo, foi influenciado pelo progresso da ciência matemática grega; a filosofia medieval, por sua vez, embora se distinguisse da teologia, certamente sofreu influência desta última; e para um adequado entendimento da visão que esposava Descartes quanto ao mundo material, algum conhecimento de física se faz necessário; Bergson não deixou de ser influenciado pela biologia, e assim por diante. Cuido, entretanto, ser muito grande erro tratar exclusivamente dos fatores econômicos e políticos, e explicar o progresso de outras ciências somente pela história econômica, coisa que implicaria a veracidade da teoria marxista da filosofia. Apesar, pois, do fato de que a preocupação com a extensão da obra acabou por me dissuadir de tratar à larga dos fatores políticos, sociais e econômicos presentes na filosofia medieval, de estudo desconsiderei certa exigência que cuido injustificável, a saber, de que a "superestrutura ideológica" deve ser interpretada segundo a conjunção econômica do período. A rigor, este livro trata da história de um certo período da filosofia medieval, não da história política e econômica do medievo.

CAPÍTULO II
O período patrístico

O cristianismo e a filosofia grega — Os apologetas gregos (Aristides, São Justino Mártir, Tatiano, Atenágoras, Teófilo) — O gnosticismo e seus adversários (Santo Irineu, Hipólito) — Os apologetas latinos (Minúcio Félix, Tertuliano, Arnóbio, Lactâncio) — A escola catequética de Alexandria (Clemente, Orígenes) — Os Padres Gregos (São Basílio, Eusébio, São Gregório de Nissa) — Os Padres Latinos (Santo Ambrósio) — São João Damasceno — Sumário.

1. O cristianismo, trazido ao mundo por Cristo, avultou propriamente como uma religião revelada, como uma doutrina de redenção, salvação e amor, e não como um sistema teorético abstrato; Ele enviou os seus discípulos a pregar, e não como professores catedráticos. O cristianismo era o caminho, a estrada que levava a Deus a ser percorrida na prática, e não apenas mais um sistema filosófico entre as escolas da Antigüidade. Os apóstolos e os seus sucessores foram chamados à conversão do mundo e não tinham como empenho excogitar mais um sistema filosófico. Além disso,[4] uma vez que a mensagem que traziam dirigia-se aos judeus, os cristãos tiveram de lidar com ataques antes teológicos do que filosóficos, ao passo que, pelo que toca aos não-judeus, não nos é narrado — à exceção do relato daquele famoso discurso de São Paulo em Atenas — nenhum entrechoque com filósofos gregos, no sentido acadêmico da palavra, ou mesmo que tenham destes se aproximado.

Todavia, ao mesmo passo que o cristianismo deitava raízes e crescia, suscitava desconfiança e hostilidade não apenas entre os judeus e as autoridades políticas, senão também entre os escritores e intelectuais pagãos. Alguns dos ataques dirigidos contra o cristianismo nasciam da simples ignorância, de um crédulo desconfiar, do medo do desconhecido, quando não simplesmente de concepções equivocadas a respeito dele; outros, porém, eram desferidos no plano teorético, e estes deveriam ser enfrentados. Para tanto, fazia-se necessário combater com argumentos filosóficos e teológicos, pelo que se encontram, nos escritos dos primeiros apologetas e Padres, elementos de ordem filosófica. Seria ocioso, porém, escavar estes escritos em busca de um sistema filosófico, uma vez que o interesse primeiro destes escritores era de natureza teológica, isto é, buscavam defender a fé. Ainda assim, à medida que o cristianismo deitava firmes raízes e se tornava mais bem conhecido, e ao passo que os estudiosos cristãos logravam desenvolver seu pensamento e sua formação intelectual, os elementos

---
[4] *Ibid.*, 12.

filosóficos tendiam a se tornar mais acentuados, mormente quando era o caso de ripostar os ataques de filósofos pagãos profissionais.

É sem questão que a influência da apologética no crescimento da filosofia cristã deveu-se primariamente a fatores de ordem externa ao cristianismo, a saber, a esses ataques carregados de hostilidade. Outra razão houve, porém, interna e independente dos ataques advindos de fora: os cristãos de pendor mais intelectual naturalmente se inclinavam a penetrar, na medida do possível, os dados da revelação e a construir uma visão totalizante do mundo e da vida humana à luz da fé. Esta última razão, porém, começou a exercer influência de modo sistemático mais tardiamente do que a primeira, pelo menos no que diz respeito aos Padres, e alcançou o zênite no pensamento de Santo Agostinho; a primeira motivação, entretanto, o desejo de penetrar os dogmas da fé (numa atitude que já antecipava o *Credo ut intelligam*), de algum modo já operava desde o início. Em parte devido ao simples desejo de entender e apreciar, em parte pela necessidade de se chegar a uma definição mais clara dos dogmas no confronto com as heresias, os dados originais da revelação foram trabalhados, fizeram-se mais explícitos, no sentido de que aquilo que estava implícito foi tornado explícito. Desde o princípio, por exemplo, os cristãos acolheram o fato de que Cristo era a um só tempo Deus e homem, mas foi só com o transcurso do tempo que as implicações disto se fizeram visíveis e tomaram a forma de definições teológicas como esta: o fato de Cristo possuir uma perfeita natureza humana implica que possuía igualmente uma vontade humana. Verdade é que estas definições eram teológicas, e o passar do implícito ao explícito era a rigor o desenvolvimento da ciência teológica; mas neste processo de discutir e definir, lançou-se mão de conceitos e categorias tomadas de empréstimo da própria filosofia. De mais a mais, como os cristãos não tinham uma filosofia sua que pudessem tomar como ponto de partida (no sentido acadêmico da palavra "filosofia"), naturalmente voltaram-se à filosofia então dominante, derivada do platonismo, mas fortemente carregada de elementos outros. Grosso modo, pode-se dizer que as idéias filosóficas dos primeiros escritores cristãos provinham do platonismo ou do neoplatonismo (entremeados de elementos oriundos do estoicismo), e que a tradição platônica continuou longo tempo dominando o pensamento cristão do ponto de vista filosófico. Ao dizê-lo, porém, há que se sublinhar que os escritores cristãos não separavam rigorosamente a teologia da filosofia: buscavam antes apresentar a filosofia ou sabedoria cristã em sentido amplo, mas primariamente teológico, se bem que ela contivesse elementos estritamente filosóficos. Cabe ao historiador da filosofia isolar esses elementos filosóficos; não se deve esperar que ele apresente um quadro tão preciso do pensamento cristão dessa época, porquanto ele não é, *ex hypothesi*, historiador da teologia dogmática ou da exegese.

Uma vez que, por uma parte, os filósofos pagãos inclinavam-se a atacar a Igreja e sua doutrina e, por outra, os apologetas e teólogos cristãos buscavam servir-se das armas de seus adversários quando acreditavam que isso convergiria com seus propósitos, não é de estranhar a divergência de atitude, entre os escritores cristãos, quanto à filosofia, segundo se lhes afigurava ser ela inimiga e rival do cristianismo ou verdadeiro arsenal e celeiro, e mesmo providencial preparação para a vinda do cristianismo. De modo que, enquanto aos olhos de Tertuliano a filosofia pagã era pouco mais do que uma mundana tolice, Clemente de Alexandria a havia por dádiva de Deus, meio de ganhar o mundo pagão para Cristo, como foi a Lei para os judeus. Com efeito, ele pensava, como o fizera Justino antes dele, que Platão tomara de empréstimo a sabedoria de Moisés e dos Profetas (esta linha de raciocínio encetara com Fílon). Do mesmo modo, porém, como Fílon forcejara por conciliar a filosofia grega com o Antigo Testamento, assim Clemente tentou harmonizar a filosofia grega com a religião cristã. Ao fim, por certo, triunfou a atitude de Clemente, não a de Tertuliano, como se vê pelo fato de que Santo Agostinho emprega muitas idéias neoplatônicas quando expõe a *Weltanschauung* cristã.

2. Entre os escritores cristãos do primeiro grupo — aqueles cujas obras contêm elementos filosóficos —, contam-se os primeiros apologetas, que estavam especialmente preocupados em defender a fé cristã contra as investidas pagãs (ou melhor, mostrar às autoridades imperiais que o cristianismo tinha direito de existir): homens como Aristides, Justino, Melito, Tatiano, Atenágoras e Teófilo de Antioquia. Num breve lance de olhos sobre a filosofia patrística, cuja função é meramente preliminar ao tema central deste livro, não é possível nem tratar de todos apologetas nem de nenhum deles a pleno: tenciono antes indicar os elementos filosóficos encontrados em suas obras.

(I) *Marcianus Aristides*, alcunhado "filósofo de Atenas", escreveu, por volta de 140 d.C. uma Apologia dirigida ao Imperador Antonino Pio.[5] Dedicou boa parte da obra a atacar as deidades pagãs da Grécia e do Egito, temperando-a com críticas à moral dos gregos. Logo no início, entretanto, Aristides, "maravilhado com a ordem do mundo", e sabedor de que "o mundo e quanto contém é movido pelo impulso de outro" e ainda se apercebendo de que "o que move é mais poderoso do que o movido", conclui que o Movente deste mundo é o "Deus de todos, que tudo criou para o homem". Assim, Aristides compendia seus argumentos extraindo-os da estrutura e ordem do mundo, e também da constatação do movimento, identificando o projetista e movente com o Deus cristão, do qual, em seguida, predica os atributos de eternidade, perfeição, incompreensibilidade, sabedoria e bondade. Trata-se de uma teologia natural deveras rudimentar, esposada não por motivos puramente filosóficos, mas em defesa da religião cristã.

(II) Atitude assaz mais explícita no que diz respeito à filosofia encontramos nos escritos de *Flavius Justinus* (São Justino, Mártir), nascido em Neápolis (Nablus) por volta de 100 d.C., filho de pagãos, convertido ao cristianismo e martirizado em Roma em 164. No seu *Diálogo com Trifão*, ele assevera[6] que a filosofia é preciosa dádiva de Deus, criada para levar o homem até Ele, mesmo

---

[5] As citações foram extraídas da edição publicada em *Texts and Studies*, vol. I.
[6] 1, 1.

que sua verdadeira natureza e unidade não tenham sido devidamente reconhecidas pela maior parte das pessoas, como se deduz do fato de existirem tantas escolas filosóficas.[7] São Justino buscou, primeiramente, instruir-se junto de um estóico, mas, julgando insatisfatória a doutrina estóica sobre Deus, deixou-o e acudiu a um peripatético; quanto a este último, também o deixou, porque se apercebera de sua ganância.[8] Deste, foi-se, o zelo inabalado, a um pitagórico de vulto; contudo, ermo do conhecimento de música, geometria e astronomia, o que, aos olhos de seu professor, tornava o aspirante inapto para a filosofia, e como não tencionasse empregar muito tempo na aquisição destas ciências, volveu-se para os platônicos, deleitando-se com a doutrina das idéias imateriais a ponto de esperar alcançar uma clara visão de Deus, coisa que, aliás, assevera São Justino, é o fim da filosofia de Platão.[9] Curto espaço depois, encontrou-se com um cristão, que lhe pôs à vista a insuficiência da filosofia pagã, mesmo a de Platão.[10] Justino é, pois, exemplo de um homem pagão e culto que se converteu ao cristianismo e para quem não tinha lugar o desprezo à filosofia grega, mormente porquanto percebia a própria conversão como a última etapa de um processo.

Em seu texto, *Diálogo*, Justino demonstra a estima que nutria pela filosofia platônica. Ele encarecia a doutrina platônica do mundo imaterial e do ser para além da essência, o qual identificava com o próprio Deus, mesmo que estivesse convencido de que um conhecimento seguro e certo de Deus, ou seja, a verdadeira "filosofia", só se lograria alcançar com a aceitação da própria revelação. Nas suas duas *Apologias*, serve-se com freqüência de termos platônicos, como quando, por exemplo, refere-se a Deus como o "Demiurgo".[11] Anoto que não estou a sugerir que quando Justino lança mão de termos e expressões platônicos ou neoplatônicos, ele esteja a entendê-los em sentido estritamente platônico: este proceder é antes efeito de seu treino filosófico e da simpatia que ainda nutria por Platão. Assim, ele não hesita, aqui e ali, em assinalar certas analogias entre a doutrina cristã e a platônica, quanto, por exemplo, às recompensas e punições *post mortem*;[12] além do que, é notória a admiração que tem por Sócrates. Quando este, estribado na virtude do *logos*, ou a servir-lhe de instrumento, tentou conduzir os homens para longe da falsidade, em direção à verdade, alguns homens malignos o condenaram à morte como ímpio e ateu: do mesmo modo os cristãos, que seguem e obedecem o próprio *Logos* encarnado, e que denunciam os falsos deuses, são também acusados de ateus.[13] Em outras palavras: assim como o empenho de Sócrates a serviço da verdade amanhou o caminho para o trabalho de Cristo, assim a condenação de Sócrates foi, por assim dizer, ensaio ou antecipação da condenação de Cristo e seus discípulos. Ainda, a ação

---

[7] 2, 1.
[8] 2, 3.
[9] 2, 4–6.
[10] 3, 1 ss.
[11] Por exemplo, *Apol.* 1, 8, 2.
[12] Ibid., 1, 8, 4.
[13] Ibid., 1, 5, 3 ss.

humana não está determinada de antemão, como queriam os estóicos, senão que é próprio do homem agir reta ou erroneamente à conta do seu livre-arbítrio, enquanto que é sob a coação de demônios que Sócrates e outros que o semelham são perseguidos, ao mesmo passo que Epicuro e seus iguais são incensados.[14]

São Justino, pois, não estabeleceu uma distinção marcada entre teologia e filosofia no sentido estrito: não há senão uma sabedoria, uma "filosofia", revelada a pleno em Cristo e por meio de Cristo, preparada já de antes pelo que de melhor se encontrava na filosofia pagã, especialmente a platônica. Na medida em que os filósofos pagãos divisavam a verdade, faziam-no somente por meio da virtude do *logos*: Cristo, entretanto, é o mesmo *Logos* encarnado. Esta visão da filosofia grega em si e da relação que ela guarda com o cristianismo exerceu considerável influência sobre os escritores subseqüentes.

(III) Segundo Santo Irineu,[15] Tatiano foi discípulo de Justino. Originário da Síria, instruído na literatura e filosofia gregas, logo se converteu ao cristianismo. Não há motivos para duvidar da afirmação de que Tatiano foi, sob algum aspecto, discípulo de São Justino Mártir, mas fica deveras evidente da análise da sua obra *Aos gregos* que ambos não convinham na apreciação que faziam da filosofia grega nos seus aspectos mais espirituais. Com efeito, ele declara que conhecemos a Deus a partir de suas obras; ele também tem de sua uma doutrina do *Logos*, na qual distingue a alma (*psyché*) do espírito (*pneuma*); ensina a criação do mundo no tempo e insiste na idéia do livre-arbítrio; todos estes pontos, entretanto, poderia tê-los tirado das Escrituras e dos ensinamentos cristãos: pouco se lhe dava a cultura e o pensamento gregos, mesmo que dificilmente tenha escapado de sua influência. É bem verdade que era inclinado a um rigorismo bastante excessivo, e ficamos sabendo, através de Santo Irineu e São Jerônimo[16] que, martirizado São Justino, Tatiano acabou por apartar-se da Igreja e abraçar o gnosticismo de Valentino, vindo a fundar o encratismo, seita que se punha não somente contra o consumo de vinho e o uso de ornamentos por parte das mulheres, senão mesmo contra o casamento em si, que seus adeptos diziam se resumir à fornicação e violação.[17]

É certo que Tatiano discernia na mente humana a capacidade de provar a existência de Deus a partir das criaturas e, a rigor, ele se serviu de noções e categorias propriamente filosóficas no desenvolver de sua teologia, como quando, por exemplo, sustenta que o Verbo, instrumento divino da criação, procedendo da essência simples de Deus, não "precipita-se no vazio", como acontece às palavras proferidas pelos homens, senão que permanece subsistindo. Ele explica a processão do Verbo por meio da analogia com a formação do pensamento e discurso humanos e, embora esposasse a doutrina da criação do mundo, serve-se de uma linguagem que recorda a do *Timeu* a propósito do Demiurgo. Se, porém,

---

[14] Ibid. 2, 6 (7), 3.
[15] *Contra as heresias*, 1, 28.
[16] Por exemplo, *Adv. Jovin.*, 1, 3; *Comm. in Amos*.
[17] Irineu, *Contra as heresias*, 1, 28.

ele toma emprestadas algumas idéias e termos da filosofia pagã, não o faz por simpatia, senão fundado na idéia de que os próprios filósofos gregos haviam tomado das Escrituras quanto tinham de verdade, e tudo o que lhes sobejava não eram senão falsidades e perversão. Por exemplo, os estóicos perverteram a doutrina da providência porque defendiam um diabólico determinismo fatalístico. Há nesta contingência histórica algo de irônico, porquanto esse escritor, tão hostil ao pensamento grego, e que fez questão de traçar firme distinção entre a "sofística" pagã e a sabedoria cristã, no remate fosse cair ele próprio em heresia.

(IV) Mais diplomático no trato de autores gregos e mais próximo ao espírito de Justino Mártir foi *Atenágoras*, que escreveu para os imperadores Marco Aurélio e Cômodo, "conquistadores da Armênia e da Sarmatia, e acima de tudo filósofos", um *Apelo em favor dos cristãos* (πρεσβδία περὶ χριστιανῶν) por volta de 177 d.C. Neste livro, o autor se propôs a defender os cristãos contra três acusações a eles dirigidas, a saber, de ateísmo, canibalismo e incesto, e no responder à primeira, faz um arrazoado da crença cristã no Deus eterno e espiritual. De saída, cita vários filósofos gregos, como por exemplo Filolau, Platão, Aristóteles e os estóicos. Serve-se do que escrevera Platão no *Timeu* quanto à dificuldade de se encontrar o Criador e Pai do universo e quanto à impossibilidade, mesmo que Ele seja encontrado, de expressá-lo. Pergunta, ainda, por que os cristãos, que acreditam num único Deus, são chamados de ateístas, quando acusação semelhante não era dirigida contra Platão e sua doutrina do Demiurgo. Os poetas e filósofos, tomados de um impulso divino, forcejaram por encontrar a Deus, e os homens bebem de suas conclusões: seria insensato, portanto, tapar os ouvidos ao Espírito de Deus a falar pela boca dos profetas.

Atenágoras prossegue mostrando a impossibilidade da existência de uma multidão de deuses materiais, e que Deus, formador da matéria, por óbvio deve transcendê-la (embora escassamente logre concebê-Lo à parte de relações espaciais); que a causa das coisas corruptíveis deve ser ela mesma incorruptível e espiritual, apelando especialmente para o testemunho de Platão. Adota, assim, a mesma atitude de Justino Mártir: não há senão uma única "filosofia" ou sabedoria, alcançada a preceito somente por meio da revelação cristã, embora os filósofos gregos tenham vislumbrado a verdade aqui e ali. Com outras palavras: o mesmo respeito pelos pensadores e poetas gregos deveria conduzir homens dados à reflexão como Marco Aurélio a ter o cristianismo em grande estima e apreço, mesmo que não o abraçassem. Seu fim era propriamente teológico e apologético, mas para alcançá-lo servia-se de argumentos e temas de cunho filosófico. Por exemplo, fazendo muito por demonstrar a razoabilidade da doutrina da ressurreição dos corpos, defende convicto, mesmo contra Platão, a doutrina de que o corpo pertence ao todo do homem, isto é, que o homem não se resume simplesmente a uma alma que está a usar um corpo.[18]

(v) Também apela aos pagãos inteligentes *Teófilo de Antioquia* no seu *Ad Autolycum*, escrito por volta de 180 d.C. Tendo enfatizado a pureza moral

---

[18] *Da ressurreição.*

como necessária para quem tencione conhecer a Deus, segue a discorrer sobre os atributos divinos, tais como incompreensibilidade, poder, sabedoria, eternidade e imutabilidade. Conforme a alma do homem, em si mesma invisível, é percebida através dos movimentos do corpo, assim Deus, de si invisível, é conhecido por meio de suas obras e de sua providência. Se bem que nem sempre relatasse a opinião dos filósofos gregos com precisão, claramente tinha Platão em alta conta; de fato, o considerava "o mais respeitável dentre os filósofos",[19] embora cuidasse que Platão errara ao não ensinar a criação a partir do nada (claramente afirmada por Teófilo) e na sua doutrina do casamento, da qual nos deixou Teófilo uma descrição imprecisa.

3. Esses apologetas de que falamos até aqui, que escreveram em grego, tinham como foco de preocupação responder aos ataques dirigidos contra o cristianismo. Trataremos agora do grande oponente do gnosticismo, Santo Irineu, e com ele, por conveniência, de Hipólito. Ambos escreveram em grego e combateram o gnosticismo que florescia no século II. Sublinho, entretanto, que as obras de Hipólito apresentam para nós mais interesse, porquanto contém não poucas referências à filosofia e aos filósofos gregos.

Quanto ao gnosticismo, basta por ora anotar que se constituía de uma grande mistura de elementos escriturais e cristãos, gregos e orientais, e que, professando substituir a fé pelo conhecimento (*gnosis*), oferecia uma doutrina sobre Deus, a criação, a origem do mal, a salvação às pessoas que se julgavam superiores ao ordinário dos cristãos. Já existia um gnosticismo judaico antes de sua aparição na forma cristã; este último, a rigor, pode ser considerado heresia cristã apenas na medida em que os gnósticos se apossaram de algumas temáticas especificamente cristãs: os elementos orientais e helênicos são tantos que não se lhe poderia tipificar de heresia cristã no sentido comum do termo, embora tenha representado um perigo real no correr do século II, e tenha seduzido certos cristãos, atraídos pelas inábeis especulações teosóficas que os gnósticos ofereciam como "conhecimento". A rigor, inúmeros eram os sistemas gnósticos, entre os quais cito os de Cerinto, Marcião, Basilides, Valentino e dos ofitas. Sabemos que Marcião foi cristão e excomungado; os ofitas, entretanto, provavelmente eram judeus de origem alexandrina; quanto aos gnósticos famosos, como Basilides e Valentino (século II), desses sequer sabemos se eram de fato cristãos.

Dentre as características gerais do gnosticismo, destaca-se o dualismo Deus-matéria, o qual, embora não em absoluto, aproximava-o do sistema maniqueísta tardio. O abismo que se abria entre Deus e a matéria era preenchido por uma série de emanações de entes intermediários, entre os quais o próprio Cristo. Este processo de emanação era complementado por um de retorno a Deus, a modo de salvação. No sistema de Marcião, como seria de esperar, os elementos cristãos sobressaíam. O Deus do Antigo Testamento, o Demiurgo, é inferior ao Deus do Novo Testamento, que permaneceu oculto até que se revelou a si mesmo em Jesus Cristo. Nos sistemas de Basilides e Valentino, entretanto, o

---
[19] *Ad Autol.*, 3, 6.

elemento cristão é de menor importância: Cristo é representado como um ente inferior (um Aeon) a ocupar certo lugar em meio a uma verdadeira hierarquia de emanações divinas e semidivinas. Sua missão era a de simplesmente transmitir aos homens o conhecimento salvífico ou *gnosis*. Como a matéria é inerentemente má, não havia de ser obra do Deus Supremo, senão do "grande Arconte", adorado dos judeus, e que se apresentava, isto sim, como o Deus Supremo. Estes sistemas gnósticos, portanto, não eram estritamente dualísticos, no sentido maniqueísta, uma vez que o Demiurgo, identificando-se com o Deus do Antigo Testamento, não era visto como um princípio independente e original do mal (a influência neoplatônica era deveras acentuada para que admitissem um dualismo absoluto), e o traço que os unia não era tanto a tendência ao dualismo senão o acento colocado na *gnosis* como meio de salvação. A adoção de elementos de proveniência cristã nestes sistemas deveu-se mais ao desejo de seus proponentes de absorver o cristianismo e operar a substituição da fé pela *gnosis*. Descrever com minudência as variadas características dos inúmeros sistemas gnósticos e detalhar as diversas séries de emanações seria cansativo e inane: basta dizer que a estrutura geral deles consistia numa mistura de temas orientais e gregos (isto é, neopitagóricos e neoplatônicos), com variadas doses de elementos cristãos, tomados tanto do cristianismo propriamente dito quanto de documentos espúrios e apócrifos. Perguntamo-nos hoje como logrou o gnosticismo ameaçar a posição da Igreja e atrair a si homens de mente sã; contudo, importa recordar que o fenômeno tomou forma numa época imersa em confusão, em que pululavam por toda parte escolas filosóficas e religiões de mistério a ver quem haveria de prover as necessidades espirituais dos homens. Ademais, é de notar que sistemas teosóficos e esotéricos, rodeados dum pseudoprestígio de "sabedoria oriental", ainda hoje fascinam alguns espíritos.

(1) *Santo Irineu* (nascido por volta de 137/140 d.C.), escrevendo contra os gnósticos no seu *Adversus Haereses*, assevera que existe um só Deus, que fez todas as coisas, Criador do Céu e da Terra. Apelando ao argumento da ordem do mundo e ao do consentimento universal, ele observa que os próprios pagãos conheceram, aplicando a razão à criação, a existência de Deus como Criador.[20] Deus criou o mundo por livre vontade, e não impelido por necessidade.[21] Além do mais, criou-o do nada sem dispôr de matéria prévia, ao contrário do que cuidavam os gnósticos, fundados em Anaxágoras, Empédocles e Platão.[22] Apesar de que a mente humana possa chegar ao conhecimento de Deus através da razão e da revelação, não logra compreendê-lo, porquanto sua essência transcende a mesma inteligência humana: pretender conhecer os mistérios inefáveis de Deus e ir além do amor e da fé humilde, como fazem os gnósticos, não é outra coisa que presunção e orgulho. A doutrina da reencarnação é falsa, ao passo que a

---

[20] 2, 9, 1.
[21] 2, 1, 1; 2, 5, 3.
[22] 2, 14, 4.

lei moral revelada não ab-roga, senão completa e estende a própria lei natural. Enfim, "o ensinamento dos apóstolos é a verdadeira *gnosis*".[23]

De acordo com Santo Irineu, os gnósticos tomaram de empréstimo dos filósofos gregos a maior parte de suas idéias. Com efeito, acusa-os de tomarem de Epicuro e dos cínicos seu código moral, e de Platão a doutrina da reencarnação. Esta tendência, qual seja, de ligar as teorias gnósticas à filosofia grega também foi seguida de perto por (II) *Hipólito* (m. 236) que foi, segundo Fócio,[24] discípulo de Irineu, de cujos ensinamentos e escritos certamente se serviu. No *Proemium* do seu *Philosophumena* (agora atribuído geralmente a Hipólito), declara sua intenção (parcialmente cumprida: a de expor o plágio dos gnósticos, pondo à vista que várias das opiniões deles foram tomadas dos filósofos gregos, se bem que, na mão daqueles, tenham se deteriorado. Para tanto, Hipólito narra as opiniões dos filósofos, estribado sobretudo, se não de todo, na doxografia de Teofrasto. As informações, contudo, nem sempre são precisas. Aos gregos, acusa-os principalmente de glorificarem a criação numa linguagem sutil, ao mesmo passo que ignoravam o Criador de todas as coisas, que as fez de livre vontade e a partir do nada, fundado na sua sabedoria e presciência.

4. Os autores tratados até aqui escreveram em grego; contudo, havia também um grupo de apologetas latinos: Minúcio Félix, Tertuliano, Arnóbio e Lactâncio; dentre estes, avultava Tertuliano.

(I) Não é sabido, com certeza, se *Minúcio Félix* escreveu antes ou depois de Tertuliano, mas em todo caso, sua atitude em relação à filosofia grega, como vemos no seu *Octavius*, era mais favorável do que a de Tertuliano. Argumentando que a existência de Deus pode ser conhecida com segurança a partir da ordem da natureza e dos organismos, notadamente o corpo humano, e que a unidade de Deus pode ser inferida da unidade da ordem cósmica, ele afirmava que tais verdades as conheciam também os filósofos gregos. Assim, Aristóteles reconheceu a existência de uma só divindade, e os estóicos desenvolveram uma doutrina da providência divina, ao passo que Platão fala quase em linguagem cristã quando, no *Timeu*, refere-se ao Criador e Pai do universo.

(II) *Tertuliano*, entretanto, fala da filosofia grega num tom assaz diverso. Nascido por volta de 160 d.C., de pais pagãos, formado jurista, profissão que praticou em Roma, tornou-se cristão e acabou por cair na heresia montanista, espécie de puritanismo excessivamente rigoroso. Entre os escritores cristãos de origem latina, é o primeiro de vulto; nas suas obras fez questão de expor o desprezo em que tinha o paganismo e a cultura pagã. Que pode haver de comum entre o filósofo e o cristão, entre o discípulo da Grécia, amigo do erro, e o pupilo do Céu, adversário do erro e amigo da verdade?[25] Nem sequer a sabedoria de Sócrates é de grande préstimo, uma vez que ninguém logra conhecer a Deus fora de Cristo, nem a este fora do Espírito Santo. Além do mais, Sócrates,

---

[23] 4, 33, 8.
[24] *Bibl. cod.* 121.
[25] *Apol.* 46.

confessadamente, tomava lições de um demônio!²⁶ Referindo-se a Platão, que disse ser difícil encontrar o Criador e Pai do Universo, assevera que o mais simples dos cristãos já o encontrou a Ele.²⁷ Ademais, tinha para si que os filósofos gregos foram os patriarcas dos hereges,²⁸ na medida em que Valentino se estribou nos platônicos, Marcião nos estóicos, e que os próprios filósofos extraíram suas idéias do Antigo Testamento e, distorcendo-as, reclamaram-nas para si.²⁹ Entretanto, apesar desta antítese que Tertuliano estabelece entre a sabedoria cristã e a filosofia grega, ele próprio manejou questões filosóficas e mesmo sofreu influência dos estóicos. Ele afirma que a existência de Deus é conhecida com segurança a partir de suas obras;³⁰ também diz que, do fato de ser Deus incriado, infere-se Sua perfeição (*imperfectum non potest esse, nisi quod factum est*);³¹ espantosamente, porém, sugere que tudo, inclusive o mesmo Deus, é corpóreo. "Existir é ser uma espécie *sui generis* de corpo. Ao que falta-lhe existência corpórea, falta-lhe o existir":³² "e se bem que 'Deus é Espírito', quem há de negar que Deus é corpo? O Espírito, com efeito, é dotado de uma substância corpórea que se enquadra com sua forma e espécie".³³ Muitos foram os escritores que concluíram, destas passagens, que Tertuliano esposava uma doutrina materialista que pensava Deus como um ente material, do mesmo modo como os estóicos admitiam um Deus material; alguns, porém, pensam que "corpo" aí significa simplesmente substância, e ao atribuir materialidade a Deus, Tertuliano na verdade estaria simplesmente atribuindo-lhe substancialidade. Nesta toada, quando o apolegeta diz que Deus é um corpo *sui generis*, que Ele é, a uma, *corpus* e *spiritus*, estaria a rigor afirmando que Deus é uma substância espiritual: embora escorregasse na linguagem, o pensamento seria aceitável. Essa explicação, por certo, não a devemos excluir como inaceitável, mas também é verdade que Tertuliano, ao falar da alma humana, diz que ela de força tem de ser uma substância corpórea, uma vez que é capaz de sofrimento.³⁴ Todavia, é ambíguo quando diz da natureza da alma, e na sua *Apologia*,³⁵ defende a ressurreição dos corpos dos maus porquanto "a alma não é capaz de sofrer separada da substância sólida, isto é, da carne". É mais prudente concluir, então, que, se por uma parte a linguagem de Tertuliano freqüentemente deixa transparecer um materialismo meio tosco, por outra, o sentido que tencionava lhe imprimir *pode* não ser o que suas palavras deixam transparecer à primeira vista. Quando, por exemplo, ensina que a alma do infante deriva da semente do

---

²⁶ *De Anima* 1.
²⁷ *Apol.* 46.
²⁸ *De Anima* 3.
²⁹ *Apol.* 47.
³⁰ *De Resurrect.*, 2–3.
³¹ *Herm.*, 28.
³² *De Carne Christi*, 11.
³³ *Adv. Prax.*, 7.
³⁴ *De Anima*, 7; cf. 8.
³⁵ 48.

pai a modo de broto (*surculus, tradux*),³⁶ parece que está a adotar uma posição claramente materialista, mas este "traducianismo", adotou-o em parte por razões teológicas, para dar conta da transmissão do pecado original, e mesmo os autores posteriores que esposaram essa doutrina por idênticos motivos teológicos não atinaram, ao que parece, com as implicações materialistas destas noções. Isto não prova, por óbvio, que Tertuliano *não* era materialista; todavia, no mínimo há que se precaver antes de se concluir que o sentido geral do texto coincida com as palavras empregadas. De fato, o que diz sobre a liberdade da vontade, e da natural imortalidade da alma, escassamente se enquadrariam, do ponto de vista lógico, com um materialismo puro e simples; isto todavia, não é bastante para o escusar de toda e qualquer acusação de materialismo, uma vez que ele pode ter esposado uma teoria materialista sem atinar com o fato de que alguns dos atributos que atribuía à alma eram incompatíveis com uma tomada de posição de todo materialista.

Uma das grandes contribuições de Tertuliano ao pensamento cristão foi o desenvolvimento de uma terminologia teológica — e por vezes filosófica — em língua latina. Por exemplo, o emprego técnico do termo *persona*, encontramo-lo pela primeira vez em seus escritos: as Pessoas divinas constituem distintas *Personae*, mas não formam uma substância dividida.³⁷ Na sua doutrina acerca do Verbo³⁸ apela explicitamente aos estóicos Zenão e Cleantes.³⁹ Entretanto, das suas concepções teológicas, e da sua ortodoxia ou heterodoxia, não nos cabe dizer nesta obra.

(III) Na sua obra *Adversus Gentes* (c. 303), Arnóbio faz curiosas anotações quanto à alma. Apesar de afirmar o criacionismo, contra a doutrina platônica da preexistência, ele faz do agente criador um ser inferior a Deus e postula o caráter gratuito da imortalidade da alma, negando que esta convenha à alma por natureza. Um dos motivos para este proceder é porque tencionava servir-se do caráter gratuito da imortalidade como argumento em favor do cristianismo e de viver uma vida segundo a moral. Ainda, ao combater a teoria platônica da reminiscência, assevera que nossas idéias têm origem na experiência, à exceção da idéia de Deus. Dá o exemplo de uma criança que cresceu na solidão, no silêncio e na ignorância durante os anos de sua juventude e declara que, como conseqüência deste estado de coisas, nada conheceria: certamente não teria adquirido nenhum conhecimento por "reminiscência". A prova desta doutrina que nos oferece Platão no *Menon* não é cogente.⁴⁰

(IV) A origem da alma através da intervenção criativa diretamente de Deus, em oposição a todas as formas de traducianismo, foi claramente afirmada por Lactâncio (c. 250–325) no seu *De opificio Dei*.⁴¹

---

[36] *Cf. De Anima*, 19.
[37] *Adv. Prax.*, 12.
[38] *Sermo, Ratio*.
[39] *Apol.*, 21.
[40] 2, 20 ss.
[41] 19.

5. O gnosticismo, tal como combatido por Santo Irineu e Hipólito foi, na medida em que se pode a direito relacioná-lo com o cristianismo, um sistema especulativo de cunho herético ou, mais ao ponto, um conjunto de sistemas que, além de elementos orientais e cristãos, incorporou outrossim elementos tomados do pensamento helênico. Teve como um de seus efeitos suscitar firme oposição à filosofia helênica da parte daqueles escritores cristãos que exageravam as conexões entre o gnosticismo e a filosofia grega, tidas como sementeira de heresias; outro efeito, porém, foi o de contribuir com o esforço de construção de uma *gnosis* ortodoxa, um sistema teológico-filosófico cristão. Este empreendimento caracterizou particularmente a escola catequética de Alexandria, cujos escritores de maior renome foram Clemente e Orígenes.

(I) *Titus Flavius Clemens* (Clemente de Alexandria) nasceu por volta de 150 d.C., talvez em Atenas, passando à Alexandria em 202 ou 203, onde morreu no ano de 219. Animado por uma tendência que mais tarde foi sintetizada na fórmula *Credo ut intelligam*, Clemente buscou apresentar, de modo sistemático, a sabedoria cristã como a verdadeira *gnosis*, em oposição à falsa. Para tanto, seguiu os passos de Justino Mártir quanto ao tratamento dispensado aos filósofos gregos, observando que as obras destes filósofos foram antes de amparo a preparar o caminho para o cristianismo, educando o mundo helênico para receber a religião revelada, do que loucura e ilusão. O *Logos* divino desde sempre iluminou as almas; mas, enquanto os judeus receberam a luz de Moisés e dos Profetas, os gregos, por sua parte, tinham lá seus sábios e filósofos, de modo que a filosofia estava para os gregos como a Lei para os hebreus.[42] É bem verdade que Clemente cuidava, seguindo nisto também Justino, que os gregos tomaram algumas de suas idéias do Antigo Testamento e, em o fazendo, distorceram-nas à conta da vanglória, mas ele também estava firmemente convencido de que a luz do *Logos* permitiu aos filósofos gregos vislumbrarem não poucas verdades, e que a filosofia é, a rigor, um corpo de verdades que não é prerrogativa de nenhuma escola grega em particular, senão que se encontra, em diversos graus e medidas, em diferentes escolas, se bem que Platão fosse o maior de todos os filósofos.[43] A filosofia não foi apenas preparação para o cristianismo: ela serve ainda de amparo para o melhor entendimento dele. Com efeito, alguém que simplesmente acredita, sem se esforçar por entender, dir-se-ia uma criança em comparação com um adulto: fé cega e passivo aceitar não são atitudes ideais, se bem que ciência, especulação e raciocínio não possam alcançar a verdade se não se compadecem com a revelação. Em outras palavras, Clemente de Alexandria, como o primeiro cristão erudito, buscou esclarecer as relações que vão entre cristianismo e filosofia e se servir da razão especulativa no sistematizar e desenvolver da teologia. Note-se que Clemente rejeita o conhecimento *positivo* de Deus: a rigor, conhecemos somente o que Deus não é; por exemplo, que Ele não é gênero ou espécie; que está para além de tudo o que experimentamos ou concebemos. E entretanto, não se poderia dizer que é

---

[42] *Strom.*, 1, 5.
[43] *Paedagogus*, 3, 11.

desprovido de razão o predicar-lhe perfeições, contanto que se tenha em mente que todos os nomes que se aplicam a Ele são de fato inadequados — e portanto, em sentido diverso, inaplicáveis. Fundando-se, pois, em Fílon e em certas afirmações de Platão deitadas por escrito na *República* quanto à natureza do Bem, Clemente defende a *via negativa*, tão encarecida dos místicos e que alcançou sua mais clássica expressão nos escritos do Pseudo-Dionísio.

(II) Orígenes, o mais destacado representante da escola catequética de Alexandria, nasceu por volta de 185 ou 186. Estudou as obras dos filósofos gregos, e diz-se que freqüentou as aulas de Amônio Sacas, professor de Plotino. Viu-se forçado a deixar a direção da escola de Alexandria à conta de um processo sinodal (231 e 232) interposto contra certas facetas de sua doutrina e também contra sua ordenação (conta-se que foi ordenado na Palestina, apesar de se mutilar), vindo na seqüência a fundar uma escola em Cesaréia na Palestina, onde São Gregório Taumaturgo fez-se discípulo seu. Morreu em 254 ou 255, como conseqüência das torturas que sofrera durante as perseguições de Décio.

Orígenes foi o mais prolífico e cultivado dos escritores cristãos anteriores ao Concílio de Nicéia, e não se pode duvidar de seu sincero esforço de permanecer fiel à ortodoxia cristã. Entretanto, como desejasse reconciliar a filosofia platônica com o cristianismo e fosse dado à interpretação alegórica das Escrituras, acabou por adotar certas opiniões heterodoxas. Assim, por exemplo, influenciado que fora pelo platonismo, ou melhor, neoplatonismo, sustentava que Deus, que é puramente espiritual — a Mônada (μονάς) e o Um (ἑνάς)[44] — e que transcende a verdade e a razão, a essência e o próprio ser (é o que afirma no livro contra o filósofo pagão Celsus,[45] seguindo nisto Platão: Deus é ἐπέκεινα νοῦ καὶ οὐσίας), criara o mundo desde a eternidade e por uma necessidade imposta pela sua própria natureza. Deus, que é o Bem, jamais poderia estar "inativo" uma vez que a bondade, de per si, tende a se comunicar e difundir. Acresce que se Deus criou o mundo no tempo, isto é, se houve um "tempo" em que o mundo não era, ficaria solapada a imutabilidade de Deus, o que é impossível.[46] Estas razões, ambas, concebeu-as fundado no neoplatonismo. Deus de fato é o criador da matéria e, portanto, Criador no sentido estrito, cristão, do termo,[47] mas há uma infinidade de mundos que se sucedem e se distinguem uns dos outros.[48] Como o mal é privação, e não algo positivo, Deus não pode ser acusado de autor do mal.[49] O *Logos* ou Verbo é o exemplar da criação, a ἰδέα ἰδεῶν,[50] e por meio dele todas as coisas foram feitas — verdadeiro mediador entre Deus e as criaturas.[51] A derradeira processão no interior da divindade é a do Espírito

---

[44] *De principiis* 1, 1, 16.
[45] 7, 38.
[46] *De principiis*, 1, 2, 10; 3, 4, 3.
[47] Ibid., 2, 1, 4.
[48] Ibid., 3, 5, 3; 2, 3, 4–5.
[49] *In Joann.*, 2, 7.
[50] *Contra Celsum*, 6, 64.
[51] *De principiis*, 2, 6, 1.

Santo e, logo abaixo dele, acham-se os espíritos criados que, pelo poder do Espírito Santo, são alçados à condição de filhos de Deus, unidos com o Filho e a tomar parte na vida do Pai.[52] As almas foram criadas por Deus, pelo que é de suas qualidades, iguais, mas à força do pecado, quando ainda se achavam no estado de pré-existência, foram revestidas de corpos, de modo que a diferença qualitativa que vai entre as almas deve-se às suas ações anteriores ao entrar no mundo. As almas desfrutam de livre-arbítrio na Terra, mas as suas obras pendem não somente das escolhas livres que fazem, senão também da graça de Deus, que é infundida proporcionalmente de acordo com a conduta delas no estado de pré-encarnação. Não obstante isto, todas as almas, e mesmo o Diabo e os demônios, depois de passarem por sofrimentos purificadores, acabarão por unir-se a Deus. É esta a doutrina de restauração de todas as coisas (ἐπανόρθωσις, ἀποκατάστασις πάντων), segundo a qual o todo das coisas há de retornar a seu princípio último, quando Deus será tudo em todos,[53] e que renega, por certo, do ensinamento ortodoxo acerca do Inferno.

Verdade seja dita, do pouco que foi dito até aqui sobre o pensamento de Orígenes, vê-se que ele tentou fundir a doutrina cristã com a filosofia platônica ou neoplatônica. Ao Filho e ao Espírito Santo na Santíssima Trindade, conquanto residindo dentro na divindade, a eles se refere de modo que mostra influência do emanacionismo de Fílon e do pensamento neoplatônico. As teorias do *Logos* como "Idéia das idéias" e da criação eterna e necessária, essas procedem de uma mesma fonte, ao passo que a teoria da pré-existência é platônica. Está visto que as idéias filosóficas que Orígenes houve por bem adotar foram incorporadas numa estrutura e panorama cristãos, de modo que ele pode corretamente ser dito o primeiro grande pensador cristão a buscar uma síntese. Essas idéias filosóficas, relacionadas que fossem a passagens da Escritura interpretadas livremente, acabaram, aqui e ali, por fazê-lo recair na heterodoxia, por conta do seu grande entusiasmo pelo pensamento grego.

6. Os Padres Gregos dos séculos IV e V ocupavam-se primariamente com questões teológicas. Desse modo, Santo Atanásio (m. 373) foi o grande inimigo do arianismo; São Gregório Nazianzeno, por sua vez, que morreu em 390, conhecido como O Teólogo, avulta por sua obra de teologia trinitária e cristológica; *São João Crisóstomo* (m. 406) é celebrado como um dos maiores oradores da Igreja, e por suas obras sobre as Sagradas Escrituras. Ao manejarem os dogmas, como por exemplo, os relativos à Santíssima Trindade e à união hipostática, os Padres, por certo, lançaram mão de termos e expressões de origem filosófica; este proceder, no entanto, não faz deles filósofos em sentido estrito, pelo que nada diremos deles aqui. Podemos, contudo, assinalar que *São Basílio* (m. 379) estudou na Universidade de Atenas, junto com São Gregório Nazianzeno, e que no seu *Ad Adolescentes* recomenda o estudo dos poetas, oradores, historiadores e filósofos gregos, apesar de ser necessária uma seleção prévia de seus escritos

---

[52] Ibid., 6, 1–3.
[53] Ibid., 3, 6, 1 ss.; 1, 6, 3.

a excluir as passagens imorais. A literatura e a cultura gregas constituem um tremendo instrumento de educação, mas a instrução moral é mais importante que a formação literária e filosófica. (O próprio São Basílio, ao que parece, nas descrições que fazia dos animais, baseava-se quase que inteiramente nos trabalhos de Aristóteles).

E quando mesmo não podemos considerar aqui as especulações de cunho teológico dos Padres Gregos, uma ou outra palavra devemos dizer de duas figuras de vulto do período, a saber, o historiador Eusébio e São Gregório de Nissa.

(I) *Eusébio da Cesaréia* nasceu na palestina em 265, tornando-se aí Bispo de Cesaréia a 313 e no mesmo sítio falecendo a 340. Mais conhecido como autorizado historiador da Igreja, destacou-se também como apologeta, e foi enquanto tal que tomou forma sua atitude em relação à filosofia grega, uma vez que considerava ser a filosofia grega uma espécie de preparação, própria dos pagãos, para o advento do cristianismo, se bem que estivesse plenamente consciente dos erros esposados pelos filósofos gregos e das contradições que iam entre as diferentes escolas filosóficas. E por muito que, aqui e ali, fale com violência, sua atitude, em termos gerais, é de simpatia e apreço, coisa que deixa transparecer sobretudo na sua *Praeparatio evangelica*, em 15 livros. É muito de se lamentar que não tenham chegado até nós os 25 livros que compunham a obra que Eusébio escrevera em resposta aos ataques de Porfírio contra o cristianismo, uma vez que essa réplica dirigida àquele eminente filósofo neoplatônico e discípulo de Plotino, sem questão haveria de lançar luz sobre suas idéias filosóficas. A *Praeparatio evangelica*, porém, mostra com folga não somente que o pensamento de Eusébio, de modo geral, convinha com o de Justino Mártir, Clemente de Alexandria e Orígenes, senão também que conhecia à larga a literatura dos gregos. Com efeito, era um homem muito cultivado, e seus textos constituem uma das fontes de nosso conhecimento sobre a filosofia daqueles pensadores cujas obras se perderam.

Seria de esperar, dada a atitude de seus predecessores, que Eusébio tivesse Platão em particular estima e, com efeito, na *Praeparatio*, dedica três livros inteiros (11–13) ao platonismo. Clemente persuadira-se de que Platão era um Moisés a escrever em grego, Eusébio, por sua vez, concordando com Clemente, considerava que Platão e Moisés harmonizavam-se[54] e que Platão podia ser tido em conta de profeta na economia da salvação.[55] Eusébio convinha com Clemente e Orígenes, e também com Fílon, em que Platão tomara emprestadas do Antigo Testamento[56] as verdades que expunha em suas obras, mas, ao mesmo tempo, admite de bom grado que Platão pudesse tê-las descoberto por si ou que tivesse sido iluminado por Deus.[57] Em todo caso, Platão não apenas compartilha com os Hebreus da mesma concepção acerca de Deus, mas também tangencia, nas suas

---

[54] 11, 28.
[55] 13, 13.
[56] 10, 1, 10, 8; 10, 14.
[57] 11, 8.

Cartas, a própria noção da Santíssima Trindade. Neste ponto, bem se mostra que Eusébio está interpretando Platão em sentido neoplatônico e referindo-se aos três princípios supremos: o Uno ou Bem, o *nous* ou mente e a alma do mundo.[58] As idéias não são outras que idéias de Deus, do *Logos* — os padrões exemplares da Criação —, e o relato da Criação no *Timaeus* semelha o do Gênesis.[59] Ainda, Platão e as Escrituras concordam quanto à doutrina da imortalidade,[60] e os ensinamentos morais do *Phaedrus* Eusébio aproxima-os aos de São Paulo.[61] E mesmo o Estado ideal platônico teve lugar na teocracia judaica.[62]

No entanto, é certo também que estas teses não as afirmou Platão ermas de equívocos:[63] sua doutrina sobre Deus e a criação contaminou-a com as doutrinas, também suas, da emanação e da eternidade da matéria; quanto à doutrina da alma e da imortalidade, manchou-a ao esposar as noções de preexistência e de reencarnação, e assim por diante. De modo que Platão, mesmo que tenha sido um "profeta", não foi mais do que profeta: não entrou na terra prometida da verdade, embora tenha a ela se achegado. Com efeito, é o cristianismo a única filosofia verdadeira. Além disso, a filosofia de Platão era por demais intelectualizada para que se tornasse patrimônio comum aos homens, enquanto que o cristianismo é para todos: homens e mulheres, pobres e ricos, cultos e incultos, podem se tornar "filósofos".

Não me propus nesta obra a discutir pormenorizadamente a interpretação que Eusébio dá à filosofia de Platão: basta que se anote, de passagem, que ele, como o mais dos pensadores cristãos de matriz grega, concede a Platão o lugar mais alteado entre os pensadores helênicos e que, concertando-se nisto com todos os primeiros escritores cristãos, não estabelece uma distinção real entre a teologia em sentido estrito e a filosofia em sentido estrito. Há, com efeito, uma única sabedoria, que se manifestou plena e perfeitamente apenas no cristianismo: essa verdadeira filosofia ou sabedoria, lograram alcançá-la os pensadores gregos na medida em que anteciparam o próprio cristianismo. Entre estes, avulta a filosofia de Platão; mas mesmo ele não logrou ganhá-la, senão somente tangenciá-la. A idéia de que Platão e outros pensadores helênicos beberam do Antigo Testamento, se bem que parcialmente derive da concepção que tinham da "filosofia", também fez reforçar o que escritores cristãos como Eusébio entendiam, *lato sensu*, por "filosofia", a qual, segundo estes, incluía não apenas o resultado do especular humano, senão também dos dados da revelação. Com efeito, mesmo com esta atitude deveras favorável a Platão, a conclusão lógica que se tira desta tese de Eusébio e outros, qual seja, a de que os filósofos gregos plagiaram o Antigo Testamento, é que a especulação do homem, quando não for socorrida pela iluminação direta de Deus, pouco vale para a conquista da

---

[58] 11, 16; 11, 20.
[59] 11, 23; 11, 29; 11, 31.
[60] 11, 27.
[61] 12, 27.
[62] 13, 12; 12, 16.
[63] 13, 19.

verdade. Pois o que são todos estes erros que contaminam a verdade e dos quais nem sequer Platão escapou senão o resultado de um humano especular? Se se diz que a verdade contida na filosofia grega derivou do Antigo Testamento, ou seja, da revelação, escassamente poder-se-ia evitar a conclusão de que os erros dessa mesma filosofia procedem do seu caráter especulativo, o que não redundaria senão no desapreço a esta mesma capacidade. Esta atitude é comum entre os Padres e, na Idade Média, foi claramente delineada por São Boaventura no século XIII, embora não tenha prevalecido de todo na escolástica, na qual sobressaíram os pontos de vista de Santo Tomás de Aquino e Duns Escoto.

(II) Um dos Padres Gregos mais cultos, e de maior interesse para a história da filosofia, foi *São Gregório de Nissa*, irmão de São Basílio, nascido na Cesaréia (da Capadócia, não da Palestina) por volta de 335 e, indo de professor de retórica a Bispo de Nissa, veio a morrer por volta do ano 395.

Gregório de Nissa se apercebeu com clareza de que os dados da revelação são acolhidos pela fé e não o resultado de um raciocínio lógico; em outras palavras, os mistérios da fé não são conclusões filosóficas ou científicas, porque neste caso seriam indiscerníveis aquela fé sobrenatural própria dos cristãos e a filosofia helênica. De outra parte, a fé funda-se num elemento racional, em termos lógicos, porquanto este aceitar os mistérios fundados na autoridade religiosa pressupõe a captação, por meio da razão natural, de certas verdades preliminares, especialmente a da existência de Deus, a qual pode ser demonstrada por meios filosóficos. Deste modo, embora seja afirmada a superioridade da fé, não erra quem recorre à filosofia. Ética, filosofia natural, lógica, matemática, tudo isto não apenas serve de enfeite para o templo da verdade, mas também de contribuição para a vida de sabedoria e virtude, pelo que não devem estas disciplinas ser rejeitadas ou desprezadas,[64] se bem que a revelação divina deva ser tomada como pedra de toque e critério da verdade, uma vez que a razão humana deve ser julgada pela palavra de Deus e não inversamente.[65] Do mesmo modo, podem os dogmas ser submetidos ao especular e raciocinar dos homens, mas as conclusões, essas só terão validade se estiverem de acordo com as Escrituras.[66]

A ordem cósmica prova a existência de Deus, e de sua perfeição necessária podemos fundar-lhe a unidade, isto é, que há um só Deus. Gregório prossegue a formular argumentos em favor da existência das três Pessoas da Trindade numa única divindade.[67] Por exemplo, Deus deve ter um *Logos*, uma palavra, razão. Este *Logos* divino, porém, não pode ser apenas por breves instantes, mas eterno e vivo. No homem, a palavra interior não é senão acidente passageiro, mas em Deus não há tal: o *Logos* e o Pai fazem-se um em natureza, posto que não há senão um só Deus; esta distinção entre o *Logos* e o Pai, a Palavra e Aquele que a profere é apenas de relação. Não nos cabe aqui tratar da doutrina trinitária

---

[64] *De vita Moysis*; PG, 44, 336 DG, 360 BC.
[65] Cf. *De anima et ressurrectione*; PG, 46, 49 C.
[66] Cf. Contra Eunom.; PG, 45, 341 B.
[67] Cf. *Oratio Catechetica*; PG, 45.

de Gregório; porém, o fato de que, de algum modo, ele tenta provar essa doutrina, apresenta-nos algum interesse, uma vez que este proceder serviu de base, posteriormente, às tentativas empreendidas por Santo Anselmo e Ricardo de São Vítor de deduzir a Trindade, isto é, prová-la *rationibus necessariis*.

É certo, entretanto, que São Gregório — bem como Santo Anselmo — tencionava, servindo-se de um ferramental dialético, tornar o mistério mais inteligível, e não propriamente, racionalizando-o, afastar-se da dogmática ortodoxa. Do mesmo modo quanto à sua teoria de que a palavra "homem" aplica-se primariamente ao universal e apenas secundariamente ao homem individual, que não foi senão uma tentativa de esclarecer o seguinte: a palavra "Deus" refere-se, em primeiro lugar, à essência divina, que é uma, e apenas secundariamente às três Pessoas divinas; com isto intentava Gregório afastar toda acusação de triteísmo. Essa imagem, se bem que tenha sido introduzida para abalar a acusação de triteísmo e a tornar o mistério mais inteligível, desconvinha, uma vez que implicava uma concepção hiper-realista dos universais.

O platonismo de São Gregório quanto aos universais aparece particularmente no seu *De hominis opificio*, onde se põe a distinguir o homem celeste, ideal, universal, do homem terrestre, objeto de nossa experiência. Aquele, isto é, o homem ideal, ou melhor, o ser humano ideal, existe tão somente como idéia de Deus e, desprovido de determinações sexuais, não é macho nem fêmea. Este, por sua vez, o ser humano que experimentamos, é expressão daquele outro, ideal, e acha-se determinado segundo caracteres sexuais, de modo que do ideal dir-se-ia cindido ou parcialmente representado nos inúmeros indivíduos singulares. É assim que, segundo Gregório, as criaturas individuais procedem a modo de criação, não de emanação, desta idéia que vai no *Logos* divino. Esta teoria, está visto, funda-se nas filosofias de Fílon e dos neoplatônicos e foi acolhida pelo primeiro filósofo de vulto da Idade Média, João Escoto Erígena, deveras influenciado pelas obras de São Gregório de Nissa. Deve-se notar, entretanto, que São Gregório não estava a apontar a existência de um homem ideal histórico e sexualmente indeterminado: a idéia que do homem tem Deus só haverá de ser realizada escatologicamente, quando (segundo as palavras de São Paulo tal como as entende Gregório) não haverá homens nem mulheres, uma vez que no Céu não haverá casamento.

Deus criou o mundo a partir da sua infinita bondade e amor, para que houvesse criaturas capazes de tomar parte na bondade divina; mas, apesar de Deus ser bondade, e de ter criado o mundo por bondade, não o fez compelido por necessidade, mas de livre vontade. Parte dessa liberdade concedeu-a aos homens, permitindo que, se assim o desejarem, escolham o mal, que não é senão resultado da liberdade do homem, não vindo, pois, de Deus. É bem verdade que Deus previu o mal e o permite, mas apesar desta presciência ainda assim criou o homem, porque também sabia que haveria de, ao cabo, chamar todos os homens a si. Gregório, portanto, aceitava a teoria origenista da "restauração de todas as coisas": todos os homens, e mesmo Satanás e os anjos caídos, tornarão, mais dia menos dia, a Deus, nem que seja por meio dos sofrimentos purificadores depois da morte. Em certo sentido, portanto, cada um dos seres humanos haverá de um dia volver ao Ideal e ficar nele contido, embora Gregório com certeza aceitasse a idéia de imortalidade individual. Esta noção do retorno de todas as coisas a Deus, ao princípio de onde emergiram, e a consecução de um estado em que Deus é "tudo em todos", João Escoto Erígena tomou emprestada de São Gregório Nissa, e ao interpretar a linguagem algo ambígua daquele, é preciso que se tenha em mente o pensamento deste, mesmo admitindo-se que João Escoto tenha imprimido às palavras de São Gregório sentido algum tanto diverso. Embora, porém, São Gregório de Nissa conviesse na doutrina origenista da restauração de todas as coisas, rejeitava a teoria platônica da pré-existência e, no *De hominis opificio*,[68] ele chega a dizer que o autor do *De principiis* extraviou-se à conta das teorias helênicas. A alma, que não se acha encerrada em nenhuma das partes do corpo, é uma "essência criada (οὐσία γεννητή); essência vivente, intelectual, dotada de um corpo orgânico e sensitivo, essência esta que é capaz de reproduzir a vida e perceber objetos sensíveis, suposto que os instrumentos do corpo permaneçam funcionais".[69] Simples e incomposta que é (ἁπλῆν καὶ ἀσύνθετον), a alma tem o poder de sobreviver ao corpo,[70] com o qual, entretanto, ao fim haverá de se reunir. É ela, pois, espiritual e incorpórea; de que maneira, porém, distingue-se do corpo, uma vez que um corpo, isto é, o objeto material concreto, é composto, segundo São Gregório, de qualidades que, em si mesmas, são incorpóreas? No *De hominis opificio*,[71] ele assevera que os corpos resultam da união de qualidades como cor, solidez, quantidade, peso etc., ao passo que a dissolução delas redunda na corrupção do corpo. No capítulo precedente, São Gregório saiu-se com este dilema: ou as coisas materiais procedem de Deus, caso em que Deus, enquanto fonte delas, levaria em si a própria matéria, ou seja, seria material, ou, ao contrário, as coisas materiais não procederiam dele e a matéria seria, portanto, eterna. Mas São Gregório rejeita tanto a materialidade de Deus quanto o dualismo, e a conclusão disto seria de que as próprias qualidades de que são compostos os corpos seriam elas não-materiais. É bem verdade que São Gregório, ao afiançar a criação *ex nihilo*, afirma que não logramos compreender como pode Deus criar as qualidades a partir do nada; mas não seria imprudente supor que, segundo entendia, as qualidades que formam os corpos não são elas próprias corpóreas: a rigor não seriam, uma vez que não há corpo concreto exceto pela *união* destas qualidades e através delas. Presume-se que nisto tenha sido influenciado pela doutrina das qualidades exposta por Platão no *Timeu*. Como, então, não haveriam de ser espirituais? E se de fato o são, como haveria a alma de se distinguir do corpo? A resposta, sem dúvida, seria porque, embora as qualidades ajuntem-se para formar o corpo e não possam,

---

[68] PG, 44, 229 ss.
[69] *De anima et res.*; PG, 46, 29.
[70] Ibid., 44.
[71] Cap. 24.

consideradas em abstrato, ser chamadas "corpos", ainda assim elas guardam uma relação essencial com a matéria, uma vez que a elas cabe a função de dar forma à matéria. Dificuldade análoga vemo-la na doutrina aristotélico-tomista da matéria e forma. A matéria-prima não é *em si mesma* corpo, mas um de seus princípios: como, pois, considerada em si mesma, difere ela do que é imaterial e espiritual? A filosofia tomista responde dizendo que a matéria-prima nunca existe por si mesma e que exige de si a quantidade, que é um atributo essencial do corpo concreto, e pode-se presumir que Gregório de Nissa haveria de dizer algo na mesma linha no que diz respeito às suas qualidades primárias. Notemos, de passagem, que dificuldades deste mesmo tipo podem ser levantadas contra certas teorias modernas quanto ao que dizem da constituição da matéria. Platão, se ainda vivo, possivelmente acolheria estas teorias, e não é de todo improvável que também o fizesse o próprio São Gregório de Nissa.

Pelo que ficou dito, está claro que Gregório de Nissa sofreu grande influência do platonismo, do neoplatonismo e dos escritos de Fílon (ele fala, por exemplo, do ὁμοίωσις θεῷ como a finalidade própria do homem; da ascensão do solitário ao Solitário, da "justiça em si", de *eros* e da subida até a beleza ideal). Advirta-se, entretanto, que embora Gregório de Nissa se servisse de temas e expressões tomadas de Plotino, e em menor medida de Fílon, nem sempre as entendia no mesmo sentido em que eles dois. Bem pelo contrário: empregava expressões de Platão e Plotino com a intenção de expor e explicar as doutrinas cristãs. Por exemplo, o "assemelhar-se a Deus" é obra da graça, um desenvolvimento consentâneo com o agir divino — e com a livre cooperação do homem — daquela imagem ou εἰκών que Deus implanta na alma no batismo. Do mesmo modo, a "justiça em si" não é mera virtude abstrata ou sequer uma idéia a subsistir no *Nous*: é o mesmo *Logos* instalado na alma, cujo efeito é a participação na virtude. Este *Logos*, além do mais, não é o *Nous* de Plotino ou o *Logos* de Fílon, senão a segunda Pessoa da Santíssima Trindade, e entre Deus e as criaturas não vai nenhuma processão intermediária ou hipóstases subordinadas.

Por fim, notemos que São Gregório de Nissa foi de fato o primeiro a fundar de modo sistemático o que veio a ser chamado de teologia mística. Serviu-se aqui também de noções tiradas de Plotino e Fílon, empregando-as porém em sentido cristão e inserindo-as num esquema de pensamento de cunho cristocêntrico. Com efeito, naturalmente, a mente do homem está feita para conhecer os objetos sensíveis e, ao contemplá-los, logra conceber algo de Deus e de seus atributos (eis a teologia de extração simbólica, em parte equivalente à teologia natural, tal como entendida modernamente). Por outra parte, ainda que a natureza do homem tenha como objeto próprio o conhecimento das coisas sensíveis, estas não são plenamente reais, senão meras miragens e ilusões, exceto se apreendidas como símbolos a manifestar realidades imateriais, pelas quais o homem se sente espiritualmente atraído. A tensão que isto gera na alma conduz ao estado de ἀνελπιστία ou "desespero", que dá nascimento ao misticismo, uma vez que a alma, atraída por Deus, põe de parte seu objeto natural de conhecimento sem, contudo, lograr ver a Deus, a quem busca impelida por amor: entra, então, num estado de escuridão, que os tratados medievais vieram a chamar de "nuvem do não-saber" (a este estágio corresponde a teologia negativa, que viria a muito influir na filosofia de Pseudo-Dionísio). No progresso da alma, há, por assim dizer, dois movimentos: o de instalação (inabitação) do Deus Trino e Uno, e o de êxtase, ponto culminante do processo de saída de si. O processo de êxtase tal como entendido por Fílon foi interpretado por Orígenes em termos intelectuais, uma vez que qualquer tipo de êxtase era então tido por suspeito, à conta das extravagâncias montanistas; Gregório de Nissa, porém, colocou o estado de êxtase no topo da jornada da alma, interpretando-o sobretudo como *amor* extático.

Esta "escuridão" que Deus tem ao redor de si deve-se, em primeiro lugar, à suprema transcendência da essência divina, donde São Gregório concluiu que, mesmo no Céu, a alma segue, levada por amor, buscando penetrar mais fundo dentro em Deus. O permanecer estático redundaria ou em saciedade ou em morte: a vida espiritual exige progresso contínuo, e a natureza da transcendência divina abarca o mesmo progresso, uma vez que a mente humana nunca haverá de compreender a Deus. Em certo sentido, portanto, a "escuridão divina" *sempre* subsistirá, e não se equivocaria quem dissesse que São Gregório conferiu a este conhecer entre as trevas prioridade sobre o conhecimento intelectual, não porque desprezasse o intelecto humano, e sim porque se apercebia da transcendência de Deus.

Este esquema formulado por São Gregório para descrever a ascensão da alma certamente lembra o de Plotino, mas, por outra parte, é inteiramente Cristocêntrico, uma vez que nele o progresso da alma é obra do *Logos* divino, do mesmo Cristo. Acresce que o ideal a que ele tende não se perfaz numa solitária união com Deus, mas antes na realização do *Pleroma* de Cristo: o progresso de uma alma produz bênçãos e graças para as demais e a inabitação de Deus num indivíduo afeta o todo do Corpo. O misticismo de São Gregório é totalmente sacramental: o εἰκών é restaurado por meio do batismo e é a eucaristia que permite a união com Deus. Por fim, para pôr o remate, beberam, direta ou indiretamente, dos escritos de São Gregório Nissa, não só o Pseudo-Dionínio e os místicos até São João da Cruz, como também aqueles filósofos cristãos que entendiam o progresso da alma como uma jornada através de uma série de diferentes estágios de conhecimento e amor, até o cume da vida mística e da visão beatífica. Não só um escritor de extração puramente espiritual como São João da Cruz pode ser remetido a São Gregório de Nissa, senão também o filósofo místico São Boaventura.

7. Quanto aos Padres latinos, o maior dentre eles é sem dúvida Santo Agostinho de Hipona. Devido, entretanto, à importância de seu pensamento para a Idade Média, tratar-lhe-ei a filosofia à parte e algo detalhadamente. Nesta seção, contento-me com traçar em linhas gerais o pensamento de Santo Ambrósio (333–397), Bispo de Milão.

Santo Ambrósio caracterizava-se por compadecer-se com a atitude tipicamente romana quanto à filosofia: cultivava certo interesse pelas questões de ordem prática e ética e, ao mesmo tempo, tinha pouco apreço e inclinação para especulações de ordem metafísica. Nos seus escritos de cunho dogmático e escritural, fundava-se sobretudo nos Padres Gregos; em ética, entretanto, sofrera a influência de Cícero, e no seu *De officiis ministrorum*, escrito por volta de 391 e dirigido ao clero de Milão, saiu-se com uma versão cristã do *De officiis*, obra do grande orador romano. Santo Ambrósio aí segue de perto o tratamento dado às virtudes por Cícero, mas infunde-lhe, naturalmente, um *ethos* cristão, e o ideal estóico da felicidade perfeita, a ser alcançado por meio da virtude, é complementado com a idéia de uma derradeira felicidade eterna em Deus. Com efeito, Santo Ambrósio não agrega nenhuma contribuição original à ética cristã; a importância dessa obra está em que veio a muito influenciar o pensamento subseqüente e em que escritores mais adiantados nela se estribaram em suas obras sobre a ética.

8. Como se viu, os Padres Gregos foram principalmente influenciados pela tradição platônica; entretanto, a obra do último deles, São João Damasceno, como que preparou o terreno para o aristotelismo, que de bom grado veio a ser acolhido no Ocidente latino.

São João Damasceno, que faleceu, provavelmente, a 749, não apenas se opôs irresoluto aos iconoclastas, senão também, no campo da teologia, foi um grande sistematizador, de modo que poderia ser considerdo como o escolástico do Oriente. Ele assevera explicitamente que não tenciona formular opiniões novas, pessoais, mas simplesmente preservar e repassar o pensamento de homens santos e cultos, de feição que debalde um buscaria em seus escritos por novos conteúdos; entretanto, justamente neste apresentar ordenada e sistematicamente as idéias de seus predecessores é que dispôs de alguma originalidade. Na primeira parte de sua obra principal, *Fonte da sabedoria*, resume e esboça a lógica e a ontologia aristotélicas, embora nisto estribe-se em outros escritores além de Aristóteles, como por exemplo Porfírio. Nesta primeira parte, a *Dialética*, ele afirma claramente que a filosofia e as ciências profanas são instrumentos e servas da teologia, adotando aí a posição de Clemente de Alexandria e dos dois Gregórios, atitude esta que remonta a Fílon, o judeu de Alexandria, e que amiúde era repetida na Idade Média.[72] Na parte segunda da sua grande obra, lida com a história das heresias fundando-se em escritos anteriores, e na terceira parte, *De Fide Orthodoxa*, trata ordenadamente, em quatro livros, da teologia patrística ortodoxa. Esta última foi vertida para o latim por Burgúndio de Pisa em 1151, e influenciou, entre outros, Pedro Lombardo, Santo Alberto Magno e Santo Tomás de Aquino. Pode-se dizer que São João Damasceno goza de tanto prestígio no Oriente quanto Santo Tomás no Ocidente.

9. À vista do que levamos dito, debalde alguém procuraria, entre os Padres Gregos, e mesmo entre os latinos, à exceção de Agostinho, por uma síntese de

---

[72] PG, 94, 532 AB.

conteúdos filosóficos. Os Padres Gregos, a rigor, não distinguiam claramente entre as províncias da filosofia e da teologia e cuidavam que o cristianismo era a verdadeira sabedoria ou "filosofia". Tinham a filosofia helênica por preparatória ao cristianismo, de modo que mais se interessavam por apontar-lhe as verdades cristãs que continha antecipadamente e os erros que lhes eram evidentes. Estes, atribuíam-nos à tibieza do especular humano e ao desejo perverso de originalidade, à vanglória dos mesmos filósofos; aquelas, por sua vez, afiguravam-se-lhes plagiadas do Antigo Testamento. Quando eles adotavam certas idéias tomadas da filosofia helênica, faziam-no, o mais das vezes, porque haviam por bem empregá-las como adjutório na exposição e apresentação da sabedoria cristã, não porque tencionassem incorporá-las num sistema filosófico em sentido estrito.

E, contudo, são encontradiços, como vimos, elementos filosóficos nos escritos dos Padres. Por exemplo, eles servem-se de argumentos racionais para provar a existência de Deus, notadamente do argumento da ordem do mundo; ainda, especulam sobre a natureza e a origem da alma; São Gregório de Nissa chegou mesmo a esposar idéias que seriam propriamente cosmológicas ou pertencentes à filosofia da natureza. Ainda assim, uma vez que os argumentos de que se serviam — como por exemplo o da existência de Deus — não são trabalhados de maneira estrita e sistemática, pode parecer algum tanto deslocado o tratamento que aqui lhes dedicamos. Sou a dizer, todavia, que erra quem pensa assim, uma vez que mesmo um breve lançe de olhos sobre pensamento patrístico serve para iluminar um ponto específico que tende a ser esquecido por alguns, pouco versados no pensamento filosófico cristão. Suposto que Santo Tomás de Aquino, que recentemente foi alçado a uma posição de destaque entre os filósofos católicos, acolheu boa parte do sistema aristotélico, e que os primeiros pensadores da "era moderna" atacaram o aristotelismo escolástico, a filosofia cristã, ou pelo menos a católica, foi considerada puro aristotelismo, sem mais. Ainda assim, deixando de tratar por ora dos séculos posteriores, um exame do pensamento patrístico basta para mostrar que Platão, e não Aristóteles, era, dos filósofos gregos, o mais estimado pelos Padres da Igreja. Isto, talvez, deveu-se ao fato de que o neoplatonismo era a filosofia contemporânea de maior vigor e influência, e de que os Padres não apenas enfocavam Platão de uma perspectiva propriamente neoplatônica, mas também que, comparativamente, pouco conheciam da filosofia de Aristóteles, pelo menos na maior parte dos casos. A verdade é que, qualquer que tenha sido a causa — ou as causas —, os Padres tendiam a ver em Platão um precursor do cristianismo, e os elementos filosóficos que adotaram, quando o fizeram, foram tirados, o mais das vezes, da tradição platônica. Ademais, se a isto se acresce o fato de que o pensamento patrístico, especialmente o de Agostinho, exerceu profunda influência não só sobre a Idade Média e filósofos eminentes como Santo Anselmo, São Boaventura como também sobre o próprio Santo Tomás de Aquino, ficará claro que, pelo menos do ponto de vista histórico, algum conhecimento do pensamento patrístico sempre é útil e desejável.

CAPÍTULO III
Santo Agostinho — I

Vida e obras — Santo Agostinho e a filosofia.

1. Avulta o nome de Santo Agostinho, na Cristandade latina, como um dos grandes Padres da Igreja, tanto do ponto de vista literário, quanto do teológico, a dominar o pensamento ocidental até o século XIII e dele pode-se dizer que nunca há de perder o lustre, em que pese o aristotelismo de Santo Tomás de Aquino e sua escola, mormente porquanto esse pendor por Aristóteles não lhes sugeria ignorar nem muito menos desprezar o grande Doutor da África. Com efeito, para que se entenda melhor as correntes de pensamento que atravessaram o medievo, força é conhecer a filosofia de Santo Agostinho. Nesta obra, contudo, ao pensamento de Agostinho não poderemos dedicar o espaço que seus méritos reclamam, e não obstante devemos examiná-lo, nem que seja sumariamente.

Santo Agostinho nasceu em Tagaste, província da Numídia, em 13 de novembro de 354, filho de pai pagão, Patricius, e de mãe cristã, Santa Mônica, a qual o educou como cristão, em que pese ter sido o seu batismo adiado, segundo o uso algo inconveniente da época.[73] Na infância, aprendeu os rudimentos do latim e aritmética de um seu professor em Tagaste, mas, forcejando sempre por vencer, foram os jogos que de fato o cativaram, mais que os estudos ou que a língua grega, que passou com o tempo a odiar, se bem que se deleitasse com as narrativas de Homero. Não se pode dizer de Agostinho que praticamente desconhecesse a língua grega, embora seja certo que nunca a tenha aprendido a ponto de ler comodamente.

Por volta de 365, foi-se a Madaura, onde assentou as bases do seu conhecimento de literatura latina e gramática. Esta cidade era ainda, em larga medida, pagã, e o efeito conjugado da atmosfera dela e dos estudos dos clássicos latinos acabou por afastar o garoto da fé que herdara da mãe, coisa que nem um ano de ócio em Tagaste (369–370) bastou para remediar. Em 370, ano em que seu pai, convertido ao catolicismo, morreu, Agostinho encetou, em Cartago, a maior cidade que já conhecera, seus estudos de retórica. A licenciosidade que ia nesta grande cidade portuária e centro do governo, o testemunhar dos ritos de certos cultos importados do Oriente, e mais o fato de que Agostinho, vindo do sul, já se fizera homem e que era aferrovado por vivas e veementes paixões, tudo isto levou-o a romper com a moral cristã, e em curto espaço de tempo tomou para si uma amante, com quem viveu por mais de dez anos e que lhe deu

---
[73] *Conf.*, 1, 11, 17.

um filho durante o segundo ano de sua estadia em Cartago. Apesar de levar uma vida algo irregular, Agostinho era um excelente aluno de retórica, e nunca negligenciou seus estudos.

Logo depois de ler o *Hortensius*, de Cícero, o jovem Agostinho inspirou-se a aplicar o espírito à busca da verdade, abraçou o ensinamento dos maniqueus,[74] que lhe parecia à época oferecer um modelo racional da verdade, em contraste com as idéias bárbaras e ilógicas do cristianismo. Por exemplo, os cristãos sustentavam ao mesmo tempo que Deus era bom e que criou o mundo: como explicariam, pois, a existência do mal e do sofrimento? Os maniqueus, por sua vez, atinham-se a uma teoria de cunho dualístico, segundo a qual há dois princípios supremos: o bom e luminoso, Deus ou Ormuzd, e um mau e tenebroso, Ahriman. Ambos os princípios são eternos, como também o é a batalha que travam, a qual, por sua vez, se reflete no próprio mundo, que não é senão o resultado deste conflito. No homem, a alma, composta de luz, é produto do princípio bom, ao passo que o corpo, feito de matéria grosseira, resulta da ação do princípio mau. A Agostinho este sistema lhe pareceu atrativo, não só porque parecia dar conta do problema do mal, senão ainda porque, à conta de seu materialismo de base, ele não era capaz de conceber uma realidade de natureza imaterial que fosse imperceptível aos sentidos. Cônscio que estava das próprias paixões e desejos sensuais, cuidou que poderia assim atribuí-los a uma causa maligna e exterior. Além do mais, conquanto os maniqueus condenassem as relações sexuais e o consumo de carne, e prescrevessem práticas ascéticas como o jejum, por exemplo, a isto achavam-se obrigados apenas os eleitos, não os "ouvintes", grau a que pertencia o mesmo Agostinho.

Agostinho, nesta conjunção já afastado moral e intelectualmente do cristianismo, retornou a Tagaste em 374, onde lecionou gramática e literatura latina pelo espaço de um ano. Findo este período, abriu em Cartago, no outono de 374, uma escola de retórica. Aí viviam ele, sua concubina e seu filho, Adeodato, e foi por este período que ganhou um prêmio de poesia (pela composição de uma peça dramática, que não chegou até nós) e publicou seu primeiro trabalho em prosa, *De pulchro et apto*. A estadia em Cartago perdurou até 383, e mal partira pra Roma, sucedeu-lhe um fato de certa importância. Agostinho batia-se já há algum tempo com certos problemas para os quais os maniqueus não davam solução. Por exemplo: quanto à confiabilidade do pensamento humano; a razão por que estavam os dois princípios em conflito etc. Foi o caso que um bispo maniqueu chamado Faustus veio a Cartago, e Agostinho aproveitou a oportunidade para solucionar a contento estas dificuldades. Mas embora Faustus o tenha recebido com simpatia e amizade, Agostinho não encontrou na sua fala a satisfação intelectual que buscava. E foi neste estado, isto é, com a fé no maniqueísmo algo abalada, que partiu para Roma. Agostinho decidira mudar de cidade em parte à conta dos estudantes de Cartago, mal comportados e difíceis

---

[74] O maniqueísmo, fundado por Manes ou Mani no século III, originou-se na Pérsia e consistia numa mistura de elementos persas e cristãos.

de controlar, ao passo que, segundo ouvira, não eram assim os estudantes de Roma, e em parte porque almejava uma carreira de sucesso na metrópole do Império. Apenas chegou em Roma, abriu uma escola de retórica, mas, ainda que os estudantes romanos tivessem um melhor comportamento, eles tinham o mau hábito de trocar de escola antes de pagar pelas aulas. À conta disto, andou Agostinho em demanda de um cargo de professor em Milão, que obteve a 384, tornando-se professor de retórica. Roma, entretanto, não o deixou incólume, porquanto boa parte de sua crença no maniqueísmo por lá ficou, o que deu causa a que se aproximasse do ceticismo acadêmico, embora se conservasse, ao menos nominalmente, maniqueísta, e ainda aceitasse algumas das posições dessa escola, como por exemplo o materialismo.

Em Milão, Agostinho passou a esposar opiniões algo mais favoráveis ao cristianismo, sobretudo à conta dos sermões sobre as Escrituras de Santo Ambrósio, Bispo de Milão; mas em que estivesse pronto para se tornar catecúmeno novamente, ainda não se convencera da validade do cristianismo. Além do mais, as paixões ainda afervoravam sua alma. Sua mãe instava-o a casar com uma certa menina, na esperança de que o casamento o ajudasse a reformar a própria vida; mas, incapaz de esperar por ela, tomou para si outra concubina no lugar da mãe de Adeodato, de quem se afastara com desgosto quando recebera a proposta de casamento. Nesta conjuntura, Agostinho lia certos tratados platônicos vertidos para o latim por Victorino — provavelmente as *Enéadas* de Plotino. Essas leituras livraram Agostinho das amarras do materialismo e facilitaram-lhe o acolhimento da idéia de uma realidade imaterial. De mais a mais, a concepção plotiniana acerca da existência do mal, antes como privação que como realidade positiva, sugeria-lhe que o problema do mal poderia ser atacado à parte do dualismo maniqueísta. Em outras palavras, o neoplatonismo nesta circunstância o ensinou a divisar a sensatez própria do cristianismo, e levou-o a retomar as leituras do Novo Testamento, especialmente dos escritos de São Paulo. Se, por uma parte, o neoplatonismo dava-lhe a conhecer a possibilidade da contemplação das coisas do espírito, isto é, da sabedoria em sentido intelectual, por outra, o Novo Testamento ensinava-lhe a necessidade de levar a vida em consonância com a mesma sabedoria.

Todas estas percepções, confirmou-as ao travar conhecimento com dois homens, a saber, Simpliciano e Ponticiano; aquele, um velho sacerdote, relatou-lhe a conversão de Vítorino, o neoplatônico, para o cristianismo, o que redundou, para Agostinho, num "ardente desejo de fazer o mesmo",[75] ao passo que este lhe expôs a vida de Santo Antônio do Egito, levando-o a enojar-se da própria conduta moral.[76] A todos estes fatos seguiu-se um intenso conflito moral, que culminou naquela famosa cena que teve lugar no jardim de sua casa, quando Agostinho ouvindo, para além do muro, uma voz de criança a gritar repetidamente *Tolle lege! Tolle lege!*, tomou em mãos o Novo Testamento e, abrindo-o

---

[75] *Conf.*, 8, 5, 10.
[76] Ibid., 8, 7, 16.

ao acaso, deu com as palavras de São Paulo na Epístola aos Romanos,[77] que remataram-lhe a conversão[78] moral, por assim dizer. Bem se mostra que esta conversão tinha nitidamente um caráter moral, conversão da vontade, seguida à conversão intelectual. Suas leituras de obras neoplatônicas foram instrumentais para sua conversão intelectual, ao passo que a conversão moral, essa, do ponto de vista humano, foi preparada pelos sermões de Ambrósio e pelas palavras de Simpliciano e Ponticiano, confirmadas e seladas pelo Novo Testamento. A agonia que se seguiu a esta segunda conversão, de ordem moral, intensificou-se pelo fato de que Agostinho já estava ciente do que lhe cabia fazer, se bem que, por outra parte, se sentisse desarmado da faculdade de fazê-lo: àquelas palavras de São Paulo, entretanto, lidas no jardim, "assentiu com verdade" sob o impulso da graça, e sua vida mudou. Esta conversão teve lugar no verão de 386.

Achando-se acometido por uma doença que lhe atacava os pulmões, aproveitou Agostinho a oportunidade para desligar-se do cargo de professor, e deixando-se ficar em Cassiciacum a ler, refletir e discutir com amigos seus, esforçou-se para obter mais profunda compreensão da religião cristã, servindo-se para tanto de conceitos e noções tomados da filosofia neoplatônica; neste ponto, sua concepção do cristianismo era ainda deveras incompleta, e entremeada, mais do que viria a ser no futuro, de elementos neoplatônicos. Deste retiro datam algumas de suas obras: *Contra Academicos, De Beata Vita* e *De Ordine*. Tornando a Milão, escreveu *De Immortalitate Animae* (os *Soliloquia* também foram escritos por essa época), e encetou a redigir o *De Musica*. No Sábado de Aleluia de 387, Agostinho foi batizado por Santo Ambrósio. Pouco depois, pôs-se de volta à África. Sua mãe, que viera até a Itália, morreu em Ostia, enquanto esperavam por um barco. (Foi em Ostia que teve lugar aquela célebre cena descrita nas *Confissões*).[79] Demorando-se de intento em Roma antes de tornar à África, escreveu as seguintes obras: *De libero arbitrio; De Quantitate animae* e *De moribus ecclesiae Catholicae et de moribus Manichaeorum*. No outono de 388, içou velas para a África.

De volta à Tagaste, Agostinho aí estabeleceu uma pequena comunidade monástica. Deste período (388–91), datam *De Genesi contra Manichaeos, De Magistro* e *De Vera Religione*, e a parte faltante do *De Musica*. Também é provável que tenha rematado o *De moribus*, mencionado mais acima. Quando em Cassiciacum, Agostinho resolvera-se a não casar, mas ao que parece não tencionava ser ordenado padre, porquanto sabemos que de fato veio a sê-lo contra sua vontade expressa em 391, pelo Bispo de Hipona, quando em visita a esta cidade portuária, distante cerca de cento e cinqüenta milhas a oeste de Cartago. O bispo necessitava da ajuda de Agostinho, que se estabeleceu em Hipona, onde fundou um mosteiro. Metido em controvérsias com os maniqueístas, escreveu *De utilitate credendi, De duabus animabus; Disputatio contra*

---

[77] *Rm* 13, 13–14.
[78] *Conf.*, 8, 8–12
[79] 9, 10, 23–26.

Fortunatum, De Fide et Symbolo, e uma palestra sobre o Credo ministrada a um sínodo de bispos africanos e ainda, contra os donatistas, *Psalmus contra partem Donati*. Encetou a escrever um comentário literal ao Gênesis, mas, como o nome da obra indica (*De Genesi ad litteram liber imperfectus*), ficou inacabado. As obras *De diversis quaestionibus* (389-96), *Contra Adimantum Manichaeum, De sermone Domini in monte, De Mendacio* e *De Continentia*, bem como diversos outros comentários (às epístolas aos Romanos e aos Gálatas) também datam desta época.

No ano 395 ou 396, Agostinho, apenas consagrado bispo auxiliar de Hipona, fundou ainda outro mosteiro, que funcionava dentro de sua própria residência. Falecendo Valério, Bispo de Hipona, em 396, coisa de um ano após a consagração de Agostinho, este tornou-se bispo titular de Hipona, posto que ocupou até sua morte. Nesta conjunção, a Agostinho incumbia-lhe o empenho de governar uma diocese tomada pelo cisma donatista em vez de poder-se dedicar a uma vida de oração e estudo. Todavia, quaisquer que fossem suas inclinações pessoais, ele se entregou ardoroso à luta contra os donatistas, pregando, discutindo, publicando escritos antidonatistas. E, apesar de todo este esforço, ainda achou tempo para escrever obras como, por exemplo, parte do *De Doctrina Christiana* (o livro quarto foi acrescido apenas em 426), parte de suas *Confissões* (publicado na sua integralidade em 400), e os comentários *ao livro de Jó*. Neste mesmo espaço de tempo, correspondendo-se com o grande estudioso São Jerônimo, entrou em certas controvérsias quanto às Escrituras Sagradas.

No ano de 400 d.C., Santo Agostinho começou a escrever um de seus mais avultados tratados, o *De Trinitate*, vazado em quinze livros, terminando-lhe em 417; em 401, deu a escrever *De Genesi ad litteram*, em 12 livros, rematado em 415. No mesmo ano (400), saíram à luz *De catechizandis rudibus, De Consensu Evangelistarum, De Opera Monachorum, Contra Faustum Manichaeum* (em 33 livros), o primeiro livro da obra *Contra litteras Petiliani* (bispo donatista de Cirta), o livro segundo saiu a 401-2, e o terceiro em 402-3. A toda esta produção, seguiram-se alguns outros trabalhos de feição antidonatista, tais como, *Contra Cresconium grammaticum partis Donati* (402) — embora muitos deles não se tenham preservado — e não poucos escritos contra os maniqueístas. Além de todas estas controvérsias, Santo Agostinho pregava e escrevia cartas. Assim, por exemplo, na Epístola a Dioscorus (410),[80] a tratar de certas questões sobre Cícero, expôs sua perspectiva sobre a filosofia pagã, ainda dando mostras de acentuado pendor neoplatônico.

Por esta época, alguns decretos condenando os donatistas saíram a lume e, por volta de 411, depois da conferência que então teve lugar, Agostinho pôs sua mira contra oponentes outros, os pelagianos. Pelágio, que exagerava o papel da vontade humana na obra da salvação, minimizando, assim, o da graça, e que rejeitava o pecado original como falso, visitou Cartago em 410, acompanhado que viera de Celéstio. Em 411, após Pelágio ter-se posto a caminho do

---

[80] *Epist.*, 118O

Oiente, Celéstio foi excomungado pelo Concílio de Cartago. Com efeito, Pelágio servira-se de trechos do *De libero arbitrio*, de Agostinho, em apoio da própria heresia, mas o Bispo de Hipona forcejou por fazer-se entender nestas obras: *De peccatorum meritis et remissione, et de baptismo parvulorum, ad Marcellinum,* seguido de, no mesmo ano (412), *De spiritu et littera* e, mais tarde, *De fide et operibus* (413), *De natura et gratia contra Pelagium* (415) e finalmente *De perfectione iustitiae hominis* (415). Todavia, algo descontente com esta polêmica antipelagiana, encetou, em 413, a escrever os 22 livros da *De Civitate Dei* (finalizado em 426), uma de suas mais avultadas e famosas obras. De fato, eles foram escritos durante as invasões bárbaras que sucediam na Europa, e anteciparam boa parte do seu *Enarrationes in Psalmos*. Além disto, publicou em 415 *Ad Orosium, contra Priscillianistas et Origenistas,* obra que se opunha à heresia de Prisciliano, bispo espanhol. Por fim, no correr de novas polêmicas antipelagianas, publicou ainda *De Gestis Pelagii* (417) e *De Gratia Christi et peccato originali* (418). E como se tudo isto não bastasse, ainda rematou o seu *De Trinitate* e escreveu *In Joanns Evangelium* (416–17) e *In Epistolas Joannis ad Parthos* (416), e um sem número de cartas e sermões.

A 418, foi o pelagianismo condenado, primeiro, no Concílio dos Bispos Africanos, em seguida pelo Imperador Honório, e, finalmente, pelo próprio Papa Zósimo. Tudo isto, entretanto, não bastou para dar cabo da controvérsia, e quando Agostinho foi acusado por Juliano, Bispo de Eclano, de ter inventado o conceito de pecado original, a ele lhe respondeu o santo na obra *De nuptiis et concupiscentia* (419–20), e em 420 ainda veio a escrever dois livros, *Contra duas epistolas Pelagianorum ad Bonifatium Papam,* endereçado ao Papa, seguidos, em 412, da obra *Contra Iulianum haeresis Pelagianae defensorem* (em seis livros). Os trabalhos *De anima et eius origine* (419), *Contra mendacium ad Consentium* (420), *Contra adversarium Legis et Prophetarum* (420), *Enchiridion ad Laurentium, De fide, spe, caritate* (421), *De cura pro mortuis gerenda, ad Paulinum Nolanum* (420–1) também datam desta mesma época.

Em 426, apercebendo-se de que não viveria por muito tempo, Agostinho entendeu cuidar do futuro de sua diocese nomeando como sucessor o Padre Heráclio, recebido com aclamação pelo povo. A produção literária do santo, entretanto, não acabava aí, e em 426-7, publicou *De gratia et libero arbitrio ad Valentinum, De correptione et gratia,* e ainda dois livros de *Retractiones,* que contêm um exame crítico de suas obras e são de grande utilidade para o estabelecimento da cronologia delas. Neste espaço de tempo, a conjunção da Europa ia de mal a pior, e em 429, com Geneserico à frente, os vândalos passaram da Espanha à África; e o santo seguia a escrever. Em 427, publicou *Speculum de Scriptura Sacra,* que consta de uma seleção de textos tirados à Bíblia, e em 428 *De haeresibus ad Quodvultdeum, De praedestinatione sanctorum ad Prosperum* e *De dono perseverantiae ad Prosperium* em 428–9. Além do mais, entrou a escrever, em 429, o *Opus imperfectum contra Julianum,* que rebatia um tratado antiagostiniano da lavra do pelagiano Juliano, escrito algum tempo antes, mas que chegara ao conhecimento do santo apenas em 428; entretanto, não o completou, donde o nome da obra. Santo Agostinho também acabou conhecendo o arianismo, e em 428 escreveu *Collatio um Maximino Arianorum episcopo* e *Contra Maximinum haereticum*.

Santo Agostinho morreu a 28 de agosto de 430, recitando os salmos penitenciais, quando os vândalos sitiavam Hipona. Possidius observa que o santo não deixou testamento, uma vez que, como um dos pobres de Deus, nada tinha de seu. Na seqüência, os vândalos acabaram pondo fogo à cidade, mas a Catedral de Hipona e a biblioteca do santo ficaram incólumes. A vida de Santo Agostinho, escreveu-a Possidius, e pode ser encontrada na patrologia latina. "Muito aproveitará aos que o lerem (a Agostinho) quanto ao que escreveu sobre as coisas divinas; mas penso seria mais proveitoso ainda se pudessem vê-lo a pregar na igreja, e especialmente aqueles que tiveram o privilégio de desfrutar de íntimos colóquios com ele".[81]

2. Poderá parecer estranho a alguns que eu tenha mencionado as controvérsias teológicas em que Santo Agostinho tomou parte, e listado não pequeno número de tratados de teologia; mas um breve lançar de olhos para a sua vida e atividades basta para que fique claro que, com poucas exceções, Agostinho não compôs nenhum tratado puramente filosófico, no sentido que hoje se empresta ao termo. Numa obra como esta, não seria desejável, por certo, examinar-lhe as doutrinas puramente teológicas, mas com o sentido de extrair-lhe os ensinamentos filosóficos, há que, não raro, recorrer àqueles escritos primariamente de cunho teológico. Assim, por exemplo, para se lançar luz sobre sua doutrina do conhecimento, cumpre consultar trechos do *De Trinitate*, e numa obra como *Genesi ad litteram* a teoria das *rationes seminales* encontramo-la exposta, enquanto que nas *Confissões* deparamos um tratamento da questão da natureza do tempo. Este entremear de temas teológicos e filosóficos nos pode parecer desajeitado e pouco metódico, acostumados que estamos às rígidas fronteiras entre as províncias da teologia dogmática e da filosofia, mas tenha-se em mente que Agostinho, a par de outros Padres e escritores cristãos, não fazia este tipo de distinção. A rigor, Santo Agostinho não deixava de reconhecer nem muito menos negava o poder do intelecto, desarmado do socorro da revelação, de alcançar a verdade; é que a sabedoria cristã, ele a tinha por um todo, e tencionava antes penetrar com seu intelecto a mesma fé cristã e a encarar o mundo e a vida humana sob luz desta sabedoria. Sabia muito bem, por exemplo, que a existência de Deus pode ser sugerida a partir de argumentos racionais; mas a este assentimento meramente intelectual não o buscava, senão o positivo e concreto aderir à vontade de Deus, que, segundo cuidava, requer o socorro da graça. Trocando em miúdos, não podemos entendê-lo como se estivesse dividido em dois, parte teólogo e parte filósofo a tomar como objeto de estudo o "homem natural"; antes pensava o homem em seu ser concreto, caído e redimido, capaz de alcançar a verdade, mas contínuo solicitado pela graça de Deus, e precisado dela para obter a verdade

---

[81] *Vita S. Aug.*, 31.

salvadora. Se fora o caso de convencer alguém da existência de Deus, as provas que se aduziriam para tanto afigurar-se-lhe-iam mero estágio ou instrumento no processo total de conversão e salvação: por certo que haveria de reconhecer a prova, *em si mesma*, como racional, mas também estaria agudamente consciente não só da preparação moral necessária para que se produzisse um real assentimento a esta mesma prova, senão ainda, de acordo com o plano de Deus para o homem concreto, de que reconhecer-lhe a existência não basta, uma vez que não é senão um primeiro estágio de um percurso cujo traçado completo levaria, sob a graça de Deus, à fé sobrenatural na revelação divina e no viver em harmonia com o ensinamento de Cristo. Tem a razão o seu papel em conduzir o homem à fé, e, uma vez lá, em penetrar os dados da fé; mas Agostinho estava interessado na relação total que vai entre a alma e Deus. A razão, como vimos, desempenhou certa função no estágio intelectual de sua conversão, e mesmo depois: argumentando a partir da própria experiência, Agostinho considerava que a plenitude da sabedoria consiste em penetrar os conteúdos da fé, e neste processo a razão prepara o homem para acolher a esta última.

> O remédio para a alma, posto em efeito pela providência de Deus a par de sua inefável bondade, é perfeitamente belo em grau e distinção, porquanto divide-se em Autoridade e Razão. Aquela, exige-nos fé, e prepara o homem para o exercício da razão. Esta, por sua vez, leva-o à percepção e à cognição, se bem que a autoridade, quando se trata de saber em quem acreditar, não se aparte de todo da razão.[82]

Caracterizou-se a tradição agostiniana precisamente por essa atitude. Santo Anselmo mirava o *Credo ut intelligam*, e São Boaventura, no século XIII, explicitamente rejeitava como impróprio o rígido delimitar das esferas da teologia e da filosofia. É sem questão que a distinção tomista entre as ciências da teologia dogmática e da filosofia, acompanhada da distinção dos diferentes modos de proceder em cada uma destas áreas, desenvolveu-se a partir das concepções que a precederam, embora, distinguindo-se delas em certo sentido, por certo tem, por uma parte, a vantagem de corresponder a uma distinção atual e real entre a revelação e os dados colhidos pela razão "desprovida do socorro" da graça, entre o sobrenatural e o natural e, por outra, de salvaguardar tanto a doutrina respeitante ao sobrenatural quanto às faculdades naturais do homem. Não obstante, a posição de Agostinho, por outro lado, tem a vantagem de contemplar o homem tal como *ele é*, o homem concreto, porquanto o homem de fato não tem senão um fim último, sobrenatural e, pelo que é da existência concreta, não há outro homem senão aquele que caiu e foi redimido: nunca houve, não há e nem haverá um "homem puramente natural", desprovido de vocação e fim sobrenaturais. Se o tomismo, sem excluir o fato de que o homem concreto não tem senão um fim sobrenatural, coloca a tônica na distinção entre o natural

---

[82] *De vera relig.*, 24, 45.

e o sobrenatural, fé e razão, o agostinismo, sem renegar o mais mínimo que seja do caráter gratuito da fé sobrenatural e da mesma graça, sempre enfoca o homem desde o ponto de vista concreto e interessa-se sobretudo pelas suas relações reais com Deus.

Sendo assim, parece-me natural que tenhamos de separar as idéias "puramente filosóficas" de Agostinho do restante do seu pensamento. Fazê-lo, certamente é estudar o agostinismo desde uma perspectiva tomista, o que não é de per si ilegítimo, este proceder redunda simplesmente no exame detido de suas idéias, a separar e classificar as que melhor se enquadrariam com sentido acadêmico do termo "filosofia". Com efeito, para isto há que deslocá-las de contexto, mas numa obra de história da filosofia, que decerto pressupõe a delimitação do conceito de filosofia, é isto de todo inevitável. Note-se, entretanto, que lançar luz sobre as idéias filosóficas de Agostinho a partir de um arcabouço tomista, tende a apequenar as conquistas intelectuais do santo, pelo menos aos olhos daqueles acostumados à atmosfera acadêmica própria ao tomismo, uma vez que ele, Agostinho, nunca tomou à sua conta elaborar um sistema filosófico propriamente dito, nem desenvolveu, delimitou e argumentou em favor de suas idéias filosóficas à feição tomista. Disto resulta que, não raro, é difícil distinguir precisamente o que Agostinho quer de fato comunicar com esta ou aquela fala e em que grau estava ciente desta ou daquela idéia: há sempre algo vago, impreciso, alusivo, indefinido quanto às noções, que causa certa insatisfação, perplexidade e curiosidade. Creio que um tomista de estrita observância diria da filosofia de Agostinho que ela nada tem de valor que já não tenha sido exposto de maneira muito superior por Santo Tomás de Aquino, de modo mais claro e definido. No entanto, verdade é que a tradição agostiniana logrou sobreviver ao longo dos tempos e mesmo hoje não é morta; é bem possível que a mesma incompletude e falta de sistematização características do pensamento de Agostinho, a sua faculdade de "sugerir", tenha dado lugar à longevidade desta tradição, porquanto o agostiniano não se depara com um sistema totalizante a ser acolhido, rejeitado ou mutilado, senão que topa um método, uma inspiração, certas idéias básicas prontas a serem desenvolvidas, de modo que logra permanecer de todo fiel ao espírito do agostinismo mesmo apartando-se daquilo que o Agostinho histórico de fato disse.

CAPÍTULO IV
Santo Agostinho — II: conhecimento

Conhecer em vista da beatitude — Contra o ceticismo — Conhecer a partir da experiência — A natureza das sensações — As idéias em Deus — Iluminação e abstração.

1. Atarefarmo-nos a expor a filosofia de Santo Agostinho começando pela sua "epistemologia" pode talvez dar a impressão de que ele entendeu elaborar uma teoria do conhecimento como se fosse isto um fim em si mesmo, ou como propedêutica à metafísica. Todavia, equivocar-se-ia quem disto se persuadisse, uma vez que Agostinho nunca de fato resolveu-se a desenvolver uma teoria realista do conhecimento para em seguida, estribando-se nela, erigir um sistema metafísico. Se Espinosa, segundo seu próprio testemunho,[83] determinou criar uma filosofia de Deus ou da Substância, porque cuidava que só a contemplação de um objeto infinito e eterno poderia satisfazer a mente e o coração dos homens e trazer felicidade às almas, tanto mais próprio seria asseverar algo de análogo quanto a Santo Agostinho, que insistia no fato de que o conhecimento da verdade deve ser buscado não com objetivos puramente acadêmicos, mas em vista da felicidade e beatitude. Com efeito, o homem, dando fé da própria insuficiência, intenta alcançar um objeto que lhe seja superior, que lhe possa dar paz e felicidade — e dispôr do conhecimento deste objeto é estritamente necessário para obtê-lo; todavia, o conhecimento, ele o tem por meio para um fim, qual seja, o estado de beatitude. A rigor, só o sábio logra ser feliz, e a sabedoria requer conhecimento da verdade. Contudo, não encontraremos a atividade especulativa no pensamento do santo como se fosse um fim em si mesma. Quando o jovem Licêncio, no *Contra Academicos*, assevera que a sabedoria consiste na busca da verdade e, tal qual Lessing, que encontramos a felicidade antes nesta mesma busca do que na posse atual da verdade, Agostinho contrapõe que é absurdo atribuir sabedoria a um homem desprovido do conhecimento da verdade. Na obra *De Beata Vita*,[84] ele diz que não pode ser feliz quem não logra se apossar do objeto desejado, de modo que o homem que esteja a buscar a verdade sem ainda tê-la tomado para si não pode ser dito verdadeiramente feliz. O próprio Agostinho buscou a verdade porque a sentia como necessária e ao lançar um olhar retrospectivo sobre o próprio desenvolvimento, à luz de quanto conquistara, concebeu que estava na verdade à procura da sabedoria cristã e do mesmo Cristo e, ainda, atraído pela beleza divina — e destas experiências tirou conclusões de ordem

---

[83] *De Intellectus Emendatione*.
[84] 2, 10 e 14; 4, 27 ss.

universal. Este saltar para o universal a partir da própria experiência, contudo, não implica que suas conclusões sejam puramente subjetivas: a sua capacidade de introspecção psicológica bastou a desnudar o dinamismo da alma humana.

Não obstante, classificar Agostinho de "intelectualista" no sentido acadêmico, e à sua filosofia de "eudemonística", não é dizer que desconhecesse o problema da confiabilidade do conhecimento humano. Entretanto, seria um erro pensar que o santo estivesse preocupado com a questão: "Pode o homem chegar à certeza?". Como veremos mais adiante, embora ele tenha de fato respondido a esta pergunta, ocupava-se mais, no período de maturidade, em saber como logramos alcançar um conhecimento seguro. Estribando-se no fato de que somos capazes de um conhecimento certo, perguntava-se: como a cambiante e finita mente humana logra apossar-se com segurança de verdades eternas, de verdades que não só governam e ordenam a mesma mente, senão que também a transcendem? Como se desfizesse a sua fé no maniqueísmo, Santo Agostinho foi tentado a abraçar o ceticismo acadêmico: a vitória contra esta tentação, deitou-a por escrito no *Contra Academicos*, onde mostra que o homem é capaz de algum conhecimento certo, nem que seja de cunho puramente factual. Posto isto, suas leituras de Platão acabaram por lhe sugerir o problema seguinte: como podemos conhecer, de certeza, não só verdades eternas e necessárias, senão ainda conhecê-las enquanto eternas e necessárias? Esta matéria explicou-a Platão por meio de sua teoria da reminiscência; como haveria de explicá-la Agostinho? É sem questão que este ponto lhe merecia a atenção por si mesmo, mas respondê-lo a contento era para o santo também fazer prova da existência e operação de Deus. O conhecimento da verdade eterna haveria, pois, de trazer à alma, à força do refletir neste mesmo conhecimento, o conhecimento do próprio Deus e de suas atividades.

2. Como já observei, no *Contra Academicos*, Agostinho busca primariamente mostrar que é próprio da felicidade a sabedoria e, desta, o conhecimento da verdade; e ainda nesta obra deixa claro que os mesmos céticos conhecem com segurança certas verdades, como por exemplo a de que, de duas proposições disjuntivas, uma é falsa e outra verdadeira. "Estou seguro de que há ou apenas um mundo ou mais de um, e, neste segundo caso, de que seu número é finito ou infinito". De igual modo, estou ciente de que o mundo ou não teve início e não terá fim, ou que teve início mas não terá fim, ou ainda que não teve início mas haverá fim, ou, finalmente, que tanto teve início quanto terá fim. Por outro modo, pelo menos estou seguro do princípio de contradição.[85] Ainda mais: mesmo que, por vezes, eu me engane quando penso que aparência e realidade correspondem-se, pelo menos estou certo de minha impressão subjetiva.

> Quanto aos sentidos, nada tenho a reclamar, porque seria injusto exigir-lhes mais do que podem dar: o que quer que vejam os olhos, fazem-no com verdade. Mas então vêem eles com verdade quando vêem o graveto metido

---

[85] C. Acad., 3, 10, 23.

na água? Com muita verdade. Porquanto dado que há uma causa por que aparece desta maneira (torcido), enganar-me-iam os olhos se, metido na água, aparecesse-me reto, porque não estariam a ver segundo exigisse a própria circunstância... Mas engano-me se dou meu assentimento, alguém haveria de dizer. Ora, então não dê o teu assentimento senão ao fato de aparecer-te assim, e com isto não te enganarás. Não vejo como há de o cético refutar o homem que simplesmente diz: "Sei que este objeto me parece branco, que este som me causa prazer, que este odor me é agradável, que isto sinto como doce e que aquilo é frio ao toque".[86]

Santo Agostinho está se referindo, na passagem acima, aos epicuristas, e o que ele quer dizer, está claro, é que os sentidos em si mesmos nunca nos mentem ou confundem, por muito que possamos nos enganar ao julgar que as coisas existem objetivamente tal qual nos aparecem. Isto é, o simples fato de o graveto aparecer curvo não é ilusão, porquanto haveria algo de errado com meus olhos se ele me aparecesse reto. Se eu chegasse a dizer que o graveto é de fato curvo, estaria errado, mas enquanto me restrinjo a asseverar que ele "me aparece curvado", estou, bem o sei, falando a verdade. De modo análogo, se saio de um ambiente quente e meto a mão em água morna, ela pode me parecer fria, mas se tão somente digo que me parece fria, declaro uma verdade de que estou consciente e nenhum cético poder-me-á refutar.

Mais ainda, todo aquele que se põe a duvidar sabe que está a fazê-lo, de modo que adquire certeza no mínimo do fato de que duvida. Assim, todo aquele que põe em dúvida a existência da verdade passa a conhecer pelo menos uma verdade, por forma que esta própria faculdade de duvidar devê-lo-ia convencer de que a verdade é.[87] Também alcançamos a certeza nas verdades matemáticas. Quando alguém diz que sete e três perfazem dez, não está com isso querendo comunicar que esta operação poderia resultar em dez, senão que sabe de fato que resulta.[88]

3. Mas e quanto ao que existe realmente? Haveremos de alcançar o conhecimento certo de um objeto real, ou estamos limitados, neste âmbito, aos princípios abstratos e às verdades matemáticas? Responde Santo Agostinho que o homem, no mínimo, tem certeza de que existe. Mesmo que duvide da existência de outros objetos criados ou mesmo de Deus, o simples fato de duvidar já mostra que ele existe, porque se não existisse não poderia duvidar. Tampouco contrapor-se-lhe-ia com sucesso que ele poderia estar enganado no pensar que existe, pois que "quem não existe não pode se enganar".[89] Neste sentido, antecipa Santo Agostinho a Descartes: *Si fallor, sum.*

---

[86] Ibid., 3, 11, 26.
[87] *De vera. relig.*, 39, 73.
[88] *De lib. arbit.*, 12, 34.
[89] *De lib. arbit.*, 2, 3, 7.

Neste existir, para Agostinho, se compadecem a vida e o entendimento. No *De libero arbitrio*,[90] ele afirma que o homem está perfeitamente consciente da própria existência, e isto não seria nem poderia ser assim se não estivesse vivo. Além do mais, está cônscio tanto do fato de existir quanto do fato de estar vivo, de forma que está notificado de três coisas: que existe, que vive e que entende. Do mesmo modo, no *De Trinitate*,[91] observa Santo Agostinho que é esforço baldado, para o cético, insinuar que o homem está, na verdade, dormindo, e que vê todas estas coisas como em sonho, já que a rigor ele não afirma que está acordado, senão que vive: "adormecido ou desperto, vive". E mesmo que estivesse enlouquecido, ainda assim, dir-se-ia que vive. Mais ainda, um está plenamente consciente daquelas coisas que deseja. Se alguém diz que almeja a felicidade, seria petulante ripostar-lhe que está a rigor iludido. Não obstante todo o palavrório dos filósofos céticos quanto aos sentidos do corpo, isto é, como estes nos enganam, não lograram eles invalidar o conhecimento certo que a mente alcança por si mesma, sem a intervenção dos sentidos.[92] "Existimos e sabemos que existimos; e além do mais, amamos não só a este singelo fato, senão ainda o estar cônscios dele. Nestes três elementos que enumerei não nos vai temor algum de estarmos enganados, porque não os alcançamos por meio dos sentidos do corpo, como no caso dos objetos exteriores".[93]

Como está visto, Santo Agostinho afiança que alcançamos um conhecimento certo por meio de uma experiência interior, isto é, por esta via da autoconsciência; mas, e quanto aos objetos exteriores, ou seja, àquilo que conhecemos por meio dos sentidos? Poderemos ter certeza da existência deles? Estava Santo Agostinho assaz consciente de que o homem pode se enganar quanto aos objetos dos sentidos, e algumas de suas observações mostram que igualmente advertia na relatividade das impressões sensíveis, no sentido de que um juízo sobre as qualidades quente ou frio, por exemplo, depende, em certa medida, da condição do órgão que as percebe; além do mais, ele não considerava que estes objetos exteriores, apreendidos por meio dos órgãos dos sentidos, constituíssem o objeto próprio do intelecto humano. Porque seu interesse estava, primariamente, na orientação da alma a Deus, os objetos corpóreos os tinha em conta de ponto de partida do processo de ascensão da alma a Deus, se bem que, mesmo neste quesito, cuidasse que a mesma alma fosse um começo mais adequado a este objetivo: devemos volvermo-nos para dentro de nós mesmos, onde habita a verdade, e servirmo-nos da alma, imagem de Deus em nós, como escada que leva até Ele.[94] Contudo, ainda que as coisas corpóreas, os objetos dos sentidos, sejam essencialmente mutáveis e manifestem Deus bem mais imperfeitamente do que a alma, e que ao se concentrar nelas dê lugar aos mais danosos enganos, em grande parte dependemos dos sentidos para o nosso conhecimento,

---

[90] 2, 3, 7.
[91] 15, 12, 21.
[92] Ibid.
[93] *De Civit. Dei*, 11, 26.
[94] Cf. *De vera relig.*, 39, 72; *Serm.*, 330, 3; *Retract.*, 1, 8, 3; etc.

e não era o intento de Santo Agostinho adotar uma postura de todo cética quanto aos objetos dos sentidos. Uma coisa é admitir a possibilidade de erro no conhecimento por via dos sentidos, outra, porém, bem diferente é duvidar inteiramente deles. Assim, depois de dizer que os filósofos podem falar contra os sentidos, mas não recusar a consciência da própria existência, Agostinho prossegue: "Longe de nós o duvidar daquilo que apreendemos por meio dos sentidos corpóreos, uma vez que foi através deles que tivemos notícia do Céu e da Terra". Muito do que sabemos aprendemos pelo testemunho de outros, e o fato de que, por vezes, nos enganamos, não justifica duvidarmos de todos esses testemunhos: do mesmo modo, o fato de nos enganarmos, aqui e ali, quanto aos objetos dos sentidos não pode nos firmar num ceticismo total. "Temos de admitir que não apenas os nossos sentidos, mas também os sentidos das outras pessoas contribuíram imensamente para o nosso conhecimento".[95] A vida prática exige confiança nos sentidos,[96] e o homem que pensa que jamais devemos crer nos sentidos erra muito mais do que viria a errar se confiasse neles. Agostinho diz, portanto, que "acreditamos" nos sentidos, que confiamos neles como confiamos no testemunho de outras pessoas, mas ele freqüentemente fala em "acreditar" em oposição ao conhecimento interior direto, sem com isto implicar que uma tal crença seja desprovida de fundamentos. Logo, quando alguém me comunica um fato a respeito do próprio estado mental, por exemplo que entende ou deseja isto ou aquilo, eu "acredito": mas quando alguém diz algo que é verdade da mente humana em si — e não simplesmente de sua própria mente em particular — então "Eu reconheço e dou meu assentimento, porque sei, por meio de minha autoconsciência e do processo de introspecção que o que diz é verdade".[97] Enfim, Agostinho pode ter antecipado a Descartes com o seu *Si fallor, sum*, mas ele não se ocupou da questão da existência ou não do mundo exterior. Que existisse, não duvidava, embora estivesse ciente de que, por vezes, nos enganamos a seu respeito, e de que os testemunhos, seja dos nossos sentidos, seja dos de outras pessoas, nem sempre são confiáveis. Porque estivesse especialmente interessado no conhecimento das verdades eternas e na relação entre estas e Deus, escassamente haveria de empregar demasiado tempo a meditar no conhecimento das coisas mutáveis, nos objetos dos sentidos. O ponto está em que o "platonismo" de Agostinho, a par de sua perspectiva e interesses espirituais, levaram-no a encarar os objetos corpóreos, à conta da mutabilidade que os caracteriza e do fato de que o conhecimento que havemos deles depender dos órgãos dos sentidos, que mudam de estado tanto quanto os próprios objetos, não como constituindo o objeto próprio do conhecimento. Se não logramos atingir um "conhecimento verdadeiro" dos objetos dos sentidos, isto se deve à deficiência não só do sujeito, senão também a uma radical deficiência

---

[95] *De Trinit.*, 15, 12, 21.
[96] *Conf.*, 6, 5, 7.
[97] *De Trinit.*, 9, 6, 9.

do próprio objeto. Em outras palavras, a posição de Agostinho, pelo que é do conhecimento sensível, é mais platônica do que cartesiana.⁹⁸

4. O andar mais baixo do conhecimento, pois, é o de ordem sensível, dependente que é das sensações, as quais eram consideradas por Agostinho, nisto seguindo a psicologia platônica, como atos operados pela alma por meio dos órgãos dos sentidos. *Sentire non est corporis sed animae per corpus.* A alma anima o todo do corpo; quando, porém, intensifica e concentra sua atividade sobre uma parte determinada dele, isto é, sobre um órgão sensorial, daí procede a faculdade da sensação.⁹⁹ Desta teoria tira-se, parece, que as deficiências do conhecimento sensível têm sua origem na mutabilidade tanto do instrumento da sensação, isto é, o órgão do sentido, quanto do mesmo objeto da sensação, e de fato era assim que pensava Agostinho. A alma racional do homem logra alcançar a certeza de um conhecimento verdadeiro quando, por si mesma e em si mesma, põe-se a contemplar as verdades eternas: quando, ao contrário, volve-se ao mundo material e serve-se dos instrumentos próprios ao corpo, não o obtém. Santo Agostinho dá por pressuposto, nisto convindo com Platão, que são imutáveis os objetos próprios do conhecimento verdadeiro, donde necessariamente se segue que o conhecimento dos objetos mutáveis não constitua propriamente um verdadeiro saber. É este um tipo, ou estágio, do conhecimento, indispensável, de fato, à vida prática; mas o homem que se concentra nesta esfera do mutável de força negligencia a do imutável, contraparte objetiva da alma racional humana, no que diz respeito ao conhecimento em sentido pleno.

A sensação em sentido estrito é encontrada, obviamente, tanto nos animais quanto nos homens; estes, porém, podem alcançar, e de fato o fazem, um conhecimento de ordem racional acerca dos objetos corpóreos. No *De Trinintate*,¹⁰⁰ Santo Agostinho observa que os animais são capazes de perceber os objetos corpóreos, retê-los na memória, sair em busca do que lhes seja útil e evitar o danoso, mas não podem deliberadamente guardar algo na memória e de intento recordá-lo, nem, por fim, executar nenhuma operação que envolva o uso da razão. De modo que, pelo que é do mundo dos objetos sensíveis, o conhecimento humano é essencialmente superior ao dos brutos. Sobre serem as coisas assim, só o homem é capaz de emitir juízos racionais a respeito das coisas corpóreas e perceber nelas a aproximação ou o afastamento dos modelos eternos. Por exemplo, se um homem julga que um objeto é mais belo do que outro, esta comparação (dado o caráter objetivo da beleza) implica referir-se a um padrão eterno de beleza, ao passo que o julgamento quanto à retidão de uma linha ou à perfeição de um círculo, por sua vez, pende de um ideal de perfeição geométrica.

É próprio da razão superior julgar as coisas corpóreas segundo padrões incorpóreos e eternos, os quais, se não estivessem postos acima da mente

---

⁹⁸ Escoto, seguindo Agostinho, indica que estas características do conhecimento sensível podem estar associadas ao pecado original.
⁹⁹ Cf. *De Musica*, 6–5, 9, 10; *De Trinit.*, 11, 2, 2–5.
¹⁰⁰ 12, 2, 2.

humana, certamente não seriam imutáveis. E ainda assim, se algo em nós não se concertasse com eles, não poderíamos empregá-los como padrões de julgamento dos objetos corpóreos. A faculdade nossa, porém, que lida com as coisas corpóreas e temporais é de fato racional, no sentido de que a não compartilhamos com os animais, e de que ela procede, por assim dizer, da substância racional de nossa alma, por meio da qual nos ligamos ao inteligível e às verdades imutáveis, de que pendemos também por meio da razão, e que acha-se destinada a governar e dirigir as coisas inferiores.[101]

Quer com isto Santo Agostinho dizer que o andar mais baixo do conhecimento, na medida que pode ser considerado propriamente conhecimento, é constituído das sensações, comum a homens e animais; o mais elevado andar, porém, próprio do homem, é a contemplação das coisas eternas (sabedoria) a ser operada por meio exclusivo da mente, erma da intervenção dos sentidos; entre estes dois níveis, todavia, vai um intermediário, a ocupar o meio do caminho, por assim dizer, pelo qual a mente julga os objetos corpóreos segundo critérios de natureza eterna e incorpórea. É este o nível racional, próprio do homem, não compartilhado com os animais, embora envolva a intervenção dos sentidos e diga respeito aos objetos sensíveis, por forma que está ele abaixo da contemplação direta dos objetos eternos e incorpóreos. Além do mais, esta aplicação inferior da faculdade racional dirige-se à vida prática, ao passo que a sabedoria é contemplativa. "A operação por meio da qual damos bom uso às coisas temporais difere da contemplação do que é eterno; ao primeiro chama-se conhecimento, ao segundo, porém, sabedoria. Esta distinção deixa claro que a sabedoria se liga à contemplação, e o conhecimento à ação".[102] O ideal consiste em que nos cresça a sabedoria contemplativa a par do bom emprego das coisas corpóreas e mutáveis através do uso da razão "sem a qual não é possível viver", e a qual, por um lado, deve servir, em última instância, para alcançar os bens eternos, e, por outro, "não deve se ater aos primeiros mas apegar-se firmemente aos segundos".[103]

Esses traços são marcadamente platônicos: desestimação dos objetos dos sentidos em comparação das realidades eternas e imateriais; reconhecer, a contragosto, a necessidade do conhecimento de ordem prática para a condução da vida; e a ênfase posta na contemplação "teórica", na purificação progressiva da alma e no libertar-se da escravidão dos sentidos como etapas necessárias e concomitantes da ascensão cognitiva. E, ainda assim, enganar-se-ia quem disto coligisse que Agostinho se contentou simplesmente com adotar o platonismo. Com efeito, temas platônicos e mesmo neoplatônicos são freqüentemente encontrados em seus escritos, mas o santo tem por escopo sobretudo, e em primeiro lugar, alcançar o fim sobrenatural do homem, a saber, a beatitude, a posse de

---

[101] Ibid.
[102] *De Trinit.*, 12, 14, 22.
[103] Ibid., 12, 13, 21.

Deus, a visão beatífica; e, apesar do modo algo intelectualista que por vezes emprega, influenciado que foi pela tradição platônica, a ser levado em conta por todo o seu pensar, o primeiro lugar sempre o ocupa o amor: *Pondus meum, amor meus.*[104] É bem verdade que isto tudo guarda alguma analogia com o platonismo, mas há que se ter em mente que, para Agostinho, o verdadeiro fim do homem é alcançar não um impessoal Bem Supremo, mas o mesmo Deus pessoal. A verdade é que ele encontrou, no platonismo, certas idéias que se apresentaram como possuidoras de grande préstimo na exposição de uma doutrina de vida primariamente cristã.

5. Os objetos dos sentidos, as coisas corpóreas, são inferiores ao intelecto do homem, que as julga segundo critérios que em muito as ultrapassam; há, porém, objetos outros de conhecimento que estão postos acima da mente humana, no sentido de que, embora sejam por esta desvelados, não estão sujeitos aos seus julgamentos e retificações. Por exemplo: se vejo uma obra de arte que cuido mais ou menos bela, isso só é possível graças à existência não só de um padrão objetivo de beleza, senão também da consciência que dele tenho, pois como haveria de chegar à conclusão de que esta pintura ou aquele arco é imperfeito, ou seja, deficiente quanto à beleza, se não estivesse cônscio, em algum grau, do mesmo padrão de beleza, da beleza em si, da idéia de beleza? Ao meu juízo, presumidamente objetivo, como eu haveria de fundamentá-lo se não existisse um padrão igualmente objetivo, não mutável e imperfeito, como as *coisas* belas, mas imutável, constante, perfeito e eterno?[105] De igual modo procede o geômetra quando considera a perfeição dos círculos e linhas, julgando-os segundo se aproximem mais ou menos daquele modelo exemplar. As coisas circulares são temporais e perecem, mas a natureza da circularidade, a idéia do círculo, sua essência mesma, esta não muda. Do mesmo modo, podemos acrescer a sete maçãs outras três e acabar com dez; mas estas maçãs que contamos são objetos sensíveis e, portanto, mutáveis, temporais e sujeitos à corrupção; mas o matemático, tomando os números três e sete à parte das coisas, considerando-os em si mesmos e, por fim, somando-os, chega a um resultado que sabe ser necessário e eterno, que não depende do mundo sensível ou da própria mente humana.[106] Estas verdades eternas são patrimônio comum da humanidade. Quer dizer, se as sensações são individuais, ou seja, o que a um lhe parece frio a outro pode não parecer, as verdades matemáticas, ao contrário, são universais, e a mente de cada qual tem de aceitá-las e nelas reconhecer verdade e validade absolutas, independentemente de suas próprias reações.

Neste ponto, a concepção de Agostinho é evidentemente platônica. Esses padrões de bondade e beleza, por exemplo, correspondem aos primeiros princípios de Platão, os ἀρχαί ou idéias exemplares, ao passo que as figuras geométricas ideais, aos entes matemáticos: τὰ μαθηματικά, objetos da διάνοια. O mesmo

---

[104] *Conf.*, 13, 9, 10
[105] Cf. *De Trinit.*, 9, 6, 9–1.
[106] Cf. Ibid., 12, 14, 22–3; 12, 15, 24; *De lib. arbit.*, 2, 13, 35; 2, 8, 20–4.

problema, portanto, que sugere a teoria platônica poderia aqui também ser levantado, a saber: onde estão estas idéias? (Claro que, para os dois, as "idéias" em questão não são noções subjetivas, mas essências objetivas, e este "onde" não indica um local, dado que estas idéias são *ex hypothesi* imateriais, mas antes ao que se poderia chamar situação ou *status* ontológico). Os filósofos neoplatônicos, pensando que seria difícil dar conta de uma esfera impessoal povoada de essências imateriais — condições que parecem assinadas às essências na obra pública de Platão —, resolveram interpretar estas idéias platônicas como pensamentos de Deus, "colocando-as" no *Nous*, a mente divina, que emana do Um como sua primeira hipóstase. (Compare-se isto com a teoria de Fílon, na qual as idéias estão contidas no *Logos*). Poder-se-ia dizer que Agostinho aceitou esta solução, mas é preciso ter em mente que ele rejeitava a teoria neoplatônica da emanação. As idéias exemplares e as verdades eternas estão em Deus. "As idéias são certamente formas arquetípicas, essências, imutáveis e estáveis, das próprias coisas; elas não foram propriamente criadas, existem eternamente, imutáveis, na inteligência divina".[107] Esta teoria tem de ser aceita por quem rejeita a idéia de que Deus criou o mundo "ininteligentemente".[108]

6. Entretanto, uma dificuldade de pronto salta aos olhos: se a inteligência humana contempla as idéias exemplares e as verdades eternas, e se estas estão contidas na mente de Deus, não equivaleria isto dizer que o homem contempla a essência de Deus, uma vez que a mente divina, com tudo o que contém, identifica-se ontologicamente com sua própria essência? Alguns escritores acreditaram que foi isto mesmo que Agostinho quis dizer. Entre os filósofos, Malebranche, fundando-se em Agostinho para compor sua teoria de que a mente contempla as idéias eternas em Deus, tentou escapar da aparente conclusão lógica — a saber, de que, neste caso, a inteligência humana contempla a mesma essência de Deus —, argumentando que ela vê não a essência divina como esta é em si mesma (a visão beatífica dos bem-aventurados), mas como ela é participável *ad extra*, como exemplar da criação. Os ontologistas, apoiando-se em Agostinho, dizem que a alma é capaz de intuição imediata de Deus.

A rigor, é impossível negar que alguns textos de Agostinho, tomados à parte do mais de sua obra, pareçam favorecer este modo de ver. Mas mesmo quando pareça que Agostinho se alinhe com o ontologismo, parece-me evidente que, considerado o todo de seu pensamento, uma tal interpretação é impossível. Eu não chegaria ao ponto de afirmar que Agostinho nunca é inconsistente; penso que esta leitura ontologista da filosofia do santo enquadra-se tão precariamente com sua doutrina espiritual que, no caso de haver textos outros que favoreçam uma interpretação não-ontologista (e eles de fato existem), ver-nos-íamos obrigados a relegar para o segundo plano os textos de feição ontologista, de valor apenas subsidiário. Agostinho estava plenamente consciente de que um homem é capaz de discernir verdades eternas e princípios matemáticos, por exemplo,

---
[107] *De Ideis*, 2.
[108] Cf. *Retract.*, 1, 3, 2.

sem ter um bom caráter; neste caso, ele não os contemplaria na sua raiz última, mas nem por isso deixaria de discerni-los. Dito isto, como se haveria de supor que Agostinho, sabedor que era de que a visão de Deus está reservada para a vida futura a ser gozada pelos que se salvam, de fato julgasse que um tal homem contemplasse a essência de Deus, sobretudo quando enfatiza, na sua doutrina espiritual, a necessidade da purificação moral para que o homem se aproxime de Deus? Ainda mais, um homem moral e espiritualmente afastado de Deus pode muito bem discernir o fato de que a Catedral de Canterbury é mais bela do que um abrigo Nissen, do mesmo modo como Agostinho lograva distinguir graus de beleza corpórea antes de se converter. Numa famosa passagem das suas *Confissões*, o santo exclama: "Tarde te amei, ó beleza tão nova e tão antiga; tarde te amei! Às coisas belas que criastes, a elas eu me lançava descomposto".[109] Ainda mais, no *De quantitate animae*,[110] ele afirma claramente que a contemplação da beleza é o termo da jornada ascendente da alma. À vista do que levamos dito, parece-me inconcebível que Agostinho cuidasse que a alma, ao apreender verdades eternas e necessárias, de fato apreendesse o próprio conteúdo da mente divina. As passagens que sugerem o contrário podem ser explicadas pelo fato de que o santo adotou expressões de origem platônica e neoplatônica, as quais, entendidas literalmente, não se encaixam com a estrutura geral do seu pensamento. Parece que não é possível estabelecer com exatidão o que pensava Agostinho a respeito do *status* das verdades eternas apreendidas pela mente humana (provavelmente nunca trabalhou o lado ontológico desta questão); contudo, creio ser preferível, à leitura puramente ontologista ou neoplatônica, supor que as verdades eternas e as idéias, tal como existem na mente de Deus, têm uma função "ideogenética"; que a "luz" que, partindo de Deus, toca a mente humana, permite ao homem vislumbrar traços de imutabilidade e necessidade nas verdades eternas.

Há ainda outro argumento contra a leitura ontologista do pensamento de Agostinho. O santo valeu-se deste apreender verdades eternas e necessárias para provar a existência de Deus, argumentando que tais verdades requerem um princípio eterno. Por ora, não pretendo analisar detidamente este argumento, mas para que ele tenha alguma validade, é preciso dar por pressuposto a possibilidade de a mente perceber estas verdades sem, ao mesmo tempo, estar a apreender o próprio Deus, talvez mesmo enquanto esteja a duvidar ou negar a existência de Deus. Se Agostinho argumenta neste teor: "Tu, que duvidas da existência de Deus, ou que a renega, deves admitir no mínimo que és capaz de reconhecer verdades absolutas, e eu hei-de te provar que esta mesma capacidade implica a existência de Deus", dificilmente haveria de crer que este homem incrédulo tenha contemplado a Deus ou tenha tido acesso ao conteúdo de mente divina. Estas considerações a mim me parecem que invalidam a leitura ontologista. Antes, porém, de seguir a examinar esta matéria, é preciso dizer algo da teoria da iluminação de Agostinho, uma vez que esta exposição vai

---

[109] *Conf.*, 10, 27, 38.
[110] 35, 79.

facilitar a compreensão do pensamento do santo, embora deva-se admitir que a interpretação desta teoria seja algo incerta.

7. Não podemos, diz Agostinho, perceber a verdade imutável das coisas a menos que sejam elas iluminadas por um sol.[111] Esta luz divinal que ilumina a inteligência vem do próprio Deus, que é "luz inteligível", no qual e por meio do qual tudo aquilo que reluz no intelecto se faz luminosidade.[112] Esta doutrina da luz, tão cara à escola agostiniana, funda-se num tema neoplatônico, que por sua vez procede da analogia platônica entre a idéia do bem e o sol.[113] — A idéia do bem a irradiar os objetos inteligíveis subordinados, ou idéias. Para Plotino, o Um ou Deus é o sol, luz transcendente. O emprego desta metáfora, entretanto, não basta por si mesmo para explicar a contento o que Agostinho realmente tencionava dizer. Por sorte, podemos nos socorrer de certas passagens do *De Trinitate*,[114] nas quais o santo diz que a mente é de tal natureza que "quando se dirige às coisas inteligíveis na ordem natural, é capaz de vê-las sob certa luz incorpórea *sui generis*, do mesmo modo como os olhos do corpo vêem objetos adjacentes por meio da luz corpórea". Esse trecho parece indicar que esta iluminação é de cunho espiritual, e está para os objetos da mente como a luz do sol está para os objetos dos sentidos: por outro modo, como a luz do sol torna visíveis as coisas corpóreas, assim a iluminação divina torna as verdades eternas visíveis para a mente. Do que ficou dito, seguir-se-ia, ao que parece, que a mente não capta a iluminação em si, tampouco o mesmo Sol inteligível, Deus; antes, dir-se-ia que as partes de necessidade e eternidade presentes nas verdades eternas e necessárias são iluminadas, para a mente, pela atividade divina. Esta teoria certamente não tem feições ontologistas.

Mas por que Agostinho postulou esta teoria da iluminação? Por que a considerou necessária? Porque a mente é mutável e temporal, e tudo aquilo que é imutável e eterno, transcendendo-a, parece-lhe sumamente acima de suas capacidades. "A mente do homem, ao conhecer-se e amar-se a si mesma, nada conhece ou ama de imutável"[115] e se a verdade "fosse igual às nossas mentes, também seria mutável", já que a mente do homem vê a verdade, ora com mais claridade, ora com menos, e este simples fato mostra a sua mutabilidade. A rigor, não é a verdade inferior nem igual às nossas mentes, mas "superior e mais excelente".[116] Acha-se, pois, o homem precisado desta iluminação divina, para que logre apreender o que transcende sua mente, "porque nenhuma criatura, por mais racional e intelectual que seja, ilumina-se a si própria; não, todas são iluminadas no participar da verdade eterna".[117] A alma do homem, Deus a criou intelectual e racional, de modo que lhe pudesse acolher a luz... e tanto a

---

[111] *Solil.*, 1, 8, 15.
[112] Ibid., 1, 1, 3.
[113] *Rep.*, 514–8.
[114] 12, 15, 24.
[115] *De Trinit.*, 9, 6, 9.
[116] *De lib. arbit.*, 2, 13, 35.
[117] *In Ps.* 119; *Serm.*, 23, 1.

iluminou por Si mesmo, que não apenas quanto é mostrado pela verdade, senão também a própria verdade tornou-se perceptível aos olhos da mente".[118] Esta luz, luzindo sobre a verdade, torna perceptível à mente humana suas feições características de eternidade e imutabilidade.

Que esta iluminação divina é *sui generis* e infundida na mente, isto é explicitamente asseverado pelo próprio Santo Agostinho, como vimos. Escassamente se poderia dizer desta teoria da iluminação que ela se resume à afirmativa de que Deus cria e conserva o intelecto humano, e que a luz natural do intelecto é uma luz participada. Alguns tomistas, desejosos de reverenciar Agostinho à maneira que fazia o próprio Santo Tomás, naturalmente relutam em admitir que haja uma diferença radical de opinião entre os dois grandes teólogos e filósofos e inclinam-se a interpretar Santo Agostinho de modo a atenuar a diferença que vai entre o pensamento deste e o de Santo Tomás. Agostinho, entretanto, definitivamente não designava com o termo "luz" o próprio intelecto — nem sequer sua atividade, mesmo levando-se em conta o fato de que é ela ordinariamente socorrida por Deus —, uma vez que é precisamente à conta das deficiências do intelecto humano que ele houve por bem postular a existência e a intervenção da iluminação divina. É compreensível que se diga que Santo Agostinho errou ao postular esta iluminação divina extraordinária e que Santo Tomás acertou em negar-lhe a necessidade; todavia, afirmar que ambos os pensadores estavam no fundo a dizer a mesma coisa é levar demasiado longe o desejo de conciliá-los, mesmo que se cuide estivesse Santo Tomás a expor com exatidão e clareza o que Santo Agostinho referiu obscura e metaforicamente.

Como já indiquei mais acima, abono a interpretação segundo a qual a função da iluminação divina consiste em tornar visível ao intelecto humano o elemento de necessidade que vai nas verdades eternas, e rejeito no todo a leitura ontologista. Este rejeitar implica, por óbvio, negar a afirmativa de que, para Agostinho, a mente contempla diretamente a idéia de beleza, por exemplo, tal como ela é em Deus. Contudo, tampouco estou inclinado a acolher certa tese atribuída ao santo, qual seja, a de que Deus infunde a idéia da beleza, e todas as demais idéias normativas (no sentido de que só por referência a estas logramos formular um juízo comparativo, por exemplo: que um objeto é mais bonito do que o outro, que uma ação é mais justa etc.) já prontas e acabadas diretamente no intelecto humano. Esta visão extrema, de cunho notoriamente "ideogenético", tornaria a iluminação divina numa espécie de intelecto agente separado: com efeito, desde este ponto de vista, Deus viria a ser, ele próprio, um intelecto agente separado a infundir as idéias na mente do homem, sem que este desempenhe qualquer função, seja por meio dos sentidos, seja por meio de seu próprio intelecto; quer dizer, a mente aí se reduziria a algo puramente passivo. (Esta referência ao intelecto agente não implica, certamente, que Agostinho pensasse ou se expressasse nos termos da psicologia aristotélica). Não tenho para mim que uma tal interpretação — se bem que muito se poderia argumentar

---

[118] *In Ps. 118; Serm.*, 18, 4.

em seu favor[119] — seja a pleno satisfatória. Segundo Agostinho, a operação de Deus na iluminação está para a mente como a luz do sol para a visão, e conquanto a luz solar torne os objetos visíveis, Agostinho certamente não pensava que ela induz a imagem dos objetos no sujeito cognoscente. Ademais, embora a teoria da iluminação desempenhe, no pensamento do santo, papel similar ao da reminiscência na filosofia platônica, de modo que esta noção da iluminação viria a cumprir certa função ideogenética, é preciso ter em mente que Agostinho atacava o problema da *certeza* do conhecimento, e não o do conteúdo de nossos conceitos ou idéias: preocupava-se com a forma mesma do reto juízo e da idéia normativa, não com o conteúdo atual deles. No *De Trinitate*,[120] Agostinho observa que a mente "serve-se dos sentidos para conhecer os objetos corpóreos", e na medida que ele maneja o tema da formação dos conceitos, parece ter para si que a mente humana seja capaz de discernir o inteligível no sensível, num processo que seria, em certa medida, equivalente ao da abstração. Quando se trata, porém, de discernir o grau de beleza de um ente corpóreo, isto é, de julgar o objeto segundo padrões imutáveis, a mente opera sob a luz que irradia da idéia, que, em si mesma, é invisível para a inteligência. A mesma Beleza ilumina a atividade intelectiva de modo que esta se torna capaz de discernir a distância que separa o objeto do padrão, embora a mente não contemple esta Beleza diretamente. É neste preciso sentido que a iluminação de que fala Agostinho desempenha o papel da reminiscência platônica. Ademais, embora o santo não indique claramente *como obtemos* as noções, por exemplo, dos números sete, três e dez, a iluminação não tem por função infundi-las no intelecto, senão aclarar o ato do juízo que afirma que sete e três perfazem dez, para que possamos discernir-lhe as partes de necessidade e eternidade. Da passagem já citada,[121] e de outras mais,[122] podemos coligir que se, por um lado, extraímos os conceitos dos entes corpóreos — o de cavalo, por exemplo — por meio dos sentidos, e dos objetos imateriais, como a alma, através da autoconsciência e da interpretação, por outro, pelo que é dos juízos certeiros a respeito destes objetos, dependemos da intervenção da "iluminação" e da ação reguladora das idéias eternas. Se, com efeito, tem a iluminação, no pensamento de Agostinho, uma função precipuamente ideogenética, como afiançou que tenha, então é obrigatório concluir que esta operação atua não sobre conteúdo do conceito, como se a este o infundisse na mente, senão sobre o próprio juízo conceitual, no que este tem de mais ou menos adequado, por assim dizer, ou ainda sobre o ato de discernir, nos objetos mesmos, seus traços e suas relações com a norma ou padrão, ou seja, aqueles elementos que não derivam sem mais das simples noções deles. Se as coisas são de fato assim, então a rigor, Santo Agostinho e Santo Tomás de Aquino não diferem tanto no que pensam do processo de abstração (uma vez que, diga-o

---

[119] V., por exemplo, o artigo sobre Agostinho escrito por Portalié no *Dictionnaire de théologie catholique*.
[120] 9, 3, 3.
[121] Ibid.
[122] *Solil.*, 1, 8, 15; *In Joann. Evang.*, 35, 8, 3; *De Trinit.*, 9, 15, 24; etc.

Santo Agostinho explicitamente ou não, a perspectiva dele, tal como exposta acima, no mínimo exigiria alguma forma de abstração), quanto no fato de que, por uma parte, Agostinho cuidava necessário postular uma especial ação iluminativa advinda do próprio Deus (especial no sentido de que se extravasa das intervenções divinas de ordem criativa e conservativa) sobre a mente no ato mesmo em que esta se apercebe de verdades eternas e necessárias, ao passo que Santo Tomás de Aquino, por outra, não achava ser este o caso.

Neste sentido, é possível entender por que, para Agostinho, as qualidades de necessidade e imutabilidade próprias das idéias eternas afiguravam-se-lhe provas da existência de Deus, coisa que não se enquadra com a perspectiva ontologista, uma vez que, se a mente percebe Deus ou as idéias divinas diretamente, pode dispensar as provas de Sua existência. Que Agostinho não tenha explicado em detalhe o processo de formação dos conteúdos dos conceitos é fato realmente lamentável, mas compreensível, uma vez que, embora tenha ele feito observações de cunho psicológico, não o fazia desde uma perspectiva acadêmica, mas espiritual e religiosa: seu escopo era, primariamente, as relações entre Deus e alma e, apesar do exame das verdades eternas, necessárias e imutáveis (em contraste com a contingência e a mutabilidade próprias da mente humana), e do fenômeno da iluminação o ajudar a esclarecer estas relações e a colocar a alma na direção de Deus, uma investigação a respeito da formação do conceito enquanto tal teria pouco que ver com o *Noverim me, noverim Te.*

Enfim, Agostinho colocou para si a seguinte pergunta: como chegamos ao conhecimento de verdades necessárias, imutáveis e eternas? Que fosse este o caso, era-lhe claro pela sua própria experiência. Não podemos obter este conhecimento simplesmente por meio dos sentidos, uma vez que os objetos corpóreos são contingentes, mutáveis e temporais; nem pode a nossa mente produzir tais verdades, porque é ela também contingente e mutável. Acresce que estas verdades governam e dominam a própria mente humana, impõem-se sobre ela, coisa que o não fariam se pendessem de nós. Daí vem que só nos tornamos capazes de perceber estas verdades sob o abrigo daquele único Ser, necessário, imutável e eterno: Deus. Este dir-se-ia um Sol a nos iluminar ou um mestre a nos ensinar. Inclino-me a acreditar que, enquanto o conteúdo mesmo de nossos conceitos dos objetos corpóreos é derivado da experiência sensível e da reflexão sobre ela, a força reguladora das idéias divinas (ou seja, do próprio Deus) permite que o homem apreenda a relação que vai entre os entes criados e as realidades eternas e supra-sensíveis, cuja visão direta nos escapa nesta vida, e mais ainda: que a luz de Deus permite à mente discernir os elementos de necessidade, imutabilidade e eternidade naquela relação entre os conceitos que se expressa por meio de um juízo necessário. Entretanto, devido às metáforas de que se serviu Santo Agostinho e ao fato de que não tencionava fornecer uma descrição sistemática e pormenorizada, dir-se-ia escolástica, do processo de conhecimento, não me parece viável o exame, de modo definitivo, de seu pensamento, de modo a esclarecer todas as suas teses.

CAPÍTULO V

Santo Agostinho — III: Deus

Prova da existência de Deus a partir das verdades eternas — Provas a partir das criaturas e do consentimento universal — As várias provas como estágios de um processo — Atributos de Deus — Exemplarismo.

1. Parece acertado dizer que a prova central da existência de Deus formulada por Agostinho, e a sua favorita, fosse a que parte do próprio ato de pensar, fundando-se, assim, numa experiência interior. O ponto de partida desta prova está na apreensão de verdades necessárias e eternas pela mente, verdades que "tu não podes dizer tuas, ou minhas, ou de alguém em particular, mas que se apresentam e se oferecem a todos indistintamente".[123] Verdade, a rigor, posta acima da mente, uma vez que esta deve curvar-se perante aquela e aceitá-la: com efeito, a mente não a constituiu nem pode emendá-la; se estivessem no mesmo nível, ou fossem dotadas das mesmas características, a verdade seria mutável como a mente o é. A mente é inconstante no apreender a verdade, fazendo-o ora mais claramente, ora mais obscuramente, ao passo que a verdade permanece sempre a mesma. "Daí vem que, se a verdade não é inferior nem igual às nossas mentes, só pode ser superior e mais excelente".[124]

As verdades eternas devem estar fundadas no próprio ser, a refletir o princípio de toda verdade, assim como a imaginação reflete as partes de imperfeição e mutabilidade características da mente humana, na qual se fundam, e assim como as impressões sensíveis refletem os objetos corpóreos em que têm sua origem, assim também as verdades eternas dão a conhecer o seu princípio, a própria verdade, a refletir o necessário e o imutável de Deus. Isto abarca todos os modelos essenciais. Se de uma ação afirmamos que é mais ou menos justa, por exemplo, julgamo-la segundo um critério essencial e invariável, uma essência ou "idéia": por mais que, concretamente, seja variada a ação humana, o modelo permanece o mesmo. É à luz destes modelos eternos e perfeitos que julgamos os atos concretos, e eles devem estar fundados no Ser eterno e perfeito. Se há uma esfera do inteligível, de verdades absolutas, então necessariamente há de haver um princípio da verdade, "a Verdade", em quem e por meio de quem e através de quem, tudo quanto seja a todas luzes verdadeiro faz-se verdadeiro.[125]

---

[123] *De lib. arbit.*, 2, 12, 33.
[124] Ibid.
[125] *Solil.* 1, 1, 3.

Esta noção de Deus como o princípio eterno e necessário da verdade não apenas foi acolhida pela escola agostiniana, senão também reapareceu no pensamento de vários filósofos de vulto, como por exemplo Leibniz.

2. Santo Agostinho, de fato, prova a existência de Deus a partir do mundo exterior, corpóreo; mas fá-lo de modo antes episódico, dando uma dica aqui, fazendo uma afirmação sumária ali, sem contudo elaborar uma prova em sentido acadêmico: ele estava menos preocupado em provar ao ateu a existência de Deus, que pôr a lume como o todo da criação proclama esse Deus vivo com quem a alma pode entrar em relação. Era precisamente essa atitude dinâmica da alma para com Deus que lhe atraía a atenção, não a construção de um mero discurso dialético a dar numa conclusão puramente teorética. Admitir, de um movimento puramente intelectual, que existe um Ser supremo é uma coisa; outra, porém, mais exaltada, é achegar-se intimamente a esta verdade. Com efeito, a alma busca a felicidade, e muitos inclinam-se a buscá-la fora de si mesmos: Santo Agostinho tenta mostrar que a criação não pode entregar à alma aquela perfeita felicidade que ela busca, mas antes aponta para cima, para o Deus vivo, que habita o interior do homem. Há que se ter em mente esta atitude elementar de Agostinho, de cunho religioso e espiritual, se se deseja evitar o equívoco de ver nela uma prova dialética em sentido teorético, de encará-la como uma versão trivial e inadequada do que disse Santo Tomás. O escopo deles certamente não era o mesmo.

Por isso, quando Agostinho, comentando o salmo 73, diz: "Como posso saber que estás vivo se não te vejo a alma? Como hei de sabê-lo? Tu me haverias de responder: 'porque falo, caminho, trabalho'. Insensato! Se observando as operações corpóreas conheço que estás vivo, como tu não chegas a conhecer o Criador a partir da criação?", ele está a dar provas da existência de Deus a partir dos seus efeitos, mas não a desenvolver um argumento com fim em si mesmo, por assim dizer: ele as desenvolve no contexto de um comentário exegético às Escrituras. Do mesmo modo, quando ele assevera, no *De Civitate Dei*,[126] que "a própria ordem, disposição, beleza, mudança e movimento do mundo, acrescidos de todas as coisas visíveis, proclamam silenciosamente o seu Criador, de grandeza inefável e invisível, sim, e de beleza igualmente inefável e invisível", ele está antes a lembrar os cristãos destes fatos do que tentando fornecer uma prova sistemática da existência de Deus. E ainda quando, comentando o livro do *Gênesis*,[127] Agostinho declara que "o poder do Criador — como também a sua força onipotente que a tudo arrasta — é, para cada uma das criaturas, a causa porque permanecem existindo, e se esta força, por um momento que fosse, deixasse de governar a criação, a um só tempo as espécies das coisas deixariam de ser e suas naturezas pereciam por inteiro...", ele está a rigor não apenas sublinhando este simples fato, senão também a própria necessidade do

---

[126] 11, 4, 2.
[127] *De Gen. ad litt.*, 4, 22, 22.

ato divino que conserva todas as coisas, lembrando a seus leitores um fato sabido, não o provando filosoficamente.

Agostinho ainda apresenta, também posto em forma breve, o que ficou conhecido como o argumento a partir do consentimento universal. "Tal", diz ele, "é o poder da essência divina, que não pode permanecer, por completo e em definitivo, oculto à criatura racional, dado que esta faça uso da razão. Porque, à exceção de algumas poucas naturezas sobremodo depravadas, o todo da raça humana confessa que Deus é o criador do mundo".[128] Quando mesmo um homem crê numa pluralidade de deuses, ainda assim tenta conceber "o Deus único de todos os deuses", como "algo o mais excelente e sublimado de quanto há... todos se concertam em acreditar que Deus excede em dignidade o mais das coisas".[129] É sem questão que Santo Anselmo foi influenciado por essa fala de Santo Agostinho quando definiu Deus, no seu "argumento ontológico", como "um ser do qual nada maior pode ser cogitado".

3. O Prof. Gilson, na sua obra *Introduction à l'étude de Saint Augustin*,[130] observa que, de fato, no pensamento do santo encontra-se longa prova da existência de Deus, a qual consta de vários estágios.[131] Dessa forma, a partir da etapa inicial de dúvida, passando pelo *Si fallor sum*, espécie de refutação metódica e preliminar à busca da verdade que assegura à mente a possibilidade de se chegar a ela, a alma procede a considerar o mundo dos sentidos. Neste, contudo, à verdade que busca não logra encontrá-la, pelo que se volve para o seu interior, onde, tendo meditado na própria fraqueza e mutabilidade, descobre a verdade imutável que a transcende e que independe dela. Daí é finalmente conduzida à apreensão do mesmo Deus, princípio subjacente a todas as verdades. A descrição desta prova total da existência de Deus dada pelo Sr. Gilson sem dúvida é representativa do pensamento do santo e tem a vantagem considerável não apenas de ressaltar esta prova, que se funda no cogitar e nas verdades eternas, senão também de um tal modo harmonizá-la com a alma em busca de Deus como fonte de felicidade e bem-aventurança objetiva, de modo que a demonstração não soe como um simples encadeamento de silogismos de feição teorética e acadêmica. Esta descrição é confirmada em uma passagem encontrada no sermão de número 241,[132] onde o santo descreve a alma humana a inquirir das coisas sensíveis e a ouvi-las confessar que a beleza do mundo, das coisas sensíveis, é criação e reflexo da Beleza imutável, a qual, atraindo a alma, faz esta volver-se para dentro de si, descobrindo-se a si mesma no processo e apercebendo-se da superioridade que guarda em relação ao corpo. "Os homens viram essas duas coisas, meditaram nelas, investigaram a ambas, e descobriram que cada uma delas é, no homem, mutável". A mente, pois, tendo descoberto que tanto a alma quanto o corpo são mutáveis, segue a buscar o imutável.

---

[128] *In Joann. Evang.*, 106, 4.
[129] *De doct. Christ.*, 1, 7 , 7.
[130] Cap. 2.
[131] Cf. também G. Grunwald: *Geschichte der Gottesbeweise im Mittelalter, Beiträge*, 6, 3, p. 6.
[132] *Serm.*, 241, 2, 2 e 3, 3.

"E foi assim que os homens chegaram ao conhecimento de Deus Criador, isto é, por meio das coisas criadas". Santo Agostinho, pois, de modo algum nega o que seria um conhecimento "natural" ou "racional" de Deus. Este conhecimento racional, no entanto, é enfocado em estreita conexão com a busca da Verdade beatificante, e como uma espécie de auto-revelação de Deus à alma, revelação esta que acha-se plena apenas através de Cristo, e consolida-se na vida de oração cristã. Agostinho, portanto, não postulava uma dicotomia marcada entre a teologia natural e a revelada, e isto não porque não pudesse distinguir a fé da razão, mas porque entendia que o conhecimento de Deus buscado pela alma está em estreita conexão com a busca espiritual por Deus como objeto e fonte da bem-aventurança. Harnack, ao reprochar Agostinho por este não ter estabelecido uma distinção clara entre fé e ciência,[133] não percebe o fato de que o santo estava primariamente interessado na experiência espiritual de Deus, e que, ainda para o santo, fé e razão têm ambas papéis a representar nesta experiência, que constitui uma unidade orgânica.

4. Agostinho insiste em dizer que o mundo das criaturas reflete e manifesta Deus, mesmo que o faça de maneira assaz inadequada, e ainda que "se algo digno de louvor é percebido nas coisas, seja imenso louvável ou apenas algum tanto, deve-se louvar, o mais excelente e inefável que se possa, ao próprio Criador". Com efeito, as criaturas tendem ao não-ser, mas enquanto são, estão dotadas de alguma forma, reflexo da forma que não declina ou se corrompe.[134] De modo que a ordem e a unidade da natureza proclamam a unidade do Criador,[135] assim como a bondade das criaturas, a realidade positiva que têm, revela a bondade de Deus[136] e a ordem e a estabilidade do universo manifestam-Lhe a sabedoria.[137] De outra parte, Deus, enquanto o Ser auto-suficiente, eterno e imutável, é infinito e incompreensível. Ele é a sua própria perfeição, é "simples", de modo que sua sabedoria e conhecimento, bondade e poder, constituem-lhe a essência, a qual é desprovida de acidentes.[138] Deus, pois, simples, infinito e espiritual, transcende o espaço; eterno, transcende o tempo: "Deus está em Si mesmo, fora de todo intervalo ou extensão espacial; Ele, à conta do poder imutável e pré-eminente que possui, é ao mesmo tempo interior a tudo — porque todas as coisas estão n'Ele —, e exterior a tudo — porque está acima de todos os entes. De modo que também não pode ser encontrado num intervalo ou espaço de tempo, senão somente na sua imutável eternidade, mais antiga que tudo, porque já era antes de tudo, e mais nova que tudo, porque conserva-se o mesmo".[139]

5. Deus conhecia desde a eternidade todas as coisas que viria a fazer. Não as conhece, pois, porque as fez, mas inversamente: conhecia-as antes, mesmo que

---

[133] *Lehrbuch der Dogmengeschichte*, 3ª ed., t. 3, p. 119.
[134] *De lib. arbit.* 2, 17, 46.
[135] Ibid., 3, 23, 70.
[136] *De Trinit.* 11, 5, 8.
[137] *De Civit. Dei*, 11, 28.
[138] *De Trinit.*, 5, 2, 3; 5, 11, 12; 6, 4, 6; 6, 10, 11; 15, 43, 22; *In Joann. Evang.* 99, 4; etc.
[139] *De Gen. ad. Litt.*, 8, 26, 48.

viessem a ser apenas com o transcorrer do tempo. As espécies dos entes criados têm, em Deus, suas idéias ou *rationes*; Ele contemplava os entes que poderia e que viria a criar, desde toda a eternidade, em Si, como reflexos possíveis de Si próprio. Conhecia-os, portanto, antes da criação; conhecia-os como n'Ele repousam, como Exemplares; fê-los, porém, como existem, isto é, como reflexos externos e finitos da Sua essência divina.[140] Deus nada fez sem conhecimento; Ele anteviu tudo o que viria a criar, o seu conhecer, entretanto, não está composto de atos distintos, mas de um único vislumbre eterno, imutável e inefável".[141] É à conta deste ato eterno de conhecimento, desta visão, para a qual não existe passado ou futuro, que Deus vê, "antevê", até mesmo os atos deliberados dos homens, e sabe de "antemão" o quanto lhe pediremos, e quando, e o que vai ou não conceder".[142] Um exame a preceito deste último ponto, porque exige uma análise da teoria da graça em Agostinho, não poderá ser levado a efeito aqui.

Contemplando, desde a eternidade, sua própria essência, Deus vê em Si todas as possíveis essências limitadas, reflexos finitos de sua infinita perfeição, de modo que essas essências ou *rationes* das coisas acham-se eternamente na mente de Deus como idéias divinas, se bem que, a levar-se em conta o ensinamento concernente à simplicidade divina mais acima mencionado, não se deve disto inferir que há "acidentes" em Deus, isto é, idéias que sejam ontologicamente distintas de Sua essência. Nas *Confissões*,[143] o santo sublinha que estas "razões eternas" permanecem imutáveis em Deus, e no *De Ideis*,[144] explica que estas divinas idéias são "certas formas arquetípicas, ou as razões estáveis e imutáveis das coisas não formadas, mas contidas na mente divina eternamente a permanecer sempre iguais. Não surgem nem desaparecem, mas aquilo que é gerado e corrompido forma-se de acordo com elas". Isto dá em que, por uma parte, as criaturas podem ser ditas ontologicamente verdadeiras na medida em que incorporam e exemplificam o modelo presente na mente divina a que correspondem, e por outra, o mesmo Deus faz-se modelo da verdade. Esta teoria exemplarista por certo acolheu influência de certas teorias neoplatônicas, segundo as quais as platônicas idéias exemplares acham morada no *Nous*, conquanto, para Agostinho, estão contidas no Verbo, que, ao revés deste *Nous* neoplatônico, não se reduz a uma hipóstase subordinada, mas é a segunda Pessoa da Santíssima Trindade, consubstancial ao Pai.[145] De Agostinho, passou esta teoria exemplarista à Idade Média. Embora ela possa ser atribuída propriamente à escola agostiniana, é importante ter em mente que o próprio Santo Tomás de Aquino não a negava, embora tomasse cuidado ao expô-la, de modo a afastar a leitura de que estas idéias são ontologicamente distintas de Deus, o que derrubaria a noção da simplicidade divina, porquanto n'Ele não há distinção

---

[140] Cf. ibid., 5, 15, 33; *Ad Orossium*, 8, 9.
[141] *De Trinit.*, 15, 7, 13.
[142] Ibid., 15, 13, 22.
[143] 1, 6, 9.
[144] 2.
[145] *De Trinit.*, 4, 1, 3.

real além da que vai entre as três Pessoas divinas.[146] Ainda assim, embora Santo Tomás tenha sido neste aspecto um seguidor de Agostinho, foi sobretudo São Boaventura que mais enfatizou, no correr do século XIII, a teoria do exemplarismo e a doutrina da presença das idéias divinas no Verbo de Deus, coisa que contribuiu para dar forma à sua atitude algo hostil à metafísica de Aristóteles, que descartou as idéias platônicas.

---

[146] Cf., por exemplo, *S. T.*, ia, 15, 2 e 3.

CAPÍTULO VI
Santo Agostinho — IV: o mundo

A criação voluntária a partir do nada — A matéria — As razões seminais — Números — Alma e corpo — Imortalidade — A origem da alma.

Dada a feição geral do pensamento de Agostinho, esperar-se-ia escassamente que o santo demonstrasse muito interesse pelo mundo material enquanto tal: seu pensamento, com efeito, orbitava em torno da relação entre a alma e Deus. E, contudo, ele tem algo a dizer desta matéria: uma teoria formada a partir de elementos tomados de pensadores anteriores e postos numa estrutura cristã. Equivocar-nos-íamos, porém, se pensássemos que Agostinho tomou mecanicamente por assim dizer estes elementos a estes escritores que lhe antecederam: ele determinou enfatizar as linhas de raciocínio que melhor lhe pareciam destacar a relação entre a natureza e Deus, que melhor expunham a dependência daquela para com este.

1. A doutrina da criação do mundo a partir do nada à força de um ato divino voluntário, essa, não foi formulada por nenhum pensador pagão, mas era patrimônio comum do cristianismo. Na teoria emanacionista de Plotino, o mundo procede de algum modo de Deus sem que Ele por isso seja alterado ou apequenado; mas, para Plotino, Deus não age livremente (segundo cuidava, postular tal equivaleria a afirmar a mudança em Deus), mas *necessitate naturae* — o Bem irradia-se de seu natural. Não encontramos a doutrina da criação a partir do nada, de fato, no neoplatonismo, à exceção de um ou outro pensador pagão, certamente influenciados pelo cristianismo. É possível que Agostinho pensasse que Platão houvesse esposado esta doutrina (criação a partir do nada no tempo); contudo é improvável, mesmo levando-se em conta a leitura aristotélica do *Timeu*, que Platão de fato acreditasse nela. Entretanto, independentemente da leitura que Agostinho fizesse de Platão, o fato é que o santo claramente afirma a criação voluntária a partir do nada, e que esta doutrina é-lhe essencial para assentar a supremacia de Deus e a dependência do mundo. Tudo quanto é tem o seu ser de Deus.[147]

2. Mas e se as coisas fossem feitas a partir de uma matéria informe? Não seria esta independente de Deus? Em primeiro lugar, pergunta Agostinho, estamos a falar de uma matéria de todo informe ou que é assim dita quando comparada com o que se acha plenamente formado? No primeiro caso, trata-se de algo equivalente ao nada. "Aquilo a partir do que Deus criou todas as coisas não

[147] *De lib. arbit.*, 3, 15, 42.

possui nem espécie nem forma; e isto não é senão o próprio nada". No segundo caso, a saber, o da matéria dotada de uma forma não acabada, mas tão somente de uma forma "incoada", isto é, matéria apta a receber forma, então não pode ser dita um nada completo, e o ser que ela tem só pode vir de Deus. "De modo que mesmo que o universo tenha sido criado a partir de uma matéria informe, esta própria matéria deve ter sido criada a partir de um nada absoluto".[148] Nas *Confissões*,[149] Agostinho identifica essa matéria à mutabilidade dos corpos (isto é, trata-se de um elemento potencial), e observa que se pudesse lhe chamar "nada" ou asseverar de que não existe, o faria; porém, no caso de a matéria se caracterizar pela capacidade de receber formas, não pode ser dita um puro nada. Ademais, ele afirma, no *De vera religione*,[150] que o bem não consiste apenas na posse das formas, senão também na capacidade de recebê-las, e o que é um bem não pode ser um nada em sentido absoluto. Esta matéria, que não é um puro nada, foi criada de Deus não antes das formas, mas junto com elas.[151] A "matéria informe que Deus criou do nada" a identificava com o Céu e a Terra mencionados no primeiro versículo do *Gênesis* como a primeira criação de Deus.[152] Em outras palavras, Santo Agostinho está a afirmar, de modo algo rudimentar, a doutrina escolástica de que Deus criou a partir do nada não uma matéria-prima absolutamente informe, apartada de todas as formas, mas forma e matéria juntas as criou. Em outras palavras, Santo Agostinho expõe de maneira rudimentar a doutrina que foi mais elaborada pelos escolásticos: Deus fez a criação do nada, e não a partir de uma "matéria-prima" sem nenhuma forma. Ele criou forma e matéria simultaneamente. Lembremo-nos de que esta expressão mais rudimentar das doutrinas escolásticas, da parte do santo, advém de sua preocupação em enfatizar a dependência essencial de todas as criaturas a Deus — sem falar na natureza perecível de todas as criaturas corpóreas, mesmo quando já constituídas na existência. Elas recebem o ser de Deus, mas estão atreladas ao mutável.

3. Uma teoria que era favorecida pelo próprio Agostinho e também pelos seus seguidores, embora rejeitada por Santo Tomás de Aquino, e formulada com o sentido de exaltar a agência divina em detrimento da causalidade ativa das criaturas, é a da *rationes seminales*, ou "razões seminais", isto é, os germes das coisas que se desenvolvem com o correr do tempo. Assim, o próprio homem, pelo menos quanto ao corpo — deixo de lado por ora a exposição da origem da alma —, foi criado nas *rationes seminales*, "de feição invisível, potencial, causal, a modo do que é projetado para existir, mas ainda não está feito".[153] Estas *rationes seminales* são elas germes das coisas, ou potências criadas por Deus no princípio, fundadas no elemento úmido, que se desenvolvem nos diferentes objetos das diferentes espécies num desdobrar temporal.

---

[148] *De vera relig.*, 18, 35-6.
[149] 12, 6, 6.
[150] Loc. cit.
[151] *De Gen. ad litt.*, 1, 15, 29.
[152] *De Gen. contra Manich.*, 1, 17, 11.
[153] *De Gen. ad litt.*, 6, 5, 8.

Esta noção da potencialidade seminal estava, e sem dúvida foi lá que Agostinho a encontrou, na filosofia de Plotino, e em última análise nos λόγοι σπερματικοί do estoicismo, embora seja uma idéia algo vaga. Com efeito, Santo Agostinho não supunha que estas *rationes seminales* fossem objeto de experiência, que pudessem ser vistas ou tocadas: são invisíveis e dotadas de formas "incoadas", isto é, da potencialidade para desenvolver as formas de acordo com o plano divino. Estas razões seminais não são, contudo, puramente passivas, senão que tendem a se desenvolverem a si mesmas, se bem que, na ausência das condições predisponentes e de outras agências exteriores, possam ter o desenvolvimento atravancado.[154] São Boaventura, que neste ponto seguia de perto a Santo Agostinho, comparava a *ratio seminalis* a um botão da rosa: este não é ainda a rosa formada, mas, presentes as condições necessárias e ausentes os impedimentos, tornar-se-á rosa com o tempo.

Que possa Santo Agostinho ter esposado teorias algo vagas a respeito de entes que não são, em si mesmos, objeto de experiência direta, haverá de parecer menos inverossímil se considerarmos por que motivo procedeu deste modo. O problema que tentava resolver, e que lhe apareceu não como uma questão científica, mas como o resultado de um esforço exegético era o seguinte: de acordo com o *Eclesiástico*,[155] "Aquele que vive eternamente criou todas as coisas a um só tempo"; por outro lado, segundo o *Gênesis*, os peixes e as aves do céu, por exemplo, apareceram na Terra apenas no quinto "dia" da criação, ao passo que o gado e outros animais, no sexto (Agostinho não cuidava que esses "dias" eram iguais aos nossos, de 24 horas, uma vez que o sol só foi criado no quarto "dia"). Como, pois, conciliar essas duas afirmações — que Deus criou todas as coisas juntas e que algumas delas foram feitas depois das outras, ou seja, nem todas as coisas foram criadas ao mesmo tempo? Santo Agostinho resolveu o problema dizendo que Deus, de fato, no princípio criou todas as coisas a um tempo, porém, não as criou nas mesmas condições: muitas delas, todas as plantas, peixes, aves, animais e o próprio homem, os criou de feição invisível, latente, potencial, em germe, nas suas *rationes seminales*. Assim, no princípio Deus criou toda a vegetação da terra antes que de fato crescesse sobre ela,[156] e mesmo o próprio homem. Assim, resolveu a aparente contradição entre o Eclesiástico e o Gênesis por meio de uma distinção: diferentemente do Gênesis, o Eclesiástico não está a falar das coisas atualmente formadas, mas sim da criação germinal ou seminal.

Por que razão Agostinho não se contentou com a simples idéia de "sementes", no sentido mais comum do termo, ou seja, as sementes produzidas pelas plantas, os grãos etc.? Porque o texto do Gênesis implica que a terra produziu as ervas verdes *antes* das sementes,[157] e do mesmo modo com relação ao mais das coisas capazes de reprodução. Santo Agostinho se viu obrigado

---

[154] *De Trinit.*, 3, 8, 13.
[155] 18, 1.
[156] *De Gen. ad litt.* 5, 4, 7–9.
[157] *Gn 1, 11.*

a recorrer a uma noção análoga à de semente. Por exemplo, Deus criou no princípio a *ratio seminalis* do trigo, a qual, por sua vez, veio a se desenvolver no transcurso do tempo, segundo o plano de Deus, tornando-se assim o trigo realmente existente, que contém de fato sementes no sentido comum do termo.[158] Ademais, Deus não criou todas as sementes e germes em ato desde o princípio, de modo que estes também requerem uma *ratio seminalis*. Cada espécie, aí incluídos não apenas o potencial de desenvolvimentos futuro, mas também os próprios indivíduos que viriam a ela pertencer, foi criada no princípio segundo sua própria razão seminal.

Do que dizemos até aqui, deve ter ficado claro que o santo não estava a investigar, em primeiro lugar, um problema propriamente científico, mas a examinar uma questão exegética, de modo que é extemporâneo tê-lo como adversário ou precursor da teoria da evolução no sentido lamarckiano ou darwiniano do termo.

4. Santo Agostinho valeu-se também do tema do número, que deita raízes em Platão e Pitágoras. É certo que o tratamento que Agostinho dá a essa questão pode, por vezes, parecer algo fantástico e mesmo fantasioso, como quando, por exemplo, examinando as Escrituras, fala de números perfeitos e imperfeitos. Mas, de maneira geral, pode-se dizer que ele os entende como princípios de ordem e forma, de beleza e perfeição, de proporção e padrão. Assim, Agostinho cuida que as idéias são números eternos, e os corpos, temporais, isto é, desdobram-se no transcurso do tempo. Com efeito, os corpos podem ser ditos números de não poucas maneiras: como um todo composto de partes ordenadas e relacionadas; como uma estrutura a desdobrar-se segundo estágios sucessivos (por exemplo, uma planta que germina, desabrocha, frutifica, reproduz-se), como partes distribuídas no espaço. Em outras palavras, refere-se ao número intrínseco, ao local, ao espacial e ao temporal. As "razões seminais" são números ocultos, ao passo que os corpos são números manifestos. Além do mais, assim como uma quantidade qualquer enceta pela unidade e termina em um número inteiro, assim também a hierarquia do ser principia com o Um, Deus, que traz à existência unidades mais ou menos perfeitas, nelas refletindo-se a si próprio. Esta comparação ou paralelo entre os números matemáticos e os metafísicos tirou-a, está claro, de Plotino, e, via de regra, Agostinho nada acrescenta, neste particular, à tradição pitagórico-platônica.

5. O ápice da criação material é o homem, composto de corpo e alma imortal. Santo Agostinho faz questão de sublinhar este fato: "Uma alma de posse de um corpo não constitui duas pessoas, mas um só homem".[159] Por que ele cuidou necessário dizer algo tão óbvio? Porque entendia a alma como substância a pleno direito (*substantia quaedam rationis particeps, regendo corpori accomodata*),[160] e chega mesmo a definir o homem como "uma alma racional a se servir de um

---

[158] *De Gen. ad litt.* 5, 4, 9.
[159] *In Joann. Evang.*, 19, 5, 15.
[160] *De quant. animae,* 13, 21.

corpo mortal e terrestre".[161] Esta tomada de posição platônica quanto à natureza da alma repercute, como já vimos, na sua doutrina da percepção sensorial, que, segundo entende, é uma atividade própria de alma, a qual se serve do corpo como instrumento, e não atividade do todo do organismo psicofísico: é, a rigor, um acréscimo temporário do atuar da alma sobre determinada parte do corpo. A alma, superior ao corpo, não pode dele sofrer a ação, mas apercebe-se das mudanças no corpo devido a estímulos exteriores.

6. A alma humana é um princípio imaterial e, semelhando-se nisto à dos animais, age sobre o corpo, animando-o. Um homem pode dizer ou pensar que a alma é composta de ar, por exemplo, mas nunca poderá sabê-lo com certeza. Por outro lado, o homem sabe que é inteligente, que pensa, mas com efeito nada lhe leva a crer que o ar é capaz de pensar.[162] Ademais, a própria imaterialidade e substancialidade da alma asseguram-no da imortalidade dela. Neste ponto, Agostinho serve-se de argumentos que remontam a Platão.[163] Por exemplo, ele emprega o argumento usado no *Fédon*: como, por uma parte, é a alma o princípio da vida e, por outra, dois contrários são incompatíveis, redunda que não possa morrer. Tirando o fato de que este argumento, em si mesmo, já não é lá muito convincente, Agostinho não haveria de aceitá-lo sem modificá-lo, uma vez que este raciocínio parece implicar que a alma existe de per si, ou que é parte de Deus. Adaptou-o, portanto, dizendo, por um lado, que a alma participa da Vida e que tira a própria existência e essência de um princípio que, este sim, não admite contrários, e, por outro, que, como o ser que ela recebe do princípio (que como se viu não admite um contrário) é precisamente *vida*, ela não conhece a morte. Este argumento, entretanto, implicando obviamente que a alma animal também é imortal, uma vez que também é esta um princípio de vida, não prova muita coisa. Ele deve ser, pois, tomado a par de outro, também derivado de Platão, que alma, por ser capaz de apreender verdades indestrutíveis, é ela própria indestrutível. No *De quantitate animae*,[164] Agostinho distingue as almas dos animais irracionais, dotadas da faculdade de sentir, mas não do poder de raciocinar e conhecer, das almas humanas, dotadas de ambos; como se vê, este argumento, pois, aplica-se apenas a estas últimas. Platão dizia que a alma humana, capaz de apreender as Idéias, eternas e indestrutíveis, mostra-se por isso aparentada destas, "divina", ou seja, indestrutível e eterna; Agostinho, por sua vez, sem ele mesmo abraçar a noção da pré-existência, prova que a questão da imortalidade da alma é análoga. Ademais, baseia-se outrossim no desejo de beatitude e perfeita felicidade, argumento este muito estimado dos agostinianos, como se vê em São Boaventura, por exemplo.

7. Agostinho explicitamente dizia que a alma é criada por Deus,[165] mas parece não ter chegado a uma precisa conclusão quanto ao tempo em que

---

[161] *De moribus eccl.*, 1, 27, 52; *In Joann. Evang.*, 19, 5, 15.
[162] *De Gen. ad litt.*, 7, 21, 28; *De Trinit.*, 10, 10, 14.
[163] Cf. *Solil.*, 2, 19, 33; *Ep.*, 3, 4; *De Immortal. An.*, cap. 1-6.
[164] 28, 54 ss.
[165] *De anima et eius origine*, 1, 4, 4.

isto tem lugar, nem quanto ao modo de criação. Parece que o santo esgrimou aqui e ali argumentos de proveniência platônica, mais precisamente, a noção de pré-existência, recusando-se, entretanto, a admitir que a alma era metida no corpo como punição por faltas cometidas em sua existência pré-terrestre. Interessava-lhe, sobretudo, a questão seguinte: foi o caso de ter Deus criado cada alma individual separadamente, ou, por outra, elas todas na Alma de Adão, de modo a ser "passada adiante" (traducianismo)? Esta segunda hipótese parece logicamente implicar uma concepção amaterialista da própria alma, mas é certo que Agostinho nunca esposou tais doutrinas e ademais ele insistiu na idéia de que a alma não se acha presente no corpo por meio de difusão local.[166] Ao traducianismo, porém, inclinava-se à conta de razões teológicas, não filosóficas: cuidava que, por meio desta teoria, o pecado original poderia ser explicado como uma espécie de mácula na alma, transmitida de pessoa a pessoa. Se o pecado original é visto como uma realidade positiva, e não como mera privação, então a noção de que Deus cria separadamente cada alma individual torna-se deveras problemática, quiçá um obstáculo insuperável; além disso, o traducianismo é incompatível com a afirmação de que a alma é imortal e imaterial.

---

[166] *Ep.*, 156.

CAPÍTULO VII
Santo Agostinho — v: teoria moral

Felicidade e Deus — Liberdade e obrigações — A necessidade da graça — O mal — As duas cidades.

1. A ética agostiniana e a grega têm em comum o caráter eudamônico, isto é, ambas vêem, na felicidade, o fim da vida humana. Esta felicidade, entretanto, encontramo-la apenas em Deus. "O epicurista, que leva a certeza de que o supremo bem do homem está no corpo, investe todas suas esperanças em si próprio",[167] mas "a criatura racional... está composta de tal maneira que não pode ela própria fazer as vezes daquele bem que lhe traga felicidade",[168] é o ser humano mutável e não se basta a si mesmo: ele encontrará felicidade apenas na posse de algo que lhe transcenda, num objeto imutável. Nem as próprias virtudes constituem um fim em si mesmas: "Não é a virtude da tua alma que te torna feliz, mas Aquele que a concedeu a ti, que te inspirou a vontade e te deu a faculdade de agir".[169] Nem o ideal epicúreo nem o estóico trazem felicidade ao homem, senão somente o próprio Deus: "Buscar a Deus é, portanto, desejar a beatitude; alcançá-lo a Ele é a mesma beatitude".[170] Que o homem busque a bem-aventurança ou a felicidade, e que esta seja a posse de um objeto, tirou-o Agostinho da própria experiência, mesmo que também tenha achado, na filosofia, a confirmação deste fato; que este objeto supremo seja o mesmo Deus, também o soube pela experiência, se bem que tenha se estribado, neste particular, na filosofia de Plotino. Quando, porém, o santo afirmou que a felicidade está na posse daquele Objeto eterno e imutável, Deus, referia-se não à contemplação filosófica e puramente teorética de Deus, mas à união amorosa com Ele, ao possuí-lo e, com efeito, àquela união sobrenatural com Deus, tida pelo cristão como o remate de sua jornada no caminho da graça: não é possível distinguir, no pensamento de Agostinho, uma ética natural de outra sobrenatural, uma vez que ele está sempre a lidar com o homem concreto, de vocação sobrenatural: a rigor, apercebeu-se de que os neoplatônicos lograram discernir algo do que foi revelado por Cristo; o neoplatonismo, entretanto, como verdade parcial e inadequada.

A ética agostiniana é, em primeiro lugar, uma ética do amor: é pela vontade que o homem se põe na direção de Deus e logra, por fim, possuí-lo, fruí-lo.

---
[167] *Serm.* 150, 7, 8.
[168] *Ep.*, 140, 23, 56.
[169] *Serm.* 150, 8, 9.
[170] *De moribus eccl.*, 1, 11, 18.

"Quando a vontade, bem intermediário, busca o bem imutável..., o homem encontra aí a vida bem-aventurada";[171] "porquanto se Deus é, para o homem, bem supremo... e viver bem consiste em buscar o supremo bem, logo viver bem não é senão amar a Deus de todo coração, de toda alma e de todo entendimento".[172] Com efeito, depois de citar as palavras de Cristo registradas por São Mateus,[173] quais sejam, "Amarás o Senhor teu Deus de todo o teu coração, e de toda a tua alma, e de todo o teu entendimento" e "amarás o teu próximo como a ti mesmo", Santo Agostinho observa que nelas se encontra a própria "filosofia natural, uma vez que a totalidade das causas de todas as coisas acha-se em Deus Criador", e que "também aí está a ética, que uma vida honesta e boa não consiste senão em amar como se deve o que é verdadeiramente digno de amor, a saber, Deus e o próximo".[174] A sua ética, pois, centra-se no dinamismo da vontade, dinamismo este que é amor (*pondus meum, amor meus*),[175] conquanto o ganhar a bem-aventurança, "participar no bem imutável", não seja possível ao homem se ele não for socorrido pela graça, se não receber aquela "misericórdia gratuita do mesmo Criador".[176]

2. A vontade é, entretanto, livre e, ainda assim, sujeita ao dever moral. Os filósofos gregos, com efeito, concebiam a felicidade como o fim da vida humana, e não se poderia dizer que não tivessem chegado à noção mesma deste dever; contudo, como tivesse Santo Agostinho uma idéia mais clara de Deus e da criação, logrou fundar o tema da lei moral em bases metafísicas mais firmes do que a dos filósofos gregos. A base necessária deste dever é a própria liberdade. À vontade é concedida a liberdade de virar as costas ao bem imutável e apegar-se ao que é mutável, tomando para si já os bens da alma apartados da conexão com Deus, já, simplesmente, os bens do corpo. A vontade necessariamente busca felicidade e satisfação e, de fato, só as logra encontrar no mesmo Deus, Bem imutável; todavia, o homem, nesta vida, não tem a visão beatífica, pelo que pode fixar sua atenção nos bens mutáveis, que neste caso tomam o lugar de Deus: "Neste apartar-se e volver-se não se acha o homem coagido, senão em pleno uso de sua liberdade".[177]

Se, por uma parte, a vontade do homem está, como se viu, livre para buscar a Deus ou rejeitá-lo, por outra, a sua mente acha-se obrigada a reconhecer não apenas que a felicidade só a alcança com a posse do Bem imutável, Deus, senão também que este pendor da vontade, essa inclinação ao bem, foi nela implantada pelo mesmo Deus, que como Criador, assim o determinou. Ao extravasar-se da órbita de Deus, a vontade põe-se contra a lei divina, que se expressa na própria natureza humana, criada por Deus. Todos os homens, em

---

[171] *De lib. arbit.*, 2, 19, 52.
[172] *De moribus eccl.* 1, 25, 46.
[173] 22, 37–9.
[174] *Ep.*, 137, 5, 17.
[175] *Conf.*, 13, 9, 10.
[176] *Ep.*, 140, 21, 14.
[177] *De lib. arbit.*, 2, 19, 35.

alguma medida, estão cônscios dos deveres morais: "Mesmo os ímpios... com acerto condenam certas condutas e encareçem outras". Como, pois, fá-lo-iam se não estivessem notificados das regras de conduta, mesmo que, pessoalmente, as não obedeçam? Essas regras, de onde foram tiradas? De suas mentes não pode ter sido, uma vez que são mutáveis, ao passo que as "leis da justiça" não o são; tampouco do exame do próprio caráter, já que, *ex hypothesi*, são homens injustos. Estas regrais morais eles as vêem, diz Agostinho, falando, como de costume, algo obscuramente "naquele luminoso livro a que chamamos Verdade". As leis morais, eternas que são, vão impressas nos corações dos homens, "como o selo se imprime sobre a cera e, contudo, não se desprende do anel". Há, com efeito, homens mais ou menos cegos a estas leis, mas mesmo estes "por vezes são tocados pelo esplendor da verdade onipresente".[178] Por isso, assim como a mente do homem é capaz de apreender as verdades eternas e teoréticas à luz de Deus, assim também percebe, sob esta mesma luz, as verdades e princípios que lhe governam o livre-arbítrio. O homem concreto move-se, naturalmente, em direção a Deus; mas ele vinga satisfazer a pleno este seu dinamismo natural apenas quando observa as leis morais, que refletem a lei eterna de Deus e que não são regras arbitrárias, mas seguem-se da natureza divina e das relações que Ele estabelece com o homem. Estas leis não são arbitrárias ou fruto do capricho de Deus; Ele quer que o homem as obedeça, porquanto o criou para que se torne o que realmente deve ser. A vontade acha-se, pois, a um tempo livre e sujeita às obrigações morais, dentre as quais está a de amar a Deus.

3. Deus está para o homem como o infinito para o finito, e disto resulta que este abismo não pode ser transposto sem o socorro divino, sem a graça, necessária que é até mesmo para que se comece a querer amá-Lo. "Quando o homem tenta viver corretamente apenas com as próprias forças, recusando a ajuda da graça divina, é vencido pelos pecados; por meio do seu livre-arbítrio, contudo, logra encontrar forças para acreditar no seu Libertador e acolher a graça divina".[179] "A lei, portanto, foi dada ao homem para que ele busque a graça, esta, por sua vez, para que a lei viesse a ser cumprida".[180] "A lei traz à luz a fraqueza de nossa vontade, para que a graça remedie esta enfermidade".[181] "A lei, ao ensinar e impôr o que não logra o homem cumprir sem a ajuda da graça, põe-lhe à vista a fraqueza para que determine buscar ao Salvador, por forma que, curada por Ele, a vontade possa fazer o que, em sua fraqueza, era-lhe impossível".[182]

Seria deslocado tratar aqui dos espinhosos problemas que repassam a doutrina agostiniana das relações entre a graça e o livre-arbítrio. Entretanto, sublinhe-se que quando Agostinho faz do amor de Deus a essência da lei moral, refere-se o santo àquela união amorosa entre Deus e a vontade humana, a qual supõe uma subida de nível que só é possível pela intervenção da graça. E é natural

---

[178] *De Trinit.* 14, 15, 21.
[179] *Expos. quarumdam prop. ex. epist. ad. Rom.*, 44.
[180] *De spir. et litt.*, 19, 34.
[181] *Ibid.*, 9, 15.
[182] *Ep.*, 145, 3, 4.

que enfoque as coisas por esse viés, uma vez que ele está a considerar o homem concreto, dotado de uma vocação sobrenatural; ou seja, Agostinho complementa a sabedoria filosófica com a sabedoria das Escrituras. Poder-se-ia, para esquematizar-lhe o pensamento nesta matéria, separar o Agostinho filósofo do Agostinho teólogo; mas, a seus próprios olhos, o verdadeiro filósofo é o homem que investiga a realidade concreta, tal como ela é, e isto não é possível ao se afastar da economia da graça e redenção.

4. Se a perfeição moral consiste em amar a Deus, dirigindo-lhe a vontade e unificando todas as faculdades (os sentidos etc.) nesta direção, o mal não pode ser senão um voluntário afastar-se de Deus. Mas o mal moral em si, que é dele? Acaso é ele algo de positivo? Primeiramente, não pode sê-lo no sentido de algo criado por Deus: a causa do mal moral não está em Deus, mas na vontade criada. Se a causa dos bens é a bondade divina, a causa do mal está na vontade, que se aparta do Bem imutável;[183] o mal consiste no renegar do Bem imutável e infinito.[184] O mal, entretanto, não pode ser considerado propriamente uma "coisa", uma vez que este termo designa uma realidade positiva, e se o mal moral fosse uma realidade positiva, teria de ser imputado ao Criador, a menos que se atribuísse às criaturas o poder de criar a partir do nada. O mal é, portanto, "o que se despenha da essência em direção ao não-ser... Ele tende a fazer do que é, que não seja".[185] Tudo quanto tem ordem e medida é de Deus; na vontade, entretanto, que se afasta de Deus, há claramente desordem. A vontade, em si mesma, é um bem, mas a ausência de ordem, ou sua privação, pelo qual o homem é responsável, é um mal. Em suma, o mal moral é a privação da reta ordenação da vontade criada.

Esta doutrina do mal como privação é de Plotino, e nela Agostinho encontrou a solução do problema maniqueísta. Pois, se o mal é um tipo de privação e não algo de realmente positivo, desfaz-se o seguinte dilema: ou o Criador bondoso é responsável pelo mal, ou há um princípio último que o seja. Esta doutrina, tomaram-na os escolásticos a Agostinho, e muitos filósofos modernos de vulto, como por exemplo Leibniz, houveram por bem esposá-la.

5. Se, por uma parte, o princípio da moralidade está no amor de Deus e, por outra, a essência do mal é um despenhar-se d'Ele, segue-se que a raça humana pode ser dividida em dois grandes campos: os que amam a Deus e o favorecem em detrimento de si mesmos, e os que procedem inversamente; separam-se os homens pela qualidade de suas vontades, pelo objeto de seus amores. Agostinho vê a história da humanidade sob esta luz, como a história da dialética destes dois princípios, um a formar a Cidade de Jerusalém, o outro, a Cidade da Babilônia: "Que cada um pergunte a si mesmo o que de fato ama, e assim há de se descobrir cidadão de uma destas duas cidades".[186] "Há dois amores que ergueram

---

[183] *Enchirid.*, 23.
[184] *De lib. arbit.*, 1, 16, 35.
[185] *De moribus eccle.*, 2, 2, 2.
[186] *In Ps.*, 64, 2.

duas cidades... entremeadas, viram correr todas as épocas".[187] "Tendes ouvido e sabeis que há duas cidades, por ora entremeadas quanto ao corpo, apartadas, porém, quanto ao coração".[188]

O cristão, de força, dá grande peso à história. É na história que se passa o drama da Queda e Redenção: é na história, progressivamente, que se desenvolve o Corpo de Cristo aqui na Terra e desdobra-se o plano de Deus. Para o cristão, ainda, toda história erma dos dados da revelação é desprovida de significado: não é de admirar, pois, que Agostinho determinou enfocá-la desde o ponto de vista cristão, enfatizando primariamente os elementos de ordem espiritual e moral. Se se fala de uma filosofia da história em Agostinho, o termo "filosofia" aí deve ser entendido *lato sensu*, no sentido de sabedoria cristã. O conhecimento dos fatos históricos é, na maior parte, natural: por exemplo, a informação de que existiram os impérios Assírio e Babilônico; mas os princípios pelos quais estes mesmos fatos são interpretados, julgados e explicados não são extraídos dos próprios fatos. O temporal e passageiro é julgado à luz do eterno. É certo que o historiador moderno não abonaria o proceder de Agostinho, qual seja, o de enfatizar certos aspectos da Assíria que, segundo cuidava, semelhavam a própria Babilônia (no sentido moral). O santo não tinha seu empenho, entretanto, em fazer as vezes de historiador, no sentido comum da palavra, empenhava-se em filosofar sobre a história, o que para ele consistia em discernir as significações morais e espirituais dos fenômenos e eventos históricos. Com efeito, na medida em que se pode falar propriamente de uma filosofia da história, o cristão ao menos compadecer-se-ia com Agostinho no seguinte: só a perspectiva cristã logra enfocar a história direito: aos olhos do não cristão, a função do povo judeu, por exemplo, é radicalmente diferente daquela que ocupa na visão de mundo cristã. Se lhe fosse objetado, como por óbvio poderia sê-lo, que esta atitude implica certa interpretação teológica da história, ou seja, enfocá-la sob a luz do dogma, isto pouco se lhe daria, uma vez que Agostinho nunca cuidou existisse esta radical dicotomia entre a teologia e a filosofia em que se funda a objeção.

---

[187] *De Gen. ad litt.*, 11, 15, 20.
[188] *In Ps.*, 136, 1.

CAPÍTULO VIII
Santo Agostinho — VI: o Estado

O Estado e a Cidade da Babilônia não são idênticos — O Estado pagão não incorpora a verdadeira justiça — A Igreja é superior ao Estado.

1. Como já assinalei, Agostinho via na história a mesma tensão que percebia no indivíduo; a luta entre dois princípios de conduta, dois amores: por uma parte, o amor de Deus acrescido da submissão a sua lei, por outra, o amor de si, do prazer, do mundo. Era-lhe natural, pois, haver a Igreja pela encarnação da cidade celeste, Jerusalém, e o Estado, particularmente o pagão, pela encarnação da Cidade da Babilônia; desta atitude, pois, resulta que, para Agostinho, a Cidade de Deus é a própria Igreja visível, e a Cidade da Babilônia o mesmo Estado. Acaso não se pergunta o santo: "Apartado da justiça, que é um reino senão um imenso bando de ladrões? E o que vem a ser um bando de ladrões senão um pequeno reino?". Acaso ele não aprovou a réplica do pirata a Alexandre, o Grande: "Porque opero com um pequeno navio, sou tido por ladrão, tu, porém, porque o fazes com uma grande frota, és chamado imperador?".[189] Se os impérios romano e assírio foram fundados, cresceram e sustentaram-se por meio de injustiça, violência, rapina e opressão, não quer isto dizer que o Estado e a Cidade da Babilônia formam um só e mesmo ente?

É sem questão que para Santo Agostinho, por uma parte, estes dois impérios pagãos da Assíria e de Roma foram exemplos históricos os mais acabados da Cidade da Babilônia, e, por outra, a Cidade de Jerusalém manifestou-se historicamente na mesma Igreja. Todavia, estas idéias, quais sejam, da cidade celeste e da cidade terrestre, são de ordem espiritual e moral, pelo que seus contornos não se confundem a pleno com nenhuma organização historicamente conhecida. Por exemplo, um homem pode ser cristão e fazer parte da Igreja, mas se o princípio que lhe rege a conduta for o amor-próprio, e não o amor de Deus, então a rigor ele é, moral e espiritualmente, cidadão da Babilônia. Analogamente, se um funcionário do Estado funda sua conduta no amor de Deus, buscando a justiça e a caridade, ele pertence, moral e espiritualmente, à Jerusalém. "Vê-se, aqui e ali, cidadãos de Jerusalém — do reino dos Céus — ocupando posições cá na Terra; por exemplo, a vestir púrpura, a servir um magistrado, tendo ofício de edil ou de pró-consul, mesmo de imperador, governando a república terrestre; se, porém, são cristãos e fiéis têm eles os corações no alto... Não desesperamos, pois, ao vermos os cidadãos do reino dos Céus se ocuparem com os

---

[189] *De Civit. Dei.*, 4, 4.

afazeres da Babilônia, a fazerem as coisas da Terra, a viverem numa república terrena. De modo análogo, não nos devemos deixar impressionar pelo simples fato de haver homens que lidam com questões propriamente celestes, posto que mesmo os filhos da pestilência por vezes sentam-se no trono de Moisés... Há de vir, porém, o tempo da colheita, quando se separarão uns dos outros...".[190] Mesmo que, pois, a Cidade da Babilônia, no sentido moral e espiritual, tenda a ser comparada com o Estado, especialmente o pagão, e a de Jerusalém com a organização visível da Igreja, esta relação não é de identidade: não se pode concluir, do fato de que um homem desempenhe a função de oficial da Igreja, que ele necessariamente seja um cidadão da Jerusalém Espiritual: no que diz respeito à sua condição moral e espiritual, ele pode a rigor estar ligado à Cidade da Babilônia. Além do mais, se o Estado se identificasse necessariamente com a Babilônia, então nenhum cristão poderia legitimamente vir a ocupar um cargo nele, e nem mesmo, podendo evitá-lo, tornar-se cidadão; mas Santo Agostinho certamente não subscreveria esta tese.

2. Se, porém, o Estado e a Cidade da Babilônia não se identificam sem mais, nem por isso Santo Agostinho cuidava que o Estado fosse fundado na justiça, ou que a verdadeira justiça pudesse se realizar a pleno num Estado efetivamente existente, e muito menos num Estado pagão. Que haja alguma justiça mesmo num Estado pagão, está óbvio, mas a verdadeira justiça exige que Deus seja adorado a preceito, condição que o Império Romano pagão não cumpria e, mais ainda, já em tempos cristãos forcejava por descumprir. De outra parte, é inegável que esta mesma Roma pagã constituísse propriamente um Estado. Como, pois, evitar a conclusão de que a verdadeira justiça não pode ser incluída na definição do Estado? Porque, caso o fosse, chegaríamos ao absurdo de negar à Roma pagã a condição de Estado. Pelo que define Agostinho a sociedade como uma "multitude de criaturas racionais associadas e em acordo quanto ao que deve ser amado".[191] Se as coisas a que amam forem boas, então a sociedade será boa; se más, de força há de ser má; contudo, não vai inclusa nesta definição o discernimento quanto aos objetos desse amor, se bons ou maus, pelo que pode ela ser aplicada mesmo ao Estado pagão. Não quer isto dizer, entretanto, que Agostinho cuidasse existir o Estado num vácuo moral: ao contrário, a mesma lei moral vale tanto para os indivíduos quanto para o Estado. O que ele a rigor tenciona dizer é que não há de o Estado encarnar a verdadeira justiça e moralidade enquanto não for ele propriamente cristão: é o cristianismo que produz bons cidadãos. O próprio Estado, como instrumento de força, tem origem nas conseqüências do pecado original e, dado este fato, pode-se dizer que ele é a rigor uma instituição estritamente necessária. O Estado, entretanto, só poderá vir a ser plenamente justo se abraçar o cristianismo. "Nenhum Estado há mais perfeitamente fundado e preservado que aquele que se baseia na fé e na concórdia, que a elas se vincula, e no qual o bem mais alto e verdadeiro, a saber,

---

[190] *In Ps.*, 51, 6.
[191] *De Civit. Dei*, 19, 24.

o mesmo Deus, é amado de todos, e todos n'Ele se amam sem dissimular, porque amam-se uns aos outros por causa d'Ele".[192] Em outras palavras, o Estado, abandonado a si mesmo, deixa-se determinar pelo amor das coisas mundanas; contudo, ele pode vir a sofrer a influência de princípios mais alteados, que derivam da própria Cristandade.

3. Do quanto explanado, seguem-se duas conseqüências de vulto. (1) A Igreja Cristã haverá sempre de tentar imprimir certa forma à sociedade e à conduta humana a partir de seus próprios princípios celestes, como um fermento a levedar a Terra. A concepção de Agostinho quanto à missão da Igreja era de cunho essencialmente dinâmico e social: o santo levava a certeza de que cabia a ela permear com seus princípios o mesmo Estado. (2) A Igreja é, assim, a única sociedade de fato perfeita, superior, pois, ao Estado, porquanto se a este cabe tomar dela os princípios por que se há de governar, não há de nunca se elevar acima dela, nem sequer pode ser considerado um seu igual. Ao adotar este ponto de vista, Santo Agostinho encabeça a tendência tipicamente medieval de exaltar a Igreja na comparação com o Estado. Ademais, a ele não se afigurava contraditório convocar a ajuda do Estado contra os donatistas, uma vez que acreditava ser a Igreja uma sociedade superior, que tem sujeitos, por força da intervenção de Cristo, os reinos deste mundo, e que está no seu direito quando recorre aos poderes mundanos.[193] Esta perspectiva agostiniana quanto às relações entre Igreja e Estado, que se tornou característica da Cristandade medieval, mas não de Bizâncio, não necessariamente tende a solapar o sentido da vida cívica e social. Como assinalou Christopher Dawson,[194] se bem que Santo Agostinho tenha arrancado a aura divina do Estado, a um tempo enfatizava o valor da personalidade humana e da responsabilidade moral, mesmo contra o próprio Estado, de forma que "tornou factível o ideal de uma ordem social fundada, por uma parte, na personalidade independente, e por outra na concórdia quanto à busca dos fins morais".

---

[192] *Ep.*, 137, 5, 18.
[193] Cf. Ibid., 105, 5, 6; 35, 3.
[194] *A Monument to St. Augustine*.

CAPÍTULO IX
O Pseudo-Dionísio

O ator e as obras — A via afirmativa — A via negativa — Interpretação neoplatônica da Trindade — Ensinamentos ambíguos a respeito da Criação — O problema do mal — Ortodoxo ou não?

1. No correr da Idade Média, os escritos que então eram atribuídos ao homem convertido por São Paulo em Atenas, Dionísio, o Areopagita, gozaram de grande estima; e isto não apenas entre os místicos e estudiosos de teologia mística, senão também entre teólogos profissionais e filósofos, tais como Santo Alberto Magno e Santo Tomás de Aquino. Verdade seja que, em boa parte, eram estas obras prezadas de respeitáveis e veneráveis à conta de um engano quanto à autoria delas, engano este que ocorreu porque o autor tomou para si certo pseudônimo, no assinar uma epístola: "Dionísio, o Presbítero, ao também presbítero Timóteo".[195] Em 533, o Patriarca de Antioquia, Severo, baseou-se nos escritos de Dionísio para defender a doutrina monofisita, o que por certo demonstra que já à época seus escritos eram havidos por grande autoridade. Todavia, mesmo que Severo se tenha servido destas obras para defender uma doutrina herética, verdade é que o simples fato de serem elas atribuídas a São Dionísio bastava a eximir-lhes de qualquer suspeita de heterodoxia. Na Igreja oriental, estas obras acharam grande acolhida, sendo comentadas por São Máximo, o Confessor, no século VII; ademais, foram de amparo ao grande Doutor da Igreja oriental, São João Damasceno (século VIII), mesmo que Hipácio de Éfeso lhes pusesse em dúvida a autenticidade.

No Ocidente, o Papa Martinho I, no primeiro Concílio de Latrão em 649, valeu-se destes escritos como autênticos, e por volta do ano 858, João Escoto Erígena, atendendo a um pedido de Carlos, o Calvo, traduziu o texto grego que havia recebido Luís, o Belo, em 827 às mãos do Imperador Michael Balbus. Escoto, além de traduzir o texto, também o comentou, encabeçando assim a série de comentários que viriam a ter lugar na Cristandade latina. Por exemplo, Hugo de São Vítor (m. 1141) comentou a *Hierarquia celeste* a partir da tradução de Escoto; do mesmo modo Roberto Grosseteste (m. 1253) e Santo Alberto Magno (m. 1280) também escreveram comentários sobre as obras.

Santo Tomás de Aquino, por sua vez, passou a escrito, em 1261, um comentário sobre os *Nomes divinos*. Todos estes autores, e também outros, como por exemplo, Denis, o Cartuxo, aceitaram-lhes a autenticidade. Com o correr do tempo, entretanto, inevitavelmente, fez-se mais evidente não apenas que

---

[195] *Exordium* aos *Nomes divinos*.

estes escritos levavam em si embebidos elementos tomados ao neoplatonismo, senão também que constituíam, eles, uma tentativa de reconciliar o neoplatonismo com o cristianismo, de modo que, escassamente, evitar-se-ia a suspeita de que o seu autor tivesse florescido em época bem posterior à de Dionísio, o Areopagita histórico. Todavia, da perspectiva cristã, são distintas as questões da ortodoxia e da autenticidade, e se bem que, no século XVII, quando alguns críticos entraram a atacar-lhes a autenticidade, sua ortodoxia também tenha sido posta em dúvida, ainda assim, do reconhecer-lhes a inautenticidade não se segue de força que sejam incompatíveis com a doutrina cristã, conquanto tenha se tornado impossível assegurar-lhes a ortodoxia *a priori*, à conta da mera autoria deles. Eu, de mim, tenho que estes escritos são de fato ortodoxos, pelo menos no que diz respeito à rejeição do monismo; entretanto, pelo que é da questão da Santíssima Trindade, não sei se podem ser conciliados com o dogma cristão ortodoxo. Quaisquer que fossem as intenções do autor, sua fala, além de ser obscura, como admitia o próprio Santo Tomás de Aquino, escassamente se harmoniza, pelo menos tal como se tem, com a doutrina Trinitária de Agostinho e Tomás de Aquino. Ainda, o autor pode ser acusado de conceder pouca atenção ao dogma da Encarnação, essencial para o cristianismo, mas é certo que ele o aceita, e, em todo caso, pouco dizer de um ponto específico da doutrina, mesmo que central, não é o mesmo que o negar. Pesadas as passagens da obra do Pseudo-Dionísio relevantes para a matéria, não me parece possível rejeitá-las como não ortodoxas neste particular, a não ser que também se rejeite do mesmo modo, por exemplo, a doutrina mística de São João da Cruz, que é ele próprio Doutor da Igreja.

Entretanto, conquanto ninguém atualmente suponha que estas obras tenham procedido da pena de Dionísio, o Areopagita, não ficou estabelecido qual seu verdadeiro autor. É muito provável que tenham sido escritas ao final do século V, na medida em que aparentemente incorporam certas idéias de Proclo (418–485); conjeturou-se, outrossim, que o Hieroteu nelas mencionado fosse o místico de origem síria Estevão Bar Sadaili. Se as obras do Pseudo-Dionísio dependem em algum grau da filosofia de Proclo, certamente não poderiam ter sido compostas antes das décadas finais do século V, ao passo que, como foram mencionadas no concílio de 533, dificilmente poderiam ter surgido muito depois de ano 500. Não erraria quem lhes atribuísse o ano 500 como sua data de composição, portanto; a conjetura, ademais, de que foram escritas na Síria também não é desprovida de fundamento. É sem questão que o autor era teólogo e fazia parte do clero; não pode ter sido, entretanto, o próprio Severo, como um ou outro escritor temerariamente supuseram. De qualquer modo, em que fosse interessante conhecer de certeza o verdadeiro autor, é bem provável que a isto nunca chegaremos. Ademais, o interesse desta obra está antes no seu conteúdo e influência do que na personalidade do autor. Ela é composta dos seguintes escritos: *De divinis nominibus* (Nomes divinos), *De mystica theologia* (Teologia mística), *De coelesti hierarchia* (A hierarquia celeste) e *De ecclesiastica hierarchia*

(A hierarquia eclesiástica), acrecidos de dez epístolas. Ela pode ser encontrada no seu todo na *Patrologia Graeca* (Migne), volumes 3 e 4; uma edição crítica do texto, porém, já está sendo preparada.

2. Há dois caminhos para Deus, centro de toda especulação: um, positivo (καταφατική), outro, negativo (ἀποφατική). Naquele, enceta-se "pelos enunciados mais universais, e logo, através dos termos intermediários, procede-se aos nomes particulares",[196] parte-se, pois, da "mais alta categoria".[197] Na obra *Nomes divinos*, Pseudo-Dionísio serve-se deste método afirmativo a mostrar como certos nomes, por exemplo, "bem", "vida", "sabedoria", "poder" aplicam-se a Deus a modo transcendente, e às criaturas apenas à conta de procederam d'Ele; os diversos graus em que elas participam dessas qualidades acham-se em Deus não como qualidades inerentes, mas numa unidade substancial. Assim, ele principia pela idéia de bondade, o nome mais universal, uma vez que tudo que existe ou pode existir participa em algum grau desta bondade, e também porque, ao mesmo tempo, ela expressa a mesma natureza de Deus: "Ninguém é bom senão somente Deus".[198] Deus, como o bem, é não só a fonte sobreabundante da criação, senão também seu propósito final; "do Bem procede a luz, imagem desta Bondade, por forma que o Bem pode ser chamado 'Luz', porquanto arquétipo daquilo que é revelado através daquela mesma imagem".[199] Aí, lança mão o autor do tema neoplatônico da luz, e a dependência que o liga ao neoplatonismo manifesta-se especialmente na sua linguagem, sobretudo quando se põe a falar do bem enquanto beleza, o belo supra-essencial, e emprega frases tomadas do *Banquete*, de Platão, que por sua vez reaparecem nas *Enéadas*, de Plotino. Quando, no capítulo 13 dos *Nomes divinos*,[200] Pseudo-Dionísio fala que o "Um" é o mais importante dos nomes, claramente estriba-se na doutrina plotiniana do Um como o princípio supremo.

Em resumo, o método afirmativo consiste em atribuir a Deus as perfeições encontradas nas criaturas, isto é, as perfeições compatíveis com Sua natureza espiritual, embora não existam n'Ele do mesmo modo como existem nas criaturas, uma vez que em Deus estão estas qualidades isentas de toda imperfeição, e no caso dos nomes atribuídos à mesma natureza Divina, não se diferenciam realmente desta última. A razão de se começar pelo modo afirmativo, a partir das mais altas categorias, é porque, diz o autor,[201] devemos encetar pelo que guarda mais parentesco com Deus, e a rigor é mais verdadeiro dizer que Ele é vida e bondade do que ar ou pedra. Os nomes "vida" e "bondade" referem-se a algo que de fato existe em Deus, ao passo que só podemos lhe atribuir os nomes "ar" e "pedra" metaforicamente, ou no sentido de que é Ele a causa destes entes. E, no entanto, o Pseudo-Dionísio põe grande cuidado em sublinhar que mesmo

---

[196] *Teol. míst*, 2.
[197] Ibid., 3.
[198] *Nomes div.*, 2, 1; Mt 19, 17.
[199] *Nomes div.*, 4, 4.
[200] 13, 1.
[201] *Teol. míst.*, 3.

no caso de certos nomes referirem-se a Deus de modo mais consentâneo com Sua natureza, ainda assim estão longe de nos fornecerem um conhecimento ou representação adequada do que Deus seja, e isto dá a conhecer ao referir-se a Ele como a essência supra-essencial, o belo supra-essencial e assim por diante. Com este proceder, não está nosso autor apenas repetindo frases tomadas da tradição platônica, e sim expressando que a referência ou o conteúdo objetivo dos nomes realmente encontrados em Deus infinitamente transcende o conteúdo destes mesmos nomes quando experimentados por nós. Por exemplo, se lhe atribuímos inteligência, não nos referimos propriamente à inteligência humana, a única de que temos experiência imediata, da qual lhe tiramos o nome: queremos dizer que Deus é mais, infinitamente mais do que conhecemos como inteligência, e isto expressamo-lo mais a preceito quando nos referirmos a Deus como supra-inteligência, ou como a inteligência supra-essencial.

3. Pseudo-Dionísio tratou deste método afirmativo sobretudo nos *Nomes divinos*, na *Teologia simbólica* e no *Contornos da divindade* — estas duas últimas obras, no entanto, perderam-se. A via negativa, isto é, a que exclui de Deus as imperfeições das criaturas, é característica da *teologia mística*. A distinção que vai entre os dois caminhos dependia da filosofia de Proclo, e tal como desenvolvida por Pseudo-Dionísio, passou à filosofia e teologia cristãs, sendo acolhida por Santo Tomás de Aquino, dentre outros; ele, porém, favorecia a via negativa. Nesta, principia a mente por negar os atributos mais apartados de Deus, como por exemplo "embriaguez ou ira",[202] e procede por via ascensional, negando-lhe os atributos e qualidades das criaturas, até chegar à "Escuridão supra-essencial".[203] Como é Deus absolutamente transcendente, melhor o louvamos ao "negarmos ou removermos tudo o que não é — à guisa de escultores, que para esculpir uma estátua num bloco de mármore, removem todo o excesso que embarga a visão distinta da imagem latente na pedra — e com este simples proceder logram pôr a lume a estátua que antes se ocultava, em toda sua beleza velada".[204] O homem inclina-se para conceber a Deidade em termos antropomórficos, e é necessário arrancar todas estas noções demasiado humanas da divindade por esta *via remotionis*. Nosso autor, entretanto, não afirma que deste processo resulte uma clara percepção do que Deus é em si mesmo: a comparação com a estátua não deve nos enganar. Quando a mente logra arrancar à sua concepção de Deus todas estas idéias propriamente humanas, todas estas noções que desconvêm com a divindade, ela penetra na "escuridão do não-saber",[205] onde "renuncia a toda captação do entendimento, e se vê envolvida no que é plenamente intangível e indivisível... unida... a Ele que é absolutamente incognoscível";[206] eis a província do misticismo. Esta "escuridão do não-saber", no entanto, não se deve

---

[202] *Teol. míst.*, 3.
[203] Ibid., 2.
[204] Ibid.
[205] O autor do tratado medieval *A nuvem do não-saber* sem dúvida direta ou indiretamente dependia dos escritos do Pseudo-Dionísio.
[206] *Teol. míst.*, 1.

à ininteligibilidade do objeto considerado em si mesmo, mas à finitude da mente humana, que se cega com o excesso de luz. Esta doutrina certamente sofreu influência parcial do neoplatonismo, mas também a encontramos nos escritos de teologia mística de alguns autores cristãos, notadamente São Gregório de Nissa, cujas obras, se bem que influenciadas, no que tange à linguagem e ao modo de expressão, pelos tratados neoplatônicos, também expressavam-lhe as experiências pessoais.

4. Percebemos nitidamente a influência neoplatônica sobre Pseudo-Dionísio na sua doutrina da Santíssima Trindade, porque ele parece decidido a buscar o Um por detrás das diferentes Pessoas. Certamente ele admite que a diferenciação das Pessoas é eterna, e que o Pai, por exemplo, não é o Filho, e que este não é aquele, mas na medida em que é possível interpretar o texto, parece que, segundo pensa, a diferenciação das Pessoas existe no plano da manifestação. Essa manifestação é eterna, e esta diferenciação também é eterna, interior a Deus, distinta da manifestação externa d'Ele em diferentes criaturas; mas Deus em si, para além do plano da manifestação, é Unidade indiferenciada. Poder-se-ia, certamente, justificar este uso da linguagem pelo Pseudo-Dionísio, apontando-se para a mesma natureza de Deus, a qual, segundo a doutrina trinitária ortodoxa, é una e indivisível, e com a qual identificam-se substancialmente cada uma das Pessoas da Santíssima Trindade, mas é provável, para não dizer certo, que o autor foi influenciado não só pela doutrina plotiniana do Um, senão também por certos desenvolvimentos das doutrinas de Proclo, para quem o princípio Supremo transcendia a unidade, a bondade e o ser. Esta Unidade superessencial parece equivaler ao primeiro princípio de Proclo, e a distinção das três Pessoas na unidade de natureza semelha a idéia de emanação, tão encarecida dos neoplatônicos, estágio, mesmo que eterno, da automanifestação ou revelação da divindade suprema ou absoluta. Quando nos referimos à divindade absolutamente transcendente como Unidade ou Trindade, não estamos a falar da unidade ou trindade tal como pode ser conhecida por nós... (conquanto)

> sejamos levados a nos valer destes nomes, Trindade e Unidade, a apontar para o que está além de todos os nomes, expressando assim, na forma de Ser, o que está além do ser... (A divindade transcendente) não tem nome, nem pode ser apreendida pela razão... Mesmo o termo "Bondade" não o empregamos porque cuidamos ser adequado...[207]

(A divindade) "não é unidade, bondade, espírito, filiação ou paternidade... e sequer pertence às categoriais da existência ou não-existência".[208]

É bem verdade que estas afirmações, pelo que toca a intenção do autor e mesmo as suas palavras propriamente ditas, poderiam ser defendidas não apenas assinalando-se que é correto dizer que o termo "Pai", por exemplo, pertence à

---

[207] *Nomes div.*, 13, 3.
[208] *Teol. mist.*, 5.

primeira Pessoa enquanto Pessoa, e não ao Filho, quando mesmo a substância divina exista em identidade numérica, e sem diferenciar-se real e intrinsecamente em cada uma das três Pessoas divinas; senão também admitindo-se que o nome "Pai", tal qual aplicado à primeira Pessoa, em que seja o termo disponível na linguagem humana mais consentâneo com o sentido pretendido, no fim das contas foi tirado de uma realidade humana e aplicado analogicamente a Deus, de modo que o conteúdo da idéia "Pai" em nossas mentes não se harmoniza com a realidade de Deus. Além do mais, o Pseudo-Dionísio por certo menciona "certa diferenciação na doutrina supra-essencial de Deus", referindo-se aí à Trindade de Pessoas e aos nomes que se aplicam a cada uma delas em particular,[209] e nega explicitamente que "esteja a confundir as distinções presentes na deidade",[210] afirmando que enquanto nomes como "supravital" ou "supra-sábio" pertençam ao todo da divindade, os "nomes diferenciados", a saber, "Pai", "Filho" e "Espírito", "não são intercambiáveis, nem compartilhados".[211] De mais a mais, ainda que haja, entre as Pessoas divinas, "mútua continuidade e inabitação a subsistirem numa unidade absolutamente indiferenciada e transcendente", isto se dá "sem confusão".[212] Não obstante, embora grande parte do que o Pseudo-Dionísio afirme da Santíssima Trindade possa ser interpretado e defendido como teologia ortodoxa, dificilmente passaria despercebida sua tendência de ir além, por assim dizer, da distinção entre as Pessoas, em direção a uma Unidade indiferenciada e sobretranscendente. O mais provável é que o Pseudo-Dionísio, ortodoxo trinitário em intenção, foi tão influenciado pela filosofia neoplatônica que a tensão entre estes dois elementos não só fica como que no pano de fundo de seu empenho de reconciliá-las, senão que transparece em suas afirmativas.

5. No que entende com a relação entre o mundo e Deus, o autor fala de "emanação" (πρόδος) de Deus no todo das coisas;[213] ele tenta harmonizar a teoria neoplatônica da emanação com a doutrina cristã da criação, e não pode ser dito panteísta. Por exemplo, como Deus infunde existência em tudo o que é, d'Ele pode-se dizer que se faz muitos ao constituir as coisas na existência a partir de Si; e no entanto, Ele permanece, ao mesmo tempo, Um, mesmo durante este ato de "automultiplicação", e indiferenciado mesmo no correr do processo de "emanação".[214] Proclo já insistia em que o princípio primeiro não se apequenava no processo de emanação, e Pseudo-Dionísio repete-lhe o ensinamento neste particular; a influência, porém, do neoplatonismo parece que o levou a desconsiderar a relação entre a criação e a vontade divina (ou a liberdade do ato criativo), porquanto favorecia a idéia de que a criação é um processo natural, efeito espontâneo da bondade divina, ainda que entendesse Deus como distinto do mundo. Deus existe indivisivelmente e não se multiplica a Si mesmo no

---

[209] *Nomes div.*, 2, 5.
[210] Ibid., 2.
[211] Ibid., 3.
[212] Ibid., 4.
[213] Ibid., 5, 1.
[214] Ibid., 2, 11.

todo das coisas individuais, separadas e múltiplas e, embora estas participem da bondade que irradia d'Ele e, em certo sentido, possam ser pensadas como uma espécie de "extensão" de Deus, ainda assim o mesmo Deus não se deixa envolver neste multiplicar; em suma, o mundo é resultado da sobreexcedente bondade divina, mas não se confunde com Deus. Nesta matéria, isto é, quanto à transcendência e imanência de Deus, ele se faz bastante claro; mas o seu pendor para pensar o mundo como o resultado do irradiar da transbordante plenitude deste Bem divino, e para traçar uma espécie de paralelo entre as processões divinas internas e a processão externa da criação, conduziram-no a falar da criação como se ela fosse uma atividade espontânea de Deus, como se Deus criasse à força de uma necessidade natural.

Que Deus é a causa transcendente de todas as coisas, afirma-o nosso autor não poucas vezes e ainda explica, por acréscimo, que Deus criou o mundo por meio das idéias ou arquétipos exemplares, as "pré-ordenações" (προορισμοί) que subsistem n'Ele;[215] além do quê, é Deus a causa de todas as coisas, atraindo-as todas a si a modo de bem.[216] Pelo que se pode dizer que Ele é "o princípio e o fim de todas as coisas",[217] "princípio, porque causa; fim, porque propósito final".[218] Há, pois, um sair de Deus e um regressar a Ele, um processo de multiplicação e um processo de intercomunhão e retorno. Esta idéia se torna angular na filosofia de João Escoto Erígena, tradutor do Areopagita.

6. Como insistisse demasiado na bondade divina, coube-lhe dar alguma atenção à própria existência e ao problema do mal, e isto fê-lo no seu livro *Nomes divinos*,[219] fundando-se, pelo menos em parte, no *De subsistentia mali*, de Proclo. Para começar, ele insiste que, se o mal fosse algo de fato positivo, teria de haver em Deus sua causa; entretanto, o mal não pode ser dito positivo de maneira alguma: o mal não tem propriamente ser. Se for objetado que o mal pode ser positivo, uma vez que é produtivo (com efeito, por vezes resulta em um bem), e se se afirmar que a libertinagem, por exemplo, que é o oposto da temperança, é a um só tempo algo mal e positivo, ele responderia que nada é produtivo enquanto mal, mas apenas na medida em que há de bem, ou através da ação de um bem: o mal, de per si, tende apenas a destruir e degradar. Que o mal não seja dotado de ser positivo, isto fica claro do fato de que o bem e o ser são sinônimos: tudo o que é procede do bem e, enquanto ser, é bom. Dar-se-ia o caso, então, de que o mal e o não-ser sejam o mesmo? Pseudo-Dionísio tende a encarar as coisas desse modo, mas o que de fato quer dizer está nisto: "Todas as criaturas são boas na medida em que têm ser e procedem do Bem; na medida, porém, em que se acham privadas do Bem, nem são boas nem têm ser".[220] Por outro modo, o mal é uma privação ou perda: ele não é o simples não-ser

---

[215] *Nomes div.*, 5, 8.
[216] Ibid., 4, 4 ss.
[217] Ibid., 4, 35.
[218] Ibid., 5, 10.
[219] 4, 18 ss.
[220] *Nomes div.*, 4, 20.

ou ausência de ser, senão a ausência de um bem que deveria estar presente. O pecador, por exemplo, é bom na medida em que dotado de ser, vida, existência, vontade; o mal consiste na perda de um bem que ele deveria possuir mas não possui, na relação equivocada entre a vontade e a lei moral, na ausência de virtude etc. Disto segue que nenhuma criatura, considerada simplesmente como um ser existente, pode ser um mal. Mesmo os demônios são bons enquanto existentes, porque o seu existir recebem-no do mesmo Bem, e este permanece sendo bom: não são um mal porque existem, não à conta de sua constituição natural, não, este mal vem de "não possuírem as virtudes angélicas".[221] "São ditos um mal porque perderam as virtudes que lhe são próprias". O mesmo vale para um mau ser humano, que é assim chamado em virtude da "deficiência de boas qualidades e de boas obras, e de ter fracassado e caído à conta de sua própria fraqueza". "O mal, pois, não está nos demônios e nos homens enquanto mal, mas apenas enquanto imperfeição das virtudes que nos são próprias".[222]

O mal físico, ou seja, o mal que não é moral, recebe tratamento similar. "Nenhuma força natural é por si má: o mal, na natureza, reside na incapacidade da coisa em cumprir suas funções naturais".[223] Do mesmo modo, "a feiúra e a doença está a rigor nas formas defeituosas e na desordem", e isto não é mal a pleno, "mas um bem menor".[224] Nem sequer a própria matéria enquanto tal pode ser dita um mal, uma vez que ela "também participa da ordem, da beleza e da forma":[225] ela não pode ser má, uma vez que produzida pelo mesmo bem e necessária para a natureza. Não é preciso recorrer à teoria dos dois princípios últimos: o bem e o mal, respectivamente. "Enfim, o bem vem da causa universal; o mal, das muitas deficiências particulares".[226]

Se se argumenta que as pessoas a rigor desejam o mal, de modo que, sendo objeto de desejo, possa ser dito algo positivo, Pseudo-Dionísio responde que todos os atos têm o bem como fim, mas podem errar o alvo, uma vez que o agente pode equivocar-se na avaliação que faz do que é bom ou do seu objeto de desejo. Quanto ao pecador, está em seu poder discernir o verdadeiro bem e o que é direito, de modo que seu "engano" deve ser moralmente atribuído a ele próprio.[227] Além do mais, o argumento de que cabe à Providência direcionar o homem para a virtude, mesmo contra a vontade deste, é insensato, porque "não é digno da Providência violar a natureza": ela garante e respeita a liberdade de escolha.[228]

---

[221] Ibid., 23.
[222] Ibid., 24.
[223] Ibid., 26.
[224] Ibid., 27.
[225] Ibid., 28.
[226] Ibid., 30.
[227] *Nomes div.*, 4, 35.
[228] Ibid., 33.

7. Para concluir, sublinho que, embora Ferdinand Christian Baur[229] possa ter exagerado ao afirmar que o Pseudo-Dionísio reduziu a doutrina cristã da Trindade a um mero discurso formal fundado na terminologia cristã, mas privado de conteúdo propriamente cristão, e que no seu sistema não há lugar para a Encarnação, é preciso ter em mente que ia no pensamento dele uma tensão entre a filosofia neoplatônica e os dogmas cristãos nos quais, e não temos motivos para pensar o contrário, ele acreditava. Pode-se dizer que o Pseudo-Dionísio entendeu harmonizar os dois elementos, expressar a teologia e o misticismo cristãos nos termos da filosofia neoplatônica; mas escassamente se negaria que toda vez que estes elementos entraram em conflito, o lado neoplatônico tendeu a prevalecer. Uma das principais linhas de ataque dos pagãos de pendor neoplatônico, como por exemplo Porfírio, contra o cristianismo, centrava-se na idéia de uma encarnação de cunho específico e peculiar, e se bem que, como já observei, não possamos dizer que o Pseudo-Dionísio negasse a realidade da Encarnação, aceitá-la não se enquadra bem com seu sistema filosófico, e nem sequer se destaca nos seus escritos que chegaram até nós. E dar-se-ia o caso de que suas obras tivessem exercido tão grande influência sobre os escritores medievais se estes não aceitassem sem questionar a falsa identidade do filósofo?

---

[229] *Christliche Lehre der Dreieinigkeit und Menschwerdung Gottes*, vol. II, p. 42.

CAPÍTULO X
Boécio, Cassiodoro, Isidoro

A transmissão das idéias aristotélicas via Boécio — Teologia natural — Influência sobre a Idade Média — Cassiodoro, as sete artes liberais e a natureza espiritual da alma — As etimologias de Isidoro e as *Sentenças*.

1. Se um dos canais pelos quais a filosofia do mundo antigo passou à Idade Média foi a obra do Pseudo-Dionísio, outro canal, dir-se-ia complementar, foram os escritos de Boécio (c. 480–524/5), cristão que, tendo estudado em Atenas e, em seguida, ocupado altas funções magisteriais sob o rei dos ostrogodos, Teodorico, foi, por fim, executado sob acusação de alta traição. Empreguei o termo "complementar" porque se, por uma parte, o Pseudo-Dionísio ajudou a legar à filosofia medieval, notadamente a de João Escoto Erígena, certos elementos do pensar neoplatônico, por outra, pode-se dizer que Boécio transmitiu aos primeiros medievais, no mínimo, a lógica aristotélica. Listei suas obras no volume que trata das filosofias grega e romana,[230] e não pretendo me repetir aqui. Basta lembrar que ele verteu para o latim o *Organum* aristotélico, apondo-lhe seus comentários, além de comentar o *Isagoge* de Porfírio, e de compor tratados originais de lógica. Ainda, pôs em livros vários opúsculos teológicos e, estando na prisão, escreveu o célebre *De consolatione philosophiae*.

Não se sabe se Boécio logrou seguir seu plano original e traduzir outras obras de Aristóteles além do *Organum*; entretanto, nos escritos que conhecemos, avultam não poucas doutrinas aristotélicas. Os primeiros filósofos medievais, na maior parte, estavam interessados em discutir o problema dos universais e para tanto tomavam como ponto de partida certos textos de Porfírio e de Boécio, e pouco se lhes dava as doutrinas metafísicas de Aristóteles encontradas nos escritos deste. A rigor, o primeiro grande filósofo especulativo da Idade Média, João Escoto Erígena, mais devia ao Pseudo-Dionísio e a outros escritores influenciados pelo neoplatonismo do que à filosofia de Aristóteles, e foi somente quando o corpus aristotélico tornou-se conhecido e disponível no Ocidente, no final do século XII e início do XIII, que se tentou pôr a efeito uma síntese filosófica de cunho propriamente aristotélico. Isto, porém, não altera o fato de que Boécio tenha incorporado em seus escritos destacadas doutrinas aristotélicas. Por exemplo, no curso de sua obra teológica contra Eutico,[231] Boécio fala claramente em "matéria", substrato comum aos corpos, que não apenas é a base das mudanças corpóreas de cunho substancial, senão que mesmo as

---
[230] p. 485.
[231] *Contra Eutychen*, 6.

torna possíveis. A ausência desta matéria nas substâncias incorpóreas, por sua vez, impede que uma substância imaterial torne noutra, e também que uma substância corpórea torne numa incorpórea ou vice-versa. Este exame tem lugar num contexto de discussão teológica, e com fins teológicos, uma vez que Boécio tencionava mostrar que, em Cristo, a natureza divina e a humana são distintas e reais, argumentando contra Eutico, que acreditava "que a união da divindade com a natureza humana acarretasse a extinção desta última".[232] Nesta concepção propriamente teológica, Boécio introduziu certos elementos de proveniência a rigor filosófica, e serviu-se mesmo de categorias aristotélicas. O mesmo sucede no seu *De Trinitate*,[233] quando ele menciona os princípios correlativos de forma e matéria. Por exemplo, a terra não é terra à conta de uma suposta matéria não-qualificada (é assim que Boécio traduz a expressão grega ἄποια ὕλη (*apoia hyle*), que tomou sem dúvida a Alexandre de Afrodísias), mas por ser dotada de uma forma distinta.[234] Por outro lado, Deus, a substância divina, é pura forma, erma de matéria, não sendo um substrato. Como forma pura, Ele é Um.

Mais ainda, no *De Trinitate*,[235] Boécio expõe as dez categorias ou *Praedicamenta*, e segue a explicar que quando chamamos a Deus "substância" *não queremos com isto dizer que é substância no mesmo sentido em que uma coisa criada o é: Ele é uma substância* "supra-substancial". Do mesmo modo, se predicamos uma qualidade de Deus, como "justo" ou "grande", por exemplo, não queremos dar a entender que Ele possui qualidades inerentes, pois que "n'Ele, o ser justo e o ser Deus são uma só e mesma coisa", e "ao passo que o homem é grande sem mais, Deus é a grandeza ela mesma". No *Contra Eutychen*[236] encontramos sua famosa definição de pessoa: *naturae rationalis individua substantia*, que aliás foi aceita por Santo Tomás e se tornou corrente na escolástica.

2. Na sua doutrina da Santíssima Trindade, baseou-se imensamente em Santo Agostinho; mas, na *Consolatione Philosophiae*, Boécio desenhou os contornos de uma teologia natural de feição aristotélica, na qual distinguia implicitamente a teologia natural, a parte mais alta da filosofia, da teologia dogmática que, ao contrário daquela, toma suas premissas da revelação. No livro terceiro,[237] ele finalmente menciona a prova racional da existência de Deus como o Motor imóvel, ao passo que, no quinto,[238] examina o problema aparentemente dificultoso da conciliação entre a liberdade humana e a antevisão divina. "Se Deus antevê todas as coisas e não pode se enganar, segue-se necessariamente que sua Providência prevê quanto há de suceder. Donde vem que se Ele conhece desde a eternidade não apenas as ações dos homens, senão também os pensamentos e desejos, não

---

[232] Ibid., 5.
[233] 2.
[234] Cf. Alexandre de Afrodísias, *De Anima*, 17, 17, *De anima ibri mantissa*, 124, 7.
[235] 4.
[236] 3.
[237] 12.
[238] 2 ss.

há livre-arbítrio".[239] Não é satisfatório a isto responder que Deus não causa os eventos porque os conhece, mas que os conhece porque hão de suceder, uma vez que essa resposta implica que os eventos e ações temporais das criaturas causam a pré-ciência divina. Melhor é dizer que Deus, estritamente falando, não "antevê" nada: Ele é eterno, e a eternidade definiu-a Boécio neste famoso dizer: *interminabilis vitae tota simul et perfecta possessio*;[240] o conhecimento, pois, que tem Deus é um conhecimento do que está eternamente presente a Ele, de um instante que nunca se esvai, e não propriamente uma antevisão de coisas futuras. Ora bem, o conhecimento de um evento presente não necessariamente o determina, de feição que o conhecimento que Deus tem das ações livres dos homens, as quais do ponto de vista humano são futuras, se bem que da perspectiva divina sejam presentes, não impõe sobre elas o caráter de necessidade (no sentido de não serem livres). O eterno da visão de Deus, "a qual está sempre presente, concorre com a forma da ação futura".

Boécio não bebeu apenas da filosofia de Aristóteles, mas também de Porfírio e de outros escritores neoplatônicos, e ainda de Cícero, por exemplo, e é bem possível que tenha retirado a divisão da filosofia ou ciência especulativa em filosofia natural (física), matemática e teologia do *Isagoge*, de Porfírio; é para notar, entretanto, que o mesmo Porfírio era tributário de Aristóteles. Em todo caso, em contraste com a feição predominantemente neoplatônica da filosofia cristã que lhe antecedeu, pode-se dizer que os elementos aristotélicos no pensamento de Boécio são mais notáveis do que os neoplatônicos. É bem verdade que ele se refere ao transbordar da bondade divina de maneira que lembra o neoplatonismo (na *De Consol. Phil.*,[241] ele assevera de que "a substância de Deus não consiste senão de bondade"), e que por vezes se serve de termos como *defluere* ao falar da processão das criaturas a partir de Deus;[242] no entanto, é certo dizer que Boécio estava plenamente consciente da distinção entre Deus e o mundo e da doutrina cristã da Criação. Assim, ele afirma explicitamente que Deus "sem mudar o mais mínimo que seja, e através do exercício de sua vontade, conhecida tão somente d'Ele próprio, determinou formar o mundo, e o trouxe à existência a partir do nada, e não de Sua própria substância",[243] e nega que a substância divina *in externa dilabatur*,[244] e que "quanto é, é Deus".[245]

3. Teve, pois, Boécio papel decisivo na transmissão de boa parte do legado aristotélico então disponível à alta Idade Média. Para além disso, seu empenho em aplicar categorias filosóficas à teologia contribuiu para o avanço da ciência teológica, ao passo que sua diligência em definir termos filosóficos serviu tanto à filosofia quanto à teologia. Por último, é para notar a influência que exerceu

---

[239] 5, 3.
[240] 5, 6.
[241] 3, 9.
[242] Cf. *Lib. de hebdom.*, 173.
[243] *De Fide Catholica*.
[244] *De Consol. Phil.*, 3, 12.
[245] *Quomodo Substantiae*. Obviamente não estou sugerindo que Aristóteles aceitasse a doutrina da Criação.

por meio da composição de comentários, uma vez que esse estilo de escrita se tornou o preferido entre os autores medievais. Mesmo que Boécio não tenha sido um filósofo original e independente de vulto, ainda assim desempenhou importante papel não apenas como transmissor, mas também como o filósofo que tentou expressar a doutrina cristã nos termos da filosofia neoplatônica e segundo o pensamento do filósofo que viria a se converter na influência dominante da maior entre as sínteses do medievo.

4. *Cassiodoro* (c. 477–c. 565/70) foi discípulo de Boécio e, tal como seu mestre, trabalhou por um tempo para Teodorico, rei dos ostrogodos. Na obra *De artibus ac disciplinis liberalium litterarum* (que é o livro segundo das *Institutiones*), tratou da questão das sete artes liberais, isto é, três *scientiae sermocinales* (gramática, dialética e retórica), e quatro *scientiae reales* (aritmética, geometria, música e astronomia). Não era seu escopo tornar-se um pensador original, e sim dar uma visão de conjunto do conhecimento que tinha recolhido de outros escritores,[246] e o seu livro sobre as artes, como o de Marciano Capella, foi muito empregado como livro-texto durante o período inicial da Idade Média. Na obra *De Anima*, Cassiodoro baseia-se em Santo Agostinho e Claudiano Mamerto (m. 474), a provar a espiritualidade da alma humana. Embora a alma não seja parte de Deus, pois que mutável e capaz de fazer o mal, não é ela tampouco material, nem poderia sê-lo, dado que é capaz de acolher o espírito na forma de conhecimento, e apenas o espiritual conhece o espiritual. Enquanto tal, a alma acha-se inteira no todo do corpo, e a pleno em cada uma de suas partes, sendo, pois, indivisível e inextensa; ela, porém, opera em partes específicas do corpo, por exemplo, no órgão dos sentidos, já com mais, já com menos intensidade.[247]

5. Cassiodoro, como se vê, pode ser tido muito mais por transmissor do que por pensador original, e o mesmo pode ser dito de *Isidoro* (morto em c. 636), que se tornou Arcebispo de Sevilha durante o reinado visigótico, e cuja enciclopédia, *Originum seu Etymologiarum libri xx*, gozou de grande popularidade durante o alto medievo, vindo a fazer parte de todas as principais bibliotecas monásticas. Nesta obra, Isidoro trata das sete artes liberais e de um grande número de fatos e teorias científicas, ou dir-se-ia pseudocientíficas, nas mais variadas esferas, abrangendo desde as Escrituras até navegação, passando por jurisprudência, medicina, arquitetura, agricultura, guerra etc. Ele deixa transparecer suas convicções quanto à origem divina do poder político, e quanto à inconteste autoridade da moralidade, da lei e da justiça na sociedade civil, mesmo sobre os atos e a conduta do monarca. Além das *Etymologies*, a sua obra *Libri tres sententiarum*, compilação de teses morais e teológicas extraídas de Santo Agostinho e São Gregório Magno, foi largamente utilizada. No tratado sobre os números que passou a escrito, *Liber Numerorum*, no qual examina os números mencionados nas Sagradas Escrituras, deixa-se levar por especulações bastante fantasiosas sobre o significado místico dos números.

---

[246] *De Anima*, 12.
[247] *De Anima*, 4.

PARTE VII
A renascença carolíngia

CAPÍTULO I
A renascença carolíngia

Carlos Magno — Alcuíno e a escola palatina — Outras escolas — Currículo, bibliotecas — Rabano Mauro.

1. Em 771 d.C., a morte de Carlomano fez de Carlos (Carlos Magno) o único soberano dos domínios francos, e a subseqüente destruição que o reino Lombardo sofreu em suas mãos, bem como a condução que imprimia à política de um modo geral, acabaram por fazer dele, no final do século, o principal soberano na Cristandade ocidental. Sua coroação como imperador pelo Papa em 25 de dezembro de 800, simbolizou o sucesso da política imperial e a culminação do poderio franco. O Império Franco viria mais tarde a desfazer-se e a coroa imperial a passar para a Alemanha, mas por ora Carlos Magno era o mestre absoluto da Cristandade ocidental, pelo que logrou pôr a efeito a obra de reorganização e reforma que se fazia tão necessária já desde a dinastia merovíngia. O imperador não era nem um simples soldado, nem mesmo a um simples soldado e líder político: também punha esforço em levantar o nível cultural de seus súditos por meio da dilatação e melhoramento dos meios de educação. Para isto, carecia de estudiosos e professores e, dado que não os havia no reino franco, teve de buscá-los no exterior. Já no século V esmaecia a antiga cultura da Gália romana, e nos séculos VI e VII, de fato veio a descer a um nível baixíssimo; onde havia escolas, ensinavam apenas a ler, escrever, noções rudimentares de latim e davam alguma instrução religiosa. Foi com o escopo de remediar este lamentável estado de coisas que Carlos Magno socorreu-se de intelectuais estrangeiros, como Pedro de Pisa e Paulo, o Diácono, ambos italianos. O primeiro, ao que parece, já em idade avançada, quando começou a ensinar latim na escola palatina de Carlos Magno; ao passo que o segundo (Paulo Varnefredo, o Diácono), que viera à França em 782 a ver se conseguia libertar seu irmão, prisioneiro de guerra, ensinou grego de 782 a 786, quando retirou-se para Monte Cassino, onde compôs sua *História dos Lombardos*. Outro professor italiano da escola palatina foi Paulino de Aquiléia, que lá lecionou entre 777 e 787.

Além deste grupo de gramáticos italianos, podemos mencionar ainda dois espanhóis que vieram à França como refugiados: Agobardo, que se tornou Bispo de Lyon em 816, e Teodolfo, consagrado Bispo de Orleans em 821, mesmo ano em que morreu. Este último estava familiarizado com os clássicos latinos e era, ele próprio, poeta. Da biblioteca particular de Teodolfo saiu o mais antigo manuscrito medieval de Quintiliano de que se tem notícia. Quanto à importância prática para a reforma educacional de Carlos Magno, entretanto, os italianos e espanhóis foram eclipsados pelo grande intelectual inglês Alcuíno de York.

2. A educação de *Alcuíno* (c. 730–804) teve início na cidade de York. Muito tinha avançado o conhecimento na Inglaterra desde 669, quando Teodoro de Tarso, monge grego, chegara ao país para assumir a posição de Arcebispo da Cantuária e, a par do Abade Hadrian, dera impulso à escola da Cantuária e enriquecera sua biblioteca. Este trabalho foi continuado por homens como Bento Biscop que fundou os mosteiros de Wearmouth (674) e Jarrow (682), e Aldhelm; este último, tendo estudado com Teodoro e Hadrian, organizou o mosteiro de Malmesbúria em Wiltshire, do qual veio a se tornar abade. Figura de maior relevo para a cultura anglo-saxã foi, entretanto, o sacerdote e monge de Jarrow Beda (674–735), grande exegeta e historiador. Foi graças ao empenho do discípulo e amigo de Beda, Egbert, que se tornou Bispo de York pouco depois da morte daquele, que a escola de York converteu-se no principal centro cultural e educacional da Inglaterra, conhecida que ficou pela riqueza de sua biblioteca.

Em York, Alcuíno achava-se sob a supervisão de Aelbert, com quem viajou a Roma, encontrando Carlos no caminho; quando Aelbert sucedeu a Egbert como Arcebispo de York, a 767, coube a Alcuíno tocar os trabalhos da escola. Entretanto, em 781, foi ele enviado por Aelbert a Roma; em Parma, deparou com Carlos uma segunda vez, e o rei aproveitou o encontro para solicitar-lhe os serviços. Recebida a permissão do seu próprio rei e do seu Arcebispo, Alcuíno acedeu ao convite e, a 782, passou a dirigir a escola palatina, onde permaneceu, salvo uma breve visita à Inglaterra em 786 e outra algo mais extensa entre 790 e 793, até 796, quando aceitou o convite para ser o abade de São Martinho, em Tours, onde passou os derradeiros anos de sua vida.

Por volta do ano de 777, já Carlos Magno escreveu uma carta a Baugulf, Abade de Fulda,[1] na qual exortava o abade e a comunidade a zelar pela educação; este é apenas um exemplo entre muitos do desvelo em que tinha a causa da educação. Esta escola, que ficou associado ao nome de Carlos Magno, era a escola palatina ou do palácio, e não foi criada pelo imperador, mas fez graças a ele grandes progressos. Antes disto, parece que ela servia ao propósito de treinar os príncipes e os filhos da alta nobreza no estilo de vida cavalheiresco; o imperador, entretanto, deslocou a ênfase para o trabalho intelectual e, como resultado, dilatou-se-lhe o círculo de alunos para além da corte. Alguns escritores franceses disseram ter sido esta escola a origem da Universidade de Paris, mas deve-se notar que a corte do imperador estava em Aachen, mais conhecida como Aix-la-Chapelle, e não em Paris, embora, ao que parece, posteriormente tenha sido deslocada para esta última por Carlos, o Calvo (m. 877). Entretanto, pode-se dizer em certo sentido que a escola palatina é da Universidade de Paris ancestral remoto, uma vez que esta tomou forma a partir do amálgama das escolas parisienses, embora essa ligação seja algo frouxa.

---

[1] Se, entretanto, Baugulf tornou-se abade apenas em 788, a carta não pode ter sido escrita antes disso.

Alcuíno era o principal instrumento de Carlos Magno na organização da escola palatina; a partir dos seus escritos, pois, podemos formar alguma idéia do currículo dela. Alcuíno por certo não foi um pensador original; baseou-se, na maior parte, para compor suas obras pedagógicas, vazadas na forma de diálogo, em autores que lhe precederam. Por exemplo, no *De Rhetorica*, funda-se em Cícero, com acréscimos de outros escritores, ao passo que em outros tratados Alcuíno vale-se de nomes como Donato, Prisciano, Cassiodoro, Boécio, Isidoro, Beda. Se, porém, Alcuíno foi, por uma parte, escritor medíocre e sem originalidade, e escassamente haveria de merecer o título de filósofo, por outra, parece ter sido um professor de renome e engenho, e algumas das mais avultadas figuras da renascença carolíngia, como por exemplo Rabano Mauro, foram seus alunos. Quando se retirou para a abadia de São Martinho, em Tours, Alcuíno continuou sua obra pedagógica, como fica claro pela famosa carta ao imperador, na qual o educador descreve como dá a alguns jovens o mel das Sagradas Escrituras, enquanto que a outros tenta intoxicá-los com o vinho da antiga literatura: alguns nutrem-se das maçãs dos estudos gramaticais, ao passo que a outros lhes mostra os luminosos pontos que adornam o céu azul (Carlos Magno interessava-se pessoalmente por astronomia, e os dois trocavam correspondência sobre este tema).

Em Tours, Alcuíno enriqueceu-lhe a biblioteca com cópias de manuscritos que trouxera de York, a melhor biblioteca da Europa ocidental. Ele também se empenhou em aprimorar o método de cópia de manuscritos. Em carta datada de 799,[2] ele diz da luta diária contra a "rusticidade", donde se conclui que o caminho da reforma nem sempre foi fácil. É certo que Alcuíno tenha-se dedicado com afinco à cópia e emenda de manuscritos das Escrituras, uma vez que disto fala explicitamente em algumas das cartas que escreveu a Carlos Magno nos anos de 800[3] e 801;[4] entretanto, não se sabe ao certo que função exerceu na revisão da Vulgata ordenada pelo imperador, que ficou conhecida como a "revisão de Alcuíno". Dado, porém, o fato de que ele ocupou autorizada posição na execução das reformas propostas pelo imperador, é de crer que também nesta diligência, que ajudou a conter a deterioração dos manuscritos, tenha desempenhado um papel central.

3. Pelo que é do desenvolvimento de outras escolas (isto é, além da Palatina e da de Tours), podemos mencionar as escolas anexas aos mosteiros de São Galo, Corbie e Fulda. Nos mosteiros, educavam-se não apenas os que haviam de se encaminhar para as ordens religiosas, senão também alunos comuns, embora, ao que parece, estas duas classes de alunos fossem encaminhadas a escolas distintas: *schola claustri* para os primeiros, *schola exterior*, para os segundos. Deste modo, em São Galo a *schola claustri* achava-se dentro do mosteiro, ao passo que a *schola exterior* estava junto aos demais prédios do complexo.

---

[2] *Ep.*, 4, 172.
[3] Ibid., 195.
[4] Ibid., 205.

Numa de suas capitulares (817), Luís, o Piedoso, ordenou que os mosteiros não deviam contar senão com escolas para "oblatos"; mas parece que *não* lhe prestaram muita atenção.

Pondo-se de parte a escola palatina, as demais recaem em duas categorias principais: escolas episcopais ou capitulares e escolas monásticas. Quanto ao currículo, consistia, à parte do estudo de teologia e exegese, e especialmente para os alunos que se preparavam para o sacerdócio ou para a vida religiosa, no estudo do *Trivium* (gramática, retórica e dialética) e do *Quadrivium* (aritmética, geometria, astronomia e música), que compunham as chamadas sete artes liberais. Nestas matérias, no entanto, havia pouca novidade ou originalidade. Assim a disciplina da gramática, que incluía por certo a própria literatura, era ensinada a partir das obras de Prisciano e Donato e nos livros-textos de Alcuíno, se bem que se utilizasse aqui e ali comentários apostos às obras de antigos gramáticos, como por exemplo o de Smaragdus a Donato, e algumas obras de gramática de pouco relevo, como a *Ars grammaticae* de Clemente Escoto, que entrou a lecionar na escola palatina no período final do reinado de Carlos Magno. A lógica também era ensinada a partir das obras de Alcuíno, e no caso de se haver mister de algo mais, recorria-se a autores nos quais se fundava o próprio Alcuíno, como Boécio, por exemplo. No que diz respeito à astronomia e geometria, pouco se avançou neste século IX, embora se tenha alcançado algum progresso na teoria musical com o *Musica enchiriadis*, atribuído a Hoger, Abade de Werden (m. 902). As bibliotecas receberam considerável aporte durante o correr do século IX e já incluíam, além das obras teológicas e religiosas, que compunham o grosso do acervo, obras de gramática e direito, e certo número de autores clássicos. Está claro que, no que diz respeito à filosofia, estudava-se apenas lógica e dialética, disciplinas que Aristóteles cuidava propedêuticas à filosofia, e não um ramo da mesma filosofia. Nesse século, houve apenas um filósofo especulativo, João Escoto Erígena. A renascença de Carlos Magno pôs a mira na disseminação de conhecimentos já existentes, e os resultados que alcançou são de fato para admirar, mas o fato é que esse esforço não redundou no aparecimento de pensadores originais ou em especulações filosóficas, à exceção do sistema de João Escoto. Se a civilização e o Império Carolíngio tivessem continuado a florescer, seguir-se-ia certamente um período de originalidade; mas de fato estava destinado a ser dissolvido numa nova Idade de Trevas, pelo que viria a se fazer necessária outra renascença a preceder o período medieval propriamente original e criativo.

4. À conta de sua destacada função na educação alemã, é obrigatório mencionar, em conexão com o renascimento carolíngio, Rabano Mauro, nascido a 776. Tendo sido aluno de Alcuíno, passou a ensinar no mosteiro de Fulda, do qual tornou-se abade em 822. Em 847, foi elevado ao arcebispado de Mainz, posto que ocupou até sua morte em 856. Rabano tinha em mira a educação do clero, e com este propósito escreveu *De Institutione Clericorum*, em três livros. Além de tratar dos graus eclesiásticos, da liturgia, da instrução dos pregadores

e assim por diante, também dedicou espaço às sete artes liberais, mesmo sem mostrar muita originalidade. Pouco original também é seu outro livro, *De rerum naturis*, uma enciclopédia fundada em grande parte na obra de Isidoro. Via de regra, este autor dependia quase que inteiramente de escritores outros, como Isidoro, Beda e Santo Agostinho. Na exegese, favorecia interpretações de cunho místico e alegórico. Por outro modo, o *Praeceptor germaniae* foi um produto acabado do renascimento carolíngio, erudito verdadeiramente dedicado ao estudo e ao ensino e que punha grande cuidado na formação intelectual do clero, mas marcadamente desprovido de originalidade.

CAPÍTULO II
João Escoto Erígena

Vida e obras

Um dos fenômenos mais notáveis do século IX é o sistema filosófico de João Escoto Erígena, a destacar-se como uma imponente rocha sobre a planície. Pelo que dissemos, o correr do século testemunhou uma vivaz atividade educacional e, dados os padrões, recursos e oportunidades daquele tempo, um crescido interesse pela educação e cultura; eram tempos, entretanto, de pouca especulação original. E isto não é para admirar, uma vez que este período se caracterizava sobretudo pela tendência à conservação e à disseminação. Este estado de coisas, todavia, torna ainda mais notável o abrupto emergir de uma filosofia especulativa original e de grande envergadura, e que, no entanto, não deixou continuadores imediatos. Seria de esperar que João Escoto se limitasse a especular sobre um ou outro ponto em particular, mas a falar verdade, ele compôs um verdadeiro sistema filosófico, o primeiro de vulto da Idade Média. É certo que ele largamente se utilizou de especulações anteriores, como as de São Gregório de Nissa, por exemplo, e mais particularmente nas obras do Pseudo-Dionísio. Difícil é, porém, ao lermos o seu *De divisione naturae*, não concluirmos de que se trata de uma vigorosa mente original em ação, a lutar com as categorias, idéias e técnicas que escritores anteriores lhe legaram como material de trabalho, a moldá-los num sistema, dir-se-ia impregnando-os no todo de uma atmosfera, de um colorido, de um tom inteiramente peculiar. Seria interessante, para não dizer bastante proveitoso, cogitarmos que rumo teria tomado o pensamento de João Escoto Erígena tivesse ele vivido em um período posterior, mais fecundo de especulações filosóficas. O fato é que deparamos com uma mente de grandes faculdades, embargada pelo limitado da época e pela pobreza do material à disposição. Além do mais, se é bem verdade que estaria em erro quem se pusesse a interpretar seu pensamento segundo as categorias tiradas das filosofias posteriores, elas mesmas condicionadas também pelos desenvolvimentos intelectuais que lhes precederam e pelas circunstâncias de seu próprio tempo, como por exemplo a de Hegel, não seria de todo inútil buscar discernir as características do pensamento de João Escoto Erígena, o qual, até certo ponto, alterou o significado das idéias e categorias que tomou emprestados de escritores prévios.

De sua vida pouco sabemos. Nasceu na Irlanda, a 810, e foi educado num mosteiro irlandês. "Erígena" quer dizer "originário do povo de Erin", ao passo que o termo "Escoto" não indica necessariamente ligação com a Escócia, uma vez que, no século IX, a própria Irlanda era conhecia como *Scotia Maio*, e os irlandeses como *Scoti*. A língua grega, certamente aprendeu-a em algum mosteiro irlandês, uma vez que nesse século era uso nos mosteiros irlandeses o estudo do grego. É bem verdade que Beda logrou alcançar um conhecimento funcional da língua, mas nem Alcuíno nem Rabano Mauro sabiam grego digno de nota. O primeiro chegou a servir-se de frases gregas em seus comentários, mas, embora possivelmente conhecesse pelo menos o alfabeto, estas *Graeca*[5] eram, em geral, tiradas das obras de outros autores, e é sabido que, via de regra, a ocorrência de textos gregos nesses manuscritos é sinal de que tinham eles origem na Irlanda, ou que, pelo menos, guardavam alguma associação com escritores deste país, ou ainda que tivessem sido de algum modo influenciados por escritores irlandeses. O estudo da língua grega em São Galo, por exemplo, foi originariamente obra dos monges irlandeses. Todavia, mesmo que a ocorrência das *Graeca* num manuscrito seja índice da influência irlandesa direta ou indireta, e ainda que os mosteiros irlandeses, no século IX, tenham se notabilizado pelo estudo do grego, seria temerário concluir que todos os escritores irlandeses que empregaram textos gregos, e, pior ainda, todos os monges irlandeses, estudassem e dominassem a língua. O simples emprego de frases gregas dá tanta prova de verdadeiro conhecimento dessa língua quanto o uso de expressões como *fait accompli* dá prova de um conhecimento real da língua francesa, e o número de monges irlandeses que iam além dos rudimentos do grego era sem dúvida bem pequeno. João Escoto Erígena, porém, era contado entre estes poucos, como o prova o fato de que enquanto esteve na França tenha traduzido do grego os escritos de São Gregório de Nissa e do Pseudo-Dionísio, e tenha chegado a arriscar alguns versos em grego. Seria absurdo afirmar que João Escoto conhecesse o grego tanto quanto a média de seus contemporâneos ou tanto quanto o comum dos monges irlandeses: verdade é que ele foi, para o século IX, um notável erudito da língua grega.

Em algum momento de sua vida, possivelmente na década de quarenta do século IX, João Escoto foi viver na França. É sabido, de qualquer modo, que se achava na corte de Carlos, o Calvo, já em 850, a ocupar uma posição autorizada na escola palatina. Não há evidências de que tenha sido ordenado padre; entretanto, leigo ou não, foi levado, instado por Hincmar, Bispo de Reims, a intervir num debate teológico, mais especificamente sobre a predestinação, donde resultou seu *De praedestinatione*, que aliás desagradou ambos os lados e lhe valeu a suspeita de heresia. Erígena, pois, voltou-se para a filosofia e a 858 pôs por obra, a pedido de Carlos, o Calvo, a tradução dos escritos do Pseudo-Dionísio do grego para o latim. Luís, o Piedoso, recebera estas obras em 827 das mãos do Imperador Michael Balbus e até então não haviam sido traduzidas a contento. Não apenas as traduziu, como também as comentou; e, com efeito, a todas comentou, exceto a *Teologia mística;* Papa Nicolau I queixou-se de que foram publicadas sem referências à sua pessoa. João Escoto Erígena também chegou

---

[5] Termo que designa a escrita do latim com uso do alfabeto grego — NE.

a publicar uma tradução da obra *Ambigua*, de São Máximo, Confessor, e *De hominis opificio*, de São Gregório de Nissa, e parece que, mais adiante, veio a comentar o Evangelho de São João e ainda a *Consolação da filosofia* e os *opuscula* teológicos de Boécio.

A obra, entretanto, que lhe deu remontada fama foi *De divisione naturae*, escrita, provavelmente, entre 862 e 866. Ela consta de cinco livros e foi escrita em forma de diálogo, estilo aliás bastante popular à época e que foi empregado à larga pelo próprio Alcuíno e outros escritores. Não é obra de fácil interpretação, uma vez que o autor tentou expressar os ensinamentos cristãos e a doutrina filosófica de Agostinho nos termos do Pseudo-Dionísio e da filosofia neoplatônica, coisa que acabou por levantar suspeitas quanto à sua ortodoxia e lhe rendeu acusações de panteísmo. Os autores que estão certos de sua ortodoxia servem-se para defendê-la de afirmações como esta, encontradas na obra do filósofo: "A autoridade das Sagradas Escrituras deve ser seguida de todo",[6] ao passo que os que pensavam que João Escoto considerasse a filosofia superior à teologia e antecipasse o racionalismo hegeliano apontam, por exemplo, para afirmativas[7] deste teor: "Qualquer autoridade (referindo-se aqui aos Padres da Igreja) que não é confirmada pela razão parece-me fraca, ao passo que a verdadeira razão dispensa o apoio da autoridade". Todavia, é impossível resolver esta questão até que a doutrina do *De divisione naturae* tenha sido exposta, se bem que seja prudente indicar de antemão que de fato existe uma disputa quanto à interpretação desta obra.

Ao que parece, João Escoto não viveu mais do que Carlos, o Calvo, que morreu em 877. Há, com efeito, vários relatos da parte final de sua vida, passados a escrito pelos cronistas: por exemplo, de que ele teria se tornado Abade de Athelney, acabando assassinado pelos monges; há, entretanto, escassas evidências que confirmem tais histórias, e é mais provável que sejam ou simplesmente lendas ou que se refiram a um seu homônimo.

---

[6] *De Div. Nat.*, 1, 64.
[7] Ibid. 1, 69.

CAPÍTULO III

João Escoto Erígena — II

A natureza — Deus e a Criação — Conhecimento de Deus pelas vias afirmativa e negativa; inaplicabilidade das categorias a Deus — Como, pois, pode Deus ser dito criador do mundo? — As idéias divinas no Verbo — A criatura como participação e teofania; as criaturas estão em Deus — A natureza do homem — O retorno de todas as coisas a Deus — A punição eterna à luz do retorno cósmico — Interpretação do sistema de João Escoto.

1. João Escoto inicia o primeiro livro do *Divisione Naturae* a explicar, pela boca do mestre, num diálogo entre um *magister* e um *discipulus*, o que entende por "natureza", a saber, o todo das coisas que são e das que não são, e procede a mostrar as diversas maneiras em que ela pode ser dividida. Por exemplo, quanto pode ser percebido pelos sentidos ou apreendido pelo intelecto recai na categoria das coisas que são, ao passo que os objetos que transcendem o poder do intelecto pertencem à classe das que não são. Ou ainda, os objetos apenas de razão podem ser ditos "coisas que são", enquanto que os objetos materiais, sujeitos ao tempo, ao espaço e à dissolução, classificam-se entre as coisas que não são. A própria natureza humana, enquanto alienada de Deus à conta do pecado, pode ser dita "não ser", reconciliada com Ele, porém, principia a ser.

O termo "natureza" significa, em João Escoto Erígena, não apenas o mundo natural, mas também o mesmo Deus e o mundo sobrenatural: ele denota o todo da realidade.[8] Quando, pois, ele assevera que a natureza se divide em quatro espécies, a saber, a natureza que cria e não é criada; a natureza que é criada e cria; a natureza que é criada e não cria; e a natureza que não é criada nem cria, dando a entender que Deus e as criaturas são as espécies desta natureza, parece que está a desenvolver uma doutrina monista, e se estas passagens forem tomadas em sentido literal, é incontornável a conclusão de que de fato estava a fazê-lo. Entretanto, no início do Livro 2, num trecho longo e algo complicado, ele deixa claro que não teve a intenção de afirmar que as criaturas são de fato parte de Deus, ou que Deus é o gênero do qual elas são espécies, embora ainda retenha aquela quádrupla divisão da "natureza", e diga que Deus e as criaturas podem ser encaradas como um *universitas*, um "universo" ou totalidade. Pode-se concluir que João Escoto Erígena não pretendeu formular uma doutrina de cunho monista-panteísta, ou negar a distinção que vai entre Deus e as criaturas, se bem que suas explicações filosóficas e as razões que dá para o emergir delas a

---

[8] Cf. 3, 1.

partir de Deus e o retornar a Ele, tomadas isoladamente, possam sugerir algo de panteísta e implicar certa negação de distinções.

2. A "natureza que cria e não é criada" denota, por óbvio, o mesmo Deus, causa incausada daquilo que *há*. *É Ele o início ou primeiro princípio,* uma vez que todas as criaturas procedem d'Ele, o "meio" *(medium),* porque é n'Ele e através d'Ele que elas subsistem e se movem, e o fim ou causa final, já que Deus é o termo do movimento de autodesenvolvimento e aperfeiçoamento das criaturas.[9] É Ele a causa primeira, que constitui as criaturas na existência a partir de um estado de não-existência, a partir do nada *(ex nihilo).*[10] Esta doutrina a respeito de Deus é consentânea com a teologia cristã e enuncia claramente a transcendência e auto-existência divinas; entretanto, prossegue Erígena, pode-se dizer que Deus é criado nas criaturas, que se faz a si mesmo nas coisas que faz, que entra a ser nas coisas que entram a ser. Seria, todavia, anacrônico supor que estivesse a afirmar uma espécie de evolucionismo panteísta e a asseverar que a natureza, no sentido comum, é o próprio Deus em sua alteridade, porquanto quando Escoto afirma[11] que Deus faz-se nas criaturas, quer dizer que Deus "aparece" ou se manifesta a Si mesmo nelas, ou seja, que elas são teofania. Algumas das imagens de que se serve para ilustrar esta tese são, do ponto de vista ortodoxo, um pouco infelizes, como quando, por exemplo, diz que Deus como que se faz a Si mesmo nas criaturas que d'Ele procedem, do mesmo modo que o intelecto humano, quando procede ao ato (isto é, quando está de fato a pensar), "faz-se" nos próprios pensamentos; donde se coligiria que as criaturas são a rigor uma atualização de Deus. Independentemente das imagens que emprega e de quanto tenha sido influenciado pela tradição filosófica que derivou do neoplatonismo, parece-me claro que intentava pelo menos conservar a distinção real entre Deus e as criaturas, e estabelecer que Deus, em relação à criação, é *Natura quae creat et non creatur.* Enfatiza João Escoto Erígena no verdadeiro desta fórmula.

3. Para que se chegue ao conhecimento desta *Natura quae creat et non creatur,* pode-se servir das vias afirmativa (καταφατική) ou negativa (ἀποφατική). De acordo com este segundo método, nega-se que a divina essência ou substância identifique-se com aquelas coisas "que são", isto é, que podem ser compreendidas por nós: no proceder do método afirmativo, predica-se de Deus aquelas coisas "que são", no sentido de que a causa manifesta-se nos efeitos.[12] Este duplo método, tomou-o João Escoto de Pseudo-Dionísio, como ele próprio afirma,[13] e através do mesmo autor foi notificado da idéia de que Deus não deva ser dito simplesmente, por exemplo, verdade, sabedoria ou essência, mas supraverdade etc., uma vez que nenhum nome criatural aplica-se-lhe *stricto sensu,* mas *metaphorice* ou *translative.* Além do mais, adiante[14] João Escoto entrega-se a

---

[9] 1, 11.
[10] 1, 12.
[11] Ibid.
[12] 1, 13.
[13] 1, 14.
[14] Ibid.

engenhosas especulações dialéticas com o sentido de mostrar que o emprego da via afirmativa não contradiz a doutrina da inefável e incompreensível feição da divindade, e que o método fundamental é o negativo. Por exemplo, pelo método afirmativo, dizemos que Deus é Sabedoria, ao passo que, pelo negativo, que Deus não é Sabedoria, o que à primeira vista pode parecer contraditório; em verdade, porém, quando dizemos que Deus é Sabedoria, estamos a empregar o adjetivo em sentido "metafórico" ("analógico" diriam os escolásticos), ao passo que quando dizemos que Ele não é sabedoria, estamos a empregá-lo em seu sentido próprio e primeiro (isto é, trata-se então da sabedoria humana, a única da qual temos experiência direta). A contradição, portanto, não é real, mas apenas verbal, e é retificada com o atribuir a Deus a supra-sabedoria. Ora bem, predicar de Deus o atributo supra-sabedoria pareceria, à primeira vista, ser próprio do método afirmativo, mas examinadas as coisas mais de perto, veremos que embora a frase considerada formalmente pertença à *via affirmativa*, o seu enunciar não produz na mente nenhum conteúdo ou idéia que corresponda à palavra "super", de modo que, em realidade, esta frase pertence à *via negativa*, e esse acréscimo do prefixo "super" à "sabedoria" equivale rigorosamente a uma negação. Em termos puramente verbais, o predicado "super-Sabedoria" não nega nada; quanto ao conteúdo mental, porém, aí de fato tem-se propriamente uma negação. Esta *via negativa* é, portanto, fundamental, e como não pretendemos definir a *quê* se refere este "super", ficam resguardados o inefável e o incompreensível da divindade. Claro que se dissermos que o termo "super" equivale simplesmente à negação, os positivistas lógicos dirão que nossa mente fica vazia de conteúdo significativo quando nos servimos daquela expressão, isto é, trata-se de uma expressão não-significante. João Escoto, entretanto, se bem que não examine essa real dificuldade, parece respondê-la quando observa que ao chamarmos a Deus supra-Sabedoria queremos a rigor significar que ele é *mais que* sabedoria. Se as coisas são assim, então a adição do "super" não pode simplesmente equivaler a uma negação, uma vez que não podemos dizer de uma pedra "que não é sábia", e certamente queremos significar coisas diversas com as afirmativas "Deus não é sábio", e "uma pedra não é sábia": se "sábio" refere-se à sabedoria humana, então Deus não é sábio, porque mais do que sábio, ao passo que a pedra não é sábia, porque menos do que isto. E a isto parece indicar quando escreve: "(Deus) é essência", afirmação; "Ele não é essência", negação; "Ele é supra-essencial", à uma afirmação e negação.[15] A tese e a antítese, portanto, reconciliam-se dialeticamente na síntese.

Se, pois, Deus não pode ser propriamente dito sábio, porque este termo não se predica das coisas puramente materiais, tanto menos podemos predicar-Lhe as categorias de Aristóteles, que dizem respeito aos objetos puramente materiais. Por exemplo, certamente não se pode predicar-Lhe a categoria da quantidade, u vez que ela implica a existência espacial, e Deus não tem dimensões e não ocupa

---

[15] 1, 14.

lugar no espaço.[16] A falar propriamente, Deus sequer é substância ou οὐσία, pois que infinitamente mais do que isto, se bem que possa ser dito substância *translative*, na medida em que Criador de todas as substâncias. As categorias estão fundadas nos entes criados e não podem ser aplicadas ao mesmo Deus: tampouco é o predicado "Deus" gênero, espécie ou acidente. Assim, Deus transcende as *praedicamenta* e os *praedicabilia*, e nesta matéria João Escoto Erígena claramente se afasta de qualquer tipo de monismo, enfatizando a transcendência divina a par de Pseudo-Dionísio. É bem verdade que a teologia da Santíssima Trindade nos ensina que há relação em Deus, mas isto não implica que as relações em Deus recaiam na categoria da relação. A palavra aí é empregada *metaphorice* ou *translative* e, aplicada às Pessoas Divinas, não tem seu sentido comum e inteligível: as "relações" divinas são mais que relações. Enfim, em que posamos tirar das criaturas *que* Deus é, não podemos conhecer *o que* Ele é. Sabemos que é Ele mais que substância, mais que sabedoria e assim por diante, mas o que é precisamente este mais, que significam os termos sabedoria e substância quando aplicados a Deus, isto não logramos saber, pois que Ele transcende todos os intelectos, angélicos e humanos.

4. Embora esta doutrina da inaplicabilidade das categorias a Deus pareça apontar para a transcendência divina e para uma clara distinção entre Ele e as criaturas, ao considerar as categorias *facere* e *pati* João Escoto chegou a diferentes conclusões. Num engenhoso exame da questão,[17] ele mostra, coisa aliás óbvia, que a categoria da *pati* não pode ser predicada de Deus, e ao mesmo tempo argumenta que *facere* e *pati*, ambas, implicam o movimento. É possível atribuir mudanças a Deus? Não. Então tampouco Deus pode criar. Mas, a ser este o caso, como haveremos de explicar a doutrina escritural de que Deus fez todas as coisas? Em primeiro lugar, não podemos supor que Deus existisse antes de criar o mundo, porque, neste caso, Ele não apenas estaria no tempo, mas o seu criar haveria de ser mero acidente que Lhe sucedeu, e ambas estas hipóteses são impossíveis. O ato criativo de Deus, portanto, deve Lhe ser coeterno. Em segundo lugar, mesmo no caso de o ato criativo ser eterno e idêntico a Deus, e não mero acidente, não podemos Lhe atribuir o movimento, e o movimento faz parte da categoria do fazer. O que significa, pois, que Deus fez todas as coisas? "Quando ouvimos falar que Deus faz todas as coisas, não devemos entender senão que Ele está em todas elas, isto é, é delas a essência. Pois que somente Ele é, e tudo quanto verdadeiramente pode ser dito que está nestas coisas, a rigor é o próprio Deus".[18] Isto de João Escoto beira, para dizer o mínimo, o panteísmo, dir-se-ia a doutrina de Espinosa, e não é para admirar que ele introduza esta discussão com algumas observações em respeito à relação entre razão e autoridade:[19] segundo entende, a razão tem precedência sobre a autoridade e a

---

[16] 1, 15.
[17] 1, 70–2.
[18] 1, 72.
[19] 1, 69.

verdadeira autoridade não é senão "a verdade encontrada pelo poder da razão e transmitida pelos escritos dos Padres para o benefício da posteridade". Donde se colige que as palavras, expressões e afirmações encontradas nas Escrituras, por mais que falem perfeitamente ao homem de pouca instrução, têm de ser racionalmente interpretadas por aqueles que são capazes destas diligências. Por outro modo, João Escoto não considera que está apartado da ortodoxia, e nem tenciona apartar-se, mas a interpretação filosófica que dá das Escrituras por vezes parece uma como que racionalização e um elevar a razão acima da autoridade e da fé. Entretanto, não devemos enfatizar demasiado este particular. Por exemplo, em que pese a passagem acima citada, de tonalidade panteística, ele também afirma a criação a partir do nada e deixa claro que quando se recusa a dizer que Deus fez ou faz o mundo, não tenciona negar a criação, mas sim negar que Deus crie no sentido comum do termo: como um acidente, isto é, como algo que pertence a uma categoria em particular. A existência e a essência de Deus, à uma com seu ato criativo, perfazem, ontologicamente, uma só e mesma realidade,[20] e todos os predicados que lhe podemos aplicar apontam em última análise para a sua incompreensível superessência.[21]

Verdade seja que João Escoto Erígena, embora mantivesse a distinção entre Deus e as criaturas, tenciona ao mesmo tempo manter o conceito de que Deus é a Realidade que tudo abarca, pelo menos enquanto enfocado *altiori theoria*. Assim, ele afirma[22] que a terceira e quarta divisões da natureza (*Natura quae creat et non creatur* e *Natura quae nec creat nec creatur*) aplicam-se apenas a Deus, isto é, a Ele como causa eficiente e causa final, ao passo que a segunda e a terceira divisões (*Natura quae et creatur et creat* e *Natura quae creatur et non creat*), dizem respeito apenas às criaturas. Entretanto, ele também diz[23] que na medida em que toda criatura participa d'Aquele que unicamente existe de per si, toda natureza pode ser reduzida ao princípio único, e que Criador e Criatura podem ser entendidos como um só.

5. A segunda grande divisão da natureza (*Natura quae et creatur et creat*) refere-se às "causas primordiais", chamadas pelos gregos de πρωτότυπα, ἰδέαι etc.[24] Estas causas primordiais ou *praedestinationes* são causas exemplares das espécies criadas e existentes no Verbo de Deus: são a rigor idéias divinas, os protótipos de todas essências criadas. Como, então, podem ser ditas "criadas"? João Escoto afirma que a geração eterna do Verbo ou Filho implica a constituição eterna destas idéias arquetípicas ou causas exemplares, que n'Ele subsistem. A geração do Verbo não é um processo temporal, senão eterno, e do mesmo modo a constituição destas *praedestinationes*: a prioridade do Verbo, considerado em abstrato, em relação aos arquétipos é lógica e não temporal. A emergência destes arquétipos, portanto, faz parte da processão do Verbo a modo de "geração", e

---
[20] 1, 77.
[21] 1, 75.
[22] 2, 2.
[23] Ibid.
[24] Ibid.

só neste sentido podem ser ditos criados.[25] Entretanto, a prioridade lógica do Verbo, e a dependência que têm d'Ele os arquétipos, significam que, embora nunca tenha havido tempo em que o Verbo estivesse ermo deles arquétipos, eles não são propriamente *omnino coaeternae (causae)* com o Verbo.[26]

Em que sentido, portanto, poder-se-ia dizer que as causas primordiais de fato criam? A se afirmar coisas do tipo, isto é, que o πρωτότυπον difunde-se (*diffunditur*) através de todas as coisas infundindo-lhes suas essências, ou ainda que ele penetra todas as coisas que criou,[27] cair-se-ia naturalmente no panteísmo, e ainda assim João Escoto repete[28] que a Santíssima Trindade "criou a partir do nada quanto foi criado", o que implica serem os protótipos apenas causas exemplares. Nada é criado senão o que fora pré-ordenado desde toda a eternidade, e estas *praeordinationes* eternas ou θεῖα θηλήματα são os mesmos protótipos. Todas as criaturas "participam" dos arquétipos, isto é, por exemplo, a sabedoria humana participa da Sabedoria em si.[29] Para formular esta doutrina, recorreu à larga às filosofias do Pseudo-Dionísio e São Máximo, Confessor, e parece que forcejava por conciliar suas especulações filosóficas com a teologia cristã ortodoxa. A sua linguagem, entretanto, deixa transparecer um esforço excessivo e que o seu pensamento, em que pese a intenção ortodoxa que o anima, tende para alguma espécie de panteísmo filosófico. Que nutria intenções ortodoxas parece-me que está assentado pelas suas recorrentes *cautelae*.

Pode-se dizer que há de fato, atual e ontologicamente, uma pluralidade de *praedestinationes* no Verbo? João Escoto responde que não.[30] Os números procedem da *monas*, ou unidade, e neste proceder são multiplicados e dispostos em ordem; mas, a se considerar-lhes a origem (mônada), não formam uma pluralidade, porque indivisos uns dos outros. Por forma que as causas primordiais, tal como existem no Verbo, são uma só e indistintas, mesmo que em seus efeitos, isto é, numa pluralidade ordenada, sejam múltiplas. A mônada não se apequena ou muda durante o processo de derivação dos números, do mesmo modo a causa primordial em relação a seus efeitos, embora, de outra perspectiva, estes estejam contidos naquela. Neste particular, João Escoto adota o enfoque neoplatônico, segundo o qual o princípio não está sujeito a mudanças ou diminuição no processo de emanação, e parece que vai na sua filosofia a mesma tensão encontrada no neoplatonismo, qual seja, a tensão entre a teoria da emanação e a recusa de admitir que ela de algum modo comprometa a integridade do princípio.

6. A *Natura quae creatur et non creat* consiste nas criaturas, exteriores a Deus, a formar o mundo da natureza em sentido estrito, que foi feito por Deus a partir do nada. A essas criaturas, chama-lhes João Escoto, "participações", e assevera que participam das causas primordiais, como estas participam

---

[25] 2, 20.
[26] 2, 21.
[27] 2, 27.
[28] 2, 24, col. 580.
[29] 2, 36.
[30] Cf. 3, 1.

imediatamente de Deus.[31] Estas causas primordiais, portanto, olham para cima em direção ao princípio, e para baixo em direção aos seus múltiplos efeitos. Esta doutrina, por óbvio, é aparentada da teoria emanacionista neoplatônica. "Participação", entretanto, significa derivar de algo, e interpretando o grego μετοχή ou μετουσία como μεταέχουσα ou μεταουσία (*post-essentia* ou *secunda essentia*), ele diz que a participação não é nada além da derivação de uma essência segunda a partir de uma essência mais alta.[32] Assim como a água emerge da fonte e despeja-se no leito do rio, assim a bondade, a essência, a vida etc. divinas, que subsistem na Fonte de todas as coisas, correm, primeiro, para as causas primordiais, fazendo com que sejam, e então procedem através destas aos seus efeitos.[33] Esta descrição é, claramente, uma metáfora do processo de emanação, e João Escoto Erígena conclui que Deus é tudo que realmente é, uma vez que Ele cria todas as coisas e se faz em todas elas, "como diz São Dionísio, o Areopagita".[34] A bondade divina progressivamente se dilata pelo universo da criação de tal modo que "cria todas as coisas, e é criada em todas as coisas, e é todas as coisas".[35] Isto soa como uma pura doutrina panteísta do tipo emanacionista, mas Erígena também mantém que a bondade divina criou todas as coisas a partir do nada, e explica que *ex nihilo* não implica a pré-existência de um substrato material, seja formado, seja informe, que poderia ser identificado com o *nihil*: ao contrário, *nihil* significa a negação e a ausência de toda essência e substância, e a rigor de tudo quanto foi criado. O Criador não fez o mundo *ex aliquo*, mas sim de *omnino nihilo*.[36] Aqui, mais uma vez, Escoto se esforça para combinar a doutrina cristã da criação e da relação entre Deus e as criaturas com a filosofia emanacionista de corte neoplatônico, e é precisamente esta tentativa que dá lugar à diversidade de interpretações de seu pensamento, segundo se enfoca seja este ou aquele elemento de sua filosofia como o mais fundamental.

Esta tensão fica ainda mais clara a partir das considerações que seguem. As criaturas são não apenas uma "participação" na bondade divina, mas também a mesma automanifestação divina ou teofania. Todos os objetos inteligíveis ou sensíveis são "a aparência do não-aparente, a manifestação do oculto, a afirmação do que é negado (referindo-se aqui à via negativa), a compreensão do incompreensível, a fala do inefável, o aproximar-se do inaproximável, o entendimento do ininteligível, o corpo do incorpóreo, a essência do supra-essencial, a forma do informe" etc.[37] Assim como a mente humana, por si invisível, faz-se visível ou manifesta-se por meio de palavras e gestos, assim o Deus invisível e incompreensível revela-se a Si mesmo na natureza, que é, portanto, verdadeira teofania. Ora bem, se a criação é teofania, revelação da bondade divina, por

---

[31] 3, 3.
[32] Ibid.
[33] 3, 4.
[34] Ibid.
[35] Ibid.
[36] 3, 5.
[37] 3, 4.

sua vez incompreensível, invisível e oculta, acaso isto não sugere uma nova interpretação daquele *nihilum* do qual procede a criação? Assim, em outra passagem[38] João Escoto explica que aquele *nihilum* significa a bem dizer "o fulgor incompreensível, inacessível e inefável da bondade divina", porquanto o que é incompreensível pode, a seu modo, ser dito um "nada", por forma que, quando Deus se dá a conhecer em suas teofanias, pode-se dizer que procede *ex nihilo in aliquid*. A bondade divina, considerada em si mesma, pode ser dita *omnino nihil*, se bem que venha a ser na criação, "uma vez que é a essência do próprio universo". Seria anacrônico atribuir-lhe uma doutrina do absolutismo e daí concluir que ele cuidasse que Deus, considerado em si mesmo à parte das "teofanias", fosse uma abstração lógica. Parece, entretanto, que duas linhas distintas de pensamento podem ser divisadas nas suas doutrinas da criação, a saber, a cristã, da criação voluntária "no tempo", e neoplatônica, da necessária difusão da bondade divina a modo de "emanação". É bem provável que tencionasse João Escoto Erígena, a um tempo, ater-se à doutrina cristã e expor-lhe os fundamentos filosóficos. Este proceder era tanto mais fácil porquanto à época não havia uma distinção clara entre teologia e filosofia, e seus respectivos campos, de modo que um pensador poderia, sem ser chamado do que hoje se entende por racionalista, aceitar o dogma revelado da Trindade e proceder de boa-fé a "explicá-lo" ou deduzi-lo, mesmo ao ponto de desfigurá-lo. Se quisermos alcunhá-lo de hegeliano antes de Hegel, tenhamos em mente que é bastante improvável que atinasse com o que estava a fazer.

A relação precisa entre a natureza criada e Deus, na filosofia de João Escoto Erígena, não é coisa fácil de determinar. Que o mundo seja, em certo sentido, eterno, a saber, nas suas *rationes*, nas suas causas primordiais, na vontade de Deus em criá-lo, isto não é problema, e se o autor, quando mantém que o mundo é a um tempo eterno e criado, quisesse simplesmente dizer que enquanto antevisto e desejado por Deus é eterno, ao passo que enquanto criado é temporal e exterior a Deus, não seria de surpreender. Ele, entretanto, assevera que o mundo não está fora de Deus e que é, à uma, criado e eterno dentro em Deus.[39] Quanto ao primeiro ponto, isto é, que o mundo não existe *extra Deum*, ele deve ser entendido nos termos da teoria da participação e "assunção" (*est igitur participatio divinae essentiae assumptio*).[40] Como derivam as criaturas de Deus e a Ele devem toda a realidade que possuem, apartadas d'Ele nada são: neste sentido pode-se dizer que nada há fora de Deus, isto é, se a atividade divina se recolhesse, as criaturas deixariam de ser. Devemos, no entanto, avançar ainda mais.[41] Deus viu, desde toda eternidade, tudo o que desejou criar. Agora, se isto é assim, quer dizer, se Deus anteviu todas as criaturas desde a eternidade, também as fez desde toda a eternidade, uma vez que em Deus o ver e o operar são um. Além do mais, porque

---
[38] 3, 19.
[39] V. a longa discussão deste ponto em 3, 5 ss.
[40] 3, 9.
[41] 3, 17.

via as criaturas em Si mesmo, fê-las em Si mesmo. Devemos forçosamente concluir, portanto, que Deus e as criaturas não são distintos, mas uma e mesma (*unum et id ipsum*) realidade, estas subsistindo naquele, e Deus sendo criado nas criaturas "de modo maravilhoso e inefável". Deus, portanto, "contém e compreende a natureza do todo das coisas sensíveis em Si mesmo, não no sentido de que contenha algo diferente de Si, mas no sentido de que é Ele substancialmente tudo o que contém, já que a substância de todas as coisas visíveis foram criadas n'Ele".[42] É precisamente neste ponto que João Escoto aduz sua interpretação do "nada" a partir do qual as criaturas procedem, como da bondade divina,[43] e conclui que Deus é tudo, que a partir da supra-essencialidade de sua natureza (*in qua dicitur non esse*), cria-se a Si próprio nas causas primordiais e então nos efeitos delas, nas teofanias.[44] Por fim, no termo da ordem natural, Deus chama de volta a si, de volta à natureza divina, todas as coisas que de lá procederam, sendo, portanto, a causa primeira e final, *omnia in omnibus*.

Poder-se-ia objetar que João Escoto Erígena diz, primeiro, que Deus é Natura *quae creat et non creatur* e então identifica-o com a Natura *quae creatur et non creat*: como estas duas posições podem ser conciliadas? Se encaramos a natureza divina como ela é em si mesma, vemos que é incausada, ἄναρχος e ἀναίτιος,[45] mas ao mesmo tempo causa de todas as criaturas: é a direito chamada "natureza que cria e não é criada". De outro ângulo, se se enfoca Deus como a causa final, como *termo* do ritmo do acontecer cósmico, Ele pode ser dito "natureza que não cria nem é criada". Por outra parte, se considerado no emergir das profundidades ocultas de Sua natureza e no entrar a "aparecer", aparece, primeiro, nas causas primordiais ou *rationes aeternae*. São estas idênticas ao Verbo que as contém, por forma que, em "criando" estas causas ou princípios primordiais, Deus mostra-se a Si mesmo, torna-se autoconsciente e cria-se a Si próprio, isto é, no gerar o Verbo e as razões nele contidas. Assim, Deus é "a natureza que tanto cria quanto é criada". No segundo estágio da processão divina ou teofania, Deus vem a ser nos efeitos daquelas causas primordiais, e faz-se então a "natureza criada", ao passo que, dado que esses efeitos têm um fim e incluem todos os efeitos criados, de modo que não há mais efeitos posteriores a eles, é também "natureza que não cria".[46]

7. A explicação alegórica do relato dos seis dias da Criação[47] do Gênesis nos termos da própria filosofia conduz João Escoto Erígena à sua antropologia filosófica. Do homem podemos dizer que é um animal e também que o não é,[48] uma vez que, compartilhando com os animais as funções de nutrição sensação etc., também está dotado da faculdade da razão, peculiar a ele só, e que o alteia

---
[42] 3, 18.
[43] 3, 19.
[44] 3, 10.
[45] 3, 23.
[46] Ibid.
[47] 3, 24 ss.
[48] 4, 5.

por cima de todos os animais. E, no entanto, não está o homem dotado de duas almas, uma animal e outra racional: há uma apenas, racional, que é simples e presente em todas as partes do corpo, a operar suas diversas funções. Aceita, pois, de bom grado, a definição clássica do homem, como *animal rationale*, entendendo animal como o gênero e *rationale* a diferença específica. Por outro lado, a alma humana foi criada à imagem de Deus, ela é como Deus, e essa semelhança expressa a verdadeira substância do homem. Tal como existe num homem qualquer, ela não é senão um efeito: como existe em Deus é causa primordial, se bem que no caso se trate apenas de dois modos de encarar o mesmo ente.[49] Desde esse ponto de vista, o homem pode ser definido como *Notio quaedam intellectualis in mente divina aeternaliter facta*.[50] A existência desta substância do homem, desta imagem de Deus ou participação em Deus, pode ser conhecida pela mente humana, assim como esta pode saber *que* Deus existe, mas *qual* seja sua substância, a tanto não chega, do mesmo modo que não logra conhecer o *que* Deus é. O homem é, portanto, por uma parte, definível, por outra, porém, indefinível, desde que a mente ou a razão dele foi feita à imagem de Deus e esta imagem, como o próprio Deus, excede nosso poder de compreensão. Em toda esta discussão quanto à definição do homem, deparamos com elementos filosóficos oriundos do aristotelismo, do neoplatonismo e do cristianismo, o que dá ocasião a diferentes posições e perspectivas quanto à matéria.

João Escoto Erígena insiste no fato de que o homem, com integrar em si os mundos material e espiritual, é o microcosmos da criação, compartilhando com as plantas a faculdade de crescimento e nutrição, com os animais, as de sensação e reação emocional, com os anjos o poder de entendimento: é o homem o que Posidônio chamou de liame, δέσμος, a ligação entre o material e o espiritual, o visível e o invisível. Desde esta perspectiva, é melhor dizer que o homem abarca todos os gêneros de animais do que lhe atribuir o gênero animal.[51]

8. O quarto estágio do processo da natureza é o da *Natura quae nec creat nec creatur*, isto é, o de Deus como o fim de todas as coisas, quando Deus há de ser tudo em todos. É este o estágio do retorno a Deus, movimento que corresponde ao da processão das coisas a partir d'Ele, porque vai, na vida da natureza, certo ritmo, e como procedeu o mundo das criaturas de suas causas primordiais, assim há de tornar a elas. "Posto que o fim do todo do movimento é o seu princípio, uma vez que não é ele terminado por outro que seu próprio princípio, que iniciou-lhe o movimento e para o qual deseja constante tornar, porque nele repouse. E isto aplica-se não apenas às partes do mundo sensível, senão ao todo do mundo. O seu fim é o seu princípio, ao qual almeja, e no depará-lo haverá de deixar de ser, não porque haverá de perecer em sua substância, mas porque haverá de tornar às idéias (*rationes*) de onde procedeu".[52] Este processo

---

[49] 4, 7.
[50] Ibid.
[51] 4, 8.
[52] 5, 3.

tem, pois, alcance cósmico, pelo que afeta toda a criação, se bem que a matéria, mutável e não espiritual que é, a qual Erígena, seguindo nisto São Gregório de Nissa, representa como um complexo de acidentes, haverá de perecer.[53]

Além deste processo cósmico como um todo, há também o tema especificamente cristão (e é para notar que João Escoto também não poucas vezes racionalize este ponto) do retorno do homem a Deus. O homem caído é reconduzido a Deus pelo *Logos* encarnado, que assumiu a natureza humana e redimiu a todos os homens naquela natureza; Erígena enfatiza o solidário entre a humanidade e a queda de Adão na ressurreição do Cristo. Cristo leva a humanidade de volta a Deus, embora nem todos estejam unidos a Deus no mesmo grau, porquanto, se bem que Ele tenha redimido o todo da natureza humana, "a alguns, restaura-lhes o estado prévio da natureza humana, ao passo que a outros deifica para além desta natureza", e ainda assim em ninguém senão n'Ele próprio acha-se a natureza humana substancialmente unida à divindade.[54] Afirma, pois, Erígena o caráter único da Encarnação e da relação entre a natureza humana de Cristo e a Deidade, embora, quando fale dos estágios do retorno do homem a Deus, deixe transparecer outro ponto de vista, menos ortodoxo. Esses estágios são:[55] (1) a dissolução do corpo humano nos quatro elementos do mundo sensível; (2) a ressurreição do corpo; (3) a mutação do corpo em espírito; (4) a volta da natureza humana, em sua totalidade, às causas primordiais, eternas e imutáveis; (5) o retorno da natureza e das causas primordiais a Deus. "Porque Deus será tudo em todos, e nada existirá senão somente o mesmo Deus". E se, à primeira vista, possa parecer que este último ponto seja assaz inconsistente com a teologia ortodoxa e especialmente com a posição única ocupada por Cristo, Erígena claramente não estava a esposar a doutrina panteísta da absorção de todas as coisas em Deus, porque sublinha que este retorno não implica o perecer da substância individual, mas sua elevação. Para tanto, serve-se da imagem do ferro tornado em brasa pelo fogo, e assinala que, embora do ferro possa ser dito neste caso que se transmutou em fogo, sua substância, contudo, permanece. Então, quando diz, por exemplo, que o corpo humano haverá de ser mudado em espírito, está a rigor a se referir à glorificação ou "espiritualização" dele, e não a um tipo qualquer de transubstanciação. Note-se, ademais, que ele expressamente afirma que se baseia neste particular em São Gregório de Nissa e seu comentador, São Máximo, Confessor, e que seus ensinamentos, portanto, devem ser entendidos desde esta perspectiva. E para que não pensem, diz ele, de que está negligenciando de todo o ponto os latinos em favor dos gregos, acresce o testemunho de Santo Ambrósio. Embora haverão de os céus e a terra perecer e passar (e é para notar que este perecer é interpretado como um *reditus in causas*, o que implica o fecho do mundo material gerado), isto não significa que as almas individuais dos homens, neste *reditus in causas*, cessarão de existir: o

---

[53] 1, 34.
[54] 5, 25.
[55] 5, 8.

processo de *deificatio* implica a absorção substancial de suas almas em Deus tanto quanto o iluminar do ar pela luz implica a destruição do ar. Erígena é bastante claro neste particular. A falar verdade, pelo que toca a esse "retorno" cósmico, e também a outras matérias, Erígena esforça-se em combinar os ensinamentos contidos nas Escrituras e nos Padres com as especulações filosóficas da tradição neoplatônica, ou melhor, expressar a *Weltanschauung* cristã nos termos dessas especulações. Como ele encara a sabedoria cristã em sua totalidade e não faz distinções entre a teologia revelada e a filosofia, a aplicação do seu método especulativo forçosamente implica, aqui e ali, certa racionalização, por muito que fossem ortodoxas suas intenções. Por exemplo, se bem que ele insista no fato de que esse retorno a Deus não redunde na aniquilação ou na completa absorção da alma individual — e neste ponto expressa-se claramente —, ainda assim, como cuidasse que a matéria é o termo descendente da processão divina, acaba por afirmar[56] que os seres humanos, antes da Queda, não se diferenciavam sexualmente e que, depois da ressurreição, hão de tornar a este estado (fundando-se em São Paulo, São Gregório e São Máximo). Não tivesse o homem caído, seria sexualmente indiferenciado, e na causa primeira a natureza humana também o é: o *reditus in causam* envolve, portanto, o retorno ao estado *in causa* da natureza humana e a dissolução do estado que se seguiu à queda. Esse *reditus in causam*, entretanto, é um estágio do processo cósmico da natureza, de modo que Erígena se vê obrigado a afirmar que a ressurreição do corpo sucede por causas naturais, *natura et non per gratiam*,[57] embora apele neste particular para São Gregório de Nissa, São Máximo e São Epifânio. Por outra parte, é certo que, teologicamente pelo menos, algo deve ser obra da graça, pelo que Erígena observa que a *deificatio*, que nem todos logram alcançar, depende da graça e da livre disposição de Deus. Eis aí um exemplo das tentativas de Erígena de articular a revelação com as exigências de seu sistema especulativo, para o qual, certamente, recebeu o socorro dos escritos dos primeiros autores cristãos. Por um lado, Erígena, à força de sua inclinação cristã, deve atribuir a ressurreição, em parte que seja, ao livre-arbítrio de Deus operando por meio de Jesus Cristo, ao passo que, por outro, sua doutrina filosófica do retorno de todas as coisas a Deus implica que a ressurreição, em algum grau, deva ser um processo natural e necessário, não apenas porque a mesma natureza humana tem de retornar à sua causa, senão porque toda a criação tem de fazê-lo, e esta passa por esse processo enquanto contida no homem, o microcosmo.[58]

9. Mas se terá lugar esse retorno do cosmos a Deus através do homem, e dentro nele, de modo que Deus, como diz São Paulo "será tudo em todos", que é da doutrina ortodoxa da punição eterna dos condenados? Ensinam as Escrituras que os anjos caídos e os seres humanos impenitentes até a morte sofrerão castigo eterno. De outra parte, a razão sugere que o mal não possa ser eterno,

---

[56] 5, 20.
[57] 5, 23.
[58] 5, 25.

uma vez que Deus será tudo em todos e que o mal é diametralmente oposto a Deus, que é bondade.[59] Como harmonizar estas duas concepções sem que se ponha de parte nem a autoridade nem a razão? A resposta de Erígena[60] é engenhosa e nos dá um claro exemplo de seu processo de "racionalização". Nada que Deus fez é mau: as substâncias ou naturezas, portanto, dos demônios e dos homens devem ser boas. Neste ponto, cita a Pseudo-Dionísio. Os demônios e os homens maus, portanto, nunca hão de ser aniquilados. Quanto fez Deus a Ele retornará, e toda "natureza" ficará contida n'Ele, incluindo a natureza humana, de modo que será impossível que ela sofra punição eterna. E quanto às punições descritas nas Escrituras? Em primeiro lugar, elas não podem ser corpóreas ou materiais; em segundo lugar, elas só afetam o que Deus não fez e o que, neste sentido, está fora da "natureza". Ora, Deus não criou a vontade pervertida dos demônios ou a dos homens maus, e é precisamente este elemento que haverá de ser punido. Todas as coisas, portanto, vão tornar a Deus, que será tudo em todos; mas como pode estar o castigo contido n'Ele? Além disso, se a malícia e a impiedade desapareceram, que resta para ser punido? Esta punição consiste num eterno refrear, à força da ação divina, da tendência da vontade de se fixar nas imagens, conservadas na memória, dos objetos terrenos desejados. Aí então será Deus tudo em todos, e todo o mal terá perecido, mas os maus terão sua punição eterna. É óbvio, entretanto, de acordo com a teologia ortodoxa, que "maus" e "punição" devem ser postos entre aspas, uma vez que Erígena racionalizou os ensinamentos das Escrituras para atender às exigências de seu sistema filosófico.[61] Toda a humanidade, todos os homens sem exceção, haverão de ressurgir, os corpos espiritualizados, plenamente de posse dos bens naturais, se bem que apenas os eleitos haverão de gozar da "deificação".[62]

Conclui-se que a natureza divina é fim e termo de todas as coisas, que hão de retornar às suas *rationes aeternae* onde permanecerão, "deixando de ser designadas pelo nome de 'criatura', pois que Deus será tudo em todos, e todas criaturas serão postas à sombra, isto é, tornadas em Deus, como acontece às estrelas quando nasce o sol".[63]

10. Embora o *Divisione naturae* não tenha exercido a influência que recomendam suas imensas qualidades como sistema metafísico, valeram-se da obra uma série de escritores medievais, de Remígio de Auxerre a Amalrico de Bene, passando por Berengário, Anselmo de Laon, Guilherme de Malmesbúria (que a elogiou, mas criticou a preferência que Erígena concedia aos autores gregos), Honório de Autun; nela baseou-se Pseudo-Avicenna a compor o seu *De Intelligentiis*, escrito no meio ou na última parte do século XII. Todavia, o fato de que os albigenses tenham se socorrido deste escrito e de que Amalrico de Bene (final do século XII) tenha-se aproveitado de sua doutrina em sentido

---

[59] 5, 26–7.
[60] 5, 27–8.
[61] 5, 29–36.
[62] 5, 36.
[63] 3, 23.

panteístico, acabou por levar à condenação da obra em 1225 pelo Papa Honório III, que ordenou sua destruição a fogo, se bem que a sentença nem sempre tenha sido levada a cabo. Essa condenação, a par da interpretação que lhe serviu de base, sugere naturalmente a pergunta: era João Escoto Erígena panteísta?

Como eu já disse, tenho para mim que suas intenções eram ortodoxas, mas há ainda uma série de argumentos que poderiam ser mencionados em favor desta opinião. Em primeiro lugar, Erígena baseia-se imensamente em autores de cuja ortodoxia ele próprio não duvidava, e cujas idéias cuidava compadecerem-se com as suas. Por exemplo, suas obras são ricas em citações de São Gregório de Nissa, Pseudo-Dionísio (a quem tinha por Dionísio, o Areopagita), e para não parecer que rejeitasse os latinos, cita Santo Agostinho e Santo Ambrósio. Além disso, João Escoto Erígena não punha dúvida em que sua especulação fundava-se nas próprias Escrituras. Por exemplo, a teoria do quarto estágio da natureza, *Deus omnia in omnibus*, vai fundada nas palavras de São Paulo: "E quando todas as coisas lhe estiverem sujeitas, aí então o mesmo Filho também haverá de se sujeitar Àquele que sujeitou a Ele e a todas as coisas, de modo que Deus possa ser tudo em todos",[64] ao passo que a doutrina do corpo "volvendo-se espírito" e da ressurreição está firmada na afirmação paulina de que o corpo é semeado na corrupção e erguido na incorruptibilidade, e que o corpo ressurrecto é um corpo "espiritual". Ainda mais, ele tira, para descrever a criação, do primeiro capítulo do Evangelho de São João, a concepção do *Logos* por quem todas as coisas foram feitas, ao passo que o a noção de *deificatio* era comum entre os Padres da Igreja.

Mesmo, porém, que Erígena fundasse seu sistema nas Escrituras e na Tradição, não se daria o caso de que estivesse conscientemente a racionalizar o texto das Escrituras, a infundir-lhe significados outros? Acaso não diz[65] ele que a autoridade procede da verdadeira razão e esta, de maneira alguma, procede daquela; que toda autoridade que não seja abonada pela verdadeira razão parece fraca; que a verdadeira razão dispensa a confirmação da autoridade e que esta não é senão a verdade encontrada pelo emprego da razão e então repassada pelos Santos Padres em seus escritos para o benefício da posteridade? Acaso isto não leva a crer que ele pusesse de parte o necessário da autoridade? Sou por dizer que, a julgar pelo contexto, quando João Escoto Erígena se refere à "autoridade" aqui não está a rigor falando das palavras das Escrituras, mas dos ensinamentos dos Padres e da interpretação que davam a elas. Decerto que, conquanto seja verdade que a autoridade deve ir fundada na razão, ou seja, afiançada por esta, o que afirma Erígena quanto à autoridade, a saber, que não é senão a verdade desvelada pelos Santos Padres e passada à posteridade, é, desde o ponto de vista teológico (com isto quero dizer: se comparado com a doutrina ortodoxa tradicional) inaceitável. Entretanto, ele não parece querer dizer que a doutrina da Trindade, por exemplo, se reduza a uma mera verdade descoberta pela razão,

---

[64] 1Cor 15, 28.
[65] 1, 69.

que não seja de fato revelada, senão que os esforços racionais que despendeu este ou aquele Padre na tentativa de explicá-la ou desenvolvê-la dogmaticamente não são senão resultado de um racionalizar, e não têm a feição de uma resposta final e definitiva. Ele não pretende que o dogma, tal qual encontrado nas Escrituras e preservado, por exemplo, por Agostinho, possa ser legitimamente questionado, mas que o desenvolver intelectual deste dogma a partir do empenho do santo, embora digno de respeito, é obra da razão e não pode ser posto no mesmo nível que o mesmo dogma. É esta, pois, sua posição. Se São Paulo diz que Deus haverá de ser *omnia in omnibus*, então trata-se de verdade revelada, quando, porém, temos de averiguar o que ele quis exatamente dizer, e em que sentido deve ser entendido, então é a razão a última instância de apelação. Não estou a sugerir que este proceder é teologicamente justificável: meu ponto está antes em que, seja esta perspectiva aceitável ou não, Erígena não está a questionar o dogma em si ou reclamando para si o direito de negá-lo, mas sim o direito de interpretá-lo, e precisamente nisso consiste sua "racionalização". Ele não está a brincar quando apela às Escrituras, porque sinceramente acreditava que os dados revelados tivessem de ser interpretados racionalmente e, como diríamos, filosoficamente. Isto se deve, ao menos em parte, ao fato de que não dispunha de uma clara distinção entre teologia e filosofia. Seu sistema pressupõe simplesmente a "sabedoria cristã" (que inclui aquelas verdades desveladas unicamente pela razão, como por exemplo, a da existência de Deus, bem como as verdades que, sendo reveladas, não podem ser alcançadas pela razão, como a Trindade das Pessoas divinas), e busca, especulativamente, mostrar a sabedoria cristã como um todo orgânico e interconectado, sem estabelecer distinções marcadas entre as esferas da filosofia e da revelação, e por certo que uma tal tentativa haveria de envolver em alguma medida um processo de racionalização. Repito que não estou abonando o método de Erígena, mas explicando-lhe o proceder, e minha tese é de que se engana quem pretende interpretar essa "racionalização" como se ela fosse posterior à separação das províncias da filosofia e da teologia: neste particular, ele não age em desacordo com os teólogos medievais mais adiantados, que tentaram provar a Trindade *rationibus necessariis*. Se Erígena não tivesse sido, conscientemente, nada além de um "filósofo" em sentido estrito, teríamos de reconhecer que foi um racionalista em sentido moderno, mas ele combinava filosofia e teologia (ou as confundia, segundo alguns), e todo este processo de racionalização era, psicologicamente, deveras compatível com a crença na revelação. Portanto, quando ele declara[66] que não tenciona resistir ao testemunho do Apóstolo ou das *summae ac sanctae auctoritatis*, fala-o sinceramente. Com efeito, suas verdadeiras intenções transparecem desta afirmação:[67] "Não nos cabe julgar as opiniões dos Santos Padres, mas aceitá-las piedosa e reverentemente, se bem que não estejamos proibidos de escolher, entre elas, aquela que nos pareça, segundo o juízo da razão, melhor se compadecer com as palavras divinas".

---

[66] 1, 7.
[67] 2, 16.

Erígena aceita, por exemplo, a doutrina da punição eterna porque revelada, e fá-lo sinceramente. Entretanto, não cuida de que isto o impedisse de encaixá-la no restante do seu sistema, que fiava ir fundado na revelação.

Essa discussão parece nos ter afastado da matéria examinada, mas a rigor não o fez. Por exemplo, a revelação e o dogma cristão ensinam que o mundo foi feito por Deus a partir do nada e que as criaturas não são Deus. Ora bem, o sistema de Erígena exige que as criaturas retornem a Deus, quando Ele será tudo em todos. Tomando as duas verdades como fundadas nos ensinamentos divinos, Erígena tenta conciliá-las racionalmente, de tal modo que a idéia do *reditus in Deum* não leve à conclusão a que parece levar, qual seja, a de uma absorção panteística, e que a descrição da distinção entre Deus e as criaturas não contrarie a afirmativa paulina de que Deus será tudo em todos. Esse processo de conciliação pode exigir-lhe o que os teólogos tomistas chamariam de "racionalização", mas as suas *cautelae,* isto é, que as criaturas retornam a Deus e tornam-se Deus não *ita ut non sint,* mas *ut melius sint,* não são migalhas lançadas para os teólogos, mas a expressão sincera do seu desejo de preservar o ensinamento cristão, ou aquilo que cuidava, com razão ou não, de sê-lo.

Eu já mencionei que vai, no pensamento de Erígena, uma tensão entre os elementos cristãos e neoplatônicos, mas não custa reforçar essa observação, uma vez que importa para a questão do "racionalismo" dele. Convindo com a tradição neoplatônica que ele herdou via Pseudo-Dionísio, Erígena afirmava[68] que Deus em si, *Natura quae creat et non creatur,* é impenetrável para si próprio, desconhecido de Si mesmo, enquanto Infinito e supra-essencial, e que Ele se torna luminoso apenas por meio de Suas teofanias. Trata-se, por certo, de um eco da doutrina neoplatônica do Um, a divindade última, que é para além do pensamento, da autoconsciência, uma vez que pensamento e autoconsciência de força implica a dualidade sujeito-objeto. Agora, que Deus é em Si mesmo inapreensível para a mente criada, é esse certamente um princípio cristão, mas que não seja autoluminoso, não. João Escoto Erígena, portanto, tem de harmonizar as duas idéias se tenciona retê-las a ambas, pelo que busca articulá-las fazendo da primeira "teofania" a emergência do *Logos* contido nas causas primordiais, de modo que no *Logos* e através d'Ele Deus se torne (não temporariamente) autoconsciente, aparecendo a Si mesmo. O *Logos,* portanto, corresponde ao *Nous* neoplatônico, e do desejo de preservar tanto a doutrina cristã quanto os princípios do que entende ser a verdadeira filosofia, emerge este racionalizar. O desejo de preservar a doutrina cristã é certamente sincero, mas que nasça certa tensão entre os dois elementos é inevitável. Julgando-se isoladamente determinadas afirmações de Erígena, chegar-se-ia à conclusão de que se trata ou de um panteísta ou de um teísta. Por exemplo, a idéia de que a distinção entre o segundo e o terceiro estágios da natureza deve-se tão somente às formas presentes no raciocinar humano[69] é, por si mesma, de feição nitidamente

---

[68] E. g. 3, 23.
[69] 2, 2.

panteísta, ao passo que a afirmativa de que a distinção substancial entre Deus e as criaturas mantenha-se sempre, é claramente teísta. Pode parecer à primeira vista que tenhamos de optar, ermos de critérios, por esta ou aquela afirmação, e foi precisamente essa atitude que deu lugar à idéia de que Erígena foi o panteísta consciente, que apenas fez algumas concessões verbais à ortodoxia. Mas se nos apercebermos de que ele foi, a rigor, um cristão sincero, que buscou conciliar os ensinamentos cristãos com uma filosofia predominantemente neoplatônica, ou melhor: expressar a sabedoria cristã por meio das únicas ferramentas de que dispunha, de feição predominantemente neoplatônica, haveremos de atinar com que, apesar da tensão envolvida e da tendência de racionalizar o dogma cristão, subjetivamente pelo menos, ele logrou fazê-lo a contento. Isto, entretanto, não altera o fato de que não poucas afirmações suas, tomadas isoladamente, expressem uma doutrina de cunho panteístico, e ainda que outras sejam desvios da doutrina teológica ortodoxa quanto, por exemplo, à punição eterna. E foi por tais afirmações que o *De divisione naturae* foi em seguida condenado pela autoridade eclesiástica. Todavia, ortodoxo ou não, a obra de Erígena põe a lume uma poderosa mente aguda, típica de um filósofo especulativo, que não pode ser ombreado com nenhum outro seu contemporâneo.

PARTE VIII
Os séculos x, xi e xii

CAPÍTULO I
O problema dos universais

A conjunção que se seguiu à morte de Carlos Magno — A origem da discussão nos textos de Porfírio e Boécio — A importância do problema — Realismo exagerado — O nominalismo de Roscelini — São Pedro Damião e a dialética — Guilherme de Champeaux — Abelardo — Gilberto de la Porrée e João de Salisbury — Hugo de São Vítor — Santo Tomás de Aquino.

1. Esperar-se-ia que o renascimento da literatura e da cultura durante o reinado de Carlos Magno redundasse no desenvolvimento gradual e progressivo da filosofia e, uma vez que o trabalho de conservação já fora feito, que os pensadores se dedicassem mais à especulação filosófica e a dilatar seus conhecimentos, especialmente porque a Europa então contava com um exemplo de filosofia especulativa e sistemática nas obras de João Escoto Erígena. A verdade, porém, é que tal não sucedeu, uma vez que fatores históricos, exteriores à esfera da filosofia, mergulharam o império de Carlos Magno em uma nova Idade das Trevas, a do século X, e frustraram a promessa latente na renascença carolíngia.

O progresso cultural dependia, até certo ponto, da tendência de centralização que começou a tomar forma durante o reinado de Carlos Magno; depois de sua morte, entretanto, o império foi dividido entre seus descendentes; ao mesmo passo, avultava o feudalismo, de natureza descentralizadora. À medida que as riquezas da nobreza, obtidas através de recompensas e dádivas, constituíam-se praticamente só de terras, ela ia se tornando, por isso mesmo, independente da monarquia: os interesses de ambas as partes entravam a divergir e uma se desavinhava com a outra. Os mais autorizados entre os homens da Igreja tornavam-se senhores feudais, degradava-se a vida monástica (por meio, por exemplo, da prática cada vez mais comum da constituição de abades leigos), os bispados eram usados como meio de honrar ou recompensar os servos do rei. O papado, que poderia ter tentado remediar ou impedir a piora do quadro na França, achava-se ele próprio em maus lençóis pelo que era de seu prestígio espiritual e moral, e, dado que os homens da Igreja e os monges eram responsáveis pela maior parte dos meios de educação e instrução, a ruína do Império Carolíngio deu na degenerescência das atividades culturais e educacionais. As reformas só encetaram a partir do estabelecimento de Cluny, em 910, e a influência deste empenho por óbvio se fez sentir apenas gradualmente. São Dustão, que viveu no mosteiro cluniacense de Gante, foi quem introduziu os ideais de Cluny na Inglaterra.

Além dos fatores internos que impediram o amadurecimento dos frutos prometidos pela renascença carolíngia (tais como: a desintegração política que redundou, no século x, na transferência da coroa imperial da França para a Alemanha, o decair da vida monástica e eclesiástica, a degradação do papado), entraram também em jogo fatores externos, como as incursões de normandos, nos séculos IX e X, a destruir os centros de riqueza e de cultura, o que redundou na obstaculização do desenvolvimento da civilização, e também os ataques sarracenos e mongóis. A decadência interna a par dos ataques e perigos externos tornou inviável o progresso cultural. Restava apenas conservar, ou tentar conservar: o aprofundamento dos estudos e da filosofia era assim mais uma vez adiado. O pouco interesse em filosofia que se manteve ocorreu, basicamente, em questões dialéticas, e particularmente no problema dos universais, cujo ponto de partida achava-se em certos textos de Boécio e Porfírio.

2. Boécio, comentando o *Isagoge* de Porfírio,[1] cita da obra um trecho em que este diz que, por ora, se recusa a tratar da questão dos gêneros e das espécies, se são entidades de si mesmas subsistentes ou meros conceitos; e recaindo no primeiro caso, se materiais ou imateriais, e ainda se subsistem separadas ou não dos objetos materiais, com a justificativa de que não diz bem tratar de tais matérias sublimadas numa introdução. Boécio, entretanto, ataca a questão, começando por assinalar-lhe a dificuldade, e o cuidado com que deve ser tratada. Ele prossegue sublinhando que há dois modos pelos quais o conteúdo de uma idéia não se acha nos objetos extramentais da mesma maneira em que existe como idéia. Por exemplo, alguém poderia juntar num único ente homem e cavalo a formar a idéia de centauro; estes objetos, entretanto, de seu natural não vão juntos, e tais idéias construídas arbitrariamente são "falsas". Por outra parte, se imaginarmos uma linha, isto é, uma simples linha tal como a entenderia um geômetra, se bem que nenhuma linha exista na realidade extramental, essa idéia não seria "falsa", uma vez que linhas fazem parte dos corpos e tudo o que fizemos foi, a rigor, isolá-la e tomá-la abstratamente. A operação de compor (como no caso do centauro) produz idéias falsas, ao passo que a abstração produz idéias verdadeiras, mesmo que a coisa assim concebida não exista extramentalmente nesse estado de abstração ou separação.

Ora bem, as idéias de gênero e espécie fazem parte do segundo grupo: são formadas pelo processo de abstração. O semelhante da humanidade é abstraído dos homens individuais, e esta semelhança, considerada pela mente, é a idéia ou espécie, ao passo que a noção de gênero forma-se pela consideração da semelhança entre diversas espécies. Daí vem que "os gêneros e as espécies são indivíduos, mas, no pensamento, são universais". Eles "subsistem nos objetos sensíveis, mas podem ser entendidos sem referência aos corpos". Extramentalmente, há apenas um único objeto tanto para o gênero quanto para a espécie: o indivíduo; isto, entretanto, não impede que sejam considerados separadamente,

---

[1] PL, 64, col. 82–6.

do mesmo modo como, de uma linha curva, portanto a um tempo côncava e convexa, podemos tirar estas duas noções e lograr defini-las separadamente.

Boécio, pois, legou o material necessário para uma solução aristotélica do problema, conquanto acrescente que não era o seu objetivo tomar o partido de Platão ou Aristóteles, uma vez que seu livro trata das Categorias, que tem por autor este último. Mas, mesmo que Boécio tenha legado o material necessário para a solução do problema dos universais na linha do realismo moderado, e conquanto as citações de Porfírio e os comentários que lhes após ocasionaram a discussão do problema no início da Idade Média, a primeira solução medieval para o problema não seguiu a de Boécio, mas a uma forma simplista de realismo extremado.

3. Alguém apressado poderia pensar que, ao ocuparem-se os medievais destas questões, estavam a especular sobre um tema inútil ou a se entregar a estéreis jogos dialéticos; entretanto, mesmo uma breve reflexão já basta a mostrar a importância do problema, no mínimo quanto ao que nele vai implicado.

Apesar de todas as coisas que tocamos e vemos serem entes particulares, quando pensamos nelas não o fazemos senão por meio de idéias gerais e palavras, como quando, por exemplo, dizemos: "Este objeto em particular que tenho diante dos olhos é uma árvore, mais especificamente um olmo". Este juízo afirma a pertença de um objeto particular a determinado tipo, isto é, que ele faz parte do gênero árvore e da espécie olmo; é claro, no entanto, que deve haver outros objetos além do atualmente percebido aos quais se aplicam os mesmos termos, os quais são classificados segundo as mesmas noções. Em outras palavras, os objetos que existem fora da mente são individuais, ao passo que os conceitos são gerais, de caráter universal, no sentido de que cobrem indiferentemente uma multidão de indivíduos particulares. Então, se os objetos extramentais são particulares e os conceitos humanos universais, importa por óbvio esclarecer a relação que vai entre eles. Se do fato de que os objetos subsistentes são individuais e os conceitos gerais colige-se de que os conceitos universais não têm fundamento na realidade exterior, se a universalidade dos conceitos significa que são eles meramente idéias, então cria-se um abismo entre o pensamento e os objetos, e o nosso conhecimento, na medida em que se expressa por meio de conceitos e juízos universais, torna-se duvidoso, para dizer o mínimo. O cientista expressa o que conhece por termos abstratos e universais (por exemplo, ele nada afirma sobre este elétron em particular, mas sobre elétrons em geral), e se estes termos não vão fundados na realidade extramental, sua ciência não passa de uma construção arbitrária, erma de conexões com a realidade. A rigor, na medida em que os juízos que fazemos são de feição universal, ou pelo menos envolvem conceitos universais, como, por exemplo, na fala "esta rosa é vermelha", o problema dilata-se sobre o conhecimento em geral, e se esta questão, qual seja, a da existência de fundamentos extramentais dos conceitos universais, for respondida com uma negativa, então inevitavelmente seguir-se-á o ceticismo.

Esta questão pode ser colocada de diversas maneiras e, historicamente, tomou variadas formas em diferentes épocas. A coisa pode, por exemplo, ser enfocada nestes termos: "O que, na realidade exterior, corresponde ao conceito universal na mente? Há algo que de fato lhe corresponda?". Este modo pode ser alcunhado "ontológico", e foi desta forma que os primeiros medievais discutiram a matéria. Ainda, alguém poderia simplesmente se perguntar: "Como são formados nossos conceitos universais?". É este o tratamento psicológico da questão, e a ênfase aí é diferente, se bem que as duas perspectivas estejam ligadas, e dificilmente se poderia tratar da questão ontológica sem que também seja respondida a psicológica. Do mesmo modo, se se atém à solução conceptualista, que postula que os conceitos universais são simplesmente construções conceituais, poder-se-ia perguntar como seria possível o conhecimento científico, visto que, na prática, ele lida com fatos. Entretanto, independentemente da forma de se colocar o problema, é ele de grande vulto. Talvez um dos fatores que tenha causado aquela impressão, qual seja, a de que estavam os medievais a discutir um problema de somenos importância, tenha sido o fato de se restringirem às noções de gênero e espécie na categoria da substância. Não que esta perspectiva, restrita que seja, não tenha peso, mas quando o problema é colocado em relação às outras categorias, suas implicações para o conhecimento humano ficam mais evidentes: trata-se, enfim, de uma questão epistemológica, ou seja, de relação entre pensamento e realidade.

4. A primeira solução a que chegaram os medievais ficou conhecida como "realismo exagerado". Que foi esta a primeira solução fica claro do fato de que seus oponentes foram, por certo espaço de tempo, chamados *moderni*, e que Abelardo, por exemplo, referia-se a ela como *antiqua doctrina*. Segundo esse modo de ver, nossos conceitos genéricos e específicos correspondem a realidades existentes nos objetos exteriores, realidades subsistentes da qual compartilham os entes individuais. Deste modo, por exemplo, o conceito de homem ou humanidade reflete uma realidade, qual seja, a humanidade ou a substância da natureza humana, que existe extramentalmente da mesma maneira que existe no pensamento, isto é, como uma substância unitária compartilhada por todos os homens. Se, para Platão, o conceito homem reflete o ideal da natureza humana a subsistir à parte do homem individual, "fora" dele — ideal este que o homem individual incorpora ou "imita" com maior ou menor sucesso —, o realista medieval, por sua vez, acreditava que o conceito reflete na verdade a substância unitária a existir fora da mente, da qual o homem participa ou da qual é ele apenas uma modificação acidental. Este modo de compreender é, por certo, ingênuo ao extremo, e dá mostras de total incompreensão do tratamento que Boécio deu à questão, uma vez que pressupõe que, a menos que o objeto refletido no conceito exista extramentalmente exatamente na mesma forma em que existe dentro na mente, o conceito seria puramente subjetivo. Por outro lado, pressupõe que o único modo de se resguardar a objetividade do conhecimento é pela afirmativa de uma correspondência ingênua e exata entre o pensamento e a coisa.

O realismo já vai implicado nos ensinamentos de, por exemplo, Fredegisius, que sucedeu a Alcuíno como Abade de São Martinho, em Tours, e que pensava que a todos os nomes ou termos correspondesse uma realidade positiva (por exemplo, "escuridão" ou "nada"). Também está implicado na filosofia de João Escoto Erígena. Encontramos elementos desta doutrina nos escritos de Remígio de Auxerre (c. 841–908), que acreditava serem as espécies *partitio substantialis* dos gêneros, e ser a espécie homem, por exemplo, unidade substancial dos seus muitos indivíduos (*Homo est multorum hominum substantialis unitas*). Se esta afirmação fora tomada no sentido de que a pluralidade dos homens individuais compartilha de uma substância numericamente uma, seguir-se-ia naturalmente que os homens individuais diferem apenas acidentalmente uns dos outros, e esta conclusão não temeu tirá-la Odo de Tournai (m. 1113), da Escola Catedral de Tournai (também conhecido como Odo de Cambrai, uma vez que foi Bispo de Cambrai), asseverando de que quando uma criança é constituída no ser, Deus produz uma nova propriedade a partir de uma substância já existente, e não uma substância completamente nova. Logicamente falando, esse ultra-realismo só pode dar em puro monismo. Por exemplo, dispomos dos conceitos de substância e de ser, e, segundo os princípios do ultra-realismo, seguir-se-ia que todos os objetos aos quais aplicamos o termo substância são na verdade meras modificações de uma substância e, mais ainda, que todos os seres são modificações de um único Ser. É provável que essa perspectiva tenha influenciado João Escoto Erígena na medida em que este possa ser dito monista.

Como o Prof. Gilson e outros assinalaram, os que esposavam essas doutrinas ultra-realistas, durante as fases iniciais da Idade Média, estavam a filosofar como lógicos, já que consideravam ser as ordens lógica e real exatamente paralelas, no seguinte sentido: porque o significado, por exemplo, de "homem" nas frases "Platão é um homem" e "Arisóteles é um homem" é o mesmo, concluíam que havia entre Platão e Aristóteles uma identidade substancial. Entretanto, creio que seria precipitado supor que esses ultra-realistas se restringissem unicamente às categorias lógicas: também foram influenciados por considerações de ordem teológica. É este, evidentemente, o caso de Odo de Tournai, que se utilizou do ultra-realismo para dar conta da transmissão do pecado original. Se o pecado original é entendido como uma espécie de infecção da alma humana, segue-se o seguinte problema: ou Deus cria do nada uma nova substância humana cada vez que uma criança é constituída no ser, com o corolário de que é o mesmo Deus responsável por essa infecção, ou é preciso negar que Deus crie a alma individual. Oto de Tournai esposava uma espécie de traducianismo, isto é: a natureza humana ou a substância de Adão, infectada do pecado original, é transmitida durante a geração e o que Deus de fato cria é apenas uma nova propriedade a partir desta substância já em ato.

Nem sempre é tarefa fácil avaliar o sentido exato que têm em mente esses autores do início da Idade Média; não sabemos dizer em todas as ocasiões com segurança se o escritor está a pleno notificado das implicações do que diz ou se está apenas a enfatizar certo ponto em meio a uma controvérsia, talvez a modo de *argumentum ad hominem*, sem tencionar conscientemente que seu argumento seja tomado em sentido literal. Assim, quando Roscelini disse que as três Pessoas da Santíssima Trindade, desde que se aceite tal modo de falar, podem ser ditas três deuses, fundado em que todos os entes existentes são individuais, Santo Anselmo (1033-1109) se perguntou como alguém que sequer logra explicar como uma multidão de homens fazem-se especificamente um só, pode vir a entender como várias Pessoas, cada uma das quais sendo perfeito Deus, pode ser um só Deus.[2] Com base neste argumento, foi Santo Anselmo chamado de ultra-realista ou realista exagerado, e, de fato, a passagem naturalmente sugere, tendo-se em conta as concepções dogmáticas e teológicas em jogo, essa interpretação, de que assim como há apenas uma única Substância ou natureza na divindade, assim também há uma só substância ou natureza — isto é, numericamente uma — em todos os homens. Entretanto, há que se considerar a possibilidade de que estivesse o santo a argumentar *ad hominem*, e que o verdadeiro sentido da pergunta proposta fosse este: como um homem que não é capaz de se dar conta de que a unidade específica dos homens (supondo-se, corretamente ou não, que Roscelini negasse de todo a realidade dos universais) pode lograr apreender aquela união, infinitamente mais elevada, das Pessoas divinas numa única natureza, a qual é *numericamente* uma? Pode ser que de fato Santo Anselmo tenha sido um ultra-realista, mas essa segunda interpretação de sua fala está fundada no fato de que obviamente ele cuidava que Roscelini entendia os universais não terem realidade, serem meros *flatus vocis*, e de que no *Dialogus de Grammatico*, Anselmo distingue entre as substâncias primárias e secundárias, mencionando explicitamente Aristóteles.

5. Se os ultra-realistas postulavam como princípio básico a correspondência exata entre pensamento e realidade extramental, seus adversários diziam que apenas os indivíduos existem. Assim, Érico (Heiricus) de Auxerre (841-76) assinala que se alguém se aventurar a sustentar que o branco ou preto existe absolutamente, separados de substâncias às quais possam aderir, não logrará indicar um ente existente, mas se verá obrigado a apontar para um homem branco ou para um cavalo preto. Os nomes genéricos não correspondem a nenhum objeto geral ou universal; seus objetos são apenas os indivíduos. Como, então, emergem os conceitos universais? Qual a função deles? Que relação guardam com a realidade? Nem o entendimento nem a memória logram apreender todos os indivíduos, pelo que a mente ajunta (*coarctat*) a multidão de indivíduos e forma a idéia da espécie, por exemplo, homem, cavalo, leão. Estas espécies de animais ou plantas, por sua vez, à conta de sobreexcederem a capacidade da mente humana, são reunidas na forma do gênero. E, do mesmo modo, porque existem em grandíssimo número, a mente se vê obrigada a dar mais um passo neste processo de *coarctatio*, dando lugar, portanto, ao conceito de *ousía* (οὐσία), mais abrangente e extenso do que os anteriores. Agora, à primeira vista, este

---
[2] *De fide Trin.*, 2.

modo de entender lembra a posição nominalista ou uma teoria tirada de algum caderno de John Stuart Mill. Entretanto, na falta de evidência mais convincente, seria temerário concluir que Érico assumia conscientemente esse modo de pensar. Provavelmente, ele tencionava enfatizar que apenas os indivíduos existem, isto é, pretendia refutar o ultra-realismo, e ao mesmo passo tratar da explicação psicológica dos nossos conceitos universais. Não temos evidências que bastem a garantir que ele de fato negasse os fundamentos reais dos conceitos universais.

Dificuldade semelhante se dá em relação a Roscelini (c. 1050–1120), que, depois de ter estudado em Soissons e Reims, lecionou em Compiègne, onde nascera, Loques, Bensaçon e Tours. Suas obras perderam-se, exceto por uma carta a Abelardo, e temos de nos apoiar, para interpretar seu o pensamento, no testemunho de outros escritores, como Santo Anselmo, Abelardo e João de Salisbury. Estes deixam bem claro que Roscelini combateu o ultra-realismo e que cuidava existirem apenas os indivíduos; o que é, porém, de seus ensinamentos positivos, não temos muitas informações. Segundo Santo Anselmo,[3] Roscelini dizia que o universal é mera palavra (*flatus vocis*), e por isso foi contado pelo santo entre o número dos heresiarcas da dialética. Anselmo prossegue dizendo que essas pessoas pensam que uma cor, por exemplo, não é nada mais do que corpo, e que a sabedoria humana não é senão a alma. O principal equívoco desses "hereges" é, segundo o santo, o seguinte: por terem a razão sobremaneira entremeada de imaginação, eles não conseguem pôr de lado as imagens mentais e contemplar os objetos abstratos e puramente inteligíveis.[4] Que Roscelini houvesse dito que os universais são meras palavras, palavras genéricas, parece assentado, uma vez que o testemunho do próprio Santo Anselmo quanto a este particular é deveras claro; é dificultoso, entretanto, avaliar o que ele exatamente pretendeu dizer. Se entendermos Santo Anselmo em sentido mais ou menos aristotélico e, portanto, afastado do ultra-realismo, então é preciso concluir que ele atribuía ao ensinamento de Roscelini a tendência de negar todo e qualquer tipo de objetividade aos universais; ao passo que se o interpretarmos como um ultra-realista, podemos supor que Roscelini estava apenas negando, de maneira bastante enfática, o ultra-realismo. É inegável, por certo, que se tomarmos literalmente a afirmação de que o universal é mero *flatus vocis*, haveremos de chegar à negação não apenas do realismo moderado e exagerado, senão também da presença dos conceitos universais na mente. Entretanto, não dispomos de evidências que nos bastem para dizer o que realmente Roscilini pensava do conceito enquanto tal, se é que de fato dedicou algum tempo à matéria: é bem possível que na ânsia de negar o ultra-realismo, isto é, a subsistência formal dos universais, ele tenha oposto o simples *universale in voce* ao universal subsistente, querendo com isto dar a entender que apenas existem os indivíduos, e que os universais, enquanto tais, não existem fora da mente, embora não pretendesse falar diretamente do *universale in mente*, o qual dava por pressuposto ou com o qual, possivelmente, nunca se preocupara. Fica

---

[3] *De fide Trin.*, 2; PL, 158, 265A.
[4] *De fide Trin.*, 2; PL, 158, 265B.

evidente a partir de alguns comentários sobre Roscelini que Abelardo fez por carta endereçada ao Bispo de Paris,[5] e também de sua obra *De divisione et definitione*, que, de acordo com Roscelii, uma parte não é senão mera palavra, no sentido de que, quando dizemos que o todo de uma substância consiste de partes, a idéia do todo a consistir de partes é uma "mera palavra", umae vez que a realidade objetiva compõe-se de uma pluralidade de coisas individuais ou substâncias; seria, entretanto, temerário disto concluir que Roscelini, se fosse chamado a definir claramente sua posição quanto a este particular, teria sustentado que não dispomos da *idéia* de um todo composto de partes. Talvez quisesse dizer, simplesmente, que a nossa idéia desse todo composto de partes é puramente subjetiva, e que a única realidade objetiva aí é a multiplicidade de substâncias individuais. (De modo análogo, ele parece ter negado a unidade lógica do silogismo, a dissolvê-lo em proposições separadas). De acordo, ainda, com Abelardo, a essa proposição de Roscilini ajunta-se outra assemelhada: as espécies também são meras palavras; se, porém, a interpretação supracitada vale para a relação todo-parte, também valerá para sua doutrina dos gêneros e espécies, donde poderemos afirmar que esta identidade que ele considera encontrar entre conceitos e as palavras consiste, antes, em afirmar-lhes o caráter subjetivo do que propriamente no negar que existam as idéias gerais.

Desde logo, não é forçoso interpretá-lo nestes termos. Ele pode, de fato, ter sido um nominalista ingênuo, e, com efeito, não me sinto habilitado a negá-lo. Parece, aliás, que foi neste sentido que o interpretou João de Salisbury, que sublinhou: "Alguns pensam que as mesmas palavras são os gêneros e as espécies, se bem que esta maneira de ver as coisas foi há muito rejeitada, e desapareceu a par do seu autor";[6] essa observação deve se referir ao próprio Roscelini, uma vez que o mesmo autor afirma, no seu *Metalogicus*,[7] que a idéia de identificar os gêneros e as espécies com as palavras praticamente desapareceu com Roscelini. Muito embora Roscelini possa de fato ter sido um puro nominalista, e se bem que os testemunhos fragmentários de seus ensinamentos, se tomados literalmente, certamente apontem para essa interpretação, ainda assim não me parece possível afirmar, para além de toda dúvida razoável, que ele tenha se dedicado à questão de se temos de fato idéias de gêneros e espécies ou não, e menos ainda que a tenha negado, mesmo que seu texto, tomado literalmente, pareça indicá-lo. Tudo o que podemos afirmar com certeza é que, nominalista ou conceptualista, Roscelini foi anti-realista a toda prova.

6. Mais acima eu observei que Roscelini propunha uma espécie de "triteísmo", o que lhe valeu a inimizade de Santo Anselmo e uma condenação do Concílio de Soissons em 1092, pelo que teve de se retratar. Eram precisamente estas incursões de dialéticos no terreno da teologia que davam lugar à hostilidade de homens como São Pedro Damião, por exemplo. Os dialéticos peripatéticos ou sofistas,

---

[5] PL, 178, 358B.
[6] *Polycraticus*, 7, 12; PL 199, 665 A.
[7] 2, 17; PL, 199, 874C.

leigos que vinham da Itália e viajavam de um centro de estudos a outro, homens como Anselmo Peripatético, de Parma, que tentavam ridicularizar o princípio da não-contradição por meio da sofística e de jogos de palavras, naturalmente contribuíam para o descrédito da dialética. Entretanto, se se restringissem às disputas verbais, eram pouco mais do que irritantes; quando, porém, determinaram aplicar essa dialética à teologia, passando a cair em heresias, insuflavam a inimizade dos teólogos. Assim, Berengário de Tours (c. 1000–88), afirmando que os acidentes não logram subsistir separados da substância, negou a doutrina da Transubstanciação. Berengário era, em realidade, monge, e não um *Peripateticus*, mas esse seu espírito contestador era característico outrossim de certo grupo de dialéticos do século XI, e foi à conta de atitudes como essa que Pedro Damião declarou supérflua a dialética, e que Otloh de São Emerão (c. 1010–70) disse que certos dialéticos confiam mais em Boécio do que nas Escrituras.

São Pedro Damião (1007–72) tinha pouco apreço pelas artes liberais (dizia que eram inúteis) e pela dialética, uma vez que elas não tratam de Deus ou da salvação da alma, embora, como teólogo e escritor, o santo naturalmente houve de lançar mão da dialética. Ele estava, entretanto, convencido de que a dialética era um empenho inferior, e que sua aplicação à teologia era puramente subsidiária e subordinada, não apenas porque os dogmas são verdades reveladas, senão ainda no sentido de que mesmos os princípios últimos da razão podem falhar quando aplicados à teologia. Assim, de acordo com ele, Deus não é apenas árbitro dos valores morais e da lei moral (ele haveria de simpatizar com as reflexões de Kierkegaard sobre Abraão), mas tem mesmo o poder de "desfazer" um evento histórico, isto é, de fazer com que nunca tenha acontecido, e se isso parece contrariar o princípio da não-contradição, tanto pior para esse princípio: isso apenas mostra a inferioridade da lógica em comparação com a teologia. Em suma, a dialética é apenas serva, *velut ancilla dimnae*.[8]

O símile da "serva" também foi empregado por Gerardo de Czanad (m. 1046), um veneziano que se tornou Bispo de Czanad, na Hungria. Ele enfatizava a superioridade da sabedoria dos apóstolos sobre a de Aristóteles e Platão e declarou que a dialética deveria ser tida por *ancilla thelogiae*. Com freqüência se pensa que esta distinção seja de origem tomista, mas dada a separação que estabelece Santo Tomás entre as províncias da teologia e da filosofia, a figura da serva não se enquadra com sua doutrina da natureza da filosofia: era antes uma idéia (como sublinha M. De Wulf) de um "restrito grupo de teólogos", homens que não viam utilidade nas modas científicas. Todavia, não logravam pôr totalmente à parte a dialética, e o Arcebispo de Lanfranc (que nasceu por volta de 1010 e morreu como Arcebispo da Cantuária em 1089) estava a dizer o óbvio quando observou que não é a própria dialética, mas o abuso deste recurso, que deve ser condenado.

7. O tema da oposição de um santo e teólogo rigorista à dialética se fez presente também na vida de Abelardo, cuja controvérsia com Guilherme de

---
[8] *De div. Omnip.*; PL, 145, 63.

Champeaux constitui o estágio seguinte da história da discussão dos universais, embora tenha afetado apenas a vida daquele, e não tenha impedido triunfo final de sua luta contra o ultra-realismo.

Guilherme de Champeaux (1070–1120), depois de estudar em Paris e Laon, tomou lições com Roscelini em Compiègne. Ele adotou, entretanto, a teoria diametralmente oposta da esposada por seu professor, e passou a ensinar, na Escola Catedral de Paris, o ultra-realismo. De acordo com Abelardo, que freqüentou as aulas de Guilherme em Paris, e de quem derivamos nosso conhecimento da doutrina de Guilherme, este último acreditava que a natureza essencial estava de todo presente e ao mesmo tempo em cada membro individual da espécie em questão, donde inevitavelmente concluía que os membros individuais de uma espécie diferem uns dos outros não substancialmente, mas apenas acidentalmente.[9] Se as coisas são de fato assim, diz Abelardo,[10] a mesma substância está com Platão em um certo lugar, e com Sócrates em outro, de modo que Platão foi constituído a partir de um conjunto de acidentes e Sócrates a partir de outro. Esta era, como se sabe, a forma que tomava o ultra-realismo no início da Idade Média, e Abelardo não encontrou dificuldade em mostrar o absurdo que redundava este modo de pensar. Por exemplo, se a espécie humana está substancialmente, e portanto plenamente, presente tanto em Sócrates quanto em Platão ao mesmo tempo, então aquele deve ser este e estar, pois, presente em dois lugares ao mesmo tempo.[11] Além do mais, um tal modo de pensar leva, em última análise, ao panteísmo, uma vez que Deus é substância e todas as substâncias haverão de se identificarem com a substância divina.

Pressionado por críticas deste teor, Guilherme de Champeaux mudou o seu pensar, trocando a teoria da identidade pela teoria da indiferença: dois membros da mesma espécie são a mesma coisa não essencialmente (*essentialiter*), mas indiferentemente (*indifferenter*). Colhemos esta informação em Abelardo,[12] que certamente tratou a nova teoria como mero subterfúgio, como se Guilherme de Champeaux passasse a dizer que Sócrates e Platão não são o mesmo, mas também não são diferentes. Entretanto, alguns fragmentos das *Sententiae*[13] de Guilherme de Champeaux esclarecem-lhe o pensamento. Aí ele diz que as palavras "Um" e "mesmo" podem ser entendidas em dois sentidos, *secundum indifferentiam et secundum identitatem eiusdem prorsus essentiae*, e prossegue a explicar que Pedro e Paulo são homens "indiferentemente", ou seja, são dotados de humanidade *secundum indifferentiam*, no sentido de que Pedro é racional, e também é Paulo e de que Pedro é mortal, e também Paulo etc., ao passo que a humanidade dos dois não é a mesma (quer ele com isto dizer que a essência ou natureza deles não é numericamente a mesma), mas semelhante (*similis*), porque ambos são homens. Acresce que esse modo de unidade não

---

[9] *Hist. calam.*, 2; PL, 178, 119AB.
[10] *Dialectica*, ed. Geyer, p. 10.
[11] *De Generibus et speciebus;* Cousin, *Ouvrages inédits d'Abélard*, p. 153.
[12] *Hist. calam.*, 2; PL, 178, 119B.
[13] Ed. Lefèvre, p. 24.

se aplica à natureza divina, referindo-se, por certo, ao fato de que a natureza divina é idêntica em cada uma das três Pessoas. Este fragmento, pois, apesar da linguagem algo obscura, opõe-se claramente ao ultra-realismo. Quando Guilherme de Champeaux diz que Pedro e Paulo são um e o mesmo quanto à humanidade *secundum indifferentiam*, quer significar que suas essências são semelhantes, e que esta semelhança funda o conceito universal de homem, que, por sua vez, aplica-se "indiferentemente" a Pedro, Paulo e ao mais dos homens. O que quer que pensasse Abelardo desta teoria, agora modificada, ou como quer que a tenha atacado, ela parece de fato negar o ultra-realismo, e a rigor não difere muito da concepção do próprio Abelardo.

Deve-se notar que a descrição acima vai simplificada, porque não está claro qual foi o exato curso dos acontecimentos nesta disputa entre Abelardo e Guilherme de Champeaux. Por exemplo, embora seja certo que Guilherme de Champeaux, derrotado por Abelardo, tenha se retirado para a Abadia de São Vítor, onde passou a lecionar, tornando-se na seqüência Bispo de Châlons-sur-Marne, não está claro exatamente em qual ponto da controvérsia ele se retirou. Parece mais provável que tenha alterado a própria teoria enquanto lecionava em Paris e então, com as novas críticas de Abelardo, justificadamente ou não, retirou-se da controvérsia para São Vítor, onde seguiu a lecionar e, possivelmente, lançou as bases da tradição mística da abadia. De acordo com De Wulf, entretanto, quando ele se retirou para São Vítor passou a lecionar sua nova teoria, a da indiferença. Também já foi dito que Guilherme de Champeaux esposou três teorias: (I) a da identidade, de cunho ultra-realista; (II) a da indiferença, alvo de ataques de Abelardo e a rigor não distinguível da primeira; e (III) a anti-realista; neste caso, ele teria se retirado para São Vítor após ensinar a primeira e a segunda teorias. Possivelmente a interpretação e a crítica de Abelardo embasam essa interpretação; questiona-se, porém, se a interpretação de Abelardo era de feição meramente polêmica, e inclino-me a concordar com De Wulf: a teoria da indiferença implicava a negação da teoria da identidade, isto é, não se tratava de mero subterfúgio verbal. Em todo caso, a questão não é de grande monta, uma vez que é de conhecimento geral que Guilherme de Champeaux acabou por abandonar o ultra-realismo que lhe servira de ponto de partida.

8. O homem que derrotou Guilherme de Champeaux no debate que travaram, Abelardo (1079–1142), nasceu em Le Pallet, Palet ou Palácio, nos arredores de Nantes, de onde vem seu epíteto *Peripateticus Palatinus*, e estudou dialética com Roscelini e Guilherme, depois do que abriu sua própria escola, primeiro em Melum, então em Corbeil e finalmente em Paris, de onde conduziu a disputa com seu antigo mestre. Mais adiante, interessou-se por teologia, e tendo estudado com Anselmo de Laon, entrou a lecioná-la em Paris em 1133. Como conseqüência do episódio com Heloísa, Abelardo teve de se retirar para a abadia de São Denis. Em 1121, sua obra *De Unitate et Trinitate Divina* foi condenada em Soissons e ele então abriu uma escola em Le Pareclet, perto de Nogent-sur-Seine, abandonando-a em 1125 para se tornar Abade de São Gildas

na Bretanha, embora tenha deixado este mosteiro em 1129. Entre 1136 e 1149, em todo caso, lecionava em Santa Genoveva, em Paris, e João de Salisbury foi um de seus alunos. Entretanto, São Bernardo o acusou de heresia e, em 1141, foi ele condenado no Concílio de Sens. O apelo que dirigiu ao Papa Inocêncio II agravou-lhe a situação, sendo-lhe cassado o direito de lecionar, pelo que se retirou para Cluny, onde ficou até o fim de seus dias.

Como está claro, Abelardo era homem de disposição combativa, inclemente com seus adversários: ridicularizou seus mestres de filosofia e teologia, Guilherme de Champeaux e Anselmo de Laon. Era de temperamento um tanto sentimental e egoísta e de difícil convivência; importa observar que ele deixou as abadias de São Denis e São Gildas porque não conseguiu conviver com os demais monges. Ele era, entretanto, um homem de grande talento, um dialético de primeira ordem, muito superior, neste respeito, a Guilherme de Champeaux; com efeito, ele não era um pensador medíocre, que passasse despercebido, e sabemos que suas habilidades dialéticas, e também suas polêmicas com outros professores, conquistaram-lhe imenso público. As incursões que fez no terreno da teologia, entretanto, especialmente por se tratar de um homem brilhante, de grande fama, fizeram com que fosse visto, por aqueles que tinham em pouca monta o engenho dialético e intelectual, como um pensador perigoso, e Abelardo de fato foi perseguido e hostilizado por São Bernardo em particular, que parecia não pôr dúvida em que o filósofo fosse um agente de Satanás; ele certamente fez tudo o que estava a seu alcance para assegurar a condenação de Abelardo. Uma das acusações que lhe fez foi a de esposar uma doutrina herética respeito a Santíssima Trindade, coisa que Abelardo negou com veemência. É bem provável que o filósofo não fosse propriamente racionalista, pelo menos não o tencionava ser (quer dizer, não tencionava negar a revelação ou explicar-lhe o mistério); ao mesmo tempo, contudo, ao aplicar a dialética à teologia, parece que, de fato, se não de intento, escorregou na ortodoxia teológica. Por outro lado, foi precisamente este mesmo aplicar a dialética à teologia que possibilitou o progresso da teologia e facilitou aos escolásticos a sistematização da teologia no século XIII.

Abelardo não teve dificuldades, como vimos, para mostrar as conseqüências lógicas a que levava o ultra-realismo de Guilherme de Champeaux; a ele cabia-lhe, entretanto, sair-se com uma teoria mais a contento. Partindo da definição aristotélica do universal tal como exposta por Boécio (*quod in pluribus natum est praedicari, singulare vero quod non*), afirma que o universal não é algo que possa ser predicado, mas um nome, e conclui: "Há que se atribuir este tipo de universalidade somente às palavras".[14] Esta afirmativa parece harmonizar-se perfeitamente com a doutrina nominalista de Roscelini (com quem Abelardo estudou), mas o fato de que entendesse haver palavras universais e palavras particulares mostra que não podemos logo concluir que de fato negasse as realidades que correspondem ao termo universal, porque ele certamente não o fazia quanto às palavras que designam os entes particulares. Além do mais,

---

[14] *Ingredientibus*, ed. Geyer, 16.

Abelardo distinguiu, no seu *Logica nostrorum petitioni sociorum* entre *vox* e *sermo*, e afirmou não que *Universale est vox*, senão que *Universale est sermo*. Por que a distinção? Porque *vox* designa a palavra na sua realidade física (*flatus vocis*), a coisa, e nenhuma coisa pode ser predicada de outra, ao passo que *sermo* designa a palavra em relação ao seu conteúdo lógico, que é realmente predicado.

Qual é, pois, o conteúdo lógico, qual o *intellectus universalis*, ou idéia universal, veiculado pelo *nomen universale*? Por meio das idéias universais, a mente "concebe uma imagem genérica e confusa de inúmeras coisas... quando ouço a palavra homem, aparece-me na mente certa figura, comum a todos os homens individuais, sem ser, no entanto, própria de nenhum deles". Este modo de falar parece sugerir que, para Abelardo, não existem de fato conceitos universais, mas apenas imagens confusas, genéricas ou específicas de acordo com seu grau de confusão e indistinção. Ele diz mais adiante, entretanto, que os conceitos universais são formados através do processo de abstração, e que por meio deles concebemos o que está *no* objeto, se bem que não logramos conceber *como* está no objeto, "porque quando considero este homem apenas na sua natureza substancial ou corpórea, sem a um tempo encará-lo como animal, homem ou gramático, obviamente que não capto senão o que vai nesta natureza, mas não paro a considerar tudo o que ela contém". Põe-se então a explicar o que tencionou dizer quando afirmou que nossa idéia de "homem" é confusa: à força da abstração, a natureza liberta-se, por assim dizer, de toda referência à individualidade concreta, pelo que pode ser encarada erma de referências aos indivíduos particulares, o que lhe dá a faculdade de ser predicada de todos os homens individuais. Em suma, *o que* é concebido por meio de idéias específicas e genéricas está sim na coisa (a idéia não é erma de referência objetiva), mas não *tal como* concebido. Por outro modo: o ultra-realismo é falso. Isto, entretanto, não significa que os universais sejam construções puramente subjetivas, e muito menos que sejam meras palavras. Quando Abelardo observa que o universal é *nomem* ou *sermo* quer com isto significar que a unidade lógica do conceito universal afeta apenas o predicado, isto é, que é ele *nomem* e não *res* ou ente individual. Se desejarmos, seguindo João de Salisbury, chamar Abelardo de nominalista, temos de a um tempo reconhecer que este seu "nominalismo" é simples negação do ultra-realismo e afirmação da diferença entre as ordens lógica e real, e que não contempla o renegar dos fundamentos objetivos do conceito universal. A doutrina de Abelardo é um rascunho, apesar da linguagem algo ambígua, do "realismo moderado".

Nas obras *Theologia Christiana* e *Theologia*, Abelardo segue Santo Agostinho, Macróbio e Prisciano, e localiza na mente de Deus as *formae exemplares* ou idéias divinas, genéricas e específicas, idênticas ao mesmo Deus, e encarece Platão neste particular, entendendo-o em sentido neoplatônico, como se pensasse estarem as idéias na mente divina, *quam Graeci Noyn appelant*.

9. O tratamento que conferiu Abelardo ao problema dos universais foi decerto decisivo, no sentido de deitar por terra o ultra-realismo, ao mostrar que é

possível sua negação sem ao mesmo tempo negar toda objetividade aos gêneros e espécies; e embora a escola de Chartres, no século XII (distinguindo-se da escola de São Vítor) se inclinasse para o ultra-realismo, duas das mais notáveis figuras ligadas a Chartres, a saber, Gilberto de la Porré e João de Salisbury, romperam com essa antiga tradição.

(1) Gilberto de la Porrée ou Gilbertus Porretanus nasceu em Potiers em 1076 e foi aluno de Bernardo de Chartres. Lecionou em Chartres por mais de doze anos, depois do que passou a dar aulas em Paris, mesmo tendo sido consagrado Bispo de Poitiers em 1142. Morreu em 1154.

Gilberto de la Porrée esposava firmes idéias,[15] mas defendia uma noção um pouco peculiar quanto à constituição interna dos indivíduos. Nestes, é preciso distinguir a essência individualizada ou substância, na qual os acidentes da coisa inerem, das *formae substantiales* ou *formae nativae*.[16] Estas formas nativas são comuns no sentido de que são semelhantes em objetos da mesma espécie ou gênero, segundo cada caso; elas têm seus exemplares em Deus. Quando a mente contempla, nas coisas, as formas nativas, pode abstrair-lhes a matéria na qual se acham corporificadas ou concretizadas e considerá-las em si mesmas, abstratamente: trata-se então de gêneros e espécies, que são *subsistentiae*, mas não objetos que existem substancialmente.[17] Por exemplo, o gênero é simplesmente a coleção (*collectio*) de *subsistentiae* obtida pela comparação de coisas que, embora divergindo em espécie, assemelham-se de algum modo.[18] Quer ele com isto dizer que a idéia da espécie é obtida pela comparação das determinações essenciais semelhantes, ou das formas pertencentes a objetos individuais assemelhados, e pelo posterior reuni-las numa única idéia, ao passo que a noção de gênero é obtida pela comparação de objetos que diferem especificamente, mas que guardam algumas determinações ou formas em comum, como, por exemplo, cavalo e cachorro, que convergem na animalidade. A forma, observa João de Salisbury comentando a doutrina de Gilberto de la Porrée,[19] é sensível nos objetos sensíveis, mas a mente a concebe separada dos sentidos, ou seja, imaterialmente, e, embora individual em cada indivíduo, é ainda assim comum, ou semelhante, a todos os membros da espécie ou do gênero.

Gilberto era, como se colige de suas doutrinas da abstração e comparação, um realista moderado e não um ultra-realista. Por pensar, entretanto, que se distinguem a essência individual ou substância e a essência comum ("comum" aqui significa a semelhança compartilhada por uma pluralidade de indivíduos), acabou complicando-se ao aplicar essas idéias à doutrina da Santíssima Trindade, distinguindo como se coisas diferentes fossem *Deus* e a *Divinitas*, *Pater* e *Paternitas*, exatamente como distinguiria Sócrates da humanidade, isto é, da humanidade de Sócrates. Foi acusado de solapar a unidade de Deus e de propagar

---

[15] *In Boeth. De dua. nat.*; PL, 64, 1378.
[16] *In Boeth. De Trinit.*; PL, 64, 1393. Cf. João da Salisbúria, *Metalog.*, 2, 17; PL, 64, 875-6.
[17] PL, 64, 1267.
[18] Ibid., 64, 1389.
[19] Ibid., 64, 875-6.

heresias; São Bernardo foi um de seus acusadores. Tendo sido condenado pelo Concílio de Reims, em 1148, retratou-se.

(II) João de Salisbury (c. 1115-80) foi a Paris em 1136 assistir às lições de Abelardo, Gilberto de la Porrée, Adam Parvipontanus e Roberto Pulleyn, entre outros. Fez-se secretário de dois arcebispos da Cantuária, primeiro de Teobaldo, então de São Tomás Becket, sendo na seqüência apontado ele próprio Bispo de Chartres em 1176.

João de Salisbury pensa que o mundo caducou de tanto discutir a questão dos universais: maior espaço de tempo se empregou nesta empresa do que dispenderam os Césares na conquista e governo do mundo.[20] Todavia, quem quer que se ponha a buscar os gêneros e as espécies fora dos objetos dos sentidos está a perder tempo:[21] o ultra-realismo é falso e contradiz o ensinamento de Aristóteles,[22] por quem João nutria especial predileção quando o assunto era a dialética. Ele chegou a observar que os *Tópicos* eram de maior préstimo do que praticamente todos os outros livros de dialética empregados pelos modernos nas escolas.[23] Os gêneros e as espécies não são propriamente coisas, mas antes as formas das coisas que a mente, discernindo as semelhanças entre objetos, abstrai e unifica no conceito universal.[24] Os conceitos e os gêneros universais, e também as espécies, considerados abstratamente são construções mentais (*figurata rationis*), uma vez que não existem como universais na realidade extramental. Essa atividade construtiva, de comparação e abstração, funda-se nas mesmas coisas, de modo que os conceitos universais não são ermos de referência objetiva.[25]

10. Já mencionei que a escola de São Vítor tendia, nesta questão, ao realismo moderado. Assim, Hugo de São Vítor adotou mais ou menos a mesma posição de Abelardo, sustentando uma doutrina de fundo claramente abstratista, a qual em seguida aplicou à matemática e à física. O que caracteriza o domínio própria à matemática é o *actus confusos inconfuse*,[26] que consiste em abstrair, no sentido de atender isoladamente, por exemplo, a linha ou a superfície plana, se bem que nem aquela nem esta existam apartadas dos corpos. O mesmo sucede na física, que considera abstratamente as propriedades dos quatro elementos, embora na realidade concreta sejam elas encontradas apenas em variadas combinações. Assim é que o dialético considera as formas das coisas abstrata ou isoladamente, num conceito unificado, mesmo que na realidade as formas efetivas das coisas sensíveis não existam nem apartadas da matéria nem como universais.

11. Os fundamentos do realismo moderado, que viria a ser acolhido pelo tomismo, estavam já assentados antes do século XIII, e com efeito pode-se dizer que foi Abelardo o responsável pelo fim do ultra-realismo. Quando Santo Tomás

---

[20] *Polycrat.*, 7, 12.
[21] *Metal.*, 2, 20.
[22] Ibid.
[23] Ibid., 3, 10.
[24] Ibid., 2, 20.
[25] Ibid., 3, 3.
[26] *Didasc.*, 2, 18; PL, 176, 785.

declara que os universais não são coisas subsistentes,[27] mas existem apenas nos objetos singulares, ele está a ecoar o que disseram Abelardo e João de Salisbury antes dele. A humanidade, por exemplo, isto é, a natureza humana, existe apenas neste ou naquele homem particular, e o universal que se prende ao conceito de humanidade é resultado do processo de abstração e portanto, de algum modo, um elemento subjetivo.[28] Isto, entretanto, não significa que o conceito universal seja falso. Se cuidarmos que a forma específica abstraída exista de fato no estado de abstração, então estaríamos enganados deveras, porque este juízo é falso, mas conquanto a mente, ao produzir o conceito universal, conceba-o de modo diverso daquele em que existe na realidade concreta, nosso juízo sobre a própria coisa não está equivocado. O que acontece é que a forma, que existe na coisa num estado individualizado, é abstraída, isto é, tornada objeto exclusivo de atenção, por meio de uma atividade imaterial. O fundamento objetivo, portanto, do conceito universal acha-se na essência objetiva e individual da coisa, essência que é separada, por meio da atividade mental, dos fatores individualizantes, ou seja, da matéria (segundo Santo Tomás), e tomada abstratamente. Por exemplo, abstraímos do homem individual a essência da humanidade, que é semelhante, embora numericamente distinta, em todos os membros da espécie humana, ao passo que o fundamento do conceito genérico e universal é uma determinação essencial compartilhada por várias espécies, como por exemplo a "animalidade", presente nas espécies homem, cavalo, cão etc.

Santo Tomás, portanto, como se vê, rejeitava ambas as formas de ultra-realismo, a de Platão e a dos primeiros pensadores medievais; entretanto, assim como Abelardo, não se inclinava a rejeitar o platonismo de todo, vale dizer, o platonismo tal como o desenvolveu Santo Agostinho. As idéias, idéias exemplares, existem na mente divina, embora não sejam ontologicamente distintas de Deus nem constituam propriamente uma pluralidade, de modo que, pelo que é de sua cota de verdade, encontra-se aí justificada a teoria platônica.[29] Santo Tomás, portanto, admite (I) o *universale ante rem*, embora insista que não seja algo subsistente, isto é, nem a existir à parte das coisas (Platão), nem nas próprias coisas (ultra-realistas medievais das primeiras gerações), pois que é ele Deus a perceber a própria essência como imitável *ad extra* por um certo tipo de criatura; (II) o *universale in re*, que é a essência individual concreta, semelhante em membros de uma mesma espécie; e (III) o *universale post rem*, que é o conceito abstrato universal.[30] Não é preciso dizer que o termo *universale in re*, empregado no seu comentário às *Sentenças*, deve ser interpretado à luz da doutrina tomista como um todo, ou seja, como o fundamento do conceito universal, que não é senão a essência concreta ou *quidditas rei*.[31]

---

[27] Contra. Gent., 1, 65.
[28] S.T., Ia, q. 85, art. 1, ad 1; Ia, q. 85, art. 2, ad 2.
[29] Contra Gent., 3, 24.
[30] In Sent., 2; Dist., 3, 2 ad 1.
[31] A distinção entre o *universale ante rem, in re* e *post rem* foi estabelecida por Avicena.

Para o fim da Idade Média, o problema dos universais passará a ser enfocado desde ângulos diversos, e Guilherme de Ockham e seus seguidores haverão de conceber nova solução para essa questão. O princípio, porém, de que apenas os indivíduos existem como coisas subsistentes veio para ficar: a nova corrente de pensamento, do século XIV, não se inclinava ao realismo, mas movia-se para longe dele. A história desse movimento haverei de examinar no próximo volume.

CAPÍTULO II
Santo Anselmo da Cantuária

Santo Anselmo enquanto filósofo — Provas da existência de Deus no *Monologium* — A prova da existência de Deus no *Proslogium* — A idéia da verdade e outros elementos agostinianos no pensamento de Santo Anselmo.

1. Santo Anselmo nasceu em Aosta, Piemonte no ano de 1033. Depois de fazer estudos preliminares na Burgúndia, primeiro em Avranches e em seguida em Bec, entrou para a Ordem Beneditina, tornando-se mais tarde prior (1063) e posteriormente abade (1078), de Bec. Em 1093, foi consagrado Arcebispo da Cantuária no lugar de seu antigo professor, amigo e superior religioso Lanfranc, posto que ocupou até sua morte em 1109.

Pode-se dizer que o pensamento de Santo Anselmo pertença, na sua feição geral, à tradição agostiniana. A par do grande Doutor Africano, ele empregou a maior parte de seu empenho intelectual a ver se compreendia as verdades da fé cristã, e a declaração de intenção que está no *Proslogium*[32] leva a marca inconfundível do espírito de Agostinho.

> Não tenciono, ó Senhor, sondar as Tuas profundezas, pois considero meu intelecto incapaz de tal empenho, mas almejo em algum grau apreender a Tua verdade, que meu coração já ama e acredita. Com efeito, não busco entender para crer, senão crer para entender; porque também acredito nisto, que a menos que eu creia não haverei de entender.

Essa atitude *Credo ut intelligam*, compartilham-na Agostinho e Anselmo; este, ademais, está de pleno acordo com Agostinho quando observa, no *Cur Deus Homo*,[33] que peca por negligência quem não procura compreender os motivos por que crê. Na prática, por certo, esta atitude redunda, para Anselmo, na aplicação dos métodos dialéticos ou racionais aos dogmas da fé, não no sentido de acabar com seus mistérios, e sim para penetrá-los, explicá-los, discernir-lhes as implicações, tanto quanto seja isto possível à razão humana; os resultados destas diligências, passados a escrito, por exemplo, no seu livro sobre a Encarnação e a Redenção (*Cur Deus Homo*), dão peso a Anselmo na história da teologia.

Ora, aplicar a dialética à teologia é ainda teologia, e Santo Anselmo escassamente haveria de ocupar um lugar na história da filosofia à conta de suas especulações teológicas se a aplicação de categorias filosóficas aos dogmas

---
[32] PL, 158, 227.
[33] Ibid., 158, 362.

revelados não exigisse necessariamente algum tratamento e desenvolvimento destas mesmas categorias. Na verdade, entretanto, Anselmo, como Agostinho, não confinou o espírito do *Credo ut intelligam* ao entendimento das verdades reveladas, que por óbvio não foram descobertas por meio do proceder dialético, mas o dilatou sobre certas verdades que, embora objeto de crença, podem ser alcançadas por meio da razão, como por exemplo a existência de Deus. Além, portanto, de seu trabalho no campo da teologia dogmática, há também que se considerar quanto fez no campo da teologia natural ou metafísica, e apenas neste último sentido é que Santo Anselmo mereceu seu lugar na história da filosofia.

Santo Anselmo, nisto emparceirado com Santo Agostinho, não fazia uma clara distinção entre as províncias da teologia e da filosofia, e sua atitude pode ser resumida como segue. Cumpre ao cristão tentar entender e apreender racionalmente todo o conteúdo de suas crenças, tanto quanto seja possível para a inteligência humana. Ora, acreditamos tanto na existência de Deus quanto na doutrina da Santíssima Trindade, pelo que devemos aplicar nosso entendimento à compreensão de ambas as verdades. Para quem cuide haver clara distinção entre a filosofia e a teologia dogmática, como é o caso dos tomistas, o aplicar a razão à primeira destas duas verdades pertencerá à filosofia, ao passo que, em fazê-lo à segunda, recairá na esfera da teologia; além disso, o tomista dirá que a primeira delas pode ser demonstrada por meio do raciocínio, ao passo que a segunda não, muito embora a razão seja capaz de formular juízos verdadeiros sobre esse mistério, desde que já revelado, e mesmo refutar objeções que sejam levantadas contra ele. Se nos colocarmos na posição de Santo Anselmo, anterior à distinção marcada entre filosofia e teologia, haveremos de entender que o fato de ser a primeira verdade demonstrável — e porque realmente desejamos entender as coisas em que cremos, sendo a empresa de satisfazer esse desejo havida por um dever — naturalmente desemboca na tentativa de demonstração da segunda dessas verdades, e de fato Santo Anselmo fala em demonstrar a Trindade das Pessoas "por meio de argumentos necessários",[34] ao mesmo passo que demonstra que é impossível ao homem salvar-se sem a intervenção de Jesus Cristo.[35] Para que esta posição possa ser chamada de "racionalista" é preciso que fique estabelecido claramente o que se entende por racionalismo. Se o racionalismo consiste em negar a revelação e a fé, então é certo que Santo Anselmo não pode ser dito racionalista, uma vez que aceitava não só o primado da fé, mas também o fato da autoridade, a partir dos quais buscava entender os dados da fé. Se, contudo, o termo for dilatado para que cubra certa disposição da mente, que leva à busca das provas dos mistérios, não porque não os aceite por meio da fé ou para rejeitá-los no caso de não os conseguir provar, senão porque não deseja penetrar intelectivamente em suas crenças sem antes ter delimitado claramente o modo como diferentes verdades lhe são acessíveis por meios diversos, então, sim, poder-se-ia haver o pensamento de Santo Anselmo por "racionalismo",

---

[34] *De fide Trin.*, 4; PL, 158, 272.
[35] *Cur Deus Homo*; PL, 158, 361.

ou no mínimo como algo próximo disto. Desfigurar-lhe-ia o pensamento quem achasse que Anselmo estivesse disposto a rejeitar a doutrina da Trindade, por exemplo, caso não conseguisse encontrar suas *rationes necessariae*: antes de tentar prová-la, acreditava nela. A menos que se tenha claro que Anselmo não tencionava solapar a integridade da fé cristã, é ociosa toda discussão acerca do seu suposto racionalismo: se insistirmos a interpretar seu pensamento como se houvesse vivido depois de Santo Tomás de Aquino, e como se estivesse perfeitamente ciente da distinção entre teologia e filosofia, seremos justamente acusados de anacronismo e má interpretação de seu pensamento.

2. No *Monologium*,[36] Santo Anselmo expõe a prova da existência de Deus a partir dos graus de perfeição encontrados nas criaturas. No primeiro capítulo, aplica o argumento à bondade; e no segundo, à "grandeza", com o que quer se referir, como ele próprio diz, não à grandeza quantitativa, mas a qualidades como sabedoria, por exemplo: quanto mais alguém a possui, tanto melhor, ao passo que maior quantidade não significa superioridade qualitativa. Estas qualidades, encontramos nos mais variados graus entre os objetos de nossa experiência, de modo que o argumento procede da observação empírica, por exemplo, dos graus de bondade, tratando-se, portanto, de um argumento a *posteriori*. Mas juízos sobre diferentes graus de perfeição (Santo Anselmo crê, por óbvio, que estes juízos vão fundados na realidade objetiva) pressupõem um padrão de perfeição; além do mais, o fato de que as coisas de fato participem objetivamente e em graus diversos da bondade mostra que este padrão é ele mesmo objetivo, que há, por exemplo, um bem absoluto do qual todas as coisas boas participam, do qual se aproximam mais ou menos, conforme o caso.

Esse tipo de argumento é de feição marcadamente platônica (embora tenha também Aristóteles afirmado, na sua fase platônica, que a existência de algo que possa ser dito "melhor" necessariamente implica a existência do que possa ser dito "o melhor") e reaparece na quarta via de Santo Tomás de Aquino. Argumento, como eu já disse, a posteriori: ele não procede a partir da idéia absoluta de bondade à existência da bondade absoluta, mas a partir dos graus de bondade observados à existência da bondade absoluta, e dos graus de sabedoria à existência da sabedoria absoluta — a bondade e a sabedoria absolutas, identifica-as com o mesmo Deus. A forma desenvolvida desse argumento assentar-se-ia, por certo, na demonstração tanto da objetividade dos juízos a respeito dos diferentes graus de bondade, quanto do princípio em que se funda Santo Anselmo, a saber: se um objeto participa em grau limitado da bondade, essa bondade advém da bondade absoluta, que é bem *per se* e não *per aliud*. É também para se notar que o argumento se aplica somente àquelas perfeições que, por si mesmas, não se entremeiam de limitação e finitude: não pode, por exemplo, ser aplicado à extensão. (Se o argumento é válido e demonstra o que pretende ou não, é coisa que não cabe ao historiador especular).

---

[36] *PL*, 158.

No capítulo terceiro do *Monologium*, Santo Anselmo aplica o mesmo tipo de raciocínio à noção de ser. Tudo o que existe, existe por algo ou por nada. Esta última hipótese sendo absurda, o que existe deve, obrigatoriamente, existir pela agência de algo outro. Quer isso dizer que todas as coisas existentes existem ou umas através das outras, ou por si mesmas, ou, finalmente, por alguma causa de existir. Que, porém, X exista por agência de Y, e este por agência daquele é impensável: a escolha, portanto, dá-se entre uma pluralidade de causas incausadas ou apenas entre uma destas causas. Até aqui, o argumento funda-se tão somente na causalidade, mas Santo Anselmo prossegue e introduz certos elementos de cunho platônico quando argumenta deste teor: se há uma pluralidade de coisas existentes que são por si mesmas, isto é, autodependentes e incausadas, deve haver uma forma de ser-em-si da qual todas participam — e aqui, o argumento assemelha-se bastante ao raciocínio já examinado —, o que significa que a existência de vários entes com a mesma forma implica um ser unitário externo a eles que é precisamente aquela forma. Não há senão um único Ser último, auto-subsistente, maior que de tudo quanto seja.

Nos capítulos sete e oito, Santo Anselmo medita na relação entre o causado e a causa, argumentando que todos os objetos finitos foram feitos a partir do nada, *ex nihilo*, e não de uma matéria precedente, e nem sequer a partir da causa como matéria. Ele põe grande cuidado em explicar o seguinte: a criação *ex nihilo* não implica que as coisas tenham sido feitas a partir do nada como sua matéria; significa, tão somente, que algo é criado *non ex aliquo*, que, não existindo de antes senão na mente divina, agora existe. Isso pode parecer óbvio, mas já se argumentou que a criação *ex nihilo* ou consiste em fazer do nada algo ou abrir-se à observação que diz *ex nihilo nihil fit*, ao passo que Santo Anselmo deixa claro que *ex nihilo* não significa *ex nihilo tamquam materia*, mas simplesmente *non ex aliquo*.

Quanto aos atributos do *Ens a Se*, podemos predicar-lhe apenas aquelas qualidades cuja posse é absolutamente superior à privação.[37] Por exemplo, ser ouro é melhor para o ouro do que ser chumbo, mas, para um homem, não lhe seria melhor que fosse feito de ouro. Ser corpóreo é melhor que nada ser, mas não seria melhor para um espírito ser corpóreo em vez de incorpóreo. Ser ouro é melhor do que não o ser, mas apenas relativamente, e do mesmo modo para a relação entre o corpóreo e o incorpóreo. Entretanto, é absolutamente melhor ser sábio do que não o ser, vivo do que não-vivo, justo do que não-justo. Devemos, pois, predicar do Ser supremo atributos como sabedoria, vida, justiça, mas não corporalidade ou as propriedades do ouro. Além do mais, como o Ser supremo não possui estes atributos por participação, mas pela sua própria essência, ele, a rigor, é sabedoria, justiça, vida etc.,[38] e afora isso, uma vez que o Ser supremo não pode ser composto de elementos (que haveriam, se fosse o caso, de lhe serem anteriores, donde não seria o Ser supremo), estes atributos são idênticos com a

---

[37] Cap. 15.
[38] Cap. 16.

essência divina, que é simples.[39] Ainda, Deus necessariamente transcende, por um lado, o espaço em virtude da Sua simplicidade e espiritualidade e, por outro, o tempo, à conta de sua eternidade.[40] Ele acha-se a pleno presente em todas as coisas, mas não localmente ou *determinate*, e o todo das coisas está presente para a Sua eternidade, que não deve ser havida por uma duração interminável, senão por *interminabilis vita simul perfecte tota existens*.[41] Se referirmo-nos à sua essência divina, podemos chamá-lo substância, não porém, se estivermos a pensar na categoria da substância, uma vez que é Ele incapaz de mudança ou de receber acidentes.[42] Por fim, se lhe chamamos por algum nome que também atribuímos às criaturas, *valde procul dubio intelligenda est diversa significatio*.

Santo Anselmo segue, no *Monologium*, a fundamentar racionalmente a Trindade de Pessoas na Unidade de uma só natureza, sem a aparente consciência de perceber que deixa a esfera de uma ciência e adentra a de outra; quanto a esta matéria, por mais interessante que seja, não haveremos de examinar seu pensamento. Parece-me claro, do que já dissemos, que Santo Anselmo deu uma real contribuição à teologia natural. A presença de elementos platônicos no seu pensamento é conspícua e, a não ser por ou um outro comentário, não encontramos um tratamento mais extenso do tema da analogia; entretanto, ele fornece alguns argumentos *a posteriori* para a existência de Deus, os quais são de feição assaz mais sistemática do que aqueles erguidos por Santo Agostinho; ele também maneja com cuidado o tema dos atributos divinos: a imutabilidade divina, a eternidade etc. Do que dissemos, fica claro quão equivocado é associá-lo ao argumento ontológico, como se a única contribuição de Santo Anselmo para o desenvolvimento da filosofia fosse um argumento de validade, no mínimo, questionável. É bem verdade que suas obras podem não ter exercido grande influência sobre os seus contemporâneos, nem sobre seus sucessores imediatos, sobretudo porque eles estavam interessados em outros assuntos (questões de dialética, a harmonia entre as opiniões dos Padres da Igreja etc.), mas, à luz do desenvolvimento geral da filosofia na Idade Média, podemos tê-lo por um dos grandes contribuidores da filosofia e teologia escolástica, tanto pelo seu trabalho no campo da teologia natural, quanto na sua aplicação da técnica dialética ao dogma.

3. No *Proslogium*, Santo Anselmo desdobra o chamado argumento ontológico, que transita da idéia de Deus para Deus como realidade, como efetivamente existente. Nessa obra ele observa que à conta da insistência de seus irmãos e da meditação nos argumentos que escreveu no *Monologium*, vários e complexos que foram, foi levado a examinar se não encontraria um argumento definitivo, que por si mesmo provasse tudo o que acreditamos sobre a Substância divina, de modo que este argumento único valesse por todos os que pôs em livro no seu

---

[39] Cap. 17.
[40] Caps. 20-4.
[41] Cap. 24.
[42] Cap. 26.

opusculum anterior. Com o correr do tempo, acreditou ter chegado a um tal argumento, que, por conveniência, pode ser desdobrado em modo silogístico, embora tenha o próprio Santo Anselmo o escrito na forma de prece.

    Deus é aquilo de que nada maior pode ser pensado:
        Mas isto de que nada maior pode ser pensado deve existir não apenas mentalmente, como idéia, mas também extramentalmente:
        Portanto, Deus existe não apenas em idéia, senão também extramentalmente.

    A premissa maior expressa simplesmente a idéia de Deus, idéia esta que comumente se tem d'Ele, que pode ser esposada mesmo por quem lhe negue a existência.

    A premissa menor é clara, uma vez que, se aquilo do qual nada maior pode ser pensado existisse apenas na mente, então de força não haveria de ser realmente aquilo do qual nada maior pode ser pensado. Algo maior poderia ser pensado, ou seja, um ser que existisse não apenas mentalmente, mas também extramentalmente.

A prova enceta da idéia de Deus como o ser do qual nada maior pode ser concebido, isto é, o ser absolutamente perfeito: é isto que queremos significar quando falamos de Deus.

Ora bem, se um tal ser existisse apenas como idéia, apenas em nossa subjetividade, poderíamos conceber um ser ainda maior, a saber, um ser que não existisse apenas nas nossas idéias, mas na realidade objetiva. Disto se segue que a idéia de um Deus absolutamente perfeito implica necessariamente a própria idéia de Ser, donde argumenta Santo Anselmo que ninguém poderia, ao mesmo tempo, conceber Deus nestes termos e ainda assim negar Sua a existência. Se alguém viesse a conceber Deus como um super-homem, por exemplo, não estaria equivocado se lhe negasse a existência, mas neste caso não estaria, de fato, a impugnar a objetividade da mesma idéia de Deus. O homem que faz a idéia correta de Deus, isto é, concebe a direito o significado do termo "Deus", poderia, é bem verdade, negar-lhe a existência com os lábios, mas se advertir o que de fato implica esta negação (isto é, dizer que o Ser que deve existir por sua mesma essência, o Ser necessário, não existe) e ainda assim se ater a ela, então pode ser acusado de contradizer-se: foi o insensato, o *insipiens*, que disse *dentro em seu coração*: "Deus não existe". O Ser absolutamente perfeito é o Ser cuja essência é existir, ou que necessariamente implique a existência, uma vez que, de outro modo, o ser mais perfeito poderia ser concebido; o Ser necessário que não existe seria uma contradição de termos.

Santo Anselmo acreditava que este argumento funda tudo o que acreditamos quanto à natureza divina, e, uma vez que ele lida com o Ser absolutamente perfeito, os atributos de Deus vão implícitos na conclusão do argumento. Temos apenas de nos perguntar o que vai implicado na idéia de um Ser do qual nada maior pode ser pensado, para advertirmos que Deus deve de fato ser onipotente, onisciente, supremamente justo e assim por diante. Além disso, quando, no *Proslogium*, Santo Anselmo deduz estes atributos, aproveita para clarificar algumas das noções envolvidas. Por exemplo, Deus não pode mentir: acaso isto não lhe contradiz a onipotência? Não, responde, porquanto ser capaz de mentir deve ser atribuído antes à impotência do que à potência, ao imperfeito e não ao perfeito. Se Deus pudesse agir de maneira inconsistente com a própria essência, isto denotaria a rigor falta de poder. Poder-se-ia objetar, obviamente, que esse argumento pressupõe que já saibamos em que consiste a essência divina, ou o que vai nela, quando parece que isto seja precisamente o que deve ser demonstrado, mas Santo Anselmo, possivelmente, responderia que já estabeleceu que Deus é perfeito, e portanto onipotente e veraz: trata-se apenas de mostrar o que de fato significa a onipotência dessa perfeição e de expor a falsidade da concepção errada da onipotência.

Este argumento de Santo Anselmo foi atacado pelo monge Gaunilo no seu *Liber pro Insipiente adversus Anselmi on Proslogio ratiocinationem*, onde observa que a idéia que temos de algo não é garantia de sua existência extramental, e que Santo Anselmo pode ser acusado de ter transitado ilicitamente da ordem lógica para a real. Segundo a linha de raciocínio do santo, poderíamos argumentar que a mais bela das ilhas necessariamente existe em algum lugar, porquanto logramos concebê-la. Santo Anselmo, no seu *Liber Apologeticus contra Gaunilonem respondentem pro Insipente*, renegou do paralelo traçado e, aliás, com justiça, uma vez que, se a idéia de Deus é a idéia de um Ser de todo perfeito, e se a perfeição absoluta implica a existência, esta idéia refere-se a um ser necessariamente existente, ao passo que a idéia da mais bela das ilhas não é a idéia de algo que deva necessariamente existir: nem na ordem puramente lógica os argumentos podem ser comparados. Se Deus é possível, isto é, se a idéia do Ser absolutamente perfeito e necessário é livre de contradição, Deus necessariamente existe, já que seria absurdo falar de um ser possivelmente necessário (é uma contradição de termos), ao passo que não vai contradição no falar de uma ilha possivelmente bela. A principal objeção que pode ser levantada contra o argumento de Santo Anselmo, que aliás foi usada contra Descartes, e à qual tentou Leibniz responder, é que não sabemos *a priori* se a idéia de Deus, a idéia da Perfeição absoluta e infinita, corresponde à ideia de um ser possível. Nós podemos não lhe ver as contradições, mas, prosseguem os objetores, essa possibilidade "negativa" não equivale a uma possibilidade "positiva"; quer dizer, ela não dá prova da ausência de contradições. Que de fato haja contradição nessa idéia, só ficamos sabendo depois de demonstrar, a posteriori, que Deus existe.

O argumento do *Proslogium* não despertou, de imediato, muito interesse; no século XIII, porém, foi empregado por São Boaventura, que lhe imprimiu uma ênfase mais psicológica do que lógica, e rejeitado por Santo Tomás. Duns Escoto serviu-se dele incidentalmente. Na época "moderna" desfrutou de bastante prestígio, ainda que controverso. Descartes o adotou e adaptou; Leibniz, engenhosamente, saiu em sua defesa com desvelo; Kant o atacou. Nas escolas, via de regra, era rejeitado, embora aqui e ali algum pensador argumentasse em favor de sua validade.

4. Entre os elementos agostinianos presentes no pensamento de Santo Anselmo, destacamos a teoria da verdade. Ao tratar da verdade do juízo,[43] segue Aristóteles, dizendo que o juízo ou a proposição afirma o que efetivamente existe ou nega o que não existe; a coisa significada é a causa da verdade, que está a rigor no juízo (teoria da correspondência); quando, porém, tratando da verdade (retidão) da vontade,[44] refere-se à verdade do ser ou essência[45] — e diz que a verdade das coisas consiste em serem elas o que "devem" ser (segundo incorporem ou correspondam à sua idéia em Deus, Verdade Suprema e padrão de todas verdades — e quando, ainda, transita da verdade eterna do juízo para a eternidade da causa da verdade, ou seja, Deus,[46] está seguindo Santo Agostinho. Deus é, portanto, a Verdade eterna e subsistente, causa da verdade ontológica de todas as criaturas. A verdade eterna é apenas causa e a verdade do juízo é apenas efeito, ao passo que a verdade ontológica das coisas é a um tempo efeito (da verdade eterna) e causa (da verdade do juízo). Essa concepção agostiniana da verdade ontológica, com o exemplarismo que pressupõe, foi acolhida por Santo Tomás no século XIII, embora ela coloque assaz mais ênfase, claro, na verdade do juízo. Assim, se a definição de verdade dada por Santo Tomás é *adaequatio rei et intellectus*, a de Santo Anselmo é *rectitudo sola mente perceptibilis*.[47]

Quando trata, de maneira geral, das relações entre corpo e alma, porque não dispusesse de uma teoria de cunho hilomórfico que as explicasse, Santo Anselmo segue a tradição platônica-agostiniana, embora, como o próprio Agostinho, estivesse perfeitamente notificado de que a alma e o corpo formam um só homem, coisas que ele de fato afirma. De novo, o que diz, no *Proslogium*,[48] acerca da luz divina lembra a teoria da iluminação de Agostinho: *Quanta namque est lux illa, de qua micat omne verum, quod rationali menti lucet.*

De modo geral, pode-se dizer por um lado, que, embora a filosofia de Santo Anselmo siga a linha da tradição agostiniana, ele deu um tratamento mais sistemático aos elementos propriamente tirados a Agostinho, quais sejam, os que dizem respeito à sua teologia natural, e que, por outro, a aplicação metódica da dialética é característica de uma época mais tardia.

---

[43] *Dialogus de Veritate*, 2; PL, 158.
[44] *Dial.*, 4.
[45] Ibid., 7 ss.
[46] Ibid., 10.
[47] Ibid., 11.
[48] Cap. 14.

CAPÍTULO III
A escola de Chartres

O universalismo de Paris e a sistematização da ciência no século XII — Regionalismo, humanismo — O platonismo na escola de Chartres — Hilomorfismo na escola de Chartres — Panteísmo *prima facie* — A teoria política de João de Salisbury.

1. Uma das mais avultadas contribuições da Idade Média à civilização européia foi o sistema universitário, e é sem questão que a maior destas intuições foi a Universidade de Paris. Este importante centro de estudos teológicos e filosóficos não recebeu o *status* universitário, porém, senão no culminar do século XIII; entretanto, pode-se falar, se bem que de maneira informal, das escolas parisienses do século XII já como partes de uma "universidade". Com efeito, em certo sentido, a cultura francesa exerceu maior influência no século XII do que no XIII, uma vez que, neste, outras universidades como Oxford, por exemplo, cresceram e se destacaram. Esta observação aplica-se, pelo menos, à porção Norte da Europa: quanto ao Sul, a Universidade de Bolonha, por exemplo, foi reconhecida como tal por Frederico I já em 1158. Mas embora a França tenha sido o grande celeiro da atividade intelectual européia no século XII, coisa que explica o famoso dito de que "a Itália tem o papado; a Alemanha, o Império; a França, o conhecimento", isto não quer dizer, obviamente, que a atividade intelectual fosse monopolizada pelos franceses: a cultura européia de então era internacional, e esta supremacia intelectual francesa significava apenas que os estudantes, os eruditos e os professores vinham em grande número para lecionar nas escolas francesas. Da Inglaterra, vieram homens como Adam Smallbridge e Alexandre Neckham, dialéticos do século XII; Adelar de Bath e Robert Pulleyn, Ricardo de São Vítor (m. 1173) e João de Salisbury; da Alemanha, Hugo de São Vítor (m. 1141), teólogo, filósofo e místico; da Itália, Pedro Lombardo (c. 1100–60), autor da célebre *Sentences*, que serviram a muitos comentários durante o correr da Idade Média (Santo Tomás e Duns Escoto, por exemplo, estão entre seus comentadores). Dessarte, a Universidade de Paris representava a índole internacional da cultura da Europa medieval, como o papado representava a índole internacional, ou melhor, supranacional, da religião medieval, se bem que eles dois, obviamente, mantivessem laços estreitos, uma vez que a religião contribuiu com o estilo intelectual e com a língua da cultura, o latim. Estas duas unidades — a intelectual e a religiosa — de tão estreitos laços, constituíam unidades que podem ser ditas reais e efetivas, em contraste com a unidade política do Sacro Império Romano, de cunho antes teórico do que real: conquanto as monarquias absolutistas ainda não tivessem entrado em cena, o nacionalismo

já rompia a tomar forma, ainda que o feudalismo, bem como a índole regional das instituições políticas e econômicas do medievo, a língua e, finalmente, a feição intelectual da cultura medieval opusessem-lhe obstáculos ao crescimento.

Esta vida universitária, a crescer e se dilatar, expressou-se, intelectual e academicamente, no empenho de classificar e sistematizar a ciência, o conhecimento e as especulações de sua época, coisa, aliás, que já ensaiara no século XII. Daremos dois exemplos: o esforço sistematizador de Hugo de São Vítor e Pedro Lombardo. O primeiro, no seu *Disdascalion*,[49] segue mais ou menos de perto o método classificatório de Aristóteles. Assim, cuidava que a lógica, por exemplo, fosse de índole propedêutica, preâmbulo ao estudo da ciência propriamente dita, e de que ela manejasse conceitos e não propriamente coisas. Pode ser dividida em *Grammatica* e *Ratio Disserendi*, que por sua vez se subdivide em *Demonstratio*, *Pars Probabilis* e *Pars Sophistica* (dialética, retórica e sofística). A ciência, da qual a lógica é preâmbulo e indispensável instrumento, divide-se, primariamente, em ciência teorética, ciência prática e mecânica. A primeira abarca a teologia, matemática (aritmética, a lidar com o aspecto numérico das coisas; música, a lidar com as proporções; geometria, que diz respeito à extensão dos corpos; e finalmente astronomia, que estuda os movimentos dos entes), e a física (que tem como objeto a natureza interior, ou as qualidades interiores dos objetos e, portanto, alcança mais fundo do que a matemática). A ciência prática subdivide-se em ética, economia e política, ao passo que a mecânica abarca as sete "artes servis", ou *scientiae adulterinae*, uma vez que o artesão toma emprestadas as formas com que trabalha da natureza. São elas: tecelagem, carpintaria, ferraria, navegação ou comércio, que, segundo Hugo, "reconcilia as gentes, põe fim à guerra, fortalece a paz, e faz com que os bens privados sejam de uso comum", agricultura, caça (que inclui a culinária), medicina e teatro. Fica claro que esta classificação se fundou não apenas em Aristóteles (através de Boécio), mas também em obras de cunho enciclopédico de escritores como Isidoro de Sevilha.

Pedro Lombardo, que estudou na escola de São Vítor, lecionou na Escola Catedral de Paris, e foi bispo desta mesma cidade entre os anos de 1150 e 1152, compôs o *Libri quattuor sententiaraum*, obra que, embora sem originalidade quanto ao conteúdo, exerceu tremenda influência, por estimular outros escritores a exporem sistemática e extensivamente os dogmas da fé; ela própria se tornou, até o fim do século XVI, objeto de resumos e comentários. Suas *Sentences* compõem um livro-texto,[50] cujo objetivo era reunir as opiniões teológicas ou *sententiae* dos Santos Padres; o primeiro livro trata de Deus; o segundo, das criaturas; o terceiro, da Encarnação, da Redenção e das virtudes; o quarto, por fim, dos sete Sacramentos e das realidades últimas. A maior parte das citações e o grosso da doutrina vêm de Santo Agostinho, se bem que outros padres latinos sejam citados, e mesmo São João Damasceno, embora se saiba que o Lombardo tenha tido

---

[49] PL, 176.
[50] Cf. Prólogo.

acesso apenas a uma diminuta porção da tradução do *Fons scientiae*, obra que foi vertida ao latim por Burgúndio de Pisa. Evidentemente, as *Sentences* lidam primariamente com teologia, mas também tratam das coisas que, antes de se tornarem objeto de fé,[51] podem ser apreendidas pela razão natural: a existência de Deus, a criação do mundo e a imortalidade da alma.

2. Vimos que a vida intelectual no século XII, a se desenvolver e dilatar, mostrou-se principalmente através do crescente predomínio da Universidade de Paris e nas primeiras tentativas de classificação e sistematização do conhecimento. A posição destacada de Paris, entretanto, não significava que as escolas regionais não estivessem também florescendo. Com efeito, o vigor da cultura e da vida regional complementava o pendor internacionalista das vidas religiosa e intelectual. Por exemplo, apesar de alguns dos *scholars* que foram a Paris para estudar lá permaneceram para lecionar, outros retornaram às suas terras e províncias, ou passaram a lecionar em escolas locais. Com efeito, havia no ar certa tendência para a especialização; Bolonha, por exemplo, notabilizara-se pelo ensino do direito, e Montpellier pelo de medicina, ao passo que a teologia mística encontrava grande acolhida na escola de São Vítor, fora de Paris.

Uma das mais produtivas e interessantes destas escolas locais foi a de Chartres, onde certas doutrinas aristotélicas, como ver-se-á, destacaram-se, mesmo que fortemente entremeadas de elementos oriundos do platonismo. Esteve também esta escola associada a estudos de cunho humanista. Assim, Teodorico de Chartres (Thierry), que depois de encabeçar a escola em 1121, lecionou em Paris, acabando por retornar a Chartres em 1141, onde se tornou chanceler, sucedendo a Gilberto de la Porrée, foi caracterizado por João de Salisbury, ele próprio humanista, como *artium studiosissimus investigator*. No seu *Heptateuchon*, tratou das sete artes liberais; vigorosamente combateu os anti-humanistas, alcunhados "cornificenses" que desmereciam os estudos e a forma literária. Do mesmo modo, Guilherme de Conches (c. 1080–1154), que estudou com Bernardo de Chartres, lecionou em Paris e foi tutor de Henrique Plantageneta, atacou os cornificenses e se dedicou aos estudos gramaticais, donde a afirmação de João de Salisbury de que ele foi o mais talentoso gramático depois do próprio Bernardo de Chartres.[52] No entanto, temos em João de Salisbury (1115/20–1180) o mais talentoso dos filósofos humanistas de Chartres. Embora não tenha feito seus estudos em Chartres, tornou-se, como já vimos, bispo desta diocese em 1176. Defensor das artes liberais, familiarizado com os clássicos latinos, em particular com Cícero, nutria ingente desprezo pela falta de aprumo literário, dando a alcunha de *cornificenses* a tais escritores. Pondo grande desvelo no próprio estilo literário, ele representa o que de melhor produziu o século XII em termos de humanismo, como São Bernardo, por sua vez, embora talvez inadvertidamente, pode ser considerado representante do humanismo à conta de seus hinos e escritos espirituais. No século seguinte, século XIII, entretanto,

---

[51] 3, 24, 3.
[52] *Metal.*, 1, 5.

certamente ninguém haveria de procurar esta latinidade entre os escritos dos filósofos, já que a maior parte deles se preocupava mais com o conteúdo do que com a forma.

3. A escola de Chartres, embora tenha florescido no século XII, tinha atrás de si longa história, tendo sido fundada em 990 por Fulbert, discípulo de Gerberto de Aurillac (este último foi uma figura de grande destaque do século X. Humanista e erudito, lecionou em Reims e Paris, fez não poucas visitas à corte do imperador germânico, foi abade de Bobbio, Arcebispo de Reims e de Ravena, e, finalmente, ascendeu ao trono papal como Silvestre II, vindo a morrer em 1003). Tendo sido fundada no século X, a escola logrou preservar, mesmo durante o século XII, certo espírito conservador, que bem se mostrava na sua tradição platônica, mormente na devoção que nutriam pelo *Timeu* de Platão e pelos escritos mais platonizantes de Boécio. Assim, Bernardo de Chartres, chefe da escola entre 1114 e 1119, e chanceler de 1119 e 1124, afirmava que a matéria existisse num estado caótico antes de ser formada, antes de que a desordem fosse tornada em ordem. Descrito por João de Salisbury como o "mais perfeito entre os platonistas de nosso tempo",[53] Bernardo representava a natureza como um organismo e esposava a teoria platônica da alma do mundo. Nisto emparceirava-se com Bernardo de Tours (Silvestris), que foi chanceler de Chartres por volta de 1156, e compôs um poema intitulado *De mundi universitate*, valendo-se dos comentários de Calcídio ao *Timeu*, e representando a alma do mundo como o motor que anima a natureza e forma os seres naturais, de acordo com as idéias presentes em Deus ou no *Nous*, a partir do caos da matéria-prima. Guilherme de Conches foi ainda mais longe quando identificou a alma do mundo ao Espírito Santo, doutrina que lhe valeu a inimizade de Guilherme de São Teodorico. Retratando-se, ele explicou que era cristão, e não um membro da Academia.

A par dessas especulações animadas do espírito do *Timeu*, pode-se mencionar o pendor ultra-realista desta escola, embora, como vimos, duas das mais autorizadas figuras de Chartres, Gilberto de la Porrée e João de Salisbury, não fossem eles próprios ultra-realistas. Assim, Clarembaldo de Arras, discípulo de Teodorico de Chartres, que se tornou reitor de Arras em 1152 e Arquidiácono em 1160, afirmou, no seu comentário ao *De Trinate* de Boécio, contra Gilberto de la Porrée, que não há senão uma mesma humanidade presente no todo dos homens, e que os homens individuais diferem apenas *propter accidentium varietatem*.[54]

4. Entretanto, apesar do apreço que tomaram ao *Timeu* de Platão, os membros da escola de Chartres encareciam também a Aristóteles. Não apenas seguiram seus passos em lógica, como também introduziram-lhe a doutrina hilomórfica: foi de fato em Chartres que esta teoria apareceu pela primeira vez no século XII. Assim, de acordo com Bernardo de Chartres, os objetos naturais constituem-se de forma e matéria. Chamou estas formas *formae nativae* e as havia por cópias

---

[53] *Metal.*, 4, 35.
[54] Ed. W. Janssen, p. 42.

das idéias que subsistem em Deus. Esta informação vem de João de Salisbury, que relata terem Bernardo e seus discípulos tentado conciliar Platão e Aristóteles.[55] Bernardo também pensava que as formas das coisas são cópias das idéias em Deus, como já tivemos ocasião de ver, ao passo que Clarembaldo de Arras concebia que matéria subsistia num estado de permanente fluxo, sendo a própria mutabilidade, ou *vertibilitas*, das coisas, e a forma, por sua vez, a tinha em de perfeição e integridade delas.[56] Ele, como se vê, interpretava a noção de matéria de Aristóteles à luz do ensinamento platônico sobre a mutabilidade e evanescência dos entes materiais. Guilherme de Conches distinguiu-se notadamente por esposar a teoria atômica de Demócrito;[57] de maneira geral, porém, podemos dizer que os membros da escola de Chartres adotaram a teoria hilomórfica de Aristóteles, embora a interpretando à luz do *Timeu*.[58]

5. A doutrina hilomórfica, segundo a qual os objetos naturais são compostos de forma e matéria — aquela sendo a cópia da idéia exemplar em Deus —, estabelece uma clara distinção entre Deus e as criaturas, pelo que não pode ser acusada de panteísta; alguns membros, porém, da escola de Chartres valeram-se de certos termos que, tomados literalmente e ermos das distinções necessárias, sugerem a doutrina panteísta. Assim, por exemplo, Teodorico de Chartres, irmão mais novo de Bernardo, afirmava que "todas as formas são uma mesma forma; a forma divina é todas as formas", e que a divindade é a *forma essendi* de cada coisa; ele também entendia a criação como o produzir o múltiplo a partir do um.[59] Ainda, Clarembaldo de Arras argumentava que Deus é a *forma essendi* das coisas e que, desde que esta *forma essendi* deve estar presente não importa qual seja a natureza da coisa, Deus faz-se presente sempre e em toda parte a modo essencial.[60] Embora, porém, esses trechos, tomados isoladamente e entendidos literalmente, são de índole panteísta ou monista, não me parece que nem Teodorico de Chartres nem Clarembaldo de Arras tencionavam ensinar doutrinas panteísticas. Por exemplo, apenas tendo dito que a forma divina é todas as formas, Teodorico observa que, embora a forma divina seja todas as formas pelo fato de ser a perfeição e a integridade de todas as coisas, não se pode disto concluir que a forma divina é, por exemplo, a mesma humanidade. Ao que parece, a doutrina de Teodorico deve ser entendida à luz do exemplarismo, uma vez que ele diz explicitamente que a forma divina nunca se incorpora, e não pode, portanto, ser a forma efetiva, concreta deste homem, cavalo ou pedra. De igual modo, em termos gerais, a doutrina do exemplarismo, na pena de Clarembaldo de Arras, acrescida de sua insistência em que as formas das coisas materiais são meras cópias, *imagines*, é incompatível com o panteísmo de estrita observância.

---

[55] *Metal.*, 2, 17.
[56] Ed. W. Janssen, pp. 44 e 63.
[57] PL, 90, 1132.
[58] Gilberto de la Porrée aponta para essa teoria ao comentar o *Contra Eutychem* ou *Liber de duabus Naturis et una Persona Christi*, de Boécio; PL, 64, 1367.
[59] *De sex dierum operibus*, ed. W. Janssen, pp. 16, 21, 108, 109.
[60] Ed. W. Janssen, p. 59.

Os trechos que parecem apontar para a doutrina emanacionista são tomados de Boécio, e tanto num quanto no outro, não parecem expressar uma concepção literal do emanacionismo: em certo sentido, são eles compostos de expressões já consagradas, canônicas, por assim dizer, à conta do longo tempo de uso, pelo que desconvém forçar-lhes a interpretação nesse sentido.

6. Apesar de João de Salisbury não ter sido instruído em Chartres, convém dizer aqui algo de sua filosofia do Estado, tal como ela aparece no *Polycraticus*. As controvérsias entre a Santa Sé e o Império, acrescidas da questão das investiduras, naturalmente levou os escritores envolvidos nas disputas a escreverem suas idéias, mesmo que apenas de passagem, sobre a função do Estado e do governante. Um ou outro escritor foi mais além e chegou a esboçar um rascunho de teoria política. Assim, Manegold de Lautenbach (século XI) chegou até mesmo a falar de um pacto entre o governante e o povo,[61] e afirmou[62] que se um rei, pondo de parte a lei, faz-se tirano, podemos entender que ele rompeu o pacto que lhe conferia poder, de forma que pode ser deposto pelo povo. Isto de afirmar que o império das leis e da justiça é essencial para o Estado, além da noção de lei natural, da qual a lei civil deveria ser a expressão, iam fundadas nos textos de Cícero, dos estóicos e dos juristas romanos, e também são encontradas no pensamento de João de Salisbury, que também se estribou na Cidade de Deus, de Santo Agostinho, e no *De officiis*, de Santo Ambrósio.

Mesmo que João de Salisbury, ao contrário de Manegold de Lautenbach, não tenha sintetizado uma teoria a esse respeito, ele insistia em que o príncipe não estava acima da lei, por mais que seus aduladores digam o contrário, e que nunca conviria com a idéia de que o príncipe está acima das imposições legais. O que, porém, tencionava dizer quando afirmou que o príncipe está sujeito à lei? Ao menos por uma parte, referia-se (e este era de fato o ponto principal) à lei natural, fundado na doutrina estóica que diz haver certa lei natural da qual todas as leis positivas devem tentar se aproximar. O príncipe, portanto, não está livre para passar leis positivas que vão diretamente contra a lei natural e a *aequitas* — ou que não possam ser com estas conciliadas —, a qual é *rerum convenientia, tribuens unicuique quod suum est*. À lei positiva cabe definir e aplicar a lei e a justiça naturais; a atitude do governante neste ponto mostra se é ele príncipe ou tirano. Se seus editos definem, aplicam ou suplementam a lei e a justiça naturais, então é um príncipe; se violam-nas, é um tirano, a agir segundo seus caprichos e deixando de cumprir as funções de seu cargo.

O que, de fato, João de Salisbury entendia por lei quando dizia que o príncipe está a ela sujeito? Acaso cuidava que o príncipe estava sujeito às leis promulgadas? Ia já assentado, até certo ponto, que o governante estava sujeito aos costumes locais, aos decretos de seus antecessores e às tradições legais de seu país que se desenvolveram com o correr do tempo; embora seus escritos políticos pouco dissessem do feudalismo, uma vez que se baseava grandemente nos escritores do

---

[61] *Liber ad Gebehardum*, 30 e 47.
[62] Ibid., 47.

período romano, é razoável supor que ele compartilhasse das crenças comuns nesta matéria, coisas que seus juízos a este respeito deixam transparecer, embora manejasse a questão do poder e do governo a partir da lei romana, e certamente não houvesse de concordar com a aplicação absoluta da máxima romana *Quod principi placuit legis habet vigorem* aos senhores feudais.

Assim, já que João de Salisbury prezava a lei romana, a havia por um dos principais fatores civilizadores da Europa, viu-se obrigado a interpretar a máxima supracitada sem, ao mesmo tempo, sacrificar suas convicções quanto ao restrito do poder principesco. Em primeiro lugar, como o próprio Ulpian entendia sua máxima? Sendo jurista, punha a mira em justificar e explicar a legalidade dos decretos e constituições imperiais. Segundo os juristas da República, a lei se impunha sobre o magistrado; por outra parte, é certo que, no tempo do Império, o próprio imperador era uma das fontes da lei positiva, e cabia aos juristas darem conta da validade desta posição. Ulpian, então, dizia que, se bem que a autoridade legislativa do imperador derivasse do povo romano, este mesmo povo, por meio da *lex regia*, ao investi-lo imperador, transferia-lhe todo o seu poder e autoridade, por forma que, uma vez assim investido, sua vontade tem força de lei. Por outro lado, estava Ulpian, simplesmente, a explicar a legalidade dos decretos imperiais: ele não tencionava formular uma teoria política quando afirmou que estava no poder do imperador ignorar a justiça natural e os princípios da moralidade. Quando João de Salisbury observou, referindo-se expressamente à máxima ulpiana, que a idéia de que o príncipe não está constrangido pela lei não deve ser entendida no sentido de que ele pode cometer injustiça, mas que ele deve se ater à eqüidade ou à justiça natural por amor à justiça e não por medo do castigo, que não se aplica a ele, aliás, ele estava a expressar a tradição comum dos juristas feudais e não contradizendo aquela máxima. Quando, para o fim da Idade Média, alguns teóricos políticos apartaram a máxima de Ulpian da pessoa do imperador e, transferindo-a ao monarca nacional, interpretaram-na em sentido absolutista, esqueciam-se da tradição comum do medievo, e ao mesmo tempo alteravam o sentido da máxima, como se fosse uma afirmativa abstrata da teoria política absolutista.

À guisa de conclusão, poder-se-ia dizer que João de Salisbury aceitou a supremacia do poder eclesiástico (*Hunc ergo gladium de manu Ecclesiae accipit princeps*),[63] ao mesmo passo que levava sua distinção entre o príncipe e o tirano às suas conseqüências lógicas, postulando a legitimidade do tiranicídio. Com efeito, uma vez que o tirano se opõe ao bem comum, o tiranicídio, por vezes, pode ser obrigatório,[64] embora tenha se dado ao trabalho de observar que não deva ser levado a cabo por envenenamento.

---

[63] *Polycrat.*, 4, 3.
[64] Ibid., 8, 10.

CAPÍTULO IV
A escola de São Vítor

Hugo de São Vítor; provas da existência de Deus, fé, misticismo — Ricardo de São Vítor; provas da existência de Deus — Godofredo de São Vítor e Walter de São Vítor.

A Abadia de São Vítor, localizada fora dos muros de Paris, ligava-se à ordem agostiniana. Vimos que Guilherme de Champeaux andou associado a ela, para onde se retirou depois de ser derrotado por Abelardo, mas a escola avulta, principalmente, graças ao trabalho de dois homens, um alemão, Hugo de São Vítor, outro escocês, Ricardo de São Vítor.

1. Hugo de São Vítor nasceu em 1096 na Saxônia, e completou seus primeiros estudos no mosteiro de Hamersleben, próximo de Halberstadt. Depois de tomar o hábito, foi-se a Paris, em 1115, para dar continuidade aos estudos na abadia de São Vítor. Em 1125 começou a lecionar, e a partir de 1133 até sua morte em 1141, tomou para a si a tarefa de dirigi-la. Um dos mais proeminentes teólogos, dogmático e místico, de seu tempo, não desmerecia o cultivo das artes, considerando não apenas que o estudo delas, se feito corretamente, ajuda a desenvolver a mesma teologia, senão também que todo o conhecimento tem utilidade. "Aprende de tudo: hás de ver, com o correr do tempo, que nada é supérfluo".[65] Filosoficamente, sua principal obra é o *Didascalion*, em sete livros, na qual trata das artes liberais (três livros), teologia (três livros), e meditação religiosa (um livro); também seus escritos sobre a teologia do Sacramento são de interesse para o teólogo. Compôs ainda obras de cunho exegético e místico, bem como um comentário à Hierarquia Celeste, de Pseudo-Dionísio, a partir da tradução latina de João Escoto Erígena.

Seu empenho de classificação e sistematização das ciências foi mencionado mais acima, quando falávamos da tendência sistematizadora discernível já com o rodar do século XII, que se deveu em parte à aplicação da dialética à teologia; também já ficou mencionada sua teoria da abstração, quando examinávamos a controvérsia dos universais.[66] Estes dois pontos põem a lume os aspectos aristotélicos do pensamento de Hugo; sua doutrina psicológica, por sua vez, era de cunho notoriamente agostiniano.

O sábio de força aprende a própria existência; e quando alguém rompe a considerar sua verdadeira natureza, percebe-se como diferente de tudo quanto pode ser visto. Porque aquilo em nós que é capaz de raciocinar,

---
[65] PL, 176, 800C.
[66] V. p. 617.

embora, por assim dizer, infuso na carne, e com ela entremeado, ainda assim pode ser distinguido, por meio da razão, da substância da carne, pelo que nos aparece como de natureza outra.[67]

Em outras palavras, a consciência e a introspecção dão testemunho não apenas da existência da alma, como também de espiritualidade e imaterialidade dela. Além do mais, é a mesma alma uma pessoa dotada, enquanto espírito racional, de personalidade, e cujo corpo entra na composição da personalidade humana apenas à força da união que vai entre ele e o espírito racional.[68] Eles dois vão unidos a modo de "aposição" e não de composição.[69]

Hugo de São Vítor contribuiu para o avanço da teologia natural ao se valer, tanto interna quanto externamente, de argumentos a posteriori. O primeiro modo de prova assenta-se sobre a experiência da autoconsciência, a consciência de um si que é "visto" de maneira puramente racional e não pode ser material. Pelo que é da autoconsciência como realidade necessária para a existência dos seres racionais, Hugo assevera que, como a alma nem sempre esteve consciente da própria existência, tempo houve em que não existia. Entretanto, ela não conseguiria se constituir a si mesma no ser: deve-se-lhe atribuir a existência a algo outro, de natureza necessária e auto-existente: Deus.[70] Esta prova está um pouco comprimida; baseia-se, a rigor, nas premissas de que a causa de um princípio racional deve ser ela própria racional, e de que um regresso ao infinito é impossível. Esta "interioridade" de que fala o filósofo certamente lembra a de Agostinho, mas não se trata aqui da prova agostiniana a partir do conhecimento que a alma guarda das verdades eternas, e aliás nem sequer pressupõe uma experiência religiosa, e muito menos mística, uma vez que vai fundada na experiência natural da autoconsciência; é precisamente o valer-se desta experiência que caracteriza a prova da existência de Deus tal como a entendia Hugo de São Vítor.

A segunda prova, a partir da experiência externa,[71] baseia-se no fato da mudança. As coisas constantemente vêm a ser e deixam de ser; a totalidade, composta destas coisas mutáveis, deve, pois, ter tido um começo. Requer, portanto, uma causa. Nada do que está ermo de estabilidade, do que deixa de ser, pode ter sido constituído no ser sem uma causa externa a si. A idéia desta prova já encontramos no *De fide orthodoxa*, de São João Damasceno.[72] Hugo, entretanto, forceja por suprir as deficiências do argumento deste.

Além desta prova, que parte da constatação da mudança que vai no mundo, Hugo de São Vítor também formula, dividida em várias partes, uma prova de

---

[67] PL, 176, 825A.
[68] Ibid., 176, 409.
[69] Ibid.
[70] *De Sacramentis*, 3, 7; PL, 176, 219.
[71] *De Sacramentis*, 3, 10; PL, 176, 219, e *Sent.*, 1, 3; PL, 176, 45.
[72] 1, 3; PG, 94, 796A.

cunho teleológico.[73] Da observação dos animais coligimos que os sentidos e os apetites encontram satisfação em objetos próprios: no mundo em geral, vemos uma grande variedade de movimentos (refere-se aqui ao movimento local), os quais, entretanto, ordenam-se harmoniosamente. Ainda, o crescimento, fato da experiência, porque consiste no acréscimo de algo novo, não pode ser efetivado apenas pela coisa que cresce. Hugo cuida que essas três observações excluem o acaso e postulam a Providência, que dirige o crescimento e o mais das coisas segundo sua lei.[74] Tal como ficou formulada, a prova é algo duvidosa, mas serve-se de fatos da experiência como ponto de partida, coisa que caracteriza, de maneira geral, as provas formuladas por Hugo de São Vítor. Quanto à matéria, adotou a teoria de Guilherme de Conches, de índole atomista. Estes átomos, segundo entendia, seriam corpos simples, mas capazes de aumento e crescimento.[75]

Para Hugo, como se vê, era evidente a possibilidade de um conhecimento natural da existência de Deus, mas ele igualmente insistia na necessidade da fé. A fé faz-se necessária não apenas porque o *oculus contemplationis*, por meio do qual a alma apreende Deus dentro em si mesma *et ea quae in Deo erant*, obscureceu-se à conta do pecado, senão também porque certos mistérios, que sobreexcedem as faculdades humanas, são propostos ao homem, para que neles creia. Eles estão, a rigor, *supra rationem*, no sentido de que a revelação e a fé são necessárias para que se logre apreendê-los, mas são *secundum rationem*, não *contra rationem*: são racionais de per si, e podem ser objeto de conhecimento, não, porém, conhecimento em sentido estrito, nesta vida, desde que a mente humana está demasiado enfraquecida e escurecida à conta do pecado. O conhecimento, portanto, considerado em si mesmo, está posto acima da fé, que não é senão a certeza das coisas ausentes, superior, sim, à mera opinião; inferior, porém, à ciência e ao conhecimento, uma vez que os homens capazes de compreender o objeto como estando imediatamente presente (os *scientes*) são superiores aos que precisam se estribar na autoridade. Podemos dizer, portanto, que Hugo de São Vítor distinguia marcadamente a fé do conhecimento e que, embora reconhecesse a superioridade deste último, nem por isso impugnava a necessidade do primeiro. Esta doutrina da superioridade do conhecimento sobre a fé de modo algum equivale à de Hegel, uma vez que Hugo certamente não considerava que o conhecimento (o natural, pelo menos) pudesse ser substituído, nesta vida, pela fé.

Mas, embora o *oculus contemplationis* esteja obscurecido pelo pecado, a mente, sob o influxo sobrenatural da graça, logra ascender, gradualmente, à contemplação do mesmo Deus. Assim, o misticismo sobrenatural coroa, nesta vida, a ascensão intelectual, do mesmo modo como, no Céu, é ela coroada pela visão beatífica de Deus. Examinar-lhe os ensinamentos de cunho místico escassamente haveria de caber nesta obra; cuido, entretanto, assinalar que a tradição

---
[73] PL, 176, 826.
[74] Cf. *De Fide Orthodoxa*, 1, 3; PG, 94, 795B.
[75] *De Sacramentis*, 1, 6, 37; PL, 176, 286.

mística de São Vítor não pode ser tida por luxo espiritual. A teologia mística desta escola formava parte integral de uma síntese teológico-filosófica. Por meio da filosofia, prova-se a existência de Deus a partir do uso da razão natural, ao passo que, pela teologia, logra-se aprender algo da natureza de Deus e aplicar os métodos dialéticos aos dados da revelação acolhidos em primeiro lugar pela fé. Estas duas formas de conhecimento (filosofia e teologia ou dialética) tem Deus por objeto: alteando-se por cima delas está a experiência, o conhecimento direto de Deus, alcançado por meio de uma experiência mística: conhecimento amoroso ou amor cognitivo de Deus. Por outra parte, o conhecimento místico não é o mesmo que visão plena, e a presença de Deus na alma, durante a experiência mística, cega-a por excesso de luz, de modo que, por cima destas formas de conhecimento de Deus (por meio da fé e através da experiência mística direta), alteia-se a visão beatífica, a ser vivida no Céu.

2. Ricardo de São Vítor nasceu na Escócia, mas foi-se a Paris logo cedo e entrou na Abadia de São Vítor, onde tornou-se subprior em 1157 e prior em 1162. Morreu em 1173. Neste período, a abadia passou por dificuldades, porque o abade, um inglês chamado Ervisius, desperdiçava-lhe os bens e fazia pouco caso da disciplina; com efeito, ele agia com tanto desprezo pela autoridade, que o Papa Alexandre III o acusou de se comportar "um outro César". Não sem dificuldade, em 1172 foi induzido a entregar o cargo, um ano antes da morte de Ricardo. Entretanto, se este abade foi meio independente e altivo, o prior, sabemo-lo à conta do necrológio da abadia, deixou após si boas lembranças, bom exemplo de vida e santos escritos.

Ricardo destaca-se como teólogo: sua obra principal é *De Trinitate*, em seis livros, mas também foi filósofo e teólogo místico. Ele publicou duas obras sobre contemplação: o *Beniamin minor*, que trata da preparação da alma para a contemplação, e o *Beniamin maior*, sobre a graça da contemplação. Por outro modo, sucedeu a contento a Hugo de São Vítor, e, como este, insistia no emprego da razão na busca e investigação da verdade. "Por várias vezes li que não há senão um único Deus, eterno, incriado, imenso, onipotente, Senhor de quanto há: ... Li, também, que meu Deus é um e três, uma substância, três Pessoas: tudo isto li; não me recordo, entretanto, de ter lido como foram todas estas coisas provadas".[76] Ainda: "Nestes assuntos, abundam autoridades, mas não argumentos; *experimenta desunt*, as provas escasseiam; penso, pois, que terei feito algo de valor se lograr ajudar, pouco que seja, os homens de estudo, mesmo sem poder satisfazê-los por completo".

Nas passagens citadas acima, percebe-se a influência de Santo Anselmo: *Credo ut intelligam*. Postos os dados da religião cristã, Ricardo de São Vítor empenha-se em compreendê-los e prová-los. Assim como Santo Anselmo pôs à mostra sua intenção de provar, a partir de "argumentos necessários", a mesma Santíssima Trindade, assim Ricardo declara, no início do seu *De Trinitate*,[77] que

---

[76] *De Trinit.*, 1, 5; PL, 196, 893BC.
[77] PL, 196, 892C.

haverá de aduzir, com a ajuda de Deus, argumentos não apenas prováveis, senão necessários a fundamentar o objeto de sua crença. Ele assinala que deve haver razões necessárias a fundamentar o que existe necessariamente, por forma que, sendo Deus necessariamente três em um, obrigatoriamente há de haver razão para tal. Por certo que não se segue do fato de que Deus é necessariamente triuno (Deus é o Ser necessário) que lhe possamos discernir esta índole necessária, e Ricardo mesmo admite que não logramos compreender a pleno os mistérios da Fé, especialmente o da Santíssima Trindade,[78] mas isto não o impede de tentar mostrar que do fato de que Deus é amor segue-se a pluralidade das Pessoas a subsistir na divindade, uma trindade de Pessoas em uma só natureza.

Estas especulações sobre a Trindade influenciaram grandemente a teologia escolástica posterior; do ponto de vista filosófico, porém, suas provas da existência de Deus são de maior importância. Tais provas, sublinha, devem basear-se na experiência: "Começamos pelas coisas que não podemos pôr em dúvida, e pelo que conhecemos a partir da experiência, para chegarmos, racionalmente, aos objetos que transcendem a experiência".[79] Os objetos da experiência a que ele se refere são as coisas contingentes, que entram a ser e deixam de ser. Esta classe de entes podemos conhecer apenas por meio da experiência, uma vez que quanto é gerado e perece não é necessário, pelo que sua existência não pode ser demonstrada a priori, embora possa ser conhecida por experiência.[80]

O argumento parte dos objetos da experiência; entretanto, para que o nosso raciocinar chegue a algo, faz-se necessário iniciar de um fundamento mais sólido e imóvel, isto é, o argumento exige um princípio certo no qual se assentar.[81] Ei-lo: tudo quanto existe ou pode vir a existir, existe ou de per si, ou a partir de outro, e quanto existe ou pode vir a existir, existe desde a eternidade ou começou no tempo. Esta aplicação do princípio da não contradição nos permite dividir, por assim dizer, o mesmo ser. Um ente existente qualquer deve existir ou (I) desde a eternidade e por si mesmo; ou (II) nem desde a eternidade nem por si mesmo; ou (III) desde a eternidade, mas não por si mesmo; ou, finalmente, (IV) não desde a eternidade, mas ainda assim por si mesmo. Esta divisão lógica em quatro categorias reduz-se imediatamente à divisão ternária, uma vez que uma criatura que não fosse desde a eternidade e fosse *a se* não pode existir, porque algo que começou a ser não pode ter dado a si mesmo o próprio ser, ou existir de necessidade.[82] Um início no tempo e a asseidade são, pois, incompatíveis; resta tornar às coisas da experiência e aplicar-lhes o princípio geral. Os entes que experimentamos, tal como os conhecemos nos reinos humano, animal e vegetal, e a rigor na natureza em geral, são corruptíveis e contingentes: eles iniciam a ser, pelo que não existem desde a eternidade. Mas, como já observado, o que não é desde a eternidade tampouco pode existir por si mesmo. Portanto, deve

---

[78] Ibid., 196, 72A.
[79] Ibid., 196, 894.
[80] PL, 196, 892.
[81] Ibid., 196, 893.
[82] Cf. Ibid., 196, 893.

ser a partir de outro. No limite, deve haver um ser que existe de per si, isto é, necessariamente, uma vez que, se não houvesse um tal ser, tampouco haveria razão suficiente para existência em geral: nada existiria, ao passo que, a rigor, sabemos por experiência que algo existe. Se se objeta que este *ens a se*, embora tenha de necessariamente existir, é o próprio mundo, Ricardo contraporia que esta possibilidade já estava excluída, porque temos experiência do caráter contingente das coisas que compõem o mundo.

Se, na primeira prova, afasta-se Ricardo, pelo menos quanto ao procedimento, de Santo Anselmo, a prova seguinte marca um retorno ao estilo anselmiano.[83] É fato da experiência que há no mundo diferentes graus de bondade ou perfeição; o ser racional, por exemplo, é superior ao irracional. Partindo desse fato da experiência, Ricardo de São Vítor argumenta que, logicamente, deve haver um ente superior aos demais. Como o racional é superior ao irracional, essa substância suprema deve, inapelavelmente, ser intelectual, uma vez que o mais alto não pode receber determinações do que lhe esteja abaixo, do que lhe seja subordinado; deve ser e existir de per si, o que implica necessariamente a sua eternidade. Algo deve ser eterno e *a se*, como já foi demonstrado, pois, do contrário, nada haveria de existir, e, pela experiência, sabemos que algo de fato é, e, se o superior nada recebe do inferior, esse algo deve ser também o mais alteado, a Substância suprema, o Ser eterno e necessário.

Em terceiro lugar, Ricardo tenta provar a existência de Deus a partir da noção de possibilidade.[84] No todo do universo, nada pode existir se não tiver a possibilidade de ser (a potencialidade ou o poder de ser), seja que a tenha de per si, seja que a receba de outro. Àquele que lhe falta a possibilidade de ser, ou seja, a coisa que é completamente impossível, não é nada; para que algo exista, deve receber a capacidade de existir (*posse esse*) do fundamento da possibilidade. (Ricardo de São Vítor dá por pressuposto que os objetos do universo não podem receber essa possibilidade de si mesmos, não podem ser auto-subsistentes: na sua primeira prova, ele já mostrara a incompatibilidade entre a asseidade e a temporalidade, ou o ter início no tempo). Este fundamento último da possibilidade, portanto, fonte da possibilidade e da existência de todas as coisas, deve ser autodependente e último. Toda essência, todo poder e toda sabedoria dependem deste princípio, de modo que é ele a suprema essência, como fundamento de todas as essências, suprema Sabedoria, como fonte de toda a sabedoria, já que é impossível que a fonte infunda uma qualidade maior que si mesma. Não pode, entretanto, haver sabedoria apartada da substância racional, na qual se faz imanente: deve haver, pois, uma Substância racional e suprema, na qual subsiste a mesma sabedoria. O Fundamento de toda a possibilidade é a substância suprema.

Todos estes argumentos são, está claro, o exercitar da inteligência racional, discursiva, do *oculus rationis*, superior ao *oculus imaginationis*, o qual percebe o

---

[83] *De Trinit.*, 1, 11; PL, 196, 895–6.
[84] *De Trinit.*, 1,12; PL, 196, 896.

mundo corpóreo, mas ainda assim inferior ao *oculus intelligentiae*, por meio do qual o mesmo Deus é contemplado.[85] No estrato inferior, os objetos dos sentidos são captados como imediatamente presentes; no intermediário, a inteligência pensa discursivamente objetos que não são visíveis de imediato, transitando, por exemplo, do efeito à causa e vice-versa; no superior, por fim, a inteligência contempla um objeto invisível, Deus, como imediatamente presente.[86] A contemplação dir-se-ia o análogo espiritual da percepção sensível, compadecendo-se, em oposição ao pensamento discursivo, ambos na imediatez e concretude, desconvindo, entretanto, pelo fato de que a primeira é uma atividade puramente espiritual, dirigida a um objeto puramente espiritual. A sua divisão dos seis estados de conhecimento, partindo da percepção da beleza de Deus na criação e chegando à *mentis alienatio*, sob ação da graça, influenciou São Boaventura na composição do seu *Itinerarium mentis in Deum*.

3. Godofredo de São Vítor (m. 1194), escreveu *Fons Philosophiae*, na qual classifica as ciências e trata de filósofos e transmissores da cultura como Platão, Aristóteles, Boécio e Macróbio, dedicando um capítulo ao problema dos universais e às soluções propostas. Walter de São Vítor (que morreu depois do ano de 1180) foi o autor da célebre diatribe *Contra quattuor labyrinthos Franciae*, Abelardo, Pedro Lombardo, Pedro de Poitiers e Gilberto de la Porrée, representantes da teologia dialética que, segundo Walter, estavam inchados do espírito de Aristóteles e tratavam com leviandade escolástica objetos inefáveis como a Santíssima Trindade e a Encarnação, e vomitaram muitas heresias e chafurdaram em erros. Em outras palavras, Walter de São Vítor foi um reacionário que não representa o espírito genuíno de São Vítor, de Hugo e Ricardo, que a contento entremeavam filosofia, teologia dialética e misticismo. Em todo caso, o tempo não volta atrás: a teologia dialética viera para ficar, e nos séculos seguintes atingiu o cume nas grandes sumas sistemáticas.

---

[85] *De gratia contemplationis*, 1, 3, 7; PL, 196, 66CD, 72C.
[86] *De gratia contemplationis*, 1, 3, 9; PL, 196, 110D.

CAPÍTULO V
Dualistas e panteístas

Albigenses e cátaros — Amalrico de Bene — Davi de Dinant.

1. No século XIII, São Domingos pregou contra os albigenses. Esta seita, assim como a dos cátaros, já se dilatara pelo sul da França e pela Itália durante o século XII. O núcleo de suas idéias fundava-se num dualismo de cunho maniqueísta, que aportou na Europa através de Bizâncio. Existem dois princípios últimos, um bom e o outro mau: o primeiro criou a alma; o segundo, o corpo e a matéria em geral. Partindo desta premissa, concluíram não apenas que o corpo é mau e que deve, portanto, ser superado por meio da ascese, mas também que são errados o casamento e a procriação. Pode parecer estranho que uma seita que esposava tais idéias viesse a florescer, mas é preciso ter em mente que eles haviam por suficiente que apenas uns poucos, os *perfecti*, pusessem por obra as práticas ascéticas, de modo que os seguidores menos exaltados estavam liberados para levar uma vida mais comum, dado que recebessem a bênção de um desses "perfeitos" antes da morte. Deve-se notar, no que diz respeito à atenção que as autoridades civis e eclesiástica dedicaram aos albigenses e cátaros, que o condenar a procriação e o casamento como males naturalmente levava à conclusão de que o concubinato estava em pé de igualdade com o casamento. Além disso, os cátaros negavam a legitimidade dos juramentos e da guerra. Era natural, portanto, que as autoridades os considerassem verdadeira ameaça à civilização cristã. A seita dos valdenses, que ainda existe, remonta ao movimento cátaro, e originalmente esposava noções dualistas, se bem que tenha sido absorvida pela Reforma, quando se armou de anti-romanismo e anticlericalismo.[87]

2. Amalrico de Bene nasceu nas proximidades de Chartres e morreu em 1206/7, quando era professor de teologia em Paris. Santo Tomás de Aquino[88] observa: "Outros dizem que Deus é o princípio da forma de todas as coisas, e parece que foi esta a opinião dos amalricianos", ao passo que Martinho da Polônia diz que Amalrico cuidava ser Deus a essência de todas as criaturas e a existência de todas as criaturas. Aparentemente, ele interpretou em sentido panteístico os ensinamentos de João Escoto Erígena e o texto de Teodorico de Chartres e Clarembaldo de Arras, chegando mesmo a dizer que as Pessoas da Trindade são criaturas, que todas as três encarnaram e que cada homem singular é tão Deus quanto o mesmo Cristo. A partir desta doutrina de Amalrico,

---
[87] As fontes de que dispomos da doutrina Albigense não são abundantes, e a história desse movimento é algo obscura.
[88] *S. T.*, Ia, q. 3, art. 8, in corpore.

alguns de seus seguidores concluíram que o pecado é irreal, dado que, se todos os homens são divinos, não há que se falar em pecado. Quer tenha Amalrico esposado conscientemente uma doutrina de índole panteísta ou não, ele foi, de todo modo, acusado de heresia e teve de se retratar; suas doutrinas foram condenadas em 1210, depois de sua morte, assim como as de João Escoto Erígena.

3. Se, para Amalrico de Bene, Deus é a forma de todas as coisas, para Davi de Dinant Ele identifica-se com a matéria-prima, sendo a potencialidade de todas as coisas. Pouco se sabe de sua vida, ou das fontes das quais bebeu; tampouco de suas próprias doutrinas, uma vez que seus escritos, condenados em 1210 e proibidos em Paris em 1215, perderam-se. Santo Alberto Magno atribui-lhe[89] um *De tomis, hoc est de divisionibus*, ao passo que os documentos do Concílio de Paris (1210) atribuem-lhe a obra *Quaternari* ou *Quaternuli*, embora Geyer, por exemplo, suponha que estes dois títulos refiram-se à mesma obra e se refiram ao número de seções ou parágrafos dela (*quaterni*). Em todo caso, dependemos, para conhecer-lhe a doutrina, de citações que encontramos na obra de Santo Alberto Magno, Santo Tomás de Aquino e Nicolau de Cusa.

Na *Suma teológica*[90] Santo Tomás observa que Davi de Dinant "insensatamente disse ser Deus a matéria-prima". Em outra parte,[91] afirma que Davi dividia as coisas em três classes: corpos, almas e substâncias eternas; os corpos são constituídos de *Hyle*, as almas de *Nous* ou inteligência, e as substâncias eternas de Deus. Estes três constituintes são os três indivisíveis, e os três indivisíveis são todos o mesmo. Assim, todos os corpos seriam modos de um ser indivisível, *Hyle*, e todas as almas seriam modos de um ser indivisível, *Nous*; mas estes dois entes indivisíveis são um só, e Davi os identificava com o mesmo Deus, que é a Substância única. "É evidente (de acordo com Davi) que só há uma substância, não apenas dos corpos, mas também das almas, e ela não é senão Deus... É sem questão, pois, que Deus é a substância de todos os corpos e almas, e que Ele, a *Hyle* e a *Mens* formam uma só substância".[92]

Davi de Dinant tentou provar dialeticamente essa posição. Para que duas substâncias divirjam uma da outra, devem fazê-lo em virtude de alguma diferença entre elas, e a presença desta mesma diferença implica um elemento em comum. Ora bem, se a matéria diferisse da mente, de força haveria uma *differentia* na matéria-prima, isto é, uma forma e uma matéria próprias, e, neste caso, iríamos ao infinito.[93] Santo Tomás expõe o argumento do modo seguinte.[94] Quando as coisas não diferem de modo algum uma das outras, são elas a mesma. Ora, as coisas que diferem umas das outras, fazem-no à conta de *differentiae*, e neste caso devem ser compostas. Mas Deus e a matéria-prima são absolutamente simples, não são entes compostos, portanto não podem diferir um do outro de

---

[89] *S. T.*, Ia, q. 4, art. 20, ad. 2, quaest. Incidens.
[90] Ia, 3, 8, *in corpore*.
[91] *2 Sent.*, 17, 1, 1.
[92] S. Alb. M., *S. T.*, Ia, t. 12, q. 72, membr. 4, a2, n4.
[93] Ibid., Ia, t. 4, q. 20, membr. 2; *In Metaphi.*, t.4, c. 7.
[94] *S. T.*, Ia, q. 3, art. 8, ob. 3.

forma alguma, e são, por conseguinte, o mesmo ser. A isto responde Santo Tomás que entes compostos, como, por exemplo, homem e cavalo, de fato diferem um do outro em virtude de *differentiae*, mas isto não se aplica às coisas simples: as coisas simples, a falar verdade, devem ser ditas diversas (*diversa esse*), não diferentes (*differre*). Em outras palavras, ele acusa Davi de jogar com os termos, de escolher, para expressar a diversidade entre Deus e a matéria, um termo que implica a composição de Deus e matéria.

Por que Santo Alberto e Santo Tomás consideraram que valia a pena prestar atenção em um sistema panteístico, cujos fundamentos teoréticos são constituídos apenas de equívocos dialéticos? Não, talvez, por medo de que essa teoria viesse a exercer grande influência, mas sim para preservar a Aristóteles. Discute-se ainda as fontes de que bebeu Davi, mas é certo que ele se familiarizou com o antigo materialismo através da *Física* e da *Metafísica* de Aristóteles, e é bastante evidente que se serve dos conceitos aristotélicos de matéria e forma. Em 1210, o mesmo Concílio de Paris que condenou as obras de Davi proibiu o ensino, público ou privado, da filosofia natural de Aristóteles na universidade. É bem provável, portanto, que Santo Tomás tencionasse demonstrar como o monismo de Davi não se seguia dos ensinamentos de Aristóteles; e na sua resposta à objeção já citada, ele refere-se explicitamente à metafísica.

PARTE IX
Filosofias islâmica e judaica: traduções

CAPÍTULO I
Filosofia islâmica

As razões do estudo da filosofia islâmica — Origens da filosofia islâmica — Alfarabi — Avicena — Averróis — Dante e os filósofos árabes.

1. Para o leitor que está a se familiarizar com a filosofia da Idade Média, deparar um capítulo sobre a filosofia árabe numa obra dedicada à filosofia medieval, ao pensamento da Cristandade medieval, pode ser desconcertante. Entretanto, acha-se hoje fartamente documentada a influência, para o bem ou para mal, que a filosofia islâmica exerceu sobre a Cristandade, e dificilmente poder-se-ia passar sem dizer algo dela. A filosofia árabe foi um dos principais canais pelos quais as obras de Aristóteles foram introduzidas no Ocidente; mas os grandes filósofos do islã medieval, homens como Avicena e Averróis foram mais do que simples transmissores ou comentadores; a filosofia de Aristóteles, adaptaram-na, desenvolveram-na mais ou menos segundo o espírito do neoplatonismo, e muitos dentre eles interpretaram o pensamento do estagirita em pontos focais de um modo que, exegeticamente correto ou não, era incompatível com a teologia e fé cristãs.[1] Quando, por exemplo, Aristóteles aparecia ao pensador cristão medieval na forma dada por Averróis, naturalmente o tinham por inimigo da sabedoria cristã, da filosofia cristã em sentido amplo. Isto explica, em grande parte, a oposição que ofereceram, no século XIII, muitos cristãos, à filosofia aristotélica; com efeito, eles pensavam que o filósofo pagão era inimigo de Agostinho, de Anselmo e dos grandes filósofos do cristianismo. Esta oposição variava em grau, desde um rudimentar desgostar, por prevenção contra inovações, até oposições bem fundamentadas, como a de São Boaventura. Este movimento é deveras compreensível, sobretudo porque filósofos como Averróis, por exemplo, reclamavam para si a interpretação correta de Aristóteles, interpretação esta que, em vários pontos fulcrais, chocava-se com a crença cristã. Isto também explica a atenção dedicada aos filósofos islâmicos por aqueles pensadores (particularmente Santo Tomás de Aquino) que viam no sistema aristotélico não apenas um instrumento de valor para a expressão dialética da teologia cristã, como também uma verdadeira filosofia; cabia-lhes mostrar que a filosofia aristotélica não se resumia a interpretação que dela davam alguns filósofos muçulmanos: buscavam dissociar-se de Averróis e separar o aristotelismo deste do seu.

Para que se entenda a preceito as discussões de Santo Tomás de Aquino e outros, faz-se necessário conhecer algo da filosofia medieval islâmica, mas,

---

[1] É bem verdade, entretanto, que alguns filósofos islâmicos, como Avicena, por exemplo, facilitaram, por meio de seus escritos, uma interpretação cristã do pensamento de Aritóteles.

além disso, também porque surgiram nesta época, na escola de Paris, filósofos que diziam representar o aristotelismo na sua íntegra; o principal dentre eles foi Siger de Brabant. Estes aristotélicos "integrais", os genuínos aristotélicos como gostavam de se pensar, entendiam por aristotelismo genuíno o sistema de Aristóteles tal como interpretado por Averróis, o comentador *par excellence*. Para que o pensamento desta escola e as controvérsias de Paris sejam devidamente apreciadas, faz-se obviamente necessário o estudo do lugar de Averróis na história da filosofia e de sua doutrina.

Embora eu deva tratar aqui da filosofia islâmica, não é o escopo deste livro examiná-la por si mesma. Claro que ela, por si mesma, apresenta interesse (por exemplo, quanto às suas relações com a teologia islâmica, e às tentativas de reconciliá-las, e também às tensões que vão entre elas, bem como às relações do pensamento islâmico com o misticismo no mundo islâmico, e ainda à filosofia islâmica com a cultura islâmica em geral), mas só posso esboçar os traços principais que a caracterizavam durante esse período; quer dizer, irei estudá-la menos por si mesma do que em função de sua influência sobre o pensamento da Cristandade medieval. Este modo de proceder, talvez um pouco unilateral, não é para diminuí-la, nem afirma implicitamente a desimportância da filosofia islâmica em si mesma: exigem-no, simplesmente, o propósito geral e o escopo deste livro, bem como, por certo, considerações de espaço.

2. Se a filosofia islâmica e a cristã, por uma parte, ligam-se do modo sobredito, por outra, também o fazem em suas origens: foram os cristãos sírios que verteram para o árabe, primeiramente, as obras de Aristóteles e outros filósofos da Antigüidade. O primeiro estágio consistiu na tradução de obras gregas para o siríaco na escola de Edessa, Mesopotâmia, fundada por São Efraim de Nisibis, a 363, e fechada pelo Imperador Zeno em 489, à conta dos nestorianos que lá se instalaram. Aí, algumas das obras de Aristóteles foram traduzidas para o siríaco, sobretudo as que lidam com o tema da lógica, mas também o *Isagoge* de Porfírio. Este trabalho teve continuidade na Pérsia, em Nisibis e Gandiaspora, para onde se foram os estudiosos quando do fechamento da escola. Assim, foram as obras de Platão e Aristóteles vertidas para o persa. No século VI, as obras de Aristóteles, Porfírio e do Pseudo-Dionísio foram traduzidas para o siríaco na escola Monofisita da Síria.

O segundo estágio consistiu na tradução do siríaco para o árabe. Mesmo antes do tempo de Maomé (569–632), havia alguns cristãos nestorianos que trabalhavam entre os árabes, em sua maior parte como médicos, e quando os abássidas tomaram o lugar dos omíadas em 750, estudiosos sírios foram convidados para a corte árabe em Bagdá. De início, foram traduzidas obras de medicina; com o tempo, porém, também livros de filosofia, e em 832, uma escola de tradutores foi criada em Bagdá, onde os escritos de Aristóteles, Alexandre de Afrodisias, Temistius, Porfírio e Amônio foram traduzidos. A *República* e as *Leis* de Platão também foram vertidas para o árabe, bem como (já na primeira metade do século IX) a então chamada *teologia* de Aristóteles, que na verdade era uma compilação das *Enéadas* (4-6), de Plotino, erroneamente atribuída ao estagirita. Anote-se que também foi atribuído a Aristóteles o *Liber de causis*, que não é senão a *Institutio theologica* de Proclo. Estas obras falsamente atribuídas, bem como as traduções árabes de comentadores neoplatônicos de Aristóteles, ajudaram a popularizar entre os muçulmanos a interpretação neoplatônica do sistema aristotélico, se bem que influências outras, — assim como a própria filosofia de Aristóteles e dos neoplatônicos —, tenham contribuído para a formação da filosofia islâmica, a saber, a mesma religião e o pensamento oriental, como o persa, por exemplo.

3. Os filósofos muçulmanos podem ser divididos em dois grandes grupos, o ocidental e o oriental. Nesta seção, examinarei brevemente a filosofia de três deles, do grupo oriental.

(I) Al-Farabi, que fez parte da escola de Bagdá e morreu em 950, é um ótimo exemplo do resultado de todas aquelas influências mencionadas acima. Ele ajudou a introduzir no mundo islâmico a lógica de Aristóteles; por meio de sua divisão entre os departamentos de filosofia e teologia, contribuiu para a tomada de consciência da filosofia como disciplina autônoma, separada da teologia. A lógica, segundo pensava, é propedêutica, preparatória, para a filosofia propriamente dita, que ele dividia em física, a qual abarcava as ciências particulares (que incluía também a psicologia, que, por sua vez, lidava com a teoria do conhecimento) e metafísica (a física e a metafísica eram os dois ramos da filosofia teorética), e a ética ou filosofia prática. O seu esquema da divisão da teologia incluía (1) a onipotência e a justiça divinas; (2) a unidade e outros atributos de Deus; (3) a doutrina dos estados póstumos; (4) e (5) os direitos individuais e as relações sociais do muçulmano. Com o apartar a filosofia da teologia, Al-Farabi não tencionava solapar ou suplantar a esta última; a rigor, ele servia-se da lógica e destes esquemas como auxiliares da teologia.

Além disso, Al-Farabi valeu-se de argumentos aristotélicos para provar a existência de Deus. Assim, por exemplo, supondo que as coisas que vão no mundo são movidas, isto é, passivas, idéia esta aliás que quadra bem com a teologia islâmica, ele argumentou que elas devem receber o movimento de um primeiro Motor, Deus. Ainda: os objetos deste mundo são contingentes, não existem de necessidade: neles, a existência não está dada na essência, coisa que se observa do fato de que vem a ser e perecem. Disto se tira que receberam o seu existir, donde se conclui pela necessidade, em última análise, de um Ser que existe essencialmente, necessariamente, causa da existência de todos os entes contingentes.

Por outro lado, pelo que é das feições gerais de seu sistema, notabilizam-se os elementos oriundos do neoplatonismo. Assim, ele serve-se do tema da emanação para mostrar como, a partir da Deidade suprema ou do Um, procedem a inteligência e alma do mundo; e dos pensamentos ou idéias procede o Cosmos; e das esferas superiores ou exteriores procedem as inferiores ou interiores. São os corpos compostos de matéria e forma. A inteligência do homem é iluminada pela inteligência cósmica, que é intelecto agente do homem (ὁ νοῦς ἐπίκτητος de Alexandre Afrodisias). Além do mais, o fato de nossos conceitos enquadrarem-se bem com as coisas criadas é explicado por esta iluminação do intelecto humano, uma vez que as idéias em Deus são a uma os exemplares e a fonte dos conceitos na mente humana e das formas das coisas.

Essa doutrina da iluminação está conectada não apenas com o platonismo, como também com o misticismo oriental. O próprio Al-Farabi ligou-se à escola mística ou seita Sufi, que imprimiu à sua filosofia uma orientação religiosa. O empenho supremo do homem é conhecer a Deus, e, assim como o processo do universo pode ser sintetizado num extravasar de Deus e num retornar a Ele, assim cabe ao homem, que procede de Deus por meio do processo de emanação e que é por Ele iluminado, lutar para retornar a Deus e semelhá-Lo.

(ii) O maior filósofo muçulmano do grupo oriental é, sem dúvida, Avicena ou Ibn Sina (980–1037), o verdadeiro formulador do sistema escolástico no mundo islâmico.[2] Persa por origem, foi educado em árabe, e a maior parte de suas obras, aliás numerosíssimas, foi escrita nesta língua. Criança precoce, aprendeu em seqüência o Corão, literatura árabe, geometria, jurisprudência e lógica. Mais avançado do que seus instrutores, estudou, por conta própria, teologia, física, matemática e medicina, a qual começou a praticar já aos dezesseis anos. A seguir, dedicou ano e meio ao estudo da filosofia e da lógica; foi apenas, porém, quando encontrou um comentário de Al-Farabi que logrou compreender a contento a *Metafísica* de Aristóteles, a qual havia lido, segundo ele mesmo nos conta, quarenta vezes sem tê-la entendido. O resto de sua vida foi corrido e aventuroso; atuou como vizir de não poucos Sultões, praticou a medicina, experimentando em suas viagens os altos e baixos da vida e os favores e desfavores dos príncipes. Entretanto, nunca deixou de filosofar, dando continuidade aos estudos em toda e qualquer situação, mesmo na prisão e no lombo do cavalo. Morreu durante Ramadã, aos 57 anos, depois de ter feitos as abluções, arrependido-se dos pecados, distribuído esmolas à farta e libertado seus escravos. Sua principal obra, *As-Sifa*, conhecida no medievo como *Sufficientiae*, trata de lógica, física (incluindo as ciências naturais), matemática, psicologia e metafísica. O *Najat* era uma coleção de textos extraídos da obra anterior e arranjados em ordem diversa.

Sua divisão da filosofia *lato sensu* em lógica, de caráter propedêutico, filosofia especulativa (física, matemática e teologia) e filosofia prática (ética, econômica e política) não é notável, exceto pelo fato de que, nela, a teologia divide-a em teologia primeira (que equivale à ontologia e à teologia natural) e a teologia segunda (que lida com temas próprios ao Islam), coisa que distingue a perspectiva teológica islâmica da grega. Sua metafísica, apesar de acolher a influência de Aristóteles e de filósofos neoplatônicos, tem características peculiares, o que mostra que, mesmo que tenha tomado de empréstimo idéias de outros filósofos, Avicena planejou o próprio sistema cuidadosa e independentemente.

---

[2] A forma "Avicena", pela qual os medievais conheciam *Ibn Sina*, deriva do hebraico *Aven Sina*.

Por exemplo, embora concorde com Aristóteles em que o estudo do ser enquanto ser caiba à metafísica, Avicena vale-se de imagens não-aristotélicas para mostrar que a inteligência apreende necessariamente a idéia de ser, embora, via de regra, seja esta noção extraída da experiência. Imaginemos um homem apenas criado, incapaz de ver ou ouvir, a flutuar no espaço vazio, e cujos membros estão dispostos de tal maneira que não podem se tocar. Supondo-se, disto, que ele não pode adquirir a noção de ser pelos sentidos, através da visão ou do tato, estaria ele definitivamente privado dela? Não, porque, estando consciente da própria existência, afirmá-la-ia, de modo que, mesmo incapaz de apreender a noção de ser por meio da experiência externa, pode apreendê-la através da autoconsciência.[3]

Para Avicena, a noção de necessidade é primária: segundo pensava, todos os seres são necessários. Importa, entretanto, distinguir-se dois tipos de necessidade. Um objeto qualquer do mundo não é necessário de si mesmo: sua essência não abarca sua existência, como mostra o fato de ser gerado e corromper-se. É ele necessário, porém, no sentido de que sua existência é determinada pela operação necessária de uma causa externa. Analogamente, para Avicena, o ser contingente é aquele cuja existência depende não de sua própria essência, e sim da ação necessária de uma causa externa. Tais seres, com efeito, são causados e, portanto, "contingentes" e, no entanto, a operação da causa é determinada.

Isto o leva a dizer que a cadeia de causas não pode ser infinita, desde que, nesse caso, nenhum ente encontraria sua razão de ser; deve, pois, haver uma causa primeira, de per si incausada. Este Ser incausado, o Ser necessário, não pode receber a própria essência de um ser outro, nem pode existir apartado de sua essência, uma vez que a composição de partes implica uma causa anterior que as una: essência e existência, portanto, devem ser idênticas no Ser necessário. Esse Ser último é necessário de per si, não assim, porém, os entes "contingentes", necessários apenas pela agência de um outro. Disto se colhe que o conceito de ser, quando aplicado ao ser necessário e ao ser contingente, não tem o mesmo sentido. Não são, pois, espécies de um mesmo gênero; antes, o Ser pertence, por excelência, própria e primariamente, ao Ser necessário e é predicado do ser contingente apenas analógica e secundariamente.

Bastante próxima dessa distinção entre o possível e o necessário vai a distinção entre a potencialidade e o ato. A potencialidade, como já dissera Aristóteles, é o princípio de mudança em outro enquanto outro; esse princípio existe tanto no agente (potência ativa), quanto no paciente (potência passiva). Além do mais, há graus de potência e ato, que vão desde o limite inferior, a pura potencialidade — a matéria-prima —, ao limite superior, puro ato — o Ser necessário —, mesmo que Avicena não empregue a expressão "ato puro" *quoad verbum*. Assentadas estas noções, Avicena parte a demonstrar que Deus é verdade, bondade, amor e vida. Por exemplo, o Ser que está sempre em ato, sem potencialidade ou privação, deve ser Bondade absoluta, e uma vez que

---

[3] Sifa, 1, 281 e 363.

os atributos divinos são ontologicamente indistinguíveis, a bondade divina identifica-se ao amor absoluto.

Sendo Deus bondade absoluta, tende a dilatar-se, a irradiá-la, e isto significa que Ele cria o mundo necessariamente. Porque Deus é o ser necessário, todos seus atributos devem reter essa parte de necessidade: Ele é, portanto, Criador necessário, donde se conclui que o mundo é criado desde a eternidade, porque, se Deus é necessariamente Criador e eterno, logo a criação deve ser ela mesma eterna. Além disso, se Deus cria por uma necessidade que lhe é natural, então não se pode falar que Ele cria livremente, ou que poderia, se assim o desejasse, não criar, ou criar coisas outras. Entretanto, Deus só pode produzir imediatamente por meio de um ser que o semelhe: é impossível para Deus criar coisas materiais diretamente. Logicamente, então, o primeiro ser que d'Ele procede é a inteligência primeira. Ela pode ser dita criada no sentido de que procede de Deus: recebe a existência, e nisto emerge a dualidade. Se no um não há traço de dualidade, na inteligência primeira tal traço já é encontrado: essência e existência (esta última é recebida), mas também uma dualidade de cunho cognitivo: essa inteligência primeira conhece ao um como necessário e a si mesma como "possível". Deste modo, Avicena procede deduzindo as dez inteligências, que exibem uma multiplicidade crescente, e deste modo logra franquear o abismo entre a unidade de Deus e a multiplicidade da Criação. A décima inteligência é dita "doadora de formas", recebidas na matéria-prima, pura potencialidade (ou melhor: potencialidade "privada de" forma, sendo, portanto, um "mal" em certo sentido), o que possibilita a multiplicação de indivíduos de uma determinada espécie. As dez inteligências diferem umas das outras apenas por força da espécie, segundo aproximem-se mais ou menos do Um e da simplicidade, decrescente devido ao processo de emanação. Mas como a matéria é o princípio de individuação, a mesma forma específica pode multiplicar-se numa pluralidade de objetos concretos individuais, ainda que a matéria-prima tenha de, primeiro, ser resgatada de seu estado de pura indeterminação e preparada para a recepção da forma, a começar pela *forma corporeitatis*, e logo por meio da ação de causas externas que predispõe a matéria para a recepção de uma espécie em particular.

Cabe ainda à décima inteligência outra função, além desta de *Dator formarum*: no homem, faz as vezes do intelecto agente. Quando analisa o processo de abstração, Avicena não atribui ao intelecto humano enquanto tal o ato final da abstração, a apreensão do universal num estado de pura inteligibilidade, porque isto significaria que o intelecto passa da potência ao ato por si mesmo, e nenhum agente pode proceder da potência passiva para o ato senão sob a influência de um agente externo, mas semelhante a si. Distinguindo, como se vê, os intelectos passivo e ativo, faz deste último uma unidade intelectiva separada, que ilumina o intelecto humano a conferir-lhe a apreensão abstrativa das essências (a essência, ou o universal *post rem*, distingue-se da essência *ante rem* e *in re*).

Tanto a idéia da criação necessária, quanto a negação de que o Um tenha conhecimento direto da multiplicidade dos objetos concretos, colocaram-no em rota de colisão com a teologia corânica; ele, porém, tentou, tanto quanto pôde, conciliar o próprio sistema, de cunho aristotélico-neoplatônico com o islã ortodoxo. Por exemplo, apesar de cuidar que o intelecto agente esteja separado, ele não negava imortalidade à alma humana; ainda, quanto aos estados póstumos, formulou uma doutrina de índole notadamente intelectualista: a recompensa na vida futura consiste no conhecimento dos objetos puramente inteligíveis; a punição, na privação de um tal estado.[4] Ainda, se bem que analisando e explicando a criação e a relação entre o mundo e Deus, recorresse a doutrina do tipo emanacionista e, nisto, tendesse ao panteísmo, ainda assim Avicena tentou salvaguardar-se a si mesmo do panteísmo, afirmando a distinção entre essência e existência em todos os seres que procedem, imediata ou mediatamente, de Deus. É bem possível que a doutrina islâmica da onipotência divina, quando interpretada "especulativamente", tenda ao panteísmo, e talvez se possa dizer que muitos dos princípios fundamentais do sistema de Avicena também o façam; não pode ser chamado, entretanto, de panteísta consciente.

Quando porções dos escritos de Avicena foram traduzidos para o latim, no século XII, a Cristandade viu-se, pela primeira vez, obrigada a encarar um sistema cuidadosamente amarrado que haveria de sem dúvida atrair certas mentalidades. Assim, Gundissalinus (m. 1151), verteu para o latim a tradução espanhola feita por Joannes Hispanus (Avendeath), e valeu-se do pensamento de Avicena no seu *De Anima*, seguindo-lhe de perto a psicologia (citando-lhe, inclusive, a alegoria do "homem voador"), se bem que tenha substituído Avicena por Agostinho ao fazer com que o intelecto agente, como fonte de iluminação, fosse idêntico a Deus. Além disso, no *De processione mundi* tentou conciliar a cosmogonia de Avicena com a doutrina cristã, embora não tenha deixado, neste particular, nenhum seguidor. Antes do todo da *Metafísica* de Aristóteles estar disponível, ia muita incerteza quanto suas doutrinas, se tinham origem no estagirita ou em Avicena. Assim, por exemplo, Roger Bacon pensou que Avicena seguisse Aristóteles à risca, embora ele próprio (Bacon) não pudesse verificar a validade desta proposição, uma vez que não dispunha de acesso aos livros M e N da *Metafísica*. Disto resultou que Guilherme de Auvergne (1180/90–1249), o primeiro oponente vigoroso de Avicena, acabou por atribuir ao próprio Aristóteles a cosmogonia de Avicena. Essa cosmogonia, dizia Guilherme, estava errada porque se valia de uma série de intermediários no processo de criação. Conferindo assim às criaturas, um poder verdadeiramente divino, negava a liberdade divina, afirmava a eternidade do mundo, fazia da matéria o princípio de individuação, e, finalmente, entendia o intelecto agente separado, dando-o como causa eficiente da alma humana. Apesar disto, o próprio Guilherme baseou-se em Avicena quando introduziu na escolástica medieval a distinção

---

[4] Note-se que a negação da imortalidade da alma deriva necessariamente apenas da doutrina averroísta da unicidade do intelecto passivo ou possível. A doutrina da unicidade do intelecto agente não desemboca obrigatoriamente nesta concepção, seja identificado já a uma inteligência subordinada, já ao próprio Deus na sua função de iluminador. Quanto a Aristóteles, é possível que não acreditasse na imortalidade pessoal, mas a rejeitar a esta noção não se segue necessariamente de sua doutrina quanto ao intelecto agente, ao passo que de fato se segue da doutrina de Averróis. Neste ponto, importa distinguir claramente as posições de Avicena e Averróis.

entre essência e existência. Além do mais, ao negar a doutrina de Avicena do intelecto agente, na prática, a este identificou-o com Deus. Outros pensadores, como Alexandre de Hales, João de la Rochelle e Santo Alberto, embora negassem a doutrina do intelecto agente separado, valeram-se da teoria da abstração e da iluminação de Avicena. Ao passo que outros, como Roger Bacon e Roger Marston, por exemplo, entendiam que Avicena só errou ao deixar de identificar o intelecto agente separado, agente da iluminação, com o mesmo Deus. Sem me alongar por demais na questão da influência de Avicena, o que por si só já requereria uma monografia separada, pode-se dizer que ele influenciou a escolástica medieval em três pontos, quais sejam: quanto ao conhecimento e iluminação, quanto à relação entre essência e existência e, finalmente, quanto à matéria como princípio da individuação.[5] As críticas a Avicena advindas de escolásticos latinos não significam, por certo, que nada aprenderam com ele. Por exemplo, Santo Tomás criticou o filósofo muçulmano pelo tratamento que este deu à noção de possibilidade,[6] mas isto não significa que o próprio Santo Tomás, para chegar às próprias conclusões, não tenha se fundado, pelo menos em parte, nas considerações de Avicena, embora seja difícil estimar precisamente o grau de influência deste sobre os mais destacados escolásticos. Escoto, entretanto, foi muito mais influenciado por Avicena do que Santo Tomás, apesar de não poder ser dito, com propriedade, discípulo do filósofo muçulmano.

(III) Algazali (1058–1111), que lecionou por um tempo em Bagdá, opunha-se às concepções de Al-Farabi e Avicena, fundando-se para isto na ortodoxia maometana. Na sua obra *Maqasid* ou *Intentiones philosophorum* resumiu-lhes as doutrinas. Esta exposição, vertida para o latim por Gundissalinus, deu a impressão de que seu autor concordava com as opiniões que iam ali reproduzidas. Assim, por exemplo, Guilherme de Auvergne classificava sob a mesma categorias os "seguidores de Aristóteles" Al-Farabi, Algazel e Avicena, sem atinar que Algazali criticou os sistemas filosóficos no seu *Destructio philosophorum*,[7] onde tentou mostrar como os filósofos contradiziam-se. Esta obra foi respondida, mais adiante, por Averróis no seu *Destructio destructionis philosophorum*. No seu livro *O revivificar das ciências religiosas*, Algazel escreveu suas opiniões positivas, defendendo a doutrina ortodoxa da criação do mundo no tempo — e a partir do nada — contra as idéias de emanação e da eternidade do mundo encarecidas de Avicena. Também entendia Deus como causa universal, a conectar, com seu poder, causa e efeito, excluindo do processo toda a eficácia causal das criaturas. O filósofo, observando que certos efeitos se repetem, concluiu que deve haver no mundo relações de causa e efeito, mas verdade é que a continuidade de um evento em outro deve-se, inteiramente, ao poder ativo de Deus. Em outras palavras, ele esposava uma doutrina de índole ocasionalista.

---

[5] Quanto à influência de Avicena, cf. Roland-Gosselin, comentário ao *De ente et essentia*, pp. 59 e 150.
[6] Cf. *De Pot.*, 5, 3; *Contra Gent.*, 2, 30.
[7] Mais propriamente *Incoherentia philosophorum*.

Algazali não era um simples filósofo a contrapesar as tendências não-ortodoxas de seus predecessores helenizantes: era, também, um avultado Sufi, místico e escritor espiritual. Deixando o ofício que desempenhava em Bagdá, foi-se para a Síria levar uma vida ascética e fundada na contemplação. Por vezes, de fato, deixava seu retiro e entretinha alguns discípulos, chegando mesmo a fundar uma espécie de faculdade de teologia e uma escola de sufismo em Tus, para onde se retirara. Seu principal interesse estava, entretanto, em revitalizar a religião, que entendia primariamente como mística. Baseando-se não apenas em fontes islâmicas, como também em idéias neoplatonicas, judaicas e cristãs, ergueu um sistema de espiritualidade de cunho personalista, isto é, não panteísta. Algumas das expressões que emprega Algazali parecem de índole panteísta, mas o seu neoplatonismo foi posto a serviço do misticismo religioso, e não da especulação filosófica. Não que identificasse o mundo com Deus, mas a fusão das doutrinas islâmicas da predestinação e da omni-causalidade com um enfático misticismo, levaram-no a uma espécie de panteísmo. Verdade é que a mistura de monoteísmo semítico com neoplatonismo e misticismo não poderia produzir resultado diverso. Pelo que é da filosofia puramente especulativa, ele parece um pouco cético; pode-se dizer que Algazali representa o protesto da religiosidade mística contra o racionalismo, e da teologia islâmica contra a filosofia aristotélica.

4. Quanto aos filósofos islâmicos do grupo ocidental, tiveram origem na brilhante civilização que tomou forma na Espanha no século X, a qual, à época, era em muito superior à cristã. O primeiro destes filósofos é Ibn Masarrah (m. 931), que adotou as idéias do Pseudo-Empédocles, ao passo que Avempace ou Ibn Bajja (m. 1138) e Abubacer ou Ibn Tufial (m. 1185) representavam a tradição mística; entretanto, a figura de maior vulto deste grupo é sem dúvida Averróis, que está para o grupo ocidental como Avicena para o oriental.

Averróis ou Ibn Rusd (referido como *Commentator* pelos escolásticos latinos) nasceu em Córdoba em 1126, filho de um juiz. Depois de estudar teologia, jurisprudência, medicina, matemática e filosofia, ocupou alguns postos no judiciário, primeiro em Sevilha e em seguida em Córdoba, onde também atuou, durante o ano de 1182, como médico pessoal do Califa. Na seqüência, perdeu a estima do Califa al-Mansur e foi banido da corte. Mais tarde, foi-se para Marrocos, onde veio a falecer em 1198.

Convencido que o gênio de Aristóteles era a culminação do intelecto humano, Averróis naturalmente empregou boa parte de sua energia comentando a obra do estagirita. Estes comentários são de três classes: (I) comentários menores ou "médios", nos quais Averróis expõe a doutrina aristotélica, apondo-lhe suas próprias explicações e desenvolvimentos, mas de tal modo que nem sempre é fácil distinguir o que é de Aristóteles e o que vem de Averróis; (II) comentários extensos, nos quais Averróis primeiro cita o texto de Aristóteles em questão para então comentá-los; e (III) comentários breves (paráfrases ou compêndio), nos quais expõe as conclusões de Aristóteles, omitindo as provas e referências históricas; estes foram escritos tendo em vista o estudante que não poderia ir diretamente à fonte ou aos comentários mais extensos. (Aparentemente, ele compôs os comentários médios e os compêndios antes dos extensos). Chegaram até nós o todo do *Organon* (nos comentários menores e no compêndio) e traduções latinas de todas três classes de comentários para os *Analíticos posteriores*, a *Física*, o *De Caelo*, o *De Anima* e a *Metafísica*. Além destes e de outros comentários em traduções latinas, o estudioso cristão dispunha da resposta de Averróis a Algazali (isto é, a *Destructio destructionis philosophorum*), várias obras de lógica, uma epístola sobre a conexão entre a inteligência abstrata e o homem, um escrito sobre a beatitude da alma etc.

A realidade metafísica abarca da matéria pura, como seu limite inferior, até o ato puro, Deus, limite superior; entre eles, ficam os objetos compostos de ato e potência, que formam a *Natura naturata* (os termos, tal como traduzidos pelos latinos, *Natura naturans* e *Natura naturata*, acabaram reaparecendo no sistema de Espinosa). A matéria-prima, equivalente ao não-ser, como pura potencialidade que é, erma de todas as determinações, não pode ser o termo do ato criativo: ela é, portanto, coeterna com Deus. Deus, entretanto, extrai ou eduz as formas das coisas materiais a partir da potencialidade da pura matéria, a criar as inteligências, dez ao todo, relacionadas extrinsecamente com as esferas, de modo a evitar o emanacionismo avicenista e excluir qualquer tintura panteística. A ordem da criação ou da geração das coisas é, entretanto, determinada.

No entanto, mesmo que esse rejeitar a doutrina emanacionista faça dele, em certo sentido, mais ortodoxo do que Avicena, Averróis, ao contrário deste, não aceitou a imortalidade da pessoa; com efeito, nisto seguia a Themistius e a outros comentadores, alegando que o *intellectus materialis* é a mesma substância que o *intellectus agens*, e de que ambos sobrevivem à morte, mas alinhou-se com Alexandre de Afrodisias em postular que essa substância é uma inteligência separada e unitária. (É a inteligência da Lua, a esfera mais inferior). O intelecto passivo individual se torna, no homem individual, sob a ação do intelecto agente, o "intelecto adquirido", que é absorvido pelo intelecto agente de tal modo que, se bem que sobreviva à morte corpórea, ainda assim não o faz como em pessoa, como indivíduo efetivamente existente, e sim como um momento na inteligência universal e comum da espécie humana. Há, pois, imortalidade, mas ela não é pessoal. Este modo de ver foi vigorosamente combatido por Santo Tomás de Aquino e outros escolásticos, mesmo que tenha sido acolhido pelos averroístas latinos como verdade filosófica.

De maior interesse, entretanto, que a doutrina filosófica particular de Averróis é sua visão das relações entre filosofia e teologia. Sustentando, como fazia, que Aristóteles foi o mais alteado cientista,[8] modelo de perfeição humana e autor de um sistema que abarcava a verdade suprema, e interpretando-o como se o estagirita aceitasse a unicidade do intelecto agente e a doutrina da matéria, Averróis se viu obrigado a tentar harmonizar estas idéias filosóficas com a teologia islâmica ortodoxa, principalmente porque muitos havia que de pronto

---

[8] *De Anima*, 3, 2.

o acusavam de heresia, à conta de sua devoção a um pensador pagão. Tentou conciliar a coisa por meio da chamada teoria da "dupla verdade". Isto não significa que, para Averróis, uma proposição pode ser filosoficamente verdadeira, mas teologicamente falsa ou vice-versa: não, o que ele propunha é que uma mesma verdade pode ser entendida claramente por meio da filosofia e exposta alegoricamente pela teologia. A formulação científica de uma verdade qualquer somente é alcançada pela filosofia, mas essa mesma verdade também pode ser expressa pela teologia, de maneira, entretanto, diferente. Os ensinamentos imaginativos do Corão expressam a verdade de modo inteligível para o comum dos homens, para o homem inculto, ao passo que o filósofo retira a casca alegórica e vai à verdade "desadornada", livre das armadilhas da *Vorstellung*. A concepção de Averróis quanto à relação entre filosofia e teologia lembra um pouco a de Hegel, sendo inaceitável, e a rigor foi ela rejeitada, para o teólogo ortodoxo muçulmano; mas ela não consistia na idéia absurda de que uma proposição pudesse ser verdadeira em filosofia e a proposição contrária verdadeira na teologia. A rigor, Averróis subordinou a teologia à filosofia; a esta fez juiz daquela, de modo que cabe ao filósofo determinar quais doutrinas teológicas devem ser interpretadas alegoricamente e de que maneira o fazer. Esta posição foi aceita pelos averroístas latinos, e foi este modo de ver as coisas que trouxe a Averróis, e à filosofia em geral, a hostilidade dos teólogos islâmicos. Quanto a certas afirmações atribuídas a Averróis, aquelas que, tomadas literalmente, implicam que uma proposição — por exemplo, a de que o intelecto agente é numericamente singular — é filosoficamente verdadeira, mas teologicamente falsa, pode-se dizer que são simplesmente um modo de atacar sua doutrina teológica, dando a entender que ela não tem sentido. Quando Averróis assevera que alguma proposição é verdadeira segundo a teologia fideística dos conservadores, que aliás rejeitavam a filosofia, ele refere-se à "verdade" da escola, inimiga que é da ciência, sendo, para ele portanto falsa. Averróis pouco estimava aos tradicionalistas, e a recíproca era verdadeira; à conta de sua atitude quanto a estes pontos, ficou proibido na Espanha Islâmica o estudo da filosofia grega, e muitos livros de filosofia foram queimados.

5. Da influência que exerceu Averróis sobre a Cristandade latina haverei de falar mais adiante; entretanto, pode ser interessante dizer algumas palavras da posição de Dante (1265–1321) em relação aos filósofos árabes.[9] Esta questão começou a tomar forma quando alguns estudiosos começaram a se perguntar seriamente, e despidos de preconceitos, por que Dante, que na *Divina comédia* coloca a Maomé no Inferno, não apenas colocou a Averróis e Avicena no Limbo, senão também o averroísta latino Siger de Brabant no Céu; a rigor, ele chegou mesmo a louvá-lo pela boca de Santo Tomás de Aquino, oponente declarado de Siger. Parece-me óbvio que Dante os entendia como filósofos, motivo por que colocou os dois pensadores islâmicos tão alteados na escala quanto lhe foi possível: como não fossem cristãos, não cuidou que os pudesse

---

[9] Outras observações sobre esta matéria o leitor encontrará nas pp. 888–889.

liberar completamente do Inferno, pelo que os meteu no Limbo. Siger, porque era cristão, ocupou um lugar no Céu. Por que lhe fez o encômio pela boca de Santo Tomás, colocando-o à esquerda deste (à direita vai Santo Alberto Magno)? Ora bem, o sistema tomista pressupõe uma filosofia que se erga apenas à força da razão natural, coisa, precisamente, que professava fazer o mesmo Siger de Brabant: não precisamos dar por certo que ele aprovasse todas idéias de Siger, mas certamente o tomou por símbolo da "filosofia pura".

Entretanto, resta a pergunta: por que Dante escolheu precisamente estes três, a saber, Averróis, Avicena e Siger de Brabant? Acaso, simplesmente, porque eram filósofos, ou tinha Dante alguma dívida com os muçulmanos? Já foi demonstrado por Bruno Nardi,[10] e o tema foi retomado por Asín Palacios,[11] que Dante colheu dos sistemas de Al-Farabi, Avicena, Algazali e Averróis elementos fundamentais da sua própria filosofia. Por exemplo, a doutrina da luz de Deus, a teoria das inteligências, a influência das esferas celestes, a idéia de que apenas a parte intelectual da alma é direta e propriamente criada, a necessidade da iluminação para o inteligir etc. Encontramos algumas destas idéias na tradição agostiniana, é verdade; mas já se mostrou que Dante, longe de ser um tomista pura e simplesmente, devia muito aos muçulmanos, em particular a Averróis. Isso explica porque separa e dá tratamento especial para o mais avultado dos filósofos islâmicos, e porque põe no Céu o maior dos averroístas latinos.

---

[10] *Intorno al tomismo di Dante e alla quistione di Sigieri (Giornale Dantesco,* xxii, 5).
[11] *Islam and the Divine Comedy.*

CAPÍTULO II
A filosofia judaica

A cabala — Avicebron — Maimônides.

1. A falar verdade, a filosofia dos judeus deveu-se, quanto às suas origens, ao contato com outras nações. Assim, no primeiro volume desta História,[12] tratei de Fílon, o judeu alexandrino (c. 25 a.C.–40 d.C.), que tentou conciliar a teologia escriturária judaica com a filosofia grega, e nisto produziu um sistema que combinava alguns elementos da tradição platônica (a teoria das idéias), do estoicismo (doutrina do *Logos*) e do pensamento oriental (entes intermediários). Na sua filosofia, a transcendência de Deus era muito enfatizada; era esta a índole também da doutrina cabalística, pelo menos tal como subsistia modificada pelas teorias de origem grega, especialmente a platônica. A cabala consistia de duas obras, *Yetsirah* (criação), cuja composição teve lugar por volta do século IX d.C., e o *Zohar* (esplendor), que entrou a ser composto no começo do século XIII e foi passado a escrito por um judeu espanhol por volta de 1300. Adições e novos comentários eram-lhe freqüentemente apostos. A filosofia cabalística acolheu a influência da doutrina emanacionista e dos entes intermediários entre Deus e o mundo, ambas oriundas do neoplatonismo. O pensamento de Avicebron, judeu de origem espanhola, foi um dos canais pelos quais estas doutrinas chegaram a influenciar a composição do *Zohar*.

2. Salomon Ibn Gabirol ou Avicebron (como os latinos o chamavam, porquanto cuidavam que fosse de origem árabe) nasceu em Malaga no ano de 1021, foi educado em Saragosa e morreu em 1069/70. Ele foi, como seria de esperar, influenciado pela filosofia árabe, e sua principal obra, *Fons vitae*, foi originalmente escrita em árabe. O original, entretanto, há muito foi perdido; possuímos a tradução latina da obra passada a escrito por Joannes Hispanus (Avendeath) e Dominicius Gundissalinus. A obra consiste de cinco livros, e exerceu apreciável influência sobre os escolásticos cristãos.

A influência platônica se faz sentir no esquema emanacionista da filosofia de Avicebron. O topo da hierarquia do ser e a fonte de todo o ser limitado é, obviamente, Deus, único, e incognoscível pela razão discursiva humana; Ele só pode ser apreendido extaticamente por meio da intuição. A isto acresce uma peculiar doutrina sobre a vontade divina, por meio da qual são criados, ou emanam, os entes menores. A vontade divina, como aliás o mesmo Deus, transcende a composição de forma e matéria e pode ser apreendida apenas numa experiência mística; a relação exata, porém, entre a vontade divina e Deus

---
[12] Na presente edição, conferir Parte V, capítulo X ("A filosofia judaica na era helenística"). — NE

não é fácil de determinar. Distinguir a essência divina da vontade divina faria, aparentemente, desta última uma hipóstase distinta, se bem que, por outra parte, a vontade divina seja descrita como o próprio Deus a operar *ad extra*, Deus em sua aparência. De qualquer maneira, substitui-se o *Logos* pela vontade. A partir de Deus, por via da vontade divina (que pode ser vista como um aspecto de Deus ou como uma hipóstase distinta) procede o espírito cósmico ou a alma do mundo, inferior a Deus e composta de forma e matéria, *materia universalis* e *forma universalis*. Desta alma do mundo procedem os puros espíritos e as coisas corpóreas.

O ponto de maior interesse no sistema de Avicebron não é, entretanto, o esquema emanacionista, mas a doutrina da composição hilomórfica universal, que se aplica a todos os entes abaixo de Deus; doutrina esta derivada, pelo menos indiretamente, de Plotino e que influenciou parte da escolástica cristã. Assim como as formas individuais procedem da alma do mundo, assim dela também procedem a matéria espiritual — presente na inteligência e na alma racional — e a matéria corpórea. A matéria, que não envolve, de per si, a corporalidade, é o princípio de limitação e finitude de todas as criaturas: é precisamente a composição hilomórfica das criaturas que as aparta de Deus, em que não há composição alguma. Esta doutrina da composição hilomórfica universal também foi esposada, por exemplo, por São Boaventura, o grande monge franciscano contemporâneo de Santo Tomás de Aquino. Além disso, há uma pluralidade de formas em cada ente: eles são dotados de uma pluralidade de graus de perfeição, como o ser humano, por exemplo, microcosmos, que possui as seguintes perfeições: corpo, vida vegetativa, sensitiva e intelectual. Todos os entes corpóreos estão dotados de *forma corporeitatis*; mas isto não basta para que ocupem uma posição determinada na hierarquia do ser: eles então recebem a forma ou as formas pelas quais vêm a ser, por exemplo, animal, cachorro etc. Já se disse que a teoria da pluralidade das formas, esposada pela escola agostiniana, originou-se a rigor na doutrina de Avicebron, mas, mesmo que tenha sido este o caso, é para notar que a doutrina se encaixava com o esquema da filosofia dos agostinianos, uma vez que o próprio Agostinho havia dito que a função das formas inferiores é conduzir às superiores, o que é verdade também destas formas como vão representadas no conhecimento do homem, isto é, a contemplação dos estágios inferiores do ser deve levar a mente aos estágios mais altos.

3. O filósofo judeu medieval que apresenta maior interesse é, entretanto, Maimônides. Nasceu em Córdoba em 1135 e morreu no ano de 1204 quando habitava no Cairo, porque se viu obrigado a deixar a Espanha moura, então pouco favorável à atividade filosófica. No seu *Guia para os perplexos*, tentou fundar a teologia em bases racionais-filosóficas, coisa que, para ele, era o mesmo que filosofar como Aristóteles, reverenciado como o maior exemplo de potência intelectual, exceto pelos profetas. Importa atermo-nos ao que nos chega por intermédio dos sentidos e a quanto pode ser estritamente demonstrado por meio do intelecto: sempre que uma afirmação contida no Antigo Testamento contradizer o que já se acha plenamente estabelecido pela razão, então cumpre interpretá-la

em sentido propriamente alegórico. Este proceder, entretanto, não consiste simplesmente em descartar o ensinamento teológico todas as vezes em que houver conflito entre ele e Aristóteles. Por exemplo, a teologia ensina a criação do mundo no tempo e a partir do nada: neste caso, Deus é autor tanto da matéria quanto da forma, e o mundo não pode ser ele mesmo eterno. Se se lograsse demonstrar a eternidade do mundo de tal maneira que a hipótese contrária fosse rejeitada como impossível, então far-se-ia necessário interpretar o ensinamento contido nas Escrituras à luz deste conhecimento. Entretanto, a falar verdade, o texto das Escrituras é deveras claro, e os argumentos filosóficos aduzidos como prova da eternidade do mundo são, a rigor, inconclusivos: cumpre descartar, pois, o ensinamento de Aristóteles, neste particular, como errôneo. Platão, com efeito, aproximou-se mais da verdade, mas, ainda assim, aceitava a existência de uma matéria incriada. A criação a partir do nada a incluir tanto a matéria quanto à forma faz-se necessária também, segundo pensava Maimônides, para explicar os fatos miraculosos narrados no Antigo Testamento, uma vez que, se Deus tem a faculdade de suspender a operação das leis naturais, deve ser Ele o soberano absoluto da natureza, e isto só é possível no caso de ser Deus criador no sentido pleno da palavra. À conta desse método de interpretação alegórica postulado por Maimônides, pareceu aos mais fanáticos que o filósofo estava a vender as Sagradas Escrituras aos gregos, e alguns judeus, na França, chegaram mesmo a buscar o auxílio da Inquisição contra esta "heresia". Mas a rigor ele apenas estava a dizer que pode haver outra fonte da verdade para além da teologia. Em outras palavras, ao conceder à filosofia um lugar próprio, influenciou o crescimento do interesse filosófico dos judeus na Espanha, embora tenha exercido influência mormente no campo da teologia. Que ele não pode ser acusado de um adorador cego de Aristóteles já o demonstramos. Segundo pensava, Aristóteles equivocou-se ao postular a eternidade do mundo, e mesmo se a filosofia não logra demonstrar a criação no tempo, pode ela, pelo menos, mostrar que os argumentos aduzidos em favor da posição aristotélica são inconclusivos e tíbios.

Baseando-se na teologia natural de Al-Farabi e Avicena, Maimônides provou a existência de Deus de maneiras diversas, valendo-se dos argumentos do Primeiro Motor, do Ser necessário e da causa primeira. A estas provas fundava com afirmações tiradas da *Física* e da *Metafísica* de Aristóteles. Se, por um lado, Maimônides antecipou boa parte da variedade de provas da existência de Deus de que, mais tarde, viria se servir Santo Tomás de Aquino, por outro, ele insistia com mais vigor do que o santo na impossibilidade de se aplicar predicados positivos a Deus. Deus é ato puro, sem matéria e potência, infinitamente removido das criaturas e, pelo que é de suas "qualidades", podemos dizer o que Deus não é, e não o que de fato seja. É Ele um e transcendente (entre Deus e o mundo vai uma hierarquia de inteligências, ou puros espíritos), mas nem assim logramos formar a contento uma idéia positiva de Deus. Santo Tomás concordaria com estas afirmativas, mas Maimônides era um pouco mais enfático quanto à necessidade desta via negativa. Entretanto, podemos lhe atribuir atividades: criação, providência, por exemplo, contanto que tenhamos em mente que a diferença entre os nomes não corresponde a diferenças no mesmo Deus, que de per si é imutável. Ao contrário de Avicebron, Maimôndies admitia a existência de uma providência a olhar pelas criaturas, se bem que isto se aplique, pelo que é do mundo material, apenas aos homens. O intelecto agente é a décima inteligência (todas elas existem ermas de matéria), mas os intelectos passivos dos justos são eles imortais. A imortalidade, portanto, segundo ele, era privilégio apenas dos justos; mas admitia a liberdade da vontade, pela qual o homem se torna justo, e negava a influência determinante dos corpos e esferas celestes sobre a conduta humana. Enfim, pode-se dizer que Moisés Maimônides conseguiu conciliar a filosofia grega com a ortodoxia judaica melhor do que Avicebron, e deve-se notar que a influência de Aristóteles é mais evidente na filosofia daquele do que na deste.

CAPÍTULO III
As traduções

As obras traduzidas — Traduções do grego e do árabe — O saldo das traduções e a oposição ao aristotelismo.

1. Já antes do século XII, tinham os filósofos medievais acesso à parte do *Organon* de Aristóteles (as *Categorias* e o *De Interpretatione*) na versão latina de Boécio (*Logica vetus*), o *Organon* em sua totalidade, porém, ficou disponível já no início deste mesmo século. Assim, por volta de 1128, James de Veneza verteu os *Analíticos*, os *Tópicos* e as *Refutações sofísticas* do grego para latim. Esta nova leva de livros pertencentes ao *Organon* aristotélico ficou conhecida como *Logica nova*. Ao que parece, pelo menos alguns trechos de outros livros do *Organon*, além das *Categorias* e do *De Interpretatione* sobreviveram até o século XII na tradução de Boécio. Em todo caso, é certo que a tradução do todo do *Organon* já se achava disponível quando o século ia a meio. É de notar que James da Espanha já traduzia do grego, foi este também o caso de Henricus Aristippus, que verteu para o latim o livro IV do *Metereologica*, já antes de 1126. Este último foi Arquidiácono de Catania, na Sicília, que à época era um centro de tradução de grande relevância. Foi na Sicília do século XII que traduziram do grego para latim as obras de μεγάλη σύνταξις e a *Ótica*, de Ptolomeu, alguns livros de Euclides, e os *Elementatio physica* de Proclo.

A Sicília era um dos centros de tradução; o outro era a Espanha, cuja escola de tradutores mais famosa foi a de Toledo. Nela, durante o arcebispado de Raymond (1126–51), Joannes Hispanus (Avendeath) traduziu do árabe para o latim (através do espanhol) a *Lógica* de Avicena, ao passo que Dominicus Gundissalinus traduziu (com a ajuda de outros estudiosos) a *Metafísica* de Avicena, partes da *Física*, o *De Sufficientia*, o *De Caelo et Mundo* e o *De Mundo*; e também a *Metafísica* de Algazali e o *De Scientiis* de Al-Farabi. Dominicus Gundissalinus e João da Espanha também traduziram do árabe para o latim o *Fons vitae* de Avicebron.

Destacado membro desse grupo foi Gerardo de Cremona, que começou a trabalhar em Toledo no ano de 1134 e veio a falecer em 1187. Do árabe para o latim, traduziu os *Analíticos posteriores* (a par dos comentários de Temístio), de Aristóteles, e ainda, deste mesmo autor, as seguintes obras: *Física, De Caelo et Mundo, De Generatione et Corruptione, Meteorologica* (os primeiros três livros); de Alkindi: *De Intellectu, De Somno et Visione, De quinque Essentiis*; e ainda o *Liber Causis* e alguns outros escritos.

A escola de Toledo reteve sua importância durante o século XIII. Assim, Michael Scot (Michael Scottus, morto c. 1235), traduziu em Toledo o *De Caelo et Mundo*; *De Anima*, os escritos zoológicos e também (provavelmente), a *Física* de Aristóteles, bem como os comentários de Averróis ao *De Caelo et Mundo* e ao *De Anima*; ainda, o compêndio de Avicena do *De Animalibus*; Hermano, o Alemão, que morreu em 1272 enquanto era bispo de Astorga, traduziu os comentários intermediários de Averróis à *Ética a Nicômano*, e também o seu compêndio desta mesma obra, bem como seus comentários à *Retórica* e à *Poética*.

2. Ver-se-á, do que dissemos até aqui, que é falso dizer que os escolásticos latinos dependeram inteiramente das traduções do árabe, e também que estas traduções sempre precederam as do grego. Assim, a tradução direta do grego do quarto livro do *Meteorologica*, levada a cabo por Henricus Aristippus, precedeu a tradução dos três primeiros livros desta mesma obra feita por Gerardo de Cremona a partir do árabe. Além do mais, parte da *Metafísica* já se achava traduzida do grego antes mesmo que fosse feita a versão a partir do árabe. A tradução a partir do grego,[13] que não continha simplesmente os três primeiros livros e poucos trechos do quarto, como já se supôs, já era usada em Paris a 1210, e ficou conhecida como *Metaphysica vetus*, em distinção da tradução do árabe, feita por Gerardo de Cremona ou Michael Scot, chamada, na primeira metade do século XIII) de *Metaphysica nova*. Os livros K, M e N, bem como passagens menos extensas, não foram traduzidos. Na segunda metade do século houve a tradução do grego por Guilherme de Moerbeke (depois de 1260) da *Metaphysica nova* ou *Translatio nova*. Foi a ela que após Santo Tomás de Aquino seus comentários. Também é certo que havia uma *translatio media*, também a partir do grego, na qual se baseou para seus comentários Santo Alberto Magno, e que era também conhecida por Santo Tomás.

Quanto às obras éticas de Aristóteles, foi disponibilizada, no final do século XII, uma tradução dos livros 2 e 3 da *Ética a Nicômaco*, feita diretamente a partir do grego (talvez tenha sido obra do próprio Boécio), e ficou conhecida como *Ethica vetus*, ao passo que à tradução mais tardia (que compreendia o livro 1), chamou-se-lhe *Ethica nova*. A tradução por inteiro desta obra a partir do grego foi levada a cabo, como geralmente se supõe, por Roberto Grosseteste (m. 1253); nesta, a tradução dos três primeiros livros foi cotejada com o *Ethica vetus* e o *Ethica nova*. A *Magna moralia* foi vertida para o latim por Bartolomeu de Messina, no reinado de Manfredo (1258–66); entretanto, apenas o sétimo livro da *Ética eudemia* era conhecido do século XIII.

O *De Anima* ganhou uma tradução do grego antes de 1215; a tradução de Michael Scot, do árabe, é um pouco mais tardia. Guilherme de Moerbeke levou a cabo ainda outra versão, também a partir do grego, ou teria sido uma versão corrigida da primeira tradução do grego. De modo análogo, já circulava uma tradução da *Física*, a partir do grego, antes das duas traduzidas do árabe, feitas por Gerardo de Cremona e Michael Scot, ao passo que o *De Generatione et*

---

[13] St. Thomas's, *Translatio Boethii*.

Corruptione vertido do grego precedeu a tradução a partir do árabe pelas mãos de Gerardo de Cremona. A *Política* foi traduzida do grego por volta de 1260 por Guilherme de Moerbeke (não havia uma tradução desta obra do árabe); ele, provavelmente, também levou a efeito a tradução da *Economia* (1267).

Este homem de grandes qualidades, nascido em 1215, foi Bispo de Corinto, função que desempenhou até sua morte, em 1286. Com efeito, ele não apenas traduziu as obras de Aristóteles diretamente do grego e reeditou traduções passadas (permitindo, assim, que seu amigo, Santo Tomás de Aquino, escrevesse seus comentários), como também verteu do grego para o latim alguns dos comentários da pena de Alexandre de Afrodisias, Simplício, João Filipono e Temístio, bem como algumas obras de Proclo, incluindo sua exposição do *Timeu* do Platão.[14] Foi à conta de sua tradução do *Elementatio theologica*, de Proclo, que Santo Tomás atinou que o Liber de Causis não era obra de Aristóteles, como se supunha até então, mas fundado na obra de Proclo. Também foi Guilherme de Moerbeke que traduziu a *Retórica*, de Aristóteles. Quanto à *Poética*, os medievais dispunham apenas da tradução de Hermano, o Germânico, dos comentários de Averróis.[15]

Como as investigações mais recentes mostraram que as traduções do grego, em geral, precederam às do árabe, e ainda que, mesmo quando a tradução original a partir do grego era incompleta, a versão árabe-latina logo dava lugar a uma nova, vertida diretamente do grego, não mais se pode sustentar que os medievais não detinham um conhecimento adequado de Aristóteles, mas apenas uma caricatura dele, desfigurado que foi nas mãos dos filósofos árabes. O que, de fato, é certo, é que nem sempre logravam distinguir o que pertencia a Aristóteles do que não lhe pertencia. Grande adiantamento foi a constatação de Santo Tomás de que o *Liber de Causis* não saiu da pena do estagirita. Já estava ele ciente de que os comentários de Averróis não eram para ser tomados como a interpretação definitiva do pensamento de Aristóteles, mas mesmo Santo Tomás, ao menos por um tempo, pensou que o Pseudo-Dionísio não estava tão longe assim de ser um seguidor de Aristóteles. Não que os medievais não tivessem acesso aos textos de Aristóteles, mas é fato que lhes faltava conhecimento histórico: não percebiam, por exemplo, adequadamente a relação entre Aristóteles e Platão, ou entre o neoplatonismo e Platão e Aristóteles. Só quem não está familiarizado com os comentários de Santo Tomás a Aristóteles haveria de negar-lhe as qualidades como comentador; mas seria insensato dizer que os medievais, e mesmo Santo Tomás, dispunham de um conhecimento da história e do desenrolar da filosofia grega, como dispõe um estudioso moderno. Deu bom uso às informações de que dispunha, embora fossem elas um pouco limitadas.

3. As traduções das obras de Aristóteles e seus comentadores, e também dos escritos dos pensadores árabes, deu ao escolástico medieval vastíssimo material de

---

[14] O *Timeu* de Platão ficou conhecido no Ocidente graças a Cícero e Calcídio, mas não foi senão no século XII que o *Ménon* e o *Fédon* foram traduzidos (por Henricus Aristippus).

[15] Até que ponto Santo Tomás se baseou na tradução de Guilherme é coisa que gerou muita controvérsia.

estudo, particularmente no que tange aos sistemas filosóficos, metodologicamente independentes da teologia, que eram considerados como o resultado do ponderar humano no universo. Os sistemas de Aristóteles, Avicena, Averróis alargaram grandemente o escopo da razão, e aos medievais era evidente que a verdade que neles ia foi acessada de modo independente da revelação cristã, uma vez que foi alcançada por um filósofo grego e seus comentadores, gregos e muçulmanos. Nesse sentido, as traduções ajudaram a clarear a concepção medieval quanto à relação entre filosofia e teologia, e contribuíram não pouco para a delimitação da província dessas duas ciências. É bem verdade que o sistema de Aristóteles se destacou naturalmente, segundo a preferência daqueles comentadores seus, e que sua filosofia pareceu, aos pensadores latinos que a tinham em boa conta, como um *ne plus ultra* do empenho intelectual humano, uma vez que era o mais continuado e extenso esforço da inteligência humana que conheciam; mas estavam notificados de que se tratava de um esforço racional, não de dogmas revelados. A nós, a olharmos para essa distante época, pode parecer-nos que alguns desses pensadores medievais tenham exagerado o tamanho do gênio de Aristóteles (também agora sabemos que eles não estavam notificados dos diferentes estratos ou épocas do pensamento do estagirita), mas seria prudente se nos colocássemos, nem que por breves momentos, na pele deles, e tentássemos imaginar a impressão causada pela visão de uma das maiores conquistas do espírito humano, de um sistema que, pelo que é da abrangência e rigor, não era ombreado por nenhum outro da baixa Idade Média.

Entretanto, deve-se notar que o sistema de Aristóteles não encontrou universal aprovação, embora não pudesse ser ignorado. A filosofia de Aristóteles, entretanto, tendeu a ser falseada na medida em que o *Liber de Causis* (até, pelo menos, que Santo Tomás descobrisse sua autoria) e o *De secretis secretorum* (escrito por um filósofo árabe do século xi ou do início do xii) foram equivocadamente atribuídos a ele. Além do mais, este equívoco parecia justificar a interpretação neoplatônica que os comentadores árabes davam à filosofia do estagirita. Nesta conjunção, teve lugar o Concílio Provincial de Paris de 1210, presidido por Pedro de Corbeil, Arcebispo de Sens, no qual ficou proibido o ensino, seja público, seja privado, da "filosofia natural" aristotélica e dos comentários apostos a ela. Esta proibição foi imposta à Universidade de Paris sob pena de excomunhão. É bem provável que esta "filosofia natural" incluísse também a *Metafísica* de Aristóteles, uma vez que, quando Roberto de Courçon, Legado Papal, aprovou o estatuto da universidade, em 1215, as obras de Aristóteles que tratavam de metafísica e filosofia natural ficaram, juntamente com os compêndios destas obras e das doutrinas de Davi de Dinant, Amalrico de Bene e Maurício da Espanha (provavelmente Averróis, o Mouro ou Maurus) proibidas, ao mesmo tempo que o estudo da lógica aristotélica passou a fazer parte do currículo. Sua *Ética* não foi proibida. Como já dito, uma das razões para a condenação destes escritos foi precisamente a confusão entre as obras de Aristóteles e escritos outros, a ele atribuídos indevidamente. Amalrico de

Bene, cujas obras foram incluídas na proibição de 1215, esposava doutrinas que se chocavam com o ensinamento cristão, e que, naturalmente, davam a impressão de irem fundadas na filosofia de Aristóteles, à conta daquelas obras falsamente atribuídas a este. Quanto a Davi de Dinant, o outro filósofo herege, cujos escritos também foram proibidos, de fato ele apelou à *Metafísica*, vertida para o latim a partir da versão grega trazida de Bizâncio antes de 1210. A todas estas considerações, deve-se acrescentar a de que Aristóteles de fato entretinha a noção da eternidade do mundo. Era natural, pois, que o sistema aristotélico, especialmente quando posto a par das filosofias de Davi de Dinant, Almarico de Bene e Averróis, fosse tido, aos olhos dos tradicionalistas, como ameaça à ortodoxia. A lógica de Aristóteles há muito era estudada, mesmo que o todo do *Organon* tenha entrado a circular comparativamente mais tarde; os ensinamentos cosmológicos e metafísicos completos, entretanto, eram de fato novidade; eles se tornaram consideravelmente mais perigosos à conta da associação com filosofias heréticas.

Entretanto, em 1231, o Papa Gregório IX, mesmo que sem levantar a proibição, constitui uma comissão de teólogos, Guilherme de Auxerre, Estefano de Provins e Simão de Authie para corrigir as obras proibidas de Aristóteles, medida que, por óbvio, significava que os livros não eram havidos por completamente prejudiciais; a proibição tendia a ser ignorada. Foi ela estendida para Toulouse em 1245, pelo Papa Inocêncio IV, mas a esta altura já não era possível deter o avanço do aristotelismo; a partir de 1255, todas suas obras eram oficialmente ensinadas na Universidade de Paris. A Santa Sé não mais confrontou a universidade, embora, em 1263, Urbano IV tenha renovado a proibição de 1210, provavelmente porque temesse o averroísmo; mesmo assim, porém, ela foi solenemente ignorada. O Papa devia estar notificado de que Guilherme Moerbeke estava a traduzir as obras proibidas de Aristóteles segundo o seu tribunal pessoal; a renovação de 1263 foi pensada com vistas a deter o avanço do averroísmo, e não a dar um fim no estudo da filosofia aristotélica. Mas enfim, a proibição não teve eficácia real, e finalmente em 1366, os legados do Papa Urbano V exigiram de todos os candidatos à licenciatura de Artes da Universidade de Paris o conhecimento extensivo da obra de Aristóteles. Por essa época já há muito era sabido dos medievais que uma obra como, por exemplo, o *Liber de Causis* não era da lavra de Aristóteles, e que sua filosofia não estava, exceto, é claro, aos olhos dos averroístas latinos, inextricavelmente ligada à interpretação de Averróis, mas que podia ser harmonizada à fé cristã. Com efeito, a esta altura, os mesmos dogmas cristãos já iam expressos nos termos do sistema aristotélico.

Este breve esboço das controvérsias envolvendo as autoridades acadêmicas e eclesiásticas quanto à filosofia de Aristóteles mostra que o aristotelismo acabou por triunfar. Isto não significa, entretanto, que todos os filósofos dos séculos XIII e XIV igualmente simpatizassem com a filosofia dele, ou que todos o entendiam de igual modo: o vigor e a variedade do pensamento medieval serão clarificados nos capítulos seguintes. Há algo de verdade no dito de que a filosofia de

Aristóteles como que cobriu com sua sombra o pensamento filosófico da Idade Média, mas não é isto o todo da verdade, e possuiríamos uma pobre idéia da filosofia nestes séculos se a imaginássemos como um simples acolher passivo de todas as idéias do grande filósofo grego.

PARTE X

O século XIII

CAPÍTULO I
Introdução

A Universidade de Paris — As universidades e o os privilégios da corporação — *Curriculum* — As ordens religiosas em Paris — Correntes de pensamento no século XIII.

1. Os mais autorizados filósofos do século XIII estiveram associados, em um período ou outro, à Universidade de Paris, a qual procedeu do corpo de professores e estudantes ligados à Escola Catedral de Notre Dame e de outras escolas parisienses; seu estatuto foi confirmado pelo Legado Papal, Roberto de Courçon, em 1215. Alexandre de Hales, São Boaventura, Santo Alberto Magno, Santo Tomás de Aquino, Mateus de Aquasparta, Roger Marston, Ricardo de Middleton, Roger Bacon, Giles de Roma, Siger de Brabant, Henrique de Gante, Raimundo Lúlio, Duns Escoto (m. 1308), todos eles ou estudaram ou ensinaram — ou fizeram ambas as coisas — em Paris. Outros centros, porém, de educação superior também cresciam e formavam suas próprias tradições. Assim, nomes como Roberto Grosseteste, Roger Bacon e Duns Escoto estiveram associados à Universidade de Oxford; e se Paris serviu de palco ao triunfo de Aristóteles, Oxford caracterizou-se pelo entremear da tradição agostiniana com o "empirismo", como é o caso da filosofia de Roger Bacon. Ainda assim, apesar da importância de Oxford, Bolonha e, por vezes, da corte papal, Paris seguiu como o mais avultado centro de estudos superiores da Cristandade do século XIII. Alguns estudiosos iam a Paris para estudar e então tornavam a Bolonha ou Oxford a ensinar, trazendo consigo o espírito e os ideais daquela grande universidade, e mesmo os estudiosos que nunca lhe puseram os pés estavam sujeitos à sua influência. Roberto Grosseteste, por exemplo, que possivelmente nunca estudou em Paris, certamente foi influído por professores daquela instituição.

A índole internacional da Universidade de Paris, e sua importância para a expressão intelectual e defesa do cristianismo, naturalmente atraíram o interesse da Santa Sé, que cuidava necessário mantê-la na linha ortodoxa. Assim, a controvérsia do averroísmo deve ser enfocada à luz desta índole internacionalista da universidade: ela representava, *de per si*, pelo que era da filosofia e teologia, a própria cultura intelectual da Idade Média, e o dilatar-se, dentro de seus muros, de um sistema de pensamento irreconciliável com o cristianismo inevitavelmente atrairia a atenção de Roma. Por outro lado, equivocar-se-ia quem pensasse que uma determinada tradição fosse imposta rigidamente sobre a universidade. É bem verdade que Santo Tomás encontrou certa dificuldade em fazer valer o pensamento de Aristóteles, mas os obstáculos pouco duraram, e a mesma filosofia de Aristóteles acabou por dominar a vida intelectual da universidade; nos séculos XIII e XIV havia largo espaço para diferentes perspectivas filosóficas.

2. As universidades, para constituírem-se como tais, dependiam de uma carta de fundação, que recebiam seja das mãos do Papa, seja do imperador (a Universidade de Nápoles a recebeu de Frederico II), seja, com o rodar dos anos, dos próprios reis. Estes documentos conferiam aos professores e alunos uma série de privilégios, que eram ciosamente defendidos. Dentre estes, os dois mais importantes diziam respeito à jurisdição interna (em Oxford eles ainda vigoram) e à faculdade de colar grau, que vinha a par da licença para ensinar. Os estudantes ficavam desobrigados do serviço militar, exceto por algumas circunstâncias específicas, e a universidade, via de regra, ficava isenta de boa parte dos impostos, especialmente das taxas regionais. Nas universidades do norte, eram os professores que as controlavam, sendo o reitor eleito, ao passo que, as do sul eram marcadamente democráticas no modo de governança, mas em todos os casos a universidade era uma corporação grandemente independente e fechada em si mesma, ciosa de seus privilégios a desconfiar da Igreja e do Estado. Neste respeito, as universidades de Oxford e Cambridge representavam mais fielmente a tradição e prática medievais do que suas equivalentes continentais, nas quais eram os reitores indicados pelo Estado.

3. No medievo, e mesmo em tempos posteriores, os estudantes entravam na universidade com menos idade do que acontece hoje em dia. Dessa maneira, meninos de treze ou quatorze anos já freqüentavam os bancos universitários, e tendo-se este fato em mente, o espaço de tempo requerido para o doutorado não parecerá tão surpreendente. O curso de artes durava aproximadamente entre quatro e meio e seis anos, dependendo da universidade (em Oxford, eram sete anos), e, pelo menos até certa época, o estudante deveria formar-se na faculdade de artes antes de que pudesse proceder à teologia. No curso de teologia, o estudante tinha de passar quatro anos a receber lições sobre a Bíblia e então mais dois estudando as *Sentenças*, depois do quê, lá pelos 26 anos de idade, recebia o Bacharelado; pelos anos seguintes, passava a dar lições sobre dois livros da Bíblia. Depois disto estava finalmente liberado a ensinar as sentenças e, passados mais alguns anos de estudo e disputações, lograva obter o doutorado para lecionar teologia; a idade mínima para tanto era de 34 anos. Para ensinar as Artes, a idade mínima era de vinte anos. Em Paris, crescia com o tempo o número de anos requeridos para a obtenção do doutorado; em Oxford, por sua vez, o curso de Artes era mais extenso, ao passo que o de teologia mais breve do que seus equivalentes em Paris.

Os estudantes que, tendo recebido o doutorado, deixavam a universidade, eram conhecidos como *magistri non regentes*, ao passo que àqueles que lá permaneciam chamavam-lhes *magistri regentes*; entretanto, apesar do número de estudantes que recaíam na primeira classe, é evidente que o curso universitário, de longa duração, foi pensado para produzir professores de carreira.

Quanto ao currículo, a prática mais comum de ensino nas universidades durante o século XIII consistia em lecionar ou ouvir lições sobre certos textos. Assim, à parte os escritos dos gramáticos, como Prisciano e Donato, e outros textos clássicos, as obras de Aristóteles vieram, com o correr dos anos, a dominar por completo a escola de artes, e é significativo que o "averroísmo latino" tenha tido sempre representantes entre os professores dessa faculdade. O curso de teologia era dominado pelas sentenças de Pedro Lombardo e pelo estudo da Bíblia; os professores apresentavam aos alunos as próprias opiniões por meio de comentários a estas obras. Além de lecionar, havia outra atividade essencial do currículo: a disputação, que tomava a feição ou de uma disputação "ordinária" (*disputatio ordinaria*), ou "geral" (*de quolibet*). Nesta, alguma questão era escolhida em meio a uma grande variedade de assuntos possíveis, e tinha lugar durante festas solenes; acabada a disputação em sentido estrito, isto é, o embate entre um defensor ou *respondens* e os objetores (*opponentes*), o professor resumia toda a matéria, argumentos, objeções e réplicas, e finalizava dando a própria solução (*determinatio*) do ponto em disputa; nisto, começava com as palavras *Respondeo dicendum*. O resultado final, editado pelo professor, era então publicado como um *Quodlibet* (Santo Tomás publicou coisa de onze ou doze destes *Quodlibets*). A *disputatio ordinaria* também era seguida de uma *determinatio* e publicada como *quaestio disputata*. Registre-se que havia outras formas de disputação; estas duas, porém, eram as mais importantes. Elas tinham o sentido de ao estudante aumentar-lhe não só o entendimento de um tema em particular, senão também o poder de argumentar e refutar objeções. Com efeito, de maneira geral, pode-se dizer que a educação universitária do medievo mais empenhava-se em repassar certo corpo de conhecimento e habilidades de lidar com ele, do que propriamente acrescer ao conhecimento já adquirido, como ocorre com nossos institutos de pesquisa. É certo, por óbvio, que os estudiosos tentam acrescentar os conhecimentos por meio da atividade especulativa, mas o aumento do conhecimento científico, por exemplo, era tido em pouca monta pelos educadores medievais, mesmo que, no século XIV, a ciência tenha feito alguns progressos em Paris e Viena.

4. De considerável importância na vida de Paris e Oxford foram as ordens religiosas, notadamente as duas mendicantes, fundadas no século XIII, os dominicanos e os franciscanos. Os primeiros estabeleceram-se em Paris em 1217; os últimos, poucos anos depois; a partir de então, ambas as ordens passaram a reclamar seu lugar na faculdade de teologia da universidade: tencionavam que as cadeiras de teologia fossem incorporadas às universidades e que seus professores e estudantes gozassem dos privilégios universitários. Esta demanda encontrou considerável oposição por parte do corpo de professores da universidade, mas em 1229 os dominicanos lograram adquirir uma das cadeiras, e mais uma em 1231, no mesmo ano em que os franciscanos também conquistavam, pela primeira vez, uma cadeira (contudo, eles não vieram a receber uma segunda). Rolando de Cremona e João de São Giles foram os primeiros professores dominicanos

a lecionar na universidade; Alexandre de Hales, o primeiro franciscano. Em 1248, o Capítulo Geral da Ordem Dominicana decretou que fossem erguidas *studia generalia* (casas de estudo para o todo da Ordem, que se distinguiam das casas de estudo das províncias) em Colônia, Bolonha, Montpellier e Oxford, ao passo que os franciscanos, de sua parte, decretaram a construção destes *studia generalia* em Oxford e Toulouse. Em 1260, os agostinianos abriram uma casa em Paris, cujo primeiro doutor oficial foi Giles de Roma, enquanto que os varmelitas abriram casas em Oxford (1253) e Paris (1259). Outras ordens seguiram a tendência.

As ordens religiosas, em particular a dos dominicanos e franciscanos, fizeram grandes conquistas intelectuais, produzindo homens de imensa envergadura (que pensemos, por exemplo, em Santo Alberto Magno e Santo Tomás de Aquino entre os dominicanos, e em Alexandre de Hales e São Boaventura, entre os franciscanos); entretanto enfrentaram vigorosa oposição, sem dúvida motivada por inveja. Seus opositores não apenas exigiam que não fossem atribuídas às ordens religiosas mais de uma cadeira por vez, como também se punham a atacar a própria condição de religiosos. Assim, Guilherme de Santo Amor publicou um panfleto intitulado *periculis novissimorum temporum*, no qual bebia do *Contra impugnantes Dei cultum*, da pena de Santo Tomás. O panfleto foi condenado em 1257 e os seculares foram proibidos de escrever contra os regulares. Apesar disto, Gerardo de Abbeville reacendeu a oposição com o seu *Contra adversarium perfectionis christianae*. São Boaventura e Santo Tomás de Aquino, por muito que discordassem entre si em matéria filosófica, compadeceram-se em tomar a defesa das ordens religiosas, e ambos responderam a Guilherme; estas réplicas, por sua vez, foram ripostadas por Nicolas de Lisieux, a escrever em nome dos seculares. As querelas entre regulares e seculares vieram a reaparecer novamente em várias ocasiões, mas, o ponto principal em questão, a saber, incorporar à universidade cadeiras específicas paras os regulares, ficou decidido a favor daqueles e nunca foi alterado. Disto resultou a fundação do Colégio da Sorbonne, em 1253, por Roberto de Sorbon, capelão de Luís IX, destinado à educação dos estudantes de teologia, sendo admitidos estudantes seculares. Chamo a esta fundação "resultado" da controvérsia entre seculares e regulares porquanto colégios que tais foram fundados parcialmente, talvez, para contrapesar a influência e a posição dos regulares, e também, certamente, para estender a outros estudantes os benefícios da educação e treinamento próprios das ordens religiosas.

5. No século XIII, logramos distinguir as várias correntes de pensamento dentro das mesmas ordens religiosas que se fixaram, com o correr do tempo, em escolas tradicionais. Em primeiro lugar, mencionamos a escola agostiniana, de índole conservadora e reservada quanto ao aristotelismo, e cuja atitude se estendia entre a pura e simples hostilidade até o acolhimento parcial desta corrente de pensamento. Também encontramos esta tendência entre os pensadores franciscanos (e até mesmo entre os primeiros dominicanos), mormente Roberto Grosseteste, Alexandre de Hales e São Boaventura. Em segundo lugar, havia a

corrente aristotélica, que se tornou característica dos dominicanos, representada sobretudo por Santo Alberto Magno (em parte) e Santo Tomás de Aquino (plenamente). Uma terceira tendência era a dos averroístas, cujo representante mais autorizado foi Siger de Brabant. Em quarto lugar, há que se mencionar os pensadores independentes, como Giles de Roma e Henrique de Gante. Em quinto e último lugar, destacamos a avultada figura de Duns Escoto, que reviu a tradição franciscana à luz do aristotelismo e que, alteando-se por cima do próprio São Boaventura, fez-se o Doutor comum da ordem. Não posso analisar minuciosamente o pensamento de todos os pensadores do século XIII, mas tentarei delinear suas principais características, mostrar a variedade do pensar que ia dentro do quadro medieval, mais ou menos compartilhado por todos, e, finalmente, assinalar a formação e o desenvolvimento das diferentes tradições.

CAPÍTULO II
Guilherme de Auvergne

Por que tratar de Guilherme de Auvergne? — Deus e as criaturas; essência e existência — Criação direta e no tempo — Provas da existência de Deus — Hilomorfismo — A alma — O conhecimento — Guilherme de Auvergne como um pensador de transição.

1. Guilherme de Auvergne (ou Guilherme de Paris), autor do *De Trinitate* ou *De primo principio* (c. 1225), do *De Anima* (1230), do *De universo creaturarum* (c. 1231) e de outros tratados menores, foi Bispo de Paris entre 1228 e 1249, ano em que morreu. É bem verdade que ele não é dos mais conhecidos pensadores da Idade Média, mas ele chama-nos a atenção como filósofo e teólogo e que também foi Bispo de Paris no tempo em que Gregório ix destacou uma comissão de teólogos a emendar as obras de Aristóteles, pelo que foi tacitamente responsável por modificar a atitude da Igreja em relação ao filósofo pagão. Com efeito, Guilherme de Auvergne está a representar a posição do Papa Gregório ix quando ele (Guilherme) indica no seu *De Anima* que, embora Aristóteles seguidamente contradiga a verdade, no que deve ser rejeitado, seus ensinamentos, quando conformes à verdade, isto é, com a doutrina cristã, devem ser acolhidos. Com esta linha de pensamento, Guilherme de Auvergne dá continuidade à tradição de Agostinho, Boécio e Anselmo; entretanto, ele não estava familiarizado apenas com as obras de Aristóteles, como também com os escritos de filósofos árabes e judeus, cujas idéias não hesitava em empregar extensivamente. De maneira geral, pode-se dizer que Guilherme de Auvergne era homem inteligente, que acolhia a tradição oral de mente aberta e que se inclinava a se servir das novas correntes de pensamento, retendo, porém, plena consciência de que, em certos pontos, os árabes e o mesmo Aristóteles contradiziam a doutrina cristã. Ele é, pois, como que uma encarnação do encontro entre os séculos xii e xiii, e de razão reclama seu lugar no estudo dos primeiros pensadores do século xiii. Além do mais, ele foi o padre secular que ocupou a Sé episcopal de Paris bem no tempo em que as ordens mendicantes entravam a obter suas primeiras cadeiras na universidade, e só por este motivo está justificado o exame de suas idéias filosóficas antes de se proceder ao estudo dos pensadores dominicanos e franciscanos. Nem se poderia dizer que Guilherme de Auvergne, de si, é figura de pouca monta; ao contrário, seu pensamento é vigoroso, original e sistemático.

2. Tomando de Avicena a distinção entre essência e existência, empregou-a para explicar a finitude e dependência das criaturas. *Esse*, existência, não pertence à *ratio* ou essência de nenhum objeto, salvo aquele único (Deus), no qual identificam-se. Para o mais dos objetos, a existência é predicada apenas

"acidentalmente", isto é, cabe-lhes apenas por participação (*per participationem*). Se considerarmos qualquer objeto finito, dar-nos-emos conta de que vai nele uma distinção entre sua *ratio* ou natureza essencial e sua existência: não é necessário que existam. Se, por outra parte, considerarmos o Ser necessário, haveremos de perceber que sua essência não pode ser concebida erma de existência. Enfim, em todas as coisas (outras que Deus) *ens* é uma coisa e *esse* ou *entitas*, outra.[1] Isto significa que apenas Deus é pura existência; esta não é senão Sua essência, ao passo que os objetos não existem essencialmente, porque lhes seja necessário, mas porque sua existência é adquirida, recebida. A relação entre Deus e o mais dos objetos não é senão a relação entre Criador e criatura, donde se colhe que a teoria da emanação é falsa;[2] Deus é absolutamente simples. As coisas não pré-existem em Deus como partes suas, como seria o caso se fluíssem de Deus como água de uma fonte; elas existem n'Ele apenas como *formae exemplares*, idênticas a Deus. Deus se vê a si mesmo como a causa exemplar de todas as criaturas.[3]

3. Se Guilherme de Auvergne rejeita a teoria árabe-neoplatônica da emanação, também rejeita a noção da criação por meio de entes intermediários. A hierarquia de inteligências postulada por Aristóteles e seus seguidores não acha fundamento na realidade:[4] Deus criou o mundo diretamente. Disto segue que Ele provê as coisas individuais, e Guilherme de Aurvergne apela, extensamente, às atividades instintivas dos animais como ilustração do operar da divina providência.[5] Também rejeita a doutrina aristotélica da eternidade do mundo. O que quer que digam, e como quer que forcejem por desculpar a Aristóteles, verdade é que ele cuidava ser o mundo eterno, e não criado; Avicena o seguiu de perto neste particular.[6] Assim, Guilherme não apenas tenta explicar por que Aristóteles e Avicena esposavam tais noções, senão ainda arrisca aprimorar seus argumentos, e só depois passa a impugná-los. Por exemplo, serve-se das idéias de que, no caso de Deus preceder à criação do mundo, decorrer-se-ia uma duração infinita antes da mesma criação, e neste caso haveria um tempo "vazio" antes da criação; ambos argumentos procedem da confusão entre tempo e eternidade. Esta noção de uma duração infinita a preceder a criação teria sentido apenas se eternidade e temporalidade fossem a mesma coisa, ou seja, se a eternidade não fosse eternidade, se Deus estivesse no tempo; quanto à idéia de um tempo "vazio" antes da criação também é ela desprovida de significado, uma vez que antes da criação não havia tempo. Devemos nos referir a Deus, enquanto precede a criação, como se existisse, é bem verdade, antes do mundo, mas nos deve estar claro, ao mesmo tempo, que esta maneira de nos expressarmos é tirada às

---

[1] Cf. *De Universo* 1, 3, 26; 2, 2, 8; *De Trinitte* 1 e 2.
[2] *De Universo* 1, 1, 17.
[3] Ibid., 1, 1 ,17.
[4] Ibid., 1, 1, 24 ss.
[5] Ibid., 1, 3, 2–3.
[6] Ibid. 1, 2, 8.

coisas temporais e, aplicada ao que é eterno, deve ser entendida analogicamente, e não em sentido unívoco.

Entretanto, como assinala o próprio Guilherme de Auvergne,[7] não nos basta contraditar nossos oponentes ou mostrar a insuficiência de seus argumentos a menos que provemos nossa própria posição de modo positivo. A conta disto, procede a dar vários argumentos a favor da criação no tempo; alguns deles reaparecem em São Boaventura, e Santo Tomás considera-os inconclusivos. Por exemplo, Guilherme de Auvergne argumenta, dir-se-ia a tirar as palavras das bocas de seus adversários, que se o mundo existisse desde a eternidade, um espaço infinito de tempo teria de ter decorrido até o momento presente. É, entretanto, impossível atravessar uma duração infinita de tempo, pelo que o mundo não pode ter existido desde a eternidade; portanto, foi criado no tempo, isto é, pode-se assinalar precisamente um primeiro momento. Ainda, supondo que as revoluções de Saturno estão para as do sol na proporção de uma para trinta, este teria completado trinta vezes mais revoluções do que aquele; mas se o mundo existe desde a eternidade, ambos os planetas teriam completado um número infinito de revoluções. Como um infinito pode ser trinta vezes maior do que outro infinito?

Do quanto levamos dito até aqui, está claro que Guilherme de Auvergne não se limita a negar a concepção neoplatônica da emanação e a idéia aristotélica da eternidade do mundo, ao mesmo passo que se apega à doutrina agostiniana da criação direta e livre por Deus no tempo. Ao contrário, ele refutou a seus oponentes vigorosa e detalhadamente, e sobre tê-lo feito, ainda elaborou provas sistemáticas de suas próprias teses. Que ele pudesse ter procedido nestes termos deveu-se sobretudo ao fato de estar familiarizado, em primeira mão, com as obras de Aristóteles e dos árabes, e de que não hesitasse em se valer das idéias, da lógica e das categorias aristotélicas, e mesmo das doutrinas de Avicena e de outros pensadores, quando as cuidava adequadas. Ele foi o primeiro escolástico medieval a fazer da distinção (de Avicena) entre essência e existência um dos pontos fulcrais da filosofia. A esta distinção, que lhe valeu desenvolver claramente a relação da criatura para com o Criador, Guilherme a ela acresceu a doutrina da analogia. Examinando o postulado de que as coisas finitas têm *esse* "por participação", ele assinala que o leitor não deve ficar chateado ou preocupado com o fato de que a mesma expressão ou conceito aplique-se tanto às criaturas quanto ao mesmo Deus, porque não se aplicam no mesmo sentido (*univoce*) ou de igual modo: a Deus, que é *esse*, aplica-se primariamente, e apenas secundariamente às criaturas, que tem *esse*, que participam da existência à conta de receberem-na através do ato criativo de Deus. A saúde, observa, é predicado do homem, da urina, da medicina e do alimento, mas não no mesmo sentido ou da mesma maneira.[8] Este exemplo é algo banal, mas basta a mostrar que

---

[7] *De Universo*, 1, 2, 11.
[8] *De Trinit.*, 7.

Guilherme de Auvergne apreendeu a doutrina da analogia, essencial à filosofia de cunho teístico.

4. Quanto às provas da existência de Deus, é curioso que Guilherme de Auvergne tenha pouco se servido das provas de Aristóteles e mesmo das de Maimônides. Ele, com efeito, não recorre à prova de Aristóteles do primeiro Motor imóvel, e se bem que Guilherme considerasse Deus a primeira causa eficiente, sua prova lembra, pelo menos, o argumento de Santo Anselmo, embora não o reproduza. O argumento funda-se na distinção entre o ser que existe por participação e aquele que existe essencialmente, *per essentiam*. Esta forma lembra, de pronto, o argumento da contingência, encontrado nas filosofias árabes e judaicas, mas Guilherme de Auvergne determina transitar, em seu argumento, de um conceito para o outro. Por exemplo, o conceito *esse adunatum* tem seu correlativo no conceito *esse causatum*; este, por sua vez, implica o *esse non causatum*, *esse secundarium*, *esse primum* e assim por diante.[9] Guilherme se refere à analogia *oppositorum* e explica como um conceito ou palavra, de força, implica outra palavra ou conceito que lhe serve de correlativo, de modo que Grunwald[10] pôde dizer que Guilherme de Auvergne prefere argumentos de cunho puramente lógico ou gramatical, porque de uma palavra infere uma segunda, contida ou pressuposta na primeira. Que o argumento tenda a produzir essa impressão, é bem verdade, e, se se tratasse de uma prova puramente verbal, poder-se-ia ripostar que as palavras, ou conceitos, *esse participatum* ou *esse causatum* certamente implicam as palavras, ou conceitos, *esse per essentiam* ou *esse causatum*, mas isto não prova de que esse *per essentiam* ou *esse non causatum* efetivamente existam, a menos que se tenha mostrado, primeiramente, que há um *esse participatum* ou um *esse causatum*. Caso contrário, a prova não teria mais sucesso em demonstrar a existência de Deus do que o argumento a priori de Santo Anselmo. Entretanto, se bem que Guilherme de Auvergne funde a contento na experiência o ponto de partida do argumento, ele não pode ser tido como puramente verbal, uma vez que mostra que os objetos que vem a ser não podem ser independentes ou *causa sui*. *Esse indigentiae* exige *esse sufficientiae* como razão de seu existir, do mesmo modo como *esse potentiale* requer o ser em ato para ser atualizado. O todo do universo, pois, requer o Ser necessário como sua causa e razão. Em outras palavras, apesar de ser possível termos a impressão de que Guilherme está apenas a analisar conceitos e a hipostasiá-los, a rigor ele entregou uma prova que não é de cunho apenas lógico ou verbal, senão também metafísico.

5. Guilherme de Auvergne aceitou o hilomorfismo aristotélico, mas recusou-se a admitir, nisto pondo-se contra Avicebron, que as inteligências ou anjos estivessem assim compostos.[11] Aristóteles, está claro, não cuidava que as almas racionais contivessem *materia prima*, uma vez que as tinha por forma imateriais, e a posição de Averróis, qual seja, a de que a matéria-prima é a potencialidade

---

[9] Ibid., 6.
[10] *Gesch. Der Gottesbeweise im Mittelalter; Beitrage,* 6, 3, p. 92.
[11] *De Universo,* 2, 2, 8.

das substâncias sensíveis, e estas o ato final da matéria-prima, por óbvio implica o mesmo, isto é: a matéria-prima compõe apenas as substâncias sensíveis. Além do mais, de que serviria aos anjos? A matéria, por si mesmo, é algo morto e, portanto, não contribui de forma alguma às operações de natureza intelectual e espiritual; com efeito, ela não poderia sequer recebê-las. Como já houvesse se servido da distinção entre essência e existência a dar conta da finitude das criaturas e da radical diferença entre elas e Deus, Guilherme poderia dispensar o hilomorfismo universal; e, como considerasse que o postular a presença de matéria entre os anjos antes dificultaria do que facilitaria a explicação de suas operações puramente espirituais, determinou restringir a matéria-prima ao mundo sensível, como procedeu Santo Tomás depois dele.

6. Sua concepção psicológica, exposta no *De Anima*, combina temas aristotélicos e agostinianos. Assim, por exemplo, ele adota explicitamente a definição aristotélica da alma, *perfectio corporis physici organici potentia vitam habentis*,[12] embora avise o leitor de que não se baseia em Aristóteles como em uma autoridade inquestionável, e proponha-se a evidenciar a verdade da definição. Todos devem atinar que estão dotados de alma, porquanto conscientes de que entendem e julgam;[13] a alma, entretanto, não compõe o todo da natureza humana. Se assim fosse, uma alma humana unida a um corpo aéreo constituiria um homem, ao passo que sabemos não ser este o caso. Aristóteles, portanto, acertou ao dizer que a alma está para o corpo como a forma para a matéria.[14] Isto, entretanto, não o impede de afirmar que a alma é uma substância, conclusão a que chega pelo seguinte raciocínio: ela deve ser ou substância ou acidente; este último, entretanto, ela não pode ser. Nisto também se apóia em Agostinho, lançando mão da comparação entre a alma e um harpista, com a harpa a fazer o papel do corpo. Pode parecer que no homem vão três almas: o princípio da vida (alma vegetativa), o princípio da sensação (alma sensitiva ou animal) e o princípio da intelecção (alma racional); um pouco de reflexão, entretanto, já basta a mostrar que a coisa não é de fato assim. Se houvesse no homem uma alma animal distinta da racional (da alma humana), então a humanidade, a natureza humana, não abarcaria a animalidade, quando sabemos que o homem é animal por ser homem, quer dizer, a animalidade faz parte da natureza humana.[15] Há, portanto uma única alma no homem, carregada de várias funções. É ela criada e infundida somente por Deus: não é gerada pelos pais nem eduzida da potencialidade da matéria,[16] e é, ademais, imortal, coisa que Guilherme se presta a provar por meio de argumentos, alguns dos quais de origem platônica. Por exemplo, se a maldade de uma alma maligna não vinga ferir ou destruir o seu *esse*, como haveria de o corpo fazê-lo?[17] Ainda, uma vez

---

[12] *De Anima* 1, 1.
[13] Ibid., 1, 3 ss.
[14] Ibid., 1, 2.
[15] Ibid., 4, 1–3.
[16] Ibid., 5, 1 ss.
[17] Ibid., 6, 1.

que o corpo recebe a vida da alma, cujo poder é tamanho que vivifica um corpo que, por si mesmo, é morto, isto é, falto de vida, a morte dele não pode significar o desaparecimento deste poder vital inerente da alma.[18] Demais disso, pode a alma se comunicar com as *substantiae separatae*, pelo que as semelha, sendo, pois, imortal; mas como a alma humana é ela indivisível e uma, segue-se que o todo da alma humana é imortal, não apenas a parte racional.[19]

Se bem que Guilherme de Auvergne aceite a teoria peripatética da alma como forma do corpo (é para notar, entretanto, que ele, por vezes, se serve de expressões próprias à linha agostiniano-platônica quando trata da união entre corpo e alma), ele se compadece com Agostinho ao não admitir uma distinção real entre a alma e suas faculdades.[20] Apenas uma substância pode entender ou desejar, nunca um acidente. Assim, é a alma em si mesma que entende e deseja, conquanto opere, em relação a objetos distintos (e também aos mesmos objetos), por meios diversos, já os apreendendo, já os desejando. Seguir-se-ia naturalmente disto que a distinção aristotélica entre os intelectos ativo e passivo deva ser rejeitada, e de fato é o que faz Guilherme de Auvergne, renegando a um tempo as doutrinas do intelecto agente e as *species intelligibilis*. Os seguidores de Aristóteles e seus comentadores engoliram, por assim dizer, a doutrina do intelecto agente sem assimilá-la, quando não apenas os argumentos aduzidos a sustentá-la são insuficientes, senão também argumentos melhores podem ser elencados a provar precisamente o contrário; dá-se o exemplo do argumento da simplicidade da alma. Deve, pois, ser o intelecto agente rejeitado por ficção inane.[21] *A fortiori*, por certo, Guilherme rejeitava a idéia árabe do intelecto agente separado, noção que, seguindo nisto Averróis, atribuía ao próprio Aristóteles.

7. Pelo que toca, pois, o intelecto agente, Guilherme de Auvergne afasta-se de Aristóteles e dos árabes, e alinha-se com Agostinho, cuja influência também se observa na sua teoria do conhecimento. Como Agostinho antes dele, ele enfatiza o conhecimento que a alma tem de si, sua autoconsciência imediata, e, ainda seguindo nisto de perto a Agostinho, não fazia grande conta dos sentidos. É bem verdade que o homem tende a se concentrar nas coisas corpóreas, nos objetos dos sentidos; é precisamente por isto que alguém pode chegar, negando os dados da autoconsciência, a se tornar tolo ao ponto de negar a mesma existência da alma imaterial. Também é verdade que são os sentidos necessários para que se dê a percepção sensorial, e que os objetos corpóreos produzem uma impressão física nos órgãos dos sentidos. Mas as formas inteligíveis, abstratas e universais, por meio das quais conhecemos os objetos do mundo corpóreo, não podem emergir nem dos mesmos objetos nem dos fantasmas deles, uma vez que tanto os objetos quanto suas imagens são de natureza particular. Como, então, se produzem as idéias abstratas e universais dos objetos sensíveis? Elas

---

[18] Ibid., 6, 7.
[19] *De Anima*, 6, 8.
[20] Ibid.
[21] Ibid. 7, 3.

são produzidas pelo próprio entendimento, que não pode ser dito puramente passivo, mas ativo, *effectrix earum (scientiarum quae a parte sensibilium ei advenire videntur) apud semetipsam et in semetipsa*.[22] Esta atividade pertence à mesma alma, embora opere também nas percepções sensíveis.

Que garantia pode haver, então, da objetividade das idéias universais e abstratas? Ela está em que o intelecto não é meramente ativo, mas também passivo, conquanto seja passivo em relação a Deus, não aos objetos dos sentidos. Deus imprime nos intelectos não apenas os primeiros princípios, mas também as idéias abstratas correspondentes aos objetos dos sentidos. No *De Anima*,[23] Guilherme de Auvergne ensina explicitamente que não são apenas os primeiros princípios (*regulae primae et per se notae*) e as leis da moralidade (*regulae honestatis*) que são conhecidos desta maneira, mas também as formas sensíveis dos objetos sensíveis. A alma humana existe entre dois mundos (*velut in horizonte duorum mundorum naturaliter esse constitutam et ordinatam*): o mundo dos objetos sensíveis, ao qual se acresce o corpo, e o mundo do mesmo Deus (e não o mundo platônico das idéias ou das inteligências separadas de Aristóteles), *creator ipse*, que é o exemplar, o *speculum*, o *liber vivas*, tão presente no intelecto do homem que este é capaz de ler, por assim dizer, no próprio Deus (*absque ullo alio medio*) os princípios, as regras e as formas inteligíveis. Assim é que Guilherme de Auvergne faz do intelecto agente de Aristóteles e dos árabes o próprio Deus, mesclando esta teoria com a teoria da iluminação de Agostinho, interpretada ideogeneticamente.

8. Pode causar estranheza o fato de eu ter dedicado um capítulo inteiro a um filósofo que não se conta entre os mais famosos do medievo, mas Guilherme de Auvergne tem relevância não só como filósofo sistemático e vigoroso, senão também como exemplo do modo pelo qual as noções metafísicas, cosmológicas e psicológicas de Aristóteles e dos árabes podiam afetar um homem de mente aberta e que no entanto, em termos gerais, alinhava-se com a tradição mais antiga. Guilherme de Auvergne dir-se-ia pronto a receber as idéias aristotélicas; com efeito, ele adotou a definição de Aristóteles da alma, por exemplo, e valeu-se da distinção de Avicena entre essência e existência; mas ele era, em primeiro lugar e principalmente, um filósofo cristão e, pondo-se de lado alguma predileção pessoal por Agostinho, pode-se dizer que ele não era o tipo de homem para adotar doutrinas aristotélicas ou supostamente aristotélicas quando lhes pareciam contradizer a fé cristã. Assim é que rejeitou sem pestanejar a doutrina aristotélica da eternidade do mundo, as noções neoplatônicas e árabes da emanação e da "criação" por entes intermediários e a teoria do intelecto agente, unitário, separado e infradivino. Seria equivocado, entretanto, supor que o tenha feito simplesmente porque estas idéias não se enquadravam com a fé cristã, já que ele, e isto é deveras evidente, cuidava com toda sinceridade que os argumentos aduzidos para prová-las eram insuficientes e inconclusivos, ao passo que as

---

[22] *De Anima*, 5, 6.
[23] 7, 6.

razões que sustentavam suas próprias idéias, as havia por conclusivas. Por outro modo: era Guilherme de Auvergne filósofo, e escrevia como tal, mesmo que em suas obras encontremos temas teológicos e filosóficos entremeados num mesmo escrito, coisa, entretanto, que era comum no medievo.

Pode-se dizer que Guilherme de Auvergne foi um pensador de transição. Ele ajudou, à força de sua intimidade com os escritos de Aristóteles e dos filósofos árabes e judeus, e ainda à conta de limitar a influência das teorias desses pensadores, a pavimentar o caminho para o aristotelismo mais completo de Santo Alberto Magno e Santo Tomás de Aquino. Por outro lado, por ter rejeitado algumas das idéias mais em voga de Aristóteles e seus seguidores, também preparou o terreno, por exemplo, para a atitude antiaristotélica de um agostiniano como São Boaventura. Ele é, como eu disse mais acima, o ponto de encontro dos séculos XII e XIII: é o século XIII a encontrar, empática, mas criticamente, o século XII.

Mas embora possamos encarar Guilherme de Auvergne como um pensador de transição pelo que era da influência crescente do aristotelismo, isto é, como um estágio do desenvolvimento que parte do antigo agostinismo e vai até o cristianismo aristotelizado de Santo Tomás de Aquino, também podemos vê-lo sob outra luz: como um estágio do desenvolvimento do próprio agostinismo. Santo Anselmo deu pouca atenção ao aristotelismo, que aliás ele conhecia bastante imperfeitamente; agostinianos posteriores viram-se obrigados a dedicar alguma atenção ao assunto, e no século XIII encontramos Duns Escoto a tentar construir uma síntese em que o agostinismo haveria de ser exposto e defendido por meio de Aristóteles. Se devemos considerar a esses pensadores como agostinianos que modificaram e enriqueceram o pensamento de Santo Agostinho com a ajuda de Aristóteles ou como aristotélicos deficientes, é questão em aberto, e a avaliação que se faça da filosofia de Guilherme de Auvergne dependerá de uma tomada de posição neste sentido. Entretanto, a menos que se pretenda enfocar a filosofia medieval apenas em função do tomismo, pode-se dizer que Guilherme de Auvergne preparou o caminho para Duns Escoto, tanto quanto o fez para Santo Tomás. É bem provável que ambos os juízos sejam verdadeiros, conquanto de diferentes pontos de vista. Em certo sentido, qualquer filósofo medieval que se serviu de Aristóteles estava a preparar o caminho para a completa adoção do aristotelismo, e não creio haver dificuldade em o admitir. Entretanto, cuido legítimo perguntar se elementos aristotélicos foram empregados a serviço da tradição agostiniana, de modo a daí redundar uma filosofia em que predominam os elementos agostinianos, ou se foram usados para erigir um sistema definitivamente orientado para o aristotelismo. A resposta, pelo que é do papel que desempenhou Guilherme de Auvergne é bastante clara. Gilson pôde dizer que "o intrincado agostinismo do século XIII vai representando praticamente só na doutrina de Guilherme de Auvergne", e ao passo que nada haveria de barrar a invasão aristotélica das escolas, "a influência de Guilherme de Auvergne certamente muito contribuiu para retardar e limitar seu progresso".[24]

---

[24] *La Philosophie au Moyen Age*, terceira edição, 1944, pp. 423-4.

CAPÍTULO III
Roberto Grosseteste e Alexandre de Hales

(a) Roberto Grosseteste: vida e obra — A doutrina da luz — Deus e as criaturas — A doutrina da verdade e da iluminação — (b) Alexandre de Hales: concepção da filosofia — Provas da existência de Deus — Os atributos divinos — A composição nas criaturas — Alma, intelecto, vontade — O espírito da filosofia de Alexandre de Hales.

Quando lidamos com a filosofia medieval, não é fácil decidir como arranjar os diversos pensadores. Assim, é possível tratar Oxford e Paris separadamente. Aquela tendia, em metafísica e psicologia, ao conservadorismo, ao agostinismo; ao mesmo passo, nela brotou certo interesse pelos estudos de cunho empirista, e o entremear destes dois possibilita que se conte a história da filosofia em Oxford como se fosse um contínuo entre Roberto Grosseteste e Roger Bacon. Ao passo que em Paris, o agostinismo de Alexandre de Hales e de São Boaventura, por uma parte, e o aristotelismo de Santo Alberto e Santo Tomás de Aquino, por outra, a par da relação entre estas duas escolas, pode sugerir ao historiador tratá-las com certa proximidade. Entretanto, um tal método tem lá suas desvantagens. Por exemplo, Roger Bacon morreu (c. 1292) muito depois de Alexandre de Hales (1245), a cujos escritos apôs alguns comentários, e mesmo depois de Santo Alberto Magno (1280), contra quem pareceu nutrir alguma hostilidade, de modo que pareceria mais razoável tratar de Bacon depois de tratar desses dois outros pensadores. Pode-se também estudar Roberto Grosseteste em conjunção com Roger Bacon, mas o fato é que aquele morreu (1253) bem antes da condenação, em Oxford, de uma série de teses entre as quais se incluíam algumas de Santo Tomás de Aquino (1277 e 1284), ao passo que Roger Bacon viveu no tempo dessas condenações, chegando mesmo a criticar a de 1277, na medida em que pensava se referir a ele próprio. Embora eu pudesse aqui elencar muitos argumentos em favor de métodos outros de agrupar esses pensadores, a enfatizar, por exemplo, as afinidades espirituais em vez da disposição cronológica, determinei tratar, primeiro, de Oxford, de Roberto Grosseteste, e de Paris, Alexandre de Hales; então, o discípulo deste, São Boaventura, o maior representante da tradição agostiniana no século XIII; e a seguir do aristotelismo de Santo Alberto Magno e Santo Tomás de Aquino e das controvérsias que tiveram lugar, e apenas depois disto examinar o pensamento de Roger Bacon, apesar de sua afinidade espiritual com Roberto Grosseteste.

1. Roberto Grosseteste nasceu em Surfolk por volta de 1170, tornando-se chanceler da Universidade de Oxford em 1221. De 1229 a 1232, foi Arquidiácono

de Leicester, e em 1235, tornou-se Bispo de Licoln, posição que ocupou até sua morte em 1253. Além de ter traduzido algumas obras (ficou dito que ele provavelmente traduziu a *Ética* diretamente do grego), Roberto Grosseteste comentou os *Analíticos posteriores*, os *Argumentos sofísticos*, a *Física* — se bem que os comentários apostos a esta última obra formavam antes um compêndio — e os escritos do Pseudo-Dionísio.

A afirmativa de Bacon de que Grosseteste *neglexi omnino libros Aristotelis et vias eroum*,[25] deve ser entendida não no sentido de que ignorasse as obras do estagirita, mas de que, embora familiarizado com elas, determinou tratar dos problemas filosóficos por outros caminhos. A seqüência do texto de Bacon deixa isto bem claro: ele diz que Grosseteste se baseava em autores outros que Aristóteles, e que dependia também da própria experiência.

De obras originais, publicou os seguintes livros: *De unica forma omnium*, *De Intelligentiis*; *De statu causarum*; *De potentia et actu*; *De veritate*; *De veritate propositionis*; *De scientia Dei*; *De ordine emanandi causatorum a Deo* e *De libero arbitrio*; a autencidade do *De anima* não está fora de questão. Nas obras que acabamos de citar, é evidente a filiação agostiniana de Grosseteste, se bem que conhecesse a filosofia de Aristóteles e se valesse de alguns de seus elementos. Ao seu agostinismo, entretanto, ajuntou-lhe um marcado interesse pelas ciências empíricas, posição que influenciou a Roger Bacon e obteve-lhe a admiração; com efeito, este disse de seu mestre que ele dominava as ciências como nenhum outro homem,[26] e era capaz de explicar as causas socorrendo-se da matemática.[27] Assim, Grosseteste escreveu *De utilitate artium*; *De generatione sonorum*; *De sphaera*; *De computo*; *De generatione stellarum*; *De cometis*; *De impressione aeris*; *De luce*; *De lineis, angulis et figuris*; *De natura locorum*; *De iride*, *De colore*; *De calore solis*; *De differentiis localibus*; *De impressionibus elementorum*; *De motu corporali*; *De motu supercaelestium*; *De finitate et temporis* e *Quod homo sit minor mundus*.

2. A filosofia de Grosseteste centra-se na idéia da luz, tão encarecida dos agostinianos. No *De luce*[28] ele observa que a primeira forma corpórea, que alguns chamam corporeidade, é a luz. Ela então se une à matéria, isto é, à matéria-prima aristotélica, para formar uma substância simples, erma de dimensões. Por que Grosseteste faz da luz a primeira forma corpórea? Porque a luz, de seu natural, tende a difundir-se, e ele se baseia nesta propriedade para explicar como uma substância composta de forma não-dimensional e de matéria não dimensionada adquire tridimensionalidade. Se pensarmos que a função da luz consiste em difundir-se a si mesma e multiplicar-se a si mesma, e assim efetivar a extensão, então devemos concluir que a luz é a primeira forma corpórea, uma vez que não seria possível à primeira forma corpórea produzir a extensão através de uma

---

[25] *Compendium studii,* ed. Brewer, p. 469.
[26] Ibid., p. 472.
[27] *Opus Maius*, ed. Bridges, 1, 108.
[28] Ed. Bauer, p. 51.

forma secundária ou derivada. Além do mais, é a luz a mais nobre das formas, e a quem mais se parece com as inteligências separadas, de modo que também por isto é a primeira forma corpórea.

A luz (*lux*) dilata-se em todas as direções "esfericamente", formando assim a esfera mais exterior, a do firmamento, no ponto mais distante de sua difusão; esta esfera, assim, consiste simplesmente de luz e matéria-prima. De todos os pontos do firmamento a luz (*lumen*) irradia sobre o centro da esfera; esta luz (a luz da experiência), é *corpus spirituale, sive mavis dicere spiritus corporalis*.[29] Esta difusão tem lugar por meio de uma automultiplicação e geração operada pela própria luz, de modo que, a intervalos, por assim dizer, emerge uma nova esfera, até que se perfaçam nova esferas celestes e concêntricas; a mais interior sendo a esfera da Lua. Esta esfera, por sua vez, irradia luz — mais rarefeita, porém, porquanto se torna mais fraca a difusão à medida que nos aproximamos do centro — e as quatro esferas infralunares, do fogo, ar, água e terra são produzidas. Contam-se, ao todo, treze esferas no mundo sensível: nove celestes, incorruptíveis e imudáveis, e quatro infracelestes, corruptíveis e submetidas ao devir.

O grau de luminosidade de cada tipo de corpo determina-lhe o lugar nesta hierarquia corpórea, com a luz como *species et perfectio corporum omnium*.[30] Grosseteste também explica as cores em termos de luz, afirmando que são *lux incorporata perspicuo*.[31] Excesso de luz *in perspicuo puro* produz a brancura, ao passo que *lux pauca in perspicuo impuro nigredo est*; ele também explica, neste sentido, a afirmação de Aristóteles[32] e Averróis de que a cor preta consiste em pura privação. A luz também é o princípio da moção, que não é senão *vis multiplicativa lucis*.[33]

3. Até aqui, foi a luz considerada como algo corpóreo, como um componente do mundo corpóreo; Grosseteste, entretanto, estende o conceito da luz para abarcar também o mundo espiritual. Dessa forma, Deus é pura luz, a luz eterna (não luz corpórea, por óbvio), e também os anjos são luzes incorpóreas, a participar da Luz eternal. Deus é também a "forma de todas as coisas", mas Grosseteste põe cuidado em explicar que Ele não é a forma de todas coisas entrando a compor-lhes a substância, quer dizer, a unir-se com a matéria, mas como forma exemplar.[34] Deus precede a todas as criaturas, mas este "precede" deve ser entendido no sentido de que Ele é eterno, as criaturas, temporais: a ser entendido que há uma duração comum em que tanto Deus quanto as criaturas existam, a afirmativa estaria incorreta, uma vez que o Criador e a criatura não compartilham de medida comum.[35] Naturalmente, imaginamos um tempo em

---

[29] P. 55.
[30] P. 56.
[31] *De colore*, p. 78.
[32] *Física*, 201 a6; *Metafísica*, 1065 b11.
[33] *De motu corporali et luce*, p. 92.
[34] *De única forma omnium*, p. 109.
[35] *De ordine emanandi causatorum a Deo*, p. 149.

que Deus existia antes da criação, assim como naturalmente imaginamos um espaço fora do universo: mas a imaginação, pelo que é destas matérias, é fonte de erro.

4. No *De veritate propositionis*,[36] Grosseteste diz que a *veritas sermonis vel opinionis est adaequatio sermonis vel opinionis et rei*, mas concentra-se mais na "verdade ontológica", na perspectiva agostiniana do que seja verdade. Ele aceita de bom grado a concepção aristotélica da verdade do enunciado como *adaequatio sermonis et rei* ou *adaequatio rei ad intellectum*, mas verdade a rigor significa a conformidade das coisas ao Verbo eterno *quo dicuntur* e consiste no conformar-se das coisas ao Verbo divino.[37] Algo é verdade na medida em que é o que deve ser, e é o que deve ser quando conforme ao Verbo, isto é, ao exemplar. Esta conformidade só pode ser percebida pela mente, de modo que a verdade pode também ficar definida, com Santo Anselmo, como *rectitudo sola mente perceptibilis*.[38] Disto segue que nenhuma verdade pode ser apreendida exceto à luz da Verdade suprema, Deus. Agostinho deu testemunho de que a verdade de uma coisa criada é visível apenas na medida em que a luz de sua *ratio* eterna faz-se presente à mente.[39] Como é possível, então, aos maus e impuros apreenderem a verdade? Não podemos isto explicar dizendo que vêem a Deus, já que isto cabe apenas aos puros de coração. A resposta está em que a inteligência não percebe o Verbo ou *ratio eterna* diretamente, mas percebe a verdade à luz deste Verbo. Assim como os olhos corpóreos vêem os objetos à luz do sol, sem ter de olhar diretamente para este, ou talvez sem sequer advertirem nisto, assim a inteligência percebe a verdade à luz da iluminação divina sem no processo perceber o mesmo Deus, *Veritas summa*, diretamente ou sequer atinar que é só na luz divina que pode ver a verdade.[40] Disto, fica claro que Grosseteste segue a doutrina de Agostinho, da iluminação divina, mas rejeita explicitamente toda e qualquer interpretação desta doutrina que implique a visão de Deus.

Quanto ao que pensava Grosseteste das matemáticas, da perspectiva etc. Não posso examinar aqui: cuido ter mostrado que se trata de uma filosofia erguida sobre a de Agostinho, por um filósofo que conhecia e servia-se de bom grado das idéias aristotélicas.

5. Havia, dentro da ordem franciscana, alguns irmãos mais zelosos que determinaram adotar uma postura hostil contra a educação e outras atividades mundanas, as quais tinham por traição ao simples idealismo do Pai Seráfico São Francisco de Assis. A Santa Sé, entretanto, desconfiava destes "espirituais", e a rigor a ordem franciscana veio a produzir não poucos teólogos e filósofos de vulto; a primeira figura eminente desta linhagem foi a do inglês Alexandre de Hales, que nasceu em Gloucestershire entre 1170 e 1180, entrou para a Ordem Fransciana em 1231 e morreu em 1245. Foi ele o primeiro franciscano a lecionar

---

[36] P. 144.
[37] *De veritate*, pp. 134-5.
[38] Ibid., p. 135.
[39] Ibid., p. 137.
[40] *De veritate*, p. 138.

teologia em Paris, tendo ocupado a cátedra até pouco antes de sua morte; seu sucessor foi João de la Rochelle.

É difícil estimar com precisão quais foram as contribuições dele para a filosofia, uma vez que a sua *Summa theologica*, na qual vai aposto o seu nome, e que recebeu comentários afiados de Roger Bacon, contém elementos, notadamente na porção final, tomados aos escritos de autores outros, e parece que só recebeu sua forma final dez anos pós a morte de Alexandre.[41] Em todo caso, essa obra marca um estágio no desenvolvimento da filosofia ocidental e também certa tendência própria neste processo. Estágio, sim, porque a filosofia aristotélica, então já como um todo, já vai claramente conhecida e utilizada; e tendência, por certo, já que Alexandre não apenas critica certas doutrinas de Aristóteles e dos aristotélicos, como também considera que os filósofos pagãos foram incapazes de formular uma filosofia satisfatória, *lato sensu*, à conta de que estavam privados da revelação cristã: um homem de pé numa colina é capaz de ver melhor o próprio vale do que um que esteja ao pé da colina. Seguiu, pois, antes a seus predecessores cristãos (os Santos Padres, especialmente Santo Agostinho, Boécio, o Pseudo-Dionísio, Santo Anselmo e os vitorinos) do que a Aristóteles.

6. A doutrina da Santíssima Trindade não pode ser alcançada pela razão humana sozinha, à conta da fraqueza do intelecto humano,[42] mas a existência de Deus, essa, pode ser verificada por todos os homens, bons e maus.[43] Distinguindo a existência de Deus (*quia est*) de Sua natureza (*quid est*), Alexandre de Hales ensina que todos podem atinar com a existência de Deus por meio das criaturas, reconhecendo-O como causa eficiente e final.[44] Além do mais, embora a luz natural da razão não baste ao conhecimento da natureza divina tal qual é ela em si mesma, isto entretanto não significa que todo o conhecimento desta natureza esteja fechado ao intelecto natural, desde que pode vir a apreender algo de Deus: por exemplo, Seu poder e sabedoria, pela meditação no agir d'Ele sobre as criaturas; este grau de conhecimento está aberto àqueles que não se acham no estado de graça.[45] Este tipo de conhecimento não é unívoco, mas analógico.[46] Por exemplo, é a bondade predicada de Deus e das criaturas; entretanto, se é predicada d'Ele *per naturam*, como sendo idêntica com a Sua natureza e com o fato de Ele ser a fonte auto-subsistente de toda a bondade, é predicada das criatura, por outro lado, *per participationem*, na medida em que as criaturas dependem de Deus, em que são efeitos de Deus, recebendo d'Ele, portanto, bondade em grau limitado.

Para provar a existência de Deus, Alexandre de Hales serve-se de vários argumentos. Por exemplo, lança mão da prova da contingência de Ricardo de

---

[41] As referências abaixo são da *Summa Theologica*, edição de Quaracchi, segundo o volume e a seção.
[42] 1, n° 10.
[43] 1, n° 15.
[44] 1, n° 21.
[45] 1, n° 15.
[46] 1, n° 21.

São Vítor, do argumento da causalidade de São João Damasceno, do argumento do conhecimento da alma, de Hugo de São Vítor; também se vale da prova da eternidade da verdade, de Santo Agostinho e Santo Anselmo, e aceita também, deste último, a prova a partir da idéia do ser Perfeito, tal como aparece no *Proslogium*.[47] Ademais, ele diz que é impossível a alguém ignorar a existência de Deus.[48] Afirmação surpreendente, mas é necessário que se estabeleça algumas distinções. Por exemplo, há que se distinguir o conhecimento habitual do conhecimento em ato (*cognitio habitu, cognitio actu*). Aquele, diz Alexandre de Hales, é um hábito que naturalmente vai impresso no intelecto, permitindo que ele conheça a Deus; parece que é pouco mais do que uma espécie de conhecimento implícito, se é que tal coisa pode ser chamada a direito de conhecimento. Santo Alberto Magno comenta, um pouco sarcasticamente, que esta distinção é uma *solutio mirabilis*.[49] O conhecimento atual, por sua vez, também comporta certas distinções, uma vez que abarca tanto a percepção da alma de que ela mesma não é *a se*, quanto o conhecimento das criaturas. Pelo que é do conhecimento atual do primeiro tipo, a alma não se engana ao conhecer a existência de Deus, se bem que possa parecer que, mesmo neste caso, este reconhecer a Deus seja "implícito", na medida em que a alma, ao virar as costas a Deus à conta do pecado e do erro, e ao se apegar às criaturas, pode se fazer incapaz de atinar com a existência d'Ele. Quanto ao segundo tipo, outra distinção deve ser estabelecida, entre o conhecimento de Deus *in ratione communi* e em *ratione propria*. Por exemplo, um homem que busque a felicidade nas riquezas e nos prazeres sensuais, em certo sentido conhece a Deus, desde que Ele é beatitude, não O conhece, porém, *in ratione propria*. De modo análogo, o idólatra reconhece a Deus *in communi*, por exemplo, como "Algo", mas não como Ele é em si mesmo, *in ratione propria*. Tais distinções podem de fato parecer um tanto forçadas, mas Alexandre de Hales baseia-se, por exemplo, no dito de São Paulo[50] de que os pagãos conhecem a Deus, mas O não glorificaram enquanto tal; e na afirmativa de São João Damasceno de que o conhecimento de Deus vai naturalmente impresso na mente.[51] A idéia de que a mente humana nunca fica apartada de algum conhecimento de Deus é própria da escola agostiniana; entretanto, à conta da existência de idólatras, ou no mínimo de ateus professos, qualquer autor que fizer tenção de esposar tais noções se vê obrigado a introduzir uma distinção entre o conhecimento implícito e o explícito, ou entre o conhecimento de Deus *in ratione communi* e o conhecimento de Deus *in ratione propria*.

7. Alexandre de Hales trata também dos atributos divinos, quais sejam, imutabilidade, simplicidade, infinitude, incompreensibilidade, imensidão, eternidade, unidade, verdade, vontade, poder e sabedoria levantando ele próprio

---
[47] 1, nº 25.
[48] 1, nº 26.
[49] *S. T.*, p.1, tr.4, q. 19.
[50] Rm 1.
[51] *De fide orthod.*, 1, cc. 1 e 3; PG, 94, 790 e 794.

objeções, solucionando a questão geral e, finalmente, respondendo às objeções. Freqüentemente, apela para escritores mais antigos, e cita autoridades, como Agostinho e Anselmo; não formula uma doutrina original; o modo de exposição, entretanto, é sistemático e cuidadoso, e inclui consideráveis porções de reflexão filosófica, de caráter mais geral. Por exemplo, quando se põe a tratar da unidade da natureza divina, Alexandre de Hales entra a considerar a unidade em geral, definindo a *unitas* como *indivisio entis* e o *unum com ens indivisium in se, divisum autem ab aliis*,[52] e então examina a relação entre unidade e ser, verdade e bondade.[53] Pelo que é do conhecimento divino, Alexandre de Hales sustenta, seguindo nisto Agostinho e Anselmo, que Deus conhece todas as coisas em Si mesmo e através de Si mesmo. Acham-se as "idéias" exemplares ou eternas das criaturas em Deus, se bem que, consideradas em si mesmas, não constituam uma pluralidade; a rigor, elas identificam-se com a essência divina, de modo que Deus conhece todas as coisas ao conhecer-se a Si próprio. Mas então como conhece o mal e o pecado? Apenas como imperfeição, isto é, privação de bem. Se a luz, diz Alexandre de Hales, seguindo Pseudo-Dionísio, pudesse conhecer, haveria de saber que este ou aquele objeto é imune à sua operação: não haveria de conhecer a escuridão em si, erma de relações com a mesma luz. Isto implica, claro, que o mal não tem realidade positiva, mas antes é privação;[54] estivesse dotado de ser positivo, far-se-ia necessário ou afirmar o dualismo, ou dizer que o mal tem seu exemplar em Deus.

Examinando o tema da vontade divina, Alexandre de Hales se pergunta se Deus pode ou não ordenar ações que vão contra a lei natural. Esta questão, provavelmente, tem sua origem nas exegeses escriturísticas: por exemplo, como dar conta do fato de que Deus tenha ordenado aos israelitas levarem consigo os despojos do Egito; a questão em si, por certo, tem uma significação consideravelmente mais ampla. Deus, responde Alexandre de Hales, não pode ordenar uma ação que formalmente contrarie a lei natural, uma vez que tal ordem contradiria a Si próprio; Ele não pode, por exemplo, desejar que o homem tenha outro fim que não o mesmo Deus, porque Deus é essencialmente o término último. Nem poderia ter Deus ordenado aos israelitas que roubassem, no sentido comum da palavra, porque isto significaria que lhes ordenava a pecar, agir contra Si próprio. Deus, entretanto, pode querer privar os egípcios de suas posses e valer-se dos israelitas para tanto. Também pode ordenar aos israelitas que tomem o que pertence a outro, já que isto afeta apenas o *ordo creaturam*, mas não poderia ordenar-lhes a tomá-lo *ex cupiditate*, já que isto afetaria o *ordo ad Deum* e implicaria uma autocontradição da parte de Deus.[55] Analogamente, Deus pôde determinar a Oséias que tivesse relações com uma mulher que não a sua, porque isto diz respeito ao *ordo ad creaturam*, mas não poderia ter feito

---

[52] 1, n° 72.
[53] 1. n° 73.
[54] Cf. 1 n° 123 ss.
[55] 1, n° 276.

com que Oséias o fizesse *ex libidine*, uma vez que isto diz respeito ao *ordo ad Deum*. As distinções que Alexandre de Hales propõe nestas questões são um tanto obscuras e nem sempre satisfatórias, mas, em todo caso, fica claro que ele não cuidava que a lei moral dependesse de um *fiat* arbitrário de Deus, como Ockham viria mais tarde a sustentar.

8. É Deus o criador imediato do mundo, tendo criado tanto a forma como a matéria e a não-eternidade do mundo pode ser provada.[56] Assim é que Alexandre de Hales rejeita a teoria aristotélica da eternidade do mundo, mas aceita a doutrina da composição hilomórfica. Esta composição encontra-se em todas as criaturas, desde que "matéria" significa potencialidade; composição mais fundamental, entretanto, e que também vai em todas as criaturas, é entre *quo est* e *quod est*.[57] Pode parecer à primeira vista que se trata da distinção entre essência e existência, mas parece antes que o *quod est* se refere ao ser concreto, um homem, por exemplo, e o *quo est* à essência abstrata, humanidade, no caso. Em todo caso, essa distinção é de cunho "racional", uma vez que podemos predicar o *quo est* do *quod est*, pelo menos em certo sentido, quando, por exemplo, dizemos que este ente é um homem. Não há distinção real entre um homem e sua humanidade; ainda assim, esta humanidade é ela recebida. Em Deus não há dependência ou recepção, e portanto também não há composição *entre quod est* (*Deus*) e *quo est* (*Deitas*).

9. Fiel ao espírito tradicional, Alexandre de Hales formula e defende sete definições ou descrições da alma humana.[58] Por exemplo, a alma pode ser definida como *Deiforme spiraculum vitae*,[59] ou como *substantia quaedam rationis particeps, regendo corpori accommodata*,[60] ou como *substantia spiritualis a Deo creata, propria sui corporis vivificatrix*.[61] As outras definições são tomadas de empréstimo a Santo Agostinho, São João Damasceno e Sêneca. A alma, insiste Alexandre de Hales, não é substância simplesmente no sentido de ser forma substancial, mas é um *ens in se*, substância *simpliciter*, composta de matéria "intelectual" e forma. Se neste particular Alexandre de Hales segue a tradição platônica-agostiniana, chegando mesmo a sugerir que a alma deve ser substância, uma vez que está para o corpo como o piloto para o navio, ele também insiste em que a alma vivifica o corpo. Um anjo também é *spiraculum vitae*, mas não *spiraculum vitae corporis*, ao passo que a alma é o princípio da vida corpórea.

Cada alma humana é criada por Deus a partir do nada.[62] A alma humana não é emanação de Deus, parte da substância divina,[63] nem se propaga à maneira

---

[56] 2, n° 67.
[57] 2 n° 59–61.
[58] 2, n° 321.
[59] Cf. *De sp. Et an.*, c. 42 (encontra-se entre as obras de Agostinho; PL 40, 811) e Santo Agostinho *De Gen. ad litt.*, 7 caps. 1–3.
[60] Santo Agostinho, *De quant. an.*, cap. 13, n° 22.
[61] Cassiodorus, *De Anima, c.* 2.
[62] 2, n° 329 e 322.
[63] 2, n° 322.

postulada pelos traducianistas. O pecado original pode ser explicado sem que se recorra a teorias de cunho traducionista.[64] A alma une-se ao corpo à maneira da união entre forma e matéria (*ad modum formae cum materia*),[65] mas isto deve ser interpretado em sentido agostiniano, uma vez que a alma racional se junta ao corpo *ut motor mobili et ut perfectio formalis suo perfectibili*.[66] A alma está dotada de três potências: *vis vegetativa*, *vis sensitiva* e *vis intellectiva*, e embora estas potências não possam ser ditas partes da alma, no sentido estrito da palavra "parte",[67] distinguem-se entre e si e da essência da alma. Alexandre de Hales, portanto, explica a afirmativa de Agostinho quanto à identidade entre a alma e suas potências dizendo que esta identidade refere-se apenas à substância, não à essência.[68] A alma, pois, não pode subsistir sem essas potências, nem são essas inteligíveis à parte daquela, mas assim como *esse* e *operari* não são idênticos, assim *essentia* e *potentia* também não.

Os intelectos ativo e passivo são *duae differentiae* da alma racional, o primeiro diz respeito à forma espiritual da alma, o segundo à sua matéria espiritual; o intelecto agente não está separado da alma, mas pertence a ela.[69] A par da classificação aristotélica das potências racionais da alma, Alexandre de Hales também se serve do enfoque de Santo Agostinho e São João Damasceno, tentando reconciliar estas duas perspectivas. Por exemplo, "intelecto", na filosofia aristotélica, refere-se ao poder de conhecermos as formas inteligíveis por meio da abstração,[70] o que corresponde, portanto, a *ratio* em Agostinho, não ao *intellectus* ou *intelligentia*, que lidam com objetos espirituais. Intelecto, no sentido aristotélico, tem a ver com as formas incorporadas, e sua função é abstraí-las dos *phantasmata*; Agostinho, entretanto, refere-se a formas espirituais, não corpóreas, e pelo que é do conhecer a essas formas, superiores que são à alma humana, o intelecto nada pode se não for iluminado por Deus.[71] Alexandre de Hales não dá uma explicação clara do que precisamente seja essa iluminação, mas pelo menos deixa claro que aceita a doutrina aristotélica da abstração em relação ao mundo corpóreo, mas pelo que é do mundo espiritual, essa doutrina tem de ser suprida pela de Agostinho. Note-se que acertou quando percebeu que a classificação peripatética era de cunho psicológico, ao passo que a de Agostinho se fundava na distinção entre os objetos de conhecimento.

Alexandre de Hales dá três definições do livre-arbítrio: a de Santo Anselmo (*potestas servandi rectitudinem propter se*), a de Santo Agostinho (*facultas rationis et voluntatis, qua bonum eligitur gratia assistente et malum eadem desistente*) e a de São Bernardo (*consensus ob voluntatis inamissibilem libertatem et rationis*

---

[64] 2, n° 327.
[65] 2, n° 347.
[66] 2, n° 345.
[67] 2, n° 351.
[68] 2, n° 349.
[69] 2, n° 372.
[70] 2, n° 362.
[71] 2, n° 368.

indeclinabile iudicium), e tenta harmonizá-las.[72] *Liberum arbitrium* é comum tanto a Deus quanto à alma, mas não é predicado nem universalmente nem equivocamente, mas analogicamente, primariamente de Deus e secundariamente da criatura.[73] No homem, constitui uma faculdade ou função das potências conjugadas da vontade e razão, e não é, a rigor, uma potência separada da alma. Além do mais, na medida em que ligada à posse da razão e da vontade, é inseparável da alma, isto é, pelo que é da liberdade natural. Seguindo São Bernardo, Alexandre de Hales distingue *libertas arbitrii* e *libertas consilii et complaciti* e diz que, embora possa a segunda ser perdida, não o pode a primeira.

10. Alexandre de Hales é pensador de interesse, uma vez que sua obra principal consiste no esforço de formular um pensamento sistemático; nele foram a teologia e a filosofia cristã expostas de modo escolástico. Quanto à forma, pertence ao período medieval das *Summas*, compartilhando dos méritos e deméritos deste tipo de compilação: arranjo sucinto e ordenado, aridez e falta de desenvolvimentos, os quais, desde o nosso ponto de vista, seriam desejáveis. No que diz respeito ao conteúdo propriamente dito, a Suma de Alexandre liga-se estreitamente ao passado, uma vez que o autor determinou manter-se fiel à tradição, citando freqüentemente a Agostinho, Anselmo, Bernardo e João Damasceno em vez de desenvolver os próprios argumentos. Isto, entretanto, não quer dizer que ele simplesmente apele à autoridade, citando nomes os mais autorizados, porque não poucas vezes reproduz os argumentos de seus predecessores, o que não quer dizer que não aponha também seus próprios raciocínios. Sua obra é, por certo, uma Suma, e uma Suma é, por óbvio, mero sumário. Ele também mostra algum conhecimento de Aristóteles, embora nem sempre seja este explicitamente mencionado, e serve-se, aqui e ali, de doutrinas peripatéticas. Vai sempre presente, na sua obra, a tenção de harmonizar elementos tomados de Aristóteles com os ensinamentos de Santo Agostinho e Santo Anselmo, e o seu pensamento tende, de modo geral, a contrastar os pensadores cristãos, iluminados por Deus, com os filósofos pagãos. Não que tenhamos a impressão de estarmos a ler um escritor polemista, e não que ele confunda filosofia com teologia,[74] mas seu principal interesse recai no conhecimento de Deus e de Cristo, ou seja, manteve-se fiel à tradição agostiniana.

---

[72] Cf. 2, nº 393-6.
[73] 2, nº 402.
[74] Cf. 1, nº 2.

CAPÍTULO IV
São Boaventura — I

Vida e obra — Espírito — Teologia e filosofia — Postura diante do aristotelismo.

1. São Boaventura, cujo nome de batismo era Giovanni Fidanza, nasceu em Bagnorea, na Toscana, no ano de 1221. Curado de uma doença quando criança por meio das orações de sua mãe a São Francisco de Assis entrou para a Ordem Franciscana em data que não pode ser determinada com exatidão. Pode ter sido pouco antes ou pouco depois de 1240. Seja como for, Boaventura tornou-se franciscano a tempo de estudar com Alexandre de Hales em Paris antes da morte deste, em 1245. A doutrina de Alexandre evidentemente causou grande impressão no seu pupilo, pois em sua *Praelocutio prooemio in secundum librum Sententiarum praemissa* Boaventura declara que, assim como no primeiro livro das *Sentenças* havia aderido às opiniões comuns dos mestres, e especialmente àquelas do "nosso mestre e pai de feliz memória, Irmão Alexandre", tampouco nos livros seguintes deixará de seguir suas pegadas.[75] Em outras palavras, Boaventura embebeu-se da tradição franciscana — isto é, agostiniana — e estava determinado a guardá-la. Talvez possa parecer que essa resolução indicasse simplesmente um piedoso conservadorismo e que Boaventura desconhecesse ou ao menos desconsiderasse e não tomasse nenhuma postura definida e positiva em relação às novas tendências filosóficas de Paris; no entanto, o comentário às *Sentenças* data de 1250-1 (ele começou a lecionar em 1248, a respeito do Evangelho de São Lucas) e, naquela data, não é possível que Boaventura, estudando em Paris, desconhecesse a filosofia aristotélica. Além disso, veremos mais adiante que ele adotou uma postura muito definida diante dessa filosofia; uma postura que não era fruto da ignorância, mas procedia da reflexão e da convicção racional.

São Boaventura esteve envolvido nas mesmas disputas entre religiosos e seculares nas quais esteve envolvido Santo Tomás de Aquino e, em 1255, foi excluído da universidade, isto é, foi-lhe recusado o reconhecimento como doutor e professor pertencente ao pessoal da universidade. É possível que tenha sido readmitido em 1256, mas, seja como for, foi admitido, junto com Tomás de Aquino, em outubro de 1257, em decorrência de intervenção papal. Era então professor de teologia na universidade — ao menos no que se refere à sua admissão — e teria sem dúvida exercido o cargo, não tivesse sido eleito como Ministro Geral da sua Ordem em 2 de fevereiro de 1257. O cumprimento das funções normais da sua função teria, por si só, o impedido de viver a vida

---
[75] Alexandre aparece novamente como "nosso pai e mestre" em *2 Sent.*, 23, 2, 3; II, p. 547.

pacata de um professor universitário, mas, em acréscimo a isso, havia àquela época divergências dentro da própria Ordem a respeito do seu espírito, suas práticas e seu papel, e Boaventura viu-se diante da difícil tarefa de conservar e restaurar a paz. Contudo, escreveu em 1259 o *Itinerarium mentis in Deum*, em 1261 suas duas vidas de São Francisco, em 1267 ou 1268 as *Collationes de decem praeceptis* (sermões quaresmais), o *De decem donis Spiritus Sancti* (por volta de 1270), e as *Collationes in Hexaemeron*, em 1273. O *Breviloquium* foi escrito antes de 1257. Comentários às Escrituras, pequenos tratados místicos, sermões e cartas sobre pontos ligados à Ordem Franciscana compõem seus outros escritos, datados de vários períodos da sua vida.

Embora em 1265 Boaventura tenha tido sucesso em convencer o Papa a revogar a sua nomeação no Arcebispado de York, foi nomeado Bispo de Albano e cardeal em 1273. Em 1274, esteve presente no Concílio de Lyon, onde pregou a respeito da reunião da Igreja Oriental com Roma. Morreu no encerramento do concílio (15 de julho de 1274) e foi sepultado em Lyon, na presença do Papa Gregório x.

2. São Boaventura não apenas era um homem culto, como também estimulou o desenvolvimento dos estudos dentro da Ordem Franciscana. Isso pode parecer estranho no caso de um santo franciscano, pois dificilmente se poderá dizer que o fundador tenha tencionado que os seus frades se dedicassem à erudição. Entretanto, é perfeitamente claro para nós — como o era para Boaventura — que uma ordem que consistia, em ampla medida, de sacerdotes, com uma vocação que incluía a pregação, não poderia cumprir a sua vocação a não ser que seus membros, ou ao menos aqueles destinados ao sacerdócio, estudassem as Escrituras e teologia. Ora, era impossível estudar a teologia escolástica sem ter adquirido algum conhecimento de filosofia, de modo que os estudos filosóficos e teológicos eram ambos necessários. Uma vez admitidos esses princípios gerais — e devem ser admitidos —, seria praticamente impossível estabelecer um limite para o grau de estudo. Se os estudantes deveriam ser treinados em filosofia e teologia, seriam necessários professores, e os professores deveriam ser não apenas competentes por si mesmos, mas deveriam formar os seus sucessores. Além disso, se o trabalho apostólico poderia envolver o contato com homens cultos, talvez mesmo com hereges, não se poderia estabelecer *a priori* um limite para o volume de estudo aconselhável.

Seria possível, com efeito, multiplicar tais considerações práticas que justificaram o desenvolvimento dos estudos dentro da Ordem Franciscana. No entanto, no que diz respeito a Boaventura, há uma consideração de igual importância a ser feita. São Boaventura era perfeitamente fiel ao espírito de São Francisco ao considerar a união com Deus o mais importante objetivo da vida. Ele via muito bem, entretanto, que tal objetivo seria alcançado de maneira muito deficitária sem o conhecimento de Deus e das coisas de Deus, ou ao menos tal conhecimento, longe de ser um empecilho para a união com Deus, deveria predispor a alma a uma união mais íntima. Afinal, era o estudo das Escrituras e da teologia que ele recomendava e desenvolvia, não o estudo de questões sem nenhuma referência a Deus, e essa era uma das razões pelas quais desgostava e desconfiava da filosofia metafísica de Aristóteles, que não dava nenhum espaço para a comunhão pessoal com a divindade ou para Cristo. Há, conforme assinalou Gilson, certo paralelo entre a vida de São Francisco e o ensinamento de São Boaventura. Assim como a vida daquele culminou na comunhão mística com Deus, também o ensinamento deste culminou na sua doutrina mística, e assim como Francisco aproximou-se de Deus por Cristo e viu, *concretamente*, todas as coisas à luz da Palavra divina, Boaventura insistiu em que o filósofo cristão deve ver o mundo em sua relação com a Palavra criadora. Cristo, conforme diz expressamente, é o *medium*, ou Centro, de todas as ciências, de modo que não podia aceitar a metafísica aristotélica, a qual, além de não ter qualquer notícia de Cristo, tinha rejeitado até mesmo o exemplarismo de Platão.

No fim, a Ordem Franciscana veio a reconhecer Duns Escoto como o seu doutor por excelência. Contudo, embora sem dúvida estivesse certa ao fazê-lo, e embora Duns Escoto fosse indubitavelmente um homem de gênio e um pensador de grande habilidade especulativa e analítica, talvez seja possível dizer que foi São Boaventura quem esteve mais próximo, tanto em seu pensamento como no tempo, do espírito do Pai Seráfico — com efeito, não é sem razão que lhe foi atribuído o título de Doutor Seráfico.

3. A visão de São Boaventura sobre o propósito e o valor dos estudos, determinada tanto por suas inclinações e tendências espirituais como por seu treinamento intelectual sob Alexandre de Hales e por seu pertencimento à Ordem Franciscana, situa-o naturalmente na tradição agostiniana. O pensamento de Santo Agostinho estava centrado em Deus e na relação da alma para com Deus e, uma vez que o homem que se relaciona com Deus é o homem concreto e efetivo da história, que caiu da graça e foi redimido pela graça, Agostinho lidava com o homem em sua concretude, não com o "homem natural", isto é, não com o homem considerado à parte da sua vocação sobrenatural e com abstração da operação da graça sobrenatural. Isso significava que Santo Agostinho não poderia fazer uma distinção muito rígida entre a filosofia e a teologia, ainda que distinguisse a luz natural da razão e a luz sobrenatural da fé. Há, obviamente, justificativas adequadas para se tratar em filosofia do homem no "estado de natureza", uma vez que a ordem da graça é sobrenatural e se podem distinguir a ordem da graça e a ordem da natureza. Meu ponto aqui, porém, é que, quando alguém está interessado principalmente no progresso da alma em direção a Deus, como era o caso de Agostinho e Boaventura, o seu pensamento estará centrado no homem concreto, e o homem concreto é o homem com uma vocação sobrenatural. O homem considerado no "estado de natureza" é uma abstração legítima, mas essa abstração legítima não terá atrativo para alguém cujo pensamento está centrado na ordem histórica efetiva. É, em grande medida, uma questão de abordagem e método. Nem Agostinho nem Boaventura negariam a distinção entre o natural e o sobrenatural, mas, uma vez que ambos

estavam interessados em primeiro lugar no homem histórico efetivo, que — repita-se — é o homem com uma vocação sobrenatural, inclinavam-se a fundir temas teológicos e filosóficos em uma única sabedoria cristã, em vez de fazer uma distinção rígida e metodológica entre filosofia e teologia.

Alguém pode objetar que, se é assim, então São Boaventura é simplesmente um teólogo, não um filósofo de forma alguma. Pode-se dar uma resposta semelhante à que se dá com relação a Agostinho. Caso se fosse definir o filósofo como alguém que desenvolve o estudo do Ser, das últimas causas ou de qualquer outro objeto que se queira atribuir ao filósofo, sem nenhuma referência à revelação e prescindindo *completamente* da teologia dogmática, da dispensação cristã e da ordem sobrenatural, então obviamente nem Agostinho nem Boaventura poderiam ser chamados filósofos; se, no entanto, se está disposto a admitir nas fileiras dos filósofos todo aquele que investiga o que é reconhecido por todos como temas filosóficos, então ambos devem ser considerados filósofos. Boaventura pode às vezes tratar, por exemplo, dos estágios da ascensão da alma desde o conhecimento de Deus por meio das criaturas até a experiência imediata e interior de Deus, e pode falar destes estágios sem nenhuma demarcação clara entre o que pertence à teologia e o que pertence à filosofia, mas isso não altera o fato de que, ao tratar do conhecimento de Deus por meio das criaturas, ele desenvolve provas da existência de Deus e que essas provas são argumentos racionais, podendo, portanto, ser chamados de argumentos filosóficos. Novamente: o interesse de Boaventura pelo mundo material pode ser principalmente um interesse pelo mundo enquanto manifestação de Deus, e ele pode comprazer-se em ver nele *vestigia* do Deus Triuno, mas isso não altera o fato de que sustenta certas opiniões sobre a natureza do mundo e sua constituição que são de caráter cosmológico e filosófico. É verdade que isolar as doutrinas filosóficas de Boaventura é, de certo modo, lesar a unidade do seu sistema; contudo, há doutrinas filosóficas no seu sistema e isto lhe dá direito a um lugar na história da filosofia. Além disso, como mencionarei em breve, Boaventura adotou uma postura muito definida em relação à filosofia em geral e ao sistema aristotélico em particular, e, apenas por isso, ele merece um lugar na história da filosofia. Dificilmente se poderia excluir Kierkegaard da história da filosofia, embora a sua postura em relação à filosofia, segundo a sua compreensão do termo, fosse hostil, pois ele filosofava sobre a filosofia. Menos ainda se pode excluir Boaventura, cuja postura era menos hostil que a de Kierkegaard e que representa uma perspectiva da filosofia: a perspectiva daquele que sustenta não apenas que existe uma coisa chamada filosofia cristã, mas também que toda filosofia independente está fadada a ser deficiente e mesmo parcialmente falsa enquanto filosofia. Quer seja correta ou incorreta, justificada ou injustificada, essa perspectiva merece ser considerada em uma história da filosofia.

Boaventura pertencia, pois, à tradição agostiniana. No entanto, deve-se lembrar que muita água havia corrido desde o tempo de Agostinho. Desde aquele tempo, a escolástica tinha se desenvolvido, o pensamento tinha sido sistematizado, a metafísica aristotélica tinha se tornado plenamente conhecida no mundo cristão ocidental. Boaventura comentou as *Sentenças* de Pedro Lombardo e tinha familiaridade com o pensamento de Aristóteles. Era natural, portanto, que nos seus escritos se encontrassem não apenas muito mais elementos da escolástica e do método escolástico que em Agostinho, mas também a adoção de não poucas idéias aristotélicas, pois Boaventura de forma alguma rejeitou Aristóteles em sua totalidade. Pelo contrário, respeitou-o enquanto filósofo natural, ainda que, do início ao fim, não tivesse grande apreço por sua metafísica e sua teologia. Assim, do ponto de vista do século XIII, o sistema bonaventuriano era um agostinismo moderno, um agostinismo desenvolvido ao longo dos séculos e repensado em face do aristotelismo.

4. Qual era, então, a visão de Boaventura sobre a relação geral entre a filosofia e a teologia e qual era a sua visão sobre o aristotelismo? As duas questões podem ser reunidas, uma vez que a resposta à primeira determina a resposta à segunda.

Conforme já observado, Agostinho distinguia fé e razão, e Boaventura naturalmente acompanhou-o, citando as palavras de Agostinho para concluir que aquilo em que cremos devemos à autoridade e aquilo que entendemos, à razão.[76] Segue-se disso — alguém poderia pensar — que a filosofia e a teologia são duas ciências separadas e que é possível, ao menos em teoria, constituir uma filosofia autônoma de nível satisfatório. De fato, Boaventura faz uma distinção explícita e clara entre teologia dogmática e filosofia. Por exemplo, no seu *Breviloquium*,[77] diz que a teologia começa por Deus, a causa suprema, na qual a filosofia termina. Em outras palavras, a teologia toma os seus dados da revelação e procede de Deus em Si mesmo para os Seus efeitos, ao passo que a filosofia começa pelos efeitos visíveis e argumenta pela existência de Deus, enquanto causa. Novamente, no *De Reductione Artium ad Theologiam*,[78] divide a "filosofia natural" em física, matemática e metafísica, enquanto no *In hexaemeron*,[79] divide a filosofia em física, lógica e ética.

Diante disso, como é possível sustentar que São Boaventura não reconhecia nenhuma distinção rígida entre filosofia e teologia? A resposta é que reconhecia uma distinção metodológica entre as ciências e também uma distinção de objeto, mas insistia em que nenhum sistema metafísico ou filosófico satisfatório pode ser elaborado sem que o filósofo seja guiado pela luz da fé e filosofe à luz da fé. Por exemplo: São Boaventura está perfeitamente consciente de que o filósofo pode chegar à existência de Deus sem o auxílio da revelação. Mesmo que não estivesse convencido disso por sua própria razão e pelo testemunho das Escrituras, a filosofia de Aristóteles teria sido suficiente para persuadi-lo desse fato. Mas não se contentava com dizer que o conhecimento de Deus alcançado de tal forma é incompleto e carece de uma complementação fornecida pela revelação:

---

[76] Aug., *De utilitate credendi*, 11, 25; Bonav., *Breviloq.*, 1, 1, 4.
[77] 1, 1.
[78] 4.
[79] 4, 2.

ia mais adiante e afirmava que tal conhecimento puramente racional é fatalmente errôneo em pontos importantes. Provava essa afirmação empiricamente. Por exemplo: "O nobilíssimo Plotino, da seita de Platão, e Túlio, da seita acadêmica", apesar de suas visões sobre Deus e a alma serem preferíveis às de Aristóteles, incorreram em erro, pois ignoravam o fim sobrenatural do homem, a ressurreição dos corpos e a beatitude eterna.[80] Não poderiam conhecer essas coisas sem a luz da fé e incorreram em erro precisamente porque não tinham obtido a luz da fé. De maneira semelhante, o mero metafísico pode chegar ao conhecimento da causa suprema, mas, se é um mero metafísico, parará aí e, se pára aí, estará em erro, uma vez que concebe Deus diferentemente do que é, desconhecendo que Deus é uno e trino. "A ciência filosófica é o caminho para as outras ciências, mas quem deseja repousar aí cai nas trevas".[81] Em outras palavras, Boaventura não está negando o poder do filósofo de alcançar a verdade, mas sustenta que o homem que se satisfaz com a filosofia, que é mero filósofo, necessariamente cai no erro. Uma coisa é o homem chegar pela razão a saber que existe um único Deus e então avançar para reconhecer, à luz da fé, que essa unidade é a unidade da natureza na Trindade das Pessoas, e outra, completamente diferente, é estagnar no conhecimento da unidade de Deus. Nesse último caso, o homem afirma a unidade da natureza com exclusão da Trindade de Pessoas e fazê-lo é incorrer em erro. À objeção de que não é necessário excluir a Trindade, pois o filósofo pode prescindir absolutamente da revelação, de modo que o seu conhecimento filosófico, embora incompleto, permanece válido e verdadeiro, Boaventura responderia, sem dúvida, que, se o homem é simplesmente um filósofo e repousa na filosofia, virá a se convencer de que Deus é uno quanto à natureza e não é trino quanto às Pessoas. Para conceder o devido espaço à complementação, já deve possuir a luz da fé. A luz da fé não fornece os argumentos racionais para a existência de Deus (existe, de fato, algo chamado filosofia), mas assegura que a filosofia permaneça "aberta" e que não se encerre em si mesma, de modo a redundar em erros.

A visão de Boaventura sobre o aristotelismo segue-se com naturalidade dessas premissas. Que Aristóteles tenha sido eminente enquanto filósofo natural, isto é, no que diz respeito aos objetos sensíveis, Boaventura não o nega; o que ele não admitirá é que Aristóteles tenha sido um verdadeiro metafísico, isto é, que a metafísica de Aristóteles seja satisfatória. Alguns, constatando que Aristóteles tinha tal eminência nas outras ciências, supuseram que também teria alcançado a verdade na metafísica. Isso, porém, não procede, pois para formar um sistema metafísico satisfatório é necessária a luz da fé. Além disso, a grande competência de Aristóteles para as outras ciências devia-se precisamente a que sua mente e seus interesses eram tais que ele não era inclinado a formar uma filosofia que apontasse para além de si mesma. Assim, recusou-se a encontrar o princípio do mundo fora do mundo: rejeitou as idéias de Platão[82] e afirmou a eternidade do

---

[80] *In Hexaem.*, 7, 3 ss.
[81] *De Donis*, 3, 12.
[82] *In Hexaem.*, 6, 2.

mundo.[83] De sua negação da teoria platônica das idéias seguiu-se não apenas a negação do criacionismo, mas também a negação do conhecimento divino dos indivíduos, bem como da presciência e da providência divinas.[84] Novamente: a doutrina da unicidade do intelecto é ao menos atribuída a Aristóteles por Averróis e disso se segue a negação da beatitude individual ou da punição após a morte.[85] Em síntese, embora todos os filósofos pagãos tenham incorrido em erro, Aristóteles estava mais afastado da verdade que Platão ou Plotino.

É possível que se obtenha uma visão mais clara da noção de Boaventura a respeito da relação entre a filosofia e a teologia considerando-se a postura do filósofo católico na prática. Este elabora argumentos para a existência de Deus, por exemplo, mas não se torna ateu nesse meio tempo, nem nega a sua fé no dogma da Trindade: filosofa à luz do que já crê e não concluirá por uma unidade de Deus que exclua a Trindade de Pessoas. Por outro lado, os seus argumentos para a existência de Deus são argumentos racionais: não faz neles nenhuma referência ao dogma, e o valor das provas enquanto tais reside nos seus méritos ou deméritos filosóficos. O filósofo, em termos psicológicos, busca os seus argumentos à luz da fé que já possui e que não põe de lado durante seus estudos filosóficos. A sua fé ajuda-o a fazer as perguntas certas e a evitar conclusões falsas, embora não faça nenhum uso formal da fé nos seus argumentos filosóficos. Um tomista, obviamente, diria que a fé é, para o filósofo, uma norma extrínseca; que o filósofo, conquanto não negue a sua fé, dela prescinde; e que um pagão poderia, ao menos em tese, alcançar as mesmas conclusões filosóficas. São Boaventura, contudo, responderia que, nada obstante o filósofo possa não fazer nenhum uso formal do dogma neste ou naquele argumento metafísico, ele certamente filosofa à luz da fé, e que isso é algo positivo: a ação da fé é uma influência positiva sobre a mente do filósofo e sem ela inevitavelmente se incorre em erro. Não seria exato dizer que São Boaventura acreditava unicamente em uma sabedoria cristã total, que compreendesse indiferentemente verdades filosóficas e teológicas, pois, de fato, admitia uma classificação das ciências em que figurava a filosofia; contudo, uma vez admitido este ponto, pode-se dizer que o seu ideal era o ideal da sabedoria cristã, na qual a luz do Verbo é derramada não apenas nas verdades teológicas, mas também nas verdades filosóficas, e sem a qual essas verdades não seriam alcançadas.

Sustentei que, por ter São Boaventura certamente tratado de questões filosóficas, faz jus a ser incluído em uma história da filosofia, e não vejo como essa pretensão possa ser seriamente discutida. Ainda assim, permanece sendo verdade que Boaventura era um teólogo, escreveu como teólogo e não considerou as questões e problemas filosóficos por si mesmos. Santo Tomás de Aquino também foi fundamentalmente um teólogo e escreveu fundamentalmente como teólogo, mas considerou, de fato, os problemas filosóficos em profundidade e até

---

[83] Ibid., 4.
[84] Ibid., 2-3.
[85] Ibid., 4.

compôs algumas obras filosóficas, o que São Boaventura não fez. O comentário às *Sentenças* não é o que chamaríamos hoje de uma obra filosófica. Parece, portanto, haver certo exagero quando M. Gilson sustenta, em seu estudo magnífico sobre o pensamento filosófico de São Boaventura, que há um sistema filosófico bonaventuriano, cujo espírito e conteúdo possam ser claramente definidos. Vimos que São Boaventura reconhecia a filosofia como uma ciência delimitada, separada da teologia, mas, quanto a ele próprio, pode ser considerado um filósofo *per accidens*. De certa maneira, isso é verdade também com relação a todo pensador medieval que fosse fundamentalmente um teólogo, mesmo de Santo Tomás. Contudo, isso se torna mais relevante no caso de um pensador que estava interessado principalmente no movimento da alma em direção a Deus. Ademais, Gilson tende provavelmente a exagerar a hostilidade de São Boaventura contra a filosofia pagã e contra Aristóteles em particular. Eu mesmo já admiti que São Boaventura atacou a metafísica aristotélica (é um fato que não pode ser negado) e que considerava que qualquer filósofo que fosse meramente filósofo incorreria inevitavelmente em erro. No entanto, convém lembrar aqui que o próprio Santo Tomás insistia na necessidade moral da revelação. Neste ponto, São Boaventura e Santo Tomás estão de acordo. Ambos rejeitaram a filosofia pagã onde esta era incompatível com o cristianismo, embora divergissem em relação a quais pontos, precisamente, deveriam ser rejeitados e quão longe se poderia ir no seguimento de Aristóteles.

Contudo, embora pense que o gênio de Gilson para capturar o espírito peculiar de cada pensador individual e para pô-lo em relevo o leve a exagerar o aspecto sistemático da filosofia de São Boaventura e a encontrar uma oposição maior entre as visões de Boaventura e Tomás de Aquino a respeito dos filósofos pagãos do que provavelmente de fato existe, não posso subscrever o juízo de Fernand Van Steenberghen[86] de que "a filosofia de São Boaventura é um aristotelismo eclético e neoplatonizante posto a serviço de uma teologia agostiniana". Que Boaventura tenha feito uso considerável do aristotelismo é absolutamente verdadeiro, mas a inspiração da sua filosofia é, em minha opinião, o que, na falta de uma palavra melhor, chamamos "agostinismo". Conforme observei a respeito de William de Auvergne, depende em larga medida do ponto de vista que assumimos se vamos chamar os teólogos agostinianos que adotaram doutrinas aristotélicas selecionadas de "aristotélicos incompletos" ou de "agostinianos modificados". No caso de um homem cujos interesses giravam todos em torno da ascensão da alma a Deus, que tanto destacou a ação iluminativa de Deus e que, como o próprio M. Van Steenberghen afirma em sua crítica a M. Gilson, nunca elaborou uma filosofia por si própria, parece-me que "agostiniano" é a única palavra apropriada para descrever o seu pensamento, pela simples razão de que *maior pars trahit minorem*[87] e de que o espírito deve ter precedência sobre a letra.

---

[86] *Aristote en Occident*, p. 147.
[87] "A parte maior atrai a menor" — NT.

CAPÍTULO V
São Boaventura — II: a existência de Deus

O espírito das provas de Boaventura acerca da existência de Deus — Provas a partir do mundo sensível — Conhecimento *a priori* de Deus — O argumento anselmiano — O argumento a partir da verdade.

1. Vimos que São Boaventura, assim como Santo Agostinho, estava principalmente interessado na relação da alma para com Deus. Esse interesse refletia-se no seu tratamento das provas da existência de Deus. Estava preocupado principalmente em tratar das provas como estágios na ascensão da alma até Deus. Deve-se perceber que o Deus pelo qual as provas concluem não é aí simplesmente um princípio abstrato de inteligibilidade, mas é antes o Deus da consciência cristã, o Deus ao qual os homens oram. Não quero, obviamente, sugerir que haja, ontologicamente, qualquer discrepância ou tensão irreconciliável entre o Deus dos "filósofos" e o Deus da experiência. Porém, uma vez que Boaventura está fundamentalmente interessado em Deus enquanto objeto de culto e oração e enquanto fim da alma humana, tende a converter as provas em atos para atrair a atenção à automanifestação de Deus, seja no mundo material, seja dentro da própria alma. De fato, como era de se esperar, põe maior ênfase nas provas internas que nas provas a partir do mundo material, externas. Certamente prova a existência de Deus a partir do mundo exterior sensível (Santo Agostinho o tinha feito) e mostra como, a partir do conhecimento de entes finitos, imperfeitos, compostos, mutáveis e contingentes, o homem pode elevar-se à apreensão do ente infinito, perfeito, simples, imutável e necessário. No entanto, as provas não são elaboradas sistematicamente, e a razão para isso não é nenhuma falta de habilidade por parte de Boaventura para desenvolver as provas dialeticamente, mas antes a sua convicção de que a existência de Deus é tão evidente à alma por meio da reflexão sobre si mesma que a criação extramental serve principalmente para nos lembrar disso. A sua postura é a do Salmista, quando diz: "*Coeli enarrant gloriam Dei, et opera manuum eius annuniat firmamentum*".[88] Assim, é bem verdade que a imperfeição das coisas finitas e contingentes exige e prova a existência da perfeição absoluta, isto é, Deus; mas — pergunta São Boaventura de maneira verdadeiramente platônica — "como poderia o intelecto conhecer que este ente é deficiente e incompleto se não tivesse nenhum conhecimento do ente sem nenhum defeito?".[89] Em outras palavras, a idéia da imperfeição pressupõe a idéia da perfeição, de modo que a idéia da perfeição, ou do perfeito, não pode

---
[88] "Os céus proclamam a glória de Deus, e o firmamento anuncia as obras de Suas mãos" — NT.
[89] *Itin.*, 3, 3.

ser obtida simplesmente pela via da negação e da abstração, e a consideração das criaturas na sua finitude, imperfeição e dependência serve apenas para relembrar a alma, ou para trazer a alma a uma consciência mais clara daquilo que, de algum modo, lhe é evidente e já é por ela conhecido.

2. São Boaventura não nega em nenhum momento que a existência de Deus possa ser provada a partir das criaturas. Pelo contrário, afirma-o. No seu comentário às *Sentenças*,[90] declara que Deus pode ser conhecido pelas criaturas como a causa pelo efeito e acrescenta que esse modo de conhecimento é natural ao homem, na medida em que, para nós, as coisas sensíveis são o meio pelo qual chegamos ao conhecimento dos *"intelligibilia"*, isto é, dos objetos que transcendem os sentidos. A Santíssima Trindade não pode ser provada, todavia, do mesmo modo, pela luz natural da razão, pois não podemos concluir pela existência da Trindade de Pessoas quer negando certas propriedades ou limitações das criaturas, quer pela via positiva de atribuir a Deus certas qualidades das criaturas.[91] São Boaventura ensina assim, de maneira bastante clara, a possibilidade de um conhecimento natural e "filosófico" de Deus, e sua observação sobre a naturalidade psicológica dessa abordagem da existência de Deus por meio dos objetos sensíveis é de caráter aristotélico. Novamente, no *In hexaemeron*,[92] argumenta que, se existe o ente que é produzido, deve existir um primeiro ente, uma vez que deve existir uma causa: se há o ente *ab alio*, deve haver o ente *a se*; se há o ente composto, deve haver o ente simples; se há o ente mutável, deve haver o ente imutável, *"quia mobile reducitur ad immobile"*.[93] Esta última afirmação é obviamente uma referência à prova aristotélica do Motor imóvel, embora Boaventura mencione Aristóteles apenas para dizer que, nestas bases, ele argumentou pela eternidade do mundo e que, neste ponto, o Filósofo estava errado.

De maneira semelhante, no *De mysterio trinitatis*,[94] Boaventura oferece uma série de breves argumentos para mostrar quão claramente as criaturas proclamam a existência de Deus. Por exemplo, se há o *ens ab alio*, deve haver o *ens non ab alio*, porque nada pode trazer a si mesmo do estado de inexistência ao estado de existência e, ao fim e ao cabo, deve existir um primeiro ente que é auto-existente. Novamente, se há o *ens possibile*, isto é, o ente que pode existir e pode não existir, deve haver o *ens necessarium*, o ente que não tem a possibilidade da não existência, uma vez que isso é necessário para explicar a edução do ente possível ao estado de existência; e se há o *ens in potentia*, deve haver o *ens in actu*, uma vez que nenhuma potência pode ser reduzida ao ato senão pela atuação de algo que está em ato; e, em última análise, deve haver o *actus purus*, um ente que é puro ato, sem nenhuma potencialidade, Deus. Novamente, se há o *ens mutabile*, deve haver o *ens immutabile*, pois, como prova

---

[90] 1, 3, 2: *Utrum Deus sit cognoscibilis per creaturas* [Se Deus é cognoscível pelas criaturas — NT].
[91] 1 *Sent.*, 3, 4.
[92] 5, 29.
[93] "Porque o mutável reduz-se ao imutável" — NT.
[94] 1, 1, 10–20.

o Filósofo, a mutação tem como seu princípio um ente imóvel e existe para um ente imóvel, que é a sua causa final.

A partir dessas passagens, em que se serve de argumentos aristotélicos, pode de fato parecer que as afirmações no sentido de que Boaventura considerava o testemunho dado pelas criaturas da existência de Deus em função da ascensão da alma a Deus e de que considerava a existência de Deus como uma verdade auto-evidente não se sustentam. No entanto, Boaventura deixa claro em vários lugares[95] que considera o mundo sensível como o espelho de Deus e o conhecimento sensível, ou o conhecimento obtido por meio dos sentidos e da reflexão sobre os objetos sensíveis, formalmente como o primeiro estágio na ascensão espiritual da alma, sendo o estágio mais elevado que se pode alcançar nesta vida o conhecimento experimental de Deus por meio do *apex mentis* ou *synderesis scintilla* (neste ponto, mostra-se fiel à tradição de Agostinho e dos Vítorinos), ao passo que, precisamente no artigo do *De mysterio trinitatis* em que oferece as provas referidas, afirma enfaticamente que a existência de Deus é, sem dúvida, uma verdade implantada por natureza na mente humana (*quod Deum esse sit menti humanae indubitabile, tanquam sibi naturaliter*). Declara em seguida que, em acréscimo ao que já disse sobre o tema, há uma segunda via para mostrar que a existência de Deus é uma verdade indubitável. Essa segunda via consiste em mostrar que o que toda criatura proclama é uma verdade indubitável, e é neste ponto que ele dá uma série de provas, ou antes, de indicações de que toda criatura realmente proclama a existência de Deus. Subseqüentemente, acrescenta haver uma terceira via para mostrar que a existência de Deus não pode ser objeto de dúvida e procede dando a sua versão da prova desenvolvida por Santo Anselmo no *Proslogium*. Não pode haver, portanto, nenhuma dúvida de que Boaventura afirme ser a existência de Deus auto-evidente e indubitável; a questão é o que exatamente entende por isso, e esse é o ponto que consideraremos na próxima seção.

3. Em primeiro lugar, São Boaventura não supõe que todos tenham um conhecimento explícito e claro de Deus, menos ainda que tenha tal conhecimento desde o nascimento ou desde o primeiro uso da razão. Estava bem ciente da existência de idólatras e do *insipiens*, do tolo que diz em seu coração que não há Deus. A existência de idólatras, obviamente, não causa grandes dificuldades, uma vez que idólatras e pagãos menos negam a existência de Deus que possuem uma idéia errada a Seu respeito; mas o que dizer o *inspiens*? Este vê, por exemplo, que os ímpios nem sempre são punidos neste mundo ou pelo menos que às vezes parecem viver melhor neste mundo que muitas pessoas boas, e conclui a partir disso que não há divina Providência, não há um Governador do mundo.[96] Além disso, em resposta à objeção de que é inútil provar a existência daquilo que é auto-evidente, daquilo de que ninguém duvida, afirma expressamente que, embora a existência de Deus seja indubitável no que diz respeito à evidência

---

[95] Por exemplo, no *Itinerarium mentis in Deum*, c. 1.
[96] *De Mysterio Trinitatis*, 1, 1, *conclusio*.

objetiva, pode ser objeto de defeito *propter defectum considerationis ex parte mostra*, por causa da falta da devida consideração e reflexão de nossa parte. Não parece que Boaventura não está dizendo outra coisa senão que, em termos objetivos, a existência de Deus é indubitável (isto é, a evidência, quando considerada, é indubitável e conclusiva), mas que, em termos subjetivos, pode ser objeto de dúvida (isto é, porque este ou aquele homem não dá suficiente atenção à evidência objetiva); e, se isto é o que entende quando diz que a existência de Deus é indubitável e auto-evidente, como a sua posição difere da de Santo Tomás?

A resposta parece ser esta: embora São Boaventura não postule uma idéia clara e explícita de Deus em todo homem, menos ainda uma visão ou experiência imediata de Deus, certamente postulou uma consciência vaga de Deus em todo homem, um conhecimento implícito que não pode ser completamente negado e que se pode tornar uma consciência clara por meio da mera reflexão interior, ainda que possa por vezes necessitar da reflexão sobre o mundo sensível. O conhecimento universal de Deus, portanto, é implícito, não explícito, mas é implícito no sentido de que ao menos pode ser tornado explícito mediante a simples reflexão interior. Santo Tomás reconhecia também um conhecimento implícito de Deus, mas com isso queria dizer que a mente tinha a capacidade de alcançar o conhecimento da existência de Deus mediante a reflexão sobre as coisas sensíveis e raciocinando do efeito para a causa, ao passo que São Boaventura, pelo conhecimento implícito, entendia algo a mais, a saber: o conhecimento virtual de Deus, uma consciência vaga que pode ser tornada explícita sem fazer recurso ao mundo sensível.

Aplicar essa visão de Boaventura a exemplos concretos pode tornar o seu entendimento mais fácil. Por exemplo, todo homem deseja naturalmente a felicidade (*appetitus beatitudinis*). Mas a felicidade consiste na posse do Sumo Bem, que é Deus. Portanto, todo homem deseja a Deus. Ora, não pode haver desejo sem algum conhecimento do objeto (*sine aliquali notitia*). Portanto, o conhecimento de que Deus ou o Sumo Bem existe está inserto naturalmente na alma.[97] De maneira semelhante, a alma racional tem um conhecimento natural de si mesma, porque está presente a si mesma e é cognoscível por si mesma. Mas Deus é aquilo que está maximamente presente à alma e é cognoscível. Portanto, um conhecimento de Deus está inserto na alma. À objeção de que a alma é um objeto proporcionado à sua própria capacidade cognitiva, enquanto Deus não o é, pode-se responder que, se isso fosse verdade, a alma jamais poderia vir ao conhecimento de Deus, o que é obviamente falso.[98]

De acordo com a linha de raciocínio acima, portanto, a vontade humana orienta-se naturalmente ao Sumo Bem, que é Deus, e essa orientação da vontade não apenas é inexplicável a não ser que o Sumo Bem, que é Deus, realmente exista, como também postula um conhecimento *a priori* de Deus.[99]

---

[97] *De Mysterio Trinitatis*, 1, 1, 7.
[98] Ibid., 10.
[99] Quando falo aqui de uma orientação "natural" da vontade, não pretendo usar o termo no sentido estritamente teológico, mas antes no sentido de que a vontade do homem, concretamente, dirige-se ao atingimento de Deus, deixando de lado em absoluto a questão de se existe ou não um *desiderium naturale videndi Deum*.

Esse conhecimento não é necessariamente explícito ou claro — caso fosse, não poderiam existir ateus —, mas é implícito e vago. À objeção de que um conhecimento implícito e vago desse tipo não é conhecimento em absoluto pode-se responder que um homem sem idéias pré-concebidas que reflita sobre a orientação da sua vontade à felicidade pode vir a perceber que a direção da sua vontade implica a existência de um objeto adequado, que esse objeto, o Bem completo, deve existir, e que é o que chamamos Deus. Perceberá não apenas que, buscando a felicidade, está buscando a Deus, mas que essa busca implica, por assim dizer, um pressentimento de Deus, uma vez que não pode haver busca por aquilo que é *inteiramente* desconhecido. Portanto, refletindo sobre si mesma, sobre a sua própria dependência e sobre o seu próprio desejo pela sabedoria, pela paz ou pela felicidade, a alma pode reconhecer a existência de Deus e mesmo a Sua presença, a atividade de Deus dentro de si. Não é necessário buscá-la fora; deve apenas seguir o conselho de Santo Agostinho, entrando em si mesma, e então verá que nunca esteve sem algum pressentimento, alguma consciência, sem um conhecimento "virtual" de Deus. Buscar a felicidade (e todo homem deve buscar a felicidade) e negar a existência de Deus é realmente incorrer em contradição, é negar com os lábios o que se afirma com a vontade e, pelo menos no caso da sabedoria, com o intelecto. Quanto a se essa linha de raciocínio é válida ou não, não o pretendo discutir aqui. Obviamente, está sujeita à objeção, cogente ou não, de que, se Deus não existisse, então o desejo pela felicidade poderia ser *frustra* ou poderia ter outra causa que não a existência de Deus. Contudo, ao menos fica claro que São Boaventura não postulou a idéia inata de Deus na forma grosseira sob a qual Locke mais tarde atacaria as idéias inatas. Novamente, quando São Boaventura declara que a alma conhece Deus como aquilo que é maximamente presente a si, não está afirmando o ontologismo ou dizendo que a alma veja a Deus imediatamente; está dizendo que a alma, reconhecendo a sua dependência, reconhece, se ela reflete, que é a imagem de Deus: vê a Deus em Sua imagem. Como necessariamente conhece a si mesma, se é consciente de si mesma, necessariamente conhece a Deus, pelo menos de maneira implícita. Contemplando a si mesma, pode tornar essa consciência implícita em explícita, sem referência ao mundo exterior. Quando à questão de se a ausência de referência ao mundo exterior é mais que formal, no sentido de que o mundo exterior não é mencionado explicitamente, isso talvez seja disputável.

4. Vimos que, para São Boaventura, os próprios argumentos a partir do mundo exterior pressupõem algum conhecimento de Deus, pois — pergunta ele — como a mente poderia saber que as coisas sensíveis são deficientes e imperfeitas se não tivesse nenhum conhecimento prévio da perfeição, em comparação com a qual reconhece as imperfeições das criaturas? Esse ponto de vista deve ser tido em conta quando se for considerar a sua exposição da prova de Santo Anselmo, que tomou do *Proslogium*.

No comentário às *Sentenças*,[100] São Boaventura retoma o argumento anselmiano. Deus é aquilo de que não se pode conceber nada maior. Mas aquilo de que não se pode pensar que não exista é maior que aquilo de que se pode pensar que não exista. Portanto, uma vez que Deus é aquilo de que não se pode conceber nada maior, Deus é algo de que não se pode pensar que não exista. No *De mysterio trinitatis*,[101] cita e desenvolve o argumento mais amplamente e aponta[102] que pode surgir dúvida se alguém tem uma noção errônea de Deus e não percebe que Ele é aquilo de que não se pode conceber nada maior. Uma vez que a mente percebe o que é a idéia de Deus, então percebe também não apenas que a existência de Deus não pode ser objeto de dúvida, mas também que a Sua não existência não pode nem mesmo ser pensada. À objeção de Gaunilo a respeito da melhor de todas as ilhas possíveis, São Boaventura responde[103] que não há equivalência, pois, enquanto não há contradição envolvida no conceito de um ente do qual não se pode conceber nada maior, a idéia de uma ilha da qual não se pode conceber nenhuma melhor é uma contradição em termos (*oppositio in adiecto*), uma vez que a "ilha" denota um ente imperfeito, enquanto "de que não se pode conceber nada melhor" denota um ente perfeito.

Esse método de argumentação pode parecer puramente dialético, mas, conforme já mencionado, Boaventura não considerava a idéia do perfeito como obtida simplesmente por meio da negação da imperfeição das criaturas, mas como algo pressuposto pelo nosso reconhecimento da imperfeição das criaturas, ao menos no sentido de que o desejo do homem pelo perfeito implica um conhecimento prévio. De acordo com a tradição platônico-agostiniana, Boaventura pressupôs, então, uma idéia virtual e inata do perfeito, que não pode ser outra coisa senão a marca de Deus na alma, não no sentido de que a alma é perfeita, mas no sentido de que a alma recebe a idéia do perfeito, ou forma a idéia do perfeito à luz de Deus, por meio da iluminação divina. A idéia não é algo negativo, cuja percepção na existência concreta possa ser negada, pois a própria presença da idéia implica a existência de Deus. Nesse ponto, podemos notar ao menos alguma semelhança entre a doutrina de São Boaventura e a de Descartes.[104]

O argumento favorito de Santo Agostinho para a existência de Deus foi aquele a partir da verdade e da existência de verdades eternas. São Boaventura valeu-se também desse argumento. Por exemplo: toda proposição afirmativa afirma que algo é verdadeiro; mas a afirmação de qualquer verdade afirma também a causa de toda verdade.[105] Mesmo que alguém diga que um homem é um asno, essa afirmação, quer seja correta ou não, afirma a existência da verdade primeira, e mesmo que um homem declare que não existe verdade, ele

---

[100] 1, 8, 1, 2.
[101] 1, 1, 21–4.
[102] Ibid., *conclusio*.
[103] *De Mysterio Trinitatis*, 1, 1, 6.
[104] Cf. o comentário de E. Gilson ao *Discours de la Méthode* a respeito da idéia do perfeito.
[105] 1 *Sent.*, 8, 1, 2, *conclusio*.

afirma que essa negação é verdadeira e, portanto, implica a existência do fundamento e da causa da verdade.[106] Nenhuma verdade pode ser vista senão por meio da verdade primeira, e a verdade pela qual toda outra verdade é vista é uma verdade indubitável. Portanto, uma vez que a Verdade é Deus, a existência de Deus é indubitável.[107]

Mas aqui, outra vez, São Boaventura não está seguindo um raciocínio meramente verbal e dialético. Numa passagem do *In Hexaemeron*[108] onde assinala que o homem que diz não haver verdade contradiz a si mesmo, pois afirma ser verdade que não há verdade, Boaventura observa que a luz da alma é a verdade, que ilumina a alma de tal modo que esta não pode negar a existência da verdade sem se contradizer a si mesma, e no *Itinerarium mentis in Deum*[109] sustenta que a mente somente pode apreender verdades eternas e extrair conclusões certas e necessárias sob a luz divina. O intelecto não pode apreender nenhuma verdade com certeza a não ser sob o guiamento da Verdade em si mesma. Negar a existência de Deus, portanto, não é simplesmente incorrer em uma contradição dialética; é também negar a existência da fonte daquela luz que é necessária para o atingimento da certeza, a luz *quae illuminat omnem hominem venientem in hunc mundum*: é negar a Fonte em nome daquilo que procede da fonte.

---

[106] Ibid., 5 e 6. Cf. *De Mysterio Trinitatis*, 1, 1, 26.
[107] *De Mysterio Trinitatis*, 1, 1, 25.
[108] 4, 1.
[109] 3, 2 ss.

CAPÍTULO VI
São Boaventura — III: relação das criaturas para com Deus

Exemplarismo — O conhecimento divino — Impossibilidade da criação desde a eternidade — Erros que se seguem à negação do exemplarismo e da criação — Semelhança das criaturas para com Deus, analogia — É este o melhor mundo possível?

1. Vimos que as linhas de prova adotadas por São Boaventura não levam ao Motor imóvel transcendente e autocontido de Aristóteles — embora não hesite em usar o pensamento do Filósofo e citá-lo quando o considera apropriado —, mas ao Deus a um só tempo transcendente e imanente que é o bem que atrai a vontade, a verdade que não apenas é o fundamento de todas as verdades particulares, mas também a luz que, por meio de sua irradiação dentro da alma, torna possível a apreensão da verdade certa, o modelo que é espelhado na alma humana e na natureza, e o Perfeito que é responsável pela idéia do perfeito dentro da alma humana. Desse modo, os argumentos para a existência de Deus guardam uma relação íntima com a vida espiritual da alma, manifestando-lhe o Deus que sempre buscou, ainda que de maneira semiconsciente, e o Deus que sempre operou dentro dela. O conhecimento adicional de Deus que é dado pela revelação coroa o conhecimento filosófico e descerra para a alma patamares mais elevados da vida espiritual e a possibilidade de uma união mais íntima com Deus. A filosofia e a teologia são, desse modo, integradas, a primeira conduzindo à segunda, a segunda lançando luz sobre o significado mais profundo da primeira.

Uma integração semelhante entre a filosofia e a teologia é encontrada na doutrina bonaventuriana do exemplarismo, que é aos seus olhos uma matéria de máxima importância. No *In Hexaemeron*,[110] faz do exemplarismo o ponto central da metafísica. O metafísico — diz — procede da consideração da substância criada e particular à consideração da substância incriada e universal (não no sentido panteístico, obviamente) e, portanto, na medida em que trata de maneira geral do princípio originador de todas as coisas, é semelhante ao filósofo natural, que também considera a origem das coisas, ao passo que, na medida em que considera Deus enquanto fim último, compartilha o seu objeto em algum grau com o filósofo moral, que também considera o Sumo Bem, ou pelo menos o fim último, dirigindo sua atenção à felicidade na ordem prática e especulativa. Contudo, na medida em que o metafísico considera Deus, o ser supremo, como causa exemplar de todas as coisas, não compartilha o seu

---
[110] 1, 13.

objeto com ninguém mais (*cum nullo communicat et verus est metaphysicus*). O metafísico, entretanto, se deve atingir a verdade a respeito do exemplarismo, não pode parar no mero fato de que Deus é a causa exemplar de todas as coisas, pois o *medium* da criação, a imagem expressa do Pai e o exemplar de todas as criaturas, é o Verbo divino. Enquanto filósofo, ele não pode vir a um conhecimento certo do Verbo;[111] mas então, se ele se contentar em ser mero filósofo, incorrerá em erro. Iluminado pela fé, deve ir além da mera filosofia e perceber que o Verbo divino é a causa exemplar de todas as coisas. A doutrina puramente filosófica do exemplarismo, assim, pavimenta o caminho para a teologia do Verbo e, inversamente, a teologia do Verbo lança luz sobre a verdade alcançada pela filosofia. Nesse sentido, Cristo é o *medium* não apenas da teologia, mas também da filosofia.

Uma conclusão óbvia relativa a Aristóteles se segue dessa posição. Platão sustentava a doutrina das idéias, ou essências, arquetípicas. Seja qual fosse o pensamento de Platão, ao menos os neoplatônicos "localizaram" essas idéias na mente divina, de modo que Santo Agostinho pôde louvar Platão e Plotino por esse mérito. Aristóteles, porém, rejeitou as idéias de Platão e atacou a sua teoria com azedume (*in principio Metaphysicae et in fine et in multis aliis locis exsecratur ideas Platonis*).[112] Também na *Ética* ataca essa doutrina, embora as razões que ofereça aí sejam imprestáveis (*nihil valent rationes suae*).[113] Por que atacou Platão? Porque era simplesmente um filósofo natural, interessado nas coisas do mundo por si mesmas e dotado de *sermo scientiae*, mas não de *sermo sapientiae*. Recusando-se a desprezar o mundo sensível e a restringir a certeza ao conhecimento do transcendente, Aristóteles tinha razão contra Platão que, em seu entusiasmo pela *via sapientiae*, destruiu a *via scientiae*. Com razão, portanto, censurou Platão neste ponto. Ele próprio, porém, afastou-se para o extremo oposto e destruiu o *sermo sapientiae*.[114] De fato, negando a doutrina do exemplarismo, Aristóteles envolveu-se forçosamente na negação da criação e da providência divinas, de modo que o seu erro foi maior que o de Platão. Ora, o exemplarismo em que Platão insistia, como vimos, é a chave e o centro da metafísica, de modo que Aristóteles, ao rejeitar o exemplarismo, excluiu-se da fileira dos metafísicos, segundo o sentido que Boaventura atribui ao termo.

Mas temos que ir além de Platão e Aristóteles e aprender de Agostinho, a quem foi concedido ambos o *sermo sapientiae* e o *sermo scientiae*,[115] pois Agostinho sabia que as idéias estão contidas no Verbo divino, que o Verbo é o arquétipo da criação. O Pai conhece-Se perfeitamente a Si mesmo, e esse ato de conhecimento é a imagem e a expressão de Si mesmo: é a Sua Palavra, a Sua *similitudo expressiva*.[116] Enquanto procede do Pai, o Verbo é divino, o Filho

---

[111] *In Hexaem.*, 1, 13.
[112] Ibid., 6, 2.
[113] Ibid.
[114] *Serm.*, 18.
[115] *Serm.*, 4, 19.
[116] *Breviloq.*, 1, 3.

divino (*filius* denota a *similitudo hypostatica*, a *similitudo connaturalis*);[117] enquanto representa o Pai, como *Imago*, como *similitudo expressa*, o Verbo também expressa, também representa tudo o que o Pai pode produzir (*quidquid Pater potest*).[118] Se alguém pudesse conhecer o Verbo, conheceria tudo o que é cognoscível (*si igitur intelligis Verbum, intelligis omnia scibilia*).[119] No Filho, ou Verbo, o Pai exprimiu tudo o que poderia criar (isto é, todos os entes possíveis estão representados idealmente, ou arquetipicamente, no Verbo) e tudo o que criaria.[120] Portanto, as "idéias" de todas as criaturas — possíveis e atuais — estão contidas no Verbo, e essas idéias estendem-se não somente aos universais (*genera* e *species*), mas também às coisas singulares ou individuais.[121] São infinitas em número, representando todos os possíveis, representando o poder infinito de Deus.[122] Porém, quando se diz que há infinitas idéias no Verbo, isso não significa que as idéias são realmente distintas em Deus, pois não há distinção em Deus, salvo a distinção de Pessoas: consideradas enquanto existem em Deus, não se distinguem da essência divina ou uma da outra (*ideae sunt unum secundum rem*).[123] Segue-se que, não sendo distintas umas das outras, não podem formar uma hierarquia real.[124] Contudo, embora as idéias sejam ontologicamente uma coisa só e não haja distinção real entre elas, há uma distinção de razão, de modo que são *plures secundum rationem intelligendi*.[125] O fundamento da distinção não pode ser nenhuma distinção real dentro da essência divina, uma vez que não só as idéias se identificam ontologicamente com a essência divina, que é simples, mas também não há relação real por parte de Deus com as criaturas, pois Ele não depende de modo algum das criaturas, embora haja uma relação real por parte das criaturas para com Deus, e Deus e as criaturas não sejam o mesmo, de modo que, do ponto de vista das coisas significadas ou conotadas, as idéias distinguem-se *secundum rationem intelligendi*. Em Deus, as idéias são uma coisa só, mas do nosso ponto de vista elas estão a meio caminho, por assim dizer, entre Deus, que conhece, e a coisa conhecia, sendo a distinção entre eles não uma distinção quanto ao que eles são (isto é, não uma distinção real), mas uma distinção quanto àquilo que conotam, e a fundação da distinção sendo a multiplicidade real das coisas conotadas (isto é, das criaturas), não uma distinção real na essência divina ou no conhecimento divino.

Platão estava elaborando essa teoria das idéias, mas como carecia da luz da fé, não pôde se elevar à verdadeira doutrina, mas por pouco não chegou lá:

---

[117] Ibid.
[118] *In Hexaem.*, 3, 4.
[119] Ibid.
[120] Ibid. 1, 13.
[121] 1 *Sent.* 35, *art. unicus*, 4.
[122] Ibid., 5.
[123] Ibid., 2.
[124] Ibid., 6.
[125] Ibid., 3.

para possuir a verdadeira doutrina das idéias, é necessário ter conhecimento do Verbo. Além disso, assim como as criaturas foram produzidas pela intermediação do Verbo e não poderiam ter sido produzidas sem a intermediação do Verbo, tampouco podem ser conhecidas senão à luz da sua relação para com o Verbo. Aristóteles pode ser sido, como de fato foi, um filósofo natural eminente, mas não pôde conhecer verdadeiramente nem mesmo os objetos particulares dos seus estudos, uma vez que não os via na sua relação para com o Verbo, como reflexos da Imagem divina.

2. Deus, portanto, conhecendo-se a Si mesmo, conhece também todos os modos pelos quais a Sua essência divina pode ser espelhada exteriormente. Conhece todas as coisas boas finitas que serão produzidas no tempo, e esse conhecimento é chamado por Boaventura de *cognitio approbationis*, o conhecimento daquelas coisas às quais se estende o Seu *beneplacitum voluntatis*. Conhece também, não apenas todas as coisas boas que foram, são e serão ao longo do tempo, mas também as coisas más, e esse conhecimento Boaventura chama de *cognitio visionis*. Não é preciso dizer que São Boaventura não sugere que o mal tenha a sua idéia exemplar em Deus: o mal é antes a privação na criatura daquilo que deveria ter de acordo com a sua idéia em Deus. Deus conhece também todas as coisas possíveis, e esse conhecimento Boaventura denomina *cognitio intelligentiae*. Os seus objetos, os possíveis, são infinitos em número, enquanto os objetos dos tipos anteriores de conhecimento são finitos.[126] Os três tipos de conhecimento não são, porém, acidentes em Deus, distintos uns dos outros. Considerados ontologicamente, enquanto existem em Deus, são um único ato de conhecimento, idêntico à essência divina.

O ato divino de conhecimento é infinito e eterno, de modo que todas as coisas estão presentes a Deus, mesmo os eventos futuros: não há sucessão no conhecimento divino e, se falamos da "presciência" de Deus, devemos entender o caráter futuro relativamente aos próprios objetos (no sentido de que eles se sucedem uns aos outros no tempo e Deus sabe que se sucedem uns aos outros no tempo), não ao conhecimento divino em si mesmo. Deus conhece todas as coisas por um único ato eterno e não há sucessão temporal nesse ato, não há antes e depois; mas Deus conhece eternamente, por esse único ato, as coisas enquanto se sucedem umas às outras no tempo. Boaventura faz, portanto, uma distinção a respeito da afirmação de que Deus conhece todas as coisas *praesenter*, assinalando que essa *praesentialitas* deve ser entendida com referência a Deus (*a parte cognoscentis*), não aos objetos conhecidos (*a parte cognitorum*). Se fosse entendida nesse último sentido, a conseqüência seria que todas as coisas estariam presentes umas às outras, o que é falso, pois elas não estão todas presentes umas às outras, embora estejam todas presentes a Deus.[127] Imagine — diz Boaventura[128] — um olho fixo e imóvel sobre uma parede observando

---

[126] Cf. 1. *Sent.*, 39, 1, 2 e 3; *De Scientia Christi*, 1.
[127] Cf. 1 *Sent.* 39, 2, 3, *conclusio*.
[128] Ibid., 2, *conclusio*.

os movimentos sucessivos de todas as pessoas e coisas abaixo de si por um ato simples de visão. O olho não sofre mudança, nem o ato da visão, mas as coisas sob a parede mudam. Essa ilustração — observa Boaventura — não é em absoluto como aquilo que ela ilustra, pois o conhecimento divino não pode ser representado dessa forma, mas pode auxiliar a obter um entendimento melhor do que se quer dizer.

3. Se não houvesse idéias divinas, se Deus não tivesse o conhecimento de Si e daquilo que Ele pode criar e criará, não haveria criação, pois a criação supõe o conhecimento por parte do criador — conhecimento e vontade. Não causa surpresa, portanto, que Aristóteles, que rejeitou as idéias, tenha rejeitado também a criação e professado a eternidade do mundo, de um mundo não criado por Deus. Ao menos julgam que sustentou essa opinião todos os Doutores gregos, como Gregório de Nissa, Gregório Nazianzeno, João Damasceno e Basílio, e todos os comentadores árabes, e não se vê em lugar nenhum o próprio Aristóteles dizer que o mundo teve um princípio: com efeito, ele censura Platão, o único filósofo grego — ao que parece — que declarou que o tempo teve um princípio.[129] São Boaventura não precisava ter falado com tanta cautela, uma vez que Aristóteles certamente não cria na Criação divina do mundo a partir do nada.

Santo Tomás não viu nenhuma incompatibilidade, desde o ponto de vista filosófico, entre a idéia da Criação, de um lado, e a eternidade do mundo, de outro, de modo que, para ele, o mundo pode não ter tido um princípio no tempo e, ainda assim, ter sido criado, isto é, Deus pode ter criado o mundo desde a eternidade. Mas Boaventura considerava a eternidade do mundo impossível e que Deus não poderia tê-lo criado desde a eternidade: se o tempo é criado, então necessariamente tem um princípio. Segue-se que negar que o tempo tenha tido um princípio é negar que o mundo tenha sido criado, e provar que o movimento eterno ou o tempo sem princípio é impossível é provar que o mundo foi criado. São Boaventura, portanto, considerava a idéia aristotélica da eternidade do mundo *necessariamente* vinculada à negação da criação, e essa opinião, que Tomás de Aquino não compartilhava, acentuava a sua oposição a Aristóteles. Tanto Boaventura como Tomás de Aquino, naturalmente, aceitavam o *fato* de que o mundo teve um princípio no tempo, pois isso é ensinado pela teologia; divergiam quanto à questão da possibilidade abstrata da criação desde a eternidade, e a convicção de Boaventura acerca da impossibilidade tornou-o resolutamente hostil a Aristóteles, pois a afirmação deste último sobre a criação desde a eternidade parecia-lhe forçosamente uma afirmação da independência do mundo em relação a Deus, uma afirmação que pensava se dever primariamente à rejeição do exemplarismo pelo Filósofo.

Com quais razões Boaventura sustentava que a eternidade do movimento ou o tempo sem princípio eram impossíveis? Os seus argumentos são mais ou menos os que Santo Tomás trata como objeções à sua própria posição. Dou alguns exemplos.

---

[129] *In. Hexaem.*, 6, 4.

(I) Se o mundo existe desde a eternidade, seguir-se-ia que é impossível acrescentar algo ao infinito. Por exemplo, já teria havido um número infinito de revoluções solares, mas todo dia outra revolução é acrescentada. Ora, é impossível acrescentar algo ao infinito. Portanto, o mundo não pode ter sempre existido.[130]

Santo Tomás responde[131] que, caso se supusesse que o tempo fosse eterno, então seria infinito *ex parte ante*, não *ex parte post*, e não há objeção cogente em que se acrescente algo ao infinito no termo em que ele é finito, isto é, em que termina no presente. A isso São Boaventura replica que, se consideramos simplesmente o passado, então teríamos que admitir um número infinito de revoluções lunares. Mas há doze revoluções lunares para cada revolução solar. Portanto, defrontamo-nos com dois números infinitos, um dos quais é doze vezes maior que o outro, e isso é uma impossibilidade.

(II) É impossível atravessar uma série infinita, de modo que, se o tempo fosse eterno, isto é, não tivesse princípio, o mundo nunca teria chegado ao presente. Mas claramente chegou.[132] Santo Tomás responde[133] a isso que toda passagem, ou *transitus*, exige um termo inicial e um termo final. Se o tempo tem duração infinita, não há termo inicial nem, por conseguinte, *transitus*, de modo que a objeção não pode ser suscitada. São Boaventura replica, contudo, que ou há uma revolução solar que é infinitamente distante, no passado, da revolução presente, ou não há. Se não há, então a distância é finita e a série deve ter tido um princípio. Se há, então o que dizer da revolução imediatamente subseqüente àquela que é infinitamente distinta da presente? Essa revolução também é infinitamente distante da presente ou não? Se não, então tampouco a revolução infinitamente distante hipotética pode ser infinitamente distante, pois o intervalo entre a primeira e a segunda revolução é finito. Se é, então a revolução de hoje não é menos distante desta que da primeira. Neste caso, não há sucessão e elas são sincrônicas, o que é absurdo.

(III) É impossível existirem, ao mesmo tempo, infinitos objetos concretos. Mas, se o mundo existe desde a eternidade, existiriam agora uma infinitude de almas racionais. Portanto, o mundo não pode ter existido desde a eternidade.[134]

Tomás de Aquino responde a isso[135] que alguns dizem que as almas não existem após a morte do corpo, enquanto outros sustentam que apenas um intelecto comum permanece. Outros ainda sustentam a doutrina da reencarnação, enquanto alguns escritores sustentam que um número infinito em ato é possível no caso das coisas que não são ordenadas (*in his quae ordinem non habent*). Santo Tomás naturalmente não sustentava nenhuma das três primeiras posições; quanto à última, a sua postura parece ser dúbia, de modo que Boaventura pôde observar, com certa mordacidade, que a teoria da reencarnação é um erro

---

[130] 2 *Sent.* 1, 1, 1, 2, 1.
[131] *Contra Gent.*, 2, 38.
[132] 2 *Sent.* 1, 1, 1, 2, 3.
[133] *Contra Gent.*, 2, 38; *S. T.*, Ia, q. 46, art. 2, ad 6.
[134] 2 *Sent.* 1, 1, 1, 2, 5.
[135] *Contra Gent.*, 2, 38.

filosófico e é contrária à psicologia de Aristóteles, ao passo que a doutrina de que apenas sobrevive um intelecto comum é um erro ainda pior. Quanto à possibilidade de um número infinito em ato, acreditava que era uma noção errônea, sob o fundamento de que uma multiplicidade infinita não poderia ser ordenada e, portanto, não estaria sujeita à providência, ao passo que, na realidade, tudo o que foi criado por Deus está sujeito à Sua providência.

Boaventura convenceu-se assim de que pode ser provado filosoficamente, contra Aristóteles, que o mundo teve um princípio e que a idéia da criação desde a eternidade envolve uma "contradição manifesta", uma vez que, se o mundo foi criado a partir do nada, tem um princípio após o não ser (*esse post non-esse*)[136] e, portanto, não pode ter existido desde a eternidade. Santo Tomás responde que aqueles que afirmam a criação desde a eternidade não dizem que o mundo foi criado *post nihilum*, mas que foi criado a partir do nada — o que se opõe a "a partir de algo". A idéia do tempo não está implicada. Aos olhos de Boaventura, já é errado o bastante dizer que o mundo é eterno e incriado (é um erro que pode ser refutado filosoficamente), mas dizer que foi criado eternamente a partir do nada é incorrer em flagrante contradição, "tão contrária à razão que eu não creria que nenhum filósofo, por menor que fosse sua inteligência, pudesse jamais afirmar tal coisa".[137]

4. Se a doutrina do exemplarismo é negada e se Deus não criou o mundo, é natural concluir que Deus conhece apenas a Si mesmo, que Ele move apenas como causa final, como objeto do desejo e do amor (*ut desideratum et amatum*) e que não conhece nenhum indivíduo a não ser a Si mesmo.[138] Nessa hipótese, Deus não pode exercer nenhuma providência, não tendo em Si mesmo as *rationes rerum*, as idéias das coisas, pelas quais as possa conhecer.[139] A doutrina de São Boaventura é, obviamente, que Deus conhece outras coisas além de Si mesmo, mas que Ele as conhece em Si mesmo e por Si mesmo, por meio das idéias exemplares. Se não sustentasse isso, teria de dizer que o conhecimento divino recebe um complemento ou uma perfeição das coisas fora de Deus, dependendo de algum modo das criaturas. Na realidade, é Deus que é completamente independente: as criaturas dependem d'Ele e não podem conferir ao Seu Ser nenhuma perfeição.[140] Mas se Deus está encerrado em Si mesmo, no sentido de que não tem nenhum conhecimento das criaturas nem exerce nenhuma providência, segue-se que as mudanças ou movimentos do mundo procederiam seja do acaso, o que é impossível, seja da necessidade, como sustentavam os filósofos árabes, sendo os corpos celestes os determinantes dos movimentos das coisas neste mundo. Se é assim, então toda a doutrina da recompensa e da punição nesta vida desaparece, e, de fato, nunca encontraremos Aristóteles falando sobre

---

[136] 2 *Sent.* 1, 1, 1, 2, 6.
[137] Ibid., *conclusio*.
[138] *In Hexaem.*, 6, 2.
[139] Ibid., 3.
[140] Cf. 1 *Sent.*, 39, 1, 1, *conclusio*.

a bem-aventurança após esta vida.[141] Todas essas conclusões errôneas seguem-se, portanto, da negação do exemplarismo, e aqui mais do que nunca é claro que o exemplarismo é a chave para uma verdadeira metafísica e que sem ele o filósofo inevitavelmente incorrerá em erros se discutir temas metafísicos.

5. Da doutrina do exemplarismo segue-se que há alguma semelhança entre as criaturas e Deus. Contudo, devemos distinguir os vários tipos de semelhança (*similitudo*) a fim de obter uma idéia correta da relação das criaturas para com Deus, de evitar, por um lado, o panteísmo e, por outro lado, a idéia de um mundo independente. No comentário às *Sentenças*,[142] Boaventura afirma que a *similitudo* pode significar a concordância de duas coisas quanto a uma terceira (o que chama *similitudo secundum univocationem*), ou pode significar a semelhança de uma coisa para com outra sem que isso implique nenhuma concordância quanto a uma terceira, e é nesse sentido que se diz que as criaturas são uma semelhança de Deus. Na mesma *conclusio* (*ad 2*), distingue a *similitudo univocationis sive participationis* e a *similitudo imitationis, et expressionis*, para depois observar que a primeira não se verifica na relação entre as criaturas e Deus, porque não há um termo comum (*quia nihil est commune*, isto é, porque nada é comum a Deus e à criatura). O que quer dizer é que Deus e a criatura não participam univocamente (precisamente no mesmo sentido), por exemplo, do Ser, pois, se participassem, a criatura seria Deus e disso resultaria o panteísmo. A criatura, entretanto, é uma imitação de Deus, da idéia dela que existe em Deus, e Deus exprime a idéia exteriormente nas criaturas finitas. Portanto, quando Boaventura rejeita a *similitudo participationis*, devemos entender a participação que se refere a algo comum a Deus e às criaturas em um sentido unívoco, em um *tertium commune*, conforme coloca.

Pode-se objetar que, se não há nada comum entre Deus e as criaturas, não pode haver nenhuma semelhança. No entanto, a comunidade que São Boaventura deseja excluir é a comunidade *unívoca*, à qual opõe a analogia. A semelhança da criatura para com Deus ou de Deus para com a criatura (*exemplaris ad exemplatum*) é uma forma de analogia, a outra sendo a de *proportionalitas* (*habitudo duorum ad duo*), que existe entre conjuntos de coisas pertencentes a gêneros diversos, embora no caso da relação entre as criaturas e Deus apenas a criatura pertença a uma classe genérica. Assim, o professor é para a escola o que o piloto é para o seu navio, uma vez que ambos dirigem.[143] Por fim, Boaventura distingue a proporção em sentido amplo, que inclui a proporcionalidade, da proporção em sentido estrito, que existe entre membros da mesma classe, como a proporção entre números aritméticos. A proporção em sentido estrito, obviamente, não pode existir entre Deus e as criaturas.

Embora Boaventura fale da analogia de proporcionalidade, as espécies de analogia a que dedica maior atenção são as de semelhança, pois amava encontrar

---

[141] *In Hexaem.*, 6, 3.
[142] 1, 35, *art. un.*, 1, *conclusio*.
[143] Cf. 1 *Sent.*, 3, 1, *art. un.*, 2, 3 e 1 ibid., 48, 1, 1, *conclusio*.

sempre expressões, manifestações, imagens e *vestigia* de Deus no mundo das criaturas. Assim, no comentário às *Sentenças*,[144] após excluir a *similitudo per convenientiam omnimodam in natura*, que se verifica entre as três Pessoas divinas, cada uma das quais é idêntica à natureza divina, e a *similitudo per participationem alicuius naturae universalis*, que se verifica entre o homem e o asno, porquanto ambos compartilham o *genus* animal, Boaventura reconhece a proporcionalidade, *similitudo secundum proportionalitatem* (dando aqui o exemplo do piloto e do cocheiro em relação aos objetos que dirigem) e a *similitudo per convenientiam ordinis* (*sicut exemplatum assimilatur exemplari*), para discutir em seguida essas últimas espécies de analogia, as quais — conforme já mencionado — verificam-se entre a criatura e Deus.

Toda criatura — diz Boaventura — é um *vestigium* de Deus, e os dois tipos de analogia (a do *exemplatum* em relação ao *exemplar* e a de proporcionalidade) verificam-se de toda criatura. A primeira, na medida em que toda criatura é um efeito de Deus e se conforma a Deus segundo a idéia divina; a segunda, na medida em que a criatura também produz um efeito, embora não do mesmo modo que Deus produza o Seu efeito (*sicut enim Deus producit suum effectum, sic et agens creatum, licet non omnino* — pois a criatura não é a causa total do seu efeito). Todavia, embora a criatura seja um *vestigium Dei*, essa conformidade geral da criatura a Deus é relativamente remota (*magis de longinquo*); há outro tipo de semelhança que é mais próximo (*de proximo*), mais expresso e que se verifica apenas em algumas criaturas. Todas as criaturas ordenam-se a Deus, mas apenas as criaturas racionais dirigem-se imediatamente (*immediate*) a Deus, ao passo que as criaturas irracionais se dirigem a Deus mediatamente (*mediante creatura rationali*). Apenas a criatura racional pode conhecer a Deus, louvá-Lo e servi-Lo conscientemente e, portanto, tem uma conformidade maior a Deus, uma *convenientia ordinis* maior que a da criatura irracional. Ora, quanto maior a *convenientia ordinis*, maior, mais próxima e mais expressa é a semelhança, ou *similitudo*. Essa semelhança mais próxima é o que Boaventura chama *imago*. Toda criatura é, portanto, um *vestigium Dei*, mas apenas a criatura racional é uma *imago Dei*, pois se assemelha a Deus pela posse de potências espirituais por meio das quais pode se tornar mais e mais conforme a Deus.

Uma diferença semelhante entre a criatura racional e a criatura irracional pode ser observada se considerarmos a analogia de proporcionalidade. Podemos dizer, com as devidas reservas, que, como Deus está para a criatura como causa, isto é, como para o Seu efeito, também a criatura está para o seu efeito, e isso se verifica em todas as criaturas, na medida em que são agentes ativos. Contudo, o efeito considerado é *extrínseco* ao agente, ao passo que, no caso das criaturas racionais — e somente no caso delas —, há uma proporção *intrínseca*. Em Deus, há uma unidade de natureza em uma Trindade de Pessoas, e no homem há uma unidade de essência em uma trindade de poderes que se ordenam uns aos outros, cuja relação assemelha-se de certo modo às relações em Deus (*quase consimili*

---

[144] 2 *Sent.*, 16, 1, 1, *conclusio*.

modo se habentium sicut se habent personae in divinis). Boaventura não quer dizer que podemos provar a doutrina da Trindade pela luz natural da razão, a partir da consideração da natureza humana, pois ele nega a possibilidade de uma prova estritamente filosófica do mistério, mas, em vez disso, guiado pela luz da fé, podemos encontrar uma analogia com a Trindade na natureza humana racional. Assim como a natureza divina está para as três Pessoas divinas, assim também (*quasi consimili modo*) está a natureza, ou essência humana, para as suas três potências. Essa é uma semelhança de proporção "expressa" e, por conta disso, o homem deve ser chamado imagem de Deus. A palavra "expressa" significa que a Santíssima Trindade expressou-Se a Si mesma, manifestou-Se a Si mesma em algum grau na constituição da natureza humana, e é claro que, para Boaventura, a analogia de semelhança (isto é, *exemplati ad exemplar*) é mais fundamental que a analogia de proporcionalidade, sendo esta tratada em função daquela e não tendo nenhum valor ou significado concreto quando tomada separadamente.

Desse modo, Boaventura pôde ordenar a hierarquia do ser segundo o caráter mais próximo ou mais remoto da semelhança da criatura em relação a Deus. O mundo das coisas puramente sensíveis é um *vestigium* ou *umbra Dei*, embora também aqui encontre analogias da Trindade; é o *liber scriptus forinsecus*. Quando consideradas pelo filósofo natural que não é nada mais que um filósofo natural, é simplesmente *natura*: tal homem é incapaz de ler o livro da natureza, que não se lhe apresenta como *vestigium Dei*, mas como algo a ser considerado por si e sem referência a Deus.[145] A criação racional põe-se acima da criação puramente sensível e é *imago Dei*, a imagem de Deus, em um sentido especial. No entanto, a expressão "imagem de Deus" admite ampla aplicação, pois se estende não apenas à substância natural dos homens e dos anjos, mas também à semelhança sobrenatural que resulta da posse da graça. A alma em estado de graça é imagem de Deus em um sentido mais elevado que a essência puramente natural do homem, e a alma no Céu, gozando da visão beatífica, é imagem de Deus em um sentido ainda mais pleno. Assim, há vários graus de analogia, de semelhança com Deus, e cada grau deve ser considerado à luz do Verbo, que é a imagem consubstancial do Pai e o Exemplar de toda criação, refletido nas criaturas de acordo com os vários graus de "expressão". Podemos notar não apenas a constante integração da teologia com a filosofia, mas também o fato de que os vários graus de semelhança mantêm relação estreita com a vida intelectual e espiritual do homem. A ascensão a Deus por parte do indivíduo envolve uma conversão da *umbra*, ou do mero *vestigium*, contemplado pelos sentidos, do *liber scriptus forisencus*, ao reflexo interior de Deus, à *imago Dei*, ao *liber scriptus intrinsencus*, em obediência ao preceito agostiniano de entrar em si mesmo e alcançar por fim a contemplação de Deus em Si mesmo, o *exemplatum*. O fato de São Boaventura não tratar da teologia e da filosofia em compartimentos estanques lhe permite articular sua visão do universo com

---
[145] *In Heaxem.*, 12, 15.

a vida ascética e mística e, assim, faz dele o merecedor do título de um pensador especificamente cristão.

6. É este mundo, que reflete de maneira tão admirável o Criador divino, o melhor dos mundos possíveis? Devemos, em primeiro lugar, distinguir duas questões. Poderia Deus criar um mundo melhor do que este mundo? Poderia Deus ter feito este mundo melhor do que é? Boaventura responde à primeira questão que Deus poderia ter criado um mundo melhor que este, criando essências mais nobres, e que isso não pode ser negado sem limitar o poder divino. Quanto à segunda questão, tudo depende do que se quer dizer com "mundo" e "melhor". Caso se esteja se referindo às substâncias que compõem o mundo, está-se perguntando se Deus poderia ter criado essas substâncias melhores, no sentido de tê-las criado com essências ou substâncias mais nobres, isto é, de uma espécie mais elevada, ou se Deus poderia tê-las criado melhores acidentalmente, isto é, permanecendo dentro da mesma espécie? No primeiro caso, a resposta é que Deus poderia, de fato, mudar as substâncias em outras mais nobres, mas não seria o mundo e Deus não estaria tornando *este* mundo melhor. No segundo caso, Deus poderia fazer este mundo melhor. Por exemplo: se Deus transformasse o homem em anjo, o homem não mais seria homem e Deus não estaria tornando o homem melhor; mas Deus poderia tornar o homem melhor aumentando as suas potências intelectuais ou as suas qualidades morais.[146] Novamente, enquanto Deus poderia tornar *este* homem ou *este* cavalo em um homem ou cavalo melhor, devemos fazer outra distinção caso se pergunte se Deus não poderia fazer o homem enquanto tal melhor, no sentido de pô-lo em melhores condições. Em sentido absoluto, Ele poderia. No entanto, se consideramos o propósito pelo qual Ele pôs o homem nessas condições ou permitiu que estivesse nessas condições, pode muito bem ser que não pudesse tornar o homem melhor. Por exemplo, se Deus fizesse com que todos os homens Lhe servissem, Ele estaria tornando o homem melhor do ponto de vista abstrato. Caso, porém, seja considerado o propósito pelo qual Deus permitiu ao homem servi-Lo bem ou mal, Ele não poderia fazer o homem ser melhor suprimindo, na prática, o seu livre-arbítrio. Por fim, se alguém pergunta por que, se Deus poderia ter feito ou poderia fazer o nosso mundo melhor, Ele não o fez ou não o faz, não se pode oferecer outra resposta senão que Ele quis assim e Ele próprio conhece a razão (*solutio non potest dari nisi haec, quia voluit et rationem ipsi novit*).[147]

---

[146] 1 *Sent.*, 44, 1, 1, *conclusio*.
[147] Ibid., *ad* 4.

CAPÍTULO VII

São Boaventura — IV: a criação material

Composição hilomórfica de todas as criaturas — Individuação — Luz — Pluralidade de formas — *Rationes seminales*.

1. São Boaventura recebeu de seu mestre, Alexandre de Hales, a doutrina da composição hilomórfica de todas as criaturas, isto é, a doutrina de que todas as criaturas são compostas de matéria e forma. Por "matéria", neste contexto, entendia naturalmente o princípio da potencialidade no sentido mais amplo, não a "matéria" no sentido em que se opõe ao espírito. "A matéria, *considerada em si mesma*, não é nem espiritual nem corpórea", de modo que é indiferente à recepção quer da forma espiritual, quer da forma corpórea. Como, porém, a matéria nunca existe por si só, sem nenhuma forma definida, e como, uma vez unida à forma corpórea ou espiritual, permanece para sempre corpórea ou espiritual, segue-se que a matéria efetivamente presente na substância corpórea difere da matéria presente na substância espiritual.[148] A "matéria" pode ser considerada de vários modos. Considerada do ponto de vista da "privação" (*per privationem*), abstraindo-se de toda forma, quer substancial, quer acidental, deve-se admitir que a matéria é essencialmente a mesma em todas as criaturas, "pois se a matéria é separada de todas as formas e de todos os acidentes, não se encontrará absolutamente nenhuma diferença". Se a matéria é considerada "analogicamente" (*secundum analogiam*), isto é, como potencialidade, como fundamento da forma, deve-se fazer uma distinção. Na medida em que é considerada enquanto fornece um fundamento para a forma com respeito simplesmente ao ser (*in ratione entis*), é essencialmente a mesma tanto na criatura espiritual como na criatura material, uma vez que ambas existem e subsistem e se pode considerar a sua existência em si mesma, sem considerar precisamente de que modo existem ou que espécie de coisas são. Esse é o modo pelo qual o metafísico considera a matéria e, assim, aos olhos do metafísico, a matéria é semelhante na criação espiritual e na criação material. Se, porém, a matéria é considerada simplesmente em sua relação para com o movimento no sentido mais amplo, isto é, entendido como mudança, então a matéria não é o mesmo nas criaturas que não podem sofrer mudança substancial ou receber formas corpóreas e nas criaturas que podem sofrer mudança substancial e receber formas corpóreas, embora possa ser considerada como semelhante *analogicamente*, na medida em

---
[148] 2 *Sent.*, 3, 1, 1, 2, *conclusio ad* 3.

que anjos são suscetíveis, por exemplo, à influência divina. É o filósofo natural, ou *physicus*, que considera a matéria desse modo.

Sem entrar nas distinções ulteriores feitas por Boaventura e sem tentar julgar a sua doutrina, pode-se dizer, pois, que o seu ensinamento sobre a composição hilomórfica de todas as criaturas é este: que a matéria é o princípio da potencialidade enquanto tal. Tanto as criaturas espirituais como as criaturas materiais são entes dependentes; não são entes existentes por si, de modo que, se considerarmos a potencialidade com abstração de toda forma, olhando-a como co-princípio do ser, podemos dizer, junto com o metafísico, que a matéria é essencialmente a mesma em ambos. Se, porém, considerarmo-la como existe efetivamente, em sua relação com uma forma concreta, material ou espiritual, não é a mesma em ambos. O filósofo natural considera os corpos e ocupa-se da matéria, não da sua essência abstrata, mas tal como existente em um tipo particular de ente, tal como existente em sua relação concreta com um certo tipo de forma, a forma material; a matéria considerada desse modo não é encontrada em entes espirituais. Pode-se, obviamente, objetar que, se a matéria, tal como existe concretamente, é de tipos diferentes e permanece diferente, deve haver algo na matéria que a faz ser de tipos diferentes, de modo que a semelhança entre as ordens criadas espiritual e material não pode ser senão analógica. Boaventura, porém, admite que a matéria nunca existe sem a forma e afirma apenas que, se considerada — como se pode considerar — com abstração de toda forma, como mera potencialidade, pode-se dizer com razão que é essencialmente a mesma. Se os anjos têm um elemento de possibilidade, de potência neles, como têm, devem possuir matéria, pois a matéria, considerada em si mesma, é simplesmente a possibilidade ou a potência. É somente no ente que é ato puro, sem nenhuma potência ou possibilidade, que não há nenhuma matéria.

2. É a matéria o princípio da individuação? Alguns pensadores — diz São Boaventura[149] — sustentaram-no apoiados nas palavras de Aristóteles, mas é muito difícil ver como aquilo que é comum a todos pode ser a causa principal da distinção, da individualidade. Por um lado, dizer que a forma é o princípio da individuação é postular uma forma individual, posterior à da espécie, é deslocar-se para o extremo oposto e esquecer-se que toda forma criada é capaz de ter outra semelhante a si. É melhor sustentar que a individuação exsurge da união atual entre matéria e forma, que apropria uma à outra, por assim dizer, por meio da sua união. Os selos são feitos por diferentes impressões na cera; sem a cera, não haveria pluralidade de selos, mas sem as diferentes impressões a cera não se tornaria múltipla. De maneira semelhante, a matéria é necessária para que haja distinção e multiplicidade, para que haja número, mas a forma também é necessária, pois a distinção e a multiplicação supõe a constituição da substância por meio dos elementos que a compõem. Que uma substância individual seja algo determinado, de uma determinada espécie, isso se deve à forma; que seja este algo, deve-o principalmente à matéria, pela qual adquire

---

[149] 2 *Sent.*, 3, 1, 2, 3, *conclusio*.

uma posição no espaço e no tempo. A individuação denota principalmente algo substancial, uma substância composta de matéria e forma, mas também denota algo que pode ser considerado um acidente, a saber, o número. A individualidade (*discretio individualis*) denota duas coisas: a individuação, que exsurge da união dos dois princípios — matéria e forma — e, em segundo lugar, a distinção em relação às outras coisas, que é a origem do número. Mas a primeira — a individuação — é a mais fundamental.

A personalidade (*discretio personalis*) surge quando a forma unida à matéria é uma forma racional e, então, acrescenta à individualidade a dignidade da natureza racional, que ocupa o lugar mais alto entre as naturezas criadas e não está em potência em relação a uma forma substancial mais alta. Mas há outra coisa necessária para constituir a personalidade, a saber, que dentro do *suppositum* não haja nenhuma natureza de maior eminência e dignidade, que dentro do *suppositum* a criatura racional deve possuir a *actualem eminentiam*. Em Cristo, a natureza humana, embora perfeita e completa, não possui a *actualem eminentiam* e, portanto, não é uma pessoa. "Devemos dizer, portanto, que assim como a individualidade surge da existência da forma natural na matéria, a personalidade surge da existência de uma natureza nobre e supereminente na substância".[150]

Assim como São Boaventura atribui matéria, isto é, matéria espiritual, aos anjos, também pode admitir a pluralidade de anjos individuais dentro da mesma espécie sem ser forçado, como Santo Tomás, a postular tantas espécies angélicas quantos anjos. As Escrituras mostram-nos que alguns anjos exercem funções semelhantes e isso sugere a semelhança das essências, ao passo que o "amor de caridade" também exige a multiplicidade de anjos dentro da mesma espécie.[151]

3. Na criação corpórea há uma única forma substancial que todos os corpos possuem, e essa é a forma da luz.[152] A luz foi criada no primeiro dia, três dias antes da produção do sol, e é corpórea na opinião de Boaventura, embora Santo Agostinho a tenha interpretado como a criação dos anjos. Não é propriamente um corpo, mas a forma do corpo, a primeira forma substancial, comum a todos os corpos e princípio da sua atividade. Os diferentes corpos formam uma hierarquia graduada segundo participam mais ou menos da forma da luz. Assim, o "empíreo" põe-se no extremo superior da escala, enquanto a Terra põe-se no extremo inferior. Desse modo, o tema da luz, tão caro à escola agostiniana e remontando a Plotino e à comparação de Platão da idéia do bem ao sol, encontra um lugar proeminente na filosofia de São Boaventura.

4. Obviamente, se Boaventura sustenta que a luz é uma forma substancial possuída por todos os corpos, deve admitir que pode haver uma pluralidade de formas substanciais em uma mesma substância. Para ele, não havia nenhuma dificuldade em sustenta-lo, uma vez que via a forma como aquilo que preparava

---

[150] 2 *Sent.*, 3, 1, 2, 2, *conclusio*.
[151] Ibid., 3, 1, 2, 1.
[152] Cf. 2 *Sent*, 13.

o corpo para a recepção de outras perfeições mais elevadas. Enquanto para Santo Tomás a forma limitava e definia, de modo que não poderia haver mais que uma forma substancial em um corpo, para São Boaventura a forma olhava para a frente e para o alto, por assim dizer, menos cercando e confinando o corpo que preparando-o para novas possibilidades e perfeições. No *In hexaemeron*,[153] chegou a dizer que é loucura (*insanum*) dizer que a forma final é acrescida à matéria-prima sem que haja algo que a disponha para tal ou que esteja em potência para tal, sem que haja nenhuma forma intermediária, e Boaventura amava fazer paralelos entre a ordem da graça e a da natureza. Assim como o dom da ciência dispõe para o dom da sabedoria e não é anulado pelo dom da sabedoria, e assim como os dons não anulam as virtudes teológicas, do mesmo modo uma forma predispõe para outra mais elevada e esta, quando recebida, não expulsa a primeira, mas a coroa.

5. Esperar-se-ia que São Boaventura, que declaradamente seguia o caminho da tradição agostiniana, acolhesse a doutrina das *rationes seminales*, especialmente porque essa doutrina acentua a obra do Criador e diminui a independência do agente natural, embora não fosse em São Boaventura, mais do que era em Santo Agostinho, uma doutrina "científica", no sentido moderno da palavra. Para ambos, era uma necessidade imposta pela verdadeira exegese das Escrituras, ou antes, por uma filosofia que levasse em consideração os dados da revelação, com a razão adicional, no caso de Boaventura, de que era sustentada pelo seu grande predecessor, o filósofo cristão por excelência, que foi agraciado tanto como o *sermo sapientiae* como com o *sermo scientiae*. "Eu creio que esta posição deve ser sustentada, não somente porque a razão nos inclina a isso, mas também porque a autoridade de Agostinho, em seu comentário literal ao Gênesis, confirma-o".[154]

Boaventura sustentava, portanto, certa *latitatio formarum* das coisas na matéria. Recusava-se, porém, a aceitar a visão de que as formas das coisas que aparecem na matéria estivessem originalmente na matéria em estado *atual*, como uma pintura coberta por um pano, de modo que o agente particular apenas a revelasse, como o homem que retira o pano da pintura, deixando-a aparecer. Segundo essa visão, formas contrárias, que se excluem mutuamente, existiriam simultaneamente em um mesmo sujeito, o que é impossível. Nem aceitará a visão de que Deus é a única causa eficiente na edução das formas, pois isso significaria que Deus cria todas as formas do mesmo modo como cria a alma humana e que o agente secundário não faz nada realmente, quando é manifesto que a sua atividade contribui de algum modo para a produção do efeito. A segunda visão reduziria ou negaria absolutamente a atividade do agente criado, enquanto a primeira a reduziria a um mínimo, e Boaventura não está disposto a aceitar nenhuma delas. Prefere a visão "que parece ter sido a de Aristóteles e que hoje é sustentada comumente pelos doutores de filosofia e teologia", segundo a qual

---

[153] 4, 10.
[154] 2 *Sent.*, 7, 2, 2, 1, *resp.*

"quase todas as formas naturais, ao menos corpóreas, como as formas dos elementos e as formas das misturas, estão contidas na potência da matéria e são reduzidas a ato (*educuntur in actum*) por meio da ação de um agente particular". Isso, entretanto, pode ser mal compreendido de dois modos. Pode significar que a matéria tem tanto a potência para receber a forma e a inclinação a cooperar na produção da forma e que a forma a ser produzida está no agente particular como no seu princípio eficiente e original, de modo que a edução da forma tem lugar pela multiplicação da forma do agente, como a vela acesa que pode acender uma multidão de velas, ou pode significar que a matéria contém a forma a ser eduzida não apenas como aquela coisa na qual e, em certa medida, pela qual a forma é produzida, mas também como aquela coisa a partir da qual é produzida, conquanto no sentido de que é concriada com a matéria e na matéria, não como forma atual, mas como forma virtual. Na primeira hipótese, as formas não são de fato criadas pelo agente, uma vez que não vêm do nada, embora, ainda assim, uma nova essência pareceria ser produzida de algum modo, ao passo que na segunda hipótese nenhuma nova essência ou qüididade; em vez disso, a forma que existia em potência, virtualmente, é reduzida a ato, é dada a ela uma nova *dispositio*. A segunda hipótese, portanto, atribui menos ao agente criado do que a primeira, uma vez que o agente criado simplesmente faz com que aquilo que já existia de algum modo exista agora de outro, ao passo que, na primeira hipótese, o agente produziria algo positivamente novo, ainda que não à maneira de criação a partir do nada. Se o jardineiro apara a roseira para que os botões possam florescer em rosas, ele faz algo, de fato, mas menos do que faria se produzisse uma roseira a partir de outra espécie de planta. Boaventura, então, preocupado em não atribuir nem mesmo a aparência de poder criador ao agente criado, opta pela hipótese que atribui menos à operação do agente criado e mais à operação do Criador.

As formas que são eduzidas, portanto, estavam originalmente na matéria em estado virtual. Essas formas virtuais são as *rationes seminales*. Uma *ratio seminalis* é um poder ativo, existente na matéria, sendo o poder ativo a essência da forma a ser eduzida, estando diante desta na relação do *esse incompletum* para o *esse completum*, ou do *esse in potentia* ao *esse in actu*.[155] A matéria é, assim, um *seminarium*, ou cama de sementes, na qual Deus criou em estado virtual as formas corpóreas que seriam eduzidas sucessivamente daí. Isso se aplica não somente às formas das coisas inorgânicas, mas também às almas dos animais irracionais e dos vegetais. Não é preciso dizer que Boaventura está consciente de que a atividade de agentes particulares é necessária para o nascimento de um animal; entretanto, não admitirá a teoria traducianista, segundo a qual a alma do novo animal é produzida pela multiplicação da alma do pai, sem nenhuma diminuição por parte desta, uma vez que essa teoria implica que uma forma criada pode produzir uma forma semelhante a partir do nada.[156] O que acontece

---

[155] 2 *Sent.*, 18, 1, 3, *resp.*
[156] Ibid., 2, 15, 1, 1, *resp.*

é que os animais progenitores agem sobre aquilo que eles próprios receberam, o princípio seminal, sendo o princípio seminal um poder ativo, ou potência, que contém a nova alma em germe, embora a atividade dos progenitores seja necessária para que o virtual se torne atual. Boaventura encontra assim um meio termo entre atribuir demasiado pouco ou nada ao agente criado e atribuir o que lhe pareceria excessivo, à luz do seu princípio geral de que Deus produz as coisas a partir do nada, enquanto o agente criado somente pode produzir coisas a partir daquilo que já existe em potência, isto é, em estado virtual.[157] É, todavia, inútil procurar por uma descrição e uma explicação exatas do funcionamento concreto da sua teoria das *rationes seminales*, uma vez que esta se funda em parte na autoridade, em parte em um raciocínio filosófico *a priori*, e não na observação empírica ou na experimentação científica.

---

[157] Cf. 2 *Sent.*, 7, 2, 2, 2, *resp.*

Capítulo VIII
São Boaventura — v: a alma humana

Unidade da alma humana — Relação entre a alma e o corpo — Imortalidade da alma humana — Falsidade do monopsiquismo averroístico — Conhecimento dos objetos sensíveis e dos princípios lógicos — Conhecimento de realidades espirituais — Iluminação — A ascensão da alma a Deus — Boaventura como filósofo da vida cristã.

1. Vimos que, segundo São Boaventura, as almas dos animais são produzidas *seminaliter*. No entanto, isso não se aplica, obviamente, à alma humana, que é produzida imediatamente por Deus, criada por Ele a partir do nada. A alma humana é a imagem de Deus, chamada à união com Deus e, por causa disso (*propter dignitatem*), a sua produção foi adequadamente reservada ao próprio Deus. Esse raciocínio envolve teologia, mas Boaventura argumenta também que, sendo a alma imortal e incorruptível, a sua produção somente pode ser levada a cabo pelo princípio que tem a vida e a perpetuidade por si mesmo. A imortalidade da alma humana implica uma "matéria" na alma que seja incapaz de tomar parte em uma mudança substancial; ora, a atividade dos agentes criados está confinada à operação sobre a matéria transmutável e a produção de uma substância com matéria imutável transcende o poder de tais agentes. Segue-se que a visão traducianista deve ser rejeitada, ainda que Agostinho estivesse por vezes inclinado a ela, por pensar que a partir daí pudesse explicar a transmissão do pecado original.[158]

O que exatamente Deus cria? É a alma humana inteira, não apenas a faculdade racional. Há uma única alma no homem, dotada de faculdades racionais e sensitivas, e é esta alma que Deus cria. O corpo estava contido *seminaliter* no corpo de Adão, o primeiro homem, e é transmitido por meio do sêmen, mas isso não significa que o corpo tenha uma alma sensitiva, reduzida a ato a partir da potência da matéria e distinta da alma racional criada e infusa. O sêmen contém, de fato, não apenas o supérfluo na alimentação do pai, mas também algo da sua *humiditas radicalis*, de modo que há no embrião, antes da infusão da alma, uma disposição ativa para o ato da sensação, um tipo de sensibilidade incoativa. Contudo, essa disposição é uma disposição para realizar o ato da sensação por meio da potência da alma, uma vez que tiver sido infusa. Quando da animação completa do embrião pela infusão da alma, essa sensibilidade incoativa cessa, ou antes, é subsumida sob a atividade da alma, que é o princípio da sensação, assim como da intelecção. Em outras palavras, São Boaventura tem o cuidado

---
[158] 2 *Sent.*, 18, 2, 3, *resp.*

de preservar a continuidade da vida e a realidade da paternidade e de evitar, ao mesmo tempo, qualquer fragmentação da alma humana.[159]

2. A alma humana é a forma do corpo: São Boaventura serve-se da doutrina aristotélica contra aqueles que sustentam ser a alma de todos os homens uma única substância. "A alma racional é o ato, ou entelequia, do corpo humano. Portanto, sendo os corpos humanos distintos, também serão distintas as almas que aperfeiçoam esses corpos":[160] a alma é uma forma existente, viva, inteligente, dotada de liberdade.[161] Está integralmente presente em cada parte do corpo, segundo o juízo de Santo Agostinho, que Boaventura considera preferível à teoria de que a alma esteja presente primariamente em uma parte determinada do corpo, como o coração, por exemplo. "Sendo a forma de todo o corpo, está presente em todo o corpo; sendo simples, não está presente parte aqui, parte ali; sendo o princípio motor suficiente (*motor sufficiens*) do corpo, não tem uma situação particular, não está presente em um ponto ou em uma parte determinada".[162]

Contudo, embora Boaventura aceite a definição aristotélica da alma como a forma do corpo, a sua tendência geral é de caráter não-aristotélico, na medida em que insiste que a alma humana é uma substância espiritual, composta de forma espiritual e de matéria espiritual. Não é suficiente dizer que há na alma uma composição do "*ex quo est*" e do "*quod est*", pois a alma pode agir e sofrer ações, mover e ser movida, e isso indica a presença de "matéria", do princípio da passividade e da mutabilidade, embora essa matéria transcenda a extensão e a corruptibilidade, sendo matéria espiritual e não corporal.[163] Essa doutrina talvez pareça contradizer a afirmada simplicidade da alma, mas Boaventura observa[164] que a "simplicidade" possui vários significados e graus. Assim, a "simplicidade" pode referir-se à ausência de partes quantitativas, o que se verifica na alma; ou pode referir-se à ausência de partes qualitativas, o que não se verifica na alma. O ponto principal, todavia, é que a alma, embora seja a forma e o princípio motor do corpo, também é muito mais que isso, e pode subsistir por si, sendo *hoc aliquid*, embora, como um *hoc aliquid* que é parcialmente passivo e mutável, deva ter em si matéria espiritual. A doutrina da composição hilomórfica da alma humana é, assim, calculada para assegurar a dignidade e a capacidade de subsistência separada do corpo.

Se a alma é composta de forma e matéria espiritual, segue-se que é individuada por seus próprios princípios.[165] Se isso é verdade, contudo, por que a alma é unida ao corpo, sendo uma substância espiritual individual de pleno direito? A resposta é que a alma, mesmo sendo uma substância espiritual, é constituída de tal modo que não apenas pode informar um corpo, como também tem uma

---

[159] Cf. 2 *Sent.*, 30, 3, 1 e 31, 1, 1.
[160] *Ibid.*, 18, 2, 1, *contra* 1.
[161] *Breviloq.*, 2, 9.
[162] 1 *Sent.*, 8, 2, *art. um.*, 3, *resp.*
[163] 2 *Sent.*, 17, 1, 2, *resp.*
[164] *Ibid.*, ad 5.
[165] 2 *Sent.*, 18, 2, 1, *ad* 1.

inclinação natural para tanto. De maneira correspondente, o corpo, embora seja composto de matéria e forma, tem um *appetitus* por ser informado pela alma. A união dos dois dá-se, assim, para a perfeição de cada um e não em detrimento, seja da alma, seja do corpo.¹⁶⁶ A alma não existe simplesmente, ou mesmo primariamente, para mover o corpo,¹⁶⁷ mas para desfrutar de Deus. Não obstante, ela apenas exerce plenamente suas potências e potencialidades quando informa o corpo e, no dia da ressurreição, será unida novamente ao corpo. Aristóteles ignorava isso, e não há nada de espantoso em que ignorasse, pois "o filósofo necessariamente incorrerá em algum erro, a não ser que seja auxiliado pela luz da fé".¹⁶⁸

3. A doutrina da composição hilomórfica da alma humana facilita, naturalmente, a prova da sua imortalidade, pois Boaventura não vincula tão intimamente a alma ao corpo como faz a doutrina aristotélica. No entanto, a sua prova preferida é aquela tirada da consideração do propósito último da alma (*ex consideratione finis*). A alma busca a felicidade perfeita (fato de que ninguém dúvida, "a não ser que a sua razão esteja inteiramente pervertida"). Mas ninguém pode ser perfeitamente feliz se tem medo de perder aquilo que possui; pelo contrário, é este próprio medo que o torna infeliz. Portanto, como a alma tem um desejo natural pela felicidade perfeita, deve ser naturalmente imortal. Essa prova pressupõe, obviamente, a existência de Deus e a possibilidade de atingir a felicidade perfeita, assim como a existência de um desejo natural da felicidade humana. No entanto, era a prova preferida de Boaventura por causa do seu caráter espiritual, por causa da sua conexão com o movimento da alma em direção a Deus: é, para ele, a *ratio principalis*, o principal argumento.¹⁶⁹

De maneira algo semelhante, argumenta¹⁷⁰ a partir da consideração da causa formal, a partir da natureza da alma humana como imagem de Deus. Tendo a alma sido criada para atingir a felicidade, a qual consiste na posse do Sumo Bem, que é Deus, deve ser capaz de possuir Deus (*capax Dei*) e, portanto, deve ser feita à Sua imagem e semelhança. Ora, a alma não teria sido feita à semelhança de Deus se fosse mortal. Portanto, deve ser imortal. Novamente, (argumento *ex parte materiae*), Boaventura afirma ter a forma da alma racional tal dignidade que a torna a alma semelhante a Deus, do que resulta que a matéria unida a essa forma (isto é, a matéria espiritual) encontra satisfação e completude apenas na união a essa forma, de modo que deve ser igualmente imortal.

Boaventura oferece outros argumentos, tais como o que parte da necessidade de sanções após a morte¹⁷¹ e o que parte da impossibilidade de Deus frustrar os bons. Nesta última prova, argumenta que seria contrário à justiça divina que aquilo que foi bem feito levasse ao mal e à frustração. Ora, segundo toda

---

¹⁶⁶ Cf., ibid. 17, 1, 2, *ad* 6.
¹⁶⁷ Ibid., 18, 2, 1, *ad* 6.
¹⁶⁸ Ibid.
¹⁶⁹ 2 *Sent.*, 19, 1, 1, *resp*.
¹⁷⁰ Ibid.
¹⁷¹ Ibid., *sed contra* 3,4.

a doutrina moral, o homem deve preferir morrer a praticar a injustiça. Se a alma fosse mortal, então a sua adesão à justiça, louvada por todos os filósofos morais, resultaria em nada, o que seria contrário à justiça divina. Têm caráter mais aristotélico os argumentos extraídos da capacidade da alma de refletir sobre si mesma e da atividade intelectual, que não tem nenhuma dependência intrínseca em relação ao corpo, para provar a sua superioridade em relação à matéria corporal e sua incorruptibilidade.[172] Contudo, embora essas provas aristotélicas provavelmente sejam mais aceitáveis para nós, tendo menos pressupostos e não envolvendo teologia, aos olhos de Boaventura eram as provas recebidas de Agostinho ou que seguiam sua linha de pensamento as mais apelativas, especialmente aquelas do desejo da beatitude. A prova agostiniana a partir da apreensão e assimilação da verdade eterna é fornecida por Boaventura,[173] mas não aparece como um *potissimus modus* de provar a imortalidade da alma. Essa qualificação é reservada às provas extraídas do desejo de beatitude.

Caso se objetasse contra Boaventura que essa forma de prova pressupõe o desejo de união com Deus, para que haja beatitude em sentido pleno, e que esse desejo é suscitado apenas sob a ação da graça e, desse modo, pertence à ordem sobrenatural e não à ordem da natureza, que é o objeto do estudo do filósofo, o santo responderia, sem dúvida, que não tinha a menor intenção de negar a ação da graça ou o seu caráter sobrenatural, mas que, por outro lado, o verdadeiro filósofo considera o mundo e a vida humana como são, e um dos dados é, precisamente, o desejo pela felicidade completa. Ainda que o desejo possa implicar a operação da graça, é um dado da experiência e, portanto, pode ser levado em consideração pelo filósofo. Se o filósofo não o pode explicar sem recorrer à teologia, isso apenas constitui mais uma prova do princípio de Boaventura de que nenhuma filosofia pode ser satisfatória a não ser que seja iluminada pela luz da fé. Em outras palavras, enquanto o "tomista" elimina sistematicamente dos dados da experiência tudo o que sabe ser sobrenatural e, então, como filósofo, considera a "natureza" resultante, o filósofo bonaventuriano parte da natureza tomada como o dado. É absolutamente verdadeiro que a graça não é algo "dado" no sentido de algo visível ou apreensível com certeza pela razão desassistida, mas alguns dos seus efeitos dão dados na experiência, e o filósofo pode levá-los em consideração, embora não possa explicá-los sem fazer referência à teologia. A abordagem tomista e a bonaventuriana são, portanto, diferentes, e não podem ser encerradas à força no mesmo molde sem, desse modo, distorcer uma ou outra.

4. Tudo o que foi dito sobre a alma humana implica a individualidade da alma. Boaventura, contudo, estava bem consciente da interpretação averroísta de Aristóteles e argumentou explicitamente contra ela. Averróis sustentava que tanto o intelecto agente como o intelecto passivo sobreviviam à morte e, qualquer que tenha sido a doutrina ensinada pelo próprio Aristóteles, o seu comentador,

---

[172] Ibid., 7 ss.; cf. *De Anima*, Bk. 3.
[173] 2 *Sent.*, 11.

Averróis, certamente sustentou que esses intelectos não são individuais para cada homem, não são partes ou faculdades do homem individual, mas são, em vez disso, substâncias unitárias, inteligências cósmicas. Essa posição, entretanto, não apenas é herética e contrária à religião cristã, mas também é contrária à razão e à experiência.[174] É contrário à razão, pois é claro que a alma intelectual é uma perfeição do homem enquanto homem, não enquanto mero animal, como seria o caso se a alma racional fosse numericamente una em todos os homens. É contrário à experiência, pois é um dado da experiência que homens diferentes têm pensamentos diferentes. E de nada adianta dizer que essa diferença de pensamentos decorre simplesmente da diversidade de *species* nas imaginações dos diferentes homens, isto é, que é apenas a imaginação perecível, alimentada pelos sentidos, que é diferente nos diferentes indivíduos, pois os homens diferem quanto às idéias, por exemplo, das virtudes, que não são fundadas na percepção sensorial e que não são abstraídas de *species* imaginativas. Nem, do ponto de vista de Boaventura, é um bom argumento dizer que a alma intelectual é independente do corpo e não pode, portanto, ser individuada por ele, pois a alma não é individuada pelo corpo, mas pela união dos seus dois princípios constitutivos, a matéria espiritual e a forma espiritual.

5. Quanto ao conteúdo do conhecimento da alma a respeito das coisas sensíveis, este é dependente da percepção sensorial, e São Boaventura concorda com Aristóteles em que a alma não tem, por si mesma, seja o conhecimento, seja a espécie dos objetos sensíveis: o intelecto humano é criado em um estado de "nudez" e depende dos sentidos e da imaginação.[175] O objeto sensível age sobre o órgão sensorial e produz aí a espécie sensível, que, por sua vez, age sobre a faculdade da sensação e, desse modo, dá-se a percepção. Notar-se-á que São Boaventura, ao reconhecer um elemento passivo na sensação, afasta-se da doutrina de Santo Agostinho. Contudo, ao mesmo tempo, ele sustenta que a faculdade da sensação, ou o poder sensitivo da alma, julga o conteúdo da sensação, por exemplo, que é branco, sendo a recepção passiva da espécie atribuída primariamente ao órgão e a atividade de julgamento à faculdade.[176] O juízo não é, obviamente, um juízo reflexivo; é, antes, uma consciência espontânea. Entretanto, somente é possível porque a faculdade da sensação é a faculdade sensitiva de uma alma racional, pois é a alma que comunica ao corpo o ato da sensação.[177] As sensações separadas, por exemplo, da cor e da textura, são unificadas pelo "sentido comum" e conservadas na imaginação, que não é o mesmo que a "memória", se esta é tomada no sentido de *recordatio*, ou rememoração segundo a própria vontade.[178] Por fim, os intelectos agente e passivo, cooperando, abstraem a espécie da imaginação. Os intelectos agente e passivo não são duas faculdades que possam operar

---

[174] 2 *Sent.*, 18, 2, 1, *resp.*
[175] 2 *Sent.*, 3, 2, 2, 1, *resp.* e *ad* 4.
[176] Ibid., 8, 1, 3, 2, *ad* 7.
[177] Ibid., 25, 2, *art. un.* 6, *resp.*
[178] Ibid., 7, 2, 1, 2, *resp.*, onde Boaventura distingue a memória como hábito, a *retentio speciei*, do ato de recordar, ou *recordatio*.

uma sem a outra, mas são duas "diferenças" da mesma faculdade intelectual da alma. Podemos dizer, de fato, que o intelecto agente abstrai e o passivo recebe, mas Boaventura relativiza essa afirmação dizendo que o intelecto passivo tem a capacidade de abstrair a espécie e de julgá-la, embora *apenas* com o auxílio do intelecto agente, ao passo que o intelecto agente depende, para a sua atividade de conhecer, da informação do intelecto passivo por meio da espécie. Há, com efeito, um único ato completo de intelecção, e os intelectos agente e passivo cooperam inseparavelmente nesse ato.[179]

Evidentemente, portanto, para além de vários "agostinismos", como a recusa em fazer uma distinção real entre as faculdades da alma, a visão de Boaventura sobre o modo pelo qual adquirimos nosso conhecimento dos objetos sensíveis se aproxima, de maneira mais ou menos estreita da teoria aristotélica. Admite que a alma, com respeito ao conhecimento de tais objetos, é originalmente uma *tabula rasa*,[180] e não abre espaço para idéias inatas. Ademais, a rejeição das idéias inatas estende-se também ao nosso conhecimento dos primeiros princípios. Houve quem dissesse que esses princípios são inatos quanto ao intelecto agente, embora sejam adquiridos no que se refere ao intelecto possível; entretanto, semelhante teoria não concorda nem com as palavras de Aristóteles, nem com a verdade. Com efeito, se esses princípios fossem inatos no intelecto agente, por que este não os poderia comunicar ao intelecto possível sem o auxílio dos sentidos, e por que não conheceria esses princípios desde o princípio? Uma versão modificada do inatismo sustenta que os princípios são inatos em sua forma mais geral, ao passo que as conclusões ou aplicações particulares são adquiridas, mas seria difícil mostrar, segundo semelhante visão, por que as crianças não conhecem os primeiros princípios em sua forma geral. Além disso, mesmo esse inatismo modificado contradiz tanto Aristóteles como Agostinho. Boaventura sem dúvida considerava que uma teoria que unisse contra si tanto Aristóteles como Agostinho jamais poderia ser verdadeira. Resta, então, apenas dizer que os princípios são inatos apenas no sentido de que o intelecto é dotado de uma luz natural que lhe permite apreender os princípios em sua universalidade uma vez tendo adquirido as espécies ou idéias relevantes. Por exemplo, ninguém sabe o que é um todo ou o que é uma parte até que tenha adquirido a espécie ou idéia, com dependência da percepção sensorial; mas, uma vez adquirida a idéia, a luz do intelecto lhe permite apreender o princípio de que o todo é maior que a parte.[181] Nesse ponto, portanto, São Boaventura está de pleno acordo com Santo Tomás.

6. No entanto, embora não tenhamos nenhum conhecimento inato dos objetos sensíveis, das suas essências ou dos primeiros princípios, lógicos ou matemáticos, não se segue daí que o nosso conhecimento de realidades puramente espirituais seja adquirido por meio da percepção sensível. "Deus não é

---
[179] 2 *Sent.*, 24, 1, 2, 4.
[180] Ibid., *resp.*
[181] Ibid., 39; 1, 2, *resp.*

conhecido por meio de uma semelhança retirada dos sentidos",[182] mas antes pela reflexão da alma sobre si mesma. Ela não tem uma visão intuitiva de Deus, da essência divina, nesta vida, mas é feita à imagem de Deus e se orienta em direção a Deus segundo o desejo e a vontade, de modo que a reflexão sobre a sua própria natureza e sobre a direção da vontade permite à alma formar uma idéia de Deus sem recurso ao mundo sensível exterior. Nesse sentido, a idéia de Deus é "inata", ainda que não no sentido de que todo homem tenha, desde o princípio, um conhecimento, claro, explícito e exato de Deus. A direção da vontade, o seu desejo pela felicidade completa, é o efeito da própria ação divina, e a reflexão sobre esse desejo manifesta à ala a existência do objeto do desejo, que, de fato, já conhece por uma espécie de consciência vaga, embora não necessariamente por uma idéia explícita. "O conhecimento desta verdade (a existência de Deus) é inato na mente racional, na medida em que a mente é uma imagem de Deus, razão pela qual tem um apetite natural, um conhecimento e uma memória d'Ele a cuja imagem foi feita e em direção ao qual tende naturalmente, para que encontre n'Ele a sua beatitude".[183] O conhecimento de Deus é multiforme: Deus tem um conhecimento compreensivo de Si mesmo, os bem-aventurados conhecem-No claramente (*clare et perspicue*), nós conhecemo-Lo parcialmente de maneira velada (*ex parte et in aenigmate*), estando esta última forma de conhecimento contida implicitamente ou implicada pelo conhecimento que cada alma tem de que não existiu sempre e de que deve ter tido um princípio.[184]

O conhecimento das virtudes também deve ser "inato", no sentido de que não é derivado da percepção sensível. Um homem injusto pode conhecer o que é a justiça, mas obviamente não pode conhecê-la por meio de sua presença na sua alma, pois não a possui, nem pode conhecê-la a partir da abstração das espécies sensíveis, pois não é um objeto dos sentidos e não tem nenhuma semelhança com o mundo dos sentidos. Não pode conhecê-la por seus efeitos, pois não reconheceria os efeitos da justiça a não ser que tivesse previamente um conhecimento de o que é a justiça, assim como não se podem reconhecer os efeitos da atividade humana como efeitos da atividade humana a não ser que se saiba previamente o que é homem.[185] Deve haver, portanto, algum conhecimento *a priori* ou inato das virtudes. Em que sentido é inato? Não há idéia inata (*species innata*) no sentido de que haja uma idéia clara ou semelhança intelectual da virtude na mente desde o seu princípio; mas há presente na alma uma luz natural pela qual pode reconhecer a verdade e a retidão, e há presente também uma afeição ou inclinação da vontade. A alma conhece, portanto, o que é a retidão e o que é a afeição ou inclinação da vontade, e, desse modo, reconhece o que é a *rectitudo affectionis*. Como isso é a caridade, sabe o que é a caridade, ainda que não possua efetivamente a virtude da caridade.[186]

---

[182] 2 *Sent.*, 39, 1, 2, *resp.*
[183] *De Myst. Trinit.* 1, 1, *resp.*
[184] Ibid., 1, 2, *ad* 14.
[185] *De Scientia Christi*, 4, 23.
[186] 1 *Sent.*, 17, 1, *art. un.*, 4, *resp.*

Assim, o conhecimento das virtudes é inato no mesmo sentido em que o é o conhecimento de Deus, não como uma espécie ou idéia explícita, mas no sentido de que a alma tem em si mesma todo o material necessário para formar a idéia explícita, sem que seja necessário recorrer ao mundo sensível. A idéia inata de Boaventura é uma idéia virtualmente inata. Obviamente, há grande diferença entre o nosso conhecimento das virtudes e o nosso conhecimento de Deus, pois, enquanto não podemos jamais apreender a essência de Deus nesta vida, é possível apreender a essência das virtudes. No entanto, os modos pelos quais chegamos ao conhecimento das virtudes e de Deus são semelhantes, e podemos dizer que a alma possui um conhecimento inato dos princípios necessários para a sua conduta. Ela sabe, por auto-reflexão, o que é Deus, o que é o medo e o que é o amor e, desse modo, sabe o que é temer e amar a Deus.[187] Se alguém cita, em sentido contrário, o dito do Filósofo — *"nihil est in intellectu, quod prius non fuerit in sensu"* — , a resposta é que o dito deve ser entendido com referência ao nosso conhecimento dos objetos sensíveis ou à aquisição das idéias que são capazes de ser formadas por abstração a partir das espécies sensíveis.[188]

7. Contudo, embora Boaventura não admita que os primeiros princípios relativos ao mundo em torno de nós ou, de fato, mesmo os primeiros princípios da conduta estejam explícitos na mente desde o princípio ou sejam infundidos nela desde fora, independentemente de qualquer atividade por parte da mente, não se segue daí que esteja preparado para dispensar a doutrina agostiniana da iluminação. Pelo contrário, considera-a como uma das verdades cardeais da metafísica.

A verdade é a *adaequatio rei et intellectus*,[189] envolvendo o objeto conhecido e o intelecto cognoscente. Para que a verdade, nesse sentido, a verdade apreendida, possa existir, exigem-se certas condições de parte tanto do sujeito como do objeto: a imutabilidade de parte deste, a infalibilidade de parte daquele.[190] Mas se Boaventura está preparado para ecoar desse modo as palavras do *Teeteto*, exigindo ambas as condições para que a *cognitio certitudinalis*, o conhecimento certo, possa existir, necessariamente defrontou-se com problemas semelhantes àqueles com os quais se defrontaram Platão e Agostinho, pois nenhum objeto criado é imutável em sentido estrito e todos os objetos sensíveis são perecíveis, ao passo que a mente, por sua vez, não é *por si mesma* infalível com respeito a qualquer classe de objeto. Deve, portanto, receber ajuda de fora, e naturalmente Boaventura recorre à teoria agostiniana da iluminação, que se lhe recomendava, não apenas porque Santo Agostinho a sustentava, mas também porque acentuava tanto a dependência do intelecto humano em relação a Deus como a atividade interior de Deus na alma humana. Para ele, essa era uma verdade tanto epistemológica como religiosa, algo que podia ser estabelecido como uma

---

[187] 2 *Sent.*, 39, 1, 2, *resp.*
[188] Ibid.
[189] 1 *Sent.*, *resp.*, ad 1, 2, 3; cf. *Breviloq.*, 6, 8.
[190] *De Scientia Christi*, 4, *resp.*

conclusão necessária a partir do estudo da natureza e das exigências da certeza, e também algo sobre o qual se poderia meditar proveitosamente em sentido religioso. De fato, para ele, não há separação aceitável entre a vida intelectual e a vida espiritual.

A mente humana, portanto, está sujeita à mudança, à dúvida, ao erro, ao passo que os fenômenos que experimentamos e conhecemos também são mutáveis. Por outro lado, é um fato indubitável que a mente humana possui certezas e sabe que as possui e que apreendemos essências e princípios imutáveis. Contudo, somente Deus é imutável, e isso significa que a mente humana é auxiliada por Deus e que o objeto do seu conhecimento certo é visto, de algum modo, como enraizado em Deus, como existente nas *rationibus aeternis*, ou idéias divinas. Mas nós não apreendemos essas idéias divinas diretamente, em si mesmas, e Boaventura assinala com Agostinho que seguir a doutrina platônica das idéias abriria a porta para o ceticismo, uma vez que, se o único conhecimento certo alcançável é o conhecimento direto dos arquétipos ou exemplares eternos, e se nós não temos nenhum conhecimento direto desses arquétipos, a conclusão necessária é que a verdadeira certeza é inalcançável pela mente humana.[191] Por outro lado, não é suficiente dizer que a *ratio aeterna* influencia a mente apenas no sentido de que a mente ao conhecer não atinge o princípio eterno em si mesmo, mas apenas a sua influência, como um *habitus mentis*, pois este seria criado e sujeito às mesmas condições da mente da qual é uma disposição.[192] As *rationes aeternae*, portanto, devem ter uma ação regulativa sobre a mente humana, embora permanecendo desconhecidas em si mesmas. São elas que movem e governam a mente em certos juízos, tornando-a capaz de apreender as verdades certas e eternas nas ordens especulativa e moral e de fazer juízos certos e verdadeiros a respeito dos objetos sensíveis: é a sua ação (que é a iluminação divina) que torna a mente capaz de apreender as essências imutáveis e estáveis no objetos fugazes e cambiantes da experiência. Isso não significa que Boaventura contradiga a aprovação que deu à doutrina de Aristóteles sobre o nosso conhecimento do mundo sensível, mas que a considera insuficiente. Sem a percepção sensível, jamais conheceríamos os objetos sensíveis e é bem verdade que o intelecto abstrai, mas a iluminação divina, a ação direta da *ratio aeterna*, é necessária para que a mente veja no objeto a reflexão da *ratio* imutável e seja capaz de fazer juízos infalíveis a seu respeito. A percepção sensível é requerida para que surjam as nossas idéias dos objetos sensíveis, mas a estabilidade e a necessidade dos nossos juízos a seu respeito são devidas à ação das *rationaes aeternae*, uma vez que nem os objetos sensíveis da nossa experiência são imutáveis, nem as nossas mentes que os conhecem são infalíveis por si mesmas. As espécies obscuras (*obtenebratae*) das nossas mentes, tocada pela obscuridade dos *phantasmata*, são desse modo iluminadas para que nossa mente possa conhecer. "Com efeito, se ter conhecimento real significa saber que não é possível que a

---

[191] *De Scientia Christi*, 4, *resp.*
[192] Ibid.

coisa seja de outro modo, é necessário que a causa do nosso conhecimento seja Aquele que conhece a verdade e que tem a verdade em Si mesmo".[193] Assim, é por meio da *ratio aeterna* que a mente julga todas as coisas que conhecemos pelos sentidos.[194]

No *Itinerarium mentis in Deum*,[195] São Boaventura descreve como os objetos sensíveis exteriores produzem uma semelhança (*similitudo*) de si mesmos primeiramente no meio e, através do meio, no órgão sensorial e, então, no sentido interior. O sentido particular, ou a faculdade de sensação, atuando por meio do sentido particular, julga que esse objeto é branco ou preto, ou o que quer que seja, e o sentido interior que é agradável, belo, ou o contrário. A faculdade intelectual, voltando-se em direção à espécie, pergunta por que o objeto representado é belo e julga que é belo porque possui certas características. Mas esse juízo implica uma referência à idéia da beleza que é estável e imutável, não estando vinculada a nenhum lugar ou tempo. É aí que entra a iluminação divina, a saber, para explicar o juízo em seu aspecto imutável e supratemporal, por referência à *ratio aeterna* diretora e reguladora, não para suplantar ou anular o trabalho dos sentidos ou a atividade da abstração. Todos os objetos que são conhecidos entram na mente através das três operações físicas da *apprehensio*, *oblectatio* e *diiudicatio*, mas esta última operação, para ser verdadeira e certa, deve ser um juízo feito à luz das *rationes aeternae*.

Ora, como vimos antes, as *rationes aeternae* identificam-se ontologicamente e são, de fato, idênticas ao Verbo de Deus. Segue-se daí que é o Verbo de Deus que ilumina a mente humana, que o Verbo ilumina todo homem que vem ao mundo. "Cristo é o mestre interior e nenhuma verdade é conhecida senão por Ele; não porque Ele nos fale como nós falamos, mas porque Ele nos ilumina interiormente [...] Ele está presente intimamente em cada alma e é por meio de Suas idéias claríssimas que Ele ilumina as idéias obscuras das nossas mentes".[196] Não temos a visão do Verbo de Deus e, embora a luz seja tão íntima dentro de nós, é invisível, *inaccessibilis*: apenas podemos concluir sua presença a partir da observação dos seus efeitos.[197] Assim, a doutrina da iluminação de Boaventura e a sua interpretação de Agostinho não envolve ontologismo. A sua doutrina complementa a afirmação aparentemente aristotélica da abstração e a sua negação do caráter propriamente inato mesmo dos primeiros princípios, dando à sua doutrina um sabor e uma cor peculiares não aristotélicos, mas agostinianos. Abstraímos, sim, mas não poderíamos captar o inteligível e estável meramente por meio da abstração; precisamos também da iluminação divina. Podemos atingir o conhecimento dos princípios morais por meio da reflexão interior, de fato, mas não poderíamos apreender o seu caráter imutável e necessário sem a ação reguladora e norteadora da luz divina. Aristóteles deixou de ver isso,

---

[193] *In Hexaem.*, 12, 5.
[194] *Itin. Mentis in Deum*, 2, 9.
[195] 2, 4–6.
[196] *In Hexaem.*, 12, 5.
[197] Ibid., 12, 11.

deixou de ver que não podemos conhecer as criaturas plenamente a menos que as vejamos como *exemplata* do *exemplar* divino, de modo que não podemos formar juízos certos sobre elas sem a luz do Verbo divino, da *Ratio Aeterna*. O exemplarismo e a iluminação estão intimamente ligados, e o verdadeiro metafísico reconhece ambos: Aristóteles não reconhecia nenhum.

8. Há somente quatro faculdades da alma, as potências vegetativa e sensitiva, o intelecto e a vontade. No entanto, Boaventura distingue vários "aspectos" da alma e, em especial, do intelecto, ou mente, segundo o objeto ao qual a sua atenção é dirigida e segundo o modo como é dirigida. Seria um erro, portanto, supor que ele pensasse que *ratio, intellectus, intelligentia* e *apex mentis* ou *synderesis scintilla*[198] sejam todas faculdades diferentes da alma; denotam antes diferentes funções da alma racional em sua ascensão das criaturas sensíveis a Deus. No comentário às *Sentenças*,[199] diz expressamente que a divisão da razão em inferior e superior (*ratio inferior* e *ratio superior*) não é uma divisão em faculdades diferentes; é uma divisão em *officia* e *dispositiones*, que é algo mais que uma divisão em aspectos (*aspectus*). A razão inferior está voltada aos objetos sensíveis, a razão superior está voltada aos objetos inteligíveis, e os termos "inferior" e "superior" referem-se assim a diferentes funções, ou *officia*, da mesma faculdade. Há, todavia, mais um ponto a ser adicionado, a saber, que a razão, enquanto se dirige aos inteligíveis, é fortalecida e revigorada, ao passo que, quando dirigida aos objetos sensíveis, é enfraquecida e puxada para baixo, de modo que, embora haja uma única *ratio*, a distinção entre razão superior e razão inferior corresponde não apenas a diferentes funções, mas também a diferentes disposições da mesma razão.

Os estágios da ascensão da mente não exigem maiores explicações, estando mais ligados à teologia ascética e mística que à filosofia, no sentido que atribuímos à palavra. Contudo, uma vez que estão conectados com a filosofia, segundo a compreensão que Boaventura tem do termo, convém expô-las brevemente, na medida em que ilustram a sua tendência a integrar filosofia e teologia tão intimamente quanto possível. Seguindo os passos de Agostinho e dos vitorinos, Boaventura traça os estágios ascendentes da vida da alma, estágios que correspondem a diferentes potencialidades da alma e levam-na da esfera da natureza à da graça. Começando pelas potências sensitivas da alma (*sensualitas*), mostra como a alma pode ver nos objetos sensíveis *vestigia Dei*, conforme contempla as coisas sensíveis primeiramente como efeitos de Deus, depois como coisas nas quais Deus está presente, e a acompanha, com Agostinho, conforme se recolhe em si mesma e contemplação a sua constituição natural e as suas potências como a imagem de Deus. Mostra-se então a inteligência contemplando a Deus nas faculdades da alma renovadas e elevadas pela graça, sendo capacitada a isso pelo Verbo de Deus. Nesse estágio, contudo, a alma ainda contempla a Deus em Sua imagem, que é a própria alma, ainda que elevada pela graça, e pode ir

---

[198] *Itin. Mentis in Deum*, 1, 6.
[199] 2 *Sent.*, 24, 1, 2,2, *resp.*

ainda mais além, à contemplação de Deus *supra nos*, primeiramente como o Ser, depois como o Bem. O ser é bom, e a contemplação de Deus como o Ser, a perfeição do ser, leva à percepção do Ser como o Bom, como *diffusivum sui*, e assim à contemplação da Santíssima Trindade. Mais longe que isso, o intelecto não pode ir: para além disso, estende-se a escuridão luminosa da contemplação mística e do êxtase, o *apex affectus* que ultrapassa a mente. A vontade, entretanto, é uma faculdade de uma alma humana e, embora saindo da substância da alma, não é um acidente distinto, de modo que dizer que o afeto da vontade excede o intelecto é dizer simplesmente que a alma está unida a Deus pelo amor tão intimamente que a luz nela infusa a cega. Pode haver um estágio mais alto, reservado para a próxima vida, e essa é a visão de Deus no Paraíso.

9. Recordar-se-á que os três pontos cardeais da metafísica para Boaventura são a criação, o exemplarismo e a iluminação. O seu sistema metafísico é, assim, uma unidade, na medida em que a doutrina da criação manifesta o mundo como algo que procede de Deus, criado a partir do nada e inteiramente dependente d'Ele, enquanto a doutrina do exemplarismo manifesta que o mundo das criaturas está diante de Deus na relação da imitação para o modelo, do *exemplatum* para o *exemplar*, enquanto a doutrina da iluminação descreve os estágios do retorno da alma a Deus pela via da contemplação das criaturas sensíveis, de si mesma e, por fim, do Ser perfeito. A ação divina sempre é enfatizada. A criação a partir do nada pode ser provada, assim como a presença e a atividade de Deus nas criaturas, especialmente na alma. A ação de Deus ingressa na apreensão de toda verdade certa e, ainda que para a determinação dos estágios mais elevados da alma se exijam os dados da teologia, há, de certo modo, uma continuidade da ação divina em intensidade crescente. Deus age na mente de todo homem quando alcança a verdade, mas nesse estágio a atividade de Deus não é tudo, o homem também é ativo por meio do uso de suas potências naturais. Nos estágios mais elevados, a ação de Deus aumenta progressivamente até que, no êxtase, Deus toma posse da alma e a atividade intelectual do homem é suplantada.

Boaventura pode, assim, ser chamado de o filósofo da vida cristã, que faz uso tanto da razão como da fé para produzir a sua síntese. Essa integração entre razão e fé, filosofia e teologia, é acentuada pelo lugar que atribui a Cristo, o Verbo de Deus. Assim como a criação e o exemplarismo não podem ser compreendidos adequadamente sem o entendimento de que é por meio do Verbo de Deus que todas as coisas são criadas e de que é o Verbo de Deus, a imagem consubstancial do Pai, que é refletido, como em um espelho, por todas as criaturas, assim também a iluminação, em seus vários estágios, não pode ser compreendida adequadamente sem o entendimento de que é o Verbo de Deus que ilumina todo homem, é o Verbo de Deus que é a porta pela qual a alma entra em Deus acima de si, é o Verbo de Deus que, por meio do Espírito Santo que Ele enviou, inflama a alma e leva-a além dos limites de suas idéias claras para a união extática. Por fim, é o Verbo de Deus que nos mostra o Pai e nos abre a visão beatífica do Céu. Cristo, de fato, é o *medium omnium scientiarum*,[200] assim da metafísica, como da teologia, pois, embora o metafísico enquanto tal não possa alcançar o conhecimento do Verbo pelo uso da razão natural, não pode formar nenhum juízo verdadeiro e certo sem a iluminação do Verbo, ainda que não tenha consciência alguma disso, e, ademais, a sua ciência é incompleta e viciada por sua incompletude a não ser que seja coroada pela teologia.

---

[200] *In Hexaem.*, 1, 11.

CAPÍTULO IX
Santo Alberto Magno

Vida e atividade intelectual — Filosofia e teologia — Deus — Criação — A alma — Reputação e importância de Santo Alberto.

1. Alberto Magno nasceu em 1206 em Lauingen, na Suábia, mas deixou a Alemanha para estudar as Artes em Pádua, onde ingressou na Ordem Dominicana em 1223. Depois de ter lecionado teologia em Colônia e em outros lugares, recebeu o doutorado em Paris, em 1245, tendo Tomás de Aquino entre seus pupilos de 1245 a 1248. Então, retornou para Colônia acompanhado por Tomás para estabelecer aí uma casa de estudos dominicana. Seu trabalho puramente intelectual, contudo, foi interrompido por tarefas administrativas que lhe foram confiadas. Assim, de 1254 até 1258, foi Provincial da Província Germânica e, de 1260 a 1262 foi Bispo de Ratisbona. Visitas a Roma e a pregação de uma Cruzada na Boêmia também ocuparam o seu tempo, mas parece ter adotado Colônia como seu local de residência. Foi de Colônia que ele partiu para Paris, em 1277, para defender as opiniões de Tomás de Aquino (que morreu em 1274), e foi em Colônia que ele morreu, no dia 15 de novembro de 1280.

É bastante claro, a partir de seus escritos e atividades, que Alberto Magno era um homem de vastos interesses e simpatias intelectuais, e não era de se esperar que um homem do seu tipo ignorasse a ascensão do aristotelismo na Faculdade de Artes de Paris, especialmente por estar bem ciente do rebuliço e dos problemas causados pelas novas tendências. Como homem de mente aberta e de pronta simpatia intelectual, não adotou uma postura de hostilidade intransigente em relação ao novo movimento, embora, por outro lado, não carecesse de forte simpatia pela tradição neoplatônica e agostiniana. Portanto, embora adotando elementos aristotélicos e incorporando-os à sua filosofia, conservou muito da tradição agostiniana e não-aristotélica, e a sua filosofia tem o caráter de um estágio de transição para a incorporação mais plena do aristotelismo que foi alcançada pelo seu grande pupilo, Santo Tomás de Aquino. Além disso, sendo fundamentalmente um teólogo, Alberto não poderia deixar de ser sensível para os importantes pontos em que o pensamento de Aristóteles colidia com a doutrina cristã, e a aceitação acrítica de Aristóteles que se tornou moda em certo setor da Faculdade de Artes era-lhe impossível. De fato, não surpreende que, embora tenha composto paráfrases de muitas obras lógicas, físicas (por exemplo, na *Física* e no *De Caelo et Mundo*), metafísicas e éticas (*Ética a Nicômaco, Política*) de Aristóteles, não hesitou em apontar erros cometidos pelo Filósofo e publicou um *De unitate intellectus* contra Averróis. A sua intenção declarada ao compor paráfrases era tornar Aristóteles compreensível aos latinos e declarava apresentar uma exposição simples e objetiva das opiniões de Aristóteles. Em todo caso, não poderia criticar Aristóteles sem mostrar algumas de suas próprias idéias, ainda que seus comentários fossem, na maior parte, paráfrases impessoais e explicações das obras do Filósofo.

Não foi possível determinar, com qualquer grau de exatidão, as datas dos escritos de Alberto, ou mesmo a ordem em que foram publicados, mas parece que a publicação dos seus comentários às *Sentenças* de Pedro Lombardo e da *Summa de Creaturis* é anterior às suas paráfrases das obras de Aristóteles. Também publicou comentários aos livros de Pseudo-Dionísio. O *De unitate intellectus* parece ter sido composto depois de 1270, e a *Summa theologiae*, que pode ser uma compilação feita por outras mãos, permaneceu inacabada.

Não se pode deixar de mencionar um aspecto notável do interesse e da atividade de Alberto, o seu interesse pelas ciências físicas. De maneira esclarecida, insistia na necessidade da observação e da experimentação nessas matérias, e no seu *De vegetalibus* e *De animalibus* oferece os resultados de suas próprias observações, bem como das idéias de autores anteriores. A propósito da sua descrição de árvores e plantas, observa que aquilo que escreveu é resultado de sua própria experiência ou foi tomado de autores que ele sabe terem confirmado suas idéias pela observação, pois em tais matérias apenas a experiência pode fornecer certeza.[201] Suas especulações, por vezes, são muito argutas, como quando, opondo-se à idéia de que as terras ao sul do equador seriam inabitáveis, afirma que o inverso provavelmente é verdadeiro, embora o frio nos pólos possa ser excessivo a ponto de torná-los inabitáveis. Se, porém, há animais vivendo aí, devemos supor que possuem um revestimento grosso o bastante para protegê-los e que esse revestimento provavelmente é de cor branca. Seja como for, não é razoável supor que as pessoas que vivem na parte inferior da Terra cairiam, uma vez que o termo "inferior" é relativo a nós.[202] Naturalmente, Alberto confia muito nas oposições, observações e conjeturas dos seus predecessores. Contudo, apela com freqüência às suas próprias observações, ao que ele próprio percebeu a respeito dos hábitos das aves migratórias, ou das plantas, por exemplo, e demonstra um bom senso robusto, como quando deixa claro que argumentos *a priori* em favor do caráter inabitável da "zona tórrida" não podem prevalecer contra o fato evidente de que parte das terras que sabemos serem habitadas se encontra nessa zona. Novamente, quando fala do halo lunar, ou "arco-íris",[203] observa que, de acordo com Aristóteles, esse fenômeno ocorre apenas uma vez a cada 25 anos, enquanto ele próprio e outros observaram-no duas vezes em um mesmo ano, de modo que Aristóteles deve ter falado a partir de ouvir dizer, não da experiência. Em todo caso, qualquer que seja o valor das conclusões particulares alcançadas por Santo Alberto, é o espírito de curiosidade e a confiança

---

[201] *Liber 6, de Veget. Et Plantis*, Tract. 1, c. 1.
[202] Cf. *De Natura Locorum*, Tract. 1, cc, 6, 7, 8, 12.
[203] *Liber 3, Meteorum*, Tract. 4, c, 11.

na observação e na experimentação que é notável e ajuda a distingui-lo de tantos escolásticos posteriores. Por vezes, esse espírito investigativo e amplitude de interesses aproximam-no, sob esse aspecto de Aristóteles, uma vez que o Filósofo tinha bastante consciência do valor da pesquisa empírica em matérias científicas, em que pese discípulos muito posteriores tenham recebido todas as suas sentenças como inquestionáveis e carecessem do espírito investigativo e dos seus interesses multifacetados.

2. Santo Alberto Magno é absolutamente claro quanto à distinção entre a teologia e a filosofia, e, portanto, entre a teologia que toma como fundamento os dados da revelação e a teologia que é obra da razão natural desassistida e pertence à filosofia metafísica. Assim, a metafísica ou teologia primeira trata de Deus enquanto primeiro ente (*secundum quod substat proprietatibus entis primi*), enquanto a teologia trata de Deus enquanto conhecido pela fé (*secundum quod substat attributis quae per fidem attribuuntur*). Novamente, o filósofo trabalha sob a influência da luz geral da razão dada a todos os homens, pela qual vê os primeiros princípios, enquanto o teólogo trabalha pela luz sobrenatural da fé, por meio da qual recebe os dogmas revelados.[204] Santo Alberto, por conseguinte, nutre pouca simpatia por aqueles que negam ou diminuem a filosofia, pois não apenas se serve da dialética no raciocínio teológico, como também reconhece a filosofia em si mesma como uma ciência independente. Contra aqueles que afirmam ser errado introduzir raciocínios filosóficos na teologia, Alberto concede que tais raciocínios não podem ser primários, uma vez que o dogma é provado *tamquam ex priori* — isto é, o teólogo mostra que o dogma foi revelado, não conclui o dogma por meio de argumentos filosóficos —, mas acrescenta que argumentos filosóficos podem ter utilidade real a título secundário, quando se lida com as objeções apresentadas por filósofos hostis, e refere-se a pessoas ignorantes que querem atacar de todas as maneiras o uso da filosofia, as quais se assemelham a "bestas blasfemando contra aquilo que ignoram".[205] Mesmo dentro da Ordem Dominicana havia oposição à filosofia e ao estudo da ciência "profana", e um dos maiores serviços prestados por Santo Alberto foi promover o estudo e o uso da filosofia em sua própria Ordem.

3. A doutrina de Santo Alberto não é um sistema homogêneo, mas antes uma mistura de elementos aristotélicos e neoplatônicos. Por exemplo, apela a Aristóteles quando oferece prova da existência de Deus a partir do movimento,[206] e argumenta que uma cadeia infinita de *principia* é impossível e contraditória, uma vez que então não existira realmente nenhum *principium*. O *primum principium*, ou primeiro princípio, deve, pelo fato mesmo de ser um princípio, ter a sua existência por si mesmo e não recebê-la de outro: a sua existência (*esse*) deve ser a sua substância e essência.[207] É o ente necessário, sem nenhuma mistura

---

[204] *S. T.*, q. 1, art. 4, ad 2 et 3.
[205] *Comm. in Epist. 9 B. Dion. Areop.*, 7, 2.
[206] *Lib.* 1, *de causis et proc. Universitatis*, 1, 7.
[207] Ibid., 1, 8.

com a contingência e a potência, e Alberto mostra que este é inteligente, vivente, onipotente, livre e assim por diante, de modo que Ele próprio é a Sua própria inteligência; que no conhecimento que Deus tem de Si mesmo, não há distinção entre sujeito e objeto; que a Sua vontade não é algo distinto da Sua essência. Por fim, distingue cuidadosamente Deus, o primeiro princípio, do mundo, assinalando que nenhum dos nomes que atribuímos a Deus pode ser predicado d'Ele no seu sentido primário. Se Ele, por exemplo, é chamado "substância", não é porque Ele esteja dentro da categoria da substância, mas porque Ele está acima de todas as substâncias e acima de toda a categoria da substância. De maneira semelhante, o termo "ente" refere-se primariamente à idéia abstrata do ente em geral, que não pode ser predicada de Deus.[208] Em última análise, é mais verdadeiro dizer de Deus o que sabemos que Ele não é do que o que sabemos que Ele é.[209] Pode-se dizer, portanto, que na filosofia de Santo Alberto, Deus é representado, com dependência em Aristóteles, como o Motor imóvel, como o ato puro e como o Intelecto que Se conhece a Si mesmo, mas é dada ênfase, com dependência nos escritos de Pseudo-Dionísio, no fato de que Deus transcende todos os nossos conceitos e todos os nomes que predicamos dele.

4. Essa combinação de Aristóteles e de Pseudo-Dionísio salvaguarda a transcendência divina e é o fundamento para a doutrina da analogia. Quando, porém, descreve a criação do mundo, Alberto interpreta Aristóteles segundo a doutrina dos *Peripatetici*, isto é, de acordo com o que são, na verdade, interpretações neoplatônicas. Assim, emprega as palavras *"fluxus"* e *"emanatio"* (*fluxus est emanatio formae a primo fonte, qui omnium formarum est fons et origo*)[210] e sustenta que o primeiro princípio, o *intellectus universaliter agens*, é a fonte da qual flui a segunda inteligência, e que esta é a fonte da qual flui a terceira inteligência, e assim por diante. De cada inteligência subordinada deriva-se a sua própria esfera, até que a Terra venha a existir. Esse esquema geral (Alberto fornece vários esquemas recebidos dos "antigos") pode parecer prejudicar a transcendência e a imutabilidade divinas, assim como a atividade criadora de Deus. Entretanto, Santo Alberto obviamente não pensa que Deus seja diminuído pelo processo de emanação ou que sofra qualquer mudança, ao passo que também insiste que uma causa subordinada opera somente com dependência, com o auxílio, de uma causa mais elevada, de modo que todo o processo deve ser, em última análise, referido a Deus. Esse processo é representado de vários modos como uma difusão graduada da bondade, ou como uma difusão graduada de luz. No entanto, é evidente que, nesta imagem da criação, Santo Alberto inspira-se muito mais no *Liber de Causis*, nos neoplatônicos e nos aristotélicos neoplatônicos que pelo Aristóteles histórico, ao passo que, por outro lado, não parece ter percebido que a noção neoplatônica da emanação, embora não sendo estritamente panteísta, uma vez que Deus permanece distinto

---

[208] Ibid., 3, 6.
[209] *Comm. in Epist.* 9 *B. Dion. Areop.*, 1.
[210] *Lib.* 1, *de causis et proc. Universitatis*, 4, 1.

de todos os outros entes, não está em perfeita harmonia com a doutrina cristã da criação livre a partir do nada. Não pretendo sugerir, de maneira alguma, que Santo Alberto pretendesse pôr o processo neoplatônico de emanação em lugar da doutrina cristã; antes, tentou exprimir esta última nos termos da primeira, sem ter aparentemente percebido as dificuldades envolvidas nessa tentativa.

Santo Alberto afasta-se da tradição agostiniano-franciscana sustentando que a razão não pode demonstrar com certeza a criação do mundo no tempo, isto é, que o mundo não é criado desde toda a eternidade,[211] e negando que os anjos e as almas humanas sejam compostos de matéria e forma, aí pensando evidentemente na matéria como vinculada à quantidade; por outro lado, aceita a doutrina das *rationes seminales* e da luz como a *forma corporeitatis*. Ademais, para além de adotar doutrinas ora do aristotelismo, ora do agostinismo ou do neoplatonismo, Santo Alberto adota expressões de uma tradição interpretando-as no sentido da outra, como quando fala de "ver as essências na luz divina", significando que a razão humana e a sua operação é um reflexo da luz divina, um efeito, portanto, mas não uma atividade iluminativa especial de Deus, é exigido para além da criação e da conservação do intelecto. De maneira geral, segue a teoria aristotélica da abstração. De novo, Alberto de forma alguma deixa sempre claro o que quer dizer, de modo que permanece dúbio se ele considerava que a distinção entre a essência e a existência era real ou conceitual. Como negava a presença da matéria nos anjos, enquanto afirmava serem compostos de "partes essenciais", pareceria razoável supor que sustentasse a teoria da distinção real, e há ocasiões em que de fato fala nesse sentido; outras vezes, porém, fala como se sustentasse a teoria averroísta da distinção conceitual. Somos deixados em dificuldade quanto à interpretação do seu pensamento neste e em outros pontos, devido ao seu hábito de fornecer várias teorias diferentes sem dar uma indicação definida de qual solução para o problema ele próprio adotava. Nem sempre é claro até onde está simplesmente relatando a opinião de outros e até onde se compromete com a afirmação das opiniões em questão. É impossível, portanto, falar de um "sistema" acabado de Alberto Magno: o seu pensamento é realmente uma etapa na recepção da filosofia aristotélica como um instrumento intelectual para a expressão da perspectiva cristã. O processo de recepção e de adaptação da filosofia aristotélica foi levado muito mais longe pelo grande pupilo de Santo Alberto, Tomás de Aquino; mas seria um erro exagerar mesmo o aristotelismo deste último. Ambos permaneceram em grande medida na tradição de Agostinho, embora ambos, Santo Alberto de maneira incompleta, Santo Tomás de maneira mais completa, interpretassem Agostinho segundo as categorias de Aristóteles.

5. Santo Alberto estava convencido de que a imortalidade da alma podia ser demonstrada pela razão. Assim, no seu livro sobre a natureza e a origem da alma,[212] fornece diversas provas, argumentando, por exemplo, que a alma

---

[211] *In Phys.*, 8, 1, 13.
[212] *Liber de natura et origine animae*, 2, 6; cf. também *De Anima*, 3.

transcende a matéria em suas operações intelectuais, tendo o princípio de tais operações em si mesma, e que não pode depender do corpo *secundum esse et essentiam*. Mas não permitirá que os argumentos em favor da unicidade do intelecto agente em todos os homens sejam argumentos válidos que, se probantes, negariam a imortalidade pessoal. Trata dessa matéria não apenas no *De Anima*, mas também em sua obra específica sobre o assunto, o *Libellus de unitate intellectus contra Averroem*. Depois de observar que a questão é muito difícil e que apenas filósofos treinados, habituados ao pensamento metafísico, devem tomar parte na disputa,[213] expõe trinta argumentos que são apresentados ou poderiam ser apresentados pelos averroístas em favor da sua tese e observa que são muito difíceis de responder. Contudo, fornece a seguir 36 argumentos contra os averroístas, delineia a sua opinião sobre a alma racional e então responde[214] os trinta argumentos dos averroístas. A alma racional é a forma do homem, de modo que deve ser multiplicada nos homens individuais. No entanto, o que é multiplicado numericamente também deve ser multiplicado substancialmente. Se é possível provar — como de fato é — que a alma racional é imortal, segue-se que a multiplicidade das almas racionais sobrevive à morte. De novo, o *esse* é o ato, ou a forma final, de cada coisa (*formae ultimae*), e a forma última, ou final, do homem é a alma racional. Ora, cada homem individual tem o seu próprio *esse* ou não tem. Caso se diga que não possui o seu próprio *esse* individual, dever-se-á estar preparado para dizer que não são homens individuais, o que é evidentemente falso; caso se admita que cada homem tem o seu próprio *esse*, então se deverá admitir também que cada um tem a sua própria alma racional individual.

6. Santo Alberto Magno gozava de grande reputação, mesmo durante a sua vida, e Roger Bacon, que estava longe de ser grande um entusiasta da sua obra, conta-nos que "assim como Aristóteles, Avicena e Averróis são citados (*allegantur*) nas escolas, também ele o é". Roger Bacon está dizendo que Santo Alberto era citado nominalmente, o que era contrário ao costume então em voga de não mencionar o nome de escritores vivos, o que dá um testemunho da estima que adquiriu para si. Essa reputação, sem dúvida, devia-se em grande parte à erudição do santo e aos seus interesses multifacetados, como teólogo, filósofo, homem de ciência e comentador. Tinha um conhecimento vasto da filosofia judaica e árabe, e freqüentemente cita as opiniões de outros escritos de modo que, a despeito da freqüente indefinição do seu pensamento e da sua expressão e dos seus erros em matéria histórica, os seus escritos dão a impressão de um homem de conhecimento extenso que lera muito e estava interessado em muitas linhas de pensamento. O seu discípulo Ulrico de Estrasburgo, dominicano, que desenvolveu a face neoplatônica do pensamento de Santo Alberto, chamava-o "a maravilha e o milagre do nosso tempo";[215] contudo, pondo de

---

[213] C. 3.
[214] C. 7.
[215] *Summa de bono*, 4, 3, 9.

lado a sua dedicação à ciência experimental, o pensamento de Santo Alberto tem interesse principalmente por causa da sua influência sobre Santo Tomás de Aquino que, diferentemente de Ulrico de Estrasburgo e de João de Friburgo, desenvolveu o aspecto aristotélico do seu pensamento. O mestre, que sobreviveu ao seu discípulo, era devoto da memória deste último, e conta-se que quando Santo Alberto, já ancião, pensava em Tomás durante a recordação dos mortos no Cânone da Missa, derramaria lágrimas ao pensar no pensamento daquele que tinha sido a flor e a glória do mundo.

A reputação de Santo Alberto como homem de estudos e de interesses vastos era merecida. O seu mérito principal, no entanto, conforme notam diversos historiadores, foi ter percebido o tesouro para o Ocidente Cristão que estava contido no sistema de Aristóteles e nos escritos dos filósofos árabes. Olhando para trás, para o século XIII, desde uma época muito posterior, ficamos inclinados a contemplar uma invasão e domínio crescentes do aristotelismo à luz do aristotelismo escolástico árido de um período posterior, que sacrificou o espírito pela letra e compreendeu mal a mente investigativa do grande filósofo grego, o seu interesse pela ciência e a natureza provisória de muitas de suas conclusões; mas considerar o século XII a essa luz é incorrer em um anacronismo, pois a postura dos aristotélicos decadentes do período posterior não era a postura de Santo Alberto. O Ocidente Cristão não possuía nada próprio em matéria de filosofia ou ciência natural que se pudesse comparar com a filosofia de Aristóteles e dos árabes. Santo Alberto percebeu esse fato com clareza; viu que uma postura definitiva deveria ser adotada em face do aristotelismo, que este não poderia simplesmente ser desconsiderado, e estava convencido, com razão, de que seria um desperdício e até mesmo desastroso tentar desconsiderá-lo. Viu, obviamente, que em alguns pontos Aristóteles e os árabes sustentavam doutrinas incompatíveis com o dogma. Contudo, ao mesmo tempo, percebeu que isso não constituía razão para rejeitar integralmente o que deveria ser rejeitado apenas em parte. Esforçou-se por fazer o aristotelismo compreensível para os latinos e para mostrar-lhes o seu valor, ao mesmo tempo que apontava seus erros. Que tenha aceitado este ou aquele ponto, rejeitado esta ou aquela teoria, não é tão importante quanto o fato de que percebeu o significado e o valor geral do aristotelismo, e certamente não é necessário ser um aristotélico de estrita observância para apreciar os seus méritos sob esse aspecto. É um erro acentuar de tal modo a independência de Santo Alberto em relação a certas observações científicas de Aristóteles a ponto de, por exemplo, perder de vista o grande serviço que prestou ao chamar atenção a Aristóteles e manifestar algo da riqueza do aristotelismo. O passar dos anos certamente trouxe certa ossificação da tradição aristotélica, mas a culpa disso não pode ser posta na conta de Santo Alberto Magno. Caso se tente imaginar o que seria a filosofia medieval sem Aristóteles, sem a síntese tomista e a filosofia de Escoto, caso se despoje a filosofia de São Boaventura de todos os elementos aristotélicos, dificilmente se verá a invasão do aristotelismo como um infortúnio histórico.

CAPÍTULO X
Santo Tomás de Aquino — I

Vida — Obra — Modo de expor a filosofia de Santo Tomás — O espírito da filosofia de Santo Tomás.

1. Tomás de Aquino nasceu no castelo de Roccasecca, perto de Nápoles, no fim do ano de 1224 ou início de 1225, sendo o seu pai o Conde de Aquino. Aos cinco anos de idade, foi posto por seus pais na Abadia Beneditina de Monte Cassino na condição de oblato, e foi aí que o futuro Santo e Doutor fez os seus primeiros estudos, permanecendo no monastério de 1230 a 1239, quando o Imperador Frederico II expulsou os monges. O menino retornou à família por alguns meses e então partiu para a Universidade de Nápoles, no outono daquele mesmo ano, contando então quatorze anos. Na cidade, havia um convento de frades dominicanos, e Tomás, atraído pela vida daqueles homens, ingressou na Ordem durante o ano de 1244. Essa decisão não foi, de modo algum, bem aceita pela família, que desejava que o menino entrasse para a Abadia de Monte Cassino, como um importante passo para a carreira eclesiástica, e é possível que tenha sido em parte por causa dessa oposição familiar que o Mestre-geral dos dominicanos decidiu levar Tomás consigo para Bolonha, aonde estava indo para participar de um Capítulo Geral, depois enviando-o à Universidade de Paris. No entanto, Tomás foi seqüestrado por seus irmãos no caminho e mantido prisioneiro em Aquino por cerca de um ano. Sua resolução de manter-se fiel à Ordem foi submetida a essa prova, e ele foi capaz de ir a Paris no outono de 1245.

Tomás esteve em Paris provavelmente de 1245 até o verão de 1248, quando acompanhou Santo Alberto Magno até Colônia, onde este fundaria uma casa de estudos (*studium generale*) para a Ordem Dominicana, permanecendo aí até 1252. Durante esse período, primeiro em Paris, depois em Colônia, Tomás esteve em contato direto com Santo Alberto Magno, que percebeu sua potencialidade, e embora seja óbvio que seu gosto pelo aprendizado e pelo estudo tenha sido muito estimulado pelo contato íntimo com um professor de tamanha erudição e curiosidade intelectual, dificilmente podemos supor que a tentativa de seu mestre de usar o que era valioso no aristotelismo não tenha tido direta influência sobre sua mente. Mesmo que Santo Tomás, nessa fase tão inicial de sua carreira, não tenha concebido a idéia de concluir o que o mestre tinha começado, deve ao menos ter sido profundamente influenciado pela mentalidade aberta deste. Tomás não tinha a curiosidade de seu mestre, que a tudo abarcava, mas certamente possuía poderes maiores de sistematização, podendo-se talvez dizer que tinha um maior senso de economia mental, e era de se esperar que o encontro da erudição e da mentalidade aberta do ancião com o poder especulativo e a habilidade sintetizadora do mais jovem resultasse num fruto excelente. Era Santo Tomás quem haveria de realizar a expressão da ideologia cristã em termos aristotélicos e usar o aristotelismo como instrumento de análise e síntese teológica e filosófica. No entanto, sua estadia em Paris e Colônia na companhia de Santo Alberto foi sem dúvida um fator da mais alta importância em seu desenvolvimento intelectual. É, na realidade, irrelevante considerarmos ou não o sistema de Santo Alberto como um tomismo incompleto: o fato principal é que Santo Alberto (*mutatis mutandis*) foi o Sócrates de Tomás.

Em 1252, Santo Tomás retornou de Colônia para Paris e continuou o curso dos seus estudos, lecionando acerca das Escrituras, como *Baccalaureus Biblicus* (1252–54), e das *Sentenças* de Pedro Lombardo, como *Baccalaureus Sententiarius* (1254–56). Ao fim desse período, recebeu sua licenciatura, a licença, ou permissão, para ensinar na faculdade de teologia. Naquele mesmo ano, tornou-se *Magister* e lecionou como professor dominicano até 1259. Já mencionamos a controvérsia que surgiu em torno das cátedras dominicana e franciscana na universidade. Em 1259, deixou Paris e foi para a Itália ensinar teologia no *studium curiae* anexo à corte Papal, até 1268. Assim, esteve em Anagni com Alexandre IV (1259–61), em Orvieto com Urbano IV (1261–64), com Santa Sabina em Roma (1265–68) e em Viterbo com Clemente IV (1267–68). Foi na corte de Urbano IV que conheceu o famoso tradutor William de Moerbeke, e foi Urbano que incumbiu Tomás de compor o Ofício para a festa de Corpus Christi.

Em 1268, Tomás retornou a Paris e lecionou até 1272, envolvendo-se na controvérsia com os Averroístas, bem como com aqueles que renovaram o ataque às ordens religiosas. Em 1272, foi enviado a Nápoles para erigir um *studium generale* dominicano, e continuou sua atividade professoral por lá até 1274, quando o Papa Gregório X convocou-o a Lyon, para participar do concílio. A viagem começou, mas nunca foi completada, pois Santo Tomás morreu no caminho, em 7 de março de 1274, no monastério cisterciense de Fossanova, entre Nápoles e Roma. Tinha 49 anos quando morreu, deixando atrás de si uma vida devotada ao estudo e ao ensino. Não foi uma vida de muita atividade exterior e excitação, à exceção do seu aprisionamento durante a juventude, de viagens mais ou menos freqüentes e das controvérsias em que o santo se envolveu, mas foi uma vida devotada à busca e à defesa da verdade, uma vida também permeada e motivada por uma profunda espiritualidade. Sob alguns aspectos, Tomás de Aquino foi como o professor das lendas — há várias histórias sobre seus assomos de abstração, ou antes, concentração, que o tornavam esquecido do seu ambiente —, mas era muito mais que um professor ou um teólogo, pois era um santo, e mesmo sua devoção e seu amor não se manifestam nas páginas das suas obras acadêmicas, os êxtases e a união mística com Deus, em seus últimos anos, dão testemunho do fato de que as verdades sobre as quais escrevia eram as realidades pelas quais vivia.

2. O Comentário de Santo Tomás sobre as *Sentenças* de Pedro Lombardo data provavelmente de 1254 a 1256, o *De principiis naturae* de 1255, o *De ente et essentia* de 1256 e o *De Veritate*, de 1256 a 1259. Pode ser também que as *Quaestiones quodlibetales* 7, 8, 9, 10 e 11 tenham sido compostas antes de 1259, isto é, antes de Tomás ter deixado Paris e ido à Itália. O *In Boethium de Hebdomadibus* e o *In Boethium de Trinitate* também são atribuídos a esse período. Enquanto esteve na Itália, Santo Tomás escreveu a *Summa contra Gentiles*; o *De Potentia*; o *Contra errores Graecorum*; o *De emptione et venditione* e o *De regimine principum*. A esse período pertencem também vários comentários a Aristóteles, por exemplo: os comentários à *Física* (provavelmente); à *Metafísica*; à *Ética a Nicômaco*; ao *De Anima*; à *Política* (também provavelmente). No seu retorno a Paris, onde se envolveu na controvérsia com os averroístas, Santo Tomás escreveu o *De aeternitate mundi contra murmurantes*; o *De unitate intellectus contra Averroistas*; o *De Malo* (mais uma vez, provavelmente), o *De spiritualibus creaturis*; o *De anima* (isto é, a *Quaestio Disputata*); o *De unione Verbi incarnati*. As *Quaestiones quodlibetales* de 1 a 6 e os comentários ao *De causis*; aos *Meteorologica*[216] e ao *Perihermeneias* também pertencem a esse período. Durante sua estadia em Nápoles, Santo Tomás escreveu o *De mixtione elementorum*; o *De motu cordis*; o *De Virtutibus* e os comentários ao *De Caelo* e ao *De generatione et corruptione* de Aristóteles. Quanto à *Summa Theologica*, esta foi composta entre 1265 (não antes) e 1273, a *Pars prima* tendo sido escrita em Paris, a *Prima secundae* e a *Secunda secundae* na Itália, e a *Tertia Pars* em Paris, entre 1272 e 1273. O *Supplementum*, composto a partir de escritos anteriores de Santo Tomás, foi acrescentado por Reginaldo de Piperno, secretário de Santo Tomás desde 1261. Deve-se acrescentar que Pedro de Auvergne completou o comentário ao *De Caelo* e à *Política* (a partir do Livro 3, *lectio* 7), ao passo que Ptolomeu de Lucca foi responsável por parte do *De regimine principum*, tendo Santo Tomás escrito somente o primeiro livro e os primeiros quatro capítulos do segundo livro. O *Compendium Theologiae*, obra inacabada, foi produto dos últimos anos da vida de Santo Tomás, mas não é certo se foi escrito antes ou depois do seu retorno a Paris, em 1268.

Diversas obras atribuídas a Santo Tomás definitivamente não são de sua autoria, enquanto a autenticidade de outras obras menores é duvidosa, por exemplo, o *De natura verbi intellectus*. A cronologia que foi exposta acima não é consensual. Mons. Martin Grabmann e o Pe. Mandonnet, por exemplo, atribuem certas obras a anos diferentes. Quanto a esse assunto, podem-se consultar as obras relevantes mencionadas na Bibliografia.

3. Tentar fornecer um resumo do "sistema filosófico" de um dos maiores escolásticos é tentar realizar uma tarefa de considerável magnitude. Não me parece uma questão premente a de se é melhor uma exposição sistemática ou genérica, uma vez que a vida literária de Santo Tomás não compreende senão um

---

[216] O suplemento ao comentário aos *Meteorologica* parece ter sido escrito por um anônimo, influenciado por Pedro de Auvergne.

período de vinte anos e, embora haja modificações e alguns desenvolvimentos de opinião nesse período, não há nenhum desenvolvimento considerável, como no caso de Platão, e menos ainda uma sucessão de fases ou períodos, como no caso de Schelling.[217] Tratar do pensamento de Platão genericamente pode ser desejável (embora, de fato, por razões de conveniência e clareza, eu tenha adotado uma forma de exposição predominantemente sistemática no meu primeiro volume),[218] e tratar do pensamento de Schelling genericamente é essencial. Mas não há nenhuma verdadeira razão contra expor o sistema de Santo Tomás sistematicamente; pelo contrário, há todos os motivos para expô-lo dessa forma.

A dificuldade reside, em vez disso, em responder à questão a respeito de qual forma deve assumir a exposição sistemática e que ênfase e interpretação devem ser dadas às partes integrantes de seu conteúdo. Santo Tomás era um teólogo e, embora distinguisse as ciências da teologia revelada e da filosofia, não elaborou uma exposição sistemática de filosofia por si mesma (há teologia mesmo na *Summa contra Gentiles*), de modo que o método de exposição não se encontra já decidido pelo próprio santo.

Pode-se objetar contra isso que Santo Tomás certamente fixou o ponto de partida para uma exposição de sua filosofia, e *Monsieur* Gilson, na sua extraordinária obra sobre Santo Tomás,[219] argumenta que a maneira correta de expor a filosofia tomista é expô-la de acordo com a ordem da teologia tomista. Santo Tomás era um teólogo, e sua filosofia deve ser considerada à luz da relação com sua teologia. Não apenas é verdade que a perda de uma obra teológica como a *Summa Theologica* seria um desastre de primeira ordem quanto ao nosso conhecimento da filosofia de Santo Tomás, ao passo que a perda dos comentários de Aristóteles, embora deplorável, seria de menor importância, mas também a concepção de Santo Tomás sobre o conteúdo da filosofia ou objeto considerado pelo filósofo (isto é, teólogo-filósofo) era a do *revelável*, aquilo que poderia ter sido revelado, mas não foi, e aquilo que foi revelado, mas não precisava ser revelado, no sentido de que pode ser alcançado pela razão humana, por exemplo, o fato de que Deus é sábio. Conforme observa Gilson, com razão, o problema para Santo Tomás não era como introduzir a filosofia na teologia sem corromper a essência e a natureza da *filosofia*, mas como introduzir a filosofia sem esta corresponder à essência e à natureza da *teologia*. A teologia trata do revelado, e a revelação deve permanecer intacta. Contudo, algumas verdades ensinadas na teologia podem ser alcançadas sem a revelação (por exemplo, a existência de Deus), enquanto há outras verdades que não foram reveladas, mas que poderiam ter sido reveladas e que têm importância para uma visão total da criação de Deus. Assim, a filosofia de Santo Tomás deve ser considerada à luz de sua relação com a teologia, e é um erro reunir pontos filosóficos das obras de Santo Tomás, inclusive de suas obras teológicas, e construir um sistema a partir

---

[217] Pesquisas recentes, contudo, tendem a mostrar que houve mais desenvolvimento no pensamento de Santo Tomás do que normalmente se supõe.
[218] No caso, a Parte III do presente volume. — NE
[219] *Le Thomisme*, 5ª edição. Paris: 1944.

deles segundo a própria idéia que se tenha de como um sistema filosófico deve ser, e Santo Tomás muito provavelmente se recusaria a reconhecer tal sistema como correspondendo às suas reais intenções. Reconstruir o sistema tomista dessa forma é legítimo para um filósofo, mas ao historiador incumbe ater-se ao método do próprio Santo Tomás.

Monsieur Gilson sustenta sua posição com a costumeira lucidez e convicção, e parece-me que tal posição deve ser, de maneira geral, reconhecida. Começar uma exposição histórica de Santo Tomás por uma teoria do conhecimento, por exemplo, especialmente se a teoria do conhecimento fosse separada da psicologia ou da doutrina da alma, dificilmente representaria o procedimento do próprio Santo Tomás, embora fosse legítimo em uma exposição do "tomismo" que não pretendesse ser fundamentalmente histórica. Por outro lado, Santo Tomás certamente escreveu algumas obras filosóficas antes de ter composto a *Summa Theologica*, e as provas da existência de Deus nesta obra obviamente pressupõem um bom número de idéias filosóficas. Além disso, assim como essas idéias filosóficas não são meras idéias, mas sim, segundo os princípios da filosofia do próprio Santo Tomás, abstraídas da experiência concreta, parece-me haver ampla justificação para começar com o mundo sensível e concreto da experiência, considerando em relação a ele algumas teorias de Santo Tomás, antes de adentrarmos na teologia natural. E esse foi o procedimento que adotei, de fato.

Outro ponto. Santo Tomás era um escritor claríssimo. Não obstante, houve e há divergências de interpretação a respeito de algumas de suas doutrinas. Discutir exaustivamente os prós e contras das diferentes interpretações, todavia, não é possível em uma história geral da filosofia. Pode-se fazer pouco mais do que dar a interpretação que se afigura como mais recomendável aos próprios olhos. Ao mesmo tempo este que vos escreve não está preparado para dizer que é possível dar uma interpretação indubitavelmente correta nos pontos onde surgiram divergências interpretativas. Afinal, com relação a qual sistema de um grande filósofo há consenso interpretativo completo e universal? Platão, Aristóteles, Descartes, Leibniz, Kant, Hegel? No caso de alguns filósofos, especialmente no caso daqueles que exprimiram seu pensamento de maneira clara e cuidadosa, como Santo Tomás, há uma interpretação aceita de maneira bastante geral quanto ao corpo principal do sistema, mas é de se duvidar que o consenso um dia seja absoluto e universal. Um filósofo pode escrever de maneira clara e, ainda assim, não exprimir seu pensamento final sobre todos os problemas que surgem em torno de seu sistema, em especial porque alguns desses problemas podem nem sequer lhe ter ocorrido. Seria absurdo esperar de qualquer filósofo que respondesse a todas as questões, resolvesse todos os problemas, e, mesmo, que tivesse arredondando e selado o seu sistema de tal modo que não houvesse possibilidade de divergências de interpretação. Este que vos escreve tem o maior respeito e reverência pelo gênio de Santo Tomás de Aquino, mas não vê vantagem em confundir a mente finita do santo com a Mente Absoluta, ou em reivindicar para o sistema o que seu próprio autor jamais teria sonhado em reivindicar.

4. A filosofia de Santo Tomás é essencialmente realista e concreta. Santo Tomás certamente adotara a proposição aristotélica de que a filosofia primeira, ou metafísica, estuda o ente propriamente dito. Contudo, é perfeitamente claro que a tarefa que propõe a si é explicar o ente existente, na medida em que é alcançável pela mente humana. Dito de outro modo: Santo Tomás não pressupõe uma noção a partir da qual a realidade deve ser deduzida, mas parte do mundo existente e investiga o que o ente é, como existe, e qual é a condição para sua existência. Além disso, seu pensamento concentra-se na existência suprema, no ente que não só possui a existência, mas é Sua própria existência, que é a plenitude mesma da existência, *ipsum esse subsistens*: seu pensamento permanece sempre em contato com o concreto, o existente, tanto com o que tem existência como algo derivado, algo recebido, como com o que não recebe existência mas é existência. Nesse sentido, é correto dizer que o tomismo é uma "filosofia existencial", embora seja muito enganoso, creio, chamar Santo Tomás de "existencialista", uma vez que a *Existenz* dos existencialistas não é o mesmo que o *esse* de Santo Tomás, nem o método pelo qual Santo Tomás trata do problema da existência é o mesmo dos filósofos que hoje em dia são chamados de existencialistas.

Sustentou-se que Santo Tomás, ao trazer o *esse* ao primeiro plano do palco filosófico, avançou para além das filosofias da essência, em particular para além de Platão e das filosofias de inspiração platônica. Há certamente muita verdade nessa alegação: embora Platão não despreze a questão da existência, a principal característica de sua filosofia é a explicação do mundo em termos de essência antes que de existência, ao passo que mesmo para Aristóteles, Deus, embora sendo ato puro, é fundamentalmente pensamento, ou idéia, o bem platônico tornado "pessoal". Além disso, embora Aristóteles empenhe-se em explicar a forma e a ordem do mundo e o processo inteligível de desenvolvimento, não explica a existência do mundo. Aparentemente, pensava que nenhuma explicação era necessária. Mais uma vez, no neoplatonismo, embora se trate da derivação do mundo, o esquema geral da emanação é fundamentalmente um esquema de emanação de essências, embora certamente não se desconsidere a existência: Deus é primariamente o Uno ou o Bom, não o *ipsum esse subsistens*, não o *Eu sou Aquele que sou*. Deve-se lembrar, todavia, que nenhum filósofo grego chegou à idéia da criação a partir do nada, sem depender do judaísmo ou do cristianismo, e que sem essa idéia a derivação do mundo tende a ser explicada como uma derivação necessária de essências. Aqueles filósofos cristãos que dependeram e se serviram da terminologia neoplatônica falaram do mundo como algo fluindo, ou emanando, de Deus, e mesmo Santo Tomás usa tais expressões ocasionalmente. Contudo, um filósofo cristão ortodoxo, qualquer que seja a terminologia que use, considera o mundo como criado livremente por Deus e como recebendo o *esse* do *ipsum esse subsistens*. Quando Santo Tomás insistiu no fato de que Deus é a existência-subsistência, de que Sua essência não é primariamente a bondade ou o pensamento, mas a existência, não estava senão tornando explícitas as implicações da visão judaica e cristã da relação entre o mundo e Deus. Não pretendo sugerir que a idéia da criação não possa ser alcançada pela razão, mas o fato é que não foi alcançada pelos filósofos gregos, e dificilmente poderia ter sido, dada a idéia que tinham de Deus.

Falarei mais tarde a respeito da relação geral de Santo Tomás com Aristóteles. Contudo, talvez convenha indicar agora um grande efeito que o aristotelismo teve sobre as linhas gerais e sobre o procedimento de Santo Tomás. Poder-se-ia esperar que Santo Tomás, sendo um cristão, um teólogo, um monge, acentuaria a relação da alma com Deus e começaria com aquilo que alguns filósofos modernos chamam de "subjetividade", que poria a vida interior no primeiro plano de sua filosofia, como São Boaventura. Na realidade, porém, uma das principais características da filosofia de Santo Tomás é sua "objetividade" antes que sua "subjetividade". O objeto imediato do intelecto é a essência da coisa material, e Santo Tomás constrói sua filosofia refletindo acerca da experiência sensível. Nas provas que fornece da existência de Deus, a argumentação procede sempre do mundo sensível a Deus. Não há dúvida de que algumas das provas poderiam ser aplicadas também à própria alma como ponto de partida e desenvolvidas de outro modo, mas este não é, na realidade, o procedimento de Santo Tomás, e a prova chamada *via manifestior* é a que mais depende dos argumentos do próprio Aristóteles. Essa "objetividade" aristotélica de Santo Tomás pode parecer desconcertante àqueles para quem "verdade é subjetividade", mas, ao mesmo tempo, é a maior fonte de força, uma vez que seus argumentos podem ser considerados por si mesmos, independentemente da vida de Santo Tomás, dos seus próprios méritos, e que observações a respeito de *"wishful thinking"* são amplamente irrelevantes, sendo a questão relevante a que diz respeito à cogência objetiva dos argumentos em si mesmos. Outra conseqüência é que a filosofia de Santo Tomás parece "moderna", num sentido em que dificilmente a filosofia de São Boaventura poderia parecer. Esta parece estar essencialmente vinculada à perspectiva medieval e à vida espiritual e tradição cristãs, de modo que aparenta estar em um plano diferente do das filosofias "profanas" dos tempos modernos, ao passo que a filosofia tomista pode ser separada da espiritualidade cristã e, em grande medida, da perspectiva e do pano de fundo medievais, e pode entrar em concorrência direta com sistemas mais recentes. Um renascimento tomista operou-se, como todos sabem, mas é difícil imaginar um renascimento bonaventuriano, a menos que se mudasse ao mesmo tempo a concepção da filosofia, e, nesse caso, o filósofo moderno e o bonaventuriano mal falariam a mesma língua.

Não obstante, Santo Tomás era um filósofo cristão. Conforme já mencionado, Santo Tomás segue Aristóteles ao falar da metafísica como a ciência do ente propriamente dito. Entretanto, o fato de que seu pensamento girava em torno do concreto e o fato de que era um teólogo cristão levaram-no a acentuar também a visão de que "a filosofia primeira está toda ordenada ao conhecimento de Deus como ao seu fim último" e "o conhecimento de Deus é o fim último de todo conhecimento e operação humanos".[220] No entanto, o homem foi, na realidade, criado para um conhecimento mais profundo e íntimo de Deus do que aquele que pode alcançar pelo exercício da sua razão natural nesta vida, e, por isso, a revelação era moralmente necessária para que sua mente pudesse ser elevada a algo mais alto do que aquilo que sua razão pode alcançar nesta vida e para que pudesse desejar e esforçar-se por algo "que excede todo o estado desta vida".[221] Portanto, a *Metafísica* tem seu próprio objeto e certa autonomia. No entanto, aponta para cima e precisa ser coroada pela teologia. Caso contrário, o homem não perceberá o fim para o qual foi criado, nem desejará ou batalhará por este fim. Além disso, como objeto primário da metafísica, Deus excede a apreensão do metafísico e da razão natural em geral, e, assim como o conhecimento pleno ou visão de Deus é inalcançável nesta vida, o conhecimento conceitual de Deus é coroado nesta vida pelo misticismo. A teologia mística não entra na província da filosofia, e a filosofia de Santo Tomás pode ser considerada sem referência a ela. Porém não se deve esquecer que, para Santo Tomás, o conhecimento filosófico não é suficiente nem tem a última palavra.

---

[220] *Contra Gent.*, 3, 25.
[221] *Contra Gent.*, 1, 5.

CAPÍTULO XI

Santo Tomás de Aquino — II filosofia e teologia

Distinção entre filosofia e teologia — Necessidade moral da revelação — Incompatibilidade entre fé e ciência em uma mesma mente e quanto a um mesmo objeto — Fim natural e fim sobrenatural — Santo Tomás e São Boaventura — Santo Tomás como "inovador".

1. Que Santo Tomás distinguisse de maneira formal e explícita a teologia dogmática da filosofia não constitui nem pode constituir objeto de dúvida. A filosofia e as demais ciências humanas fundam-se unicamente na luz natural da razão. O filósofo usa princípios que são conhecidos pela razão humana — com o concurso natural de Deus, obviamente, mas sem a luz sobrenatural da fé —, e extrai conclusões que são fruto do raciocínio humano. O teólogo, por outro lado, embora certamente use a razão, aceita seus princípios com base na autoridade, na fé: recebe-os como revelados. A introdução da dialética na filosofia, a prática de partir de premissas reveladas e extrair uma conclusão leva ao desenvolvimento da teologia escolástica, mas não transforma a teologia em filosofia, uma vez que os princípios e os dados são aceitos como revelados. Por exemplo, o teólogo pode tentar, com o auxílio das categorias e das formas de raciocínio tomadas de empréstimo da filosofia, compreender um pouco melhor o mistério da teologia; contudo, não deixa, por isso, de atuar como teólogo, uma vez que, durante todo o tempo, aceita o dogma da Trindade de Pessoas em uma única natureza, com base na autoridade de Deus que Se revela. É, para ele, um dado ou princípio, uma premissa revelada e aceita pela fé, não a conclusão de um argumento filosófico. Mais uma vez, enquanto o filósofo parte do mundo da experiência e argumenta, pela razão, em favor da existência de Deus, na medida em que pode ser conhecido por meio das criaturas, o teólogo parte de Deus tal como Se revelou a Si mesmo, e o método na teologia é ir de Deus em Si mesmo às criaturas, em vez de ascender das criaturas a Deus, como o filósofo faz e deve fazer.

Segue-se daí que a principal diferença entre a teologia e a filosofia está no fato de que o teólogo recebe os seus princípios como revelados e considera os objetos dos quais trata como revelados ou dedutíveis a partir do que foi revelado, ao passo que o filósofo apreende seus princípios pela razão e considera os objetos dos quais trata não como revelados, mas como apreensíveis e apreendidos pela luz natural da razão. Dito de outro modo, a diferença fundamental entre teologia e filosofia não reside na diferença de objetos concretamente considerados. Algumas verdades são próprias da teologia, pois não podem ser conhecidas pela razão e são conhecidas somente pela revelação — o mistério da Trindade, por exemplo —, enquanto outras verdades são próprias da filosofia, no sentido de que não foram reveladas; no entanto, há algumas verdades que são comuns à teologia e à filosofia, pois foram reveladas, embora pudessem também ser estabelecidas pela razão. É a existência dessas verdades comuns que torna impossível dizer que a teologia e a filosofia se diferenciam fundamentalmente por considerarem diferentes verdades. Em alguns casos, consideram as mesmas verdades, embora considerem-nas de maneiras diferentes: o teólogo considerando-as enquanto reveladas, o filósofo enquanto conclusões de um processo de raciocínio humano. Por exemplo, o filósofo argumenta pela existência de Deus enquanto Criador, e o teólogo também trata de Deus enquanto Criador; contudo, para o filósofo, o conhecimento de Deus enquanto Criador vem como conclusão de um argumento puramente racional, ao passo que o teólogo recebe o fato de que Deus é o Criador da revelação, de modo que isso é, para ele, antes uma premissa que uma conclusão, uma premissa que não é tomada hipoteticamente, mas que lhe é revelada. Em linguagem técnica, não é *primariamente* uma diferença de verdades consideradas "materialmente", ou segundo seu conteúdo, que constitui a diferença entre a verdade da teologia e a verdade da filosofia, mas antes uma diferença de verdades consideradas "formalmente". Isto é, a mesma verdade pode ser enunciada tanto pelo teólogo como pelo filósofo, mas é alcançada e considerada pelo teólogo de maneira diferente daquela pela qual é alcançada e considerada pelo filósofo. *Diversa ratio cognoscibilis diversitatem scientiarum inducit.*

> Não há, portanto, nenhuma razão por que outra ciência não possa tratar dos mesmos objetos, enquanto conhecidos pela luz da revelação divina, que o filósofo trata segundo são cognoscíveis pela luz da razão natural. Assim, a teologia que pertence à doutrina sagrada difere em gênero da teologia que é parte da filosofia.[222]

Entre a teologia dogmática e a teologia natural há certa sobreposição, mas as ciências diferenciam-se em gênero uma da outra.

2. Segundo Santo Tomás, praticamente toda a filosofia dirige-se ao conhecimento de Deus, ao menos no sentido de que uma grande medida de estudo filosófico é pressuposto e exigido pela teologia natural, a parte da metafísica que trata de Deus. A teologia natural — diz — é a última parte da filosofia a ser aprendida.[223] A propósito, essa proposição de Santo Tomás não apóia a visão de que se deveria começar a exposição da filosofia tomista pela teologia natural. Seja como for, o ponto que quero frisar aqui é que Santo Tomás, vendo que

---

[222] *S. T.*, Ia, q. 1, art. 1, ad 2.
[223] *Contra Gent.*, 1, 4.

para aprender bem a teologia natural, é preciso muito estudo prévio e reflexão, insiste em dizer que a revelação é moralmente necessária, dado que Deus é o fim do homem. Além disso, não apenas a teologia natural exige mais reflexão, estudo e habilidade do que a maioria dos homens está em condições de dedicar a ela, mas também, mesmo quando a verdade é descoberta, a história mostra que muitas vezes está contaminada pelo erro. Os filósofos pagãos certamente descobriram a existência de Deus, mas as suas especulações estavam amiúde envolvidas em erros, quer porque o filósofo não percebesse propriamente a unidade de Deus, quer porque negasse a providência divina, quer porque deixasse de ver que Deus é Criador. Se fosse simplesmente uma questão de astronomia ou de ciência natural, os erros não importariam tanto, uma vez que o homem pode perfeitamente atingir o seu fim, mesmo que sustente opiniões errôneas a respeito de matérias astronômicas ou científicas. Mas Deus é o fim do homem, e o conhecimento de Deus é essencial para que o homem se conduza corretamente em direção a esse fim, de modo que a verdade a respeito de Deus é de máxima importância, e o erro a respeito de Deus é desastroso. Admitindo-se, pois, que Deus é o fim do homem, podemos ver que é moralmente necessário que a descoberta de verdades tão importantes para a vida não sejam deixadas simplesmente para as faculdades desassistidas daqueles homens que têm a habilidade, o zelo e o ócio para descobri-las, mas que também sejam reveladas aos demais.[224]

3. Imediatamente, surge a questão de se um mesmo homem pode, diante de uma verdade, ao mesmo tempo, crer (aceitar com base na autoridade da fé) e conhecer (como resultado da demonstração racional). Se a existência de Deus, por exemplo, foi demonstrada pelo filósofo, pode este também crer nela pela fé? No *De Veritate*,[225] Santo Tomás responde energicamente que é impossível haver fé e conhecimento a respeito do mesmo objeto, que as mesmas verdades possam ser ao mesmo tempo conhecidas cientificamente (filosoficamente) e objeto de crença (pela fé) por um mesmo homem. Partindo dessa premissa, pareceria que alguém que tenha demonstrado a unidade de Deus não pode crer na mesma verdade pela fé. Portanto, para que não pareça que esse alguém está deixando de assentir aos artigos da fé, Santo Tomás vê-se compelido a dizer que tais verdades como a unidade de Deus não são propriamente artigos de fé, mas antes *preambula ad articulos*.[226] Acrescenta, porém, que nada impede que tais verdades sejam objeto de crença para alguém que não possa entender ou não tenha tempo para considerar a demonstração filosófica,[227] e sustenta a opinião de que é adequado e conveniente que tais verdades sejam propostas para a crença.[228] Quanto à questão a respeito de alguém que entenda a demonstração, mas não a considere no momento, poder exercer um ato de fé quanto à unidade de Deus, Santo Tomás não a responde explicitamente. Quanto à frase que abre

---

[224] S. T., Ia, q. 1, art. 1; *Contra Gent.*, 1, 4.
[225] 14, 9.
[226] S. T., Ia, q. 2, art. 2, ad 1; *De Verit.*, 14, 9, *ad 9*.
[227] S. T., Ia, q. 2, art. 2, ad 1.
[228] *Contra Gent.*, 1, 4.

o Credo ("*Credo in unum Deum*", "Creio em um só Deus"), que pode parecer implicar que a fé na unidade de Deus é exigida de todos, diria, a partir das suas premissas, que a unidade de Deus não deve ser compreendida aqui isoladamente, mas conjuntamente com o que segue, isto é, como a unidade de natureza na Trindade de Pessoas.

Aprofundar-se mais nessa questão e discutir com que espécie de fé o homem inculto crê nas verdades conhecidas (demonstrativamente) pelo filósofo seria inadequado aqui, não apenas por ser uma questão teológica, mas também por ser uma questão que não é discutida explicitamente por Santo Tomás: o principal motivo para mencioná-la é ilustrar o fato de que Santo Tomás faz uma distinção real entre a filosofia e a teologia. De resto, se falamos de um "filósofo", isso não deve excluir o teólogo: a maior parte dos escolásticos era tanto teóloga como filósofa, e Santo Tomás distingue as ciências antes dos homens. Que Santo Tomás levasse essa distinção a sério também pode ser visto pela posição que ele adotou em relação à questão da eternidade do mundo — à qual voltarei mais tarde. Considerava ser possível demonstrar que o mundo foi criado, mas não pensava que a razão pudesse demonstrar que o mundo não foi criado desde a eternidade, embora pudesse refutar as provas invocadas para mostrar que o mundo *foi* criado desde a eternidade. Por outro lado, sabemos por revelação que o mundo não foi criado desde a eternidade, mas teve um início no tempo. Dito de outro modo: o teólogo sabe, por revelação, que o mundo não foi criado desde a eternidade, mas o filósofo não pode prová-lo — ou antes, nenhum argumento que tenha sido apresentado para prová-lo é conclusivo. Essa distinção, obviamente, pressupõe ou implica uma distinção real entre as duas ciências da filosofia e da teologia.

4. Diz-se às vezes que Santo Tomás difere de Santo Agostinho, porque este considera simplesmente o homem concreto, chamado para um fim sobrenatural, enquanto Santo Tomás distingue dois fins: um fim sobrenatural, cuja consideração atribui ao teólogo, e um fim natural, cuja consideração atribui ao filósofo. No *De Veritate*,[229] diz que o bem último considerado pelo filósofo é diferente do bem último considerado pelo teólogo, pois o filósofo considera o bem último (*bonum ultimum*) que é proporcionado às faculdades humanas, enquanto o teólogo considera como bem último algo que transcende as faculdades naturais, a saber, a vida eterna, pela qual Santo Tomás entende, por óbvio, não simplesmente a sobrevivência, mas a visão de Deus. Essa distinção tem grande importância e repercute tanto na moral, onde constitui o fundamento da distinção entre as virtudes naturais e sobrenaturais, como na política, onde é o fundamento para a distinção entre os fins da Igreja e do Estado e determina as relações que devem existir entre ambas as sociedades. No entanto, não é uma distinção entre dois fins que correspondem a duas ordens mutuamente excludentes, uma sobrenatural e outra da "pura natureza": é uma distinção entre duas ordens de conhecimento e de atividade em um mesmo ser humano concreto. O ser humano concreto foi

---

[229] 14, 3.

criado por Deus para um fim sobrenatural, para a felicidade perfeita, que somente é alcançável na próxima vida por meio da visão de Deus e que é, além disso, inalcançável pelo homem por suas faculdades naturais desassistidas. Contudo, o homem pode alcançar uma felicidade imperfeita nesta vida pelo exercício das suas faculdades naturais, chegando a um conhecimento filosófico de Deus por meio das criaturas e alcançando e praticando as virtudes naturais.[230] Obviamente, esses fins não são excludentes, pois o homem pode alcançar a felicidade imperfeita na qual consiste o seu fim natural sem, por isso, pôr-se fora do caminho do fim sobrenatural. O fim natural, a beatitude imperfeita, é proporcionado à natureza e às faculdades humanas, mas, na medida em que o homem foi criado para um fim sobrenatural, o fim natural não pode satisfazê-lo, como Santo Tomás argumenta na *Summa Contra Gentiles*;[231] é imperfeito e aponta para além de si.

Como isso afeta a questão da relação entre a teologia e a filosofia? Do seguinte modo. O homem tem um único fim último, a beatitude sobrenatural, mas a existência desse fim, que transcende as faculdades da natureza meramente humana, embora o homem tenha sido criado para alcançá-lo e lhe tenha sido concedido poder para tanto pela graça, não pode ser conhecido pela razão natural e, portanto, não pode ser adivinhado pelo filósofo. Sua consideração está restrita ao teólogo. Por outro lado, o homem pode alcançar, pelo exercício de suas faculdades naturais, uma felicidade natural imperfeita e limitada nesta vida, a existência desse fim e dos meios para atingi-lo pode ser descoberta pelo filósofo, que pode provar a existência de Deus a partir das criaturas, alcançar algum conhecimento analógico de Deus, definir as virtudes naturais e os meios de alcançá-las. Assim, pode-se dizer que o filósofo considera o fim do homem na medida em que este fim pode ser descoberto pela razão humana, isto é, apenas de maneira imperfeita e incompleta. Tanto o teólogo como o filósofo consideram o homem concretamente: a diferença é que o filósofo, embora sendo capaz de ver e de considerar a natureza humana enquanto tal, não pode descobrir tudo o que há no homem, não pode descobrir sua vocação sobrenatural. O filósofo apenas pode chegar até certo ponto na descoberta do destino do homem, precisamente porque o homem foi criado para um fim que transcende as potências da sua natureza. Por conseguinte, não é correto dizer que, para Santo Tomás, o filósofo considera o homem em um estado hipotético de pura natureza, isto é, o homem tal como seria se nunca tivesse sido chamado para um fim sobrenatural. O filósofo considera o homem concretamente, mas não pode conhecer tudo o que há para ser conhecido sobre o homem concreto. Quando Santo Tomás levanta a questão acerca da possibilidade de Deus ter criado o homem *in puris naturalibus*,[232] está perguntando simplesmente se Deus teria criado o homem (que, mesmo nessa hipótese, foi criado) sem a graça santificante, isto é, se Deus poderia ter criado o homem sem os meios de atingir o seu fim e, então, depois

---

[230] Cf. *In Boethium de Trinitate*, 6, 4, 5; *In 1 Sent.*, prol., 1, 1; *De Veritate*, 14, 2; *S. T.*, ɪa, ɪɪa, q. 5, art. 5.
[231] 3, 27 ss.
[232] *In 2 Sent.*, 29, 1, 2; ibid., 29, 2, 3; *S. T.*, ɪa, q. 95, art. 1, ad 4; *Quodlibet*, 1, 8.

disso, tê-los concedido; não está perguntando se Deus poderia ter dado ao homem um fim último puramente natural, como interpretaram alguns autores posteriores. Qualquer que seja, portanto, o mérito da idéia do estado de pura natureza considerada em si mesma (é um ponto que não me proponho discutir aqui), esta não desempenha um papel tão importante na concepção que Santo Tomás tem da filosofia. Por conseguinte, Santo Tomás não difere tanto de Santo Agostinho quanto foi por vezes sustentado, em que pese ele delimitasse mais claramente que Santo Agostinho as esferas das duas ciências da filosofia e da teologia. O que fez foi exprimir o agostinismo nos termos da filosofia aristotélica, o que o obrigou a usar a noção de fim natural, embora a interpretasse de maneira tal que não se pode dizer que tenha adotado na filosofia um ponto de partida totalmente diferente daquele de Agostinho.

De fato, a idéia de um estado de pura natureza parece ter sido introduzida no tomismo por Caetano. Suárez, que adotava a idéia, observa que "Caetano e os teólogos mais recentes consideraram um terceiro estado, que chamaram de estado puramente natural, um estado que pode ser concebido como possível, embora nunca tenha existido de fato".[233] Domingo de Soto[234] diz que é uma perversão do pensamento de Santo Tomás, enquanto Francisco de Toledo[235] observa que existe em nós um desejo natural e uma apetência natural pela visão de Deus, embora essa opinião, que é a de Escoto e parece ser a de Santo Tomás, seja contrária à de Caetano.

5. Santo Tomás decerto julgava ser possível, *teoricamente*, que um filósofo elaborasse um sistema metafísico verdadeiro sem recorrer à revelação. Tal sistema seria necessariamente imperfeito, inadequado e incompleto, pois o metafísico se ocupa fundamentalmente com a Verdade em si mesma, com Deus, que é o princípio de toda a verdade, e é incapaz de descobrir, pela investigação meramente humana e racional, todo o conhecimento da Verdade em si mesma e de Deus que é necessário para que o homem atinja o seu fim último. O mero filósofo nada pode dizer sobre o fim sobrenatural do homem e os meios sobrenaturais para atingir esse fim, e, como o conhecimento dessas coisas é necessário para a salvação do homem, a insuficiência do conhecimento filosófico é manifesta. Por outro lado, a incompletude e a inadequação não significam necessariamente a falsidade. A verdade de que Deus é uno não é viciada pelo fato de que nada seja dito ou conhecido sobre a Trindade de Pessoas. A verdade posterior completa a anterior, mas a verdade anterior não é falsa, mesmo quando tomada por si mesma. Se o filósofo declara que Deus é uno e simplesmente não diz nada sobre a Trindade, porque a idéia de Trindade nunca passou pela sua cabeça; ou se conhece a doutrina da Trindade e não crê nela, mas simplesmente se satisfaz em dizer que Deus é uno; ou mesmo se exprime que a visão da Trindade, que entende erradamente, é incompatível com a unidade divina; ainda assim, per-

---

[233] *De Gratia, Prolegom.*, 4, c. 1, n. 2.
[234] *In 4 Sent.*, 49, 2, 1; p. 903 (1613 edit.).
[235] *In Summam Sancti Thomae*, ia, i, i, t. 1, pp. 17–9 (1869 edit.).

manece sendo verdade que a afirmação de que Deus é uno em natureza é uma afirmação correta. Obviamente, se o filósofo declara positivamente que Deus é uma única Pessoa, está afirmando algo falso; se, porém, diz simplesmente que Deus é uno e que Deus é pessoal, sem acrescentar que Deus é uma única Pessoa, está declarando a verdade. Pode ser improvável que um filósofo se limitaria a dizer que Deus é pessoal, mas isso é ao menos teoricamente possível. A não ser que se esteja preparado para condenar o intelecto humano enquanto tal ou a, de algum modo, excluí-lo da descoberta de uma verdade metafísica, deve-se admitir que a constituição de uma metafísica satisfatória é abstratamente possível, mesmo para o filósofo pagão. Santo Tomás estava muito longe de, junto com São Boaventura, excluir Aristóteles das fileiras dos metafísicos: pelo contrário, este era, aos olhos de Santo Tomás, o filósofo por excelência, a própria encarnação da capacidade intelectual da mente humana atuando sem a fé divina, e tentou, sempre que possível, interpretar Aristóteles da maneira mais "caridosa", isto é, no sentido mais compatível com a revelação cristã.

Caso se acentue simplesmente esse aspecto da postura de Santo Tomás em relação à filosofia, pareceria que um tomista não pode adotar de fato uma postura sistematicamente hostil e polêmica em relação à filosofia moderna. Caso se adote a posição bonaventuriana e se sustente que um metafísico não pode alcançar a verdade a menos que filosofe à luz da fé (ainda que, obviamente, sem basear suas provas filosóficas em premissas teológicas), é de se esperar que um filósofo que tenha rejeitado o sobrenatural, ou que tenha confinado a religião dentro dos limites da mera razão, deverá se desviar miseravelmente. Caso, porém, se esteja preparado para admitir a possibilidade de mesmo um filósofo pagão elaborar uma metafísica mais ou menos satisfatória, não é razoável supor que em tantos séculos de intensa atividade intelectual humana nenhuma verdade tenha vindo à luz. Parece que um tomista deveria esperar encontrar novas luzes intelectuais nas páginas dos filósofos modernos e que deveria se aproximar delas com uma simpatia inicial e com expectativa, antes que com suspeitas *a priori*, reserva e mesmo hostilidade.

Por outro lado, embora a postura de Santo Tomás em relação aos filósofos pagãos, e em particular quanto a Aristóteles, difira daquela de São Boaventura, não é correto exagerar sua diferença de perspectiva. Como já mencionado, Santo Tomás dá razões por que convém que mesmo aquelas verdades sobre Deus que podem ser descobertas pela razão devem ser propostas à crença humana. Algumas dessas razões não são, de fato, relevantes para o ponto em discussão. Por exemplo, é inteiramente verdade que muitas pessoas estão de tal modo ocupadas em ganhar seu pão de cada dia que não têm tempo para se dedicar à meditação metafísica, mesmo quando têm a capacidade para tais meditações, de modo que é desejável que essas verdades metafísicas que têm importância para elas sejam propostas à sua crença. Caso contrário, jamais as conhecerão em absoluto,[236] assim como a maior parte de nós não teria tempo nem energia para

---

[236] *Contra Gent.*, 1, 4.

descobrir a América por nós mesmos, se já não aceitássemos o fato de que ela existe, com base no testemunho alheio. Disso, porém, não se segue que aqueles que têm o tempo e a habilidade para se dedicar a meditações metafísicas extrairão provavelmente conclusões falsas, exceto na medida em que o pensamento metafísico é difícil e exige atenção e concentração prolongadas, ao passo que "algumas pessoas" — como observa Santo Tomás — "são preguiçosas". Há, entretanto, outro ponto que se deve ter em mente:[237] por causa da fraqueza do nosso intelecto nos seus julgamentos e da ingerência da imaginação, a falsidade está normalmente (*plerumque*) misturada à verdade nas conclusões da mente humana. Entre as conclusões que são demonstradas verdadeiramente, incluem-se às vezes (*aliquando*) conclusões falsas que não foram demonstradas, mas que são afirmadas por força de raciocínios prováveis ou sofísticos que passam por demonstrações. O resultado prático será que mesmo conclusões certas e seguras não serão aceitas integralmente por muitas pessoas, em especial quando viram filósofos ensinando doutrinas diferentes, sendo eles próprios incapazes de distinguir uma doutrina que tenha sido demonstrada verdadeiramente de outra que se apóia em argumentos meramente prováveis ou sofísticos. De maneira semelhante, na *Summa Theologica*, Santo Tomás observa que a verdade sobre Deus é alcançada pela razão humana apenas por alguns poucos homens, depois de muito tempo e "com a mistura de muitos erros".[238] Quando o santo diz ser desejável que mesmo aquelas verdades sobre Deus que são demonstráveis racionalmente sejam propostas como objeto de fé, para que sejam aceitas com base na autoridade, está, de fato, enfatizando as exigências práticas da maioria, em vez da insuficiência especulativa da metafísica enquanto tal, mas, ainda assim, admite que o erro está com freqüência misturado com a verdade, seja por causa da precipitação em saltar a conclusões, seja pela influência das paixões, da emoção ou da imaginação. Pode ser que não tenha sido muito consistente na aplicação dessa idéia a Aristóteles e que estivesse muito pronto a interpretar Aristóteles no sentido mais compatível com a doutrina cristã, mas o fato continua a ser que reconhece, teoricamente, a fraqueza do intelecto humano na sua condição presente, embora não a sua perversão radical. Desse modo, ainda que divirja de São Boaventura ao admitir a possibilidade abstrata e, no caso de Aristóteles, o fato concreto de uma metafísica "satisfatória" sendo elaborada por um filósofo pagão, e ao recusar-se a admitir que a incompletude vicie um sistema metafísico, admite ser provável que todo sistema metafísico independente contenha erros.

Talvez não seja nenhum devaneio sugerir que as opiniões abstratas de ambos eram em grande medida determinadas por suas posturas em relação a Aristóteles. Pode-se, obviamente, objetar que isso seria colocar a carroça à frente dos bois, mas parecerá mais razoável caso se considere as circunstâncias efetivas em que viveram e escreveram. Pela primeira vez, a Cristandade latina familiarizava-se com um sistema filosófico que nada devia à Cristandade e que,

---

[237] Ibid.
[238] *S. T.*, ia, q. 1, art. 1, in corpore.

segundo seus adeptos fervorosos, como Averróis, era a última palavra em termos de sabedoria humana. A grandeza de Aristóteles, a profundidade e abrangência do seu sistema, era um fator que não poderia ser ignorado por nenhum filósofo cristão do século XII. No entanto, poderia ser encarado e tratado de mais de uma maneira. Por um lado, tal como exposto por Averróis, o aristotelismo entrava em conflito em vários pontos muito importantes com a doutrina cristã, e era possível adotar uma postura hostil e não receptiva em relação à metafísica de Aristóteles por conta disso. Se, no entanto, adotava-se essa linha, como foi o caso de São Boaventura, tinha-se que dizer ou que o sistema de Aristóteles afirmava a verdade filosófica, mas que aquilo que é verdade em filosofia pode não ser verdade em teologia, pois Deus pode passar por cima das exigências da lógica natural, ou que Aristóteles errou na sua metafísica. São Boaventura adotou a segunda linha de pensamento. Mas por que, na visão de São Boaventura, Aristóteles, o maior sistematizador do mundo antigo, errou? Obviamente, porque todo filósofo independente está fadado a errar em pontos importantes pelo simples fato de ser independente. É apenas à luz da fé cristã que se pode elaborar algo como um sistema filosófico completo e satisfatório, pois é apenas à luz da fé cristã que o filósofo se torna capaz de deixar sua filosofia aberta à revelação; se não dispõe dessa luz, haverá de fechá-la em si mesma e de tê-la por concluída e, se a fechar em si mesma e a tiver por concluída, ficará viciada ao menos em parte, em particular com relação àquelas partes, as mais importantes, que dizem respeito a Deus e ao fim do homem. Por outro lado, caso se veja no sistema aristotélico um instrumento magnífico para a expressão da verdade e para a soldagem das verdades divinas da teologia e da filosofia, haverá de se admitir o poder do filósofo pagão para alcançar a verdade metafísica, embora, tendo em vista a interpretação de Aristóteles dada por Averróis e por outros, haverá de se admitir e explicar a possibilidade de erro mesmo por parte do Filósofo. Essa foi a linha adotada por Santo Tomás.

6. Ao se olhar em retrospectiva para o século XIII a partir de uma época muito posterior, nem sempre se reconhece o fato de que Santo Tomás foi um inovador, que sua adoção do aristotelismo foi ousada e "moderna". Santo Tomás viu-se diante de um sistema de influência e importância crescentes que lhe parecia, sob muitos aspectos, incompatível com a tradição cristã, mas que naturalmente cativou as mentes de muitos estudantes e professores — em particular, na faculdade de artes de Paris — precisamente por causa de sua majestade, de sua aparente coerência e abrangência. Ter Tomás de Aquino agarrado o touro pelos chifres e se servido do aristotelismo para a construção do seu próprio sistema está muito longe de ser um ato de obscurantismo. Pelo contrário, foi um ato "moderníssimo" e de máxima importância para o futuro da filosofia escolástica — e, na realidade, para toda a história da filosofia. Que alguns escolásticos da Idade Média tardia e da Renascença tenham levado o aristotelismo ao descrédito por sua adesão obscurantista a todos os *dicta* do Filósofo, mesmo em matéria científica, não diz respeito a Santo Tomás. Fato é

que não foram fiéis ao espírito de Santo Tomás. O santo prestou, sem sombra de dúvida, um serviço incomparável para o pensamento cristão ao se valer do instrumento que se apresentava, e naturalmente interpretou Aristóteles no sentido mais favorável do ponto de vista cristão, pois era essencial mostrar, para ter sucesso em sua empresa, que Aristóteles e Averróis não ficavam de pé ou caíam juntos. Ademais, não é correto dizer que Santo Tomás não tinha o senso da interpretação precisa. Pode-se não concordar com todas as suas interpretações de Aristóteles, mas não se pode duvidar de que, dadas as circunstâncias do seu tempo e a escassez de informação histórica relevante à sua disposição, foi um dos comentadores mais rigorosos e refinados de Aristóteles que jamais houve.

A título de conclusão, deve-se acentuar que, embora Santo Tomás tenha adotado o aristotelismo como um instrumento para a expressão do seu sistema, não era um adorador cego do Filósofo, nem abandonava Agostinho em favor do pensador pagão. Em teologia, segue naturalmente os passos de Agostinho, ainda que sua adoção da filosofia aristotélica como instrumento o tenha permitido sistematizar, definir e argumentar logicamente em favor de doutrinas teológicas de uma maneira que era estranha à postura de Agostinho. Em sua filosofia, conquanto haja muito que proceda diretamente de Aristóteles, com freqüência interpreta Aristóteles de maneira consonante com Agostinho ou exprime Agostinho em categorias aristotélicas, embora possa ser mais correto dizer que faz ambas as coisas ao mesmo tempo. Por exemplo: quando trata do conhecimento divino e da providência, interpreta a doutrina aristotélica de Deus em um sentido que, ao menos, não exclui o conhecimento de Deus sobre o mundo e, ao tratar das idéias divinas, observa que Aristóteles censurou Platão por fazer as idéias independentes tanto das coisas concretas como de um intelecto, com a implicação tácita de que Aristóteles não teria censurado Platão se tivesse posto as idéias na mente de Deus. Isso é, obviamente, interpretar Aristóteles *in meliorem partem* do ponto de vista teológico, e, embora a interpretação tenda a aproximar Aristóteles e Agostinho, é bem provável que não represente a teoria efetivamente sustentada por Aristóteles a respeito do conhecimento divino. Contudo, da relação de Santo Tomás com Aristóteles falarei mais adiante.

CAPÍTULO XII

Santo Tomás de Aquino — III: princípios do ente criado

Razões para começar pelo ente corpóreo — Hilomorfismo — Rejeição das *rationes seminales* — Rejeição da pluralidade de formas substanciais — Restrição da composição hilomórfica a substâncias corpóreas — Potência e ato — Essência e existência.

1. Na *Summa Theologica*, que — como o nome indica — é uma sinopse teológica, o primeiro tema filosófico de que trata Santo Tomás é o da existência de Deus, depois do qual procede à consideração da natureza de Deus e, então, das Pessoas divinas, logo a seguir passando à criação. De maneira semelhante, na *Summa contra Gentiles*, que se assemelha mais a um tratado filosófico — embora não possa ser chamada sem restrições de tratado filosófico, pois trata também de temas puramente dogmáticos como a Trindade e a Encarnação —, Santo Tomás também começa pela existência de Deus. Pode parecer, então, que seria natural começar a exposição da filosofia de Santo Tomás por suas provas da existência de Deus. Contudo, para além do fato — já mencionado num capítulo anterior — de que o próprio Santo Tomás diz que a parte da filosofia que trata de Deus vem após outros ramos da filosofia, as próprias provas supõem alguns conceitos e princípios fundamentais, e Santo Tomás compôs o *De ente et essentia*, por exemplo, antes de ter escrito ambas as *Summae*. Não seria natural, portanto, começar imediatamente pelas provas da existência de Deus, e o próprio *Monsieur* Gilson, para quem a maneira natural de expor a filosofia de Santo Tomás é expô-la segundo a ordem adotada pelo santo nas *Summae*, começa, na realidade, pela consideração de certas idéias e princípios básicos. Por outro lado, dificilmente alguém poderá discutir toda a metafísica geral de Santo Tomás e todas as idéias que são pressupostas explícita ou implicitamente pela sua teologia natural. É necessário restringir o quadro de discussão.

Para o leitor moderno, familiarizado com o programa e os problemas da filosofia moderna, pode parecer natural começar pela discussão da teoria do conhecimento de Santo Tomás, levantando a questão de se o santo fornece ou não uma justificativa epistemológica para a possibilidade do conhecimento metafísico. Contudo, embora Santo Tomás certamente tivesse uma "teoria do conhecimento", não viveu depois de Kant, e o problema do conhecimento não ocupava em sua filosofia a posição que veio a ocupar em épocas posteriores. Parece-me que o ponto de partida natural para uma exposição da filosofia tomista é a consideração das substâncias corpóreas. Afinal, Santo Tomás ensina expressamente que o objeto imediato e próprio do intelecto humano nesta vida é a essência das coisas materiais. As noções e princípios fundamentais que são pressupostos pela teologia natural de Santo Tomás não são, segundo ele próprio, inatos, mas são apreendidos por meio da reflexão e da abstração a partir da nossa experiência de objetos concretos e parece, portanto, perfeitamente razoável explicar essas noções e princípios fundamentais em primeiro lugar por meio da consideração das substâncias materiais. As provas da existência de Deus dadas por Santo Tomás são *a posteriori* — procedem das criaturas para Deus —, e é a natureza da criatura, a falta de auto-suficiência por parte dos objetos imediatos da experiência, que revela a existência de Deus. Além disso, podemos, pela luz natural da razão, alcançar apenas o conhecimento de Deus que pode ser alcançado pela meditação acerca das criaturas e da sua relação com Ele. Por causa disso, ademais, parece perfeitamente "natural" começar a exposição da filosofia tomista pela consideração dos objetos concretos da experiência por cuja meditação chegamos àqueles princípios fundamentais que nos levam a desenvolver as provas da existência de Deus.

2. Com respeito às substâncias corpóreas, Santo Tomás adota, desde o princípio, o ponto de vista do *common-sense*, segundo o qual existe uma multiplicidade de substâncias. A mente humana depende da experiência dos sentidos para chegar ao conhecimento, e os primeiros objetos concretos que a mente conhece são os objetos materiais, com os quais entra em relação por meio desses mesmos sentidos. A meditação acerca desses objetos, porém, de imediato leva a mente a fazer uma distinção, ou antes, descobrir uma distinção nos próprios objetos. Se olho através da minha janela na primavera, vejo a faia com suas folhas viçosas e tenras, ao passo que no outono as folhas mudaram de cor, embora a mesma faia permaneça ali no parque. A faia é a mesma quanto à substância na primavera e no outono, mas a cor de suas folhas não é a mesma: a cor muda sem que a faia sofra mudança substancial. De maneira semelhante, se vou à plantação, vejo os lariços como árvores pequenas, recém-plantadas; mais tarde, vejo-os como árvores maiores: seu tamanho mudou, mas eles continuam a ser lariços. As vacas que vejo no campo, ora nesta postura, ora naquela, comendo grama, ruminando ou dormindo, ora sofrendo uma coisa, ora outra, sob a chuva, sendo transportadas, sempre são as mesmas vacas. A meditação leva, assim, a mente a distinguir entre a substância e o acidente, entre diferentes gêneros de acidentes, e Santo Tomás recebe de Aristóteles a doutrina das dez categorias — a substância e as nove categorias de acidente.

Até agora, a meditação levou-nos apenas à idéia da mudança acidental e à noção das categorias. Contudo, a meditação ulterior introduzirá a mente num nível mais profundo da constituição do ente material. Quando a vaca come a grama, a grama não permanece mais o que era no campo, mas se torna algo distinto pela assimilação, ao passo que, por outro lado, não cessa simplesmente de existir, mas algo permanece no processo de mudança. A mudança é substancial, uma vez que a própria grama mudou, não simplesmente de cor ou de tamanho, e a análise da mudança substancial leva a mente a discernir dois elementos, um elemento que é comum à grama e à carne em que a grama se transforma, outro elemento que confere a essa coisa sua determinação, seu caráter substancial, fazendo dela primeiro grama, depois carne de vaca. Além disso, em última análise, podemos conceber qualquer substância material mudando-se em qualquer outra, não necessariamente de maneira direta ou imediata, obviamente, mas ao menos indireta e mediatamente, após uma série de mudanças. Chegamos assim à concepção, por um lado, de um substrato comum da mudança que, *quando considerado em si mesmo*, não pode ser chamado pelo nome de nenhuma substância definida e, por outro lado, de um elemento determinante ou caracterizador. O primeiro elemento é a "matéria-prima", o substrato indeterminado da mudança substancial, e o segundo elemento é a forma substancial, que faz da substância o que ela é, põe-na em sua classe específica e, assim, determina-a como grama, vaca, oxigênio, hidrogênio ou o que quer que seja. Toda substância material compõe-se, desse modo, de matéria e forma.

Santo Tomás aceita, assim, a doutrina aristotélica da composição hilomórfica das substâncias materiais, definindo a matéria-prima como a pura potência e a forma substancial como o ato primeiro de um corpo físico, entendendo-se por "ato primeiro" o princípio que põe o corpo na sua classe específica e determina sua essência. A matéria-prima está em potência para todas as formas que podem ser formas de corpos, mas, considerada em si mesma, não tem nenhuma forma, é pura potencialidade. Ela é — conforme disse Aristóteles — *nec quid nec quantum nec quale nec aliud quidquam eorum quibus determinatur ens.*[239] Por essa razão, porém, não pode existir por si mesma, pois falar de um ente efetivamente existente sem ato ou forma seria contraditório. A matéria, portanto, não precede a forma no tempo, tendo sido criada simultaneamente com a forma.[240] Santo Tomás é, assim, bastante claro quanto ao fato de que apenas substâncias concretas, composições individuais de matéria e forma, existem efetivamente no mundo material. Contudo, embora esteja de acordo com Aristóteles em negar a existência separada de universais (e veremos a seguir que devem ser feitas reservas quanto a essa afirmação), também segue Aristóteles em afirmar que a forma deve ser individuada. A forma é o elemento universal, sendo aquilo que põe um objeto em sua classe, em sua espécie, fazendo-o ser um cavalo, um olmo ou ferro. Precisa, portanto, ser individuado para que se torne a forma desta substância particular. Qual é o princípio da individuação? Somente pode ser a matéria. Mas a matéria é pura potencialidade: não tem determinações necessárias para individualizar a forma. As características acidentais da quantidade e assim por diante são logicamente posteriores à composição hilomórfica da substância. Santo Tomás, portanto, foi obrigado a dizer que o princípio da individuação é a *materia signata quantitate*, no sentido de que a matéria exige uma determinação

---

[239] *In 7 Metaph.*, lectio 2.
[240] *S. T.*, Ia, q. 66, art. 1, in corpore.

quantitativa que recebe da união com a forma. Essa é uma noção difícil de ser entendida, uma vez que embora a matéria, não a forma, seja o fundamento da multiplicação quantitativa, a matéria considerada em si mesma não tem determinação quantitativa: a noção é, de fato, um resquício do elemento platônico no pensamento de Aristóteles. Aristóteles rejeitou e atacou a teoria platônica das formas, mas seu treinamento platônico o influenciou até o ponto de ser levado a dizer que a forma, sendo em si mesma universal, exige a individuação, e Santo Tomás seguiu-o nisso. Obviamente, Santo Tomás não pensava que as formas existiam em separado e, depois, eram individuadas, pois as formas dos objetos sensíveis não existem em um estado de anterioridade temporal em relação às substâncias compostas. Contudo, a idéia da individuação com certeza se deve originalmente à maneira platônica de pensar e de falar a respeito das formas. Aristóteles substituiu a noção da forma exemplar "transcendente" pela da forma substancial imanente, mas não conviria ao historiador fechar os olhos para o legado platônico no pensamento de Aristóteles e, por conseguinte, no de Santo Tomás.

3. Como corolário da doutrina da matéria-prima considerada pura potência, Santo Tomás rejeitou a teoria agostiniana das *rationes seminales*:[241] admitir essa teoria seria atribuir alguma atualidade àquilo que é em si mesmo sem ato.[242] Formas não espirituais são trazidas para fora da potência da matéria sob a ação de um agente eficiente, mas não estão previamente na matéria como formas incoativas. O agente, obviamente, não opera sobre a matéria-prima enquanto tal — uma vez que esta não pode existir por si mesma —, mas modifica ou muda a disposição de uma dada substância corpórea de tal modo que desenvolve a exigência de uma nova forma, que é trazida para fora da potência da matéria. A mudança, assim, supõe, tanto para Tomás de Aquino como para Aristóteles, uma "privação", ou uma exigência por uma nova forma que a substância ainda não tem, mas "exige" por causa das modificações nela produzidas pelo agente. A água, por exemplo, está em potência para se tornar vapor, mas não se tornará vapor até que tenha sido aquecida até certo ponto por um agente externo, e, nesse ponto, desenvolve a exigência da forma de vapor, que não vem de fora, mas é trazida para fora da potência da matéria.

4. Assim como Santo Tomás rejeitou a antiga teoria das *rationes seminales*, rejeitou também a teoria da pluralidade de formas substanciais na substância composta, afirmando a unicidade da forma substancial em cada substância. No seu comentário às *Sentenças*, Santo Tomás parece, de fato, aceitar a *forma corporeitatis* como a primeira forma substancial na substância corpórea;[243] mas

---

[241] *In 2 Sent.*, 18, 1, 2.

[242] Santo Tomás certamente empregou a expressão *"rationes seminales"*, mas, com essa expressão, queria se referir fundamentalmente às forças ativas dos objetos concretos, por exemplo, o poder ativo que controla a geração dos seres vivos e a restringe à mesma espécie, não à doutrina de que há formas incoativas na matéria-prima. Quanto a esta última teoria, rejeitou-a ou disse que não se ajustava à doutrina de Santo Agostinho (cf. loc. cit., *S. T.*, Ia, q. 115, art. 2; *De Veritate*, 5, 9, ad 8 e ad 9).

[243] Cf. *In 1 Sent.*, 8, 5, 2; *2 Sent.*, 3, 1, 1.

mesmo se a aceitou a princípio, certamente a abandonou mais tarde. Na *Contra Gentiles*,[244] sustenta que, se a primeira forma constituísse a substância como substância, as formas subseqüentes surgiriam em algo que já era *hoc aliquid in actu*, algo subsistente em ato, e, desse modo, não poderiam ser senão formas acidentais. De maneira semelhante, argumenta contra a teoria de Avicebron,[245] indicando que somente a primeira forma pode ser = substancial, uma vez que confere o caráter de substância, com a conseqüência de que outras formas posteriores, que surjam em uma substância já constituída, seriam acidentais. (A conseqüência necessária é, obviamente, que a forma substancial informa diretamente a matéria-prima). Essa visão suscitou muita oposição, sendo estigmatizada como uma inovação perigosa, como veremos mais tarde quando abordarmos as controvérsias em que o aristotelismo de Santo Tomás o envolveu.

5. A composição hilomórfica que existe nas substâncias materiais foi restringida por Santo Tomás ao mundo corpóreo. Não a estenderia, como fez São Boaventura, à criação incorpórea, isto é, aos anjos. Quanto à existência dos anjos, Santo Tomás considerava-a como passível de prova racional, independentemente da revelação, pois sua existência é exigida pelo caráter hierárquico da cadeia do ser. Podemos discernir a ordem ascendente ou escalões de formas que vão desde as substâncias inorgânicas, passando pelas formas vegetativas, pelas formas sensitivas irracionais dos animais, pela alma racional do homem, até o ato puro e infinito, isto é, Deus. Contudo, há uma lacuna nessa hierarquia. A alma racional do homem é criada, finita e corpórea, ao passo que Deus é incriado, infinito e puro espírito. É razoável, portanto, supor que entre a alma humana e Deus haja formas espirituais finitas e criadas, que não têm corpo. No topo da escala está a simplicidade absoluta de Deus; no topo do mundo corpóreo está o homem, em parte espiritual, em parte corpóreo. Deve existir, portanto, entre Deus e o homem, entes que são inteiramente espirituais e, no entanto, não possuem a simplicidade absoluta da divindade.[246]

Essa linha argumentativa não era nova. Tinha sido empregada na filosofia grega por Possidônio, por exemplo. Santo Tomás também foi influenciado pela doutrina aristotélica das inteligências separadas ligadas ao movimento das esferas, concepção astronômica que reaparecia na filosofia de Avicena, com a qual Santo Tomás era familiarizado. Contudo, o argumento que mais pesava era aquele extraído das exigências da hierarquia do ser. Como distinguia diferentes graus nas formas em geral, distinguia também diferentes "coros" de anjos, de acordo com o objeto do seu conhecimento. São os serafins aqueles que apreendem mais claramente a bondade de Deus e, por causa disso, são inflamados por Seu amor, trata-se o "coro" mais elevado, enquanto aqueles que se ocupam da providência de Deus com respeito às criaturas particulares, por exemplo, com homens concretos, são os anjos no sentido mais estrito da palavra, o mais baixo

---

[244] 4, 81.
[245] *Quodlibet*, 11, 5, 5, *in copore*.
[246] Cf. *De spirit. creat.*, 1, 5.

coro. O coro que se ocupa, *inter alia*, do movimento dos corpos celestes (que são as causas universais que afetam este mundo) é o das virtudes. Assim, Santo Tomás não postulava a existência dos anjos fundamentalmente para explicar o movimento das esferas.

Portanto, os anjos existem. Permanece, porém, a questão de se são compostos hilomorficamente. Santo Tomás afirmava que não são compostos de tal modo. Argumentava que os anjos devem ser puramente imateriais, pois são inteligências que têm como correlatos objetos imateriais, e também porque seu lugar na hierarquia do ser exige sua completa imaterialidade.[247] Além disso, como, segundo Santo Tomás, a matéria exige a quantidade — o que possivelmente não se concilia com seu caráter de pura potencialidade — não podia, de forma alguma, atribuir a composição hilomórfica aos anjos. São Boaventura, por exemplo, argumentava que os anjos devem ser compostos hilomorficamente, uma vez que, caso contrário, seriam ato puro, e somente Deus é ato puro. Santo Tomás respondia a esse argumento afirmando que a distinção entre essência e existência nos anjos é suficiente para salvaguardar sua contingência e sua distinção radical em relação a Deus.[248] Voltarei a tratar dessa distinção em seguida.

Uma conseqüência da negação da composição hilomórfica dos anjos é a negação da multiplicidade de anjos dentro de uma mesma espécie, uma vez que a matéria é o princípio da individuação, não há matéria nos anjos. Cada anjo é uma forma pura: cada anjo, portanto, deve exaurir a capacidade da sua espécie e ser sua própria espécie. Os coros dos anjos não são, portanto, espécies de anjos: consistem nas hierarquias angélicas distinguidas não pela espécie, mas pela função. Há tantas espécies de anjos quanto anjos. É interessante lembrar que Aristóteles, quando afirma na *Metafísica* a pluralidade de moventes, de inteligências separadas, levantou a questão de como isso seria possível, se a matéria é o princípio da individuação, embora não tenha respondido à questão. Enquanto São Boaventura, admitindo a composição hilomórfica dos anjos, não podia reconhecer sua multiplicidade dentro da espécie, Santo Tomás, sustentando que a matéria é o princípio da individuação e negando, por outro lado, sua presença nos anjos, foi forçado a negar sua multiplicação dentro da mesma espécie. Para Santo Tomás, portanto, as inteligências realmente se tornam universais separados, embora não, obviamente, no sentido de conceitos hipostasiados. Foi uma das descobertas de Aristóteles que a forma separada deve ser inteligente, embora tenha deixado de ver a conexão histórica entre a sua teoria das inteligências separadas e a teoria platônica das formas separadas.

6. A afirmação da composição hilomórfica das substâncias materiais revela, de imediato, a mutabilidade essencial dessas mesmas substâncias. A mudança não é, obviamente, um produto do acaso, mas procede segundo certo ritmo (não se pode admitir que uma dada substância é capaz de se tornar imediatamente qualquer outra substância que se queira, ao passo que a própria mudança também

---

[247] *S. T.*, Ia, q. 50, art. 2; *De spirit. creat.*, 1, 1.
[248] *De spirit. creat.*, 1, 1; *S. T.*, Ia, q. 50, art. 2, ad 3; *Contra Gent.*, 2, 30; *Quodlibet*, 9, 4, 1.

é guiada e influenciada por causas gerais, como os movimentos celestes). Ainda assim, a mutação substancial não tem lugar senão nos corpos, e é apenas a matéria, o substrato da mudança, que torna isso possível. Com base no princípio que Santo Tomás recebeu de Aristóteles de que tudo aquilo que é mudado ou movido o é "por outro", *ab alio*, pode-se sustentar, a partir das mudanças no mundo corpóreo, pela existência de um motor imóvel, que um regresso infinito na ordem da dependência é impossível. Contudo, antes de proceder à prova da existência de Deus a partir da natureza, deve-se, em primeiro lugar, penetrar mais profundamente na constituição do ente finito.

A composição hilomórfica é restringida por Santo Tomás ao mundo corpóreo. Contudo, há uma distinção mais fundamental, da qual a distinção entre forma e matéria não é senão um exemplo. A matéria-prima, conforme vimos, é a pura potência, enquanto a forma é ato, de modo que a distinção entre a matéria e a forma é uma distinção entre potência e ato. Todavia, essa distinção tem uma aplicação mais ampla que aquela. Nos anjos, não há matéria, mas há, nada obstante, potência. (São Boaventura argumentava que, sendo a matéria potência, pode haver matéria nos anjos. Foi, desse modo, forçado a admitir a *forma corporeitatis*, para distinguir a matéria corpórea da matéria em geral. Santo Tomás, por outro lado, afirmando ser a matéria pura potencialidade e, ainda assim, negando sua presença nos anjos, foi forçado a atribuir à matéria uma exigência pela quantidade, que vem pela forma. Obviamente, há dificuldades em ambas as concepções). Os anjos podem mudar desempenhando atos do intelecto e da vontade, em que pese não possam mudar substancialmente. Há, portanto, alguma potência nos anjos. A distinção entre potência e ato, portanto, percorre toda a criação, ao passo que a distinção entre a forma e a matéria se encontra apenas na criação corpórea. Assim, com base no princípio de que a redução da potência ao ato exige um princípio que existe em ato em si mesmo, encontramo-nos em posição de argumentar a partir da distinção fundamental que se encontra em toda criação pela existência do ato puro, Deus. Contudo, em primeiro lugar, devemos considerar a base de potência nos anjos. De passagem, pode-se observar que a distinção entre potência e ato é discutida por Aristóteles na *Metafísica*.

7. Vimos que a composição hilomórfica foi restringida por Santo Tomás à substância corpórea. Contudo, há uma composição mais profunda que diz respeito a todo ente finito. O ente finito é ente porque existe, porque tem existência: a substância é aquilo que é ou tem ser, e "a existência é aquilo em virtude de que a substância é dita ente".[249] A essência de um ente corpóreo é a substância composta de matéria e forma, enquanto a essência de um ente finito imaterial é somente a sua forma. Contudo, aquilo por que uma substância material ou imaterial é um ente real (*ens*) é a sua existência (*esse*), estando a existência para a essência, assim como o ato para a potência. A composição de ato e potência encontra-se, portanto, em todo ente finito e não simplesmente no ente corpóreo.

---
[249] *Contra Gent.*, 2, 54.

Nenhum ente finito existe necessariamente; todo ente finito tem ou possui a existência, que é distinta da sua essência, assim como o ato é distinto da potência. A forma determina ou completa na esfera da essência, mas aquilo que atualiza a essência é a existência. "Nas substâncias intelectuais que não são compostas de matéria e forma (nelas, a forma é uma substância subsistente), a forma é aquilo que é. Ora, a existência é o ato pelo qual a forma é. Em razão disso, há nelas uma única composição de ato e potência, a saber, a composição da substância e da existência. [...] Nas substâncias compostas de matéria e forma, porém, há uma dupla composição de ato e potência. Em primeiro lugar, uma composição na própria substância, que é composta de matéria e forma. Em segundo lugar, uma composição da própria substância, que já é composta, com a existência. Essa segunda composição pode também ser chamada de composição entre o *quod est* e o *esse*, ou entre o *quod est* e o *quo est*.".[250] A existência, portanto, não é matéria nem forma; não é uma essência nem parte de uma essência; é o ato pelo qual a essência é — ou tem — ser. "O *esse* denota certo ato. Com efeito, uma coisa não é dita ser (*esse*) pelo fato de que está em potência, mas pelo fato de que está em ato".[251] Não sendo matéria nem forma, não pode ser uma forma substancial ou acidental; não pertence à esfera da essência, mas é aquilo por que as formas são.

A controvérsia instalou-se entre os escolásticos em torno da questão de se Santo Tomás considerava a distinção entre essência e existência uma distinção real ou conceitual. Obviamente, a resposta a essa questão depende, em grande medida, do significado ligado à expressão "distinção real". Se por distinção real entende-se uma distinção entre duas coisas que podem ser separadas uma da outra, então certamente Santo Tomás não sustentava que havia uma distinção real entre a essência e a existência, que não são dois objetos físicos separáveis. Giles de Roma sustentou praticamente essa concepção, fazendo da distinção uma distinção física. Contudo, para Santo Tomás, a distinção era metafísica, sendo a essência e a existência dois constitutivos metafísicos de todo ente finito. Se, contudo, por distinção real entende-se uma distinção independente da mente, que é objetiva, parece-me não apenas que Santo Tomás sustentava que havia tal distinção entre a essência e a existência, mas também que essa distinção é essencial ao seu sistema e que Santo Tomás lhe atribuía grande importância. Santo Tomás fala do *esse* como *adveniens extra*, no sentido de que vem de Deus, a causa da existência. É um ato distinto da potência que ele atualiza. Somente em Deus — insiste Santo Tomás — a essência e a existência são o mesmo: Deus existe necessariamente, porque Sua essência é existência. Todas as outras coisas recebem ou "participam da" existência, e aquilo que recebe deve ser distinto daquilo que é recebido.[252] O fato de Santo Tomás argumentar que aquilo cuja existência é distinta de sua essência deve ter recebido sua existência de outro e

---
[250] Ibid.
[251] Ibid., 1, 22.
[252] Cf. *S. T.*, Ia, q. 3, art. 4; *Contra Gent.*, 1, 22.

que somente de Deus é verdade dizer que Sua essência não é distinta ou diversa da Sua existência parece-me deixar perfeitamente claro que ele considerava a distinção entre essência e existência objetiva e independente da mente. A "terceira via" para provar a existência de Deus parece pressupor a distinção real entre a essência e a existência nas coisas finitas.

A existência determina a essência no sentido de que é ato e, por meio dela, a essência tem ser. Por outro lado, a existência enquanto ato é determinada pela essência enquanto potência para ser a existência deste ou daquele tipo de essência.[253] Contudo, não devemos imaginar que a essência tenha existido antes de receber a existência — o que seria uma contradição em termos — ou que haja algum tipo de existência neutra que não é a existência de nenhuma coisa em particular até que seja unida à essência. Os dois princípios não são duas coisas físicas que são unidas, mas são dois princípios constitutivos que são concriados como princípios de um ente particular. Não há essência sem existência nem existência sem essência; ambos são criados juntos, e, se a existência cessa, a essência concreta deixa de existir. A existência, portanto, não é algo acidental ao ente finito: é aquilo por que o ente finito é ente. Se nos apoiarmos na imaginação, pensaremos na essência e na existência como duas coisas, dois entes, mas grande parte da dificuldade para entender o pensamento de Santo Tomás acerca do assunto advém do uso da imaginação e da suposição de que, se ele sustentava uma distinção real, deve tê-la entendido da maneira exagerada e enganosa de Giles de Roma.

Os filósofos muçulmanos já haviam discutido a relação entre existência e essência. Alfarabi, por exemplo, observara que a análise da essência de um objeto finito não manifestará sua existência. Caso contrário, para saber que o homem existe, seria suficiente conhecer o que a natureza humana é. A essência e a existência são, portanto, distintos, e Alfarabi extraiu a conclusão um tanto infeliz de que a existência é um acidente da essência. Avicena seguiu-o nessa tese. Embora Santo Tomás certamente não considerasse a existência como um "acidente", no *De ente et essentia*,[254] segue Alfarabi e Avicena na sua maneira de abordar a distinção. Toda coisa que não pertence ao conceito da essência lhe vem de fora (*adveniens extra*) e forma uma composição com ela. Nenhuma essência pode ser concebida sem aquilo que faz parte de si; ora, toda essência finita pode ser concebida sem que a existência seja incluída na sua essência. Posso conceber "homem" ou "fênix" e não saber ainda se existem na natureza. Todavia, seria um erro interpretar Santo Tomás como se ele sustentasse que a essência anterior à recepção da existência fosse algo por si própria, com uma existência diminuída, por assim dizer. A essência apenas existe por meio da existência, e a existência criada é sempre a existência deste ou daquele tipo de essência. A existência e a essência criadas surgem juntas, e, embora ambos os princípios constitutivos sejam distintos objetivamente, a existência é mais fundamental. Uma vez que a

---

[253] *De Potentia*, 7, 2, ad 9.
[254] C. 4.

existência criada é o ato da potência, esta não tem ato sem a existência, que é "entre todas as coisas, a mais perfeita" e "a perfeição de todas as perfeições".[255]

Santo Tomás descobre, assim, no coração de todo ente finito, certa instabilidade, uma contingência ou não necessidade, que aponta imediatamente para a existência de um ente que é a fonte de toda a existência finita, o autor da composição entre a essência e a existência, e que não pode ser, ele próprio, composto de essência e existência, mas deve ter a existência como sua própria essência, existindo necessariamente. Seria absurdo e bastante injusto acusar Francisco Suárez (1548–1617) e outros escolásticos, que negaram a "distinção real", de ter negado o caráter contingente do ente finito (Suárez negava a distinção real entre a essência e a existência e sustentava que o objeto finito é limitado porque é *ab alio*); contudo, não sinto particularmente nenhuma dúvida de que o próprio Santo Tomás sustentava a doutrina da distinção real, desde que a distinção real não seja interpretada à maneira de Giles de Roma. Para Santo Tomás, a existência não é um estado da essência, mas, antes, é aquilo que põe a essência no estado de atualidade.

Pode-se objetar que eu tenha me evadido do verdadeiro ponto em questão, a saber, a maneira precisa pela qual a distinção entre essência e existência é objetiva e independente da mente. Santo Tomás não expõe sua doutrina de tal maneira que torne impossível qualquer controvérsia. Não obstante, parece-me claro que Santo Tomás sustentava que a distinção entre essência e existência é uma distinção objetiva entre dois princípios metafísicos que constituem o ser inteiro da coisa criada finita, estando um desses princípios (a existência) para o outro (a essência), assim como o ato para a potência. E não vejo como Santo Tomás poderia ter atribuído a importância que atribuiu a essa distinção se não pensasse que ela era "real".

---

[255] *De Potentia*, 7, 2, ad 9.

CAPÍTULO XIII

Santo Tomás de Aquino — IV: provas da existência de Deus

Necessidade da prova — O argumento de Santo Anselmo — A possibilidade da prova — As primeiras três provas — A quarta prova — A prova a partir da finalidade — O caráter fundamental da "terceira via".

1. Antes de desenvolver efetivamente suas provas da existência de Deus, Santo Tomás tentou mostrar que o fornecimento de tais provas não era uma superfluidade inútil, uma vez que a idéia da existência de Deus não é, em sentido próprio, uma idéia inata, nem é a proposição "Deus existe" uma proposição cuja contraditória seja inconcebível e não possa ser pensada. Para nós, de fato, vivendo num mundo em que o ateísmo é comum, onde filosofias poderosas e influentes eliminam ou desfazem com suas explicações a noção de Deus, onde multidões de homens e mulheres são educadas sem nenhuma crença em Deus, parece natural pensar que a existência de Deus exige prova. Kierkegaard e os filósofos e teólogos que o seguiram podem ter rejeitado a teologia natural no sentido ordinário; contudo, normalmente, não deveríamos dizer nem em sonho que a existência de Deus é aquilo que Santo Tomás chama de algo *per se notum*. Santo Tomás, porém, não vivia num mundo onde o ateísmo teorético era comum e viu-se obrigado a tratar não apenas das afirmações de alguns dos primeiros escritores cristãos que pareciam sugerir que o conhecimento de Deus é inato no homem, mas também do famoso argumento de Santo Anselmo, que pretende mostrar que a não existência de Deus é inconcebível. Assim, na *Summa Theologica*,[256] Santo Tomás dedica um artigo a responder à questão *utrum Deum esse sit per se notum*, e dois capítulos da *Summa contra Gentiles*[257] à consideração *de opinione dicentium quod Deum esse demonstrari non potest, cum sit per se notum*.

São João Damasceno[258] afirma que o conhecimento da existência de Deus é inato no homem. No entanto, Santo Tomás explica que esse conhecimento de Deus é confuso e vago, carecendo de elucidação para se tornar explícito. O homem tem um desejo natural pela felicidade (*beatitudo*), e o desejo natural supõe o conhecimento natural. No entanto, embora a verdadeira felicidade seja encontrada apenas em Deus, não se segue daí que todo homem tenha um

---

[256] Ia, q. 2, art. 1.
[257] 1, 10-1.
[258] *De fide orhotodoxa*, 1, 3.

conhecimento natural de Deus enquanto tal: o homem tem uma vaga idéia da felicidade, pois a deseja, mas pode pensar que a felicidade consiste no prazer dos sentidos, ou na posse de riquezas, e exige-se maior reflexão antes que possa perceber que a felicidade deve ser encontrada somente em Deus. Dito de outro modo, ainda que o desejo natural pela felicidade possa constituir a base para uma prova da existência de Deus, ainda assim exige-se uma prova. De novo: em certo sentido, é *per se notum* que há a verdade, uma vez que o homem que afirma que não há verdade inescapavelmente afirma ser verdade que não há verdade; contudo, não se segue daí que o homem saiba que há uma Verdade primeira, uma Fonte da verdade, Deus: exige-se mais reflexão para perceber isso. Mais uma vez, embora seja verdade que, sem Deus, não podemos saber nada, não se segue daí que, conhecendo qualquer coisa, tenhamos um conhecimento efetivo de Deus, uma vez que a influência de Deus, que nos capacita a conhecer algo, não é objeto de intuição direta, mas apenas é conhecida por reflexão.[259]

Devemos fazer uma distinção — diz Santo Tomás — entre o que é *per se notum secundum se* e o que é *per se notum quoad nos*. Uma proposição pode-se dizer *per se nota secundum se* quando o predicado está incluído no sujeito, como na proposição "o homem é um animal", uma vez que o homem é, precisamente, o animal racional. A proposição "Deus existe" é, assim, uma proposição *per se nota secundum se*, pois a essência de Deus é Sua existência e não se pode conhecer a natureza de Deus — o que Deus é — sem conhecer a existência de Deus — que Deus *é*. No entanto, o homem não tem um conhecimento *a priori* da natureza de Deus e somente chega ao conhecimento do fato de que a essência de Deus é a sua existência depois de ter vindo a conhecer a existência de Deus, de modo à proposição "Deus existe" não ser *per se nota quoad nos*, ainda que seja *per se nota secundum se*.

2. Com respeito à prova "ontológica" ou *a priori* da existência de Deus fornecida por Santo Anselmo, Santo Tomás responde, em primeiro lugar, que nem todos entendem por Deus "aquilo de que não se pode pensar em nada maior". É possível que essa observação, embora sendo sem dúvida verdadeira, não seja relevante, a não ser na medida em que Santo Anselmo considerava que todos entendiam por "Deus" aquele ente cuja existência tentou provar, a saber, o ente sumamente perfeito. Não se deve esquecer que Santo Anselmo reconhecia que seu argumento era apenas um argumento, ou prova, não a declaração de uma intuição imediata de Deus. Santo Tomás argumenta, tanto na *Summa contra Gentiles* como na *Summa Theologica*, que o argumento de Santo Anselmo envolve um processo ilegítimo de transição da ordem ideal para a ordem real. Admitido que Deus seja concebido como o ente do qual não se pode pensar em

---

[259] Pode parecer que a postura de Santo Tomás em relação ao conhecimento "inato" de Deus não difere substancialmente da de São Boaventura. Em certo sentido, isso é verdadeiro, uma vez que nenhum deles admitia uma idéia inata explícita de Deus. Contudo, São Boaventura pensava que existe certa consciência inicial implícita de Deus, ou ao menos que a idéia de Deus podia ser tornada explícita pela simples reflexão interior, ao passo que todas as provas fornecidas efetivamente por Santo Tomás procedem pela via do mundo exterior. Ainda que pressionemos o aspecto "aristotélico" da epistemologia de Boaventura, continua a ser verdade que há uma diferença de ênfase e abordagem na teologia natural dos dois filósofos.

nada maior, não se segue necessariamente que tal ente exista fora do seu ser concebido, isto é, fora da mente. Esse argumento, contudo, não é adequado, ao menos quando tomado por si mesmo, para refutar o raciocínio anselmiano, uma vez que negligencia a característica peculiar de Deus, do ente do qual nada maior pode ser pensado. Tal ente é sua própria existência e, se é possível que tal ente exista, então deve existir. O ente do qual não se pode pensar em nenhum maior é o ente que existe necessariamente, é o ente necessário, e seria absurdo falar de um ente necessário meramente possível. Contudo, Santo Tomás acrescenta, conforme já vimos, que o intelecto não tem um conhecimento *a priori* da natureza de Deus. Dito de outro modo: devido à fraqueza do intelecto humano, não podemos discernir a possibilidade positiva *a priori* de um ente sumamente perfeito, um ente cuja essência é Sua existência, e podemos chegar ao conhecimento do fato de que tal ente existe não por meio da análise ou da consideração da idéia de sua existência, mas por meio de argumentos a partir dos seus efeitos, *a posteriori*.

3. Se a existência de Deus não pode ser provada *a priori*, por meio da idéia de Deus, por meio da Sua essência, deve ser provada *a posteriori*, examinando-se os efeitos de Deus. Pode-se objetar que isso é impossível, uma vez que os efeitos de Deus são finitos, ao passo que Deus é infinito, de modo que não há proporção entre os efeitos e a causa e a conclusão do raciocínio conterá algo infinitamente maior que as suas premissas. O raciocínio parte de objetos sensíveis e deveria, portanto, terminar em um objeto sensível, ao passo que, nas provas da existência de Deus, procede a um objeto que transcende infinitamente todos os objetos sensíveis.

Santo Tomás não trata dessa objeção e seria um anacronismo absurdo esperar que discutisse e respondesse à crítica kantiana à metafísica. No entanto, assinala que, embora a partir da consideração de efeitos que não são proporcionais à causa não possamos obter um conhecimento perfeito dessa causa, podemos vir a saber que ela existe. Podemos argumentar, a partir de um efeito, pela existência da causa, e se o efeito é de tal sorte que pode proceder apenas de certo tipo de causa, podemos argumentar legitimamente pela existência de uma causa desse tipo. (A palavra "efeito" não deve ser tomada como se ela própria já colocasse a questão, com uma *petitio principii*: Santo Tomás argumenta a partir de certos fatos a respeito do mundo e argumenta que esses fatos exigem uma explicação ontológica suficiente. É verdade, obviamente, que pressupõe que o princípio da causalidade não é puramente subjetivo ou aplicável apenas dentro da esfera dos "fenômenos", no sentido kantiano. No entanto está perfeitamente consciente de que se deve mostrar que os objetos sensíveis são efeitos, no sentido de que não contêm em si mesmos sua própria explicação ontológica suficiente).

Com razão, de um tomista moderno que quisesse expor e defender a teologia natural do santo à luz do pensamento filosófico pós-medieval se esperaria que dissesse algo a fim de justificar a razão especulativa, a metafísica. Mesmo se considerasse que o ônus da prova recai fundamentalmente sobre o adversário da metafísica, não poderia negligenciar o fato de que a legitimidade e mesmo a importância de argumentos e conclusões metafísicos foram desafiadas, e estaria obrigado a enfrentar esse desafio. Não posso ver, no entanto, como se poderia esperar legitimamente que um historiador da filosofia medieval em geral tratasse de Santo Tomás como se fosse um filósofo contemporâneo e plenamente ciente não apenas da crítica kantiana da razão especulativa, mas também da postura em relação à metafísica adotada pelos positivistas lógicos. Não obstante, é verdade que a teoria tomista do conhecimento fornece, ao menos aparentemente, uma forte objeção contra a teologia natural. De acordo com Santo Tomás, o objeto próprio do intelecto humano é a *quidditas*, ou essência, do objeto material. O intelecto parte dos objetos sensíveis, conhece com dependência do fantasma e é proporcionado, em razão do seu estado de união com o corpo, aos objetos sensíveis. Santo Tomás não admite idéias inatas nem precisou recorrer a qualquer conhecimento intuitivo de Deus e, se alguém aplica o princípio estritamente aristotélico de que não há nada no intelecto que não tenha estado antes nos sentidos (*Nihil in intellectu quod non prius fuerit in sensu*), pode muito bem parecer que o intelecto humano está confinado nos limites do conhecimento dos objetos corpóreos e não pode, em razão de sua natureza, ou ao menos de seu estado presente, transcendê-los. Como essa objeção surge da doutrina do próprio Tomás, é relevante investigar se o santo tentou enfrentá-la e, se sim, como a enfrentou. Tratarei da teoria tomista do conhecimento mais tarde;[260] mas farei de imediato uma breve exposição sobre o que parece ser a posição de Santo Tomás a respeito desse ponto, sem desenvolvê-la ou fazer referências.

Os objetos, espirituais ou corpóreos, são cognoscíveis apenas na medida em que participam do ser, em que existem em ato, e o intelecto enquanto tal é a faculdade de apreender o ente. Considerado simplesmente em si mesmo, portanto, o intelecto tem como seu objeto todo ente; o objeto primário do intelecto é o ente. O fato, porém, de que um tipo particular de intelecto — o intelecto humano — está unido ao corpo e depende dos sentidos para sua operação, significa que este deve começar pelas coisas sensíveis e que, falando em termos naturais, somente pode vir a conhecer um objeto que transcende as coisas sensíveis (a consideração do autoconhecimento é omitida aqui) na medida em que os objetos sensíveis guardam uma relação com aquele objeto e a manifestam. Devido ao fato de que o intelecto humano está unido ao corpo, o seu objeto natural e próprio, proporcionado ao seu estado presente, é o objeto corpóreo. No entanto, isso não elimina a orientação primária do intelecto ao ente em geral e, se os objetos corpóreos mantêm uma relação discernível com um objeto que os transcende, o intelecto pode vir a saber que tal objeto existe. Além disso, na medida em que os objetos materiais revelam características do Transcendente, o intelecto pode alcançar algum conhecimento da sua natureza. Contudo, tal conhecimento não pode ser adequado ou perfeito, uma vez que os objetos sensíveis não podem revelar adequada ou perfeitamente a natureza do Transcendente.

---

[260] V. cap. XXXVIII.

Do nosso conhecimento natural da natureza de Deus falarei mais tarde;[261] baste por ora assinalar aqui que, quando Santo Tomás diz que o objeto corpóreo é o objeto natural do intelecto humano, ele está dizendo que o intelecto humano, no seu presente estado, está orientado à essência do objeto corpóreo, mas que, assim como a condição de união ao corpo do intelecto humano não elimina seu caráter fundamental de intelecto, do mesmo modo sua orientação, em razão de seu estado de união ao corpo, ao objeto corpóreo não elimina a sua orientação fundamental ao ente em geral. Portanto, pode-se alcançar algum conhecimento natural de Deus, na medida em que os objetos corpóreos se relacionam com Ele e O revelam. No entanto, esse conhecimento é necessariamente imperfeito e inadequado e não pode ter um caráter intuitivo.

4. A primeira das cinco provas da existência de Deus fornecidas por Santo Tomás é aquela que parte do movimento, que é encontrada em Aristóteles[262] e foi utilizada por Maimônides e por Santo Alberto. Sabemos, pela percepção sensível, que algumas coisas no mundo são movidas, que o movimento é um fato. O movimento é aqui entendido no sentido amplo aristotélico de redução da potência ao ato, e Santo Tomás, seguindo Aristóteles, argumenta que algo não pode ser reduzido da potência ao ato exceto por outra coisa que já esteja em ato. Nesse sentido, "tudo o que é movido é movido por outro". Se o outro também é movido, deve ser movido por outro ainda. Como uma série infinita é impossível, devemos chegar, por fim, a um motor imóvel, o primeiro motor, "e todos entendem que este é Deus".[263] Esse argumento é chamado por Santo Tomás de *manifestior via*.[264] Na *Summa contra Gentiles*,[265] desenvolve o argumento consideravelmente.

A segunda prova, que é sugerida pelo segundo livro da *Metafísica*[266] de Aristóteles e que foi usada por Avicena, Alan de Lille e Santo Alberto, também parte do mundo sensível, mas desta vez pela ordem, ou série, de causas eficientes. Nada pode ser a causa de si mesmo, pois, para que fosse assim, deveria existir antes de si próprio. Por outro lado, é impossível regredir infinitamente na série de causas eficientes; portanto, deve haver uma primeira causa eficiente, "que todos os homens chamam Deus".

A terceira prova, que Maimônides tomou de Avicena e desenvolveu, parte do fato de que alguns entes vêm a existir e perecem, o que mostra que podem ser e não ser, que são contingentes e não necessários, uma vez que, se fossem necessários, teriam sempre existido e nunca viriam a ser nem deixariam de ser. Santo Tomás argumenta, então, que deve haver um ente necessário que seja a razão pela qual os entes contingentes vêm a existir. Se não houvesse nenhum ente necessário, nada existiria.

---

[261] V. cap. XXXV.
[262] *Metafísica*, l. XII; *Física*, l. VIII.
[263] *S. T.*, Ia, q. 2, art. 3, in corpore.
[264] Ibid.
[265] 1, 13.
[266] C. 2.

Há muitas observações que devem ser feitas, embora com bastante brevidade, com relação a essas três provas. Em primeiro lugar, quando Santo Tomás diz que uma série infinita é impossível — e esse princípio é utilizado em todas as três provas — não está pensando em uma série se estendendo para trás no tempo, em uma série "horizontal", por assim dizer. Não está dizendo, por exemplo, que porque uma criança deve a sua vida aos seus pais, e os seus pais aos seus, e assim por diante, deve haver um par original, que não tinha pais, mas que foi criado diretamente por Deus. Santo Tomás não julgava ser possível provar filosoficamente que o mundo não foi criado desde a eternidade: ele admite a possibilidade abstrata da criação do mundo desde a eternidade, e isso não pode ser admitido sem que a possibilidade de uma série sem início seja admitida ao mesmo tempo. O que Santo Tomás nega é a possibilidade de uma série infinita na ordem de causas dependentes em ato, de uma série "vertical" infinita. Suponha-se que o mundo tenha, de fato, sido criado desde a eternidade. Haveria uma série horizontal, ou histórica, infinita, mas toda a série consistiria em entes contingentes, pois o fato de não ter um início não a torna necessária. Toda a série, portanto, deve depender de algo exterior a si. Caso, porém, se suba sem nunca chegar a um fim, não se terá uma explicação para a existência da série. Deve-se concluir pela existência de um ente que não seja, ele próprio, dependente.

Em segundo lugar, o exame das observações precedentes mostrará que a chamada série matemática infinita não tem nada que ver com as provas tomistas. Não é a possibilidade de uma série infinita enquanto tal que Santo Tomás nega, mas a possibilidade de uma série infinita na ordem ontológica da dependência. Em outras palavras: Santo Tomás nega que o movimento e a contingência do mundo que é objeto da nossa experiência possam carecer de uma explicação ontológica última e adequada.

Em terceiro lugar, pode parecer arrogante da parte de Santo Tomás presumir que o Motor imóvel, a primeira causa ou o ente necessário seja o que chamamos "Deus". Obviamente, se algo existe, deve haver um ente necessário. O pensamento deve levar-nos a essa conclusão, a não ser que se rejeite completamente a metafísica. Entretanto, não é tão óbvio que o ente necessário deve ser o ente pessoal que chamamos "Deus". Que argumentos puramente filosóficos não nos levem à noção revelada de Deus em sua inteireza não exige maior elaboração. No entanto, mesmo deixando-se de lado a inteireza da noção de Deus revelada por Cristo e pregada pela Igreja, dão-nos os argumentos puramente filosóficos alguma noção de um ente pessoal? A crença de Santo Tomás em Deus porventura o levou a encontrar mais coisas na conclusão do argumento do que de fato havia? Estando à procura de argumentos para provar a existência do Deus no qual ele cria, por acaso não foi precipitado ao identificar o primeiro motor, a primeira causa e o ente necessário com o Deus da Cristandade e da experiência religiosa, o ente pessoal para o qual os homens rezam? Penso que devemos reconhecer que as frases acrescentadas por Santo Tomás às provas dadas na *Summa Theologica* (*"et hoc omnes intelligunt Deum"*, *"causam efficientem primam quam omnes Deum nominant*", "*quod omnes dicunt Deum*") constituem, se consideradas isoladamente, uma conclusão precipitada. Todavia, deixando-se de lado o fato de que a *Summa Theologica* é um resumo e (principalmente) um livro-texto teológico, essas frases não devem ser tomadas isoladamente. Por exemplo, a prova resumida da existência de um ente necessário não contém nenhum argumento explícito para mostrar se esse ente é material ou imaterial, de modo a poder parecer faltar justificativa suficiente à observação feita ao final da prova de que esse ente é o que todos os homens chamam Deus. Contudo, no primeiro artigo da questão seguinte, Santo Tomás pergunta se Deus é material, um corpo, e argumenta que não é. Essas frases, portanto, devem ser entendidas como expressões do fato de que Deus é reconhecido por todos aqueles que crêem n'Ele como sendo a causa primeira, o ente necessário, não como uma supressão injustificável de argumentações adicionais. Seja como for, as provas são fornecidas por Santo Tomás simplesmente em linhas gerais: não é como se ele tivesse em mente compor um tratado contra ateus professos. Se tivesse que lidar com marxistas, teria, sem dúvida, tratado das provas de maneira diferente, ou ao menos de uma maneira mais elaborada e desenvolvida. Do modo como as coisas estão postas, o seu interesse principal é fornecer provas dos *preambula fidei*. Mesmo na *Summa contra Gentiles*, o santo não estava lidando fundamentalmente com ateus, mas antes com maometanos, que criam firmemente em Deus.

5. A quarta prova é sugerida por algumas observações de Aristóteles na *Metafísica*[267] e é encontrada substantivamente em Santo Agostinho e Santo Anselmo. Parte dos graus de perfeição, da bondade, da verdade etc., nas coisas deste mundo, que nos permitem fazer juízos comparativos como "isto é mais belo que aquilo", "isto é melhor que aquilo". Supondo-se que tais juízos têm fundamento objetivo, Santo Tomás argumenta que os graus de perfeição implicam necessariamente a existência do melhor de todos, do mais verdadeiro de todos etc., que também deve ser o ente supremo (*maxime ens*).

Até aqui, o argumento leva-nos apenas ao relativamente melhor. Se é possível estabelecer que existem efetivamente graus de verdade, de bondade e ser — uma hierarquia do ser —, então deve haver um ente ou vários entes que são comparativa ou relativamente supremos. No entanto, isso não é suficiente para provar a existência de Deus, e Santo Tomás prossegue argumentando que o que é supremo em bondade, por exemplo, deve ser a causa da bondade em todas as coisas. Além disso, na medida em que a bondade, a verdade e o ser são conversíveis, deve haver um ente supremo que é a causa do ser, da bondade, da verdade e, portanto, de toda perfeição em todos os outros entes; *et hoc dicimus Deum*.

Como o ponto de chegada do argumento é um ente que transcende todos os objetos sensíveis, as perfeições em questão obviamente só podem ser aquelas perfeições que são capazes de subsistir por si mesmas, perfeições puras que não envolvem nenhuma relação necessária com a extensão ou a quantidade.

---

[267] 2, 1; 4, 4.

O argumento tem origem platônica e pressupõe a idéia de participação. Entes contingentes não possuem seu ser em si mesmos, nem sua bondade ou sua verdade ontológica; recebem essas perfeições e participam delas. A causa última da perfeição deve ser perfeita em si mesma: não pode receber sua perfeição de outro, mas deve ser sua própria perfeição; são o ser e a perfeição auto-subsistentes. O argumento consiste, portanto, na aplicação dos princípios já empregados nas provas precedentes às puras perfeições. Não é realmente um afastamento em relação ao espírito geral das outras provas, a despeito de sua proveniência platônica. Uma das principais dificuldades a seu respeito é mostrar que há graus objetivos de ser e perfeição antes de mostrar que existe efetivamente um ente que é a Perfeição absoluta e auto-subsistente.

6. A quinta via é a prova teleológica, pela qual Kant tinha respeito considerável em razão de sua antigüidade, clareza e persuasividade, embora, em consonância com os princípios da *Kritik der reiner Vernunft*, recusava-se a reconhecer seu caráter demonstrativo.

Santo Tomás argumenta que observamos corpos inorgânicos operarem para um fim e que, como isso acontece sempre ou com muita freqüência, não pode proceder do acaso, mas deve ser resultado de uma intenção. Ora, os corpos inorgânicos não têm conhecimento: portanto, não podem tender a um fim a não ser que sejam dirigidos por alguém que seja inteligente e possuidor de conhecimento, como "a flecha é direcionada pelo arqueiro". Portanto, existe um ente inteligente, pelo qual todas as coisas naturais são dirigidas a um fim; *et hoc dicimus Deum*. Na *Summa contra Gentiles*, o santo expõe o argumento de maneira ligeiramente diferente, argumentando que, quando muitas coisas com qualidades diferentes e mesmo contrárias cooperam para a realização de uma ordem, isso deve proceder de uma causa inteligente, ou Providência; *et hoc dicimus Deum*. Se a prova fornecida na *Summa Theologica* acentua a finalidade interna do objeto inorgânico, a fornecida na *Summa contra Gentiles* enfatiza antes a cooperação de muitos objetos para a realização de uma ordem ou harmonia universal. Por si mesma, a prova leva a um Projetista, Governante ou Arquiteto do universo, como Kant observou. É preciso haver mais argumentação para mostrar que esse Arquiteto não é apenas um "Demiurgo", mas também é o Criador.

7. As provas foram apresentadas mais ou menos da mesma maneira firme e sucinta que Santo Tomás as apresenta. Com exceção da primeira prova, que é elaborada com certa minúcia na *Summa contra Gentiles*, as provas são fornecidas em linhas muito gerais, tanto na *Summa Theologica* como na *Summa contra Gentiles*. Não se fez nenhuma menção, contudo, às ilustrações físicas, a nosso ver um tanto infelizes, como quando diz que o fogo é a causa de todas as coisas quentes, uma vez que essas ilustrações são efetivamente irrelevantes para a validade ou invalidade das provas enquanto tais. O discípulo moderno de Santo Tomás naturalmente não apenas deve desenvolver as provas com muito mais detalhe e considerar dificuldades e objeções que dificilmente poderiam ter

ocorrido a Santo Tomás, como também deve justificar os próprios princípios nos quais se apóiam as linhas gerais dos argumentos. Assim, com respeito à quinta prova dada por Santo Tomás, o tomista moderno deve dar conta das teorias recentes que tentam tornar inteligível a gênese da ordem e da finalidade no universo sem recurso à hipótese de qualquer agente espiritual distinto do universo, enquanto, com respeito a todas as provas, deve não apenas enfrentar a crítica kantiana, para justificar a linha de argumentação em que se apóia, mas também mostrar, contra os positivistas lógicos, que a palavra "Deus" é dotada de significado. Não é, porém, tarefa do historiador desenvolver as provas tais como seriam desenvolvidas hoje, nem justificá-las. A maneira como Santo Tomás expõe as provas talvez possa deixar o leitor insatisfeito. No entanto, deve-se lembrar que Santo Tomás era fundamentalmente um teólogo e, como já mencionado, não estava tão preocupado em tratar exaustivamente das provas quanto com provar, de maneira sumária, os *preambula fidei*. Faz uso, portanto, das provas tradicionais que tinham ou pareciam ter alguma sustentação em Aristóteles e que tinham sido empregadas por alguns de seus predecessores.

Santo Tomás fornece cinco provas e, entre essas cinco, dá certa preferência à primeira, ao menos na medida em que a chamava de *via manifestior*. Todavia, o que quer que possamos pensar a respeito dessa afirmação, a prova fundamental é realmente a terceira prova, ou "via" — a que parte da contingência. Na primeira prova, o argumento da contingência é aplicado ao fato particular do movimento, ou mudança; na segunda prova, à ordem da causalidade, ou da produção causal; na quarta via, aos graus de perfeição; na quinta via, à finalidade, à cooperação dos objetos inorgânicos para o atingimento de uma ordem cósmica. O argumento da contingência baseia-se no fato de que tudo deve ter sua razão suficiente, a razão por que existe. A mudança, ou movimento, deve ter sua razão suficiente em um motor imóvel; a série de causas e efeitos secundários, em uma causa incausada; a perfeição limitada, na perfeição absoluta; a finalidade e a ordem na natureza, em uma inteligência, ou projetista. A "interioridade" das provas da existência de Deus fornecidas por Santo Agostinho ou São Boaventura está ausente nas cinco vias de Santo Tomás. No entanto, seria possível aplicar os princípios gerais ao eu, caso se desejasse. Como estão efetivamente postas, pode-se dizer que as cinco vias de Santo Tomás são uma explicitação das palavras do Livro da Sabedoria[268] e de São Paulo na Epístola aos Romanos[269] de que Deus pode ser conhecido a partir de Suas obras, como algo que as transcende.

---

[268] Cap. 13.
[269] Cap. 1.

CAPÍTULO XIV

Santo Tomás de Aquino — v: a natureza de Deus

A via negativa — A via afirmativa — Analogia — Tipos de analogia — Uma dificuldade — As idéias divinas — Ausência de distinção real entre os atributos divinos — Deus como a existência em si mesma.

1. Uma vez estabelecido que o ente necessário existe, parece natural proceder à investigação da natureza de Deus. É muito insatisfatório conhecer simplesmente que um ente necessário existe, se não podemos conhecer também que tipo de ente ele é. Mas uma dificuldade surge imediatamente. Não temos nesta vida a intuição da essência divina. Dependemos, para conhecer, da percepção sensível, e as idéias que formamos derivam da nossa experiência das criaturas. Também a linguagem é feita para exprimir essas idéias e, portanto, refere-se fundamentalmente à nossa experiência, e pareceria ter referência objetiva apenas dentro da esfera dessa mesma experiência. Como, então, podemos vir a conhecer um ente que transcende a experiência sensível? Como podemos formar idéias que exprimem, como quer que seja, a natureza de um ente que transcende o espectro da nossa experiência, o mundo das criaturas? Como podem as palavras da linguagem humana ser aplicáveis, seja como for, ao ente divino?

Santo Tomás estava ciente dessa dificuldade e, de fato, toda a tradição da filosofia cristã, que tinha sofrido a influência dos escritos do Pseudo-Dionísio, ele próprio influenciado pelo neoplatonismo, teria ajudado, se sua ajuda fosse necessária, a preveni-lo de incorrer num excesso de confiança na capacidade da razão humana de penetrar a essência divina. O racionalismo do tipo hegeliano era absolutamente estranho ao seu pensamento, e vemo-lo dizer que não podemos vir a saber de Deus *quid sit* — o que Ele é (Sua essência) —, mas apenas *an sit* ou *quod sit* — que Ele é (Sua existência). Essa afirmação, se tomada isoladamente, pareceria implicar num completo agnosticismo a respeito da natureza divina, mas não é isso o que Santo Tomás pretende dizer, e a afirmação deve ser interpretada segundo sua doutrina geral e sua explicação dela. Assim, na *Summa contra Gentiles*,[270] diz que "a substância divina excede por sua imensidão toda forma que nosso intelecto alcança; por conseguinte, não podemos apreendê-la conhecendo o que é, mas temos alguma noção dela vindo a saber o que ela não é". Por exemplo, chegamos ao conhecimento de algo a respeito de Deus quando reconhecemos que Ele não é, nem pode ser, uma substância corpórea. Negando

---
[270] 1, 14.

a corporeidade, formamos alguma noção da Sua natureza, pois sabemos que Ele não é um corpo, embora isso não nos dê uma idéia positiva do que é a substância divina em si mesma, e quanto mais predicados podemos negar de Deus dessa forma, tanto mais nos aproximamos de um conhecimento d'Ele.

Essa é a famosa *via remotionis*, ou *via negativa*, tão cara a Pseudo-Dionísio e a outros escritores cristãos que tinham sido fortemente influenciados pelo neoplatonismo. No entanto, Santo Tomás acrescenta uma observação muito útil a respeito da via negativa.[271] No caso de uma substância criada — diz — que podemos definir, nós, em primeiro lugar, indicamos seu gênero, pelo qual sabemos o que ela é em geral, e então acrescentamos a diferença pela qual ela se distingue das outras coisas. No caso de Deus, porém, não podemos lhe atribuir um gênero, pois Ele transcende todos os gêneros, e, portanto, não podemos distingui-Lo dos outros entes por diferenças positivas (*per afirmativas differentias*). Não obstante, embora não possamos chegar a uma idéia clara da natureza de Deus do mesmo modo pelo qual chegamos a uma idéia clara da natureza humana, isto é, por uma sucessão de diferenciações positivas, ou afirmativas, como o ser vivo, sensitivo ou animal, racional, podemos chegar a formar alguma noção da Sua natureza pela via negativa, por uma sucessão de diferenciações negativas. Por exemplo, se dizemos que Deus não é um acidente, distinguimo-Lo de todos os acidentes; se dizemos que Ele não é corpóreo, distinguimo-Lo de algumas substâncias. Procedemos assim até que obtenhamos uma idéia de Deus que pertence somente a Ele (*propria consideratio*) e que basta para distingui-Lo de todos os outros entes.

Todavia, deve-se ter em mente que, quando predicados são negados de Deus, não o são porque Ele careça de qualquer perfeição expressa por aquele predicado, mas porque excede infinitamente em riqueza aquela perfeição limitada. Nosso conhecimento natural tem seu ponto de partida no sentido, e se estende até onde pode ser levado com a ajuda dos objetos sensíveis.[272] Como os objetos sensíveis são criaturas de Deus, podemos vir a saber que Deus existe, mas não podemos alcançar por meio deles nenhum conhecimento adequado de Deus, uma vez que são efeitos que não são perfeitamente proporcionados ao poder divino. Entretanto, podemos vir a saber d'Ele o que é forçoso ser verdadeiro a Seu respeito precisamente enquanto causa de todos os objetos sensíveis. Enquanto sua causa, transcende-os e não é nem pode ser um objeto sensível. Podemos, portanto, negar d'Ele todos os predicados que estão vinculados à corporeidade ou que são inconsistentes com o fato de Ele ser a causa primeira e o ente necessário. Contudo, *haec non removentur abe o propter ejus defectum, sed quia superexcedit*.[273] Se dissermos, portanto, que Deus não é corpóreo, não pretendemos dizer que Deus é menos que um corpo, que Ele *carece* da perfeição envolvida em ser um corpo, mas antes que Ele é *mais que* um corpo, que Ele

---

[271] *Contra Gent.*, 1, 14.
[272] S. T., Ia, q. 12, art. 12, in corpore.
[273] S. T., Ia, q. 12, art. 12, in corpore.

não possui nenhuma das imperfeições necessariamente envolvidas em ser uma substância corpórea.

Argumentando por meio da via negativa, Santo Tomás mostra que Deus não pode ser corpóreo, por exemplo, pois o Motor Imóvel e ente necessário deve ser ato puro, ao passo que toda substância corpórea está em potência. Novamente, não pode haver composição em Deus, seja de matéria e forma ou de substância e acidente ou de essência e existência. Se houvesse composição de essência e existência, por exemplo, Deus deveria Sua existência a outro ente, o que é impossível, uma vez que Deus é a causa primeira. Não pode haver, enfim, nenhuma composição em Deus, pois isso seria incompatível com o fato de ser a primeira causa, o ente necessário, o ato puro. Expressamos a ausência de composição pela palavra positiva "simplicidade", mas a idéia da simplicidade divina é alcançada removendo de Deus toda forma de composição que é encontrada nas criaturas, de modo que "simplicidade" significa aqui ausência de composição. Não podemos formar uma idéia adequada da simplicidade divina, tal como é em si mesma, uma vez que transcende a nossa experiência: sabemos, contudo, que está no pólo oposto, por assim dizer, da simplicidade, ou simplicidade comparativa, das criaturas. Nas criaturas, observamos que, quanto mais complexa é uma substância, tanto mais elevada, como o homem é mais elevado que uma ostra. Contudo, a simplicidade de Deus significa que Ele possui a plenitude do Seu ser e de Sua perfeição em um único ato eterno e indiviso.

De maneira semelhante, Deus é infinito e perfeito, uma vez que o Seu *esse* não é algo recebido e limitado, mas é auto-subsistente. Ele é imutável, pois o ente necessário é, forçosamente, tudo o que é e não pode sofrer mudança. É eterno, pois o tempo implica mudança e, no ente imutável, não pode haver mudança. É uno, pois é simples e infinito. A rigor, porém — diz Santo Tomás — Deus não é eterno, mas é a própria eternidade, pois Ele é o Seu próprio *esse* subsistente em um único ato indiviso. É desnecessário percorrer todos os vários atributos de Deus que podem ser conhecidos pela via negativa. Basta ter dado alguns exemplos para mostrar como, depois de provar a existência de Deus enquanto Motor imóvel, causa primeira e ente necessário, Santo Tomás então passa a remover de Deus, a negar de Deus, todos aqueles predicados das criaturas que são incompatíveis com o caráter de Deus enquanto Motor imóvel, causa primeira e ente necessário. Não pode haver em Deus corporeidade, composição, limitação, imperfeição, temporalidade etc.

2. Predicados ou nomes como "imutável" e "infinito" sugerem, por sua própria forma, uma associação com a via negativa, sendo imutável equivalente a não mutável e infinito a não finito. No entanto, há outros predicados aplicados a Deus que não sugerem tal associação, como bom, sábio etc. Além disso, enquanto um predicado negativo — diz Santo Tomás[274] — refere-se diretamente não à substância divina, mas à "remoção" de algo da substância divina, isto é, à negação da aplicabilidade de algum predicado a Deus, há predicados ou

---

[274] *S. T.*, 1a, q. 13, art. 2, in corpore.

nomes positivos que são predicados da substância divina afirmativamente. Por exemplo, o predicado "não-corpóreo" nega a corporeidade de Deus, remove-a d'Ele, ao passo que o predicado "bom" ou "sábio" se predica afirmativa e diretamente da substância divina. Há, portanto, uma via afirmativa, ou positiva, em acréscimo à via negativa. Mas como isso se justifica, se essas perfeições — a bondade, a sabedoria etc. — são experimentadas por nós tais como existem nas criaturas, e se as palavras que usamos para exprimir essas perfeições exprimem as idéias que depreendemos dessas criaturas? Não estamos aplicando a Deus idéias e palavras que não são aplicáveis senão dentro do campo da experiência? Porventura não esbarramos no seguinte dilema: ou estamos predicando de Deus predicados que se aplicam somente às criaturas e, nesse caso, nossas afirmações sobre Deus são falsas; ou estamos esvaziando os predicados da sua referência às criaturas e, nesse caso, eles carecem de conteúdo, uma vez que são derivados da nossa experiência e a exprimem?

Em primeiro lugar, Santo Tomás defende que, quando predicados afirmativos se predicam de Deus, se predicam positivamente da natureza divina, ou substância. Não admitirá a opinião daqueles que, como Maimônides, fazem todos os predicados de Deus equivalerem a predicados negativos, nem a opinião daqueles que dizem que "Deus é bom" ou "Deus é vivo", que significa simplesmente "Deus é a causa de toda a bondade" ou "Deus é a causa da vida". Quando dizemos que Deus é vivo ou que Deus é a vida, não queremos dizer apenas que Deus não é não-vivo: a afirmação de que Deus é vivo tem um grau de afirmatividade que falta à afirmação de que Deus não é um corpo. Tampouco aquele que afirma que Deus é vivo quer dizer que Deus é a causa da vida, de todas as coisas vivas: quer dizer algo positivo sobre o próprio Deus. Mais uma vez: se a afirmação de que Deus é vivo não significa nada além de que Deus é a causa de todas as coisas vivas, poderíamos dizer também que Deus é corpo, porque Ele é a causa de todos os corpos. E, no entanto, não dizemos que Deus é corpo, mas dizemos que Deus é vivo, e isso mostra que a afirmação de que Deus é vivo significa algo além de que Deus é a causa da vida, e que uma afirmação positiva está sendo feita a respeito da substância divina.

Por outro lado, nenhuma das idéias positivas pelas quais concebemos Deus representa Deus perfeitamente. Nossas idéias sobre Deus representam Deus até onde o nosso intelecto pode conhecê-Lo. Contudo, conhecemo-Lo por meio dos objetos sensíveis, na medida em que esses objetos representam, ou espelham, Deus, de modo que, na medida em que as criaturas representam-No, ou espelham-No, imperfeitamente, nossas idéias, derivadas da nossa experiência do mundo natural, somente podem representar a Deus imperfeitamente. Quando dizemos que Deus é bom, ou vivente, queremos dizer que Ele contém, ou antes, é a perfeição da bondade ou da vida, mas de uma maneira que excede e exclui todas as imperfeições e limitações das criaturas. Com relação *ao que é predicado* (a bondade, por exemplo), o predicado afirmativo que predicamos de Deus significa uma perfeição sem qualquer defeito; com relação, porém, ao *modo de predicá-lo*, todo predicado envolve um defeito, pois pela palavra (*nomen*) exprimimos algo do modo como é concebido pelo intelecto. Segue-se, portanto, que predicados desse tipo podem, conforme observado por Pseudo-Dionísio, ser tanto afirmados como negados de Deus: afirmados *propter nominis rationem*, negados *propter significandi modum*. Por exemplo, se afirmamos que Deus é a sabedoria, essa afirmativa é verdadeira com relação à perfeição enquanto tal; se, porém, queremos dizer que Deus é a sabedoria no sentido preciso em que experimentamos a sabedoria, seria falso. Deus é sábio, mas Ele é a sabedoria em um sentido que transcende a nossa experiência. Ele não possui a sabedoria como uma qualidade ou forma que exista n'Ele. Dito de outro modo: afirmamos de Deus a essência da bondade ou da vida de modo "supereminente" e negamos de Deus as imperfeições que dizem respeito à sabedoria humana, à sabedoria tal como a experimentamos.[275] Quando, portanto, dizemos que Deus é bom, isso não significa que Deus é a causa da bondade ou que Deus não é mau, mas que aquilo que chamamos de bondade nas criaturas pré-existe em Deus *secundum modum altiorem*. Disso não se segue que a bondade pertença a Deus na medida em que Ele causa a bondade, mas antes que, por ser bom, Ele difunde a bondade nas coisas, conforme as palavras de Agostinho: "Porque Ele é bom, nós existimos".[276]

3. A conclusão das considerações precedentes é, portanto, que não podemos conhecer nesta vida a essência divina tal como é em si mesma, mas apenas como está representada nas criaturas, de modo que os nomes que aplicamos a Deus significam as perfeições manifestadas nas criaturas. Desse fato devem-se extrair importantes conclusões, a primeira das quais sendo que os nomes que aplicamos a Deus e às criaturas não devem ser compreendidos em um sentido unívoco. Por exemplo, quando dizemos que um homem é sábio e que Deus também o é, o predicado "sábio" não deve ser compreendido em um sentido unívoco, isto é, exatamente no mesmo sentido. Nosso conceito de sabedoria é tomado das criaturas, e, se aplicássemos esse mesmo conceito a Deus, estaríamos dizendo algo falso a Seu respeito, uma vez que Deus não é nem pode ser sábio exatamente no mesmo sentido em que um homem é sábio. Por outro lado, os nomes que aplicamos a Deus não são puramente equívocos, isto é, não têm um significado completamente diferente daquele que carregam quando aplicados às criaturas. Se fossem puramente equívocos, deveríamos concluir que não podemos adquirir nenhum conhecimento de Deus a partir das criaturas. Se a sabedoria predicada do homem e a sabedoria predicada de Deus significassem algo completamente diferente, o termo "sábio", quando aplicado a Deus, não teria nenhum conteúdo, nenhuma significação, uma vez que o nosso conhecimento da sabedoria é tomado das criaturas e não se baseia na experiência direta da sabedoria divina. Obviamente, pode-se objetar que, embora seja verdade que, se os termos predicados de Deus fossem usados em sentido equívoco, não saberíamos nada

---

[275] *Contra Gent.*, 1, 30.
[276] *S. T.*, 1a, q. 13, art. 2.

sobre Deus a partir das criaturas. Contudo, a insistência de Santo Tomás em que podemos conhecer algo de Deus a partir das criaturas baseia-se no fato de que elas, enquanto efeitos de Deus, devem manifestar Deus, embora apenas possam fazê-lo imperfeitamente.

Ainda assim, se os conceitos derivados da nossa experiência das criaturas e aplicados a Deus não são usados nem em sentido unívoco, nem em sentido equívoco, em que sentido são usados? Há um meio-termo? Santo Tomás responde que são usados em sentido analógico. Quando um atributo é predicado analogicamente de dois entes, isso significa que é predicado segundo a relação que eles têm com um terceiro ou segundo a relação que têm entre si. Como exemplo do primeiro tipo de predicação analógica, Santo Tomás dá o seu exemplo favorito, "saudável".[277] Do animal se diz "saudável" porque é ele o sujeito da saúde e a possui, enquanto do remédio se diz "saudável" porque é causa de saúde, e de uma compleição se diz "saudável" enquanto sinal de saúde. A palavra "saudável" é predicada em diferentes sentidos do animal em geral, do remédio e da compleição, de acordo com as diferentes relações que guardam quanto à saúde. No entanto, não é predicada em um sentido puramente equívoco, pois os três guardam alguma relação real com a saúde. O remédio não é saudável no mesmo sentido em que o animal é saudável, pois o termo "saudável" não é empregado univocamente, mas os sentidos nos quais é usado não são equívocos ou puramente metafóricos, como quando falamos de um "prado risonho". Esse, porém — diz Santo Tomás —, não é o modo pelo qual predicamos certos atributos de Deus e das criaturas, pois Deus e as criaturas não têm nenhuma relação com um terceiro objeto. Predicamos atributos de Deus e das criaturas, na medida em que a criatura tem uma relação real com Deus. Quando, por exemplo, predicamos o "ser" de Deus e das criaturas, atribuímos o "ser" de modo primário e preeminente a Deus, como o ser subsistente, e de modo secundário às criaturas, enquanto dependem de Deus. Não podemos predicar o "ser" univocamente de Deus e das criaturas, uma vez que não possuem o ser no mesmo sentido, nem predicamos o ser de modo puramente equívoco, uma vez que as criaturas têm um ser, embora o seu ser não seja como o ser divino, mas seja dependente, seja o ser por participação.

Com respeito ao significado das palavras que aplicamos a Deus e às criaturas, este é atribuído primariamente a Deus e apenas secundariamente às criaturas. O ser, como vimos, pertence essencialmente a Deus, ao passo que não pertence essencialmente às criaturas, mas apenas com dependência de Deus. É ser, mas é um tipo diferente de ser em relação ao ser divino, pois é recebido, derivado, dependente, finito. Não obstante, embora a coisa significada seja atribuída primariamente a Deus, o nome é predicado primariamente das criaturas. A razão disso é que conhecemos as criaturas antes de conhecer a Deus; assim, como o nosso conhecimento da sabedoria, por exemplo, é derivado das criaturas, e a palavra primariamente denota o conceito derivado da nossa experiência das

---

[277] *Contra Gent.*, 1, 34; *S. T.*, ia, q. 13, art. 5.

criaturas, a idéia da sabedoria e a palavra são predicadas primariamente das criaturas e, por analogia, de Deus, em que pese, na realidade, a sabedoria em si mesma — a coisa significada — pertença primariamente a Deus.

4. A predicação analógica funda-se na semelhança. No *De Veritate*,[278] Santo Tomás distingue a semelhança de proporção (*convenientia proportionis*) da semelhança de proporcionalidade (*convenientia proportionalitatis*). Entre o número 8 e o número 4 há uma semelhança de proporção, ao passo que entre as proporções de 6 para 3 e de 4 para 2 há uma semelhança de proporcionalidade, isto é, uma semelhança ou similaridade de duas proporções uma para com a outra. Ora, a predicação analógica em sentido geral pode ser feita de acordo com ambos os tipos de semelhança. A predicação do ser com respeito à substância criada e ao acidente, cada uma das quais tendo uma relação com a outra, é um exemplo de predicação analógica segundo uma proporção, ao passo que a predicação da visão com respeito à visão ocular e à visão intelectual é um exemplo de predicação analógica segundo uma proporcionalidade. O que a visão corporal é para o olho, a apreensão ou visão intelectual é para a mente. Há certa semelhança entre a relação do olho com a sua visão e a relação da mente com a sua apreensão intelectual, uma semelhança que nos permite falar de "visão" em ambos os casos. Nos dois casos, não aplicamos a palavra "visão" nem de maneira unívoca, nem de maneira puramente equívoca, mas analogicamente.

Ora, é impossível predicar qualquer coisa analogicamente de Deus e das criaturas da mesma forma que é possível predicar o ser da substância e do acidente, pois Deus e as criaturas não têm nenhuma relação real mútua. As criaturas têm uma relação real com Deus, mas Deus não tem uma relação real com as criaturas. Tampouco Deus está incluído na definição de qualquer criatura, do mesmo modo como a substância está incluída na definição do acidente. Não se segue, no entanto, que não possa haver analogia de proporção entre Deus e as criaturas. Embora Deus não esteja em relação com as criaturas segundo uma relação real, as criaturas têm uma relação real com Deus, e somos capazes de aplicar o mesmo termo a Deus e às criaturas em virtude dessa relação. Há perfeições que não estão vinculadas à matéria e que não necessariamente implicam algum defeito ou imperfeição no ente de que são predicadas. O ser, a sabedoria e a bondade são exemplos de tais perfeições. Obviamente, adquirimos o conhecimento do ser, da bondade ou da sabedoria a partir das criaturas. Contudo, não se segue que essas perfeições existem primariamente nas criaturas e apenas secundariamente em Deus, ou que são predicadas primariamente das criaturas e apenas secundariamente de Deus. Pelo contrário, a bondade, por exemplo, existe primariamente em Deus, que é a bondade infinita e a causa de toda bondade criatural, e é predicado primariamente de Deus e apenas secundariamente das criaturas, ainda que a bondade criatural chegue antes ao nosso conhecimento. A analogia de proporção é possível, portanto, em virtude da relação e da semelhança das criaturas em relação a Deus. Voltarei a esse ponto em breve.

---

[278] 2, 11, in corpore.

Há quem sustente que Santo Tomás abandonou a analogia de proporcionalidade em favor da analogia de proporção (no sentido aceitável). Contudo, isso não me parece provável. No comentário às *Sentenças*,[279] expõe ambos os tipos de analogia e, ainda que em obras posteriores, como o *De Potentia*, a *Summa contra Gentiles* e a *Summa Theologica*, pareça acentuar a analogia de proporção, isso não me parece indicar que tenha algum dia abandonado a analogia de proporcionalidade. Esse tipo de predicação analógica pode ser usado de dois modos: simbólica e propriamente. Podemos falar de Deus como "o Sol", significando que o que o sol é para o olho do corpo, Deus é para a alma; contudo, estaremos então falando simbolicamente, pois a palavra "sol" refere-se a uma coisa material e pode ser predicada de um ente espiritual apenas num sentido simbólico. Podemos dizer, porém, que há certa semelhança entre a relação de Deus com Sua atividade intelectual e a relação do homem com sua atividade intelectual e, nesse caso, não estamos falando de modo meramente simbólico, uma vez que a atividade intelectual enquanto tal é uma perfeição pura.

O fundamento de toda analogia, portanto — aquilo que torna a predicação analógica possível —, é a semelhança das criaturas em relação a Deus. Não predicamos a sabedoria de Deus simplesmente porque Deus é a causa de todas as coisas sábias, porque, se assim fosse, poderíamos de igual modo chamar Deus de pedra, enquanto causa de todas as pedras. Contudo, chamamo-Lo sábio porque as criaturas, efeitos de Deus, manifestam Deus, são semelhantes a Ele, e porque uma perfeição pura como a sabedoria pode ser predicada formalmente d'Ele. Mas em que consiste essa semelhança? Em primeiro lugar, é uma semelhança de uma via, isto é, a criatura é semelhante a Deus, mas não podemos dizer propriamente que Deus é semelhante à criatura. Deus é a medida absoluta, por assim dizer. Em segundo lugar, as criaturas são semelhantes a Deus apenas de modo imperfeito; elas não podem ter uma semelhança perfeita em relação a Ele. Isso significa que a criatura é *ao mesmo tempo* semelhante e dessemelhante a Deus. É semelhante a Deus, na medida em que é uma imitação de Deus; é dessemelhante a Deus, na medida em que a sua semelhança para com Ele é imperfeita e deficiente. A predicação analógica, portanto, situa-se entre a predicação unívoca e a predicação equívoca. Na predicação analógica, o predicado não se aplica a Deus e às criaturas nem exatamente com o mesmo sentido, nem com sentidos de todo diferentes. Aplica-se ao mesmo tempo em sentidos semelhantes e dessemelhantes.[280] Essa noção de uma semelhança e de uma diferença simultâneas é fundamental para a analogia. A noção pode — é verdade — ser ocasião de dificuldades consideráveis do ponto de vista lógico, mas seria inadequado discutir aqui as objeções dos positivistas modernos à analogia.

Santo Tomás distingue, portanto, a *analogia de proporção (analogia secundum convenientiam proportionis)* e a *analogia de proporcionalidade (analogia secundum convenientiam proportionalitatis)*. Como vimos, ele não admite,

---

[279] *In 4 Sent.*, 49, 2, 1, *ad* 6.
[280] Cf. *S. T.*, Ia, q. 13, art. 5, in corpore.

com relação a Deus e às criaturas aquela forma de analogia de proporção que é aplicável à substância e ao acidente com respeito ao ser. Pela analogia de proporção na teologia natural, quer dizer aquela forma de analogia pela qual um predicado é aplicado primariamente a um análogo — a saber, Deus — e de modo secundário e imperfeito ao outro análogo — a saber, à criatura —, em virtude da relação real e da semelhança da criatura com Deus. A perfeição atribuída aos análogos está realmente presente em ambos, mas não está presente do mesmo modo, e o mesmo predicado é usado ao mesmo tempo em sentidos que não são nem completamente diferentes, nem completamente semelhantes. A terminologia mudou desde o tempo de Santo Tomás, e esse tipo de analogia é hoje chamado analogia de atribuição. A analogia de proporcionalidade, a semelhança entre proporções, é às vezes chamada analogia de proporção, em distinção à analogia de atribuição. Contudo, nem todos os escolásticos e comentadores de Santo Tomás empregam os termos exatamente do mesmo modo.

Alguns escolásticos sustentaram que o ser, por exemplo, é predicável de Deus e das criaturas somente por analogia de proporcionalidade, não por analogia de atribuição. Sem querer entrar em uma discussão sobre o valor da analogia de proporcionalidade enquanto tal, não vejo como poderíamos saber que Deus tem qualquer perfeição a não ser pelo caminho da analogia de atribuição. Toda predicação analógica se apóia na relação real e na semelhança das criaturas com Deus, e parece-me que a analogia de proporcionalidade pressupõe a analogia de proporção, ou atribuição, bem como que esta última é a mais fundamental das duas espécies de analogia.

5. Lendo-se o que Santo Tomás tem a dizer sobre a analogia, pode parecer que está simplesmente examinando o modo como falamos de Deus, as implicações verbais e conceituais das nossas enunciações, e que não está, na verdade, afirmando nada a respeito do nosso conhecimento real de Deus. No entanto, é um princípio fundamental para Santo Tomás que as perfeições das criaturas devem ser encontradas no Criador de maneira supereminente, de maneira compatível com a infinitude e espiritualidade de Deus. Por exemplo, se Deus criou entes intelectuais, Deus deve possuir intelecto; não podemos supor que Ele é inferior ao intelectual. Além disso, um ente espiritual deve ser uma forma intelectual, conforme diz Aristóteles, e o ente espiritual infinito deve possuir uma inteligência infinita. Por outro lado, a inteligência de Deus não pode ser uma faculdade distinta da Sua essência, ou natureza, uma vez que Deus é ato puro e não um ente composto, nem pode Deus conhecer as coisas sucessivamente, uma vez que é imutável e insuscetível de determinações acidentais. Ele conhece os acontecimentos futuros em virtude de Sua eternidade, pela qual todas as coisas Lhe estão presentes.[281] Deus deve possuir a perfeição da intelectualidade, mas não podemos formar um conceito adequado acerca do que é a inteligência divina, uma vez que não temos nenhuma experiência dela. Nosso conhecimento da inteligência divina é imperfeito e inadequado, mas não é falso;

---

[281] Cf. *S. T.*, Ia, q. 14, art. 13.

é conhecimento analógico. Seria falso somente se não tivéssemos consciência da sua imperfeição e quiséssemos efetivamente atribuir a Deus a inteligência finita enquanto tal. Não podemos deixar de pensar e falar da inteligência divina em termos humanos e na linguagem humana, pois não há outra à nossa disposição, mas, ao mesmo tempo, estamos cientes de que nossos conceitos e nossa linguagem são imperfeitos. Não podemos, por exemplo, deixar de falar como se Deus "previsse" os acontecimentos futuros, mas estamos cientes de que para Deus não há passado ou futuro. De modo semelhante, devemos atribuir a Deus a perfeição do livre-arbítrio com relação a outros objetos, mas o livre-arbítrio de Deus não pode envolver mutabilidade: Ele quis livremente criar o mundo no tempo, mas quis isso livremente desde toda a eternidade, em virtude de um único ato de vontade que é idêntico à Sua essência. Portanto, não podemos formar um conceito adequado do livre-arbítrio divino, mas a relação das criaturas com Deus mostra-nos que Deus deve possuir o livre-arbítrio, e nós podemos perceber algumas das coisas que o livre-arbítrio não pode significar. Ainda assim, a realidade positiva do livre-arbítrio divino excede a nossa compreensão, justamente porque somos criaturas e não Deus. Somente Deus pode compreender a Si mesmo.

Dificilmente se pode negar, contudo, que uma dificuldade grave surge em conexão com a doutrina da analogia. Se nossa idéia da inteligência, por exemplo, é derivada da inteligência humana, obviamente não pode, enquanto tal, ser aplicada a Deus, e Santo Tomás insiste em dizer que nenhum predicado que é aplicado a Deus e às criaturas é aplicado univocamente. Por outro lado, a menos que quiséssemos nos conformar com o agnosticismo, não poderíamos admitir que tais predicados são usados em sentido puramente equívoco. O que, então, é o conteúdo positivo do nosso conceito da inteligência divina? Se Santo Tomás aderisse simplesmente à *via negativa*, essa dificuldade não surgiria: estaria dizendo simplesmente que Deus não é não-inteligente ou que Ele é supra-inteligente, reconhecendo que não temos nenhuma idéia positiva do que é a inteligência divina. No entanto, Santo Tomás não se atém simplesmente à *via negativa*: reconhece a *via afirmativa*. Nossa idéia da inteligência divina tem, portanto, conteúdo positivo. No entanto, que conteúdo positivo pode ser esse? Por acaso a resposta é que o conteúdo positivo é obtido pela negação das limitações do intelecto humano — sua finitude, seu caráter discursivo e assim por diante? Nesse caso, porém, ou atingimos um conceito positivo da inteligência divina enquanto tal, ou um conceito da "essência" da inteligência, independentemente da finitude ou da infinitude, que pareceria ser unívoco com relação a Deus e às criaturas. Pode parecer até mesmo que as negações ou anulam o conteúdo completamente ou convertem-no numa idéia da essência da inteligência que seria unívoca com relação às inteligências divina e humana. Foi por essa razão que Duns Escoto, mais tarde, insistiu em que podemos formar conceitos unívocos aplicáveis tanto a Deus como às criaturas, embora não haja univocidade na ordem real com respeito a Deus e às criaturas. Diz-se às vezes que conceitos analógicos são em parte o mesmo e em parte diferentes dos conceitos unívocos. Todavia, a mesma dificuldade reaparece. O elemento de identidade será um elemento unívoco, enquanto o elemento de diferença será ou negativo ou não terá conteúdo nenhum, uma vez que não temos nenhuma experiência imediata de Deus, da qual pudesse derivar a idéia. Entretanto, considerações ulteriores quanto a esse ponto serão reservadas para o nosso tratamento da doutrina do conhecimento de Santo Tomás.[282]

6. A menção à inteligência divina leva-nos naturalmente a levantar a questão sobre o que Santo Tomás pensava da doutrina das idéias divinas. Em primeiro lugar, estabelece que deve haver idéias na mente divina — *necesse est ponere in mente divina ideas* —,[283] uma vez que Deus criou todas as coisas não ao acaso, mas com inteligência, de acordo com a idéia exemplar que concebeu em Sua mente. Santo Tomás observa que Platão errou ao afirmar a existência de idéias que não estão em nenhum intelecto e comenta que Aristóteles censurou-o por isso. Na realidade, Aristóteles, que não cria na criação livre por Deus, não censurou Platão por tornar as idéias independentes da mente divina, mas por sustentar a sua subsistência fora da mente humana, caso se considere sua realidade subjetiva, e fora das coisas, caso se considere sua realidade objetiva como formas. Ao afirmar a existência das idéias na mente divina, Santo Tomás está seguindo a trilha da tradição que começou com Platão, foi desenvolvida no Médio-Platonismo e no neoplatonismo e sobreviveu, no cenário cristão, na filosofia de Agostinho e de seus seguidores.

Uma das razões por que os neoplatônicos situaram as idéias no *Nous*, a segunda hipóstase ou primeira emanação do ser divino, e não no Uno, ou na divindade suprema, foi porque a presença de uma multiplicidade de idéias em Deus, segundo pensavam, lesaria a unidade divina. De que modo Santo Tomás enfrentou essa dificuldade, se a única distinção real que poderia admitir em Deus era a distinção entre as três Pessoas divinas na Trindade — distinção da qual não se ocupava, naturalmente, enquanto filósofo? Sua resposta é que, de um ponto de vista, devemos dizer que há uma pluralidade de idéias em Deus, como disse Agostinho, uma vez que Deus conhece cada coisa individual a ser criada, mas, de outro ponto de vista, não pode haver uma pluralidade de idéias de Deus, pois isso contradiria a simplicidade divina. O que quer dizer é o seguinte: se, por "idéia", referimo-nos ao conteúdo da idéia, deve-se admitir uma pluralidade de idéias em Deus, uma vez que Deus conhece muitos objetos; se, porém, por "idéia", quer-se dizer a determinação mental subjetiva, a "espécie", então não se pode admitir uma pluralidade de idéias em Deus, pois o intelecto divino é idêntico à Sua essência indivisa e não pode receber determinações ou nenhuma forma de composição. Deus conhece Sua essência divina não somente como é em si mesma, mas também enquanto imitável fora de Si na pluralidade das criaturas. Esse ato de conhecimento, tal como existe em Deus, é uno e

---

[282] Cf. Cap. XXXVIII, seção 4.
[283] *S. T.*, ia, q. 15, art. 1.

indiviso, sendo idêntico à Sua essência. Contudo, uma vez que Deus não somente conhece Sua essência enquanto imitável na multiplicidade das criaturas, mas também conhece que, ao conhecer essa essência, conhece uma multiplicidade de criaturas, então podemos e devemos falar de uma pluralidade de idéias em Deus, pois "idéia" significa não a essência divina enquanto existe em si mesma, mas a essência divina como modelo deste ou daquele objeto. E é modelo de muitos objetos. Dito de outro modo: a verdade ou falsidade da nossa afirmação a respeito de Deus deve ser avaliada em termos de linguagem humana. Negar uma pluralidade de idéias em Deus sem qualificação seria negar que Deus conhece uma pluralidade de objetos. Contudo, a verdade de que Deus conhece Sua essência enquanto imitável por uma pluralidade de criaturas não deve ser afirmada de tal modo que implique haver uma multiplicidade de espécies reais, ou modificações realmente distintas no intelecto divino.[284]

Essa discussão a respeito das idéias divinas tem certo interesse porque mostra que Santo Tomás não é, de modo algum, simplesmente um aristotélico, mas que, sob esse aspecto ao menos, adere à tradição platônico-agostiniana. De fato, embora veja claramente a necessidade de precaver-se contra o comprometimento da simplicidade divina, não se satisfaz em dizer que Deus, por um único ato de Seu intelecto, por uma única "idéia", conhece Sua essência enquanto imitável na pluralidade das criaturas, mas afirma que há uma pluralidade de idéias em Deus. Sem dúvida, fornece suas razões para afirmar isso, mas fica-se com a impressão de que uma razão tácita era a sua reverência por Agostinho e pelo modo de Agostinho expressar-se. Todavia, é verdade que uma distinção precisa ser feita. Quando usamos hoje o termo "idéia", referimo-nos naturalmente à idéia subjetiva, ou à modificação mental, e, nesse sentido, Santo Tomás não admite em Deus uma pluralidade de idéias realmente distintas umas das outras. No entanto, Santo Tomás estava pensando em "idéia" fundamentalmente no sentido de forma exemplar, e, uma vez que a essência divina, enquanto conhecida pelo intelecto divino, é conhecida enquanto imitável na pluralidade das criaturas — como modelo de muitos objetos —, sentia-se no direito de falar da pluralidade de *rationes* em Deus, embora tivesse de insistir em que essa pluralidade consiste simplesmente no conhecimento de Deus da própria essência com respeito à multiplicidade das criaturas, não em uma distinção real em Deus.

7. Falamos da inteligência divina e da vontade divina, da bondade, da unidade, da simplicidade divinas, e assim por diante. São esses atributos de Deus realmente distintos uns dos outros? Se não são distintos, que justificativa há para falarmos deles como se fossem distintos? Os atributos de Deus não são distintos realmente uns dos outros, pois Deus é simples: são idênticos à essência divina. A inteligência divina não é realmente distinta da essência divina, nem da vontade divina: a justiça divina e a misericórdia divina são idênticas enquanto existem em Deus. Não obstante, deixando-se de lado o fato de que a estrutura da nossa linguagem nos força a falar em termos de sujeito e predicado, aprendemos a

---

[284] Cf. *S. T.*, ia, q. 15, art. 1–3; *Contra Gent.*, 1, 53–54.

perfeição divina fragmentariamente, por assim dizer. Alcançamos nosso conhecimento natural de Deus apenas por meio da consideração das criaturas, dos efeitos de Deus, e uma vez que as perfeições das criaturas, as manifestações ou reflexos de Deus nas criaturas, são diferentes, usamos nomes diferentes para significar essas diferentes perfeições. Se, porém, pudéssemos compreender a essência divina como é em si mesma e pudéssemos lhe dar um nome próprio, usaríamos um único nome.[285] No entanto, não podemos compreender a essência divina e conhecemo-la apenas por meio de diversos conceitos. Temos, portanto, de empregar palavras diversas para exprimir a essência divina, embora saibamos, ao mesmo tempo, que a realidade efetiva que corresponde a todos esses nomes é uma única realidade simples. Caso se objete que conceber um objeto diferentemente do que ele é de fato é concebê-lo falsamente, a resposta é que nós não concebemos que o objeto existe diversamente do que é de verdade, pois sabemos que Deus é, com efeito, um ente simples, mas concebemos de maneira composta um objeto que sabemos ser não-composto. Isso significa simplesmente que nossa inteligência é finita e discursiva, não podendo apreender a Deus a não ser mediante os Seus diferentes reflexos nas criaturas. Nosso conhecimento de Deus é, portanto, inadequado e imperfeito, mas não é falso.[286] Há, de fato, certo fundamento em Deus para os nossos conceitos compostos e distintos. Esse fundamento, porém, não é uma distinção real em Deus entre os atributos divinos, mas apenas Sua perfeição infinita, a qual, precisamente por causa de sua riqueza infinita, não pode ser apreendida pela mente humana num único conceito.

8. De acordo com Santo Tomás,[287] o nome mais apropriado de Deus é o nome que Ele deu a Moisés na sarça ardente:[288] *"Qui Est"*, "Aquele que é". Em Deus, não há distinção entre essência e existência; Ele não recebe Sua existência, mas é a própria existência; Sua essência é existir. Em nenhuma criatura, porém, a distinção entre essência e existência está ausente. Toda criatura é boa, toda criatura é verdadeira; mas nenhuma criatura é sua própria existência: existir não é a essência da criatura. A própria existência (*ipsum esse*) é a essência de Deus, e o nome que deriva da essência é o mais apropriado a Deus. Deus é a bondade, e por exemplo, Sua bondade é idêntica à Sua essência, mas a bondade, na nossa experiência humana, segue e acompanha o *esse*. Embora não seja realmente distinta, é concebida como secundária. Contudo, dizer que Deus é o *ipsum esse* é fornecer, por assim dizer, Sua natureza íntima. Todo outro nome é, de algum modo, inadequado. Se dizemos, por exemplo, que Deus é a Justiça infinita, dizemos algo verdadeiro, mas, como nossa inteligência distingue necessariamente a Justiça da Misericórdia, em que pese saibamos que são idênticas em Deus, a afirmação de que Deus é Justiça infinita é uma expressão inadequada da essência divina. Os nomes que empregamos ao falar de Deus derivam da

---

[285] *Contra Gent.*, 1, 31.
[286] Cf. *S. T.*, Ia, q. 13, art. 12, ad 3, in corpore.
[287] *S. T.*, Ia, q. 13, art. 11; *Contra Gent.*, 1, 22.
[288] Ex 3, 14.

nossa experiência de formas determinadas e exprimem primariamente essas mesmas formas. No entanto, o nome "Aquele que é" não significa uma forma determinada, mas "o oceano infinito da substância".

CAPÍTULO XV

Santo Tomás de Aquino — VI: Criação

Criação a partir do nada — Somente Deus pode criar — Deus criou livremente — O motivo da criação — A impossibilidade da criação desde a eternidade não foi demonstrada — Poderia Deus criar uma multiplicidade infinita em ato? — A onipotência divina — O problema do mal.

1. Uma vez que Deus é a causa primeira do mundo, uma vez que os entes finitos são entes contingentes que devem sua existência ao ente necessário, os entes finitos devem proceder de Deus por meio da criação. Além disso, essa criação deve ser uma criação a partir do nada. Se as criaturas fossem produzidas a partir de um material pré-existente, esse material seria ou o próprio Deus, ou algo distinto de Deus. Mas Deus não pode ser o material da criação, pois Ele é simples, espiritual e imutável, tampouco pode haver algo independente da primeira causa: não pode haver senão um ente necessário. Deus, portanto, é absolutamente anterior e, se não pode sofrer mudança, não pode Se exteriorizar na criação. Ele deve ter criado o mundo a partir do nada, *ex nihilo*. Essa frase não deve ser tomada como se o nada, o *nihil*, fosse um material a partir do qual Deus produziu o mundo. Ao dizer-se que Deus criou o mundo a partir do nada, quer-se dizer que antes não havia nada e então houve algo. Ou ainda: a expressão *"ex nihilo"* deve ser compreendida como equivalente a *"non ex aliquo"*, "não a partir de algo". A objeção de que do nada, nada vem é, portanto, irrelevante, pois o nada não é visto como causa eficiente, nem como causa material. Na criação, Deus é a causa eficiente e não há causa material.[289] Assim, a criação não é um movimento, ou mudança, em sentido próprio, e, uma vez que não é um movimento, não há sucessão no ato da criação.

A criação, considerada no termo do ato da criação, isto é, na criatura, é uma relação real com Deus como princípio do ser da criatura. Toda criatura, pelo simples fato de ser criada, tem uma relação real com Deus enquanto Criador. Contudo, não se pode argumentar inversamente que Deus tenha uma relação real com a criatura. Tal relação seria ou idêntica à substância divina, ou seria um acidente de Deus. No entanto, a substância divina não pode estar relacionada necessariamente às criaturas, uma vez que, nesse caso, Deus dependeria de algum modo das criaturas para Sua própria existência. Por outro lado, Deus, sendo absolutamente simples, não pode receber ou possuir acidentes.[290] A afirmação de que Deus, enquanto Criador, não tem relação real com as criaturas

---

[289] Sobre o sentido da *creatio ex nihilo*, cf. *De Potentia*, 3, 1, ad 7; *S. T.*, Ia, q. 45, art. 1, ad 3.
[290] *Contra Gent.*, 2, 11–3; *S. T.*, Ia, q. 45, art. 3; *De Potentia*, 3, 3.

certamente soa estranha a princípio, pois pode parecer seguir-se disso que Deus não cuida de Suas criaturas; contudo, é uma conclusão estritamente lógica da metafísica de Santo Tomás e de sua doutrina da natureza divina. Santo Tomás não poderia admitir que Deus estivesse relacionado às criaturas por Sua própria substância, pois, nesse caso, não apenas a criação seria necessariamente eterna — e sabemos por revelação que não é eterna —, mas Deus não poderia existir sem as criaturas: Deus e as criaturas formariam uma totalidade e seria impossível explicar a geração e a corrupção das criaturas individuais. Por outro lado, caso se esteja falando da relação que é uma das nove categorias de acidentes, tal relação também seria inadmissível em Deus. A aquisição de tal acidente possibilitaria a criação no tempo, é verdade; contudo, tal aquisição por parte de Deus é impossível, pois Deus é ato puro, sem potencialidade. Portanto, era impossível para Santo Tomás admitir que Deus, enquanto criador, tivesse uma relação real com as criaturas. Tinha de dizer que a relação é apenas uma relação de razão (*relatio rationis*), atribuída a Deus pelo intelecto humano. A atribuição é, contudo, legítima, uma vez que, como Deus é o Criador, e nós não podemos exprimir esse fato na linguagem humana sem falar como se Deus estivesse em relação com as criaturas. O ponto importante é que, quando falamos das criaturas enquanto relacionadas a Deus e de Deus enquanto relacionado às criaturas, deveríamos lembrar que são as criaturas que dependem de Deus, não Deus das criaturas, e que, em conseqüência disso, a relação real entre eles, que é uma relação de dependência, encontra-se somente nas criaturas.

2. O poder de criar é uma prerrogativa exclusiva de Deus e não pode ser comunicada a nenhuma criatura.[291] A razão pela qual alguns filósofos — Avicena, por exemplo — introduziram entes intermediários foi porque pensavam que Deus criava por uma necessidade de natureza, de modo que deveria haver estágios intermediários entre a absoluta simplicidade da divindade suprema e a multiplicidade das criaturas. Contudo, Deus não cria por uma necessidade de natureza e não há razão pela qual não possa criar diretamente uma multiplicidade de criaturas. Pedro Lombardo pensava que o poder de criar era comunicável por Deus à criatura de modo a esta poder atuar como instrumento, não por seu próprio poder. No entanto, isso é impossível, uma vez que, se a criatura contribuísse de qualquer modo para a criação, seu próprio poder e a atividade estariam envolvidos, e esse poder, sendo finito como a própria criatura, não poderia realizar um ato que exige poder infinito, o ato de transpor o abismo infinito entre o não ser e o ser.

3. Contudo, se Deus não cria por uma necessidade de natureza, como cria? Um ente intelectual no qual não há, por assim dizer, nenhum elemento de inconsciência, mas que é perfeitamente luminoso a Si mesmo e está em plena posse de Si mesmo não pode agir senão segundo a sabedoria, com pleno conhecimento. Dito sem rodeios, Deus deve agir por um motivo, visando a um propósito, a um bem. Mas a natureza de Deus não é apenas inteligência infinita, também é

---

[291] Cf. *De Potentia*, 3, 4.

vontade infinita, e essa vontade é livre. Deus ama a Si mesmo necessariamente, uma vez que Ele próprio é o bem infinito, mas objetos distintos d'Ele não Lhe são necessários, pois, sendo a perfeição infinita, Ele é auto-suficiente. Sua vontade é livre em relação a eles. Portanto, embora saibamos que o intelecto e a vontade de Deus não são realmente distintos da Sua essência, estamos obrigados a dizer que Deus escolhe livremente um objeto ou fim concebido por Ele como bom. A linguagem empregada certamente é antropomórfica, mas nós dispomos apenas da linguagem humana e não podemos exprimir a verdade de que Deus criou o mundo livremente sem deixar claro que o ato de vontade pelo qual Deus criou não foi nem um ato cego, nem um ato necessário, mas um ato que se seguiu, para falar de maneira humana, à apreensão do bem, apreendido como bom, embora não como um bem necessário para Deus.

4. Qual foi o motivo pelo qual Deus criou? Sendo a perfeição infinita, Deus não poderia ter criado para adquirir algo para Si: criou, não para obter, mas para dar, para difundir Sua própria bondade (*intendit solum communicare suam perfectionem quae est eius bonitas*).[292] Ao dizer-se, portanto, que Deus criou o mundo para Sua própria glória, essa afirmação não deve ser tomada no sentido de que Deus precisava de algo que não tinha. Menos ainda, que Ele queria obter — se é possível falar assim sem irreverência — um coro de admiradores. Em vez disso, significa que a vontade de Deus não pode depender de nada fora de Deus, que Ele próprio, sendo o bem infinito, deve ser o fim do Seu ato infinito de vontade, e que, no caso do ato da criação, o fim é a Sua própria bondade, enquanto comunicável a entes exteriores a Si mesmo. A bondade divina está representada em todas as criaturas, embora as criaturas racionais tenham a Deus por fim de maneira peculiar, pois são capazes de conhecer e amar a Deus. Todas as criaturas glorificam a Deus representando-o e participando da Sua bondade, ao passo que as criaturas racionais são capazes de apreciar e amar conscientemente a bondade divina. A glória de Deus, a manifestação da Sua bondade, não é, portanto, algo separado do bem das criaturas, pois as criaturas alcançam o seu bem, fazem o melhor para si mesmas, manifestando a bondade divina.[293]

5. Que Deus tenha criado o mundo livremente não demonstra, por si, que Ele o tenha criado no tempo, que o tempo tenha tido um princípio. Sendo Deus eterno, poderia ter criado o mundo desde a eternidade. Santo Tomás recusava-se a reconhecer que a impossibilidade dessa hipótese tivesse sido demonstrada. Acreditava ser possível demonstrar filosoficamente que o mundo foi criado a partir do nada, mas sustentava que nenhuma das provas filosóficas aduzidas para provar que essa criação se deu no tempo, que há, idealmente, um primeiro momento no momento, fossem conclusivas, divergindo, nesse ponto, de Santo Alberto. Por outro lado, Santo Tomás sustentava, contra os averroístas, que não se pode demonstrar filosoficamente que o mundo não tenha começado no tempo,

---

[292] *S. T.*, Ia, q. 44, art. 4.
[293] Cf. *S. T.*, Ia, q. 65, art. 2.

que a criação no tempo seja uma possibilidade. Dito de outro modo: embora ciente de que o mundo foi, de fato, criado no tempo e não desde a eternidade, Santo Tomás estava convencido de que esse fato é conhecido apenas pela revelação e que o filósofo não pode resolver a questão de se o mundo foi criado no tempo ou desde a eternidade. Assim, sustentava, contra os *murmurantes*, a possibilidade — até onde podemos ver — da criação desde a eternidade. Na prática, isso significava que ele mostrou, ou ao menos estava convencido de que poderia mostrar, que o tipo de argumento apresentado por São Boaventura para provar a impossibilidade da criação desde a eternidade não era conclusivo. No entanto, não é necessário mencionar as respostas de Santo Tomás, uma vez que já foram — ao menos em parte — mencionadas quando consideramos a filosofia de São Boaventura.[294] Baste relembrar o fato de que Santo Tomás não via nenhuma contradição na noção de série sem início. Aos seus olhos, a questão de se seria possível que o mundo tivesse percorrido um tempo infinito não se coloca, pois não há, a rigor, passagem por uma série infinita se não há um primeiro termo na série. Além disso, para Santo Tomás, uma série pode ser infinita *ex parte ante* e finita *ex parte post*, e podem-se fazer acréscimos àquele extremo em que é finita. De maneira geral, não há contradição entre ser trazido à existência e existir desde a eternidade: se Deus é eterno, Deus pode ter criado as coisas desde a eternidade.

Por outro lado, Santo Tomás rejeita os argumentos apresentados para mostrar que o mundo necessariamente foi criado desde a eternidade. "Devemos sustentar firmemente, como ensina a fé católica, que o mundo nem sempre existiu. E essa posição não pode ser superada por nenhuma demonstração física".[295] Pode-se argumentar, por exemplo, que, sendo Deus a causa do mundo e sendo Deus eterno, o mundo, que é efeito de Deus, também deve ser eterno. Como Deus não pode mudar, como Ele não contém nenhum elemento de potencialidade e não pode receber novas determinações ou modificações, o ato criador, o ato livre de Deus para a criação, deve ser eterno. Santo Tomás tem de concordar, obviamente, que o ato criador enquanto tal, isto é, o ato de vontade de Deus, é eterno, uma vez que é idêntico à essência de Deus. Contudo, argumenta que o que se segue disso é simplesmente que Deus quis livremente desde a eternidade criar o mundo, não que o mundo veio à existência desde a eternidade. Se consideramos o assunto simplesmente como filósofos, isto é, se prescindimos do conhecimento que adquirimos da revelação — que Deus, de fato, criou o mundo no tempo —, tudo o que podemos dizer é que pode ter sido a vontade de Deus, desde a eternidade, que o mundo viesse à existência no tempo ou que o mundo viesse à existência desde a eternidade. Não podemos concluir que *deve* ter sido a vontade de Deus desde a eternidade que o mundo existisse desde a eternidade. Dito de outro modo: o ato criador de Deus certamente é eterno, mas o efeito externo desse ato seguirá a vontade de Deus, e se Deus quis que o

---

[294] Pp. 262–5.
[295] *De Potentia*, 3, 17.

efeito externo tivesse *esse post non-esse*, então não terá *esse ab aeterno*, ainda que o ato criador, considerado precisamente como um ato em Deus, seja eterno.[296]

6. Uma das razões apresentadas por São Boaventura para mostrar que o mundo deve ter sido criado no tempo e não poderia ter sido criado desde a eternidade era que, se houvesse sido criado desde a eternidade, haveria agora um número infinito de almas humanas e que uma multiplicidade em ato é uma possibilidade. O que Santo Tomás sustenta a respeito do poder de Deus de criar uma multiplicidade infinita? A questão surge em conexão com a multiplicidade *extra genus quantitatis*, uma vez que Santo Tomás seguia Aristóteles ao rejeitar a possibilidade de uma quantidade infinita. No *De Veritate*,[297] o santo observa que a única razão válida para dizer que Deus não poderia criar uma multiplicidade infinita em ato seria uma incompatibilidade essencial, ou contradição, na noção de tal infinitude, mas não oferece qualquer decisão sobre a matéria. Na *Summa Theologica*,[298] afirma categoricamente que não pode haver uma multiplicidade infinita em ato, pois toda multiplicidade criada deve ter um número certo, ao passo que uma multiplicidade infinita não teria número certo. Contudo, no *De aeternitate mundi contra Murmurantes*, quando lida com a objeção contra a possibilidade do mundo desde a eternidade de que existiria um número infinito de almas imortais, responde que Deus poderia ter criado o mundo sem homens, ou que poderia ter criado o mundo desde a eternidade, mas criado o homem apenas quando o criou, ao passo que, por outro lado, "não foi demonstrado que Deus não poderia criar uma infinitude em ato". Essa última observação pode indicar uma mudança de pensamento por parte de Santo Tomás, ou uma hesitação com relação à validade da sua demonstração prévia. Contudo, não faz menção expressa ao que disse na *Summa Theologica*, e a observação pode não ser mais que um *argumentum ad hominem*: "Tu não demonstraste ainda que a existência de uma multiplicidade infinita é impossível". Seja como for, em vista da afirmação na *Summa Thelogica* e em vista da proximidade no tempo do *De aeternitate mundi* e da primeira parte da *Summa Theologica*, pareceria precipitado concluir que houve uma possível hesitação por parte de Santo Tomás quanto à impossibilidade de uma multiplicidade infinita em ato.

7. A menção à capacidade ou incapacidade de Deus para criar uma multiplicidade infinita em ato levanta naturalmente a questão mais ampla do sentido em que deve ser compreendida a onipotência divina. Se a onipotência significa a habilidade para fazer todas as coisas, como pode Deus ser onipotente, se Ele não pode fazer com que um homem seja um cavalo ou que o que não aconteceu tenha acontecido? Em resposta, Santo Tomás observa, em primeiro lugar, que o atributo divino da onipotência significa que Deus pode fazer tudo o que é possível. No entanto, "tudo o que é possível" não deve ser compreendido — prossegue — como equivalente a "tudo o que é possível a Deus", pois, nesse caso, quando

---

[296] Sobre essa matéria, ver *Contra Gent.*, 2, 31-7; *S. T.*, Ia, q. 46, art. 1; *De Potentia*, 3, 17; *De aeternitate mundi contra murmurantes*.
[297] 2, 10.
[298] Ia, q. 7, art. 4; Ia, q. 46, art. 2, ad 8.

dizemos que Deus é onipotente, estaríamos dizendo que Deus é capaz de fazer tudo o que Ele é capaz de fazer, uma afirmação que não nos diz nada. Como, então, devemos compreender a expressão "tudo o que é possível"? É possível aquilo que não tem uma incompatibilidade intrínseca com o ser. Dito de outro modo: aquilo cuja existência não envolveria contradição. Aquilo que envolve uma contradição na sua própria noção não é existente em ato nem possível, mas é não-ser. Por exemplo, que um homem, permanecendo homem, seja um cavalo, envolve uma contradição: o homem é racional, o cavalo é irracional, e racional e irracional são contraditórios. Podemos certamente *falar* de um cavalo humano ou de um homem eqüino, mas essas expressões não indicam uma coisa, existente em ato ou possível. É mero palavrório que não significa nada concebível. Dizer, portanto, que a onipotência de Deus significa que Deus pode fazer tudo o que é possível não indica um limite para o poder de Deus, pois o poder só tem significado relativamente ao possível. Tudo aquilo que tem ou pode ter *ser* é objeto da onipotência divina, ao passo que aquilo que é intrinsicamente contraditório não é objeto em absoluto. "Por isso, é mais conveniente dizer que *não podem ser feitas* [as coisas intrinsicamente contraditórias], em vez de dizer que *Deus não pode fazê-las*".[299]

Não se deve, porém, imaginar que o princípio da contradição esteja por trás de Deus e que Deus lhe esteja sujeito, assim como os deuses gregos estavam sujeitos à *Moira*, ou ao destino. Deus é o Ser supremo, *ipsum esse subsistens*, e Sua vontade de criar é a vontade de criar à Sua própria semelhança, isto é, algo que pode participar do ser. Aquilo que envolve contradição está maximamente afastado do Ser: não tem nem pode jamais ter qualquer semelhança com Deus, qualquer ser. Se Deus quisesse o que é autocontraditório, Ele poderia Se afastar da Sua própria natureza, poderia amar aquilo que não traz nenhuma semelhança consigo, aquilo que é nada, aquilo que é absolutamente impensável. Contudo, se Deus pudesse agir assim, não seria Deus. Deus não está sujeito ao princípio da contradição; antes, o princípio da contradição está fundado na natureza de Deus. Assim, supor, com São Pedro Damião (ou com Leo Chestov), que Deus é superior ao princípio da contradição no sentido de que Deus pode fazer o que é autocontraditório é supor que Deus pode agir de maneira inconsistente e contrária à Sua própria natureza — e essa suposição é absurda.[300]

No entanto, isso não significa que Deus somente pode fazer aquilo que efetivamente faz. Certamente é verdade que, uma vez que Deus quer efetivamente a ordem de coisas que criou e que existe efetivamente, Ele não pode querer outra ordem, pois a vontade divina não pode mudar, como mudam as nossas vontades finitas. Contudo, a questão não diz respeito ao poder divino *ex suppositione*, isto é, a partir da suposição de que Deus já tenha escolhido, mas ao poder divino absoluto, isto é, se Deus estava limitado a querer a ordem que efetivamente quis ou se poderia querer outra ordem. A resposta é que Deus

---

[299] Cf. *S. T.*, Ia, q. 25, art. 3, solutio; *De Potentia*, 1, 7.
[300] Cf. *Contra Gent.*, 1, 84.

não quis esta ordem presente de coisas necessariamente, a razão é que o fim da criação é a bondade divina, a qual excede de tal modo qualquer ordem criada que não há nem pode haver qualquer elo de necessidade entre dada ordem e o fim da criação. A bondade divina e a ordem criada são incomensuráveis, e não pode haver nenhuma ordem criada, nenhum universo, que seja necessário para a bondade divina que é infinita e insuscetível de qualquer acréscimo. Se qualquer ordem criada fosse proporcionada à bondade divina, no limite, a sabedoria divina estaria determinada a escolher aquela ordem particular; no entanto, uma vez que a bondade divina é infinita e a criação é necessariamente finita, nenhuma ordem criada pode ser proporcionada, em sentido pleno, à bondade divina.[301]

A partir do que foi dito, torna-se clara a resposta às questões de se Deus poderia ter criado coisas melhores do que as que criou ou se poderia ter criado as coisas que criou melhores do que são.[302] Por um lado, Deus deve sempre agir da melhor maneira possível, pois o ato de Deus é idêntico à Sua essência e à bondade infinita. Contudo, disso não podemos concluir que o objeto extrínseco do ato de Deus, as criaturas, devam ser as melhores possíveis, nem que Deus esteja obrigado, em razão da Sua bondade, a produzir o melhor universo possível caso produza um. Como o poder de Deus é infinito, sempre pode haver um universo melhor do que aquele que Deus produz efetivamente, e o porquê de Ele ter escolhido produzir uma ordem particular da Criação é um mistério. Santo Tomás diz, portanto, que, em termos absolutos, Deus pode fazer algo melhor do que qualquer coisa determinada. Caso, porém, se levante a questão com respeito ao universo existente, deve-se fazer uma distinção. Deus não poderia fazer algo melhor com relação à sua substância ou essência, pois isso seria fazer outra coisa. Por exemplo, a vida racional é em si mesma uma perfeição mais elevada que a mera vida sensitiva. Contudo, se Deus quisesse criar um cavalo racional, não seria mais um cavalo e, nesse caso, não se poderia dizer que Deus tornou o cavalo melhor. De modo semelhante, se Deus mudasse a ordem do universo, não seria o mesmo universo. Por outro lado, Deus poderia fazer algo acidentalmente melhor. Poderia, por exemplo, melhorar a saúde do corpo humano ou, na ordem sobrenatural, a sua graça.

É evidente, portanto, que Santo Tomás não concordaria com o "otimismo" leibniziano ou sustentaria que este é o melhor dos mundos possíveis. Em vista da onipotência divina, a expressão "o melhor dos mundos possíveis" não parece encerrar muito sentido. Tem sentido apenas caso se suponha que Deus criou por uma necessidade de Sua natureza, do que se seguiria que, sendo Deus a bondade em si mesma, o mundo que procede d'Ele necessariamente deve ser o melhor possível. Contudo, se Deus não cria por uma necessidade de natureza, mas de acordo com a Sua natureza, de acordo com a inteligência e a vontade, isto é, livremente, e se Deus é onipotente, então deve sempre ser possível para Deus criar um mundo melhor. Por que, então, criou este mundo particular? Essa

---

[301] Cf. *S. T.*, Ia, q. 19, art. 3, solutio; Ia, q. 25, art. 5, solutio; *Contra Gent.*, 2, 26-7; *De Potentia*, 1, 5.
[302] *S. T.*, Ia, q. 25, art. 6.

é uma questão para a qual não podemos dar uma resposta adequada, embora possamos certamente tentar responder à questão de por que Deus criou um mundo em que o sofrimento e o mal estão presentes, isto é, podemos tentar responder o problema do mal, desde que lembremos que não podemos esperar alcançar uma solução exaustiva do problema nesta vida, devido à finitude e à imperfeição da nossa inteligência e ao fato de que não podemos sondar o conselho e os planos divinos.

8. Ao querer este universo, Deus não quer os males contidos nele. Deus necessariamente ama Sua essência, que é a bondade infinita, e quer livremente a criação como comunicação da Sua bondade. Ele não pode amar o que se opõe à bondade, a saber, o mal. Mas Deus, para usar a linguagem humana, não previu os males do mundo? E se previu os males do mundo e, ainda assim, o quis, não quis os males no mundo? Se o mal fosse uma entidade positiva, algo criado, então teria de ser atribuído a Deus, enquanto Criador, pois não há um princípio último do mal, como pensavam os maniqueus. No entanto, o mal não é uma entidade positiva; é, conforme ensinava Santo Agostinho, seguindo Plotino, uma *privação*. Não é *aliquid*, uma coisa positiva, e Deus não pode tê-lo criado, pois não é criável, mas existe apenas como privação em algo que em si mesmo é bom. Além disso, o mal enquanto tal não pode ser desejado nem mesmo pela vontade humana, pois o objeto da vontade é necessariamente o bom ou o que parece tal. O adúltero — diz Santo Tomás — não quer o mal, o pecado, enquanto tal; quer o prazer sensível de um ato que envolve o mal. Pode-se objetar que algumas pessoas se entregaram à perversidade diabólica, praticaram atos precisamente porque eram uma ofensa a Deus. Contudo, ainda nesse caso, é algo bem aparente — a independência completa, por exemplo — que é o objeto da vontade: enfrentar a Deus parece um bem e é desejado *sub specie boni*. Nenhuma vontade, portanto, pode desejar o mal precisamente enquanto tal, e não se deve dizer de Deus que, ao criar um mundo "prevendo" o mal que nele haveria, quis os males, mas que quis o mundo que, enquanto tal, é bom, e quis permitir os males que previu.

Não se deve, todavia, imaginar que, sustentando a doutrina de que o mal enquanto tal é uma privação, Santo Tomás quisesse dizer que o mal é irreal, no sentido de ser uma ilusão. Isso seria compreender de maneira completamente errada sua posição. O mal não é um ente, *entitas*, no sentido de que recaia sob alguma das dez categorias, mas, em resposta à questão de se o mal existe ou não, a resposta deve ser afirmativa. Isso certamente soa paradoxal, mas Santo Tomás quer dizer que o mal existe como privação no bom, não de direito próprio, como entidade positiva. Por exemplo, a falta da capacidade de ver não é uma privação em uma pedra, é a mera ausência de uma potência que seria incompatível com a natureza da pedra; porém, a cegueira no homem é uma privação, a ausência de algo que pertence à plenitude da natureza humana. A cegueira não é, todavia, uma entidade positiva. É a privação da visão. Contudo, a privação existe, é real. Não é, de forma alguma, uma ilusão irreal. Não tem nenhum significado ou existência separadamente do ente no qual existe, mas, enquanto existe naquele ente, a privação é bastante real. De maneira semelhante, o mal não pode causar nada por si mesmo, mas existe e pode ser uma causa por meio do bem no qual existe. Por exemplo, a deformidade na vontade do anjo caído não pode ser, por si mesma, causa, mas é uma privação real e pode ser causa por meio do ente positivo no qual existe. De fato, quanto mais poderoso é o ente em que existe, maiores são os seus efeitos.[303]

Deus, portanto, não criou o mal como entidade positiva, mas não se deve dizer que Ele quis o mal de algum modo, na medida em que criou um mundo prevendo que nele existiria o mal? É necessário considerar separadamente o mal físico e o mal moral (*malum culpae*). O mal físico certamente foi permitido por Deus e pode-se dizer, em certo sentido, que foi desejado por Ele. Deus obviamente não o quis por si mesmo — *per se* —, mas quis um universo, uma ordem natural que envolvia ao menos a possibilidade da deficiência física e do sofrimento. Querendo a criação da natureza sensitiva, Deus quis a capacidade de sentir a dor e o prazer, que é, em termos naturais, inseparável da natureza humana. Não quis o sofrimento enquanto tal, mas quis aquela natureza (um bem) que é acompanhada pela capacidade de sofrer. Além disso, a perfeição do universo exige — diz Santo Tomás — que haja, além de entes incorruptíveis, entes corruptíveis, e, se há entes corruptíveis, a corrupção e a morte ocorrerão segundo a ordem natural. Deus, portanto, não quis a corrupção (não é preciso dizer que a palavra não está sendo usada em sentido moral) por si mesma, mas pode-se dizer que a causou *per accidens*, na medida em que quis criar e criou um universo cuja ordem exigia a possibilidade da deficiência e da corrupção por parte de alguns entes. Novamente, a preservação da ordem da justiça exige que o mal moral seja punido (*malum poenae*), e pode-se dizer que Deus quis e causa a pena não por si mesma, mas para que a ordem da justiça seja preservada.

Ao tratar do mal físico, portanto, Santo Tomás tende a tratar de Deus como um artista e do universo como uma obra de arte. A perfeição dessa obra exige uma variedade de entes, entre os quais se encontrarão alguns que são mortais e suscetíveis ao sofrimento, de modo a se poder dizer que Deus quis o mal físico não *per se*, mas *per accidens*, por causa de um bem, o bem de todo o universo. Quando, porém, se trata de uma questão de ordem moral, que é a ordem da liberdade, e de considerar os homens precisamente enquanto agentes livres, sua postura é diferente. A liberdade é um bem sem o qual os homens não poderiam dar a Deus o amor de que Ele é digno, não poderiam ter méritos e assim por diante. A liberdade torna o homem mais semelhante a Deus do que seria se não fosse livre. Por outro lado, a liberdade humana, quando não tem a visão de Deus, envolve a possibilidade de escolher contra Deus e a lei moral, isto é, de pecar. Deus não quis a ordem moral ou o pecado de forma alguma, mas o permitiu. Por quê? Por causa de um bem maior, para que o homem fosse livre e pudesse amar e servir a Deus por sua própria escolha. A perfeição física do

---

[303] Cf. *S. T.*, ia, q. 48, art. 1–3.

universo exigia a presença de alguns entes que pudessem morrer e que morreriam de fato, de modo que, conforme vimos, se pode dizer que Deus quis a morte *per accidens*. Contudo, embora a perfeição do universo exigisse que o homem fosse livre, não exigia que o homem usasse mal sua liberdade — que pecasse —, e não se pode dizer que Deus quis o mal, seja *per se*, seja *per accidens*. Não obstante, era impossível existir um homem na ordem natural que fosse livre e ao mesmo tempo incapaz de pecar, de modo que é verdade que Deus permitiu o mal moral, embora o tenha permitido apenas por causa de um bem maior.

Sem dúvida, haveria muito mais o que dizer sobre esse assunto caso se introduzissem considerações tiradas da teologia, e a consideração puramente filosófica do problema é necessariamente muito menos satisfatória que o tratamento no qual tanto a verdade teológica como a verdade filosófica são utilizadas. As doutrinas da Queda e da Redenção, por exemplo, lançam sobre o problema do mal uma luz que não pode ser derramada por razões puramente filosóficas. Todavia, devem-se omitir aqui argumentos baseados na revelação e na teologia dogmática. A resposta filosófica de Santo Tomás ao problema do mal em sua relação com Deus pode ser resumida em duas proposições: em primeiro lugar, que Deus não quis o mal moral em sentido algum, mas apenas o permitiu por causa de um bem maior que aquele que se poderia alcançar evitando-o — isto é, não criando o homem livre — e, em segundo lugar, que, embora Deus não tenha desejado o mal físico por si mesmo, pode-se dizer que quis certos males físicos *per accidens*, para a perfeição do universo. Digo "certos *males físicos*", pois Santo Tomás não quer sugerir que se possa dizer que Deus quis todos os males físicos, mesmo *per accidens*. A corrupção e a morte pertencem a certo tipo de ente, mas muitos males físicos e sofrimentos não estão vinculados à perfeição ou ao bem do universo, e são o resultado do mal moral por parte do homem: não são inevitáveis. Tais males físicos são apenas permitidos por Deus.[304]

---

[304] Sobre o assunto do mal e da sua relação com Deus, v., por exemplo: *S. T.*, Ia, q. 19, art. 9; Ia, q. 48–q. 49; *Contra Gent.*, 3, 4–5; *De Malo*, questões 1–3; *De Potentia*, 1, 6.

CAPÍTULO XVI

Santo Tomás de Aquino — VII: psicologia

Uma forma substancial no homem — As potências da vontade — Os sentidos internos — O livre-arbítrio — A faculdade mais nobre — A imortalidade — Os intelectos ativo e passivo não são numericamente o mesmo em todos os homens.

1. Já vimos[305] que Santo Tomás sustentava a doutrina aristotélica do hilomorfismo e que, afastando-se da concepção dos seus predecessores, defendia a unicidade da forma substancial na substância. Pode ser que a princípio Santo Tomás tenha aceitado a existência da *forma corporeitatis* como a primeira forma substancial na substância material.[306] Seja como for, logo veio a opor-se a essa opinião e sustentou que a forma substancial específica informa imediatamente a matéria-prima e não mediante qualquer outra forma substancial. Aplicou essa doutrina ao homem, sustentando que não há senão uma forma no *compositum* humano. Essa forma substancial única é a alma racional, que informa a matéria diretamente: não há uma *forma corporeitatis* nem, menos ainda, formas substanciais vegetativas e sensitivas. O homem é uma unidade, e essa unidade ficaria comprometida se supuséssemos uma pluralidade de formas substanciais. O nome "homem" não se aplica nem à alma sozinha, nem ao corpo sozinho, mas a corpo e alma conjuntamente, à substância composta.

Santo Tomás, portanto, segue Aristóteles ao acentuar a unidade da substância humana. É uma única alma no homem que lhe confere todas as suas determinações enquanto homem, sua corporeidade (informando a matéria-prima), bem como suas operações vegetativas, sensitivas e intelectuais. Na planta, está presente apenas o princípio vegetativo, ou alma, que confere a vida e as potências do crescimento e da reprodução. No animal irracional, está presente apenas a alma sensitiva, que atua como princípio não apenas da vida vegetativa, mas também da vida sensitiva. No homem, está presente apenas o princípio, ou alma, racional, que não é somente o princípio das suas operações peculiares, mas também das funções vegetativas e sensitivas. Quando sobrevém a morte e a alma é separada do corpo, o corpo desintegra-se. Não são apenas suas funções racionais que cessam, pois também cessam as funções sensitivas e vegetativas. O princípio único de todas essas operações não mais informa a matéria que antes informava e, em vez da substância humana unificada, resulta numa

---

[305] Cap. XII.
[306] Cf. *In 1 Sent.*, 9, 5, 2; *In 2 Sent.*, 3, 1, 1.

multiplicidade de substâncias, sendo as novas formas substanciais trazidas para fora da potencialidade da matéria.

Claramente, portanto, a idéia platônica da relação da alma com o corpo era inaceitável para Santo Tomás. É um único homem individual que percebe não apenas que ele raciocina e intelige, mas também que sente e exerce a sensação. Contudo, não se pode ter sensações sem o corpo, de modo ao corpo, e não apenas a alma, também pertencer ao homem.[307] O homem é gerado quando a alma racional é infundida, e morre quando essa alma racional abandona o corpo. Não há outra forma substancial no homem a não ser a alma racional, que exerce as funções das partes inferiores da alma, desempenhando no homem as funções que a alma vegetativa desempenha nas plantas e a alma sensitiva nos animais irracionais.[308] Segue-se daí que a união da alma com o corpo não é algo antinatural: não pode ser a punição da alma pelo pecado em um estado anterior, como pensou Orígenes. A alma humana é capaz de sentir, por exemplo, mas não pode exercer essa função sem o corpo. Tem capacidade intelectual, mas não tem idéias inatas e tem de formar suas idéias com dependência da experiência sensível, para a qual precisa do corpo. A alma, portanto, está unida ao corpo porque precisa dele, porque é naturalmente a forma de um corpo. A união da alma e do corpo não se dá em prejuízo da alma, mas para o seu bem *propter animam*. A matéria existe para a forma e não o inverso, e a alma está unida ao corpo para que (a alma) possa agir de acordo com a sua natureza.[309]

2. Contudo, embora Santo Tomás acentuasse a unidade do homem — a união íntima entre a alma e o corpo — sustentava que existia uma distinção real entre a alma e suas faculdades, bem como entre as próprias faculdades. Somente em Deus a potência de agir e o ato são idênticos à substância, uma vez que somente em Deus não há potencialidade. Na alma humana, há faculdades ou poderes de agir que estão em potência para os seus atos e que devem ser distinguidas de acordo com seus respectivos atos e objetos.[310] Algumas dessas potências ou faculdades pertencem à alma enquanto tal e não dependem intrinsecamente de órgãos corporais, enquanto outras pertencem ao *compositum* e não podem ser exercidas sem o corpo. Aquelas, portanto, permanecem na alma mesmo quando separada do corpo, ao passo que estas permanecem na alma separada apenas potencialmente, ou virtualmente (*virtute*), no sentido de que a alma preserva a potência remota para exercer essas faculdades, mas apenas poderá exercê-las se for unida novamente ao corpo; no seu estado de separação, não pode usá-las. Por exemplo, a faculdade racional ou intelectual não depende intrinsecamente do corpo, embora, no estado de união com o corpo, haja certa dependência com respeito ao material do conhecimento — no sentido que se explicará mais à frente. No entanto, a capacidade de sentir obviamente não pode ser exercida

---

[307] *S. T.*, Ia, q. 76, art. 1.
[308] Ibid., Ia, q. 76, art. 4.
[309] Cf. ibid., Ia, q. 76, art. 5; Ia, q. 89, art. 1.
[310] Ibid., Ia, q. 77, art. 1–3; *De Anima*, 1, lectio 2.

sem o corpo. Por outro lado, não pode ser exercida pelo corpo sem a alma. O seu "sujeito", portanto, não é nem só a alma, nem só o corpo, mas o *compositum* humano. A sensação não pode ser atribuída simplesmente à alma usando o corpo (como pensava Santo Agostinho). O corpo e a alma desempenham seus respectivos papéis para produzir o ato da sensação, e a capacidade de sentir pertence a ambos em sua união, em vez de a qualquer um deles tomado separadamente.

Entre as potências ou faculdades há certa hierarquia. A faculdade vegetativa, que compreende as potências da nutrição, do crescimento e da reprodução, tem por objeto simplesmente o corpo unido à alma, ou vivendo por meio da alma. A faculdade sensitiva, que compreende os sentidos externos da visão, da audição, do olfato, do paladar, do tato, assim como os sentidos internos do *sensos communis*, da *phantasia* ou imaginação, a *vis aestimativa* e a *vis memorativa*, ou memória) tem por objeto não simplesmente o corpo do sujeito senciente, mas antes todo corpo sensível. A faculdade racional (que compreende o intelecto agente e o intelecto passivo) tem por objeto não apenas os corpos sensíveis, mas o ente em geral. Quanto mais elevada a faculdade, portanto, mais amplo e mais abrangente é seu objeto. A primeira faculdade geral diz respeito ao corpo do próprio sujeito, ao passo que as outras duas faculdades — a sensitiva e a intelectual — dizem respeito também a objetos extrínsecos ao próprio sujeito, e a consideração disso nos mostra que há outras potências além daquelas já mencionadas. Se consideramos a aptidão do objeto exterior para ser recebido no sujeito por meio do conhecimento, vemos que há dois tipos de faculdades, a sensitiva e a intelectiva, aquela tendo um âmbito mais restrito que esta. Contudo, se considerarmos a inclinação e a tendência ao objeto exterior, veremos que há duas outras potências, a da locomoção, pela qual o sujeito alcança o objeto por meio do seu próprio movimento, e a da apetência, pela qual o objeto é desejado como fim (*finis*). A potência locomotiva pertence ao plano da vida sensitiva, ao passo que a capacidade apetitiva é dupla, compreendendo o desejo no plano sensitivo, ou apetite sensitivo, e o desejo no plano intelectual, ou volição. Portanto, no plano vegetativo da vida, encontramos as três potências da nutrição do crescimento e da reprodução; no plano sensitivo, os cinco sentidos externos, os quatro sentidos internos, a potência de locomoção e o apetite sensitivo; no plano racional da vida, o intelecto agente, o intelecto passivo e a vontade. No homem, todos eles estão presentes.

Essas potências, ou faculdades, procedem da essência da alma como de seu princípio, mas distinguem-se realmente umas das outras. Têm diferentes objetos formais (a visão, por exemplo, tem a cor como seu objeto), suas atividades são diferentes e, portanto, são potências realmente distintas (*operatio sequitur esse*). Contudo, a distinção real não deve ser multiplicada sem razão suficiente. Por exemplo, um dos sentidos internos é a *vis memorativa*, ou memória sensitiva, pela qual o animal se lembra de seus amigos ou inimigos, daquilo que lhe deu prazer ou que lhe causou dor. De acordo com Santo Tomás, a memória do passado propriamente dito pertence à memória sensitiva, uma vez que esse passado se refere aos particulares e é a memória sensitiva que diz respeito aos particulares. Se, porém, por memória, entendemos a conservação das idéias ou conceitos, é necessário reconduzir isso ao intelecto, e podemos falar da memória intelectual. Contudo, a memória intelectual não é uma potência realmente distinta do próprio intelecto — mais precisamente, do intelecto passivo: é o intelecto passivo considerado segundo um de seus aspectos ou funções. Novamente, o ato de apreender a verdade, de repousar na apreensão da verdade, não procede de uma potência ou faculdade diferente da faculdade pela qual raciocinamos discursivamente: o *intellectus* e a *ratio* não são faculdades distintas, pois é a mesma mente que apreende a verdade e raciocina de uma verdade a outra. Nem a "razão superior" (*ratio superior*), que se ocupa das coisas eternas, é uma faculdade diferente da *ratio inferior*, pela qual alcançamos o conhecimento racional das coisas temporais. São a mesma faculdade, embora a faculdade receba diferentes nomes de acordo com os objetos de seus diferentes atos, conforme disse Agostinho. O mesmo se aplica aos intelectos prático e especulativo, que não são senão uma faculdade.

3. Pode ser conveniente dizer algumas palavras a mais sobre o assunto dos "sentidos internos", que são comuns ao animal e ao homem. Santo Tomás observa[311] que Avicena, em seu livro *Sobre a alma*, postulou cinco sentidos internos, mas que, na realidade, existem apenas quatro. O que Santo Tomás entende por "sentidos" neste contexto? Obviamente, não o mesmo que nós entendemos pela palavra, pois, quando usamos a palavra "sentidos", referimo-nos aos cinco sentidos externos. Por que, então, chama-os sentidos? Para indicar que são operações pertencentes ao plano da vida sensitiva e que não envolvem a razão. Deve haver, por exemplo, uma operação instintiva pela qual o pássaro "julga" que os galhos que vê serão úteis para construir um ninho: ora, não pode ver a utilidade simplesmente pela visão, que se dirige à cor, ao passo que, por outro lado, o pássaro não raciocina nem julga em sentido próprio. Tem, portanto, um "sentido interno" pelo qual apreende a utilidade dos galhos.

Em primeiro lugar, deve haver um sentido interno pelo qual os dados dos sentidos externos específicos são distinguidos e reunidos. O olho vê a cor, o ouvido ouve sons, mas, embora o sentido da visão distinga uma cor da outra, não pode distinguir a cor do som, pois não é capaz de ouvir. Pela mesma razão, não pode referir o som ao objeto colorido visto, por exemplo, quando um homem está falando com seu cão. Essa função de distinção e reunião é desempenhada pelo sentido geral, ou *sensos communis*. Em segundo lugar, o animal é capaz de conservar as formas apreendidas pelos sentidos, e essa função é desempenhada pela imaginação (*fantasia* ou *imaginatio*), que é "como que o tesouro das formas recebidas pelos sentidos". Em terceiro lugar, o animal é capaz de apreender as coisas que não pode perceber por meio dos sentidos. Por exemplo, que algo é útil para si, que alguém ou algo é amigo ou inimigo, e essa tarefa é desempenhada pela *vis aestimativa*, ao passo que, em último lugar, a *vis memorativa* conserva

---

[311] *S. T.*, Ia, q. 78, art. 4.

tais apreensões. Com relação às formas sensíveis, não há — diz Santo Tomás, nenhuma diferença entre os homens e os animais, uma vez que são afetados pelos objetos sensíveis externos do mesmo modo. Contudo, com relação à apreensão das coisas que não são apreendidas diretamente pelos sentidos externos, há uma diferença entre os homens e os animais. Estes percebem tais coisas como a utilidade e a inutilidade, a amizade ou a hostilidade por um instinto natural, ao passo que o homem compara as coisas particulares. Aquilo que nos animais é chamado de *vis aestimativa naturalis*, Santo Tomás chama de *vis cogitativa* no caso dos homens. Algo além do mero instinto está envolvido.

4. Além dos cinco sentidos externos, dos quatro sentidos internos, do poder de locomoção, do apetite sensitivo e das faculdades cognitivas racionais (às quais retornarei no próximo capítulo, ao tratar da teoria do conhecimento de Santo Tomás), o homem tem também a vontade (*voluntas*). A vontade difere do apetite sensitivo, pois deseja o bem enquanto tal, ou o bem em geral (*bonum sub communi ratione boni*), ao passo que o apetite sensitivo não deseja o bem em geral, mas os objetos particulares de desejo que se apresentam aos sentidos. Além disso, a vontade é, por sua própria natureza, orientada ao bem em geral e necessariamente o deseja. Essa necessidade, contudo, não é uma necessidade de coerção, que recai sobre a vontade com violência; procede da própria vontade que, por sua natureza, deseja o fim último, ou felicidade (*beatitudo*). A vontade, sendo uma faculdade apetitiva, não pode ser compreendida separadamente do seu objeto natural de desejo, do seu *finis* natural, e esse objeto — diz Santo Tomás, seguindo Aristóteles — é a beatitude, a felicidade e o bem em geral. Desejamos necessariamente ser felizes, não podemos senão desejá-lo. Contudo, a necessidade em questão não é uma necessidade imposta desde fora por violência (*necessitas coactionis*), mas uma necessidade de natureza (*necessitas naturalis*) que procede da natureza da vontade.

Embora o homem necessariamente deseje a felicidade, isso não significa que não seja livre com relação às suas escolhas particulares. Há alguns bens particulares que não são necessários para a felicidade, e o homem é livre para querê-los ou não. Além disso, ainda que a verdadeira felicidade se encontre somente na posse de Deus, somente na obtenção do Bem infinito, isso não significa que todo homem tenha um desejo consciente por Deus ou que necessariamente quer aqueles meios que o aproximam de Deus. Nessa vida, o intelecto não tem a visão clara de Deus como bem infinito e única fonte de felicidade, que seria necessária para determinar a vontade: o homem necessariamente deseja a felicidade, mas a conexão entre a felicidade e Deus não lhe é de tal modo clara que o torne incapaz de querer outra coisa que não Deus. Em certo sentido, obviamente, sempre está desejando a Deus, porque necessariamente quer a felicidade e, *de facto*, a felicidade encontra-se somente em obter a Deus, o Bem infinito. Contudo, devido à falta da visão clara de Deus como o Bem infinito, outros objetos podem parecer-lhe necessariamente ligados a sua felicidade, os quais não o são de fato, e põe a felicidade em algo distinto de Deus. Seja qual for a sua vontade, quer um bem, real ou aparente — necessariamente quer *sub ratione boni* —, mas não necessariamente quer o verdadeiro Bem infinito. Em certo sentido, pode-se dizer que sempre quer a Deus. Contudo, no que diz respeito à escolha consciente, pode querer algo distinto de Deus, até o ponto da exclusão de Deus. Se o homem fecha seus olhos para a verdade e volta sua atenção aos prazeres sensíveis, por exemplo, pondo neles sua felicidade, é culpado moralmente. No entanto, isso não altera o fato de que a incompatibilidade entre a indulgência quanto aos prazeres sensíveis desordenados e o atingimento da verdadeira felicidade não é de tal modo evidente que não possa tomar a indulgência quanto aos prazeres desordenados dos sentidos como o seu fim. Pode-se tomar um exemplo paralelo da atividade do intelecto. Se um homem conhece os significados dos termos, é impossível que não assinta aos primeiros princípios na ordem intelectual — por exemplo, ao princípio da identidade —; no entanto, quando um encadeamento de raciocínios está envolvido, como ocorre na prova metafísica da existência de Deus, pode recusar seu assentimento, não porque o argumento seja insuficiente, mas porque não quer assentir e afasta o intelecto da percepção, ou contemplação, da conexão necessária entre a conclusão e as premissas. De maneira semelhante, um homem necessariamente quer *sub ratione boni*, forçosamente deseja a felicidade. Contudo, pode afastar sua atenção da conexão necessária entre a felicidade e Deus e permitir que algo distinto de Deus se lhe apresente como a fonte da verdadeira felicidade.

O livre-arbítrio (*liberum arbitrium*) não é uma potência ou faculdade diferente da vontade. No entanto, há uma distinção mental entre ambos, pois o termo "vontade" significa a faculdade enquanto princípio de toda a nossa volição, seja necessária (com respeito ao fim, a felicidade) ou livre (com respeito à escolha dos meios para o fim), ao passo que o "livre-arbítrio" significa a mesma faculdade enquanto princípio da nossa livre escolha de meios para o fim. Conforme já mencionado, Santo Tomás sustentava que, embora o homem queira necessariamente o fim — a felicidade —, não tem a visão irresistível da conexão entre os meios particulares e esse fim e, portanto, é livre em relação à escolha desses meios, não sendo movido com necessidade nem a partir de dentro, nem a partir de fora. A liberdade do homem segue-se de sua racionalidade. A ovelha "julga" por meio de um instinto natural que o lobo deve ser evitado, mas o homem julga que algum bem deve ser buscado ou algum mal deve ser evitado por um ato livre de sua inteligência.[312] A razão, diferentemente do instinto, não é determinada no seu julgamento a respeito de escolhas particulares. A escolha diz respeito aos meios para um fim último (a felicidade), sendo possível para o homem considerar qualquer objeto particular a partir de mais de um ponto de vista: pode considerá-lo enquanto bem e julgar que deve ser escolhido, ou pode considera-lo enquanto mal, isto é, enquanto lhe falta algo bom, e julgar que deve ser evitado.[313] O *liberum arbitrium* é, assim, a potência pela qual o homem

---

[312] *S. T.*, Ia, q. 83, art. 1.
[313] *S. T.*, Ia, Iae, q. 13, art. 6.

é capaz de julgar livremente.[314] Pode parecer, então, que a liberdade pertence ao intelecto, não à vontade. Contudo, Santo Tomás observa[315] que, quando se diz que o *liberum arbitrium* é a potência pela qual o homem é capaz de julgar livremente, não se refere a qualquer espécie de juízo, mas ao juízo decisivo de escolha que põe fim à deliberação que surge do fato de o homem poder considerar um objeto possível de escolha a partir de diferentes pontos de vista. Por exemplo, se está em questão sair para uma caminhada ou não, posso considerar a caminhada enquanto um bem, enquanto um exercício saudável, ou enquanto um mal, enquanto toma o tempo que deveria ser empregado em escrever uma carta para o correio da tarde. O julgamento decisivo que diz que devo sair para uma caminhada — ou não, conforme o caso — é feito sob a influência da vontade. O julgamento enquanto tal pertence à razão, mas a liberdade de julgamento pertence imediatamente à vontade. Ainda assim, é verdade que o tratamento da liberdade por Santo Tomás tem caráter intelectualista.

5. Esse caráter intelectualista fica aparente na sua resposta à questão a respeito de qual é a faculdade mais nobre, se o intelecto ou a vontade. Santo Tomás responde que, em sentido absoluto, o intelecto é a faculdade mais nobre, pois, por meio do conhecimento, possui o objeto, contém-no em si mesmo ao assimilá-lo mentalmente, ao passo que a vontade tende ao objeto enquanto algo externo, e é mais perfeito possuir a perfeição do objeto em si mesmo do que tender a ele enquanto existe fora de si. Com relação aos objetos corpóreos, portanto, o conhecimento deles é mais perfeito e mais nobre do que a vontade a seu respeito, uma vez que pelo conhecimento possuímos as formas desses objetos em nós mesmos, e essas formas existem de modo mais nobre na alma racional do que nos objetos corpóreos. De maneira semelhante, a essência da visão beatífica consiste no ato de conhecimento pelo qual possuímos a Deus. Por outro lado, embora a posse do objeto pelo intelecto seja em si mesma mais perfeita que a inclinação ao objeto pela volição, a vontade pode ser mais nobre que o intelecto sob certos aspectos — *secundum quid* —, por razões acidentais. Por exemplo, nesta vida, nosso conhecimento de Deus é imperfeito e analógico. Conhecemos a Deus apenas indiretamente, ao passo que a vontade tende a Deus diretamente. O amor a Deus é, portanto, mais perfeito que o conhecimento referente a Ele. No caso de objetos que são menos nobres que a alma — objetos corpóreos —, podemos ter conhecimento imediato, o qual é mais perfeito que a vontade. No entanto, no caso de Deus, um objeto que transcende a alma humana, temos apenas um conhecimento mediato nesta vida, e nosso amor a Deus é mais perfeito que nosso conhecimento d'Ele. Na visão beatífica no Céu, contudo, quando a alma vê a essência de Deus imediatamente, a superioridade intrínseca do intelecto em relação à vontade será reafirmada, por assim dizer.

---

[314] *De Veritate*, 24, 4 e 6.
[315] Ibid., 24, 6.

Desse modo, Santo Tomás, adotando a postura intelectualista de Aristóteles, interpreta-a dentro de um cenário cristão.³¹⁶

6. Vimos que Santo Tomás rejeitava a visão platônico-agostiniana da relação entre a alma e o corpo e adotava a visão aristotélica da alma como forma do corpo, acentuando a intimidade da união entre ambos. Não há uma *forma corporeitatis*, não há senão uma única forma substancial no homem, a alma racional, que informa diretamente a matéria-prima e é a causa de todas as atividades humanas nos planos vegetativo, sensitivo e intelectual. A sensação não é um ato da alma que usa o corpo, mas do *compositum*. Não temos idéias inatas, e a mente depende da experiência sensível para conhecer. Surge, portanto, a questão de se a intimidade da união entre a alma e o corpo não teria sido de tal modo acentuada que a possibilidade da subsistência da alma separada do corpo deveria ser afastada. Dito de outro modo: a doutrinação aristotélica da relação entre a alma e o corpo não é incompatível com a imortalidade pessoal? Caso se parta da teoria platônica sobre a alma, a imortalidade é assegurada, mas a união da alma com o corpo torna-se difícil de entender; ao passo que, caso se parta da teoria aristotélica da alma, pode parecer necessário sacrificar a imortalidade — pode parecer que a alma está tão intimamente vinculada ao corpo que não pode subsistir separada dele.

A alma é, de fato, a forma do corpo e, de acordo com Santo Tomás, conserva sempre sua aptidão para informar o corpo, precisamente por ser, por natureza, a forma do corpo. Não obstante, a alma racional e suas potências não se exaurem ao informar o corpo. Ao tratar da imortalidade da alma, Santo Tomás sustenta que a alma é incorruptível por ser uma forma subsistente. Algo que sofre corrupção é corrompido seja por si (*per se*), seja por acidente (*per accidens*), isto é, por meio da corrupção de outra coisa de que depende para existir. A alma das bestas depende do corpo para todas as suas operações e corrompe-se quando o corpo se corrompe (*corruptio per accidens*). A alma racional, porém, sendo uma forma subsistente, não pode ser afetada pela corrupção do corpo, do qual não depende intrinsecamente.³¹⁷ Se isso fosse tudo que Santo Tomás tivesse a dizer para provar a imortalidade da alma, obviamente incorreria na culpa de uma petição de princípio grosseira, uma vez que pressupõe que a alma é uma *forma subsistens*, sendo precisamente esse o ponto a ser provado. Santo Tomás argumenta, contudo, que a alma racional deve ser espiritual e ser uma forma subsistente, porque é capaz de conhecer as naturezas de todos os corpos. Se fosse material, seria determinada a um objeto específico, como o órgão da visão é determinado para a percepção da cor. De novo, se dependesse intrinsecamente de um órgão corporal, ficaria restrita ao conhecimento de algum tipo particular de objeto corpóreo, o que não é o caso,³¹⁸ ao passo que, se fosse um corpo, se

---

³¹⁶ *De Veritate*, 22, 11; cf. *S. T.*, Ia, q. 82, art. 3.
³¹⁷ *S. T.*, Ia, q. 75, art. 6; *Contra Gent.*, 2, 79.
³¹⁸ *S. T.*, Ia, q. 75, art. 2.

fosse material, não poderia refletir sobre si mesma.[319] Por essas razões, a alma humana, que é uma alma racional, deve ser imaterial, isto é, espiritual, do que se segue que é incorruptível, ou imortal por natureza. Falando concretamente, poderia, por óbvio, ser aniquilada pelo Deus que a criou, mas sua imortalidade se segue da sua natureza e não é simplesmente gratuita, salvo no sentido de que sua própria existência, como a existência de qualquer outra criatura, é gratuita.

Santo Tomás argumenta também a partir do desejo de persistir no ser. Há um desejo natural de imortalidade, e um desejo natural, implantado por Deus, não pode ser vão.[320]

> É impossível que um apetite natural seja vão. Ora, o homem tem um apetite natural pela persistência perpétua no ser. Isso é claro pelo fato de que a existência (*esse*) é desejada por todas as coisas, mas o homem tem a apreensão intelectual do *esse* enquanto tal, não apenas do *esse* aqui e agora, como têm as bestas. O homem, portanto, alcança a imortalidade relativa à alma, pela qual apreende o *esse* enquanto tal e sem limite temporal.[321]

O homem, enquanto se distingue do animal irracional, pode conceber a existência perpétua, separada do momento presente, e a essa apreensão corresponde o desejo natural pela imortalidade. Como esse desejo deve ter sido implantado pelo Autor da natureza, não pode ser vão (*frustra* ou *inane*). Contra isso, Duns Escoto argumentou mais tarde que, no que diz respeito ao desejo natural (*desiderium naturale*), tanto o homem como a besta estão em uma condição tal que ambos fogem da morte, ao passo que relativamente aos desejos elícitos, ou conscientes, devemos mostrar que sua realização é possível antes de podermos sustentar que devem ser realizados.[322] Pode-se replicar que a possibilidade da realização do desejo é evidenciada quando se prova que a alma não depende intrinsecamente do corpo, mas é espiritual. Isso seria reconhecer que o argumento a partir da espiritualidade da alma é fundamental.

Em vista da epistemologia de Santo Tomás, da sua insistência na origem das idéias humanas na experiência sensível e no papel do fantasma na formação de tais idéias, pode parecer que se contradiz a si mesmo quando diz que a mente humana não depende intrinsecamente do corpo, e pode parecer também que a alma em um estado de separação seria incapaz de atividade intelectual. Com relação ao primeiro ponto, porém, sustentava que a mente precisa do corpo para sua atividade não como um órgão da atividade mental — pois essa atividade é apenas da mente —, mas por causa do objeto natural da mente humana nesta vida, quando está unida a um corpo. Dito de outro modo: a mente não depende intrinsecamente do corpo para sua subsistência. Pode, então, exercer

---

[319] *Contra Gent.*, 2, 49.
[320] *S. T.*, Ia, q. 75, art. 6.
[321] *Contra Gent.*, 2, 79.
[322] *Opus Oxon.*, 4, 43, 2, n° 29 ss.

sua atividade em um estado de separação do corpo? Sim, pois seu modo de conhecimento se segue do estado em que está. Quando unida ao corpo, a alma racional não vem a conhecer as coisas senão *convertendo se ad phantasmata*. Contudo, quando está em um estado de separação, deixa de ser incapaz de conhecer-se a si mesma e às outras almas de maneira perfeita e direta e de conhecer os anjos imperfeitamente. Pode parecer que, nesse caso, é melhor para a alma estar em um estado de separação em relação ao corpo do que estar unido a ele, uma vez que os espíritos são objetos de conhecimento mais nobres que as coisas corpóreas. No entanto, Santo Tomás não pode reconhecer isso, pois insistia em que é natural à alma estar unida ao corpo e que sua união é para o bem da alma. Não hesita, portanto, em extrair a conclusão de que o estado de separação é *praeter naturam* e que o modo de conhecimento da alma no estado de separação também é *praeter naturam*.[323]

7. Quando Santo Tomás prova a imortalidade da alma, refere-se naturalmente à imortalidade pessoal. Contra os averroístas, argumenta que o intelecto não é uma substância distinta da alma humana e comum a todos os homens, mas que se multiplica "de acordo com a multiplicação dos corpos".[324] É impossível explicar a diversidade de idéias e de operações intelectuais nos homens quando se supõe que todos os homens não têm senão um único intelecto. Não são apenas as sensações e os fantasmas que variam de homem para homem, mas suas vidas e atividades intelectuais variam igualmente. É absurdo supor que os homens tenham um único intelecto, assim como seria absurdo supor que tivessem uma única visão.

É importante perceber que não é a opinião de Avicena a respeito da unicidade e do caráter separado do intelecto agente que necessariamente afasta a imortalidade pessoal — alguns filósofos medievais que certamente sustentavam a imortalidade pessoal identificavam o intelecto agente com Deus ou com a atividade de Deus na alma —, mas antes a opinião de Averróis a respeito da unicidade e do caráter separado do intelecto *passivo*, bem como do intelecto agente. Que Averróis fosse o principal inimigo quanto a esse ponto, Santo Tomás deixa-o bastante claro no início do seu *De unitate intellectus contra Averroistas*. Se a teoria averroísta é aceita, "segue-se que, após a morte, nada permanece na alma dos homens senão um único intelecto. Desse modo, a distribuição de recompensas e punições é excluída". Isso não significa, obviamente, que Santo Tomás aceitasse a teoria da unicidade do intelecto agente: argumenta contra ela na *Summa contra Gentiles*, por exemplo,[325] assim como na *Summa Theologica*.[326] Um dos seus argumentos é no sentido de que, se o intelecto agente fosse o mesmo em todos os homens, então seu funcionamento seria independente do controle individual e seria constante, enquanto, na realidade, podemos exercer

---

[323] *S. T.*, Ia, q. 89.
[324] Ibid., Ia, q. 76, art. 2.
[325] q. 2, art. 76.
[326] Ia, q. 79, art. 4–5.

a atividade intelectual e cessá-la segundo nossa vontade. Santo Tomás, a propósito, interpreta a passagem notoriamente obscura do *De Anima* de Aristóteles[327] como ensinando o caráter individual do intelecto agente no homem individual. É impossível dizer com certeza que a interpretação tomista de Aristóteles seja incorreta, embora eu me incline a essa opinião. Contudo, a correção ou incorreção da sua interpretação de Aristóteles obviamente não afeta a questão da verdade ou da falsidade da sua própria idéia sobre o intelecto agente.[328]

Santo Tomás argumenta contra a unicidade do intelecto passivo no *De unitate intellectus contra Averroistas* e na *Summa contra Gentiles*.[329] Os seus argumentos pressupõem, em grande medida, a psicologia e a epistemologia aristotélicas. Essa pressuposição era esperada, não apenas porque Santo Tomás aceitava a doutrina aristotélica tal como a compreendia e interpretava, mas também porque os averroístas eram aristotélicos. Dizer, portanto, que Santo Tomás pressupunha a psicologia e a epistemologia aristotélicas é simplesmente dizer que tentou mostrar aos averroístas que sua noção do caráter unitário e separado do intelecto passivo era inconsistente com seus próprios princípios. Se a alma é a forma do corpo, como o intelecto passivo poderia ser um único em todos os homens? Um princípio não pode formar uma pluralidade de substâncias. Novamente: se o intelecto passivo fosse um princípio separado, seria eterno; deveria, portanto, conter todas as *species intelligibiles* que já foram recebidas, e todos os homens deveriam ser capazes de entender todas aquelas coisas que já foram entendidas por outros, o que manifestamente não é o caso. Além disso, se o intelecto agente fosse separado e eterno, funcionaria desde a eternidade, e o intelecto passivo, que também se supõe ser separado e eterno, receberia tudo desde a eternidade. Isso, porém, tornaria os sentidos e a imaginação desnecessários para as operações intelectuais, ao passo que a experiência mostra que são indispensáveis. E como se poderia explicar as diferentes capacidades intelectuais dos diferentes homens? As diferenças dos homens nesse aspecto certamente dependem, em alguma medida, da diferença de suas capacidades infra-intelectuais.

Pode ser um pouco difícil para nós hoje compreendermos a agitação produzida pela teoria averroísta e o interesse que despertou. No entanto, era obviamente incompatível com as doutrinas cristãs da imortalidade e das sanções na próxima vida. Mesmo que Santo Tomás demonstrasse um desejo de dissociar Aristóteles de Averróis, as conseqüências morais e religiosas da doutrina averroísta eram mais importantes para ele que a tentativa de Averróis de reivindicar a paternidade do filósofo grego para sua doutrina. Os agostinianos e os aristotélicos tinham uma causa comum contra os averroístas. Pode-se comparar à reação provocada pelos sistemas metafísicos e psicológicos modernos que parecem pôr em perigo a personalidade humana. Quanto a esse ponto, o idealismo, por

---

[327] 3, 5; 430 a. 17ss.
[328] Sobre Aristóteles, v. *Summa contra Gentiles*, 2, 78, e o comentário ao *De Anima*, 3, lectio 10.
[329] 2, 73-5.

exemplo, suscitou oposição por parte de filósofos que eram, quanto ao mais, profundamente divididos entre si.

CAPÍTULO XVII

Santo Tomás de Aquino — VIII: conhecimento

"Teoria do conhecimento" em Santo Tomás — O processo do conhecimento; o conhecimento do universal e do particular — O conhecimento que a alma tem de si mesma — A possibilidade da metafísica.

1. Procurar por uma epistemologia em Santo Tomás, no sentido de uma justificação do conhecimento — de uma prova ou tentativa de prova da objetividade do conhecimento contra alguma forma de idealismo — seria procurar em vão. Que todos — mesmo os autodenominados céticos — estivessem convencidos da possibilidade de algum tipo de conhecimento, era tão claro para Santo Tomás quanto o era para Santo Agostinho, e, se existia um problema do conhecimento para Santo Tomás, esse consistia antes em saber como salvaguardar e justificar a metafísica diante da psicologia aristotélica, do que em justificar a objetividade do nosso conhecimento a respeito do mundo extramental contra um idealismo subjetivo que ainda não tinha surgido, ou em mostrar a legitimidade da metafísica em face da crítica kantiana que ainda seria encontrada em um futuro muito distante. Isso não equivale a dizer, obviamente, que os princípios tomistas não podem ser desenvolvidos de modo a fornecer respostas ao idealismo subjetivo e ao kantismo. No entanto, não se deve cometer o anacronismo de fazer o Santo Tomás histórico responder a questões que ele não enfrentou efetivamente. De fato, tratar a teoria do conhecimento de Santo Tomás à parte da sua doutrina psicológica já é, em alguma medida, um anacronismo. Contudo, penso que isso pode se justificar, uma vez que é a partir da psicologia que o problema do conhecimento surge, e é possível, ao menos por razões de conveniência, tratar deste problema em separado. A fim de tornar esse problema claro, é necessário, em primeiro lugar, esboçar brevemente o modo como formamos nossas idéias e conhecimentos naturais de acordo com Santo Tomás.

2. Os objetos corpóreos agem sobre os órgãos dos sentidos, e a sensação é um ato do *compositum* — da alma e do corpo, não da alma sozinha usando o corpo, como pensava Agostinho. Os sentidos estão, por natureza, limitados ao conhecimento dos particulares; não podem apreender universais. Os animais irracionais têm sensação, mas não apreendem idéias gerais. O fantasma, ou imagem, que surge na imaginação e que representa o objeto material particular percebido pelos sentidos é também particular: é o fantasma de um ou vários objetos particulares. O conhecimento intelectual humano, entretanto, é do universal: o ser humano, nas suas operações intelectuais, apreende a forma do objeto material abstraída; apreende um universal. Por meio da sensação,

podemos apreender apenas homens ou árvores particulares, por exemplo, e as imagens interiores, ou fantasmas, de homens e árvores são sempre particulares. Mesmo que não tenhamos uma imagem composta do homem, que não representa nenhum homem efetivo de maneira distinta, mas representa vários de maneira confusa, continua a ser particular, uma vez que as imagens ou partes de imagens de homens particulares se fundem para formar uma imagem que pode ser "genérica" com respeito a homens particulares efetivos, mas que não é, por si mesma, menos particular: a imagem de um homem particular imaginado. A mente, porém, pode e efetivamente concebe a idéia geral do homem enquanto tal, que inclui todos os homens em sua extensão. Uma imagem do homem certamente não se aplicará a todos os homens, mas a idéia intelectual do homem, ainda que seja concebida com dependência da apreensão sensível de homens particulares, aplica-se a todos os homens. A imagem de um homem deve ser ou a imagem de um homem que tem ou não tem cabelo. No primeiro caso, não representa os homens calvos; no segundo, não representa os homens que não são calvos. Contudo, se formamos o conceito do homem como o animal racional, essa idéia se estende a todos os homens, quer sejam calvos ou não, brancos ou negros, altos ou magros, porque é a idéia da essência do homem.

Como, então, se realiza a transição do conhecimento sensitivo e particular para o conhecimento universal? Embora a sensação seja uma atividade conjunta da alma e do corpo, a alma racional e espiritual não pode ser afetada diretamente por uma coisa material ou pelo fantasma: há necessidade, portanto, de uma atividade por parte da alma, uma vez que o conceito não pode ser formado de maneira meramente passiva. Essa atividade é a atividade do intelecto agente, que "ilumina" o fantasma e abstrai dele o universal, ou a "espécie inteligível". Santo Tomás fala, assim, de "iluminação", mas não usa a palavra em sentido inteiramente agostiniano — ao menos não segundo aquilo que provavelmente é a verdadeira interpretação de Agostinho —; entende que o intelecto agente, por sua virtude natural e sem nenhuma iluminação especial da parte de Deus torna visível o aspecto inteligível do fantasma, revela o elemento formal e potencialmente universal contido implicitamente nesse fantasma. O intelecto agente, portanto, abstrai o elemento universal por si, produzindo no intelecto passivo a *species impressa*. A reação do intelecto passivo à sua determinação pelo intelecto agente é o *verbum mentis* (*species expressa*), o conceito universal em sentido pleno. A função do intelecto agente é puramente ativa: abstrair o elemento universal dos elementos particulares do fantasma; causar no intelecto passivo a *species impressa*. O intelecto do homem não contém idéias inatas, mas está em potência para a recepção de conceitos. Deve, portanto, ser reduzido a ato, e essa redução a ato deve ser realizada por um princípio que esteja em ato. Como esse princípio ativo não tem idéias prontas para fornecer, deve haurir seu material daquilo que é fornecido pelos sentidos, e isso significa que deve abstrair o elemento inteligível do fantasma. Abstrair significa isolar intelectualmente o universal de notas particularizantes. Assim, o intelecto agente abstrai a essência universal do homem a partir de um fantasma particular abandonando todas as notas particulares que a restringem a um homem particular ou a alguns homens particulares. Como o intelecto agente é puramente ativo, não pode imprimir o universal sobre si mesmo. Imprime-o no elemento potencial do intelecto humano, no intelecto passivo, e a reação a essa impressão é o conceito em sentido pleno, o *verbum mentis*.

É importante perceber, contudo, que o conceito abstrato não é o objeto do conhecimento, mas o meio do conhecimento. Se o conceito — a modificação do intelecto — fosse por si mesmo o objeto do conhecimento, então o nosso conhecimento seria um conhecimento de idéias, não de coisas existentes fora da mente, e os juízos da ciência não diriam respeito a coisas fora da mente, mas a conceitos dentro da mente. Na realidade, porém, o nosso conceito é a semelhança do objeto que é produzida na mente e é, assim, o meio pelo qual a mente conhece o objeto: na linguagem de Santo Tomás, é *id quo intelligitur*, não *id quod intelligitur*.[330] A mente — é claro — tem a capacidade de refletir sobre suas próprias modificações e, portanto, pode fazer do conceito seu objeto; contudo, este é objeto de conhecimento apenas de maneira secundária, sendo primariamente o instrumento do conhecimento. Dizendo isso, Santo Tomás evita o idealismo subjetivo, que o levaria às dificuldades peculiares a essa forma de idealismo. A teoria que efetivamente contrasta à sua é a de Platão. Todavia, isso não altera o fato de que, adotando essa postura, evitou uma armadilha da qual é praticamente impossível se desenredar.

Como sustentava que o intelecto conhece diretamente a essência, o universal, Santo Tomás extraiu a conclusão lógica de que a mente humana não conhece diretamente coisas materiais singulares. A ênfase está, obviamente, na "mente" e em "conhece", uma vez que não se nega que o ser humano apreenda objetos materiais particulares pelos sentidos: o objeto dos sentidos é precisamente o sensível particular. O intelecto, todavia, vem a conhecer abstraindo a espécie inteligível da matéria individualizante, e, sendo assim, somente pode ter conhecimento direto de universais. Não obstante, mesmo depois de abstrair a espécie inteligível, o intelecto exerce sua atividade cognitiva apenas por meio de uma "conversão", de um giro da atenção aos fantasmas, no qual apreende os universais e, desse modo, tem um conhecimento reflexivo, ou indireto, das coisas particulares representadas por esses fantasmas. Assim, a apreensão sensível de Sócrates capacita a mente a abstrair o universal "homem". Contudo, a idéia abstrata é um meio e instrumento de conhecimento para o intelecto apenas na medida em que este se volta ao fantasma e, então, é capaz de formar o juízo de que Sócrates é homem. Não é, portanto, verdade dizer que o intelecto, segundo Santo Tomás, não tem nenhum conhecimento dos entes corpóreos particulares: o que sustentava é que a mente tem apenas um conhecimento indireto de tais particulares, sendo o objeto direto do conhecimento o universal.[331] No entanto,

---

[330] *S. T.*, Ia, q. 5, art. 2.
[331] *S. T.*, Ia, q. 86, art. 1.

isso não implica que o objeto primário do conhecimento intelectual seja a idéia abstrata enquanto tal. A mente apreende o elemento formal — o elemento potencialmente universal em Sócrates, por exemplo — e o abstrai da matéria individualizante. Em linguagem técnica, seu objeto primário de conhecimento é o universal direto, o universal apreendido no particular. É apenas de modo secundário que apreende o universal precisamente enquanto universal, o universal reflexivo.

Duas observações devem ser acrescentadas, a título de explicação. Santo Tomás explica que, ao dizer que a mente abstrai o universal do ente corpóreo particular abstraindo-o da matéria individualizante, quer dizer que, quando a mente abstrai a idéia de homem, por exemplo, a mente a abstrai *desta* carne e *destes* ossos, isto é, da matéria individualizante particular, não da matéria em geral, da "matéria inteligível" (quer dizer, a substância enquanto sujeito da quantidade). A corporeidade entra na idéia do homem enquanto tal, embora a matéria particular não entre na idéia universal de homem.[332] Em segundo lugar, Santo Tomás não pretende sugerir que é a coisa particular enquanto tal que não pode ser objeto direto do conhecimento intelectual, mas antes o sensível particular, ou o objeto corpóreo. Dito de outro modo: o objeto corpóreo particular é impedido de ser objeto direto do conhecimento do intelecto não por ser particular, mas por ser material, e a mente conhece-o apenas mediante a abstração da matéria enquanto princípio da individuação, isto é, enquanto esta ou aquela matéria.[333]

3. De acordo com Santo Tomás, portanto, a mente humana está originalmente em potência para o conhecimento, mas não tem idéias inatas. O único sentido em que as idéias são inatas é que a mente tem a capacidade natural de abstrair e formar idéias: no que diz respeito a idéias efetivas, a mente é originalmente uma *tabula rasa*. Além disso, a fonte do conhecimento possuído pela mente é a percepção sensível, uma vez que a alma — a forma do corpo — tem como seu objeto natural o conhecimento das essências dos objetos materiais. A alma racional conhece a si mesma apenas por meio dos seus atos, apreendendo a si mesma não diretamente na sua essência, mas no ato pelo qual abstrai a espécie inteligível dos objetos sensíveis.[334] O conhecimento que a alma tem de si mesma não é, portanto, uma exceção à regra geral de que todo o nosso conhecimento começa pela percepção sensível e dela depende. Santo Tomás exprime esse fato dizendo que o intelecto, quando unido ao corpo na vida presente, não pode vir a conhecer nada *nisi convertendo se ad phantasmata*.[335] A mente humana não pensa sem a presença de um fantasma, como é evidente pela introspecção, e depende do fantasma, como mostra o fato de que uma faculdade imaginativa desordenada (como ocorre em pessoas loucas) impede o conhecimento. A razão

---

[332] Ibid., Ia, q. 85, art. 1.
[333] Ibid., Ia, q. 86, art. 1, ad 3.
[334] Ibid., Ia, q. 87, art. 1.
[335] Ibid., Ia, q. 84, art. 7.

disso é que a potência cognitiva é proporcionada a seu objeto natural.[336] Em resumo, a alma humana, conforme disse Aristóteles, não entende nada sem um fantasma, e podemos dizer: *nihil in intellectu quod prius non fuerit in sensu.*

4. Disso se segue obviamente que a mente humana não pode alcançar nesta vida um conhecimento direto de substâncias imateriais, que não são e não podem ser objeto dos sentidos.[337] No entanto, surge também o problema de se pode haver algum conhecimento metafísico diante de tais premissas: se a mente humana pode, por exemplo, se elevar acima das coisas sensíveis e atingir algum conhecimento de Deus, uma vez que Deus não pode ser objeto dos sentidos. Se nossos intelectos dependem do fantasma, como podemos conhecer objetos dos quais não há fantasmas, que não atuam sobre os sentidos?[338] À luz do princípio *"nihil in intellectu quod prius non fuerit in sensu"*, como podemos alcançar o conhecimento de Deus, se não podemos dizer *quod Deus prius fuerit in sensu*? Dito de outro modo: dada a psicologia e a epistemologia tomistas, parece que a teologia natural tomista fica inevitavelmente invalidada: não podemos transcender os objetos dos sentidos e estamos excluídos de qualquer conhecimento de objetos espirituais.

Para compreender a resposta de Santo Tomás a essa séria objeção, é necessário relembrar sua doutrina sobre o intelecto enquanto tal. Os sentidos estão necessariamente limitados a um tipo particular de objeto, mas o intelecto, sendo imaterial, é a faculdade de apreender o ser. O intelecto, enquanto tal, dirige-se a todo ente. O objeto do intelecto é o inteligível: nada é inteligível exceto na medida em que está em ato, participa do ser, e tudo o que está em ato é inteligível na medida em que está em ato, isto é, na medida em que participa do ser. Se consideramos o intelecto humano precisamente enquanto intelecto, devemos admitir, então, que seu objeto primário é o ente. *Intellectus respicit suum obiectum secundum communem ratione entis; eo quod intellectus possibilis est quo est omnia feri.*[339] *Primo autem in conceptione intellectus cadit ens; quia secundum hoc unumquodque cognoscibile est, inquantum est actu [...] Unde ens est proprium obiectum intellectus.*[340] O primeiro movimento do intelecto é, portanto, em direção ao ente, não em direção ao ente sensível em particular, e o intelecto pode conhecer a essência de uma coisa material apenas na medida em que é ente: é apenas em segundo lugar que um tipo particular de intelecto — o intelecto humano — se dirige a um tipo particular de ente. Devido ao seu estado de união com o corpo e à necessidade da *conversio ad phantasma*, o intelecto humano tem, em seu estado de união com o corpo, o objeto sensível como objeto natural e "próprio" de sua apreensão, mas não perde sua orientação ao ente em geral. Enquanto intelecto *humano*, deve partir dos sentidos, dos entes materiais, mas enquanto *intelecto*, pode proceder para além

---

[336] Ibid. Ia, q. 84, art. 7.
[337] Ibid. Ia, q. 88, art. 1.
[338] Ibid., Ia, q. 84, art. 7, ad 3.
[339] *S. T.*, Ia, q. 79, art. 7.
[340] Ibid., Ia, q. 5, art. 2.

dos sentidos, não estando limitado às essências materiais, embora possa fazê-lo apenas na medida em que os objetos imateriais se lhe manifestam no — e por meio do — mundo sensível, na medida em que as coisas materiais têm relação com objetos imateriais. Enquanto intelecto unido ao corpo, enquanto *tabula rasa*, cujo objeto natural é a essência material, o intelecto não apreende nem pode apreender, por suas próprias capacidades, a Deus de forma direta. Contudo, os objetos sensíveis, enquanto finitos e contingentes, revelam sua relação com Deus, de modo que o intelecto pode saber que Deus existe. Além disso, os objetos sensíveis, enquanto efeitos de Deus, manifestam a Deus em alguma medida, de modo ao intelecto poder vir a conhecer algo da natureza de Deus, embora esse conhecimento não possa (por natureza) ser mais do que analógico. A necessidade da *conversio ad phantasma* significa que não podemos conhecer a Deus diretamente, mas que podemos conhecê-Lo na medida em que os objetos sensíveis manifestam a Sua existência e nos capacitam a atingir um conhecimento analógico, indireto e imperfeito da Sua natureza: podemos conhecer a Deus *ut causam, et per excessum, et per remotionem*.[341]

Um pressuposto dessa posição é o caráter ativo do intelecto humano. Se o intelecto humano fosse meramente passivo, se a *conversio ad phantasma* significasse que as idéias são causas de maneira meramente passiva, não poderia obviamente haver nenhum conhecimento natural de Deus, uma vez que os objetos sensíveis não são Deus e de Deus e outros entes imateriais *non sunt phantasmata*. É a potência ativa do intelecto que o capacita a ler, por assim dizer, a relação entre os entes imateriais e os entes sensíveis. O conhecimento sensível não é a causa total e perfeita do nosso conhecimento intelectual, mas é antes a causa material desse conhecimento: o fantasma torna-se inteligível em ato por meio da operação abstrativa do intelecto agente. Na medida, portanto, em que o conhecimento sensível não é a causa total do conhecimento intelectual, "não causa espanto se o conhecimento intelectual se estende além do conhecimento sensitivo".[342] O intelecto humano, enquanto está unido a um corpo, tem como objeto natural as essências das coisas materiais, mas, por meio dessas essências, pode ascender a "algum conhecimento das coisas invisíveis". Esses objetos imateriais podem ser conhecidos apenas *per remotionem*, negando deles as características peculiares aos objetos sensíveis, ou analogicamente; no entanto, não poderíamos conhecê-las em absoluto, não fosse a capacidade ativa do intelecto.[343]

Uma dificuldade adicional — já mencionada — permanece. Como pode haver qualquer conteúdo positivo em nossa idéia de Deus, ou, de fato, na de qualquer objeto espiritual? Se dizemos, por exemplo, que Deus é pessoal, obviamente não pretendemos atribuir a Deus uma personalidade humana. Se, porém, quiséssemos dizer simplesmente que Deus não é menos do que aquilo que conhecemos como pessoal, haveria algum conteúdo positivo na nossa idéia de

---

[341] *S. T.*, Ia, q. 84, art. 7, ad 3.
[342] Ibid., Ia, q. 84, art. 6, ad 3, in corpore.
[343] Cf. ibid., Ia, q. 84, art. 7, ad 3, in corpore.

personalidade? "Não-menos-que-pessoal" é uma idéia positiva? Se a formulamos em termos afirmativos — "mais que pessoal" — tem um conteúdo positivo? Se não tem, estamos restritos à *via negativa* e somente podemos conhecer a Deus *per remotionem*. Contudo, Santo Tomás não adere simplesmente à *via negativa*: usa também a *via affirmativa*, sustentando que podemos conhecer a Deus *per excessum*. Ora, se quando atribuímos, por exemplo, a sabedoria a Deus, dizemos que atribuímos a sabedoria *modo eminentiori*, é difícil ver em que consiste efetivamente o conteúdo da nossa idéia da sabedoria divina. Deve basear-se na sabedoria humana, que é a única sabedoria que experimentamos de maneira natural e direta. E, contudo, não pode ser exatamente a sabedoria humana. No entanto, se é a sabedoria humana sem as limitações e formas da sabedoria humana, que conteúdo positivo essa idéia possui, se não temos nenhuma experiência da sabedoria sem tais limitações? Pareceria que, se alguém está resolvido a sustentar que a idéia tem um conteúdo positivo, deve dizer ou que a idéia da sabedoria humana acrescida da negação das suas limitações é uma idéia positiva ou, como Escoto, que podemos atingir uma idéia da essência da sabedoria, por assim dizer, que pode ser predicada univocamente de Deus e do homem. Essa teoria, embora útil sob certos aspectos, não é inteiramente satisfatória, pois nem Santo Tomás, nem Escoto sustentariam que a sabedoria ou qualquer outra perfeição se realiza univocamente em Deus e nas criaturas. Quanto à primeira resposta, pode parecer à primeira vista que consiste em fugir da dificuldade; no entanto, a reflexão mostrará que dizer que Deus é sábio, querendo dizer que Deus é mais que sábio (em sentido humano), não é em absoluto o mesmo que dizer que Deus não é sábio (em sentido humano). Uma pedra não é sábia (em sentido humano), nem mais que sábia: é menos que sábia. É verdade que se usamos a palavra "sábio" com o sentido preciso da sabedoria de que temos experiência — a saber, a sabedoria humana — podemos dizer com verdade não apenas que a pedra não é sábia, mas também que Deus não é sábio. No entanto, o significado dessas declarações não é o mesmo e, se o significado não é o mesmo, deve haver algum conteúdo positivo na declaração de que Deus não é sábio (isto é, que Deus é mais que sábio no sentido especificamente humano). Portanto, a afirmação de que Deus é sábio (em que "sábio" significa infinitamente mais que sábio em sentido humano) tem um conteúdo positivo. Exigir que o conteúdo de idéias analógicas seja perfeitamente claro e exprimível, de modo que poderiam ser compreendidos perfeitamente em termos de experiência humana, seria compreender de modo completamente errado a natureza da analogia. Santo Tomás não era um racionalista, embora admitisse que podemos alcançar *aliqualis cognitio Dei*. A infinitude do objeto — Deus — significa que a mente humana finita não pode alcançar nenhuma idéia adequada e perfeita da natureza de Deus, mas não significa que não pode alcançar uma noção imperfeita e inadequada dessa mesma natureza. Saber que Deus intelige é saber algo positivo de Deus, pois nos mostra ao menos que Deus não é irracional como uma pedra ou uma planta, ainda que conhecer o que seja a inteligência divina em si mesma exceda o nosso entendimento.

Para voltar ao exemplo da personalidade. A afirmação de que Deus é pessoal depende do argumento de que o ente necessário e a primeira causa não podem ser menos perfeitos do que aquilo que procede e que depende deles. Por outro lado, a psicologia e a epistemologia aristotélico-tomistas evitam que se sustente que um argumento desse tipo e fornecem uma idéia adequada do que é a personalidade divina em si mesma. Caso alguém alegue ter tal idéia, esta seria derivada da experiência e representaria inevitavelmente os dados dessa experiência. Na prática, isso significaria afirmar que Deus é *uma* Pessoa, e a conseqüência seria uma contradição entre a revelação e a filosofia. Se, porém, se percebe que por argumentos filosóficos não se pode alcançar uma idéia adequada da personalidade divina, se perceberá que tudo o que se pode dizer a partir do ponto de vista filosófico é que Deus é pessoal, não que Deus é *uma* Pessoa. Quando a revelação nos informa que Deus são três Pessoas em uma única natureza, nosso conhecimento de Deus é expandido, mas não há aí nenhuma contradição entre a teologia e a filosofia. Além disso, quando dizemos que Deus é pessoal, queremos dizer que Ele não é menos do que aquilo que experimentamos como personalidade, no sentido de que a perfeição da personalidade deve existir n'Ele da única maneira que pode existir em um ente infinito. Caso se objete que isso é contornar a questão, pois a questão é precisamente se a personalidade e a infinitude são compatíveis, pode-se responder que as provas da personalidade de Deus e da Sua infinitude são independentes, de modo a sabermos que a personalidade e a infinitude devem ser compatíveis, ainda que não tenhamos nenhuma experiência direta da personalidade ou da infinitude divinas. Que há algum conteúdo positivo na nossa idéia de personalidade divina é evidente pelo fato de que o significado da afirmação "Deus é suprapessoal" (isto é, mais do que aquilo que experimentamos diretamente como personalidade) é diferente do significado de "Deus não é pessoal" (isto é, em sentido nenhum, assim como a pedra não é pessoal). Se tivéssemos razões para crer que Deus não é pessoal no sentido em que uma pedra não é pessoal, veríamos a inutilidade do culto e da oração. Entretanto, a afirmação de que Deus é pessoal sugere imediatamente que a adoração e o culto são adequados, ainda que não tenhamos uma idéia adequada do que é a personalidade divina em si mesma. De um ente finito não podemos ter senão um conhecimento finito e analógico, precisamente porque nós mesmos somos finitos. Um conhecimento finito e imperfeito, porém, não é a mesma coisa que conhecimento nenhum.

CAPÍTULO XVIII

Santo Tomás de Aquino — IX: teologia moral

Eudaimonismo — A visão de Deus — Bem e mal — As virtudes — A lei natural — A lei eterna e a fundação da moral em Deus — Virtudes naturais reconhecidas por Santo Tomás que não eram reconhecidas por Aristóteles; a virtude da religião.

Tratar aqui detalhadamente da teologia moral de Santo Tomás seria impraticável, mas uma discussão de alguns pontos importantes pode ajudar a mostrar sua relação com a ética aristotélica.

1. Na *Ética a Nicômaco*, Aristóteles argumenta que todo agente age para um fim e que o agente humano age para a felicidade, tendo em vista a aquisição da felicidade. A felicidade — diz — deve consistir em uma atividade, primariamente na atividade que aperfeiçoa a faculdade mais elevada do homem dirigida aos objetos mais elevados e nobres. Chega à conclusão, portanto, de que a felicidade humana consiste primariamente na *teoria*, na contemplação dos objetos mais elevados, especialmente na contemplação do Motor imóvel, Deus, embora sustentasse que a fruição de outros bens, como a amizade e, moderadamente, bens exteriores, é necessária para a perfeita felicidade.[344] A ética aristotélica tinha, assim, caráter eudaimonista, teleológico e marcadamente intelectualista, uma vez que é claro que, para ele, contemplação significa contemplação filosófica: não estava se referindo a um fenômeno religioso, como o êxtase de Plotino. Além disso, o fim (*telos*) da atividade moral é um fim a ser adquirido nesta vida. No que diz respeito à ética de Aristóteles, não há nenhuma indicação a respeito da visão de Deus na próxima vida e, com efeito, é discutível se acreditava na imortalidade pessoal em absoluto. O homem verdadeiramente feliz para Aristóteles é o filósofo, não o santo.

Ora, Santo Tomás adotava também um ponto de vista eudemonológico e teleológico, e sua teoria do fim da conduta humana é, sob certos aspectos, intelectualista. No entanto, logo se torna visível uma mudança de ênfase que marca uma diferença muito considerável entre sua teoria ética e a de Aristóteles. Os únicos atos do homem que ingressam propriamente na esfera moral são os atos livres, os atos que procedem do homem precisamente enquanto homem, enquanto ente racional e livre. Essas ações humanas (*actiones humanae*, diferenciadas das *actiones hominis*) procedem da vontade do homem, e o objeto da vontade é o bem (*bonum*). É a prerrogativa do homem agir para um fim que ele

---

[344] Para um tratamento mais completo da ética aristotélica, v. o capítulo V da Parte IV, p. 325.

apreendeu, e toda ação humana é praticada por causa de um fim apreendido. No entanto, o fim particular, ou bem, para cuja obtenção a ação humana particular é praticada não satisfaz nem pode satisfazer plenamente a vontade humana, que se dirige ao bem universal e somente pode alcançar sua satisfação na obtenção do bem universal. O que é concretamente o bem universal? Não pode consistir em riquezas, por exemplo, porque riquezas são simplesmente meios para um fim, ao passo que o bem universal é necessariamente o fim último e não pode ser meio para um fim ulterior. Não pode consistir no prazer sensível, pois este aperfeiçoa somente o corpo, não o homem inteiro. Tampouco pode consistir no poder, que não aperfeiçoa todo o homem ou satisfaz a vontade completamente e que, além disso, pode ser abusado, ao passo que é inconcebível que o fim último e o bem universal possam ser abusados ou empregados para um propósito indigno ou mau. Não pode consistir na consideração das ciências especulativas, pois a especulação filosófica certamente não satisfaz por completo o intelecto e a vontade humana. Nosso conhecimento natural é derivado da experiência sensível; no entanto, o homem aspira a um conhecimento da causa última tal como é em si mesma, e isso não pode ser alcançado pela metafísica. Aristóteles pode ter dito que o bem do homem consiste na consideração das ciências especulativas, mas estava falando da felicidade imperfeita, que é alcançável nesta vida. A felicidade perfeita, o fim último, não se encontra em nenhuma coisa criada, mas apenas em Deus, que é o Bem supremo e infinito. Deus é o bem universal em concreto e, embora Ele seja o fim de todas as coisas — tanto das criaturas racionais como irracionais — são apenas as criaturas racionais que podem atingir esse bem último pelo conhecimento e pelo amor; são apenas as criaturas racionais que podem alcançar a visão de Deus, na qual está a felicidade perfeita. Nesta vida, o homem pode saber que Deus existe e pode alcançar uma noção imperfeita e analógica da natureza de Deus. No entanto, apenas na próxima vida pode conhecer a Deus tal como Ele é em Si mesmo, e nenhum outro fim pode satisfazer o homem.[345]

Aristóteles — diz Santo Tomás — falava da felicidade imperfeita que pode ser alcançada nesta vida. Mas Aristóteles, conforme mencionei, não fala nada na *Ética* a respeito de qualquer outra felicidade. Sua ética era uma ética da conduta humana nesta vida, ao passo que Santo Tomás não avança muito antes de pôr em consideração a felicidade perfeita que somente pode ser alcançada na próxima vida, a qual consiste principalmente na visão de Deus, embora inclua também, por óbvio, a satisfação da vontade, ao passo que outros bens, como a comunidade de amigos, contribua ao *bene esse* da beatitude, embora nenhum bem, senão Deus, seja *necessário* para a felicidade.[346] Desde o princípio, portanto, a teoria moral de Santo Tomás move-se em um plano diferente daquele de Aristóteles, uma vez que, por mais que Santo Tomás possa usar a linguagem de Aristóteles, a inserção da próxima vida e da visão de Deus na teoria moral é

---

[345] Quanto ao que foi referido, ver, em especial, *S. T.*, ia iiae, q. 1– q. 3.
[346] Ver *S. T.*, ia iiae, q. 4.

estranha ao pensamento de Aristóteles.[347] O que Aristóteles chama de felicidade, Santo Tomás chama de felicidade imperfeita, felicidade temporal ou felicidade alcançável nesta vida, e considera essa felicidade imperfeita enquanto se ordena à felicidade perfeita, que somente é alcançável na próxima vida e consiste principalmente na visão de Deus.

2. A afirmação de Santo Tomás de que a felicidade perfeita do homem consiste na visão de Deus suscita um problema muito difícil para qualquer intérprete da teoria moral do santo — um problema que tem importância muito maior do que pode parecer à primeira vista. A maneira ordinária de apresentar a ética tomista tem sido assimilá-la à ética de Aristóteles, na medida em que é consistente com a posição de Santo Tomás enquanto cristão, e dizer que Santo Tomás, enquanto filósofo moral, considera o homem "na ordem natural", sem referência ao seu fim sobrenatural. Quando fala da beatitude enquanto filósofo moral estaria, portanto, falando da beatitude natural, o atingimento do Sumo Bem, Deus, que está disponível ao homem na ordem natural, sem a necessidade da graça sobrenatural. A diferença em relação a Aristóteles estaria no fato de que Santo Tomás introduz a consideração da próxima vida. A beatitude consistiria principalmente no conhecimento natural e no amor de Deus alcançável nesta vida (beatitude natural imperfeita) e na próxima vida (beatitude natural perfeita). Seriam boas as ações que levassem ou fossem compatíveis com a obtenção de tal beatitude, ao passo que seriam más aquelas que fossem incompatíveis com sua obtenção. O fato de Santo Tomás falar da obtenção da visão da essência divina (que é o fim sobrenatural do homem, não é alcançável sem a graça sobrenatural) quando se esperaria que continuasse a falar como filósofo moral se deveria, então, ao fato de que ele não pratica uma separação metódica entre os papéis de filósofo e de teólogo e fala às vezes enquanto filósofo, às vezes enquanto teólogo, sem nenhuma indicação clara da mudança. Como alternativa, ter-se-ia de explicar as referências à visão de Deus dizendo que não significam a visão sobrenatural da essência divina, mas simplesmente o conhecimento de Deus que pode ser alcançado pelo homem na próxima vida, caso o homem não tivesse um fim sobrenatural. Dessa forma, Santo Tomás seria um filósofo moral que completou a ética aristotélica introduzindo a consideração da próxima vida.

Infelizmente, para os que sustentam essa interpretação, não apenas Santo Tomás parece referir-se à visão de Deus em sentido próprio, mas fala até mesmo de um "desejo natural" da visão de Deus. "A beatitude última e perfeita somente pode consistir na visão da essência divina". Isso — dizem alguns comentadores — não se refere à visão de Deus enquanto bem supremo, tal como Ele é em Si mesmo, mas apenas à visão de Deus enquanto causa primeira. Mas como Santo Tomás poderia falar do conhecimento de Deus enquanto causa primeira como se esse conhecimento fosse ou pudesse ser uma visão da essência divina? Pela luz natural da razão, podemos saber que Deus é a primeira causa, mas Santo Tomás

---

[347] É esta a doutrina moral na *Summa*. Não quero implicar com isso que Santo Tomás rejeitava a possibilidade de uma ética puramente filosófica.

diz que: "para a beatitude perfeita, exige-se que o intelecto chegue à essência mesma da causa primeira".[348] Mais uma vez: "Em última análise, a beatitude consiste na visão da essência divina, que é a essência mesma da bondade".[349] Há no homem um desejo natural pelo atingimento dessa visão, na medida em que o homem deseja conhecer a essência, a natureza da causa primeira.[350] Quer Santo Tomás estivesse certo ou não ao dizer isso, parece-me impossível que pretendesse se referir simplesmente ao que Caetano chama *potentia obedientialis*: o que um "desejo natural" pode ser, se não for algo positivo? Por outro lado, está fora de questão supor que Santo Tomás pretendesse negar o caráter sobrenatural e gratuito da visão beatífica de Deus. Alguns comentadores — Suárez, por exemplo — livraram-se da dificuldade dizendo que Santo Tomás pretendia afirmar a presença de um desejo natural *condicionado* no homem, isto é, condicionado a que Deus elevasse o homem à ordem sobrenatural e lhe desse os meios de alcançar o fim sobrenatural. Essa é uma posição razoável, sem dúvida, mas porventura é necessário supor que, com "desejo natural", Santo Tomás quisesse dizer algo mais que um desejo de conhecer a natureza da causa primeira, um desejo que, *em concreto*, dada a elevação do homem à ordem sobrenatural e o seu ser destinado a um fim sobrenatural, significa um desejo da visão de Deus? Dito de outro modo: estou sugerindo que Santo Tomás considera o homem em concreto e que, quando diz que há no homem um "desejo natural" de conhecer a essência de Deus, e, portanto, de alcançar a visão de Deus, pretende dizer que o desejo natural de conhecer tanto quanto possível a causa última é, na ordem concreta e efetiva das coisas, um desejo de ver a Deus. Assim como a vontade está naturalmente dirigida ao bem universal, e esse movimento da vontade não pode alcançar satisfação e repouso a não ser na posse de Deus, o intelecto foi criado para a verdade e não pode se satisfazer senão na visão da verdade absoluta.

Pode-se objetar que isso implica que ou o homem tem um desejo natural pela visão beatífica — usando a palavra "natural" em oposição a "sobrenatural" — e, nesse caso, é difícil salvar a gratuidade da ordem sobrenatural, ou que, com "natural", Santo Tomás quer dizer simplesmente natural no sentido em que freqüentemente usamos a palavra, enquanto se opõe ao "antinatural", antes que ao "sobrenatural", o que é interpretá-lo de maneira arbitrária e injustificável. No entanto, o que estou sugerindo é que Santo Tomás está falando do modo como Santo Agostinho poderia falar, que está considerando o homem em concreto, enquanto chamado a um fim sobrenatural, e que, quando diz que o homem tem um desejo natural de conhecer a essência de Deus, não pretende dizer que o homem em um estado hipotético de natureza teria tal desejo, seja absoluto, seja condicionado, de ver a Deus, mas simplesmente que o termo do movimento natural do intelecto humano em direção à verdade é, *de facto*, a visão de Deus, não porque o intelecto humano possa, por si, ver a Deus — quer

---

[348] *S. T.*, IA IIAE, q. 3, art. 8.
[349] Ibid., q. 4, art. 4.
[350] Ibid., q. 3, art. 8.

nesta vida, quer na próxima —, mas porque, *de facto*, o único fim do homem é o fim sobrenatural. Não penso que Santo Tomás está considerando um estado hipotético de natureza em absoluto quando fala do *desiderium naturale*, e, se é assim, isso obviamente significa que sua teoria moral não é nem pode ser uma teoria puramente filosófica. Sua teoria moral é em parte teológica, em parte filosófica: ele usa a ética aristotélica, mas adapta-a ao cenário cristão. No fim das contas, o próprio Aristóteles considerava o homem em concreto, na medida em que sabia o que era realmente esse homem em concreto, e Santo Tomás, que conhecia muito melhor do que Aristóteles o que o homem é concretamente, estava plenamente justificado ao usar o pensamento de Aristóteles quando acreditava ser correto e o considerava compatível com o ponto de vista cristão.

É inteiramente verdade que Santo Tomás fala da beatitude imperfeita, do bem temporal do homem e assim por diante. Contudo, isso não significa que considera o homem em um hipotético estado de natureza. Se Santo Tomás diz que a Igreja foi instituída para ajudar o homem a alcançar seu bem sobrenatural e o Estado para ajudar o homem a alcançar seu bem temporal, seria absurdo concluir que, ao considerar o homem em relação ao Estado, considera o homem em uma condição puramente hipotética: considera o homem efetivo em certos aspectos e funções. Não é que Santo Tomás ignore o fato de que a obtenção do verdadeiro fim do homem excede as potências desassistidas do homem, mas, na sua teoria moral, considera o homem enquanto dirigido, enquanto chamado a esse fim. Quando responde à questão de se a felicidade, uma vez alcançada, pode ser perdida, diz que a beatitude imperfeita desta vida pode ser perdida, mas que a beatitude da próxima vida não o pode ser, uma vez que é impossível para qualquer um, tendo visto a essência divina, desejar não a ver.[351] Isso mostra com bastante clareza que está falando da beatitude sobrenatural. Na resposta à segunda objeção, diz que a vontade está ordenada ao seu fim último por uma necessidade natural;[352] mas isso não significa nem que o fim último em questão é puramente natural, nem que, se é sobrenatural, que Deus *não pudesse* ter criado o homem sem dirigi-lo a esse fim. A vontade deseja necessariamente a felicidade, a beatitude, e *de facto*, essa beatitude somente pode ser encontrada na visão de Deus: podemos dizer, portanto, que o homem concreto necessariamente deseja a visão de Deus.

Parece-me que essa interpretação é confirmada pela doutrina da *Summa contra Gentiles*. Em primeiro lugar,[353] Santo Tomás argumenta que o fim de toda substância intelectual é conhecer a Deus. Todas as criaturas são ordenadas a Deus como a seu fim último,[354] e as criaturas racionais são ordenadas a Deus de modo principal e peculiar por meio de sua faculdade mais elevada, o intelecto. Contudo, embora o fim e a felicidade do homem devam consistir principalmente

---

[351] *S. T.*, Ia IIae, q. 5, art. 4.
[352] Ibid.
[353] q. 3, art. 25.
[354] q. 3, art. 18.

no conhecimento de Deus, o conhecimento em questão não é o conhecimento que é obtido filosoficamente, por meio de demonstrações. Pela demonstração, chegamos antes ao conhecimento daquilo que Deus não é do que ao conhecimento daquilo que Ele é, e o homem não pode ser feliz a não ser que conheça Deus como Ele é.[355] Tampouco pode a felicidade humana consistir no conhecimento pela fé, ainda que, pela fé, sejamos capazes de conhecer mais a respeito de Deus do que poderíamos apreender por meio de demonstrações filosóficas. O "desejo natural" é satisfeito pela obtenção do fim último, a completa felicidade, mas "o conhecimento pela fé não satisfaz o desejo, antes o inflama, uma vez que todos desejam ver aquilo em que crêem".[356] O fim último e a felicidade do homem devem consistir, portanto, na visão de Deus como Ele é em Si mesmo, na visão da essência divina, uma visão que nos é prometida nas Escrituras e pela qual o homem verá a Deus "face a face".[357] Basta ler Santo Tomás para perceber que ele está falando da visão da essência divina em sentido próprio. Por outro lado, basta ler Santo Tomás para perceber que ele está perfeitamente ciente de que "nenhuma substância criada pode, por suas potências naturais, chegar à visão de Deus em Sua essência"[358] e que, para atingir essa visão, ajuda e elevação sobrenaturais são necessárias.[359]

O que, então, é o "desejo natural"? Por acaso Santo Tomás não diz explicitamente que "uma vez que é impossível para um desejo natural ser vão (*inane*), e uma vez que esse seria o caso se não nos fosse possível chegar ao conhecimento da substância divina, que todas as mentes naturalmente desejam, é necessário dizer que é possível para a substância de Deus ser vista pelo intelecto",[360] ainda que essa visão não possa ser alcançada nesta vida?[361] Se há realmente um "desejo natural" da visão de Deus, o caráter gratuito da beatitude sobrenatural não está sob perigo? Em primeiro lugar, deve ser assinalado mais uma vez que Santo Tomás afirma explicitamente que o homem não pode alcançar a visão de Deus por seus próprios esforços: sua obtenção é tornada possível somente pela graça de Deus, conforme afirma claramente.[362] Contudo, certamente há dificuldade em ver como a graça de Deus, que torna possível a obtenção do fim último, não é, em certo sentido, devida ao homem, se há um "desejo natural" da visão de Deus, e se é impossível que um desejo natural seja vão. Chegar a uma conclusão definitiva quanto ao que precisamente Santo Tomás entendia por *desiderium naturale* neste contexto pode não ser possível. Contudo, parece legítimo supor que considerava o desejo natural do intelecto de conhecer a verdade absoluta à luz da ordem concreta e efetiva. O homem tem uma orientação natural à felicidade,

---

[355] q. 3, art. 39.
[356] q. 3, art. 40.
[357] q. 3, art. 51.
[358] q. 3, art. 52.
[359] q. 3, art. 52-4.
[360] q. 3, art. 51.
[361] q. 3, art. 47-8.
[362] q. 3, art. 52.

que deve consistir primariamente no conhecimento da Verdade absoluta. No entanto, o homem na ordem concreta e efetiva foi chamado a um fim sobrenatural e não pode se satisfazer com nada menor que isso. Considerando-se o desejo natural à luz dos fatos conhecidos pela revelação, pode-se dizer, então, que o homem tem um "desejo natural" pela visão de Deus. No *De Veritate*,[363] Santo Tomás diz que o homem, segundo sua natureza, tem um apetite natural por *aliqua contemplatio divinorum*, tal como é possível para o homem obter por suas faculdades naturais, e que a inclinação do seu desejo para o fim sobrenatural e gratuito (a visão de Deus) é obra da graça. Nesse lugar, portanto, Santo Tomás não admite um "desejo natural" em sentido estrito pela visão de Deus, e parece-me mais que razoável supor que, quando na *Summa Theologica* e na *Summa contra Gentiles*, ele fala de um desejo natural da visão de Deus, não está falando estritamente enquanto *filósofo*,[364] mas enquanto teólogo e filósofo simultaneamente, isto é, pressupondo a ordem sobrenatural e interpretando os dados da experiência à luz dessa pressuposição. Seja como for, o que foi dito deve ser suficiente para mostrar a diferença entre as visões de Aristóteles e de Santo Tomás sobre o fim do homem.[365]

3. A vontade, portanto, deseja a felicidade, a beatitude, como o seu fim, e as ações humanas são boas ou más na medida em que são ou não são meios para a obtenção desse fim. A felicidade deve, obviamente, ser compreendida em relação ao homem enquanto tal, ao homem enquanto ser racional: o fim é aquele bem que aperfeiçoa o homem enquanto ser racional; não, de fato, enquanto intelecto incorpóreo, pois o homem não é um intelecto incorpóreo, mas no sentido de que o aperfeiçoamento de suas tendências sensitivas e vegetativas deve ser realizado com subordinação à sua tendência primária, que é racional: o fim é aquilo que aperfeiçoa o homem enquanto tal, e o homem enquanto tal é um ente racional, não um mero animal. Toda ação humana individual, isto é, toda ação deliberada, está ou de acordo com a ordem da razão (estando o seu fim imediato em harmonia com o fim último) ou em desacordo com a ordem da razão (sendo o seu fim imediato incompatível com o fim último), de modo que toda ação humana é ou boa, ou má. Uma ação não deliberada, como o reflexo de espantar uma mosca, pode ser "indiferente", mas nenhuma ação humana deliberada pode ser indiferente (nem boa, nem má).[366]

4. Santo Tomás segue Aristóteles ao tratar das virtudes morais e intelectuais como hábitos, como boas qualidades ou hábitos da mente, pela qual o homem vive corretamente.[367] O hábito virtuoso é formado por ações boas e facilita a prática de ações subseqüentes para o mesmo fim. É possível ter as virtudes intelectuais, com exceção da prudência, sem ter virtudes morais, e é possível ter

---

[363] q. 27, art. 2.
[364] Cf. *De Veritate*, loc. cit., e cf. também *De Malo*, 5, 1, 15.
[365] Sobre a questão do "desejo natural" pela visão de Deus, cf. o sumário e a discussão das opiniões por A. Motte no *Bulletin Thomiste*, 1931 (nº 651-76) e 1934 (nº 573-90).
[366] S. T., IA IIAE, q. 18, art. 9.
[367] Ibid., IA IIAE, q. 55 ss.

virtudes morais sem ter virtudes intelectuais, com exceção da prudência e do entendimento.[368] A virtude moral consiste em um meio-termo (*in médio consistit*). O fim da virtude moral é assegurar ou facilitar a conformidade à regra da razão na parte apetitiva da alma; ora, a conformidade implica evitar os extremos do excesso e da falta, significa que o apetite ou a paixão é reduzido à regra da razão. Obviamente, caso se considere simplesmente a conformidade à razão, a virtude é o extremo, e toda deformidade em relação à regra da razão, seja pelo excesso ou pelo defeito, constitui o outro extremo (dizer que a virtude consiste em um meio-termo não é dizer que consiste na mediocridade). Contudo, caso se considere a virtude moral em relação à matéria a que diz respeito — a paixão ou o apetite em questão —, então consiste em um meio-termo. A adoção dessa teoria de Aristóteles pode parecer tornar difícil a defesa da virgindade ou da pobreza voluntária, por exemplo, mas Santo Tomás assinala que a completa castidade, por exemplo, é virtuosa apenas quando está em conformidade com a razão iluminada por Deus. Se é observada segundo a vontade ou o chamado de Deus para o seu fim sobrenatural, está de acordo com a regra da razão e é, portanto, segundo o uso que Santo Tomás faz da palavra, um meio-termo. Se, porém, é guardada por superstição ou vanglória, seria um excesso. De modo geral, uma virtude pode ser vista como um extremo em relação a uma circunstância, e como um meio em relação a outra.[369] Dito de outro modo: o fator fundamental na ação virtuosa é a conformidade com a regra da razão, que dirige as ações humanas para o fim último.

5. A regra e a medida das ações humanas é a razão, pois cabe à razão dirigir a atividade do homem ao seu fim.[370] É a razão, portanto, que dá ordens, que impõe obrigações. Contudo, isso não significa que a razão é uma fonte arbitrária de obrigações, que pode impor coisa. O objeto primário da razão prática é o bem, que tem a natureza de fim, e a razão prática, reconhecendo o bem como o fim da conduta humana, enuncia seu primeiro princípio: *bonum est faciendum et prosequendum, et malum vitandum*, o bem deve ser feito e buscado, o mal deve ser evitado.[371] No entanto, o bem para o homem é aquilo que beneficia sua natureza, aquilo para que tem uma inclinação natural enquanto ser racional. Assim, o homem tem em comum com todas as outras substâncias a inclinação natural para a preservação do seu ser, e a razão, refletindo sobre essa inclinação, ordena que os meios necessários para a preservação da vida sejam adotados. Inversamente, o suicídio deve ser evitado. Novamente, o homem tem em comum com todos os outros animais a inclinação para a propagação da espécie e para a criação dos filhos, ao passo que, enquanto ser racional, tem a inclinação natural para buscar a verdade, especialmente a verdade a respeito de Deus. A razão, portanto, ordena que a espécie deve ser propagada e as crianças devem

---

[368] *S. T.*, IA IIAE, q. 58, art. 4–5.
[369] Ibid. IA IIAE, q. 64, art. 1.
[370] Ibid., IA IIAE, q. 90, art. 1.
[371] Ibid., IA IIAE, q. 94, art. 2.

ser educadas, e que a verdade deve ser buscada, especialmente aquela verdade que é necessária para a obtenção do fim do homem. As obrigações, portanto, são impostas pela razão, mas se fundem imediatamente na própria natureza humana. A lei moral é racional e natural, no sentido de não ser arbitrária: é uma lei natural, *lex naturalis*, que tem como base a própria natureza humana, embora seja enunciada e ditada pela razão.

Como a lei natural está fundada na natureza humana enquanto tal, naquela natureza que é a mesma em todos os homens, ela diz respeito primariamente àquelas coisas que são necessárias para a natureza humana. Há, por exemplo, uma obrigação de preservar a própria vida, mas isso não significa que todo homem deve preservar sua vida exatamente do mesmo modo: o homem deve comer, mas não se segue que esteja obrigado a comer isto ou aquilo, este tanto ou aquele. Dito de outro modo: ações podem ser boas ou estar de acordo com a natureza sem ser obrigatórias. Além disso, embora a razão perceba que nenhum homem é capaz de preservar sua vida sem comer e que nenhum homem pode ordenar sua vida corretamente sem conhecimento de Deus, também percebe que o preceito de propagar a espécie não recai sobre o indivíduo, mas sobre a coletividade, e que é cumprido mesmo quando nem todos os indivíduos o cumprem — essa seria a resposta de Santo Tomás à objeção de que a virgindade é contrária à lei natural.[372]

Do fato de que a lei natural está fundada na natureza humana em si mesma segue-se que não pode ser mudada, uma vez que a natureza humana permanece fundamentalmente a mesma e é a mesma para todos. Pode "receber acréscimos", no sentido de que preceitos úteis para a vida humana podem ser promulgados pela lei divina e pela lei humana, ainda que esses preceitos não estejam diretamente sob a lei natural. No entanto, não pode ser mudada, se por "mudança" se entende subtrair algo da lei.[373]

Os preceitos primários da lei natural (por exemplo, a vida deve ser preservada) são absolutamente imutáveis, uma vez que seu cumprimento é necessário para o bem do homem. Conclusões próximas dos preceitos primários também são, embora Santo Tomás admita que possam ser alteradas em alguns casos particulares por conta de razões especiais. No entanto, Santo Tomás não está pensando aqui naquilo que chamamos hoje de "casos difíceis": está pensando antes em casos como o dos israelitas que espoliaram os bens dos egípcios. Pretende dizer que, nesse caso, Deus, agindo como senhor supremo e dono de todas as coisas, antes que como legislador, transferiu a propriedade dos bens em questão dos egípcios para os israelitas, de modo que os israelitas não cometeram verdadeiro roubo. Assim, o reconhecimento por parte de Santo Tomás da mutabilidade dos preceitos secundários em casos particulares refere-se antes àquilo que os escolásticos chamam de *mutatio materiae* que a uma mudança do

---

[372] Cf. *S. T.*, IA IIAE, q. 152, art. 2.
[373] Ibid., IA IIAE, q. 94, art. 5.

próprio preceito: são as circunstâncias da ação que mudaram de tal modo que esta deixa de ser proibida, e não a proibição em si mesma que mudou.

Além disso, precisamente porque a lei natural está fundada na própria natureza humana, o homem não pode ignorar seus princípios mais gerais, embora seja verdade que falhe, devido à influência de alguma paixão, na aplicação dos princípios aos casos particulares. Com relação aos preceitos secundários, os homens podem ignorá-los por causa de preconceitos e paixões, e isso é mais uma razão pela qual a lei natural deve ser confirmada pela lei positiva divina.[374]

6. A obrigação, conforme vimos, vincula o livre-arbítrio a praticar os atos que são necessários para a obtenção do fim último, um fim que não é hipotético — um fim que pode ou não ser desejado —, mas absoluto, no sentido de que a vontade não pode deixar de desejá-lo, o bem que deve ser interpretado nos termos da natureza humana. Até aqui, a ética de Santo Tomás segue de perto a de Aristóteles. Não há nada além disso? A lei natural, promulgada pela razão, não possui nenhum fundamento transcendental? A ética eudemonológica de Aristóteles, com seus contornos finalísticos, era bem adaptada, mas não estava fundada em Deus nem poderia estar, pois o Deus aristotélico não era Criador nem exercia a providência: era a causa final, mas não era a primeira causa eficiente nem a suprema causa exemplar. No caso de Santo Tomás, porém, seria estranhíssimo se a ética fosse deixada sem nenhuma conexão demonstrável com a metafísica, e de fato vemos essa conexão ser afirmada insistentemente.

Partindo-se da premissa de que Deus criou o mundo e o governa — prová-lo não compete à ética —, segue-se que a sabedoria divina deve ser concebida como ordenadora das ações do homem para o seu fim. Deus, para falar em termos um tanto antropomórficos, tem uma idéia exemplar do homem e das ações que realizam a natureza humana e são necessárias para a obtenção do fim do homem, e a sabedoria divina, enquanto dirige as ações humanas à obtenção desse fim, constitui a lei eterna. Como Deus é eterno e Sua idéia do homem é eterna, a promulgação da lei é eterna *ex parte Dei*, embora não seja eterna *ex parte creaturae*.[375] Essa lei eterna, existindo em Deus, é a origem e a fonte da lei natural, que é uma participação na lei eterna. A lei natural é expressa passivamente nas inclinações naturais do homem, ao passo que é promulgada pela luz da razão que reflete sobre essas inclinações, pois na medida em que todo homem possui naturalmente inclinações para seu fim geral e possui também a luz da razão, a lei eterna está suficientemente promulgada em cada um dos homens. A lei natural é a totalidade dos preceitos universais da reta razão a respeito desse bem natural a ser buscado e desse mal da natureza humana que deve ser evitado, e a razão humana pode, ao menos em tese, chegar por sua própria luz a um conhecimento desses preceitos. Não obstante, uma vez que, como vimos, a influência da paixão e das inclinações que não estão de acordo com a reta razão podem desviar o homem, e uma vez que nem todos os homens

---

[374] *S. T.*, Ia IIae, q. 95, art. 6; q. 99, art. 2, ad 2.
[375] *S. T.*, Ia IIae, q. 9, art. 1; q. 93, art. 1 ss.

têm tempo ou capacidade ou paciência para descobrir toda a lei natural por si mesmos, foi moralmente necessário que a lei natural fosse expressa positivamente por Deus, como foi feito pela revelação do Decálogo a Moisés. Deve-se acrescentar que o homem tem *de facto* um fim sobrenatural, e que, para que fosse capaz de alcançar esse fim sobrenatural, foi necessário que Deus revelasse a lei sobrenatural sobre e acima da lei natural. "Uma vez que o homem está destinado ao fim da beatitude eterna, que excede a capacidade da faculdade humana natural, era necessário que, além da lei natural e da lei humana, fosse também dirigido a seu fim por meio de uma lei dada por Deus".[376]

É muito importante perceber que a fundamentação da lei natural na lei eterna, a fundamentação metafísica da lei natural, não significa que a lei natural é fruto do capricho ou arbitrária, que poderia ser diversa do que é: a lei eterna não depende primariamente da vontade divina, mas da razão divina, que considera a idéia exemplar da natureza humana. Dada a natureza humana, a lei natural não poderia ser diferente do que é. Por outro lado, não devemos imaginar que Deus esteja sujeito à lei moral, como a algo separado d'Ele. Deus conhece Sua essência enquanto imitável em uma multiplicidade de modos finitos, um dos quais sendo a natureza humana, e nessa natureza humana discerne a lei do seu ser e a quer: Ele a quer porque ama a Si mesmo, o Bem supremo, e porque não pode ser inconsistente consigo. A lei moral está fundada, em última análise, na essência divina e, portanto, não pode mudar. Deus deseja-a com certeza, mas não depende de nenhum ato arbitrário da vontade divina. Assim, dizer que a lei moral não depende primariamente da vontade divina não equivale a dizer que há uma lei moral que, de maneira misteriosa, está por trás de Deus e O governa: Deus é o Valor supremo e a fonte e a medida de todos os outros valores: os valores dependem d'Ele, mas no sentido de que são participações ou reflexos finitos de Deus, não no sentido de que Deus lhes confere arbitrariamente o caráter de valor. A doutrina de Santo Tomás da fundamentação metafísica e teísta da lei moral não ameaça de modo algum seu caráter racional ou necessário. Em última análise, a lei moral é o que é, porque Deus é o que Ele é, uma vez que a própria natureza humana, cuja lei é expressa na lei natural, depende de Deus.

7. Por fim, pode-se assinalar que a percepção de Santo Tomás de Deus enquanto criador e Senhor supremo o levou — obviamente, na companhia de outros escolásticos — a reconhecer valores naturais que Aristóteles não vislumbrou nem poderia vislumbrar, dada sua visão de Deus. Para dar um exemplo: a virtude da religião (*religio*). A religião é virtude pela qual os homens prestam a Deus o culto e a reverência que Lhe devem enquanto "primeiro princípio da criação e do governo das coisas". É superior às outras virtudes morais, na medida em que diz respeito mais diretamente a Deus, o fim último.[377] Subordina-se à virtude da justiça (enquanto *virtus anexa*), na medida em que, por meio da virtude da religião, o homem presta a Deus seu débito de culto e honra, um débito que Lhe

---

[376] Ibid., IA IIAE, q. 91, art. 4.
[377] Sobre a virtude da religião, cf. *S. T.*, IA IIAE, q. 81, art. 1–8.

deve por justiça.[378] A religião está fundada, portanto, na relação do homem com Deus, enquanto criatura em face do Criador, súdito em face do Senhor. Como Aristóteles não considerou a Deus enquanto criador nem enquanto exercendo governo e providência conscientes, mas considerou-O apenas como causa final, encerrado em Si mesmo e atraindo o mundo inconscientemente a Si, não pôde vislumbrar a relação pessoal entre o homem e o Motor imóvel, embora ele esperasse, obviamente, que o homem fosse reconhecer e, em certo sentido, honrar o Motor imóvel como o mais nobre objeto da contemplação filosófica. Santo Tomás, porém, com sua idéia clara de Deus Criador e Governador providente do universo, pôde e efetivamente viu como dever primário do homem a expressão efetiva da relação que está ligada ao seu próprio ser. O homem virtuoso de Aristóteles é, em certo sentido, o homem mais independente, ao passo que o homem virtuoso de Santo Tomás é, em certo sentido, o mais dependente, isto é, aquele que verdadeiramente reconhece e expressa de maneira plena sua dependência de Deus.

---

[378] *S. T.*, IA IIAE, q. 80, articulus unicus.

CAPÍTULO XIX

Santo Tomás de Aquino — x: teoria política

Santo Tomás e Aristóteles — A origem natural da sociedade humana e do governo — A sociedade humana e a autoridade política desejadas por Deus — Igreja e Estado — Indivíduo e Estado — Lei — Soberania — Constituições — A teoria política de Santo Tomás, uma parte integral do seu sistema total.

1. A teoria ética — ou teoria da vida moral — de Santo Tomás baseava-se na teoria moral de Aristóteles, em que pese o santo a tenha complementado com uma base teológica que faltava à teoria aristotélica. Além disso, a teoria tomista torna-se mais complexa pelo fato de que Santo Tomás acreditava, enquanto cristão, que o homem tinha *de facto* um único fim, um fim sobrenatural, de modo à ética filosófica estar fadada a ser, aos seus olhos, um guia insuficiente para a vida: não poderia simplesmente seguir o aristotelismo à risca. O mesmo também se aplica à sua teoria política, na qual adotou as linhas gerais da abordagem de Aristóteles, mas teve, em simultâneo, de deixá-la "aberta". Aristóteles por certo supunha que o Estado satisfazia — ou podia satisfazer idealmente — todas as necessidades do homem.[379] Santo Tomás, porém, não poderia sustentar isso, pois acreditava que o fim do homem é sobrenatural e que é a Igreja, não o Estado, que provê para a obtenção desse fim. Isso significa que um problema que não foi — nem poderia ser — tratado por Aristóteles teve de ser considerado por Santo Tomás, assim como por outros autores medievais: o problema da relação entre Igreja e Estado. Dito de outro modo: embora Santo Tomás tenha tomado muito de empréstimo de Aristóteles com relação às matérias e ao método da teoria política, considerou o assunto à luz da perspectiva cristã medieval, modificando e completando seu aristotelismo segundo as exigências da fé cristã. Os marxistas podem gostar de assinalar as influências das condições econômicas, sociais e políticas medievais sobre a teoria de Santo Tomás, mas a diferença importante entre Aristóteles e Santo Tomás não é que aquele viveu em uma cidade-estado grega, enquanto este viveu em uma época feudal. É antes que, para aquele, o fim natural do homem é auto-suficiente e é alcançado por meio da vida no Estado, ao passo que para este o fim do homem é sobrenatural e somente pode ser alcançado na próxima vida. Se essa amálgama de aristotelismo com a visão cristã do homem e de seu fim constitui um sistema inteiramente consistente e coerente

---

[379] Essa ao menos foi a visão que Aristóteles assumiu e que dificilmente se poderá dizer que tenha repudiado expressamente, ainda que seja verdade que o ideal individualista da contemplação teórica tendesse a romper o ideal da auto-suficiência da cidade-Estado.

ou uma parceria um tanto precária, é uma questão posterior. Aquilo em que se insiste agora é que é um erro pôr maior ênfase na influência das condições medievais sobre Santo Tomás do que na influência da religião cristã enquanto tal, que não cresceu na Idade Média nem a ela está confinada. A forma precisa que o problema das relações entre Igreja e Estado assume obviamente deve ser vista à luz das condições medievais. Contudo, em última análise, o problema surge da confrontação entre duas concepções diferentes do homem e de seu destino. Sua formulação precisa, dada em uma época determinada ou por um pensador determinado, é acidental.

2. O Estado é, para Santo Tomás, como era para Aristóteles, uma instituição natural, fundada na natureza do homem. No princípio do *De regimine principum*,[380] argumenta que toda criatura tem seu próprio fim e, enquanto algumas criaturas atingem seu fim de maneira necessária ou instintiva, o homem deve ser guiado a seu atingimento pela razão. No entanto, o homem não é um indivíduo isolado que pode alcançar seu fim simplesmente enquanto indivíduo, usando sua própria razão individual. O homem é, por natureza, um ser social e político, nascido para viver em uma comunidade com os seus próximos. De fato, o homem precisa mais da sociedade que os outros animais. Enquanto a natureza proveu os animais com revestimentos, meios de defesa etc., deixou o homem desguarnecido, numa condição na qual deve prover a si mesmo pelo uso de sua razão, e isso somente pode ser feito através da cooperação com outros homens. É necessária a divisão de trabalho, pela qual um homem pode dedicar-se à medicina, outro à agricultura e assim por diante. Todavia, o sinal mais evidente da natureza social do homem é sua capacidade de expressar idéias aos outros homens por meio da linguagem. Os outros animais podem exprimir sentimentos apenas por meio de sinais muito genéricos, mas o homem pode exprimir conceitos na inteireza (*totaliter*). Isso mostra que o homem é naturalmente adaptado para a sociedade, mais do que qualquer animal gregário, até mesmo do que as formigas e abelhas.

A sociedade, portanto, é natural para o homem. Ora, se a sociedade é natural, também o é o governo. Assim como os corpos dos homens e dos animais se desintegram quando o princípio controlador e unificador (a alma) os abandona, também a sociedade humana tende a se desintegrar devido ao número de homens e a natural preocupação deles com as próprias vidas, a menos que haja alguém para pensar no bem comum e, tendo-o em vista, dirigir as atividades dos indivíduos. Onde quer que haja uma multidão de criaturas com um bem comum a ser alcançado, deve haver um poder governante comum. No corpo, há o membro principal — a cabeça ou o coração —; o corpo é governado pela alma, e, na alma, as partes irascível e concupiscível são dirigidas pela razão; no universo como um todo, os corpos inferiores são governados pelos superiores, de acordo com a disposição da Providência divina. O que é verdade, portanto,

---

[380] 1, 1.

com relação ao universo como um todo e com relação ao homem tomado individualmente, deve ser verdade também quanto à sociedade humana.

3. Se a sociedade humana e o governo são naturais e estão prefigurados na natureza humana, segue-se que têm justificação e autoridade divinas, uma vez que a natureza humana foi criada por Deus. Ao criar o homem, Deus quis a sociedade humana e o governo político, e ninguém pode dizer que o Estado é simplesmente o resultado do pecado. Se ninguém pecasse, então obviamente algumas atividades e instituições do Estado seriam desnecessárias. Contudo, mesmo se o estado de inocência houvesse persistido, seria preciso haver uma autoridade para cuidar do bem comum. "O homem é, por natureza, um animal social. Portanto, no estado de inocência, os homens teriam vivido em sociedade. Ora, a vida de muitos em sociedade não poderia existir sem que houvesse alguém em seu governo, que cuidasse do bem comum".[381] Além disso, haveria alguma desigualdade de dons mesmo no estado de inocência e, se um homem fosse mais eminente em conhecimento e justiça, não seria adequado que não tivesse a oportunidade de exercer os seus talentos extraordinários para o bem comum por meio da direção das atividades comuns.

4. Ao declarar que o Estado é uma instituição natural, Santo Tomás oferece, em certo sentido, uma fundamentação utilitária, mas o seu utilitarismo é aristotélico. Decerto não considera o Estado simplesmente uma criação do egoísmo ilustrado. Reconhecia a força do egoísmo, obviamente, e sua tendência centrífuga com respeito à sociedade. Contudo, reconhecia a tendência e o impulso sociais no homem, e é essa tendência que permite à sociedade durar, a despeito da inclinação ao egoísmo. Como Hobbes considerava o egoísmo o único impulso fundamental, teve de encontrar o princípio prático de coesão na força, uma vez que a sociedade tivesse sido fundada pelos preceitos prudenciais do egoísmo ilustrado. Contudo, na realidade, nem a força, nem o egoísmo ilustrado seriam suficientes para fazer a sociedade durar, se o homem não tivesse nenhuma tendência social implantada em si por natureza. Dito de outro modo: o aristotelismo cristianizado de Santo Tomás permitiu-lhe evitar tanto a noção do Estado como resultado do pecado — uma noção para a qual Santo Agostinho parece ter se inclinado — e a noção de que o Estado é apenas uma criação do egoísmo: o Estado está prefigurado na natureza humana e, uma vez que esta foi criada Deus, é desejado por Ele. Daí se segue a importante conseqüência de que o Estado é uma instituição de direito próprio, com esfera e fim próprios. Santo Tomás não poderia, portanto, adotar uma posição extrema com respeito ao problema das relações entre a Igreja e o Estado: não poderia, sendo lógico, tornar a Igreja um super-Estado ou tornar o Estado uma espécie de dependência da Igreja. O Estado é uma "sociedade perfeita" (*communitas perfecta*), isto é, que tem à sua disposição todos os meios necessários para o atingimento do seu fim, o *bonum commune*, ou bem comum dos cidadãos.[382] O atingimento do bem

---

[381] *S. T.*, Ia, q. 96, art. 4.
[382] Cf. *S. T.*, Ia IIae, q. 90, art. 2.

comum exige, em primeiro lugar, a paz dentro do Estado, entre os cidadãos; em segundo lugar, a direção unificada das atividades dos cidadãos *ad bene agendum*; em terceiro lugar, a provisão adequada das necessidades da vida; e o governo do Estado é instituído para assegurar essas condições necessárias do bem comum. Também é necessário para o bem comum que os obstáculos para a vida boa, tais como o perigo representado por inimigos estrangeiros e os efeitos de desintegração do crime dentro do Estado, devem ser afastados, e o monarca tem à sua disposição os meios necessários para afastar esses obstáculos, a saber, as forças armadas e o sistema judicial.[383] O fim da Igreja, sendo sobrenatural, é superior ao do Estado, de modo que a Igreja é uma sociedade superior ao Estado, o qual deve se subordinar à Igreja em matérias atinentes à vida sobrenatural. Contudo, isso não altera o fato de que o Estado é uma "sociedade perfeita", autônoma em sua própria esfera. Em termos da teologia posterior, Santo Tomás deve ser reconhecido como um defensor do *poder indireto* da Igreja sobre o Estado. Quando Dante, no seu *De Monarchia*, reconhece as duas esferas da Igreja do Estado, está de acordo com Santo Tomás, ao menos no que diz respeito ao aspecto aristotélico da teoria política deste.[384]

No entanto, a tentativa de síntese entre a idéia aristotélica do Estado e a idéia cristã da Igreja foi um tanto precária. No *De regimine principum*,[385] Santo Tomás declara que o fim da sociedade é a boa vida e que a boa vida é a vida de acordo com a virtude, de modo à vida virtuosa ser o fim da sociedade humana. Em seguida, observa que o fim *último* do homem não é viver virtuosamente, mas, vivendo de maneira virtuosa, alcançar a fruição de Deus, e que a obtenção desse fim excede as capacidades da natureza humana. "Como o homem não alcança a fruição de Deus pelo poder humano, mas pelo poder divino — de acordo com as palavras do Apóstolo: 'a graça de Deus, a vida eterna',[386] levar o homem a esse fim não pertence ao governo humano, mas ao governo divino". A condução do homem para seu fim último é confiada a Cristo e à sua Igreja, de modo que, sob a Nova Aliança de Cristo, os reis devem estar sujeitos aos sacerdotes. Santo Tomás certamente reconhece que o rei tem em suas mãos a direção dos assuntos humanos e terrenos, e não se pode interpretá-lo como se negasse que o Estado tem sua própria esfera. Contudo, reitera que compete ao rei cuidar da vida boa dos seus súditos tendo em vista a obtenção da bem-aventurança eterna: "Deve comandar aquilo que leva à bem-aventurança celeste e proibir, tanto quanto possível, o contrário".[387] O ponto é que Santo Tomás não diz que o homem tem, por assim dizer, dois fins últimos: um fim temporal, que é provido pelo Estado, e um fim sobrenatural e eterno, que é provido pela Igreja. Diz que o homem tem um único fim último, um fim sobrenatural, e que é incumbência do monarca,

---

[383] Cf. *De regimine principum*, 1, 15.

[384] Dante estava, na realidade, mais preocupado em defender a autoridade do imperador contra o Papa e estava um tanto defasado com seus sonhos imperiais. Contudo, aderiu atentamente à teoria das duas esferas.

[385] 1, 14.

[386] Rm 6, 23.

[387] *De regimine principum*, 1, 15.

na sua direção dos assuntos terrenos, facilitar a obtenção desse fim.[388] O poder da Igreja sobre o Estado não é uma *potestas directa*, pois é incumbência do Estado, não da Igreja, cuidar de assuntos econômicos e da preservação da paz. No entanto, o Estado deve cuidar dessas coisas tendo em vista o fim sobrenatural do homem. Dito de outro modo: o Estado pode ser uma "sociedade perfeita", mas a elevação do homem à ordem sobrenatural significa que o Estado é, em grande medida, servo da Igreja. Esse ponto de vista baseia-se não tanto na prática medieval quanto na fé cristã e não é — escusado será dizer — a visão de Aristóteles, que não sabia nada a respeito do fim eterno e sobrenatural do homem. Há certa síntese entre a teoria política aristotélica e as exigências da fé cristã no pensamento de Santo Tomás — não pretendo negá-lo —, mas penso que a síntese é, conforme já indiquei, um tanto precária. Se os elementos aristotélicos fossem desenvolvidos, o resultado seria uma separação teórica entre a Igreja e o Estado que seria absolutamente estranha ao pensamento de Santo Tomás. De fato, sua visão da relação entre a Igreja e o Estado não é diferente de sua visão da relação entre fé e razão. Esta tem sua esfera própria, mas a filosofia é, nada obstante, inferior à teologia. De maneira semelhante, o Estado tem sua própria esfera, mas é, nada obstante, para todos os fins e propósitos, servo da Igreja. Inversamente, caso alguém siga o Aristóteles histórico tão de perto a ponto de tornar a filosofia absolutamente autônoma em sua esfera própria, naturalmente se inclinará, na teoria política, a tornar o Estado absolutamente autônomo em sua própria esfera. Isso é o que os averroístas faziam, mas Santo Tomás, com toda a ênfase, não era um averroísta. Pode-se dizer, então, que a teoria política de Santo Tomás representa em alguma medida a situação efetiva em que o Estado-nação estava se tornando autoconsciente, mas na qual a autoridade da Igreja ainda não havia sido expressamente repudiada. O aristotelismo de Santo Tomás permitiu-lhe fazer do Estado uma sociedade perfeita, mas seu cristianismo, sua convicção de que o homem não tem senão um único fim último, preservou-se de fazer do Estado uma sociedade absolutamente autônoma.

5. Vê-se uma ambigüidade semelhante na doutrina de Santo Tomás acerca da relação entre o indivíduo e o Estado. Na *Summa Theologica*,[389] observa que, uma vez que a parte se ordena ao todo como o imperfeito se ordena ao perfeito, e uma vez que o indivíduo é parte de uma sociedade perfeita, a lei deve preocupar-se propriamente com a felicidade comum. É verdade que Santo Tomás está tentando mostrar tão-somente que a lei se ocupa em primeiro lugar com o bem comum, não com o bem do indivíduo. Contudo, fala efetivamente como se o cidadão individual estivesse subordinado ao todo do qual faz parte. O mesmo princípio — de que a parte existe para o todo — é aplicado por Santo Tomás, em mais de uma passagem, à relação entre o indivíduo e a comunidade. Por exemplo,[390] argumenta que é direito da autoridade pública privar um cidadão individual

---

[388] Santo Tomás está, obviamente, tratando do príncipe cristão.
[389] *S. T.*, IA IIAE, q. 90, art. 2.
[390] *S. T.*, IIA IIAE, q. 65, art. 1.

da vida por causa de crimes graves sob o fundamento de que o indivíduo está ordenado à comunidade, da qual constitui uma parte, como a um fim. Também aplica esse princípio quando insiste, no comentário à *Ética*[391] que a coragem é manifestada quando se dá a própria vida pelas melhores coisas, como é o caso quando um homem morre na defesa de seu país.

Se o argumento de que a parte se ordena ao todo, que representa o aristotelismo de Santo Tomás, fosse levado às últimas conseqüências, pareceria que subordina o indivíduo ao Estado em um grau notável. Contudo, Santo Tomás também diz que aquele que busca o bem comum da multidão busca também seu próprio bem, uma vez que o bem próprio não pode ser alcançado a menos que o bem comum também o seja, ainda que, no *corpus* do artigo em questão, observe que a reta razão julga que o bem comum é melhor que o bem do indivíduo.[392] O princípio não deve ser acentuado demais, uma vez que Santo Tomás, além de ser teólogo e filósofo cristão, era um admirador de Aristóteles, e estava bem ciente, conforme já vimos, de que o fim último do homem está fora da esfera do Estado. O homem não é simplesmente um membro do Estado. De fato, a coisa mais importante a seu respeito é sua vocação sobrenatural. Não se pode falar, portanto, de "totalitarismo" em Santo Tomás, embora seja óbvio que seu aristotelismo tornaria impossível aceitar uma teoria do Estado como a de Herbert Spencer. O Estado tem uma função positiva e outra moral. O homem é uma pessoa, com valor próprio; não é simplesmente um "indivíduo".

6. Que o totalitarismo é estranho ao pensamento de Santo Tomás é evidente por sua teoria do direito e a respeito da origem e da natureza da soberania. Há quatro espécies de lei: a lei eterna, a natural, a divina positiva e a humana positiva. A lei divina positiva é a lei de Deus enquanto revelada positivamente — de modo imperfeito para os judeus e perfeito por meio de Cristo —,[393] enquanto a lei do Estado é a lei humana positiva. Ora, a função do legislador humano é, fundamentalmente, aplicar a lei natural[394] e respaldá-la por meio de sanções.[395] Por exemplo: o homicídio é proibido pela lei natural, mas a razão mostra serem desejáveis decretos pelos quais o homicídio é definido claramente e pelos quais sanções são acrescentadas, uma vez que a lei natural por si só não define o homicídio em detalhe ou fornece sanções imediatas. A função primária do legislador é, portanto, definir ou tornar explícita a lei natural, aplicá-la a casos particulares e torná-la efetiva. Segue-se que a lei positiva humana é derivada da lei natural e que toda lei humana é verdadeiramente lei apenas na medida em que é derivada dessa lei natural. "Se diverge da lei natural em algo, não será lei, mas a perversão da lei".[396] O governante não tem o direito de promulgar leis que contrariem ou que sejam incompatíveis com o direito natural

---

[391] 3 *Ethic.*, lect. 4.
[392] *S. T.*, IIA IIAE, q. 47, art. 10, ad 2, in corpore.
[393] Ibid., IA IIAE, q. 91, art. 5.
[394] Ibid., q. 3.
[395] Ibid., q. 95, art. 1.
[396] *S. T.*, IA IIAE, q. 95, art. 2.

— ou, obviamente, com o direito divino. Em última análise, recebe seu poder legislativo de Deus, uma vez que toda autoridade vem de Deus, e é responsável pelo uso desse poder: ele próprio está sujeito à lei natural e não tem direito de transgredi-la ou ordenar seus súditos a fazer qualquer coisa contrária a ela. Leis humanas justas vinculam a consciência em virtude da lei eterna da qual derivam em última análise; leis injustas, porém, não vinculam a consciência. Ora, uma lei pode ser injusta porque é contrária ao bem comum ou porque foi promulgada simplesmente para fins egoístas e privados do legislador, impondo assim um fardo injustificável sobre os súditos, ou porque impõe fardos sobre os súditos de maneira injustificavelmente desigual, e tais leis, sendo antes atos de violência que leis, não vinculam a consciência, a não ser, talvez, porque sua não observância possa produzir um mal maior. Quanto a leis que são contrárias ao direito divino, nunca é lícito obedecer-lhes, uma vez que devemos obedecer a Deus antes que aos homens.[397]

7. Portanto perceber-se-á que, no pensamento de Santo Tomás, o poder do legislador está muito longe de ser absoluto. Isso também fica claro a partir da consideração da sua teoria da soberania e do governo. Que Santo Tomás sustentava que a soberania política provém de Deus é reconhecido por todos, e parece provável que sustentasse a concepção de que a soberania é dada por Deus ao povo como um todo, pelo qual é delegada para o governante ou governantes efetivos. Contudo, esse último ponto não me parece tão certo quanto sustentaram alguns autores, pois se podem aduzir textos para mostrar que ele sustentava concepção diversa. Ainda assim, é inegável que Santo Tomás fala dos governantes como representantes do povo,[398] e que afirma categoricamente[399] que os governantes possuem o poder legislativo apenas na medida em que estão em lugar (*gerit personam*) de seus povos.[400] Pode-se assumir, pela razão, que tais declarações implicam não sustentar que a soberania vem de Deus por meio do povo, embora se deva admitir ao mesmo tempo que Santo Tomás discute muito pouco a questão de maneira formal e explícita. Seja como for, o governante possui soberania somente para o bem de todo o povo, não para seu próprio bem privado, e se abusa do poder, torna-se um tirano. O assassinato do tirano foi condenado por Santo Tomás, que fala extensamente dos males que podem acompanhar as rebeliões contra um tirano. Por exemplo: o tirano pode tornar-se ainda mais tirânico, se a rebelião falha, ao passo que, se a rebelião é bem-sucedida, pode resultar simplesmente na substituição de um tirano por outro. Contudo, a deposição do tirano é legítima, especialmente se o povo tem direito de estabelecer um rei para si — pode-se presumir que Santo Tomás esteja se referindo a monarquias eletivas. Nessa hipótese, o povo não pratica injustiça ao depor o tirano, mesmo que tenha se sujeitado a ele sem nenhum prazo, pois

---

[397] Cf. ibid., IA IIAE, q. 96, art. 4.
[398] Cf. ibid., IA IIAE, q. 90, art. 3.
[399] Embora aparentemente se referindo a um governo eleito.
[400] *S. T.*, IA IIAE, q. 97, art. 3, ad 3.

ele mereceu a deposição por não se manter fiel a seus súditos.[401] Não obstante, tendo em vista os males que podem acompanhar a rebelião, a suportar ou se rebelar, é preferível tomar providências de antemão para prevenir que uma monarquia se converta em tirania. Se possível, ninguém deve ser feito rei se existe possibilidade de se tornar um tirano. Seja como for, o poder do monarca deve ser temperado de modo ao seu governo não poder ser facilmente convertido em tirania. A melhor constituição será, de fato, uma constituição "mista", na qual algum espaço é dado para a aristocracia e também para a democracia, no sentido de que a eleição de certos magistrados deve estar nas mãos do povo.[402]

8. Em relação à classificação das formas de governo, Santo Tomás segue Aristóteles. Há três bons tipos de governo (a democracia respeitadora da lei, a aristocracia e a monarquia) e três formas más (a democracia demagógica e irresponsável, a oligarquia e a tirania), a tirania sendo a pior das formas más de governo, e a monarquia, a melhor das boas. A monarquia dá a unidade mais estrita e conduz mais à paz do que as outras formas. Além disso, é mais "natural", tendo analogia com o governo da razão sobre as outras funções da alma, e com o governo do coração sobre os outros membros do corpo. Além disso, as abelhas têm sua monarca, e Deus governa toda a criação.[403] No entanto, o ideal do melhor homem como monarca não é facilmente realizável, e, na prática, a melhor constituição — conforme vimos — é uma constituição mista, na qual o poder do monarca é temperado pelo dos magistrados eleitos pelo povo. Dito de outro modo: em termos modernos, Santo Tomás é favorável a uma monarquia limitada, ou constitucional, embora não considere nenhuma forma particular de governo decente como ordenada por Deus. Não é a forma precisa de governo que é importante, mas a promoção do bem comum. Se, na prática, a consideração da forma de governo é importante, é sua relação com o bem comum que lhe confere importância. A teoria política de Santo Tomás, portanto, tem caráter flexível, não rígido e doutrinário, e, embora rejeite o absolutismo, também rejeita implicitamente a teoria do *laissez-faire*. A tarefa do governante é promover o bem comum, e ele não fará isso a menos que promova o bem-estar econômico dos cidadãos. Ao fim e ao cabo, a teoria política de Santo Tomás caracteriza-se por moderação, equilíbrio e bom senso.

9. A título de conclusão, pode-se assinalar que a teoria política de Santo Tomás é uma parte integral de seu sistema filosófico como um todo, não apenas algo acrescentado. Deus é o Senhor e Governante supremo do universo, mas Ele não é a única causa, ainda que seja as causas primeira e final. Ele dirige as criaturas racionais ao seu fim de maneira racional por meio de atos cuja adequação e justiça se manifestam à razão. Como todo poder e autoridade provêm de Deus e é dado para um propósito especial, nenhuma criatura racional tem o direito de exercer uma autoridade ilimitada, caprichosa ou arbitrária sobre

---

[401] *De regimine principum*, 1, 6.
[402] *S. T.*, IA IIAE, q. 105, art. 1.
[403] *De regimine principum*, 1, 2.

outra criatura racional. A lei define-se, pois, como "um comando da razão para o bem comum, dado por aquele que cuida do bem comum e promulgado".[404] O soberano ocupa um lugar natural na hierarquia total do universo, e sua autoridade deve ser exercida como parte do esquema geral pelo qual o universo é dirigido. Qualquer concepção do soberano como completamente independente e irresponsável seria, assim, essencialmente estranha à filosofia de Santo Tomás. O soberano tem os seus deveres e os súditos também têm os seus: a "justiça legal", que deve existir tanto no soberano como nos seus súditos, dirige os atos de todas as virtudes para o bem comum;[405] no entanto, esses deveres devem ser vistos à luz da relação entre os meios e fins que se dão em toda a criação. Como o homem é um animal social, há a necessidade da sociedade política para que sua natureza seja realizada. Contudo, a vocação do homem para viver em uma sociedade política deve ser vista à luz do fim último para o qual ele foi criado. Entre o fim sobrenatural do homem e o fim natural deve haver harmonia e a devida subordinação deste àquele. Desse modo, o homem deve preferir a obtenção do fim último a qualquer outra coisa, e, se o soberano o ordena a agir de maneira incompatível com a obtenção desse fim, deve então desobedecê-lo. Qualquer idéia de sujeição completa e total do indivíduo ao Estado seria necessariamente abominável a Santo Tomás, não porque fosse um "papista" extremo em assuntos políticos — ele, de fato, não era —, mas porque em seu sistema teológico-filosófico como um todo a ordem, a proporção e a subordinação do inferior ao superior reinam, embora sem escravização ou aniquilação moral do inferior. No esquema total da criação e da providência, o homem tem seu lugar: abusos e exageros práticos não podem alterar o ideal da ordem e da hierarquia que estão, em última análise, baseados no próprio Deus. As formas de governo podem variar, mas o homem tem uma essência permanente, ou natureza fixa, e é nessa natureza que a necessidade e a justificação moral do Estado estão fundadas. O Estado não é nem Deus nem o Anticristo: é um dos meios pelos quais Deus dirige a criatura racional corpórea ao seu fim.

Nota sobre a teoria estética de Santo Tomás

Não se pode dizer que haja uma discussão formal de teoria estética na filosofia de Santo Tomás. Aquilo que tem a dizer a respeito da matéria é, em sua maior parte, tomado de empréstimo de outros autores, então, embora suas observações possam ser tomadas como ponto de partida para uma teoria estética, é um erro desenvolver uma teoria baseada nelas e lha atribuir, como se ele próprio a tivesse desenvolvido. Não obstante, pode ser conveniente assinalar que, quando Santo Tomás observa que *pulchra dicuntur quae visa placent*,[406] não pretende negar a objetividade da beleza. A beleza consiste — diz — na proporção adequada, pertencendo à causa formal: é o objeto da potência cognitiva, ao

---

[404] S. T., IA IIAE, q. 90, art. 4.
[405] Ibid. IA IIAE, q. 58, art. 6.
[406] S. T., IA, q. 5, art. 4, ad 1.

passo que o bem é o objeto do desejo.⁴⁰⁷ Para a beleza, exigem-se três elementos: integridade — ou perfeição —, proporção própria e clareza:⁴⁰⁸ a forma brilha, por assim dizer, por meio da cor etc., e é objeto da apreensão desinteressada (não apetitiva). Santo Tomás reconhece, portanto, a objetividade da beleza e o fato de que a apreciação ou experiência estética é algo *sui generis*, que não pode ser identificada simplesmente com o conhecimento intelectual, nem pode ser reduzida à apreensão do bem.

---

⁴⁰⁷ Ibid.
⁴⁰⁸ Ibid., 1a, q. 39, art. 8.

CAPÍTULO XX
Santo Tomás de Aquino e Aristóteles: controvérsias

A utilização de Aristóteles por Santo Tomás — Elementos não aristotélicos no tomismo — Tensões latentes na síntese tomista — Oposição a "novidades" tomistas.

1. Embora Santo Alberto tenha avançado bastante na utilização da filosofia aristotélica, coube a Santo Tomás tentar a conciliação plena do sistema aristotélico com a teologia cristã. A conveniência de tentar essa reconciliação era clara, uma vez que rejeitar o sistema aristotélico significaria rejeitar a síntese intelectual mais poderosa e abrangente conhecida pelo mundo medieval. Além disso, Santo Tomás, com o seu gênio para a sistematização, percebeu claramente como poderia usar os princípios da filosofia aristotélica para alcançar uma síntese sistemática na teologia e na filosofia. Quando digo, porém, que Santo Tomás percebeu a "utilidade" do aristotelismo, não pretendo sugerir que sua abordagem foi pragmática. Ele considerava os princípios aristotélicos verdadeiros e, porque verdadeiros, úteis; não os considerava "verdadeiros" porque fossem úteis. Seria absurdo, obviamente, sugerir que a filosofia tomista é simplesmente um aristotelismo, uma vez que faz uso de outros autores, como Santo Agostinho e Pseudo-Dionísio, assim como de outros predecessores medievais e de filósofos judeus (em particular, Maimônides) e árabes. Não obstante, a síntese tomista é unificada pela aplicação de princípios aristotélicos fundamentais. Grande parte da filosofia de Santo Tomás é, de fato, a doutrina de Aristóteles, mas é a doutrina de Aristóteles repensada por uma mente poderosa, não adotada servilmente. Se Santo Tomás adotou o aristotelismo, adotou-o fundamentalmente porque o julgava verdadeiro, não porque Aristóteles fosse um grande nome ou porque um Aristóteles "não batizado" pudesse representar um grave perigo à ortodoxia: um homem da seriedade de Santo Tomás, devotado à verdade, certamente não haveria adotado o sistema de um filósofo pagão se não o houvesse considerado, quanto ao principal, um sistema verdadeiro, especialmente quando algumas das idéias que propunha iam de encontro à tradição, tendo suscitado escândalo e oposição vigorosa. Contudo, suas convicções quanto à verdade da filosofia que adotou não levaram Santo Tomás a aderir mecanicamente a um sistema mal absorvido: dedicou muita reflexão e atenção ao aristotelismo, como pode ser visto nos seus comentários às obras de Aristóteles, e suas próprias obras dão testemunho do cuidado com que deve ter considerado as implicações dos princípios que adotou, bem como sua relação com a verdade cristã. Se afirmo agora que a

síntese do cristianismo e do aristotelismo no pensamento de Santo Tomás era, sob alguns aspectos, precária, não pretendo retirar o que disse antes e sugerir que o santo adotou o aristotelismo de maneira puramente mecânica, embora eu pense ser verdade que ele não percebeu plenamente a tensão latente, com relação a certos pontos, entre a fé cristã e seu aristotelismo. Se esse é realmente o caso, isso, contudo, não deve causar surpresa. Santo Tomás era um grande teólogo e filósofo, mas não era uma mente infinita, e um intelecto muito menor pode olhar para trás e discernir possíveis pontos fracos no sistema de uma grande mente, sem que a grandeza desta seja, por isso, desafiada.

Quanto à utilização de temas aristotélicos por parte de Santo Tomás para fins de sistematização, pode-se achar espaço apenas para um ou dois exemplos. Uma das idéias fundamentais da filosofia aristotélica é a do ato e da potência. Santo Tomás — como, antes dele, Aristóteles — percebeu a interatuação, a correlação do ato e da potência nas mudanças acidentais e substanciais do mundo material e nos movimentos (no sentido amplo aristotélico) de todas as criaturas. Ao adotar o princípio aristotélico de que nada é reduzido da potência ao ato a não ser pela atuação de algo que esteja em ato, seguiu Aristóteles ao argumentar, a partir do fato observado do movimento, pela existência do Motor imóvel. No entanto, Santo Tomás olhou mais profundamente que Aristóteles: viu que, em toda criatura finita, há uma dualidade de princípios, a essência e a existência, que a existência está em potência para a existência, que não existe necessariamente, e, desse modo, foi capaz de argumentar não apenas pela existência do Motor imóvel aristotélico, mas também pela existência do ente necessário, Deus, o Criador. Foi capaz, além disso, de discernir a essência de Deus como existência, não simplesmente como o pensamento do pensamento, mas como o *ipsum esse subsistens* e, assim, seguindo os passos de Aristóteles, foi capaz de ultrapassar o próprio Aristóteles. Não distinguindo claramente essência e existência no ente finito, Aristóteles não pôde chegar à idéia da Existência em si mesma como a essência de Deus, do qual todas as existências limitadas provêm.

Mais uma vez: uma idéia fundamental na filosofia aristotélica é a da finalidade. De fato, essa idéia é, em certo sentido, mais fundamental que a idéia de ato e potência, uma vez que toda redução da potência ao ato tem lugar em vista da obtenção de um fim, e a potência somente existe para a realização de um fim. Que Santo Tomás usa a idéia da finalidade nas suas doutrinas cosmológicas, psicológicas, éticas e políticas é um ponto que dispensa explicações. Entretanto, pode-se assinalar o auxílio que essa idéia lhe prestou para explicar a criação. Deus, que age segundo a sabedoria, criou o mundo para um fim, mas um fim que não pode ser senão o próprio Deus: Ele criou o mundo, portanto, para manifestar Sua própria perfeição, comunicando-a às criaturas por participação, difundindo a Sua própria bondade. As criaturas existem *propter Deum*, para Deus, que é o seu fim último, embora Ele não seja o fim último de todas as criaturas do mesmo modo. Somente a criatura racional pode possuir a Deus pelo conhecimento e pelo amor. As criaturas têm, obviamente, fins próximos, o aperfeiçoamento de suas próprias naturezas, mas esse aperfeiçoamento das naturezas das criaturas está subordinado ao fim último de toda a criação: a glória de Deus, a manifestação da Sua perfeição divina, que se manifesta precisamente pelo aperfeiçoamento das criaturas, de modo que a glória de Deus e o bem das criaturas não são, de modo algum, idéias antitéticas. Desse modo, Santo Tomás foi capaz de utilizar a doutrina aristotélica da finalidade em um cenário cristão, ou antes, de um modo que se harmonizaria com a religião cristã.

Dentre as idéias particulares que Santo Tomás tomou de empréstimo de Aristóteles ou elaborou com dependência da filosofia de Aristóteles, podem-se mencionar as seguintes: a alma é a forma do corpo, individualizada pela matéria que ela informa; não é uma substância completa de direito próprio, mas a alma e o corpo juntos constituem uma substância completa, o homem. Essa acentuação da união íntima entre a alma e o corpo, com a rejeição da teoria platônica a esse respeito, torna muito fácil explicar por que a alma deve estar unida ao corpo — a alma é, por natureza, a forma do corpo —, mas sugere que, admitida a imortalidade da alma, a ressurreição do corpo é necessária para a alma.[409] Quanto à doutrina da matéria como princípio de individuação, que tem como conseqüência a doutrina de que os seres angélicos, sendo isentos de matéria, não podem se multiplicar dentro de uma mesma espécie, essa doutrina despertou hostilidade nos críticos do tomismo, conforme veremos em breve. O mesmo pode ser dito da doutrina de que há uma única forma substancial em qualquer substância — uma doutrina que, quando aplicada à substância humana, significa a rejeição de qualquer *forma corporeitatis*.

A adoção da psicologia aristotélica naturalmente andou de mãos dadas com a adoção da epistemologia aristotélica e com a insistência no fato de que o conhecimento humano é derivado da experiência sensível e da reflexão sobre esta. Isso implicava a rejeição das idéias inatas, mesmo sob forma virtual, e a rejeição da teoria da iluminação divina, ou antes, a interpretação da iluminação divina como equivalente à luz natural do intelecto com a concorrência ordinária e natural de Deus. Essa doutrina suscita dificuldades, conforme já vimos, a respeito do conhecimento analógico que o homem tem de Deus.

Contudo, embora Santo Tomás não tenha hesitado em adotar uma posição aristotélica mesmo quando isso o levava a entrar em conflito com teorias tradicionais, ele o fez somente quando considerava que as posições aristotélicas eram em si mesmas verdadeiras e, assim, compatíveis com a revelação cristã. Quando se tratava de uma questão de posições que eram claramente incompatíveis com a doutrina cristã, rejeitava-as, ou sustentava que a interpretação averroísta de Aristóteles em tais pontos não era a verdadeira interpretação, ou ao menos não era necessária a partir das palavras de Aristóteles. Por exemplo, ao comentar a descrição de Aristóteles de Deus como o Pensamento que pensa a Si mesmo,

---

[409] A resposta somente pode ser que é *conveniens*, mas não é algo devido em sentido estrito, uma vez que não pode ser realizada por meios naturais. Pareceríamos então nos defrontar com o dilema de que ou a alma após a morte permaneceria, sem a intervenção de Deus, em uma condição "antinatural", ou que a doutrina da união da alma com o corpo deve ser reexaminada.

Santo Tomás observa que disso não se segue que as coisas distintas de Deus lhe sejam desconhecidas, pois, conhecendo a Si mesmo, conhece todas as outras coisas.[410] É provável, contudo, que o Aristóteles histórico não pensasse que o Motor imóvel conhecesse o mundo ou que exercesse qualquer providência: Ele é a causa do movimento como causa final, não como causa eficiente. De maneira semelhante, conforme já mencionado, ao comentar as palavras muito obscuras de Aristóteles no *De Anima* a respeito do intelecto agente e sua permanência após a morte, Santo Tomás interpreta a passagem *in meliorem partem*, não no sentido averroísta: não é necessário concluir que, para Aristóteles, o intelecto é um único em todos os homens e não há imortalidade pessoal. Santo Tomás estava empenhado em resgatar Aristóteles das elucubrações de Averróis e mostrar que sua filosofia não necessariamente envolvia a negação da providência divina ou da imortalidade pessoal, e nisso ele teve sucesso, ainda que sua interpretação do pensamento efetivo de Aristóteles sobre esses assuntos provavelmente não esteja correta.

2. O aristotelismo de Santo Tomás é tão óbvio que às vezes se tende a esquecer os elementos não aristotélicos do seu pensamento, embora tais elementos certamente existam. Por exemplo: o Deus da *Metafísica* de Aristóteles, embora sendo uma causa final, não é a causa eficiente; o mundo é eterno e não foi criado por Deus. Além disso, Aristóteles considerava ao menos a possibilidade de uma multiplicidade de motores imóveis, correspondendo às diferentes esferas, tendo deixado na obscuridade sua relação consigo mesma e com o Motor imóvel mais elevado.[411] O Deus da teologia natural de Santo Tomás, por outro lado, é a primeira causa eficiente e o Criador, assim como a causa final: não está simplesmente encerrado em um isolamento esplêndido, como objeto do *eros*, mas age *ad extra*, criando, preservando, concorrendo, exercendo a providência. Santo Tomás talvez tenha feito certa concessão a Aristóteles ao admitir que a possibilidade da criação desde a eternidade não foi refutada. No entanto, mesmo que o mundo pudesse não ter um princípio no tempo, sua criação — sua dependência radical de Deus — pode ser provada. Tudo o que Santo Tomás admite é que não se mostrou que a idéia da *creatio ab aeterno* seja autocontraditória, não que a criação não possa ser demonstrada. Pode-se dizer que a posição de Santo Tomás em teologia natural constituiu um suplemento, ou arrematação, da posição de Aristóteles e que não pode ser considerada não-aristotélica. No entanto, deve-se lembrar que, para Santo Tomás, Deus cria segundo a inteligência e a vontade, sendo Deus a causa eficiente, o Criador, enquanto causa exemplar, isto é, Ele cria o mundo enquanto uma imitação finita da Sua essência divina, que Ele conhece enquanto imitável *ad extra* de múltiplos modos. Em outras palavras: Santo Tomás usa a posição de Santo Agostinho a respeito das idéias divinas, uma posição que, em termos filosóficos, era derivada do neoplatonismo, que, por sua vez, era um desenvolvimento da filosofia e da tradição platônicas. Aristóteles rejeitava as

---

[410] *In* 12 *Metaph.*, *lect.* 11.
[411] Cf. esta história, pp. 310-311.

idéias exemplares de Platão, assim como rejeitava o Demiurgo platônico. Ambas essas noções, contudo, estão presentes no pensamento de Santo Agostinho, transmutadas e tornadas consistentes filosoficamente, assim como conjugadas com a doutrina da *creatio ex nihilo*, à qual os gregos não tinham chegado. O acolhimento dessas noções por parte de Santo Tomás vincula-o, nesse ponto, a Agostinho e, portanto, por meio de Plotino, a Platão antes que a Aristóteles.

Novamente: a fé cristã de Santo Tomás com freqüência interfere ou produz algum efeito em sua filosofia. Por exemplo: convencido de que o homem tem um fim último sobrenatural, e somente um fim último sobrenatural, estava condicionado a conceber o termo da ascensão intelectual do homem como o conhecimento de Deus tal como Ele é em Si mesmo, não como o conhecimento do metafísico e do astrônomo. Estava condicionado a situar o fim último do homem na próxima vida, não nesta, transmutando assim a concepção aristotélica da felicidade. Estava condicionado a reconhecer a insuficiência do Estado para satisfazer as necessidades do homem em sua integralidade. Estava condicionado a reconhecer a subordinação do Estado à Igreja em termos de valor e dignidade. Estava condicionado, não apenas a admitir sanções divinas na vida moral do homem, mas também a vincular a ética à teologia natural, e, de fato, a admitir a insuficiência da vida moral natural para a obtenção da felicidade, uma vez que esta tem caráter sobrenatural e não pode ser alcançada por meios puramente humanos. Exemplos dessa interferência da teologia na filosofia poderiam, sem dúvida, ser multiplicados. Contudo, aquilo para que quero chamar atenção agora é a tensão latente em alguns pontos entre o cristianismo e o aristotelismo de Santo Tomás.

3. Caso se olhe para a filosofia de Aristóteles como para um sistema completo, alguma tensão necessariamente se apresentará ao tentar-se combiná-la com uma religião sobrenatural. Para o filósofo aristotélico, é o universal e a totalidade que realmente importa, não o indivíduo enquanto tal: o ponto de vista pode ser chamado de o do médico e, em parte, o do artista. Os indivíduos existem para o bem da espécie: é a espécie que persiste por meio da sucessão dos indivíduos. O homem individual atinge a felicidade nesta vida ou não a atinge de forma alguma. O universo não é um palco para o homem, subordinado ao homem, mas é o homem que é uma peça, uma parte do universo. Há mais valor em contemplar os corpos celestes do que em contemplar o homem. Para o cristão, por outro lado, o indivíduo humano tem uma vocação sobrenatural, e a sua vocação não é terrena, nem pode a sua felicidade última ser alcançada nesta vida ou por seus próprios esforços naturais. O indivíduo está em uma relação pessoal com Deus e, por mais ênfase que se possa colocar no aspecto coletivo do cristianismo, permanece sendo verdade que cada pessoa humana tem, em última análise, mais valor que todo o universo material, que existe para o homem, embora tanto o homem e o universo material existam, em última análise, para Deus. Pode-se, de fato, adotar legitimamente o ponto de vista a partir do qual se considera o homem enquanto membro do universo, pois o homem *é*

um membro do universo, radicado no universo material por seu corpo, e caso se adote — como Santo Tomás adotou — a psicologia aristotélica, a doutrina da alma como, por natureza, a forma do corpo, individualizada pelo corpo e dependente do corpo para o conhecimento, será dada maior ênfase ao lugar do homem enquanto membro do cosmos. É a partir desse ponto de vista, por exemplo, que se é levado a considerar os defeitos físicos e o sofrimento físico, a morte e a corrupção do indivíduo, como algo que contribui para o bem e para a harmonia do universo, como sombras que põem em relevo as luzes do quadro completo. É também a partir desse ponto de vista que Santo Tomás fala que a parte existe para o todo, o membro para o corpo inteiro, usando uma analogia tirada do organismo. Há, conforme se tem admitido, verdade nesse ponto de vista, que tem sido tenazmente defendido como um corretivo contra o falso individualismo e contra o antropocentrismo: o universo criado existe para a glória de Deus, e o homem é uma parte do universo. Disso não há dúvida; contudo, há também outro ponto de vista. O homem existe para a glória de Deus, e o universo material existe para Deus. Não é a quantidade, mas a qualidade que realmente importa. O homem é pequeno do ponto de vista da quantidade, mas qualitativamente todos os corpos celestes juntos esmaecem em sua insignificância ao lado de uma única pessoa humana. Além disso, o "homem" que existe para a glória de Deus não é simplesmente a espécie humana, mas a sociedade de pessoas imortais, cada uma das quais tendo uma vocação sobrenatural. Contemplar o homem vale mais que contemplar as estrelas; a história humana é mais importante que a astronomia; os sofrimentos dos homens não podem ser explicados simplesmente de modo "artístico". Não estou sugerindo que os dois pontos de vista não possam ser combinados, uma vez que Santo Tomás tentou combiná-los. No entanto, estou sugerindo de fato que sua combinação envolve certa tensão e que essa tensão está presente na síntese tomista.

Uma vez que, em termos históricos, o aristotelismo é um sistema "fechado", no sentido de que Aristóteles não vislumbrou nem poderia vislumbrar a ordem sobrenatural, e uma vez que era uma obra da razão desassistida pela revelação, naturalmente demonstrou para os medievais as potencialidades da razão natural: era a maior realização intelectual que conheciam. Isso significa que qualquer teólogo que aceitasse e utilizasse a filosofia aristotélica, como Santo Tomás fez, estava obrigado a reconhecer a autonomia teorética da filosofia, ainda que também reconhecesse a teologia como norma extrínseca e critério. Na medida em que isso era uma questão para teólogos, o equilíbrio entre a teologia e a filosofia foi, naturalmente, preservado; quando, porém, era uma questão para pensadores que não eram fundamentalmente teólogos, o estatuto concedido à filosofia tendia a se tornar uma declaração de independência. Olhando em retrospectiva a partir do tempo presente e tendo em mente as inclinações humanas, os caracteres, os temperamentos e as propensões intelectuais, podemos ver que o acolhimento de um grande sistema de filosofia que se sabia ter sido elaborado sem o auxílio da revelação deveria, quase que com certeza, mais cedo ou mais tarde, levar a filosofia a seguir seu próprio caminho independentemente da teologia. Nesse sentido — e o juízo é histórico, não de valor —, a síntese alcançada por Santo Tomás foi intrinsecamente precária. A entrada do Aristóteles completo em cena significaria, no longo prazo, quase seguramente o surgimento de uma filosofia independente que, em um primeiro momento, tentaria firmar-se sobre os próprios pés ao mesmo tempo que se mantivesse em paz com a teologia — por vezes com sinceridade — para então, por fim, tentar suplantá-la, absorvendo em si própria o conteúdo dela. No início da era cristã, vemos os teólogos usando este ou aquele elemento da filosofia grega para auxiliá-los na exposição dos dados da revelação, e esse processo continuou durante os estágios do desenvolvimento escolástico medieval. Contudo, o aparecimento de um sistema filosófico de pleno direito, embora redundando em um benefício inestimável com a criação da síntese tomista, dificilmente poderia deixar de constituir no longo prazo um desafio. Não é o propósito do autor destas linhas discutir a utilidade da filosofia aristotélica na criação da síntese teológica e filosófica cristã ou, de maneira alguma, diminuir a proeza de Santo Tomás de Aquino, mas antes assinalar que, quando o pensamento filosófico tinha se tornado mais ou menos maduro e adquirido certa autonomia, não se deveria esperar que permanecesse para sempre satisfeito em ficar sentado em casa como o irmão mais velho da parábola do filho pródigo. O batismo da filosofia, na pessoa de Aristóteles, por Santo Tomás não poderia, em termos históricos, impedir seu desenvolvimento, e, nesse sentido, sua síntese continha uma tensão latente.

4. Voltemo-nos por fim, ainda que forçosamente de maneira breve, à oposição causada pela adoção tomista de Aristóteles. Essa oposição deve ser considerada tendo como pano de fundo o alarde causado pelo averroísmo, isto é, pela interpretação averroísta de Aristóteles, que consideraremos no próximo capítulo. Os averroístas eram acusados — e decerto não injustamente — de preferir a autoridade de um filósofo pagão à de Santo Agostinho e à dos *Sancti* em geral, bem como de comprometer a integridade da revelação. Aos olhos de alguns tradicionalistas zelosos, Santo Tomás parecia estar entregando os pontos para o inimigo. Desse modo, esforçaram-se para incluir o tomismo nas condenações levantadas contra o averroísmo. Todo o episódio lembra-nos de que Santo Tomás, nos seus dias, era um inovador, que ele abriu novos caminhos: é útil lembrar-se disso em um tempo em que o tomismo representa a tradição, a confiabilidade e a segurança teológicas. Alguns pontos a respeito dos quais Santo Tomás foi mais duramente atacado pelos esquentadinhos hoje podem não parecer particularmente alarmantes para nós. Contudo, as razões pelas quais o atacaram eram, em grande medida, de caráter teológico, de modo que é muito claro que o aristotelismo tomista foi um dia considerado "perigoso", e que o homem que hoje representa o pilar da ortodoxia já foi considerado, ao menos por alguns esquentadinhos, como um semeador de novidades. E o ataque tampouco se limitava a pessoas de fora da sua Ordem. Ele teve de suportar a hostilidade

mesmo de dominicanos, e foi apenas gradualmente que o tomismo se tornou a filosofia oficial da Ordem Dominicana.

Um dos principais pontos atacados era a teoria de Santo Tomás a respeito da unicidade da forma substancial. Foi combatida durante um debate em Paris, perante o bispo, em torno de 1270, tendo dominicanos e franciscanos — e em especial o franciscano Peckham — acusado Santo Tomás de sustentar uma opinião contrária à doutrina dos santos, em particular à de Agostinho e Anselmo. Peckham e o dominicano Robert Kilwardby sustentaram esse ponto de vista vigorosamente em suas cartas, sendo o principal fundamento de sua acusação que a doutrina tomista era incapaz de explicar como o corpo morto de Cristo era o mesmo que o corpo vivo, uma vez que, de acordo com Santo Tomás, há uma única forma substancial da substância humana, e que essa forma, a alma, é tirada pela morte, vindo à existência outras formas a partir da potencialidade da matéria. Santo Tomás certamente sustentava que o corpo morto de um homem não era precisamente o mesmo que um corpo vivo, mas o mesmo apenas *secundum quid*,[412] e Peckham e seus amigos consideravam essa teoria como fatal para a veneração dos corpos e das relíquias dos santos. Santo Tomás, contudo, sustentava que o corpo morto de Cristo permaneceu unido à divindade, de modo que estava, mesmo no sepulcro, unido ao Verbo de Deus e sendo digno de adoração. As doutrinas da passividade da matéria e da simplicidade dos anjos também estavam entre as opiniões inovadoras que sofreram objeções.

Em 7 de março de 1277, Stephen Tempier, Bispo de Paris, condenou duzentas e dezenove proposições, ameaçando com excomunhão quem quer que as sustentasse. Essa condenação foi dirigida principalmente contra os averroístas, em especial contra Siger de Brabante e Boécio da Dácia, mas havia certo número de proposições que eram comuns a Siger de Brabante e a Santo Tomás, de modo ao tomismo ser atingido pelo decreto do bispo. Assim, foram condenadas as teorias da unicidade necessária do mundo, da matéria como princípio da individuação, da individuação dos anjos e da sua relação com o universo, embora a unicidade da forma substancial não apareça na condenação e pareça nunca ter sido formalmente condenada em Paris, não sendo senão censurada em disputas e debates escolásticos.

A condenação parisiense foi seguida, em 18 de março de 1277, por uma condenação em Oxford, inspirada por Robert Kilwardby, OP, Arcebispo de Canterbury, na qual figurou, entre outras proposições, aquelas da unicidade da forma substancial e da passividade da matéria. Kilwardby observou em uma carta que proibiu as proposições considerando-as perigosas, sem condená-las como heréticas e, de fato, não parece ter sido muito otimista quanto aos resultados prováveis da sua proibição, porquanto ofereceu uma indulgência de quarenta dias para quem quer que se abstivesse de propor as idéias ilícitas. A condenação de Kilwardby foi repetida por seu sucessor no Arcebispado de Canterbury, o franciscano Peckham, em 29 de outubro de 1284, embora, naquele tempo, o

---

[412] *S. T.*, IIIa, q. 50, art. 5.

tomismo tenha sido oficialmente aprovado na ordem dominicana. Contudo, Peckham proibiu novamente as proposições inovadoras em 30 de abril de 1286, declarando-as heréticas.

Nesse meio tempo, o tomismo tinha ganhado popularidade entre os dominicanos, o que era de se esperar no caso de uma proeza tão esplêndida realizada por um dos seus. No ano de 1278, o Capítulo Dominicano em Milão e, em 1279, o Capítulo de Paris deram passos no sentido de reagir contra a postura hostil que era evidente entre os dominicanos de Oxford. O Capítulo de Paris proibiu a condenação do tomismo, embora sem obrigar sua aceitação. Em 1286, outro Capítulo de Paris declarou que os professores que mostrassem hostilidade ao tomismo deveriam ser retirados dos seus cargos. Contudo, não foi senão no século XVI que sua aceitação se tornou obrigatória pelos membros da Ordem. A popularidade crescente do tomismo nas últimas duas décadas do século XIII, contudo, levou naturalmente à publicação de respostas de autores dominicanos aos ataques dirigidos contra ele. Assim, o *Correctorium Fratris Thomas*, publicado por William de la Mare, um franciscano, atraiu uma série de correções da Correção, como o *Apologeticum veritatis super corruptorium* (como chamavam o *Correctorium*), publicado por Rambert de Bologna por volta do fim do século, ao qual os franciscanos ofereceram respostas. Em 1279, estes, no seu Capítulo Geral em Assis, proibiram a aceitação das proposições condenadas em Paris em 1288, ao passo que, em 1282, o Capítulo Geral de Estrasburgo ordenou que aqueles que utilizassem a *Summa Theologica* não deveriam fazê-lo sem consultar o *Correctorium* de William de la Mare. Contudo, os ataques dos franciscanos e dos demais naturalmente diminuíram após a canonização de Santo Tomás em 18 de julho de 1323 e, em 1325, o então Bispo de Paris revogou as censuras parisienses. Em Oxford, não parece ter havido nenhuma revogação formal desse tipo, mas os sucessores de Peckham não continuaram suas censuras, e a batalha gradualmente chegou a um fim. No início do século XIV, Thomas de Sutton dá a Tomás de Aquino a alcunha de, segundo o testemunho de todos, Doutor Comum (*in ore omnium communis doctor dicitur*).

O tomismo firmou-se naturalmente na estima dos pensadores cristãos devido à sua completude, lucidez e profundidade. Era uma síntese rigorosamente fundamentada da teologia e da filosofia que hauria do passado e o incorporava a si mesma, ao mesmo tempo que usava o maior sistema puramente filosófico do mundo antigo. No entanto, embora a suspeita e a hostilidade que o tomismo, ou alguns aspectos seus, despertaram num primeiro momento estivessem destinadas a morrer naturalmente diante dos méritos inegáveis do sistema, não se deve supor que o tomismo tenha jamais adquirido na Idade Média a posição oficial na vida intelectual da Igreja que ocupou desde a Encíclica *Aeterni Patris* do Papa Leão XIII. As *Sentenças* de Pedro Lombardo, por exemplo, continuaram a ser comentadas por muitos anos, ao passo que, no tempo da Reforma, havia Cátedras nas universidades para a exposição das doutrinas não apenas de Santo Tomás, de Duns Escoto e de Giles de Roma, mas também de nominalistas como Guilherme de Ockham e Gabriel Biel. A variedade era, de fato, a regra e, embora o tomismo tenha se tornado muito cedo o sistema oficial da Ordem Dominicana, muitos séculos se passaram antes de se tornar, num sentido real, o sistema oficial da Igreja. (Não pretendo sugerir que mesmo depois da *Aeterni Patris* o tomismo, no sentido em que se distingue do escotismo, por exemplo, tenha sido imposto a todas as ordens religiosas e a todos os institutos eclesiásticos de ensino superior. No entanto, o tomismo certamente é proposto como a norma da qual o filósofo católico somente deve dissentir quando inspirado por razões que lhe pareçam forçosas e, mesmo assim, sem desrespeito. A posição singular que hoje é concedida ao tomismo deve ser vista à luz das circunstâncias históricas dos tempos recentes para que seja compreendida; essas circunstâncias não eram aquelas que existiam na Idade Média).

CAPÍTULO XXI

O averroísmo latino: Siger de Brabante

Doutrinas dos "averroístas latinos" — Siger de Brabante — Dante e Siger de Brabante — Oposição ao averroísmo; condenações.

1. O termo "averroísmo latino" tornou-se tão comum que é difícil evitar seu uso, mas se deve reconhecer que o movimento designado por esse nome era um aristotelismo integral, ou radical: Aristóteles era o verdadeiro patrono do movimento, não Averróis, ainda que este certamente fosse visto como o comentador por excelência e fosse seguido em sua interpretação monopsiquista de Aristóteles. A doutrina de que o intelecto passivo, não menos que o intelecto agente, é um e o mesmo em todos os homens e somente esse intelecto unitário sobrevive após a morte, de modo a excluir a imortalidade pessoal, foi compreendida no século XIII como um dos dogmas dos aristotélicos radicais, e, como essa doutrina era apoiada pela interpretação averroísta de Aristóteles, seus defensores vieram a ser conhecidos como averroístas. Não vejo por que abolir o uso desse termo, desde que se perceba que os "averroístas" se consideravam a si mesmos como aristotélicos antes que averroístas. Parecem ter pertencido à faculdade de artes de Paris e ter levado a sua adesão a Aristóteles, tal como interpretado por Averróis, tão longe a ponto de ensinar doutrinas em filosofia que eram incompatíveis com o dogma cristão. O ponto saliente da sua doutrina, que atraiu maior atenção, foi a teoria de que há uma única alma racional em todos os homens. Adotando a interpretação de Averróis da doutrina obscura e ambígua nesta matéria, sustentavam que não apenas o intelecto agente, mas também o intelecto passivo é um e o mesmo em todos os homens. A conseqüência lógica dessa posição é a negação da imortalidade pessoal e das sanções na próxima vida. Outra de suas doutrinas heterodoxas — e que era, a propósito, indubitavelmente aristotélica — era a da eternidade do mundo. Nesse ponto, é importante perceber a diferença entre os averroístas e Santo Tomás. Ao passo que, para Santo Tomás, não se havia demonstrado a impossibilidade de o mundo (criado) ser eterno, embora certamente tampouco se houvesse demonstrado que era eterno (e sabemos, a partir da revelação, que o mundo efetivamente não foi criado desde a eternidade), os averroístas sustentavam que a eternidade do mundo, a eternidade da mudança e do movimento, pode ser demonstrada filosoficamente. Novamente: parece que alguns deles, seguindo Aristóteles, negaram a providência divina e seguiram Averróis sustentando o determinismo.

Pode-se, portanto, compreender sem dificuldade por que os teólogos atacaram os averroístas, seja como São Boaventura, atacando o próprio Aristóteles, seja como Santo Tomás, argumentando não somente que as posições averroístas são intrinsecamente falsas, mas também que não representam o verdadeiro pensamento, ou ao menos a doutrina clara, de Aristóteles.

Assim, os averroístas, ou aristotélicos radicais, foram forçados a reconciliar suas doutrinas filosóficas com os dogmas teológicos, a menos que estivessem preparados — e não estavam — para simplesmente negar estes. Em outras palavras, deveriam oferecer uma teoria da relação entre a razão e a fé que lhes permitiria afirmar com Aristóteles que há uma única alma racional em todos os homens e, ao mesmo tempo, afirmar com a Igreja que cada homem tem sua própria alma individual. Diz-se por vezes que, para realizar essa reconciliação, recorreram à teoria da dupla verdade, sustentando que algo pode ser verdadeiro na filosofia, ou segundo a razão, e ainda assim o seu oposto pode ser verdadeiro em teologia, ou segundo a fé. E, de fato, Siger de Brabante fala desse modo, querendo dizer que certas proposições de Aristóteles e de Averróis são irrefutáveis, embora as proposições opostas sejam verdadeiras de acordo com a fé. Assim, pode ser provado racionalmente que não há senão uma única alma intelectual em todos os homens, embora a fé nos dê certeza de que há uma alma intelectual para cada corpo humano. Do ponto de vista lógico, essa posição deveria levar à rejeição seja da teologia ou da filosofia, da fé ou da razão. No entanto, os averroístas parecem ter sustentado que, na ordem natural, com a qual o filósofo lida, a alma intelectual seria uma única em todos os homens, mas que Deus miraculosamente a multiplicou. O filósofo usa sua razão natural, e sua razão natural mostra-lhe que a alma intelectual é uma e a mesma em todos os homens, ao passo que o teólogo, que trata da ordem sobrenatural e expõe a revelação divina, nos assegura que Deus multiplicou milagrosamente aquilo que por natureza não pode ser multiplicado. Nesse sentido, aquilo que é verdadeiro em filosofia é falso na teologia e vice-versa. Essa forma de autodefesa naturalmente não persuadiu os teólogos, que não estavam preparados para admitir que Deus interviesse para realizar, por milagre, aquilo que era racionalmente impossível. Tampouco tiveram muita simpatia pelo método alternativo de autodefesa adotado pelos averroístas, a saber, a alegação de que estavam simplesmente relatando o ensinamento de Aristóteles. Conforme um sermão contemporâneo, possivelmente de São Boaventura, "há alguns estudantes de filosofia que dizem certas coisas que não são verdadeiras de acordo com a fé; e quando lhes é dito que algo é contrário à fé, respondem que Aristóteles o diz, mas que eles próprios não o afirmam e estão apenas relatando as palavras de Aristóteles". Essa defesa foi tratada como mero subterfúgio pelos teólogos, o que era justificável tendo em vista a postura dos averroístas diante de Aristóteles.

2. O mais eminente dos averroístas, ou aristotélicos radicais, foi Siger de Brabante, que nasceu por volta do ano de 1235 e se tornou professor na faculdade de artes em Paris. Em 1270, foi condenado por suas doutrinas averroístas

e parece que não apenas se defendeu alegando que estava apenas relatando a doutrina de Aristóteles e não pretendia afirmar nada incompatível com a fé, mas também modificou em alguma medida sua posição. É dito que teria se convertido do averroísmo através dos escritos de Santo Tomás, mas não há provas certas de que tenha abandonado definitivamente seu averroísmo. Se o fez, seria difícil explicar por que estava envolvido na condenação de 1277 e por que naquele ano o Inquisidor de França, Simon du Val, ordenou-lhe que comparecesse perante o tribunal. Seja como for, a questão das mudanças de opinião de Siger não pode ser resolvida com certeza até que a cronologia de suas obras tenha sido estabelecida. As obras que foram descobertas incluem o *De anima intelectiva*; *De aeternitate mundi*; *De necessitate et contingentia causarum*; *Compendium de generatione et corruptione*; algumas *Quaestiones naturales*; algumas *Quaestiones Morales*; algumas *Quaestiones logicales*; *Quaestiones in Metaphysicam*; *Quaestiones in Physicam*; *Quaestiones in libros três de Anima*; seis *Impossibilia*, e fragmentos do *De intellectu* e do *Liber de felicitate*. Parece que o *De intellectu* era uma resposta ao *De unitate intellectus contra Averroistas* de Santo Tomás e que, na sua resposta, Siger sustentava que o intelecto agente é Deus, e que a beatitude do homem na Terra consiste na união com o intelecto agente. Se Siger ainda era um monopsiquista nessa época ou não, depende, porém, do que ele pensava acerca da unicidade ou da multiplicação do intelecto passivo: não se pode concluir simplesmente de sua identificação do intelecto agente com Deus que ainda fosse monopsiquista no sentido averroísta. Se Siger apelou da Inquisição para Roma, pode ser que tenha se sentido injustamente acusado de heterodoxia. Morreu em Orvieto, por volta de 1282, assassinado por seu secretário louco.

Mencionar Siger de Brabante simplesmente fazendo referência à controvérsia averroísta é dar uma visão parcial do seu pensamento, uma vez que ele expunha um sistema e não apenas pontos isolados, quanto aos quais seguia a Averróis. O seu sistema, todavia, embora professando ser verdadeiramente aristotélico, diferia muito em aspectos importantes da filosofia do Aristóteles histórico, e seria forçosamente assim se seguisse a Averróis. Por exemplo: enquanto Aristóteles via a Deus como o primeiro motor no sentido de causa final última, não no sentido de primeira causa eficiente, Siger seguia a Averróis tornando Deus a primeira causa criadora. No entanto, Deus opera mediatamente, através de causas intermediárias, as inteligências que emanam sucessivamente, e, sob esse aspecto, Siger seguia a Avicena antes que a Averróis, de modo que, conforme M. Van Steenberghen observou, a filosofia de Siger não pode, com precisão, ser chamada de averroísmo radical. Tampouco pode, a propósito, ser chamada exatamente de aristotelismo radical, caso se esteja pensando no Aristóteles histórico, embora o termo seja conveniente caso se pense nas intenções de Siger. Quanto à questão da eternidade da criação, Siger segue a "Aristóteles", mas sobretudo porque os filósofos árabes seguiram a "Aristóteles" nesse ponto, e não por aquilo que o próprio Aristóteles disse a respeito do assunto, uma vez que este não tratou da criação em absoluto. De maneira semelhante, a noção de Siger de que todos os acontecimentos terrenos são determinados pelos movimentos dos corpos celestes cheiram a filosofia islâmica. Novamente: enquanto a idéia de que nenhuma espécie pode ter princípio, de modo a não poder ter havido um primeiro homem, é aristotélica em sua origem, a idéia do eterno retorno ou do processo cíclico de eventos determinados não é encontrada em Aristóteles.

Quanto às teses averroístas mais salientes do monopsiquismo e da eternidade do mundo, Siger parece ter se retratado de suas opiniões heterodoxas. Comentando o *De Anima*, por exemplo, não apenas admite que o monopsiquismo de Averróis não é verdadeiro, mas chega a admitir o peso das objeções trazidas contra ele por Santo Tomás e outros. Assim, admite ser impossível que dois atos individuais em dois homens diferentes procedam simultaneamente de uma faculdade ou princípio intelectual que é numericamente uno. De maneira semelhante, em suas *Questões sobre a física*, concede que o movimento não é eterno e que teve um princípio, embora esse princípio não possa ser demonstrado racionalmente. Contudo, conforme já observado, é difícil determinar com certeza se essa mudança aparente envolvia uma mudança real de opinião ou se foi um procedimento prudente adotado em vista da condenação de 1279.

3. O fato de que Dante não apenas coloca Siger de Brabante no Paraíso, mas põe o seu elogio nos lábios de Santo Tomás, seu adversário, é difícil de explicar. Mandonnet, crendo, por um lado, que Siger de Brabante era um verdadeiro averroísta e, por outro, que Dante era um antiaverroísta, foi forçado a sugerir que Dante provavelmente não era familiarizado com as doutrinas de Siger. Contudo, como assinala Gilson, Dante também coloca no Paraíso e liga a São Boaventura o Abade Joaquim de Fiore, cujas doutrinas foram rejeitadas tanto por São Boaventura como por Santo Tomás, sendo muito improvável que Dante não estivesse ciente do que fazia em ambos os casos de Joaquim e de Siger. O próprio Gilson sugeriu que o Siger de Brabante que aparece na *Divina comédia* não é tanto o Siger de Brabante histórico, mas antes um símbolo. Santo Tomás simboliza a teologia especulativa, São Bernardo a teologia mística, e, enquanto Aristóteles representa a filosofia no Limbo, Siger, sendo cristão, representa-a no Paraíso. Quando, portanto, Dante faz Santo Tomás elogiar a Siger de Brabante, não pretende fazer o Tomás histórico elogiar ao Siger histórico, mas antes fazendo a teologia especulativa elogiar à filosofia. (Gilson explica de maneira análoga o elogio de São Boaventura a Joaquim na *Divina comédia*).

A explicação de Gilson parece-me razoável. Há, todavia, outras possibilidades. Bruno Nardi sustentou — sendo seguido nisso por Miguel Asín — que a explicação da questão está no fato de que Dante não foi um tomista puro, tendo incorporado doutrinas não apenas de outras fontes escolásticas, mas também de filósofos muçulmanos, notadamente de Averróis, por quem tinha especial admiração. Como Dante não poderia colocar Avicena e Averróis no Paraíso, destinou-os ao Limbo, ao passo que a Maomé pôs no inferno propriamente dito. Como Siger era cristão, colocou-o no Paraíso. Dante teria então agido de maneira deliberada, manifestando seu juízo sobre a devoção de Siger à filosofia islâmica.

Ainda que o que Bruno Nardi diz das fontes filosóficas de Dante seja verdadeiro, parece-me que essa explicação pode muito bem ser combinada com a de Gilson. Se Dante admirava os filósofos muçulmanos e foi influenciado por eles, isso explicaria por que colocou Siger no Paraíso. Mas o que explicaria que pusesse o elogio de Siger nos lábios de Santo Tomás? Se Dante sabia que Siger era um averroísta, certamente sabia também que Santo Tomás era um antiaverroísta. Não pode ter sido o caso que Dante fez de Santo Tomás o símbolo da teologia especulativa, como sugere Gilson, e de Siger, o averroísta, o símbolo da filosofia, precisamente porque Siger era um membro da faculdade de artes, não um teólogo? Nesse caso, como diz Gilson, o elogio de Santo Tomás a Siger representaria simplesmente a homenagem da teologia à filosofia.

Uma dificuldade adicional é criada pela opinião de Van Steenberghen, segundo a qual Siger de Brabante teria abandonado o averroísmo naquilo que colidia com a teologia e se aproximado da posição de Santo Tomás. Se isso é verdade, e se Dante estava ciente do fato de que Siger modificou suas opiniões, a dificuldade de explicar por que teria feito Santo Tomás elogiar a Siger obviamente diminui muito. Dito de outro modo: para obter-se uma explicação adequada do fato de por que o poeta não apenas coloca Siger no Paraíso, mas também faz o seu adversário, Santo Tomás, elogiá-lo, seria necessário formar em primeiro lugar uma idéia adequada e precisa não apenas das simpatias filosóficas de Dante, mas também da evolução das opiniões de Siger.[413]

4. Vimos que a filosofia de Santo Tomás suscitou considerável oposição por parte de outros filósofos escolásticos. Contudo, ainda que tenha havido tentativas de envolver Santo Tomás na condenação do aristotelismo averroísta, continua a ser verdade que a controvérsia sobre doutrinas tomistas como a da unicidade da forma substancial era uma controvérsia interna que pode ser distinguida da controvérsia averroísta propriamente dita, na qual os teólogos em geral — inclusive Santo Tomás — estavam unidos em uma só fronte contra os filósofos heterodoxos. Assim, os franciscanos, de Alexandre de Hales e São Boaventura a Duns Escoto, estavam ao lado de dominicanos como Santo Alberto e Santo Tomás, de agostinianos como Giles de Roma e de clérigos seculares, como Henrique de Gante, na oposição ao que consideravam ser um movimento perigoso. Do ponto de vista filosófico, o traço mais importante dessa oposição era, obviamente, sua refutação crítica das teorias ilícitas, e, sob esse aspecto, podem-se mencionar o *De unitate intellectus contra Averróis*, de Santo Alberto (1256), o *De unitate intellectus contra Averroistas*, de Santo Tomás (1270), o *De purificatione intellectus possibilis contra Averroem* e o *Errores Philosophorum* (que lista os erros de Aristóteles e dos filósofos muçulmanos, mas não trata de Siger de Brabante), ambos de Giles de Roma, e o *Liber contra errores Boetii et Segerii* (1298), o *Liber reprobationis aliquorum errorum Averrois*, a

---

[413] Cf. P. Mandonnet: *Siger de Brabant*, 2ª ed., 1911; B. Nardi : *Sigieri di Brabante nella Divina Commedia* e *Le fonti della filosofia di Dante*, 1912; F. Van Steenberghen: *Les oeuvres et la doctrine de Siger de Brabant*, 1938; E. Gilson : *Dante et la philosophie*, 1939 (versão inglesa, 1948).

Disputatio Raymundi et Averroistae e os *Sermones contra Averroistas*, todos de Raimundo Lúlio.

Os teólogos, contudo, não estavam contentes em escrever e falar contra os averroístas. Empenharam-se também em assegurar sua condenação oficial pela autoridade eclesiástica. Isso era natural, como se pode perceber considerando o choque em pontos importantes entre a filosofia averroísta e a fé, assim como considerando as conseqüências teoréticas e as possíveis conseqüências práticas de tais teorias, como o monopsiquismo e o determinismo. Assim, em 1270, o Bispo de Paris, Stephen Tempier, condenou as doutrinas do monopsiquismo, a negação da imortalidade pessoal, o determinismo, a eternidade do mundo e a negação da providência divina. Mas, apesar dessa condenação, os averroístas continuaram a ensinar em segredo ("pelos cantos e diante de crianças", nas palavras de Santo Tomás), embora, em 1282, os professores da faculdade de artes tenham sido proibidos de lidar com matérias teológicas e, em 1276, o ensino secreto na universidade tenha sido proibido. Isso levou a uma condenação adicional em 7 de março de 1277, quando o Bispo de Paris condenou 219 proposições e excomungou todo aquele que continuasse a sustentá-las. A condenação tinha como principal alvo o ensino de Siger de Brabante e de Boécio da Dácia, e abrangia o subterfúgio da "dupla verdade". Boécio da Dácia, que era um contemporâneo de Siger de Brabante, defendia o ideal intelectualista de felicidade exposto por Aristóteles, sustentando que apenas filósofos podem alcançar a verdadeira felicidade, enquanto não filósofos pecam contra a ordem natural. As proposições condenadas, "não há estado mais excelente do que se devotar à filosofia" e "os homens sábios do mundo são unicamente os filósofos", parecem ter sido tomadas dos ensinamentos de Boécio que, enquanto professor da faculdade de artes, suprimia toda menção à ordem sobrenatural e tratava da concepção aristotélica da felicidade como adequada, ao menos do ponto de vista da razão.

CAPÍTULO XXII
Pensadores franciscanos

Roger Bacon, vida e obras — Filosofia de Roger Bacon — Mateus de Aquasparta — Pedro de João Olivi — Roger Marston — Ricardo de Middleton — Raimundo Lúlio.

1. Um dos pensadores medievais mais interessantes é Roger Bacon (c. 1212 — após 1292), chamado *Doctor Mirabilis*. Já seria admirável simplesmente pelo seu interesse e respeito pela ciência experimental e pela aplicação da matemática à ciência. Entretanto, o que o torna consideravelmente mais interessante é que seus interesses científicos estão conjugados com um interesse vivo pela filosofia propriamente dita, e que ambos esses interesses conjugam-se com uma ênfase tipicamente franciscana no misticismo. Elementos tradicionais eram fundidos com uma perspectiva científica realmente estranha à mentalidade da maioria dos teólogos e filósofos contemporâneos.[414] Além disso, Roger Bacon — impulsivo, um tanto intolerante, e esquentado —, estando convencido da verdade e do valor de suas próprias opiniões e do obscurantismo de muitos dos pensadores mais eminentes do seu tempo, em particular dos de Paris, é interessante não apenas enquanto filósofo, mas também enquanto personalidade. Era algo como o puxador de briga na sua Ordem, mas ao mesmo tempo uma das glórias daquela Ordem e uma das figuras mais eminentes da filosofia britânica. Caso fosse estabelecida uma comparação entre Roger Bacon e Francis Bacon (1561-1626), de maneira alguma o resultado seria a vantagem absoluta do último. Conforme observou Prof. Adamson: "É mais do que provável que, para fazer justiça, quando falamos da 'reforma baconiana da ciência', devêssemos nos referir antes ao esquecido monge do século XIII que ao célebre e brilhante chanceler do século XVII",[415] enquanto Bridges observa que, embora Francis Bacon tenha sido "incomparavelmente superior como escritor, Roger Bacon tinha uma percepção mais sólida e uma compreensão mais firme da combinação de questões dedutivas e indutivas que marca o homem de descoberta científica".[416]

Nascido em Ilchester, Roger Bacon estudou em Oxford sob a orientação de Adam Marsh e Robert Grosseteste. Em relação a este, Bacon tinha a mais entusiástica admiração, observando que conhecia a matemática, a perspectiva e que poderia ter conhecido todas as coisas; Grosseteste também conhecia o bastante de línguas para compreender os homens sábios da Antigüidade.[417]

---

[414] Refiro-me, obviamente, à ciência experimental.
[415] Roger Bacon, *The Philosophy of Science in the Middle Ages*, p. 7.
[416] J. H. Bridges, *Introduction to Opus Maius*, pp. XCI-XCII.
[417] *Opus Tertium*, c. 25.

De Oxford, Bacon foi a Paris, onde aparentemente lecionou por alguns anos. Pelos professores parisienses tinha pouco respeito. Assim, quanto à *Summa* de Alexandre de Hales, observa que pesava mais que um cavalo, embora conteste sua autenticidade,[418] ao passo que censura os teólogos por suas incursões em filosofia, por sua ignorância sobre as ciências e pela deferência imerecida que prestavam a Alexandre de Hales e a Alberto Magno.[419] A ignorância a respeito das ciências e das línguas era sua principal acusação contra os pensadores contemporâneos, embora também encontrasse culpa na veneração conferida às *Sentenças* de Pedro Lombardo, que, segundo diz, eram preferidas à própria Bíblia, e na exegese deficiente das Escrituras. Em outras palavras, suas críticas — que eram freqüentemente injustas, como no caso de Santo Alberto — mostram o caráter duplo do seu pensamento: uma devoção pela ciência combinada a uma postura tradicional, ou conservadora, a respeito da teologia e da metafísica. Quanto a Aristóteles, Bacon era um admirador do Filósofo, mas detestava aquilo que considerava serem traduções latinas más e enganosas das suas obras, e declarava que as queimaria todas se estivesse no seu poder fazê-lo.[420]

Contudo, embora Bacon fizesse pouco caso das grandes figuras da Universidade de Paris e as contrastasse negativamente com os seus conterrâneos, encontrou em Paris pelo menos um homem que exerceu influência duradoura sobre seu pensamento, Pedro de Maricourt, um picardo e autor de uma *Epistola de magnete* e de uma *Nova compositio Astrolabii particularis*.[421] De acordo com Roger Bacon,[422] era o único homem que poderia com segurança ser elogiado por suas realizações científicas. "Pelos últimos três anos, ele tem trabalhado na produção de um espelho que deverá produzir combustão a distância — um problema que os latinos nem resolveram nem tentaram resolver, embora livros tenham sido escritos sobre a matéria". Pedro evidentemente estimulou o pendor de Roger Bacon para a ciência experimental e ganhou seu respeito ao apresentar suas questões à própria natureza em vez de tentar respondê-las *a priori* e sem recorrer à experimentação.

Por volta do ano de 1250, Bacon ingressou na Ordem Franciscana e lecionou em Oxford até 1257, quando teve de abandonar o ensino público, tendo se tornado objeto de suspeita ou de hostilidade dos seus superiores. Tinha ainda a permissão para escrever, embora não para publicar suas obras. Em junho de 1266, o Papa Clemente IV, amigo de Bacon, disse a este que lhe enviasse suas obras. Entretanto, o Papa morreu pouco depois e não se sabe com certeza se os manuscritos chegaram a Roma e, se chegaram, que recepção tiveram. Seja como for, Bacon teve problemas em 1277 ao escrever o *Speculum astronomiae* para defender suas idéias sobre astrologia e para criticar a condenação feita por Stephen Tempier à prática astrológica. O Geral dos Franciscanos à época,

---

[418] *Opus Minus*, edit. J. S. Brewert, p. 326.
[419] Ibid., p. 322 ss.
[420] *Compendium philosophiae*, p. 469.
[421] O epíteto de Pedro, "*Peregrinus*", parece dever-se ao fato de ter ele participado de uma cruzada.
[422] *Opus Tertium*, c. 13.

Jerônimo de Ascoli, levou Bacon diante do Capítulo em Paris sob a suspeita de ensinar novidades, e isso resultou na prisão de Bacon em 1278. Parece ter permanecido na prisão até 1292, e foi nesse ano, ou não muito depois, que ele morreu, tendo sido sepultado em Oxford, na igreja franciscana.

A principal obra de Bacon era o *Opus Maius*, que pode ter sido concluída e enviada para o Papa. O *Opus Minus* e o *Opus Tertium* são, em certa medida, resumos da matéria incorporada ao *Opus Maius*, embora contenham também assuntos adicionais. É no *Opus Minus* que Bacon trata dos sete pecados da teologia, por exemplo. Diversas outras obras, como as *Quaestioones supra libros octo Physicorum Aristotelis* e as *Quaestiones supra libros Primae Philosophiae* foram publicadas nos quatorze volumes das *Opera hactenus inédita Rogeri Baconi*, dos quais seis fascículos foram publicados até agora. Algumas dessas obras parecem ter sido escritas como partes de um *Scriptum Principale* planejado. Bacon escreveu também um *Compendium Philosophiae*, um *Compendium studii Philosophiae* e um *Compendium studii Theologiae*.

2. Na primeira parte do *Opus Maius*, Bacon enumera quatro principais causas da ignorância humana e do fracasso em alcançar a verdade: a submissão à autoridade indigna, a influência do hábito, os preconceitos populares e a exibição de sabedoria aparente para esconder a própria ignorância. As três primeiras causas do erro eram reconhecidas por homens como Aristóteles, Sêneca e Averróis, mas a quarta é a mais perigosa, fazendo o homem esconder sua própria ignorância ao sustentar como verdadeira sabedoria o resultado do culto a autoridades indignas de confiança, do hábito e dos preconceitos populares. Por exemplo, porque Aristóteles disse algo, é considerado verdadeiro; mas Avicena pode ter corrigido Aristóteles em um ponto, e Averróis pode ter corrigido Avicena. Novamente: porque os Padres da Igreja não desenvolveram estudos científicos, assume-se que tais estudos são desprovidos de valor. No entanto, as circunstâncias daquele tempo eram muito diferentes, e o que era uma desculpa para eles não necessariamente o é para nós. Os homens não percebem o valor de estudar matemática e línguas e, assim, desprezam esses estudos por preconceito.

Na segunda parte, Bacon enfatiza o caráter dominante da teologia entre as ciências: toda a verdade está contida nas Escrituras. Mas para a elucidação das Escrituras, necessitamos do auxílio do direito canônico e da filosofia. A filosofia e o uso da razão em geral não podem ser condenados, uma vez que a razão provém de Deus. Deus é o intelecto agente — assim Bacon interpretava Santo Agostinho, apelando também a Aristóteles e a Avicena —, e Ele ilumina a mente individual, concorrendo com ela para sua atividade. A filosofia tem como propósito levar o homem ao conhecimento e ao serviço de Deus; culmina na filosofia moral. As ciências especulativas e morais dos pagãos certamente eram insuficientes e encontram seu acabamento apenas na teologia e na ética cristãs. No entanto, não é correto condenar ou negligenciar qualquer partícula da verdade. De fato — diz Bacon — a filosofia não foi uma invenção pagã, mas foi revelada aos Patriarcas. Em seguida, a revelação foi obscurecida por causa da depravação humana, mas os filósofos pagãos ajudaram a redescobri-la, ou parte dela. O maior desses filósofos foi Aristóteles, e Avicena foi seu principal expositor. Quanto a Averróis, foi um homem de verdadeira sabedoria que aprimorou em muitos pontos o que os seus predecessores haviam dito, embora suas teorias próprias também necessitem de correção. Ao fim e ao cabo, devemos usar a filosofia pagã de maneira inteligente, sem a rejeição e condenação ignorante, por um lado, nem a adesão servil a qualquer pensador, por outro. É nossa tarefa prosseguir e aperfeiçoar a obra dos nossos predecessores, lembrando que, embora seja a função da verdade levar o homem a Deus, não devemos considerar como inúteis os estudos que não têm, à primeira vista, relação imediata com a teologia: toda verdade de qualquer tipo leva, em última análise, a Deus.

Bacon dedica a terceira parte ao tema das línguas, enfatizando a importância prática do seu estudo científico. Sem um conhecimento efetivo de hebraico e grego, as Escrituras não podem ser adequadamente interpretadas e traduzidas, nem podem os manuscritos ser corrigidos quando deficientes. Boas traduções dos filósofos gregos e árabes também são necessárias. Para fins de tradução, é necessário algo mais que noções superficiais da língua, caso se queira evitar as traduções servis.

Na quarta parte, Bacon discute a matemática, a "porta e chave" das outras ciências. A matemática era estudada pelos Patriarcas e chegou ao conhecimento dos gregos através dos caldeus e dos egípcios. Entre os latinos, porém, foi negligenciada. Ainda assim, a ciência matemática é *quasi inata*, ou ao menos é aprendida de maneira mais fácil e imediata e com menos dependência da experiência do que as outras ciências, de modo que se pode dizer que é pressuposta pelas outras ciências. A lógica e a gramática dependem em certa medida da matemática, ao passo que é óbvio que sem a matemática nenhum avanço pode ser feito na astronomia, e ela é útil até mesmo para a teologia: a astronomia matemática pode, por exemplo, demonstrar a relativa insignificância da terra em comparação com os céus, para não falar do fato de que a matemática é útil para resolver problemas cronológicos nas Escrituras e de que mostra a inadequação do Calendário Juliano, assunto que o Papa faria bem em considerar. Bacon procede para falar da luz, da sua propagação, reflexão e refração; sobre eclipses, ondas, a forma esférica da terra, a unicidade do universo e assim por diante. Então passa para a geografia e para a astrologia. A astrologia é vista com suspeita, por se pensar que envolve determinismo, mas essa suspeita é injusta. A influência e os movimentos dos corpos celestes afetam os acontecimentos terrestres e humanos, produzindo mesmo disposições naturais nos homens, mas não destroem o livre-arbítrio: é mais que prudente adquirir todo conhecimento que podemos e usá-lo para um bom fim. Bacon aprova o conselho de Aristóteles a Alexandre a respeito do tratamento a ser oferecido a certas tribos de costumes desordenados: mudar seu clima, isto é, mudar o lugar onde habitam e, assim, mudar seus costumes.

A ótica constitui o assunto da quinta parte, na qual Bacon trata da estrutura do olho, dos princípios da visão e das condições da visão, da reflexão, da refração e, por fim, da aplicação prática da ciência da ótica. Espelhos — sugere — podem ser construídos em pontos elevados para que o desenho e os movimentos em um acampamento inimigo possam ser observados, ao passo que, pelo uso da refração, poderíamos fazer coisas pequenas parecerem grandes e objetos distantes parecerem próximos. Não há nenhuma prova de que Bacon tenha efetivamente inventado o telescópio, porém ele concebeu a possibilidade de tal instrumento.

Na sexta parte, Bacon trata da ciência experimental. A razão pode guiar a mente a uma conclusão correta, mas é apenas a confirmação pela experiência que afasta a dúvida. Essa é uma razão pela qual diagramas e figuras são usados na geometria. Muitas crenças são refutadas pela experiência. A experiência, no entanto, é de dois tipos. Em um tipo de experiência, empregamos nossos sentidos corpóreos, auxiliados por instrumentos e pela prova fornecida por testemunhas fidedignas, enquanto o outro tipo é a experiência das coisas espirituais e necessita da graça. Este segundo tipo de experiência avança através de vários estágios até os estados místicos de arrebatamento. O primeiro tipo pode ser usado para prolongar a vida — aperfeiçoando a ciência da medicina, descobrindo antídotos para venenos —, a inventar substâncias explosivas, transmutar os metais inferiores em ouro e refinar o próprio ouro, e assim dissuadir os pagãos de suas falsas crenças mágicas.

Por fim, na sétima parte do *Opus Maius*, Bacon trata da filosofia moral, que se situa em um nível mais elevado que o da filologia, da matemática e da ciência experimental. Essas ciências dizem respeito a ações de vários tipos, ao passo que a filosofia moral diz respeito às ações pelas quais nos tornamos bons ou maus e instrui o homem a respeito de suas relações com Deus, com seu próximo e consigo mesmo. Assim, está intimamente ligada à teologia e partilha da dignidade desta. Pressupondo os "princípios da metafísica", que incluem a revelação cristã, Bacon trata da moralidade cívica e, então, com mais vagar, da moralidade pessoal, servindo-se dos escritos dos filósofos gregos, romanos e muçulmanos, em particular, dos de Sêneca, o estóico romano. A título de conclusão, trata das razões para aceitar-se a religião cristã. A revelação é necessária e o cristão aceita a fé com base na autoridade. Entretanto, ao lidar com não-cristãos, não podemos apelar simplesmente à autoridade, mas devemos recorrer à razão. Assim, a filosofia pode provar a existência de Deus, Sua unidade e infinitude, ao passo que a credibilidade dos autores sagrados é estabelecida por sua santidade pessoal, por sua sabedoria, pelos milagres, pela firme perseverança durante as perseguições, pela uniformidade da sua fé, pela sua vitória a despeito de sua origem humilde e de sua condição temporal. Bacon conclui com a doutrina da incorporação do homem em Cristo e de sua participação, por Cristo, na vida divina. *Et quid potest homo plus petere in hac vita?* E o que mais pode o homem pedir nesta vida?

A partir do que foi dito, o caráter duplo da filosofia de Bacon torna-se claro. A ênfase que põe na relação entre filosofia e teologia, na função da primeira de levar o homem a Deus e no aspecto prático ou moral da segunda; o lugar que atribui na sua filosofia ao conhecimento interior de Deus e das coisas espirituais, culminando no arrebatamento; a relação íntima que estabelece entre teologia e filosofia; sua doutrina de Deus como o intelecto agente iluminativo;[423] sua adoção das teorias das "razões seminais" (para cujo desenvolvimento a matéria tem um apetite ativo), da composição hilomórfica universal das criaturas e da pluralidade das formas (da forma da corporeidade até a *forma individualis*) — tudo isso o caracteriza, em grande medida, como um adepto da tradição agostiniana. Apesar do seu respeito por Aristóteles, não raras vezes o interpreta mal e mesmo lhe atribui doutrinas que certamente nunca sustentou. Assim, discerne elementos da revelação cristã na filosofia de Aristóteles que não estão efetivamente lá. E embora se refira a Santo Tomás, não parece ter sido influenciado pelas posições tomistas ou ter tido particular interesse por elas. Por outro lado, a amplitude dos seus interesses e o vigor da sua insistência na ciência experimental em geral, no desenvolvimento da astronomia com o auxílio da matemática e nas aplicações práticas da ciência caracterizam-no como um arauto do futuro. Por temperamento, era seguro de si, inclinado à impaciência e, por vezes, à crítica e à condenação injusta. Contudo, pôs o dedo em muitos pontos fracos da ciência contemporânea, bem como na moral contemporânea e na vida eclesiástica. Em suas teorias científicas, dependia muito de outros pensadores, como era natural. Entretanto, era ágil em perceber a possibilidade do seu desenvolvimento e aplicação e, como já observado, tinha mais domínio sobre o método científico e a combinação da dedução com a indução do que Francis Bacon, o Chanceler da Inglaterra, cuja insistência na experimentação, na observação e nas aplicações práticas do conhecimento é, por vezes, retratada como sem paralelos ou predecessores entre os filósofos dos períodos anteriores.

3. Um agostiniano de tipo diferente foi Mateus de Aquasparta (c. 1240–302), que estudou em Paris, lecionou em Bolonha e em Roma, e se tornou Geral da Ordem Franciscana em 1287, tendo sido ordenado cardeal em 1288. O autor de, entre outras obras, um comentário às *Sentenças*, *Quaestiones disputatae* e *Quaestiones quodlibetales*, Mateus aderiu em geral à posição de São Boaventura, considerando Santo Agostinho como a grande fonte de sabedoria. Assim, conquanto admitisse que as idéias do homem sobre os objetos corpóreos são formadas apenas com dependência da experiência sensível, recusava-se a admitir que os objetos corpóreos podem afetar mais que o corpo: é a própria alma que é responsável pela sensação enquanto tal, como sustentava Santo Agostinho, embora, obviamente, a sensação exija que um órgão sensorial seja afetado por um objeto sensível. Novamente: é o intelecto agente que transforma a *species sensibilis* e produz a idéia no intelecto passivo. Mateus apela expressamente a

---

[423] Obviamente, essa doutrina não é averroísta. Bacon condenava o monopsiquismo deste como um erro e uma heresia.

Santo Agostinho nesta matéria.[424] Ainda assim, a atividade da alma sozinha não é suficiente para explicar o conhecimento: é preciso que haja a iluminação divina. O que é a iluminação divina? É realmente o concurso imediato de Deus com a operação do intelecto humano, um concurso por cujo auxílio o intelecto é movido a conhecer seu objeto. Deus move-nos para conhecer o objeto do qual recebemos a *species sensibilis*, sendo esse movimento a iluminação divina. O objeto é posto em relação com o seu fundamento exemplar, a *ratio aeterna*, ou idéia divina, e é a luz divina que nos permite discernir essa relação, as *rationes aeternae* exercendo um efeito regulador no intelecto. Contudo, nós não discernimos a luz ou o concurso divino, nem são as idéias eternas objetos percebidos diretamente: conhecemo-los antes como princípios que movem o intelecto a conhecer a essência criada, *ut obiectum movens et in aliud ducens*, não como *obiectum in se ducens*.[425] Não há, portanto, nenhuma dificuldade em perceber como a luz divina opera em todos os homens, bons ou maus, uma vez que não se trata de uma questão de ver a essência e as idéias divinas enquanto tais e em si mesmas. Deus coopera em todas as atividades das criaturas, mas a mente humana é feita à imagem de Deus de maneira especial, e o concurso de Deus com a atividade da mente é chamado de iluminação.

No mesmo *De cognitione* ao qual já se fez referência, Mateus menciona a doutrina tomista de que o intelecto conhece as coisas singulares *per quandam reflexionem*, por um ato de reflexão,[426] e a rejeita. É difícil compreender essa posição — diz —, pois o conhecimento da coisa singular *per reflexionem ad phantasma* significa que o intelecto conhece a coisa singular seja no fantasma, seja diretamente em si mesmo. A segunda hipótese é afastada pela visão tomista, ao passo que, por outro lado, o fantasma não é inteligível em ato (*intelligibile actu*), devendo a *species intelligibilis* ser abstraída. Em oposição à visão tomista, Mateus afirma que o intelecto conhece as coisas singulares em si mesmas e diretamente, mediante *species singulares*. É a intuição sensível que apreende o objeto enquanto existente, e é a intuição intelectual que apreende a qüididade, ou essência, individual. Contudo, a menos que a mente tenha em primeiro lugar a intuição da coisa singular, ela não pode abstrair a noção universal. A *species universal*, assim, pressupõe a *species singularis*. Obviamente, a coisa singular não é inteligível se, por inteligível, se entenda o demonstrável dedutivamente, pois é contingente e passageiro; se, porém, por inteligível, se entender aquilo que pode ser apreendido pelo intelecto, então se deverá admitir que a coisa singular é inteligível.[427] Caso contrário, não é possível explicar satisfatoriamente a abstração e o fundamento real da idéia universal.

Outra teoria de Santo Tomás que Mateus rejeita é a teoria de que a alma, enquanto unida ao corpo, não tem intuição direta de si mesma, das suas

---

[424] *Q. Disp. de cognitione*, pp. 291 e 280.
[425] Ibid., p. 254.
[426] p. 307.
[427] *De cognitione*, p. 311.

disposições e faculdades, mas conhece indiretamente a sua própria existência e a de suas disposições, com a percepção do ato, pela qual conhece objetos por meio das *species* abstraídas dos fantasmas. Essa teoria do conhecimento puramente indireto que a alma tem de si mesma é rejeitada por Mateus enquanto contrária à doutrina de Santo Agostinho e também às exigências da razão. Não é razoável supor que a alma esteja tão imersa no corpo que não possa apreender nada sem uma imagem, ou fantasma, e que possa apreender a si mesma e às suas disposições apenas indiretamente. "Parece inteiramente absurdo supor que o intelecto seja tão cego que não veja a si mesmo, quando é pelo intelecto que a alma conhece todas as coisas".[428] Mateus expõe a própria teoria cuidadosamente. Quanto ao *princípio* do conhecimento: "Digo, sem dúvida, que a alma não pode a princípio intuir nem a si mesma, nem aos hábitos que existem nela, nem pode o primeiro ato de conhecimento ser dirigido a si mesmo ou às coisas que existem em si".[429] A alma necessita de um estímulo dos sentidos corpóreos para o início do conhecimento e, então refletindo sobre seu próprio ato de conhecimento, vem a conhecer a existência de suas potências e de si mesma. Contudo, depois disso, a alma volta-se sobre si mesma, por assim dizer (*quadam spiritual conversione in semetipsam revocata est*),[430] e então pode ter uma intuição direta de si mesma e dos próprios hábitos, sem que estes sejam simplesmente as conclusões não intuídas de um raciocínio, mas o objeto direto de uma visão mental. Para que essa visão intelectual aconteça, exigem-se quatro condições, assim como para a visão, a saber: o objeto visível que está presente enquanto visível, uma faculdade de visão adequadamente disposta, a proporção mútua e a iluminação. Todas essas condições podem ser preenchidas. A alma é um objeto intelectualmente visível e se apresenta ao intelecto; o intelecto é uma faculdade imaterial e não depende intrinsecamente de um órgão sensorial; tanto o intelecto como a própria alma são objetos intelectuais finitos, e nada é tão proporcionado à alma quanto a própria alma; por fim, a iluminação divina está sempre presente.[431]

Mateus de Aquasparta aderiu estritamente, embora de maneira razoável e com moderação, à tradição agostiniana, e é de esperar que sustentasse as teorias das *rationes seminales* e da *forma corporeitaatis*. Além disso, sustentava a doutrina bonaventuriana da composição hilomórfica universal das criaturas, rejeitando a distinção real entre essência e existência como uma explicação adequada da sua finitude e contingência.

4. Um agostiniano muito menos fiel foi Pedro de João Olivi (c. 1248-98), figura preeminente entre os franciscanos "espirituais". Assim, conquanto tenha se agarrado à teoria da composição hilomórfica de todas as criaturas e da multiplicabilidade dos anjos dentro de uma mesma espécie, assim como à doutrina

---

[428] Ibid., p. 328.
[429] Ibid., p. 329.
[430] Ibid., p. 329.
[431] As doutrinas da intuição que a alma tem de si mesma e do conhecimento intelectual da coisa singular aparecem também nos ensinamentos do franciscano Vital du Four (1260-1327).

da pluralidade de formas, não apenas negou a existência de *rationes seminales*, mas até mesmo sustentou que essa negação estava de acordo com a doutrina de Santo Agostinho. Uma antecipação da *distinctio formalis a parte rei* de Escoto, intermediária entre a distinção real e a distinção conceitual, é encontrada em sua filosofia, e existe, por exemplo, entre os atributos divinos, como pensava Escoto. Olivi também é notável por ter adotado a teoria do *impetus* de João Filopono, isto é, a teoria de que, quando um projétil é posto em movimento, o movente, ou lançador, confere um ímpeto, ou *impulsus*, ao projétil, que leva o projétil adiante mesmo quando não está mais em contato com o movente, embora possa ser sobrepujado pela resistência do ar e de outras forças opostas. Contudo, a consideração dessa teoria, que significava o abandono da teoria aristotélica do movimento "não-natural", fica reservada para o próximo volume, para ser tratada em conexão com aqueles pensadores que tiraram algumas conclusões novas da doutrina e pavimentaram o caminho para uma nova concepção do mundo corpóreo. Considerações adicionais sobre a *distinctio formalis a parte rei* serão reservadas para o tratamento do sistema escotista. Minha verdadeira razão para mencionar Olivi aqui é fazer uma breve alusão à sua teoria sobre a alma e sua relação com o corpo. Essa teoria, ou parte dela, foi condenada no Concílio de Viena, em 1311, e o assunto merece ser mencionado, pois alguns autores no passado alegaram que o concílio pretendeu condenar aquilo que certamente não pretendeu condenar.

De acordo com Olivi, há três "partes" constitutivas da alma humana: o princípio (ou forma) vegetativo, o princípio (ou forma) sensitivo e o princípio (ou forma) intelectual. Essas três formas constituem juntas uma única alma humana, a alma racional, enquanto partes constitutivas da alma inteira. Não havia nada de particularmente novo em defender uma doutrina de pluralidade de formas. No entanto, Olivi retirou de sua doutrina a conclusão peculiar de que essas três partes formais estão unidas pela matéria espiritual da alma, de modo que a forma superior influencia e move a inferior apenas pela mediação da matéria espiritual. Concluía, além disso, que, enquanto as partes vegetativa e sensitiva informam o corpo, a parte intelectual não informa por si o corpo, embora mova as outras partes como seus instrumentos e sujeitos. Sustentava que a radicação de todas as três partes na matéria espiritual da alma salvaguarda a unidade do homem e a união substancial da alma e do corpo. No entanto, ao mesmo tempo, recusava-se a admitir que a parte intelectual da alma informa o corpo diretamente. Esse último ponto suscitou oposição entre os próprios franciscanos. Uma das razões de sua oposição era que, se fosse verdade que a forma intelectual não informa o corpo diretamente, mas apenas mediatamente, por meio da forma sensitiva, se seguiria que Cristo não era, enquanto homem, composto de uma alma racional e de um corpo, conforme ensina a Fé.[432] A questão encerrou-se em 1311, quando o Concílio de Viena condenou como

---

[432] Em apoio à tese de Olivi, ofereceu-se o argumento de que, se a forma intelectual informasse diretamente o corpo, ela ou conferiria sua própria imortalidade ao corpo, ou perderia sua própria imortalidade ao informar o corpo.

herética a proposição de que a alma racional, ou intelectual, não informa o corpo diretamente (*per se*) e essencialmente (*essentialiter*). O concílio, contudo, não condenou a doutrina da pluralidade de formas nem afirmou a visão tomista, como alguns escritores posteriores tentaram sustentar. Os Padres do Concílio, ou ao menos sua maioria, sustentavam a doutrina da pluralidade de formas. O concílio simplesmente desejou preservar a unidade do homem pela afirmação de que a alma intelectual informa o corpo diretamente. Isso é mostrado claramente pela referência à Cristologia. A natureza humana de Cristo consiste em um corpo humano passível e uma alma racional que informa o corpo, os dois juntos formando uma natureza humana. O concílio não se ocupou da questão da *forma corporeitatis* ou da questão de se há ou não várias "partes" na alma humana: o que diz é simplesmente que a alma racional informa o corpo diretamente e, portanto, é um princípio integral do homem: foi a separação entre a alma intelectual e o corpo humano que foi condenada, não a doutrina da pluralidade de formas. É, portanto, absolutamente errôneo afirmar que o Concílio de Viena declarou que a alma humana informa a matéria-prima diretamente e que a teoria tomista é imposta pela Igreja.

5. Se Pedro de João Olivi foi um pensador independente que se afastou em alguns pontos da tradição agostiniana e preparou o caminho para os estágios posteriores do pensamento franciscano, Roger Marston (–1303), que foi durante algum tempo Ministro da província franciscana inglesa, foi um agostiniano de corpo e alma. Abraçou todas as teorias caracteristicamente "agostinianas", tais como a preeminência da vontade sobre o intelecto, a composição hilomórfica universal das criaturas, a pluralidade de formas, e criticou Santo Tomás por admitir a possibilidade aparente da criação desde a eternidade e por desfazer-se das *rationes seminales*. De fato, esse inglês decididamente conservador julgou até mesmo Mateus de Aquasparta demasiadamente conciliador e rejeitou com firmeza qualquer tentativa de diluir aquilo que acreditava ser a doutrina autêntica de Santo Agostinho e de Santo Anselmo. Devemos preferir os "santos" a esses "homens infernais", os filósofos pagãos.

No seu *De Anima*, Roger Marston oferece uma interpretação intransigente da doutrina de Santo Agostinho sobre a iluminação divina. O intelecto agente pode, de fato, ser chamado de parte da alma, se por "intelecto agente" entender-se a disposição natural que há na alma para o conhecimento da verdade (*sicut perspicuitas naturalis in óculo*). Se, porém, por "intelecto agente" se entende o ato de iluminação, devemos dizer que é uma substância separada, que é o próprio Deus.[433] O intelecto agente é uma luz incriada, ou eterna, que produz uma impressão sobre o intelecto — como o selo sobre a cera —, certa impressão ativa que deixa uma impressão passiva, que é o princípio formal do conhecimento das verdades imutáveis.[434] Não são os conceitos, ou termos do

---

[433] *De Anima*, p. 259.
[434] Ibid., p. 263.

juízo, que são fornecidos pela luz eterna, que é Deus, mas é a verdade eterna.[435] Por exemplo: a luz eterna não infunde na mente o conceito do todo e o conceito da parte, mas é sua irradiação que permite à mente apreender a infalibilidade da relação entre esses termos, a verdade eterna de que o todo é maior que a parte. As idéias eternas são, assim, o fundamento último do juízo certo e infalível (*rationes aeternae aliqualiter attinguntur*). A explicação para o fato de que o gênero humano concorda a respeito das verdades fundamentais deve ser encontrada na iluminação comum de todas as mentes por uma única luz divina, e Roger Marston recusa-se a aceitar que essa luz divina consista simplesmente na criação do intelecto humano enquanto imitação finita do intelecto divino. Aqueles que negam que o intelecto agente seja a luz primordial e incriada são pessoas que estão "embriagadas com o néctar da filosofia" e que pervertem o significado dos escritos de Santo Agostinho e dos *Sancti*.[436] Se Santo Agostinho não tivesse a intenção de dizer algo além do que essas pessoas fizeram-no dizer, então seus argumentos seriam infundados e levantariam mais perguntas. Uma vez que o intelecto humano seria a fonte de sua própria luz, ninguém poderia argumentar em prol de uma luz incriada, como Santo Agostinho certamente fez.[437]

6. Outro franciscano inglês digno de nota é Ricardo de Middleton, que estudou em Oxford e em Paris. Foi para Paris em 1278 e, após licenciar-se, ocupou uma das cátedras franciscanas de teologia até 1286, quando se tornou tutor de São Luís de Tolosa, filho de Carlos II de Sicília. A data da sua morte é incerta, mas deve ter ocorrido por volta da virada do século. Compôs o costumeiro comentário às *Sentenças* de Pedro Lombardo e foi autor de *Questiones Disputatae* e *Quodlibets*.

Em alguns pontos, Ricardo de Middleton seguiu a tradição franciscana comum, defendendo, por exemplo, a impossibilidade da criação desde a eternidade — pois implicaria um infinito criado —, a composição hilomórfica universal das criaturas, a pluralidade de formas e a primazia da vontade. Em outros pontos, contudo, aproximou-se da posição tomista, representando nesses assuntos um novo movimento entre os franciscanos em direção a um agostinismo modificado, cujo maior expoente foi Duns Escoto. Assim, Ricardo argumenta não apenas que todas as demonstrações válidas da existência de Deus são *a posteriori*, mas também que nosso conhecimento intelectual dos entes espirituais, assim como dos entes corpóreos, é abstraído da experiência sensível e que não é necessário postular nenhuma iluminação especial ou identificar o intelecto agente com Deus. Por outro lado, a mente apreende o singular, embora o faça por meio do mesmo conceito pelo qual apreende o universal.

Além disso, Ricardo defendia algumas idéias mais ou menos originais. Uma das idéias menos felizes é a de que aquilo que a mente atinge diretamente não é a coisa individual existente em si mesma, mas o seu *esse repraesentatum*. Também

---
[435] Ibid., 262.
[436] *De Anima*, p. 273.
[437] Ibid., p. 256.

inventou um *principium pure possibile* para explicar como novas formas podem aparecer sob a ação de um agente criado. Pode parecer à primeira vista que isso não é outra coisa senão a matéria-prima; no entanto, a matéria que difere em espécie nos entes espirituais e corpóreos, não sendo, portanto, homogênea, tem alguma atualidade própria na concepção de Ricardo, ao passo que o *principium pure possibile* não tem nenhuma atualidade, é concriado com a matéria e não pode existir separadamente. Se a matéria é entendida como o fundamento primário da mudança natural, como aquilo que é comum aos corpos corrompidos e gerados e recebe a forma, então é realmente distinta do princípio puramente potencial, que é transformado na própria forma. O princípio puramente potencial pode ser chamado de potencialidade da matéria (*potentia materiae*), se, por potencialidade da matéria, se entende o princípio do qual o agente criado traz à existência a forma e que é transformado na forma trazida à existência. Contudo, nesse caso, a *potentia materiae* distingue-se realmente da matéria. Inversamente, se por *potentia materiae* se entende a potência da matéria para receber a forma, então é o mesmo que a matéria; nesse caso, porém, distingue-se do *principium pure possibile*.[438] Dito de outro modo: a potência para receber a forma não é o mesmo que a potência para se tornar a forma. Além da matéria primeira, enquanto sujeito da mudança, que tem alguma atualidade própria e que recebe a forma, Ricardo postula, portanto, uma espécie de receptáculo de formas, um princípio puramente potencial que é transmutado nas formas que são recebidas pela matéria. Considerava que essa teoria constituía um aprimoramento da teoria das *rationes seminales* e tentou interpretar Santo Agostinho como se este professasse a existência de um princípio puramente potencial que se muda nas formas, não de forças ativas (o que equivaleria a uma *latitatio formarum*). Em virtude dessa potencialidade positiva, pode-se dizer que as formas são criadas desde o princípio em potência, mas isso não precisa ser interpretado de modo a implicar a presença de "sementes". O princípio em questão está na matéria, e Ricardo chama-o de parte mais íntima da matéria e de potencialidade passiva da matéria. Contudo, como já vimos, não é idêntico à matéria enquanto sujeito da mudança e recipiente da forma.[439] Não é, pois, algo totalmente separado da matéria, mas é distinto da matéria no sentido ordinário. Pode parecer que isso se aproxima da visão tomista da matéria-prima, e, em alguma medida, é verdade. Contudo, Ricardo recusava-se a abandonar a visão tradicional de que a matéria tinha alguma atualidade própria e, assim, teve de distinguir, de um lado, a matéria enquanto elemento da coisa composta e, de outro, o princípio potencial que se muda nas formas sob a ação do agente criado.

Além de ser composta de matéria e forma, toda criatura também é composta de essência e existência. Contudo, a existência não é algo realmente distinto da essência, à qual aquela sobrevém como um acidente. Por outro lado, a existência não se distingue da essência de modo meramente conceitual, uma vez que

---

[438] *In 2 Sent.*, 12, 1, 10.
[439] Ibid., 12, 1, 1.

acrescenta algo à essência. O que acrescenta? Uma relação dupla: uma *relatio rationis* a si mesma, na medida em que a existência confere à essência a dignidade de ser uma hipóstase, ou substância, e uma relação real com o Criador.[440] Nessa questão, Ricardo de Middleton adotou a posição de Henrique de Gante.

No final da sua obra *Richard de Middleton*,[441] o Padre E. Hocedez, S. J., observa: *Richard finit une époque*. Último representante da escola seráfica, tentou uma síntese (*prudemment nouvelle*) na qual as principais posições de Boaventura, aprofundadas e aperfeiçoadas, deveriam ser integradas ao que considerava ser o melhor do aristotelismo e da teologia de Santo Tomás. Que Ricardo de Middleton tenha incorporado idéias de fora da tradição agostiniana é bastante claro. Contudo, não posso concordar com o Padre Hocedez que esse movimento de pensamento "não tinha futuro" e que Escoto conduziu a filosofia franciscana "por novos caminhos, que logo levariam ao nominalismo". Em vez disso, a filosofia de Ricardo constitui um estágio em direção ao escotismo, que ampliou a passagem para o aristotelismo, mas que certamente não era nominalista nem favorecia o nominalismo.

7. Um dos filósofos franciscanos mais interessantes é Raimundo Lúlio (1232/35–1315). Nascido em Maiorca, Raimundo Lúlio esteve durante algum tempo na corte do Rei Jaime II, mas, por volta de 1265, passou por uma conversão religiosa e abandonou sua família para dedicar-se àquilo que considerava sua maior missão na vida: lutar contra o Islã e contribuir com a erradicação do averroísmo. À vista desse fim, dedicou nove anos ao estudo do árabe e da filosofia, sendo o primeiro fruto desse período de estudo a sua *Ars Magna*, seguida pelo seu *Liber principiorum philosophiae*. Associou-se à Ordem Terceira de São Francisco e viajou pela África para converter os mouros. Ensinou em Paris e combateu o averroísmo. Escreveu sobre lógica, filosofia, teologia e poesia, na sua língua materna, o catalão, e em árabe, assim como em latim. Por fim, foi martirizado na Tunísia, em 1315. Além das duas obras já mencionadas, devem-se mencionar a *Ars demonstrativa*, a *Ars brevis* e a *Ars generalis ultima*, e as obras antiaverroístas, como o *Liber contra errores Boetii et Segerii* (isto é, contra Boécio de Dácia e Siger de Brabante), o *De naturali modo intelligendi*, o *Liber reprobationis aliquorum errorum Averrois*, a *Disputatio Raymundi et Averroistae* e os *Sermones contra Averroistas*. Contudo, isso não constitui mais que uma seleção da espantosa produção literária de um homem que era apóstolo e peregrino, poeta e místico.

Os interesses apostólicos de Raimundo Lúlio não são de forma alguma irrelevantes para sua filosofia. São responsáveis em parte pela postura geral que adotou em face da filosofia, cujo papel auxiliar em relação à teologia ele enfatizava. Estava perfeitamente ciente da distinção entre fé e razão, comparando a fé ao óleo que repousa sem se misturar na água, mesmo quando se acrescenta mais água. No entanto, seu interesse pela conversão dos muçulmanos levou-o

---

[440] *In 2 Sent.*, 3, 1, 1; *Qudolibet*, 1, 8.
[441] Paris: 1925.

a insistir não apenas na subordinação da filosofia à teologia, mas também na capacidade da razão de tornar aceitáveis os dogmas da fé. É à luz dessa postura geral que devemos compreender seu propósito de "provar" os artigos da fé por "razões necessárias". Não se propôs a racionalizar (no sentido moderno da palavra) os mistérios cristãos mais do que Santo Anselmo ou Ricardo de São Vítor, quando estes falavam das "razões necessárias" para a Trindade, e declarava expressamente que a fé trata de objetos que a humana razão não pode compreender. No entanto, desejava mostrar aos muçulmanos que as crenças cristãs não são contrárias à razão e que a razão pode enfrentar as objeções que lhes são feitas. Além disso, julgando que a acusação feita aos averroístas de que eles sustentavam uma teoria da "dupla verdade" era justificada e que a teoria em questão era contraditória e absurda, estava preocupado em mostrar que não é necessário recorrer a nenhuma separação radical entre a teologia e a filosofia e que os dogmas teológicos se harmonizam com a razão, não podendo ser por ela impugnados. Quanto às teorias características dos averroístas, argumentava serem contrárias tanto à fé como à razão. O monopsiquismo, por exemplo, contradiz o testemunho da consciência: temos consciência de que nossos atos de pensamento e de vontade são atos nossos.

Caso se olhe simplesmente para as teorias "agostinianas" sustentadas por Lúlio, como a impossibilidade da criação desde a eternidade, a composição hilomórfica universal das criaturas, a pluralidade de formas, a primazia da vontade sobre o intelecto e assim por diante, não parecerá haver nenhum traço particularmente interessante na sua filosofia. Contudo, encontramos tal traço na sua *Ars combinatória*. Raimundo Lúlio supõe, em primeiro lugar, haver certos princípios gerais, ou categorias, que são auto-evidentes e comuns a todas as ciências, no sentido de que, sem eles, não pode haver nem filosofia nem nenhuma outra ciência. Os mais importantes desses são os nove predicados absolutos: a bondade, a grandeza, a eternidade, o poder, a sabedoria, a vontade, a virtude e a glória (esses predicados exprimem atributos de Deus). Há nove outros conceitos que exprimem relações (entre criaturas): diferença, concórdia, contrariedade, princípio, meio, fim, majoritariedade, igualdade e minoritariedade. Além disso, há conjuntos de questões fundamentais: como, quando, onde etc., de virtudes e de vícios. Lúlio não pode ter atribuído nenhuma importância particular para o número nove, que aparece na *Ars generalis*, uma vez que em outras obras oferece outros números de atributos divinos, ou predicados absolutos. Por exemplo, no *Liber de voluntate infinita et ordinata*, oferece doze, ao passo que no *De possibili et impossibili*, oferece vinte. O ponto principal é que há certas idéias fundamentais que são essenciais para a filosofia e para a ciência.

Pressupostas essas idéias fundamentais, Raimundo Lúlio fala como se, por meio da sua combinação, fosse possível descobrir os princípios das ciências particulares e mesmo descobrir novas verdades. Para que o trabalho de combinação fosse facilitado, recorria ao simbolismo, sendo os conceitos fundamentais simbolizados por letras, e a meios mecânicos de tabular e agrupar.

Por exemplo: Deus é representado pela letra "A" e, nos escritos tardios, os nove *principia*, também simbolizados por letras que representam os atributos divinos em torno d'Ele. Esses princípios podem ser combinados de cento e vinte maneiras por meio do uso de figuras e círculos concêntricos. Não deve causar admiração, portanto, que alguns escritores tenham visto no esquema de Lúlio uma antecipação do sonho leibniziano de uma *característica universalis* e de uma *Ars combinatória*, de um simbolismo algébrico cujo uso permitisse deduzir, a partir de conceitos fundamentais, não apenas verdades já estabelecidas, mas mesmo verdades novas. Conforme já mencionado, Lúlio não parece sugerir esse objetivo, e, caso esse fosse seu verdadeiro propósito, deveria se considerar que estava separando a si mesmo da tradição escolástica. Entretanto, na realidade, declara expressamente[442] que seu objetivo era facilitar o uso da memória. Além disso, devemos lembrar-nos dos seus interesses apostólicos, que sugerem que seu esquema foi desenvolvido para propósitos de exposição e explicação antes que para a dedução em sentido estrito. O fato de que Leibniz tenha sido influenciado por Lúlio obviamente não prova nada a respeito das intenções deste. De acordo com o Dr. Otto Keicher, OFM,[443] são os *principia* que formam a essência, não apenas da *Ars generalis*, mas de todo o sistema de Raimundo Lúlio. No entanto, embora seja óbvio o bastante que aquilo que Lúlio considerava como conceitos fundamentais formavam, em certo sentido, a base do seu sistema, não parece possível reduzir sua "arte" à determinação de certos princípios, ou categorias: o próprio filósofo considerava-os como algo a mais. Obviamente, caso se enfatize o aspecto expositivo e didático da arte, importa pouco ou nada discutir quais são seus elementos essenciais ou não. Caso, porém, se prefira considerá-lo como uma antecipação de Leibniz, então será relevante fazer uma distinção entre, por um lado, o esquematismo de Lúlio e sua técnica mecânica e, por outro, a noção geral de deduzir os princípios das ciências a partir de uma combinação de conceitos fundamentais, pois Lúlio pode ter antecipado Lebiniz com relação aos seus princípios gerais, ainda que sua "álgebra lógica" fosse radicalmente deficiente. Essa é mais ou menos a visão de Dr. Bernhard Geyer,[444] e eu creio que está correta. O fato de Lúlio executar suas deduções com base em três princípios centrais —[445] sustentar como verdade tudo o que afirma a maior harmonia entre Deus e o ente criador, atribuir a Deus aquilo que é mais perfeito e partir do princípio de que Deus fez o que quer que pareça ser verdadeiramente o melhor — não constitui argumento contra essa interpretação: mostra, para além de toda dúvida, a afinidade espiritual entre Lúlio e a tradição agostiniana, mas também nos recorda de um dos pontos importantes do sistema de Leibniz, que seria formulado alguns séculos mais tarde.

---

[442] *Compendium artis demonstrativae, prol.*
[443] *Beiträge*, 7, 4–5, p. 19.
[444] Ueberweg-Geyer, *Die patristische und scholastische Philosophie*, p. 460.
[445] Cf. o verbete "Lúlio" do Pe. E. Longpré no *Dictionairre de théologie catholique*, vol. IX.

CAPÍTULO XXIII
Giles de Roma e Henrique de Gante

(a) Giles de Roma. Vida e obra — A independência de Giles enquanto pensador — Essência e existência — Forma e matéria; alma e corpo — Teoria política.
(b) Henrique de Gante. Vida e obra — Ecletismo, exemplificado pelas doutrinas da iluminação e do inatismo — Idéia da metafísica — Essência e existência — Provas da existência de Deus — Espírito geral e importância da filosofia de Henrique.

1. Giles (Egídio) de Roma nasceu em 1247, ou talvez um pouco antes, e ingressou na Ordem dos Eremitas de Santo Agostinho por volta de 1260. Fez seus estudos em Paris e parece ter assistido às lições de Santo Tomás de Aquino de 1269 a 1272. Parece que compôs o *Errores Philosophorum* por volta de 1270, no qual enumera os erros de Aristóteles, Averróis, Avicena, Algazali, Alkindi e Maimônides. Os comentários ao *De generatione et corruptione*, ao *De Anima*, à *Física*, à *Metafísica* e aos tratados lógicos de Aristóteles, o comentário ao primeiro livro das *Sentenças* e as obras intituladas *Theoremata de Corpore Christi* e *De plurificatione intellectus possibilis*, ao que parece foram escritas antes de 1277. Naquele ano, ocorreu a famosa condenação por Stephen Tempier, Bispo de Paris (7 de março). Contudo, entre o Natal de 1277 e a Páscoa de 1278, Giles escreveu o *De gradibus formarum* e atacou duramente a doutrina da pluralidade de formas. Por essa e outras infrações semelhantes, Giles foi intimado a retratar-se. No entanto, recuou-se e foi excluído da Universidade de Paris antes de ter concluído seus estudos teológicos. Nesse período em que esteve ausente de Paris, escreveu os *Theoremata de esse et essentia* e seu comentário ao segundo e terceiro livro das *Sentenças*.

Em 1285, Giles retornou a Paris e lhe foi permitido receber a licenciatura em teologia, embora não sem ter de fazer antes uma retratação pública. Lecionou então teologia em Paris, até que foi eleito Geral da Ordem em 1292. Em 1295, foi nomeado Arcebispo de Bourges. As obras que escreveu após seu retorno a Paris em 1285 incluem as *Quaestiones disputatae de esse et essentia*; *Quaestiones Quodlibetales*, um comentário ao *Liber de Causis*, obras exegéticas como o *In Hexaemeron* e tratados políticos como o *De regimine principum* e o *De potestate eclessiastica*. Giles morreu em Avignon, em 1316.

2. Giles de Roma é por vezes representado como um "tomista". Contudo, embora estivesse de acordo com Santo Tomás em alguns pontos contra os franciscanos, dificilmente pode-se chamá-lo de discípulo de Santo Tomás. Era um pensador independente, e sua independência se manifesta mesmo em matérias nas quais pode parecer à primeira vista estar seguindo a Santo Tomás.

Por exemplo: embora seja certo que sustentava a distinção real entre essência e existência, é igualmente certo que foi além do que Santo Tomás ensinava sobre essa questão. Além disso, embora tenha rejeitado a pluralidade de formas em 1277, indo até o ponto de declarar que essa doutrina era contrária à fé católica,[446] foi revelado que sua visão nem sempre foi essa. No comentário ao *De Anima*,[447] fala com hesitação e dúvida a respeito da unicidade da forma substancial no homem, e o mesmo ocorre nos seus *Theoremata de Corpore Christi*,[448] ao passo que nos *Errores Philosophorum*, declarava que a doutrina da unicidade da forma substancial no homem é falsa.[449] É claro, portanto, que ele partiu de uma visão "agostiniana", ou franciscana, e moveu-se para a teoria oposta apenas de maneira gradual.[450] Não há dúvida de que foi influenciado por Santo Tomás nessa questão, mas não parece que simplesmente tenha aceitado a doutrina de Tomás sem se questionar. Não hesitou em criticar as posições tomistas ou desviar-se delas quando desejava. E quando concordava com elas, é evidente que concordava como resultado de seu pensamento e reflexão pessoais, não porque fosse ou tivesse sido discípulo de Santo Tomás. A lenda de Giles como "tomista" é, na realidade, uma conclusão a partir do fato de que assistiu a lições de Santo Tomás durante algum tempo; no entanto, assistir às lições de um professor não é garantia segura de discipulado.

3. Giles de Roma foi consideravelmente influenciado pela teoria neoplatônica da participação. A existência (*esse*) flui de Deus e é uma participação na própria existência divina. É recebida pela essência e realmente se distingue dela. Que seja recebida pela essência pode ser estabelecido empiricamente com respeito às coisas corpóreas, uma vez que sua existência tem início e elas não estão ligadas sempre à existência, fato que mostra estarem em potência para a existência e que a existência é realmente distinta da essência da coisa sensível. De fato, se a existência não fosse realmente distinta da essência em todas as coisas criadas, as criaturas não seriam criaturas: existiriam em virtude de sua própria essência e seriam, portanto, independentes da atividade criadora de Deus. A distinção real é, portanto, uma salvaguarda essencial da doutrina da criação. Não é preciso dizer que a afirmação de que a existência criada é uma participação na existência divina não pretende sugerir o panteísmo. É precisamente o caráter criado das coisas finitas, das participações, que Giles pretendia sustentar. Por "essência", Giles entendia, no caso das coisas materiais, o composto de forma e matéria. Assim, a essência composta, ou corpórea, é um modo de ser (*modus essendi*), que é derivado da união da forma à matéria (no caso de criaturas imateriais, o modo de ser provém unicamente da forma). Contudo, não possui por si mesma a existência no sentido próprio (*esse simpliciter*), que é recebida. A atribuição

---

[446] *De gradibus formatum*, f. 211 v.
[447] 1, 12, 16.
[448] Prop. 47, f. 36 v.
[449] 1, 11.
[450] Quanto à questão da datação e da autenticidade dos *Errores Philosophorm*, ver a edição de J. Koch, listada na bibliografia.

de um *modus essendi* à essência pareceria convertê-la em uma coisa, e esse aspecto da teoria é enfatizado pela doutrina explícita de Giles de que a essência e a existência não somente são distintas, mas também separáveis. De fato, não hesita em falar delas como coisas separáveis.

Essa versão exagerada da teoria da distinção real levou a uma controvérsia vigorosa entre Giles de Roma e Henrique de Gante, que atacou a doutrina de Giles no primeiro *Quodlibet* (1276). As *Quaestiones disputatatae de esse et essentia* continham a resposta de Giles a Henri. Contudo, este devolveu o ataque em suas dez *Quodlibet* (1286), às quais Giles respondeu na sua décima segunda *Quaestio disputata*, sustentando que, a menos que existência e essência sejam realmente distintas, no sentido em que ele ensinava haver distinção real, a aniquilação da criatura seria impossível. Continuou a sustentar, portanto, que sua distinção real é absolutamente necessária para salvaguardar a dependência total da criatura em relação a Deus. O fato de que professava a distinção real entre essência e existência liga-o a Santo Tomás, mas Santo Tomás certamente não ensinava que essência e existência são duas coisas separáveis: essa foi uma contribuição original, ainda que um tanto estranha, do próprio Giles.

4. Giles de Roma estava inclinado — como sua teoria da essência e da existência evidencia — a supor que, sempre onde a mente detecta uma distinção real, há separabilidade. Assim, a mente abstrai a forma universal do individual (a abstração sendo obra do intelecto passivo, quando o intelecto agente ilumina o intelecto passivo e o fantasma) apreendendo a forma do objeto sem a matéria. Portanto, a forma e a matéria são realmente distintas e separáveis. Ora, a matéria, que é encontrada somente nas coisas corpóreas, é o princípio da individuação, e se segue daí que, se a matéria e todas as condições individuais que se seguem dela pudessem ser removidas, os indivíduos de todas as espécies seriam um único. Talvez essa seja uma conclusão legítima da doutrina da matéria como princípio da individuação; seja como for, a tendência ao ultra-realismo é óbvia, e a tendência de Giles a equacionar "realmente distinto de" com "separável de" é em parte responsável por isso.

Novamente: a forma (alma) e o corpo são realmente distintos e separáveis. Não há nada de novo nessa idéia, por óbvio. Contudo, Giles sugeriu que o corpo pode permanecer sendo um corpo — isto é, numericamente o mesmo — após a separação da forma, uma vez que era separável antes da separação efetiva e a separação efetiva não muda sua identidade numérica.[451] "Corpo", nesse sentido, significaria a matéria extensa e organizada. Essa teoria, por sinal, fornecia-lhe uma explicação simples da maneira como o corpo de Cristo era numericamente idêntico antes e após a morte de Cristo na Cruz. Não precisava recorrer nem à doutrina da *forma corporeitatis* (na qual não acreditava), nem era forçado a reconduzir à união com a divindade a identidade numérica entre o corpo de Cristo no sepulcro e Seu corpo antes da morte. Além disso, uma das razões

---

[451] Pode parecer que, segundo a teoria de Giles, a alma (isto é, a forma) no estado de separação em relação ao corpo não seria individual. Contudo, deve-se lembrar que para ele — assim como para Santo Tomás — a alma era individuada pela união com a matéria e conservava sua individualidade.

por que Giles de Roma atacava a doutrina da pluralidade de formas enquanto incompatível com a ortodoxia teológica era que, em sua opinião, constituía uma ameaça à doutrina da morte de Cristo. Se há várias formas no homem e apenas uma delas, que é peculiar ao homem e não é encontrada nos outros animais, é separada na morte, então Cristo não teria passado pela morte corporal. A razão teológica não era, de forma alguma, sua única razão para atacar a pluralidade de formas. Acreditava, por exemplo, que diferentes formas são contrárias e não podem ser encontradas juntas na mesma substância.

5. O *De ecclesiastica potestate* não tem um interesse meramente intrínseco, na medida em que trata da relação entre Igreja e Estado, mas também porque é uma das obras que foram utilizadas pelo Papa Bonifácio VIII na composição de sua famosa Bula, *Unam Sanctam* (18 de novembro de 1302). No seu *De regimine principum*, escrito para o príncipe que se tornaria Filipe, o Belo, de França, Giles escreveu com base em Aristóteles e em Santo Tomás. No *De potestate ecclesiatica*, porém, propôs uma doutrina do absolutismo e da soberania papais, bem como da jurisdição papal mesmo em matérias temporais, que se dirigia especialmente contra as pretensões dos monarcas, tendo sido muito bem-recebida por Bonifácio VIII. Nessa obra, apoiou-se muito mais na postura demonstrada por Santo Agostinho em face ao Estado do que no pensamento político de Santo Tomás, e o que Santo Agostinho dissera tendo em mente principalmente os impérios pagãos foi aplicado por Giles aos reinos contemporâneos, com o acréscimo da doutrina da supremacia papal.[452] Há, com efeito, dois poderes, duas espadas: a do Papa e a do rei. No entanto, o poder temporal está subordinado ao espiritual. "Se o poder terreno erra, será julgado pelo poder espiritual como por seu superior; mas se o poder espiritual e, especialmente, o poder do Supremo Pontífice age mal, será julgado somente por Deus".[453] Quando Filipe IV de França acusou Bonifácio VIII de afirmar, na *Unam Sanctam*, que a Santa Sé tinha poder direto sobre os reis mesmo em matérias temporais, o Papa respondeu que essa não era sua intenção: não pretendeu usurpar o poder dos reis, mas tornar claro que os reis, como quaisquer outros membros da Igreja, estão sujeitos à Igreja *ratione peccati*. Parece, no entanto, que Giles de Roma, que obviamente falava como um teólogo privado, foi muito mais longe nessa matéria que Bonifácio VIII. Admite que há duas espadas e dois poderes, sendo um outorgado ao monarca e o outro à Igreja, em especial ao papado. Contudo, prossegue dizendo que, embora os sacerdotes e, em especial, o Supremo Pontífice não devam, sob a Nova Lei, isto é, na economia cristã, exercer a espada material tanto quanto a espiritual, isso não é porque a Igreja não possua a espada material, mas antes porque possui a espada material *non ad usum, sed ad nutum*. Dito de outro modo: assim como Cristo possuía todo o poder — espiritual e temporal —, mas não usou efetivamente Seu poder temporal, assim também a Igreja possui

---

[452] Não pretendo sugerir que Agostinho rejeitava a preeminência da Sede Romana. Contudo, seria absurdo dizer que sustentava a doutrina da jurisdição papal em assuntos temporais.
[453] 1, 5.

poder em matéria temporal, embora não lhe seja conveniente exercer esse poder de maneira imediata e contínua. Assim como o corpo se ordena à alma e deve estar sujeito a ela, o poder temporal se ordena ao espiritual e deve estar sujeito a este, mesmo em matéria temporal. A Igreja tem, portanto, jurisdição suprema mesmo em matéria temporal. A conseqüência lógica é que reis são pouco mais que lugar-tenentes da Igreja.[454] "Todas as coisas temporais estão postas sob o domínio e o poder da Igreja, especialmente do Supremo Pontífice".[455] Essa teoria foi seguida por James de Viterbo no seu *De regimine Christiano*, anterior a Setembro de 1302.

Em 1287, foi conferida a Giles de Roma a distinta honra de ser nomeado Doutor da sua Ordem enquanto ainda era vivo, não apenas pelo que já tinha escrito, mas pelo que ainda viesse a escrever.

6. Henrique de Gante nasceu em Torunai, ou em Gante, em data que não pode ser determinada. (Seja como for, sua família veio de Gante, mas não era nobre, como narrava a lenda). Em 1267, era cônego em Tournai e, em 1276, tornou-se arquidiacóno de Bruges. Em 1279, foi nomeado principal arquidiácono de Tournai. Seus deveres arquidiaconais não parecem ter sido muito exigentes, uma vez que lecionou em Paris, primeiramente na faculdade de artes e, mais tarde (a partir de 1276), na faculdade de teologia. Em 1277, foi membro da comissão de teólogos que assistiu Stephen Tempier, Bispo de Paris. Suas obras incluem uma *Summa Theologica*, quinze *Quodlibets*, *Questiones super Metaphysicam Aristotelis* (1–6), *Syncathegorematum Liber* e um *Commentum in Librum de Causis*. Entretanto, não parece que essas três últimas obras lhe possam ser atribuídas com certeza, o mesmo podendo ser dito do comentário à *Física* de Aristóteles. São, portanto, a *Summa Theologica* e as *Quodlibets* que constituem a fonte segura para o nosso conhecimento da doutrina de Henrique. Morreu em 29 de junho de 1293. Nunca foi membro da Ordem Servita, como já se afirmou.

7. Henrique de Gante foi um pensador eclético que não pode ser chamado nem de agostiniano, nem de aristotélico. Esse ecletismo pode ser ilustrado por sua teoria do conhecimento. Caso se leia uma proposição como *"omnis cognitio mostra a sensu ortum habet"*,[456] pode-se supor que Henrique era um aristotélico resoluto, com pouca simpatia pelo agostinismo, especialmente caso se leia a proposição em conjunto com sua afirmação de que o homem pode conhecer aquilo que é verdadeiro na criatura sem nenhuma iluminação divina especial, mas simplesmente por meio dos seus poderes naturais auxiliados pelo concurso natural de Deus.[457] Contudo, esse é apenas um aspecto do seu pensamento. O conhecimento das criaturas que pode ser obtido por meio da experiência sensível não é senão um conhecimento superficial e, embora possamos, sem a iluminação

---

[454] Cf. 1, 8–9.
[455] 2, 4.
[456] *S. T.*, q. 3, art. 3, ad 4; q. 3, art. 4, ad 4.
[457] *S. T.*, q. 1, art. 2, ad 11 e 13.

de Deus, conhecer o que é verdadeiro na criatura, não podemos conhecer sem iluminação a sua verdade. A razão por que o conhecimento baseado simplesmente na experiência sensível é superficial é a seguinte: a *species inteligibilis* não contém mais do que aquilo que está contido na *species sensibilis*; por esta, apreendemos o objeto em sua singularidade e por aquela apreendemos o objeto em seu aspecto universal. Contudo, nem uma nem outra dá-nos a essência inteligível do objeto em sua relação com as idéias divinas e, sem a apreensão da essência inteligível, não podemos formar um juízo certo sobre o objeto. A "verdade" (*veritas*) do objeto consiste em sua relação com a verdade imutável e, para apreender essa relação, precisamos da iluminação divina.[458] Assim, quando Henrique de Gante diz que nosso conhecimento vem dos sentidos, ele restringe a extensão de "conhecimento": "Uma coisa é saber a respeito da criatura aquilo que é verdadeiro nela, e outra coisa é conhecer a sua verdade". A "verdade" da coisa é concebida por ele de maneira agostiniana e, para apreendê-la, a iluminação divina é necessária. Pode ter feito relativamente pouco uso da teoria da iluminação e ter diluído, em alguma medida, o agostinismo, mas o elemento agostiniano certamente estava presente no seu pensamento: as operações naturais dos sentidos e do intelecto explicam o que se pode chamar de conhecimento normal do homem, que é um conhecimento relativamente superficial dos objetos, mas não podem explicar toda a gama do conhecimento humano possível.

Uma tendência eclética semelhante pode ser vista na sua doutrina do inatismo. Rejeitava a doutrina platônica do inatismo e da reminiscência e a teoria aviceniana de que, nesta vida, as idéias são impressas pelo *Dator formarum*; no entanto, não aceitava a doutrina de Aristóteles (segundo a interpretação comum) de que todas as nossas idéias são formadas pela reflexão sobre os dados da experiência sensível. Henrique apropriou-se da afirmação de Avicena de que as idéias de ente, coisa e necessidade são tais que são impressas imediatamente na alma por uma impressão que não se deve em absoluto a idéias anteriores e melhor conhecidas.[459] Por outro lado, as idéias primárias, entre as quais a mais importante e fundamental é a do ser, não são idéias inatas em sentido estrito, mas são concebidas conjuntamente com a experiência dos objetos sensíveis, ainda que não sejam derivadas da experiência.[460] A mente parece extrair essas idéias de si, ou antes, formá-las a partir de dentro por ocasião da experiência sensível.[461] Na medida em que a idéia do ente compreende tanto o ente incriado como o ente criado,[462] a idéia de Deus pode ser chamada de inata em certo sentido; isso não significa, porém, que o homem tenha desde o nascimento uma idéia efetiva de Deus, cuja origem seja independente da experiência: a idéia é apenas virtualmente inata, no sentido de que o homem a forma a partir da idéia de ente, que é pressuposta pela experiência de objetos concretos mas não

---

[458] Ibid., q. 1, art. 2, ad 26.
[459] Avicena, *Metafísica*, 1, 2, 1; Henrique, *S. T*, q. 1, art. 19, ad 9; q. 3, art. 1, ad 7.
[460] Cf. *S. T.*, q. 1, art. 11, ad 6; q. 1, art. 5, ad 5.
[461] Cf. ibid., q. 1, art. 11, ad 18.
[462] Para a ressalva que faz com que essa afirmação não seja estritamente verdadeira, v. a § 10.

surge claramente à consciência — não é formada efetivamente — até que haja a experiência. Na medida em que a metafísica consiste, na realidade, em uma investigação da idéia de ente e na determinação da relação entre as essências inteligíveis do ente criado e do ente incriado, seria de se esperar que a necessidade da iluminação fosse enfatizada. Contudo, Henrique com freqüência descreve a origem das idéias e do conhecimento sem nenhuma referência a uma iluminação especial, possivelmente sob a influência de Aristóteles e de Avicena. A tendência ao ecletismo parece tê-lo levado a certo descuido quanto à consistência.

8. Enquanto o filósofo natural, ou *physicus*, começa pelos objetos singulares e então forma, por abstração, a noção universal do objeto sensível, o metafísico começa pela idéia do ente (ou *res*, ou *aliquid*) e procede para a descoberta das essências contidas virtualmente naquela idéia.[463] Há certa sobreposição, obviamente, entre as províncias da física e da metafísica, uma vez que — por exemplo —, quando o metafísico diz que o homem é um animal racional, apreende o mesmo objeto que o físico, que diz que o homem é um corpo e uma alma. No entanto, o ponto de partida e a abordagem do metafísico são diferentes daqueles do físico. O metafísico, procedendo do mais universal para o menos universal, do gênero para a espécie, define a essência inteligível do homem, ao passo que o físico começa pelo homem individual e, por abstração, apreende e declara os componentes físicos de todos os homens.

O ente, ou *res*, no sentido mais amplo, compreende as *res secundum opinionem* (como uma montanha de ouro), que têm apenas uma existência mental, e a *res secundum veritatem*, que têm existência extramental atual ou possível,[464] e é o ente no segundo sentido que o *ens metaphysicum* é o objeto da metafísica. Assim como o *ens*, no sentido mais amplo, é dividido analogicamente, também o *ens metaphysicum* é dividido analogicamente naquele que é *ipsum esse*, Deus, e aquele *cui convenit esse*, as criaturas. O ente não é, portanto, um gênero, ou predicamento. Novamente: o ente no segundo sentido — *aliquid cui convenit vel natum est convenire esse* — compreende e é dividido analogicamente em substâncias, às quais compete existir em si mesmas (*esse in se*) e em acidentes, às quais compete existir em outro (*esse in alio*), isto é, em uma substância. É absolutamente verdadeiro que também para Aristóteles a metafísica é a ciência do ente enquanto tal. Contudo, para Aristóteles, a idéia de ente não era o ponto de partida, cuja análise levaria à descoberta de divisões analógicas do ente: Henrique de Gante foi inspirado, nessa matéria, pelo pensamento de Avicena, cuja filosofia foi também influente na construção do sistema escotista. Segundo tanto Henrique de Gante como Escoto, o metafísico estuda a idéia do ente, e a metafísica move-se primariamente no plano conceitual.

Pode parecer que, sob esse ponto de vista, não apenas é difícil realizar a passagem do nível essencial para o nível existencial, mas também haveria confusão entre a *res secundum opinionem* e a *res secundum veritatem*. Contudo, Henrique

---
[463] *Quodlibet*, 4, 4, 143.
[464] Ibid., 7, 1, 389.

sustentava que as essências que são atualizadas e que são objetivamente possíveis têm certa realidade própria, um *esse esentiae*, cuja posse as distingue dos puros *entia rationis*. A teoria do *esse essentiae*, que Henrique tomou de Avicena, não deve, contudo, ser compreendida como se implicasse um tipo de existência incoativa, como se a essência tivesse uma existência extramental de algum tipo rudimentar — de fato, Henrique acusava Giles de Roma de sustentar uma teoria desse tipo —, mas significa que a essência existe atualmente no pensamento, que é definível, que é uma essência inteligível.[465] Sua inteligibilidade, sua possibilidade intrínseca, distingue-a da *res secundum opinionem*, da noção, por exemplo de ser metade homem, metade cabra, que é uma noção contraditória. Quanto à relação entre o nível essencial e o nível existencial, é bastante evidente que podemos conhecer a existência do singular apenas por meio da experiência do singular (na filosofia de Henrique, não se põe a questão de nenhuma dedução de singulares), ao passo que a essência inteligível, que tem caráter universal, é menos deduzida da noção de ente que "disposta" sob a noção de ente. Conforme vimos, o filósofo natural detecta no homem os seus componentes físicos, o corpo e a alma; mas o homem é definido pelo metafísico como o animal racional, em termos de gênero e espécie, em termos de sua essência inteligível. Essa essência inteligível é, assim, disposta sob a noção do ente e suas "contrações" (analógicas), como um tipo particular de substância. No entanto, que o homem exista efetivamente é algo que se conhece somente por experiência. Por outro lado, a essência inteligível é um reflexo (um *exemplatum*, ou *ideatum*) da idéia em Deus, a essência exemplar ou absoluta, e Deus conhece as coisas singulares por meio da essência considerada enquanto multiplicável em substâncias numericamente diferentes, ou *supposita*: não há idéias das coisas singulares enquanto tais em Deus, sendo estas conhecidas por Deus por meio da essência específica.[466] Disso pareceria seguir que ou as coisas singulares estão contidas de algum modo na idéia universal e são, ao menos em teoria, dedutíveis dela, ou que devemos abandonar toda esperança de tornar as coisas singulares inteligíveis.[467] Henrique não admitia que a individualidade acrescenta nenhum elemento real à essência específica:[468] as coisas individuais diferem umas das outras pelo simples fato de que existem em ato fora da mente. Se, portanto, a individuação não pode ser explicada em termos de um elemento real acrescentado, deve ser explicada em termos de uma negação, uma dupla negação: a da divisão interna, ou intrínseca, e a da identidade com qualquer outro ente. Escoto atacou essa visão sob o fundamento de que o princípio da individuação não pode ser uma negação e que a negação deve pressupor algo positivo. Contudo, obviamente, Henrique pressupunha algo positivo, a saber, a existência.[469]

---

[465] Cf. *Quodlibet*, 3, 2, 80.
[466] Escoto atacou essa teoria de Henrique de Gante.
[467] Cf. *Quodlibet*, 2, 1, 46.
[468] Ibid., 8, 57f.
[469] Para a doutrina de Henrique sobre a dupla negação, cf. *Quodlibet*, 5, 8, 245ss.

O que foi dito acima pode parecer uma descrição confusa e talvez um tanto irrelevante de vários itens da doutrina de Henrique, porém pretende pôr em evidência uma dificuldade fundamental do seu sistema. Na medida em que a metafísica é um estudo da idéia do ente e das essências inteligíveis, e na medida em que os indivíduos são considerados inteligíveis apenas enquanto contidos na essência, a metafísica de Henrique é de tipo platônico, ao passo que sua teoria da individuação antecipa a visão ockhamista de que não há necessidade de buscar nenhum princípio de individuação, uma vez que a coisa é individual pelo simples fato de que existe. Se o primeiro ponto de vista exige uma explicação dos objetos em termos de essência, o segunda exige uma explicação em termos de existência, criação e produção, e Henrique justapõe ambos os pontos de vista sem chegar a nenhuma conciliação adequada.

9. Vimos que Henrique de Gante dotava a essência inteligível de um *esse essentiae*, distinto do *esse existentia*. Qual a natureza da distinção em questão? Em primeiro lugar, Henrique rejeitava a teoria de Giles de Roma, que transferia a distinção para o plano físico, fazendo dela uma distinção entre duas coisas separadas, a essência e a existência. Contra essa visão, Henrique argumentou na sua primeira (9), décima (7) e décima primeira (3) *Quodlibets*. Se a existência fosse distinta da essência no sentido postulado por Giles de Roma, a existência seria uma essência e exigiria outra existência para existir, e assim implicaria um processo infinito. Além disso, o que seria a existência realmente distinta da essência? Uma substância ou um acidente? Não se poderia sustentar nenhuma dessas respostas. Além do mais, Henrique rejeitava a distinção real entendida como distinção metafísica: a essência de um objeto existente não é, de modo algum, indiferente à existência ou à não-existência. Na ordem concreta, uma coisa ou é ou não é. A existência não é um elemento constitutivo, ou princípio, da coisa, como se a coisa fosse uma síntese de essência e existência; toda síntese que possa haver pela adição da existência à essência é obra da mente.[470] Por outro lado, o conteúdo do conceito de essência não é idêntico ao do conceito de existência: a idéia de uma essência existente contém mais, para nós, do que a mera idéia da essência enquanto tal. A distinção, portanto, embora não seja real, não é puramente lógica, mas "intencional", que exprime diferentes *intentiones* a respeito da mesma coisa simples.[471]

Se a essência atualizada contém mais do que a essência concebida enquanto possível, e se a distinção real entre essência e existência não deve ser reintroduzida, o que pode ser esse "mais"? De acordo com Henrique de Gante, consiste em uma relação: a relação do efeito com a causa, da criatura com o Criador. É a mesma coisa para uma criatura existir e depender de Deus:[472] ser um efeito de Deus e ter o *esse existentiae ab ipso* são o mesmo, a saber, um *respectus*, ou relação com Deus. A essência, considerada meramente enquanto possível,

---

[470] Cf. *Quodlibet*, 3, 9, 100; *S. T.*, q. 21, art. 4, ad 10.
[471] Cf. *S. T.*, q. 21, art. 4, ad 7 ff.; q. 27, art. 1, ad 25; q. 28, art. 4, ad 7.
[472] *Quodlibet*, 10, 7, 153.

é um *exemplatum* e depende do conhecimento divino, ao passo que a essência atualizada, ou existente, depende do poder criador divino,[473] de modo que a noção desta contém mais do que a noção daquela. Contudo, embora a relação da essência atualizada com Deus seja uma relação real de dependência, não é distinta da essência na ordem concreta por uma distinção real. Do ponto de vista metafísico, portanto, somente Deus pode ser pensado sem relação com nenhum outro ente. A criatura, separada da sua dupla relação com Deus (enquanto *exemplatum* relativo ao exemplar e enquanto efeito relativo à causa), não é nada. Por meio da primeira relação, *por si mesma*, a essência não existe "fora" de Deus; pela segunda relação, existe como uma essência atualizada. No entanto, fora dessa relação, não tem nenhum *esse existentiae*, uma vez que o *esse existentiae* e o *respectus ad Deum* são o mesmo.

10. Henrique de Gante admitia as provas *a posteriori* da existência de Deus, mas considerava-as de caráter físico (suas idéias sobre física, ou filosofia natural, e metafísica não poderiam levá-lo a outra conclusão) e inferiores à prova *a priori*. As provas físicas podem levar-nos a reconhecer um ente preeminente, mas não nos podem revelar a essência desse ente: no que diz respeito a essas provas, a existência de Deus é uma existência de fato, que não nos é revelada enquanto existe de direito. A prova metafísica, todavia, faz-nos ver a existência de Deus enquanto contida necessariamente, ou antes, idêntica à Sua essência.[474] De maneira semelhante, é apenas a prova metafísica que pode estabelecer firmemente a unicidade de Deus, mostrando que a essência divina tem uma incompatibilidade intrínseca com toda multiplicação.[475]

A idéia *a priori* de Deus — a pura Perfeição mais alta que se pode conceber, que não pode não existir — foi tomada por Henrique de Gante como uma das noções primárias, a saber, o ente, a coisa, ou essência, e a necessidade. Poder-se-ia esperar que ele tentaria deduzir as noções de ente necessário e de ente contingente a partir de um conceito unívoco de ente. Contudo, recusou-se a admitir o caráter unívoco do conceito de ente. A nossa percepção do que é o ente necessário e a nossa percepção do que é o ente contingente crescem *pari passu*: não podemos ter um conhecimento imperfeito deste sem um conhecimento perfeito daquele, nem um conhecimento perfeito deste sem um conhecimento perfeito daquele.[476] Não há um conceito unívoco de ente que seja comum a Deus e às criaturas: há dois conceitos — o do ente necessário e o do ente contingente —, e o nosso conceito de ente deve ser um ou outro. Podemos, entretanto, confundir um com o outro. Há duas formas de indeterminação: a indeterminação negativa e a indeterminação privativa. Um ente é indeterminado negativamente quando exclui toda possibilidade de determinação, no sentido da finitude, e somente Deus é indeterminado nesse sentido, ao passo que o ente é indeterminado privativamente

---

[473] *S. T.*, q. 21, art. 4, ad 10.
[474] Cf. Ibid., q. 24, art. 6, 7; q. 22, 4; art. 22, ad 5.
[475] Ibid., q. 22, art. 3; q. 25, art. 2–3.
[476] Ibid., q. 24, art. 8, 6; q. 7, art. 7.

quando pode ou deve ser determinado, mas não está ainda determinado ou é considerado com abstração de suas determinações.[477] Assim, caso se considere o ente com abstração de suas determinações, está-se considerando o ente *criado*, que deve concretamente ser ou uma substância, ou um acidente, mas que pode ser considerado com abstração dessas determinações, e esse conceito do *privative indeterminatum* não compreende Deus, o *negative indeterminatum*. No entanto, a mente pode facilmente confundir ambos os conceitos e concebê-los como um único, embora sejam na realidade dois. Ao dizer isso, e ao excluir todo conceito unívoco de ente comum a Deus e às criaturas, Henrique de Gante desejava evitar a idéia aviceniana da criação necessária, que pareceria se seguir caso se pudesse deduzir de um conceito unívoco de ente tanto o ente necessário como o ente criado. No entanto, aproximou-se perigosamente da doutrina — e foi acusado por Escoto de ensiná-la — de que ambos os conceitos de ente são equívocos. É inteiramente verdade que Henrique expunha uma doutrina da analogia e afirmava que o "ente" não é usado de modo puramente equívoco com relação a Deus e às criaturas;[478] no entanto, insistia tanto na idéia de que o conceito de ente é ou o conceito de Deus, ou o conceito das criaturas, e que não há comunidade positiva entre eles, mas apenas negativa — sem haver qualquer fundamento positivo para a negação, isto é, a "indeterminação" —, que pareceria haver uma justificativa considerável para a acusação de Escoto.[479] Escoto objetava que, segundo a visão de Henrique, todo argumento que procedesse das criaturas para Deus seria falacioso, e, de fato, parece que, se esse aspecto do pensamento de Henrique a que Escoto fazia objeções é enfatizado, a única maneira de salvaguardar o conhecimento filosófico que o homem tem de Deus seria reconhecer a existência de uma idéia *a priori* de Deus, não derivada da experiência das criaturas.

11. Henrique de Gante foi, conforme já dito, um eclético, e foram dados alguns exemplos desse ecletismo. Ao mesmo tempo que combatia a teoria da distinção real proposta por Giles de Roma (e mesmo a de Santo Tomás, embora Giles fosse o objeto específico da sua investida), que se recusava a admitir a possibilidade da criação desde a eternidade, e que rejeitava a teoria tomista da individuação, também rejeitava a doutrina do hilomorfismo universal das criaturas e se opunha à doutrina da pluralidade de formas no que diz respeito aos entes materiais que não o homem. Na primeira *Quodlibet*, Henrique adotou a teoria tomista da unicidade da forma substancial do homem, mas na segunda *Quodlibet* mudou sua opinião e passou a reconhecer a *forma corporeitatis* no homem. Por outro lado, embora postulasse a iluminação especial de um tipo restrito e embora sustentasse a superioridade do livre-arbítrio em relação ao intelecto, acolheu muitas doutrinas de Aristóteles, foi fortemente influenciado por Avicena e, na sua doutrina da individuação, assemelha-se mais aos pensadores

---

[477] Cf. *S. T.*, q. 21, art. 2, ad 14.
[478] Cf. ibid., q. 21, art. 2, ad 6 e 8.
[479] Cf. ibid., q. 21, art. 2, ad 17; q. 21, art. 2, ad 3.

do movimento ockhamista do que aos seus predecessores. Contudo, chamar um filósofo de "eclético" sem ressalvas sugere que ele não alcançou nenhuma síntese e que sua filosofia é uma coleção de opiniões justapostas recebidas de várias fontes. No caso de Henrique de Gante, representá-lo sob essa luz seria cometer uma injustiça. Certamente não foi sempre consistente, nem suas opiniões e tendências de pensamento se harmonizam sempre umas com as outras. Contudo, ele definitivamente pertencia à tradição platônica do pensamento cristão, e sua utilização de Aristóteles e de pensadores aristotélicos não altera realmente esse fato. O próprio São Boaventura valeu-se de Aristóteles, mas era, nada obstante, um agostiniano. A tendência principal de Henrique enquanto metafísico era construir uma metafísica do inteligível, uma metafísica de essências antes que do concreto, e isso o caracteriza como um filósofo da tradição platônica.

No entanto, se Henrique pertencia à tradição platônica, não é menos verdade que era um filósofo cristão. Assim, sustentava claramente a doutrina da criação a partir do nada. Não tentou deduzir a existência criada a partir da idéia de ente, e, no seu desejo de evitar tornar a criação necessária, rejeitou a univocidade do conceito de ente como ponto de partida para a dedução metafísica. O próprio Platão, obviamente, nunca tentou uma dedução "idealista" desse tipo. No entanto, Henrique, diferentemente de Platão e de outros filósofos gregos pagãos, tinha uma idéia clara da criação e enfatizava a dependência de todas as coisas criadas em relação a Deus, sustentando que não eram nada quando separadas de sua relação com Ele. Esse elemento cristão proeminente no seu pensamento o insere na tradição agostiniana, da qual extraiu suas doutrinas da iluminação e das idéias virtualmente inatas, das idéias que podem ser formadas a partir de dentro. Por outro lado, embora tentasse evitar o que considerava serem os defeitos da filosofia de Avicena, sua metafísica foi fortemente influenciada pelo pensamento do filósofo muçulmano, de modo que Gilson pôde falar, nesse sentido, de um *augustinisme avicennisant*. Deixando-se de lado o fato de que Henrique aproxima Deus, em sua função de iluminador (Santo Agostinho) com o intelecto agente separado de Avicena (um *rapprochement* que não era peculiar a Henrique), sua doutrina do inatismo mitigado naturalmente o inclinava a uma metafísica das essências inteligíveis antes que a uma metafísica e, assim como Avicena, atribuía certa realidade, embora não uma independência em relação a Deus, às essências consideradas enquanto possíveis, às essências que derivam necessariamente do intelecto divino e portanto são, ao menos em si mesmas, dedutíveis. No entanto, quando está em questão a existência — o mundo da criação concretamente existente —, abandonava a companhia de Avicena. Este, considerando a vontade divina sujeita à mesma necessidade que o intelecto divino, tornou a aparição das existências paralela à aparição das essências, sendo as inteligências subordinadas responsáveis por prolongar a atividade da primeira causa e por promover a transição do universal para o particular. Henrique de Gante, porém, sendo um pensador cristão, não poderia sustentar tal doutrina: devia admitir a criação livre, assim como a criação no tempo. Viu muito bem que o sensível e o concreto não se podem tornar plenamente inteligíveis — se, por "tornar plenamente inteligível", entende-se explicar em termos de essência —, e, portanto, estabeleceu uma distinção nítida entre metafísica e física, cada uma delas tendo seu próprio ponto de partida e seu modo de proceder.

Contudo, apesar das tendências platônicas e avicenianas no seu pensamento, Henrique, sob certo aspecto, ajudou a preparar o caminho para o nominalismo. A insistência na iluminação facilmente leva a certo ceticismo quanto à capacidade da mente de chegar a um sistema metafísico baseado na experiência, ao passo que a tendência de Henrique à simplificação ao lidar com o mundo criado (por exemplo, pela negação de qualquer distinção real entre essência e existência e pela sua teoria da individuação, que envolve a rejeição do realismo) pode, se considerada por si mesma, ser considerada como um prenúncio das tendências simplificadoras do conceitualismo do século XIII. Obviamente, esse não é senão um aspecto da sua filosofia e não é o mais importante e característico, mas é, nada obstante, um aspecto real. Ockham criticou o pensamento de Henrique de Gante sob outros aspectos, mas isso não significa que o pensamento de Henrique não tenha tido influência sobre o movimento do qual Ockham foi a figura principal. Henrique foi chamado de "figura intermediária" — intermediária entre os séculos XII e XIV —, e isso dificilmente pode ser negado. Contudo, antes de surgir o ockhamismo, Duns Escoto — que criticava Henrique de Gante com a mesma freqüência com que este havia criticado Giles de Roma — tentaria desenvolver e justificar uma síntese entre o agostinismo e o aristotelismo, tentando assim, a despeito de suas polêmicas contra Henrique de Gante, realizar satisfatoriamente aquilo de que Henrique não foi capaz.

CAPÍTULO XXIV

Duns Escoto — I

Vida — Obras — Espírito da filosofia de Escoto.

1. João Duns Escoto, o *Doctor Subtilis*, nasceu na Escócia, em Maxton, no condado de Ruxburgh, sendo seu sobrenome derivado de uma localidade no condado de Berwick. Que era um escocês, isso se pode tomar como certo não apenas pelo fato de que, no seu tempo, os escoceses e os irlandeses já não eram chamados indiscriminadamente de *Scoti*, mas também por ter sido provado pela descoberta de uma série de documentos cuja autoridade dificilmente pode ser posta em questão. Contudo, se o país em que nasceu é certo, a data não é tão certa, embora seja provável que tenha nascido em 1265 ou 1266 e que tenha ingressado na Ordem dos Frades Menores em 1278, tendo recebido o hábito em 1280 e sido ordenado sacerdote em 1291. Segundo a tradição, a data de sua morte é 8 de novembro de 1308. Morreu em Colônia e foi sepultado na Igreja franciscana daquela cidade.

As datas da carreira acadêmica de Escoto não são certas de maneira alguma. Contudo, parece ter estudado em Paris sob Gonsalvus de Espanha, de 1293 a 1296, após uma breve estadia em Oxford. De acordo com o relato tradicional, Escoto foi então para Oxford, onde comentou as *Sentenças* e compôs o *Opus Oxoniense*, ou comentário de Oxford às *Sentenças*. O fato de que, no quarto livro do *Opus Oxoniense*, Escoto cite uma bula de Benedito XI, de 31 de janeiro de 1304, não é um argumento certo contra a visão tradicional, uma vez que Escoto certamente retocou e fez acréscimos posteriores à obra.[480] Em 1302, Escoto retornou a Paris, onde comentou as *Sentenças*. No entanto, em 1303, foi exilado de Paris por ter apoiado o partido papal contra o Rei Filipe, o Belo. Quanto ao local em que passou o período de seu exílio, não é claro: Oxford, Colônia, Bolonha — todas essas hipóteses foram sugeridas. Seja como for, lecionou em Oxford no ano acadêmico de 1303-1304, tendo retornado a Paris em 1304 e recebido o doutorado em teologia em 1305. É possível que tenha retornado a Oxford por algum tempo, mas é certo que, quando foi enviado para Colônia no verão de 1307, estava em Paris, engajado em comentar as *Sentenças*. Em Colônia, retomou seu trabalho de ensino, mas em 1308, como já mencionado, morreu, quando tinha em torno de 42 ou 43 anos de idade.

2. A incerteza a respeito do curso exato da vida de Escoto deve ser lamentada. Contudo, muito mais lamentável é a incerteza quanto à autenticidade de

---

[480] Conta-se que Escoto teria lecionado também em Cambridge, seja antes, seja depois de ter lecionado em Oxford.

algumas obras que lhe são atribuídas na edição de Luke Wadding. Felizmente, a autenticidade geral dos dois grandes comentários às *Sentenças* não é posta em questão, embora nem o *Opus Oxoniense*, nem as *Reportata Parisiensia*, em sua forma tradicional, possam ser atribuídas em sua totalidade a Escoto. Quanto ao *Opus Oxoniense*, o texto original deixado por Escoto (a *Ordinatio*, da qual nenhum manuscrito foi descoberto ainda) recebeu acréscimos de discípulos que desejaram completar a obra do mestre apresentando uma exposição completa do seu pensamento, embora em alguns códices posteriores os escrivães tenham tentado assinalar os acréscimos feitos. Uma situação semelhante apresenta-se quanto aos *Reportata Parisiensia*, uma vez que, também quanto a esses, o desejo de fornecer uma exposição completa do ensinamento de Escoto tenha levado os discípulos a reunir tratamentos parciais de várias fontes sem, todavia, empreender nenhuma tentativa séria de verificar a autoridade e o valor das diferentes partes do mosaico. A tarefa da comissão designada para supervisionar a produção da edição crítica das obras de Escoto não é, portanto, uma tarefa fácil. Contudo, embora os comentários de Oxford e Paris representem fundamentalmente o pensamento de Escoto, nenhuma figura final daquele pensamento pode ser dada até que a edição crítica dos comentários venha à tona e, especialmente, até que a *Ordinatio* original, ou *Liber Scoti*, seja publicada livre de acréscimos.

A autenticidade do *De primo principio* não é posta em questão, embora os argumentos oferecidos pelo Padre Ciganotto para mostrar que foi a última obra de Escoto, escrita em Colônio, não pareçam ser concludentes. As *Quaestiones Quodlibetales* também são autênticas,[481] assim como as 46 *Collationes* (Wadding conhecia apenas quarenta, mas C. Balic descobriu outras seis) e os primeiro nove livros das *Quaestiones subtilissimae super libros Metaphysicorum Aristotelis*. Quanto ao *De Anima*, a questão da sua autenticidade foi objeto de disputa. Pelster sustentou que era autêntico, ao passo que Longpré tentou demonstrar que era inautêntico, embora seus argumentos tenham sido declarados insuficientes por Fleig. Hoje é aceita, de modo geral, como autêntica, mesmo por Longpré. Por outro lado, a *Grammatica speculativa* deve ser atribuída a Tomás de Erfurt, enquanto o *De rerum principio* também é inautêntico, sendo provavelmente, ao menos em parte, um plágio das *Quaestiones Quodlibetales* de Godfrey de Fontaines. Também são inautênticas a *Metaphysica textualis* (provavelmente de autoria de Antoine André), as *Conclusiones metaphysicae* e os comentários à *Física* e à *Meteorologia* de Aristóteles.

Determinar com certeza quais são e quais não são as obras autênticas de Escoto é obviamente uma questão de grande importância. Algumas doutrinas que aparecem no *De rerum principio*, por exemplo, não aparecem nas obras certamente autênticas, assim, caso se aceitasse a autenticidade do *De rerum principio* (que, conforme já mencionado, é hoje negada), se teria de admitir que Escoto ensinou, em um primeiro momento, uma doutrina que mais tarde abandonou, pois está claramente fora de questão admitir que seu pensamento contivesse contradições

---

[481] P. Glorieux: *La littérature quodlibétique*, t. 2, Bibliothèque thomiste, 21. Paris: 1935.

patentes. Afirmar uma mudança de opinião sobre alguma doutrina relativamente menor quando, na realidade, nenhuma mudança ocorreu, pode não ser talvez um erro de grande importância, mesmo se resultasse de uma descrição inexata do desenvolvimento doutrinal de Escoto; no entanto, a questão da autenticidade ou inautenticidade ganha importância muito maior no que diz respeito aos *Theoremata*. Nessa obra, o autor afirma não ser possível provar que há um único princípio último, que Deus é infinito, que Ele é inteligente e assim por diante, tais ensinamentos estando, ao menos à primeira vista, em clara contradição com as obras certamente autênticas de Escoto. Caso, portanto, se aceite os *Theoremata* como autênticos, seria preciso ou admitir uma *volte-face* espantosa por parte de Escoto, ou empreender uma difícil tarefa de interpretação e conciliação.

O primeiro ataque à autenticidade dos *Theoremata* foi movido pelo padre De Basly no ano de 1928, tendo sido prosseguido pelo Padre Longpré. Este argumentava que não havia sido descoberto ainda nenhum manuscrito que atribuísse explicitamente a obra a Escoto; que o ensinamento contido na obra é contrário ao contido nas obras certamente autênticas de Escoto; que Ockham e Tomás de Sutton, os quais atacavam a teologia natural de Escoto, nunca citam a obra como sua; que a doutrina dos *Theoremata* tem caráter nominalista e deve ser atribuída à escola ockhamista; e que João de Reading, que conhecia Escoto, cita as obras autênticas ao lidar com a questão de se a existência de Deus pode ou não ser provada pela luz natural da razão, mas não menciona os *Theoremata*. Esses argumentos pareceram convincentes e, de maneira geral, foram aceitos como se encerrassem a questão até que o Padre Balic apresentou outros argumentos para contestar a visão de Longpré. Observando que os argumentos de Longpré, em sua maior parte, se baseavam em provas intrínsecas, Balic tentou mostrar não apenas que os argumentos extraídos das provas internas não só eram pouco convincentes, mas também que havia bons argumentos extraídos de provas externas para demonstrar que os *Theoremata* eram realmente uma obra de Escoto. Assim, quatro códices atribuem explicitamente a obra a Escoto, ao passo que, no quarto capítulo do *De primo principio*, constam as palavras "*In sequenti, scilicet in Theorematibus, ponentur credibilia*". A expressão "*sicilicet in Theorematibus*" não pode ter sido acrescentada por Wadding, pois é encontrada em alguns códices. Além disso, os *Theoremata* são indicados como obra de Escoto por, entre outros, Joannes Canonicus, um escotista do século XIV. Baudry tentou então mostrar que, mesmo se algumas das teorias contidas no *Theoremata* deixam transparecer um espírito nominalista, as doutrinas fundamentais da obra não são de origem ockhamista, e Gilson (nos *Archives d'histoire doctrinale et littéraire du moyen âge*, 1937–38) tentou provar que os primeiros dezesseis *Theoremata* não entram em contradição com as obras certamente autênticas de Escoto. De acordo com Gilson, Escoto fala nos *Theoremata* (supondo-se que a obra é realmente sua) como filósofo, mostrando o que a razão desassistida pode alcançar, ao passo que no *Opus Oxoniense*, que é uma obra teológica, mostra o que pode ser alcançado pela metafísica assistida pela teologia. Ainda que as conclusões alcançadas nos *Theoremata* pareçam aproximar-se das de Ockham, o espírito é diferente, uma vez que Escoto acreditava que o teólogo pode fornecer argumentos demonstrativos e metafísicos acerca da existência e dos atributos de Deus, ao passo que Ockham o negava e recorria somente à fé. Na última edição (1944) da sua obra, *La philosophie au moyen âge*, Gilson deixa em aberto a questão da autenticidade ou inautenticidade dos *Theoremata*, mas afirma que, se os *Theoremata* são obra de Escoto, não há dificuldade em conciliar a doutrina nelas contida com a doutrina do *Opus Oxoniense*. O filósofo puro trata do ente de modo universal e não pode ir para além de um primeiro movente que é o primeiro na cadeia das causas, mas que integra, nada obstante, essa cadeia. Não pode chegar à concepção de Deus que pode ser alcançada pelo filósofo que é também teólogo.

Tenho dúvidas quanto à validade das alegações de Gilson. No comentário de Oxford, Escoto declara que muitos atributos essenciais de Deus podem ser conhecidos pelo metafísico,[482] e em ambos os comentários afirma que o homem pode alcançar um conhecimento natural de Deus, embora não possa *ex puris naturalibus* vir a conhecer certas verdades como a da Trindade.[483] Parece-me difícil supor que, quando Escoto disse que o homem pode vir a saber verdades sobre Deus *ex puris naturalibus*, estava pensando no metafísico que também é teólogo. Tampouco me parece que Escoto pretendesse restringir o conhecimento que o puro filósofo tem de Deus ao conhecimento de Deus enquanto primeiro motor: diz claramente que o metafísico pode ir mais longe que o físico.[484] Além disso, parece-me estranhíssimo, supondo-se que os *Theoremata* sejam obra de Escoto, que ele provasse no *De primo principio*, por exemplo, que Deus, ou o primeiro princípio, é inteligente, e que declarasse nos *Theoremata* que essa verdade é um *credibile* e não pode ser provada. Certamente restringia em alguma medida o âmbito da razão natural relativamente a Deus — não pensava que a onipotência de Deus pudesse ser provada estritamente pela razão natural —, mas parece, a partir dos comentários, do *De primo principio* e das *Collationes*, que Escoto sem dúvida considerava a teologia natural possível, independentemente da questão de se o filósofo é também teólogo ou não.[485] Por óbvio, se fosse provada conclusivamente por provas extrínsecas que os *Theoremata* constituem obra autêntica de Escoto, seria preciso recorrer a uma teoria como a de Gilson para explicar a aparente contradição absoluta entre os *Theoremata* e as outras obras de Escoto. Todavia, por ora, sugerir que não haja contradição parece-me forçar demais uma conciliação, e proponho-me, na minha exposição da teologia natural de Escoto, desconsiderar os *Theoremata*. Contudo, embora desconsiderando os *Theoremata*, reconheço, conforme há pouco mencionado, que na eventualidade

---

[482] *Ox.*, Prol., 4, nº 32.
[483] Ibid., 1, 3, 1; *Rep.*, 1, 3, 1; *Rep.*, Prol., 3, nº 1 e 4.
[484] *Rep.*, Prol., 3, 1.
[485] Minges, aceitando os *Theoremata*, tenta mostrar que nessa obra Escoto toma "demonstração" no sentido aristotélico estritíssimo, como *demonstratio ex causis*. Caso isso pode ser provado, não haveria, obviamente, contradição alguma entre os *Theoremata* e as obras certamente autênticas de Escoto. Longpré, contudo, argumenta contra essa interpretação da intenção do autor. Cf. Minges, vol. II, pp. 29-30; Longpré, p. 109 (cf. Bibliografia).

de a autenticidade da obra vir a ser provada satisfatoriamente, nos veríamos forçados a dizer com Gilson que, nessa obra, Escoto considera apenas a capacidade do filósofo natural (do *physicus*) de alcançar o conhecimento natural de Deus. Meu ponto é que, enquanto a autenticidade dos *Theoremata* não for provada, não me parece haver nenhuma razão adequada ou cogente para afirmar que o metafísico das obras por certo autênticas de Escoto é, necessariamente, um metafísico que possui o pano de fundo da fé. Para fins práticos, portanto, considerarei os *Theoremata* como inautênticos, mas sem pretender dar a questão por encerrada ou acrescentar novos fundamentos além daqueles já alegados por outros escritores para rejeitar a obra como espúria.

O problema dos *Theoremata* foi discutido com algum pormenor para mostrar as dificuldades que se colocam quando se tenta interpretar com exatidão o pensamento de Escoto. Ainda que se sustente que as doutrinas dos *Theoremata* e do *Opus Oxoniense* não estão em contradição, podendo ser reconciliadas, a própria reconciliação resultaria em uma imagem da filosofia de Escoto que dificilmente seria aquela sugerida por um primeiro contato com o *Opus Oxoniense*. Ainda assim, mesmo que a autenticidade dos *Theoremata* não tenha sido demonstrada e mesmo que pareça preferível rejeitá-la, a conveniência para a exposição não constitui um critério seguro de autenticidade ou inautenticidade e não pode, tendo em vista as tentativas recentes de reabilitar a obra, excluir a possibilidade de que no futuro ela se possa mostrar como certamente autêntica, ainda que os indícios intrínsecos pareçam sugerir o contrário.

3. Várias interpretações gerais da filosofia de Escoto já foram oferecidas, desde a interpretação de Escoto como um revolucionário, como um precursor direto de Ockham e Lutero, até a tentativa de suavizar as nítidas diferenças entre o escotismo e o tomismo, interpretando Escoto como um continuador da obra de Santo Tomás. A primeira intepretação — a de Landry — pode ser posta de lado, ao menos em sua versão extrema, como extravagante e insuficientemente embasada, ao passo que é impossível negar, por outro lado, que o escotismo de fato diverge do tomismo. Contudo, deve Escoto ser visto como um continuador da tradição franciscana que adotou, ao mesmo tempo, muito de Aristóteles e de predecessores medievais não franciscanos? Deve ser visto como um pensador que prosseguiu a tradição aristotélica de Santo Tomás, mas ao mesmo tempo corrigiu Santo Tomás à luz daquilo que considerava ser a verdade? Ou simplesmente deve ser visto como um pensador independente que ao mesmo tempo dependia, como é forçoso para todo filósofo, de pensadores anteriores com relação aos problemas que levantou e discutiu? A questão não é fácil de ser respondida, e qualquer tentativa de respondê-la definitivamente deve ser adiada até a produção da edição crítica das obras de Escoto. Parece haver verdade em cada uma das hipóteses mencionadas. Escoto foi, de fato, um doutor franciscano e, ainda que tenha descartado certo número de doutrinas que eram geralmente defendidas pelos pensadores franciscanos anteriores, por certo considerava-se fiel à tradição franciscana. Além disso, embora Escoto decerto criticasse as visões

de Santo Tomás a respeito de pontos importantes, também pode ser visto como um continuador do trabalho de síntese ao qual Santo Tomás se dedicou. Por fim, Escoto com certeza era um pensador independente, mas ao mesmo tempo construía seu pensamento sobre bases já existentes. Embora o escotismo não envolva uma ruptura completa com o passado, é perfeitamente razoável acentuar seus aspectos relativamente originais e independentes e, assim, chamar atenção para as diferenças entre o escotismo e os outros sistemas.

Em alguns aspectos do seu pensamento, Escoto de fato prosseguiu a tradição agostiniano-franciscana: sua doutrina da superioridade da vontade sobre o intelecto, por exemplo, assim como sua afirmação da pluralidade de formas e sua utilização do argumento anselmiano para a existência de Deus. Além disso, já se demonstrou que Escoto não inventou a *distinctio formalis a parte rei*, mas que esta já havia sido empregada por alguns pensadores franciscanos anteriores. Não obstante, Escoto com freqüência conferia uma marca ou ênfase peculiar aos elementos que adotou da tradição. Assim, ao tratar da relação entre a vontade e o intelecto, enfatizou a liberdade mais que o amor, embora tenha sustentado, é verdade, a superioridade do amor sobre o conhecimento, uma superioridade que está intimamente ligada à sua teoria de que o princípio prático supremo é que Deus deve ser amado acima de todas as coisas. De novo: embora tenha utilizado o argumento anselmiano — o chamado "argumento ontológico" — não o tomava como prova conclusiva da existência de Deus e sustentava não apenas que deveria ser "colorido" antes de poder ser empregado de maneira útil, como também que, mesmo nessa hipótese, não seria uma prova demonstrativa da existência de Deus, sendo os únicos argumentos demonstrativos os *a posteriori*.

No entanto, se Escoto, sob alguns aspectos, prosseguiu a tradição agostiniano-franciscana, sob outros, afastou-se dessa tradição. Não é claro de maneira alguma se ele ensinou ou não a composição hilomórfica dos anjos, mas rejeitou expressamente como desnecessárias as teorias das *rationes seminales* e de uma iluminação especial do intelecto humano, ao passo que não viu nenhuma contradição — como São Boaventura tinha visto — na idéia da criação desde a eternidade, ainda que trate da questão com mais hesitação do que Santo Tomás. No escotismo, portanto, a influência do aristotelismo havia penetrado mais que na filosofia de São Boaventura, devendo-se mencionar em especial a influência de Avicena. Por exemplo: Escoto insiste na tese de que o objeto do metafísico é o ente enquanto ente e, na sua insistência sobre esse ponto, assim como no seu tratamento do problema de Deus, parece ter sido influenciado pelo filósofo islâmico, cujo nome não aparece com pouca freqüência nas páginas das obras de Escoto. É verdade que o próprio Aristóteles declarara que a metafísica — ou antes a filosofia primeira — é a ciência do ente enquanto tal. Contudo, a metafísica de Aristóteles está centrada, na prática, na doutrina das quatro causas, ao passo que Escoto trata extensamente da idéia e da natureza do ente, e o impulso para isso parece ter derivado em parte de Avicena. A discussão de Escoto sobre os universais, por exemplo, também é devedora de Avicena.

Contudo, ainda que Escoto devesse muito mais a Aristóteles e a seus comentadores do que São Boaventura, e ainda que apelasse à autoridade de Aristóteles em apoio a esta ou àquela teoria, estava longe de ser mero seguidor do "Filósofo", a quem não hesita em criticar. Entretanto, para além dessas críticas pontuais, a inspiração filosófica de Escoto, por assim dizer, era diferente da de Aristóteles. Em sua visão, a concepção de Deus como primeiro motor era uma concepção muito inadequada, pois não vai além do mundo físico e não alcança o ente transcendente e infinito do qual todos os entes finitos dependem. De novo: segue-se da doutrina ética de Escoto que a ética de Aristóteles deve ser insuficiente, pois a noção de obrigação, que depende da vontade divina, não aparece aí. Pode-se dizer, obviamente, que qualquer filósofo cristão consideraria Aristóteles deficiente em tais matérias, e que o próprio Santo Tomás foi forçado a complementar Aristóteles com Agostinho. No entanto, o ponto é que Escoto não alterou sua rota para "explicar" Aristóteles ou "reconciliar" suas opiniões com aquilo que considerava ser a verdade. Na medida em que existe, por exemplo, uma filosofia moral em sentido estrito no escotismo, sua dependência ou uso do aristotelismo está longe de ser proeminente.

A postura de Escoto em relação a Santo Tomás tem sido representada nos últimos anos sob uma luz diferente daquela pela qual soía representá-la: tem havido, de maneira natural, uma tendência a minimizar suas divergências em relação ao tomismo. Assinalou-se, por exemplo, que, nas suas polêmicas, tem com freqüência outros pensadores em mente, como Henrique de Gante. Isso é perfeitamente verdadeiro, é claro; entretanto, permanece o fato de que Escoto critica com freqüência as posições tomistas, apresentando os argumentos de Santo Tomás e refutando-os. Seja esta ou aquela crítica justa ou injusta, Escoto certamente não criticava por amor à crítica. Se insistia, por exemplo, em alguma intuição intelectual do objeto singular, e se enfatizava a realidade da "natureza comum" — sem, todavia, incorrer no realismo exagerado dos primeiros filósofos medievais —, fazia-o não simplesmente para divergir de Santo Tomás, mas para salvaguardar, segundo pensava, a objetividade do conhecimento. De maneira semelhante, se insistia no caráter unívoco do conceito de ente, fazia-o porque considerava sua doutrina absolutamente necessária para evitar o agnosticismo, isto é, para salvaguardar o caráter objetivo da teologia natural. Se fez uso freqüente da *distinctio formalis a parte rei*, não foi simplesmente para exibir sua sutileza, embora decerto fosse um pensador e dialético sutil, e por vezes tortuoso, mas por considerar que tal uso era exigido pelos fatos e pela referência objetiva dos nossos conceitos. Portanto, se Escoto pode ser visto como um sucessor de Santo Tomás ou como um continuador do tomismo, deve-se reconhecer que buscou corrigir aquilo que, com ou sem razão, considerava serem deficiências e tendências perigosas na filosofia tomista.

É importante ter em mente a preocupação de Escoto com salvaguardar a objetividade do conhecimento humano e da teologia natural em particular, uma vez que essa percepção atua como contrapeso à tendência de ver nele um crítico predominantemente destrutivo. É verdade que Escoto era um tanto rigoroso em sua idéia acerca do que constitui uma prova, e não admitiria, por exemplo, que as provas apresentadas para a imortalidade da alma eram concludentes, demonstrativas. Entretanto, ainda assim, sua filosofia continua a ser uma das grandes sínteses medievais, um esforço de pensamento construtivo e positivo, como se pode ver a partir das invocações de Deus que por vezes aparecem nos seus escritos e que não podem ser ignoradas como mera convenção literária.

No entanto, caso se olhe para o escotismo na sua posição enquanto estágio do desenvolvimento do pensamento medieval, pareceria ocioso negar que *de facto* tenha estimulado o movimento crítico do século xiv. Quando Escoto afirmava que certos atributos divinos não podem ser provados pela razão natural e quando negava o caráter demonstrativo dos argumentos apresentados para a imortalidade da alma, não pretendia minar a filosofia positiva. Olhando a questão do ponto de vista puramente histórico, sua crítica obviamente ajudou a preparar o caminho para as críticas muito mais radicais de Ockham. Que este olhasse para o escotismo com hostilidade não é relevante para o ponto em questão. De maneira semelhante, embora certamente não seja verdade que Escoto tenha feito toda a lei moral depender da escolha arbitrária da vontade divina, dificilmente se pode negar que os elementos de voluntarismo na sua filosofia ajudaram a preparar o caminho para o autoritarismo de Ockham. Por exemplo, sua doutrina da obrigação moral e sua afirmação de que os preceitos secundários do decálogo não pertencem, em sentido estrito, à lei natural e estão sujeitos à economia divina em casos particulares. Não estou sugerindo que o ockhamismo seja o filho legítimo do escotismo, mas simplesmente que, após o atingimento da síntese medieval suprema no tomismo, era de se esperar a obra do intelecto crítico, ou da função crítica da filosofia, e que o uso restrito e moderado da crítica por Escoto preparou o caminho, na ordem dos fatos, para a crítica radical e destrutiva que é característica do ockhamismo. Um juízo histórico desse tipo não significa necessariamente que as críticas de Escoto ou as dos pensadores posteriores não fossem justificadas: isso é uma questão a ser decidida pelo filósofo, não pelo historiador. Naturalmente, caso se prove algum dia que os *Theoremata* são autênticos, isso não servirá senão para dar mais ênfase ao aspecto crítico do escotismo.

Ao fim e ao cabo, portanto, a filosofia de Escoto olha tanto para trás como para a frente. Enquanto sistema positivo e construtivo, pertence ao século xiii, o século que testemunhou as filosofias de São Boaventura e, sobretudo, de Santo Tomás. Todavia, por seus aspectos críticos e por seus elementos voluntaristas — embora estes últimos estejam associados à tradição agostiniano-franciscana —, olha para a frente, para o século xiv. Triunfo da habilidade dialética e do pensamento esmerado e paciente, a filosofia de Escoto é obra de um homem que foi, conquanto impregnado pela tradição, um vigoroso pensador original, um homem que pertencia realmente à época de encerramento da "filosofia dogmática", mas que anunciava o novo movimento.

CAPÍTULO XXV

Duns Escoto — II: conhecimento

O objeto primário do intelecto humano — Por que o intelecto humano depende do fantasma — A incapacidade da alma de intuir-se a si mesma nesta vida — A apreensão intelectual da coisa individual — É a teologia uma ciência? — Nosso conhecimento baseia-se na experiência e nenhuma iluminação especial é necessária para a atividade intelectual — Conhecimento intuitivo e conhecimento abstrativo — Indução.

1. O objeto primário do nosso intelecto é o ente propriamente dito, do que se segue que todo ente, tudo o que é inteligível, situa-se dentro do âmbito do intelecto.[486] Escoto fornece, entre outras provas, uma recebida de Avicena para demonstrar que, se o ente não fosse o objeto primário do intelecto, poderia ser descrito ou explicado em termos de algo mais fundamental, o que é impossível. Ora, se o ente em si mesmo é o objeto natural do intelecto, e se o ente inclui todo objeto inteligível, não se segue que o ente infinito, Deus, é um objeto natural do intelecto humano? Em certo sentido, a resposta deve ser afirmativa, uma vez que o ente inclui o ente infinito e o ente finito, mas não se segue que o homem tenha um conhecimento imediato e natural de Deus, uma vez que o intelecto do homem, no seu estado presente, está orientado imediatamente às coisas sensíveis. Contudo — diz Escoto —, se estamos falando do objeto primário do intelecto, é perfeitamente razoável assinalar como seu objeto primário aquilo que é o objeto primário do intelecto enquanto tal, não aquilo que é o objeto primário do intelecto neste ou naquele caso particular. Não dizemos, por exemplo, que o objeto primário da visão é aquilo que o olho pode ver sob a luz de velas, mas assinalamos como seu objeto primário aquilo que é o seu objeto simplesmente enquanto potência, ou faculdade.[487] Portanto, mesmo se o homem no presente estado (*homo viator*) chega, em primeiro lugar, ao conhecimento das criaturas, isso não significa que o objeto primário e adequado do seu intelecto não seja o ente propriamente dito. Pode-se acrescentar que essa doutrina não significa que o intelecto humano tenha a capacidade natural de conhecer a essência divina em si mesma ou as Pessoas da Trindade, uma vez que o conceito geral (e unívoco) do ente não conclui *essa essência particular enquanto particular*, ao passo que as criaturas não são imitações de Deus tão perfeitas que revelem a essência divina tal como é em si mesma.[488] A essência divina enquanto tal move (*movet*)

---
[486] *Ox.*, Prol., q. 1.
[487] Ibid., 1, 3, 3, n° 24.
[488] *Ox.*, 3, 2, 16, cf. *Quodlibet* 14: *Utrum anima suae naturali perfectioni relicta possit cognoscere Trinitatem personarum in Divinis.*

naturalmente e é objeto natural apenas do intelecto divino. Pode ser conhecida pelo intelecto humano apenas por meio da escolha livre e da atividade de Deus, não por meio da capacidade natural do intelecto humano.

No entanto, se Escoto, ao indicar o ente enquanto ente como objeto primário e adequado do intelecto humano, não confundiu o conhecimento sobrenatural com o natural, e certamente pretendia rejeitar a visão de Santo Tomás — ou aquilo que pensava ser sua visão — sobre o objeto primário da mente humana. Santo Tomás[489] sustentava que o objeto natural do intelecto humano é a essência da coisa material, a qual se torna inteligível ao intelecto quando é abstraída da matéria individualizada. É natural ao intelecto angélico conhecer naturezas que não existem na matéria, mas o intelecto humano não pode fazê-lo no seu estado presente, enquanto unido ao corpo. E estar unido ao corpo é o estado natural do intelecto humano; estar separado do corpo é *praeter naturam*. Assim, Santo Tomás argumenta que, na medida em que o objeto natural do intelecto é a forma da coisa material e, na medida em que conhecemos esse tipo de forma abstraindo-a do "fantasma", o intelecto humano depende necessariamente do "fantasma" e, por conseguinte, da experiência sensível para o conhecimento.[490] Escoto[491] interpreta Santo Tomás como se este ensinasse que a qüididade, ou essência, conhecida mediante abstração a partir do fantasma é o objeto primário do intelecto humano considerado não simplesmente enquanto está numa determinada condição, isto é, na vida presente, mas segundo sua natureza enquanto potência ou faculdade, e responde que essa opinião não pode ser sustentada por um teólogo, isto é, por um homem que aceita a próxima vida e a doutrina da felicidade eterna. No Céu, a alma conhece coisas imateriais diretamente. Ora, o intelecto continua a ser, no Céu, a mesma potência que é na Terra. Logo, se se pode conhecer coisas imateriais no Céu, não podemos dizer que seu objeto primário é a essência da coisa material: seu objeto material, se consideramos o intelecto enquanto potência, deve compreender tanto as coisas imateriais como as coisas materiais, mesmo se, nesta vida, não possamos conhecer as coisas imateriais diretamente. Sua limitação nesta vista a certo tipo de objeto deve ser secundária, não primária. Caso se responda que no Céu o intelecto humano é elevado, de modo que pode conhecer objetos imateriais diretamente, Escoto replica que esse conhecimento ou excede o poder do intelecto, ou não excede. Na segunda hipótese, o objeto primário do intelecto considerado *ex natura potentiae* não pode ser a qüididade da coisa material, ao passo que, na primeira hipótese, o intelecto no Céu se torna outra potência, algo que Santo Tomás certamente não pretendia ensinar.

Escoto também ensinava que, se a visão de Santo Tomás estivesse correta, a ciência metafísica seria impossível para o nosso intelecto, uma vez que a metafísica é a ciência do ente enquanto ente. Se o objeto primário do intelecto

---

[489] *S. T.*, 1a, q. 12, art. 4.
[490] Cf. ibid., 1a, q. 85, art. 1.
[491] *Ox.*, 1, 3, 3, n° 1 ss.

humano fosse a essência da coisa material, então não poderia conhecer o ente em si mesmo, assim como a faculdade da visão não pode ir além de seu objeto natural, a cor e a luz.[492] Se a visão tomista estivesse correta, a metafísica ou seria impossível, se compreendida em seu sentido próprio, ou não transcenderia a física. Ao fim e ao cabo, "não parece adequado restringir o intelecto, considerado enquanto potência, à coisa sensível, de forma a transcender os sentidos apenas por seu modo de conhecimento", isto é, em vez de também por seu objeto.

Como Escoto também sustenta[493] que há no intelecto humano o desejo natural de conhecer "a causa" de maneira distinta e que um desejo natural não pode ser vão, e como conclui que o objeto primário do intelecto não pode, portanto, consistir em coisas materiais, que são o efeito da causa imaterial, pode parecer que está contradizendo sua afirmação de que não podemos ter um conhecimento natural da essência divina. Contudo, deve ser lembrado que Escoto não nega que o intelecto humano, no seu estado presente, tem um âmbito limitado, ainda que defenda que o objeto de uma potência em certa condição não deva ser confundido com o objeto da potência considerada em si mesma. Além disso, não considera que uma análise do ente enquanto ente possa levar ao conhecimento da essência divina como é em si mesma, pois ainda que o ente seja o objeto primário e adequado do intelecto humano, não se segue que formamos nossa idéia de ente de outra maneira que não por abstração. De modo geral, podemos dizer que Escoto aceitava a explicação aristotélica da abstração, embora considerasse que o intelecto agente e o intelecto passivo não fossem duas potências distintas, mas dois aspectos ou funções de uma mesma potência.[494]

2. Quanto à razão por que o intelecto humano, no seu presente estado — nesta vida —, depende do fantasma, Escoto declara que isso se deve à ordem estabelecida pela sabedoria divina, seja como pena pelo pecado original, seja tendo em vista a operação harmoniosa de nossas várias potências (*propter naturalem concordiam potentiarum animae in operando*), os sentidos e a imaginação apreendendo a coisa individual, o intelecto apreendendo a essência universal dessa coisa, ou ainda em razão da nossa fraqueza (*ex infirmitate*). O intelecto, na sua condição presente — reitera — é movido imediatamente apenas por aquilo que é imaginável ou sensível, e a razão disso pode ser a justiça punitiva (*forte propter peccatum, sicut videtur Augustinus dicere*), ou pode ser por uma causa natural, na medida em que a ordem ou harmonia das potências pode exigir isso no que diz respeito ao estado presente. A "natureza", nesse contexto, significa, portanto, a natureza em um estado ou condição particular, não a natureza considerada absolutamente: Escoto insiste nesse ponto.[495] Essa não é uma explicação muito satisfatória, muito clara nem muito decidida. No entanto, Escoto é claríssimo quanto ao intelecto, considerado absolutamente,

---

[492] *Ox.*, 1, 3, 3, n° 1ss.
[493] Ibid., 1, 3, 3, n° 3.
[494] *De Anima*, 13.
[495] Cf. *Ox.*, 1, 3, 3, n° 24; 2, 3, 8, n° 13.

ser a faculdade do ente enquanto ente, e rejeita firmemente o que considera ser a doutrina tomista. Se Escoto foi justo na sua interpretação de Santo Tomás já é outra questão. Às vezes, Santo Tomás declara explicitamente que o objeto próprio do intelecto é o ente.[496]

Contudo, é verdade que Santo Tomás insiste no caráter natural da necessidade da *conversio ad phantasma*,[497] argumentando que, se essa necessidade fosse simplesmente o resultado da união com o corpo e não fosse natural à própria alma, se seguiria que a união da alma com o corpo ocorre para o bem do corpo, não para o bem da alma, uma vez que a alma seria prejudicada em suas operações naturais pela união com o corpo. Acentuando esse aspecto da doutrina tomista, Escoto concluiu que o tomismo é incapaz, em termos lógicos, de justificar a possibilidade da ciência metafísica.

3. A visão de Escoto do objeto primário do intelecto humano refletiu-se naturalmente no seu tratamento da controversa questão sobre o conhecimento que a alma tem de si mesma. De acordo com Santo Tomás, a alma, no seu estado presente, que é seu estado natural, vem a conhecer por meio de idéias abstraídas a partir de objetos sensíveis, concluindo disso que a alma não tem nenhum conhecimento imediato da sua própria essência, mas vem a conhecer-se apenas indiretamente, refletindo sobre os atos pelos quais abstrai idéias e conhece objetos nessas idéias.[498] Escoto, porém, sustentava que, embora a alma efetivamente careça de uma intuição imediata de si mesma nesta vida, é um objeto natural de intelecção para si mesma e intuiria efetivamente a si mesma, "se não estivesse impedida".[499] Prossegue indicando as causas para essa obstrução, já mencionadas aqui. A diferença entre Escoto e Santo Tomás diz respeito, portanto, à explicação do fato antes que ao fato em si mesmo. Ambos concordam que a alma não tem efetivamente uma intuição imediata de si mesma nesta vida; contudo, enquanto Santo Tomás explica esse fato a partir da natureza da alma humana, atacando a visão platônica da relação entre alma e corpo, Escoto explica-a não a partir da natureza da alma considerada absolutamente, mas sim em termos de um impedimento, sugerindo que esse impedimento pode ser devido ao pecado e citando Santo Agostinho em apoio a essa hipótese. A postura de Santo Tomás procede de sua adoção da psicologia aristotélica, ao passo que a posição de Escoto pode ser associada à tradição agostiniana. Nessa matéria, Escoto não deve ser considerado como um inovador, um revolucionário ou um crítico destrutivo de Santo Tomás, mas antes como um defensor da tradição agostiniano-franciscana.

4. Vimos que Escoto considerava sua doutrina a respeito do objeto primário do intelecto essencial para sustentar e justificar a metafísica. Também considerava sua doutrina da apreensão intelectual da coisa individual essencial para

---

[496] Como em *S. T.*, Ia, q. 5, art. 2, por exemplo.
[497] *S. T.*, Ia, q. 89, art. 1.
[498] Cf. ibid., Ia, q. 87, art. 1.
[499] *Ox.*, 2, 3, 8, n° 13.

sustentar a objetividade do conhecimento humano. De acordo com Santo Tomás,[500] o intelecto não pode conhecer as coisas materiais individuais diretamente, pois vem a conhecer apenas abstraindo o universal da matéria, o princípio da individuação. Admite, contudo, que a mente tem um conhecimento indireto das coisas individuais, pois não pode conhecer em ato o universal abstraindo, a não ser por meio da "conversão ao fantasma". A imaginação sempre desempenha seu papel, e a imagem é uma imagem da coisa individual. Contudo, o objeto primário e direito do conhecimento intelectual é o universal.

Escoto recusava-se a aceitar essa doutrina tomista. O repúdio veemente da doutrina, pelo qual é declarada falsa e mesmo herética (sob o fundamento de que os apóstolos acreditavam que certo homem visível, palpável e individual era Deus), vem de uma obra inautêntica, o *De rerum principio*; contudo, as obras autênticas de Escoto deixam sua posição perfeitamente clara. Aceitava, de maneira geral, a explicação aristotélica da abstração, mas insistia que o intelecto tem uma intuição confusa e primária da coisa singular. Parte do princípio de que a potência superior conhece aquilo que a potência inferior apreende, embora a potência superior conheça o objeto de modo mais perfeito do que a potência inferior, de forma ao intelecto, que coopera na percepção, conhecer intuitivamente a coisa singular apreendida pelos sentidos. O intelecto conhece proposições contingentes verdadeiras e raciocina a partir delas. Tais proposições dizem respeito a coisas individuais conhecidas intuitivamente enquanto existentes. Portanto, embora o conhecimento abstrato e científico diga respeito a universais, como Aristóteles corretamente ensinava, devemos também reconhecer o conhecimento intelectual da coisa singular enquanto existente.[501] Conforme já mencionado, o repúdio veemente da posição tomista, que é atribuído a Escoto pelo Padre Parthenius Minges, por exemplo,[502] vem do inautêntico *De rerum principio*, e certas observações que se encontram nas obras autênticas podem levar-nos a supor que a posição de Escoto acerca da questão do conhecimento intelectual da coisa singular é perfeitamente paralela à sua posição a respeito da intuição que a alma tem de si mesma. Ele insiste em dizer que a coisa singular é inteligível em si mesma e que o intelecto humano tem ao menos a capacidade remota de inteligi-la. Contudo, parece sugerir, ou mesmo afirmar explicitamente, que, na sua condição presente, é incapaz de fazê-lo. "A coisa singular é inteligível em si mesma, no que diz respeito à coisa; contudo, se não é inteligível a algum intelecto — por exemplo, ao nosso —, isso não se deve à ininteligibilidade por parte da coisa singular em si mesma".[503] De novo: "Não é uma imperfeição conhecer a coisa singular", mas "se dizes que o nosso intelecto não intelige a coisa singular, respondo que essa é uma imperfeição (que se dá) no presente estado".[504] Contudo, Escoto parece querer dizer que, embora não

---
[500] *S. T.*, Ia, q. 86, art. 1.
[501] *Ox.*, 4, 45, 3, n° 17.
[502] *J. Duns Scoti Doctrina Philosophica et Theologica*, p. 247.
[503] *Ox.*, 2, 3, 6, n° 16.
[504] Ibid., 2, 3, 9, n° 9.

tenhamos nenhum conhecimento claro da coisa singular enquanto singular — deficiência que se deve não à falta de inteligibilidade da coisa, mas à imperfeição das nossas operações intelectuais nesta vida —, temos, ainda assim, uma intuição primária, embora confusa, da coisa singular enquanto existente. Essa parece ser a concepção expressa na *Quodlibet*[505] onde Escoto argumenta que, se é dito que temos o conhecimento intelectual do universal e a experiência sensível do singular, isso não deve ser entendido no sentido de que as duas potências são equivalentes e incomensuráveis, de modo que o intelecto não poderia conhecer o singular em absoluto, mas no sentido de que a potência inferior é subordinada à superior e que, embora a potência superior possa operar de maneiras que a inferior não pode, não é possível tomar o oposto como verdadeiro. Do fato de que os sentidos não podem conhecer o universal não se segue que o intelecto não possa conhecer o singular. O intelecto pode ter um conhecimento intuitivo do singular enquanto existente, ainda que seu conhecimento da essência seja um conhecimento do universal.

Se estamos dispostos a aceitar o *De Anima* como autêntico, a opinião de Escoto é colocada fora de dúvida. Nessa obra,[506] Escoto rejeita a doutrina tomista acerca do nosso conhecimento do singular e também a doutrina tomista do princípio da individuação, sobre a qual se apóia a primeira doutrina, e argumenta que a coisa singular é (I) inteligível em si mesma; (II) inteligível por nós mesmo no presente estado; (III) não-inteligível por nós no nosso presente estado, no que diz respeito ao conhecimento claro. A coisa singular é inteligível em si mesma, pois o que não é inteligível em si mesmo não poderia ser conhecido por nenhum intelecto, ao passo que a coisa singular certamente é conhecida pelo intelecto divino e pelos intelectos angélicos. Mesmo no presente estado é inteligível por nós, como mostra o processo de indução e o fato de que podemos amar a coisa individual, pressupondo o amor ao conhecimento. Não é, porém, inteligível por nós no nosso presente estado de maneira clara e completa (*sub propria ratione*). Se duas coisas materiais fossem privadas de toda diferença de acidentes (de lugar, cor, figura etc.), nem os sentidos nem o intelecto poderiam distinguir uma da doutra, ainda que suas "singularidades" (a *haecceitas* de Escoto) permanecessem, e isso mostra que não temos, no presente estado, um conhecimento claro e completo da singularidade da coisa. Podemos dizer, portanto, que o objeto dos sentidos é a coisa individual e o objeto do intelecto é o universal, desde que queiramos dizer que o intelecto não é movido pela singularidade enquanto tal e não a conhece de modo claro e completo no seu estado presente. No entanto, não podemos dizer que o intelecto não tem nenhuma intuição da coisa individual enquanto existente. Se dissermos isso, destruiremos a objetividade do conhecimento. "É impossível abstrair universais do singular sem um conhecimento prévio do singular; nesse caso, o intelecto abstrairia sem conhecer aquilo de

---

[505] 13, 8–10.
[506] 22.

que está abstraindo".⁵⁰⁷ É claro que Escoto rejeitava a doutrina tomista não simplesmente por rejeitar a idéia tomista da individuação, nem mesmo porque um processo como a individuação lhe parecia provar a falsidade da doutrina tomista, mas também por estar convencido de que a doutrina tomista ameaçava a objetividade do conhecimento científico e universal sobre a qual os tomistas punham tanta ênfase. Escoto não pretendia rejeitar — e deixa isso absolutamente claro — a doutrina aristotélica de que a ciência humana diz respeito ao universal, mas considerava vital complementar tal doutrina reconhecendo a nossa intuição intelectual da coisa singular enquanto existente, julgando que tal complementação era exigida pelos fatos. A preocupação em salvaguardar a objetividade do conhecimento humano mostra-se também no tratamento dado por Escoto ao problema dos universais. Entretanto, a consideração desse problema será deixada para o capítulo sobre a metafísica, onde poderá ser tratada em conexão com o problema da individuação.

5. De determinado ponto de vista, não pareceria razoável sustentar, como foi sustentado, que o ideal científico de Escoto era o da ciência matemática. Se a ciência é entendida no sentido que Aristóteles dá à palavra no primeiro livro dos *Analíticos posteriores*, isto é, implicando a necessidade do objeto, assim como a evidência e a certeza, não podemos dizer que a teologia, na medida em que se ocupa da Encarnação e das relações entre Deus e os homens em geral, é uma ciência, pois a Encarnação não é um evento necessário ou dedutível.⁵⁰⁸ Por outro lado, se consideramos a teologia enquanto se ocupa de seu objeto primário, Deus em Si mesmo, então trata de verdades necessárias como a Trindade de Pessoas, e é uma ciência. Contudo, devemos acrescentar que é uma ciência em si mesma, não para nós, pois as verdades em questão, embora certas, não são auto-evidentes para nós. Se alguém fosse incapaz de entender os argumentos dos geômetras, mas aceitasse suas conclusões confiando em sua palavra, a geometria seria para ele objeto de crença, não uma ciência, ainda que continuasse sendo uma ciência em si mesma.⁵⁰⁹ A teologia considerada enquanto diz respeito a Deus em Si mesmo é, assim, uma ciência em si mesma, embora não o seja para nós, pois, apesar da necessidade do objeto, os dados são aceitos com base na fé. A teologia, enquanto diz respeito às operações externas de Deus, contudo, trata de fatos "contingentes", isto é, não necessários, e, portanto, não é uma ciência nesse sentido. Escoto está claramente tomando a ciência geométrica como o modelo da ciência em sentido estrito.

Deve-se acrescentar, contudo, que, quando Escoto nega que a teologia seja uma ciência no sentido indicado acima, não pretende desacreditar a teologia ou lançar dúvida sobre sua certeza. Diz expressamente que, caso se entenda "ciência", não no sentido mais estrito, mas tal como entendida por Aristóteles no sexto livro da *Ética*, a saber, enquanto contrastada com a opinião e a

---
⁵⁰⁷ *De Anima*, 22, 3.
⁵⁰⁸ *Ox. Prol.*, 3, nº 28.
⁵⁰⁹ Ibid., Prol. 2 lat., nº 4.

conjetura, é uma ciência, um conhecimento certo e verdadeiro, embora seja com mais propriedade chamada de "sabedoria".[510] Além disso, a teologia não é subordinada à metafísica, uma vez que, embora seu objeto esteja em alguma medida compreendido no objeto da metafísica, pois Deus, enquanto cognoscível pela luz natural da razão, está compreendido no objeto da metafísica, não recebe seus princípios da metafísica, nem são as verdades da teologia dogmática demonstráveis por meio dos princípios do ente enquanto tal. Os princípios da teologia dogmática são aceitos com base na fé, com base na autoridade; não são demonstrados pela razão natural, nem são demonstráveis pelo metafísico. Por outro lado, a metafísica não é, em sentido estrito, uma ciência subordinada à teologia, pois o metafísico não recebe seus princípios do teólogo.[511]

A teologia, segundo Escoto, é uma ciência prática, mas ele explica com muito cuidado e pormenor o que quer dizer com isso.[512] "Mesmo a teologia necessária", isto é, o conhecimento teológico das verdades necessárias a respeito de Deus em Si mesmo é logicamente anterior ao ato elícito da vontade pelo qual escolhemos Deus, e os primeiros princípios da conduta que leva à salvação são tomados dela. Escoto discute as concepções de Henrique de Gante e de outros, rejeitando-as em favor de sua própria concepção. Assim, abandona a companhia de Santo Tomás, o qual diz[513] que a teologia é uma ciência especulativa, assim como também a abandona quando Santo Tomás declara que a teologia é uma ciência.[514] Escoto, como era de esperar, tendo em vista sua doutrina da prioridade da vontade sobre o intelecto, enfatiza o aspecto da teologia como norma salutar para a conduta do homem.

As considerações precedentes podem parecer irrelevantes, referindo-se — como de fato se referem — à teologia dogmática. Contudo, quando se compreende a postura de Escoto diante da teologia dogmática, pode-se ver quão injustas e falsas são algumas das acusações que foram feitas contra ele. Caso se dissesse simplesmente que, enquanto Santo Tomás considerava a teologia uma ciência, uma ciência especulativa, Escoto declarava que a teologia não é uma ciência e que, na medida em que pode ser chamada de ciência, é uma ciência prática, alguém poderia concluir que as doutrinas teológicas eram, para Escoto, postulados que tinham apenas valor prático e pragmático — e, de fato, Escoto tem sido efetivamente comparado a Kant. Quando, porém, se considera o sentido das palavras de Escoto, tal interpretação mostra-se obviamente injusta e falsa. Por exemplo, Escoto não pode negar que a teologia é uma ciência no que diz respeito à certeza. Diz simplesmente que, se definirmos a ciência no sentido em que a geometria é uma ciência, a teologia não pode ser chamada de ciência. Com essa posição, Santo Tomás concordaria. A teologia — diz ele — é uma ciência, porque seus princípios são derivados de uma ciência mais alta, própria

---
[510] *Ox.*, Prol., 3, n° 28.
[511] Ibid., Prol., 3, n° 29.
[512] Ibid., Prol. 4.
[513] *S. T.*, Ia, q. 1, art. 4.
[514] Ibid., Ia, q. 1, art. 2.

de Deus e dos bem-aventurados, de modo a eles terem certeza absoluta; não é uma ciência no mesmo sentido que o são a geometria e a aritmética, uma vez que seus princípios não são auto-evidentes à luz natural da razão.[515] De novo: Escoto diz que a teologia é, para nós, uma ciência prática, principalmente porque a revelação nos é dada como norma para a conduta salutar, para que possamos alcançar nosso fim último, ao passo que, para Santo Tomás,[516] a teologia é primariamente uma ciência especulativa, embora não exclusivamente, porque lida mais com as coisas divinas do que com as ações humanas. Em outras palavras, a principal diferença entre eles nessa matéria é de ênfase: é uma diferença esperada, tendo em vista a ênfase geral dada por Santo Tomás ao intelecto e à contemplação teórica e a ênfase geral dada por Escoto à vontade e ao amor, devendo ser vista à luz das tradições aristotélicas e franciscanas antes que à luz do kantismo e do pragmatismo. Caso alguém queira dizer que Escoto era um kantiano antes de Kant, não encontrará razões sólidas para apoiar essa tese na doutrina de Escoto a respeito da teologia dogmática.

6. Embora Escoto defenda, como vimos, que o objeto primário do intelecto é o ente em geral, não simplesmente as essências materiais, seu aristotelismo leva-o também a acentuar o fato de que nosso conhecimento efetivo tem origem na sensação. Não há, portanto, idéias inatas. Nas *Questiones subtilissimae super libros Metaphysicorum*,[517] afirma que o intelecto não possui, em virtude de sua própria constituição, nenhum conhecimento natural, quer de noções simples, quer de noções complexas, "porque todo o nosso conhecimento surge da sensação". Isso se aplica mesmo ao conhecimento dos primeiros princípios.

> Com efeito, em primeiro lugar, os sentidos são movidos por um objeto simples, não complexo, e, mediante o movimento dos sentidos, o intelecto é movido e apreende objetos simples: este é o primeiro ato do intelecto. Em segundo lugar, após a apreensão dos objetos simples, segue-se outro ato, o de reunir objetos simples, e, após essa composição, o intelecto é capaz de assentir à verdade do complexo, se é um primeiro princípio.

O conhecimento natural dos primeiros princípios não significa nada além de que, quando os termos simples são entendidos e combinados, o intelecto assente imediatamente, em virtude da sua própria luz natural, à verdade dos primeiros princípios; "mas o conhecimento dos termos é adquirido de objetos sensíveis". O que Escoto quer dizer é o seguinte: obtemos as noções de "todo" e "parte", por exemplo, por meio da experiência sensível, mas quando o intelecto reúne esses termos, vê imediatamente a verdade da proposição de que o todo é maior que a parte. O conhecimento do que é um todo e do que é uma parte vem da experiência sensível, mas a luz natural do intelecto o capacita a

---

[515] *S. T.*, Ia, q. 1, art. 2.
[516] Ibid., Ia, q. 1, art. 4.
[517] 2, 1, nº 2.

ver imediatamente a verdade do objeto complexo, do primeiro princípio. Ao tratar da objeção de Averróis de que, nesse caso, todos os homens assentiram aos primeiros princípios, ao passo que, na realidade, os cristãos não aceitam o princípio de que "nada é feito do nada", Escoto responde que está falando de primeiros princípios em sentido estrito, como o princípio da contradição e o princípio de que o todo é maior que suas partes, não de princípios que algumas pessoas pensam ser ou que são conclusões derivadas de primeiros princípios. No comentário de Paris, porém,[518] insiste em dizer que o intelecto não pode errar quanto àqueles princípios e conclusões que vê se seguirem claramente dos primeiros princípios. No mesmo lugar, fala do intelecto enquanto *tabula nuda*, que não tem princípios ou idéias.

Escoto rejeitava também a doutrina de que uma iluminação especial do intelecto é necessária para que se apreenda certas verdades. Assim, apresenta os argumentos de Henrique de Gante em defesa da teoria da iluminação[519] e critica-os, objetando que os argumentos de Henrique parecem levar à conclusão de que todo conhecimento certo e natural é impossível.[520] Por exemplo, se fosse verdade que nenhuma certeza pode ser obtida a respeito de um objeto em contínua mudança (e os objetos sensíveis estão constantemente mudando, segundo Henrique), a iluminação não ajudaria de forma alguma, pois não podemos alcançar certeza quando representamos um objeto diversamente do que ele é na realidade. Seja como for — acrescenta Escoto — a doutrina de que os objetos sensíveis estão continuamente mudando é a de Heráclito, e é falsa. De maneira semelhante, se o caráter mutável da alma e das suas idéias fosse um obstáculo à certeza, a iluminação não remediaria esse defeito. Ao fim e ao cabo, a opinião de Henrique levaria ao ceticismo.

Escoto defende, assim, a atividade e a capacidade natural do intelecto humano, manifestando uma preocupação semelhante na sua rejeição da doutrina de Santo Tomás segundo a qual a alma, quando separada do corpo, não pode adquirir novas idéias a partir das próprias coisas.[521] Apresenta a opinião de Santo Tomás com mais ou menos as mesmas palavras que este usa no seu comentário às *Sentenças*[522] e argumenta que pertence à natureza da alma conhecer, abstrair e querer, e assim, sendo a alma de natureza tal que pode existir separada do corpo, podemos concluir legitimamente que pode adquirir conhecimento novo por meios naturais nesse estado de separação. A opinião de Santo Tomás — diz Escoto — degrada a alma humana. A opinião de Escoto, obviamente, está ligada à visão de que a dependência da alma em relação aos sentidos nesta vida é *pro statu isto, forte ex peccato*. Também está ligada à rejeição da doutrina de que a alma é puramente passiva e de que o fantasma causa a idéia. A alma, no estado de separação em relação ao corpo não é, portanto, separada da possibilidade

---
[518] 2, 23, nº 3.
[519] *Ox.*, 1, 3, 4, nº 2-4.
[520] Ibid., 1, 3, 4, nº 5.
[521] *Ox.*, 4, 45, 2.
[522] 4, 50, 1, 1; e cf. *S. T.*, Ia, q. 89, art. 1-4.

da aquisição de novos conhecimentos, nem mesmo está confinada à intuição: pode exercer também a faculdade de abstração.

7. Escoto distingue os conhecimentos intuitivo e abstrativo. O conhecimento intuitivo é o conhecimento de um objeto enquanto presente na sua existência em ato, e é contrário à natureza do conhecimento intuitivo que seja o conhecimento de um objeto que não é, em ato, existente e presente.[523] No entanto, Escoto estabelece uma distinção entre o conhecimento intuitivo perfeito, que é o conhecimento imediato de um objeto enquanto presente, e o conhecimento intuitivo imperfeito, que é o conhecimento de um objeto existente enquanto existindo no futuro (antecipado) ou enquanto existindo no passado (lembrado).[524] O conhecimento abstrativo, por outro lado, é o conhecimento da essência do objeto, que é considerada com abstração de sua existência ou não existência.[525] A diferença entre o conhecimento intuitivo e o abstrativo não é, portanto, de que o primeiro é conhecimento de objetos existentes, enquanto o segundo é conhecimento de objetos inexistentes, mas antes que o primeiro é o conhecimento de objetos enquanto existentes e presentes em ato, isto é, na intuição em sentido próprio, ao passo que o segundo é o conhecimento das essências dos objetos consideradas com abstração de suas existências, sejam os objetos existentes em ato ou não. "Pode haver conhecimento abstrativo de um objeto não-existente tanto quanto de um objeto existente, mas pode haver somente conhecimento intuitivo de um objeto existente enquanto existente".[526] Devemos acrescentar as palavras "e presente", pois "é contrário à natureza do conhecimento intuitivo ser de algo que não é, em ato, existente e presente".[527] Em consonância com isso, Escoto diz que, embora os bem-aventurados possam vê-lo em Deus, isto é, na visão beatífica, enquanto existe e está escrevendo, esse conhecimento não seria intuitivo, pois "Não estou em ato presente em Deus, que os bem-aventurados contemplam no Céu".[528] A doutrina de Escoto sobre o conhecimento abstrativo — o conhecimento das essências com abstração da existência e da inexistência — levou à comparação desse aspecto do seu pensamento com o método da escola fenomenológica moderna.

8. Para pôr ênfase na dedução e para ter uma idéia rigorosa da prova demonstrativa, o pensamento de Escoto estava suficientemente permeado pelo espírito da lógica aristotélica; contudo, fez interessantes observações sobre a indução. Não podemos ter a experiência de todas as instâncias de um tipo particular ou de um evento natural, mas a experiência de um número de instâncias pode ser suficiente para mostrar ao cientista que o evento em questão procede de uma causa natural e desta sempre decorrerá. "O que quer que proceda na maior parte dos casos — isto é, nos casos que fomos capazes de observar — não procede de

---

[523] *Ox.*, 1, 2, 7, nº 42; 2, 9, 2, nº 29.
[524] Ibid., 3, 14, 3, nº 6.
[525] Ibid., 2, 3, 9, nº 6.
[526] *Quodlibet*, 7, nº 8.
[527] *Ox.*, 2, 9, 2, nº 29.
[528] Ibid., 4, 14, 3, nº 6.

uma causa livre, mas é o efeito natural da causa". Essa proposição é reconhecida como verdadeira pelo intelecto, que vê que uma causa livre não produzirá o mesmo efeito: se a causa pudesse produzir outro efeito, deveríamos observá-la fazendo-o. Se um efeito é produzido freqüentemente pela mesma causa (Escoto quer dizer que se o mesmo efeito é produzido pela mesma causa, até onde vai a nossa experiência), a causa não pode ser livre sob esse aspecto, nem pode ser "casual", mas deve ser a causa natural desse efeito. Às vezes temos experiência do efeito e somos capazes de reconduzi-lo a uma relação causal auto-evidente, caso em que podemos proceder de modo a deduzir o efeito e obter assim um conhecimento ainda mais certo do que aquele que temos pela experiência, ao passo que, em outras ocasiões, podemos ter a experiência da causa de modo tal a não podermos demonstrar a conexão necessária entre causa e efeito, mas apenas que o efeito procede da causa como de uma causa natural.[529]

---

[529] Ibid., 1, 3, 4, n° 9.

CAPÍTULO XXVI
Duns Escoto — III: metafísica

O ente e seus atributos transcendentais — O conceito unívoco de ente — A distinção formal objetiva — Essência e existência — Universais — Hilomorfismo — Rejeição das *rationes seminales*, admissão da pluralidade de formas — Individuação.

1. A metafísica é a ciência do ente enquanto ente. O conceito de ente é o mais simples de todos os conceitos e é irredutível a outros conceitos mais fundamentais: o ente, portanto, não pode ser definido.[530] Podemos conceber o ente de maneira distinta por si mesmo, pois, na sua significação mais ampla, significa simplesmente aquilo que não envolve nenhuma contradição, aquilo que não é intrinsecamente impossível. Contudo, todo outro conceito, todo conceito de um tipo determinado de ente, inclui o conceito de ente.[531] O ente em seu sentido mais amplo inclui, assim, aquilo que tem um ser extramental e que tem um ser intramental,[532] e transcende todos os gêneros.[533]

Há várias *passiones entis* (poderiam ser chamadas de categorias do ente, desde que a palavra "categoria" não seja entendida no sentido aristotélico): as *passiones convertibiles* e as *passione disiunctae*. As primeiras são as categorias de entes que são designadas por um único nome, que não vêm acompanhadas de um par e que são conversíveis com o ente. Por exemplo: *uno, verdadeiro* e *bom* são *passiones convertibiles*. Todo ente é uno, verdadeiro e bom pelo simples fato de ter um ser, e não há distinção real entre essas *passiones convertibiles*, ou entre elas e o ente, mas há uma distinção formal, pois denotam diferentes aspectos do ente.[534] As *passiones disiunctae*, por outro lado, não são simplesmente conversíveis com o ente se tomadas separadamente, embora sejam conversíveis se tomadas em par. Por exemplo: nem todo ente é necessário nem contingente, mas todo ente é ou necessário ou contingente. De maneira semelhante, nem todo ente é ato nem potência, mas todo ente deve ser ou ato ou potência, ou ato em um aspecto e potência em outro. Escoto fala das *passiones disiunctae* como transcendentes,[535] pois embora nenhuma *passio disiuncta* compreenda todos os entes ou seja simplesmente conversível com a noção de ente, não põe o objeto em nenhum gênero ou categoria definida, no sentido aristotélico. O fato de um ente ser contingente não nos diz se é uma substância ou um acidente.

---

[530] *Quodlibet*, 7, nº 14; 1, 39, nº 13.
[531] *Ox.*, 1, 3, 2, nº 24.
[532] *Quodlibet*, 3, nº 2.
[533] *Ox.*, 2, 1, 4, nº 26.
[534] Ibid., 1, 3, 3, nº 7; 2, 16, nº 17.
[535] Ibid., 1, 8, 3, nº 19.

Como Escoto sustentava que o conceito de ente é unívoco, no sentido que será discutido em breve, pode parecer que tentou deduzir a realidade das *passiones disiunctae*. Contudo, essa não era sua intenção. Nunca podemos deduzir da noção de ente que entes contingentes existam, nem podemos mostrar que o ente contingente existe se existe o ente necessário, embora possamos mostrar que, se entes contingentes existem, o ente necessário existe e que, se o ente finito existe, o ente infinito existe. Em outras palavras: não podemos deduzir a existência da *passio disiuncta* menos perfeita da mais perfeita, embora possamos proceder pelo caminho inverso. Que o ente contingente existe efetivamente é sabido apenas por experiência.[536]

2. Vimos que, na opinião de Escoto, é necessário sustentar que o objeto primário do intelecto é o ente em geral, caso se queira salvaguardar a possibilidade da metafísica. Dizendo isso, não pretendo sugerir que a doutrina de Escoto do objeto primário do intelecto tenha sido motivada simplesmente por considerações pragmáticas. Antes, ele sustentava que o intelecto enquanto tal é a faculdade de apreender o ente em geral e, sustentando isso, assinalou o que lhe parecia ser uma conclusão infeliz que se seguia da posição tomista. De maneira semelhante, Escoto sustentava que, a não ser que haja um conceito de ente que seja unívoco com respeito a Deus e as criaturas, nenhum conhecimento metafísico é possível. No entanto, não afirmou essa doutrina do caráter unívoco do conceito de ente por uma razão puramente utilitária. Estava convencido de que há efetivamente um conceito unívoco desse tipo, e então assinalou que, a menos que a sua existência seja reconhecida, não se pode salvaguardar a possibilidade de qualquer conhecimento metafísico de Deus. Nossos conceitos são formados com dependência da percepção sensível e representam imediatamente qüididades, ou essências, materiais. Contudo, nenhum conceito de uma qüididade material enquanto tal é aplicável a Deus, pois Deus não está incluído entre as coisas materiais. Portanto, a menos que possamos formar um conceito que não está restrito à qüididade material enquanto tal, mas seja comum ao ente infinito e ao ente finito, ao ente imaterial e ao ente material, nunca poderemos alcançar um conhecimento verdadeiro de Deus por meio de conceitos que lhe sejam próprios. Se a doutrina de Henrique de Gante a respeito do caráter equívoco de ente aplicado a Deus e às criaturas fosse verdadeira, seguir-se-ia que a mente humana não pode ultrapassar (nesta vida, ao menos) o conhecimento das criaturas; o agnosticismo, portanto, seria a conseqüência da teoria de Henrique.[537] Se mencionei esse aspecto da questão em primeiro lugar, fi-lo não para sugerir que Escoto fosse movido simplesmente por considerações utilitárias ou pragmáticas, mas antes para mostrar que a questão não era puramente acadêmica aos olhos dele.

O que Escoto entendia pelo conceito unívoco de ente? No comentário de Oxford,[538] diz: *et ne fiat contentio de nomine univocationis, conceptum univocum*

---

[536] *Ox.*, 1, 39, n° 13.
[537] *Ox.*, 1, 8, 3, n° 4ss. Essa é a interpretação de Escoto da doutrina de Henrique.
[538] 1, 3, 2, n° 5.

dico, qui ita est unus, quod ejus unitas sufficit ad contradictionem, afirmando et negando ipsum de eodem. Sufficit etiam pro médio syllogistico, ut extrema unita in médio sic uno, sine fallacia aequivocationis, concludantur inter se unum. O primeiro ponto de Escoto, portanto, é que conceito unívoco significa, para ele, um conceito cuja unidade é suficiente para envolver uma contradição caso se afirme e negue a idéia do mesmo sujeito ao mesmo tempo. Caso se dissesse "o cão (isto é, o animal) está correndo" e, ao mesmo tempo, "o cão (isto é, a constelação ou o peixe-cão) não está correndo", não haveria contradição, pois "correr" e "não correr" não estariam sendo afirmados do mesmo sujeito: a contradição é puramente verbal. De maneira semelhante, caso se dissesse "O unicórnio é" (no sentido de que o unicórnio tem existência extramental) e "O unicórnio não é" (no sentido de que o unicórnio não tem existência extramental na natureza), não haveria contradição real. Escoto, contudo, está se referindo a uma palavra cujo significado é idêntico o bastante para produzir uma contradição real caso se afirme e negue em relação ao mesmo sujeito a um só tempo. Por exemplo, caso se diga que o unicórnio é e não é, entendendo "é" em ambos os juízos como referência à existência extramental, haveria contradição real. De maneira semelhante, caso se diga que Deus é e que Deus não é, referindo-se em ambos os casos à existência real, haveria contradição. O que Escoto entende por *"sufficit"*? Nos juízos "Deus é" e "Deus não é", é suficiente para a produção da contradição que o "é" signifique o oposto do nada ou do não ser. Há contradição em dizer tanto que Deus está em oposição ao nada e que Deus não está em oposição ao nada. Deve-se lembrar que Escoto defende a existência de um conceito unívoco de ente que é aplicável a Deus e às criaturas, de modo que se pode dizer que Deus é e que a criatura é, usando a palavra "é" no mesmo sentido. Está perfeitamente ciente, é claro, de que Deus e criatura se opõem ao nada de maneiras diferentes e não pretende negá-lo. Contudo, seu ponto é que, caso se entenda por "é" simplesmente o oposto do nada ou do não ser, então se pode usar a palavra "ser" de Deus e das criaturas no mesmo sentido, prescindindo dos modos concretos pelos quais se opõem ao nada. Em consonância com isso, diz *"sufficit ad contradictionem"*, para não sugerir que Deus e as criaturas se opõem ao nada do mesmo modo. Embora se oponham ao nada de modos diferentes, são, entretanto, opostos ao nada e, caso se forme um conceito do ente denotando a pura oposição ao nada, um conceito que envolve contradição, se afirmado e negado do mesmo sujeito ao mesmo tempo, esse conceito pode ser predicado univocamente de Deus e das criaturas.

Quanto à observação sobre o silogismo, Escoto diz que um conceito unívoco — conforme entende — é um conceito que, quando empregado como termo médio em um silogismo, tem um significado "suficientemente" idêntico em ambas as premissas para evitar que se cometa a falácia da equivocação. Para tomar um exemplo rude: "Todo macaco é um animal; este objeto (referindo-se ao instrumento para elevar grandes pesos) é um macaco; logo, este objeto é um animal". O silogismo envolve uma falácia de equivocação e não seria válido.

Considere-se agora o seguinte argumento: "Se há sabedoria nas criaturas, deve haver sabedoria em Deus; ora, há sabedoria em algumas criaturas; logo, há sabedoria em Deus". Se o termo "sabedoria" é usado equivocamente, isto é, com sentidos completamente diferentes com relação a Deus e às criaturas, o argumento seria falacioso. Para o argumento ser válido, a idéia de sabedoria enquanto aplicada a Deus e às criaturas deve ser suficientemente idêntica para evitar a equivocação. Escoto está atacando Henrique de Gante, segundo o qual os predicados que aplicamos a Deus e às criaturas são equívocos, embora os dois significados se assemelhem de tal modo a uma palavra poder ser usada para ambos. Escoto objeta que admitir a verdade da opinião de Henrique seria admitir que todo argumento que procede das criaturas para Deus emprega a falácia da equivocação e é falacioso. A univocidade de que Escoto fala não está restrita, portanto, ao conceito de ente. "Tudo o que é comum a Deus e à criatura é tal que pertence ao ente enquanto indiferente ao finito e ao infinito".[539] Quando se considera o ente com abstração da distinção entre o infinito e o finito, isto é, significando simplesmente a oposição ao nada, tem-se o conceito unívoco de ente, e os atributos transcendentais do ente, — as *passiones convertibiles* — também podem suscitar conceitos unívocos. Se é possível formar um conceito unívoco de ente, também é possível formar conceitos unívocos de *uno, verdadeiro, bom*.[540] O que é, então, a sabedoria? A bondade é uma *passio convertibilis*, na medida em que todo ente é bom pelo mero fato de ser ente. Contudo, nem todo ente é sábio. Escoto responde[541] que as *passiones disiunctae*, como o *necessário* ou *possível, ato* ou *potência*, são transcendentais no sentido de que nenhum dos membros determina que o seu sujeito pertença a nenhum gênero especial, e que a sabedoria e outros atributos tais também podem ser chamados de transcendentais, pois transcendem a divisão do ente em gêneros.

Escoto põe muita ênfase em sua doutrina da univocidade. Toda investigação metafísica a respeito de Deus envolve considerar algum atributo e remover da idéia que fazemos dele a imperfeição que se liga a ele enquanto encontrado nas criaturas. Desse modo, alcançamos uma idéia da essência da *ratio formalis* do atributo e, então, podemos predicá-lo de Deus em um sentido supremamente perfeito. Escoto toma o exemplo da sabedoria, do intelecto e da vontade.[542] Em primeiro lugar, removemos da idéia da sabedoria, por exemplo, as imperfeições da sabedoria finita e alcançamos um conceito da *ratio formalis* da sabedoria, do que é a sabedoria em si mesma. Então, atribuímos a sabedoria a Deus da maneira maximamente perfeita (*perfectissime*). "Portanto, toda investigação a respeito de Deus supõe que o intelecto tenha o mesmo conceito unívoco, que recebe das criaturas".[543] Caso se negue que possamos formar, desse modo, uma idéia da *ratio formalis* da sabedoria — e assim por diante —, seguir-se-ia a conclusão

---
[539] *Ox.*, 1, 8, 3, nº 18.
[540] Ibid., 1, 8, 3, nº 19.
[541] Ibid.
[542] Ibid., 1, 3, 2, nº 10.
[543] Ibid.

de que não poderíamos alcançar nenhum conhecimento de Deus. Por um lado, nosso conhecimento está fundado em nossa experiência das criaturas, ao passo que, por outro, não podemos predicar de Deus nenhum atributo exatamente como é encontrado nas criaturas. Portanto, a menos que alcancemos um meio termo com significado unívoco, nenhum argumento que proceda das criaturas para Deus será possível ou válido. Que podemos formar um conceito unívoco de ente, sem referência ao infinito ou finito, ao incriado ou criado, Escoto considerava um dado da experiência.[544]

Escoto concorda com Henrique de Gante quanto a Deus não ser um gênero, mas não concordará quanto à negação do caráter unívoco do conceito de ente. "Sustento a opinião intermediária: que é compatível com a simplicidade de Deus que haja um conceito comum a Ele e à criatura, mas que esse conceito não é um conceito comum ao modo de gênero".[545] Ora, Henrique de Gante, na visão de Escoto, sustenta que o conceito de ente, enquanto aplicado a Deus e às criaturas, é equívoco, podendo-se compreender facilmente que Escoto rejeite essa opinião. Mas qual é sua postura em relação à doutrina da analogia de Santo Tomás? Em primeiro lugar, Escoto afirma que Deus e a criatura são completamente diferentes na ordem real: *sunt primo diversa in realitate, quia in nula realitate convenienunt*.[546] Portanto, acusar Escoto de espinozismo é claramente absurdo. Em segundo lugar, Escoto não rejeita a analogia de atribuição, pois admite que o ente pertence primariamente e em sentido principal a Deus, ensinando que as criaturas estão para Deus como *mensurata ad mensuram, vel excessa ad excedens*,[547] ao passo que no *De Anima*[548] diz que *omnia entia habent attributionem ad ens primum, quod est Deus*. Em terceiro lugar, porém, insiste em dizer que a própria analogia pressupõe um conceito unívoco, uma vez que não poderíamos comparar as criaturas a Deus, enquanto *mensurata ad mensuram, vel excessa ad excedens*, a menos que houvesse um conceito comum a ambos.[549] Deus é cognoscível pelo homem nesta vida apenas por meio de conceitos obtidos das criaturas e, a menos que esses conceitos fossem comuns a Deus e às criaturas, não poderíamos ser capazes de comparar as criaturas a Deus, como o imperfeito ao perfeito: não haveria ponte entre as criaturas e Deus. Mesmo os professores que negam a univocidade com seus lábios, supõem-na em realidade.[550] Se não houvesse conceitos unívocos, teríamos apenas um conhecimento negativo de Deus, o que não é o caso. Podemos dizer que Deus não é uma pedra, mas também podemos dizer que uma quimera não é uma pedra, de modo a, ao dizer que Deus não é uma pedra, não sabermos mais a respeito de Deus do que da

---

[544] Cf. ibid., 1, 3, 2, n° 6.
[545] *Ox.*, 1, 8, 3, n° 16.
[546] Ibid., 1, 8, 3, n° 11.
[547] Ibid., 1, 8, 3, n° 12.
[548] 21, n° 14.
[549] *Ox.*, 1, 8, 3, n° 12.
[550] *Rep.*, 1, 3, 1, n° 7.

quimera.⁵⁵¹ Além disso, o conhecimento de que algo é um efeito de Deus não é suficiente por si para nos dar o nosso conhecimento de Deus. Uma pedra é um efeito de Deus, mas não dizemos que Deus é uma pedra porque é a causa da pedra, ao passo que dizemos que Ele é sábio, e isso pressupõe um conceito de sabedoria que seja transcendental (no sentido de Escoto). Ao fim e ao cabo, o ensinamento de Escoto é que, embora todas as criaturas tenham uma relação essencial de dependência com Deus, esse fato não seria suficiente para nos dar nenhum conhecimento positivo de Deus, uma vez que não possuímos nenhuma intuição natural de Deus, a menos que pudéssemos formar conceitos unívocos comuns a Deus e às criaturas. Por conseguinte, diz que "todos os entes têm uma atribuição ao primeiro ente, que é Deus [...]; contudo, apesar desse fato, pode ser abstraído de todos eles um conceito comum que é expresso pela palavra 'ente' e que é uno em termos lógicos, embora não seja uno em termos naturais e metafísicos", isto é, enquanto se fala como filósofo natural ou como metafísico.⁵⁵²

Essa última observação suscita a questão de se Escoto considerava ou não a univocidade dos conceitos de ente realmente restrita à ordem lógica. Alguns autores afirmam que considerava. A passagem do *De Anima* que recém foi citada parece estabelecê-lo positivamente, e a observação de Escoto citada acima — de que Deus e as criaturas *sunt primo diversa in realitate, quia in nulla realitate conveniunt*, pareceria ensinar o mesmo. Contudo, se o conceito unívoco de ente estivesse restrito à ordem lógica no sentido de que fosse um *ens rationis*, como seria possível assegurar o conhecimento objetivo de Deus? Além disso, no comentário de Oxford,⁵⁵³ Escoto considera a objeção à sua teoria de que a matéria tem um *esse* próprio. A objeção é que, no caso de análogos, uma coisa ou atributo está presente realmente apenas no análogo primário; no outro, não está presente realmente, exceto à maneira de sua relação com o primeiro análogo. A saúde está presente realmente no animal, ao passo que está presente na urina apenas *per attributionem ad illud*. O *esse* vem da forma: portanto, não está presente realmente na matéria, mas apenas por meio de sua relação com a forma. Em resposta a essa objeção, Escoto diz que o exemplo dado é imprestável, pois há centenas de exemplos contrários, e então observa: "Pois não há analogia maior do que aquela das criaturas com Deus *in ratione essendi*, e, ainda assim, o *esse*, a existência, pertence primária e principalmente a Deus, de tal modo a pertencer ainda assim e univocamente à criatura, e o mesmo se diga da bondade, da sabedoria e outros semelhantes".⁵⁵⁴ Aqui, usa as palavras "realmente e univocamente" (*realiter et univoce*) juntas. Se a doutrina da univocidade pretende assegurar o conhecimento objetivo de Deus a partir das criaturas, pareceria essencial a essa doutrina que o conceito unívoco não fosse meramente um *ens rationis*, mas que tivesse um fundamento real, ou uma

---

⁵⁵¹ *Ox.*, 1, 3, 2; 1, 8, 3, n° 9.
⁵⁵² *De Anima*, 21, n° 14.
⁵⁵³ 2, 12, 2, n° 2.
⁵⁵⁴ *Ox.*, 2, 12, 2, n° 8.

contraparte na realidade extramental. Por outro lado, Escoto insiste em dizer que Deus não é um gênero e que Deus e as criaturas são, na ordem real, *primo diversa*. Como se podem conciliar esses dois conjuntos de proposições?

O conceito de ente é abstraído das criaturas, e é o conceito de ente sem nenhuma determinação. É logicamente anterior à divisão do ente em infinito e finito. Contudo, na realidade, todo ente deve ser ou infinito ou finito: deve estar em oposição ao nada seja como ente infinito, seja como ente finito. Não há nenhum ente efetivamente existente que não seja nem infinito nem finito. Nesse sentido, o conceito unívoco de ente, enquanto logicamente anterior à divisão do ente em infinito e finito, possui uma unidade que pertence à ordem lógica. O filósofo natural obviamente não considera o ente nesse sentido, nem o faz o metafísico, na medida em que se ocupa do ente efetivamente existente e com o ente possível, uma vez que o conceito de um ente que não fosse nem infinito nem finito não seria o conceito de um ente possível. Por outro lado, ainda que todo ente efetivo seja ou finito, ou infinito, todo ente está realmente em oposição ao nada, ainda que de diferentes maneiras, de modo que há um fundamento real para o conceito unívoco de ente. Enquanto *intentio prima*, o conceito de ente está fundado na realidade, pois, caso contrário, não poderia ser abstraído, e tem referência objetiva, ao passo que, enquanto *intentio secunda*, é um ente de razão. No entanto, o conceito de ente enquanto tal, quer seja considerado como *intentio prima* ou *intentio secunda*, não exprime algo que tenha existência formal fora da mente. É, portanto, um conceito lógico. O lógico "considera as segundas intenções enquanto aplicadas às primeiras intenções" — trata dos universais, diz Escoto[555] — e o que é unívoco para o lógico é equívoco[556] para o filósofo que estuda coisas reais. Pode-se dizer, então, que o conceito unívoco de ente é um *ens rationis*. Por outro lado, o conceito unívoco de ente tem um fundamento na realidade efetiva. A situação não deixa de ter um paralelo com a do universal. Não há dúvida de que Escoto não considerou adequadamente todas as objeções possíveis contra sua teoria. No entanto, a verdade parece ser que estava tão determinado a refutar a doutrina de Henrique de Gante, a qual ele julgava ameaçar ou tornar impossível qualquer conhecimento de Deus nesta vida, que não deu plena atenção a todas as complexidades do problema e às dificuldades que podem ser suscitadas contra sua própria teoria. Deve-se lembrar, porém, que Escoto postulava uma distinção formal entre os atributos do ente e os atributos e o ente.

> O ente contém muitos atributos, os quais não são coisas diferentes do próprio ente, como Aristóteles prova no início do quarto livro da *Metafísica*, mas se distinguem uns dos outros formalmente e qüiditativamente, isto é,

---

[555] *Ox.*, 2, 3, 1, nº 7.
[556] Para Escoto, "equívoco" significa aquilo que tem significados distintos, ou diferentes. O cientista, por exemplo, considera corpos efetivos, que diferem, mas é possível formar um conceito comum de corpo em geral.

por uma distinção formal com fundamento objetivo, e também do ente, por uma formalidade real e qüiditativa.[557]

Nesse caso, o conceito unívoco de ente não pode ser mero *ens rationis*, no sentido de pura construção subjetiva. Não há uma coisa separada ou separável, existente extramentalmente, que corresponda ao conceito unívoco de ente. No entanto, há um fundamento objetivo para o conceito. Pode-se dizer, assim, que o conceito unívoco de ente não é puramente lógico, desde que não se pretenda sugerir que há alguma *coisa* na realidade extramental que corresponda a esse conceito.

3. Tratei da doutrina da univocidade com algum pormenor, não apenas porque a doutrina é uma das características do escotismo, mas também porque Escoto atribuía considerável importância a ela enquanto salvaguarda da teologia natural. Passo agora a considerar brevemente outra doutrina característica de Escoto: a da *distinctio formalis a parte rei*, a distinção formal objetiva, que desempenha um importante papel no sistema do escotismo, tendo sido mencionada há pouco uma sua aplicação.

A doutrina da distinção formal não foi uma invenção de Escoto: encontra-se na filosofia de Olivi, por exemplo, e tem sido atribuída ao próprio São Boaventura. Seja como for, tornou-se comum entre os pensadores franciscanos, e o que Escoto fez foi acolher a doutrina dos seus predecessores e aplicá-la amplamente. Em síntese, a doutrina é a de que há uma distinção que é menos que uma distinção real e mais objetiva que a distinção virtual. Há distinção real entre duas coisas que são fisicamente separáveis, ao menos pelo poder divino. É bastante óbvio que há uma distinção real entre as duas mãos de um homem, uma vez que são coisas distintas, mas há também distinção real entre a forma e a matéria de qualquer objeto material. "Distinção mental" significa a distinção feita pela mente onde não há distinção objetiva correspondente na própria coisa. A distinção entre uma coisa e a sua definição, por exemplo, entre "homem" e "animal racional", é puramente mental. Há distinção formal quando a mente distingue em um objeto duas ou mais *formalitates* que são objetivamente distintas, mas que são inseparáveis umas das outras, mesmo pelo poder divino. Por exemplo, Escoto afirmava haver distinção formal entre os atributos divinos. A misericórdia e a justiça são formalmente distintas, embora a justiça divina e a misericórdia divina sejam inseparáveis, uma vez que, apesar da distinção formal entre ambas, cada uma é idêntica, na realidade, à essência divina.

Um exemplo tomado da psicologia pode tornar o pensamento de Escoto mais claro. Há uma única alma no homem e nele não pode haver distinção real entre a alma sensitiva e a alma intelectual, ou racional: é em virtude de um único princípio vital que o homem pensa e exerce a sensação. Nem mesmo Deus pode separar a alma racional do homem da sua alma sensitiva, pois então não seria mais uma alma humana. Por outro lado, sensação não é pensamento: a atividade racional

---

[557] *Ox.*, 2, 16, *quaestio única*, n° 17.

pode existir sem a atividade sensitiva, como ocorre nos anjos, e a atividade sensitiva pode existir sem a atividade racional, como no caso da alma puramente sensitiva do animal irracional. No homem, portanto, os princípios sensitivo e racional são formalmente distintos, com uma distinção que é objetiva, isto é, independente da atividade distintiva da mente. No entanto, não são *coisas* realmente distintas, são *formalitates* de uma mesma coisa, a alma humana.

Por que Escoto afirma a existência dessa distinção formal e por que não se contenta em chamá-la de *distinctio rationis cum fundamento in re*? A principal razão era, obviamente, por pensar que a distinção não apenas era respaldada, como também exigida pela natureza do conhecimento e pela natureza do objeto de conhecimento. O conhecimento é a apreensão do ente, e, se a mente é forçada, por assim dizer, a reconhecer distinções no objeto, isto é, se não simplesmente constrói, de maneira ativa, uma distinção no objeto, mas tem imposto sobre si o reconhecimento de uma distinção, a distinção pode ser simplesmente mental, e o fundamento da distinção na mente deve ser uma distinção objetiva no objeto. Por outro lado, há casos quando o fundamento da distinção não pode ser a existência de fatores separáveis no objeto. É necessário, portanto, encontrar espaço para uma distinção que é menos que uma distinção real — tal como a que se obtém entre a alma e o corpo no homem —, mas que é, ao mesmo tempo, fundada em uma distinção objetiva no objeto, uma distinção que se pode dar somente entre formalidades diferentes, mas não separáveis, de um mesmo objeto. Tal distinção preservará a objetividade do conhecimento sem, todavia, prejudicar a unidade do objeto. Naturalmente, pode-se objetar que a distinção formal, aplicada à maneira de Escoto, em alguns casos prejudica efetivamente a unidade necessária do objeto e faz concessões excessivas ao "realismo"; entretanto, parece que Escoto considerava a distinção necessária para resguardar a objetividade do conhecimento.

4. Uma das questões às quais Escoto aplica sua distinção formal é a questão da distinção que se dá entre a essência e a existência na criatura.[558] Recusa-se a reconhecer uma distinção real entre a essência e a existência: "É simplesmente falso que a existência (*esse*) seja uma coisa diferente da essência".[559] De modo semelhante: "É falsa a proposição de que, assim como a existência está para a essência, a operação (*operari*) está para a potência, pois a existência é, na realidade, o mesmo que a essência e não procede da essência, ao passo que o ato, ou operação, procede da potência e não é, na realidade, o mesmo que a potência".[560] A afirmação "*simpliciter falsum est, quod esse sit aliud ab essentia*" parece dirigida contra declarações de Santo Tomás como "*Ergo oporteto quod omnis talis res, cuiús esse est aliud a natura sua, habeat esse ab alio*".[561] Contudo,

---

[558] Deve-se reconhecer que Escoto limita-se a negar a distinção real e não aplica explicitamente a distinção formal objetiva à relação entre a essência e a existência na criatura; no entanto, a doutrina dos escotistas, neste ponto, parece-me uma interpretação razoável do pensamento de Escoto.

[559] *Ox.*, 4, 13, 1, nº 38.

[560] Ibid., 2, 16, nº 10.

[561] *De ente et essentia*, 5.

dada sua concepção de distinção real, sua negação da distinção real entre essência e existência nas criaturas é mais relevante para a doutrina de Giles de Roma — para quem a essência e a existência eram separáveis fisicamente — do que para a doutrina de Santo Tomás de Aquino.

No entanto, quando Escoto discute a relação entre essência e existência, sua polêmica não é dirigida menos contra Santo Tomás, ou mesmo Giles de Roma, que a Henrique de Gante. Henrique não sustenta a distinção real entre essência e existência nas criaturas, mas distinguia o *esse essentiae* e o *esse existentiae*, o primeiro sendo o estado da essência enquanto conhecida por Deus, o segundo sendo o seu estado após a criação, sem que a criação acrescentasse nenhum elemento positivo à essência, mas apenas uma relação com Deus. Henrique afirmava sua doutrina do *esse essentiae* para explicar o fato da ciência, no sentido de conhecimento de verdades atemporais sobre essências, independentemente da existência efetiva de tais objetos, mas Escoto argumentava que a doutrina de Henrique destruía a idéia cristã da criação. Por exemplo: a criação é a produção a partir do nada; ora, se uma pedra, antes da sua criação, tinha *esse verum reale*, então, quando é produzida pela causa eficiente, não é produzida a partir do nada.[562] Além disso, como a essência é conhecida eternamente por Deus, seguir-se-ia dessa noção que a essência, antes de sua existência efetiva, já possui *esse reale* e que a criação é eterna: seria preciso admitir outras coisas necessárias além de Deus. Somente aquilo que existe efetivamente tem *esse reale*; a existência possível (*esse possibile*) somente é *esse secundum quid*.[563] Da essência, enquanto conhecida, pode-se dizer que tem um *esse diminutum*, mas essa existência (*esse*) da essência na mente divina antes de sua produção efetiva é simplesmente *esse cognitum*. Escoto e Santo Tomás estão de acordo quanto à criação significar a produção do objeto inteiro a partir do nada, e também que a essência antes da criação não possuía nenhum *esse* próprio, embora Escoto divergisse de Santo Tomás quanto à sua visão da relação que há entre a essência e a existência no objeto criado, pois rejeitava a distinção real, embora, conforme já observado, essa rejeição fosse, na realidade, a rejeição da distinção real sustentada por Giles de Roma antes que daquela ensinada por Santo Tomás.

5. A distinção formal objetiva também foi empregada por Escoto na discussão dos universais. Com relação aos universais, Escoto certamente não era um realista exagerado, sendo que a afirmação de Suárez,[564] de que Escoto ensinava que a natureza comum é numericamente a mesma em todos os indivíduos, deturpa a posição de Escoto, ao menos se tomada fora de seu cenário e fora da relação com a doutrina do próprio Suárez. Escoto afirma inequivocamente que "o universal em ato não existe senão no intelecto" e que não há nenhum universal efetivamente existente que seja predicável de outro objeto que não aquele em

---

[562] *Ox.* 1, 36, n° 3.
[563] *Ibid.*, 1, 30, 2, n° 15.
[564] *Disputationes Metaphysicae*, 6, 1, n° 2.

que existe.⁵⁶⁵ A natureza comum não é numericamente a mesma em Sócrates e em Platão. Não pode ser comparada à essência divina, que é numericamente a mesma nas três Pessoas divinas.⁵⁶⁶ Entretanto, há uma unidade que é menor que a numérica (*unitas minor quam numeralis*). Embora a natureza física de um objeto seja inseparável da *haecceitas* do objeto (da "istidade", ou princípio da individuação, que consideraremos em breve), e embora não possa existir em nenhum outro objeto, há uma distinção formal objetiva na natureza humana, e a "socraticidade", ou *haecceitas* em Sócrates, porém não uma distinção real, de modo à natureza humana poder ser considerada simplesmente enquanto tal, sem referência à individualidade ou à universalidade. Apelando a Avicena,⁵⁶⁷ Escoto observa que a eqüinidade é simplesmente a eqüinidade (*equinitas est tantum equinitas*) e que, por si mesma, não tem nem *esse singulare*, nem *esse universale*.⁵⁶⁸ Em outras palavras, existe entre a *haecceitas* e a natureza de um objeto concreto uma *distinctio formalis a parte rei*, e é necessário supor tal distinção, pois, caso contrário — isto é, se a natureza fosse, *por si mesma*, individual, se fosse, por exemplo, por si mesma, a natureza de Sócrates —, não haveria fundamento objetivo e nenhuma base válida para nossos juízos universais. A abstração do universal lógico pressupõe uma distinção no objeto entre a natureza e a *haecceitas*.

Entretanto, é importante lembrar que essa distinção não é uma distinção real, isto é, não é uma distinção entre duas entidades separáveis. A forma e a matéria são separáveis, mas a natureza e a *haecceitas* não são separáveis. Nem mesmo o poder divino pode separar fisicamente a "socraticidade" e a natureza humana de Sócrates. Portanto, ainda que a afirmação de Escoto da distinção formal objetiva de fato seja, em certo sentido, uma concessão ao realismo, não implica que a natureza humana de Sócrates seja objetiva e numericamente a mesma que a natureza humana de Platão. Escoto não está preocupado em defender o realismo exagerado, mas em explicar a referência objetiva dos nossos juízos universais. Concordar ou não com sua teoria é, obviamente, outra questão. Seja como for, acusá-lo de incorrer no realismo exagerado dos primeiros medievais é uma incompreensão e deturpação de sua posição. Escoto está disposto a dizer com Averróis⁵⁶⁹ que *intellectus est qui facit universalitatem in rebus*, mas insiste no ponto de que sua proposição não deve ser interpretada de modo a excluir a *unitas realis minor unitate numerali*, que existe antes da operação da mente, pois essa exclusão tornaria impossível explicar por que "o intelecto é levado a abstrair um conceito específico de Sócrates e de Platão antes que de Sócrates e de uma pedra".⁵⁷⁰ É a referência objetiva da ciência o que interessa a Escoto.

---

⁵⁶⁵ *Rep.*, 2, 12, 5, nº 15.
⁵⁶⁶ Ibid., 2, 12, 5, nº 13.
⁵⁶⁷ Na *Metafísica*, 5, 1.
⁵⁶⁸ Ibid., 5, 11.
⁵⁶⁹ *De Anima*, 1, 8.
⁵⁷⁰ *Rep.*, 2, 12, 5, nº 13.

J. Kraus[571] tem afirmado que Duns Escoto distingue três universais. Em primeiro lugar, há o universal físico, que é a natureza específica enquanto existe nos objetos individuais. Em segundo lugar, há o universal metafísico, que é a natureza comum, não enquanto existe efetivamente na coisa concreta, com as características que adquire em função da abstração pelo intelecto agente, a saber, a indeterminação positiva, ou predicabilidade em relação a muitos indivíduos *in potentia proxima*. Em terceiro lugar, há o universal lógico — o universal em sentido estrito — que é o conceito metafísico concebido reflexivamente em sua predicabilidade e analisado em suas notas constitutivas. No entanto, essa distinção tripla não deve ser interpretada como se implicasse que o universal físico é separável ou realmente distinto da individualidade do objeto no qual existe. O objeto concreto consiste na natureza e na *haecceitas*, e entre essas há não uma distinção real, mas sim uma *distinctio formalis a parte rei*. A menção de Escoto à relação da matéria com sucessivas formas[572] não deve nos confundir, pois, para Escoto, há distinção real entre a matéria e a forma, e a mesma matéria pode existir sob sucessivas formas, embora não possa existir simultaneamente sob diferentes formas que a determinem fundamentalmente. O universal físico, porém, embora sendo indiferente — enquanto considerado *em si mesmo* — a esta ou àquela *haecceitas*, não pode existir em si mesmo extramentalmente e é inseparável fisicamente da sua *haecceitas*.

6. Que Escoto ensinava a doutrina do hilomorfismo é bastante claro.[573] Contudo, não é tão claro se aceitava ou não a atribuição da composição hilomórfica aos anjos. Se o *De rerum principio* fosse autêntico, não haveria dúvida de que Escoto aceitava a visão bonaventuriana, mas o *De rerum principio* não é obra de Escoto, e nos seus escritos autênticos não afirma expressamente em lugar algum a doutrina bonaventuriana. Assim, o Padre Parthenius Minges, OFM, que utiliza o *De rerum principio* no seu *Joannis Duns Scoti Doctrina philosophica et theologica*, não deixa de reconhecer que "nos comentários às *Sentenças*, nas *Quaestiones quodlibetales* e nas *Questões sobre a metafísica de Aristóteles*, Escoto não afirma expressamente sua doutrina, mas apenas a tangencia, insinua ou supõe".[574] Parece-me que apenas é possível dizer que o tratamento da questão por Escoto nos comentários "supõe" a doutrina da composição hilomórfica da alma racional e dos anjos, caso se esteja decidido, sob outros fundamentos, a aceitar que sustentava essa doutrina — caso, por exemplo, se esteja decidido a aceitar o *De rerum principio* como obra de Escoto. É verdade que, no *De Anima*,[575] observa que "provavelmente se pode dizer que na alma há matéria". No entanto, Escoto está aí empenhado em mostrar que a presença da matéria na alma pode ser deduzida das premissas de Aristóteles e de Santo Tomás, ainda que este não sustentasse essa doutrina. Por exemplo, argumenta que, se a

---
[571] *Die Lehre des J. Duns Skotus von der natura communis*, Fribourg, 1927.
[572] Loc. cit.
[573] Cf. *Ox.*, 2, 12, 1.
[574] p. 46.
[575] 15, n° 3ss.

matéria é o princípio da individuação — como Santo Tomás (não como Escoto) defendia —, então deveria haver matéria na alma racional. É inútil dizer que a alma, quando separada do corpo, se distingue das outras almas por sua relação com o corpo — em primeiro lugar, porque a alma não existe para o corpo; em segundo lugar, porque a relação, ou inclinação da alma ao corpo, que não mais existe, não seria mais que uma *relatio rationis*; em terceiro lugar, porque a inclinação, ou relação, supõe um fundamento, isto é, *esta* alma, de modo que a "istidade" não poderia ser devida à relação. Assim, Escoto, no *De Anima*, está tentando mostrar que, caso se sustente, com Santo Tomás, que a matéria é o princípio da individuação, será preciso afirmar a presença de matéria na alma racional para explicar a individualidade da alma racional após a morte; não declara que essa conclusão represente sua própria opinião. Pode ser que, de fato, represente sua própria opinião, e que Escoto quisesse mostrar que o tomista deveria, a partir de suas próprias premissas, partilhar de sua opinião. Contudo, dificilmente alguém estará em condições de declarar positivamente que Escoto, sem dúvida, sustentava a doutrina bonaventuriana e, caso se esteja disposto a rejeitar a autenticidade do *De Anima*, parecerá não haver nenhuma razão cogente para afirmar sequer que Escoto provavelmente sustentasse essa doutrina.

Qualquer que possa ter sido sua opinião sobre o hilomorfismo universal, Escoto certamente sustentava que a matéria, realmente distinta da forma, é uma entidade de direito próprio, sendo *potentia subjectiva*, não apenas *potentia objectiva*, isto é, que é algo existente, não apenas algo meramente possível.[576] Além disso, a matéria é um *ens absolutum*, no sentido de que poderia existir por si mesma sem forma, ao menos por meio do poder divino.[577] Uma entidade que é distinta e anterior a outra pode existir independentemente desta sem que isso implique qualquer contradição. Prova-se que a matéria é distinta da forma pelo fato de que ela, juntamente com a forma, produz um ente composto real, e prova-se que a matéria é anterior à forma — logicamente anterior, ao menos — pelo fato de que recebe a forma, e aquilo que recebe a forma deve ser logicamente anterior à forma.[578] De modo semelhante, uma vez que Deus cria a matéria imediatamente, Ele pode conservá-la imediatamente, isto é, sem o concurso de nenhum agente secundário. De novo: a forma não pertence à essência da matéria, nem o *esse* que a forma confere à matéria pertence à própria matéria, pois é removido na mudança substancial.[579] Em outras palavras: a realidade da mudança substancial postula a realidade da matéria. Em resposta à objeção tomista de que é contraditório falar da matéria como entidade real, isto é, como existindo efetivamente sem a forma, pois dizer que a matéria existe em ato por si própria e dizer que tem uma forma é dizer o mesmo, Escoto responde que

---
[576] *Ox.*, 2, 12, 1, nº 10.
[577] Cf. ibid., 2, 12, 2; *Rep.* 2, 12, 2.
[578] *Ox.*, loc. cit., nº 3.
[579] *Rep.*, 2, 12, 2, nº 5.

ato e forma não são necessariamente termos conversíveis. Obviamente, caso se tome "ato" como aquilo que é recebido e que atua e distingue, então a matéria, que é receptiva, não é ato; contudo, caso o ato e a potência sejam entendidos em um sentido mais amplo, tudo aquilo que é *extra causam suam* está em ato, até mesmo privações, e nesse sentido a matéria está em ato, ainda que não seja forma.[580]

7. Escoto rejeita a teoria das *rationes seminales* sob o fundamento de que ela não é necessária para evitar a conclusão de que o agente eficiente criado aniquila e cria nas mudanças que promove, não havendo nenhuma outra razão cogente para aceitá-la.[581] Contudo, embora rejeite a teoria das *rationes seminales*, conserva a teoria da pluralidade de formas. Contra a afirmação dos tomistas de que não é necessário postular a forma da corporeidade, pois *sine necessitate non est ponenda pluralitas*, Escoto responde que, nesse caso, há uma necessidade — *hic enim est necessitas ponendi plura* — e prossegue argumentando que, embora o corpo, quando a alma o deixa, tenda continuamente à dissolução, permanece sendo um corpo, ao menos por algum tempo, e deve possuir a forma que faz o corpo ser um corpo.[582] Além disso, o Corpo de Cristo no sepulcro deve ter possuído alguma forma de corporeidade. Do fato de que o corpo humano tende naturalmente à dissolução quando a alma o deixa não se segue que o corpo, no estado de separação em relação à alma, não tenha uma forma própria. Segue-se apenas que não tem uma subsistência *perfeita*, e a razão para isso é que a forma da corporeidade é imperfeita e dispõe o corpo a uma forma mais alta, a alma.

Contudo, embora Escoto afirme a existência da forma da corporeidade no corpo humano e, obviamente, em todo corpo orgânico, a qual é transmitida pelos pais ao mesmo tempo que Deus infunde a alma racional, e que é realmente distinta da alma racional, da qual se pode separar, não se deve imaginar que ele fragmente a alma humana em três formas ou nem mesmo em três partes realmente distintas — os princípios vegetativo, sensitivo e intelectivo. Escoto rejeita as teorias que lhe parecem comprometer a unidade da alma. A alma racional do homem compreende essas três potências *unitive*, "embora sejam formalmente distintas".[583] Seria um erro sugerir que Escoto ensinava a existência de três almas no homem ou que sustentava serem as potências vegetativa e sensitiva distintas da potência racional do mesmo modo que o é a forma da corporeidade. Enquanto a distinção entre a forma da corporeidade e a alma humana é uma distinção racional, a distinção entre as potências internas à própria alma é uma distinção formal que se dá entre *formalitates* inseparáveis de um mesmo objeto, não entre entidades, ou formas, separáveis.

---

[580] *Ox.*, 2, 12, 2, nº 7. A distinção da matéria-prima em *materia primo prima*, *materia secundo prima* e *materia tertio prima* encontra-se apenas no inautêntico *De rerum principio*.
[581] *Rep.*, 2, 18, 1.
[582] *Ox.*, 4, 11, 3, nº 54ss.
[583] *Ox.*, 2, 16, nº 17.

8. É necessário dizer algo a respeito da doutrina um tanto obscura de Escoto sobre a individuação, cuja obscuridade reside antes no lado positivo que no lado negativo da doutrina.

Escoto critica e rejeita a teoria de Santo Tomás de que a matéria-prima é o princípio da individuação. A matéria-prima não pode ser a razão primária da distinção e da diversidade, pois é indistinta e indeterminada.[584] Além disso, se a matéria é o princípio da individuação, segue-se que, no caso da mudança substancial, as duas substâncias — a corrompida e a gerada — são precisamente a mesma substância, uma vez que a matéria é a mesma, ainda que as formas sejam diferentes. A teoria de Santo Tomás parece sugerir que a quantidade é, na realidade, o princípio da individuação. No entanto, a quantidade é um acidente, e uma substância não pode ser individuada por um acidente. Escoto, aliás, tenta mostrar que Aristóteles é citado erroneamente como autoridade em favor da visão tomista da individuação.

O princípio da individuação não é, portanto, a matéria-prima, nem pode ser a natureza enquanto tal, pois é precisamente a individuação da natureza que nos ocupa. O que é, então? É a *entitas individualis*. "Essa entidade não é nem a matéria, nem a forma, nem a coisa composta, na medida em que cada uma dessas coisas é uma natureza; no entanto, é a realidade fundamental do ente que é matéria, forma ou coisa composta".[585] A *entitas singularis* e a *entitas naturae*, seja esta a matéria, a forma ou o *compositum*, são formalmente distintas; no entanto, não são nem podem ser duas coisas. Não são coisas separáveis, nem a *entitas singularis* está para a *entitas naturae* como a diferença para o gênero.[586] A palavra "*haecceitas*" não é usada para se referir ao princípio da individuação no comentário de Oxford, embora seja usada nos *Reportata Parisiensia*[587] e nas *Quaestiones in libros Metaphysicorum*.[588]

Não é fácil compreender o que é exatamente esta *haecceitas*, a *entitas singularis vel individualis*, ou *ultima realitas entis*. Conforme vimos, não é a matéria, nem a forma, nem a coisa composta. Todavia, é uma entidade positiva, a realidade última da matéria, da forma e da coisa composta. Um homem, por exemplo, é *este* compósito, composto *desta* matéria e *desta* forma. A *haecceitas* não confere nenhuma determinação qualitativa adicional, mas sela o ente como *este* ente. A visão de Escoto certamente não pode ser equiparada à teoria de que toda natureza é, por si, individual, embora se tenha em vista o fato de que Escoto, ao mesmo tempo que postula a distinção formal entre a *haecceitas* e a natureza, nega sua distinção real, o que parece implicar que a coisa tem a *haecceitas*, ou "istidade" pelo fato de existir. Sua teoria não é a mesma dos nominalistas, pois postula a contração da natureza pela "realidade última". O

---

[584] Ibid., 2, 3, 5, nº 1.
[585] Ibid., 2, 3, 6, nº 15.
[586] Ox., 2, 3, 6, nº 15.
[587] 2, 12, 5, nº 1, 8, 13, 14.
[588] 7, 13, nº 9 e 26.

fato de falar em "realidade última" pareceria implicar que a natureza adquire essa realidade pela existência, mas — diz Escoto — ela não é a própria existência.[589]

---

[589] *Quaestiones in libros Metaph.*, 7, 13, nº 17.

CAPÍTULO XXVII
Duns Escoto — IV: teologia natural

Metafísica e Deus — Conhecimento de Deus a partir das criaturas — Prova da existência de Deus — Simplicidade e inteligência de Deus — Infinitude de Deus — O argumento anselmiano — Atributos divinos que não podem ser provados filosoficamente — A distinção entre os atributos divinos — As idéias divinas — A vontade divina — Criação.

1. Deus não é, em sentido próprio, objeto da ciência metafísica — diz Escoto —,[590] apesar do fato de que a metafísica é a ciência do ente e Deus é o primeiro ente. Uma verdade pertence propriamente à ciência na qual é conhecida *a priori*, a partir dos princípios de tal ciência, mas o metafísico conhece as verdades sobre Deus somente *a posteriori*. Deus, portanto, é o objeto próprio da teologia, na qual Ele é conhecido tal é em Sua essência, em Si mesmo. É objeto da metafísica apenas *secundum quid*, na medida em que o filósofo vem a conhecer a Deus apenas nos — e por meio dos — Seus efeitos.

Essa afirmação certamente não significa que, para Escoto, o filósofo, ou metafísico, seja incapaz de alcançar um conhecimento certo de Deus. "Pelas nossas faculdades naturais (*ex naturalibus*), podemos conhecer algumas verdades a respeito de Deus", diz Escoto,[591] e prossegue explicando que muitas coisas (*multa*) podem ser conhecidas a respeito de Deus pelos filósofos por meio da consideração de Seus efeitos. Pela razão natural, pode-se concluir que Deus é uno, supremo, bom, mas não que Deus é trino em Pessoas.[592] A teologia trata mais propriamente das Pessoas divinas que dos atributos de Deus, pois a maior parte dos atributos essenciais (*essentialia plurima*) pode ser conhecida por nós na metafísica.[593] Em consonância com isso, a afirmação de que Deus é, em sentido estrito, o objeto da teologia antes que da metafísica não implica que Escoto exclua o estudo de Deus da metafísica, pois, embora Deus não seja o objeto primário da metafísica, é considerado na metafísica da maneira mais nobre que pode ser estudada em qualquer ciência natural.[594] No *De Primo Principio*,[595] Escoto recapitula as perfeições que os filósofos provaram pertencer a Deus, distinguindo-as das outras perfeições, como a onipotência e a providência universal e especial, que pertence mais propriamente aos *credibilia*,

---
[590] *Rep.* Prol., 3, n° 1.
[591] Ibid., Prol., 3, n° 6.
[592] *Ox.*, 1, 1, 2, n° 2.
[593] *Ox.*, Prol., 4, n° 32.
[594] Ibid., Prol., 4, n° 20.
[595] E. g. 4, n° 36, 37.

isto é, às verdades que não foram provadas pelos filósofos, mas que são cridas pelos *Catholici*. Essas verdades — diz Escoto — serão consideradas no *sequenti (tractatu)*, tendo sido acrescidas as palavras: "*scilicet in Theorematibus*". Já foi mencionado, no capítulo XXIII, que houve tentativas de refutar a identificação do "seguinte" tratado com os *Theoremata*, devendo-se essa tentativa em grande medida à contradição ao menos aparente entre os *Theoremata* e o *De primo principio*. Conforme expliquei então, proponho-me expor a teologia natural de Escoto no pressuposto de que os *Theoremata* não são obra autêntica de Escoto, com a ressalva de que, caso a autenticidade dos *Theoremata* seja um dia provada de maneira satisfatória, seria preciso explicar a contradição aparente segundo alguma linha de raciocínio semelhante à adotada por Gilson. Seja como for, Escoto deixou perfeitamente claro nas suas obras certamente autênticas que o filósofo pode provar muitas verdades sobre Deus pela luz natural da razão, sem empregar nenhum dado da revelação. Alguns dos pontos quanto aos quais Escoto restringiu o escopo do intelecto humano desassistido serão assinalados nas próximas páginas. No entanto, é importante notar que Escoto não era nem um cético nem um agnóstico com respeito à teologia natural, e os *Theoremata*, mesmo se autênticos, seriam absolutamente insuficientes para descartar as provas claras e abundantes sobre esse ponto que são fornecidas pelos comentários às *Sentenças* e pelo *De primo principio*.

2. Escoto decerto pensava que a existência de Deus tem necessidade de prova racional e que essa prova deve ser *a priori*. Do seu uso do argumento anselmiano falarei mais tarde.

Em primeiro lugar, o homem não tem nenhum conhecimento intuitivo de Deus nesta vida, uma vez que a intuição de Deus é precisamente a forma de conhecimento que põe o homem *extra statum viae*.[596] Nosso conhecimento parte das coisas sensíveis e nosso conhecimento conceitual natural de Deus é alcançado por meio da reflexão sobre os objetos da experiência.[597] Considerando as criaturas enquanto efeitos de Deus, a mente humana é capaz de formar conceitos que se aplicam a Deus. No entanto, deve-se acrescentar que os conceitos de Deus que são formados a partir das criaturas são imperfeitos[598] se comparados aos conceitos baseados na própria essência divina. Segue-se que nosso conhecimento de Deus é indistinto e obscuro, pois não é um conhecimento de Deus enquanto imediatamente presente ao intelecto em Sua essência.[599]

Nosso conhecimento natural de Deus fundamenta-se na nossa capacidade de formar conceitos unívocos, conforme explicado no último capítulo. Escoto afirma que "as criaturas que imprimem suas próprias idéias (*species*) no intelecto podem também imprimir idéias dos (atributos) transcendentes que pertencem em comum a elas e a Deus".[600] Contudo, não seria possível procedermos do conhe-

---

[596] *Quodlibet*, 7, nº 8.
[597] *Ox.*, 1, 3, 2, nº 1 e 30.
[598] Ibid., Prol., 1, nº 17.
[599] *Rep.*, Prol., 3, 2, nº 4.
[600] *Ox.*, 1, 3, 2, nº 18.

cimento das criaturas ao conhecimento de Deus se a partir delas não fôssemos capazes de formar conceitos unívocos. Quando o intelecto já formou esses conceitos, pode combiná-los para formar uma idéia qüiditativa composta de Deus. Assim como a imaginação pode combinar as imagens da montanha e do ouro para formar a imagem de uma montanha de ouro, o intelecto pode combinar as idéias da bondade, da supremacia e da atualidade para formar o conceito de um ente supremamente bom em ato.[601] Não é preciso dizer que essa comparação não nos deve levar a pensar que, para Escoto, a atividade combinatória da mente na teologia natural é totalmente paralela ao trabalho combinatório da imaginação e da fantasia. A primeira é governada pela verdade objetiva e pela necessidade lógica apreendida, ao passo que a construção da montanha de ouro é "imaginária", isto é, arbitrária, obra da fantasia.

3. Como Escoto prova a existência de Deus? No comentário de Oxford,[602] afirma que a existência da primeira causa é demonstrada mais perfeitamente a partir dos atributos (*passiones*) das criaturas considerados na metafísica do que a partir daqueles que são considerados pelo filósofo natural. "Com efeito, é um conhecimento mais perfeito e imediato do ente primeiro conhecê-lo enquanto ente primeiro ou necessário do que conhecê-lo enquanto primeiro motor". Escoto não nega aqui que o filósofo natural possa mostrar que o fato do movimento exige um primeiro motor. Seu ponto é que o argumento a partir do movimento não transcende, por si, a ordem física, nem chega ao ente necessário que é a causa total última dos seus efeitos. O primeiro motor, considerado enquanto tal, é simplesmente a causa do movimento; não é concebido enquanto causa do ser de todas as outras coisas, mas é uma hipótese (necessária) para explicar o fato físico do movimento. O argumento a partir do movimento, portanto, está muito longe de ser a prova favorita de Escoto. Pode-se observar de passagem que, se o comentário à *Física*, que hoje é rejeitado como espúrio, fosse autêntico, a dificuldade em aceitar-se a autenticidade dos *Theoremata* pudesse talvez ser reduzida. Naquela obra,[603] o autor deixa claro seu juízo de que o argumento a partir do movimento não nos leva, por si, a um conhecimento reconhecível de Deus, pois chega simplesmente a um primeiro motor, sem indicar sua natureza. Assim, caso se pudesse sustentar que o autor dos *Theoremata* estivesse falando da filosofia natural quando dizia que não se pode provar que Deus é vivo ou inteligente, pareceria que a contradição aparente entre os *Theoremata* e as obras certamente autênticas de Escoto poderia ser resolvida. No entanto, como a *Questões sobre a física de Aristóteles* é uma obra inautêntica, e como a autenticidade dos *Theoremata* não foi provada, dificilmente valerá a pena prosseguir com a questão. Seja como for, continua a ser verdade que Escoto enfatizava as provas para a existência de Deus que são fundadas nas *passiones*

---

[601] Ibid.
[602] Prol., 2 lateralis, n° 21.
[603] 3, 7.

metaphysicae. Além disso, no comentário de Oxford,[604] Escoto observa que a proposição de que o movente e o movido devem ser distintos "é verdadeira somente em coisas corpóreas, e também creio que mesmo aí não é necessariamente verdadeira", ao passo que "ao menos com relação aos entes espirituais, digo ser pura e simplesmente falsa".

No *De primo principio*,[605] Escoto argumenta, partindo do fato da contingência, pela existência de uma causa primeira e de um ente necessário. Que haja entes que podem ter um ser depois de não o ter, que podem vir à existência, que são contingentes, é claro; e tais entes exigem uma causa do seu ser, pois não podem nem se causar a si mesmos, nem ser causados por nada (*nec a se nec a nihilo*). Se A é a causa do ser de um objeto contingente, deve ser, por sua vez, ou causado, ou não causado. Se é causado, seja B a causa de A. Ora, é impossível proceder infinitamente. Logo, deve haver uma causa última que é, por si mesma, não causada. Escoto distingue claramente a série de *essentialiter ordinata* da série de *accidentaliter ordinata*, indicando que aquilo que está negando não é a possibilidade de um regresso infinito de causas sucessivas, cada uma das quais, se tomada em si mesma, sendo contingente, mas a possibilidade de uma série infinita (vertical) de causas simultâneas totais. Conforme observa Escoto, mesmo se admitirmos a possibilidade de uma série infinita de causas sucessivas, a cadeia de causas como um todo exige uma explicação, e esta deve estar fora da própria cadeia, pois cada membro da cadeia é causado e, portanto, contingente. Uma série infinita de entes contingentes sucessivos não pode explicar a própria existência, pois toda a série é contingente se cada membro é contingente: é necessário postular uma causa transcendente. "A totalidade dos efeitos (*causatorum*) ordenados é causada; portanto, (foi causada) por alguma causa que não pertence àquela totalidade".[606] Se, por exemplo, postular-se que a raça humana remonta ao infinito, haverá uma sucessão infinita de pais e filhos. O pai causa o filho, mas, após a morte do pai, o filho continua a existir e continua sendo contingente. Exige-se uma causa última, não apenas para o filho existir aqui e agora, mas também para toda a série de pais e filhos, pois o regresso infinito não torna a série necessária. O mesmo princípio pode ser estendido ao universo dos entes contingentes em geral: o universo dos entes contingentes exige uma causa transcendente *atual* (que não seja, ela própria, causada). Uma sucessão infinita "é impossível, exceto em virtude de uma natureza de duração infinita (*durante infinite*), da qual toda a sucessão e cada membro dependam".[607]

Escoto prossegue mostrando que a primeira causa na ordem essencial da dependência deve existir em ato e não pode ser meramente possível,[608] que é um

---

[604] 2, 25, *quaestio unica*, nº 12.
[605] 3.
[606] *De primo principio*, 3, 3.
[607] Ibid., 3, 4.
[608] Ibid., 3, nº 5.

ente necessário, isto é, que não pode não existir⁶⁰⁹ e que é una.⁶¹⁰ Não pode haver mais que um ente necessário. Escoto argumenta, por exemplo, que, se houvesse dois entes com a natureza comum de ente necessário, seria preciso haver uma distinção formal entre a essência comum e a individualidade, que seria algo distinto do ente necessário. Caso se responda que não existe tal distinção em um ente necessário, segue-se que os dois entes são indistinguíveis e que, portanto, são um único. Esse argumento, embora baseado na teoria de Escoto da natureza comum e da individuação, lembra um argumento análogo fornecido por Santo Anselmo. Além disso, a ordem essencial do universo, que é una, postula um único *primum effectivum*. Escoto prossegue mostrando que há uma primeira causa final, *primum finitivum*⁶¹¹ e um ente supremo na ordem da eminência,⁶¹² e então demonstra que o *primum effectivum*, o *primum finitivum* e o *primum eminens* (ou *perfectissimum*) são idênticos.⁶¹³

No comentário de Oxford às *Sentenças*,⁶¹⁴ Escoto argumenta de modo muito semelhante. Temos que proceder das criaturas para Deus considerando a relação causal (seja a causalidade eficiente, seja a causalidade final) ou a relação do *excessum* ao *excedens* na ordem da perfeição. O ente contingente, o *effectibile*, ou é causado por nada, ou por si mesmo, ou por outro. Como é impossível ser causado por nada ou por si mesmo, deve ser causado por outro. Se esse outro é a causa primeira, encontramos o que buscávamos: se não, então devemos ir além. No entanto, não podemos proceder infinitamente na ordem da dependência. *Infinitas autem est impossibilis in ascendendo.*⁶¹⁵ Tampouco podemos supor que os entes contingentes causam uns aos outros, pois então deveríamos proceder em círculo, sem chegar a uma explicação última da contingência. É inútil dizer que o mundo é eterno, pois a série eterna de entes contingentes exige uma causa.⁶¹⁶ De maneira semelhante, na ordem da causalidade final, deve haver uma causa final que não se dirige a uma causa final mais fundamental,⁶¹⁷ ao passo que na ordem da eminência deve haver um ente mais perfeito, uma *suprema natura*.⁶¹⁸ Esses três são apenas um e mesmo ente. A primeira causa eficiente age em vista do fim último, mas nada além do primeiro ente pode ser o fim último. De maneira semelhante, a primeira causa eficiente não é unívoca com seus efeitos, isto é, não pode ter a mesma natureza, mas deve transcendê-los e, enquanto causa primeira, deve ser o ente "mais eminente".⁶¹⁹

---

⁶⁰⁹ Ibid., 3, n° 6.
⁶¹⁰ Ibid., 3, n° 6–7.
⁶¹¹ Ibid., 3, n° 9.
⁶¹² Ibid., n° 9–10.
⁶¹³ Ibid., n° 11–14.
⁶¹⁴ *Ox.* 2, 2, n.ᵒˢ 10ss.
⁶¹⁵ *Ox.*, 2, 2, n° 11.
⁶¹⁶ Ibid., n° 14–15.
⁶¹⁷ Ibid., n° 17.
⁶¹⁸ Ibid., n° 18.
⁶¹⁹ Ibid.

4. Como o primeiro ente é não causado, não pode possuir partes essenciais como matéria e forma, nem pode possuir acidentes. Não pode, em síntese, ser composto de qualquer modo, devendo ser simples por essência.[620] Deve ser inteligente e possuir vontade. Os agentes naturais do mundo que não agem conscientemente em vista de um fim, nada obstante, agem em atenção um fim, e isso significa que o fazem pelo poder e pelo conhecimento de um agente que os transcende. Se os agentes naturais do mundo agem teleologicamente, isso supõe que a causa primária conhece o fim e o quer, pois nada pode ser dirigido a um fim exceto em virtude do conhecimento e da vontade — como, poderíamos dizer, a flecha é dirigida a um fim pelo arqueiro que conhece e quer o fim. Deus ama a Si mesmo e quer a Si mesmo necessariamente. No entanto, não quer necessariamente nada além de Si mesmo, pois nada fora de Si mesmo lhe é necessário: somente Ele é o ente necessário. Segue-se que Ele causa Seus efeitos com liberdade, não por necessidade. Deus conhece e compreende desde toda a eternidade tudo o que Ele produz. Ele tem a compreensão atual e distinta de tudo quanto é inteligível, sendo essa compreensão o mesmo que Ele próprio (*idem sibi*).[621]

5. No entanto, Escoto dedica máxima atenção à infinitude de Deus. O conceito mais simples e mais perfeito de Deus que podemos formar é o do ente absolutamente infinito. É mais simples que o conceito da bondade e outros semelhantes, pois a infinitude não é como um atributo ou *passio* do ente de que é predicado, mas significa o modo intrínseco daquele ente. É o conceito mais perfeito, pois a infinitude inclui virtualmente a verdade infinita, a bondade infinita e toda perfeição que é compatível com a infinitude.[622] É verdade que toda perfeição em Deus é infinita, mas "possui sua perfeição formal da infinitude da essência como a de sua raiz e fundamento".[623] Todas as perfeições divinas estão fundadas na essência divina, cuja melhor descrição é a infinitude do ser. Portanto, não é correto afirmar que, para Escoto, a essência divina consista na vontade. "Embora a vontade seja formalmente infinita, não inclui formalmente em si mesma todas as perfeições [...] mas somente a essência inclui todas as perfeições desse modo".[624]

No *Opus Oxoniense*[625] e no *De primo principio*,[626] Escoto fornece uma série de provas da infinitude divina. Pressupondo a compatibilidade entre a infinitude e o ser, Escoto toma como texto do seu primeiro argumento as palavras de Aristóteles: "*Primum movet motu infinito; ergo habet potentiam infinitam*", e argumenta que a conclusão é inválida se interpretada como derivada do movimento que é infinito quanto à duração — pois a extensão da duração não torna

---

[620] *De primo principio*, 4, nº 1–4.
[621] *De primo principio*, 4, nº 14.
[622] *Ox.*, 1, 2, 3, nº 17.
[623] Ibid., 4, 3, 1, nº 32.
[624] Ibid., 4, 13, 1, nº 32.
[625] 2, 2, nº 25 ss.
[626] 4, nº 15 ss.

uma coisa mais perfeita —, embora seja válida se interpretada como derivada do poder de produzir, pelo movimento, infinitos efeitos, isto é, sucessivamente. Deus, enquanto primeira causa eficiente, capaz de produzir uma infinidade de efeitos, deve ser infinito em poder. Além disso, como Deus possui em Si mesmo, de modo mais eminente, a causalidade de todas as causas secundárias possíveis, deve ser infinito em Si mesmo, *intensive*.[627] Em segundo lugar, Deus deve ser infinito, pois conhece infinitos objetos inteligíveis. Esse argumento pode parecer uma *petitio principii* pura e simples, mas Escoto fornece uma razão para pressupor que Deus conhece infinitos *intelligibilia*. "Todas as coisas que são infinitas em potência, o são de forma a, tomadas uma após a outra, não poderem ter um fim e serem infinitas em ato, caso em ato estejam juntas. Ora, é bastante claro que os objetos inteligíveis são infinitos em potência com respeito ao intelecto criado e que, no intelecto incriado, todos (os *intelligibilia*) que são inteligíveis sucessivamente pelo intelecto criado são inteligidos em ato juntos. Portanto, há (no intelecto incriado) um número infinito de objetos apreendidos em ato".[628] Em terceiro lugar, Escoto argumenta a partir da finalidade da vontade. "Nossa vontade pode desejar e amar um objeto maior que qualquer objeto infinito [...] Mais que isso: parece haver uma inclinação natural a amar sobre todas as coisas um bem infinito [...] Assim, parece que, no ato de amar, temos a experiência de um bem infinito; de fato, a vontade não parece encontrar repouso em nenhum outro objeto [...]". O bem infinito, portanto, deve existir.[629] O quarto argumento do comentário de Oxford[630] é no sentido de que não é compatível com o ente finito não haver um ente mais perfeito, mas que é incompatível com o *ens eminentissimum* haver um ente mais perfeito. Ora, a infinitude é maior e mais perfeita que a finitude, e a infinitude e o ser são compatíveis. O *ens eminentissimum* deve, portanto, ser infinito. A prova de que a infinitude é compatível com o ser não importa em muito mais do que dizer que não podemos discernir nenhuma incompatibilidade. No *De primo principio*,[631] Escoto prova a infinitude de Deus também a partir do fato de que Seu intelecto se identifica com Sua substância, argumentando que tal identificação é impossível em um ente finito.

Tendo provado — pelo menos a seu contento — a infinitude de Deus, Escoto é capaz de mostrar que Deus deve ser um e somente um.[632]

6. Na sua discussão sobre a infinitude divina, Escoto introduz o chamado argumento ontológico de Santo Anselmo.[633] Escoto observa que o intelecto, cujo objeto é o ente, não encontra nenhuma repugnância recíproca entre o "ente" e o "infinito", e seria espantoso, supondo-se que ambos sejam incompatíveis, que o intelecto não discernisse sua incompatibilidade, "uma vez que uma desarmonia

---

[627] Cf. *Ox.*, 1, 2, 2, n° 25-9.
[628] *Ox.*, 1, 2, 2, n° 30; cf. *De primo principio*, 15 ss.
[629] *Ox.*, 1, 2, 2, n° 31.
[630] 1, 2, 2, n° 31-2.
[631] 4, n° 21.
[632] *Ox.*, 1, 2, 3; *De primo principio*, 4, n° 38-40.
[633] *Ox.* 1, 2, 2, n° 32.

entre sons ofende tão facilmente o ouvido". Se há tal incompatibilidade, por que o intelecto não "se retrai" diante da idéia do infinito, se esta é incompatível com o seu objeto próprio, o ente? Prossegue, então, afirmando que o argumento de Santo Anselmo exposto no primeiro capítulo do *Proslogium* pode ser "colorido" (*potest colorari*) e que deve ser compreendido deste modo: "Deus é aquilo de que, sendo pensado sem contradição, não se pode pensar em algo maior sem contradição. Que (as palavras) 'sem contradição' devam ser acrescentadas é patente, pois o pensamento de algo em que está incluída (isto é, envolvida) uma contradição é impensável [...]". Tem sido afirmado que, como Escoto reconhece que o argumento anselmiano deve ser "colorido", ele o rejeita. No entanto, é evidente que não o rejeita de maneira irrestrita. O que seria "colori-lo" senão usá-lo? E ele, de fato, o usa. Em primeiro lugar, tenta mostrar que a idéia do *summum cogitabile* não envolve contradição, isto é, que a essência, ou o *esse quidditativum* é possível, e então observa que, se o *summum cogitabile* é possível, deve existir, que deve ter *esse existentiae*. *Majus igitur cogitabile est, quod est in re quam quod est tantum in intellectu*. Aquilo que realmente existe é *majus cogitabile* que aquilo que não existe realmente, mas é meramente concebido, na medida em que aquilo que existe realmente é "visível", ou capaz de ser intuído, e aquilo que pode ser intuído é "maior" que aquilo que somente pode ser concebido, ou conhecido apenas pelo pensamento abstrativo. Segue-se, então, que o *summum cogitabile* deve existir realmente. Escoto não está dizendo que podemos ter uma intuição natural de Deus. Está dando a razão para julgar que aquilo que realmente existe é maior, ou mais perfeito, que aquilo que não tem existência real e extramental.

Não há dúvida de que Escoto faz uso do argumento anselmiano. Surgem duas questões, portanto. Primeira: em que consiste a *coloratio* do argumento? Segunda: de que modo Escoto pensava que seu uso do argumento era consistente com sua afirmação clara de que somente podemos demonstrar a existência de Deus *a posteriori*? Em primeiro lugar, a *coloratio* consiste em uma tentativa de mostrar que a idéia do ente mais perfeito é a idéia de uma coisa possível, e Escoto faz isso, fundamentalmente, observando que nenhuma contradição é constatável na idéia do ente mais perfeito. Em outras palavras, antecipa a tentativa de Leibniz de mostrar que a idéia de Deus é a idéia de um ente possível, na medida em que a idéia não envolve nenhuma contradição, e a idéia de um ente que não envolve nenhuma contradição constitui a idéia de um ente possível. Por outro lado, Escoto não considerava que o fato de não podermos constatar nenhuma contradição na idéia do ente mais perfeito fosse uma prova demonstrativa do fato de não haver nenhuma contradição envolvida. Não podemos mostrar apoditicamente e *a priori* que o ente mais perfeito é possível, e é por isso que afirma alhures que o argumento anselmiano pertence às provas que não fornecem mais que *persuasiones probabiles*.[634] Com isso, obtém-se a resposta para a nossa segunda pergunta. Escoto considerava seu uso do argumento anselmiano

---

[634] *Rep.*, 1, 2, 3, nº 8.

compatível com sua afirmação de que podemos demonstrar a existência de Deus apenas *a posteriori*, porque não considerava o argumento anselmiano como uma demonstração, mas apenas como "persuasão provável", como prova provável. Não rejeitava sem restrições o argumento, como Santo Tomás, mas estava insatisfeito com o argumento tal como se apresentava e pensava que precisava de "coloração". Por outro lado, não pensava que a "coloração" — a prova de que a idéia de Deus é a idéia de uma coisa possível — fosse uma prova demonstrativa e, portanto, apresentava o argumento como provável. Usava-o antes como argumento auxiliar para mostrar o que está envolvido, ou implicado, na idéia de Deus, que como uma demonstração estrita da existência de Deus. É como se dissesse: "Isso é o melhor que podemos fazer com o argumento, que tem sua utilidade, se aceitares suas premissas. No entanto, não o considero uma demonstração. Se há necessidade de uma demonstração estrita da existência de Deus, esta deverá proceder *a posteriori*".

7. Escoto não considerava possível demonstrarmos pela razão natural todos os atributos essenciais de Deus. Assim, no *De primo principio*,[635] diz que a consideração dos atributos da onipotência, da imensidade, da onipresença, da verdade, da justiça, da misericórdia e da providência dirigida a todas as criaturas e às criaturas inteligentes em particular é deixada para o próximo tratado, pois são *credibilia*, isto é, objetos revelados pela fé. Pode parecer estranho ler que a onipotência, por exemplo, não possa ser demonstrada filosoficamente como um atributo divino, quando Escoto não hesita em concluir pela infinitude de Deus a partir do Seu poder infinito. No entanto, Escoto distingue a onipotência no sentido teológico próprio (*proprie theologice*), que não pode ser demonstrada com certeza pelos filósofos, e o poder infinito (*potentia infinita*), que pode ser demonstrado pelos filósofos.[636] A distinção consiste no seguinte: o poder de Deus de produzir todo efeito possível, imediata *ou* mediatamente, pode ser provado filosoficamente, mas não o Seu poder para produzir todos os efeitos possíveis imediatamente. Ainda que a primeira causa possua em si mesma *eminentius* a causalidade da causa secundária, não se segue necessariamente — diz Escoto — que a primeira causa possa produzir o efeito da causa secundária imediatamente, sem a cooperação da causa secundária, não porque a causalidade da primeira causa exija algum acréscimo, por assim dizer, mas porque a imperfeição do efeito pode exigir, até onde o filósofo pode ver, a operação causal da causa infinita como explicação. Escoto, assim, não está atacando a demonstrabilidade do poder criador de Deus: o que está dizendo é que a proposição "tudo o que a primeira causa eficiente pode fazer com a cooperação de uma causa secundária pode fazer também imediatamente por si mesma" não é nem auto-evidente, nem filosoficamente demonstrável, mas é conhecida pela fé (*non est nota ex terminis neque ratione naturali, sed est tantum credita*). A objeção de que a causalidade

---

[635] 4, n° 37.
[636] *Ox.*, 1, 42, *quaestio unica*, n° 2.

universal imediata de Deus destruiria a causalidade própria das criaturas não pode ser resolvida pela razão desassistida.[637]

Quanto à imensidade e à onipresença divinas, a negação por parte de Escoto da demonstrabilidade desses atributos de Deus depende da sua negação da rejeição, por parte de Santo Tomás, da *actio in distans* (ação a distância). De acordo com Santo Tomás,[638] a *actio in distans* é impossível, ao passo que, para Escoto, quanto maior a eficácia do agente, maior o seu poder de agir a distância. "Portanto, como Deus é o agente mais perfeito, não se pode concluir a respeito d'Ele, por meio da natureza da ação, que Ele esteja presente em qualquer efeito que causa, mas antes que Ele esteja distante".[639] É difícil ver o que a *actio in distans* poderia significar com respeito a Deus. Contudo, no que diz respeito a Escoto, ele não nega que Deus seja onipresente ou que a onipresença seja um atributo necessário de Deus, mas apenas que a onipresença de Deus seja demonstrável filosoficamente, em particular, que a suposta impossibilidade da *actio in distans* seja uma razão válida para mostrar que Deus é onipresente.

Provavelmente, a "verdade" deve ser tomada em conjunto com a misericórdia e a justiça, significando, no contexto, praticamente o mesmo que a "justiça". Pelo menos, se essa sugestão dos comentadores não é aceita, é dificílimo compreender o que Escoto queria dizer, uma vez que a verdade e a veracidade são listadas entre os atributos divinos que são conhecidos pela razão natural.[640] Quanto à justiça, Escoto por vezes parece dizer que a justiça divina pode ser conhecida pela luz natural da razão;[641] contudo, quando nega que a justiça de Deus seja demonstrável filosoficamente, parece querer dizer que não se pode provar que Deus retribui e pune na próxima vida, pois não se pode provar estritamente que a alma é imortal,[642] ou que não podemos justificar pela nossa razão todos os caminhos de Deus a respeito do homem. Que Deus é misericordioso, no sentido de perdoar os pecados e abrir mão da aplicação das penas, não pode ser demonstrado filosoficamente. Por fim, no que diz respeito à providência divina, quando Escoto diz que sua existência não pode ser demonstrada, não parece querer dizer que nenhuma forma de providência possa ser demonstrada, mas que a ação providencial imediata, ou especial, por parte de Deus — sem o emprego de causas secundárias — não pode ser demonstrada filosoficamente. Escoto certamente sustentava que a criação divina, a conservação e o governo do mundo podem ser demonstrados.

8. Escoto rejeitava as teorias de Santo Tomás e de Henrique de Gante a respeito da ausência de qualquer distinção em Deus além da distinção real entre as Pessoas divinas, postulando uma distinção formal objetiva entre os atributos divinos. A *ratio formalis* da sabedoria, por exemplo, não é idêntica à

---

[637] Cf. *Rep.*, 1, 42, 2, nº 4; *Quodlibet*, 7, nº 4 e 18.
[638] *S. T.*, Ia, q. 8, art. 1, ad 3.
[639] *Rep.*, I, 37, 2, nº 6 ss.
[640] Cf. *De primo principio*, 4, nº 36 ss; *Ox.*, Prol. 2, nº 10; 3, 23, nº 5; 3, 24, nº 22.
[641] Cf. ibid., 4, 17, nº 7; *Rep.*, 4, 17, nº 7.
[642] Cf. *Ox.*, 4, 43, 2, nº 27.

ratio formalis da bondade. Ora, "a infinitude não destrói a *ratio* daquilo a que é acrescentada".[643] Se, portanto, o caráter formal do conceito unívoco de sabedoria não é o mesmo que o caráter formal do conceito unívoco de bondade, a sabedoria infinita será formalmente distinta da bondade infinita. Segue-se, portanto, que os atributos divinos da sabedoria e da bondade serão formalmente distintos, independentemente da operação da mente humana. Por outro lado, não pode haver nenhuma composição em Deus, nem nenhuma distinção real em sentido técnico entre os atributos divinos. A distinção entre os atributos divinos deve ser, portanto, não uma distinção real, mas uma *distinctio formalis a parte rei*, e a fórmula será que os atributos são realmente, ou substancialmente, idênticos (*in re*), mas formalmente distintos. "Assim, admito que a verdade é idêntica à bondade *in re*, mas não, contudo, que a verdade seja formalmente a bondade".[644] Escoto defende que a distinção entre a essência divina e os atributos divinos, bem como a distinção dos atributos entre si, não prejudica a simplicidade divina, pois os atributos não são acidentes de Deus, nem informam Deus como os acidentes informam as substâncias finitas. Enquanto infinitos, são idênticos na realidade à essência divina, e Deus pode ser chamado a Verdade, a Sabedoria, a Bondade. No entanto, permanece o fato de que as *rationes formales* da verdade, da sabedoria e da bondade são formal e objetivamente distintas.[645]

9. Sustentou-se no passado que as idéias divinas dependem — de acordo com Escoto — do livre-arbítrio divino, de modo às idéias exemplares de Deus serem criações arbitrárias d'Ele. No entanto, na verdade, Escoto ensina explicitamente que é o intelecto divino que produz as idéias: "O intelecto divino, precisamente enquanto intelecto, produz em Deus as *rationes ideales*, as naturezas ideais ou inteligíveis".[646] A essência divina, contudo, é o fundamento das idéias. "Deus primeiramente conhece a Sua essência e, em um segundo momento, intelige (*intelligit*) as criaturas por meio dessa essência, e, desse modo, o objeto cognoscível depende do intelecto divino quanto ao seu ser conhecido (*in esse cognito*), pois é constituído no seu *esse cognito* por aquele intelecto".[647] As idéias divinas, portanto, não dependem da vontade divina. "O intelecto divino, sendo de certo modo — isto é, logicamente — anterior ao ato da vontade divina, produz aqueles objetos no seu ser inteligível (*in esse intelligibili*) e, assim, com respeito a estes, parece ser simplesmente uma causa natural, pois Deus não é causa livre senão daquilo que pressupõe de algum modo a Sua vontade ou um ato da Sua vontade".[648] Os possíveis não são produzidos pela onipotência divina, mas pelo intelecto divino, que os produz *in esse intelligibili*.[649]

---

[643] *Ox.*, 1, 8, 4, nº 17.
[644] Ibid., 1, 8, 4, nº 18.
[645] Ibid., 1, 8, 4, nº 18.
[646] *Ox.*, 1, 36, nº 4, cf. nº 6.
[647] *Rep.*, 1, 36, 2, nº 33.
[648] *Ox.*, 1, 3, 4, nº 20.
[649] Ibid., 2, 1, 2, nº 6.

As idéias divinas são infinitas em número e substancialmente idênticas à essência divina, mas não são formalmente idênticas à essência divina:[650] são necessárias e eternas, mas não são formalmente necessárias e eternas no mesmo sentido em que a essência divina o é, pois a essência divina tem certa prioridade lógica. Outra vez: "Embora a essência divina fosse desde a eternidade a causa da pedra no seu ser inteligível, por certa ordem de prioridade, as Pessoas foram 'produzidas' antes da pedra no seu ser inteligível [...] ainda que esta seja eterna".[651] Em termos lógicos, a essência divina é imitável antes de o intelecto divino apreendê-la como imitável.[652] As idéias são participações, ou imitações possíveis, da essência divina, apreendidas pelo intelecto divino, e é porque a essência divina é infinita — porque é imitável de infinitos modos — que as idéias são finitas, embora a presença das idéias não obrigue Deus a criar os objetos correspondentes.[653]

10. Escoto não ensina que a vontade divina age de maneira caprichosa e arbitrária, embora essa doutrina lhe tenha sido atribuída. "A vontade de Deus é a Sua essência realmente, perfeita e identicamente",[654] e a vontade divina é em si mesmaum único ato.[655] A vontade divina e o ato da vontade divina, que são uma só coisa (*in re*), não podem, portanto, mudar, embora não se siga disso que aquilo que Deus quer eternamente deva existir eternamente. "A operação (da vontade) está na eternidade, e a produção do *esse existentiae* está no tempo".[656] Em termos lógicos, mesmo em Deus o intelecto precede a vontade, e Deus *quer* com máxima racionalidade (*rationabilissime*). Embora não haja, ontologicamente, senão um ato da vontade divina, podemos distinguir o ato primário pelo qual Deus quer o fim (*finis*), que é Ele próprio, o ato secundário pelo qual quer aquilo que se ordena imediatamente ao fim — por exemplo, predestinando os eleitos —, o terceiro ato, pelo qual Ele quer aquelas coisas que são necessárias para alcançar esse fim — por exemplo, a graça —, e o quarto ato, pelo qual quer meios mais remotos, tais como o mundo sensível.[657] No entanto, embora o intelecto divino preceda logicamente a volição divina, a vontade divina não tem necessidade de direção, como se pudesse errar ou escolher algo inadequado, e, *nesse sentido*, a vontade divina é sua própria regra. De fato, Escoto afirma por vezes que a vontade divina quer porque quer e que nenhuma razão pode ser dada, mas deixa bastante claro o que quer dizer com isso. Depois de citar Aristóteles, dizendo que é a marca do homem sem educação buscar razões demonstrativas para tudo, Escoto argumenta que não são apenas os princípios últimos que não podem ser demonstrados, mas também as coisas contingentes, porque as coisas

---

[650] *Rep.*, 1, 36, 3, n° 27.
[651] *Collationes*, 31, n° 5.
[652] *Ox.*, 1, 35, n° 8.
[653] Ibid., 1, 38, n° 5.
[654] *Rep.*, 1, 45, 2, n° 7.
[655] *Ox.*, 1, 17, 3, n° 18.
[656] *Ox.*, 1, 39, n° 21, cf. ibid., 2, 1, 2, n° 7.
[657] Ibid., 3, 32, n.° 6.

contingentes não se seguem de princípios necessários. A idéia da natureza humana em Deus é necessária, mas por que Deus quis que a natureza humana fosse representada neste ou naquele indivíduo, neste ou naquele tempo, é uma questão à qual nenhuma resposta pode ser dada a não ser "porque Ele quis que fosse e, portanto, é bom que seja".[658] O ponto de Escoto é que coisas contingentes não podem ser deduzidas por demonstrações necessárias, pois, nesse caso, seriam necessárias, não contingentes. Caso se pergunte — diz ele — por que o calor aquece, a única resposta é que o calor é o calor; assim também, a única resposta à questão de por que Deus quis uma coisa contingente é que Ele a quis.[659] Escoto não está negando que Deus aja por um fim, que é Ele próprio, ou que Ele aja "com máxima racionalidade". Quer, no entanto, mostrar o absurdo de buscar uma razão necessária para aquilo que não é necessário. "De um (princípio) necessário não se segue algo contingente".[660] A escolha livre de Deus é a razão última das coisas contingentes e não podemos ultrapassar legitimamente a escolha livre e Deus e buscar uma razão necessária que determine aquela escolha. O intelecto de Deus não determina Sua obra criadora por razões necessárias, pois a criação é livre, nem está Ele determinado pela bondade dos objetos, pois os objetos ainda não existem: em vez disso, eles são bons, porque Ele quis que fossem. Que Deus pode criar somente o que é uma imitação da Sua essência e que Ele não pode, portanto, criar nada mau, está compreendido.

Escoto insistia, assim, no livre-arbítrio de Deus com relação às suas operações *ad extra*. Contudo, sustentava também que, embora Deus ame a Si mesmo necessariamente e não possa querer e amar a Si mesmo, esse amor é, nada obstante, livre. Essa teoria certamente parece um tanto singular. Que a vontade de Deus seja livre com relação aos objetos finitos se segue da infinitude da vontade divina, que pode ter como seu objeto necessário apenas um objeto infinito, que é o próprio Deus; mas que Deus ame a Si mesmo de maneira livre e necessária ao mesmo tempo certamente parece, ao menos à primeira vista, envolver uma contradição. A posição de Escoto é a seguinte: a liberdade pertence à perfeição da vontade, devendo estar presente formalmente em Deus. Como a volição dirigida ao fim último é a espécie mais perfeita de volição, deve incluir aquilo que pertence à perfeição da volição. Deve, portanto, ser livre. Por outro lado, a vontade divina, sendo idêntica a Deus, não pode querer e amar o fim último — o próprio Deus. O princípio de reconciliação entre essas duas proposições aparentemente contraditórias é que a necessidade no ato supremo da vontade não afasta, mas antes postula aquilo que pertence à perfeição da vontade. "A condição intrínseca da própria potência, quer tomada absolutamente, quer tomada com referência a um ato perfeito, não é incompatível com a perfeição da operação. Ora, a liberdade é uma condição intrínseca da vontade, quer tomada absolutamente, quer tomada com referência ao ato de querer. Portanto, a liberdade

---
[658] Ibid., 2, 1, 2, nº 65.
[659] Ibid., 1, 8, 5, n.ᵒˢ 23 s.; cf. *Quodlibet*, 16.
[660] *Rep.*, 1, 10, 3, nº 4.

é compatível com uma perfeita condição possível da operação, e tal condição é a necessidade, especialmente quando é possível".⁶⁶¹ Escoto dá um exemplo para mostrar o que quer dizer. "Se alguém voluntariamente se lança de um precipício (*voluntarie se praecipitat*) e, durante sua queda, continua sempre a querê-la, cai necessariamente — pela necessidade da gravidade natural — e, nada obstante, quer livremente a queda. Assim, Deus, embora viva necessariamente por Sua vida natural, com uma necessidade que exclui toda a liberdade, ainda assim quer livremente viver por essa vida. Portanto, não pomos a vida de Deus sob necessidade (isto é, não atribuímos necessidade à vida de Deus) se entendemos, por "vida", a vida enquanto amada pelo livre-arbítrio de Deus".⁶⁶² Escoto parece querer dizer, portanto, que podemos distinguir em Deus a necessidade natural pela qual ama a Si mesmo e Sua ratificação livre, por assim dizer, dessa necessidade, de modo que o amor necessário de Si mesmo e o amor livre de Si mesmo não são incompatíveis. Pode-se pensar que essa distinção não é particularmente útil. Seja como for, é claro que a doutrina voluntarista e libertária de Escoto não implica que Deus poderia deixar de amar a Si mesmo ou que Seu amor por Si mesmo seja arbitrário. A verdade da questão é que Escoto atribuía tanto valor à liberdade enquanto perfeição da vontade que era relutante em excluí-la mesmo daqueles atos da vontade que se via obrigado a reconhecer como necessários. Isso ficará claro quando considerarmos sua doutrina a respeito da vontade humana.

11. Escoto afirmava que o poder de Deus de criar a partir do nada é demonstrável pela luz natural da razão. Deus, enquanto primeira causa eficiente, deve ser capaz de produzir algum efeito imediatamente, pois, de outro modo, não seria capaz de produzir efeitos mesmo mediatamente (pressupondo-se como provado que Ele é a *primeira* causa eficiente). "Portanto, é manifesto ao intelecto natural que Deus pode ser causa e fazer com que algo venha d'Ele — isto é, receba seu ser de Deus — sem que se pressuponha nenhum elemento seu, nem nenhum elemento receptivo no qual seja recebido. É manifesto, portanto, à razão natural — embora o Filósofo (Aristóteles) não o diga — que é possível provar que algo pode ser causado por Deus desse modo". "E eu digo que Aristóteles não afirma que Deus cria algo desse modo, mas disso não se segue que o contrário (isto é, da opinião de Aristóteles) não possa ser conhecido pela razão natural".⁶⁶³ Além disso, pode-se provar que Deus pode criar a partir do nada.⁶⁶⁴ Contudo, a relação envolvida na criação não é mútua: a relação da criatura com Deus é uma relação real, ao passo que a relação de Deus com a criatura é apenas uma relação mental (*relatio rationis*), pois Deus não é essencialmente Criador e não pode ser chamado de Criador no mesmo sentido em que é chamado sábio ou bom. Ele é realmente Criador, mas sua relação com a criatura não é uma relação real,

---

⁶⁶¹ *Quodlibet*, 16, n° 8.
⁶⁶² Ibid., 16, n° 9; cf. *Rep.*, 1, 10, 3, n° 3 ss.
⁶⁶³ *Rep.*, 2, 1, 3, n° 9–11; cf. *Ox.*, 2, 1, 2; *Collationes*, 13, n° 4.
⁶⁶⁴ *Ox.*, 4, 1, 1, n° 27 ss.

pois Ele não é o criador por essência, pois nesse caso criaria necessariamente, nem, por outro lado, pode receber uma relação acidental.

Quanto à questão de se a criação no tempo pode ser provada, Escoto inclinava-se à opinião de Santo Tomás — embora não aceitasse suas razões — de que a criação no tempo não pode ser provada filosoficamente. A prioridade lógica do *nihil* pode ser provada, "pois, caso contrário, a criação não poderia ser admitida", mas não é necessário que a propriedade lógica envolva uma prioridade temporal. Escoto fala, no entanto, com hesitação. "Não me parece necessário que o *nihil* preceda o mundo temporalmente, mas parece suficiente que preceda o mundo logicamente".[665] Em outras palavras, Escoto rejeita a opinião de São Boaventura de que a impossibilidade da criação desde a eternidade possa ser demonstrada filosoficamente, inclinando-se à opinião de Santo Tomás de que a criação no tempo tampouco é capaz de demonstração filosófica; contudo, fala a respeito desse ponto de forma mais hesitante do que Santo Tomás.

---

[665] *Ox.*, 2, 1, 3, nº 19.

CAPÍTULO XXVIII
Duns Escoto — v: a alma

A forma específica do homem — A união entre a alma e o corpo — A vontade e o intelecto — A imortalidade da alma demonstrada não estritamente.

1. Que a alma racional é a forma específica do homem pode ser demonstrado filosoficamente,[666] sendo ininteligível a opinião de Averróis de que o intelecto é um princípio separado. "Todos os filósofos, de maneira geral, incluíram 'racional' na definição do homem como a sua *differentia* específica, entendendo por 'racional' a alma intelectual como parte essencial do homem". Nenhum filósofo digno de nota nega isso,

> embora o maldito Averróis, no seu fantasioso *De anima*, que, no entanto, não é inteligível nem para ele próprio, nem para mais ninguém, afirma que o intelecto é uma substância separada que pode se unir a nós por meio dos *phantasmata*; união que nem ele próprio nem ninguém foi até hoje capaz de explicar, nem foi ele capaz, por meio dessa união, de preservar a verdade de que o homem entende. Com efeito, segundo ele, o homem não seria senão uma espécie de animal irracional superior, mais excelente que os outros animais em virtude do seu tipo de alma irracional, sensitiva.[667]

Que a alma racional é a forma do homem, Escoto o prova por um entimema. "O homem intelige (*intelligit*, apreende intelectualmente) de modo formal e próprio; portanto, a alma intelectual é a forma própria do homem".[668] O antecedente — diz — parece claro o bastante pela autoridade de Aristóteles. No entanto, caso alguém queira negá-lo, deve-se fornecer uma prova racional. Inteligir propriamente (*intelligere proprie*) significa inteligir por um ato de conhecimento que transcende a toda espécie de conhecimento sensitivo, podendo-se provar que o homem intelige nesse sentido da maneira de que falaremos logo a seguir. Exercer a atividade intelectual em sentido próprio é, como observado, exercer uma atividade que transcende a capacidade dos sentidos. Ora, a apreensão sensitiva é uma função orgânica, pois cada um dos sentidos tem uma espécie determinada de objeto, que é o objeto do sentido específico em questão. Assim, a visão está determinada à percepção da cor, e a audição à percepção do som. Ora, o intelecto não está determinado desse modo: seu objeto é o ente, não

---
[666] *Ox.*, 4, 42, 2, n° 4-5.
[667] Ibid., 4, 43, 2, n° 5.
[668] Ibid., 4, 43, 2, n° 6.

estando vinculado a um órgão do corpo no sentido em que a sensação está vinculada. Pode apreender objetos que não são dados imediatamente à sensação, como relações genéricas e específicas. O conhecimento intelectual, portanto, transcende as capacidades dos sentidos, do que se segue que o homem pode *intelligere proprie*.[669]

Pode-se mostrar que a conclusão do entimema original (portanto, a alma intelectual é a forma própria do homem) se segue do antecedente de dois modos. O conhecimento intelectual, enquanto função do homem, deve ser "recebido" em algo no homem que não seja extenso e que não é nem parte do organismo corpóreo, nem o organismo corpóreo como um todo. Se fosse recebido em algo extenso, seria, ele próprio, algo extenso e uma função puramente orgânica, o que se provou não ser. Quando Escoto fala do conhecimento intelectual sendo "recebido", está querendo dizer que não é idêntico à nossa substância, pois não estamos exercendo sempre a potência do conhecimento intelectual; portanto, deve ser o ato de algum princípio em nós. Ora, não pode ser o ato de uma parte material do homem. Portanto, deve ser o ato de um princípio formal espiritual, e o que pode ser isso senão a alma intelectual, o princípio que tem a potência de exercer a atividade intelectual? Em segundo lugar, o homem é o senhor dos seus atos voluntários, é livre, e sua vontade não está limitada a nenhuma espécie de objeto apetecível. Portanto, transcende o apetite orgânico, e os seus atos não podem ser os atos de nenhuma forma material. Segue-se que nossos atos livres e voluntários são atos de uma forma intelectual, e, se nossos atos livres são *nossos* atos, como de fato são, então a forma da qual são atos deve ser *nossa* forma. A alma intelectual é, portanto, a forma do homem: é sua forma específica, que diferencia o homem dos animais irracionais.[670]

2. No homem, há uma única alma, embora haja, conforme mencionamos, a forma da corporeidade. Há, conforme também já vimos, várias "formalidades" na alma humana que, embora não sejam realmente distintas (separáveis) umas das outras, são distintas por uma *distinctio formalis a parte rei*, pois as atividades intelectual, sensitiva e vegetativa são distintas formal e objetivamente. Contudo, são formalidades da única alma racional do homem. Essa alma racional una é, portanto, não somente o princípio do conhecimento racional do homem, mas também o princípio da sua atividade sensitiva e da sua vida. Dá o *esse vivum*, sendo o princípio formal pelo qual o organismo é um organismo vivo:[671] é a forma substancial do homem.[672] A alma é, portanto, parte do homem, sendo apenas de maneira imprópria que é chamada "subsistente", pois é parte de uma substância antes que uma substância por si mesma. É o ente composto — alma e corpo — que é algo *per se unum*.[673] A alma, no estado de separação

---

[669] *Ox.*, 4, 43, 2, n° 6–11.
[670] Ibid., 4, 43, 2, n° 12.
[671] Ibid., 2, 16, n° 6.
[672] Ibid., 2, 1, 4, n°25.
[673] *Ox.*, 4, 12, 1, n° 19.

em relação ao corpo, não é, em sentido próprio, uma pessoa.[674] A alma aperfeiçoa o corpo somente quando este está propriamente disposto para ela, e *esta* alma tem aptidão para *este* corpo. Isso significa — diz Escoto[675] — que a alma não pode ser individuada pela matéria que informa, pois a alma — isto é, uma alma particular — é infundida em um corpo, e a criação da alma é logicamente anterior à sua união com o corpo.

Escoto também difere de Santo Tomás por sustentar que a alma racional não confere o *esse simpliciter*, mas antes o *esse vium* e o *esse sensitivum*: há, conforme mencionamos, a forma da corporeidade. Se a alma racional conferisse o *esse simpliciter* ao homem, não se poderia dizer que o homem realmente morresse. A alma envolve a corrupção da "entidade" do homem, e isso implica que tanto a alma como o corpo têm uma realidade própria, que o ser do homem enquanto homem é o seu ser enquanto *compositum*, não o seu ser enquanto alma. Se a alma conferisse *esse simpliciter* e não houvesse nenhuma outra forma no corpo, a separação da alma em relação ao corpo não significaria a corrupção do ser do homem enquanto homem. Para que haja morte, o homem deve ter um ser enquanto *compositum*, um ser distinto daquele de suas partes componentes, tomadas separadamente ou em conjunto, pois é esse ser do homem enquanto *compositum* que se corrompe na morte. Além disso, Santo Tomás, de acordo com Escoto, se contradiz. "Em outra passagem, diz que o estado da alma no corpo é mais perfeito que o seu estado fora do corpo, pois é parte do *compositum*"; porém, ao mesmo tempo, afirma que a alma confere — e, portanto, possui — *esse simpliciter*, e que não é menos perfeita simplesmente pelo fato de que não comunica tal *esse* apenas a si mesma. "Segundo dizes, a alma, no estado de separação, possui totalmente o mesmo *esse* que possuía quando unida ao corpo [...] portanto, não é de modo algum mais imperfeita pelo fato de não comunicar aquele *esse* ao corpo".[676]

A alma está unida ao corpo para a perfeição do homem inteiro, que é composto de alma e corpo. De acordo com Santo Tomás,[677] a união de corpo e alma dá-se pelo bem da alma. A alma depende naturalmente dos sentidos para o conhecimento, pois a *conversio ad phantasma* é natural à alma,[678] e, portanto, a alma é unida ao corpo para que, assim, possa operar de acordo com a sua natureza. Para Escoto, porém, conforme já vimos, a orientação do intelecto humano às coisas materiais e a sua dependência *de facto* dos sentidos origina-se não tanto da natureza da razão humana enquanto tal como do estado presente da alma, da sua condição no corpo enquanto peregrina (com a hipótese alternativa de que o pecado possa ter sido o fator responsável). Santo Tomás objetaria que, nesse caso, sua união com o corpo seria para o bem do corpo, não para o bem da alma, o que seria irracional, "pois a matéria é para a forma

---

[674] *Quodlibet*, 9, n° 7, e 19, n° 19.
[675] Ibid., 2, 3 ss.
[676] *Ox.*, 4, 43, 1, n° 2-6.
[677] *S. T.*, Ia, q. 89, art. 1.
[678] Cf. ibid., Ia, q. 84, art. 7.

e não o inverso". A resposta de Escoto para tal objeção é que a alma é unida ao corpo não simplesmente para o bem do corpo, mas para o bem do compósito, o homem. É o homem, o ente composto, que é o termo do ato criador, não a alma ou o corpo tomados por si mesmos, e a união da alma e do corpo é feita para que este ente composto possa ser realizado: a união existe, portanto, para o bem do homem inteiro, *propter perfectionem totius*. A união da alma com o corpo não tem lugar "para a perfeição do corpo, nem para a perfeição da alma simplesmente, mas para a perfeição do todo que consiste dessas partes. Assim, embora nenhuma perfeição possa ser acrescida a esta ou àquela parte que não seria possuída sem tal união, a união não tem lugar em vão, pois a perfeição do todo, que é o intento principal da natureza, não poderia existir senão desse modo".[679]

3. Quanto à idéia que Escoto fazia da atividade intelectual humana, algo já foi dito no capítulo sobre o conhecimento. Todavia, deve-se discutir brevemente sua doutrina a respeito da relação entre a vontade e o intelecto, na medida em que isso suscita alguns mal-entendidos sobre sua posição geral.

O intelecto não é, como a vontade, uma potência livre. "Não está no poder do intelecto deter seu assentimento às verdades que apreende. Com efeito, na medida em que a verdade dos princípios torna-se clara a partir dos termos, ou a verdade das conclusões a partir dos princípios, o intelecto deve dar seu assentimento por força da sua falta de liberdade".[680] Assim, se a verdade da proposição de que o todo é maior que a parte se torna clara ao intelecto a partir da percepção do que é um todo e do que é uma parte, ou se a verdade da conclusão de que Sócrates é mortal se torna clara ao intelecto a partir da consideração das premissas de que todos os homens são mortais e de que Sócrates é um homem, então o intelecto não é livre para recusar seu assentimento à proposição de que o todo é maior que a parte ou à proposição de que Sócrates é moral. O intelecto é, assim, uma *potentia naturalis*.

A vontade, porém, é livre, é uma *potentia libera*, e é essencialmente livre, consistindo a sua *ratio formalis* mais na liberdade que no seu caráter de apetite.[681] É necessário distinguir a vontade no sentido de inclinação natural e a vontade enquanto livre, e é apenas a vontade livre que é vontade no sentido próprio. Disso se segue que a vontade é livre por sua própria natureza e que Deus não poderia, por exemplo, criar uma vontade racional que fosse *naturalmente* incapaz de pecar.[682] Por um ato elícito do seu livre-arbítrio — diz Escoto — São Paulo queria "ser dissolvido e estar com Cristo", mas esse ato elícito era contrário à sua "vontade" natural, no sentido de inclinação natural.[683] São, portanto, duas coisas distintas, e essa distinção adquire importância quando se considera o desejo do homem pela felicidade, ou por seu fim último. A vontade enquanto

---

[679] *Ox.*, 4, 45, 2, nº 14.
[680] Ibid., 2, 6, 2, nº 11.
[681] *Ox.*, 1, 17, 3, nº 5; 2, 25, nº 16.
[682] Ibid., 2, 23, nº 8 e 7.
[683] Ibid., 3, 15, nº 37.

apetite natural, ou inclinação, à própria perfeição necessariamente deseja a felicidade sobre todas as coisas e, como a felicidade, ou beatitude, na realidade, encontra-se somente em Deus, há no homem uma inclinação à beatitude "em particular", a Deus. No entanto, não se segue que a vontade livre deseje necessária e perpetuamente o fim último, nem que suscite necessariamente um ato consciente e deliberado relativo a esse objeto.[684] Escoto protesta, dizendo que não pretende sugerir que a vontade possa escolher a infelicidade *enquanto tal*, ou o mal *enquanto tal*: "Eu não quero a beatitude" não é o mesmo que "Eu quero o oposto da beatitude"; significa que eu não suscito, aqui e agora, um ato nesse sentido, não que eu suscito a escolha do seu oposto, que não pode ser objeto da vontade. Se, porém, suscito de fato um ato, isto é, um ato de querer a beatitude, esse ato será livre, pois todo ato elícito da vontade é livre.[685] Além disso, Escoto não hesita em concluir, a partir da sua doutrina da liberdade essencial da vontade que os bem-aventurados no Céu querem e amam a Deus livremente.[686] Rejeita, portanto, a doutrina de Santo Tomás de que, quando o *summum bonum* está manifestamente presente, a vontade O escolhe e ama necessariamente, chegando até mesmo a admitir que os bem-aventurados conservam a capacidade de pecar. Contudo, quando diz isso, não pretende dizer outra coisa senão que a vontade enquanto tal permanece livre no Céu, pois é essencialmente livre e o Céu não destrói a verdade: em termos morais, os bem-aventurados não apenas não pecarão, mas não podem pecar, embora essa necessidade seja somente *secundum quid*, procedendo do "hábito da glória" (*habitus gloriae*) e da inclinação produzida na vontade, não por uma determinação física da vontade.[687] A vontade dos bem-aventurados é, assim, moralmente impecável, embora não o seja fisicamente. Escoto não diverge de Santo Tomás quanto ao fato de que os bem-aventurados não pecarão e está disposto a dizer que não podem pecar, desde que o "não poder" não se entenda em um sentido que implique que compromete de qualquer modo a essência da vontade.[688]

O intelecto, portanto, é uma *potentia naturalis*, e a vontade, uma *potentia libera*. Dada a insistência de Escoto na liberdade enquanto perfeição, sua posição na controvérsia acerca da primazia do intelecto sobre a vontade ou da vontade sobre o intelecto não pode ser posta em dúvida. O conhecimento certamente precede todo ato elícito da vontade, pois a vontade não pode exercer escolha a respeito de um objeto inteiramente desconhecido (Escoto não era um "irracionalista"), sendo difícil — diz ele —, embora não impossível, para a vontade não se inclinar àquilo que é ditado definitivamente pela razão prática. Contudo, por outro lado, a vontade pode comandar o intelecto. Escoto não pretende dizer, obviamente, que a vontade pode comandar o intelecto para que dê assentimento a proposições cuja falsidade é evidente: a vontade não acrescenta nada ao ato

---

[684] Cf. ibid., 4, 49, 10, nº 3; 2, 23, nº 8; 1, 1, 4, nº 16; *Collationes*, 16, nº 3.
[685] Cf. *Ox.*, 4, 49, 10, nº 8 ss.
[686] *Ox.*, 1, 1, 4, nº 13 ss.
[687] *Ox.*, 4, 49, 6, nº 9.
[688] Cf. *Collatio*, 15.

do intelecto enquanto tal,[689] nem é a causa do ato do intelecto.[690] No entanto, a vontade pode cooperar mediatamente, como causa eficiente, movendo o intelecto a dirigir-se a este ou àquele objeto inteligível, a considerar este ou aquele argumento.[691] Segue-se que "a vontade, comandando o intelecto, é uma causa superior com respeito ao seu ato. No entanto, o intelecto, se é a causa da volição (isto é, como causa parcial, fornecendo o conhecimento do objeto) é uma causa subserviente à vontade".[692]

Escoto fornece outras razões para afirmar a primazia da vontade. A vontade é mais perfeita que o intelecto, pois a corrupção da vontade é pior que a corrupção do intelecto: odiar a Deus é pior do que não conhecer a Deus, ou não pensar em Deus. Novamente: o pecado significa querer algo mal, ao passo que pensar em algo mal não é necessariamente um pecado: somente é um pecado quando a vontade dá algum consentimento ou tem prazer no mal pensado.[693] Ainda: o amor é um bem maior que o conhecimento, e o amor reside na vontade,[694] ao passo que é a vontade que desempenha o papel principal na beatitude final, unindo a alma a Deus, possuindo e fruindo de Deus. Embora ambas as potências — o intelecto e a vontade — estejam envolvidas na beatitude, a faculdade mais alta — a vontade — é o meio mais imediato de união com Deus.[695] Escoto, assim, rejeitava a doutrina tomista da primazia do intelecto e da essência da beatitude, permanecendo fiel à tradição da escola agostiniano-franciscana. Não parece ser uma questão de grande importância, de fato, se alguém adota o ponto de vista tomista ou escotista, pois ambos concordam que a beatitude, tomada *extensive*, envolve ambas as potências. Contudo, é necessário explicar a posição de Escoto para mostrar quão tolas são as acusações de irracionalismo e de voluntarismo não mitigado.

4. Poder-se-ia esperar, tendo em vista a doutrina inequívoca de Escoto de que não apenas a atividade intelectual da alma transcende as potências sensitivas mas também de que se pode provar filosoficamente que transcende as potências sensitivas e a matéria, que ele tentaria demonstrar a imortalidade da alma humana. No entanto, Escoto não acreditava que essa verdade pudesse ser demonstrada estritamente pela filosofia, criticando as provas apresentadas por seus predecessores. Das três proposições — primeira, que a alma racional é a forma específica do homem; segunda, que a alma é imortal; terceira, que a alma após a morte não permanecerá em um estado perpétuo de separação em relação ao corpo (isto é, que o corpo voltará a se levantar) — a primeira é conhecida pela luz natural da razão, sendo o erro oposto (o de Averróis) não apenas "contrário às verdades da teologia, mas também à verdade da filosofia" (isto é,

---

[689] *Rep.*, 2, 42, 4, nº 7.
[690] *Collationes*, 2, nº 7.
[691] *Rep.*, 1, 35, 1, nº 27.
[692] *Ox.*, 4, 49, *quaestio ex latere*, nº 16 e 18.
[693] Ibid., nº 17.
[694] Ibid., nº 21.
[695] *Rep.*, 4, 49, 3, nº 7; *Ox.*, 4, 49, 3, nº 5 ss.

a doutrina de Averróis é não apenas contrária à verdade conhecida pela fé, mas também pode ser refutada filosoficamente). "Mas as outras duas (proposições) não são conhecidas suficientemente pela razão natural, embora haja argumentos prováveis e persuasivos (*persuasiones probabiles*) em seu favor". Em favor da terceira, há menos razões e, por conseguinte, a conclusão que se segue dessas razões não é suficientemente conhecida pela razão natural.[696] A posição geral de Escoto é, portanto, que podemos provar filosoficamente que a alma racional é a forma específica do homem, mas não podemos provar demonstrativamente na filosofia nem que a alma é imortal, nem que o corpo ressuscitará. Os argumentos filosóficos em favor da imortalidade da alma têm maior peso que aqueles em favor da ressurreição do corpo, mas são, ainda assim, argumentos meramente prováveis, sendo os argumentos *a priori* — a saber, aqueles baseados na natureza da alma — melhores que os argumentos *a posteriori* — por exemplo, aqueles baseados na necessidade de sanções na vida futura. Pode-se dizer que a imortalidade da alma é moralmente provável, *ex inductione*, e certamente é mais provável, em termos filosóficos, que o seu oposto. Contudo, os argumentos apresentados em seu favor não são demonstrativos e necessários, não gozando de certeza absoluta.[697]

Quanto à autoridade de Aristóteles, Escoto declara que sua opinião não é clara. "Pois fala de diferentes modos em diferentes lugares e tinha diferentes princípios, parecendo seguir de uns uma opinião e de outros a opinião oposta. É provável, portanto, que tenha permanecido em dúvida quanto a essa conclusão e que ora se aproximava de uma parte, ora da outra, conforme estivesse tratando de uma questão que se harmonizasse mais com uma parte ou outra".[698] Seja como for, nem todas as afirmações dos filósofos foram provadas por eles com razões necessárias, mas "com freqüência, usaram apenas algumas persuasões prováveis (alguns argumentos prováveis e persuasivos) ou a opinião geral dos filósofos anteriores".[699] A autoridade de Aristóteles, portanto, não é argumento certo para a imortalidade da alma.

Quanto aos argumentos apresentados por Santo Tomás e por outros filósofos cristãos, estes não são absolutamente conclusivos. Na *Summa Theologica*,[700] Santo Tomás argumenta que a alma não pode ser corrompida *per accidens*, em virtude da corrupção do corpo, pois é uma forma subsistente, nem pode ser corrompida *per se*, pois o *esse* pertence à forma subsistente de tal modo que a corrupção natural da forma significaria a separação da forma de si mesma. A isso Escoto responde que Santo Tomás está fugindo à questão, pois pressupõe que a alma do homem é uma *forma per se subsistens*, que é o ponto a ser provado. A proposição de que a alma humana é uma forma desse tipo é aceita

---
[696] *Ox.*, 4, 43, 2, n° 26.
[697] Cf. *Rep.*, 4, 43, 2, n° 15 ss.
[698] *Ox.*, 4, 43, 2, n° 16.
[699] Ibid.
[700] Ia, q. 75, art. 6.

como objeto de crença, mas não é conhecida pela razão natural.[701] Caso se objete que essa crítica é injusta, tendo em vista que Santo Tomás dedicou um artigo anterior (2) a mostrar que a alma humana é um princípio incorpóreo e subsistente, Escoto replica que, embora se possa mostrar que a alma racional, na sua atividade intelectual, não usa um órgão corpóreo e que sua atividade intelectual transcende as potências sensitivas, não se segue necessariamente que a alma não depende, no seu ser, de todo o *compositum*, que certamente é corruptível.[702] Em outras palavras, o fato de a alma humana não empregar um órgão corpóreo na sua atividade puramente intelectual não prova necessariamente que ela não depende naturalmente, para existir, da existência continuada do *compositum*. Seria preciso demonstrar que uma forma que transcende a matéria em certa operação é necessariamente independente com relação à existência, e isso, segundo Escoto, não foi provado conclusivamente.[703]

Quanto ao argumento tomado do desejo pela beatitude, que envolve a imortalidade, Escoto observa que, se por "desejo" se entende o desejo natural em sentido estrito, que é simplesmente a inclinação da natureza a algo, então é claro que um desejo natural por uma coisa não pode ser provado a menos que a possibilidade natural desta tenha sido provada em primeiro lugar: afirmar a existência de uma inclinação natural a um estado, cuja possibilidade ainda é desconhecida, é incorrer em uma *petitio principii*. Se, porém, por "desejo natural" se entende o desejo natural em sentido mais amplo, isto é, um desejo elícito que está de acordo com a inclinação natural, não se pode mostrar que o desejo elícito é natural nesse sentido até que se tenha provado que é um desejo natural no sentido estrito. Pode-se dizer que algo que, tão logo é apreendido, se torna objeto de desejo elícito, deve ser o objeto de um desejo natural ou inclinação; no entanto, nesse caso, pode-se argumentar também que, como o homem vicioso está imediatamente inclinado a desejar o objeto do seu vício quando o apreende, tem uma inclinação ou desejo natural por ele, ao passo que, na realidade, a natureza não é em si mesma viciosa e certamente não o é em todos. Não é correto dizer que um objeto que, tão logo seja apreendido, se torne objeto de um desejo eleito de acordo com a reta razão é objeto de um desejo natural, pois a questão toda é descobrir se o desejo pela imortalidade está ou não de acordo com a reta razão: não é legítimo pressupô-lo. Além disso, caso se diga que o homem tem um desejo natural pela imortalidade, pois naturalmente evita a morte e que, portanto, a imortalidade é ao menos uma possibilidade, pode-se argumentar, com igual direito, que o animal irracional tem um desejo pela imortalidade e que ele pode sobreviver e, de fato, sobrevive.[704]

É importante ter em mente que Escoto não está dizendo que os argumentos em favor da imortalidade não são prováveis ou persuasivos, menos ainda que

---

[701] *Ox.*, 4, 43, 2, nº 23.
[702] *Ox.*, 4, 43, 2, nº 18.
[703] Cf. também *Rep.*, 4, 43, 2, nº 18.
[704] *Ox.*, 4, 43, 2, nº 29-31.

são imprestáveis. Está dizendo que não são, na sua opinião, demonstrativos. O argumento a partir do desejo não é conclusivo, porque, caso se esteja falando da inclinação natural de evitar a morte e o que leva a ela, os animais irracionais também possuem essa inclinação, ao passo que, caso se esteja falando de um desejo elícito, consciente, não se pode argumentar legitimamente a partir do desejo pela imortalidade ao fato da imortalidade, a menos que se queira, em primeiro lugar, mostrar que a imortalidade é uma possibilidade, que a alma humana pode sobreviver à desintegração do *compositum*. É perfeitamente correto dizer que os sofrimentos desta vida exigem um contrapeso na próxima, mas continua a ser verdade que o homem está exposto ao sofrimento nesta vida assim como é capaz do prazer e da alegria nesta vida em razão simplesmente de sua natureza, de modo que a exposição ao sofrimento é natural, e não podemos argumentar sem mais que o sofrimento deve ser contrabalançado pela felicidade em outro mundo. Quanto ao argumento de que deve haver sanções em uma vida futura e que, portanto, existe uma vida futura, o argumento não é válido até que se tenha mostrado que Deus, de fato, recompensa e pune as pessoas desse modo, e Escoto não pensa que isso pode ser provado de maneira puramente filosófica.[705] O melhor argumento para a imortalidade da alma humana pode ser tomado da independência do intelecto em relação a um órgão corpóreo — da sua atividade espiritual. Contudo, embora Escoto pensasse que essa prova constituía um argumento altamente provável, não o considerava um argumento absolutamente conclusivo, pois poderia ser o caso de que a alma, que é criada como parte do *compositum*, não pudesse existir senão como parte do *compositum*.

---

[705] *Ox.*, 4, 43, 2, nº 27.

CAPÍTULO XXIX

Duns Escoto — VI: ética

Moralidade dos atos humanos — Atos indiferentes — lei moral e vontade de Deus — autoridade política.

Meu objetivo neste capítulo não é expor todas as doutrinas éticas de Escoto, mas antes mostrar que a acusação que lhe foi feita de professar o caráter puramente arbitrário da lei moral, como se esta dependesse tão-somente da vontade divina, é fundamentalmente injusta.

1. Um ato é naturalmente bom (*naturaliter bonus*) quando possui tudo o que é exigido para seu *esse naturale*, assim como um corpo é belo quando possui todas as características de tamanho, cor, figura etc., que se ajustam ao próprio corpo e se harmonizam entre si. Um ato é moralmente bom quando possui tudo que é exigido, não pela natureza do ato tomado meramente em si mesmo, mas segundo a reta razão (*recta ratio*). Para ingressar na ordem moral, o ato deve ser livre, pois "um ato não é louvável nem censurável a menos que proceda do livre-arbítrio". Ora, por óbvio isso se exige tanto dos atos moralmente bons como dos atos moralmente maus. Algo além da liberdade é exigido para que o ato seja moralmente bom, a saber, a conformidade com a reta razão.[706] "O agir moralmente bom é o agir conforme a reta razão".[707] Todo ato moralmente bom deve ser objetivamente bom, no sentido de ter um objeto conformável à reta razão. No entanto, nenhum ato é bom simplesmente por isso, salvo o amor de Deus, que em nenhuma circunstância pode ser moralmente mau, assim como nenhum ato é moralmente mau simplesmente por seu objeto, a não ser o ódio a Deus, que não pode ser moralmente bom em nenhuma circunstância.[708] É impossível, por exemplo, amar a Deus com má intenção, pois então não haveria amor, assim como é impossível odiar a Deus com boa intenção. Nos outros casos, porém, "a bondade da vontade não depende simplesmente do objeto, mas de todas as outras circunstâncias, principalmente do fim" (*a fine*), que ocupa o primeiro lugar entre as "circunstâncias" do ato.[709] Contudo, embora o fim ocupe o primeiro lugar entre as circunstâncias do ato, um ato não é moralmente bom simplesmente porque o fim é bom: o fim não justifica os meios. "É necessário que todas as circunstâncias (exigidas) ocorram juntas em qualquer ato moral para que seja moralmente bom. A falta de qualquer circunstância é suficiente

---

[706] *Ox.*, 2, 40, *quaestio unica*, n° 2-3.
[707] Ibid., 1, 17, 3, n.° 14.
[708] *Rep.*, 4, 28, n° 6.
[709] *Ox.*, 1, *distinctio ultima*, n° 1 e 2.

para que (o ato) seja moralmente mau".[710] "não se devem fazer coisas más para que coisas boas (bons resultados) ocorram".[711] Para que um ato seja moralmente bom, portanto, deve ser livre, objetivamente bom, praticado com reta intenção, do modo correto e assim por diante. Se possui essas circunstâncias, estará de acordo com a reta razão.

2. Todo ato humano, isto é, todo ato livre, é bom ou mau de algum modo, não apenas no sentido de que todo ato, considerado de modo puramente ontológico — isto é, enquanto entidade positiva — é bom, mas também no sentido de que todo ato tem um objeto que ou é conforme à reta razão, ou é contrário a ela. No entanto, na medida em que se exige a bondade de todas as circunstâncias para um ato moral completamente bom, é possível, se faltam algumas circunstâncias para a bondade que deveria ter, que um ato seja "indiferente". Por exemplo, para que a esmola seja um ato completamente bom, para ter valor moral completo, deve ser praticada com intenção moral. Ora, dar esmola com má intenção seria praticar um ato mau. Entretanto, é possível dar esmolas simplesmente por uma inclinação imediata, por exemplo, e tal ato — diz Escoto — pode ser chamado de moralmente indiferente: não é nem um ato mau, nem um ato moral pleno.[712] Admitindo atos elícitos indiferentes (e Escoto diz que não está falando de atos reflexos, como espantar uma mosca de perto do próprio rosto),[713] Escoto adotou uma opinião contrária à de Santo Tomás de Aquino. No entanto, para entender sua opinião, é importante perceber que, para Escoto, "o primeiro princípio prático é: Deus deve ser amado".[714] O homem não está obrigado a sempre referir seu ato a Deus atual ou virtualmente, porque — diz Escoto — Deus não nos impôs essa obrigação, mas a menos que isso seja feito, o ato não será inteiramente bom. Por outro lado, como não estamos obrigados a referir todo ato de tal modo, não se segue que um ato que não seja assim referido seja mau. Se é incompatível com o amor de Deus, será mau, mas pode ser compatível com o amor de Deus sem ser referido a Deus quer atualmente, quer virtualmente. Nesse caso, é um ato indiferente. Segundo parece, Escoto pensava que a referência "habitual" não é suficiente para dar ao ato o valor moral completo.

3. Vimos que o ato moralmente bom deve ser conforme à reta razão. O que é, então, a norma da reta razão e da moralidade das nossas ações? De acordo com Escoto, "a vontade divina é a causa do bem e, portanto, algo é bom pelo fato de Deus querê-lo".[715] Essa afirmação, tomada por si mesma, naturalmente parece sugerir que a lei moral depende simplesmente da vontade arbitrária de Deus. No entanto, essa não era a posição de Escoto, que queria dizer simplesmente que aquilo que Deus quer é bom, porque Deus, por Sua própria natureza, não pode querer nada senão o bem. Entretanto, Escoto de fato faz a

---

[710] Ibid.
[711] Ibid., 4, 5, 2, nº 7.
[712] *Rep.*, 2, 41, nº 2.
[713] Cf. *Ox.*, 2, 41, nº 4.
[714] Ibid., 4, 46, 1, nº 10.
[715] *Rep.*, 1, 48, *quaestio unica*.

lei moral depender, em um sentido, da vontade divina, devendo-se esclarecer sua posição. Na medida em que o intelecto divino, considerado como anterior ao ato da vontade divina, percebe os atos que estão em conformidade com a natureza humana, a lei eterna e imutável é constituída conforme seu conteúdo; no entanto, somente adquire força obrigatória por meio da escolha livre da vontade de Deus. Pode-se dizer, portanto, que não é o conteúdo da lei moral que se deve à vontade divina, mas a obrigatoriedade da lei moral, sua força moralmente vinculante. "Comandar pertence somente ao apetite, ou vontade".[716] O intelecto diz que algo é verdadeiro ou falso, tanto na esfera prática como na esfera especulativa, e, embora se incline a uma ação de determinado tipo, não preceitua que se deve agir daquele modo. Escoto não está dizendo apenas que a obrigação recai efetivamente sobre os homens só porque Deus quis criá-los, o que seria bastante óbvio, pois não poderiam estar obrigados se não existissem; está dizendo que a vontade divina é a fonte da obrigação. Parece seguir-se disso que, se Deus não houvesse escolhido impor a obrigação, a moralidade seria uma questão de auto-aperfeiçoamento, no sentido de que o intelecto perceberia que certo curso de ação é aquilo que se ajusta à natureza humana e julgaria razoável e prudente agir de tal modo. Obter-se-ia uma ética do tipo representado pela ética de Aristóteles. Na realidade, porém, Deus quis essa linha de ação, e essa vontade se reflete na obrigação: transgredir a lei não é, portanto, simplesmente racional, é um pecado no sentido teológico da palavra.

Escoto deixa claro, de maneira abundante, que o conteúdo da lei moral não se deve simplesmente ao capricho ou à escolha arbitrária de Deus. Falando do pecado de Adão,[717] observa:

> Um pecado que é pecado somente por ser proibido é menor que o pecado que é mau em si mesmo, não por ser proibido. Ora, comer daquela árvore não era um pecado maior, no que diz respeito ao ato, do que comer de outra árvore, mas somente porque era proibido. Ora, todos os pecados que dizem respeito aos dez mandamentos são formalmente maus não apenas por serem proibidos, mas porque são maus. Portanto, são proibidos, pois, pela lei natural, o oposto de qualquer dos mandamentos é mau e, pela razão natural, o homem pode ver que todos esses preceitos devem ser observados.

Aqui, Escoto afirma claramente que os dez mandamentos não são apenas preceitos arbitrários e que o homem pode discernir sua validade pelo uso natural da razão, uma afirmação que deveria implicar na conclusão de que o próprio Deus não poderia mudá-los, não por estar sujeito a eles, por assim dizer, mas porque estão fundados, em última análise, na Sua própria natureza.

Surge, porém, a dificuldade de que Deus parece ter aberto exceções a alguns dos preceitos secundários do decálogo (os preceitos da segunda tábua). Por

---

[716] *Ox.*, 4, 14, 2, nº 5.
[717] *Rep.*, 2, 22, *quaestio unica*, nº 3.

exemplo: Ele disse aos israelitas que despojassem os egípcios e ordenou a Abraão que sacrificasse seu filho Isaac. Escoto, discutindo a questão, pergunta, em primeiro lugar, se todos os dez mandamentos pertencem à lei natural, procedendo a uma distinção. As leis morais que são auto-evidentes ou que se seguem de princípios práticos auto-evidentes pertencem à lei moral no sentido mais estrito e, quanto a esses princípios e conclusões, não é possível haver isenção. Deus não poderia, por exemplo, permitir ao homem ter outros deuses ou tomar Seu nome em vão, pois tais atos seriam absolutamente incompatíveis com o fim do homem, o amor de Deus enquanto Deus, que envolve necessariamente adoração exclusiva e reverência. Por outro lado, uma lei moral pode pertencer à lei natural não por se seguir de princípios auto-evidentes, mas por estar de acordo com os princípios práticos primários, necessários e auto-evidentes; desse tipo são os preceitos da segunda tábua. Quanto a esses princípios morais, Deus pode abrir exceções.[718] Escoto prossegue argumentando[719] — ou sugerindo — que, mesmo que o amor ao próximo pertença à lei natural em sentido estrito, de modo que eu esteja necessariamente obrigado a querer que o meu próximo ame a Deus, não se segue por necessidade que eu deva querer que ele tenha este ou aquele bem particular. Isso, porém, não impede Escoto de dizer[720] que os preceitos do decálogo são vinculantes em todo estado e que, antes da promulgação de qualquer lei escrita, todos os homens estão obrigados a observá-los "porque foram escritos interiormente no coração, ou talvez por algum ensinamento exterior dado por Deus que os pais aprenderam e transmitiram aos filhos". Além disso, explica que os filhos de Israel não precisavam realmente de nenhuma dispensa quando espoliaram os egípcios, pois Deus, enquanto senhor supremo, transferiu aos israelitas os bens dos egípcios, de modo que aqueles não tomaram o que não lhes pertencia. Não obstante, a posição geral de Escoto é que os primeiros dois mandamentos da primeira tábua do decálogo pertencem à lei natural no sentido mais estrito — quanto ao terceiro mandamento, relativo à observância do sábado, expressa dúvida —, ao passo que os preceitos da segunda tábua não fazem parte da lei natural no sentido mais estrito, embora façam parte no sentido mais amplo. Deus pode, portanto, desobrigar no caso dos preceitos da segunda tábua, embora não possa desobrigar no caso dos mandamentos que pertencem estritamente à lei natural. Quanto à questão da desobrigação, a opinião de Escoto diverge da dos tomistas que não permitem que Deus possa, em sentido próprio, desobrigar no caso de qualquer um dos preceitos do decálogo, pois todos derivam imediata ou mediatamente de princípios práticos primários. Os tomistas explicam as aparentes dispensas que incomodavam Escoto como exemplos de *mutatio materiae*, isto é, do mesmo modo como o próprio Escoto explica o despojo dos egípcios pelos israelitas.

---

[718] *Ox.*, 3, 37, *quaestio unica*, nº 5–8.
[719] Ibid., 3, 37, *quaestio unica*, nº 11.
[720] Ibid., 3, 37, *quaestio única*, nº 13–15.

Não há razão para discutir tais passagens das Escrituras aqui, pois não pertencem à filosofia, mas deve ser observado que, mesmo que Escoto admita a possibilidade da desobrigação no caso de alguns mandamentos, o fato de recusar-se a admitir essa possibilidade com respeito aos preceitos morais que pertencem estritamente à lei natural mostra com clareza que ele não considerava que toda a lei moral se devia simplesmente à decisão arbitrária da vontade divina. Ele pode ter pensado que a inviolabilidade da propriedade privada e a conseqüente ilicitude do roubo não estivesse tão ligada à lei moral a ponto de não haver exceções legítimas, mesmo em "casos difíceis". No entanto, certamente afirmava que, se um preceito moral pertencia à lei natural em sentido estrito, então era inalterável. Não se pode negar que Escoto faz observações tais como a de que a vontade divina é a primeira regra da retidão e "o que quer que não inclua contradição não é incompatível com a vontade divina em termos absolutos, de modo que o que quer que Deus faça ou possa fazer será correto e justo",[721] mas certamente não está pensando que Deus pode, sem contradição, ordenar ou permitir atos que sejam contrários a princípios práticos auto-evidentes ou a princípios que se seguem necessariamente daí. Provavelmente, dever-se-iam considerar em íntima conexão as doutrinas de Escoto sobre a obrigação moral e sobre os preceitos secundários do decálogo. Os preceitos primários são auto-evidentes ou estão conectados aos princípios auto-evidentes com tal intimidade que seu caráter obrigatório é óbvio. Os preceitos secundários, porém, não são imediatamente dedutíveis dos princípios práticos primários, ainda que sua harmonia com aqueles princípios e seus corolários imediatos seja evidente. Seu caráter obrigatório é, assim, não auto-evidente nem necessário, mas depende da vontade divina. Seu conteúdo não é puramente arbitrário, pois sua harmonia e consonância com os princípios necessários é clara. Contudo, a conexão não é tão estrita a ponto de que Deus não possa abrir exceções. Se é Sua vontade que reforça a harmonia natural dos preceitos secundários com princípios necessários que de tal modo aqueles se tornem obrigatórios em sentido pleno, Sua vontade pode também dispensá-los.

Pareceria, então, que Escoto ocupa uma posição intermediária, por assim dizer, entre Santo Tomás e Ockham. Concorda com o primeiro quanto à existência de princípios morais inalteráveis, não defendendo que toda a lei moral depende da decisão arbitrária da vontade de Deus. Por outro lado, atribui uma proeminência muito maior à vontade divina na determinação da ordem moral do que Santo Tomás, parecendo ter sustentado que a obrigação, ao menos com relação a certos mandamentos, depende daquela vontade enquanto distinta do intelecto divino. Assim, embora ao considerarmos a filosofia de Escoto por si mesma devamos reconhecer que sua doutrina moral não é a de um autoritarismo divino arbitrário, devemos reconhecer também, ao considerarmos o desenvolvimento histórico do pensamento, que sua doutrina moral ajudou a

---

[721] *Rep.*, 4, 46, 4, nº 8.

preparar o caminho para a de Ockham, segundo a qual a lei moral — incluído aí todo o decálogo — é uma criação arbitrária da vontade divina.

4. Quanto à autoridade política, Escoto distingue-a cuidadosamente da autoridade paterna[722] e parece sugerir que tem fundamento no livre consentimento. "A autoridade política [...] pode ser justa pelo consentimento e pela escolha da própria comunidade".[723] Escoto fala de pessoas que percebem ser impossível viver harmoniosamente sem uma autoridade e que concordam em delegar o cuidado da comunidade a uma pessoa ou a um grupo de pessoas, seja para um único homem — de modo a seu sucessor ser eleito — seja para um homem e sua descendência.[724] Em outro lugar,[725] fala de muitas pessoas independentes que "para alcançar um estado de paz contínua, puderam, pelo consenso de todos, eleger um príncipe".

A autoridade legítima é um dos fatores exigidos ao legislador, sendo o outro a "prudência", a habilidade de legislar de acordo com a reta razão.[726] O legislador não deve promulgar leis para vantagem pessoal, mas para o bem comum, que é o fim da legislação.[727] Além disso, a lei humana positiva não deve estar em conflito nem com a lei moral natural, nem com a lei divina positiva. Escoto não teria mais simpatia que Santo Tomás de Aquino pela idéia de um governo despótico ou pela idéia do Estado enquanto fonte da moralidade.

---

[722] Rep., 4, 15, 4, n° 10-11.
[723] Ox., 4, 15, 2, n° 7.
[724] Ox., 4, 15, 2, n° 7.
[725] Rep., 4, 15, 4, n° 11.
[726] Ox., 4, 15, 2, n° 6.
[727] Ibid., 4, 14, 2, n° 7.

CAPÍTULO XXX
Revisão de encerramento

Teologia e filosofia — "Filosofia cristã" — A síntese tomista — Diversos modos de encarar e interpretar a filosofia medieval.

Uma revisão geral da filosofia medieval obviamente deverá ser deixada para a conclusão do próximo volume. Contudo, pode valer a pena indicar aqui alguns aspectos gerais do curso histórico da filosofia tratado neste volume, ainda que a omissão do ockhamismo, que será estudado no terceiro volume, restrinja o âmbito das reflexões.

1. Pode-se olhar para o desenvolvimento da filosofia do mundo cristão desde o tempo do Império Romano até as sínteses do século XIII sob o ponto de vista de sua relação com a teologia. Nos primeiros séculos da Era Cristã, dificilmente se pode dizer ter havido qualquer filosofia no sentido moderno, isto é, no sentido de uma ciência autônoma distinta da teologia. Os Padres, obviamente, estavam cientes da distinção entre a razão e a fé, entre conclusões científicas e os dados da revelação. No entanto, distinguir razão e fé não é necessariamente o mesmo que estabelecer uma distinção clara entre filosofia e teologia. Apologetas e autores cristãos ávidos por mostrar a razoabilidade da religião cristã utilizaram a razão para mostrar, por exemplo, que não há senão um Deus, e, nessa medida, se pode falar que tenham desenvolvido temas filosóficos. No entanto, seu fim era apologético e não primariamente filosófico. Mesmo aqueles autores que adotaram uma postura hostil em relação à filosofia grega utilizaram a razão para propósitos apologéticos, tendo dado atenção a temas considerados como pertencentes à província da filosofia. Embora possamos isolar tais argumentos e discussões que são agrupados sob a rubrica de "filosofia", seria ocioso pretender que um apologeta cristão desse tipo fosse um filósofo professo. Pode ter tomado algo de empréstimo do filósofo, mas considerava a "filosofia" muito antes como corruptora da verdade e inimiga da Cristandade. Já os autores cristãos que adotaram uma postura favorável em relação à filosofia grega tendiam a encará-la como uma preparação para a sabedoria cristã, a qual compreendia não somente os mistérios da fé, mas toda a verdade sobre o mundo e a vida humana vista pelos olhos do cristão. Na medida em que os Padres não apenas aplicaram a razão à compreensão, à formulação correta e à defesa dos dados da revelação, mas também trataram de temas que haviam sido considerados pelos filósofos gregos, ajudaram não apenas a desenvolver a teologia, mas também forneceram material para a construção de uma filosofia que seria compatível com a teologia cristã. No entanto, eram teólogos e exegetas, não filósofos em sentido estrito,

a não ser de forma ocasional e incidental. Mesmo quando investigavam temas filosóficos, estavam, por assim dizer, girando em torno da sabedoria cristã total antes que elaborando uma filosofia ou ramo filosófico autônomo.

Padres da Igreja como São Gregório de Nissa e Santo Agostinho, que utilizaram em seus escritos elementos tomados de empréstimo do neoplatonismo, encontraram nessa tradição um material que os ajudou no desenvolvimento de uma "filosofia" da vida espiritual, à qual, enquanto cristãos e santos, dedicavam muita atenção. Era muito natural que falassem da alma, da sua relação com o corpo, da sua ascensão a Deus, em termos que lembram fortemente o platonismo e o neoplatonismo. No entanto, como não poderiam — nem desejariam — considerar a ascensão da alma a Deus com abstração da teologia e da revelação, sua filosofia, que se concentrava tanto na alma e na sua ascensão a Deus, estava inevitavelmente entrelaçada e integrada com sua teologia. Tratar, por exemplo, da doutrina de Santo Agostinho sobre a iluminação enquanto doutrina puramente filosófica não é fácil. Deve ser vista à luz da sua doutrina geral a respeito da relação da alma com Deus e da sua ascensão a Deus.

A postura geral dos Padres deu o tom, por assim dizer, daquilo que chamamos "agostinismo". Santo Anselmo, por exemplo, era um teólogo, mas percebeu que a existência do Deus que revelou os mistérios da religião cristã precisava ser de algum modo provada, tendo desenvolvido assim uma teologia natural — ou contribuído para seu desenvolvimento —, embora seja um erro representá-lo como alguém dedicado a elaborar um sistema de filosofia enquanto tal. O lema *"fides quaerens intellectum"* pode — para falar de maneira um tanto grosseira — funcionar para a frente e para trás. Funcionando para a frente, partindo dos dados da revelação e aplicando o raciocínio aos dogmas teológicos para compreendê-los tanto quanto possível, produz a teologia escolástica; funcionando para trás, no sentido de considerar os pressupostos da revelação, desenvolve as provas da existência de Deus. No entanto, a mente que trabalha, em ambos os casos, é na verdade a mente do teólogo, ainda que, no segundo caso, trabalhe dentro da província da filosofia e com os métodos da filosofia.

Se é verdade que o espírito do agostinismo, nascido dos escritos dos Padres, era o da *fides quaerens intellectum*, pode também ser chamado de espírito do *homo quaerens Deum*. Esse aspecto do agostinismo é especialmente marcado em São Boaventura, cujo pensamento era tão profundamente impregnado pela espiritualidade afetiva do franciscanismo. O homem pode contemplar as criaturas — o mundo exterior e o mundo interior — e discernir suas naturezas, mas seu conhecimento pouco valerá, a menos que chegue a discernir na natureza o *vestigium Dei* e em si próprio a *imago Dei*; a menos que possa identificar a operação de Deus em sua própria alma, a qual é em si mesma oculta, mas se torna visível nos seus efeitos, no seu poder. Alguns "agostinianos", sem dúvida, defenderam a doutrina da iluminação por conservadorismo e respeito à tradição; todavia, no caso de um homem como São Boaventura, a retenção da doutrina era algo muito maior que tradicionalismo. Tem-se dito que, dadas as duas doutrinas, uma das quais atribui mais a Deus e a outra menos, o agostiniano escolhe a que atribui mais a Deus e menos à criatura. No entanto, isso é verdade apenas na medida em que se sente que a doutrina se harmoniza e exprime a experiência espiritual e na medida em que se harmoniza e pode ser integrada com o pensamento teológico geral.

Caso se tome o lema *fides quaerens intelectum* como expressão do espírito do agostinismo e indicador do lugar da filosofia segundo o pensamento de Agostinho, poder-se-ia objetar que tal descrição do agostinismo é demasiadamente ampla e pode levar a classificar como agostinianos pensadores que não poderiam ser assim chamados razoavelmente. A passagem da fé ao "entendimento", à teologia escolástica, por um lado, e à filosofia, por outro, era fundamentalmente resultado do fato de que o cristianismo foi dado ao mundo como uma revelada doutrina de salvação, não como uma filosofia no sentido acadêmico, nem mesmo como filosofia escolástica. Os cristãos creram em primeiro lugar e apenas depois, no desejo de defender, explicar e compreender aquilo em que criam, desenvolveram a teologia e, subordinada a esta, a filosofia. Em certo sentido, essa foi a postura não apenas dos primeiros autores cristãos e dos Padres da Igreja, mas também de todos os pensadores medievais que eram em primeiro lugar teólogos. Criam primeiro e depois tentavam entender. Isso poderia ser dito do próprio Santo Tomás. Mas como se poderia chamar Santo Tomás de agostiniano? Não é melhor restringir o termo "agostiniano" a certas doutrinas filosóficas? Uma vez feito isso, haverá como distinguir agostinianos de não-agostinianos; de outro modo, fica-se envolvido em uma confusão sem perspectivas.

Essa posição encerra muita verdade, devendo-se admitir que, para que seja possível discriminar agostinianos de não-agostinianos em razão do conteúdo de suas filosofias, é desejável em primeiro lugar ser claro quanto a quais doutrinas se está preparado a reconhecer como agostinianas e por quê. No entanto, falo agora da relação entre teologia e filosofia e sustento, neste ponto, que, com importante ressalva que farei em breve, não há diferença essencial de postura entre o próprio Santo Agostinho e os grandes teólogos-filósofos do século XIII. Santo Tomás de Aquino certamente estabelecia uma distinção formal e metodológica entre filosofia e teologia — distinção que não era feita claramente por São Gregório de Nissa, Santo Agostinho ou Santo Anselmo —, mas a postura da *fides quarentes intellectum* era, ainda assim, a postura de Santo Tomás. *Nesse ponto*, portanto, eu estaria disposto a classificar Santo Tomás como um "agostiniano". Quanto ao conteúdo doutrinal, deve-se adotar outro critério, é verdade. São Boaventura também estabelece uma distinção formal entre teologia e filosofia, embora aderisse a — e acentuasse — doutrinas geralmente reconhecidas como "agostinianas", ao passo que Santo Tomás as rejeitava. Em vista dessas doutrinas, pode-se chamar a filosofia de Boaventura de "agostiniana" e a filosofia de Tomás de "não-agostiniana". Novamente: São Boaventura, conforme vimos, acentuava muito mais do que Santo Tomás a insuficiência da filosofia independente, de modo a já se ter dito até mesmo que a unidade do sistema de Boaventura deve ser buscada no plano teológico e não no plano filosófico. Ainda assim, o próprio Santo Tomás não julgava que uma pura filosofia independente pudesse ser, na realidade e na prática, plenamente satisfatória e era, assim como São Boaventura, fundamentalmente um teólogo. Há muito a dizer em favor da afirmação de Gilson de que, para Santo Tomás, a esfera da filosofia é a esfera do *révélable* (no sentido em que Gilson usa o termo, não, obviamente, em qualquer sentido).

A "importante ressalva" que mencionei acima é a seguinte: devido à descoberta da obra de Aristóteles e de sua adoção por parte de Santo Tomás, na medida em que esta concorda com a ortodoxia teológica, Santo Tomás forneceu material para uma filosofia independente. Conforme sugeri ao lidar com Santo Tomás, a utilização do sistema aristotélico contribuiu para que a filosofia se tornasse autoconsciente e aspirasse à independência e à autonomia. Quando o material filosófico era relativamente escasso, como no período patrístico e nos primeiros séculos da era medieval, uma filosofia autônoma trilhando seu próprio caminho estava fora de cogitação (não é preciso levar o fenômeno dos *dialectici* muito a sério). Porém, uma vez que o aristotelismo — que ao menos aparentemente era um sistema filosófico completo e elaborado independentemente da teologia — entrou em cena e conquistou seu espaço, a cisão de caminhos era moralmente inevitável. A filosofia havia crescido e logo exigiria sua parte da herança e deixaria a casa. Essa não era, de forma alguma a intenção de Santo Tomás, que pretendia utilizar o aristotelismo na construção de uma vasta síntese teológico-filosófica, na qual a teologia deveria constituir a medida suprema. Contudo, os filhos quando crescem nem sempre se comportam exatamente como seus pais esperavam ou desejavam. Boaventura, Alberto e Tomás utilizaram e incorporaram uma quantidade crescente dos novos materiais filosóficos e, durante todo esse tempo, estavam criando um filho que em breve seguiria o próprio caminho. Mas os três, embora diferindo uns dos outros em muitos pontos de doutrina filosófica, estavam de acordo quanto ao ideal de uma síntese cristã. Pertenciam ao número dos *Sancti*, não dos *philosophi* e, caso se queira encontrar um contraste radical entre pensadores medievais quanto à visão sobre a relação entre teologia e filosofia, deve-se contrastar não tanto Santo Anselmo e São Boaventura de um lado e Santo Tomás do outro, mas antes Santo Anselmo, São Boavnetura, Santo Tomás e Escoto, de um lado, e os averroístas latinos e — no século xiv — a escola ockhamista no outro. Os *philosophi* e os peripatéticos radicais levantam-se contra os Padres, os teólogos e os *Sancti*.

2. O que foi dito levanta a questão da "filosofia cristã". Pode-se falar de uma "filosofia cristã" da Idade Média e, se sim, em que sentido? Se a filosofia é uma província legítima e autônoma do estudo e do conhecimento humano ("autônoma" no sentido de que o filósofo tem método e objeto próprios), pareceria que ela não é nem pode ser "cristã". Soaria absurdo falar em "biologia cristã" ou "matemática cristã": um biólogo ou um matemático pode ser cristão, mas não sua biologia ou sua matemática. De maneira semelhante — alguém

poderia dizer — um filósofo pode ser cristão, mas não sua filosofia. Sua filosofia pode ser verdadeira e compatível com o cristianismo, mas não se qualifica uma proposição científica como cristã simplesmente por ser verdadeira e compatível com o cristianismo. Assim como a matemática não pode ser nem pagã, nem muçulmana, nem cristã, embora os matemáticos possam ser pagãos, muçulmanos ou cristãos, tampouco a filosofia pode ser pagã, muçulmana ou cristã, embora os filósofos possam ser pagãos, muçulmanos ou cristãos. A questão relevante sobre uma hipótese científica é se é verdadeira ou falsa, confirmada pela observação e pela experiência ou refutada, não se é proposta por um cristão, um hindu ou um ateu, e a questão relevante sobre uma doutrina filosófica é se é verdadeira ou falsa, mais ou menos adequada enquanto explicação dos fatos que pretende explicar, não se é exposta por alguém que crê em Zeus, um seguidor de Maomé ou um teólogo cristão. O máximo que a expressão "filosofia cristã" pode significar legitimamente é uma filosofia compatível com o cristianismo; se significa mais que isso, está a se falar de uma filosofia que não é simplesmente filosofia, mas, ao menos em parte, teologia.

Esse é um ponto de vista razoável e compreensível, representando certamente um aspecto da postura de Santo Tomás diante da filosofia, aspecto expresso na sua distinção formal entre teologia e filosofia. O filósofo parte das criaturas, o teólogo parte de Deus; os princípios do filósofo são aqueles conhecidos pela luz natural da razão, os do teólogo são revelados; o filósofo trata da ordem natural, o teólogo trata fundamentalmente da ordem sobrenatural. Caso, porém, se adira estritamente a esse aspecto do tomismo, fica-se em uma posição um tanto difícil. São Boaventura não pensava que nenhuma metafísica satisfatória pudesse ser alcançada a não ser à luz da fé. A doutrina filosófica das idéias exemplares, por exemplo, está intimamente ligada à doutrina teológica do Verbo. Deve-se dizer, então, que São Boaventura não tinha nenhuma filosofia em sentido próprio ou devem-se separar os elementos teológicos dos elementos filosóficos? Nesse caso, não se corre o risco de construir uma "filosofia bonaventuriana" que o próprio São Boaventura dificilmente reconheceria como expressão adequada do seu pensamento e de suas intenções? Não será talvez mais simples admitir que a idéia de filosofia de São Boaventura era a de uma filosofia cristã, no sentido de uma síntese cristã geral do tipo que os autores cristãos anteriores se empenharam em alcançar? O historiador tem o direito de adotar esse ponto. Caso se fale simplesmente como um filósofo que está convencido de que a filosofia ou se firma em seus próprios pés ou então não é filosofia de forma alguma, não se admitirá a existência de uma "filosofia cristã". Ou em outros termos: caso se fale simplesmente como um "tomista", será forçoso criticar qualquer outra concepção diferente de filosofia. Caso, porém, se fale como historiador — olhando, por assim dizer, desde fora —, admitir-se-á que há duas concepções de filosofia: a de São Boaventura — a concepção de uma filosofia cristã — e a de Santo Tomás e de Escoto — a concepção de uma filosofia que não pode ser chamada propriamente de cristã, a não ser no sentido de que é compatível com a teologia. Desse ponto de vista, pode-se dizer que São Boaventura, embora fizesse uma distinção formal entre teologia e filosofia, prosseguia a tradição dos Padres, ao passo que, com Santo Tomás, a filosofia recebeu um estatuto próprio. Nesse sentido, o tomismo era "moderno" e olhava para o futuro. Enquanto sistema filosófico auto-suficiente, o tomismo pode competir e discutir com outras filosofias, pois pode prescindir inteiramente da teologia dogmática, ao passo que a filosofia cristã de tipo bonaventuriano dificilmente pode fazê-lo. O verdadeiro bonaventuriano, naturalmente, poderia discutir com filósofos modernos sobre questões particulares (por exemplo, as provas da existência de Deus); entretanto, o sistema total dificilmente poderia entrar na arena filosófica em pé de igualdade, precisamente porque não é apenas um sistema filosófico, mas uma síntese cristã.

Ainda assim, não há um sentido em que as filosofias de Santo Agostinho, São Boaventura, Santo Alberto e Santo Tomás podem todas ser chamadas de cristãs? Os problemas que discutiam eram em grande medida postos pela teologia ou pela necessidade de defender a verdade cristã. Quando Aristóteles argumentava pela existência de um motor imóvel, estava respondendo a um problema posto pela metafísica (e pela física); quando, porém, Santo Anselmo, São Boaventura e Santo Tomás provavam a existência de Deus, estavam mostrando o fundamento racional para a aceitação da revelação na qual já acreditavam. São Boaventura também estava preocupado em mostrar a atividade imanente de Deus dentro da alma. E embora Santo Tomás tenha utilizado o argumento do próprio Aristóteles, não estava respondendo apenas a um problema abstrato nem estava interessado tão-somente em mostrar que há um motor imóvel, uma causa última do movimento; estava interessado em provar a existência de Deus, um Ser que representava para Santo Tomás muito mais que um motor imóvel. Seus argumentos podem naturalmente ser considerados em si mesmos e, do ponto de vista filosófico, devem ser assim considerados. Contudo, abordava a questão do ponto de vista do teólogo, considerando a prova da existência de Deus como um *preambulum fidei*. Além disso, embora Santo Tomás certamente tenha falado da filosofia, ou metafísica, como a ciência do ente enquanto tal, e embora se possa considerar que a afirmação de que o conhecimento racional de Deus é a parte mais alta da filosofia, para a qual as outras partes conduzem, segue na sua *Summae* — que tem máxima importância dos pontos de vista filosófico e teológico — a ordem sugerida pela teologia, à qual sua filosofia se ajusta intimamente, formando uma síntese. Santo Tomás não trata de problemas filosóficos no espírito de um professor da faculdade de artes de Paris, mas no de um teólogo cristão. Além disso, apesar do seu aristotelismo e apesar da sua reafirmação de proposições aristotélicas, penso ser possível sustentar que, para Santo Tomás, a filosofia é menos o estudo do ente em geral que o estudo de Deus, da atividade de Deus e dos efeitos de Deus, até onde a razão natural nos pode levar, de modo que Deus é o centro tanto de sua filosofia como de sua teologia — o mesmo Deus, embora alcançado de maneiras diferentes. Sugeri anteriormente que a autonomia concedida por Santo Tomás à filosofia significava que a filosofia viria a trilhar mais tarde seu próprio caminho, e penso que isso é verdade. Contudo, isso não corresponde a dizer que Santo Tomás previu ou desejou a "separação" entre filosofia e teologia. Pelo contrário: empreendeu uma grande síntese e o fez enquanto teólogo cristão que também era filósofo. Sem dúvida, consideraria que aquilo que a seus olhos seriam as excentricidades e os erros da filosofia dos séculos posteriores se devia em grande medida às mesmas causas em vista das quais declarava ser a revelação moralmente necessária.

3. Mais capítulos foram dedicados à filosofia de Santo Tomás de Aquino que à de qualquer outro filósofo, e com razão, pois o tomismo é inquestionavelmente a síntese mais imponente e abrangente considerada neste livro. Posso ter acentuado aspectos do tomismo que têm origem não-aristotélica, e deve-se ter tais aspectos em mente — penso —, para não esquecer que o tomismo é uma síntese e não uma adoção literal do aristotelismo. Não obstante, o tomismo *pode*, obviamente, ser considerado como a culminação do movimento no Ocidente Cristão em direção à adoção e utilização da filosofia grega como representada por Aristóteles. Devido ao fato de que a filosofia no tempo dos Padres significava, para todos os fins, o neoplatonismo, utilizar a filosofia grega significa, para os Padres, usar o neoplatonismo. Santo Agostinho, por exemplo, conhecia pouco do sistema histórico de Aristóteles, enquanto distinto do neoplatonismo. Além disso, o caráter espiritual do neoplatonismo apelava ao espírito dos Padres. Era bastante natural que as categorias do neoplatonismo continuassem a dominar o pensamento cristão no princípio da Idade Média, em vista do fato de que os Padres as utilizaram e que foram consagrados pelo prestígio ligado aos escritos do Pseudo-Dionísio, que se acreditava ter sido convertido por São Paulo. Além disso, mesmo quando o *corpus* dos escritos de Aristóteles havia se tornado disponível em traduções latinas do grego e do árabe, as diferenças entre o aristotelismo e o neoplatonismo não eram reconhecidas claramente: não podiam ser reconhecidas de forma clara, na medida em que o *Liber de causis* e a *Elementatio Theologica* eram atribuídos a Aristóteles e que os comentadores muçulmanos hauriam copiosamente do neoplatonismo. Que Aristóteles tenha criticado Platão era, por óbvio, perfeitamente claro a partir da *Metafísica*, mas a natureza e o escopo da crítica não eram tão claros. A adoção e utilização de Aristóteles não significa, portanto, a negação ou rejeição de todo o neoplatonismo e, embora Santo Tomás reconhecesse que o *Liber de causis* não era obra de Aristóteles, pode-se considerar sua interpretação de Aristóteles de maneira harmônica com o cristianismo, não simplesmente como uma interpretação *in meliorem partem* (que o era, do ponto de vista de qualquer um que seja cristão e historiador), mas também como uma interpretação que segue a concepção geral do aristotelismo do seu tempo. São Boaventura certamente pensava que a crítica de Aristóteles a Platão envolvia uma rejeição do exemplarismo (e, creio, São Boaventura está absolutamente correto), mas Santo Tomás não pensava assim, tendo interpretado Aristóteles de acordo com esse entendimento. Pode-se

ficar tentado a pensar que Santo Tomás estava simplesmente lavando Aristóteles. Contudo, não se deve esquecer que "Aristóteles" para Santo Tomás significava mais do que Aristóteles significa para o historiador moderno da filosofia grega. Era, ao menos em certa medida, um Aristóteles visto pelos olhos de comentadores e filósofos que não eram aristotélicos puros. Mesmo aqueles que pretendiam ser aristotélicos radicais — os averroístas latinos — não eram aristotélicos puros em sentido estrito. Caso se adote esse ponto de vista, será mais fácil entender como Aristóteles podia apresentar-se a Santo Tomás como "o Filósofo" e perceber-se-á que, quando Santo Tomás batizou o aristotelismo, não o estava usando simplesmente para substituir o neoplatonismo, mas estava completando o processo de absorção da filosofia grega que começou nos primeiros tempos da era cristã. Em certo sentido, podemos dizer que o neoplatonismo, o agostinismo, o aristotelismo e as filosofias muçulmana e judaica encontraram-se e foram fundidas no tomismo, não no sentido de que elementos selecionados foram justapostos mecanicamente, mas no sentido de que uma verdadeira fusão e síntese foi alcançada sob a direção de certas idéias básicas. O tomismo, no sentido pleno, é assim uma síntese da teologia cristã e da filosofia grega (o aristotelismo unido a outros elementos, ou o aristotelismo interpretado à luz da filosofia posterior), na qual a filosofia é vista à luz da teologia e a teologia é expressa, em considerável medida, nas categorias tomadas de empréstimo da filosofia grega, particularmente de Aristóteles.

Afirmei que o tomismo é uma síntese da teologia cristã e da filosofia grega, o que pode parecer implicar que o tomismo, no sentido mais estrito — isto é, enquanto denota simplesmente a filosofia tomista — é uma síntese da filosofia grega e que não é nada senão filosofia grega. Em primeiro lugar, é preferível falar em filosofia grega a falar em aristotelismo, pela simples razão de que a filosofia de Santo Tomás é uma síntese de platonismo — usando o termo em sentido amplo, para incluir o neoplatonismo — e aristotelismo, embora não se deva esquecer que as filosofias muçulmana e judaica também foram importantes influências na formação do seu pensamento. No primeiro volume da minha história,[728] defendi que Platão e Aristóteles devem ser considerados como pensadores complementares — ao menos sob alguns aspectos — e que uma síntese é necessária. Santo Tomás realizou essa síntese. Não podemos nos referir à sua filosofia, portanto, simplesmente como aristotelismo. É, em vez disso, uma síntese da filosofia grega harmonizada com a teologia cristã. Em segundo lugar, o tomismo é uma síntese real e não uma simples justaposição de elementos heterogêneos. Por exemplo, Santo Tomás não recebeu a tradição platônico-plotiniano-agostiniana das idéias exemplares e simplesmente a justapôs à doutrina aristotélica da forma substancial: ele deu a cada elemento seu estatuto ontológico, subordinando a forma substancial à idéia exemplar e explicando em que sentido se pode falar de "idéias" em Deus. Novamente: se adotou a noção (originalmente) platônica da participação, não a utilizou de maneira que entrasse em conflito com os elementos aristotélicos da sua metafísica. Santo Tomás

---

[728] Incluído no início da nossa edição brasileira. — NE

foi mais além do hilomorfismo aristotélico e discerniu na distinção real entre essência e existência uma aplicação mais profunda do princípio da potência e do ato. Essa distinção permitiu-lhe usar a noção platônica da participação para explicar o ente finito, ao passo que, ao mesmo tempo, sua concepção de Deus como *ipsum esse subsistens*, antes que como mero Motor imóvel, permitiu-lhe usar a idéia da participação de maneira a dar relevo à idéia da criação, que não se encontrava nem em Platão, nem em Aristóteles. Não é preciso dizer que Santo Tomás não tomou a participação, em sentido pleno, como uma premissa. A idéia completa da participação não podia ser obtida senão até que a existência de Deus tivesse sido provada, mas o material para a elaboração dessa idéia foi fornecido pela distinção real entre essência e existência.

4. Alguns dos pontos de vista adotados neste livro podem parecer um tanto inconsistentes. No entanto, deve-se lembrar que é possível adotar diferentes pontos de vista em relação à história da filosofia medieval e, com efeito, em relação à história da filosofia em qualquer época. Para além do fato de que naturalmente se adotará um diferente ponto de vista e se interpretará o desenvolvimento da filosofia sob uma luz diferente conforme se seja tomista, escotista, kantiano, hegeliano, marxista ou positivista lógico, é possível mesmo para um mesmo homem discernir diferentes princípios ou modos de interpretação, sem estar disposto a rejeitar nenhum deles como totalmente ilegítimo nem estar preparado a reivindicar para algum deles a completa verdade e adequação.

Assim, é possível — e, sob certo ponto de vista, perfeitamente legítimo — adotar o modo de intepretação linear ou progressivo. É possível ver a absorção e a utilização da filosofia grega pelos pensadores cristãos partindo praticamente do zero nos primeiros anos da Era Cristã, crescendo dos Padres da Igreja até a escolástica do princípio da Idade Média, sendo repentinamente — em termos comparativos — enriquecida pela tradução do árabe e do grego, desenvolvendo-se no pensamento de Guilherme de Auvergne, Alexandre de Hales, São Boaventura e Santo Alberto até chegar à sua culminação na síntese tomista. Segundo essa linha interpretativa, seria preciso encarar a filosofia de São Boaventura como um estágio no desenvolvimento do tomismo, não como uma filosofia paralela e heterogênea. Dever-se-ia encarar a realização de Santo Tomás, não tanto como uma adoção de Aristóteles em lugar de Agostinho ou do platonismo neoplatônico, mas antes como a confluência e síntese de várias correntes da filosofia grega, da filosofia islâmica e judaica, bem como das idéias originais aportadas pelos pensadores cristãos. A filosofia medieval antes de Santo Tomás seria vista não como "agostinismo", enquanto oposto ao aristotelismo, mas como escolástica pré-tomista, ou como a escolástica da primeira Idade Média. Essa linha interpretativa parece-me perfeitamente legítima e tem a grande vantagem de não conduzir a uma idéia distorcida do tomismo como puro aristotelismo. Seria até mesmo possível e legítimo ver o tomismo como um platonismo aristotelizado antes que como um aristotelismo platonizado. O que foi dito sobre o caráter "sintético" do tomismo e da sua relação com a filosofia grega e islâmica em geral, antes que com o aristotelismo em particular, corrobora essa linha de interpretação, que também foi sugerida por aquilo que dissemos no primeiro volume desta história[729] a respeito do caráter complementar das filosofias platônica e aristotélica.

Por outro lado, caso se siga exclusivamente essa linha de interpretação, corre-se o risco de perder de vista inteiramente a rica variedade da filosofia medieval e a individualidade dos diferentes filósofos. O espírito de São Boaventura não era o mesmo de Roger Bacon, nem o mesmo de Santo Tomás, e historiadores como Gilson prestaram o grande serviço de chamar atenção e pôr em relevo o gênio peculiar dos pensadores individuais. Essa "individualização" dos filósofos medievais é tanto mais bem-vinda quando se tem em vista o fato de que pensadores cristãos compartilhavam um pano de fundo teológico, de modo que suas diferenças filosóficas eram expressas dentro de um campo relativamente restrito, e como resultado a filosofia medieval pode parecer consistir de uma série de repetições de pontos relevantes e uma série de diferenças acerca de pontos relativamente insignificantes. Caso se dissesse simplesmente que São Boaventura postulava uma iluminação especial que Santo Tomás rejeitava, a diferença entre ambos não despertaria tanto interesse quanto desperta se a teoria da iluminação é articulada com o seu pensamento total e se a negação por parte de Santo Tomás de qualquer iluminação especial é posta em relação com o pano de fundo do seu sistema em geral. Contudo, não se pode retratar o pensamento total de São Boaventura ou o sistema geral de Santo Tomás sem pôr em relevo o espírito peculiar de cada pensador. Pode bem ser verdade que Gilson, conforme sugeri mais cedo neste livro, tenha exagerado as diferenças entre São Boaventura e Santo Tomás, sendo possível ver a filosofia de São Boaventura como um estágio na evolução do tomismo antes que como uma filosofia paralela e diferente. No entanto, também é possível que pessoas diferentes tenham concepções divergentes sobre o que é a filosofia e, se alguém não aceita o ponto de vista tomista, provavelmente não estará mais inclinado a ver Boaventura como um Tomás incompleto do que um platônico estaria inclinado a ver Platão como um Aristóteles incompleto. É um erro — penso — insistir tanto no tipo linear de interpretação a ponto de excluir como ilegítimo o tipo de interpretação representado por Gilson ou, inversamente, insistir tanto nas características e espíritos individuais de pensador a ponto de perder de vista a evolução geral do pensamento em direção à síntese completa. Uma visão estreita dificilmente poderá produzir uma compreensão adequada.

Novamente: embora seja possível ver o desenvolvimento da filosofia medieval como um desenvolvimento em direção à síntese tomista e encarar as filosofias pré-tomistas como estágios desse desenvolvimento, e embora seja possível se concentrar mais nas peculiaridades das diferentes filosofias e nos gênios dos diferentes pensadores, também é possível ver e pôr em relevo diferentes linhas gerais de desenvolvimento. Assim, é possível distinguir diferentes tipos de "agostinismo" em vez de se contentar com um único termo; distinguir, por

---

[729] V. Parte IV, capítulo I da presente edição. — NE

exemplo, o agostinismo tipicamente franciscano de São Boaventura do agostinismo aristotelizado de Ricardo de Middleton ou do agostinismo aviceniano de Henrique de Gante e, em certa medida de Duns Escoto. É possível traçar as influências de Avicena, Averróis e Avicebron sobre o pensamento medieval e buscar formular uma classificação correspondente. Daí expressões como *"augustinisme avicennisant"*, *"augustinisme avicebronisant"* e *"avicennisme latin"*, das quais se servem os historiadores franceses. Uma investigação de tais influências certamente tem seu valor. No entanto, a classificação produzida a partir de tal investigação não pode ser considerada como uma classificação *completa* e inteiramente adequada das filosofias medievais: a insistência quanto à influência do passado tende a obscurecer as contribuições originais de cada filósofo, ao passo que sua classificação como influenciado por Avicena, Averróis ou Avicebron depende em grande medida de quais são os pontos de sua filosofia que se tem em mente.

Outra vez: pode-se encarar o desenvolvimento da filosofia medieval segundo a relação do pensamento cristão com o "humanismo", com o pensamento grego e a cultura e a ciência em geral. Assim, se São Pedro Damião representava a postura negativa em face do humanismo, Santo Alberto Magno e Roger Bacon representavam a postura positiva, e do ponto de vista político o tomismo representa uma harmonização entre o natural e humanístico com o sobrenatural que está ausente na teoria política característica de Giles de Roma. Santo Tomás, novamente, em virtude da importância maior que atribui à atividade humana no que diz respeito ao conhecimento e à ação em comparação com alguns de seus predecessores, pode ser considerado um representante da tendência humanista.

Ao fim e ao cabo, a filosofia medieval pode ser considerada sob vários aspectos, cada um dos quais tendo sua justificação, e de tal modo deve ser considerada, caso dela se queira obter algo próximo de uma visão adequada. No entanto, um tratamento mais amplo da filosofia medieval em geral deve ser deixado para a conclusão do próximo volume, quando a filosofia do século XIV tiver sido discutida. No presente volume, a grande síntese de Santo Tomás ocupa naturalmente e com justiça a posição central, embora, conforme vimos, filosofia medieval e filosofia de Santo Tomás não sejam sinônimos. O século XIII foi o século do pensamento especulativo e foi excepcionalmente rico em pensadores desse tipo. Foi um século de pensadores originais, cujo pensamento ainda não se tinha cristalizado em tradições dogmáticas de escolas filosóficas. Entretanto, embora os grandes pensadores do século XIII divergissem uns dos outros em suas doutrinas filosóficas e criticassem uns aos outros, faziam-no dentro de um cenário de princípios metafísicos comuns. Deve-se distinguir a crítica relativa à aplicação de preceitos metafísicos aceitos da crítica dos próprios fundamentos dos sistemas metafísicos. Aquela foi praticada por todos os grandes pensadores especulativos da Idade Média, mas esta não apareceu antes do século XIV. Concluí este volume com o estudo de Duns Escoto que, do ponto de vista cronológico, se situa na encruzilhada entre os séculos XIII e XIV. Contudo, ainda que se possam discernir na sua filosofia as primeiras insinuações do espírito crítico mais radical que caracterizaria o movimento ockhamista do século XIV, sua crítica aos seus contemporâneos e predecessores não envolvia uma negação dos princípios metafísicos comumente aceitos no século XIII. Lançando o olhar sobre a Idade Média, podemos tender a ver no sistema de Escoto uma ponte entre dois séculos: entre a era de Santo Tomás e a era de Ockham. Porém, o próprio Ockham certamente não via em Escoto um espírito aparentado ao seu, e penso que, ainda que a filosofia de Escoto tenha preparado o caminho para uma crítica mais radical, seu sistema deve ser considerado como a última das grandes sínteses especulativas medievais. Dificilmente se pode negar — penso — que algumas das opiniões de Escoto na psicologia racional, na teologia natural e na ética olham para a frente, por assim dizer, para a crítica okchamista da metafísica e para a visão ockhamista da natureza da lei moral. No entanto, caso se considere a filosofia de Escoto em si mesma, sem referência a um futuro que nós conhecemos, mas que ele não conhecia, somos forçados a admitir que foi um sistema metafísico tanto quanto qualquer um dos grandes sistemas do século XIII. Pareceu-me, portanto, que o lugar de Escoto era neste volume e não no próximo. No próximo volume, espero tratar da filosofia do século XIV, das filosofias da Renascença e da renovação da escolástica nos séculos XV e XVI.

Anexos

APÊNDICE I
Algumas abreviações usadas neste volume

AÉCIO. Collectio placitorum (*philosophorum*).
ALBINUS. Didask. (*Didaskalikos*).
AMMIANUS MARCELLINUS. Reramgest. (Rerum gestarum libri XVIII).
AGOSTINHO. Contra Acad. (*Contra Academicos*).
    C.D. (*De Civitate Dei*).
BURNET. E.G.P. (*Early Greek Philosophy*).
    G.P., I. (*Greek Philosophy*. Part I, *Thales to Plato*).
CAPITOLINUS, JULIUS. Vit. M. Ant. (*Vita Marci Antonini Pii*).
CALCÍDIO. In Tim. (*Comentário ao Timeu*).
CÍCERO. Acad. Prior. (*Academica Priora*).
    Acad. Post. (*Academica Posteriora*).
    Ad Att. (*Cartas a Ático*).
    De Div. (*De Divinatione*).
    De Fin. (*De Finibus*).
    De Nat. D. (*De Natura Deorum*).
    De Off. (*De Officiis*).
    De Orat. (*De Oratore*).
    De Senect. (*De Senectute*).
    Somn. Scip. (*Somnium Scipionis*).
    Tusc. (*Tusculanae Disputationes*).
CLEMENTE DE ALEXANDRIA. Protrep. (*Protrepticus*).
    Strom. (Stromata).
DAMASCIUS. Dubit. (*Dubitationes et solutiones de primis principiis*).
DIÓGENES LAÉRCIO. Vidas dos filósofos.
EPITETO. Disc. (*Discursos*).
    Ench. (*Enchiridion*).
EUDEMO. Phys. (*Physics*, do qual restam apenas fragmentos).
EUNÁPIO. Vit. Soph. (*Vidas dos sofistas*).
EUSÉBIO. Hist. Eccl. (*Historia Ecclesiastica*).
    Prep. Evan. (*Praeparatio Evangelica*).
FÍLON. De conf. ling. (*De confusion e linguarum*).
    De gigant. (*De gigantibus*).
    De human. (*De humanitate*).
    De migrat. Abrah. (*De migratione Abrahami*).
    De mutat. nom. (*De mutatione nominum*).
    De opif. mundi (*De opificio mundi*).
    De post. Caini (*De posteritate Caini*).
    De somn. (*De somniis*).
    De vita Mos. (*De vita Moysis*).
    Leg. alleg. (*Legum allegoriarum libri*).
    Quis rer. div. her. (*Quis rerum divinarum heres sit*).
    Quod Deus sitimmut. (*Quod Deus sit immutabilis*).
FÓCIO. Bibliotheca (c. A.D. 857).
GÉLIO, AULO. Noct. Att. (*Noctes Atticae*).

GREGÓRIO DE NAZIANZO. Adv. Maxim. (*Adversus Maximum*).
HIPPOLYTUS. Ref. (*Refutatio omnium haeresium Libri* x).
JOSEFO. Ant. Jud. (*Antigüidades Judaicas*).
LACTÂNCIO. Div. Inst. (*Institutiones divinae*).
LAMPRÍDIO. Alex. (*Vida de Alexandre Severo*).
    Aurel. (*Vida de Aurélio*).
LUCIANO. De morte Peregr. (*De morte Peregrini*).
MARCO AURÉLIO. Med. (*Meditações*).
MÁXIMO DE TIRO. Diss. (*Dissertationes*).
ORÍGENES. C. Cels. (*Contra Celsum*).
P.G. Patrologia Graeca (ed. Migne).
P.L. Patrologia Latina (ed. Migne).
PLUTARCO. Cat. Mai. (Cato Maior).
    De anim. proc. (*De animae procreatione in Timaeo*).
    De comm. notit. (*De communibus notitiis adversus Stoicos*).
    De def. orac. (*De defectu oraculorum*).
    De gloria Athen. (*Bellone an pace clarioresfuerint Athenienses*).
    De Is. et Osir. (*De Iside et Osiride*).
    De prim. frig. (*De primo frigido*).
    De ser. num. vind. (*De sera numinis vindicta*).
    De sol. animal. (*De sollertia animalium*).
    De Stoicrepug. (*De repugnantiis Stoicis*).
    Non p. suav. (*Non posse suaviter vivi secundum Epicurum*).
PSEUDO-PLUTARCO. Strom. (Fragmentos da Stromata conservados na *Praeparatio Evangelica de Eusébio*).
PORFÍRIO. Isag. (Isagoge, introdução às *Categorias de Aristóteles*).
PROCLO. De Prov. (*De providentia et fato et eo quod in nobis*).
    In Alcib. (Comentário ao *Alcibíades* I de Platão).
    In Remp. (Comentário à *República* de Platão).
    In Parmen. (Comentário ao *Parmênides* de Platão).
    In Tim. (Comentário ao *Timeu* de Platão).
    Instit. Theol. (*Institutio Theologica*).
    Theol. Plat. (In *Platonis Theologiam*).
SÊNECA. Nat. Quaest. (*Naturalium Quaestionum libri VII*).
SEXTO EMPÍRICO. Adv. Math. (*Adversus Mathematicos*).
    Pyrr. Hyp. (*Pyrrhonenses hypotyposes*).
SIMPLICIUS. In Arist. Categ. (Comentário às *Categorias de Aristóteles*).
    Phys. (Comentário à *Física* de Aristóteles Commentaryon Aristotle's *Physics*).
STACE, W. T. Crit. Hist. (*A Critical History of Greek Philosophy*).
ESTOBEU. Flor. (*Florilegium*).
TACITUS. Ann. (*Annales*).
    Hist. (*Historiae*).
TEOFRASTO. Phys. Opin. (*Physicorum Opiniones*).
XENOFONTE. Cyneg. (*Cynegeticus*).
    Mem. (*Memorabilia*).

Títulos honoríficos atribuídos na Idade Média a filósofos estudados neste volume

Rábano Mauro: *Praeceptor Germaniae*.
Abelardo: *Peripateticus Palatinus*.
Alan de Lille: *Doctor universalis*.
Averróis: *Commentator*.
Alexandre de Hales: *Doctor irrefragibilis*.
São Boaventura: *Doctor seraphicus*.
Santo Alberto Magno: *Doctor universalis*.
Santo Tomás de Aquino: *Doctor angelicus* e *Doctor communis*.
Roger Bacon: *Doctor mirabilis*.
Ricardo de Middleton: *Doctor solidus*.
Raimundo Lúlio: *Doctor illuminatus*.
Giles de Roma: *Doctor fundatissimus*.
Henrique de Gante: *Doctor solemnis*.
Duns Escoto: *Doctor subtilis*.

APÊNDICE II
Uma nota a respeito das fontes históricas

Dado que, por um lado, alguns filósofos nada escreveram, e por outro, as obras de muitos dos filósofos que de fato escreveram foram perdidas, temos de nos estribar, muitas vezes, no testemunho de escritores posteriores para reconstituir a história da filosofia grega. A principal fonte de informação do mundo antigo a respeito da filosofia pré-socrática é a obra de Teofrasto chamada *Physicorum Opiniones*, escrito este que, infelizmente, chegou até nós de forma fragmentária. Nesta obra fundaram-se muitas outras compilações, epítomes ou "doxografias"; em algumas delas, as opiniões dos filósofos eram arranjadas por temas, ao passo que, em outras, iam ordenada segundo os nomes dos filósofos. Ao primeiro tipo pertence a *Vetusta Placita*, escrita por um discípulo desconhecido de Possidônio na primeira metade do século I d.C. Não dispomos da obra, mas Diels mostrou que ela de fato existiu e que foi baseada no livro de Teofrasto. A *Vetusta Placita* serviu, por sua vez, de fonte para a chamada *Aetii Placita* ou Συναγωγή τῶνΑρεσκόντων (c. 100 d.C.). Esta obra de Aécio, ainda, veio a embasar a *Placita philosophorum*, escrita pelo Pseudo-Plutarco e compilada em torno do ano 150 d.C., e os extratos doxográficos registrados por João Estobeu (século quinto d.C.) no primeiro livro do suas *Eclogae*. Estas duas últimas obras são as mais importantes compilações doxográficas de que dispomos, e está claro que elas se apóiam, como sua fonte última, no escrito de Teofrasto, que também serviu de fonte primordial, se bem que não única, para o livro primeiro da *Refutação de todas as heresias*, de Hipólito (no qual os temas são arranjados segundo os nomes dos filósofos em questão), e também para os fragmentos, falsamente atribuídos a Plutarco, que são citados na *Praeparatio Evangelica* de Eusébio.

Outras fontes das opiniões dos filósofos gregos são as *Noctes Atticae*, de Aulo Gélio (c. 150 d.C.), os escritos de filósofos como Plutarco, Cícero e Sexto Empírico, e as obras dos Padres da Igreja e dos primeiros escritores cristãos. (É preciso tomar cuidado, entretanto, no manejo das fontes históricas, uma vez que, por exemplo, Cícero veio a conhecer a filosofia dos primeiros pensadores gregos de fontes diretas, ao passo que Sexto Empírico, por sua vez, estava mais interessado em apontar as contradições presentes nas opiniões dos filósofos dogmáticos. Pelo que é do testemunho de Aristóteles acerca das idéias de seus predecessores, devemos ter em mente que o estagirita tendia a encarar as primeiras filosofias desde a perspectiva de seu próprio sistema; ele, a rigor, as havia por obras meramente preparatórias à sua própria filosofia. Não há dúvida de que esta posição de Aristóteles é em larga medida justificável, entretanto é preciso considerar que ele nem sempre pretendia fornecer uma descrição que hoje dir-se-ia puramente objetiva e científica do desenvolvimento do pensamento filosófico). Os comentários que apuseram certos autores da Antigüidade às obras de eminentes filósofos também são de considerável importância; por exemplo, o comentário de Simplício à *Física* de Aristóteles.

Pelo que é da vida dos filósofos, a obra de maior importância de que dispomos é a de Diógenes Laércio (século terceiro d.C.). Ela consiste na compilação de materiais extraídos de várias fontes, mas de valor desigual; boa parte do material biográfico constitui-se de relatos anedóticos e lendas pouco fidedignas, "histórias da carochinha" e, por vezes, descrições contraditórias de um mesmo episódio, que ele provavelmente colheu de escritores e compiladores que lhe precederam. Por outro lado, seria equivocado julgar a obra apenas à conta do seu caráter não-científico, deixando de atinar com a importância e valor dela. O índice de obras filosóficas é de grande valia, e devemos a Diógenes grande quantidade de informações acerca das vidas e opiniões dos filósofos gregos. Para que possamos avaliar as informações trazidas por Diógenes, faz-se necessário conhecer, na medida do possível, a fonte específica em que ele se fundou, e pode-se dizer que os eruditos muito empenharam-se em tal diligência.

Com respeito à cronologia dos filósofos gregos a principal fonte é as *Chronica* de Apolodoro, cuja primeira parte sua foi baseada no *Chronographica* de Erastótenes de Cirene (terceiro século antes de Cristo), mas ele acresceu um suplemento estendendo até o ano 110 a.C. Apolodoro, é claro, não dispunha fontes históricas precisas e teve de se valer do método seguinte: arbitrariamente, relacionava o auge da vida do filósofo ou αχμή (o quadragésimo ano de vida) com algum evento histórico de grande monta que supostamente ocorrera à mesma época, e partir daí calculava sua data de nascimento. Do mesmo modo, via de regra, o discípulo sempre contava quarenta anos menos do que o seu mestre. Disto não se pode esperar, como se vê, precisão.

(Para uma visão geral a respeito das fontes históricas, v., por exemplo, Ueberweg-Praechter, *Die Philosophiedes Altertums*, pp. 10–26 (a Crônica de Apolodoro consta das pp. 661–71), A. Fairbanks, *The First Philosophers of Greece*, pp. 263–88, L. Robin, *Greek Thought and the Originsofthe Scientific Spirit*, pp. 7–16, e o *Stellenregister dos Fragmenter der Vorsokratiker*, de Diels).

APÊNDICE III
Bibliografia

1. Histórias da filosofia grega

ADAMSON, R. (ed. Sorley and Hardie). *The Development of Greek Philosophy*. Londres, 1908.
ARMSTRONC, A. H. *An Introduction to Ancient Philosophy*. Methuen, 1947.
BENN, A. W. *The Greek Philosophers*. Londres, 1914.
BRÉHIER, E. *Histoire de la philosophie*. Tome I. Paris, 1943.
BURNET, J. *Greek Philosophy*, Part I. *Thales to Plato*. Macmillan. (Esta obra é indispensável a qualquer estudante da matéria).
ERDMANN, J. E. *A History of Philosophy*, vol. I. Swan Sonnenschein, 1910.
(Erdmann foi um importante historiador da escola hegeliana).
GOMPERZ, TH. *Greek Thinkers*, 4 vols. (Trad. L. Magnus). John Murray.
ROBIN, L. *La pensée grecque et les origines de l'esprit scientifique*. Paris, 1923.
———— *Greek Thought and the Origins of the Scientific Spirit*. Londres, 1928.
RUGGIERO, G. DE. *La filosofia greca*. 2 vols. Bari, 1917.
(Professor De Ruggiero escreve do ponto de vista de um italiano neo-hegeliano).
STACE, W. T. *A Critical History of Greek Philosophy*. Macmillan, 1920.
STENZEL, J. *Metaphysik des Altertums*. Berlin, Oldenbourg, 1929.
(Particularmente valioso pelo tratamento que dá a Platão).
STOCKL, A. *A Handbook of the History of Philosophy*. Part I. *Pre-Scholastic Philosophy*. Trad. by T. A. Finlay, S.J. Dublin, 1887.
UEBERWEG-PRAECHTER. *Die Philosophie des Altertums*. Berlim, Mittler, 1926.
EERNER, C. *La philosophie grecque*. Paris, Payot, 1938.
ZELLER, E. *Outlines of the History of Greek Philosophy*. Kegan Paul, 1931
(Revisado por W. Nestle., trad. por L. R. Palmer).

2. Filosofia pré-socrática

A melhor coleção dos fragmentos Pré-socráticos pode ser encontrada em Hermann Diels' *Vorsokratiker*, 5ª edição. Berlim, 1934-5.
BURNET, J. *Early Greek Philosophy*. Black, 3ª edição, 1920; 4ª edição, 1930. (Esta obra extremamente útil também inclui vários fragmentos).
COVOTTI, A. *I Presocratici*. Nápoles, 1934.
FAIRBANKS, A. *The First Philosophers of Greece*. Londres, 1898.
FREEMAN, K. *Companion to the Pre-Socratic Philosophers*. Blackwell, 1949 (2ª edição).
JAEGER, WERNER. *The Theology of the Early Greek Philosophers*. Oxford, 1947.
ZELLER, E. *A History of Greek Philosophy from the earliest period to the time of Socrates*. Trad. S. F. Alleyne. 2 vols. Longmans, 1881.

3. Platão

As obras de Platão foram publicadas sob a supervisão editorial de J. Burnet, na coleção *Oxford Classical Texts*. Uma tradução bem conhecida, em 5 volumes, é de B. Jowett, O.U.P., 3ª edição, 1892. Contudo, há outras traduções que optam por versões mais literais do texto.
ARCHER-HIND, R. D. *The Timaeus of Plato*. Macmillan, 1888.

Cornford, F. M. *Plato's Theory of Knowledge.* Kegan Paul, 1935. (Uma tradução do *Teeteto* e do *Sofista* com comentários).
―――― *Plato's Cosmology.* Kegan Paul, 1937. (Tradução do *Timeu* com comentários).
―――― *Plato and Parmenides.* Kegan Paul, 1939. (Tradução do *Parmenides* com comentários e discussões).
―――― *The Republic of Plato.* Tradução com introdução e notas. o.u.p.
Demos, R. *The Philosophy of Plato.* Scribners, 1939.
Diès, Auguste. *Autour de Platon.* Beauchesne, 1927.
―――― *Platon.* Flammarion, 1930.
Field, G. C. *Plato and his Contemporaries.* Methuen, 1930.
―――― *The Philosophy of Plato.* Oxford, 1949.
Grote, C. *Plato and the other companions of Socrates.* John Murray, 2ª edição, 1867.
Hardie, W. F. R. *A Study in Plato.* O.U.P., 1936.
Hartmann, N. *Platons Logik des Seins.* Giessen, 1909.
Lodge, R. C. *Plato's Theory of Ethics.* Kegan Paul, 1928.
Lutoslawski, W. *The Origin and Growth of Plato's Logic.* Londres, 1905.
Milhaud, G. *Les philosophes-geometres de la Grèce.* 2ª edição, Paris, 1934.
Natorp, P. *Platons Ideenlehre.* Leipzig, 1903.
Nettleship, R. L. *Lectures on the Republic of Plato.* Macmillan, 1898.
Ritter, C. *The Essence of Plato's Philosophy.* George Allen & Unwin, 1933. (Trad. por Adam Alles.)
―――― *Platon, sein Leben, seine Schriften, seine Lehre.* 2 vols. Munique, 1910 e 1923.
Robin, L. *La théorie platonicienne des idées et des nombres.* Paris, 1933.
―――― *Platon.* Paris, 1936.
―――― *La physique de Platon.* Paris, 1919.
Shorey, P. *The Unity of Plato's Thought.* Chicago, 1903.
Stenzel, J. *Plato's Method of Dialectic.* o.u.p., 1940. (Trad. por D. G. Allan).
―――― *Zahl und Gestalt bei Platon und Aristoteles.* 2ª edição. Leipzig, 1933. Platon der Erzieher. 1928.
―――― *Studien zur Entwicklung der Platonischen Dialektik Breslau,* 1917.
Stewart, J. A. *The Myths of Plato.* o.u.p., 1905.
―――― *Plato's Doctrine of Ideas.* o.u p., 1909.
Taylor, A. E. *Plato, the Man and his Work.* Methuen, 1926. (Nenhum estudioso de Platão deveria ignorar este trabalho magistral).
―――― *A Commentary on Plato's Timaeus.* o.u.p., 1928.
―――― *Article on Plato* em *Encyc. Brit.*, 14ª edição.
―――― *Platonism and its Influence.* u.s.a., 1924 (Eng. Harrap).
Wilamowitz-Moellendorf, U. von. *Platon.* 2 vols. Berlim, 1919.
Zeller, E. *Plato and the Older Academy.* Longmans, 1876. (Trad. por S. F. Alleyneand A. Goodwin).

4. Aristóteles

A tradução da obra de Aristóteles foi publicada em 11 volumes pela Oxford sob a supervisão editorial de J. A. Smith and W. D. Ross.

Barker, E. *The Political Thought of Plato and Aristotle.* Methuen, 1906.
―――― Verbete *"Aristotle"* em *the Encyc. Brit.*, 14ª edição.
Case, T. Verbete *"Aristotle"* na *Encyc. Brit.*, n t h edição.
Grote, G. *Aristotle.* Londres, 1883.
Jaeger, Werner. *Aristotle: Fundamentals of the History of his Development.* O.U.P., 1934. (Trad. por R. Robinson.)
Le blond, J. M. *Logique et Méthode chez Aristote.* Paris, Vrin, 1939

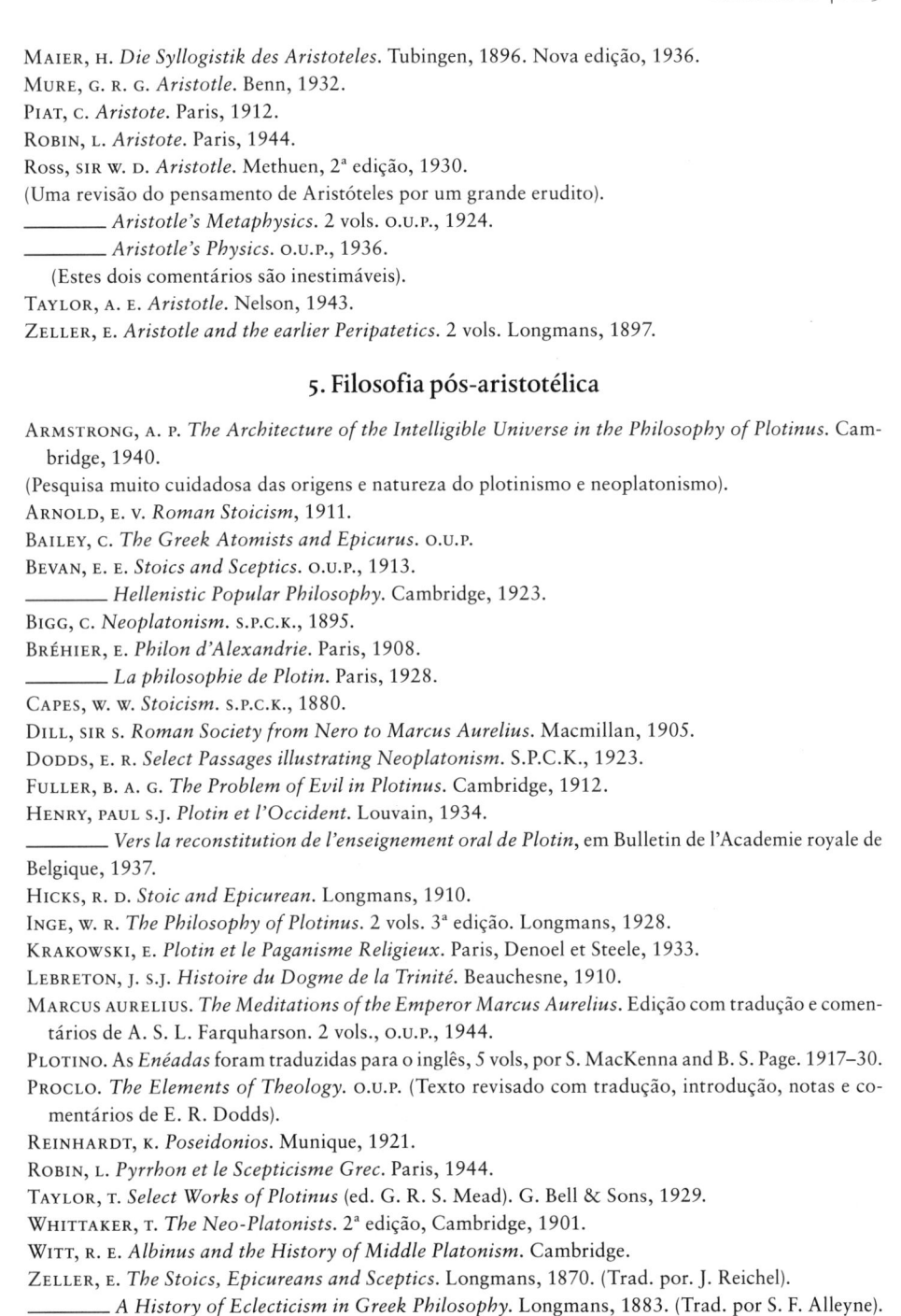

MAIER, H. *Die Syllogistik des Aristoteles.* Tubingen, 1896. Nova edição, 1936.
MURE, G. R. G. *Aristotle.* Benn, 1932.
PIAT, C. *Aristote.* Paris, 1912.
ROBIN, L. *Aristote.* Paris, 1944.
ROSS, SIR W. D. *Aristotle.* Methuen, 2ª edição, 1930.
(Uma revisão do pensamento de Aristóteles por um grande erudito).
—————— *Aristotle's Metaphysics.* 2 vols. O.U.P., 1924.
—————— *Aristotle's Physics.* O.U.P., 1936.
 (Estes dois comentários são inestimáveis).
TAYLOR, A. E. *Aristotle.* Nelson, 1943.
ZELLER, E. *Aristotle and the earlier Peripatetics.* 2 vols. Longmans, 1897.

5. Filosofia pós-aristotélica

ARMSTRONG, A. P. *The Architecture of the Intelligible Universe in the Philosophy of Plotinus.* Cambridge, 1940.
(Pesquisa muito cuidadosa das origens e natureza do plotinismo e neoplatonismo).
ARNOLD, E. V. *Roman Stoicism,* 1911.
BAILEY, C. *The Greek Atomists and Epicurus.* O.U.P.
BEVAN, E. E. *Stoics and Sceptics.* O.U.P., 1913.
—————— *Hellenistic Popular Philosophy.* Cambridge, 1923.
BIGG, C. *Neoplatonism.* S.P.C.K., 1895.
BRÉHIER, E. *Philon d'Alexandrie.* Paris, 1908.
—————— *La philosophie de Plotin.* Paris, 1928.
CAPES, W. W. *Stoicism.* S.P.C.K., 1880.
DILL, SIR S. *Roman Society from Nero to Marcus Aurelius.* Macmillan, 1905.
DODDS, E. R. *Select Passages illustrating Neoplatonism.* S.P.C.K., 1923.
FULLER, B. A. G. *The Problem of Evil in Plotinus.* Cambridge, 1912.
HENRY, PAUL S.J. *Plotin et l'Occident.* Louvain, 1934.
—————— *Vers la reconstitution de l'enseignement oral de Plotin,* em Bulletin de l'Academie royale de Belgique, 1937.
HICKS, R. D. *Stoic and Epicurean.* Longmans, 1910.
INGE, W. R. *The Philosophy of Plotinus.* 2 vols. 3ª edição. Longmans, 1928.
KRAKOWSKI, E. *Plotin et le Paganisme Religieux.* Paris, Denoel et Steele, 1933.
LEBRETON, J. S.J. *Histoire du Dogme de la Trinité.* Beauchesne, 1910.
MARCUS AURELIUS. *The Meditations of the Emperor Marcus Aurelius.* Edição com tradução e comentários de A. S. L. Farquharson. 2 vols., O.U.P., 1944.
PLOTINO. As *Enéadas* foram traduzidas para o inglês, 5 vols, por S. MacKenna and B. S. Page. 1917–30.
PROCLO. *The Elements of Theology.* O.U.P. (Texto revisado com tradução, introdução, notas e comentários de E. R. Dodds).
REINHARDT, K. *Poseidonios.* Munique, 1921.
ROBIN, L. *Pyrrhon et le Scepticisme Grec.* Paris, 1944.
TAYLOR, T. *Select Works of Plotinus* (ed. G. R. S. Mead). G. Bell & Sons, 1929.
WHITTAKER, T. *The Neo-Platonists.* 2ª edição, Cambridge, 1901.
WITT, R. E. *Albinus and the History of Middle Platonism.* Cambridge.
ZELLER, E. *The Stoics, Epicureans and Sceptics.* Longmans, 1870. (Trad. por. J. Reichel).
—————— *A History of Eclecticism in Greek Philosophy.* Longmans, 1883. (Trad. por S. F. Alleyne).

Obras gerais sobre filosofia medieval

Bréhier, E. *Histoire de la philosophie:* Tome I, *l'antiquité et le moyen âge.* Paris: 1943.
Carlyle, R. W. & Carlyle, A. J. *A History of Mediaeval Political Theory in the West,* 4 volumes. Londres: 1903–22.
Dempf, A. *Die Ethik des Mittelalters.* Munique: 1930.
_____ *Metaphysik des Mittelalters.* Munique: 1930.
De Wulf, M. *Histoire de la philosophie médiévale,* 6ª edição, 3 volumes, versão inglesa dos primeiros dois volumes por E. C. Messenger, 3ª edição. Londres: 1935–8. Louvain: 1934–47.
Geyer, B. *Die patristische und scholastische Philosophie.* Berlim: 1928.
(Este é o segundo volume da edição revisada de Ueberweg).
Gilson, E. *La philosophie au moyen âge,* 2ª edição, revisada e aumentada. Paris: 1944. Versão inglesa, 1936.
_____ *L'esprit de la philosophie médiévale,* 2ª edição, 2 volumes. Paris: 1944.
_____ *Études de philosophie médiévale.* Estrasburgo: 1921.
_____ *The Unity of Philosophical Experience.* Londres: 1938.
_____ *Reason and Revelation in the Middle Ages.* Nova Iorque: 1939.
Grabmann, M. *Die Philosophie des Mittelalters.* Berlim: 1921.
_____ *Mittelalterliches Geistesleben,* 2 volumes. Munique: 1926 e 1936.
Grunwald, G. *Geschichte der Gottesbeweise im Mittelalter bis zum Ausgang der Hochscholastik.* Münster: 1907. (*Beiträge zur Geschichte der Philosophie und Theologie des Mittelalters,* 6, 3).
Hauréau, B. *Histoire de la philosophie scolastique,* 3 volumes. Paris: 1872–80.
Hawkins, D. J. B. *A Sketch of Mediaeval Philosophy.* Londres: 1946.
Lottin, O. *Psychologie et morale aux XIIe et XIIIe siècles.* Tome I: *Problèmes de Psychologie.* Louvain: 1942. Tome II: *Problèmes de Morale,* 1948.
_____ *Le droit naturel chez S. Thomas d'Aquin et ses prédécesseurs,* 2ª edição. Bruges: 1931.
Picavet, F. *Esquisse d'une histoire générale et comparée des philosophies médiévales,* 2ª edição. Paris: 1907.
_____ *Essais sur l'histoire générale et comparée des théologies et des philosophies médiévales.* Paris: 1913.
Romeyer, B. *La philosophie chrétienne jusqu'à Descartes,* 3 volumes. Paris: 1935–7.
Ruggiero, G. de. *La filosofia del cristianesimo,* 3 volumes. Bari.
Stöckl, A. *Geschichte der Philosophie des Mittelalters,* 3 volumes. Mainz: 1864–6.
Vignaux, P. *La pensée au moyen âge.* Paris: 1938.

PARTE VI — Capítulo II: O período patrístico

(a) Textos: Coleções gerais de

Migne (editor). *Patrologia Graeca.* Paris.
Migne (editor). *Patrologia Latina.* Paris.
_____ *Die griechischen christlichen Schriftsteller der ersten drei Jahrhunderte.* Leipzig.
_____ *Corpus scriptorium ecclesiasticorum Latinorum.* Viena.
_____ *Ante-Nicene Christian Library: Translations of the writings of the Fathers down to* A.D. *325.* Edimburgo.
_____ *A Library of the Fathers,* tradução inglesa. Oxford.
_____ *Ancient Christian Writers: The works of the Fathers in Translation,* editores J. Quasten e J. C. Plumpe. Westminster, Maryland. EUA: 1946.

(b) Textos particulares

Aristides. *Apology,* em *Zwei griechische Apologeten,* J. Geffcken. Leipzig: 1907.
_____ *Apology,* em *Texte und Untersuchungen,* IV, editor E. Hennecke. Leipzig: 1893.
Arnobius. *Libri 7 adversus gentes,* apêndice a *Lactantii opera omnia,* L. C. Firmiani. Paris: 1845.
Athenagoras. *Apology,* em *Zwei griechische Apologeten,* J. Geffcken. Leipzig: 1907.

———— *Libellus pro Christianis* and *Oratio de resurrectione cadaverum* em *Texte und Untersuchungen*, IV, editor E. Schwartz. Leipzig: 1891.
CLEMENT OF ALEXANDRIA. *The Exhortation to the Greeks, etc.*, editor G. W. Butterworth. Londres: 1919.
EUSEBIUS. *The Proof of the Gospel (Demonstratio Evangelica)*, 2 volumes, editor W. J. Ferrar. Londres: 1920.
GREGORY OF NYSSA, ST. *The Catechetical Oration of St. Gregory of Nyssa*, editor J. H. Srawley. Londres: 1917.
———— *La Création de l'homme*, J. Laplace e J. Daniélou. Paris: 1943.
HIPPOLYTUS. *Philosophumena*, 2 volumes, editor F. Legge. Londres: 1921.
IRENAEUS, ST. *The Treatise of Irenaeus of Lugdunum against the Heresies*, editor F. R. Montgomery Hitchcock. Londres: 1916.
JUSTIN MARTYR, ST. *The Dialogue with Trypho*, editor A. L. Williams. Londres: 1930.
LACTANTIUS. *Opera omnia*, L. C. Firmiani. Paris: 1843.
MINUCIUS FELIX. *The Octavius of Minucius Felix*, editor J. H. Freese. Londres (sem data).
ORIGEN. *Homélies sur la Genèse*, editor L. Doutreleau. Paris: 1943.
———— *Origen on First Principles*, editor G. W. Butterworth. Londres: 1936.
TATIAN. *Oratio ad Graecos*, em *Texte und Untersuchungen*, IV, editor E. Schwartz. Leipzig: 1888.
TERTULLIAN. *Tertullian concerning the Resurrection of the Flesh*, editor A. Souter. Londres: 1922.
———— *Tertullian against Praxeas*, editor A. Souter. Londres: 1920.
———— *Tertullian's Apology*, editor J. E. B. Mayer. Cambridge: 1917.

Outras obras

ARNOU, R. *De "platonismo" Patrum*. Roma: 1935.
BALTHASAR, HANS VON. *Présence et pensée: Essai sur la philosophie religieuse de Grégoire de Nysse*. Paris: 1943.
BARDY, G. *Clément d'Alexandrie*. Paris: 1926.
BAYLIS, H. J. *Minucius Felix*. Londres: 1928.
DANIÉLOU, J. *Platonisme et théologie mystique: Essai sur la doctrine spirituelle de saint Grégoire de Nysse*. Paris: 1944.
DIEKAMP, F. *Die Gotteslehre des heiligen Gregor von Nyssa*. Münster: 1896.
ERMONI, V. *Saint Jean Damascène*. Paris: 1904.
FAIRWEATHER, W. *Origen and the Greek Patristic Philosophy*. Londres: 1901.
FAYE, E. DE. *Gnostiques et gnosticisme*, 2ª edição. Paris: 1925.
HITCHCOCK, F. R. M. *Irenaeus of Lugdunum*. Cambridge: 1914.
LEBRETON, J. *Histoire du dogme de la Trinité*. Paris: 1910.
MONDÉSERT. C. *Clément d'Alexandrie*. Lyons: 1944.
MORGAN, J. *The Importance of Tertullian in the development of Christian dogma*. Londres: 1928.
PICHON, R. *Étude sur les mouvements philosophiques et religieux sous le règne de Constantin*. Paris: 1903.
PRESTIGE, G. L. *God in Patristic Thought*. Londres: 1936.
PUECH, A. *Histoire de la littérature grecque chrétienne depuis les origines jusqu'à la fin du IVe siècle*, 3 volumes. Paris: 1928-30.
RIVIÈRE, J. *Saint Basile, évêque de Césarée*. Paris: 1930.
THAMIN, R. *Saint Ambroise et la morale chrétienne au IVe siècle*. Paris: 1895

Capítulos III-VIII: Santo Agostinho

Textos

MIGNE. *Patrologia Latina*, vols. 32-47.
Corpus scriptorum ecclesiasticorum latinorum, vols. 12, 25, 28, 33, 34, 36, 40, 41-4, 51-3, 57, 58, 60, 63...
City of God, 2 volumes, edição Everyman. Londres: 1945.

Confessions, F. J. Sheed. Londres: 1943.
The Letters of St. Augustine, editor W. J. Sparrow-Simpson. Londres: 1919.

Estudos sobre Agostinho

BARDY, G. *Saint Augustin*, 6ª edição. Paris: 1946.
BOURKE, V. J. *Augustine's Quest of Wisdom*. Milwaukee: 1945.
BOYER, C. *Christianisme et néo-platonisme dans la formation de saint Augustin*. Paris: 1920.
———— *L'idée de vérité dans la philosophie de Saint Augustin*. Paris: 1920.
———— *Essais sur la doctrine de saint Augustin*. Paris: 1932.
COMBES, G. *La doctrine politique de saint Augustin*. Paris: 1927.
FIGGIS, J. N. *The Political Aspects of St. Augustine's City of God*. Londres: 1921.
GILSON, E. *Introduction à l'étude de saint Augustin*, 2ª edição. Paris: 1943.
GRABMANN, M. *Der göttliche Grund menschlicher Wahrheitserkenntnis nach Augustinus und Thomas von Aquin*. Colônia: 1924.
———— *Die Grundgedanken des heiligen Augustinus über Seele und Gott*, 2ª edição. Colônia: 1929.
HENRY, P. *L'extase d'Ostie*. Paris: 1938.
HESSEN, J. *Augustins Metaphysik der Erkenntnis*. Berlim: 1931.
LE BLOND, J. M. *Les conversions de saint Augustin*. Paris: 1948.
MARTIN, J. *La doctrine sociale de saint Augustin*. Paris: 1912.
———— *Saint Augustin*, 2ª edição. Paris: 1923.
MAUSBACH, J. *Die Ethik des heiligen Augustinus*, 2ª edição, 2 volumes. Freiburg: 1929.
MESSENGER, E. C. *Evolution and Theology*, para o estudo da teoria de Agostinho das *rationes seminales*. Londres: 1931.
MUÑOZ VEGA, P. *Introducción a la síntesis de San Augustin*. Roma: 1945.
PORTALIÉ, E. *Augustin, saint, Dictionnaire de théologie catholique*, volume 1. Paris: 1902.
SWITALSKI, B. *Neoplatonism and the Ethics of St. Augustine*. Nova Iorque: 1946.

Publicações para o 15º centenário de Santo Agostinho

A Monument to St. Augustine. Londres: 1930.
Aurelius Augustinus. Colônia: 1930.
S. Agostino. Milão: 1931.
Études sur S. Augustin, em *Archives de Philosophie*, volume 7, caderno 2. Paris: 1930.
Religión y Cultura, em ocasião do XV *Centenario de la Muerte de San Augustin*. Madri: 1931.
Mélanges augustiniens. Paris: 1930.
Miscellanea agostiniana, 2 volumes. Roma: 1930-1.

Capítulo IX: O Pseudo-Dionísio

Textos

Patrologia Graeca, vols. III–IV
Dionysius the Areopagite on the Divine Names and the Mystical Theology, editor C. E. Rolt. Londres: 1920.

Capítulo X: Boécio, Cassiodoro, Isidoro

Textos

MIGNE. *Patrologia Latina*, volumes 63-4 (Boécio), 69-70 (Cassiodoro), 81-4 (Isidoro).
BOETHIUS. *The Theological Tractates and The Consolation of Philosophy*, editores H. F. Stewart e E. K. Rand. Londres: 1926.
———— *De Consolatione Philosophiae*, editor A. Fortescue. Londres: 1925.

Estudos

BARRETT, H. M. *Boethius: Some Aspects of his Times and Work*. Cambridge: 1940.
PATCH, H. R. *The Tradition of Boethius, a Study of his Importance in Medieval Culture*. Nova Iorque: 1935.
RAND, E. K. *Founders of the Middle Ages*, cap. 5, Boethius the Scholastic. Harvard U.P., 1941.

PARTE VII — Capítulo I: A renascença carolíngia

Textos

MIGNE. *Patrologia Latina*, vols. 100–1 (Alcuíno), 107–12 (Rábano Mauro).

Estudos

BUXTON, E. M. WILMOT. *Alcuin*. Londres: 1922.
LAISTNER, M. L. W. *Thought and Letters in Western Europe, A.D. 500–900*. Londres: 1931.
TAYLOR, H. O. *The Mediaeval Mind*, volume 1. Londres: 1911.
TÜRNAU, D. *Rabanus Maurus, der praeceptor Germaniae*. Munique: 1900.

Capítulos II–III: João Escoto Erígena

Textos

MIGNE. *Patrologia Latina*, vol. 122.
Selections (em inglês) em *Selections from Mediaeval Philosophers*, vol. I, por R. McKeon. Londres: 1930.

Estudos

BETT. H. *Johannes Scotus Eriugena, a Study in Mediaeval Philosophy*. Cambridge: 1925.
CAPPUYNS, M. *Jean Scot Erigène, sa vie, son oeuvre, sa pensée*. Paris: 1933.
SCHNEIDER, A. *Die Erkenntnislehre des Johannes Eriugena im Rahmen ihrer metaphysischen und anthropologischen Voraussetzungen*, 2 volumes. Berlim: 1921–3.
SEUL. W. *Die Gotteserkenntnis bei Johannes Skotus Eriugena unter Berücksichtigung ihrer neo-platonischen und augustinischen Elemente*. Bonn: 1932.

PARTE VIII — Capítulo I: O problema dos universais

Textos

MIGNE. *Patrologia Latina*, vols. 105 (Fredegisius), 139 (Gerberto de Aurillac), 144–5 (São Pedro Damião), 158–9 (Santo Anselmo), 160 (Odo de Tournai), 163 (Guilherme de Champeaux), 178 (Abelardo), 188 (Gilberto de la Porrée), 199 (João de Salisbury), 175–7 (Hugo de São Vítor).
GEYER, B. (ed.). *Die philosophischen Schriften Peter Abelards*, 4 volumes. Münster: 1919–33.
―――― *Selections from Abelard* em *Selections from Mediaeval Philosophers*, volume 1, por R. McKeon. Londres: 1930.

Estudos

BERTHAUD, A. *Gilbert de la Porrée et sa philosophie*. Poitiers: 1892.
CARRÉ, M. H. *Realists and Nominalists*. Oxford: 1946.
COUSIN, V. *Ouvrages inédits d'Abelard*. Paris: 1836.
DE WULF, M. *Le problème des universaux dans son évolution historique du IXe au XIIIe siècle*, em *Archiv für Geschichte der Philosophie*, 1896.
LEFÈVRE, G. *Les variations de Guillaume de Champeaux et la question des universaux*. Lille: 1898.
OTTAVIANO, C. *Pietro Abelardo: La vita, le opere, il pensiero*. Roma: 1931.
PICAVET, F. *Gerbert ou le pape philosophe*. Paris: 1897.
―――― *Roscelin philosophe et théologien, d'après la légende et d'après l'histoire*. Paris: 1911.

REINERS, J. *Der aristotelische Realismus in der Frühscholastik*. Bonn: 1907.

———— *Der Nominalismus in der Frühscholastik*; Beiträge, 8, 5. Münster: 1910.

REMUSAT, C. DE. *Abaelard*, 2 volumes. Paris: 1845.

SICKES, J. G. *Peter Abaelard*. Cambridge: 1932.

Capítulo II: Santo Anselmo da Cantuária

Textos

MIGNE. *Patrologia Latina*, vols. 158-9.

Estudos

BARTH, K. *Fides quaerens intellectum: Anselms Beweis der Existenz Gottes im Zusammenhang seines theologischen Programms*. Munique: 1931.

FISCHER, J. *Die Erkenntnislehre Anselms von Canterbury*; Beiträge, 10, 3. Münster: 1911.

FILLIÂTRE, C. *La philosophie de saint Anselme, ses principes, sa nature, son influence*. Paris: 1920.

GILSON, E. *Sens et nature de l'argument de saint Anselme*, em *Archives d'histoire doctrinale et littéraire du moyen âge*, 1934.

KOYRÉ, A. *L'idée de Dieu dans la philosophie de saint Anselme*. Paris: 1923.

LEVASTI, A. *Sant'Anselmo, Vita e pensiero*. Bari: 1929.

Capítulo III: A escola de Chartres

Textos

MIGNE. *Patrologia Latina*, vols. 199 (João de Salisbury, contendo também fragmentos de Bernardo de Chartres, colunas 666 e 938), 90 (*Philosophia* de Guilherme de Conches, entre as obras de Beda).

JANSSEN, W. *Der Kommentar des Clarenbaldus von Arras zu Boethius De Trinitate*. Breslau: 1926.

BARACH, C. S. & WROBEL, J. *Bernardus Silvestris, De mundi universitate libri duo*. Innsbruck, 1896.

WEBB, C. C. J. *Metalogicon*. Oxford: 1929.

———— *Policraticus*, 2 volumes. Oxford: 1909.

Estudos

CLERVAL, A. *Les écoles de Chartres au moyen âge du Ve au XVIe siècle*. Paris: 1895.

FLATTEN, H. *Die Philosophie des Wilhelm von Conches*. Coblenz: 1929.

SCHAARSCHMIDT, C. *Johannes Saresberiensis nach Leben und Studien, Schriften und Philosophie*. Leipzig: 1862.

WEBB, C. C. J. *John of Salisbury*. Londres: 1932.

Capítulo IV: A escola de São Vítor

Textos

MIGNE. *Patrologia Latina*, vols. 175-7 (Hugo), 196 (Ricardo e Godofredo).

Estudos

EBNER, J. *Die Erkenntnislehre Richards von Sankt Viktor*; Beiträge, 19, 4. Münster: 1917.

ETHIER, A. M. *Le De Trinitate de Richard de Saint-Victor*. Paris: 1939.

KILGENSTEIN, J. *Die Gotteslehre des Hugo von Sankt Viktor*. Würzburg: 1897.

MIGNON, A. *Les origines de la scolastique et Hugues de Saint-Victor*, 2 volumes. Paris: 1895.

OSTLER, H. *Die Psychologie des Hugo von Sankt Viktor*, em Beiträge, 6, 1. Münster: 1906.

VERNET, F. *Hugues de Saint-Victor, Dictionnaire de théologie catholique*, vol. VII.

Capítulo v: Dualistas e panteístas

ALPHANDÉRY, P. *Les idées morales chez les hétérodoxes latins au début du xIIIe siècle*. Paris: 1903.
BROEKX, E. *Le catharisme*. Louvain: 1916.
CAPELLE, G. C. *Autour du decret de 1210: III, Amaury de Bène, Étude sur son panthéisme formel*, Bibliothèque thomiste, 16. Paris: 1932.
RUNCIMAN, S. *The Mediaeval Manichee*. Cambridge: 1947.
THÉRY, G. *Autour du décret de 1210: I, David de Dinant, Étude sur son panthéisme matérialiste*, Bibliothèque thomiste, 6. Paris: 1925.

PARTE IX — Capítulo I: Filosofia islâmica

Textos

ALFARABI. *Alpharabius de intelligentiis, philosophia prima*. Veneza: 1508.
_____ *Alfarabis philosophische Abhandlungen, aus dem arabischen übersetzt*, Fr. Dieterici. Leiden: 1892.
_____ *Alfarabi über den Ursprung der Wissenschaften*, Cl. Baeumker. Münster: 1933.
_____ *Alfarabius de Platonis Philosophia*, editado por F. Rosenthal e R. Walzer, em *Plato Arabus*, vol. II. Londres: Warburg Institute: 1943.
ALGAZEL. *Algazel's Metaphysics, a Mediaeval Translation*. Toronto: 1933.
AVICENNA. *Avicennae Opera*. Veneza: 1495–1546.
_____ *Avicennae Metaphysices Compendium*. Roma: 1926.
AVERROES. *Aristotelis opera omnia, Averrois in ea opera commentaria*, 11 volumes. Veneza.
_____ *Die Epitome der Metaphysik des Averroës*, S. Van den Bergh. Leiden: 1924.
_____ *Accord de la religion et de la philosophie: traité d'Ibn Rochd (Averroes)*, tradução e notas de L. Gauthier. Algiers: 1905.

Estudos gerais

BOER, T. J. DE. *History of Philosophy in Islam*, versão de E. R. Jones. Londres: 1903.
CARRA DE VAUX, B. *Les penseurs d'Islam*, 5 volumes. Paris: 1921–6.
GAUTHIER, L. *Introduction à l'étude de la philosophie musulmane*. Paris: 1923.
MUNK, S. *Mélanges de philosophie juive et arabe*. Paris: 1927.
O'LEARY, DE LACY. *Arabic Thought and its place in History*. Londres: 1922.
_____ *The Legacy of Islam*, editores T. Arnold e A. Guillaume. Oxford: 1931.

Estudos específicos

ALONSO, M. *Teología de Averroes*. Madrid-Granada: 1947.
ASÍN Y PALACIOS, M. *Algazel: Dogmatica, moral, ascética*. Saragoça: 1901.
CARRA DE VAUX, B. *Gazali*. Paris: 1902.
_____ *Avicenne*. Paris: 1900.
GAUTHIER, L. *La théorie d'Ibn Rochd sur les rapports de la religion et de la philosophie*. Paris: 1909.
_____ *Ibn Rochd (Averroès)*. Paris: 1948.
GOICHON, A. M. *Introduction à Avicenne*. Paris: 1933.
_____ *La distinction de l'essence et de l'existence d'après Ibn Sina (Avicenna)*. Paris: 1937.
_____ *La philosophie d'Avicenne*. Paris: 1944.
HORTEN, M. *Die Metaphysik des Averroës*. Halle: 1912.
KLEINE, W. *Die Substanzlehre Avicennas bei Thomas von Aquin*. Friburgo: 1933.
RENAN, E. *Averroès et l'averroisme*, 3ª edição. Paris: 1869.
SALIBA, D. *Étude sur la métaphysique d'Avicenne*. Paris: 1927.
SMITH, M. *Al-Ghazali, the Mystic*. Londres: 1944.
SWEETMAN, J. W. *Islam and Christian Theology*, volume 1. Londres: 1945.
WENSINCK, A. J. *La Pensée de Ghazzali*. Paris: 1940.

Capítulo II: Filosofia judaica

Textos

Avencebrolis Fons Vitae, ex arabico in latinum translatus ab Johanne Hispano et Dominico Gundissalino. Münster: 1892–5.
MAIMONIDES. Le guide des égarés, traité de théologie et de philosophie, 3 volumes. Paris: 1856–66.

Estudos

GUTTMANN, J. Die Philosophie des Judentums. Munique: 1933.
HUSIK, I. A History of Mediaeval Jewish Philosophy. Nova Iorque: 1918.
LEVY, L. G. Maïmonide, 2ª edição. Paris: 1932.
MUNK, S. Mélanges de philosophie juive et arabe. Paris: 1927.
MUNZ, J. Moses ben Maimon, sein Leben und seine Werke. Frankfurt am Main, 1912.
ROHNER, A. Das Schöpfungsproblem bei Moses Maimonides, Albertus Magnus und Thomas von Aquin; Beiträge, 11, 5. Münster: 1913.
ROTH, L. Spinoza, Descartes and Maimonides. Oxford: 1924.

Capítulo III: As traduções

Ver a bibliografia contida em De Wulf, Histoire de la philosophie **médiévale**, volume 2, 6ª edição francesa. (Na versão inglesa do Dr. E. C. Messenger, a bibliografia e as seções de A. Pelzer sobre as traduções foram abreviadas). V. também B. Geyer, Die patristiche und scholastiche Philosophie (1928), pp. 342–51, com a bibliografia correspondente, p. 728.

Capítulo XXII: Introdução (ao século XIII)

BONNEROT, J. La Sorbonne, sa vie, son rôle, son oeuvre à travers les siècles. Paris: 1927.
DENIFLE, H. e CHATELAN, A. Chartularium Universitatis Parisiensis, 4 volumes. Paris: 1889–98.
─────── Auctuarium Chartularii Universitatis Parisiensis, 2 volumes. Paris: 1894–7.
─────── Les universités françaises au moyen âge. Paris: 1892.
GLORIEUX, P. Répertoire des maîtres en théologie de Paris au XIIIe siècle, 2 volumes. Paris: 1933—4.
GRABMANN, M. I divieti ecclesiastici di Aristotele sotto Innocenzo e Gregorio IX. Roma: 1941.
LITTLE, A. G. The Grey Friars in Oxford. Oxford: 1892.
RASHDALL, H. The Universities of Europe in the Middle Ages, nova edição, editado por F. M. Powicke e A. B. Emden, 3 volumes. Oxford: 1936.
SHARP, D. E. Franciscan Philosophy at Oxford in the Thirteenth Century. Oxford: 1936.

PARTE X — Capítulo II: Guilherme de Auvergne

Textos

Opera, 2 volumes. Paris: 1674.

Estudos

BAUMGARTNER, M. Die Erkenntnislehre des Wilhelm von Auvergne; Beiträge, 2, 1. Münster: 1895.
MASNOVO, A. Da Guglielmo d'Auvergne a San Tommaso d'Aquino. Milão, vol. I (1930 e 1945), vol. II (1934 e 1946), vol. III (1945).

Capítulo III: Roberto Grosseteste e Alexandre de Hales

Textos

BAUR, L. Die philosophischen Werke des Robert Grosseteste, Bischof von Lincoln; Beiträge, 9. Münster: 1912.

THOMSON, S. H. *The Writings of Robert Grosseteste, Bishop of Lincoln, 1175-1253*, bibliográfico. Cambridge: 1940.
Doctoris irrefragabilis Alexandri de Hales O.M. *Summa Theologica*, 3 volumes. Quaracchi: 1924-30.

Estudos

BAUR, L. *Die Philosophie des Robert Grosseteste*; Beiträge, 18, 4-6. Münster: 1917.
Para Alexandre de Hales, v. a introdução à edição crítica de Quaracchi (*supra*).

Capítulos IV-VIII: São Boaventura

Texto

Opera omnia, 10 volumes. Quaracchi: 1882-1902.

Estudos

BISSEN, J. M. *L'exemplarisme divin selon saint Bonaventure*. Paris: 1929.
DE BENEDICTIS, M. M. *The Social Thought of Saint Bonaventure*. Washington: 1946.
GILSON, E. *The Philosophy of St. Bonaventure*. Londres: 1938.
GRÜNEWALD, S. *Franziskanische Mystik: Versuch zu einer Darstellung mit besonderer Berücksichtigung des heiligen Bonaventura*. Munique: 1931.
LUTZ, E. *Die Psychologie Bonaventuras*; Beiträge, 6, 4-5. Münster: 1909.
LUCKX, B. A. *Die Erkenntnislehre Bonaventuras*; Beiträge, 23, 3-4. Münster: 1923.
O'DONNELL, C. M. *The Psychology of St. Bonaventure and St. Thomas Aquinas*. Washington: 1937.
ROBERT, P. *Hylémorphisme et devenir chez S. Bonaventure*. Montreal: 1936.
ROSENMOLLER, B. *Religiose Erkenntnis nach Bonaventura*; Beiträge, 25, 3-4. Münster: 1925.

Capítulo IX: Santo Alberto Magno

Textos

Opera Omnia, A. Borgnet, 38 volumes. Paris: 1890-9. (V. também G. Meersseman. *Introductio in opera omnia beati Alberti Magni*, O. P. Bruges: 1931).
De vegetalibus, C. Jessen. Berlim: 1867.
De animalibus, H. Stradler; Beiträge, 15-16. Münster: 1916.

Estudos

ARENDET, W. *Die Staats- und Gesellschaftslehre Alberts des Grossen nach den Quellen daargestellt*. Jena: 1929.
BALES, H. *Albertus Magnus als Zoologe*. Munique: 1928.
FRONOBER, H. *Die Lehre von der Materie und Form nach Albert dem Grossen*. Breslau: 1909.
GRABMANN, M. *Der Einfluss Alberts des Grossen auf das mittelalterliche Geistesleben*, em *Mittelalterliches Geistesleben*, vol. II. Munique: 1936.
LIERTZ, R. *Der selige Albert der Grosse als Naturforscher und Lehrer*. Munique: 1931.
REILLY, G. C. *Psychology of St. Albert the Great compared with that of St. Thomas*. Washington: 1934.
SCHEEBEN, H. C. *Albertus Magnus*. Bonn: 1932.
SCHMIEDER, K. *Alberts des Grossen Lehre von natürlichem Gotteswissen*. Freiburg im Breisgau, 1932.
SCHNEIDER, A. *Die Psychologie Alberts des Grossen*; Beiträge, 4, 5-6. Münster: 1903-6.

Capítulos X-XX: Santo Tomás de Aquino

Textos

Opera omnia, edição leonina. Roma: 1882.
Opera omnia, edição de Parma, 25 volumes, reimpressão, Nova Iorque: 1948. Parma, 1852-73.
Opera omnia, edição de Vivès, 34 volumes. Paris: 1872-80.

Os padres dominicanos ingleses publicaram traduções da *Suma teoógica*, da *Summa contra Gentiles* e das *Quaestiones disputatae*. Londres (BOW). Há um volume de seleções (em inglês) na Everyman Library, Londres.
Basic Writings of St. Thomas Aquinas, editor A. Pegis, 2 volumes. Nova Iorque: 1945.

Bibliografia

BOURKE, V. J. *Thomistic Bibliography*, 1920–40. St. Louis, EUA: 1945.
GRABMANN, M. *Die echten Schriften des heiligen Thomas von Aquin*. Münster: 1920.
_____ *Die Werke des heiligen Thomas von Aquin*, 2ª edição. Münster: 1931.
MANDONNET, P. *Des écrits authentiques de St. Thomas*, 2ª edição. Friburgo, Suíça: 1910.
MANDONNET, P. e DESTREZ, J. *Bibliographic thomiste*. Paris: 1921.

Vida

CHESTERTON, G. K. *St. Thomas Aquinas*. Londres: 1933, 1947.
DE BRUYNE, E. *St. Thomas d'Aquin: Le milieu, l'homme, la vision du monde*. Bruxelas: 1928.
GRABMANN, M. *Das Seelenleben des heiligen Thomas von Aquin*. Munique: 1924.

Estudos gerais

D'ARCY, M. C. *Thomas Aquinas*. Londres: 1931.
DE BRUYNE, E. V. acima.
GILSON, E. *Le Thomisme*, 5ª edição. Paris: 1944.
_____ *The Philosophy of St. Thomas Aquinas*, versão inglesa. Cambridge: 1924, 1930, 1937.
LATTEY, C. (editor). *St. Thomas Aquinas*, Cambridge Summer School Papers. Londres: 1924.
MANSER, G. M. *Das Wesen des Thomismus*. Friburgo, Suíça: 1931.
MARITAIN, J. *St. Thomas Aquinas*, 3ª edição. Londres: 1946.
OLIGIATI, F. *A Key to the Study of St. Thomas*, traduzido por J. S. Zubira. St. Louis, EUA: 1925.
PEILLAUBE, E. *Initiation à la philosophie de S. Thomas*. Paris: 1926.
RIMAUD, J. *Thomisme et méthode*. Paris: 1925.
SERTILLANGES, A. D. *Foundations of Thomistic philosophy*, traduzido por G. Anstruther. Londres: 1931.
_____ *S. Thomas d'Aquin*, 4ª edição, 2 volumes. Paris: 1925.
VANN, G. *Saint Thomas Aquinas*. Londres: 1940.

Metafísica

FINANCE, J. DE. *Être et agir dans la philosophie de S. Thomas*, Bibliothèque des Archives de philosophie. Paris: 1945.
FOREST, A. *La structure métaphysique du concret selon S. Thomas d'Aquin*. Paris: 1931.
GILSON, E. *L'Être et l'essence*. Paris: 1948.
GRABMANN, M. *Doctrina S. Thomae de distinctione reali inter essentiam et esse ex documentis ineditis saeculi XIII illustrata*, em *Acta hebdomadae thomisticae*. Roma: 1924.
HABBEL, J. *Die Analogie zwischen Gott und Welt nach Thomas von Aquin und Suarez*. Friburgo, Suíça: 1929.
MARC, A. *L'idée de L'être chez S. Thomas et dans la scolastique postérieure*, em *Archives de philosophic*, 10, 1. Paris: 1931.
PIEPER, J. *Die Wirklichkeit und das Gute nach Thomas von Aquin*. Münster: 1934.
RÉGNON, T. DE. *La métaphysique des causes d'après S. Thomas et Albert le Grand*. Paris: 1906.
ROLAND-GOSSELIN, M. D. *Le "De ente et essentia" de S. Thomas d'Aquin*, Bibliothèque thomiste, 8. Paris: 1926.
SCHULEMANN, G. *Das Kausalprinzip in der Philosophie des heiligen Thomas von Aquin*; Beiträge, 13, 5. Münster: 1915.
WÉBERT, J. *Essai de métaphysique thomiste*. Paris: 1926.
V. também Estudos gerais.

Teologia natural

GARRIGOU-LAGRANGE, R. *God: His Existence and His Nature*, 2 volumes, traduzido por B. Rose. Londres: 1934-6.
PATTERSON, R. L. *The Concept of God in the Philosophy of Aquinas*. Londres: 1933.
ROLFES, E. *Die Gottesbeweise bei Thomas von Aquin und Aristoteles*, 2ª edição. Limburg an der Lahn: 1927.
V. também Estudos gerais.

Cosmologia

BEEMELMANNS, F. *Zeit und Ewigkeit nach Thomas von Aquin*; Beiträge, 17, 1. Münster: 1914.
CHOISNARD, P. *Saint Thomas d'Aquin et l'influence des astres*. Paris: 1926.
CORNOLDI, G. M. *The Physical System of St. Thomas*, traduzido por E. H. Dering. Londres: 1895.
MARLING, J. M. *The Order of Nature in the Philosophy of St. Thomas Aquinas*. Washington: 1934.
V. também Estudos gerais.

Psicologia

LOTTIN, O. *Psychologie et morale aux XIIe et XIII siècles*, Tome I: *Problèmes de Psychologie*. Louvain: 1942.
MONAHAN, W. B. *The Psychology of St. Thomas Aquinas*. Londres (sem data).
O'MAHONY, L. E. *The Desire of God in the Philosophy of St. Thomas Aquinas*. Londres: 1929.
PEGIS, A. C. *St. Thomas and the Problem of the Soul in the Thirteenth Century*. Toronto: 1934.
V. também Estudos gerais.

Conhecimento

GRABMANN, M. *Der göttliche Grund menschlicher Wahrheitserkenntnis nach Augustinus und Thomas von Aquin*. Colônia: 1924.
HUFNAGEL, A. *Intuition und Erkenntnis nach Thomas von Aquin*. Colônia: 1924.
MARÉCHAL, J. *Le point de départ de la métaphysique*, caderno 5: *Le thomisme devant la philosophie critique*. Louvain: 1926.
MEYER, H. *Die Wissenschaftslehre des Thomas von Aquin*. Fulda: 1934.
NOEL, L. *Notes d'épistémologie thomiste*. Louvain: 1925.
PÉGHAIRE, J. *Intellectus et Ratio selon S. Thomas d'Aquin*. Paris: 1936.
RAHNER, K. *Geist in Welt: Zur Metaphysik der endlichen Erkenntnis bei Thomas von Aquin*. Innsbruck: 1939.
ROMEYER, B. *S. Thomas et notre connaissance de l'esprit humain*, em *Archives de philosophie*, 6, 2. Paris: 1928.
ROUSSELOT, P. *The Intellectualism of St. Thomas*, versão de Fr. James, O.S.F.C. Londres: 1935.
TONQUÉDEC, J. DE. *Les principes de la philosophie thomiste: La critique de la connaissance*, Bibliotèque des Archives de philosophie. Paris: 1929.
VAN RIET, G. *L'épistemologie thomiste*. Louvain: 1946.
WILPERT, P. *Das Problem der Wahrheitssicherung bei Thomas von Aquin*; Beiträge, 30, 3. Münster: 1931.

Teoria moral

GILSON, E. *S. Thomas d'Aquin*, em *Les moralistes Chrétiens*, 6ª edição. Paris: 1941.
LEHU, L. *La raison régle de la moralité d'après St. Thomas d'Aquin*. Paris: 1930.
LOTTIN, O. *Le droit naturel chez S. Thomas et ses prédécesseurs*. Bruges: 1926.
PIEPER, J. *Die ontische Grundlage des Sittlichen nach Thomas von Aquin*. Münster: 1929.
ROUSELLOT, P. *Pour l'histoire du problème de l'amour au moyen âge*; Beiträge, 6, 6. Münster: 1908.
SERTILLANGES, A. D. *La Philosophie Morale de S. Thomas d'Aquin*, nova edição. Paris: 1942.

Teoria política

DEMONGEOT, M. *Le meilleur régime politique selon S. Thomas.* Paris: 1928.
GRABMANN, M. *Die Kulturphilosophie des heiligen Thomas von Aquin.* Augsburg: 1925.
KURZ, E. *Individuum und Gemeinschaft beim heiligen Thomas von Aquin.* Freiburg im Breisgau: 1932.
MICHEL, G. *La notion thomiste du bien commun.* Paris: 1932.
ROCCA, G. DELLA. *La politica di S. Tommaso.* Nápoles: 1934.
ROLAND-GOSSELIN, B. *La doctrine politique de S. Thomas d'Aquin.* Paris: 1928.

Teoria estética

DE WULF, M. *Études historiques sur l'esthétique de S. Thomas d'Aquin.* Louvain: 1896.
DYROFF, A. *Über die Entwicklung und den Wert der Aesthetik des Thomas von Aquino,* Festgabe Ludwig Stern. Berlim: 1929.
MARITAIN, J. *Art and Scholasticism.* Londres: 1930.

Controvérsias

EHRLE, F. *Der Kampf um die Lehre des heiligen Thomas von Aquin in den ersten fünfzig Jahren nach seinem Tode,* em *Zeitschrift fur katholische Theologie,* 1913.

Capítulo XXI: Averroísmo latino: Sigério de Brabante

Textos

BAEUMKER, C. *Die Impossibilia des Siger von Brabant; Beiträge,* 2, 6. Münster: 1898.
BARSOTTI, R. *Sigeri de Brabant: De aeternitate mundi,* em *Opuscula et Textus,* 13. Münster: 1933.
DWYER, W. J. *L'Opuscule de Siger de Brabant "De Aeternitate Mundi".* Louvain: 1937.
GRABMANN, M. *Die Opuscula De summo bono sive de vita philosophi und De sompniis des Boetius von Dacien,* em *Mittelalterliches Geistesleben,* vol. II, 1936.
——— *Neuaufgefundene Werke des Siger von Brabant und Boetius von Dacien,* Proceedings of the Academy of Munich, Philosophy: 1924.
MANDONNET, P. *Siger de Brabant et l'averroisme latin,* em *Les Philosophes Beiges,* 6. Louvain: 1908, 1911.
STEGMÜLLER, F. *Neugefundene Quaestionen des Sigers von Brabant,* em *Recherches de théologie ancienne et médiévale,* 1931.
VAN STEENBERGHEN, F. *Siger de Brabant d'après ses oeuvres inédits,* em *Les Philosophes Beiges,* 12. Louvain: 1931.

Estudos

BAEUMKER, C. *Zur Beurteilung Sigers von Brabant,* em *Philosophisches Jahrbuch,* 1911.
MANDONNET, P. V. acima (*Les Philosophes Beiges,* 6–7).
OTTAVIANO, C. *S. Tommaso d'Aquino, Saggio contro la dottrina avveroistica dell'unita dell'intelletto.* Lanciano: 1930.
SASSEN, F. *Siger de Brabant et la double vérité,* em *Revue néoscolastique,* 1931.
VAN STEENBERGHEN, F. *Les oeuvres et la doctrine de Siger de Brabant.* Bruxelas: 1938.
——— V. acima (*Les Philosophes Beiges,* 12–13).
——— *Aristote en Occident.* Louvain: 1946.

Capítulo XXII: Pensadores franciscanos

1. Bacon

Textos

BREWER, J. S. *Fratris Rogeri Baconi opera quaedam hactenus inedita*. Londres: 1859.
BRIDGES, J. H. *The Opus Maius of Roger Bacon*, 2 volumes. Oxford: 1897.
_____ *Supplementary volume*. Oxford: 1900.
BURKE, R. B. *The Opus Maius of Roger Bacon*, 2 volumes, inglês. Filadélfia: 1928.
RASHDALL, H. *Fratris Rogeri Baconi Compendium studii theologiae*. Aberdeen: 1911.
STEELE, R. *Opera hactenus inedita Rogeri Baconi*. Oxford: 1905-40.

Estudos

BAEUMKER, C. Roger Bacons *Naturphilosophie*. Münster: 1916.
CARTON, R. *La synthèse doctrinale de Roger Bacon*. Paris: 1929.
_____ *L'expérience mystique de l'illumination intérieure chez Roger Bacon*. Paris: 1924.
_____ *L'expérience physique chez Roger Bacon, contribution à l'étude de la méthode et de la science expérimentale au XIIIe siècle*. Paris: 1924.
CHARLES, E. *Roger Bacon, sa vie, ses ouvrages, ses doctrines*. Paris: 1861.
LITTLE, A. G. *Roger Bacon, Essays contributed by various writers*. Oxford: 1914.

2. Mateus de Aquasparta

Textos

Quaestiones disputatae de fide et de cognitione. Quaracchi: 1903.
A. Daniels (Beiträge, 8, 1-2; Münster, 1909) fornece extratos do comentário às *Sentenças*.

Estudos

LONGPRÉ, E. *Matthieu d'Aquasparte, Dictionnaire de théologie catholique*, vol. x, 1928.

3. Pedro de João Olivi

Textos

JANSEN, B. (ed.) *Petri Johannis Olivi Quaestiones in Secundum Librum Sententiarum*, 3 volumes. Quaracchi: 1922-6.
Petri Johannis Provencalis Quodlibeta. Venice: 1509.

Estudos

CALLAEY, F. *Olieu ou Olivi*, em *Dictionnaire de théologie catholique*, volume 11, 1931.
JANSEN, B. *Die Erkenntnislehre Olivis*. Berlim: 1931.
_____ *Die Unsterblichkeitsbeweise bei Olivi und ihre philosophiegeschichtliche Bedeutung*, em *Franziskanische Studien*, 1922.
_____ *Quonam spectet definitio Concilii Viennensis de anima*, em *Gregorianum*, 1920.

4. Roger Marston

Textos

Fratris Rogeri Marston, O.F.M., Quaestiones disputatae. Quaracchi: 1932.

Estudos

BELMOND, S. *La théorie de la connaissance d'après Roger Marston*, em *France franciscaine*, 1934.

GILSON, E. *Roger Marston, un cas d'augustinisme avicennisant*, em *Archives d'histoire doctrinale et littéraire du moyen âge*, 1932.

JARRAUX, L. *Pierre Jean Olivi, sa vie, sa doctrine*, em *Études franciscaines*, 1933.

PELSTER, F. *Roger Marston, ein englischer Vertreter des Augustinismus*, em *Scholastik*, 1928.

5. Ricardo de Middleton

Textos

Quodlibeta. Veneza, 1509; Brescia: 1591.
Supra quatuor libros Sententiarum, 4 volumes. Brescia: 1591.

Estudos

HOCEDEZ, E. *Richard de Middleton, sa vie, ses oeuvres, sa doctrine*. Paris: 1925.

6. Raimundo Lúlio

Textos

Opera omnia, I. Salzinger, 8 volumes. Mainz: 1721–42.
Obras de Ramón Lull. Palma: 1745.
O. KEICHER (v. abaixo) publicou a *Declaratio Raymundi* na série Beiträge.

Estudos

BLANES, F. SUREDA. *El beato Ramón Lull, su época, su vida, sus obras, sus empresas*. Madri: 1934.

CARRERAS Y ARTAU, T. & J. *Historia de la Filosofía Española: Filosofía Christiana de los Siglos XIII al XIV*, volumes 1 e 2. Madri: 1939–43.

KEICHER, O. *Raymundus Lullus und seine Stellung zur arabischen Philosophie*; Beiträge, 7, 4–5. Münster: 1909.

LONGPRÉ, E. *Lulle, Raymond*, em *Dictionnaire de théologie catholique*, vol. IX.

OTTAVIANO, C. *L'ars compendiosa de Raymond Lulle*. Paris: 1930.

PEERS, E. A. *Fool of Love: the Life of Ramon Lull*. Londres: 1946.

PROBST, J. H. *Caractère et origine des idées du bienheureux Raymond Lulle*. Toulouse: 1912.

———. *La mystique de Raymond Lull et l'Art de Contemplation*, em Beiträge, 13, 2–3. Münster: 1914.

Capítulo XXIII: Giles de Roma e Henrique de Gante

1. Giles de Roma

Textos

EDIÇÕES ANTIGAS. V. Ueberweg-Geyer, *Die patristische und scholastische Philosophie*, pp. 532–3.

HOCEDEZ, E. *Aegidii Romani Theoremata de esse et essentia, texte précedé d'une introduction historique et critique*. Louvain: 1930.

KOCH, J. *Giles of Rome: Errores Philosophorum*, texto crítico com notas e introdução, traduzido por J. O. Riedl. Milwaukee: 1944.

SCHOLZ, R. *Aegidius Romanus, de ecclesiastica potestate*. Weimar: 1929.

Estudos

BRUNI, G. *Egidio Romano e la sua polemica antitomista*, em *Rivista di filosofia neoscolastica*, 1934.

HOCEDEZ, E. *Gilles de Rome et saint Thomas*, em *Mélanges Mandonnet*. Paris: 1930.

———. *Gilles de Rome et Henri de Gand*, em *Gregorianum*, 1927.

2. Henrique de Gante

Textos

Summa theologica, 2 volumes. Paris: 1520; 3 volumes. Ferrara: 1646.
Quodlibeta, 2 volumes. Paris: 1518; Veneza: 1608.

Estudos

HOCEDEZ, E. *Gilles de Rome et Henri de Gand*, em Gregorianum, 1927.
PAULUS, J. *Henri de Gand, Essai sur les tendances de sa métaphysique*. Paris: 1938.

Capítulos XXIV–XXIX: João Duns Escoto

Textos

WADDING, L. *Opera Omnia*, 12 volumes. Lyons: 1639.
―――― *Opera Omnia*, 2ª edição, 26 volumes. Paris: Vivès, 1891–5.
B. J. D. *Scoti Commentaria Oxoniensia* (sobre o primeiro e o segundo livro das *Sentenças*), 2 volumes. Quaracchi: 1912–14.
Tractatus de Primo Principio. Quaracchi: 1910.
MULLER, P. M., O. F. M. *Tractatus de Primo Principio. Editionem curavit Marianius*. Freiburg im Breisgau: 1941.
―――― Cf. *Ratio criticae editionis operum omnium J. Duns Scoti Relatio a Commissione Scotistica exhibita Capitulo Generali Fratrum Minorum Assisii* A.D. *1939 celebrato*. Roma: 1939.
Para um sumário das controvérsias e artigos recentes sobre as obras de Duns Escoto, assim como sobre sua doutrina, cf.:
BETTONI, E., O.F.M. *Vent'anni di Studi Scotisti* (1920–40). Milão, 1943.

Estudos

BELMOND, S., O.F.M. *Essai de synthèse philosophique du Scotisme*. Paris: Bureau de "la France Franciscaine", 1933.
―――― *Dieu: Existence et Cognoscibilité*. Paris: 1913.
BETTONI, E., O.F.M. *L'ascesa a Dio in Duns Scoto*. Milão: 1943.
DE BASLY, D., O.F.M. *Scotus Docens ou Duns Scot enseignant la philosophie, la théologie, la mystique*. Paris: Bureau de "la France Franciscaine", 1934.
GILSON, E. *Avicenne et le point de départ de Duns Scot*, em Archives d'histoire doctrinale et littéraire du moyen âge, vol. I, 1927.
―――― *Les seize premiers* Theoremata *et la pensée de Duns Scot*, em Archives d'histoire doctrinale et littéraire du moyen âge, 1937–8.
GRAJEWSKI, M. J., O.F.M. *The Formal Distinction of Duns Scotus*. Washington: 1944.
HARRIS, C. *Duns Scotus*, 2 volumes, faz amplo uso do inautêntico *De Rerum Principio*. Oxford: 1927.
HEIDEGGER, M. *Die Kategorien-und Bedeutungslehre des Duns Scotus*. Tübingen: 1916.
KRAUS, J. *Die Lehre des J. Duns Skotus von der Natura Communis*. Friburgo, Suíça: 1927.
LANDRY, B. *Duns Scot*. Paris: 1922.
LONGPRÉ, E., O.F.M. *La philosophie du B. Duns Scot*, contém uma resposta à obra de Landry. Paris: 1924.
MESSNER, R., O.F.M. *Schauendes und begriffliches Erkennen nach Duns Skotus*. Freiburg im Breisgau: 1942.
MINGES, P., O.F.M. *Der angeblich exzessive Realismus des Duns Skotus*, em Beiträge, 8, 1. Münster: 1908.
―――― *J. Duns Scoti Doctrina Philosophica et Theologica quoad res praecipuas proposita et exposita*, 2 volumes. Quaracchi: 1930. (Cita escritos espúrios, mas é uma obra muito útil).
PELSTER, F. *Handschriftliches zu Skotus mit neuen Angaben über sein Leben*, Franzisk. Studien: 1923.
ROHMER, J. *La finalité morale chez les théologiens dès saint Augustin à Duns Scot*. Paris: 1939.

Índice onomástico

Aachen 588
Abelardo, Pedro 1007, 1017
Abraão 436, 625, 986
Abubacer 673
Adam Marsh 891
Adam Parvipontanus, 631 v. Adam Smallbridge
Adam Smallbridge 643
Adamson, R. 891, 1011
Adelar de Bath 643
Adeodato 524, 525
Aelbert 588
Agobardo 587
Agostinho, Santo 19, 20, 28, 214, 258, 296, 323, 376, 380, 383, 436, 450, 458, 467, 485, 489, 496, 500, 501, 519, 523, 527, 529, 533, 534, 535, 536, 537, 538, 539, 544, 545, 546, 547, 548, 549, 550, 553, 554, 555, 556, 559, 560, 565, 566, 567, 580, 582, 591, 610, 629, 632, 636, 639, 642, 644, 648, 704, 709, 710, 712, 713, 714, 717, 723, 727, 728, 732, 745, 746, 750, 753, 756, 782, 784, 792, 805, 807, 830, 835, 856, 867, 875, 878, 879, 881, 893, 896, 897, 898, 899, 900, 901, 902, 907, 910, 918, 932, 990, 991, 994, 995, 1005, 1015, 1016
Agripa 430
Ahriman 524
Al Bitrogi 317
Alan de Lille 803 1007
Albigenses 659
Albino 440, 441, 444, 450
Alcuíno 587, 588, 589, 590, 594, 595, 621, 1017
Alexandre de Afrodísias 322, 323, 324, 413, 580
Alexandre de Hales 672, 691, 694, 705, 708, 709, 710, 711, 712, 713, 714, 715, 717, 743, 892, 997, 1007, 1020, 1021
Alexandre III, Papa 654
Alexandre IV, Papa 772
Alexandre Neckham 643
Alexandre Severo 436
Alexandria, escola de 361, 466, 511
Alfarabi 665, 797, 1019
Algazel 672, 1019
Alkindi 681, 907
Amalrico de Bene 609, 610, 659, 660, 684
Ambrósio, Santo 499, 519, 520, 525, 526, 607, 610, 648
Amélio 457
Anagni 772
Anatólio 414
Anaxágoras 64, 78, 79, 80, 81, 82, 83, 86, 87, 90, 92, 112, 125, 137, 207, 289, 470, 471, 477, 482, 506
Anaximandro 43, 44, 51, 56, 91
Anaxímenes 39, 44, 45, 54, 57, 60, 66, 76, 87, 89, 90, 91, 288
André, Antoine 922
Androção 100
Andrônico de Rodes 269, 272, 413
Angelico, Fra 19, 469
Aniceres 145, 399
Anselmo da Cantuária, Santo 635, 1018
Anselmo de Laon 609, 627, 628
Antifonte de Atenas 110
Antíoco de Ascalon 404, 405, 429, 437
Antíoco Epifânio 443
Antípatro de Tarso 377
Antístenes 131, 132, 133, 378
Antonino Pio, Imperador 426, 501
Apolônio de Tyana 425
Apuleio 441
Arcesilau 402
Areopagita, o 569, 570, 603, 610
Aristipo 133, 134, 135, 399
Aristippus, Henricus 681, 682, 683
Aristófanes 106, 107, 111, 112, 114, 115, 125, 149
Aríston 377, 413
Aristóteles 15, 19, 20, 26, 27, 36, 39, 41, 42, 49, 50, 51, 53, 54, 56, 62, 63, 64, 67, 68, 72, 78, 80, 81, 83, 85, 86, 87, 89, 90, 92, 109, 114, 115, 116, 117, 119, 120, 121, 122, 123, 125, 131, 132, 137, 143, 146, 149, 150, 152, 168, 169, 170, 171, 175, 178, 179, 180, 181, 182, 186, 187, 188, 189, 190, 191, 194, 195, 201, 202, 207, 208, 225, 241, 244, 246, 248, 258, 261, 262, 265, 267, 268, 269, 270, 271, 272, 273, 274, 275, 277, 278, 279, 280, 281, 282, 283, 284, 287, 288, 289, 290, 291, 292, 293, 294, 295, 296, 297, 298, 299, 300, 301, 302, 303, 304, 305, 306, 307, 308, 309, 310, 311,

312, 313, 315, 316, 317, 318, 319, 320, 321,
322, 323, 324, 325, 326, 327, 328, 329, 330,
331, 332, 333, 334, 335, 336, 337, 338, 339,
340, 341, 343, 344, 345, 346, 347, 348, 349,
351, 352, 353, 354, 355, 356, 357, 358, 359,
360, 363, 365, 366, 367, 368, 373, 378, 379,
405, 409, 410, 411, 413, 414, 422, 428, 438,
440, 441, 453, 454, 455, 457, 462, 463, 465,
466, 467, 468, 469, 470, 471, 472, 473, 475,
476, 477, 478, 479, 480, 481, 483, 484, 490,
496, 504, 507, 513, 520, 521, 523, 552, 579,
581, 590, 599, 619, 621, 622, 625, 631, 637,
642, 644, 646, 647, 657, 661, 665, 666, 667,
668, 669, 671, 672, 673, 674, 678, 679, 680,
681, 682, 683, 684, 685, 686, 691, 692, 693,
697, 698, 699, 700, 701, 702, 703, 704, 706,
707, 709, 714, 717, 719, 720, 721, 722, 724,
731, 732, 734, 735, 737, 744, 746, 751, 752,
753, 754, 757, 758, 759, 763, 764, 765, 766,
767, 768, 769, 773, 774, 775, 776, 777, 785,
786, 787, 788, 790, 791, 792, 794, 795, 803,
805, 807, 817, 819, 827, 833, 837, 840, 843,
853, 854, 855, 857, 859, 860, 862, 863, 864,
865, 866, 869, 870, 872, 875, 876, 877, 878,
879, 880, 881, 885, 886, 887, 888, 889, 890,
892, 893, 894, 896, 907, 910, 911, 912, 913,
917, 918, 922, 925, 926, 927, 933, 935, 947,
952, 955, 959, 962, 968, 970, 973, 979, 985,
992, 994, 995, 996, 997, 998, 1006, 1009,
1010, 1012, 1013
Aristóxeno 360
Arnóbio 499, 507, 509
Arquelau 112
Arquitas 48, 54, 145
Arriano, Flávio 415, 418
Atanásio, Santo 512
Atenágoras 499, 501, 504
Atenas 37, 63, 79, 98, 99, 103, 107, 108, 111,
 112, 119, 124, 129, 130, 132, 133, 137, 143,
 144, 145, 147, 164, 234, 239, 241, 261, 267,
 268, 269, 274, 347, 361, 373, 377, 391, 400,
 409, 410, 412, 413, 426, 438, 462, 465, 466,
 468, 499, 501, 510, 512, 569, 579
Ateneu 149
Ático 246, 441
Aureliano 436
Aurélio, Marco 28, 383, 415, 421, 422, 423,
 473, 504
Aurillac 1017
Auvergne 722, 1020
Avempace 673
Avendeath 671, 677, 681

Averróis 484, 665, 666, 671, 672, 673, 674, 675,
 676, 682, 683, 684, 685, 700, 702, 707, 721,
 752, 753, 763, 768, 787, 788, 842, 843, 878,
 885, 886, 887, 888, 889, 893, 894, 907, 938,
 951, 973, 978, 979, 999, 1007
Avicebron 677, 678, 680, 681, 700, 793, 999
Avicena 287, 632, 665, 668, 669, 670, 671, 672,
 673, 674, 675, 676, 679, 681, 682, 684, 697,
 698, 699, 703, 768, 793, 797, 803, 824, 836,
 842, 887, 888, 893, 894, 907, 912, 913, 914,
 917, 918, 926, 929, 951, 999

Bacon, Francis 19, 490, 891, 896
Bacon, Roger 19, 491, 671, 672, 691, 705, 706,
 709, 768, 891, 892, 998, 999, 1007, 1025
Bajja, Ibn 673
Balic, C. 922
Balthasar, H. von 1015
Bar Sadaili, Stephen 570
Barach, C. S. 1018
Bardy, G. 1015, 1016
Barrett, H. M. 1017
Barsotti, R. 1024
Barth, K. 1018
Bartolomeu de Messina 682
Basilides 505
Basílio, São 499, 512, 513, 515
Basly, D. de 923
Baudry, L. 923
Baugulf 588
Baumgartner, M. 1020
Baylis, H. J. 1015
Beda, O Venevárel 588, 589, 591, 594, 1018
Beemelmanns, F. 1023
Beethoven 469
Belmond, S. 1026, 1027
Bento Biscop, São 588
Berengário de Tours 625
Berenice 426
Bergson, H. 25, 56, 497
Berkeley 19
Bernardo de Chartres 630, 645, 646, 1018
Bernardo de Tours 646
Bernardus Silvestris v. Bernardo de Tours
Bernays 357
Berthaud, A. 1017
Bett, H. 1017
Bettoni, E. 1027
Bias 55
Biel, Gabriel 884
Bissen, J. M. 1021
Bitrogi, Al 317
Bizâncio 149, 567, 659, 685

Blanes, F. Sureda 1026
Boaventura, São 20, 275, 305, 483, 489, 493, 494, 495, 496, 515, 519, 521, 530, 552, 555, 557, 641, 657, 665, 678, 691, 694, 695, 699, 704, 705, 715, 716, 717, 718, 719, 721, 722, 723, 724, 725, 726, 727, 728, 729, 731, 734, 735, 736, 737, 738, 740, 743, 744, 745, 746, 749, 750, 753, 754, 758, 769, 777, 779, 785, 786, 787, 793, 794, 795, 800, 807, 826, 827, 886, 888, 889, 896, 918, 926, 927, 928, 948, 971, 990, 991, 992, 993, 994, 995, 997, 998, 999, 1007, 1021
Boécio 496, 579, 580, 581, 582, 589, 590, 595, 617, 618, 619, 620, 625, 628, 644, 646, 647, 648, 657, 681, 682, 697, 709, 890, 903, 1016
Boer, T. J. de 1019
Bolonha 643, 645, 691, 694, 771, 896, 921
Bonifácio VIII, Papa 910
Bradley 23
Bréhier, E. 1011
Brewer, J. S. 892, 1025
Bridges, J. H. 891, 1025
Broekx, E. 1019
Brucker, J. 491
Bruni, G. 1026
Burgh, De 37
Burgúndio de Pisa 520, 645
Burke, R. B. 1023
Burnet 14, 15, 27, 34, 45, 48, 53, 56, 66, 68, 81, 82, 85, 103, 106, 111, 113, 114, 115, 116, 117, 125, 126, 127, 137, 1005, 1011
Butcher, S. H. 357

C. Messenger, E. 1014, 1020
Caetano, Tomás Cardeal 784, 856
Calcídio 57, 646, 683
Calígula 28, 416
Callaey, F. 1025
Calvin 48
Cambridge 692, 1013, 1015, 1017, 1018, 1019, 1021, 1022
Canonicus, Joannes 923
Capella, Marciano 582
Capelle, G. C. 1019
Cappuyns, M. 1017
Carlomano 587
Carlos Magno 587, 588, 589, 590, 617
Carlyle, R. W. & A. J. 1014
Carra de Vaux, B. 1019
Carré, M. H. 1017
Carreras y Artau, T. & J. 1026
Cartago 523, 524, 526, 527, 528
Carton, R. 1025

Cassiciacum 526
Cassiodoro 579, 582, 589, 1016
Celéstio 527, 528
Celsus 511
Cerinto 505
Chartres 496, 630, 631, 645, 646, 647, 648, 659, 1018
Chesterton, G. K. 1022
Chestov, Leo 828
Choisnard, P. 1023
Cícero 42, 43, 86, 132, 134, 147, 212, 520, 524, 527, 581, 589, 645, 648, 683
Ciganotto, P. L. 922
Clarembaldo de Arras 646, 647, 659
Cleantes 509
Clemente de Alexandria 132, 501, 510, 513, 520
Clemente IV, Papa 892
C. Messenger, E. 1014, 1020
Colônia 694, 763, 771, 772, 921, 1014, 1016, 1023
comentadores 258, 413, 466, 484, 643, 665, 667, 674, 683, 684, 702, 735, 788, 817, 855, 856, 927, 966, 995, 996
Concílio de Lyon 716
Concílio de Paris 661
Concílio de Reims 631
Concílio de Sens 511, 528, 569, 570, 624, 628, 631, 661, 716, 899, 900
Concílio de Viena 899, 900
Corbie 589
Córdoba 673, 678
Cornford, F. M. 1012
Cornoldi, G. M. 1023
Cousin 626, 1017
Crashaw 203
Crates 133
Cresconium 527
Cristo 61, 499, 500, 501, 502, 503, 505, 506, 507, 519, 530, 533, 550, 559, 560, 563, 567, 580, 607, 659, 714, 717, 732, 745, 758, 760, 761, 804, 868, 870, 882, 895, 899, 900, 909, 910, 954, 976
Cristo, Jesus 505, 608, 636
Croce, B. H. 254
Cromwell 19

Damáscio 465
Daniélou, J. 1015
Dante 19, 665, 675, 676, 868, 885, 888, 889
Davi de Dinant 660, 684, 685
Dawson, Christopher 567
De Benedictis, M. M. 1021
De Bruyne, E. 1022

De Ruggiero, G. 1011, 1014
De Wulf, M. 625, 1017, 1024
Décio 511
Demiurgo 178, 181, 187, 188, 196, 197, 198, 199, 205, 210, 214, 502, 503, 504, 505, 506, 806, 879
Demócrito 45, 66, 67, 85, 86, 87, 88, 92, 137, 138, 139, 194, 647
Demongeot, M. 1024
Dempf, A. 1014
Denifle, H. 1020
Descartes, R. 19, 213, 214, 323, 489, 490, 492, 496, 497, 535, 537, 641, 728, 775, 1014, 1020
Dicearco 360
Diekamp, F. 1015
Diels, H. 1009, 1011
Diocleciano 436
Diódoto 405
Diógenes 41, 44, 47, 48, 49, 55, 58, 63, 75, 79, 85, 103, 112, 129, 131, 132, 133, 135, 143, 144, 145, 150, 152
Dion 49, 107, 110, 133, 145, 146, 147, 519, 569, 570, 603, 610, 765, 766, 1016
Dionísio o Aeropagita, São. v. também pseudo-Dionísio
Dittenberger 151
D. Lindsay, A. 117
Domiciano 418, 427, 428, 436
Domingo de Soto 784
Domingos, São 659
Domna, Julia 435
donatistas 527
Donato 589, 590, 693
Duns Escoto, João 1007, 1027
Dustão, São 617
Dwyer, W. J. 1024
Dyroff, A. 1024

Ebner, J. 1018
Edésio 462
Edessa 666
Efraim de Nisibis, Santo 666
Egbert, Abp. de York 588
Egídio Romano, v. Giles de Roma 14, 494
Ehrle, F. 1024
Elizabeth 13, 19
Empédocles 60, 66, 75, 76, 77, 78, 79, 80, 81, 82, 85, 86, 87, 90, 108, 112, 137, 288, 289, 392, 472, 506, 673
Empiricus, Sextus 430
Enesidemo de Cnossos 429
Enomau de Gadara 417
Epicarmo 63

Epicuro 85, 86, 134, 139, 503, 507
Epifânio, Antíoco 443
Epifânio, São 608
Epiteto 28
Ermoni 1015
Eros 155, 183, 185, 190, 202, 204, 205, 206, 212, 220
Eros, Ero 205
Ervisius 654
Escoto, Clemente 590
Escoto, Duns 275, 489, 490, 494, 495, 496, 641, 643, 691, 695, 704, 818, 841, 889, 901, 919, 921, 929, 941, 952, 957, 973, 983, 999, 1027
Escoto Erígena, João 489, 516, 517, 569, 575, 579, 590, 593, 594, 597, 598, 600, 601, 603, 604, 605, 606, 610, 612, 617, 621, 651, 659, 660, 1017
Ésquilo 56, 111
Ésquines 117, 126
Estefano de Provins 685
E. Taylor, A. 14, 15, 111, 112, 115, 156, 170, 183, 244
Ethier, A. M. 1016
Euclides 53, 129, 130, 144, 681
Eudemo 186
Eudoxo 54, 145
Eunápio de Sardes 462
Eusébio de Cesaréia 458
Eusébio de Mindo
Eustáquio 45
Eutico 579, 580

Fairweather, W. 1015
Faustus, Bispo (Maniqueu) 524
Faye, E. de 1015
Fédon 49, 112, 113, 115, 127, 130, 144, 152, 153, 155, 176, 178, 180, 181, 182, 183, 184, 186, 205, 211, 213, 215, 216, 217, 218, 252, 270, 360, 557, 683
Felix, Minucius 507, 1015
Fichte 22, 151
Field, G. C. 1012
Figgis, J. N. 1016
Filadelfo, Ptolomeu 361
Filipe (Mac.) 268
Filipe IV (o belo) da França 910
Filisco 133
Filliâtre, C. 1018
Filolau 48, 49, 53, 504
Fílon de Alexandria 443
Filopono 317
Filopono, João 899
Filostrato 434, 435, 436

Finance, J. de 1022
Fischer, J. 1018
Flatten, H. 1018
Flávio Arriano 415, 418
Flávio Josefo 443
Fleig, P. 922
Forest, A. 1022
Francisco de Assis, São 19, 708, 715
Fredegisius 621
Frederico I, Imperador 771
Frederico II, Imperador 692, 771
Fronober, H. 1021
Fulbert 646

Gaio 440, 443
Galeno 413
Galo, São 589, 594
Garrigou-Lagrange, R. 1023
Gaunilo 641, 728
Gauthier, L. 1019
Gélio 381, 405
Gélio, Aulo 129
Gerardo de Abbeville 694
Gerardo de Cremona 681, 682, 683
Gerardo de Czanad 625
Gerberto de Aurillac 646, 1017
Geyer, B. 1017, 1020, 1026
Gilberto de la Porrée 617, 630, 631, 645, 646, 647, 657
Giles de Roma 694, 695, 796, 797, 798, 889, 907, 908, 909, 910, 911, 914, 915, 917, 919, 950, 999, 1007, 1026
Gilson, E. 728, 889
Glorieux, P. 922
Godfrey de Fontaines 922
Goethe 19, 152, 275, 469
Goichon, A. M. 1019
Gomperz 109
Gonsalvus de Espanha 921
Gordiano 449
Górgias 108, 109, 110, 131, 152, 154, 217, 218, 223, 224
Grabmann, M. 1014, 1016, 1020, 1021, 1022, 1023, 1024
Grajewski, M. J. 1027
Gregório de Nissa, São 489, 499, 513, 515, 516, 517, 518, 519, 521, 573, 593, 594, 595, 607, 608, 610, 990, 991
Gregório I, Papa 685, 697
Gregório Nazianzeno, São 428, 512
Gregório Taumaturgo, São 511
Gregório X, Papa 716, 772
Grosseteste 706, 707, 708, 891, 1020, 1021

Grosseteste, Roberto 569, 682, 691, 694, 705, 706, 1020
Guilherme de Auxerre 685
Guilherme de Auvergne 671, 672, 697, 698, 699, 700, 702, 703, 704, 1020
Guilherme de Champeaux 617, 625, 626, 627, 628, 651, 1017
Guilherme de Conches 645, 646, 647, 653, 1018
Guilherme de Malmesbúria 609
Guilherme de Moerbeke 463, 682, 683
Guilherme de Ockham 492, 494, 633, 884
Guilherme de Santo Amor 694
Guilherme de São Teodorico 646
Gundissalinus, Dominicus 681
Guttmann, J. 1020

Habbel, J. 1022
Hackforth, R. 116
Hadrian, Abbot 588
Hardie, W. F. R. 1011, 1012
Harnack, A. 550
Harris, C. 1027
Hartmann, N. 20
Hauréau, B. 1014
Hawkins, D. J. B. 1014
H. Bridges, J. 891
Hecateu 55
Hegel 19, 20, 22, 24, 25, 26, 35, 57, 62, 82, 100, 197, 202, 241, 288, 294, 297, 298, 344, 491, 492, 493, 593, 595, 604, 653, 675, 775
Hegésias 134, 135, 399
Heidegger, M. 1027
Henricus Aristippus 681, 682, 683
Henrique de Gante 1007, 1026, 1027
Henry, P. 1016
Heráclides 261, 262
Heráclio 466, 528
Heráclito 22, 39, 55, 56, 57, 58, 59, 60, 61, 62, 64, 66, 67, 73, 74, 89, 91, 97, 159, 163, 206, 288, 374, 379, 380, 399, 469, 470, 472, 475, 477, 482, 938
Hérilos de Cartago 377
Hermann K, H. 1011
Hermarco 391
Hérmias 268
Hermodoro 55
Heródoto 34, 41, 100, 353, 391
Hesíodo 33, 55, 61, 227, 402
Hessen, J. 1016
Hiérocles 436, 466, 467
Hincmar 594
Hipácio de Éfeso 569
Hipárquia 133

Hipátia 466
Hípias 79, 107, 108, 123, 150, 154, 183, 252
Hipólito 44, 499, 505, 507, 510
Hippolytus 1006, 1015
Hispanus, Joannes 671, 677, 681
Hitchcock, F. R. 1015
Hobbes, Thomas 19, 479, 867
Hocedez, E. 903
Hoger 590
Homero 33, 50, 55, 57, 74, 205, 213, 227, 228, 251, 352, 392, 402, 469, 523
Honório de Autun 609
Honório III, Papa 610
Honório, Imperador 528
Horten, M. 1019
Hufnagel, A. 1023
Hugo de São Vítor 631, 643, 644, 651, 710, 1017
Hume, David 431
Husik, I. 1020

Ibn Bajja 673
Ibn Masarrah 673
Ibn Rusd 673
Ibn Sina 668
Ibn Tufial 673
Inocêncio II, Papa 628
Irineu, São 499, 503, 505, 506
Isócrates 109, 145, 151, 269

Jaeger, W. 1011
Jâmblico 47, 270, 414, 461, 462, 463, 464, 465, 466, 467
James de Veneza 681
James de Viterbo 911
Jansen, B. 1025
Janssen, W. 646, 647, 1018
Jarraux, L. 1026
Jerônimo de Ascoli 893
Jerônimo, São 503, 527
Jesus Cristo v. Cristo
Joannes Canonicus 923
Joannes Hispanus (Avendeath) 671, 677, 681
João Crisóstomo, São 512
João da Cruz, São 203, 519, 570
João Damasceno, Santo 499, 520, 569, 644, 652, 710, 712, 713, 714, 735, 799
João de Friburgo 769
João de la Rochelle 672, 709
João de Reading 923
João de São Giles 693
João Duns Escoto v. Duns Escoto
João Escoto Erígen 489, 516, 517, 569, 575, 579, 590, 593, 594, 597, 598, 600, 601, 603, 604, 605, 606, 610, 612, 617, 621, 651, 659, 660, 1017
João Filopono (Joannes Philoponus) 899
Joaquim de Fiore 888
Joel, K. 114
Josefo, Flávio 443
Justiniano 465, 466
Justino Mártir, São 499, 503

Kant 19, 20, 22, 23, 25, 151, 157, 278, 318, 351, 352, 387, 474, 476, 490, 642, 775, 789, 806, 936, 937
Keicher, Otto 905
Kierkegaard, S. 625, 718, 799
Kilgenstein, J. 1018
Kilwardby, Robert 882
Kleine, W. 1019
Koch, J. M. 1026
Koyré, A. 1018
K. Rand, E. 1016
Kraus, J. 952
Kurz, E. 1024

Labriolle, P. 459
Lactâncio 499, 507, 509
Laistner, M. L. W. 1017
Landry, B. 925, 1027
Lanfranc 625, 635
Le Blond, J. M. 1016
Leão XIII, Papa 883
Lebreton, J. 1015
Lefèvre, G. 1017
Lehu, L. 1023
Leibniz 215, 217, 381, 383, 548, 562, 641, 775, 905, 964
Lélio 409
Lessing, G. E. 357, 533
Leucipo 85, 86, 87, 88, 91, 92, 137, 139, 321, 399, 470, 472
Levasti, A. 1018
Levy, L. G. 1020
Levy, O. 19
Libônio 462
Licêncio 533
Liertz, R 1021
Lindsay, A. D. 117
Lísias 100
Little, A. G. Little 1020, 1025
Locke, John 491
Lombardo, Pedro 520, 643, 644, 657, 693, 719, 764, 772, 773, 824, 883, 892, 901
Longino 452
Longpré, E. 905

ÍNDICE ONOMÁSTICO | 1035

Lottin, O. 1014
Luciano 400, 426
Lucílio 415
Lucrécio 391, 392, 393, 394
Luís IX 694
Lúlio, Raimundo 691, 891, 903, 904, 905, 1007, 1026
Lutero, Martinho 925
Lutz, E. 1021
Lyon, Concílio de 716

Macróbio 49, 405, 468, 629, 657
Madaura 523
Magno, Alberto 520, 569, 660, 676, 682, 691, 694, 695, 704, 705, 710, 763, 765, 767, 768, 769, 771, 999, 1007, 1021
Magno, Carlos 587, 588, 589, 590, 617
Maimônides 677, 678, 679, 680, 700, 803, 812, 875, 907
Malebranche 296, 541
Mamerto, Claudiano 582
Mandonnet, P. 889
Manegold de Lautenbach 648
Manes 524
Manfredo 682
Manser 1022
Maomé 666, 675, 888, 993
Marc, Ad 458
Marcelino, Amiano 436
Marcial 426
Marciano Capella 582
Marco Aurélio 28, 383, 415, 421, 422, 423, 473, 504
Maréchal, J. 23
Maricourt 892
Marino de Samaria 465
Maritain 1022, 1024
Marlborough 19
Marling 1023
Marsh, Adam 891
Marston, Roger 672, 691, 900, 901, 1023, 1025
Martinho I, Papa 569
Masarrah, Ibn 673
Masnovo 1020
Mateus de Aquasparta 891, 896, 898, 900, 1025
Maurus, Rabanus 1017
Mausbach 1014
Máximo de Alexandria 428
Melito 501
Menedemo 130
Menipo 400
Messenger 468, 1014, 1016, 1020
Metódio 458

Meyer 435, 1023
Michael Balbus, Imperador 569, 594
Michel, G. 1024
Michelangelo 19, 469
Mignon, A. 1018
Minges, P. 924, 933, 952, 1027
Minucius Felix 507, 1015
Moerganges 435
Monahan, W. B 1023
Mondésert 1015
Mônica, Santa 523
Mônimo 133
Montgomery 1015
Montpellier 645, 694
Morgan 1015
Motte, A. 859
Mozart 469
Munk, S. 1019, 1020
Muñoz Vega, P. 1016
Musônio 425

Nápoles 34, 692, 771, 772, 773
Nardi, Bruno 676, 888, 889
Nausífanes 391
Neckham, Alexandre 643
Nelson 19, 1013
Nemésio 466
neokantianos 182
neopitagóricos 375, 433, 434, 438, 445, 450, 506
Nero 28, 415, 416, 418, 425, 426, 1013
Nestório 462
Nettleship 15, 168, 173
Newman 283
Nicolau I, Papa 594
Nicômaco 122, 267, 270, 274, 290, 312, 327, 336, 340, 434, 436, 463, 682, 763, 773, 853
Nietzsche 15, 25, 38, 77, 89, 210, 223, 326, 332, 380
Nietzsche, Nietzsch 209
Noel, L. 1023
N. Whitehead, A. 20, 258

o Diácono Paulo 587
O'Donnell, C. M. 1021
O'Leary 1019
O'Mahony, L. E. 1023
Odo de Cambrai 621
Odo de Tournai 621, 1017
Olivi 317, 891, 898, 899, 900, 948, 1025, 1026
Onesícrito 133
Orígenes 387, 441, 447, 458, 499, 510, 511, 512, 513, 519, 834
Ormuzd 524

Orvieto 772, 887
Ostia 526
Ostler, H. 1018
Otloh de São Emerão 625
Oxford 37, 190, 351, 357, 643, 691, 692, 693, 694, 705, 883, 891, 892, 893, 901, 921, 922, 924, 942, 946, 955, 959, 960, 961, 963, 1009, 1011, 1012, 1014, 1017, 1018, 1019, 1020, 1025, 1027

Palatinus, Peripateticus 627, 1007
Panécio de Rodes 409
Papa 528, 569, 587, 594, 610, 628, 654, 685, 692, 697, 716, 772, 868, 883, 892, 893, 894, 910
Parmênides 22, 57, 63, 64, 65, 66, 67, 69, 71, 73, 75, 76, 78, 79, 81, 85, 86, 90, 91, 97, 143, 153, 155, 190, 191, 192, 193, 206, 296, 297, 302, 306, 307, 450, 465, 469, 470
Parvipontanus, Adam 631
Pascal 202, 203
Patch, H. R. 1017
Patricius 523
Patterson, R. L. 1023
Paulino de Aquiléa 587
Paulo, São 417, 499, 514, 516, 525, 526, 569, 608, 610, 611, 710, 807, 976, 995
Paulus, J. 1027
Pearson 387
Peckham 882, 883
Pedro Damião, São 617, 624, 625, 828, 1017
Pedro de Auvergne 773
Pedro de Corbeil 684
Pedro de João 898, 900, 1025
Pedro de Maricourt 892
Pedro de Pisa 587
Pedro de Poitiers 657
Pedro Lombardo 520, 643, 644, 657, 693, 719, 764, 772, 773, 824, 883, 892, 901
Peers, E. A. 1026
Péghaire, J. 1023
Pegis, A. C. 1023
Peillaube, E. 1022
Pelágio 527, 528
Pelster, F. 1026, 1027
Pelzer, A. 1020
Péricles 79, 103, 111, 143
Peripatético, Anselmo 625
Pérsio 377
Petrônio 426
Philoponus 466
Picavet, F. 1014, 1017
Pichon, R. 1015
Pieper, J. 1022, 1023

Píndaro 56
Pirandello 56
Pirro 375, 401, 402, 429
Piso 391
pitagóricos 22, 47, 48, 49, 50, 51, 52, 53, 54, 64, 68, 69, 70, 71, 73, 86, 87, 200, 203, 212, 243, 244, 261, 289, 414, 428, 435, 475, 477, 482, 483
Platão 15, 19, 27, 36, 54, 56, 60, 61, 64, 66, 67, 69, 78, 79, 90, 92, 100, 103, 104, 105, 107, 108, 111, 115, 116, 117, 121, 125, 127, 129, 131, 133, 137, 139, 141, 143, 144, 145, 146, 147, 154, 155, 157, 158, 159, 160, 163, 164, 165, 166, 167, 168, 169, 170, 171, 172, 173, 174, 175, 176, 177, 178, 179, 180, 181, 182, 184, 187, 188, 189, 190, 191, 193, 194, 195, 196, 197, 198, 199, 201, 202, 203, 204, 206, 207, 208, 209, 210, 211, 212, 213, 215, 219, 220, 221, 222, 223, 224, 225, 226, 227, 228, 229, 230, 231, 232, 233, 234, 235, 236, 237, 238, 239, 240, 241, 243, 244, 245, 246, 247, 248, 249, 250, 251, 252, 253, 254, 255, 256, 257, 258, 259, 261, 267, 269, 271, 273, 275, 279, 289, 291, 292, 293, 294, 295, 296, 297, 298, 299, 306, 313, 319, 331, 333, 339, 345, 346, 348, 349, 352, 363, 364, 365, 366, 367, 368, 373, 379, 402, 409, 411, 414, 434, 438, 440, 441, 452, 454, 457, 469, 470, 471, 472, 473, 475, 476, 477, 479, 480, 481, 482, 483, 490, 497, 502, 504, 505, 508, 511, 513, 514, 515, 517, 518, 521, 534, 538, 556, 557, 620, 621, 626, 632, 647, 657, 679, 683, 732, 733, 735, 756, 775, 776, 788, 819, 918, 951, 995, 997, 998, 1006, 1011, 1012
Platão, Platã 213, 222, 225, 237
Platão, sobre 19, 20, 54, 67
Plínio 405
Plotino 28, 36, 188, 310, 436, 449, 450, 451, 452, 453, 454, 455, 456, 457, 461, 464, 467, 469, 485, 511, 513, 518, 519, 525, 543, 553, 555, 556, 559, 562, 571, 667, 678, 720, 721, 732, 745, 830, 853, 879
Plutarco de Atenas 462
Plutarco de Queronéia 438
Polemon 261, 262
Políbio 48, 409
Polícrates 152
Polignoto 111, 353
Polistrato 391
Ponticiano 525, 526
Porfírio 47, 360, 436, 449, 450, 452, 457, 458, 459, 461, 465, 467, 468, 485, 513, 520, 577, 579, 581, 617, 618, 619, 666
Portalié, E. 1016

Possidius 529
Potamon 428
Poulain 112
Praechter 261, 375, 421, 446
Prestige, G. L. 1015
Prisciano 589, 590, 629, 693
Prisciliano 528
Probst, J. H. 1026
Proclo 53, 70, 149, 192, 247, 249, 410, 462, 463, 464, 465, 466, 467, 570, 572, 573, 574, 575, 667, 681, 683
Pródico 107, 108
Protágoras 85, 97, 100, 101, 103, 104, 105, 106, 107, 108, 110, 133, 137, 139, 154, 158, 159, 163, 221, 474, 481
Pseudo-Dionísio 174, 376, 489, 496, 511, 519, 569, 570, 571, 572, 573, 574, 575, 576, 577, 579, 593, 594, 595, 598, 600, 602, 609, 610, 612, 651, 666, 683, 706, 709, 711, 764, 766, 809, 810, 813, 995, 1016
Pseudo-Plutarco 43, 44
Ptolomeu de Lucca 773
Ptolomeu Filadelfo 361
Ptolomeu Soter 361
Puech, A. 1015
Pulleyn, Roberto 631

Quintiliano 587

Rabanus Maurus 1017
Rahner, K 1023
Raimundo Lúlio 691, 890, 891, 903, 904, 905, 1007, 1026
Rand, E. K. 1016, 1017
Rashdall, H. 1020, 1025
Raymond 681, 1026
Régnon 1022
Reilly, G. C. 1021
Reiners, J. 1018
Remígio de Auxerre 609, 621
Remusat, C. de 1018
Renan 1019
Ricardo de Middleton 1007, 1026
Rilke 209
Rimaud 1022
Ritter, C. 204
Rivière, J. 1015
R. Montgomery, F. 1015
Robert Kilwardby 882
Roberto Grosseteste 10, 569, 682, 691, 694, 705, 706, 1020
Roberto Pulleyn 631
Robert, P. 1021

Rocca 1024
Roger Bacon 19, 491, 671, 672, 691, 705, 706, 709, 768, 891, 892, 998, 999, 1007, 1025
Roger Marston 672, 691, 891, 900, 901, 1025, 1026
Rohmer, J. 1027
Rohner 1020
Roland-Gosselin, B. 1022, 1024
Rolando de Cremona 693
Rolfes, E. 1023
Roma 19, 28, 47, 373, 374, 377, 391, 402, 409, 415, 418, 425, 438, 440, 443, 449, 457, 489, 494, 501, 507, 524, 525, 526, 527, 565, 566, 588, 643, 649, 691, 716, 763, 772, 807, 892, 896, 907, 910, 989, 1007, 1015, 1016, 1017, 1019, 1020, 1021, 1022, 1026, 1027
Romeyer, B. 1014, 1023
Roscelini 617, 622, 623, 624, 626, 627, 628
Rosenmoller, B 1021
Ross 14, 15, 41, 72, 310, 311, 317, 318, 323, 324, 332, 357, 1012, 1013
Roth 1020
Rousselot, P. 1023
Rubens 20, 469
Ruggiero 1011, 1014
Runciman, S. 1019

S. Brewer, J. 892
Sacas, Amônio 511
Saliba, D. 1019
Salústio 462
Santa Sabina 772
Santo Agostinho 8, 9, 19, 20, 28, 214, 258, 296, 323, 376, 380, 383, 436, 450, 458, 467, 485, 489, 496, 500, 501, 519, 523, 527, 529, 533, 534, 535, 536, 537, 538, 539, 544, 545, 546, 547, 548, 549, 550, 553, 554, 555, 556, 559, 560, 565, 566, 567, 580, 582, 591, 610, 629, 632, 636, 639, 642, 644, 648, 704, 709, 710, 712, 713, 714, 717, 723, 727, 728, 732, 745, 746, 750, 753, 756, 782, 784, 792, 805, 807, 830, 835, 845, 856, 867, 875, 878, 879, 881, 893, 896, 897, 898, 899, 900, 901, 902, 907, 910, 918, 932, 990, 991, 994, 995, 1015, 1016
Santo Atanásio 512
São Boaventura 10, 20, 275, 305, 483, 489, 493, 494, 495, 496, 515, 519, 521, 530, 552, 555, 557, 641, 657, 665, 678, 691, 694, 695, 699, 704, 705, 715, 716, 717, 718, 719, 721, 722, 723, 724, 725, 726, 727, 728, 729, 731, 734, 735, 736, 737, 738, 740, 743, 744, 745, 746, 749, 750, 753, 754, 758, 769, 777, 779, 785, 786, 787, 793, 794, 795, 800, 807, 826, 827,

886, 888, 889, 896, 918, 926, 927, 928, 948, 971, 990, 991, 992, 993, 994, 995, 997, 998, 999, 1007, 1021
São Galo 589, 594
São João da Cruz 203, 519, 570
São Paulo 417, 499, 514, 516, 525, 526, 569, 608, 610, 611, 710, 807, 976, 995
São Vitor 9, 569, 617, 627, 645, 651, 652, 653, 654, 656, 657, 710, 904
Sassen, F. 1024
Sátiro 79
S. Brewer, J. 892
Scharschmidt, C. 1018
Schelling 74, 151, 152, 298, 774
Schmieder, K. 1021
Scholz, R. 1026
Schopenhauer 25, 36, 298, 333, 351
Schulemann 1022
Sêneca 28, 130, 138, 385, 387, 389, 400, 412, 415, 416, 417, 421, 423, 425, 426, 429, 473, 712, 893, 895
Sertillanges, A. D. 1022, 1023
Seul 1017
Severo Sétimo 422, 435, 436, 569, 570
Severo, Alexandre 436
Sextius, Q. 428
Shakespeare 19, 469
Sharp, D. E. 1020
Sicília 75, 103, 108, 145, 210, 450, 458, 469, 681, 901
Sickes, J. G. 1018
Sigério de Brabante 1024
Silvestre II 646
Simon du Val 887
Simpliciano 525, 526
Simplício 43, 63, 68, 70, 79, 131, 247, 360, 413, 465, 683
Sina, Ibn 668, 1019
Sinésio 466
Síria 434, 461, 503, 570, 666, 673
Siriano 116, 462, 465
Smallbridge, Adam 643
Smaragdus 590
S. Mill, J. 19, 302, 431
Sócrates 63, 64, 83, 92, 100, 101, 103, 104, 107, 110, 111, 112, 113, 114, 115, 116, 117, 118, 119, 120, 121, 122, 123, 124, 125, 126, 127, 129, 131, 132, 133, 134, 143, 144, 146, 150, 152, 154, 158, 159, 160, 161, 162, 163, 164, 173, 176, 178, 180, 181, 182, 183, 184, 190, 191, 192, 193, 194, 198, 202, 203, 207, 211, 215, 216, 217, 219, 220, 221, 222, 223, 224, 225, 228, 231, 232, 251, 252, 253, 257, 277, 292, 293, 294, 299, 304, 323, 324, 332, 335, 336, 352, 363, 364, 377, 402, 419, 420, 430, 438, 453, 458, 470, 472, 475, 479, 480, 481, 483, 502, 503, 507, 626, 630, 772, 847, 848, 951, 976
Sócrates, sobre 116
Sócrates, Sócrate 191, 223
sofistas 91, 97, 98, 99, 100, 101, 103, 106, 110, 118, 119, 124, 125, 137, 154, 158, 207, 234, 343, 401, 436, 470, 472, 474, 475, 479, 480, 496, 624
Sófocles 19, 37, 98, 100, 111, 228, 359
Sólon 100, 205
Sorbonne 694, 1020
Sosícrates 133
Soter, Ptolomeu 361
Soto 784
Spencer, Herbert 19, 333, 344, 870
Spinoza 167, 1020
Stace 48, 66, 81, 82, 122, 175, 203, 303, 359
Steele, R. 1013, 1025
Stegmüller, F. 1024
Stein 133
Stenzel 14, 34, 49, 189, 190, 194
Stephen Tempier 882, 890, 892, 907, 911
Stöckl, A.l 51, 52, 1014
Suarez 1022
Suidas 438, 449
Sweetman, J. W. 1019
Switalski, B. 1016

Tagaste 523, 524, 526
Tales 36, 39, 41, 42, 43, 44, 45, 57, 60, 64, 66, 76, 89, 91, 288
Tatian 499, 501, 503, 1015
Taylor 14, 15, 103, 111, 112, 113, 114, 115, 116, 117, 126, 127, 149, 150, 152, 156, 170, 172, 183, 184, 192, 199, 201, 203, 244, 1017
Taylor, H. O. 1017
Temístio 414, 467, 681, 683
Tempier, Stephen 882, 890, 892, 907, 911
Tennemann 491
Teodolfo 587
Teodorico 468, 579, 582, 645, 646, 647, 659
Teodoro 134, 135, 400, 588
Teófilo de Antioquia 501, 504
Teofrasto 43, 44, 78, 85, 109, 112, 244, 268, 274, 311, 360, 361, 412, 507
Tertuliano 499, 501, 507, 508, 509
Thamin 1015
Themistius 674
Théry 1019
Thomas More, São 258

Thomson, S. H. 1021
Toledo 681, 682, 784
Tomás de Aquino, Santo 19, 20, 24, 214, 241, 258, 283, 296, 304, 312, 324, 493, 494, 496, 515, 520, 521, 523, 531, 545, 546, 551, 554, 569, 570, 572, 617, 637, 659, 660, 665, 674, 675, 678, 679, 682, 683, 691, 694, 695, 704, 705, 715, 721, 763, 769, 771, 775, 779, 789, 799, 809, 823, 833, 853, 865, 875, 881, 907, 950, 984, 988, 991, 995, 1007, 1021
Tomás de Erfurt 922
Tomás de Kempis 415
Tomás de Sutton 923
Tonquédec 1023
Toulouse 685, 694, 1026
Tours 588, 589, 621, 623
Trajano 28, 427, 428, 438
Trásilo 437
Trasímaco 110
Tufial, Ibn 673
Turnau, D. 1017
Tzetzes 376

Ueberweg 15, 34, 49, 110, 129, 150, 151, 155, 375, 1010, 1011, 1014, 1026
Ulpian 649
Ulrico de Estrasburgo 768, 769
Universidade de Paris 512, 588, 643, 645, 684, 685, 691, 692, 705, 771, 892, 907
Urbano IV 685, 772
Urbano V, Papa 685

Valentino 503, 505, 508
Valério 527
Van Steenberghen, F. 889
Vann, G. 1022

Van Riet, G. 1023
Varnefredo 587
Vernet, F. 1018
Vespasiano 425, 426
Viena 273, 693, 1014
Vignaux, P. 1012
Virgílio 19, 395
Vital du Four 898
Vitélio 425
Viterbo 772
Vitorinos 709, 725
Vitorino, Tácio 436
Vitor, São 569, 617, 627, 651, 652, 653, 654, 656, 657, 710, 904
Vitorino, Tácio 436
Vitrúvio 405
von Arnim, H. 273

Wadding, Luke 922
Walter de São Vitor 657
Webb, C. C. J. 1018
Wensinck, A. J. 1019
Whitehead 20, 258
William de la Mare 883
Wilpert, P 1023
Wrobel, J. 1018
Wulf, De 492, 627, 1014, 1017, 1020, 1024

Xenócrates 261, 262, 263, 267, 377, 439
Xenofonte 100, 113, 114, 115, 117, 119, 120, 121, 123, 149

Zenão de Eléia 319
Zenão de Tarso 377
Zósimo, Papa 528

Índice remissivo

abstração 36, 112, 216, 287, 288, 295, 296, 299, 477
acadêmicos 409
acidental 620, 621, 626, 698, 741, 743, 796, 797, 829, 866, 971
acidentes 278, 290, 344, 383
adoração 341
agostiniana 296, 485
agostinismo 485
Alexandre de Hales 672, 691, 694, 705, 708, 709, 710, 711, 712, 713, 714, 715, 717, 743, 892, 997, 1007, 1020, 1021
alma do mundo 42, 199, 214, 217, 249, 262, 319, 380, 404, 405, 439, 440, 453, 455
alma e corpo 211, 212, 322, 411, 416, 423, 443, 446, 472, 479
alma humana 10, 214, 249, 322, 323, 324, 386, 394, 413, 419, 465, 479, 480, 485
amor 77, 78, 82, 85, 87, 90, 133, 135, 152, 155, 202, 205, 206, 230, 233, 251, 310, 312, 338, 341, 356, 389, 390, 415, 421, 426, 439, 458, 465
anjos 87, 235, 305, 441, 442, 443, 445, 461, 464
apetite 653, 755, 835, 837, 841, 859, 860, 896, 974, 976, 977, 985
apetitiva 212, 213, 223
apologética 21, 114
apologistas 34
árabes, filósofos 665, 675, 683, 697, 704, 737, 769, 887
aristocracia 33, 99, 233, 346, 361, 425
aristotelismo 20, 274, 275, 363, 366, 367, 368, 485
arquétipo 166, 191, 434
artes liberais 468
assassinato 222, 239, 357, 382
assírio 565
astrologia 409
astronomia 35, 108, 145, 146, 186, 188, 203, 232, 236, 238, 274, 412, 438, 466
ateísmo 237, 257, 262, 420
ato e potência 81
atomismo 92, 138, 139, 374, 406
atos humanos 204
atribuição 49, 57, 60, 115, 246, 312, 467
atributos do ser 289

autoconsciência 23, 49, 311, 455
autopreservação 386, 389
autoridade 105, 107, 132, 226, 228, 344, 360, 490, 499, 501, 515, 530, 569, 582, 595, 600, 601, 609, 610, 613, 636, 649, 653, 654, 659, 685, 701, 711, 714, 719, 746, 748, 779, 781, 786, 865, 867, 868, 869, 871, 872, 873, 881, 890, 893, 895, 921, 922, 927, 936, 955, 973, 979, 983, 988
Averróis 485
averroísmo 11

beatífica 61
beatitude 453
beleza 20, 116, 118, 146, 155, 175, 176, 181, 183, 184, 185, 186, 202, 205, 206, 209, 220, 228, 250, 251, 252, 253, 254, 255, 269, 289, 312, 351, 379, 420, 439, 440, 441, 444, 453, 455, 465, 471, 483, 518, 533, 538, 540, 542, 544, 545, 548, 549, 556, 571, 572, 576, 657, 758, 873, 874
bem comum 422, 649, 866, 867, 868, 869, 870, 871, 872, 873, 988
bem infinito 825, 837, 963
bibliografia 1018, 1020
boa vida 868
bondade 501, 511, 516, 530, 540, 550, 562, 571, 573, 574, 575, 581, 603, 604, 605, 609, 637, 656, 669, 670, 709, 711, 766, 776, 793, 805, 806, 812, 813, 815, 820, 821, 825, 829, 830, 856, 876, 904, 944, 946, 959, 962, 967, 969, 983, 984

carolíngia 9
cartesianismo 20
castidade 420
castigo 416
categorias de Aristóteles 378, 438
católica 25
causa 491, 504, 521, 524, 525, 531, 535, 548, 554, 560, 562, 567, 571, 575, 576, 581, 588, 598, 601, 602, 603, 604, 605, 606, 607, 608, 612, 620, 638, 642, 652, 657, 667, 669, 670, 672, 679, 684, 698, 700, 703, 706, 707, 718, 719, 720, 724, 725, 726, 727, 728, 729, 731, 732, 735, 737, 739, 744, 749, 751, 758, 763,

766, 769, 771, 786, 787, 790, 792, 793, 794, 795, 796, 801, 803, 804, 805, 806, 807, 810, 811, 812, 813, 814, 815, 816, 821, 823, 826, 831, 832, 840, 841, 843, 846, 850, 852, 854, 855, 856, 862, 864, 870, 872, 873, 876, 878, 881, 887, 893, 894, 905, 915, 916, 918, 924, 926, 931, 932, 938, 939, 940, 946, 954, 959, 960, 961, 962, 963, 965, 966, 967, 968, 970, 978, 984, 994, 995
causa eficiente 601, 671, 700, 709, 746, 803, 823, 862, 878, 887, 950, 961, 963, 965, 970, 978
causalidade 271, 309, 312, 365, 366, 367, 473, 474
celestes 676, 680, 707
certeza 25, 36, 47, 106, 117, 137, 144, 175, 184, 193, 206, 218, 323, 324, 379, 392, 401, 402, 404, 419, 430, 431
ceticismo 47, 97, 108, 210, 375, 401, 402, 406, 429, 437, 438, 457, 478, 485
ciência natural 108, 243, 245, 273, 281, 334, 340
cínicos 131, 327, 377, 386, 421, 425, 426, 427, 446
cognição 204, 477
coisas materiais 82, 246, 277, 294, 298, 303, 364, 434, 444
comentários 14, 63, 227, 234, 261, 367, 368, 404, 413, 428, 438, 457, 462, 463, 465, 466, 467, 468, 478
composição 26, 33, 61, 152, 153, 200, 201, 202, 272, 279, 303, 318, 329, 400, 454
compositum 308, 455
conceito 35, 42, 50, 64, 66, 73, 78, 83, 91, 118, 131, 134, 164, 173, 174, 175, 176, 177, 180, 184, 186, 190, 193, 194, 208, 210, 216, 235, 255, 271, 278, 279, 289, 291, 292, 293, 294, 298, 299, 300, 322, 331, 338, 345, 352, 354, 364, 366, 381, 393, 403, 406, 450, 451, 464, 472, 478
condenação 33, 38, 100, 103, 134, 143, 154, 237, 252, 345
conheciment 175
conhecimento 6, 11, 19, 21, 26, 35, 37, 53, 55, 61, 64, 67, 82, 91, 92, 97, 98, 99, 104, 105, 106, 108, 109, 110, 120, 121, 122, 123, 124, 130, 131, 133, 134, 137, 138, 144, 149, 150, 151, 154, 155, 157, 158, 159, 160, 161, 162, 163, 164, 165, 166, 167, 168, 172, 178, 180, 181, 182, 185, 186, 187, 188, 192, 193, 200, 204, 206, 210, 215, 219, 220, 221, 222, 227, 228, 231, 232, 234, 238, 254, 261, 271, 272, 274, 277, 278, 280, 281, 282, 287, 288, 291, 296, 298, 299, 300, 301, 302, 305, 311, 317, 318, 323, 324, 328, 330, 334, 335, 336, 337, 344, 347, 352, 356, 365, 378, 379, 384, 392, 395, 401, 402, 404, 410, 411, 412, 413, 415, 416, 418, 420, 430, 431, 435, 440, 444, 447, 456, 457, 461, 462, 463, 474, 475, 476, 477, 478, 479
conservação 61
constituições 164, 226, 274, 346
contemplação 183, 188, 205, 219, 220, 256, 271, 334, 339, 340, 341, 351, 352, 363, 365, 413, 478, 483
contingência 201, 294, 334
contradição 60, 65, 66, 67, 72, 121, 132, 134, 191, 282, 291, 299, 300, 301, 306, 307, 315, 404, 405
contrato social 241
coração 26, 78, 203, 212, 383, 417
corpos celestes 201, 206, 250, 257, 290, 385
cósmica 515, 753, 807
cósmica, 90, 445
cósmico 125, 237, 279, 410, 473
cosmos 53, 58, 91, 244, 246, 257, 271, 411, 445, 455, 473, 474
Criação 11
criacionismo 473
criaturas 10, 174, 245, 250, 296, 384, 445, 452
crime 126, 144, 268
cristão 496, 500, 501, 502, 505, 506, 507, 509, 510, 511, 512, 518, 520, 521, 523, 559, 563, 565, 566, 570, 577, 579, 607, 612, 613, 636, 646, 665, 674, 676, 685, 703, 717, 719, 741, 746, 776, 777, 787, 788, 819, 840, 855, 857, 865, 869, 870, 877, 879, 885, 888, 895, 918, 927, 989, 992, 993, 994, 995, 999
cristãos 34, 188, 203, 214, 231, 323, 326, 341, 343, 422, 436, 441, 445, 452, 458, 466, 467, 484, 485
cristianismo 21, 27, 374, 426, 458, 462, 467, 484

dedução 162, 262, 280, 281, 282, 284
demiurgo 42, 155
democracia 99, 124, 126, 143, 226, 231, 233, 234, 235, 346, 347, 361
demonstração 281, 282, 285, 413
demonstrável 636, 862, 897, 965, 966, 970
desejo 492, 500, 506, 521, 524, 525, 544, 557, 576, 581, 604, 612, 636, 726, 727, 728, 737, 752, 755, 835, 837, 841, 843, 856, 858, 859, 874, 900, 918, 922, 976, 980, 981, 991, 995
desejo 751, 784, 799, 800, 841, 855, 856, 858, 859, 931, 980
desejo de conhecer 856
design 91, 124, 164, 181, 196, 229, 238, 241, 247, 398, 428

designação 277
destino 54, 55, 152, 229, 240, 343, 356, 426, 467, 480
determinismo 139, 154, 381, 386, 387, 416, 484
Deus 8, 10, 21, 23, 37, 42, 55, 59, 60, 61, 67, 74, 123, 129, 132, 137, 174, 177, 178, 179, 181, 187, 197, 198, 199, 201, 202, 207, 210, 215, 217, 220, 221, 228, 231, 237, 238, 246, 247, 248, 262, 271, 292, 295, 296, 302, 306, 307, 309, 310, 311, 312, 313, 319, 324, 326, 330, 339, 340, 341, 364, 368, 375, 379, 380, 381, 383, 384, 403, 404, 405, 406, 410, 411, 412, 413, 415, 416, 417, 418, 419, 421, 422, 423, 427, 428, 431, 433, 434, 435, 438, 439, 440, 441, 442, 444, 445, 446, 447, 450, 451, 452, 455, 456, 457, 458, 461, 462, 473, 474, 475, 482, 483, 484, 485
dialética 5, 69, 73, 97, 107, 108, 109, 119, 120, 121, 125, 130, 153, 171, 172, 188, 203, 205, 206, 232, 238, 267, 273, 285, 288, 364, 365, 377, 392, 402, 418, 463, 476, 479
dialéticos 496, 619, 624, 625, 635, 643, 654, 661
diferença 21, 39, 40, 56, 57, 59, 61, 73, 83, 85, 90, 98, 125, 133, 134, 137, 146, 151, 159, 162, 163, 169, 191, 193, 194, 207, 224, 240, 274, 279, 280, 285, 290, 301, 321, 324, 325, 356, 363, 388, 394, 396, 399, 401, 402, 410, 411, 421, 429, 437, 457, 472, 478, 482
diferenciação 493, 573, 574
dimensões 262
disputa 346, 383, 468
dissolução 216, 394
distinção 39, 40, 42, 46, 61, 64, 65, 66, 67, 74, 80, 81, 82, 90, 91, 110, 124, 149, 163, 168, 169, 178, 186, 188, 211, 218, 237, 247, 280, 285, 305, 306, 307, 316, 322, 328, 331, 334, 351, 353, 358, 373, 410, 419, 440, 441, 445, 450, 451, 453, 461, 462, 472, 476, 477, 479, 481, 484, 485
"distinção real" 178
diversidade 42, 56, 61, 62, 73, 89, 90, 285, 418
divina 543, 560, 642, 708, 729, 758, 767, 861, 870, 897, 901, 988
dualismo 505, 506, 517, 525, 659, 711, 880
dúvida 22, 23, 45, 47, 54, 63, 64, 66, 72, 74, 79, 85, 104, 106, 115, 117, 122, 124, 125, 126, 127, 129, 134, 143, 145, 149, 151, 158, 165, 170, 171, 176, 179, 183, 187, 188, 189, 191, 197, 198, 206, 208, 210, 213, 214, 218, 236, 244, 252, 254, 256, 257, 268, 272, 274, 281, 283, 284, 288, 298, 300, 302, 308, 312, 326, 338, 340, 345, 347, 352, 354, 359, 363, 364,

365, 366, 367, 374, 380, 381, 387, 391, 400, 405, 416, 439, 472, 477, 479
educação 19, 22, 23, 99, 105, 106, 110, 143, 146, 174, 211, 212, 215, 227, 228, 229, 231, 232, 236, 238, 240, 257, 268, 305, 328, 348, 349, 354, 358, 366, 374, 410, 418, 419, 468, 479, 480, 481
egípcios 34, 35, 144, 435
egoísmo 338, 399, 426, 452
emanação 187, 217, 422, 434, 439, 451, 452, 454, 463, 464, 468, 473
empirismo 22, 376
encarnação 218, 445, 463
epicurismo 373, 374, 399, 473, 475
epistemologia 157, 158, 174, 175, 258, 278, 377, 401, 402, 413, 475, 476, 477, 478
Erígena 489, 516, 517, 569, 575, 579, 590, 593, 594, 597, 598, 600, 601, 603, 604, 605, 606, 607, 608, 609, 610, 611, 612, 613, 617, 621, 651, 659, 660, 1017
escolas 8, 28, 91, 129, 211, 373, 374, 375, 376, 399, 406, 415, 461, 475, 480, 485
escolha 13, 22, 23, 57, 127, 134, 325, 328, 331, 335, 336, 396, 467
Escoto 489, 490, 494, 495, 496, 497, 516, 517, 538, 569, 575, 579, 590, 593, 594, 595, 597, 598, 599, 600, 601, 602, 603, 604, 605, 606, 607, 610, 612, 617, 621, 641, 643, 651, 659, 672, 691, 695, 704, 784, 819, 841, 851, 884, 889, 899, 901, 903, 913, 914, 917, 919, 921, 922, 923, 924, 925, 926, 927, 928, 929, 930, 931, 932, 933, 934, 935, 936, 937, 938, 939, 940, 941, 942, 943, 944, 945, 946, 947, 948, 949, 950, 951, 952, 953, 954, 955, 956, 957, 958, 959, 960, 961, 962, 963, 964, 965, 966, 967, 968, 969, 970, 971, 973, 974, 975, 976, 977, 978, 979, 980, 981, 983, 984, 985, 986, 987, 988, 992, 993, 999, 1000, 1007, 1015, 1017, 1027
Escrituras Sagradas 444, 527
esferas 20, 21, 88, 174, 207, 307, 310, 311, 317, 320, 454, 464
espécie 44, 45, 48, 62, 91, 103, 104, 131, 160, 167, 178, 189, 196, 204, 205, 230, 233, 241, 247, 278, 279, 288, 296, 299, 300, 301, 305, 307, 308, 320, 324, 337, 352, 353, 366, 374, 415, 427, 430, 435, 449, 452, 454, 457, 466, 468, 472
espíritos criados 512
espiritual 504, 508, 511, 517, 518, 519, 541, 542, 543, 546, 548, 550, 563, 565, 566, 571, 579, 582, 606, 607, 609, 610, 617, 654, 657, 673,

678, 701, 705, 707, 713, 725, 731, 740, 743, 744, 745, 750, 751, 753, 757, 777, 793, 807, 816, 817, 823, 840, 841, 846, 850, 899, 905, 910, 911, 974, 981, 990, 991, 995
espiritualidade 639, 652, 673, 772, 777, 817, 841, 990
essência 35, 57, 164, 176, 177, 178, 179, 180, 181, 182, 184, 185, 186, 187, 189, 198, 199, 202, 208, 254, 279, 281, 288, 289, 292, 293, 296, 298, 299, 300, 301, 302, 304, 305, 323, 329, 336, 341, 344, 352, 364, 365, 366, 367, 398, 419, 430, 450, 455, 464, 477
Estado 6, 9, 24, 99, 105, 119, 121, 123, 124, 126, 132, 134, 139, 143, 154, 155, 174, 204, 210, 223, 225, 226, 227, 228, 229, 230, 231, 232, 233, 234, 235, 236, 237, 238, 239, 240, 241, 242, 243, 244, 251, 255, 256, 257, 272, 274, 291, 325, 333, 335, 343, 344, 345, 346, 347, 348, 349, 358, 373, 389, 405, 427, 429, 482
estado de separ 834, 841, 842, 909, 938, 954, 974, 975
estética 7, 20, 25, 190, 256, 277, 330, 351, 354, 475
estoicismo 60, 373, 374, 375, 385, 388, 409, 410, 414, 427, 428, 471, 473, 475
estrelas 41, 82, 249, 310, 311, 320, 384
eternidade 45, 177, 217, 249, 271, 309, 310, 360, 413, 441, 453, 466
eterno 504, 515, 524, 533, 538, 539, 540, 542, 543, 546, 547, 548, 550, 551, 556, 559, 563, 573, 581, 600, 601, 604, 609, 654, 656, 670, 679, 698, 699, 707, 708, 734, 735, 736, 737, 757, 811, 825, 826, 827, 843, 862, 868, 869, 878, 885, 888, 961
ética 7, 12, 21, 22, 33, 35, 48, 54, 60, 79, 97, 99, 100, 105, 106, 114, 119, 120, 121, 123, 124, 130, 137, 139, 146, 153, 155, 158, 168, 170, 182, 183, 203, 204, 207, 214, 215, 219, 225, 236, 252, 254, 258, 261, 274, 275, 277, 288, 290, 293, 325, 326, 327, 328, 331, 333, 335, 336, 338, 340, 351, 352, 353, 354, 355, 357, 358, 360, 364, 365, 368, 373, 374, 375, 385, 386, 387, 388, 389, 392, 395, 396, 397, 398, 399, 402, 405, 406, 409, 412, 413, 415, 418, 428, 429, 430, 433, 435, 437, 438, 440, 441, 443, 449, 455, 456, 457, 458, 461, 466, 473, 476, 478, 479, 480, 481, 483, 484, 485
evolução 19, 82, 116, 139, 172, 262, 288, 307, 309, 320, 323, 347, 471
exemplarismo 293, 298, 368, 445, 473, 485
existência 10, 21, 27, 36, 42, 43, 57, 58, 60, 61, 67, 68, 71, 76, 78, 80, 85, 86, 90, 118, 134, 160, 164, 168, 177, 178, 180, 181, 182, 184,

187, 188, 189, 192, 194, 195, 196, 204, 206, 208, 215, 216, 227, 228, 247, 249, 262, 270, 271, 291, 294, 299, 300, 307, 310, 311, 312, 318, 323, 324, 374, 379, 380, 381, 382, 393, 394, 395, 403, 406, 409, 410, 411, 431, 435, 439, 443, 447, 453, 464, 474, 477, 479, 485
êxtase 112, 204, 271, 374, 411, 439, 444, 447, 455, 466

faculdades 323, 334, 348, 463, 482
fantasia 53, 89, 90, 231, 354
fantasma 42
fé 25, 54, 55, 56, 66, 77, 86, 87, 182, 241, 320, 375, 419, 459, 465
felicidade 35, 122, 123, 131, 134, 138, 186, 205, 219, 220, 221, 225, 228, 240, 258, 326, 327, 331, 335, 338, 339, 340, 343, 346, 355, 357, 375, 384, 385, 388, 396, 397, 398, 399, 400, 405, 406, 415, 416, 421, 427, 440, 483
filosofia 1, 3, 4, 7, 9, 13, 14, 19, 20, 21, 22, 23, 24, 25, 26, 27, 28, 33, 34, 35, 36, 38, 39, 40, 42, 43, 45, 47, 49, 50, 56, 57, 59, 63, 64, 66, 73, 74, 75, 77, 79, 81, 82, 83, 85, 86, 87, 88, 89, 90, 91, 92, 97, 98, 99, 100, 109, 112, 114, 116, 123, 130, 131, 133, 135, 144, 145, 149, 151, 153, 156, 157, 199, 200, 202, 206, 207, 208, 226, 232, 233, 249, 256, 258, 261, 262, 268, 269, 271, 273, 274, 275, 277, 280, 287, 288, 289, 290, 294, 296, 334, 339, 340, 343, 348, 353, 359, 360, 363, 364, 365, 366, 367, 368, 371, 373, 374, 375, 376, 385, 391, 398, 399, 400, 403, 404, 405, 406, 409, 410, 411, 412, 413, 414, 415, 420, 421, 426, 433, 434, 435, 437, 438, 443, 444, 445, 446, 447, 449, 450, 455, 456, 457, 462, 463, 465, 466, 467, 468, 469, 471, 472, 473, 474, 475, 476, 477, 478, 480, 481, 483, 484, 485
filosofia cristã 28, 473, 474
filosofia judaica 8, 434, 443
filosofia moral 123, 481
força 13, 25, 33, 38, 42, 59, 69, 76, 77, 78, 82, 85, 86, 87, 92, 104, 108, 110, 114, 123, 138, 144, 149, 157, 165, 167, 168, 177, 181, 188, 198, 205, 206, 207, 222, 226, 240, 257, 262, 308, 316, 324, 355, 358, 364, 373, 375, 377, 384, 396, 397, 401, 403, 410, 412, 416, 417, 425, 426, 431, 443, 444, 446, 447, 461, 463, 472, 476, 481, 483, 484
formação 26, 54, 83, 86, 113, 133, 138, 150, 194, 206, 210, 212, 232, 239, 243, 246, 247, 250, 289, 297, 298, 326, 355, 365, 394, 406, 412, 417, 430, 434, 445, 467

gênero 107, 110, 178, 187, 189, 193, 194, 196, 278, 279, 290, 320, 400, 457
geometria 35, 52, 54, 146, 158, 162, 167, 170, 219, 288, 295, 336
geração 103, 246, 249, 308, 311, 319, 345, 383
governante 77, 124, 145, 155, 174, 223, 229, 230, 231, 232, 233, 234, 235, 241, 268, 346, 347, 348, 386, 404, 421, 423, 440
graça 55, 251, 252, 254, 256, 383, 435, 441
gramática 99, 107, 108
graus de perfeição 637, 678, 805, 807
grega 496, 499, 501, 502, 503, 507, 508, 510, 513, 515, 675, 677, 680, 683, 793, 881, 989, 995, 996, 997, 998

hegelianismo 20
hierarquia do ser 157, 461, 464, 467, 473
hilomórfica 646, 647, 743
hilomorfismo 700, 701, 833, 917, 952, 953, 997
hipóstase 518, 541, 551, 678, 819, 903
história 1, 3, 4, 13, 14, 19, 20, 21, 22, 23, 24, 25, 26, 33, 34, 35, 40, 41, 47, 61, 75, 89, 92, 103, 108, 111, 112, 113, 116, 129, 144, 145, 202, 203, 233, 234, 245, 249, 267, 272, 274, 288, 321, 349, 353, 355, 359, 360, 376, 406, 411, 412, 425, 457
homem 19, 21, 22, 23, 25, 27, 28, 36, 37, 38, 39, 42, 43, 44, 47, 50, 55, 59, 60, 61, 64, 74, 83, 90, 91, 97, 98, 99, 100, 103, 104, 105, 106, 108, 113, 114, 118, 119, 121, 122, 123, 124, 125, 127, 132, 134, 138, 139, 145, 152, 159, 160, 161, 162, 163, 166, 167, 171, 173, 174, 176, 179, 180, 181, 183, 188, 189, 190, 193, 194, 198, 202, 204, 205, 210, 211, 212, 213, 214, 215, 217, 219, 220, 221, 222, 223, 224, 225, 227, 228, 230, 231, 232, 234, 235, 236, 237, 238, 239, 240, 241, 242, 243, 244, 247, 250, 251, 252, 254, 255, 256, 257, 258, 267, 277, 278, 280, 281, 282, 283, 287, 289, 290, 291, 292, 293, 294, 297, 301, 302, 304, 306, 307, 323, 324, 325, 326, 327, 328, 329, 330, 331, 332, 333, 334, 335, 336, 337, 338, 339, 340, 343, 345, 346, 348, 352, 353, 356, 357, 363, 364, 365, 367, 374, 377, 379, 380, 381, 382, 383, 385, 386, 387, 388, 389, 391, 393, 395, 396, 397, 398, 399, 403, 404, 409, 410, 411, 412, 413, 415, 416, 417, 418, 419, 420, 421, 422, 423, 427, 430, 434, 435, 436, 439, 440, 444, 445, 446, 455, 456, 458, 474, 475, 476, 477, 479, 480, 481, 482, 483, 484

idade 562, 566, 582, 649, 703, 895, 984, 985, 988

idealismo 21, 54, 64, 65, 66, 67, 92, 203, 208, 258, 388, 417, 450, 481
idéias divinas 296
identidade 49, 57, 61, 73, 83, 186, 217, 299, 368, 472, 479
imagem de Deus 313
imaginação 25, 36, 52, 90, 167, 183, 189, 255, 257, 322, 477, 478, 480
imaterial 502, 518, 524, 525, 557, 558, 580, 630, 632, 652, 702, 794, 795, 805, 841, 849, 898, 931, 942
imensidade 809, 965, 966
imortalidade 509, 514, 517, 557, 645, 671, 674, 680, 751, 752, 767, 768, 833, 840, 841, 842, 843, 853, 877, 878, 885, 890, 899, 928, 973, 979, 980, 981
imortalidade da alma humana 413
Império Romano 47, 373, 374, 415, 425, 440
imutável 538, 540, 543, 546, 547, 549, 550, 551, 559, 560, 562, 680, 723, 724, 749, 756, 757, 758, 811, 817, 823, 912, 985
inclinação 24, 107, 202, 203, 209, 267, 412, 461
incompreensível 550, 599, 601, 603, 604
individuação 304, 305, 310
individualidade 241, 454, 472, 479
indução 119, 280, 281, 282, 283, 284, 430
infinito 533, 534, 550, 561, 562, 652, 660, 699, 723, 733, 734, 736, 737, 793, 795, 801, 811, 817, 822, 824, 825, 826, 827, 829, 837, 838, 852, 854, 901, 915, 923, 927, 929, 942, 944, 945, 947, 960, 962, 963, 964, 965, 967, 968, 969
intelecto 519, 529, 536, 540, 543, 544, 545, 597, 598, 600, 635, 668, 670, 673, 678, 680, 702, 703, 705, 709, 710, 713, 721, 723, 727, 729, 736, 737, 753, 754, 756, 757, 759, 760, 767, 777, 785, 786, 788, 790, 795, 801, 802, 803, 809, 812, 813, 817, 818, 819, 820, 824, 825, 833, 836, 837, 838, 839, 842, 846, 847, 848, 849, 850, 854, 856, 857, 858, 859, 876, 877, 878, 885, 897, 898, 900, 901, 904, 912, 917, 918, 926, 928, 929, 930, 931, 932, 933, 934, 936, 937, 938, 940, 942, 944, 950, 951, 958, 959, 963, 964, 967, 968, 969, 970, 973, 975, 976, 977, 978, 981, 985, 987
intelecto agente 475, 479, 480
intelecto passivo 322, 480
intelectualismo 121, 124, 482, 483
inteligências 23, 302, 305, 310, 311
inteligente 504, 541, 557, 697, 750, 766, 794, 806, 818, 894, 923, 924, 959, 962, 965
inteligibilidade 187, 210, 366

intuição 541, 677, 800, 809, 897, 898, 927, 932, 933, 934, 935, 939, 946, 958, 964

judaica 9, 34, 443, 444, 462

julgamento 23, 79, 103, 104, 105, 110, 113, 114, 121, 126, 134, 143, 144, 154, 155, 188, 208, 210, 215, 224, 254, 326, 329, 332, 354, 357, 363, 364, 392, 393, 398, 401, 402, 404, 406, 419, 420, 482

Juliano 427, 436, 462

justiça 33, 37, 42, 43, 53, 54, 56, 57, 60, 67, 73, 90, 91, 97, 106, 107, 117, 119, 120, 131, 134, 145, 150, 152, 154, 166, 167, 170, 181, 189, 204, 208, 221, 223, 225, 226, 228, 229, 230, 235, 237, 238, 239, 283, 293, 297, 303, 325, 327, 332, 333, 334, 336, 346, 347, 363, 366, 367, 382, 385, 388, 397, 398, 399, 420, 427, 473

justiça divina 237

lei 14, 33, 34, 37, 39, 43, 53, 59, 60, 61, 63, 90, 105, 106, 108, 109, 110, 112, 115, 120, 123, 126, 132, 146, 149, 151, 152, 153, 154, 156, 166, 172, 201, 203, 205, 206, 211, 212, 217, 221, 226, 233, 234, 235, 236, 237, 238, 239, 246, 255, 277, 284, 296, 333, 352, 358, 368, 384, 385, 386, 399, 401, 406, 410, 412, 415, 421, 422, 426, 429, 430, 431, 441, 445, 463, 484

lei moral 123, 225, 228, 483

Liberdade 330

limitação 53, 201

língua grega 467

lógica 7, 14, 22, 25, 35, 42, 50, 60, 78, 85, 87, 90, 92, 106, 112, 113, 114, 116, 119, 132, 135, 137, 139, 145, 154, 156, 157, 158, 162, 168, 172, 174, 175, 176, 180, 189, 191, 194, 195, 196, 202, 204, 207, 209, 211, 213, 218, 236, 237, 252, 262, 270, 272, 277, 278, 279, 280, 282, 283, 284, 285, 292, 295, 319, 325, 329, 338, 357, 359, 360, 365, 368, 375, 376, 377, 378, 392, 413, 418, 431, 437, 440, 455, 456, 458, 459, 466, 467, 472, 475, 476, 477, 480, 481, 485

Logos 379, 445, 446, 453, 484

luz 14, 22, 24, 26, 36, 61, 82, 112, 119, 125, 146, 172, 173, 174, 175, 186, 187, 194, 202, 209, 232, 241, 297, 298, 309, 315, 383, 384, 405, 429, 438, 452, 454, 455, 465, 471, 472

mal 502, 505, 506, 511, 516, 524, 525, 528, 557, 559, 562, 575, 576, 582, 605, 606, 609, 610, 629, 630, 632, 643, 655, 659, 660, 665, 670, 678, 682, 684, 701, 711, 713, 734, 739, 741, 747, 751, 753, 764, 769, 774, 777, 786, 799, 800, 810, 814, 830, 831, 832, 833, 835, 836, 838, 839, 841, 853, 859, 860, 862, 866, 867, 871, 872, 873, 875, 896, 910, 912, 913, 914, 943, 946, 948, 949, 973, 976, 977, 978, 980, 1006, 1019, 1021, 1027

marxismo 21

matemática 25, 26, 35, 48, 50, 52, 53, 54, 108, 115, 116, 144, 145, 158, 160, 167, 168, 169, 170, 171, 176, 180, 186, 200, 201, 202, 203, 215, 216, 232, 238, 244, 274, 277, 281, 290, 291, 294, 295, 297, 302, 305, 325, 329, 334, 337, 340, 351, 360, 392, 410, 412, 433, 438, 462, 463, 465, 466

matéria 35, 38, 39, 40, 42, 43, 45, 46, 57, 58, 61, 62, 66, 74, 75, 76, 80, 82, 83, 85, 91, 92, 104, 112, 120, 126, 143, 150, 151, 164, 179, 188, 189, 201, 205, 215, 231, 247, 248, 262, 269, 277, 288, 290, 293, 300, 302, 303, 304, 305, 306, 307, 310, 319, 320, 321, 323, 324, 326, 351, 356, 365, 366, 367, 379, 380, 413, 416, 422, 434, 439, 441, 446, 454, 455, 457, 464, 474

materialismo 23, 39, 54, 65, 66, 87, 206, 379, 416, 422, 472, 479, 480, 485

matéria prima 303

memória 79, 127, 152, 161, 213, 218, 219, 258, 270, 273, 281, 283, 322, 324, 337, 356, 378, 479, 480

metafísica 7, 11, 13, 20, 23, 50, 54, 89, 91, 114, 115, 116, 123, 177, 178, 182, 186, 210, 251, 253, 254, 258, 270, 272, 275, 277, 279, 282, 287, 289, 290, 291, 302, 313, 334, 340, 341, 364, 366, 373, 456, 466, 476, 477, 478, 479, 481, 484

milagre 98, 435, 436, 462

misericórdia 560, 821, 948, 965, 966

misticismo 13, 36, 112, 175, 184, 375, 376, 405, 414, 456, 466

monarca 233, 234, 346, 428

monarquia 234, 346, 361

monismo 73, 389, 410, 411, 412, 422, 465, 473, 481

moral 6, 8, 11, 60, 91, 106, 109, 110, 113, 122, 123, 125, 126, 212, 214, 215, 219, 222, 223, 225, 227, 228, 237, 251, 256, 257, 268, 327, 328, 329, 330, 331, 332, 336, 339, 343, 348, 349, 351, 352, 354, 358, 374, 375, 381, 382, 386, 387, 388, 396, 398, 399, 400, 402, 404, 405, 406, 412, 415, 416, 417, 418, 419, 420, 423, 425, 427, 450, 480, 481, 482, 483, 484, 485

mortal 557, 626, 701, 702, 752, 768, 966, 979

morte 19, 36, 37, 38, 43, 49, 59, 62, 75, 78, 79, 107, 111, 112, 115, 125, 126, 127, 129, 132, 143, 144, 147, 152, 155, 173, 180, 182, 184, 213, 215, 216, 217, 224, 234, 237, 238, 262, 267, 270, 273, 274, 323, 324, 360, 368, 373, 377, 383, 391, 393, 394, 395, 398, 416, 418, 419, 423, 425, 426, 440, 441, 442, 443, 453, 454, 479, 480
movente 87, 271, 292, 309, 310, 321, 380, 440, 484
movimento 39, 44, 47, 54, 56, 62, 64, 65, 67, 69, 71, 72, 73, 76, 82, 83, 86, 87, 90, 97, 98, 112, 127, 130, 131, 133, 137, 194, 195, 197, 201, 206, 207, 211, 217, 226, 237, 245, 246, 248, 250, 257, 271, 277, 287, 288, 289, 290, 291, 292, 293, 295, 302, 306, 307, 308, 309, 310, 311, 313, 315, 316, 317, 318, 319, 320, 321, 322, 363, 367, 380, 383, 384, 393, 394, 399, 412, 437, 444, 463, 479, 480, 481
mudança 492, 548, 553, 557, 579, 600, 602, 639, 652, 669, 735, 737, 743, 757, 766, 790, 791, 792, 794, 795, 807, 811, 823, 827, 853, 855, 861, 876, 885, 887, 888, 902, 923, 938, 954
multiplicidade 42, 60, 73, 76, 90, 129, 185, 190, 192, 291, 451, 453, 463, 464, 472, 473
mundo 8, 19, 21, 26, 28, 33, 34, 35, 36, 38, 39, 42, 43, 44, 45, 46, 47, 50, 51, 53, 54, 56, 58, 59, 60, 61, 63, 65, 66, 67, 70, 73, 76, 77, 78, 79, 81, 83, 86, 87, 88, 90, 91, 92, 97, 98, 114, 118, 125, 130, 132, 133, 143, 144, 164, 165, 166, 167, 173, 174, 177, 178, 181, 182, 184, 187, 188, 189, 190, 192, 194, 196, 197, 198, 199, 200, 203, 205, 206, 207, 208, 209, 210, 214, 215, 220, 232, 238, 243, 244, 245, 246, 247, 249, 250, 255, 257, 258, 262, 271, 272, 274, 278, 279, 281, 289, 291, 292, 293, 294, 295, 298, 302, 303, 309, 310, 311, 313, 316, 320, 323, 352, 360, 363, 364, 365, 366, 367, 373, 374, 375, 376, 379, 380, 381, 382, 383, 384, 386, 389, 392, 393, 394, 395, 404, 406, 409, 410, 411, 412, 413, 423, 427, 431, 434, 435, 439, 440, 441, 445, 451, 452, 453, 454, 455, 456, 461, 462, 464, 466, 467, 471, 472, 473, 474, 475, 476, 477, 478, 482, 484, 485

Natura 597, 598, 601, 602, 605, 606, 612, 674, 707, 764, 949, 1005, 1006, 1027
natural 11, 20, 26, 33, 34, 42, 47, 48, 53, 69, 74, 89, 91, 97, 98, 106, 107, 109, 110, 112, 113, 114, 116, 123, 144, 146, 150, 155, 169, 176, 179, 182, 188, 190, 198, 210, 212, 213, 214, 216, 225, 239, 240, 241, 242, 246, 251, 254, 255, 257, 258, 267, 268, 273, 274, 277, 280, 281, 287, 306, 308, 309, 315, 316, 317, 319, 320, 321, 323, 326, 327, 332, 334, 337, 339, 341, 343, 344, 345, 346, 347, 352, 358, 365, 373, 374, 378, 379, 381, 385, 386, 389, 390, 400, 406, 411, 412, 416, 417, 421, 427, 428, 433, 439, 443, 444, 453, 463, 466, 482, 484, 485
natureza 7, 34, 36, 37, 38, 41, 42, 43, 44, 45, 50, 52, 54, 56, 57, 58, 61, 65, 74, 76, 78, 91, 97, 106, 108, 109, 119, 120, 121, 123, 124, 132, 137, 139, 154, 155, 161, 166, 167, 174, 175, 185, 186, 188, 190, 192, 193, 194, 197, 202, 203, 204, 205, 212, 213, 216, 223, 225, 226, 229, 230, 232, 241, 245, 246, 248, 249, 253, 272, 279, 285, 287, 290, 293, 294, 295, 296, 298, 300, 301, 304, 309, 311, 313, 315, 319, 320, 325, 326, 327, 329, 332, 335, 336, 337, 343, 344, 352, 353, 354, 360, 363, 365, 366, 379, 385, 386, 387, 388, 389, 392, 394, 396, 403, 406, 409, 412, 414, 415, 417, 418, 419, 421, 423, 425, 430, 431, 435, 451, 453, 454, 457, 472, 474, 477, 479, 481, 482, 483, 484
natureza de Deus 11
necessidade 23, 24, 25, 35, 37, 48, 57, 73, 99, 132, 135, 139, 143, 162, 182, 192, 193, 198, 205, 212, 216, 220, 227, 228, 233, 243, 246, 257, 270, 309, 322, 326, 338, 340, 343, 345, 346, 356, 368, 374, 375, 378, 381, 394, 395, 397, 412, 417, 419, 425, 430, 435, 437, 440, 441, 444, 451, 455, 456, 458, 467, 475, 483
negativa 597, 598, 619, 641, 810, 892, 916, 917, 999
neoplatonismo 8, 13, 14, 26, 199, 214, 261, 274, 296, 367, 374, 375, 376, 380, 383, 411, 414, 425, 433, 434, 435, 437, 440, 446, 447, 449, 452, 456, 457, 461, 462, 466, 467, 474, 475, 480, 485
nome 26, 28, 34, 59, 74, 76, 77, 109, 129, 130, 131, 132, 143, 146, 149, 150, 160, 162, 175, 176, 187, 188, 189, 193, 211, 214, 216, 227, 229, 258, 280, 283, 287, 293, 312, 323, 327, 333, 364, 376, 377, 380, 383, 384, 385, 391, 409, 435, 437, 439, 449, 453, 464, 479, 480, 481
nominalismo 21, 430
nous 434
número 13, 15, 19, 43, 50, 51, 52, 53, 54, 70, 71, 80, 86, 87, 150, 163, 169, 170, 171, 172, 186, 196, 200, 201, 202, 226, 233, 235, 243, 250, 261, 262, 271, 278, 279, 291, 294, 295, 310, 312, 317, 318, 319, 320, 334, 348, 359, 394, 397, 414, 434, 442, 457, 461, 468

obrigação moral 326, 398

ocasionalismo 481
ockhamismo 23
o fim do homem 336, 343, 366
oligarquia 126, 131, 226, 233, 235, 346, 347
onipotente 548, 641, 654, 766, 827, 828, 829
onipresente 561, 966
ontológico 157, 165, 171, 174, 175, 176, 180, 186, 188, 190, 197, 206, 243, 279, 329, 411
óptica 108
ordem dominicana 883
origem 505, 507, 509, 512, 521, 538, 542, 547, 553, 554, 566, 570, 582, 588, 594, 602, 617, 625, 668, 671, 673, 677, 701, 711, 731, 745, 767, 806, 862, 865, 870, 888, 895, 912, 923, 937, 995
origem das idéias 841, 913
otimismo 381

paixão 33, 38, 173, 212, 213, 222, 233, 331, 358, 422, 479
paixões 122, 132, 173, 223, 263, 324, 388, 393, 396, 415, 417, 440, 446
panteísmo 50, 74, 465, 473, 483
participação 60, 99, 178, 183, 186, 191, 195, 200, 201, 208, 216, 244, 252, 293, 298, 311, 364, 434, 439
particulares 98, 118, 119, 125, 160, 163, 164, 166, 167, 169, 170, 171, 177, 179, 182, 185, 188, 189, 190, 191, 192, 193, 195, 196, 197, 204, 205, 208, 209, 228, 233, 241, 278, 279, 288, 296, 299, 301, 306, 320, 334, 364, 378, 418, 419, 430, 472
pecado 218, 382, 384, 417, 419, 422, 425
perfeição 501, 508, 515, 538, 540, 547, 550, 551, 556, 562, 571, 576, 637, 641, 647, 656, 674, 711, 723, 724, 727, 728, 737, 751, 753, 760, 798, 805, 806, 807, 810, 811, 812, 813, 815, 816, 817, 818, 821, 825, 829, 830, 831, 832, 839, 851, 852, 874, 876, 877, 933, 934, 944, 961, 962, 965, 969, 970, 975, 976, 977
perfeições 208, 312
personalidade 219, 225, 231, 312, 364, 375, 415, 446
pessoa 13, 14, 19, 22, 23, 25, 38, 49, 56, 60, 61, 75, 89, 106, 109, 110, 114, 115, 117, 121, 122, 124, 138, 152, 160, 168, 173, 183, 196, 198, 202, 204, 209, 217, 227, 229, 233, 234, 235, 256, 257, 258, 267, 292, 305, 311, 312, 326, 327, 331, 333, 334, 335, 346, 347, 348, 354, 355, 357, 358, 375, 383, 385, 386, 398, 399, 400, 401, 402, 404, 412, 416, 418, 419, 420, 421, 427, 428, 430, 433, 437, 438, 449, 453, 456, 458, 475, 482

phantasia 835
pitagorismo 8, 47, 49, 50, 63, 244, 428, 429, 433, 434, 435, 437, 438, 440, 472, 473
platonismo 8, 13, 14, 114, 258, 261, 271, 274, 275, 302, 304, 325, 363, 365, 366, 367, 368, 410, 414, 422, 434, 435, 437, 438, 446, 467, 473, 485
pobreza 593
políticas 499, 644, 865, 876
possibilidade 504, 525, 537, 542, 549, 622, 641, 653, 656, 672, 679, 724, 731, 735, 736, 737, 740, 744, 746, 751, 775, 783, 785, 786, 787, 789, 799, 801, 804, 823, 825, 826, 827, 831, 840, 841, 845, 855, 872, 878, 885, 888, 895, 896, 900, 901, 904, 914, 916, 917, 925, 932, 938, 942, 960, 966, 971, 980, 981, 987
potência e ato 303, 305, 306, 307
pré-existência da alma 179
primeiros princípios 171, 282, 287, 288, 290, 452
príncipe 268
privação 304, 307, 381, 382, 394, 454
problema do mal 25
proporção 556, 699, 738, 739, 740, 801, 815, 816, 817, 873, 874, 898
proporcionalidade 738, 739, 740, 815, 816, 817
providência 504, 505, 507, 530, 680, 698, 721, 732, 737, 781, 788, 793, 862, 864, 872, 873, 878, 885, 890, 957, 965, 966
psicologia aristotélica 480
puro 509, 521, 554, 621, 624, 678, 679, 707, 708, 793, 888, 914, 924, 996, 997
puro ato 310

Quadrivium 468
quantidade 45, 58, 73, 92, 112, 227, 255, 279, 304, 333, 463

racionalismo 25, 378, 476
Rai 691, 891, 903, 904, 905, 1007, 1024, 1026
realmente distinta 733, 820, 821, 835, 836, 902, 908, 909, 915, 949, 953, 954, 974
rebelião 225, 387
recompensa 127, 156, 215, 387, 422, 471, 483
reflexão 504, 546, 619, 701, 711, 715, 723, 725, 726, 755, 756, 757, 758, 781, 790, 800, 851, 875, 877, 894, 895, 897, 908, 912, 958
religião 21, 26, 27, 34, 35, 36, 38, 48, 49, 50, 55, 99, 106, 107, 110, 124, 132, 206, 244, 360, 374, 376, 385, 405, 406, 420, 433, 438, 439, 443, 456, 457, 458, 461, 484, 485
reminiscência 42, 45, 179, 182, 204, 208, 215, 216, 270, 477

retorno 505, 517, 524, 575, 597, 606, 607, 608, 656, 760, 763, 771, 772, 773, 907, 921
Revelação 23, 61

sabedoria 34, 36, 55, 113, 120, 121, 122, 124, 130, 131, 132, 159, 183, 188, 198, 201, 204, 205, 219, 221, 222, 223, 230, 233, 253, 258, 287, 288, 301, 329, 334, 335, 336, 340, 356, 388, 399, 412, 414, 417, 436, 447, 456, 458
Sagradas Escrituras 512, 582, 589, 595, 679
Santo Agostinho 489, 496, 500, 501, 519, 523, 527, 529, 533, 534, 535, 536, 537, 538, 539, 544, 545, 546, 547, 548, 549, 550, 553, 554, 555, 556, 559, 560, 565, 566, 567, 580, 582, 591, 610, 629, 632, 636, 639, 642, 644, 648, 704, 709, 710, 712, 713, 714, 717, 723, 727, 728, 732, 745, 746, 750, 753, 756, 782, 784, 792, 805, 807, 830, 835, 856, 867, 875, 878, 879, 881, 893, 896, 897, 898, 899, 900, 901, 902, 907, 910, 918, 932, 990, 991, 994, 995, 1013, 1015, 1016
Santo Alberto Magno 520, 569, 660, 676, 682, 691, 694, 695, 704, 705, 710, 763, 765, 768, 769, 771, 999, 1007, 1021
Santo Tomás 493, 494, 495, 496, 497, 515, 520, 521, 523, 531, 544, 545, 546, 548, 551, 552, 554, 569, 570, 572, 580, 617, 625, 631, 632, 637, 641, 642, 643, 659, 660, 661, 665, 672, 674, 675, 676, 678, 679, 682, 683, 684, 691, 693, 694, 695, 699, 701, 704, 705, 715, 721, 722, 726, 735, 736, 737, 745, 746, 754, 763, 767, 769, 771, 772, 773, 774, 775, 776, 777, 778, 779, 780, 781, 782, 783, 784, 785, 786, 787, 788, 789, 790, 791, 792, 793, 794, 795, 796, 797, 798, 799, 800, 801, 802, 803, 804, 805, 806, 807, 809, 810, 811, 812, 814, 815, 816, 817, 818, 819, 820, 821, 823, 824, 825, 826, 827, 829, 830, 831, 832, 833, 834, 835, 836, 837, 838, 839, 840, 841, 842, 843, 845, 846, 847, 848, 849, 851, 853, 854, 855, 856, 857, 858, 859, 860, 861, 862, 863, 864, 865, 866, 867, 868, 869, 870, 871, 872, 873, 874, 875, 876, 877, 878, 879, 880, 881, 882, 883, 884, 885, 886, 887, 888, 889, 890, 896, 897, 900, 903, 907, 908, 909, 910, 917, 925, 926, 927, 928, 930, 932, 933, 936, 937, 938, 949, 950, 952, 953, 955, 965, 966, 971, 975, 977, 979, 980, 984, 987, 988, 991, 992, 993, 994, 995, 996, 997, 998, 999, 1000, 1007, 1021
São Boaventura 489, 493, 494, 495, 496, 515, 519, 521, 530, 552, 555, 557, 641, 657, 665, 678, 691, 694, 695, 699, 704, 705, 715, 716, 717, 718, 719, 721, 722, 723, 724, 725, 726, 727, 728, 729, 731, 734, 735, 736, 737, 738, 740, 743, 744, 745, 746, 749, 750, 753, 754, 758, 769, 777, 779, 785, 786, 787, 793, 794, 795, 800, 807, 826, 827, 886, 888, 889, 896, 918, 926, 927, 928, 948, 971, 990, 991, 992, 993, 994, 995, 997, 998, 999, 1007, 1019, 1021
semelhança 606, 618, 627, 630, 631, 728, 738, 739, 740, 744, 745, 751, 755, 758, 815, 816, 817, 828, 847
semelhança divina 221
Sêneca 28, 130, 138, 385, 387, 389, 400, 412, 415, 416, 417, 421, 423, 425, 426, 429, 475
sensação 64, 65, 67, 73, 133, 138, 160, 220, 311, 321, 322, 393, 478
senso 36, 54, 64, 332, 335, 338, 457, 476, 478
senso comum 64, 326, 327, 332, 475
sentido interior 758
Ser 19, 28, 45, 56, 62, 92, 116, 155, 171, 184, 193, 225, 229, 234, 236, 238, 245, 249, 253, 261, 289, 291, 292, 301, 309, 311, 312, 313, 324, 363, 364, 365, 420, 444, 450, 473, 474, 483
seráfica 903
série infinita de causas 960
sexual 516, 608
simbolismo 57, 62, 204, 245, 255, 354, 468
similaridade 27, 49, 68, 160, 299, 463, 472
simplicidade 551, 639, 670, 702, 710, 750, 793, 811, 819, 820, 824, 945, 967
soberania 388
sociedade 33, 47, 48, 54, 98, 145, 204, 225, 240, 242, 268, 343, 344, 349, 364, 373, 386, 389, 399, 425, 474, 475, 481, 482
sofrimento 25, 132, 270, 357, 359, 399, 404, 431
subsistente 618, 619, 620, 623, 632, 633, 638, 642, 656, 793, 796, 806, 811, 814, 974, 980
Substância 76
substancial 508, 551, 557, 571, 573, 579, 580, 605, 607, 608, 613, 621, 626, 629, 630, 712, 740, 743, 745, 746, 760, 768, 790, 791, 792, 793, 795, 796, 800, 833, 834, 840, 877, 882, 889, 899, 908, 917, 967, 968, 974, 996
substâncias materiais 790, 791, 793, 794
suicídio 120, 134, 388, 440
Summa Theologica 341

tempo 13, 19, 22, 24, 25, 27, 28, 34, 36, 43, 53, 55, 57, 61, 66, 67, 70, 71, 72, 76, 79, 81, 86, 90, 92, 100, 105, 108, 109, 110, 116, 117, 126, 127, 129, 131, 139, 150, 151, 159, 173, 177, 180, 184, 186, 191, 192, 193, 194, 195, 197, 199, 201, 209, 217, 219, 222, 235, 239, 240, 241, 242, 246, 248, 249, 250, 253, 258,

262, 263, 267, 268, 274, 278, 282, 284, 290,
297, 300, 305, 306, 308, 309, 310, 313, 316,
317, 318, 319, 320, 321, 323, 324, 326, 327,
330, 332, 339, 343, 344, 346, 347, 349, 355,
357, 358, 364, 366, 367, 368, 375, 380, 381,
394, 396, 405, 406, 409, 410, 415, 417, 428,
429, 433, 435, 437, 438, 440, 444, 445, 446,
450, 453, 455, 456, 458, 465, 466, 467, 468,
472, 475, 476, 483
teofania 445, 465
teologia 10, 11, 41, 63, 271, 277, 290, 302, 309,
313, 320, 365, 403, 405, 409, 410, 428, 431,
439, 443, 444, 476, 484, 485
teoria platônica 164, 177, 179, 180, 182, 189,
202, 203, 206, 207, 210, 243, 271, 274, 291,
292, 293, 296, 297, 298, 299, 302, 365, 367,
411, 462
Timeu de Platão 44, 263, 452, 466, 467
tirania 233, 234, 235, 330, 346
tomismo 24
traduções 9, 10, 15
transcendência 519, 575, 598, 600, 677, 766
Trindade 446
Trivium 468

uma substância 508, 509, 580, 620, 621, 624,
654, 660, 701, 702, 706, 744, 745, 749, 750,
791, 793, 795, 796, 809, 810, 811, 842, 858,
877, 900, 913, 917, 941, 955, 973, 974
unicidade 671, 674, 721, 768, 792, 833, 842,
843, 882, 887, 889, 894, 908, 916, 917
universais 9, 21, 117, 118, 119, 120, 124, 163,
164, 169, 170, 175, 176, 177, 182, 205, 278,
279, 282, 291, 293, 294, 299, 301, 302, 326,
353, 402, 413, 468
universo 33, 36, 38, 39, 40, 43, 50, 51, 54, 57,
58, 59, 61, 62, 70, 74, 82, 89, 91, 92, 112, 187,
198, 206, 207, 217, 237, 243, 244, 246, 247,
249, 291, 303, 308, 309, 310, 316, 320, 335,
379, 380, 382, 383, 385, 386, 394, 395, 403,
410, 411, 412, 421, 422, 450, 454, 455, 473,
474, 479, 482, 483, 484, 485
uno 4, 34, 338, 347, 449, 457, 461

valores 104, 105, 120, 123, 124, 132, 158, 164,
174, 207, 210, 257, 330, 363, 364, 387, 388,
427, 476, 477, 479, 482, 483, 484, 485
Verbo 446
verdade 13, 14, 20, 21, 22, 23, 24, 25, 26, 27,
34, 40, 41, 42, 46, 48, 49, 52, 54, 56, 60, 63,
64, 66, 67, 69, 73, 74, 79, 91, 92, 97, 98, 99,
100, 101, 103, 104, 105, 106, 107, 108, 109,
110, 112, 113, 115, 116, 117, 118, 119, 120,
122, 123, 124, 125, 126, 129, 131, 132, 134,
137, 138, 143, 144, 145, 146, 149, 150, 155,
157, 158, 159, 160, 161, 162, 163, 164, 165,
167, 168, 169, 170, 172, 173, 174, 175, 176,
177, 178, 179, 181, 182, 183, 184, 185, 187,
188, 189, 191, 193, 194, 195, 196, 198, 200,
201, 203, 205, 206, 207, 208, 209, 210, 211,
212, 214, 215, 217, 219, 220, 221, 222, 223,
224, 225, 226, 227, 228, 229, 230, 231, 232,
233, 235, 239, 240, 241, 242, 243, 244, 245,
246, 249, 251, 252, 253, 254, 255, 256, 257,
258, 259, 269, 270, 272, 274, 277, 280, 281,
282, 283, 284, 285, 288, 289, 290, 292, 293,
295, 299, 300, 301, 302, 303, 305, 313, 316,
317, 318, 319, 322, 323, 325, 326, 327, 328,
329, 330, 331, 332, 333, 334, 335, 336, 337,
339, 340, 344, 346, 347, 349, 352, 353, 355,
356, 359, 360, 363, 364, 365, 366, 367, 375,
376, 377, 378, 379, 381, 382, 383, 388, 392,
393, 395, 398, 399, 401, 402, 404, 405, 409,
413, 415, 416, 420, 421, 426, 427, 428, 433,
435, 436, 440, 444, 445, 446, 451, 452, 453,
454, 456, 458, 464, 465, 466, 468, 473, 474,
475, 476, 477, 478, 479, 482, 483, 485
verdades eternas 145
via negativa 174, 188
virtudes 15, 120, 190, 221, 222, 326, 327, 328,
330, 332, 333, 334, 335, 336, 338, 340, 377,
388, 398, 404, 441, 455, 457, 458, 461, 462,
465, 468, 482, 483
visão beatífica 519, 540, 541, 560, 653, 654,
740, 761, 839, 856, 939
vontade livre 427

Este livro
foi impresso
pela Ferrari Daiko.
O miolo foi feito com
papel chambrill avena 70g,
e a capa com cartão triplex 350g.